GABLER WIRTSCHAFTS LEXIKON

12., vollständig neu bearbeitete und erweiterte Auflage

Q – T

GABLER

CIP-Kurztitelaufnahme der Deutschen Bibliothek

Gabler Wirtschafts-Lexikon. – Taschenbuch-Kassette
mit 6 Bd. – Wiesbaden: Gabler
  10. Aufl. u. d. T.: Gablers Wirtschafts-Lexikon
  ISBN 3-409-30384-7

Bd. 5. Q – T – 12., vollst. neu bearb. u. erw. Aufl.,
ungekürzte Wiedergabe d. zweibd. Orig.-Ausg. – 1988
  ISBN 3-409-30364-2

Begründet und bis zur 10. Auflage herausgegeben
von Dr. Dr. h. c. Reinhold Sellien und Dr. Helmut Sellien

 1. Auflage 1956
 2. Auflage 1958
 3. Auflage 1959
 4. Auflage 1961
 5. Auflage 1962
 6. Auflage 1965
 7. Auflage 1967
 8. Auflage 1971
 9. Auflage 1975
10. Auflage 1979
11. Auflage 1983
12. Auflage 1988

Ungekürzte Wiedergabe der zweibändigen Originalausgabe

Der Gabler Verlag ist ein Unternehmen der Verlagsgruppe Bertelsmann

© Betriebswirtschaftlicher Verlag Dr. Th. Gabler GmbH, Wiesbaden 1988

Umschlaggestaltung: Schrimpf und Partner, Wiesbaden
Gesamtherstellung: Elsnerdruck, Berlin
Printed in Germany

5. Band · ISBN 3-409-30364-2
Taschenbuch-Kassette mit 6 Bänden · ISBN 3-409-30384-7

GABLER
WIRTSCHAFTS
LEXIKON

Q

q, Kurzzeichen für →quarter oder →Quintal.

Q-Gewinn, →Unternehmergewinn.

qt, Kurzzeichen für →quart.

quadratische Optimierung, *quadratische Programmierung,* Teilgebiet der →mathematischen Optimierung, in dessen Mittelpunkt →quadratische Optimierungsprobleme stehen.

quadratische Programmierung, →quadratische Optimierung.

quadratisches Optimierungsproblem, *quadratisches Programmierungsproblem.*
  I. Charakterisierung: →Mathematisches Optimierungsproblem der Form:

(1) $x_0 = \sum_{k=1}^{n} \sum_{j=1}^{n} c_{kj} x_k x_j + \sum_{j=1}^{n} p_j x_j$

(2) $\sum_{j=1}^{n} a_{ij} x_j \leqq b_i$, $i = 1, 2, \ldots, m$;

(3) $x_j \geqq 0$, $j = 1, 2, \ldots, n$;

(4) $x_0 \longrightarrow$ Min!

Es besteht neben den Nichtnegativitätsrestriktionen (3) ausschließlich aus →linearen Restriktionen (2) und einer quadratischen Zielfunktion (1). Ohne Einschränkung der Allgemeingültigkeit läßt sich dabei von $c_{kj} = c_{jk}$ für $k = 1, 2, \ldots, n$, $j = 1, 2, \ldots, n$ ausgehen. – *Konvexität:* Sind sämtliche Eigenwerte der Matrix (c_{kj}) positiv, so ist die Zielfunktion (1) und damit auch das gesamte Optimierungssystem ((1)–(4)) konvex (→konvexe Optimierung).
  II. Kuhn-Tucker-Bedingungen: Unter Verwendung der Abkürzungen $u_j = \dfrac{\partial L}{\partial x_j}$ und $-v_i = \dfrac{\partial L}{\partial \lambda_i}$ lassen sich die →Kuhn-Tucker-Bedingungen wie folgt formulieren:

(4) $\sum_{j=1}^{n} a_{ij} x + v_i = b_i$, $i = 1, 2, \ldots, m$;

(5) $-2 \sum_{j=1}^{n} c_{kj} x_j - \sum_{i=1}^{n} a_{ij} \lambda_i + u_j = p_j$, $j = 1, 2, \ldots, n$;

(6) $x_j \geqq 0$, $j = 1, 2, \ldots, n$;

(7) $\lambda_i \geqq 0$, $i = 1, 2, \ldots, n$;

(8) $v_i \geqq 0$, $i = 1, 2, \ldots, n$;

(9) $u_j \geqq 0$, $j = 1, 2, \ldots, n$;

(10) $x_j u_j = 0$, $j = 1, 2, \ldots, n$;

(11) $\lambda_i v_i = 0$, $i = 1, 2, \ldots, m$.

III. Lösungsverfahren: Grundsätzlich sind sämtliche Verfahren der →nichtlinearen Optimierung bzw. der konvexen nichtlinearen Optimierung anwendbar. – Als geeigneter hat sich jedoch das *Verfahren von Wolfe* (1959) erwiesen, bei dem es sich um eine Variante der →Zwei-Phasen-Simplexmethode handelt. Dieses Verfahren setzt bei den (hier notwendigen und hinreichenden) Kuhn-Tucker-Bedingungen (4)–(11) an und versucht, mit Hilfe eines →künstlichen Optimierungssystems eine zulässige Lösung für das Teilsystem ((4)–(9)) zu bestimmen. Durch eine Zusatzvorschrift wird dabei garantiert, daß nie x_j und u_j bzw. und v_i gleichzeitig Basisvariablen und damit die Restriktionen (10) und (11) stets erfüllt sind. Modifikationen des Verfahrens von Wolfe sind auch in Computerprogrammen zur Lösung qu.O. implementiert.

IV. Anwendung: Q.O. ergeben sich in erster Linie im Zusammenhang mit theoretischen Überlegungen in der Volks- und Betriebswirtschaftslehre (gewisse Produktionsmodelle, Markowitz-Modelle der →Portfolio Selection) sowie in der Statistik bzw. Ökonometrie (v. a. lineare Regressionsanalyse). Direkte Anwendungen aus der betrieblichen Praxis sind dagegen nur wenige (so etwa in der Personalentwicklungsplanung) bekannt.

quadratisches Programmierungsproblem, →quadratisches Optimierungsproblem.

quadratisches Zuordnungsproblem. I. Charakterisierung: Standardproblem des →Operations Research, bei dem die Elemente einer Menge I und die Elemente einer Menge J einander zugeordnet werden sollen und weiterhin gilt: (1) Die Anzahl der Elemente in I ist gleich der Anzahl der Elemente in J; jedem Element aus I soll genau ein Element aus J zugeordnet werden und umgekehrt. (2) Zwischen je zwei Elementen i und r aus der Menge I bestehen gewisse richtungsorientierte Kontakte von der Intensität d_i^r bzw. d_r^i. (3) Zwischen je zwei Elementen j und s der Menge J bestehen gewisse richtungsorientierte Entfernungen e_j^s und e_s^j. (4) Durch die Zuordnung eines Elementes i aus I entstehen zum einen Kosten k_j^i, die ausschl. davon abhängen, welchem Element j aus J dieses Element zugeordnet wird (Kosten der absoluten Zuordnung). Daneben entstehen durch die

Zuordnung von i aus I noch weitere Kosten, deren Höhe davon abhängt, welchen Elementen aus J die übrigen Elemente aus I zugeordnet werden (Kosten der relativen Zuordnung). Für jedes Paar (i, r) von Elementen i und r aus I verhalten sich die Kosten der relativen Zuordnung, die im Zusammenhang mit der jeweiligen Kontaktintensität d_i^r anfallen, proportional zur Entfernung e_j^s zwischen den Elementen j und s aus J, denen i und r zugeordnet sind. Weitere Kosten der relativen Zuordnung entstehen nicht. (5) Gesucht ist ein Zuordnungsplan, der für jedes Element aus I angibt, welchem Element aus J es zugeordnet werden soll bei möglichst geringen Gesamtkosten. Häufig auch synonym für dessen *mathematische Formulierung*.

II. Mathematische Formulierung: Minimiere:

$$(1)\ x_0 = \sum_{i \in I} \sum_{j \in J} k_{ij} x_{ij} + \sum_{\substack{i \in I \\ r \neq i}} \sum_{r \in I} \sum_{\substack{j \in J \\ s \neq j}} \sum_{s \in J} c_{ir} e_{js} x_{ij} x_{rs}$$

unter den Restriktionen:

$$(2)\quad \sum_{j \in J} x_{ij} = 1 \quad \text{für } j \in J,$$

$$(3)\quad \sum_{j \in J} x_{ij} = 1 \quad \text{für } i \in I,$$

$$(4)\quad x_{ij} \in \{0, 1\} \text{ für } i \in I,\ j \in J,\ \text{mit}$$

$$(5)\quad |I| = |J|$$

(x_0 = Gesamtkosten der Zuordnung; c_{ir} = Kosten (der relativen Zuordnung), die bei der Kontaktintensität d_{ir} zwischen i und r (i, r ∈ I) pro Entfernungseinheit anfallen; x_{ij} = Zuordnungsvariable mit

$$x_{ij} = \begin{cases} 1, & \text{wenn das Element i (i ∈ I) dem Element s (s ∈ J) zugeordnet wird,} \\ 0 & \text{sonst.} \end{cases}$$

In Verbindung mit (4) und (5) fordern die Restriktionen (2) und (3), daß jedem Element i I genau ein Element j J zugeordnet wird, und umgekehrt. (5) besagt, daß die Anzahl I der Elemente in I gleich der Anzahl J der Elemente in J sein muß.

III. Varianten: 1. Die mathematische Formulierung eines quadratischen Zuordnungsproblems bezeichnet man als ein Koopmans-Beckmann-Problem, wenn die Zielfunktion (1) speziell die Gestalt

$$(1')\quad x_0 = \sum_{\substack{i \in I \\ r \neq i}} \sum_{r \in I} \sum_{\substack{j \in J \\ s \neq j}} \sum_{s \in J} c_{ir} e_{js} x_{ij} x_{rs}$$

hat. – Gilt außerdem für jedes Paar (i, r) von Elementen i und r der Menge I $c_{ir} = c_{ri}$ (i, r ∈ I) und/oder jedes Paar (j, s) von Elementen j, s der Menge J e$_{js}$ = e$_{sj}$, so spricht man von einem *symmetrischen Koopmans-Beckmann-Problem*; gilt dagegen $c_{ir} \neq c_{ri}$ (i, r ∈ I) für mindestens ein Paar (i, r) von Elementen i, r der

Menge I und $e_{js} \neq e_{sj}$ (i, s ∈ J) für mindestens ein Paar (j, s) von Elementen j und s der Menge J, so liegt ein *asymmetrisches Koopmans-Beckmann-Problem* vor. – 2. Anstelle der Zielfunktion (1) verwendet man auch die Zielfunktion

$$(1'')\quad x_0 = \sum_{\substack{i \in I \\ r \neq i}} \sum_{r \in I} \sum_{\substack{j \in J \\ s \neq j}} \sum_{s \in J} \tilde{c}_{ijrs} x_{ij} x_{rs}.$$

spricht dann von einem *allgemeinen quadratischen Optimierungssystem*. (1) läßt sich dabei in (1'') durch die Transformation:

$$(7)\quad \tilde{c}_{jirs} = \begin{cases} k_{ij} + c_{ir} e_{js} & \text{falls } (i, j) = (r, s) \\ c_{ir} e_{js} & \text{falls } (i, j) \neq (r, s) \end{cases}$$

für i, r ∈ I, j, s ∈ J

überführen.

IV. Lösungsverfahren: 1. Für q.Z. stehen verschiedene exakte Lösungsverfahren zur Verfügung, denen die *Branch-and-Bound*-Methode zugrunde liegt. Diese Verfahren sind aber sehr rechenaufwendig und damit kaum zur Untersuchung von Praxisproblemen geeignet. – 2. Entsprechendes gilt für die theoretisch ebenfalls zu optimalen Lösungen führenden →*Schnittebenenverfahren*, die auf entsprechende gemischt-binäre Optimierungssysteme mit linearer Zielfunktion, in die etwa Systeme des Typs ((1'), (2), (3), (4), (5)) transformieren lassen, anwendbar sind. – 3. Die meisten *(heuristischen) Eröffnungsverfahren* bestehen aus n = I Teilschritten, wobei in jedem Schritt genau ein noch nicht zugeordnetes Element i (i ∈ I) ausgewählt und einem noch freien Element s (s ∈ J) zugeordnet wird. – 4. *Verbesserungsverfahren* gehen von einer zulässigen Lösung aus und versuchen i. d. R. dadurch zu besseren Lösungen zu gelangen, indem zwei oder mehrere Elemente der Menge I die ihnen zugeordneten Elemente der Menge J auszutauschen.

V. Anwendung: Q.Z. spielen bei der Untersuchung von Problemen der →innerbetrieblichen Standortplanung eine gewisse Rolle. Weitere Anwendungen sind von der Planung der Tastaturbelegung bei Schreibmaschinen bekannt.

Qualifikation. 1. *Begriff:* Individuelles Arbeitsvermögen, d. h. die Gesamtheit der subjektiv-individuellen Fähigkeiten, Kenntnisse und Verhaltensmuster, die es dem einzelnen erlauben, die Anforderungen in bestimmten Arbeitsfunktionen auf Dauer zu erfüllen (Beathge). Umfaßt funktionale, politisch-ökonomische und soziale Dimension von Arbeit. – 2. *Bedeutung in der Berufs- und Wirtschaftspädagogik:* Schlüsselbegriff im Zusammenhang mit der Begründung und Rechtfertigung von →Lernzielen und -inhalten (→Curriculum). Curriculumelemente sind im Hinblick auf den Erwerb von Qu. zur Bewältigung gegenwärtiger und zukünftiger Lebenssituationen auszuwählen und zu gewichten (Robinsohn). Der Qu.begriff hat den klassischen Bildungsbegriff (→Berufsbildung) als Rechtfertigungsinstanz für Lehrplan- bzw. Curriculumentscheidungen verdrängt oder zumindest ergänzt (→wirtschaftsberufliche Curriculumentwicklung). Die Berufs- und Qu.Forschung gilt entsprechend als wesentliche Bezugswissenschaft wirtschafts- und berufspädagogischer Curriculumforschung. – 3. *Kritik (aus erziehungswissenschaftlich-curricularer Perspektive):* a) Ausblendung privater und politisch-gesellschaftlicher Handlungsfelder; b) Schwierigkeit der Antizipation zukünftiger Qu.anforderungen; c) tautologischer Charakter herkömmlicher Qus.beschreibungen, d. h. die Praxis der bloßen Umformulierung sprachlich zu isolierender Tätigkeitselemente in Dispositionsbegriffe. Neuere kognitions- und handlungstheoretische Ansätze fordern deshalb die Realanalyse kognitiver Regulationsleistungen im Zug des Arbeitshandelns und, darauf bezogen, der strukturellen kognitiven Grundlagen, die diese Regulationsleistungen ermöglichen (z. B. Hacker, Volpert).

Qualifikationskonflikt. 1. *Begriff* des Außensteuerrechts für eine →Doppelbesteuerung (vgl. dort III 2) oder doppelte Nichtbesteuerung in zwei Staaten wegen abweichender Qualifikation desselben rechtlichen Sachverhalts bzw. desselben Rechtsgebildes nach den Steuerrechten der beteiligten Staaten. – 2. *Arten* nach Auswirkung für den Steuerpflichtigen: a) *positiver Q.,* wenn sich die unterschiedliche Auslegung zu Lasten des Steuerpflichtigen i. S. einer Doppelbesteuerung auswirkt; b) *negativer Q.,* wenn sich die unterschiedliche Auslegung dahingehend auswirkt, daß eine Besteuerung in beiden beteiligten Staaten unterbleibt.

qualifizierte Gründung, →Gründung einer AG mit →Sacheinlagen (→Sachgründung), →Sachübernahmen oder gefährlichen Abreden (→Gründerlohn, →Sondervorteile). Die q.G. unterliegt einer besonderen →Gründungsprüfung (§ 33 II AktG).

qualifizierte Legitimationspapiere, →hinkende Inhaberpapiere.

qualifizierte Mehrheit. 1. *Allgemein:* Bei einer Abstimmung a) eine Mehrheit, die nicht nur mehr als die Hälfte, sondern z. B. mehr als ¾ der abgegebenen Stimmen umfassen muß oder b) eine Mehrheit, die neben der Mehrheit der abgegebenen Stimmen (Kopfmehrheit) noch eine Mehrheit der durch die Stimmen vertretenen Kapitalbeteiligung oder der Forderungsbeträge erreichen muß. – 2. *Aktienrecht:* In der →Hauptversammlung der AG eine Mehrheit, die zum Zustandekommen eines gültigen Beschlusses neben der Stimmenmehrheit (mehr als die Hälfte der abgegebenen Stimmen) auch z. B. ¾ des in der Hauptver-

sammlung vertretenen Grundkapitals (bedeutsam bei Vorhandensein von →Mehrstimmrechtsaktien) umfassen muß; vorgeschrieben u. a. bei Satzungsänderung, Abberufung von Aufsichtsratsmitgliedern, →Kapitalherabsetzung, →Verschmelzung (Fusion) und →Auflösung der Gesellschaft.

qualifizierte Mitbestimmung, →Mitbestimmung.

Qualifizierungsprozesse, extern (Seminare) oder intern (durch den Tätigkeitsvollzug selbst) vermittelte Lernprozesse zur Vermittlung von Fertigkeiten, kognitiven Fähigkeiten und (Differenzierung der operativen Abbildsysteme im Rahmen der →Handlungsregulation) sowie zur Veränderung von Einstellungen und Werthaltungen der Person. Q. finden im Rahmen der betrieblichen →Sozialisation statt. – Die Frage, inwieweit als Folge hoher →Monotonie *Dequalifizierungsprozesse* ablaufen, ist in der empirischen Forschung strittig.

Qualität, *Produktqualität,* Güte eines Produkts (Sach- oder Dienstleistung) im Hinblick auf seine Eignung für den Verwender. Q. ist ein Gesamteindruck aus *Teilqualitäten* (vgl. z. B. →funktionale Qualität, →Dauerqualität oder →Integralqualität), die sich bei jeder differenzierbaren Eigenschaft eines Produkts bilden lassen. Der Qualitätsbegriff kann subjektiv *(subjektive Q.)* und objektiv *(objektive Q.)* interpretiert werden. – Zu *unterscheiden:* →Ausführungsqualität; →Konzeptqualität. – Q. kann durch technische und marketingpolitische Maßnahmen beeinflußt werden *(Q.-politik);* unterliegt der →Qualitätssicherung.

qualitative Anpassung, →Anpassung 4.

qualitative Kapazität, Dimension der →Kapazität. Die q. K. ist die von einem Potentialfaktor bzw. Potentialfaktorsystem realisierbare Anzahl von (Teil-) Produktarten. – *Gegensatz:* →quantitative Kapazität.

qualitatives Merkmal, statistisches →Merkmal, das gemäß einer →Nominalskala in →Ausprägungen zerlegt ist. – *Gegensatz:* →quantitatives Merkmal.

qualitative Ziele, →Zielerfüllungsgrad.

Qualitätsgewicht, Gewicht einer Ware, das gleichzeitig deren Qualität bezeichnet, ausgedrückt, indem verschiedene Maßeinheiten aufeinander bezogen werden. Üblich bei Getreide, Papier, Holz usw. – *Beispiel:* Gewicht gleicher Menge guten Getreides größer als minderwertigen Getreides.

Qualitätsklausel, →Handelsklausel bezüglich der Beschaffenheit der Ware, z. B. middling.

Qualitätskonkurrenz, Art der Konkurrenz, die sich auf die Qualität der Produkte bezieht. – *Wichtige Komponenten:* →Produktdifferenzierung und →Produktvariation. – *Wichtiges*

Instrument der Q. bei Investitionsgütern ist die →Integralqualität. – Vgl. auch →Preiskonkurrenz, →Werbekonkurrenz.

Qualitätskontrolle, →Qualitätssicherung II 3.

Qualitätskosten, →Kosten, die vorwiegend durch Qualitätsforderungen entstehen. – *Kategorien:* 1. *Fehlerverhütungskosten (Qualitätssicherungskosten):* Kosten die durch fehlerverhütende Maßnahmen im Rahmen der →Qualitätssicherung anfallen. Diese Kosten werden verursacht durch die qualitätsbezogene Anpassung der Konstruktion und der Produktionsanlagen, durch die qualitätsorientierte Auswahl der Erzeugniseinsatzstoffe und Erzeugnisdienstleistungen (z. B. Wareneingangskontrolle), durch die qualitätsbedingten Sondermaßnahmen der Wartung von Werkzeugen und Produktionsanlagen und durch die qualitätsorientierte Schulung des betrieblichen Personals. – 2. *Prüf- und Beurteilungskosten:* Kosten, die durch die eigentlichen Kontrollvorgänge und die Beurteilung der Prüfergebnisse verursacht werden. Hierzu zählen Gerätekosten, Verluste durch zerstörende Prüfungen, Personal-, Betriebsstoff- und Fremdleistungskosten sowie Kosten für die Planung und Überwachung der Prüfvorgänge, für die Auswahl und Überwachung der Prüfgeräte und für die Schulung der Prüfer und Auswerter. – 3. *Fehlerfolgekosten:* Kosten, die durch das Auftreten eines Fehlers verursacht werden, einschl. →Erlösschmälerungen aufgrund von Produktfehlern. Zu den Fehlerfolgekosten zählen Erlöseinbußen in Höhe von Preisnachlässen sowie von Differenzen zwischen Normal- und Ausschußerlösen, Kosten der Ausschußfertigung sowie ausschußbedingte Folgekosten in nachgelagerten Produktionsstufen (z. B. durch Beschäftigungsmangel), Nacharbeitungskosten im eigenen Betrieb oder beim Abnehmer, Sortierkosten, Kosten durch Rücksendungen, Austauschgüter und Störungen bei der Weiterverarbeitung beim Abnehmer sowie sonstige gewährleistungsbedingte Kosten aus Garantiefällen.

Qualitätslenkung, →Qualitätssicherung II 2.

Qualitätsplanung, →Qualitätssicherung II 1.

Qualitätspolitik, →Qualität.

Qualitätsprämie, *Güteprämie,* Art des →Prämienlohns, die zur Steigerung des qualitativen Produktionsergebnisses führen soll und die für höhere Aufmerksamkeit, bessere Sorgfalt usw gewährt wird. Voraussetzung ist einwandfreie Messung der Qualität der Arbeit mit Hilfe einer Qualitätsgröße, z. B. Senkung des Anteils der Minderqualität, des Anteils an Bruch und →Ausschuß. – Häufig *Kombination* mit →Mengenleistungsprämie.

Qualitätsprüfung, →Qualitätssicherung II 3.

Qualitätsregelung, →Qualitätssicherung II 2.

Qualitätsrente, eine im Gegensatz zur →Lagerente bereits von Hames Anderson

(1777) und Malthus (1815) abgeleitete Form der →Grundrente, die von der Voraussetzung ausgeht, daß die Böden bei der Besiedlung je nach ihrer Ergiebigkeit urbar gemacht und bestellt würden (die ergiebigsten zuerst, werfen gegenüber den später besiedelten, weniger ergiebigen eine Q. ab). – Die Q. *entsteht* dann allein durch Bodenknappheit. – Ihre *Höhe* richtet sich nach der Qualität der für die volkswirtschaftliche Bedarfsdeckung zusätzlich erforderlichen Böden. Sie ist bei Böden erster Qualität z. T. größer als bei Böden zweiter oder dritter Güte; und es gibt Grenzböden, die keine Q. abwerfen. – Ricardo hat die Q. zur *Intensitätsrente* ausgebaut.

Qualitätssicherung, I. B e g r i f f : Alle organisatorischen und technischen Maßnahmen, die der Schaffung und Erhaltung der Konzept- und Ausführungsqualität (→Qualität) dienen.

II. T e i l f u n k t i o n e n : 1. In der *Qualitätsplanung* werden die Qualitätsmerkmale ausgewählt sowie ihre geforderten und zulässigen Ausprägungen für ein Produkt und Verfahren festgelegt. Dies geschieht im Hinblick auf die durch die Anwendung oder eine →Norm gegebenen Erfordernisse und deren Realisierbarkeit. – 2. *Qualitätssteuerung,* die oftmals auch als *Qualitätslenkung* oder *Qualitätsregelung* bezeichnet wird, beinhaltet die Vorgabe der geplanten Produkt- und Ausführungsanforderungen sowie deren Überwachung mit ggf. erforderlicher Korrektur der Ausführung bei der Produkterstellung. Unter Verwendung der Ergebnisse der Qualitätskontrolle sollen die vorgegebenen Qualitätsanforderungen erfüllt werden. Hierzu können zum einen Maßnahmen veranlaßt werden, die qualitätsmindernde Störungen im Produktionsprozeß beseitigen helfen, z. B. durch rechtzeitigen Werkzeugwechsel mit entsprechender vorbeugender Instandhaltung. Zum anderen können auch Maßnahmen geplant und veranlaßt werden, die auf eine Änderung der Entwurfsqualität oder der eingesetzten Produktionsverfahren abzielen. – 3. Die *Qualitätskontrolle* oder auch *Qualitätsprüfung* beinhaltet einen Soll-Ist-Vergleich, bei dem festgestellt wird, inwieweit Produkte die an sie gestellten Qualitätsanforderungen erfüllen. Die Qualitätskontrolle i.w.S. beinhaltet sowohl die Überprüfung der Entwurfsqualität als auch die Überprüfung der Ausführungsqualität. Die Überprüfung der Ausführungsqualität als Qualitätskontrolle i.e.S kann nach dem Umfang der durchzuführenden Kontrollmaßnahmen in →Totalkontrolle oder →Partialkontrolle unterschieden werden. Durch die Partialkontrolle (statistische Qualitätskontrolle) wird versucht, mit Hilfe statistischer Methoden entweder Aussagen über den Zustand des Produktionsprozesses zu machen (→Produktionskontrolle) oder Informationen über den Ausschußanteil eines gefertigten Loses zu erhalten (→Abnahmeprüfung). Bei der Abnahmeprüfung werden →Stichprobenprüfpläne verwendet, während bei der Produktionskontrolle die →Kontrollkartentechnik zur Anwendung kommt. Eine Verbindung zwischen Produktionskontrolle und Abnahmeprüfung stellt die →kontinuierliche Stichprobenprüfung dar.

Literatur: Berens, W., Prüfung der Fertigungsqualität, Wiesbaden 1980; Geiger, W., Qualitätslehre – Einführung, Systematik, Terminologie, Braunschweig-Wiesbaden 1986; Hahn, D., Laßmann, G., Produktionswirtschaft – Controlling industrieller Produktion Bd. 1, Heidelberg-Wien 1986, Mansig, W. (Hrsg.), Handbuch der Qualitätssicherung, München-Wien 1980; Rinne, H., Statistische Qualitätskontrolle, Begleitmaterial zum Kurs 0891 der Fernuniversität Hagen, Kurseinheit 2: Abnahmeprüfung, Kurseinheit 3: Fertigungskontrolle, Hagen 1981; Warnecke, H. J., Dutschke, W., Kampa, H., Qualitätswesen.

Prof. Dr. Dietger Hahn.

Qualitätssicherungskosten, Qualitätskosten 1.

Qualitätsstaffel, Staffelpreise für Waren gleicher Zweckbestimmung, aber unterschiedlicher Qualität (→Preisstaffel).

Qualitätssteuerung, →Qualitätssicherung II 2.

Qualitätstypen, Klassifizierung von Handelswaren zur →Standardisierung von Handelsqualitäten zwecks Erleichterung des Warenverkehrs. Handel nach Q. erfolgt vor allem bei den Massengütern des Weltverkehrs.

Qualitätszirkel, *quality circle,* kleine Arbeitsgruppe von Mitarbeitern eines Unternehmens (i. d. R. 3–15), die gemeinsam in ihrem Arbeitsbereich auftretende Probleme lösen bzw. zu lösen versuchen. Der Q. ist kein Organ des Managements. Er trifft sich regelmäßig; ist weitestgehend hierarchielos; der Leiter übernimmt die Moderatorenfunktion. Ergebnisse sind prinzipiell nicht vorhersehbar. – *Aufgabenbereiche:* Der Q. befaßt sich mit persönlicher Weiterbildung und gegenseitiger Förderung sowie Kontrolle und Verbesserungen innerhalb ihres Bereiches. – *Ziel* ist die Verbesserung der qualitativen Arbeitsleistung eines Unternehmens, die Entwicklung von mehr Selbstwertgefühl und Sozialkompetenz der Mitarbeiter sowie die Verbesserung der gruppendynamischen Prozesse im Unternehmen. – *Erfahrungen* mit Q. sind überwiegend positiv: Im Bereich der meßbaren Verbesserungen (→betriebliches Vorschlagwesen, →Fluktuation, Anwesenheitsquote) sowie im nicht-meßbaren Bereich (→corporate indentity, zwischenmenschliche Beziehungen, Qualitätsbewußtsein, →Motivation) erhebliche Effekte, die sich auf die Gesamtleistung des Unternehmens positiv niederschlagen.

Quant, nicht (so fein wie für die Verwendung oder Fragestellung erforderlich) unterteilbare Einheit einer →Bezugsgröße, Wirtschaftsgutes, Vorganges oder Parameters, die natürlich (*ein* Mitarbeiter), technisch (*ein* Fahrzeug)

oder rechtlich-kommerziell (z. B. Angebot von Mehrstückpackungen, Standardportionen, Mindestabnahmemenge bzw. -entgelte, Pauschalentgelte) bedingt sein kann. Q. können homogen oder heterogen (z. B. Pauschalreise) zusammengesetzt sein oder nur den Rahmen für die Auswahl durch den Nutzer (z. B. Netzkarte, kaltes Buffet) festlegen. Der Quantencharakter kann auch zeitlich als Bindungsdauer (-intervall) oder (zunächst unbestimmte) Nutzungsdauer (Totalkapazität) in Erscheinung treten. – *Folge:* Der Quantencharakter kann zu speziellen Formen der Verbundenheit (→Ausgabenverbundenheit, →Erlösverbundenheit) führen, die die →Disponierbarkeit und →Zurechenbarkeit im Rechnungswesen einschränken.

Quantil der Ordnung p, *p-Quantil,* bei einer empirischen →Verteilung der Merkmalswert, der die $100 \cdot p\%$ kleineren von den $100 \cdot (1 - p)\%$ größeren Ausprägungen trennt $(0 < p < 1)$. Q. sind oft nur näherungsweise bestimmbar. Bei einer stetigen →Zufallsvariablen ist das p-Q. die Ausprägung, für die p der Wert der →Verteilungsfunktion ist. *Spezielle Q.* sind der →Median (0,50-Quantil), die →Quartile (0,25-, 0,50- und 0,75-Quantil) sowie die Dezile (0,10-, 0,20-, ... Quantil).

quantitative Anpassung, →Anpassung 3.

quantitative Kapazität, Dimension der →Kapazität. Die q. K. ist die von einem Potentialfaktor bzw. Potentialfaktorsystem in einem Zeitraum maximal realisierbare Menge von (Teil-)Produkten bestimmter Art. – *Gegensatz:* →qualitative Kapazität.

quantitatives Merkmal, statistisches →Merkmal, das gemäß einer metrischen Skala (→Intervallskala; →Verhältnisskala) in →Ausprägungen zerlegt ist. Ein Merkmal mit →Ordinalskala wird meist weder als q.M. noch als →qualitatives Merkmal (Gegensatz zu q.M.) bezeichnet.

qualitative Wirtschaftspolitik, →Theorie der quantitativen Wirtschaftspolitik.

quantitative Ziele, →Zielerfüllungsgrad.

Quantitätsgleichung, *Verkehrsgleichung,* Identität, die besagt, daß das Produkt aus Geldmenge (G) und Umlaufgeschwindigkeit (U) gleich dem Produkt aus Handelsvolumen (H) und Preisniveau (P) ist $G \cdot U = M \cdot P$. Die Q. ist eine Tautologie, denn sie beschreibt nur die Tatsache, daß alle Käufe zugleich Verkäufe sind. Sie ist streng zu trennen von der →Quantitätstheorie, die keine Identität aufzeigen will, sondern einen Kausalzusammenhang zwischen Geldmenge und Preisniveau behauptet.

Quantitätsprämie, →Mengenleistungsprämie.

Quantitätstheorie, Geldtheorie, derzufolge eine Geldmengenveränderung eine gleichgerichtete (in der striktesten Variante der Q. sogar eine proportionale) Veränderung des Preisniveaus zur Folge hat. Die Höhe des Preisniveaus ist bei gegebenem Handelsvolumen und gegebener Geldumlaufgeschwindigkeit durch die Geldmenge bestimmt (vgl. auch →Quantitätsgleichung). Zentrales Element der Q. und zugleich ihre Hauptschwäche ist die Dichotomisierung, d.h. die strikte Trennung zwischen güterwirtschaftlicher und geldwirtschaftlicher Sphäre (→vgl. auch →Saysches Theorem). – Eine *neuere Form der Quantitätstheorie,* die im →Monetarismus eine Rolle spielt, versucht, diese Schwäche zu überwinden. Unter Berücksichtigung von angebots- und nachfragewirksamen Kassenbeständen kommt sie im Ergebnis zu den gleichen Schlußfolgerungen wie die ursprüngliche Quantitätstheorie: Änderungen der Geldmenge bewirken längerfristig keine Veränderung der Preisstruktur, sie beeinflussen lediglich das Preisniveau. Wirkungen auf die reale Sphäre dagegen werden nur unter dem kurzfristigen Aspekt gesehen. – Vgl. auch →monetäre Theorie und Politik IV, →Neoquantitätstheorie.

Quarantäne, Maßnahme zur Bekämpfung →übertragbarer Krankheiten. Personen, die an Cholera, Fleckfieber, Pest, Pocken, Rückfallfieber oder Typhus abdominalis erkrankt oder dessen verdächtig sind, müssen in einem Krankenhaus abgesondert werden. Sonstige Kranke oder Krankheitsverdächtige sowie Ansteckungsverdächtige können in einem Krankenhaus oder sonst abgesondert werden. Ausscheider, die den Anordnungen der zuständigen Behörden nicht Folge leisten und dadurch ihre Umgebung gefährden, müssen abgesondert werden. Weigert sich der Betroffene, seine Absonderungen betreffenden Anordnungen Folge zu leisten oder ist nach seinem bisherigen Verhalten anzunehmen, daß er solchen Anordnungen nicht ausreichend Folge leisten wird, so ist er zwangsweise durch Unterbringung in einem abgeschlossenen Krankenhaus oder einem abgeschlossenen Teil eines Krankenhauses abzusondern. Während der Unterbringung dürfen dem Betroffenen Gegenstände, die unmittelbar oder mittelbar einem Ausbruch dienen können, abgenommen und bis zu seiner Entlassung anderweitig verwahrt werden. Für ihn eingehende oder von ihm ausgehende Mitteilungen können in seinem Beisein geöffnet und zurückgehalten werden, soweit dies zur Sicherung des Unterbringungszwecks erforderlich ist. Das Gesetz über gerichtliche Freiheitsentziehungen vom 29.6.1956 (BGBl I 599) findet Anwendung (§ 37 Bundes-Seuchengesetz). – Q. im *Außenhandel* und bei der *Einwanderung* durch Zwangsaufenthalt in Lagern usw., Überprüfung des Gesundheitszustandes bzw.

Beobachtung von ausgebrochenen Krankheiten einzelner Personen oder ganzer Schiffsbesatzungen.

quart (qt). 1. Englische Volumeneinheit. 1 qt. = 1,13652 l. – 2. Volumeneinheit in den USA für: a) Flüssigkeiten. 1 *liquid quart* (liq qt) = 0,9463529 l. – b) Trockensubstanzen. 1 *dry quart* (dry qt) = 1,101221 l.

Quartalseinzelkosten, →Periodeneinzelkosten.

quarter (q), Masseneinheit in Großbritannien. 1 q = 12,7006 kg.

Quartil, ein →Quartil der Ordnung 0,25 (erstes Q.), 0,50 (zweites Q.), 0,75 (drittes Q.) – einer Verteilung – Vgl. auch →mittlerer Quartilsabstand.

Quasibanken, →near banks.

Quasieinlagen, →Quasigeld.

quasi-fixe Aufwendungen, von Hasenack geprägte Bezeichnung für →intervallfixe Kosten.

Quasigeld, *Quasieinlagen, Geldsubstitute, Beinahe-Geld,* finanzielle Aktiva, die in enger Substitutionsbeziehung zum Geld im Sinne von Zahlungsmitteln stehen, auch wenn sie nicht unmittelbar als Zahlungsmittel einsetzbar sind. Die Deutsche Bundesbank rechnet zum Q. Termingelder (→Termineinlagen) mit einer Befristung von unter vier Jahren in den Händen von inländischen Nichtbanken. Das Q. und Geldvolumen ergeben die Geldmenge M_2 (→Geldmenge).

Quasimonopol, von Preiser im Rahmen seiner →Marktformenlehre geprägter Begriff für eine Marktsituation, bei der zwar die Anbieter bzw. Nachfrager unter sich konkurrieren, trotzdem aber en bloc eine Art Monopolstellung gegenüber der anderen Marktseite einnehmen. Als klassisches Beispiel wird der Arbeitsmarkt angeführt: die Arbeitgeber konkurrieren zwar untereinander um die Arbeiter, treten aber in Tarifverhandlungen als geschlossene Gruppe auf.

Quasimonopolgewinn, →Unternehmergewinn.

Quasimonopoltheorie, →Machttheorie I.

Quasirente, Begriff der →Kapitaltheorie; bezeichnet den Schattenpreis (→Opportunitätskosten) eines kurzfristig vollständig immobilen Produktionsfaktors. Q.-R. motivieren Investitionen und →Innovationen.

Quasi-Untermiete, Vermietung eines Wohnungsteils, nicht eine selbständige Wohneinheit, durch den Hauseigentümer oder durch jemand, der Wohnraum auf Grund eines →Erbbaurechts, →Nießbrauchs oder eines ähnlichen Rechtsverhältnisses innehat.

Quelle, →Knoten innerhalb eines gerichteten →Graphen, von dem nur Pfeile ausgehen. – *Gegensatz:* →Senke.

Quellenabzug, →Steuerabzug.

Quellenabzugsverfahren, *Pay-as-you-earn-Prinzip,* Erhebungsverfahren: Erhebung der Steuern am Orte und zur Zeit des Entstehens der steuerpflichtigen Vergütung (*Quellenbesteuerung*). – Vgl. auch →Abzugssteuern.

Quellenangabe, die im Urheberrecht bei Abdruck einzelner Zeitungsartikel in anderen Zeitungen und bei erlaubter Vervielfältigung fremder Werke (→Vervielfältigungsrecht) vorgeschriebene deutliche Bezeichnung der Quelle (§ 63 UrhG). – Vgl. auch →öffentliche Wiedergabe.

Quellenbesteuerung, Steuererhebung durch →Quellenabzugsverfahren.

Quellenlandprinzip, Begriff der Finanzwissenschaft: Besteuerung der Kapitalerträge ausländischer Anleger nach dem Steuerrecht des Landes, in dem das Kapital eingesetzt wird. – *Gegensatz:* →Wohnsitzlandprinzip.

Quellenstaat, *Ursprungsstaat,* Begriff des Außensteuerrechts für den Staat, in dem der Steuerpflichtige zwar nicht seinen Wohnsitz oder gewöhnlichen Aufenthalt hat, wohl aber einer wirtschaftlichen Betätigung nachgeht, die für ihn eine Einkommens-/Vermögensquelle darstellt. Der Q. unterwirft den Steuerpflichtigen i.d.R. mit den Einkünften und mit dem Vermögen in diesem Staat der →beschränkten Steuerpflicht. – *Gegensatz:* →Wohnsitzstaat.

Quellensteuern. I. Außensteuerrecht: 1. *Begriff:* a) Q. i.w.S. sind alle Steuern, die vom →Quellenstaat von Steuerausländern im Rahmen der →beschränkten Steuerpflicht direkt vom Ertrag erhoben werden; b) Q. i.e.S. sind alle Steuern, die vom Quellenstaat im Rahmen der beschränkten Steuerpflicht von den Einnahmen ohne Veranlagung durch →Steuerabzug einbehalten werden. – 2. *Q. i.e.S.* werden in den meisten Staaten erhoben auf Dividenden, Zinsen und Lizenzgebühren. – 3. Im Rahmen von →Doppelbesteuerungsabkommen werden die *Q.-sätze für Dividenden* i.d.R. gesenkt, die *Q.-sätze für Zinsen* und Lizenzgebühren dagegen häufig aufgehoben.

II. Allgemeines Steuerrecht: Synonym für →Abzugssteuern.

Quellentheorie. I. Theorie der Besteuerung: Q. als theoretische Grundlage des steuerrechtlichen Einkommens:. – 1. *Charakterisierung:* Neben der →Reinvermögenszugangstheorie der bedeutsamste Versuch, für das steuerliche Einkommen (→Einkommensbesteuerung) eine theoretische Basis zu bestimmen; 1902 von B. Fuisting entwickelt. – 2. *Begriff des Einkommens:* Die Q.

definiert als Einkommen nur jene ökonomischen Verfügungsgrößen, die aus dauerhaften Quellen der Gütererzeugung dem einzelnen „zur Bestreitung seines persönlichen Lebensunterhaltes" zufließen. – a) Damit betont die Q. die Regelmäßigkeit des Zuflusses, allerdings allein aus der „Gütererzeugung". – b) Die Q. schließt folgende ökonomische Verfügungsrechte, obwohl sie den einzelnen zugehen, aus der Definition aus: (1) die aperiodisch zugehenden (z.B. Erbschaften, Schenkungen, Glücksgewinne, Vermögensveräußerungen, Vermögenswertsteigerungen) und (2) alle jene Einkommensteile, die für die „Kapitalreproduktion" verwendet werden (ein Element der Einkommensverwendung). – Die Q. kommt so zu einem extrem engen Einkommensbegriff, bei dem das Interesse an der Vermögens- und Kapitalerhaltung dominiert und der überdies wegen der Anknüpfung an volkswirtschaftliche Wertschöpfungsvorgänge stark an einen *makroökonomischen* Einkommensbegriff erinnert. – 3. *Bedeutung:* Die Q. hat zu gewissen Teilen Eingang in die Einkommensdefinition der deutschen Einkommensteuer gefunden, ohne daß diese jedoch eine allgemeine theoretische Einkommensdefinition formulieren würde.

II. Theorie der öffentlichen Verschuldung (→Finanztheorie VII): Die Q. geht von einem starren Geldkapitalangebot aus, so daß eine Ausdehnung der Staatsverschuldung c.p. zu Zinssteigerungen führt, die, zinselastisches Investitionsverhalten der Privaten vorausgesetzt, einer Verdrängung privater Nachfrage nach sich ziehen. – Vgl. auch →Fontänentheorie →crowding out.

Quellprogramm, →Programm 3 a).

Quellverkehr, in einer →Verkehrszelle i(i = 1, 2, ..., n) entstehendes (dort verbleibendes oder von dort abgehendes) →Verkehrsaufkommen. Meßgröße ist die Zahl der beförderten Personen/Gütertonnen/Nachrichten bzw. die Zahl der erzeugten Verkehrsmittelbewegungen. – Vgl. auch →Zielverkehr.

Querschnittuntersuchung, Daten, die sich nur auf einen bestimmten Zeitpunkt beziehen. – *Gegensatz:* →Längsschnittuntersuchung.

querschreiben, einen Wechsel akzeptieren (durch Unterschrift quer an der linken Seite); →Akzept.

Querverbund, Zusammenschluß kommunaler Unternehmen (→öffentliche Unternehmen) zu einer öffentlich-rechtlichen Rechtsform. Erforderlich für die Zulässigkeit eines derartigen Zusammenschlusses ist ein innerer Zusammenhang der Aufgabenwahrnehmung. Die Kritik an dem Q. richtet sich v.a. auf die →interne Subventionierung einzelner Leistungsbereiche.

query, →Datenbankabfrage.

query language, →Abfragesprache.

Quesnay, Francois, 1694–1774, Leibarzt Ludwigs XV., Begründer des physiokratischen Systems (→Physiokratie). Das Tableau ist das erste Schema des wirtschaftlichen Kreislaufes. Damit verbunden war die Erkenntnis einer allgemeinen Interdependenz der Geld- und Güterströme. Nach Q. wird nur in der Landwirtschaft ein →produit net, ein Reinertrag, erzeugt, im Sinne des modernen Begriffs der →Wertschöpfung (→tableau èconomiquè). Deshalb zählt Q. die Pächter der landwirtschaftlichen Grundstücke zu der classe produktive im Gegensatz zu den Bodeneigentümern (classe distributive) sowie den Gewerbetreibenden und Händlern (classe stérile) und dem petit peuple. – *Hauptwerke:* „Tableau èconomiquè" 1758; „Maximes générales du gouvernement économique ..." 1758; „le droit naturel" 1765.

Queue, *Schlange,* I. B e t r i e b s i n f o r m a - t i k : Bei der →Programmentwicklung benutzte →abstrakte Datenstruktur. Eine Q. ist eine Speicherstruktur, die Elemente nach dem Prinzip „First-in-first-out" (→Fifo) aufnimmt und abgibt. – *Gegensatz:* →Stack.

II. O p e r a t i o n s R e s e a r c h : Vgl. →Warteschlange.

queuing theory, →Warteschlangentheorie.

quick ratio, →Liquiditätsgrad I 2.

Quintal (q), veraltete, in Frankreich, Mittel- und Südamerika verwendete Masseneinheit. 1 q = 100 kg.

Quittung. 1. *Begriff:* Schriftliches Empfangsbekenntnis, auf Verlangen des Schuldners →Zug um Zug gegen Empfang der geschuldeten Leistung vom Gläubiger zu erteilen; auch nachträglich (§ 368 BGB). – 2. Der *Überbringer* einer (echten) Q. gilt (auch wenn er sie z. B. gestohlen hat) als ermächtigt, die geschuldete Leistung in Empfang zu nehmen, sofern sich nicht aus dem Schuldner bekannten Umständen etwas anderes ergibt (§ 370 BGB). – 3. Wird eine durch →Hypothek gesicherte Schuld erfüllt, hat Schuldner Anspruch auf *löschungsfähige Q.* mit der Angabe, daß der Eigentümer gezahlt hat und darüber, ob er der persönliche Schuldner ist (→Löschungsbewilligung). – 4. Die *Kosten der Q.* trägt im Zweifel der Schuldner (§ 369 BGB). – 5. Im Geschäftsverkehr sind *Vordrucke* mit Namen und Wohnung des Zahlers, Betrag, Grund der Zahlung, Datum und Ort sowie Unterschrift des Empfängers üblich. Durchschriften der Q. dienen als Kassenbeleg. – Sonderform: →Ausgleichsquittung, Bankquittung (→Rechnungseinzugsverfahren), →Doppelquittung.

Quittungsinkasso, →Inkasso III.

Quittungskarte, →Versicherungskarte.

Quorum, gesetzlich oder satzungsgemäß bestimmte Zahl von Mitgliedern, die bei einer gültigen Beschlußfassung eines Gremiums mindestens anwesend sein muß.

Quotation, →Notierungen an der Börse.

Quote, Anteil bzw. Verhältnisteil, der jeweils festgesetzt wird oder sich nach einer Verhältnisrechnung ergibt.

I. W e t t b e w e r b s r e c h t / - p o l i t i k : Die Festlegung der Q. ist bei hochorganisierten →Kartellen und Syndikaten wichtig. Sie umfaßt die Produktmenge, die von den einzelnen Kartell- und Syndikatsmitgliedern in einem bestimmten Zeitabschnitt produziert werden darf. – Vgl. auch →Kontingentierungskartell, →Quotenkartell.

II. A u ß e n h a n d e l : Zuteilungsmenge hinsichtlich Einfuhrlizenzen, Devisen sowie Einfuhrwaren im Falle kontingentierter Waren (→Einfuhrkontingentierung, →Verteilungsverfahren).

Quotenaktie, *nennwertlose Aktie,* in der Bundesrep. D. unzulässige Form der →Aktie; in Kanada und den USA jedoch gebräuchlich. Die Q. lautet, ohne einen festen Geldbetrag (→Nennwert) zu nennen, auf einen dem Anteilsrecht entsprechenden Bruchteil, z. B. bei insgesamt 1000 Aktien einer Gesellschaft 1/1000 des Gesellschaftsvermögens. – *Gegensatz:* →Nennwertaktie.

Quotenauswahlverfahren, nichtzufälliges →Auswahlverfahren zur Gewinnung einer →Stichprobe i. w. S., die einer Personengesamtheit. Die →Grundgesamtheit wird nach Maßgabe von →Merkmalen, die mit dem Untersuchungsgegenstand verbunden sind, meist bevölkerungsstatistischen Merkmalen (Geschlecht, Alter), in →Teilgesamtheiten gegliedert. Jeder Teilgesamtheit ist dann gemäß ihrem Anteil an der Grundgesamtheit eine bestimmte Anzahl von Elementen zu entnehmen. Dabei erfolgt keine zufällige Vorgehensweise, deshalb kann das Q. nicht zu den →Zufallsstichprobenverfahren gerechnet werden.

Quotenkartell, ein →Kartell höherer Ordnung, bei dem der Absatz einheitlich organisiert ist. Die Kontingentierung kann erfolgen: a) als *Auftragsverteilung:* Sammlung der Bestellungen an einer zentralen Stelle, die sie nach vereinbartem Schlüssel (Quote) auf die Beteiligten umlegt; b) als *Angebotsverteilung:* je nach Marktlage und Kapazität werden die anzubietenden oder zu verkaufenden Mengen reguliert. – Vgl. auch →Kontingentierungskartell.

Quotenreferenzverfahren, →Referenzverfahren 2.

Quotensystem, →Verbundsystem.

Quotenvorrecht, gesetzlich nicht formuliertes, von der Rechtsprechung herausgebildetes Rechtsinstitut. In der →Sozialversicherung bzw. im Sozialhilferecht der Anspruch des Sozialversicheungsträgers bzw. des Sozialhilfeträgers gegenüber dem Versicherten (das ist der Geschädigte) auf bevorrechtigte Befriedigung seiner Schadenersatzansprüche beim gesetzlichen Forderungsübergang (§ 116 SGB 10), wenn und soweit der Versicherte bzw. der Geschädigte entsprechend der festgestellten Haftungsquote den Schaden mitverschuldet hat.

Quotientenoptimierung, *Quotietenprogrammierung, fractional programming.* 1. *Begriff:* Teilgebiet der →nichtlinearen Optimierung, in dessen Mittelpunkt solche mathematischen Optimierungsprobleme stehen, deren Zielfunktionen $f_0(x_1, x_2, \ldots, x_n)$ als Quotient zweier Funktionen $g_0(x_1, x_2, \ldots, x_n)$ und $h_0(x_1, x_2, \ldots, x_n)$ dargestellt werden können:

$$f_0(x_1, x_2, \ldots, x_n) = \frac{g_0(x_1, x_2, \ldots, x_n)}{h_0(x_1, x_2, \ldots, x_n)}.$$

Speziell von *linearer Quotientenoptimierung* spricht man, wenn das Optimierungssystem nur aus →linearen Restriktionen besteht. Vgl. im einzelnen Schaible, S., Analyse und Anwendungen von Quotientenprogrammen, Meisenheim a. Glan 1978. – 2. *Bedeutung:* Das Gebiet der Q. ist bisher hauptsächlich Gegenstand theoretischer Untersuchungen; praktische Anwendungen sind kaum bekannt geworden.

Quotientenprogrammierung, →Quotientenoptimierung.

Quotitätsprinzip, Prinzip zur Gestaltung von Steuer- (→Quotitätssteuern) bzw. Subventionstarifen, bei dem am Anfang die Beschlußfassung über die Tarife steht. Die Höhe der Gesamtsteuerschuld (des gesamten Subventionsbetrages) kann erst nach erfolgter Besteuerung (Subventionierung) ermittelt werden. – *Gegensatz:* →Repartitionsprinzip.

Quotitätssteuern, Steuern, bei denen die Steuersätze gesetzlich festgelegt sind, während das Aufkommen im Verhältnis der Bemessungsgrundlage schwankt. – *Gegensatz:* →Repartitionssteuern.

R

Rabatt. I. Begriff: →Preisnachlaß für Waren und Leistungen, der angewendet wird, wenn ein formell einheitlicher Angebotspreis trotzdem gegenüber verschiedenen Abnehmern, unter verschiedenen Umständen oder zu verschiedenen Zeiten differenziert werden soll. R. als absoluter Betrag oder in einem Prozentsatz des Angebotspreises.

II. Arten: 1. Nach dem *Grund der Rabattgabe*: a) *Barzahlungsrabatt*: Vergütung für schnelle Zahlung (im gleichen Sinn wie →Skonto verwendet). – b) *Warenrabatt*: Berechnungsart des endgültigen Kaufpreises; hierbei bedeutet *Mengenrabatt* (Konsumrabatt) ein Preisnachlaß für die Abnahme von größeren Mengen in einer Lieferung oder in einem bestimmten Zeitraum (meist ein Jahr); im letzten Fall vielfach als Umsatzbonus oder Jahresbonus bezeichnet. – c) *Funktionsrabatt*: Die dem Abnehmer gewährte Vergütung für die Übernahme eines Teils der Handelsfunktionen des Lieferanten. – d) *Frühbezugsrabatt*: Preisnachlaß für vorzeitige Abnahme von Saisonartikeln. – e) *Treuerabatt*: Gewährt für langdauernde Geschäftsbeziehungen; i.e.S. auch R. unter der Bedingung, daß der Kunde in einem bestimmten Zeitraum bestimmte Artikel nur von einem Lieferanten oder einer Lieferantengruppe bezieht. – f) *Kundenrabatt*: An den letzten Verbraucher gewährter Preisnachlaß; oft als *Einzelhandelsrabatt* (zu eng) bezeichnet. Der Kundenrabatt tritt durchweg in der Form des Barzahlungsrabatts auf (durch Rabattgesetz heute auf 3% des Verkaufspreises begrenzt; vgl. auch →Rabattmarken). – Viele Arten von *Sonderrabatt*, z. B. der Preisnachlaß an im Betrieb Beschäftigte (Personalrabatt) und der an bestimmte Personengruppen (z. B. Beamten- oder Vereinsrabatt) oder Berufsgruppen (z. B. Weiterverarbeitungsrabatt) gewährte R. – 2. Nach dem *Zeitpunkt* der Rabattgewährung zu unterscheiden: *Sofortrabatt* und *nachträglich vergüteter R.* (z. B. meist der Umsatzbonus).

III. Bruttopreissystem: Auf dem Prinzip der Gewährung von Handelsrabatten auf einen festen Verkaufspreis beruht auch das sog. *Bruttopreissystem*. Den Händlern wird die Ware zum Bruttopreis (gleich Verbraucherpreis) in Rechnung gestellt, die gewährte Spanne kommt als Handelsrabatt in Abzug. Dabei oft mehrere Rabattarten nebeneinander, z. B. neben dem Funktionsrabatt

noch ein Mengenrabatt. Rabattsätze auch vielfach gestaffelt (Berechnung des Gesamtrabatts meist wie folgt: 40% Funktionsrabatt vom Bruttopreis, vom Restbetrag noch 10% Mengenrabatt, von diesem Restbetrag noch 5% Treuerabatt. Das bedeutet dann nicht 55% Gesamtrabatt, sondern 48,7%).

IV. Rabattgesetz: Beim Verkauf an den Letztverbraucher ist das Rabattgesetz (RabG) vom 25.11.1933 (RGBl I 1011) mit späteren Änderungen zu beachten: R. und Sonderpreise bei der Veräußerung von Waren sowie der Erbringung von gewerblichen Leistungen sind grundsätzlich verboten, sofern es sich um einen Geschäftsverkehr mit dem letzten Kunden handelt (§ 1 RabG). – *Zulässig* sind u. a.: a) *Barzahlungsrabatt* bis zu 3% (§§ 2, 3 RabG), der sofort oder durch Gutscheine (→Rabattmarken) gewährt werden muß (diese Beschränkung gilt auch für Konsumvereine (§ 5 RabG)); b) *Handelsüblicher Mengenrabatt* *(Waren- oder Preisrabatt)*, *Treuerabatt* bei Markenartikeln und *Sondernachlässe oder -preise* an gewerbliche Verbraucher, Großverbraucher, Betriebsangehörige und Behörden. – *Verstöße* gegen das RabG sind →Ordnungswidrigkeiten. Mitbewerber und Verbände zur Förderung gewerblicher Belange können →Unterlassungsansprüche geltend machen. – Vgl. auch →unlauterer Wettbewerb.

V. Buchung: 1. Buchungsmöglichkeiten *beim Verkäufer*:

a) Forderungen	6000,–	
an Umsatzerlöse		6000,–
b) Bank	5 760,–	
Umsatzerlöse		
(4% Rabatt)	240,–	
an Forderungen		6000,–

oder (da R. als Erlösschmälerung einen Preisnachlaß darstellt, so im IKR in Kontenklasse 5 vorgesehen):

b) Bank	5760,–	
Erlösschmälerungen	240,–	
an Forderungen		6000,–

Ggf. können für verschiedene Erlöskonten Separatkonten zur Feststellung der Erlösschmälerungen eingerichtet werden; Abschluß mit Gewinn- und Verlustkonto oder Übertrag auf das entsprechende Erlöskonto. – 2. Beim *Käufer* mindern R. den Einstandswert (→Einstandspreis an Material und Waren. – R. sind als →Erlösschmälerung nicht in die Kostenrechnung einzubeziehen.

VI. **Umsatzsteuerliche Behandlung**: R. mindern das →Entgelt.

Rabattgesetz, →Rabatt IV.

Rabattkartell, →Kartell zur Festlegung einheitlicher Funktions-, Umsatz- oder Mengenrabatte. Nach § 3 I GWB Widerspruchskartell. Vgl. →Kartellgesetz VII 3 b).

Rabattkombination, Rabattangebote deutscher Zeitschriftenverleger bei gleichzeitiger Schaltung von →Anzeigen in mehreren, demselben Verlag zugehörigen Publikationszeitschriften. Häufig zielgruppenorientiert (→Zielgruppe), z. B. Männer-R., Wassersport-R. Über die geringeren Kosten kann die Effizienz des eingesetzten →Werbeetats erheblich gesteigert werden.

Rabattmarken. 1. *Begriff:* Sparmarken, die vom Einzelhandel für Barzahlung ausgegeben werden können. Rabattierung höchstens drei Prozent des Preises der Ware oder der Leistung (§ 2 Gesetz über Preisnachlässe, *Rabattgesetz* vom 25. 11. 1933). – 2. *Entwicklung:* Barzahlungsrabatte sollten ursprünglich dem weit verbreiteten „Anschreiben" entgegenwirken. Vom mittelständischen Einzelhadel, der sich z. T. in *Rabattsparvereinen* organisierte, wurden *Rabattbücher* ausgegeben, in die die Käufer die R. einklebten und die eingelöst werden konnten, sobald ein Umsatz von mindestens 50 Deutsche Mark getätigt wurde. Dadurch sollte eine Kundenbindung erreicht und eine Abwanderung der Verbraucher zu den →Konsumgenossenschaften mit ihren hohen Rückvergütungen oder zu den Warenhäusern mit ihren attraktiven Nettopreissystemen verhindert werden. Nach der Begrenzung der Rückvergütung auf ebenfalls höchstens drei Prozent (§ 5 RabattG) heute im Einzelhandel keine Ausgabe von R. mehr.

Rabattsparverein, Vereinigung rabattgewährender Gewerbetreibender. R. haben sich nach § 4 II RabattG jährlich einer unabhängigen Prüfung durch einen sachverständigen Prüfer zu unterziehen.

Rabattspreizung, →Mengenrabatt.

rack jobber, *Regalgroßhändler,* Hersteller oder Großhändler, die Verkaufsraum und/oder Regalfläche in Verkaufsstätten des Groß- oder Einzelhandels anmieten und dort das Sortiment ergänzende Waren (teils mit eigenen Verkäufern auf eigene Rechnung) anbieten. Der Vermieter übernimmt zumeist das Inkasso und die Abrechnung. Hierfür erhält er als Entgelt ein Fixum (→Regalmiete) und/oder eine Umsatzbeteiligung. R.j., verbunden mit dem Shop-in-the-shop-Prinzip (→shop in the shop), wird praktiziert in →Warenhäusern, →Selbstbedienungswarenhäusern und →Cash-and-carry-Großhandlungen.

Rad (rad), veraltete Einheit der Energiedosis. 1 rad = 0,01 Gray.

Radfahrer, Person, die ein →Fahrrad benutzt. – *Sondervorschriften* für R. u.a. über Führung von Fahrrädern, Verhalten im Straßenverkehr sowie Mitnahme von Personen, Gegenständen, Anhängern und Tieren (§§ 2 IV, 21 III, 23 III, 27 StVO). R. haben grundsätzlich Radwege zu benutzen; Kinder bis zum 8. Lebensjahr dürfen auch auf Gehwegen fahren.

Radiant (rad), →gesetzliche Einheiten, Tabelle 1.

Radiospot, →Funkspot.

Radizieren, *Wurzelziehen,* eine dem →Potenzieren gegenläufige Grundrechnungsart, bei der, im einfachsten Fall aus einer Quadratzahl, die Wurzel gezogen wird.

$\sqrt[n]{a} = Z$, wenn Z^n = a (für positives Z). $\sqrt[n]{a}$ ist gleichwertig mit $a^{\frac{1}{n}}$.

Rahmengesetz, Grundsätze für die Regelung bestimmter Gebiete aufstellendes →Gesetz. R. darf keine abschließende Regelung einer einzelnen Materie enthalten; es muß der Ausfüllung durch den Landesgesetzgeber fähig und bedürftig sein. Der Bund kann z. B. auf den in Art. 75 GG bezeichneten Gebieten (z. B. Rechtsverhältnisse der im öffentlichen Dienst der Länder und Gemeinden stehenden Personen, Hochschulrecht, Presserecht, Filmrecht, Jagdwesen, Raumordnung, Wasserhaushalt, Melde- und Ausweiswesen) R. erlassen, wenn hierfür ein Bedürfnis besteht (Art. 72 GG).

Rahmenkompetenz, →Kompetenz I.

Rahmenkonzept, →strategisches Management, →Unternehmenspolitik.

Rahmenlehrpläne zur Meisterprüfung, auf der Grundlage der Verordnung über gemeinsame Anforderungen in der Meisterprüfung im Handwerk des Bundesministers für Wirtschaft und Finanzen vom 12. 12. 1972 (AMVO) erstellte Rahmenlehrpläne (mit Rahmenzeitplan und Rahmenstoffplan) für Vorbereitungslehrgänge für die Teile III und IV der Meisterprüfung (Teil III: wirtschaftliche und rechtliche Kenntnisse; Teil IV: berufs- und arbeitspädagogische Kenntnisse).

Rahmenliefervertrag, Instrument der Beschaffungsmengensicherung (→Beschaffung), bei dem in einem definierten Zeitraum eine festgelegte Menge eines bestimmten Pro-

dukts vom Abnehmer in festzulegenden Teilmengen, sog. *Abrufen,* abgenommen wird.

Rahmenplanung, →Unternehmenspolitik,
→Unternehmensplanung II.

Rahmentarifvertrag, →Manteltarifvertrag.

Rahmenvereinbarung, vertragliche Regelung über Art und Umfang einer Zusammenarbeit für einen bestimmten Zeitraum; lose
Form des →Kontraktmarketing. – *Bekannteste Erscheinungsform:* Jahresvereinbarun-
gen, in denen geplanter Umsatz, Rabattstaffe-
lungen, gemeinsame Sales Promotion-Aktio-
nen u. a. m. geregelt werden.

Raiffeisen, Friedrich Wilhelm, 1818–88.
1845 Bürgermeister von Weyerbusch (Wester-
wald), 1848 von Flammersfeld und 1852 von
Heddesdorf bei Neuwied, gründete in diesen
Orten 1847, 1848 und 1854 Wohltätigkeitsver-
eine, die als Vorläufer der auf reiner Selbsthilfe aufbauenden ländlichen Genossenschaften gelten. Hierfür richtungsweisend wurde
der erste Darlehenskassen-Verein, der 1862 in
Anhausen auf Betreiben von R. entstand. Seit
1865 im Ruhestand, wirkte R. aber noch bis zu
seinem Tode 1888 unermüdlich für die ländlichen Genossenschaften und ihre verbandsmä-
ßige Organisation. Eine Welle von Neugrün-
dungen löste sein 1866 erschienenes Buch aus,
in dem er für sein Genossenschaftsmodell
warb und seine Organisationsprinzipien erläu-
terte. Als Einrichtungen solidarischer Selbsthilfe haben seine Genossenschaften bis heute
Bestand und sind vielfach Vorbild geworden
für Maßnahmen in Entwicklungsländern
(→Raiffeisengenossenschaften). – *Grundsätze*
seiner genossenschaftlichen Arbeit (im Gegensatz zu →Schulze-Delitzsch): 1. Beschränkung
des Bereichs der Genossenschaft auf ein Dorf
oder ein Kirchspiel; 2. Errichtung von Univer-
sal-Genossenschaften für Kreditgewährung
und Warenbezug und -absatz; 3. ehrenamtliche Leitung der Genossenschaft; 4. niedrige
Geschäftsanteile, dafür aber keine Gewinn-
verteilung, sondern Bildung von Reservefonds; 5. unbeschränkte →Haftpflicht
(→Genossenschaft III B).

Raiffeisenbanken, *ländliche Kreditgenossen-
schaften,* Einrichtungen solidarischer Selbsthilfe, deren Organisation auf Raiffeisen
zurückgeht. Seit 1972 mit den →Volksbanken
in einem gemeinsamen Spitzenverband, dem
→Bundesverband der Deutschen Volksbanken und Raiffeisenbanken e. V., zusammen
mit den Volksbanken größte Bankengruppe
Europas. Aufgrund ihrer Ortsbezogenheit und
entsprechend geringer Betriebsgröße für Zusammenarbeit in ihrem →genossenschaftli-
chen Verbund. R. sind i. d. R. Universalban-
ken; einige gleichzeitig mit Warengeschäft.
Mitglieder meistens Angehörige ländlicher
Berufe. Tendenz zu größeren Betriebseinhei-
ten durch Fusionen.

Raiffeisengenossenschaften, von →Raif-
feisen in der zweiten Hälfte des 19. Jahrhunderts v. a. für die ländliche Wirtschaft begründetes Instrument der Selbsthilfe: zunächst
Darlehnskassen-Vereine (Buchtitel 1866;
heute →Raiffeisenbanken; →Kreditgenossen-
schaften), wenig später →landwirtschaftliche
Waren- und Verwertungsgenossenschaften
(z. B. Bezugs- und Absatzgenossenschaften,
Molkereigenossenschaften, Winzergenos-
senschaften) sowie →landwirtschaftliche
Dienstleistungsgenossenschaften. 1985 rund
6300 R., davon rd. 2080 →ländliche Kreditge-
nossenschaften mit Warenverkehr. – *Genossenschaftswesen. – Spitzenverband:* →Deut-
scher Raiffeisenverband e. V.

RAL, →Deutsches Institut für Gütersicherung
und Kennzeichnung.

RAM, random access memory, *Direktzu-
griffsspeicher,* →Schreib-/Lesespeicher, auf
dessen Daten die →Zentraleinheit direkt, d. h.
unabhängig von der Reihenfolge der Speicherung der Daten zugreifen kann (wahlfreier
Zugriff; →random access). Die Zentraleinheit
kann durch sinnvolle programmtechnische
Einrichtungen (in Verbindung mit entspre-
chendem Aufbau des Speichers) die verlangten
Daten aus dem Bestand des R. herausgreifen
oder Daten an einem bestimmten Speicher-
platz ablegen. Die Zugriffszeit ist für alle
Speicherstellen etwa gleich lang. In Fachkreisen ist die weitere (korrekte) Unterscheidung
der R. in *direkt adressierbare Speicher* (z. B.
→Arbeitsspeicher) und Quasi-R. üblich
(→Magnetplattenspeicher). – *Gegensatz:*
Speicher mit seriellem Zugriff, z. B. →Magnet-
band.

Ramsay-Modelle, in der →Wachstums-
theorie (vgl. dort III 2 b)) Modelle zur
Bestimmung optimaler gleichgewichtiger
Wachstumspfade, durch die allgemeinere Nut-
zenfunktionen als bei der neoklassischen Gol-
denen Regel der Akkumulation maximiert
werden, die nicht nur den Konsum, sondern
auch den Arbeitseinsatz und deren zeitliche
Verteilung als Argumente enthalten.

RAND, →Zukunftsforschung III 1 b).

Randbedingungen, →Anwendungsbedin-
gungen.

random access, *wahlfreier Zugriff,* in der
EDV der direkte Zugriff auf →Datensätze
einer →Datei, d. h. unabhängig von der
(sequentiellen) Speicherung der Sätze. – Vgl.
auch →RAM, →Datenorganisation.

Randomisierung, Verfahren zur Eliminierung
von Störfaktoren im Rahmen der Markt- und
Meinungsforschung. Zuweisung von Untersuchungseinheiten auf die einzelnen Experimen-
talbedingungen nach dem Zufallsprinzip
(→Zufallsstichprobe). – *Beispiele:* →matched
samples, →Zufallszahlentafel (Randomtafel).

Randomtafel, →Zufallszahlentafel.

Random-walk-Hypothese, Hypothese über den Verlauf von Aktienkursen. Auf effizienten Kapitalmärkten beschreiben Aktienkurse einen Zufallspfad *(random walk)*. Alle bewertungsrelevanten Tatsachen sind im Augenblick ihres Entstehens allen Marktteilnehmern bekannt und somit voll im Kurs einer Aktie eskomptiert (→Effizienz des Kapitalmarkts, →Kapitalmarkttheorie). Die Aktien sind zu keinem Zeitpunkt über- oder unterbewertet. Deshalb ist der zukünftige Kursverlauf vom Zufall, nämlich vom Auftreten neuer bewertungsrelevanter Tatsachen abhängig. – Aus der R. w. H. ergibt sich, daß die →technische Aktienanalyse keine Erfolgsaussichten bietet. – Die R. w. H. ist für die großen amerikanischen Börsen *empirisch gut bestätigt.*

Randsortiment, →Sortiment.

Randverteilung, bei →mehrdimensionalen Verteilungen die eindimensionale Verteilung einer der beteiligten →Variablen.

Rang. I. Rechtswissenschaft: Verhältnis eines Rechts zu anderen insbes. an den gleichen Gegenstand u. ä. bestehenden Rechten, z. B. im Hinblick auf die Verwertung des Sicherungsobjekts. – 1. Der *R. eines im Grundbuch eingetragenen Rechtes* ist wichtig v. a. im Zwangsversteigerungsverfahren, da das rangbessere Recht bei einer Verwertung des Grundstücks zuerst befriedigt wird. Die Rangfolge richtet sich bei mehreren Eintragungen in derselben Abteilung des Grundbuchs nach der Reihenfolge der Eintragungen, bei Eintragungen in verschiedenen Abteilungen nach dem Datum der Eintragung, soweit nicht ein abweichender →Rangvermerk eingetragen ist (§ 879 BGB). Die Bedeutung des r. verpflichtet das Grundbuchamt, die Eintragungen in der Reihenfolge des Antragseingangs zu tätigen (→Eingangsvermerk). – Vgl. auch →Rangänderung, →Rangvorbehalt. – 2. Der *R. eines Pfandrechts an einer beweglichen Sache oder Forderung* richtet sich regelmäßig, soweit nicht bei Sachen gutgläubiger Erwerb des Vorrangs gegeben ist, nach dem Zeitpunkt der Bestellung, bei Pfändungspfandrechten nach dem Zeitpunkt der Pfändung (§§ 1209, 1273 BGB, § 804 ZPO). Das Alter der gesicherten Forderung bleibt unberücksichtigt. – 3. Im *Konkursverfahren* bestehen gesetzliche R.-Klassen, nach denen bestimmte Konkursgläubiger bevorzugt befriedigt werden; vgl. →Konkursgläubiger II 2.

II. Statistik: 1. Bezeichnung für eine →Ausprägung eines →Merkmals mit →Ordinalskala. – 2. Bezeichnung der *Ordnungsnummer,* die ein Element nach Maßgabe seiner Ausprägung eines ordinal oder metrisch skalierten Merkmals beim Sortieren der Größe nach erhält.

Rangänderung, im Grundbuch Änderung des →Ranges eines eingetragenen Rechtes. Zulässig gemäß § 880 BGB. – *Voraussetzungen:* →Einigung des zurücktretenden und vortretenden Gläubigers und Eintragung im Grundbuch; bei Grundpfandrechten ferner Zustimmung des Eigentümers, die dem Grundbuchamt oder einem der Beteiligten gegenüber zu erklären und unwiderruflich ist. Zwischen vor- und zurücktretendem Recht liegende Rechte werden durch R. nicht berührt. – *Zweck:* R. gibt die Möglichkeit, bei Beleihung eines Grundstücks trotz bereits bestehender Belastung eine weitere, *vorgehende* Belastung vorzunehmen, z. B. häufig bei der Baufinanzierung, wenn nachträglich Hypothek zugunsten einer Kreditanstalt als erststellige Hypothek eingetragen werden soll. Das bereits eingetragene Recht muß dann nachträglich zurücktreten, seinen Rang ändern. – Vgl. auch →Rangvorbehalt.

Range, →Relation.

Rangfolge-Modell, →Nutzwertanalyse.

Rangfolgeverfahren, →Arbeitsbewertung II 2 a).

Ranggliederung, Zerlegung von Aufgaben (→Aufgabenanalyse) nach ihrem Rang in Entscheidung und Ausführung (Kosiol).

Rangkorrelation, Zusammenhang zweier verbundener statistischer →Merkmale, der (nur) mit Hilfe von Rangwerten (→Rang) beurteilt wird, etwa durch den →Korrelationskoeffizienten von Spearman-Pearson.

Rangprinzip, Grundsatz zur Lösung eines Konflikts zwischen sich widersprechenden rechtlichen Regelungen: Höher stehendes Recht verdrängt nachstehendes Recht. R. gilt für das gesamte Recht.

Rangreihenverfahren. I. Arbeitswissenschaft: Vgl. →Arbeitsbewertung II 1 a).

II. Marktforschung: Vgl. →Ranking.

Rangskala, →Ordinalskala.

Rangstufen, Ebenen einer →Hierarchie.

Rangverhältnis, →Rang.

Rangvermerk, Eintragung im Grundbuch über den →Rang des Rechtes. Ein R. ist erforderlich, wenn der Rang eines Rechtes in Abweichung von der Regel des § 879 BGB bestimmt werden soll (§ 879 III BGB), z. B. wenn am gleichen Tag ein Recht in Abt. 2 und 3 des Grundbuchs eingetragen wird und eines der Rechte Vorrang haben soll.

Rangvorbehalt, Möglichkeit des Eigentümers eines Grundstücks, sich bei Bestellung eines Rechts an einem Grundstück das Recht vorzubehalten, später ein anderes Recht mit besserem →Rang zu begründen. – *Voraussetzung:* →Einigung mit dem Berechtigten (dessen Recht ggf. zurücktritt) und Eintragung des

R. im Grundbuch. Das spätere Recht muß seinem Umfang nach bestimmt sein (§ 881 BGB). – *Zweck:* I. d. R. das Freihalten der ersten Rangstelle für eine Hypothek bei Kreditaufnahme. – Vgl. auch →Rangänderung.

Ranking, *Rangreihenverfahren,* Methode der Datenerhebung mittels →Befragung, bei der die Testperson die Untersuchungsobjekte nach ihren Präferenzen global beurteilen und als Rangreihe anordnen soll (→Skalenniveau; →Skalierungsverfahren). Der Versuchsperson werden nur die Objekte und nicht wie beim →Rating auch Eigenschaften vorgegeben. Dadurch wird eine unbeabsichtigte Beeinflussung der Individuen ausgeschlossen.

RAO, Abk. für Reichsabgabenordnung (→Abgabenordnung).

Rapporte, →Meldewesen.

Rasterdrucker, →Matrixdrucker.

Rastergraphik, *Flächengraphik,* →graphische Darstellung, bei der sich das Bild aus einem Raster von Bildpunkten (→Pixel) auf einem →Bildschirm zusammensetzt.

Rastergraphikbildschirm, →Bit-mapped-Bildschirm.

Rat, empfehlender Ratschlag. – *Rechtliche Folgen:* Wer einem anderen einen R. oder eine Empfehlung erteilt, haftet *grundsätzlich* nicht für den Schaden, der dem anderen aus der Befolgung entsteht (§ 676 BGB). Haftung kann sich jedoch im Einzelfalls aus Vertrag, unerlaubter Handlung oder anderem Rechtsverhältnis ergeben. – Wer sich *vertraglich zur Beratung verpflichtet* hat, ist auch für die Richtigkeit des R. verantwortlich und kann bei Verschulden ersatzpflichtig sein; z. B. Rechtsanwalt, Patentanwalt, Auskunftsbüro, Reisebüro. – Wer *bewußt falschen R.* erteilt, um einem anderen zu schaden, haftet wegen →Sittenwidrigkeit (§ 826 BGB). – Auch wenn auf R. oder Auskunfterteilung gerichteter Vertrag fehlt, kann sich eine Haftung aus dem durch dauernde oder auf die Dauer angelegte Geschäftsverbindung entstandenen *Treueverhältnis* ergeben; die Allgemeinen Geschäftsbedingungen der Banken schließen die Haftung jedoch aus.

ratchet effect, →Sperrklinkeneffekt.

Rat des Deutschen Handels, Gesprächskreis der Hauptgeschäftsführer der Handelsverbände. Sitz in Köln. – *Aufgaben:* Wirtschafts-, gesellschafts- und finanzpolitische Entscheidungen der Bundesregierung, soweit sie den gesamten Handel betreffen, zu analysieren und zu diskutieren. Bei grundsetzlichen gesetzgeberischen Vorschlägen kann der Rat eine gemeinsame Stellungnahme abgeben, nur möglich, wenn alle Verbände damit einverstanden sind.

Rate, *Teilbetrag.* I. Allgemein: Vgl. →Ratenzahlung.

II. Verkehr: Die durch die Frachtenausschüsse der Binnenschiffahrt festgelegten Entgelte: die R. sind *Festpreise,* soweit der Bundesminister für Verkehr sie nicht im Einvernehmen mit dem Bundesminister für Wirtschaft als *Mindestsätze* zuläßt.

Rätedemokratie. I. Charakterisierung: Bisher nicht realisiertes Konzept einer Gesellschafts- und Wirtschaftsordnung mit Gesellschaftseigentum an den Produktionsmitteln und gesamtgesellschaftlicher Planung der Produktions- und Verteilungsprozesse. Vertreten insbes. von neomarxistischer Seite (→Sozialismus, →Marxismus) als ein Gegenentwurf zur →privatwirtschaftlichen Marktwirtschaft. – *Aufbau:* Die Gesellschaftsmitglieder sind dem Räteprinzip zufolge in den einzelnen Basiseinheiten (Betriebe, Wohngebiete, Universitäten usw.) als Urwahlgemeinschaften zusammengeschlossen. Aus ihrer Mitte wählen sie als ihre Vertretung Räte, deren Mitglieder an den Wählerwillen gebunden sind (imperatives Mandat) und zur Verhinderung elitärer Führungsstrukturen der Ämterrotation unterliegen. Aus der Mitte dieser Räte wiederum werden nach dem gleichen Prinzip übergeordnete (überregionale) Räte bis hinauf zum obersten Rat gewählt. Eine Übertragung von Handlungs- und Entscheidungskompetenzen an die nächsthöhere Ebene erfolgt nur soweit wie nötig, damit der übergeordnete Rat die ihm übertragenen Funktionen erfüllen, aber nicht eigenmächtig ausfüllen kann.

II. Wirtschaftskoordination: Den Mitgliedsangehörigen sind die Entscheidungsund Handlungsrechte an den Produktionsmitteln übertragen. Sie sind zu einem *Betriebsparlament* zusammengeschlossen, das die Mitglieder des betrieblichen *Selbstverwaltungsrats* wählt und ihm diejenigen Rechte überträgt, die zur Erfüllung seiner Aufgaben (organisatorische Umsetzung der Beschlüsse des Betriebsparlaments, Führung der laufenden Geschäfte, Vertretung des Betriebs nach außen) notwendig sind. Die einzelnen betrieblichen Räte wählen die Mitglieder übergeordneter Räte, denen daneben auch Nichtwerktätige (Rentner, Intellektuelle usw.) angehören. Aus der Mitte der überregionalen Räte wiederum werden Vertreter in den nächsthöheren Rat bis hinauf zum *Wirtschaftsgeneralrat* delegiert, jeweils verbunden mit einer Übertragung der zu dessen Funktionserfüllung notwendigen Kompetenzen. Aufgabe des Wirtschaftsgeneralrats ist die *Aufstellung des Volkswirtschaftsplans:* Auf Basis der Bedarfsanmeldungen der untersten Gesellschaftseinheiten (individuelle und kollektive Bedürfnisse der dort organisierten Individuen) und zentral ermittelter Bedarfsgrößen (insbes. Investiti onsgüterbedarf) erstellt er mit Hilfe der →Bilanzierungsmethode einen *vorläufigen Planentwurf*, der veröffentlicht und auf allen gesellschaftlichen Strukturebenen diskutiert wird. Diejenigen, deren Interessen nicht ausreichend berücksichtigt wurden, können entweder über die Instanzen des Rätesystems oder durch plebiszitäre Korrekturkampagnen ihre Ziele durchzusetzen versuchen. Nach entsprechenden Korrekturen durch den Wirtschaftsgeneralrat wird der *endgültige Plan* den einzelnen Betrieben in Form differenzierter Produktions- und Finanzauflagen übermittelt. Unter der idealisierenden Annahme, daß die Betriebsangehörigen durch die demokratische Aufstellung des gesamtwirtschaftlichen Plans ausreichend zur Planerfüllung motiviert werden, sind keine Prämierungs- oder Sanktionsmaßnahmen vorgesehen.

III. Funktionsprobleme: 1. Die Ermittlung des notwendigen Produktionsumfangs auf Basis dezentraler Bedarfsanmeldung birgt die *Gefahr überhöhter Güteranforderungen.* – 2. Die Ermittlung des zu erfüllenden aus dem insgesamt angemeldeten Bedarf und die Auswahl von Alternativen erfordert bei Weisungsgebundenheit der Entscheidungsberechtigten an den Willen ihrer Wähler (der Bedarfsträger) *langwierige Abstimmungsprozesse bei hohem Koordinationskostenaufwand,* da kein Konfliktlösungsmechanismus institutionalisiert ist. – 3. Das Fehlen von Prämierungs- und Sanktionsmechanismen zur Erzwingung plankonformen Verhaltens der Betriebe und Arbeiter begünstigt, anders als in dem zugrundeliegenden idealisierenden Menschenbild angenommen wird, *individuelle Trittbrettfahrerstrategien.* Erfüllt ein einzelner Betrieb jedoch seine Planauflagen nicht, führt dies aufgrund der Interdependenzen zwischen allen Betriebsplänen zu *lawinenartigen Folgestörungen* in anderen Unternehmen und damit zur Nichterfüllung des gesamtwirtschaftlichen Plans.

Ratenanleihe, Form der →Tilgungsanleihe, bei der sich der Emittent verpflichtet, die Anleihe in jährlich gleichen Beträgen zu tilgen. Bei entsprechend sinkenden Zinsbelastungen und gleich hoher Tilgungsleistung fallen die Jahresbelastungen für den Schuldner. – *Anders:* →Annuitätenanleihe.

Ratenbriefgeschäft, in der Bundesrep.D. verbotener Verkauf von Lospapieren in Raten, wobei zunächst ein sog. Ratenbrief und erst nach Zahlung sämtlicher Raten das Papier ausgehändigt wird. Der Käufer hat jedoch schon Anspruch auf die gezogenen Gewinne.

Ratenhypothek, →Abzahlungshypothek.

Ratenknappheit, →ökologische Knappheit.

Ratenkredit, →Teilzahlungskredit.

Ratenwechsel. 1. →Wechsel mit mehreren aufeinanderfolgenden Verfalltagen; in der Bundesrep.D. nichtig (Art 33 II WG). – 2. Wechsel, die beim Teilzahlungs- bzw. Abzahlungsgeschäft für jede einzelne Rate ausgestellt werden; auch als *Abzahlungswechsel* bezeichnet. R. in diesem Sinne sind zulässig.

Ratenzahlung, Zahlung in Teilbeträgen. – *Rechtliche Behandlung:* Soweit nichts anderes vereinbart ist (→Abzahlungsgeschäfte), wie jede andere →Teilleistung.

Rat für die Zusammenarbeit auf dem Gebiet des Zollwesens (RZZ), *Customs Cooperation Council (CCC),* gegründet aufgrund einer 1950 unterzeichneten Konvention, die 1952 in Kraft trat. – *Mitglieder 1984:* 95 Staaten. – *Ziele und Arbeitsergebnisse:* Die Arbeiten haben weltweite Bedeutung, daher wurde auch die frühere Bezeichnung *Brüsseler Zollrat* fallen gelassen. Hauptziel ist die Vereinfachung und Vereinheitlichung der Zollformalitäten. Arbeitsergebnisse sind insbes. die auf Konventionen beruhende *Nomenklatur des Rates für die Zusammenarbeit auf dem Gebiet des Zollwesens (NRZZ)* (früher: *Brüsseler Zolltarifschema, BZT)* und die Konvention über den →Zollwert (seit 1.7.1980 ersetzt durch GATT-Zollwert-Kodex) und über →Carnets ATA. Entwicklung eines →Harmonisierten Systems zur Beschreibung und Codierung der Waren (HS), das inzwischen fertiggestellt ist und auf der Basis einer internationalen Konvention am 1.1.1988 in die internationalen Zoll- und Außenhandelsnomenklaturen eingeführt wurde. Die EG haben das HS vollständig in das Warenverzeichnis für die Statistik des Außenhandels zur Gemeinschaft und des Handels zwischen ihren Mitgliedstaaten (→NIMEXE) übernommen. – *Wichtige Veröffentlichungen:* Bulletin (jährlich); Nomenclature for the Classifications of Goods and Customs Tariffs. Brussels Definition of Value; Customs Techniques.

Rat für gegenseitige Wirtschaftshilfe (RGW), →COMECON.

Rat für industrielle Entwicklung, ausführendes Organ der →UNIDO. – *Aufgaben:* Festlegung von Grundsätzen und Richtlinien für die Tätigkeit der UNIDO, Billigung des Arbeitsprogramms. Überwachung und Förderung der Koordinierung auf dem Gebiet der Industrialisierung innerhalb der UN. Erstattung eines jährlichen Berichts an den Wirtschafts- und Sozialrat der UN.

Ratifizierung, →Staatsvertrag.

Rating. I. Marktforschung: Methode der Datenerhebung mittels →Befragung, bei der die Testperson die Untersuchungs- bzw. Einstellungsobjekte anhand vorgegebener Merkmale auf eine Skala (→Skalenniveau, →Skalierungsverfahren) einordnen soll. Die vorgegebene Antwortskala, aus der die Meßwerte zur Einordnung der Objekte entnommen werden, bezeichnet man in diesem Zusammenhang auch als Ratings-Skala. Bei Verwendung einer Skala, die von 1 = sehr geringer Kraftstoffverbrauch bis 5 = sehr hoher Kraftstoffverbrauch reicht, kann z. B. einem Golf-Diesel eine 1 oder einem BMW eine 3 zugeordnet werden. – Vgl. auch →Likert-Skalierung, →semantisches Differential.

II. Bankwesen: Auf internationalen Finanzmärkten übliche standardisierte Kennziffer zur Beurteilung und Einstufung der →Bonität eines internationalen Schuldners; es kann sich um Länder *(Länder-R.)* oder Emittenten *(Emittenten-R.)* handeln. – Die *Erstellung* erfolgt durch auf wirtschaftliche Analyse international bedeutender Schuldner spezialisierte private Unternehmungen. *R.-Stufen:* Triple-A-R. (AAA) für bonitätsmäßig erstklassige Schuldner, Double-A-R. (AA) für zweitklassige Schuldner, Single-A-R. (A) für drittklassige Schuldner mit noch zufriedenstellender Bonität und analog abgestufte B-R. für bonitätsmäßig zweifelhafte Schuldner. – In den 80er Jahren gewannen R. zur Klassifizierung länderspezifischer Risiken große Bedeutung.

rationale Erwartungen, v. a. in der neueren monetären Theorie diskutierte Hypothese, auf deren Grundlage Aussagen bzgl. der realwirtschaftlichen Wirkungen der Geldpolitik abgeleitet werden. Erwartungen der Wirtschaftssubjekte werden als rational bezeichnet, wenn sie eine unverzerrte Schätzung der zu prognostizierenden Variablen (z. B. Wachstumsrate der Geldmenge, Inflationsrate) bei Nutzung aller im Schätzpunkt vorhandenen und verarbeitbaren Informationen darstellen. Die Hypothese der r.E. unterstellt, daß die Wirtschaftssubjekte alle verfügbaren Informationen zur →Prognose der Wirkungen geldpolitischer Maßnahmen nutzen. Bei r.E. können daher anhaltende Wirkungen der Geldpolitik auf Produktion und Beschäftigung nur Folge systematischer Fehlprognosen der Wirtschaftssubjekte sein. Dies wird von strikten Verfechtern der r.E. als unwahrscheinlich angesehen. Die r.E. führen damit zu ähnlichen Ergebnissen wie der →Monetarismus bzw. untermauern die Aussagen des Monetarimus aus einem anderen theoretischen Blickwinkel. – Die *Kritik* an den r.E. entzündet sich demgemäß auch an der Frage der behaupteten Rationalität der Wirtschaftssubjekte und der unterstellten Effizienz der monetären und realen Marktprozesse.

rationale Funktion, →Funktion, deren Gleichung von der Form

$$y = \frac{a_0 + a_1 x + a_2 x^2 + \ldots + a_n x^n}{b_0 + b_1 x + \ldots + b_m x^m}$$

ist, wobei n und m →natürliche Zahlen sind.

Beispiel:

$$y = \frac{1 + 2x^2}{5 - x^3}$$

Vgl. auch →ganz-rationale Funktion.

rationales Steuersystem, →Steuersystem, das die Besteuerung einer einheitlichen Konzeption unterordnet, d. h. unter Vermeidung von Lücken und Überschneidungen hinsichtlich der verschiedenen gesteckten Zielsetzungen ein logisch abgestimmtes Ganzes bildet. – Kriterien zur *Messung der Rationalität* von Steuersystemen (Haller): Erhebungs- und Entrichtungsbilligkeit, Lasterleichterung, Neutralität, konjunktur- und verteilungspolitische Effizienz, Berücksichtigung der Privatsphäre und innere Geschlossenheit. – *Gegensatz:* →historisches Steuersystem.

rationale Wirtschaftspolitik. Rationalität als Verhaltensnorm in der →Wirtschaftspolitik erfordert von ihren Trägern ein widerspruchsfreies, vollständiges *Zielsystem* (→Zielhierarchie, →Zielbeziehungen, →wirtschaftspolitische Konzeption), das in der Realisierung einen möglichst *hohen Erfolgsgrad* anstrebt (→Zielerfüllungsgrad). R.W. äußert sich in der Akzeptanz *wissenschaftlicher Problemlösungsbeiträge* bei der Instrumentenauswahl. Dies beinhaltet Rückgriff auf wirtschaftspolitisches Lenkungswissen (→Wirtschaftspolitik IV), Erstellen einer →Situationsanalyse, Hinzuziehen entscheidungslogischer Hilfen (z. B. von Entscheidungsmaximen) und erfordert planvolles Vorgehen und Erfolgskontrolle.

Rationalisierung. I. Begriff/Charakterisierung: R. ist ein Begriff der betriebswirtschaftlichen Theorie und Praxis mit nicht eindeutig abgegrenztem Begriffsinhalt. In einer sehr weitgehenden Sichtweise umfaßt R. alle Maßnahmen, die der Verwirklichung des Rationalprinzips bei veränderten Bedingungen dienen. R. ist dann dadurch gekennzeichnet, daß bei einer Veränderung des Entscheidungsfeldes Maßnahmen zur Anpassung an diese Veränderungen geplant, realisiert und kontrolliert werden, um eine optimale Zielerreichung unter neuen Bedingungen zu ermöglichen. Die zu optimierenden Ziele können dabei Wert-, Sach- und/oder Sozialziele sein. Vielfach versteht man jedoch unter R. nur solche Maßnahmen, die der Produktivitäts- und Wirtschaftlichkeitssteigerung dienen, wodurch letztlich eine Beschränkung auf das Wertziel erfolgt.

II. Betriebliche Rationalisierung: Veränderungen des →Entscheidungsfeldes einer Unternehmung (Änderungen im Alternativenraum, der Umweltzustände sowie der Informationen über diese Parameter) treten in vielfältiger Weise auf, so daß Rationalisierungsmaßnahmen in allen Bereichen einer Unternehmung ansetzen können. Die technologische Entwicklung eröffnet insbes. im Produktionsbereich einer Industrieunternehmung zalreiche Rationalisierungsmöglichkeiten. Beispielhaft sei hier auf die zunehmende →Automatisierung durch den Einsatz von →Bearbeitungszentren, →flexiblen Produktionszellen und →flexiblen Produktionssystemen hingewiesen, die im Rahmen eines integrierten CIM-Konzeptes (→CIM) auf der Basis eines leistungsfähigen →PPS-Systems zunehmend an Bedeutung gewinnen.

III. Überbetriebliche Rationalisierung: Überbetriebliche Institutionen fördern die betriebliche R., in dem sie Rationalisierungsmöglichkeiten erforschen und die Ergebnisse den Unternehmungen zur Verfügung stellen. Insbes. dem Rationalisierungskuratorium der Deutschen Wirtschaft (RKW), dem Deutschen Institut für Normung (DIN), dem Verband für Arbeitsstudien und Betriebsorganisation (REFA) sowie dem Ausschuß für wirtschaftliche Fertigung (AWF) kommen im Hinblick auf die überbetriebliche R. besondere Bedeutung zu.

Rationalisierungsinvestition, →Investition zum Zweck der Verbesserung bzw. Modernisierung der betrieblichen Anlagen. Angestrebt wird primär eine wirtschaftlichere Leistungserstellung durch Senkung der Kosten, nicht Erhöhung der Produktion (→Erweiterungsinvestition). Meist jedoch ist R. verbunden mit einer Leistungssteigerung, so daß die Grenze zwischen R. und Erweiterungsinvestition oft fließend ist.

Rationalisierungskartell, →Rationalisierungsverband.

Rationalisierungs-Kuratorium der Deutschen Wirtschaft e. V. (RKW), Sitz in Eschborn. – 1. *Mitglieder:* Spitzenorganisationen der Wirtschaft, der Gewerkschaften, der Wissenschaft, Technik und Betriebswirtschaft sowie Firmen und Einzelpersonen. – 2. *Aufgaben:* Einführung von Rationalisierungsmaßnahmen in die Praxis zwecks planmäßiger Steigerung der Produktivität in der deutschen Wirtschaft. Mittel zur Erfüllung dieser Aufgabe: a) Planung und Durchführung von Studienreisen ins Ausland, b) Lösung technischer Probleme durch Erfahrungsaustausch mit europäischen Ländern und den USA, c) RKW-Filmdienst, d) Beratung durch Industrieberater, e) Berichte aus technischen USA-Fachzeitschriften, f) Unterlagen für Produktivitätsvergleiche, g) internationale Zusammenkünfte und Kongresse. – 3. *Aufbau:* a) 11 RKW-Landesgruppen, RKW-Bezirksgruppen und Stützpunkte von beschränkter Zahl im Interesse der intensiven persönlichen Arbeit; b) Zusammenarbeit mit folgenden Gemeinschaftsorganen: DNA = Deutscher Normenausschuß, RAL = Ausschuß für Lieferbedingungen und Gütesicherung beim DNA, REFA – Verband für Arbeitsstudien und Betriebsorganisation, AWF = Aus-

schuß für wirtschaftliche Fertigung, ADB = Arbeitsgemeinschaft deutscher Betriebsingenieure im VDI, AWV = Ausschuß für wirtschaftliche Verwaltung; c) die Rationalisierungs-Gemeinschaften (RG) als organisatorisch lockere Zusammenschlüsse, meist unmittelbar von der Praxis getragen, zur Erarbeitung technisch oder organisatorisch beispielhafter Grundlagen, bestehen für: Typisierung, Normung, Mensch und Arbeit, Wärme- und Kraftwirtschaft, Bauwesen, Industrieller Vertrieb, Materialfluß, Handel, Hauswirtschaft, Schiffbau, Verpackung, Dokumentation. – 4. *Publikationen:* Monatsschrift, Schriftenreihe „Wege zur Rationalisierung", Schriftenreihe „RKW-Auslandsdienst", RKW-Bücher, Veröffentlichungen der Rationalisierungs-Gemeinschaften, der Produktivitäts-Zentrale u. a.

Rationalisierungsschutzabkommen, i. d. R. in der Form von →Tarifverträgen abgeschlossene Vereinbarungen, die bezwecken, Arbeitnehmer vor den Folgen technischer und organisatorischer Neuerungen (z. B. vor Abgruppierungen) zu schützen. Zulässig ist, daß Tarifverträge soziale Ausgleichszahlungen vorsehen. Umstritten ist aber, inwieweit sie Innovation beschränken oder verhindern dürfen.

Rationalisierungsverband, *Rationalisierungskartell,* Verband bzw. →Kartell, zu dessen satzungsmäßigen Aufgaben es gehört, Normungs- und Typungsvorhaben durchzuführen oder zu prüfen und dabei die Lieferanten und Abnehmer, die dadurch betroffen werden, in angemessener Weise zu beteiligen (§ 5 GWB). – *Höherstufiger R.:* Kartell, bei dem es um die Rationalisierung wirtschaftlicher Vorgänge von Finanzierung, Investition, Einkauf, Produktion und Absatz, verbunden mit Preisabreden oder der Schaffung gemeinsamer Beschaffungs- und Vertriebseinrichtungen, geht. Nach §§ 5 II, III GWB Erlaubniskartell mit Anspruch auf Erlaubnis; vgl. →Kartellgesetz VII 2 c.

Rationalisierungsverband des Steinkohlenbergbaus, bundesunmittelbare Körperschaft des öffentlichen Rechts; Kreditinstitut i. S. des KWG. *Rechtsgrundlage:* Gesetz vom 29.7.1963 (BGBl I 549) mit späteren Änderungen. – *Ziel:* Steigerung der Wettbewerbsfähigkeit des auf Stein- oder Pechkohle betriebenen Bergbaus (Steinkohlenbergbau), Verbesserung seiner Produktionseinrichtungen und Anpassung an die Absatzmöglichkeiten. – *Aufgabe:* Gewährung von Darlehen und Bürgschaften für Rationalisierungsinvestitionen im Steinkohlenbergbau und der dem Steinkohlenbergbau verbundenen Energiewirtschaft, Mobilisierung der Einbringungsforderungen, die aus der Erfassung des Bergbauvermögens der Bergbaualtgesellschaften in die Ruhrkohle AG entstanden sind. – *Mitglieder:*

Personen und Personenhandelsgesellschaften, die die Inhaber eines Steinkohlenbergwerks sind, dessen verwertbare Förderung im Durchschnitt der Jahre 1959 bis 1961 mindestens 100 000 t überschritten hat. – *Organe:* Verbandsversammlung, Verwaltungsrat, Vorstand und Ausschüsse. – *Beiträge* werden von den Mitgliedern erhoben zur Erlangung der Mittel, die der Verband zur Erfüllung seiner Aufgabe bedarf; der Bund leistet Zuschüsse.

Rationalismus, →Intellektualismus.

Rationalität. I. Ökonomische R. 1. *Begriff und Verwendungsweisen:* Der Begriff „Rationalität" bezieht sich auf das Verhalten von Wirtschaftssubjekten (Produzenten und Konsumenten) in Entscheidungssituationen. Angenommen wird ein allgemeines Nutzenstreben. – Eine *normative* Verwendungsweise liegt vor, wenn den Wirtschaftssubjekten der Weg zu rationalem Verhalten gewiesen werden soll (normative Entscheidungstheorie); eine *deskriptive* Verwendungsweise, wenn R. als Merkmal handelnder Personen interpretiert wird. – 2. *Objektive R.:* Es wird vollkommene Voraussicht bzw. Transparenz der Wirtschaftssubjekte (dem →*Homo oeconomicus* verliehene Eigenschaft) angenommen; das Nutzenstreben wird allerdings auf Maximierung des monetären Vorteils beschränkt, insbes. Gewinnmaximierung des Unternehmers. – Kritisiert wurde diese Auffassung u. a. wegen der damit verbundenen Konsequenz der *Entscheidungsparalyse:* Indem jede Aktion seitens der übrigen Wirtschaftssubjekte zu einer sofortigen Reaktion führt und damit der Handlungserfolg von vornherein verhindert wird, kommt es zur Handlungsunfähigkeit. – 3. Die Vorstellung von objektiver R. im Rahmen der *normativen Entscheidungstheorie* und die dort vorgenommene Differenzierung zwischen Risiko- und Unsicherheitssituationen kann als Versuch gewertet werden, das Informationsproblem realistischer zu behandeln; allerdings bleibt auch hier die Nutzenfunktion unspezifiziert, so daß von einem Verzicht auf die Lösung des Motivationsproblems gesprochen werden muß. – 4. *Begrenzte R.:* Wirtschaftssubjekte werden nicht als Maximierer, sondern als *Satisfizierer* interpretiert. Sobald das individuelle →Anspruchsniveau erreicht ist, wird die weitere Informationssuche abgebrochen. Die Beschränkung der R. ergibt sich ferner auf natürliche Weise aus Kapazitätsgrenzen im Hinblick auf Informationsaufnahme und -verarbeitung. – 5. *Subjektive R.:* Wirtschaftssubjekte werden ebenfalls als nach Nutzenmaximierung strebende Wesen betrachtet; es wird allerdings berücksichtigt, daß sie ggf. unterschiedliche Motiv- bzw. Bedürfnisstrukturen besitzen und ihr Informationsstand i. d. R. ungleich ist (z. B. aufgrund ungleich verteilter kognitiver Fähigkeiten, unterschiedlicher Zugangsmöglichkeiten zu Informationsquellen).

II. Emanzipatorische R./kapitalorientierte R.: Vgl. →Arbeitsorientierte Einzelwirtschaftslehre.

Rationalprinzip, allgemeiner Grundsatz bzw. allgemeine Regel für das Verhalten von Wirtschaftssubjekten in Entscheidungssituationen. Das R. wird befolgt, wenn die bezüglich eines Ziels *optimale Alternative* gewählt wird. Über die näheren Merkmale gehen die Meinungen weit auseinander; entsprechend unterschiedliche Vorstellungen über →Rationalität.

Rau, Karl Heinrich, 1792–1870, bedeutender Finanzwissenschaftler, Vertreter der klassischen Nationalökonomie und in Preußen Anhänger von A. Smith, noch stark in der Tradition des →Kameralismus verwurzelt. – Sein „Lehrbuch der politischen Ökonomie" (1826) war lange maßgebend für die deutsche Nationalökonomie, für die R. die bis heute gültige Gliederung fand: Theoretische Volkswirtschaftslehre (Volkswirtschaftstheorie), Wirtschaftspolitik und Finanzwissenschaft. R. faßte als einer der ersten Nationalökonomen den →Gebrauchswert subjektiv auf.

Raub, →Verbrechen nach § 249 StGB. Wer mit Gewalt gegen eine Person oder unter Anwendung von Drohungen mit gegenwärtiger Gefahr für Leib und Leben eine fremde bewegliche Sache einem anderen in der Absicht wegnimmt, sich dieselbe rechtswidrig zuzueignen, wird mit Freiheitsstrafe nicht unter einem Jahr, bei mildernden Umständen mit Freiheitsstrafe von sechs Monaten bis zu fünf Jahren bestraft. – Verschärfte Bestrafung bei *schwerem R.* (z. B. auf einer öffentlichen Straße, R. unter Mitführung von Waffen, §§ 250 ff. StGB).

Räuber-Beute-Modelle, *Lotka-Volterra-Modelle,* aus der Biologie übernommener Ansatz in der →Konjunkturtheorie. Endogene wirtschaftliche Variablen verhalten sich zueinander wie in der Natur beobachtbare interdependente Spezies: Eine Variable (Räuber) kann nicht existieren ohne ausreichenden Bestand der zweiten Variablen (Beute). Steigt die Anzahl der Räuber, sinkt der Bestand an Beute und vermindert somit die zukünftige Zahl der Räuber. Das zyklische Verhalten von R.-B.-M. ist v. a. in Klassenkampfmodellen untersucht worden (Räuber: Lohnquote, Beute: Beschäftigungsquote).

räuberische Erpressung, →Verbrechen nach § 255 StGB. R. E. ist die →Erpressung durch Gewalt gegen eine Person unter Anwendung von Drohungen mit gegenwärtiger Gefahr für Leib und Leben. – *Bestrafung:* Analog zu →Raub.

räuberischer Diebstahl, →Verbrechen nach § 252 StGB. Einen r. D. begeht der auf frischer Tat getroffene Dieb, der die Gewalt oder Drohung des →Raubes anwendet, um sich im

Besitz des gestohlenen Gutes zu erhalten. –
Bestrafung: Analog zu →Raub.

Raubversicherung, Versicherungsschutz für
versicherte Sachen, die dem Versicherungsnehmer (VN) mit Gewalt oder weil seine
Widerstandskraft aus anderen, nicht selbst
verschuldeten Gründen ausgeschaltet ist,
abgenommen werden oder die er unter Gewal-
tandrohung herausgibt. Unterscheidung zwischen Raub am →Versicherungsort und Raub
auf Transportwegen, letzteres mit bestimmten
Sicherheitsauflagen und Entschädigungsbe-
grenzungen. – *Nicht versichert* sind Schäden
aufgrund grober Fahrlässigkeit des VN sowie
Schäden, die vorsätzlich von Arbeitnehmern
des VN oder von Personen, die bei ihm
wohnen, oder bei Raub auf Transportwegen
von durch den VN beauftragten Personen
herbeigeführt werden. – *Formen:* Als selbständige R. (z. B. für Geschäfte und Betriebe), aber
auch in andere Versicherungszweige übernommen (z. B. →Verbundene Hausratversicherung, →Reisegepäckversicherung, →Fahr-
radversicherung).

Rauchen am Arbeitsplatz, rechtlich umstritten, ob bereits nach geltendem Arbeitsrecht
ein Anspruch des Arbeitnehmers gegen den
Arbeitgeber besteht, vor Passivrauchen am
Arbeitsplatz geschützt zu werden. Nach § 5
ArbStättV muß in Arbeitsräumen während
der Arbeitszeit unter Berücksichtigung der
körperlichen Beanspruchung der Arbeitnehmer ausreichend gesundheitlich zuträgliche
Atemluft vorhanden sein. Nach § 32 Arb-
StättV besteht eine ausdrückliche Verpflichtung des Arbeitgebers, in Pausen-, Bereit-
schafts- und Liegeräumen geeignete Maßnahmen zum Schutz der Nichtraucher vor Belästigung durch Tabakrauch zu treffen. – Teilweise
wird angenommen, Arbeitgeber sei aufgrund
seiner →Fürsorgepflicht je nach den Umständen gehalten, *geeignete und zumutbare Maßnahmen* (z. B. besondere Arbeitszimmer oder
Arbeitsbereiche für Nichtraucher, regelmäßige Belüftung) zu treffen, um die Arbeitnehmer vor gesundheitlichen Beeinträchtigungen
durch Passivrauchen zu bewahren. Nur wenn
anders Abhilfe nicht möglich, wird *Erlaß eines
generellen Rauchverbots* bei erheblichen Belä-
stigungen in bestimmten Räumen für möglich
gehalten. – *Mitbestimmungsrecht* des Betriebsrats nach § 87 I Nr. 1 BetrVG; vgl. →Ordnung
des Betriebs.

Rauchwarenpolice, Einheitsversicherung für
Rauchwaren-(Pelz)Handel und Rauchwaren-
konservierung.

Raumcharter, →Charterverkehr.

Raumforschung, Zweig der Wirtschaftspolitik. Von der →Standorttheorie und der
→Raumwirtschaftstheorie versucht man,
eine umfassende *Raumnutzungstheorie* zu erarbeiten. – 1. *Forschungsgegenstand:* Der vom

Menschen in einer gegebenen Entwicklungsphase technisch-wirtschaftlich zu gestaltende
Planungsraum, während Erkenntnisgegenstand der Geographie die natürlich-physikali-
sche und der der Landeskunde die politische
Gliederung des Erdraums ist. R. dient u. a. der
→Landesplanung und →Raumordnung. – 2.
Erforschung a) der statischen Grundlagen:
naturräumliche Daten wie Bodenformation,
Klima, Wasserhaushalt; b) der dynamischen
Kategorien: die in Wechselwirkung veränderlichen volkswirtschaftlichen, betriebswirtschaftlichen, verkehrswirtschaftlichen, soziologischen und staatspolitischen (administrativen, kulturpolitischen, geopolitischen, bevöl-
kerungspolitischen, industriepolitischen usw.)
Daten. In Bezug auf die Erforschung der
dynamischen Kräfte eines Planungsraums ist
R. Forschungsgebiet der Sozialwissenschaften. – 3. Ihre *Ergebnisse* münden in eine
Raumwirtschaftstheorie, wie sie u. a. mit der
Standorttheorie bereits deduktiv verarbeitet
worden ist.

Raumkosten, Summe aller Kosten für die
Bereitstellung von Räumen für die betriebliche Leistungserstellung, z. B. Grundstücks-
kosten, Gebäudeabschreibung bzw. Miete,
Heizung, Beleuchtung, Reinigung. R. werden
häufig in einer oder mehreren →Hilfskosten-
stelle(n) Gebäude gesammelt und im Rahmen
der →Betriebsabrechnung auf die nutznießen-
den Kostenstellen je nach Fläche und wirtschaftlichem Wert (Stockwerk, Haupt- oder
Nebengebäude) umgelegt.

Raummeter, *Ster,* veraltete Bezeichnung für
einen →Kubikmeter geschichteten Holzes
einschl. der Luftzwischenräume.

Raumordnung, staatliche Maßnahmen mit
dem Ziel der Entwicklung des Bundesgebiets
in seiner allgemeinen räumlichen Struktur, der
der freien Entfaltung der Persönlichkeit in der
Gemeinschaft am besten dient. Mittel u. a.
Aufstellung von Grundsätzen durch den
Bund, die auch für die →Landesplanung in
den Ländern gelten, und Koordinierung
raumbedeutsamer Maßnahmen. – *Rechtsgrundlagen:* Raumordnungsgesetz vom
8. 4. 1965 (BGBl I 306) mit späteren Änderungen.

I. A l l g e m e i n e s : 1. *Begriff* nicht scharf
umrissen: Eine zielgerichtete ordnende, gestaltende und entwickelnde, letztlich politisch zu
verantwortende Tätigkeit, die auf ein optimales Verhältnis zwischen Wirtschaft, Gesellschaft und Raum hinwirkt, das sich nicht von
selbst ergeben kann. – 2. *Aufgaben:* V. a.
Ausbau der Infrastruktur, die meist durch
große Investitionsblöcke, lange Lebensdauer
und Lagefixierung gekennzeichnet ist (besonders deutlich bei der Verkehrswegen). Im
vorhandenen Raum, der nur bedingt zu erweitern ist, sind ständig wachsende Ansprüche
der verschiedensten Art unterzubringen. – 3.

Stufen: a) Orts- bzw. →Stadtplanung; b) →Regionalplanung; c) →Landesplanung; d) Raumplanung in noch weiter zugeschnittenen Gebieten (z. B. EG-Raum).

II. G r u n d s ä t z e / Z i e l v o r s t e l l u n g e n : 1. Ausgehend von der →Raumwirtschaftstheorie wird in interdisziplinären Ansätzen versucht, eine umfassende *Raumnutzungstheorie* abzuleiten. Auch bei der →Raumforschung ist ein einzelnen Gebieten ist interdisziplinäres Vorgehen erforderlich, ebenso wie bei der jeweiligen Begutachtung des Gefüges und bei der Erarbeitung der Planung. – 2. Die lange Zeit vertretene Auffassung, *wesentlichstes Ziel* der R. sei es, die entstandenen Ballungsgebiete zugunsten der damit verbundenen Streuungsgebiete aufzulockern, läßt sich in so extremer Form nicht aufrechterhalten. Es erscheint aus vielen Gründen zwar sinnvoll, das Potential insbes. ländlicher Gebiete durch Schwerpunktbildungen zu fördern und zu erschließen, doch dürfen darüber bei den städtischen Gebieten nicht die ökonomischen und sozialen Agglomerationsvorteile einerseits und die zahlreichen Ordnungs- und Entwicklungsprobleme andererseits übersehen werden. – 3. Die *einzelnen Ziele*, wie Schutz und Pflege der Landschaft, Förderung von Handel und Industrie oder Umstrukturierung der Land- und Forstwirtschaft, werden von den Fachplanungen auf den verschiedenen Ebenen verfolgt, erhalten aber durch die R. die Einbindung in ein umfassendes Zielsystem, das dann ganzheitlichen Charakter haben und widerspruchsfrei verwirklicht werden kann.

III. P l a n u n g e n : 1. Das gesamte, auf ein Zielsystem gerichtete Handeln wird meist *Raumordnungspolitik* genannt, oft wäre es jedoch sinnvoller, von *Raumentwicklungspolitik* zu sprechen, vorausgesetzt, daß dafür entsprechende Kriterien vorliegen. In der Bundesrep. D. liegt das Schwergewicht der R. i. a. bei der →Landesplanung, die jedoch bei der Fassung des Landesplanungsgesetzes bzw. bei der Aufstellung der Landesentwicklungsprogramme oder -pläne die Grundsätze des Bundes zu beachten hat. Die Planungen der Gemeinden (Dörfer und Städte) schlagen sich insbes. in →Flächennutzungsplänen nieder, aus denen wiederum die →Bebauungspläne entwickelt werden. Dabei sind die übergeordneten Vorstellungen zu berücksichtigen, die gerade für ganze Regionen, sozialökonomisch abgegrenzte Gebiete, erarbeitet werden. Auf dieser Stufe treffen sich demnach staatliche und kommunale Planung (Gegenstromprinzip), wobei die Organisation dafür mehr nach der „höheren" oder mehr nach der „niedrigeren" Stufe ausgerichtet sein kann. – 2. Die in den *Gesetzen, Programmen und Plänen* der verschiedenen Ebenen niedergelegten Zielvorstellungen sind für die zahlreichen

Institutionen der öffentlichen Hand verbindlich und bringen über deren Verhalten Auswirkungen für die private Sphäre mit sich.

IV. E i n z e l n e I n s t r u m e n t e : 1. Wichtige Instrumente für die R. können die *Verkehrspolitik* (→staatliche Verkehrspolitik) und die →*Finanzpolitik* sein; in Überschneidung mit beiden hat die →*Infrastrukturpolitik* entscheidende Bedeutung. Voraussetzung ist natürlich die Ausrichtung geeigneter Maßnahmen im erforderlichen Umfang auf die Ziele der R. – 2. Das „*Regionale Förderungsprogramm des Bundes"*, ergänzt durch Maßnahmen der Länder, für ländliche, zurückgebliebene und einseitig strukturierte Gebiete bringt finanzielle Hilfen, die insbesondere durch Förderung der Wirtschaft in geeigneten zentralen Orten wirken sollen.

V. P r o b l e m e : Da es noch keine umfassende Raumnutzungstheorie gibt, lassen sich zur schwierigen Frage einer *optimalen Siedlungsstruktur* nur beschränkte Aussagen machen. Somit fehlt es aber der gesamten Raumordnungspolitik an einigen markanten Anhaltspunkten. Bis in die jüngste Zeit hat man die Augenmerk fast ausschließlich auf die unterentwickelten ländlichen Gebiete gerichtet, geht jedoch nun von dem gerade hier als falsch erkannten „Gießkannenprinzip" zu einer Schwerpunktförderung über, die bei zentralen Orten einer gewissen Mindestgröße ansetzt. Immer noch stehen die Ordnungs- und Entwicklungsprobleme der Städte bzw. der Ballungsgebiete weitgehend im Hintergrund, nicht zuletzt weil es an ausreichend leistungsfähigen Organisationsformen und zu realisierenden Zielvorstellungen für Stadt und Umland bzw. für die verflochtenen Stadtgruppen und Stadtschwärme gefehlt hat oder noch fehlt. Unter dem Begriff Ökologie bzw. Gefährdung des natürlichen Lebensbereichs des Menschen (Umweltverschmutzung) ist ein Teil dieser Ordnungs- und Entwicklungsprobleme nun kraß ins Bewußtsein der Öffentlichkeit gedrungen. Eine *ganzheitliche Entwicklungsplanung* ist zu erarbeiten, die auch neue Akzente in und zwischen den Bereichen Wohnen, Industrie privater/öffentlicher Verkehr, Bildung und Freizeit setzt.

Raumordnungspolitik, →Raumordnung.

Raumplanung, zusammenfassender Begriff für →Raumordnung, →Landesplanung, Regionalplanung und Stadtplanung.

Raumsicherungsvertrag, gesetzlich nicht besonders geregelter Vertrag über die →Sicherungsübereignung der in bestimmten Räumen befindlichen oder später einzubringenden Sachen, v.a. von Warenlagern, und zwar solchen mit wechselndem Bestand. Nach der neueren Rechtsprechung des BGH brauchen die Waren, die noch unter →Eigentumsvorbehalt des Lieferanten stehen, nicht von den schon im Eigentum des Sicherungsgebers stehenden Waren getrennt zu werden. Es genügt, wenn der Sicherungsgeber im R. allgemein an Eigentumsware das Eigentum und wegen etwaiger Eigentumsvorbehaltware sein Anwartschaftsrecht auf den Erwerb des Eigentums an den Sicherungsnehmer überträgt.

Räumungsfrist, Begriff des Zivilprozeßrechts. Auf Antrag des Mieters mögliche Frist, zu gewähren durch das Gericht im Falle einer bei Verurteilung oder beim Vergleich übernommenen Verpflichtung zur Räumung von Wohnraum. Die R. darf keinesfalls mehr als ein Jahr betragen (§§ 721, 794 a ZPO).

Räumungsverkauf, nach § 8 UWG zulässige →Sonderveranstaltung wegen einer Räumungszwangslage für die Dauer von zwölf Werktagen oder wegen Aufgabe des gesamten Geschäftsbetriebs für die Dauer von 24 Werktagen. – 1. Eine *Räumungszwangslage* liegt dann vor, wenn die Räumung eines vorhandenen Warenvorrates a) wegen eines Schadens (z. B. durch Feuer) oder b) wegen eines nach baurechtlichen Vorschriften anzeige- bzw. genehmigungspflichtigen Umbauvorhabens den Umständen nach unvermeidlich ist. Bei Umbauvorhaben ist eine Fortsetzung des Handels auf den davon betroffenen Flächen erst nach vollständiger Beendigung des Umbaus zulässig. – 2. R. wegen *Aufgabe des gesamten Geschäftsbetriebs* ist grundsätzlich nur zulässig, wenn der Veranstalter mindestens drei Jahre (Sperrfrist für R.) keinen R. wegen Aufgabe des gesamten Geschäftsbetriebs gleicher Art durchgeführt hat. Nach dem R. gilt eine Neueröffnungssperrfrist von zwei Jahren am selben Ort oder in benachbarter Gemeinde. – 3. *Aufgabe eines Filialbetriebs, einer Zweigstelle oder einer Warengattung* berechtigt nicht zu einem R. – 4. *Mißbräuche* bei der Durchführung des R. sind untersagt: a) →Nachschieben von Waren; b) →Vorschieben von Waren; c) sonstige Mißbräuche gem. § 8 VI Nr. 1 UWG (Generalklausel). – 5. *Verfahren:* a) R. sind bei der zuständigen amtlichen Berufsvertretung von Handel, Handwerk und Industrie spätestens eine Woche (Räumungszwangslage) bzw. zwei Wochen (R. wegen Umbauten oder Aufgabe des Geschäftsbetriebs) vor ihrer erstmaligen Ankündigung *anzuzeigen* (§ 8 III UWG). – b) *Angaben:* (1) Grund des R.; (2) Beginn, Ende und Ort des R.; (3) Art, Beschaffenheit und Menge der zu räumenden Waren, (4) bei R. wegen Umbauten Bezeichnung der Verkaufsfläche, die von der Baumaßnahme betroffen ist; (5) bei R. wegen Geschäftsaufgabe Dauer der Führung des Geschäftsbetriebs. – 6. *Sanktionen:* Es besteht zivilrechtlicher →Unterlassungsanspruch der branchengleichen und

-verwandten Gewerbetreibenden, der Berufskammern, der gewerblichen Verbände und der Verbraucherverbände oder Anspruch auf Schadenersatz (§§ 8 V, 13 UWG).

Raumwirtschaftstheorie. 1. *Gegenstand:* Ziel der R. ist die Erforschung und Erklärung der geographischen Verteilung der Produktion und des Verbrauchs der Güter sowie der (Wohn-)Sitze und Beschäftigungsorte der mobilen Produktionsfaktoren, sofern diese durch ökonomische Faktoren bedingt sind. – 2. *Untersuchungsobjekte:* Die R. untersucht Produktions- und Verbrauchsmengen der einzelnen Güter und Faktoren an sämtlichen Orten und ihre jeweiligen Preise, interregionale Waren- und Dienstleistungsströme, Faktor- und Pendlerbewegungen. – 3. *Verhältnis zu Nachbartheorien:* a) Während die *Standorttheorie* mit Hilfe restriktiver Partialmodelle den optimalen Standort eines zusätzlichen Betriebes in Abhängigkeit von der Lage der Lieferanten und Konsumenten (industrielle Standortlehre). Preisbeziehungen im Raum (z. B. Launhardtscher Trichter) oder die Konkurrenzbeziehungen weniger Anbieter (Hotellings Konkurrenzmodell) untersucht, widmet sich die R. den Interdependenzen zwischen Produktions-, Konsum- und Standortentscheidungen der einzelnen Wirtschaftssubjekte in verschiedenen Branchen und daraus resultierenden ökonomischen Gesamtaktivitäten im Raum. – b) Zwischen R. und *Außenwirtschaftstheorie* besteht vom Gegenstand der Analyse her kein Unterschied, da einzelne Länder als Regionen oder Standorte interpretiert werden können. Der Unterschied liegt in der Methode; die Außenwirtschaftstheorie operiert auf einem höheren Grad der Abstraktion und Aggregation; sie abstrahiert v. a. von Transportkosten. – 4. *Probleme:* Konstitutives Merkmal des ökonomischen Raumes ist das Auftreten von Transportkosten. Die größten Schwierigkeiten der Analyse in der R. bereiten jedoch nicht die sich in räumlichen Preisdifferenzen niederschlagenden Transportkosten, sondern die externen Ersparnisse und Kosten in Form von Agglomerationsvor- und -nachteilen (→Agglomeration). Die Erfassung der Agglomerationseffekte ist einer der wichtigsten Engpässe für die Formulierung einer rationalen Raumwirtschaftspolitik. – 5. *Stellung zur allgemeinen Theorie:* Das Objekt der R. schließt die Gegenstände der Preis-, Einkommens- und der gesamten allgemeinen Theorie ein. Die allgemeine Theorie ist damit ein Spezialfall der umnfassenderen R., mit der die Kosten der Raumüberwindung gleich Null sind. Methodisch ist jedoch die R. ein Spezialfall für die Anwendung des analytischen Instrumentariums der allgemeinen Theorie.

Rauschgiftsucht, rechtliche Folgen vgl. →Entmündigung.

RE, →Rechnungseinheit.

Reaganomics, →angebotsorientierte Wirtschaftspolitik 4.

Reagibilität, Begriff der Finanzwissenschaft für die Schwankungen des Steueraufkommens in Abhängigkeit von der Bemessungsgrundlage. Die R. wird bestimmt durch die Veränderungen der Bemessungsgrundlage in bezug auf das Volkseinkommen, durch die Progressionsstufe des Steuersatzes und durch die zeitliche Verzögerung (→Lag) der Steuerzahlung. Das Ausmaß der R. ist entscheidend für die Wirksamkeit der →built-in flexibility.

Reaktanz, Phänomen des Widerstands gegen wahrgenommenen Beeinflussungsdruck. R. tritt auf, wenn ein Individuum sich in seiner Meinungs- und Verhaltensfreiheit bedroht fühlt. – In der *Werbung* kann R. bis zu völliger Ablehnung des angebotenen Produkts führen. Glaubwürdigkeit ist eine wesentliche Voraussetzung, um R. in der Werbung zu vermeiden. – Vgl. auch →Manipulation.

Reaktion. I. A l l g e m e i n : Sammelbezeichnung für beobachtbares und nicht beobachtbares Verhalten eines Menschen aufgrund eines →Stimulus.

II. W e r b u n g : Vgl. →Käuferverhalten. – *Messung der R.* z. B. durch →Hautwiderstandsmessung.

III. P r e i s t h e o r i e : Vgl. →Oligopoltheorie, →Reaktionsfunktion, →Reaktionskoeffizient.

Reaktionsfunktion, Begriff der Preistheorie für das Verhalten oligopolistischer Anbieter (→Oligopol). Man hat zu unterscheiden zwischen einer R. auf einem vollkommenen und einem unvollkommenen Markt. – 1. Auf einem *vollkommenen Markt* betreiben die Anbieter Mengenstrategie, so daß die R. angibt, welche Menge die einzelne Unternehmung anbietet, wen die andere Unternehmung eine bestimmte Menge ausbringt.

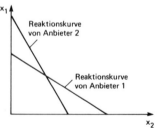

2. Auf einem *unvollkommenen Markt* betreiben die Oligopolisten Preisstrategie. Hier gibt die R. an, mit welchem Preis der oligopolistische Anbieter jeweils auf bestimmte Konkurrenzpreise reagiert:

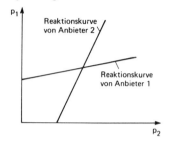

Reaktionskoeffizient, Begriff der Preistheorie (insbes. →Oligopoltheorie). Der R. gibt an, wie mengenmäßig der Dyopolist A auf eine Mengenänderung des Dyopolisten B reagiert:

$$R = \frac{dq_A}{dq_B}.$$

Reaktionszeit. I. P s y c h o l o g i e : Auch *Latenzzeit,* Zeit vom Auftauchen eines Reizes bis zum Beginn der darauf folgenden Reaktion. Die R. ist verschieden nach Art der veranlagten Reaktion, im Test z. B. auf Leuchtsignal Taster drücken (muskuläre Reaktion), einen von zwei Tastern drücken (Wahlreaktion), das gebotene Wort verstehen und aussprechen (sensorielle Reaktion), nur auf bestimmte Reize reagieren (Unterschiedsreaktion). Bei einfachsten Reaktionen (z. B. Taster drücken) beträgt die R. im Durchschnitt 0,2 Sekunden.

II. S t r a ß e n v e r k e h r s r e c h t : Die nach der Verkehrslage, i. d. R. auf Bruchteile der Sekunde zu bemessende R. wird bei der Prüfung des Verschuldens berücksichtigt. – Vgl. auch →Schrecksekunde.

reaktive Meßverfahren, Begriff der Marktforschung für alle Instrumente, die eine Einbeziehung und Motivation der Testperson voraussetzen. Die Reaktion der zu testenden Person auf bestimmte Stimuli kann durch das Wissen, daß sie getestet wird, verändert werden. Die →Befragung ist stets r. M.; die →Beobachtung kann sowohl reaktiv (Laborbeobachtung) als auch nicht-reaktiv (Feldbeobachtung) sein.

Realausgaben, →Transformationsausgaben.

real balance effect, →Realkassenhaltungseffekt.

Realbesteuerung, →Objektbesteuerung.

Realdefinition, →Definition, →Essentialismus.

Realeinkommen, →Nominaleinkommen dividiert durch einen Preisindex (z. B. Preisniveau der Konsumgüter). Das R. ist Indikator für die reale →Kaufkraft des Geldeinkommens.

reales Sozialprodukt. 1. *Begriff:* Umfassender Ausdruck für die von Preisänderungen bereinigte, periodisch abgegrenzte wirtschaftliche Leistung einer Volkswirtschaft (vgl. →Sozialprodukt). Als Indikator für Wachstum oder Schrumpfung der Volkswirtschaft zeigt das r. S. die Entwicklung der wirtschaftlichen Leistung, die sich bei einer Umbewertung aller Transaktionen in Preisen eines festen Basisjahres, z. Z. (1987): 1980, ergibt. – *Gegensatz:* das in jeweiligen Preisen ausgedrückte nominale Sozialprodukt. – 2. *Berechnung* sowohl über die Verwendungsrechnung des Sozialprodukts (privater Verbrauch, Staatsverbrauch, Bruttoinvestitionen, Aus- und Einfuhr jeweils in konstanten Preisen) als auch über die Entstehungsrechnung (Ermittlung der realen Wertschöpfung aller einzelnen Wirtschaftsbereiche als Differenz zwischen Produktionswerten und Vorleistungen jeweils in konstanten Preisen, sog. doppelte Deflationierung). Umbewertung der Transaktionen in tiefer Untergliederung. Dabei entsteht ein Preisindex des Sozialprodukts mit wechselnder Wägung (Paasche-Typ) im Gegensatz zu den meisten verwendeten Preisindizes mit weitem Warenkorb (Laspeyres-Typ). – 3. Im Unterschied zum o. g. Begriff wird auch das Konzept *Realwert des Sozialprodukts* diskutiert, bei dem alle Transaktionen nur von der Geldwertänderung bereinigt werden. Die Deflationierung soll dabei mit dem einheitlichen Preisindex erfolgen, an dem auch die Inflationsrate gemessen wird. Die Auswahl des konkreten Preisindex ist umstritten. Mit diesem Konzept werden der Einkommensaspekt und die Kaufkraftentwicklung in den Vordergrund gerückt.

Realfolium, Bezeichnung für das besondere Grundbuchblatt eines jeden Grundstücks im →Grundbuch. – *Gegensatz:* →Personalfolium.

Realgemeinden. 1. Steuerrechtlicher *Begriff:* Personenzusammenschlüsse, die land- oder forstwirtschaftlich genutzte Grundstücke besitzen und bei denen die Mitglieder zu Nutzungen an diesen Grundstücken berechtigt sind. – 2. *Besteuerung:* a) Von der →*Körperschaftsteuer* befreit sind gem. §3 II KStG Hauberg-, Wald-, Forst- und Laubgenossenschaften sowie ähnliche R., unabhängig davon, ob sie Körperschaften des öffentlichen oder des privaten Rechts sind. – b) Die Einkünfte aus der R. unterliegen unmittelbar bei den Beteiligten der *Einkommensteuer* als Einkünfte aus Land- und Forstwirtschaft (§ 3 II KStG, § 13 I Nr. 4 EStG). – c) Unterhalten oder verpachten R. einen Gewerbebetrieb, der

über den Rahmen eines →Nebenbetriebes hinausgeht, so sind sie insoweit selbst körperschaftsteuerpflichtig.

Realignment, →Washingtoner Währungsabkommen.

Realinvestition, *Sachinvestition,* Erwerb von Sachgütern. – Vgl. auch →Investition, →Finanzinvestition, →immaterielle Investition.

Realisation, beobachtete →Ausprägung einer Zufallsvariablen.

Realisationseinheit, →organisatorische Einheit mit →Realisationskompetenz.

Realisationskompetenz, →Kompetenz für die Vornahme von Realisationshandlungen zur faktischen Umsetzung vorangegangener Entscheidungen.

Realisationsprinzip, Bewertungsgrundsatz des Handelsrechts, abgeleitet aus dem →Vorsichtsprinzip, erstmals kodifiziert durch das BiRiLiG in § 252 I Nr. 4 HGB: *Gewinne und Verluste* dürfen erst dann ausgewiesen werden, wenn sie *durch den Umsatzprozeß realisiert* worden sind. *Realisationszeitpunkt* ist i. d. R. der Zeitpunkt der Leistungserbringung, in dem die Gefahr des zufälligen Untergangs vom Lieferanten auf den Käufer übergeht; vgl. aber →nichtrealisierte Gewinne. Das R. schließt damit die Beachtung von Wertsteigerungen über die Anschaffungs- bzw. Herstellungskosten aus und läßt mögliche Zukunftsgewinne und -verluste unberücksichtigt. R. wird handels- und steuerrechtlich durch das →Imparitätsprinzip eingeschränkt (vgl. § 252 I Nr. 4 HGB).

Realisationswert, →Veräußerungswert.

Realismus, →Instrumentalismus.

Realkapital, *Sachkapital,* Summe der →Betriebsmittel einer Unternehmung, z. B. Anlagen, Maschinen, Fahrzeuge. – *Gegensatz:* Geldkapital, →immaterielle Vermögensgegenstände.

Realkassenhaltungseffekt, *real balance effect,* →Vermögenseffekt des Geldes; v. a. auf Patinkin zurückgehend. Die Wirtschaftssubjekte machen ihre Angebots- und Nachfragedisposition vom Realwert ihrer Geldbestände als einem Bestandteil ihres Vermögens abhängig. Bei sinkendem Preisniveau und damit bei steigendem Realwert ihrer Kassenbestände werden die Wirtschaftssubjekte aufgrund eines höheren Einkommens weniger sparen und stattdessen mehr Güter und Dienstleistungen nachfragen. Dadurch entsteht eine Übernachfrage am Gütermarkt mit der Folge steigender Produktion und Beschäftigung und/oder steigenden Preisniveaus (analog bei steigendem Preisniveau). Patinkin versuchte, mit Hilfe des R. die klassische These von der →Neutralität des

Geldes zu stützen, die klassische Theorie gegen den Vorwurf der Inkonsistenz zu verteidigen und durch eine Integration von Geld- und Werttheorie die klassische Dichotomie (→Dichotomie des Geldes) zu überwinden.

Realkauf, *Handkauf,* Kauf, bei dem →Kaufvertrag und →Übereignung der Kaufsache zusammenfallen (z. B. Kauf im Laden gegen Barzahlung).

Realkredit, *Sachkredit.* 1. *Begriff:* a) *I. w. S.:* Jeder Kredit gegen Verpfändung oder Sicherungsübereignung realer Vermögenswerte, z. B. Waren, Wertpapiere. – b) *I. e. S.:* Von Sparkassen gewährter langfristiger Kredit gegen Bestellung von Grundpfandrechten nach Maßgabe der Beleihungsgrundsätze (z. B. Hypothekarkredit, Grundschuldkredit). – *Gegensatz:* →Personalkredit. – 2. *Charakterisierung:* Der S. ist zweck- und objektgebunden. Die Beleihungsobjekte werden nach bestimmten Richtlinien beliehen. Die verschiedenen Arten der Besicherung finden in der Bilanz keinen Niederschlag. Kapitalgesellschaften haben jedoch den Betrag an Verbindlichkeiten, die durch Pfandrechte oder ähnliche Rechte gesichert ist, unter Angabe von Art und Form der Sicherheit im Anhang anzugeben (§ 295 HGB).

Realkreditinstitute, *Boden-, Grund- und Immobiliarkreditinstitute,* Kreditinstitute, die →Hypothekarkredite gewähren (Aktivgeschäft) und sich die Mittel hierzu durch Ausgabe von Pfandbriefen oder Rentenbriefen beschaffen (Passivgeschäft). Die R. beleihen städtischen und landwirtschaftlichen, bebauten oder unbebauten Grundbesitz.

Reallast, →Belastung eines Grundstücks in der Weise, daß an den Begünstigten wiederkehrende Leistungen aus dem Grundstück zu entrichten sind. – *Rechtsgrundlagen:* §§ 1105–1112 BGB für privatrechtliche Lasten; verschiedene Landesgesetze für die öffentlichen R. – R. können *bestehen* in Renten von Geld oder Naturalien, in Diensten, Verpflichtungen (Instandhaltung einer Brücke, eines Weges, Zaunes, Aufziehen einer Turmuhr usw.). – Der Grundstückseigentümer *haftet* für die R. auch persönlich, soweit nicht ein anderes bestimmt ist. – Die R. *erlischt,* wenn sie abgelöst wird. – Zur *Begründung* einer R. ist →Einigung und Eintragung in das →Grundbuch erforderlich.

Reallohn, →Nominallohn dividiert durch einen Preisindex (z. B. Preisniveau der Konsumgüter). Der R. ist Indikator für die reale →Kaufkraft des Nominallohns.

Reallohnvergleich, statistisches Verfahren zur Ermittlung kaufkraftgleicher Einkommensbeträge für die verschiedenen Währungsgebiete (entwickelt im Statistischen Büro der Montan-Union für die sechs Mitgliedsländer)

auf der Grundlage der →Verbrauchergeldparität. Die Berechnung stützt sich auf Zahlen für die Jahresverdienste von Arbeitnehmergruppen aus dem Steinkohlen- und Eisenerzbergbau sowie der Stahlindustrie. Diese werden auf ihre reale Kaufkraft mit Hilfe von →Wirtschaftrechnungen geprüft. – Die *Ermittlung* der Verbrauchergeldparität erfolgt schrittweise (1) durch Gewichtung mit „gekreuzten Warenkörben", je nach den Verbrauchsgewohnheiten in zwei zu vergleichenden Mitgliedstaaten, (2) durch Gewichtung mit Standardwerten eines nach nationaler Verbrauchsstruktur und berufstypischem Lebensniveau aller Länder konstruierten Einheitswarenkorbes. Die Preisfeststellung erfolgt nach einheitlichem Schema für qualitativ vergleichbare Waren durch besondere Ermittlung in ca. 2000 Geschäften in den Arbeitszentren der beteiligten Länder.

Realsplitting, Begriff des Einkommensteuerrechts. Nach § 10 I Nr. 1 EStG können →Unterhaltsleistungen an den geschiedenen oder dauernd getrennt lebenden, unbeschränkt einkommensteuerpflichtigen Ehegatten beim Unterhaltsverpflichteten bis zu 18 000 DM im Kalenderjahr als →Sonderausgaben abgezogen werden. – Beim Unterhaltsberechtigten werden gem. § 22 Nr. 1 a EStG die Unterhaltsleistungen, soweit sie beim Geber abgezogen werden können, als →sonstige Einkünfte erfaßt. →Werbungskosten können in Höhe des →Pauschbetrages von 200 DM abgezogen werden (§ 9 a Nr. 3 EStG). – Voraussetzung des R. ist Antrag des Unterhaltsverpflichteten mit Zustimmung des Berechtigten für jeden Veranlagungszeitraum.

Realsteuern, *Objektsteuern, Sachsteuern.* 1. *Begriff:* Steuern, die an den äußeren Merkmalen des Steuerobjekts ansetzen; die wirtschaftliche Leistungsfähigkeit des Steuerschuldners (→Leistungsfähigkeitsprinzip) wird nur mittelbar berücksichtigt. R. sind →Grundsteuer und →Gewerbesteuer (§ 3 II AO). →Steuerklassifikation nach dem Kriterium der Verknüpfung von Steuersubjekt und -objekt. – 2. *Bedeutung hinsichtlich der Abzugsfähigkeit* bei der Ermittlung des steuerpflichtigen Einkommens: Die R. sind als →Betriebsausgaben oder →Werbungskosten abzugsfähig. – *Gegensatz:* →Personensteuer.

Realteilung. I. E r b r e c h t : Erbang, bei dem die bäuerlich bewirtschaftete Fläche unter die Erben aufgeteilt wird. Die hierdurch bewirkte Zersplitterung des Grundbesitzes kann zunächst Intensivierung der Bodennutzung und eine stärkere Bevölkerungsdichte ermöglichen, von einer bestimmten Grenze an führt sie jedoch zu Unwirtschaftlichkeit des landwirtschaftlichen Betriebes. R. war in Süddeutschland Anlaß zur →Flurbereinigung.

II. S t e u e r r e c h t : R. liegt vor, wenn jeder Gesellschafter einer →Personengesellschaft bei deren Auflösung und Beendigung einen Teil des Gesellschaftsvermögens übernimmt und mit diesem ein Einzelunternehmen eröffnet bzw. fortführt. R. ist möglich ohne oder mit Wertausgleich in Geld oder Sachwerten aus dem →Privatvermögen. – 1. *Einkommensteuer:* Die steuerliche Behandlung richtet sich nach der Art der R.: a) *R. ohne Wertausgleiche:* Keine Gewinnrealisierung, wenn Gesellschafter →Buchwerte fortführen. Sind die bisherigen Kapitalkonten höher oder niedriger als die Buchwerte, sind diese in der Schlußbilanz der Personengesellschaft erfolgsneutral anzupassen. – b) *R. mit Wertausgleich:* Bei Buchwertfortführung und zusätzlichem Wertausgleich nach h. M. teilweise Gewinnrealisierung, die begünstigt ist. – 2. *Bewertungsgesetz:* Für Zwecke der Einheitsbewertung des →Betriebsvermögens erfolgt im Anschluß an durchgeführte R. nach den allgemeinen Vorschriften die Aufhebung des Einheitswerts für das geteilte Unternehmen und gleichzeitige →Nachfeststellung (evtl. →Hauptfeststellung) für die neu entstandenen Betriebe auf den nächsten →Feststellungszeitpunkt.

real time processing, →Echtzeitbetrieb.

Realtranfer, Sonderform des →Transfers, bei der die Leistung der öffentlichen Hand in der unentgeltlichen Bereitstellung von Gütern und Dienstleistungen besteht.

Realwissenschaft, *empirische Wissenschaft, Erfahrungswissenschaft,* Bezeichnung für eine Gruppe wissenschaftlicher Disziplinen, deren Gegenstand in der Realität existierende Objekte bilden. Neben Überprüfung auf logische Wahrheit ist Kontrolle der faktischen Wahrheit durch Tatsachenforschung erforderlich (→Wissenschaftstheorie). R. gliedern sich in Naturwissenschaften (Physik, Biologie, Chemie usw.) und Sozial- bzw. →Kulturwissenschaften.

Realzeitbetrieb, →Echtzeitbetrieb.

Realzeitverfahren, →Echtzeitbetrieb.

Realzins, *Güterzins,* Ertrag aus der Nutzung investierten Kapitals, auch der tatsächliche Zinsertrag von Wertpapieren, errechnet aus dem jeweiligen Kurs und dem Zinssatz bzw. der Dividende (→Rendite). Liegt der →Geldzins unter dem R., regt er Neuinvestitionen an; liegt er darüber, drosselt er sie (→Wicksellscher Prozeß).

Reassekuranz, →Rückversicherung.

Recalltest, *Gedächtnistest, Erinnerungstest,* Verfahren zur Messung der Gedächtniswirkung zum Zweck der →Werbeerfolgsprognose oder →Werbeerfolgskontrolle. – *Formen:* a) *Gestützter (aided) R.:* Der Befragte

erhält zu den Fragen Antwortvorgaben, aus denen er auswählen kann, z. B. →Impact-Test. b) *Ungestützter R.:* Es wird freies Antworten verlangt, z. B. →Recognitiontest.

Rechenanlage, →elektronische Datenverarbeitungsanlage.

Rechenfehler in behördlichen Verfügungen →offenbare Unrichtigkeiten.

Rechengrößen, Sammelbegriff für die im Rechnungswesen benutzten Dimensionskategorien. – Nach Riebel sind zu unterscheiden: 1. *Originäre konkrete R.:* Als Grunddimensionen i. e. S. stehen für quantitative wirtschaftliche und rechtliche Vorgänge nur physikalische Größen (Stückzahlen, Gewichte, Längen, Zeiten), Zahlungsmittel (Ein-, Auszahlungen, Zahlungsmittelbestände) und rechtliche Ansprüche oder Verpflichtungen auf Zahlungsmittelübertragung (Einnahmen, Ausgaben, Forderungen, Schulden) zur Verfügung. Vgl. im einzelnen →originäre Rechengrößen. – 2. *Abgeleitete fiktive R.:* Begriffliche Konstrukte, v. a. Ertrag, Aufwand und Erfolg sowie Leistung, Kosten, Ergebnis im traditionellen „wertmäßigen" Sinn. Sie werden begrifflich von den konkreten R. abgeleitet. Vgl. im einzelnen →abgeleitete Rechengrößen.

Rechenmaschinen, Hilfsmittel der Bürotechnik und für das Rechnungswesen mit dem Vorzug der Schnelligkeit und Sicherheit. Heute überwiegend elektronisch arbeitend (→elektronische Datenverarbeitung). – *Arten:* druckende (schreibende) und nichtdruckende R. Druckende R. haben den Vorteil, daß sie einen weniger kräftigen Beleg liefern, das Abschreiben des Rechenergebnisses ersparen, nachträgliches Vergleichen der einzelnen Posten gestatten.

Rechenmittelfunktion des Geldes, neben →Tauschmittelfunktion des Geldes und →Werteaufbewahrungsfunktion des Geldes eine der Hauptfunktionen des Geldes. Der Tauschwert jeden Gutes wird in Einheiten einer bestimmten Bezugsgröße ausgedrückt, so erfüllt diese Größe die R.. Diese Größe kann ein Gut wie Muscheln, Gold oder (Kredit-)Geld sein. Die allgemeine Verwendung dieser Bezugsgröße (numéraire) reduziert die Anzahl der Austauschrelationen sowie die Informations- und Transaktionskosten des Tausches. Die Wirtschaftssubjekte verwenden eine Größe als numéraire, da diese Informations- und Transaktionskosten reduziert; diese Größe ist i. d. R. das Geld.

Rechenschaftslegung. I. B ü r g e r l i c h e s R e c h t : Nicht näher umrissene Pflicht des Beauftragten, neben den erforderlichen Nachrichten und der Auskunft über den Stand des Geschäfts, nach Ausführung des Auftrags dem Auftraggeber Rechenschaft zu geben

(§ 666 BGB). Soweit sich die Verpflichtung zur R. auf eine mit Einnahmen und Ausgaben verbundene Angelegenheit bezieht, besteht insbes. die Pflicht, eine die geordnete Zusammenstellung der Einnahmen und Ausgaben enthaltene Rechnung mitzuteilen und ggf. Belege vorzulegen (Rechnungslegung § 259 BGB). – R. ist u. a. Pflicht der →Handlungsgehilfen und →Handelsvertreter für alle getätigten Geschäfte. Gleiches gilt auch für die geschäftsführenden Gesellschafter der →Personengesellschaften. – Regelmäßig wird bereits die Vorlage der →Geschäftsbücher genügen; wo das nicht ausreicht, kann notfalls →eidesstattliche Versicherung gefordert werden (§ 259 BGB).

II. Wettbewerbsrecht: Es besteht ein Anspruch des Verletzten gegen den Verletzer auf R. und Auskunftserteilung, besonders im Patent- und Gebrauchsmusterrecht. Bei anderen Wettbewerbs- und Warenzeichenverletzungen kann regelmäßig nur Auskunft entsprechend § 260 BGB verlangt werden.

Rechensystem, →Datenverarbeitungsanlage, →elektronische Datenverarbeitungsanlage.

Rechenwerk, *arithmetical logical unit (ALU),* Funktionseinheit eines →Prozessors. Im R. werden arithmetische und logische Operationen ausgeführt.

Rechenzentrum. I. Charakterisierung: Räume oder Gebäude, in denen die Computer oder wesentliche zentrale Teile des →Datenverarbeitungssystems aufgestellt sind. Häufig mehrere speziell hergerichtete Räume (Klimatisierung, Luftfilterung, Stromversorgung, Bodentragfähigkeit) oder eigens errichtete Gebäude. Im R. werden →Zentraleinheiten, externe →Speicher, Einrichtungen der Datenübertragung und sonstige diverse →Peripheriegeräte installiert.

II. Arten: 1. *Unternehmenseigene R.:* Eine Unternehmung kann mehrere R. besitzen, die häufig durch Datenübertragungseinrichtungen miteinander verbunden sind. Im R. sind außer dem Maschinenbedienungspersonal (Operator) und dem Wartungspersonal (technisches Personal) manchmal auch Programmierungsgruppen (→Programmierer) untergebracht. – 2. *Gemeinschaftsrechenzentrum:* Von mehreren Unternehmen gemeinsam errichtetes, betriebenes und genutztes R.; z. T. rechtlich selbständige Firma. Vielfach werden →Programme gemeinsam erstellt und eingesetzt. Programmierer der R., u. U. auch Organisatoren, leisten den Benutzerfirmen Programmierungs- und Organisationsdienste. Gemeinschafts-R. werden auch von Fach- und Prüfungsinstituten für die Mitgliedsfirmen unterhalten (z. B. Datev). – 3. *Lohnarbeitsrechenzentren, Servicerechenzentren:* Selbständige Unternehmen, Abteilungen oder

Tochtergesellschaften von Computerherstellern verkaufen den Interessenten Computerkapazität. Kleinere und mittlere Unternehmen machen für spezielle Massenverarbeitungsaufgaben (Fakturierung, Lohnabrechnung, Gehaltsabrechnung u. a.) von der Möglichkeit der Nutzung fremder Computer häufig Gebrauch. Die Daten werden (überwiegend) über Datenübertragungswege an das R. übertragen oder noch beim R. auf →Datenträger angeliefert.

III. Arbeitsvorbereitung: Teil der Ablauforganisation eines →Rechenzentrums, insbes. für den →Stapelbetrieb. Die A. bereitet die *Aufträge* (→Job) der Benutzer vor, die vom →Operating abzuwickeln sind. – *Teilaufgaben:* Übernahme der Aufträge von der Programmierung (Programmierer) und von den Fachabteilungen, ggf. Zusammenstellung oder Vervollständigung der Aufträge, Ablauf- und Reihenfolgeplanung für die Aufträge, Belegungsdisposition und Kapazitätskontrolle für das Computersystem, Ergebniskontrolle nach Auftragsdurchlauf.

Rechner, Übersetzung des englischen Bezeichnung Computer. Beide Begriffe werden in der DIN-Norm 44300 als Synonym für →Datenverarbeitungssystem aufgeführt; in der Praxis häufig verwendet. – Vgl. auch →Elektronische Datenverarbeitungsanlage, →Computersystem, →Rechnergruppen.

Rechnergruppen. 1. *Kriterien:* Die auf dem Markt angebotenen →Rechner werden primär nach ihrem *technischen Aufbau und der davon abhängigen Rechnerleistung* klassifiziert. Preise, Bedienungserfordernisse, die Anzahl der Installationen u. a. Merkmale sind i. a. von diesen Kriterien abhängig. Bei einer Klassifikation ist zu bedenken, daß a) durch die enorme Innovationsgeschwindigkeit technische Kenndaten einem *raschen Wandel* unterliegen; so besitzen etwa die kleinsten kommerziell eingesetzten Rechner heute die Leistungsfähigkeit von Großrechnern der 50er Jahre; b) die Leistungsbereiche der verschiedenen R. sich überlappen. – 2. *Kategorien:* a) *Mikrorechner* (auch *Kleincomputer*): Am unteren Ende der Leistungsskala, hauptsächlich als →*Personal Computer,* auch als Tischrechner oder (früher) als Anlage der →Mittleren Datentechnik sowie, abhängig von der Anwendung, als →*Arbeitsplatzrechner,* →*Heimcomputer* oder *Hobbycomputer* bezeichnet; ebenfalls zu den Mikrorechnern zählen →*Portables* und →*Hand-held-Computer.* – *Aufbau:* Mikrorechner besitzen einen *Mikroprozessor* und sind, als →Einplatzsysteme ausgelegt, mit →Bildschirm, →Tastatur und →Drucker ausgerüstet. Als →externe Speicher dienen →Festplatte und/oder →Diskette. Man unterscheidet 8-Bit-, 16-Bit- und 32-Bit-Mikros (→Wort, →Bit) der Datenwörter; vgl. →Wort, →Bit). Der →Arbeitsspeicher besteht aus ROM- und

RAM-Speicherelementen (→RAM, →ROM). Der interne Datenaustausch (→Daten) wird über ein sog. Bus-System abgewickelt (→Bus). Für die Anwender gibt es am →Softwaremarkt ein großes Softwareangebot (→Software). Zunehmende Anwendung findet der Anschluß an einen größeren Rechner über ein Kommunikationsprogramm oder eine Terminalemulation (→Emulation, →Mikro-Mainframe-Kopplung) Mikrorechner am oberen Rand des abgedeckten Leistungsspektrums (mit besonders leistungsfähigem Prozessor) werden auch als *Supermikros* bezeichnet. – b) *Minirechner* als nächstgrößere Rechnergruppe; sie werden als →Prozeßrechner oder →Mehrplatzrechner eingesetzt; normalerweise – wie bei Mikrorechnern – kein →Operator erforderlich. – *Aufbau:* Häufig mit einem →Gleitkommaprozessor ausgerüstet; als externe Speicher dienen →Magnetplattenspeicher; die Leistung von Minirechnern (v. a. der als *Superminis* bezeichneten oberen Leistungsklasse) reicht bis in die Klasse der Universalrechner hinein. – c) *Großrechner (Universal-, Standardrechner):* Rechner hoher Leistungsfähigkeit, finden vorwiegend in →Rechenzentren oder großen DV-Abteilungen Verwendung; sie benötigen klimatisierte Räume sowie Bedienungspersonal (→Operator), →Systemprogrammierer u. a. Spezialisten. Anschluß einer größeren Anzahl von →Bildschirmgeräten und sonstiger →Peripheriegeräte möglich; Anwendung auch als →Vorrechner für Superrechner. – d) *Superrechner:* Ausschließlich →Vektorrechner, die gigantische Rechenprobleme, z. B. aus der Astronomie, Meteorologie und Kernphysik lösen oder für komplexe technische Simulationen in der Wirtschaft, der Raumfahrt und in militärischen Bereichen genutzt werden; 1986 weltweit weniger als 200 Installationen.

Rechnernetz, *computer network,* räumlich verteiltes System von →Rechner(n), Steuereinheit(en), und →Peripheriegeräten, die durch Datenübertragungseinrichtungen und -wege miteinander verbunden sind. Vgl. auch →Computerverbund, →Netz.

Rechnerorganisation, →Informatik II 1 a).,

Rechnerverbund (-system), →Computerverbund.

Rechnung Faktura, Mitteilung des aufgrund des Kaufvertrags usw. fälligen Entgelts.

I. Bestandteile: 1. *Kopf:* Empfängeranschrift, Zeichen und Datum der Bestellung, eigenes Zeichen des Auftrags, Nummer und Datum der R. – 2. *Kern:* Bezeichnung der Leistung bzw. der Ware mit Stückzahl oder sonstiger Mengenbezeichnung; Positionsnummern; Einzel-, Gesamt- und Endpreis. – 3. *Zusätzlich:* Zahlungsbedingungen, Vorschriften über die Rücksendung der Verpackung.

II. U m s a t z s t e u e r : 1. R. i. S. des UStG ist *jede Urkunde,* mit der ein →Unternehmer über →Lieferung oder sonstige Leistungen gegenüber dem Leistungsempfänger abrechnet, gleichgültig, wie diese Urkunde im Geschäftsverkehr bezeichnet wird (z. B. Vertrag). – 2. Gem. § 14 UStG müssen R. folgende *Angaben* enthalten, um beim Empfänger der →Vorsteuerabzug zu gewährleisten: Namen und Anschrift des liefernden oder leistenden Unternehmers und des Abnehmers, Menge und handelsübliche Bezeichnung der gelieferten Gegenstände oder die Art und den Umfang der sonstigen Leistung, den Zeitpunkt der Lieferung oder sonstigen Leistung, das →Entgelt für die Lieferung oder sonstige Leistung und den auf das Entgelt entfallenden Steuerbetrag. *Erleichterungen:* Vgl. § 31 UStDV. *Ausnahmen:* →Kleinbelege. – 3. Hat ein Unternehmer in einer R. einen *höheren* als den geschuldeten Steuerbetrag ausgewiesen oder hat jemand, der zum gesonderten Steuerausweis *nicht berechtigt* ist, in einer R. einen Steuerbetrag ausgewiesen, so wird vom Unternehmer der Mehrbetrag bzw. vom Nichtausweisberechtigten der ausgewiesene Betrag geschuldet. – 4. Vgl. auch →Gutschrift.

Rechnungsabgrenzung. 1. *I. w. S.:* Die zeitliche Zuordnung der Einnahmen und Ausgaben eines Betriebes zur Ermittlung des Periodenerfolges. Je nach den angewandten Abgrenzungskriterien bestimmt sich danach direkt der Inhalt der Aufwands- und Ertragspositionen (= periodisierte Einnahmen und Ausgaben) und indirekt auch der Inhalt der Aktiv- und Passivpositionen der Bilanz. – 2. *I. e. S.:* a) *Transitorische Posten:* Geschäftsvorfälle, die im alten Jahr zu Ausgaben bzw. Einnahmen geführt haben, deren Ergebniswirkung eine bestimmte Zeit nach dem Bilanzstichtag eintritt. Vgl. →transitorische Posten der Rechnungsabgrenzung. – b) *Antizipative Posten:* Geschäftsvorfälle, die erst nach dem Bilanzstichtag Ausgabe/Einnahmen auslösen, die aber ganz oder teilweise durch Ergebnis des alten Geschäftsjahres betreffen; sie dürfen handelsrechtlich nicht als R.sposten ausgewiesen werden. Antizipative Aktiva müssen unter den sonstigen Forderungen ausgewiesen werden; antizipative Passiva unter den (sonstigen) Verbindlichkeiten (u. U. auch als →Rückstellungen).

Rechnungseinheit (RE). 1. *Allgemein:* Rechentechnisches Hilfsmittel (Generalnenner) für Summation von Mengen verschiedenartiger Güter, z. B. Preis. – 2. Im *EG-Haushalt* wurden bis 31. 12. 1978 alle Finanzierungstransaktionen in R. ausgedrückt (1 RE = 1 US-$ mit einem Feingoldgehalt von 0,888 670 88 g). Mit der Einstellung der Goldkonvertibilität des US-$ 1971 wurde dieser fixe Wert zu einem rein abstrakten Maßstab der RE. Am 1. 1. 1979 wurde die RE von der →Europäischen Rechnungseinheit (ERE oder

EUA) abgelöst; am 1.1.1981 wurde die →ECU eingeführt.

Rechnungseinzugsverfahren. 1. *Begriff:* Verfahren zur Einziehung (→Inkasso) von Forderungen für Warenlieferungen und Dienstleistungen aufgrund einer Ermächtigung des Zahlungspflichtigen durch Kreditinstitute. – 2. *Arten:* a) → *Bankquittungsverfahren:* R. mittels Bankquittung; b) *Lastschrifteinzugsverfahren:* R. mittels Lastschrift (→Lastschriftverfahren II 2).

Rechnungshof, oberste und unabhängige Behörde, der die Ordnungs- und Wirtschaftlichkeitsprüfung des Staatshaushalts nach dessen Vollzug obliegt. In der Bundesrep. D. besteht für den Bund der → *Bundesrechnungshof,* für jedes Bundesland ein *Landesrechnungshof,* deren formale Grundlagen weitgehend analog ausgestaltet sind. Bei den Gemeindeverbänden führt das → *Rechnungsprüfungsamt* die örtlichen Prüfungen durch; hinzu kommt eine landesrechtlich unterschiedlich gestaltete *überörtliche Prüfung.*

Rechnungsjahr, Abrechnungszeitraum im öffentlichen Haushalt, früher meist vom 1.4. bis 31.3. des nächsten Jahres; in der Bundesrep. D. seit 1961 vom 1.1. bis 31.12. – *Anders:* →Haushaltsjahr.

Rechnungslegung. 1. *I. w. S.:* Geordnete Zusammenstellung der Einnahmen und Ausgaben unter Beifügung der Belege, soweit solche erstellt zu werden pflegen. Pflicht zur R. besteht für denjenigen, der über eine mit Einnahmen und Ausgaben verbundene Verwaltung Rechenschaft abzulegen hat (§ 259 BGB). →Rechenschaftslegung. – 2. *I. e. S.:* Aufstellung und Bekanntmachung des Jahresabschlusses (→Bilanz, →Gewinn- und Verlustrechnung →Anhang) sowie ggf. des →Lageberichts (§§ 242 ff, HGB). – 3. Die R. von Unternehmen und Konzernen, die bestimmte *Größenmerkmale* erfüllen, regelt das Gesetz über die Rechnungslegung bestimmter Unternehmen und Konzerne. Vgl. →Rechnungslegung nach Publizitätsgesetz.

Rechnungslegung nach Publizitätsgesetz, besondere Verpflichtung zur Rechnungslegung für Großunternehmen und →Konzerne nach dem Gesetz vom 15.8.1969 (BGBl I 1189), kurz *Publizitätsgesetz* genannt.

I. Einzelunternehmen: 1. *Betroffen:* Unternehmen in der Rechtsform a) einer Personenhandelsgesellschaft, b) des Einzelkaufmanns, c) einer bergrechtlichen Gewerkschaft, d) des wirtschaftlichen Vereins, e) der rechtsfähigen Stiftung, f) einer Körperschaft, Stiftung oder Anstalt des öffentlichen Rechts, wenn sie Kaufmann nach § 1 HGB sind oder als Kaufmann im Handelsregister eingetragen sind. – 2. *Verpflichtung* zur R., wenn für den Abschlußstichtag und für die zwei darauf folgenden Abschlußstichtage zwei der folgen-

den drei Merkmale zutreffen: a) Die Bilanzsumme der Jahresbilanz 125 Mill. DM übersteigt; b) die Umsatzerlöse in den zwölf Monaten vor dem Abschlußstichtag 250 Mill. DM übersteigen; c) das Unternehmen in den zwölf Monaten vor dem Abschlußstich Tag durchschnittlich mehr als 5000 Arbeitnehmer beschäftigt hatte. Für Kreditinstitute und Versicherungsunternehmen gilt das Größenkriterium der modifizierten Bilanzsumme bzw. Beitragseinnahmen. – 3. *Inhalt:* Die R.n.P. lehnt sich an die handelsrechtlichen Vorschriften für Kapitalgesellschaften an. Bei der Erstellung des →Jahresabschlusses nach Publizitätsgesetz sind die §§ 265, 266, 268 bis 275, 277, 278, 281, 282 des HGB sinngemäß anzuwenden. Im Vergleich zu den handelsrechtlichen Rechnungslegungsvorschriften der Kapitalgesellschaften ergibt sich bei R.n.P. folgende Besonderheit: a) Personenhandelsgesellschaften und Einzelkaufleute sind von der Aufstellung eines Anhangs sowie eines Lageberichts befreit und können die Gewinn- und Verlustrechnung nach den für ihr Unternehmen geltenden Bestimmungen aufstellen. b) Die ergänzenden Bewertungsvorschriften für Kapitalgesellschaften (§§ 279, 280 HGB) sind bei R.n.P. nicht anzuwenden. – 4. *Offenlegung und Prüfung:* Die Offenlegungs- und Prüfungsvorschriften des Publizitätsgesetzes orientieren sich ebenfalls an den handelsrechtlichen Regelungen. Soweit für einzelne Gesellschaftsformen nichts anderes bestimmt ist, gelten § 316 III, § 317 I, § 318 I, III bis VII, § 319 I bis III, § 320 I, §§ 321 bis 324 des HGB über die Prüfung des Jahresabschlusses sinngemäß (vgl. →Abschlußprüfung). Sinngemäß sind ebenfalls die Offenlegungsvorschriften der §§ 325 I, II, IV und V, § 328 HGB anzuwenden (vgl. →Offenlegung). Ausnahmen bezüglich der Offenlegungs- und Prüfungspflicht bestehen insbes. bei Personenhandelsgesellschaften und Einzelkaufleuten (§ 6 II, § 9 II, III PublG).

II. Konzerne: 1. *Betroffen:* Konzerne, die unter der einheitlichen Leitung eines inländischen Unternehmens (Mutterunternehmen) stehen. Bei Konzernen mit ausländischen Konzernmutter geht die Verpflichtung zur Aufstellung eines (Teil-) Konzernabschlusses auf die inländische Konzerntochter über, die der Konzernleitung am nächsten steht. – 2. *Verpflichtung* zur R.: Gleiche Größenmerkmale wie bei Einzelunternehmen, bezogen auf Konzernbilanzsumme, Konzernjahresumsatzerlöse und Konzernbeschäftigtenzahl. – 3. *Inhalt:* Die R.n.P. für Konzerne lehnt sich an die handelsrechtlichen Vorschriften (→Konzernabschluß) an. Für die Erstellung des Konzernabschlusses und Konzernlageberichtes gelten sinngemäß §§ 294 bis 315 HGB. Besonderheiten u.a.: a) Konzerne mit einer Personenhandelsgesellschaft oder einem Einzelkaufmann als Mutterunternehmen können eine vereinfachte Konzern-Gewinn- und Verlustrechnung aufstellen. – b) Die ergänzenden Bewertungsvorschriften für Kapitalgesellschaften (§§ 279 I, 280 HGB) müssen nicht angewendet werden. – 4. *Prüfung und Offenlegung:* Konzernabschluß und Konzernlagebericht sind unter sinngemäßer Anwendung der handelsrechtlichen Vorschriften (§§ 316 III, 317–324 HGB) zu prüfen. Konzernabschluß und Konzernlagebericht sind in der für große Kapitalgesellschaften vorgeschriebenen Form zu veröffentlichen (vgl. →Offenlegung).

Rechnungslegungsvorschriften, allgemeine Buchführungs- und Bilanzierungsvorschriften sowie besondere für Unternehmungen bestimmter Rechtsformen und Wirtschaftszweige. Vgl. →Buchführungspflicht.

Rechnungsperiode, Zeitabschnitt, über den sich eine Periodenrechnung (→Gewinn- und Verlustrechnung, →Erfolgsrechnung) erstreckt.

Rechnungspreis, von einem Lieferanten auf dem Rechnungsformular ausgewiesener Verkaufspreis für eine Ware, d.h. Listenpreis abzügl. der eingeräumten Mengenrabatte. R. sind ggf. um Preisnachlässe (Skonti, Gutschriften, Treueboni, Jahresrückvergütungen, Gesamtumsatzrabatte) zu mindern. Vgl. auch →Wareneinstandspreis.

Rechnungsprüfung, Prüfung des →Rechnungswesens einer Unternehmung. Vgl. im einzelnen →Jahresabschlußprüfung, →Wirtschaftsprüfung.

Rechnungsprüfungsamt, Behörde zur materiellen Prüfung der Finanzgebarung von Gemeinden und Gemeindeverbänden; →Rechnungshof auf Gemeindeebene. Gemeinden über 20 000 Einwohner unterhalten eigene R., Gemeinden unter 20 000 Einwohner werden durch die von den Kreisverwaltungen unterhaltenen R. kontrolliert. Verfahren der Prüfung entspricht der Prüfung seitens des →Bundesrechnungshofes.

Rechnungswesen. I. Volkswirtschaftslehre: Vgl. →Volkswirtschaftliche Gesamtrechnungen.

II. Betriebswirtschaftslehre: 1. *Begriff:* Das betriebliche R. umfaßt Verfahren zur systematischen *Erfassung und Auswertung* aller quantifizierbaren Beziehungen und Vorgänge der Unternehmung für die Zwecke der *Planung, Steuerung und Kontrolle* des betrieblichen Geschehens. – 2. *Aufgaben:* a) *Betriebsintern:* (1) *Dokumentation und Kontrolle:* Mengen- und wertmäßige Erfassung und Überwachung der betrieblichen Prozesse (Beispiel: Festellung von Bestandsveränderungen, Errechnung der Stückkosten, Ermittlung von Beständen) (2) *Planung und Steuerung:* Wirtschaftlichkeits- und Rentabilitätsrechnungen, die auf Daten des betriebswirtschaftlichen R. basieren, dienen dem Unternehmensleitung als

Planungsgrundlagen. – b) *Extern:* (1) *Rechenschaftslegung:* Aufgrund gesetzlicher Vorschriften (z. B. §§ 238 f. HGB) sind die Unternehmen verpflichtet, Rechenschaft über die betrieblichen Abläufe zu legen. Diese Forderung kann nur mit einem funktionierenden R. erfüllt werden. (2) *Information:* Das R. informiert, teils aufgrund gesetzlicher Veröffentlichungspflicht (z. B. §§ 325 ff. HGB), teils aufgrund freiwilliger Offenlegung, Gesellschafter, Gläubiger, Arbeitnehmer, Finanzbehörden und die interessierte Öffentlichkeit über die Vermögens-, Finanz- und Ertragslage der Unternehmung. – 3. *Aufbau:* Es gibt eine Vielzahl von Vorschlägen für die Gliederung des R. – a) *Traditionelle Gliederung:* Buchführung und Bilanz, Kosten- und Leistungsrechnung, Betriebsstatistik und Vergleichsrechnung, Planungsrechnung. – b) Um eine Vermischung der Einteilungskriterien wie unter a) zu vermeiden (z. B. kann eine Bilanz als Planungsrechnung erstellt werden), ist in der tabellarischen Übersicht über Aufgaben und Aufbau des betrieblichen R. (vgl. Sp. 1175/1176) die Gliederung der Bereiche nach folgenden Merkmalen vorgenommen: Alle Rechnungen lassen sich in *Planungs-, Dokumentations- und Überwachungsrechnungen* einteilen. Die Rechnungen können nach betriebswirtschaftlichen Rechnungskategorien (Aufwand/Ertrag, Vermögen/Kapital, Kosten/Leistungen, Auszahlungen/Einzahlungen), Abrechnungsinhalten (Gewinn- und Verlustrechnungen, Bilanzen usw.) und ihrer Auswertung für Statistik und Betriebsvergleich gegliedert werden. – c) Auch eine *Einteilung in Nominalrechnungen* (z. B. Liquiditätsrechnungen) *und realgüterliche Rechnungen* (z. B. Lagerbuchführung, Substanzerhaltungsrechnungen) ist möglich. – d) In der *Gesamtorganisation* der Unternehmung ist das betriebliche R. als Aufgabenbereich des →Controlling einzuordnen. – 4. Tabellarische Übersicht über Aufgaben und Aufbau des betrieblichen R. vgl. Übersicht (Sp. 1175/1176). – Vgl. auch →Dynamisierung des Rechnungswesens, →ergebnisorientiertes Rechnungswesen, →verhaltensorientiertes Rechnungswesen, →Umwelt-Rechnungslegung.

Rechnungszins, bei der Prämienkalkulation in der →Lebensversicherung und der privaten →Krankenversicherung über die Laufzeit konstant angenommener Zinssatz für Zinserträge aus den in Vermögenswerten angelegten Spartanteilen der Prämien. Dem Vorsichtsprinzip folgend, wird der R. so niedrig bemessen, daß er voraussichtlich über einen langen Zeitraum hinweg erwirtschaftet werden kann (1987: 3,5%). Der über diesen R. hinaus erzielte Zinsertrag wird den Versicherten über die →Überschußbeteiligung gutgebracht.

Recht. 1. Gesamtheit der Rechtsnormen, die in der Rechtsgemeinschaft gelten, die Rechts-

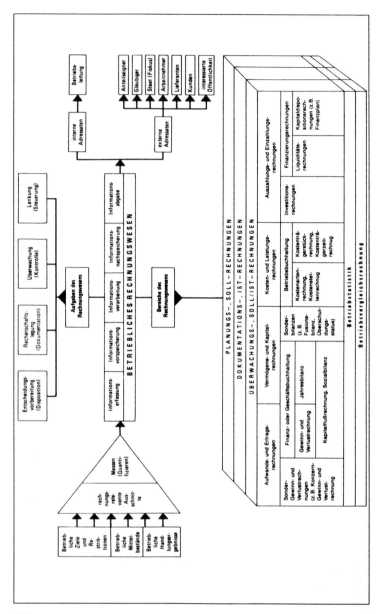

ordnung. – 2. Die vom R. gewährte, in einem subjektiven R. verkörperte Machtbefugnis oder Berechtigung, der →Anspruch.

Recht am Arbeitsplatz, →Arbeitsplatz II.

Recht auf Arbeit, Bestrebungen, aus den vorhandenen Grundrechten des GG ein für jedermann bestehendes „Recht auf Arbeit" abzuleiten oder die Aufnahme eines solchen Rechts in den Grundrechtsteil des GG zu fordern. Nach überwiegender Auffassung ist auch das in der →Europäischen Sozialcharta statuierte „Recht auf Arbeit" nur ein Programmsatz.

Recht auf tatsächliche Beschäftigung, →Beschäftigungspflicht.

Recht der Schuldverhältnisse, im 2. Buch des BGB geregelte Rechtsmaterie. – Das R. d. Sch. enthält allgemeine Vorschriften, die für alle Schuldverhältnisse gelten (z. B. über Begründung eines Schuldverhältnisses, Schadenersatzpflicht, Rücktrittsrecht, Erfüllung, Aufrechnung, Erlaß, Abtretung), und besondere Bestimmungen über einzelne Schuldverhältnisse (z. B. Kauf, Miete).

rechte Seite, →lineare Restriktion, →Begrenzungsvektor.

rechtliches Gehör, Anspruch eines jeden auf rechtliches Gehör vor Gericht (Art. 103 GG), d. h. der Betroffene muß vor Erlaß einer ihm nachteiligen Entscheidung Gelegenheit haben, sich zur Sache zu äußern. Dieser Grundsatz gilt bei allen Gerichten. – *Bei Verletzung:* Vgl. →Verfassungsbeschwerde. – Nach *Verwaltungsrecht* gilt der Grundsatz i. d. R. auch für alle einen einzelnen belastenden Entscheidungen der Verwaltungsbehörden (vgl. § 28 VwVfG), auch z. B. der Steuerbehörden.

rechtliches Interesse, verschiedentlich verwendeter Rechtsbegriff: Ein r. I. ist gegeben, wenn Rechtsverhältnisse oder der Rechtsstreit der Betroffenen berührt wird. Akteneinsicht durch Unbeteiligte setzt u. U. Glaubhaftmachung eines r. I. voraus. – *Anders:* →berechtigtes Interesse.

Rechtsanwalt, unabhängiger Vertreter und Berater in allen Rechtsangelegenheiten. – *Rechtsgrundlage:* Bundesrechtsanwaltsordnung vom 1. 8. 1959 (BGBl I 565) mit späteren Änderungen, auch Gesetz zur Erleichterung der tatsächlichen Ausübung des freien Dienstleistungsverkehrs der Rechtsanwälte vom 16. 8. 1980 (BGBl I 1453).

I. B e r u f s s t a n d : 1. Der R. übt als *unabhängiges Organ* der Rechtspflege einen →freien Beruf aus und betreibt kein →Gewerbe. Sein Recht, in allen Rechtsangelegenheiten vor Gerichten, Schiedsgerichten oder Behörden aufzutreten, kann nur durch Bundesgesetz beschränkt werden. Jedermann hat i. a. das

Recht, sich in Rechtsangelegenheiten durch einen R. beraten und vertreten zu lassen. In manchen Fällen besteht die Notwendigkeit, sich durch einen R. vertreten zu lassen (→Anwaltszwang). – 2. Die Tätigkeit als R. setzt eine *Zulassung durch die Landesjustizverwaltung* voraus. Nur wer die Befähigung zum Richteramt hat, kann zugelassen werden. Die Zulassung kann nur aus ausdrücklich aufgeführten Gründen versagt werden. Hiergegen Anrufung des →Ehrengerichts möglich. – 3. Der R. muß bei einem bestimmten Gericht der →ordentlichen Gerichtsbarkeit *zugelassen* sein. Er kann in Prozessen vor jedem deutschen Amtsgericht auftreten, vor höheren Gerichten nur, wenn er dort zugelassen ist. – 4. Der R. ist i. d. R. *nicht verpflichtet, eine Sache zu übernehmen.* Einen Auftrag, den er nicht übernehmen will, muß er unverzüglich ablehnen. Er darf *nicht tätig werden,* a) wenn ihm ein standeswidriges Verhalten zugemutet wird, b) wenn er in eine Interessenkollision gerät, c) für einen Auftraggeber, zu dem er in einem ständigen Dienstverhältnis steht (Syndikusanwalt). – 5. Zwischen dem R. und seinem Auftraggeber (Mandanten) besteht ein *Dienstvertrag* (→Geschäftsbesorgungsvertrag). – 6. Die bei Gelegenheit eines Prozesses oder einer Beratung entstandenen *Handakten* hat der R. fünf Jahre aufzubewahren, wenn er nicht vorher den Mandanten zur Empfangnahme auffordert. Der R. hat an den Handakten ein →Zurückbehaltungsrecht. Schadenersatzansprüche gegen den R. verjähren in drei Jahren. – 7. Das *Vertrauensverhältnis* zwischen R. und Mandant ist geschützt durch Aussageverweigerungsrecht (§ 383 ZPO, § 53 StPO), Geheimhaltungspflicht (§ 203 StGB) und Strafvorschrift gegen →Parteiverrat. – 8. Vgl. auch →Fachanwalt.

II. V e r g ü t u n g : 1. Für jede Tätigkeit hat der R. Anspruch auf Gebühren und Ersatz seiner Auslagen, die grundsätzlich im Pauschalsystem nach dem Streitwert berechnet werden. – *Höhe:* Vgl. →Rechtsanwaltsgebührenordnung. – 2. Der R. kann einen *Vorschuß* (üblich vielfach zwei Gebühren) verlangen. – 3. Die Gebühren werden stets von dem Auftraggeber *geschuldet,* gleich, wem das Gericht die Prozeßkosten auferlegt.

III. S t a n d e s r e c h t : Die R. im Bezirk eines →Oberlandesgerichts sind in einer *Rechtsanwaltskammer* als Standesorganisation, die einzelnen Rechtsanwaltskammern in der Bundesrechtsanwaltskammer zusammengeschlossen. Die R. unterliegen einer besonderen *Ehrengerichtsbarkeit* vor dem Ehrengericht und dem Ehrengerichtshof, die für jeden Bezirk einer Rechtsanwaltskammer gebildet sind.

IV. A r b e i t s g e r i c h t s b a r k e i t : Die in § 11 I ArbGG a. F. enthaltenen Beschränkungen für die Zulassung von R. als Prozeßbevollmächtigte vor den →Arbeitsgerichten sind nach der Neufassung des Gesetzes vom 2.7.1979 entfallen (vgl. § 11 I ArbGG n. F.). Beim →Bundesarbeitsgericht besteht →Anwaltszwang.

V. Steuergerichtsbarkeit: R. sind auch ohne besondere Erlaubnis befugt, in Steuer- und Steuerstrafsachen die Vertretung zu übernehmen (§ 107 AO); vgl. →Bevollmächtigter.

VI. Verwaltungsgerichtsbarkeit: Vor dem Verwaltungsgericht und dem Oberverwaltungsgericht können R. auftreten; vor dem Bundesverwaltungsgericht besteht Anwaltszwang.

VII. Sozialgerichtsbarkeit: Vor den →Sozialgerichten können R. auftreten, vor dem →Bundessozialgericht ist der Vertretungszwang (§ 166 SGG) nicht nur auf die Vertretung durch R. beschränkt.

Rechtsanwaltsgebührenordnung, →Gebührenordnung für →Rechtsanwälte; vom 26.7.1957 (BGBl I 907) mit späteren Änderungen. – 1. Die R. erhalten bei *Prozeßführung im Zivilprozeß:* a) Prozeßgebühr (für Übernahme des Prozesses einschl. der Information); b) Erörterungsgebühr (für die Erörterung der Sache, auch im Rahmen eines Versuches zur gütlichen Beilegung, wird jedoch mit der Verhandlungsgebühr, die denselben Gegenstand betrifft und in demselben Rechtsstreit entsteht, aufgerechnet); c) Verhandlungsgebühr (für die mündliche Verhandlung ohne Rücksicht auf Zahl der Termine); d) Beweisgebühr (für die Vertretung im Beweisaufnahmeverfahren); e) Vergleichsgebühr (für die Mitwirkung beim Abschluß eines Vergleiches, v. a. eines Prozeßvergleichs). – 2. Für alle *anderen* Tätigkeiten enthält die Gebührenordnung besondere Sätze (z. B. $^3/_{10}$-Gebühr für die Zwangsvollstreckung). – 3. *Höhe der Gebühren:* Vgl. →Kostentabelle für Zivilprozesse und →Prozeßkosten. – 4. In der *Berufungs- und Revisionsinstanz* erhöhen sich die Gebühren um jeweils 30%.

Rechtsanwaltskammer, →Rechtsanwalt III.

Rechtsaufsicht, Form der Überwachung der öffentlichen →Verwaltung, bei der die aufsichtsführende Behörde nur die Rechtmäßigkeit des Verwaltungshandelns kontrolliert. Die R. ist die übliche Aufsichtsform in Angelegenheiten der →Selbstverwaltung. – *Gegensatz:* →Fachaufsicht.

Rechtsauskunft, →Lohnsteuerauskunft, →verbindliche Zolltarifauskunft.

Rechtsausübung, Geltendmachung von Rechten jeder Art. Die R. wird durch das bürgerliche Recht eingeschränkt: Eine R. ist unzulässig, wenn sie a) nur den Zweck verfolgt, einem anderen Schaden zuzufügen (§ 226 BGB, →Schikaneverbot); b) eine sittenwidrige Schädigung eines anderen darstellt

(§ 826 BGB); c) gegen →Treu und Glauben verstößt (§ 242 BGB, →unzulässige Rechtsausübung i. e. S.).

Rechtsbehelfe. 1. *Begriff:* a) *I. e. S.:* Außerhalb der eigentlichen →Rechtsmittel prozessual eröffnete Möglichkeiten zur Herbeiführung einer Nachprüfung ergangener Entscheidungen. b) *I. w. S.:* Bezeichnung für Rechtsmittel. – 2. *Arten:* a) Förmliche R., meist an eine bestimmte Frist und Form gebunden, z. B. der Einspruch oder im Bußgeldverfahren der Antrag auf gerichtliche Entscheidung über den Bußgeldbescheid. b) Ein unvollkommener, aber nicht frist- oder formgebundener R. ist die Dienstaufsichtsbeschwerde. – 3. Das Verwaltungsverfahrensgesetz enthält für das →*Verwaltungsverfahren* eine allgemeine Regelung. – 4. Für das *Steuerrecht* regelt die →Abgabenordnung die Zulässigkeit von →Einspruch und →Beschwerde; →Rechtsmittel.

Rechtsbeistand, Berufsbezeichnung für eine Person, die nach § 1 Rechtsberatungsgesetz die unbeschränkte Erlaubnis für die geschäftsmäßige Besorgung fremder Rechtsangelegenheiten durch den dafür zuständigen Präsidenten des Amts- oder Landgerichts erteilt ist (§ 4 der zweiten VO zur Ausführung des Rechtsberatungsgesetzes vom 3. 4. 1936, RGBl I 359). Der R. kann auch →Prozeßagent sein. – *Vergütung* die R. regelmäßig geringer als die Rechtsanwaltsgebühren. – Vgl. auch →Rentenberater, →Rechtsberatung. – *Anders:* →Rechtspfleger.

Rechtsberatung, geschäftsmäßige Besorgung fremder Rechtsangelegenheiten einschl. der Einziehung fremder oder zum Zweck der Einziehung abgetretener Forderungen. Nach dem Gesetz zur Verhütung von Mißbräuchen auf dem Gebiete der R. vom 13.12.1935 (RGBl I 1478) mit späteren Änderungen ist die R. von der Erlaubnis des zuständigen Land- (Amts-)gerichtspräsidenten abhängig, gleich, ob es sich um haupt- oder nebenberufliche Tätigkeit handelt. – Geschäftsmäßige R. liegt vor, wenn die Tätigkeit selbständig (nicht aufgrund eines festen Dienstverhältnisses) betrieben wird und eine gewisse Häufigkeit aufweist. – Die Erlaubnis ist *abhängig* von der persönlichen Zuverlässigkeit und fachlichen Eignung; Zulassung als Rechtsbeistand. – *Unerlaubte Ausübung* wird als Ordnungswidrigkeit mit Geldbuße geahndet. – *Keine Erlaubnis* erforderlich für Rechtsanwälte, Zwangs-, Konkurs- und Vermögensverwalter sowie Angestellte in Angelegenheiten des Dienstherrn.

Rechtsberatungsinformationssystem, ein →Softwaresystem für Juristen, insbes. für Anwaltskanzleien, das einerseits die Kanzleiverwaltung unterstützt (Fall-, Mandantenverwaltung, Terminverfolgung, Finanzbuchhaltung u. a.), andererseits die Durchführung von

Recherchen (z. B. über ergangene Urteile) durch Zugriff auf eine →externe Datenbank (z. B. JURIS) erlaubt.

Rechtsbereinigung, Sammlung des geltenden Rechts in Verbindung mit Aufhebung überholter oder entbehrlicher Vorschriften. In mehreren Bundesländern bereits durchgeführt. Für das Bundesrecht bis 31.12.1963 durchgeführt.

Rechtsbeschwerde, der →Revision ähnlicher Rechtsbehelf, mit dem nur Rechtsverletzungen gerügt werden können.

I. Verfahren wegen Ordnungswidrigkeiten: Zulässig gegen Entscheidung des Amtsgerichts im →Bußgeldverfahren, wenn Geldbuße mehr als 200 DM beträgt, eine Nebenfolge angeordnet wurde, ein →Einspruch als unzulässig verworfen oder die R. zugelassen wurde (§§ 79–80 OWiG). – 1. *Einlegung* binnen einer Woche seit Zustellung des Beschlusses oder Verkündung des Urteils zu Protokoll der Geschäftsstelle oder durch Schriftsatz. Es gelten die Grundsätze einer Revision. – 2. Es *entscheidet* das Oberlandesgericht durch Beschluß. – 3. Die R. hat *keine aufschiebende Wirkung,* jedoch kann Vollstreckung ausgesetzt werden.

II. Steuerrecht (seit Inkrafttreten der Finanzgerichtsordnung): Vgl. →Beschwerde, →Finanzgerichtsbarkeit, →Rechtsmittel.

Rechtsbeugung, →Verbrechen, die vorsätzliche Beugung des Rechts zugunsten oder zum Nachteil einer Partei durch einen Richter, sonsigen Amtsträger oder Schiedsrichter (→Schiedsgerichtsverfahren) bei der Leitung oder Entscheidung einer Rechtssache. – *Strafe:* Freiheitsstrafe von einem Jahr bis zu fünf Jahren (§ 336 StGB).

Rechtsentscheid, Entscheidung des →Oberlandesgerichts über eine Rechtsfrage bei →Mietverträgen. Will ein Landgericht als Berufungsgericht in einer Rechtsfrage aus einem Mietvertragsverhältnis über Wohnraum von einer Entscheidung des Bundesgerichtshofs oder eines OLG abweichen, muß es R. des OLG über diese Frage herbeiführen. Dies gilt auch bei Rechtsfragen von grundsätzlicher Bedeutung, die noch nicht durch einen R. entschieden sind.

rechtsfähige Vereine, →Vereine mit →Rechtsfähigkeit, erworben durch Eintragung in das Vereinsregister oder staatliche Verleihung. – *Steuerliche Behandlung:* R.V. sind kraft ihrer Rechtsform unbeschränkt steuerpflichtig und unterscheiden sich dadurch von den →nichtrechtsfähigen Vereinen und Zweckvermögen (§ 1 I Nr. 5 KStG), die nach § 3 KStG nur dann unbeschränkt steuerpflichtig sind, wenn ihr Einkommen weder nach dem KStG noch nach dem EStG

unmittelbar bei einem aderen Steuerpflichtigen zu versteuern ist.

Rechtsfähigkeit, Fähigkeit, Träger von Rechten und Pflichten zu sein. R. besitzen alle →natürlichen Personen, auch Minderjährige und Entmündigte, sowie alle →juristischen Personen (§ 1 BGB). – *Anders:* →Geschäftsfähigkeit.

Rechtsgeschäfte, Tatbestände, die eine →Willenserklärung oder eine Mehrheit von solchen enthalten und von der Rechtsordnung als Grund für den Eintritt der als gewollt bezeichneten Rechtswirkung anerkannt sind. Durch R. können die einzelnen ihre rechtlichen Beziehungen gestalten. R. können →Rechtsverhältnisse begründen, verändern und aufheben. – Zu *unterscheiden:* a) einseitige R.; b) zweiseitige R.(→Verträge). – Die *allgemeinen Vorschriften* über R. geben §§ 104–185 BGB, z. B. über Nichtigkeit, Anfechtung, Bestätigung, Scheingeschäft; sie enthalten auch Formvorschriften. – *Voraussetzung* zur wirksamen Vornahme von R. ist i.d.R. →Geschäftsfähigkeit.

rechtsgeschäftlich gestaltete Treuhandschaft, →Treuhandschaft.

Rechtshängigkeit, Anhängigkeit eines Prozesses mit einem bestimmten Streitgegenstand bei einem Gericht. – *Eintritt* der R. mit →Klageerhebung. – *Wirkungen:* 1. *Materielle Wirkungen:* →Unterbrechung der Verjährungsfrist (§ 209 BGB), der Beklagte kommt i. d. R. spätestens mit Eintritt der R. in →Verzug (§ 284 I 2 BGB), seine Haftung für Untergang oder Verschlechterung der streitigen Sache wird erweitert (§§ 987 ff. BGB), gegenüber einem Anspruch aus →ungerechtfertigter Bereicherung kann sich der Beklagte nicht mehr auf den Wegfall der Bereicherung berufen (§ 818 IV BGB), eine Geldschuld ist zu verzinsen (§ 291 BGB) u. a. – 2. *Prozessuale Wirkungen:* Der Prozeß kann nicht noch bei einem anderen Gericht anhängig gemacht werden (→Prozeßvoraussetzungen), die Zuständigkeit des angerufenen Gerichts bleibt auch gegeben, wenn die Voraussetzungen später wegfallen, z. B. der Beklagte aus dem Gerichtsbezirk wegzieht (§ 261 ZPO). Mit der R. tritt eine Festlegung des Streitgegenstandes ein (→Klageänderung).

Rechtshilfe, Beistandsleistung zwischen den Gerichten derselben Gerichtsbarkeit und den Gerichten verschiedener Gerichtsbarkeitszweige. – *Beispiele:* Vernehmung oder Vereidigung von Zeugen, die nicht im Gerichtsbezirk des Prozeßgerichts wohnen: Überlassung von zur Aufklärung des einer Zivilklage zugrunde liegenden Sachverhalts wichtigen Strafakten. Alle Gerichte der Bundesrep. D. leisten sich gegenseitig R. (Art. 35 GG). – *Anders:* →Amtshilfe. – *Internationaler Rechtshilfever-*

kehr auf diplomatischem oder konsularischem Weg oder unmittelbar zwischen inländischen und ausländischen Gerichten oder Behörden, im einzelnen je nach Land unterschiedliche Regelungen. Vgl. Gesetz über die internationale R. in Strafsachen vom 23.12.1982 (BGBl I 2071).

Rechtskonsulent, nicht akademisch vorgebildeter Vertreter fremder Rechtsinteressen; darf seinen Auftraggeber i.a. nicht in mündlicher Verhandlung vor Gericht vertreten. – Vgl. auch →Rechtsberatung, →Prozeßagent.

Rechtskosten, →Prozeßkosten.

Rechtskraft, Rechtsbegriff für die grundsätzliche Unabänderlichkeit einer Entscheidung.

I. Z i v i l p r o z e ß o r d n u n g : 1. *Formelle R.:* Eine gerichtliche Entscheidung kann nicht mehr durch ein →Rechtsmittel angefochten werden. Die formelle R. tritt ein bei →Urteilen und →Beschlüssen, gegen die kein Rechtsmittel zulässig ist, oder bei Verzicht auf diese, bei Ablauf der Rechtsmittelfrist oder Erschöpfung des Instanzenzuges. – 2. *Materielle R.:* Das streitige Rechtsverhältnis zwischen den Parteien ist endgültig geregelt; keine abweichende Entscheidung kann mehr ergehen. Zweck ist die Förderung der Rechtssicherheit und die Wahrung des Rechtsfriedens. Sachlich beschränkt auf den betr. Klageanspruch; maßgebend ist die Urteilsformel, ergänzend zur Auslegung die Entscheidungsgründe. – 3. Ist nur über den *Teilbetrag* einer Forderung entschieden, wirkt R. nur hinsichtlich des Teilbetrages. – 4. Möglichkeit einer *Wiederaufnahme des Verfahrens* zwecks Beseitigung der R. besteht nur bei groben Verstößen (vgl. auch →Abänderungsklage). – 5. In einigen Fällen wird die Wirkung der R. *über die Parteien hinaus ausgedehnt* (§§ 325–327 ZPO), insbes. nach dem Eintritt der →Rechtshängigkeit auf den Rechts- oder Besitznachfolger der streitbefangenen Forderung oder Sache sowie den Rechtsnachfolger einer Partei, ferner bei Prozeßführung für Rechnung eines Dritten für und gegen diesen (z.B. wirkt die R. bei einem vom Konkursverwalter geführten Prozeß für und gegen den Gemeinschuldner). Die R. eines gegen eine OHG oder KG ergangenen Urteils erstreckt sich auf die einzelnen Gesellschafter; die Feststellung, daß eine →Gesellschaftsschuld vorliegt oder nicht, wirkt aber auch gegen die einzelnen in Anspruch genommenen Gesellschafter (§§ 129, 161 HGB). – 6. *Beschlüsse* sind nur insoweit der R. fähig, als sie Rechtsbeziehungen der Parteien abschließend regeln, z.B. Kostenfestsetzungsbeschluß, Zuschlagsbeschluß im Zwangsversteigerungsverfahren.

II. S t r a f r e c h t : 1. Die *formelle R.* erstreckt sich nicht nur auf gerichtliche Entscheidungen, sondern z.B. auch auf den →Bußgeldbescheid. – 2. Die *materielle R.* bedeutet, daß der

einer formell rechtskräftigen Entscheidung zugrunde liegende Sachverhalt nicht mehr gegen dieselbe Person zum Gegenstand eines auf ihre Verfolgung gerichteten Verfahrens gemacht werden darf (vgl. auch Art. 103 III GG). – 3. *Wiederaufnahme des Verfahrens* ist möglich.

III. V e r w a l t u n g s g e r i c h t s b a r k e i t : 1. *Formelle R.* tritt ein, wenn die Frist für die Einlegung eines →Rechtsmittels ungenutzt verstrichen ist bzw. nach Abschluß aller Instanzen der Verwaltungsgerichtsbarkeit. – 2. *Materielle R.:* An das Urteil sind die Beteiligten und ihre Rechtsnachfolger gebunden, soweit über den →Streitgegenstand entschieden worden ist (§ 121 VwGO).

IV. F i n a n z g e r i c h t s b a r k e i t : Rechtskräftige Urteile der Finanzgerichte binden die Beteiligten, deren Rechtsnachfolger, Mitgesellschafter und Gemeinschafter soweit, als über den →Streitgegenstand entschieden worden ist. Im übrigen bleiben die allgemeinen Vorschriften über die Zurücknahme, Ersetzung oder Änderung von Verfügungen sowie über die Nachforderung von Steuern unberührt (§ 110 FGO). – Verfügungen der Finanzbehörden: Vgl. →Verfügung I 2.

Rechtsmängelhaftung. 1. *Begriff:* Beim →Kaufvertrag Gewährleistung für Freiheit von rechtlichen Mängeln, die den Verkäufer daran hindern, dem Käufer das volle lastenfreie →Eigentum an der verkauften Sache usw. zu verschaffen (z.B. die Sache steht im Eigentum eines Dritten, ist mit einem Pfandrecht, einer Hypothek, einem Nießbrauch belastet). – 2. Ist die verkaufte Sache *ohne Wissen des Käufers* mit Rechtsmängeln behaftet, so kann er vom Vertrag zurücktreten (§§ 323 ff. BGB; →Rücktritt) oder auch →Schadenersatz wegen Nichterfüllung verlangen. Bei Grundstückskaufverträgen ist dies stets möglich, bei Verträgen über bewegliche Sachen dann, wenn er die Sache einem Dritten mit Rücksicht auf dessen Recht herausgegeben oder ihm abgefunden hat, wenn er sie deshalb dem Verkäufer zurückgewährt hat oder wenn die Sache untergegangen ist; überhaupt stehen ihm, wenn der Verkäufer die ihm obliegenden Pflichten nicht erfüllt, die bei gegenseitigen Verträgen gegebenen Rechte zu (§ 440 BGB).

Rechtsmißbrauch, Mißbrauch von Formen und Gestaltungsmöglichkeiten des bürgerlichen Rechts, z.B. →Steuerumgehung.

Rechtsmittel, förmliche, gesetzlich zugelassene →Rechtsbehelfe mit dem Ziel der Überprüfung der Entscheidung.

I. Z i v i l r e c h t : Ein Rechtsbehelf, durch dessen Einlegung die benachteiligte Partei eine ihr ungünstige, noch nicht rechtskräftige Entscheidung zur Nachprüfung durch ein übergeordnetes Gericht stellt. – R. sind: a) →Berufung, b) →Revision und c) →sofortige Beschwerde. – Keine R. i. e. S. sind: a) einfache →Beschwerde, b) →Einspruch gegen ein Versäumnisurteil oder einen Vollstreckungsbescheid, c) Widerspruch gegen einen Mahnbescheid (→Mahnverfahren 5), d) →Erinnerung. – Die *Einlegung* des R. muß in bestimmter *Form* innerhalb bestimmter Frist erfolgen: Anfechtbar ist i. d. R. nur eine Entscheidung, die dem Einleger gegen seinen →Antrag etwas versagt.

II. S t r a f r e c h t : Die eigentlichen R. →Berufung und →Revision führen zur Nachprüfung eines Urteils durch ein übergeordnetes Gericht.

III. A r b e i t s r e c h t : Vgl. →Arbeitsgerichtsbarkeit, →Berufung, →Revision.

IV. Ö f f e n t l i c h e s R e c h t : Vgl. →Verwaltungsgerichtsbarkeit.

V. S t e u e r r e c h t : 1. Gegen *Verfügungen* der Finanzbehörden grundsätzlich die Rechtsbehelfe des →Einspruchs oder der →Beschwerde (Vorverfahren), vgl. auch →Finanzgerichtsbarkeit III). – 2. *Gegen die Rechtsbehelfsentscheidungen* (oder, soweit gesetzlich ein Vorverfahren nicht vorgeschrieben ist, unmittelbar) Klage im Finanzrechtsweg vor den Gerichten der →Finanzgerichtsbarkeit.

VI. K a r t e l l r e c h t : Vgl. →Kartellgesetz X 2.

Rechtsmittelbelehrung, einer behördlichen Entscheidung beigefügte Belehrung über Art, Form und Frist etwa gegebener →Rechtsmittel. – *Vorgeschrieben* im Steuerrecht, weitgehend auch im Verwaltungsrecht. Im Arbeitsrecht in § 9 VArbGG geregelt; für das arbeitsgerichtliche Verfahren gilt die Besonderheit, daß alle mit einem befristeten Rechtsmittel (z. B. Berufung, Revision) anfechtbaren Entscheidungen der Arbeitsgerichte eine R. enthalten müssen; bei Unterbleiben der Belehrung gilt eine Jahresfrist. – *Nicht vorgeschrieben* i. a. im Zivilrecht oder auf dem Gebiet der freiwilligen Gerichtsbarkeit. – *Unterlassene* oder *unrichtige* R. hat ggf. zur Folge, daß die →Rechtsmittelfrist nicht zu laufen beginnt, § 237 AO, § 55 FGO, §§ 58, 59, 73 VwGO, § 9 V ArbGG.

Rechtsmittelfrist, →Frist zur Einlegung eines →Rechtsmittels. – *Gegen Versäumung* der R. unter gewissen Voraussetzungen →Wiedereinsetzung in den vorigen Stand bzw. →Nachsicht zulässig.

Rechtsmittelverzicht, →Verzicht.

Rechtsnachfolge, der von einem Rechtsvorgänger abgeleitete Erwerb eines Rechts, im Gegensatz zu dem originären, ursprünglichen Erwerb (z. B. Aneignung). – 1. *Einzelrechtsnachfolge:* Der Erwerb eines einzelnen Vermögensgegenstandes, z. B. durch Übereignung, Forderungsabtretung. – 2. *Gesamtrechtsnach-*

folge: Der Erwerb einer Vermögensmasse durch einheitlichen Rechtsvorgang; nur ausnahmsweise und in den gesetzlich vorgeschriebenen Fällen möglich, z. B. durch Erbfall.

Rechtspersönlichkeit, →Rechtsfähigkeit.

Rechtspfleger, Beamter des Justizdienstes, der die ihm durch Gesetz übertragenen Aufgaben der Rechtspflege sachlich unabhängig entscheidet und dabei Weisungen nicht unterworfen ist (Rechtspflegergesetz vom 5. 11. 1969, BGBl I 2065 mit späteren Änderungen). – 1. *Voraussetzungen:* Ein Vorbereitungsdienst von drei Jahren und die Rechtspflegerprüfung oder die zweite juristische Staatsprüfung. – 2. *Tätigkeitsbereich* v. a. in der freiwilligen Gerichtsbarkeit für Grundbuch-, Vormundschafts-, Handels- u. a. Registersachen, Konkurs- und Vergleichsverfahren mit Ausnahme bestimmter Einzelgeschäfte. Übertragen sind dem R. im Zivilprozeß u. a. das Mahnverfahren, Aufgebotsverfahren, gewisse Armenrechtssachen, Auslandszustellungen, Erteilung von vollstreckbaren Ausfertigungen, Erlaß von Pfändungs- und Überweisungsbeschlüssen, in Ausnahmefällen Geschäfte des Zwangsvollstreckungsverfahrens einschl. der Zwangsversteigerung und der Offenbarungsversicherung. In der Strafvollstreckung nimmt er die nach dem Erlaß des Urteils zu treffenden Entscheidungen wahr, u. a. Bewilligung von Teilzahlung und Zahlungsfristen sowie deren Widerruf. – 3. *Rechtsbehelf* gegen die Entscheidung des R. ist →Erinnerung, über die in bestimmten Fällen der Richter, sonst das Beschwerdegericht entscheidet (§ 11 RPflG). Das Erinnerungsverfahren ist gerichtsgebührenfrei. Bei Vorlage der Erinnerung beim Beschwerdegericht entstehen die üblichen Beschwerdekosten.

Rechtsprechung, staatliche Tätigkeit zur verbindlichen Entscheidung von Rechtsstreitigkeiten in einem rechtlich geregelten Verfahren (→Prozeß) in Anwendung des geltenden Rechts durch unbeteiligte Rechtspflegeorgane (→Gerichte). – *Anders:* →Gesetzgebung, →Verwaltung.

Rechtsreferendar, →Jurist.

Rechtsschutz, →gewerblicher Rechtsschutz.

Rechtsschutzversicherung, Übernahme des Kostenrisikos bei der Wahrnehmung rechtlicher Interessen gegen Prämie. Die Grundform der heutigen R. entstand in Deutschland 1928 mit der Gründung einer Automobil-Schutz-AG. Die ersten Musterbedingungen wurden vom BAV 1954 genehmigt; nach Überarbeitung der Allgemeinen Rechtsschutz-Bedingungen (ARB) 1969 entwickelten sich eine Vielzahl von Rechtsschutzformen. – *Arten:* 1. *Verkehrs-Rechtsschutz:* Gerichtliche und außergerichtliche Geltendmachung von

Schadenersatzansprüchen aufgrund gesetzlicher Haftpflichtbestimmungen, Verteidigung in Ermittlungs-, Straf- oder Disziplinarverfahren, Gnaden- und ähnlichen Verfahren, Wiedererlangung eines entzogenen Führerscheins, gerichtliche und außergerichtliche Verfolgung und Abwehr von Ansprüchen aus Verträgen über Kauf, Miete, Reparatur u. dgl. von Kraftfahrzeugen. – 2. *Familien-Rechtsschutz:* Abgestellt auf den privaten Lebensbereich und auf das Berufsleben als Lohn- und Gehaltsempfänger (Rechtsschutz im Privat- und Berufsleben, Arbeits-Rechtsschutz, Sozialgerichts-Rechtsschutz, Straf-Rechtsschutz im Familien- und Erbrecht sowie Rechtsschutz in eigentumsrechtlichen Streitigkeiten). – 3. *Kombination* von Verkehrs- und Familien-Rechtsschutz. – 4. *Miet- und Grundstücks-Rechtsschutz:* Für Miet-, Pacht- und Eigentumsstreitigkeiten. – 5. *Firmen-Rechtsschutz* und *Rechtsschutz für Selbständige:* Betrifft die selbständige Sphäre des Versicherungsnehmers (Geltendmachung von Schadenersatzansprüchen, arbeitsrechtliche Streitigkeiten, Straf-Rechtsschutz und Sozialgerichts-Rechtsschutz). – 6. *Landwirtschafts- und Verkehrs-Rechtsschutz:* Versicherungsschutz wie unter 3. unter Einbeziehung der Streitigkeiten aus der Tätigkeit als selbständiger Land- und Forstwirt. – 7. *Vereins-Rechtsschutz:* Versicherungsschutz wie unter 5.

Rechtsstaat, Staatsform, in der der Staat als Mittel zur Wahrung des Rechtsfriedens und zur Verwirklichung der Gerechtigkeit angesehen wird. Idee des R. vollendet ausgeprägt bei Kant. Notwendige Bestandteile des R.: geschriebene →Verfassung, →Gewaltenteilung, →Gesetzmäßigkeit der Verwaltung, Sicherung der persönlichen Sphäre des einzelnen (Menschenrechte, →Grundrechte). – Grundidee zahlreicher Länderverfassungen und des Grundgesetzes ist der *soziale R.* – *Andere Staatsformen:* →Justizstaat, →Wohlfahrtsstaat.

Rechtsstreit, →Prozeß.

Rechtsträger-Abwicklungsgesetz, →Kriegsfolgengesetz.

Rechtsverhältnisse, die durch Rechtsvorschriften geordneten Beziehungen von Personen zu anderen Personen oder Gegenständen.

Rechtsverordnungen, für den einzelnen Staatsbürger verbindliche Anordnungen, die nicht vom Gesetzgeber, sondern insbes. von den durch Bundesgesetz ermächtigten Verwaltungsbehörden erlassen werden. Auf dem Gebiet des Bundesrechts i. d. R. nur von der →Bundesregierung (mit oder ohne Zustimmung des →Bundesrats, je nachdem, ob Länderinteressen berührt werden), einem Bundesminister oder den Landesregierungen (Art 80, 80a GG) erlassen werden; i. a. die Durchführungs-VO.

Inhalt, Zweck und Ausmaß einer solchen Ermächtigung müssen im Gesetz selbst bestimmt sein. – Insbes. auf dem Gebiet des *Steuerrechts* (→Steuerrechtsverordnungen) sind Zweifel aufgetreten, ob die zum Erlaß von R. ermächtigten Vorschriften diesen Anforderungen genügen. Mangels hinreichender Bestimmtheit der Ermächtigung kann eine R. ungültig sein.

Rechtswahlmöglichkeiten, →Steuerpolitik II 2.

Rechtsweg, Begriff des Prozeßrechts, früher insbes. für die Befugnis der Gerichte der →ordentlichen Gerichtsbarkeit zur Entscheidung eines Rechtsstreits. – Zulässigkeit des beschrittenen R. ist Prozeßvoraussetzung und betrifft die Abgrenzung der Zuständigkeitsbereiche der ordentlichen Gerichte gegenüber denen der allgemeinen und besonderen →Verwaltungsgerichte. Der R. zu den ordentlichen Gerichten ist zulässig: a) in allen *bürgerlichen Rechtsstreitigkeiten* (§ 13 GVG), das sind solche über privatrechtliche Rechtsverhältnisse, bei denen sich die Parteien als gleichberechtigte Teilnehmer am Rechtsverkehr gegenüberstehen, auch Ansprüche gegen den Staat, wenn dieser als Teilnehmer am Privatrechtsverkehr, nicht kraft hoheitlicher Gewalt auftritt; b) für gewisse *öffentlich-rechtliche Ansprüche* kraft besonderer Zuweisung, insbes. für Schadenersatzansprüche gegen den Staat oder andere öffentlich-rechtliche Körperschaften wegen Amtspflichtverletzung und für Aufopferungsansprüche (§ 40 II VwGO). – Vgl. auch →Verwaltungsrechtsweg, →Arbeitsgerichtsbarkeit, →Sozialgerichte, →Finanzgerichtsbarkeit.

Rechtsweggarantie, grundrechtliche Verbürgung, nach der jedermann, die durch die öffentliche Gewalt in seinen Rechten verletzt ist, die →ordentliche Gerichtsbarkeit anrufen kann, wenn nicht andere Gerichte gesetzlich zuständig sind (Art. 19 IV GG). – *Ausnahme* gem. Art. 10 II GG bei Verletzung des Brief-, Post- und Fernmeldegeheimnisses, wenn Gesetz dies bestimmt und von Volksvertretung berufenes Organ an Stelle des Rechtsweges tritt.

Rechtswidrigkeit, Charakteristik jeder Handlung, die der Rechtsordnung widerspricht. Im gesamten Rechtsbereich einheitlicher Begriff. Rechtsfertigungsgründe schließen das Unrecht mit Wirkung für alle Rechtsgebiete aus, das sind v. a. →Notwehr, →Notstand, Pflichtenkollisionen, tatsächliche und mutmaßliche Einwilligung des Verletzten.

reciprocal banking, *tit-for-tat banking,* zwischenstaatliches Filialeröffnungsverfahren in den USA, bei dem zwei Bundesstaaten untereinander Regelungen treffen, die die gegenseitige Eröffnung von Bankfilialen im jeweils anderen Staat ermöglichen.

recognition lag, →lag II 2b) (2).

Recognitiontest, *Wiedererkennungsverfahren,* Verfahren des →Recalltests. Das Werbemittel wird Testpersonen aus der →Zielgruppe vorgelegt; eine anschließende Befragung klärt, ob das Werbemittel bereits vorher bekannt war. – *Problematik* des R. liegt in der →Validität der Aussagen der Testpersonen. Es ist kaum nachzuprüfen, ob die Angaben der Testpersonen stimmen. – Bekanntes Verfahren ist der *Starchtest:* Leser von Zeitungen/Zeitschriften werden über Anzeigen befragt; drei Abstufungen des Erinnerungsgrads: noted (Leser hat Anzeige beachtet); seen/associated (Leser hat Anzeige gesehen und das Produkt beachtet); read most (Leser hat Anzeige gesehen und mehr als 50% des Textes gelesen). – Vgl. auch →Posttest, →Pretest.

Record. 1. *Begriff:* →Datenstruktur, in der →Datenelemente mit beliebigem →Datentyp unter einem gemeinsamen Namen zusammengefaßt sind (heterogene Struktur). – 2. *Verwendung:* Strukturierung von Daten, die in einem hierarchischen Zusammenhang stehen. Einen R., der in einer →Datei gespeichert wird, nennt man i. a. →Datensatz. – 3. *Terminologie:* In den Programmiersprachen und in der Literatur äußerst uneinheitlich, z. B. Datengruppe, Datensatz, Segment, Struktur, Verbund, Verband, kartesisches Produkt.

Recovery, bei →Datenbanksystemen die Wiederherstellung eines definierten konsistenten Zustands der Datenbasis (→Datenbank) nach einem Hardware- oder Software-Fehler.

Recycling, *Rezyklierung.* I. U m w e l t p o l i t i k : 1. *Begriff:* Rückführen stofflicher und energetischer Rückstände (Kuppelprodukte) von Produktion/Konsum in die Produktion (→Sekundärstoffe). Innerbetrieblich Aufgabe der →Abfallwirtschaft. – 2. *Umweltwirkung:* →Umweltschutz durch Verzicht auf Abbau natürlicher Ressourcen (→Ressourcenschonung) mit Material- und Energiekostenminderung und Vermeiden der Rückstandsabgabe in die natürliche Umwelt mit Wegfall von Entsorgungskosten. – 3. *Voraussetzungen:* Zur Gewinnung von Sekundärstoffen aus Rückständen nach physischer Erfassung, Identifikation, Klassifikation, Kennzeichnung und Dokumentation (→Stoffbilanz, →Energiebilanz, →ökologische Buchhaltung) sind zumeist Aufbereitungsvorgänge erforderlich; Rückstandsvermittlung i. d. R. durch →Abfallbörsen und →Aufkaufhandel. – Rückfluß von Sekundärstoffen ist besonders hoch bei Altmetallen, -papier, -glas, -kunststoffen, -reifen. – 4. *Arten:* a) *Wiederverwendung:* Wiederholter Einsatz eines Rückstandes für den ursprünglichen Verwendungszweck (z. B. Mehrwegflaschen); b) *Weiterverwendung:* Rückstandseinsatz für andere Zwecke (z. B. Granulat aus Altreifen zur Produktion von Bodenbelägen); c) *Weiterverwertung:*

Herstellung von Sekundärstoffen zum Wiedereinsatz in der Produktionsprozeß, dem sie entstammen (z. B. Altglas zur Herstellung von Behälterglas. – R. stofflicher Rückstände ist stets Rückführung von in Produktion oder Konsum eingesetzter Materie. Genutzte *Energie* läßt sich nicht nochmals nutzen; ungenutzt aus einem thermodynamischen System (z. B. Abhitze aus Industrieöfen; →Anergie) abfließende Energie kann dem Systemn wieder zugeführt werden. – Vgl. auch →Recycling-Potential.

II. I n t e r n a t i o n a l e W i r t s c h a f t s b e z i e h u n g e n : Teilweiser Rückfluß der seit 1973/74 gewaltig gestiegenen Exporterlöse erdölexportierender Länder in die Industriestaaten.

Recycling-Potential, beim Fertigungsbetrieb als Rückstandsverwender die Arten und Mengen an →Rückständen, die zum Produktionseinsatz grundsätzlich geeignet und verfügbar sind (→Recycling). Die Eignung zur Verwertung als Erzeugnis- oder Betriebsstoffe bestimmt sich wesentlich nach betrieblichem →Produktionsprogramm und →Produktionstechniken, die Verfügbarkeit nach Bereitschaft und Fähigkeit der Rückstandsbesitzer, Rückstände laufend in wenig schwankender Menge an den Rückstandsverwender abzugeben. Wiedereinsatz energetischer Rückstände richtet sich nach dem Verhältnis von qualitativem Energiebedarf des Verwenders und energetischer Wertigkeit (Temperatur, Druck, Spannung i. a.) der energetischen Rückstände; wegen mangelnder Lagerfähigkeit müssen sie in der erforderlichen energetischen Wertigkeit unmittelbar zu den Bedarfsterminen verfügbar sein.

Redakteur, *Schriftleiter,* der durch Sammlung, Sichtung, Ordnung und Bearbeitung von Nachrichten, Beiträgen, Aufsätzen usw. an der Gestaltung des Textteils einer Zeitung oder Zeitschrift oder der Gestaltung einer Hörfunk- oder Fernsehsendung Mitwirkende.

Redaktionsstatut, Organe der Mitsprache und Mitbestimmung vorsehende besondere Vereinbarung in Presse- und Medienunternehmen. R. sollen der inneren Pressefreiheit dienen, insbes. der Absicherung der Stellung der Redakteure gegenüber dem Verleger, sowie der „Demokratisierung" der Massenmedien. Zulässigkeit und rechtliche Ausgestaltung der R. ist umstritten, insbes. auch das Verhältnis zum →Betriebsrat, der in →Tendenzbetrieben nur eingeschränkt Mitbestimmungsrechte (§ 118 I BetrVG) hat.

red clause, Klausel im Dokumentenakkreditiv (im Akkreditivschreiben üblicherweise rot vermerkt), durch die eine Überseebank ermächtigt wird, dem Begünstigten schon vor der Einreichung der Dokumente Vorschüsse zu gewähren. – Vgl. auch →Akkreditiv.

Rede, →öffentliche Reden.

Redeflation, →Reflation.

Redepflicht, Verpflichtung des →Abschlußprüfers gemäß § 321 II HGB. Er hat im →Prüfungsbericht bei Wahrnehmung seiner Aufgaben festgestellte Tatsachen zu berichten, die den Bestand einer geprüften Unternehmung gefährden oder ihre Entwicklung wesentlich beeinträchtigen können oder die schwerwiegende Verstöße der gesetzlichen Vertreter gegen Gesetz, Gesellschaftsvertrag oder Satzung erkennen lassen. Ein Suchen nach solchen Tatsachen kann von dem Abschlußprüfer nicht erwartet werden.

Rediskont(ierung), Weiterverkauf von diskontierten (angekauften) →Wechseln durch eine Bank an die Notenbank, in der Bundesrep.D. an die Deutsche Bundesbank. – Zugelassen sind i.a. nur gute Handelswechsel (→Warenwechsel) mit drei als zahlungsfähig bekannten Verpflichteten und einer Restlaufzeit von bis zu 90 Tagen (rediskontfähige Wechsel).

Rediskontkontingent, Obergrenze des von der Zentralbank einer Geschäftsbank im Rahmen der →Zinspolitik gewährten Diskontkredites. Das R. für eine einzelne Bank ergibt sich als Produkt aus dem Normkontingent (N) der Bank und einem Multiplikator (m). Das N berechnet die Deutsche Bundesbank jeweils anhand des haftenden Kapitals und einer Strukturkomponente (S) dieser Bank. S und damit N sind um so größer, je größer der Anteil der gewährten kurz- und mittelfristigen Kredite am Geschäftsvolumen der Bank ist. Die Diskontpolitik „begünstigt" Banken mit relativ ausgedehnter kurzfristiger Kreditvergabe (umfangreichen Wechselgeschäften); vgl. →monetäre Theorie und Politik VI 2 b). Das von der Zentralbank bestimmte Gesamtrediskontvolumen dividiert durch die Summe der Normkontingente aller Banken ergibt den Wert von m. Das Gesamtrediskontvolumen ist der Zentralbankgeldbetrag, den die Zentralbank aus gesamtwirtschaftlichen Überlegungen dem Bankensystem insgesamt zur Verfügung stellen will.

Redistribution, →Verteilungstheorie II 2.

Reduktionismus, →methodologischer Individualismus.

Reduktionswerbung, Werbung zwecks gezielten Umsatzabbaus. – *Anders:* →Erhaltungswerbung. – *Gegensatz:* →Expansionswerbung.

redundante Restriktion, →Restriktion in einem Restriktionssystem, die fortgelassen werden kann, ohne daß sich dadurch die Menge der Lösungen des Restriktionssystems ändert. – *Gegensatz:* →nichtredundante Restriktion.

reduzierte Form. 1. *Begriff:* Darstellungsform eines →simultanen Gleichungssystems, die angibt, in welcher Weise die gemeinsam abhängigen Variablen von den vorher bestimmten Variablen abhängen. – 2. *Beschreibung:* Ein vollständiges simultanes Gleichungssystem $Y\Gamma + XB + U = 0$ (→strukturelle Form) kann man durch Multiplikation mit den Inversen von Γ nach Y auflösen; man erhält auf diese Weise die R. $Y = -XB\Gamma^{-1} - U\Gamma^{-1} = X\pi + V$ mit $\pi = -B\Gamma^{-1}$ und $V = -U\Gamma^{-1}$, in der die gemeinsam abhängigen Variablen als Funktion allein der vorher bestimmten Variablen und der Störgrößen auftreten. Das bietet schätztheoretische Vorteile. – Die Parameter der R., die in π enthalten sind, stellen Funktionen der Parameter der strukturellen Form dar; u.U. – aber keineswegs generell – kann man aus den Parametern der R. in eindeutiger Weise auf die Parameter der Strukturform schließen (→Identifikation). – Die R. ist die *Prognoseform* des ökonometrischen Modells (→Ökonometrie II).

reduzierte Tara, →wirkliche Tara a).

Reeder, Eigentümer eines ihm zum Erwerb durch Seefahrt dienenden Schiffes (§ 484 HGB). Soweit der R. Güter- bzw. Personenbeförderung betreibt, ist er →Mußkaufmann (§ 1 II Nr. 5 HGB); andere R. (z. B. in der Seefischerei) können →Sollkaufmann sein. – *Haftung:* Der R. ist für Schaden verantwortlich, den eine Person der Schiffsbesatzung bei Ausführung ihrer Dienstverrichtung schuldhaft einem Dritten zufügt (§ 485 HGB), haftet aber insoweit, wie auch in einigen anderen Fällen, nur mit dem →Schiffsvermögen (§§ 486 ff. HGB). Wegen aller Ansprüche kann ein Schiffsgläubiger den Reimathafens belangt werden (§ 488 HGB). – Vgl. auch →Schiffseigner.

Reederei. →Verkehrsbetrieb, der (auch) im Schiffsverkehr (Binnen-, Küsten- und/oder Seeschiffahrt) tätig ist. – Vgl. auch →Partenreederei.

Reederei-Lieferschein, Form des →Konnossement-Teilscheins, bei der der Importeur der Reederei das Konnossement zurückgibt und sich dafür Lieferscheine ausstellen läßt, deren Anzahl und Inhalt sich nach dem Abnehmerkreis und dessen Nachfrage richten. Die Aushändigung der Ware am Kai erfolgt gegen Rückgabe des Lieferscheins.

Reedereischiffahrt, →Binnenschiffahrt.

reelle Tara, →wirkliche Tara.

reelle Zahlen, sind sowohl die →ganzen Zahlen, die (positiven und negativen) Brüche und die (evtl. auch unendlichen) Dezimalzahlen. Die →Menge der reellen Zahlen wird als $\mathbb{R}$ bezeichnet.

Reexport, →Wiederausfuhr.

Reexport-Kontrolle, →end user control.

REFA, seit 1924 Abk. für Reichsausschuß für Arbeitszeitermittlung, seit 1951 Verband für Arbeitsstudien-Refa-e. V., seit 1977 → Refa – Verband für Arbeitsstudien und Betriebsorganisation e. V.

REFA-Ausbildung, vom →REFA – Verband für Arbeitsstudien und Betriebsorganisation e. V. veranstaltete Lehrgänge und Seminare mit dem Zweck, Betriebspraktiker mit allen Fragen der →REFA-Lehre vertraut zu machen und für deren praktische Anwendung auszubilden. Die Ausbildung *gliedert sich* in Lehrgänge und Seminare mit und ohne Abschlußqualifikation und ist teilweise fach- (d. h. brachen-)bezogen. Die zu bestimmten Abschlußqualifikationen führenden Stufen-ausbildungen ermöglichen – mit Ausnahme der REFA-Ingenieur-Ausbildung – auf bestimmten Zwischenstufen den Übergang zu anderen Sparten der R.-A. Die Einheitlichkeit der R.-A. im In- und Ausland wird durch das REFA-Institut Darmstadt gewährleistet.

Refaktie, Preis- oder Gewichtsabzug für schadhafte oder unbrauchbare Teile einer gelieferten Warensendung (z. B. Fusti).

REFA-Lehre. 1. *Begriff:* Alle vom →REFA – Verband für Arbeitsstudien und Betriebsorganisation e. V. erarbeiteten Grundsätze und Verfahren. Die R.-L. stützt sich auf die Erkenntnisse der Arbeitswissenschaft, insbes. auf die Ergebnisse technisch-organisatorischer, soziologischer, psychologischer und ökonomischer Arbeitsforschung, und besteht im wesentlichen aus anwendungsbezogenem Methodenwissen auf den Gebieten der Arbeits- und Betriebsorganisation. Systematische Zusammenfassung der R.-L. in den →REFA-Methodenlehren. – 2. *Einteilung in Sachkreise:* a) Wissenschaftliche Organisation der Arbeit in ihrem *physisch-technischen* Sinn: Planmäßige und sachgenmäße Anwendung der Grundsätze experimenteller Untersuchung, z. B. Arbeitsablaufstudien und Schwachstellenanalysen, Zeitstudien, Bewegungsstudien, Analyse des Materialflusses und des Verschleißes an Werkzeugen, Geräten und Kleidung, Unfallschutz. Arbeitstechnische und organisatorische Form der Arbeitsrationalisierung (→Rationalisierung). – b) Wissenschaftliche Organisation der Arbeit als *psycho-physischer* Erscheinung und ihrer Beziehung zum Menschen als Einzel- und Gruppenwesen: Betrifft die Anwendung der Erkenntnisse der Psychologie, der Soziologie und der Physiologie auf der betrieblichen Ebene, z. B. Ermüdungsstudien, Normalleistung, Anforderungsmerkmale im Interesse sinnvollen Personaleinsatzes (Leistungsanreiz und Verhütung von Überanstrengungen, Arbeitsstrukturierung, Motivation). – 3. *Ziele:* Sinnvoll gestaltete Arbeitsplätze und menschengerechte Arbeitsbedingungen sowie

möglichst wirtschaftliche und humane Arbeitsabläufe zum Nutzen des einzelnen wie auch des Unternehmens und damit letztlich zum Vorteil für die gesamte Volkswirtschaft.

REFA-Methodenlehren, mehrbändige Standardwerke, in denen das Methodenwissen der →REFA-Lehre systematisch zusammengefaßt ist: (1) Methodenlehre des Arbeitsstudiums; (2) Methodenlehre der Planung und Steuerung; (3) Methodenlehre für Büro- und Verwaltungsorganisation.

REFA-Normalleistung, eine Bewegungsausführung, die dem Beobachter hinsichtlich der Einzelbewegungen, der Bewegungsfolge und ihrer Koordinierung besonders harmonisch, natürlich und ausgeglichen erscheint. Sie kann erfahrungsgemäß von jedem in erforderlichem Maß geeigneten, geübten und voll eingearbeiteten Arbeiter auf die Dauer und im Mittel der Schichtzeit erbracht werden, sofern er die für persönliche Bedürfnisse und ggf. auch für Erholung vorgegebenen Zeiten einhält und die freie Entfaltung seiner Fähigkeiten nicht behindert wird. – Die REFA-N. ist eine Bezugsleistung (→Systeme vorbestimmter Zeiten, →Durchschnittsleistung), die dazu dient, die →Soll-Zeit einer Arbeitsleistung zu bestimmen.

REFA-Qualifikationen, nach Erfüllung entsprechender Zulassungsvoraussetzungen aufgrund des erfolgreichen Abschlusses bestimmter Sparten und Stufen der →REFA-Ausbildung erworbene Qualifikationen, z. B. REFA-Sachbearbeiter, REFA-Fachmann, REFA-Techniker für Industrial Engineering, REFA-Organisationsassistent, REFA-Organisator sowie die – im Rahmen einer besonderen Ausbildung erworbene – Qualifikation REFA-Ingenieur für Industrial Engineering (nur für registrierte Ingenieure, Ing. grad., Gr. Ingenieur HS, Dipl.-Ing., Dr.-Ing.). Über die jeweilige Qualifikation stellt der →REFA – Verband für Arbeitsstudien und Betriebsorganisation e. V. eine entsprechende Urkunde aus.

REFA – Verband für Arbeitsstudien und Betriebsorganisation e. V., seit 1977 Bezeichnung des 1924 gegründeten Reichsausschuß für Arbeitszeitermittlung; seitdem mehrmals umbenannt. Technisch-wissenschaftlicher Verband mit gemeinnützigen Zielen; Sitz der Hauptgeschäftsführung in Darmstadt. – *Aufgabenbereich:* a) Entwicklung praktikabler Methoden zur Verbesserung der Wirtschaftlichkeit und zur Humanisierung der Arbeit (→REFA-Lehre); b) Verbreitung der REFA-Lehre in Lehrveranstaltungen (→REFA-Ausbildung); auf Tagungen und durch Herausgabe der →REFA-Methodenlehre und weiterer Buchreihen sowie Fachzeitschriften; c) Umsetzung der REFA-Lehre in Betrieben aller Wirtschaftszweige sowie den öffentlichen und privaten Verwaltung. – *Bedeutung:* Die

REFA-Arbeit wird von Gewerkschaften und Arbeitgebern gleichermaßen anerkannt. – Vgl. auch →Arbeitswissenschaft II.

Referenz. 1. Eine (geschäftliche) Empfehlung. – 2. Personen oder Institutionen, bei denen man eine →Referenzauskunft einholen kann; Angabe von R. bei Angeboten oder →Bewerbungen.

Referenzanlagen, Anlagegüter, mit denen der Hersteller seine Problemlösungsqualität im realen Produktionseinsatz beweisen kann. Wichtiger Akquisitionsfaktor im →Investitionsgütermarketing. Fehlen von R. ist oft entscheidendes Hindernis für die Auftragsgewinnung.

Referenzauskunft, Beurteilung einer Person, die von einer als →Referenz angegebenen Institution oder Person abgegeben wird.

Referenzmodell, →Marktversagen.

Referenzperiode, Bezeichnung für einen bestimmten zurückliegenden Zeitabschnitt, auf den Bezug genommen wird.

Referenzperiodensystem, *Vorverdienstprinzip, Bezugsmethode,* in Gesetzen vorgesehenes Prinzip zur Berechnung des →Arbeitsentgelts, wenn ein Arbeitgeber, ohne daß der Arbeitnehmer die Arbeitsleistung erbringt, das Arbeitsentgelt fortzuzahlen hat. Bei dem R. wird zur Berechnung auf eine vorhergehende Lohnperiode (i.d.R. drei Monate) Bezug genommen und für diese der durchschnittliche Verdienst ermittelt, der zu zahlen ist (vgl. z.B. §11 BUrlG). – *Anders:* →Lohnausfallprinzip.

Referenzpreis, →Agrarpreise II 4, →EWG I 2 b) (3).

Referenztarif, Tarif im Verkehrswesen, der als Preisempfehlung gilt und den Verhandlungspartnern als Hinweis für frei zu vereinbarende Beförderungsentgelte dient. R. gelten im Rahmen der EG für Transporte zwischen den neuen und zwischen den neuen und alten Mitgliedstaaten (EWG-Verordnung Nr. 2831/77 vom 12.12.1977), während zwischen den alten Mitgliedstaaten →Margentarife angewendet werden.

Referenzverfahren, Verfahren zur Festlegung von Einfuhrquoten bei kontingentierter Einfuhr (→Verteilungsverfahren). Bei R. bilden früher getätigte Einfuhren (Referenzen) die Basis, auf der die Zuteilungsmenge berechnet wird. – *Formen:* 1. *Reines R.:* Anteilsmäßige Verteilung des Gesamtkontingents gemäß der nachgewiesenen Referenzen; neuen Importeuren wird häufig dadurch der Zugang zu bestimmten Waren erschwert. – 2. *Quotenreferenzverfahren:* Ein Teil des Gesamtkontingents (Grundkontingent) wird nach Köpfen (Zahl der Antragsteller) verteilt (Grund- bzw. Kopfquote), der Rest (Zusatzkontingent) gemäß der erbrachten Referenzen (Referenz-

quote). Endquote ist die Summe von Kopf- und Referenzquote.

Referenzzeit, Zeitpunkt oder -raum, auf den sich statistische Ergebnisse beziehen; zeitliche Abgrenzung einer →Grundgesamtheit. Bei der statistischen →Erhebung einer →Bestandsmasse wird i.d.R. ein *Referenzpunkt (Erhebungsstichtag, Stichtag)* festgelegt (z.B. 25.5.1987, 0.00 Uhr bei der Volkszählung 1987). Beim →Mikrozensus erfolgt dagegen die Festlegung einer *Berichtswoche (Erhebungswoche)* statt eines Zeitpunktes: Als Merkmalsausprägung (→Ausprägung) gilt dann z.B. der in der Berichtswoche überwiegende Sachverhalt; eventuelle momentane Abweichungen hiervon bleiben dann ohne Bedeutung. Bei der statistischen Erhebung einer →Bewegungsmasse wird ein *Referenzzeitraum* festgelegt (z.B. Geburten innerhalb eines Jahres: 1.1., 0.00 Uhr bis 31.12., 24.00 Uhr).

Referenzzinssatz, Basiszinssatz auf dem freien Markt, der als Orientierungsgröße bei der Festlegung eines Vertragszinssatzes für Finanzgeschäfte von den jeweiligen Vertragspartnern verwendet wird; kein offizieller Zinssatz, aber ein objektivierter und daher intersubjektiv nachprüfbarer Wert. Auf internationalen Finanzmärkten verwendete R.: überwiegend →LIBOR, zunehmend →FIBOR; auch →LUXIBOR und →NIBOR. – Vgl. auch →spread (Zinsaufschlag).

Referenzzyklus, →Konjunkturindikatoren 2 a).

Refinanzierung, Kreditgewährung, die nicht aus eigenen Mitteln des Kreditgebers erfolgt; dieser muß sich die erforderlichen Mittel erst beschaffen. – *Häufigste Form* der R. ist die Inanspruchnahme des Notenbankkredits durch die kreditgebende Bank im Weg der →Rediskontierung, des Lombards oder Wertpapierverkaufs.

Refinanzierungspolitik, →monetäre Theorie und Politik VI 2 b).

Refinanzierungsrisiko, Gefahr, daß die Anschlußfinanzierung eines Aktivgeschäftes liquiditätsmäßig nicht sichergestellt werden kann. Bei Kreditinstituten ist das R. eine Frage der zwischen Aktiv- und Passivseite betriebenen Fristentransformationen.

Refinement, →schrittweise Verfeinerung III.

Reflation, *Redeflation,* finanzpolitische Maßnahme: Anhebung des durch →Deflation unter Kostendeckung gefallenen Preisniveaus infolge wirtschaftlichen Aufschwungs bis zur Höhe der langfristigen →Grenzkosten. – *Anders:* →Inflation.

Relektant, möglicher Käufer, Bieter, Bewerber um ein wirtschaftliches Gut bei Verkäufen, Auktionen, Pachtangeboten usw.

Reflexologie, Ausdruck von W. Bechterew und Pawlow für ihren Versuch, das menschliche Verhalten nur aus bedingten Reflexen zu erklären. – Vgl. auch →Psychologie.

Reflexrechte, Bezeichnung für dem einzelnen gewährte, ihm günstige Rechtslagen, auf deren Durchsetzung er aber keinen Rechtsanspruch hat. – *Gegensatz:* →subjektive öffentliche Rechte.

Reform, →Politik schrittweiser Reformen.

reformatio in peius (= Änderung zum Nachteil), Abänderung einer Gerichtsentscheidung durch die höhere Instanz zum Nachteil dessen, der ein →Rechtsmittel eingelegt hat. Die r.i.p. ist grundsätzlich, v.a. im Strafrecht, unzulässig (z.B. §§ 331, 358 StPO, §§ 536, 559 ZPO). – *Kein Verbot* der r.i.p. besteht beim Einspruch gegen den amtsrichterlichen →Strafbefehl.

refundieren, →fundieren 2.

Regale, →Regalien.

Regal-Großhändler, →rack jobber.

Regalien, *Regale,* wirtschaftlich nutzbare Hoheitsrechte im Ständestaat des Mittelalters; z.B. Münz-, Berg-, Fischerei-, Jagd-, Salzregal. Von ständischer Bewilligung unabhängige, zweitwichtigste Einnahmequelle der Fürsten (nach Domäneneinkünften). Mißbräuche – besonders des Münzregals – führten zum kontinuierlichen Abbau der R. durch die Stände bzw. später durch die Parlamente.

Regalmiete, *Regalplatzmiete,* einmalige oder laufende Geldzahlungen für die Nutzung des Engpaßfaktors Regalplatz auf dem →Absatzweg von Waren. Im →Cash-and-carry-Großhandel häufig →rack jobber als Mieter. In der Praxis des Lebensmittelhandels, meist verbunden mit Regalpflege durch den Außendienst des Herstellers, nicht selten. Hersteller schätzen den Vorteil, durch eigene Vertriebsorgane den Absatz am point of sale forcieren zu können, hoch ein. – *Wettbewerbsrechtlich* sind Mietzahlungen für die Überlassung von Regalplatz im Einzelhandel umstritten. In der →Gemeinsamen Erklärung als „unzulässige Nebenleistung" eingestuft. Ob Zahlungen für R. vom Einkaufsrechnungspreis zur Ermittlung des wettbewerbsrechtlich relevanten →Einstandspreises abgezogen werden können, ist ebenso umstritten (→Berliner Erklärung).

Regalplatzmiete, →Regalmiete.

Regel. I. Allgemein: 1. Gleichförmigkeit von Erscheinungen oder Vorgängen. – 2. Vorschrift: Vgl. →Regelung.

II. Betriebsinformatik: In der →künstlichen Intelligenz, insbes. bei →wissensbasierten Systemen weit verbreitete Form für die Darstellung von Wissen. eine R. besteht aus

zwei Teilen: a) der *Prämisse* und b) der *Konklusion* („if ... then ..."). Ist die Prämisse erfüllt, kann die Konklusion ausgeführt werden. – Vgl. auch →regelbasiertes System, →Regelinterpreter.

regelbasiertes System, *rule based system, Regelsystem,* älteste und verbreitetste Art von →wissensbasierten Systemen (→Expertensysteme). – *Bestandteile:* a) eine *Regelbasis* (Menge der →Regeln); b) ein *Inferenzmechanismus* (→Inferenzmaschine), der jeweils festlegt, welche Regeln anzuwenden sind; mögliche Strategien sind dabei die →Vorwärtskettung und die →Rückwärtsverkettung von Regeln.

Regelbedarf. I. Bürgerliches Recht: Betrag, der zum Unterhalt eines →nichtehelichen Kindes, das sich in der Pflege seiner Mutter befindet, bei einfacher Lebenshaltung erforderlich ist (§ 1615g BGB). Der R. wird von der Bundesregierung mit Zustimmung des Bundesrates durch Rechtsverordnung festgesetzt. – Vgl. auch →Regelunterhalt.

II. Sozialrecht: Vgl. →Regelsatz der Sozialhilfe.

Regel des kleinsten Bedauerns, →Savage-Niehans-Regel.

Regeldetri, →Dreisatzrechnung.

regelgebundene Finanzpolitik, Alternative zur →diskretionären Finanzpolitik, v.a. im Blick auf die bei der diskretionären Finanzpolitik automatisch auftretenden →Lags. Die r.F. soll diese Lags durch institutionalisierte Entscheidungsabläufe beim Vorliegen bestimmter Indikatorenwerte verkürzen (→regelgebundener Mitteleinsatz). – Problematisch sind die Wahl der Indikatoren, die mangelnde Vergleichbarkeit einzelner Situationen sowie die tendenzielle Ausschaltung des Parlaments.

regelgebundener Mitteleinsatz, *Regelmechanismus,* durch Formulierung verbindlicher Regeln bestimmte Mittelwahl und -dosierung, deren Inhalte in Form von Handlungsanweisungen bei Auftreten bestimmter ökonomischer Zielabweichungen automatisch zur Anwendung kommen. Im Vergleich zum diskretionären Mitteleinsatz können zeitraubende parlamentarische Beratungen vermieden werden; außerdem wird die Vorhersehbarkeit wirtschaftspolitischen Handelns (unter Inkaufnahme eventueller →Ankündigungseffekte) erhöht, die Wirtschaftspolitik mithin verstetigt. – Da sich →Konjunkturzyklen in Ursachen und Ablauf unterscheiden, ist das Vorhandensein ausreichenden und abgesicherten Lenkungswissens eine wichtige *Voraussetzung* für das Funktionieren des r.M. – *Gegensatz:* →diskretionärer Mitteleinsatz.

Regelinterpreter, *Produktionsregelinterpretierer,* globale →Systemarchitektur für eine

→Inferenzmaschine, die bei fast allen →Expertensystemen verwendet wird. *Vorgehensweise* eines R. bei der Suche nach dem Fakten, die die Lösung eines Problems darstellen: Ausgehend von den in der →Wissensbasis fest gespeicherten Fakten wiederholt er die Schritte „Suche nach einer anwendbaren Regel" (d. h. einer Regel, deren Bedingungsteil in der augenblicklichen Faktenmenge erfüllt ist), „Anwendung dieser Regel" und „Erweiterung der Faktenmenge um die neuen Fakten" solange, bis diese die gewünschten Fakten enthält (vgl. auch →Regel).

Regelleistungen, Mindestleistungen der Sozialversicherung, die vom Gesetz für alle Versicherungsträger zwingend vorgeschrieben sind. – *Änderung* von Höhe oder Umfang der R. durch Satzungen der Versicherungsträger nicht zu Ungunsten der Anspruchsberechtigten. Wegen Änderung der Leistungen zugunsten der Anspruchsberechtigten. – Vgl. auch →Mehrleistungen.

Regellohn, Begriff in der gesetzlichen Krankenversicherung (§ 182 IV RVO). T. ist das regelmäßige Bruttoarbeitsentgelt, das der Versicherte vor der →Arbeitsunfähigkeit erhalten hat. Es wird dabei je nach dem Lohnabrechnungszeitraum ausgegangen entweder vom Lohn, der auf eine Stunde entfällt, oder von dem, der auf einen Kalendertag entfällt. – R. ist die *Bemessungsgrundlage* für das →Krankengeld für Arbeiter, deren Entgelt nicht nach Monaten bemessen wird; für andere Arbeitnehmer gilt der →Grundlohn als R.

Regelmechanismus, →regelgebundener Mitteleinsatz.

Regelsatz der Sozialhilfe, Richtsatz für laufende Leistungen zum Lebensunterhalt im Rahmen der →Sozialhilfe außerhalb von Anstalten, Heimen und gleichartigen Einrichtungen, soweit dies nach der Besonderheit des Einzelfalls nicht anders geboten ist (§ 22 BSHG). – 1. *Gesetzliche Grundlage:* Grundsätze über Inhalt und Aufbau der R. d. S. in der Regelsatz-VO v. 20. 7. 1962 (BGBl I 515), geändert durch VO v. 10. 5. 1971 (BGBl I 451). – 2. Die R. d. S. *umfassen* laufende Leistungen für Ernährung, Kochfeuerung, Beschaffung von Wäsche von geringem Anschaffungswert, Instandhaltung von Kleidung, Wäsche und Schuhen in kleinerem Umfang, Körperpflege, Beschaffung von Hausrat von geringem Anschaffungswert, kleinere Instandsetzungen von Hausrat, Beleuchtung, Betrieb elektrischer Geräte, Reinigung und persönliche Bedürfnisse des täglichen Lebens (§ 1 Regelsatz-VO – RSVO). – 3. *Höhe:* a) Es wird unterschieden zwischen Haushaltsvorstand (bzw. Alleinstehendem), den der Regelsatz in voller Höhe erhält, und den Angehörigen, die je nach Lebensalter einen bestimmten Prozentsatz erhalten (z. B. Haushaltsangehörige bis zur Vollendung des 7. Lebensjahres =

45% des R. d. S. eines Haushaltvorstandes; Haushaltsangehörige vom Beginn des 16. bis zur Vollendung des 21. Lebensjahres = 90%). Eheleuten steht zusammen der Regelsatz für den Haushaltsvorstand und einen Familienangehörigen zu. Die jeweilige Höhe des R. d. S. wird von den zuständigen Landesbehörden in den meisten Ländern landeseinheitlich festgelegt und schwankt (1. 9. 1986) zwischen 380 DM (Mindestsatz in Bayern) und 406 DM (in Hamburg). Grundlage für die Berechnung ist das *Bedarfsmengenschema* bzw. *Warenkorbmodell,* das sich an den von den statistischen Landesämtern ermittelten Durchschnittspreisen des untersten auf dem Markt anzutreffenden Preisviertels für die einzelnen Positionen der „Teilwarenkörbe" orientiert. – b) Der R. d. S. unterliegt *keiner* automatischen Anpassung, sondern wird in regelmäßigen Abständen *überprüft.* – c) Für bestimmte Personenkreise wird ein *Mehrbedarf* anerkannt: (1) Mehrbedarf von 20% des maßgebenden Regelsatzes für Personen, die das 60. Lebensjahr vollendet haben; Personen unter 60 Jahren, bei denen →Erwerbsunfähigkeit im Sinne der gesetzlichen Rentenversicherung vorliegt, für werdende Mütter vom Beginn der 6. Schwangerschaftsmonats an; für Tuberkulosekranke während der Dauer der Heilbehandlung (§ 23 I BSHG) und für Personen, die mit zwei oder drei Kindern zusammenleben und allein für deren Erziehung und Pflege sorgen (§ 23 II BSHG). – (2) Mehrbedarf von 40% für Personen, die mit vier oder mehr Kindern zusammenleben und allein für deren Erziehung und Pflege sorgen und für Behinderte unter bestimmten Voraussetzungen (§ 23 II BSHG). – (3) Mehrbedarf in angemessener Höhe für Erwerbstätige, v. a. Personen, die trotz eingeschränkten Leistungsvermögens einem Erwerb nachgehen, sowie für Kranke, Genesende, Behinderte oder von Krankheit oder Behinderung Bedrohte, die einer aufwendigen Ernährung bedürfen (§ 23 IV BSHG). – (4) Mehrbedarf von 50% für Blinde und Behinderte mit besonders schweren Behinderungen unter bestimmten Voraussetzungen (§ 24 BSHG).

Regelsystem, →regelbasiertes System.

Regeltarif, *Normaltarif, Standardtarif,* in Form eines geschlossenen →Tarifsystems festgelegter Tarif. – *Gegensatz:* →Ausnahmetarif.

Regelung. I. O r g a n i s a t i o n : Schriftliche oder mündliche Feststellung des Ergebnisses einer Entscheidung, die dadurch institutionalisiert wird. R. sind Normen, Befehle, Ge- und Verbote, Weisungen.

II. K y b e r n e t i k / S y s t e m t h e o r i e : R. liegt vor, wenn der vorgegebene Wert einer Größe fortlaufend durch Eingriffe, die aufgrund von Messungen dieser Größe initiiert werden, aufrechterhalten bzw. wiederhergestellt wird. – Im Gegensatz zur Steuerung, bei der dem →System Ziel und Verhalten von außen vorgegeben werden, wird bei der R. dem System von außen nur das Ziel gesetzt, während es sein Verhalten selbst so einregulieren kann, daß das Ziel erreicht wird. Die R. basiert auf dem Prinzip des Feedback.

Regelungsabrede, *betriebliche Einigung,* formlose Vereinbarung zwischen Arbeitgeber und Betriebsrat in betrieblichen Angelegenheiten, die einer Einigung zwischen den Betriebspartnern bedürfen. – Unterschiede zur →Betriebsvereinbarung: a) Die R. wirkt nicht auf die Einzelarbeitsverhältnisse normativ ein, es bedarf noch der Transformation des Vereinbarten in das →Arbeitsverhältnis mit anderen rechtlichen Mitteln. b) Die R. legitimiert und verpflichtet aber den Arbeitgeber ggb. dem Betriebsrat.

Regelungsanspruch, →Initiativrecht, →Einigungsstelle.

Regelungsstreitigkeiten, →Einigungsstelle.

Regelungstechnik, →Kybernetik.

Regelunterhalt, der vom Vater an das →nichteheliche Kind, das sich in der Pflege der Mutter befindet, bei einfachster Lebensstellung mindestens zu zahlende monatliche Unterhaltsbetrag (§§ 1615 f–h BGB). Die Festsetzung erfolgt durch Rechtsverordnung der Bundesregierung. VO vom 27.6.1970 (BGBl I 1010) mit späteren Änderungen: R. seit 1.1. 1985 bis zum 6. Lebensjahr 228 DM, bis zum 12. Lebensjahr 276 DM und bis zum 18. Lebensjahr 327 DM.

Regenversicherung, Versicherung zum Schutz gegen Schäden bei Abhaltung gesellschaftlicher, sportlicher, künstlerischer oder geschäftlicher Veranstaltungen oder auf Erholungsreisen infolge Regen, Schnee usw., wenn die Niederschlagsmenge eine bestimmte Höhe während der versicherten Zeit erreicht oder übersteigt. – Vgl. auch →Reisewetterversicherung.

Regiebetrieb. I. Öffentliche Verwaltung / Öffentliche Betriebswirtschaftslehre: Verwaltungseinheit ohne jegliche institutionalisierte Selbständigkeit, die aufgrund der Art der Aufgabe, insbes. der wirtschaftlich, technisch und sozial abgrenzbaren Einheit von der übrigen Verwaltung getrennt ist (→kostenrechnende Einrichtung, →Gebührenhaushalte). Für den R. werden alle Ein- und Ausgaben im Trägerhaushalt ausgewiesen. R. entspricht dem →Bruttobetrieb. – Im *gemeindlichen Bereich* kennt man den R. nur noch bei Versorgungsbetrieben kleiner Gemeinden und bei solchen Einrichtungen, die nicht in Eigenbetriebsform geführt werden (z.B. Schlachthöfe, Bäder) sowie für Kleinbetriebe wie etwa Kantinen oder Reklamebetriebe. Faktisch ist der R. auf kommuna-

ler Ebene durch den →Eigenbetrieb verdrängt worden.

II. Handelsbetriebslehre: Meist großflächige Verkaufsstätte des Einzelhandels, die von einer Zentrale oder einer Großhandlung (ggf. unter finanzieller Beteiligung einzelner Einzelhändler) einer →freiwilligen Kette, →Einkaufsgenossenschaft oder →Full-Service-Kooperation gegründet und in geeigner Regie mittels Filialleitern geführt wird. R. führen zur stärksten Einschränkung der Selbständigkeit; denn es handelt sich um →Filialunternehmen innerhalb einer Kooperation. – *Entstehungsursache* ist meistens die Sicherung von Standorten zur Ausschöpfung bzw. Abrundung des Absatzgebietes. Manche R. werden *privatisiert,* indem sie geeigneten Einzelhändlern übertragen werden.

Regierungsakt, →Hoheitsakt der Regierung, der wegen seines überwiegend politischen Charakters im Gegensatz zu den →Verwaltungsakten der Nachprüfung durch die Gerichte entzogen ist (sog. nicht justiziabler Hoheitsakt). – *Beispiele:* Festlegung der Richtlinien der Politik, Auslieferungsersuchen an einen fremden Staat.

Regierungsbanken, →Staatsbanken.

Regionalbanken. 1. *Allgemein:* →Banken, die nur regionale Bedeutung haben. – **2.** *Bundesbankstatistik:* Mit „sonstigen Kreditbanken" zusammengefaßte, strukturell inhomogene Bankengruppe, in der auch größere Institute (z.B. Bayerische Hypotheken- und Wechselbank, Bayerische Vereinsbank, Berliner Handels- und Frankfurter Bank und Bank für Gemeinwirtschaft) gezählt werden, die ihr geographisch ursprünglich begrenztes Geschäftsgebiet inzwischen überschritten haben. – **3.** *USA:* Institute, deren Konzernbilanzsumme 2–30 Mrd. US-$ beträgt und die ihren Sitz an Bankenplätzen haben, die von nationaler und regionaler Bedeutung sind.

regionale Marktforschung, →Marktforschung.

regionale Organisationsstruktur, →Regionalorganisation.

Regionalgliederung. 1. *Begriff:* Im Rahmen der Organisation die →Segmentierung eines Handlungskomplexes nach regionalen Aspekten; Unterfall der Anwendung des →Objektprinzips. – **2.** *Charakterisierung:* Die R. führt je nach der betroffenen Hierarchieebene und je nach dem Aggregationsgrad die betrachteten Handlungskomplexes zu unterschiedlich breiter Kompetenz der organisatorischen Einheiten. Es kann sich eine →Regionalorganisation mit organisatorischen Teilbereichen z.B. für je einen absatzrelevanten Kontinent ergeben; diese Teilbereiche können selbst wieder nach regionalen Gesichtspunkten z.B. in Länderbereiche und diese z.B. in Bereiche für unterschiedliche Bezirke untergliedert werden.

Regionalismus, gegenseitige außenhandelspolitische Vorzugbehandlung von Ländern einer Region. Von R. spricht man *nicht,* wenn ein kleines Land sich währungs- und außenhandelspolitisch an ein großes anschließt (Liechtenstein – Schweiz, San Marino – Italien, Monaco – Frankreich). – *Formen:* z. B. Gewährung von Zollpräferenzen, Bildung von →Zollunionen, sonstige handelspolitische Vorzugsbehandlung, devisenpolitische Sonderbehandlung, Bildung gemeinsamer Systeme des Zahlungsverkehrs mit den anderen Ländern u. a. – Alle Versuche der neueren Zeit, *wirtschaftlich integrierte Räume* zu bilden, sind Ausprägungen des R. (EWG, EFTA, Comecon u. a.). – Vgl. auch →Süd-Süd-Kooperation.

Regionalmanagementorganisation. 1. *Begriff:* Konzept einer →mehrdimensionalen Organisationsstruktur, bei dem eine gegebene Grundstruktur durch die organisatorische Verankerung von →Kompetenz für die aus den einzelnen geographischen (Beschaffungs- und Absatz-) Regionen einer Unternehmung resultierenden speziellen Aufgaben ergänzt wird. – 2. *Formen:* a) Die Institutionalisierung des Regionalmanagements kann auf einen Teilbereich beschränkt oder teilbereichsübergreifend angelegt sein; b) die Institutionalisierung kann in Form von →Stäben *(Stabs-Regionalmanagement)* oder →Entscheidungseinheiten *(Matrix-Regionalmanagement)* erfolgen. – 3. Bei der *Auswahl* einer der sich hieraus ergebenden Gestaltungsalternativen sind die angestrebte Reichweite für die Berücksichtigung der Regionalmanagement-Perspektive im arbeitsteiligen Entscheidungsprozeß der Unternehmung und die spezifischen Vor- und Nachteile der →Stab-Linienorganisation und der →Matrixorganisation abzuwägen.

Regionalorganisation, *regionale Organisationsstruktur.* 1. *Begriff:* Organisationsmodell (→Organisationsstruktur), bei dem die Kompetenzen aufgrund marktorientierter →Segmentierung nach Regionen gegliedert werden. – 2. *Charakterisierung:* Bei *reiner R.* entstehen auf der zweiten Hierarchieebene organisatorische Teilbereiche, in denen jeweils die Kompetenzen für eine Marktregion umfassend, d. h. bezüglich sämtlicher →Funktionen und Produkte der Unternehmung zusammengefaßt sind; vgl. nachstehende Abb. Die Regionalbereiche können als →Profit Center geführt werden.

Grundmodell der Regionalorganisation

3. *Beurteilung:* a) *Ressourcennutzung:* Die R. führt noch eher als die →Spartenorganisation im Vergleich zur →Funktionalorganisation in der Tendenz zu einer schlechteren Ausnutzung von Ressourcen, da die Ausstattung sämtlicher Regionalbereiche mit den für ihre Aktivitäten erforderlichen Ressourcen häufig nachteilig ist im Vergleich mit der Ressourcenauslastung und Nutzung von Vorteilen der →Spezialisierung und →Größendegression anderer Organisationsformen. – b) *Interdependenzprofil:* Im Fall der reinen R. fehlen im (theoretischen) Grenzfall überschneidungsfreier Marktdefinitionen der Regionen Interdependenzen aufgrund innerbetrieblicher Leistungsverflechtungen und Marktinterdependenzen; die Koordinationsanforderungen sind entsprechend niedrig. – c) Die *Dispositionsfähigkeit* der R. ist somit positiv einzuschätzen. – 4. *Modifikation:* In der Praxis wird die reine R. wegen ihrer Nachteile regelmäßig modifiziert v. a. in Richtung einer →mehrdimensionalen Organisationsstruktur. Dabei sollen namentlich funktionale Zentralbereiche (z. B. Werke) eine bessere Ausnutzung der Ressourcen sicherstellen; mit den internen Interdependenzen wächst jedoch auch der Koordinationsbedarf.

Regionalpolitik, I. A l l g e m e i n e s : Pläne und Maßnahmen der Wirtschaftspolitik, regionale Unterschiede in der ökonomischen Leistungsfähigkeit abzubauen.

II. B u n d e s r e p u b l i k D e u t s c h l a n d : Verbesserung der regionalen Wirtschaftsstruktur eine der →Gemeinschaftsaufgaben von Bund und Ländern. Die Förderung muß mit den Grundsätzen der allgemeinen Wirtschaftspolitik und mit den Zielen und Erfordernissen der →Raumordnung und →Landesplanung übereinstimmen; sie hat auf gesamtdeutsche Belange und die Erfordernisse der europäischen Gemeinschaften Rücksicht zu nehmen. Sie soll sich auf räumliche und sachliche Schwerpunkte konzentrieren und ist mit anderen öffentlichen Entwicklungsvorhaben abzustimmen. – 1. *Förderungsmaßnahmen:* a) Förderung der gewerblichen Wirtschaft bei Errichtung, Ausbau, Umstellung oder grundlegender Rationalisierung von Gewerbebetrieben; b) Förderung des Ausbaues der Infrastruktur, soweit es für die Entwicklung der gewerblichen Wirtschaft erforderlich ist, durch Erschließung von Industriegelände, Ausbau von Verkehrsverbindungen, Energie- und Wasserversorgungsanlagen, Abwasser- und Abfallbeseitigungsanlagen sowie öffentlichen Fremdenverkehrseinrichtungen, und schließlich durch Errichtung oder Ausbau von Ausbildungs-, Fortbildungs- und Umschulungsstätten, soweit ein unmittelbarer Zusammenhang mit dem Bedarf der regionalen Wirtschaft an geschulten Arbeitskräften besteht. – 2. Diese Förderungsmaßnahmen werden in Gebieten durchgeführt, deren Wirtschaftskraft erheblich *unter dem Bundesdurchschnitt* liegt oder erheblich darunter abzusinken droht oder in denen Wirtschaftszweige vorherrschen, die vom Strukturwandel in einer Weise betroffen oder bedroht sind, daß negative Rückwirkungen auf das Gebiet in erheblichem Umfang eingetreten oder absehbar sind. Einzelne Infrastrukturmaßnahmen werden auch außerhalb der vorstehend genannten Gebiete gefördert, wenn sie in einem unmittelbaren Zusammenhang mit geförderten Projekten innerhalb benachbarter Fördergebiete stehen. – 3. Für die Erfüllung der Förderung der W. wird ein gemeinsamer *Rahmenplan* aufgestellt. Er ist für den Zeitraum der Finanzplanung aufzustellen (→Finanzplan). In diesem Rahmenplan werden die Förderungsgebiete abgegrenzt, die Ziele genannt, die in diesen Gebieten erreicht werden sollen, die Förderungsmaßnahmen im einzelnen und die Voraussetzungen, Art und Intensität der Förderung. Die Durchführung des Rahmenplans ist Aufgabe der Länder. Der Bund erstattet grundsätzlich jedem Land die Hälfte der nach Maßgabe des Rahmenplans entstandenen Ausgaben. – 4. Für die Aufstellung des Rahmenplans bilden die Bundesregierung und die Landesregierungen einen *Planungsausschuß.* – 5. *Rechtsgrundlage:* Gesetz über die Gemeinschaftsaufgabe „Verbesserung der regionalen Wirtschaftsstruktur" vom 6. 10. 1969 (BGBl I 1861) mit späteren Änderungen.

II. Europäische Gemeinschaften: Vgl. →EWG I 10.

Regionalreihen, wirtschaftsstatistische Reihen von gebietsmäßig beschränktem Aussagegehalt. Die →Konjunkturforschung bedient sich der R. nur hilfsweise, da die hier beobachteten Entwicklungen (z. B. Wohnungsmieten, Löhne und Gehälter, Einzelhandelspreise) definitionsgemäß bezirklich verschieden verlaufen bei i. a. geringer Reaktionsgeschwindigkeit. – *Gegensatz:* →Mondialreihen.

Regionalverkehr. 1. *Begriff:* Der Begriff R. ist mit unterschiedlichen Bedeutungsinhalten versehen: u. a. (1) Verkehr, der sich innerhalb von Teilregionen vollzieht; (2) Verkehr, der als anteiliger Fernverkehr in der Region beginnt oder endet; (3) Verkehrsströme, die zwischen einer Stadt und ihrem Umland fließen; (4) Personenbeförderung im Nachbarortsverkehr und über mittlere Entfernung, die sich einerseits vom Fernreiseverkehr und andererseits vom innerstädtischen Nahverkehr unterscheidet (→öffentlicher Personennahverkehr). Auch als *öPNV in der Fläche* bezeichnet. – 2. *Probleme:* Eine Hauptschwierigkeit besteht in der Abgrenzung der räumlichen Reichweite; zudem fehlt ein allgemeingültiger Regionsbegriff. Als Problembereiche des R. werden die Verkehrsgestaltung in größeren verdichteten Regionszentren sowie die Versorgung der Bevölkerung in ländlichen Räumen mit

öffentlichen Personenverkehrsmitteln (verkehrsmäßige Anbindung kleiner Orte an Mittelzentren) angesehen. – 3. Eine eigene Qualität und inhaltliche Konkretisierung hat der Begriff R. bislang v. a. durch politischpraktische Einrichtungen wie den regionalen →Verkehrsverbünden, den regionalen Güterverteilzentren oder den Regionalverkehrsgesellschaften (RVG) erfahren. – 4. Ausdrücklichen R. betreiben v. a. die in der 1978 gegründeten Vereinigten Bundesverkehrsbetriebe GmbH zusammengefaßten fünf Regionalverkehrsgesellschaften, an der die →Deutsche Bundesbahn mit 53% und die →Deutsche Bundespost mit 47% beteiligt ist; hervorgegangen sind die RVG aus den Postreise- und Bahnbusdiensten. 1985 beförderten die RVG mit 1408 Kraftomnibussen 176 Mill. Personen (Verkehrsleistung: 2339 Mill. Pkm). Die RVG Oberbayern z. B. betrieb 1985 ein Liniennetz von 6372 km (Verkehre gem. § 42 PBefG) und bediente dabei 99 Bahnhöfe bzw. Haltepunkte der Schiene, deren Netz in dieser Region 1100 km umfaßt. – Vgl. auch →Stadtverkehr.

Register, amtliches Verzeichnis rechtlicher Vorgänge, z. B. →Genossenschaftsregister, →Grundbuch, →Güterrechtsregister, →Handelsregister, →Kabelbuch, →Luftfahrzeugrolle, →Musterrolle, →Patentrolle, Register für Pfandrechte an Luftfahrzeugen, →Schiffsregister, →Vereinsregister.

Registergericht, das für die Führung der gerichtlichen →Register zuständige →Amtsgericht, z. B. für die Führung des Handelsregisters das Amtsgericht am Sitz des Unternehmens (§ 8 HGB, § 125 FGG).

Registerrecht, sich auf die öffentlichen →Register (z. B. Handelsregister, Genossenschaftsregister, Güterrechtsregister, Grundbuch) beziehenden Rechtsvorschriften. Keine einheitliche Regelung, sondern in verschiedenen Gesetzen enthaltene Bestimmungen.

register ton, angelsächsische Volumeneinheit. 1 register ton = 2,83168 m³.

Registratur, *Schriftgut-Ablage.* 1. *Begriff:* Einordnung und Verwaltung von Schriftgut. R. kann zentral oder dezentral erfolgen. – 2. *Voraussetzungen:* a) Vorhandensein eines Ordnungsplans, in dem die im Betrieb geltenden Ordnungsgrundlagen festgelegt sind (Aktenplan), Einteilung des Schriftguts in die für die Ablage vorgeschriebenen Ordnungsweisen (alphabetische, Nummern-, Alpha-Nummern-, chronologische, geographische Sachordnung) und Ordnungsmerkmale (Buchstaben, Zahlen, Zeichen, Farben). – b) Vorhandensein der Ordnungsmittel, z. B. Hinweiskarten und sonstige Suchmittel, Schriftgutbehälter und technische Bürogeräte. – 3. *Verfahren der Ablagetechnik:* a) aufeinanderfolgende Ordnung (Flachablage, Aktenablage); b) hintereinanderfolgende Ordnung

(Steilablage, Hängeablage); c) nebeneinander-folgende Ordnung (bibliothekarische Ablage, Stehablage). Vereinfachung der R. durch →Mikrofilme.

Registrierkasse, im Handel eingesetzte Geld- und Kontrollkasse mit bedientem oder automatischem Rechen- und Druckwerk. Beim Kassiervorgang werden interne und externe Aufzeichnungen (Speicher oder Belege) erstellt. – *Arten:* (1) mechanische und elektronische Registrierkassen (ECR); (2) →Kassenterminals; (3) Kassenverbundsysteme (POS), (4) Datenkassen. – *Zusatz-Funktionen:* Alle nichtmechanischen R. können Daten automatisch auf kompatible Datenträger übernehmen, sind verbundfähig und bieten die Möglichkeit zur mechanischen Dateneingabe.

Registrierkassenstreifen, Additionsstreifen der →Registrierkassen. – *Aufbewahrungspflicht:* R. sind als Buchungsbelege sechs Jahre aufzubewahren. Aufbewahrung der R. ist nicht erforderlich, wenn der Zweck der Aufbewahrung in anderer Weise gesichert und die Gewähr der Vollständigkeit der von R. übertragenen Aufzeichnungen nach den tatsächlichen Verhältnissen gegeben ist.

Regreß. 1. Synonym für →Rückgriff. – 2. Vielfach auch gebraucht für Anspruch auf →Schadenersatz.

Regressand, in der Statistik und Ökonometrie spezielle Bezeichnung für die →endogene Variable bei Eingleichungsmodellen (→Regressionsmodell).

Regression. I. Finanzwissenschaft: Sinkender Durchschnittssteuersatz bei steigender Bemessungsgrundlage (vgl. auch →Steuerregression). Ein *regressiver Tarif* kommt heute aufgrund des allgemein anerkannten Leistungsfähigkeitspostulats (→Leistungsfähigkeitsprinzip) kaum mehr vor; er ist möglicherweise bei Zolltarifen anzutreffen. R.swirkungen einzelner Steuern, v.a. spezieller und allgemeiner Verbrauchsteuern, lassen sich aber im Rahmen der →Steuerinzidenz nachweisen.

II. Kostenrechnung: Vgl. →regressive Kosten.

III. Arbeits- und Organisationspsychologie: Psychischer Rückzug, meist als Folge von besonderen Belastungen wie Streß oder Monotonie. Regressive Arbeitnehmer neigen dazu, Verantwortung zu scheuen, persönliche Kontakte aufzugeben usw. Vermeidung der R. durch →Arbeitsgestaltung.

Regressionsanalyse, Untersuchungen über die Art der Beziehungen zwischen einer →endogenen Variablen (erklärte Variable, Regressand) und einer oder mehreren →exogenen Variablen (erklärende Variable, Regressor), wobei zusätzlich eine zufällige Komponente (→Störgröße) in den Ansatz eingeht. – *Zu unterscheiden:* →Einfachregression, →Mehr-fachregression, →lineare Regression und →nichtlineare Regression. – *Hauptprobleme:* Schätzung und Spezifikation der Funktionsform des strukturellen Ansatzes und der eingehenden exogenen Variablen. – Vgl. auch →Regressionsmodell.

Regressionsgerade, graphische Veranschaulichung des Regressionszusammenhanges bei der linearen →Einfachregression. – Zu unterscheiden: *strukturelle R.* (R. der →Grundgesamtheit) und →*Stichproben-Regressionsgerade.*

Regressionsmodell. I. Ökonometrie: Die in einer Gleichung dargestellte funktionale Abhängigkeit einer →endogenen Variablen (erklärte Variable, abhängige Variable, Regressand) von einer oder mehreren →exogenen Variablen (erklärende Variable, unabhängige Variable, Regressor) und einer additiven →Störgröße. R. dienen der empirischen Quantifizierung nur durch die Wirtschaftswissenschaften fundierten ökonomischen Zusammenhängen mit Hilfe der Methoden der Ökonometrie (→Ökonometrie III) und geeigneter →Daten. Zur Schätzung der Parameter von R. werden bestimmte Voraussetzungen über die *stochastischen Eigenschaften der additiven Störgrößen* getroffen. Mittelwert gleich Null, gemeinsam gleiche Varianz (→Homoskedastizität), Unabhängigkeit (→Autokorrelation), Unabhängigkeit von der exogenen Variablen. – R. sind Gegenstand der →*Regressionsanalyse.*

II. Verkehrsplanung: V.a. als →Verkehrserzeugungsmodelle und →Verkehrsteilungsmodelle verwendet. Die R. beruhen auf der Formulierung einer der Verkehrserzeugung bzw. die Verkehrsteilung abzielenden Verkehrsnachfragefunktion, in die als Argumente im wesentlichen Daten der Wirtschafts- und Siedlungsstruktur, die räumliche Verteilung möglicher Quell- und Zielpunkte des Verkehrs sowie →Verkehrswertigkeiten und →Verkehrsaffinitäten als Bestimmungsgrößen der →Verkehrseffizienz eingehen. Die Parameter dieser Modelle werden i. d. R. mit Hilfe regressionsanalytischer Verfahren geschätzt; dies erklärt die Bezeichnung R.

regressive Kosten, →Kosten (Gesamt-, Durchschnitts- oder Stückkosten), die mit steigender →Beschäftigung abnehmen bzw. mit abnehmender Beschäftigung steigen, z. B. erhöhte Kühlenergiekosten bei geringerem Füllungsgrad einer offenen Tiefkühltruhe im Lebensmitteleinzelhandel. In der Praxis selten zu beobachten. – *Gegensatz:* →progressive Kosten.

regressiver Steuertarif, →Steuerregression.

Regressor, in der Statistik und Ökonometrie spezielle Bezeichnung für eine →exogene Variable bei Eingleichungsmodellen. Vgl. →Regressionsmodell.

Regulation Q, staatlich angeordnete Zinsobergrenzen für Termin- und Spareinlagen im US-amerikanischen Bankenbereich.

Regulierung, *staatliche Regulierung*. I. A l l g e m e i n e s : Aus der US-amerikanischen R.sdiskussion in die ordnungspolitische Diskussion übernommener vielschichtiger Begriff. R. bezeichnet Verhaltensbeeinflussung von Unternehmen durch ordnungspolitische, meist marktspezifische Maßnahmen mit dem Ziel der Korrektur bzw. Vermeidung von →Marktversagen, d. h. zur Verhinderung monopolistischen Machtmißbrauchs und ruinöser Konkurrenz. R. bezieht sich im wesentlichen auf Marktzugang, Preise, Qualität und Konditionen sowie auf den →Kontrahierungszwang. – *Typische Regulierungsmaßnahmen* sind Produktionsauflagen, Qualitätsstandards bei Produkten und Dienstleistungen, Ausnahmen vom Wettbewerbsgesetz, Berufsordnungen sowie Vorschriften der Preis- und Tarifgestaltung. – In den *USA* genehmigen R.skommissionen (regulatory commissions) die genannten Aktionsparameter der Unternehmen, insbes. Preisänderungen. – In der *Bundesrep. D.* sind sowohl Kartellbehörden als auch zahlreiche Fachressorts der Länder sowie andere zuständige Stellen auf den Gebieten des Preisrechts, der Lieferkonditionen, der Investitionsgenehmigungen regulierend tätig (→Kartellgesetz). – *Gegensatz:* →Deregulierung.

II. T h e o r i e d e r R e g u l i e r u n g : a) *Normative Theorie der R.:* Mikroökonomische Teildisziplin, die die Optimierung des Regulierungsinstrumentariums aus allokationstheoretischer Sicht anstrebt. – b) *Positive Theorie der R.:* an die Neue Politische Ökonomie angelehnte ökonomische Teildisziplin, die den Regulierungsprozeß (Gesetzgebungsverfahren, Vollzug und Korrektur von Regulierungsmaßnahmen) analysiert; die dadurch aufgedeckten prozeßimmanenten Fehlallokationen bilden die theoretische Grundlage der Deregulierungsdiskussion. – Vgl. auch →Politische Ökonomie.

Rehabilitation, Sammelbegriff für Maßnahmen und Leistungen zur Eingliederung Behinderter im Sozialversicherungsrecht (einschl. Recht der Arbeitsförderung), sozialen Entschädigungsrecht und Sozialhilferecht. – 1. *Leistungen:* Medizinische, berufsfördernde (→berufliche Rehabilitation) und ergänzende Leistungen. – 2. *Rechtsgrundlagen/Zuständigkeit:* Für die Bereiche Sozialversicherung und soziales Entschädigungsrecht gemeinsame Grundsätze im →Rehabilitationsangleichungsgesetz (RehaG). Die Rechtsgrundlagen für die Gewährung von R. sind jedoch nicht vereinheitlicht und richten sich nach dem jeweiligen Einzelgesetz (§ 9 RehaG). Für die Durchführung der einzelnen Maßnahmen sind die jeweiligen Versicherungsträger oder

Behörden zuständig; z. B. die Krankenkassen für Maßnahmen der medizinischen R. nach dem Recht der gesetzlichen Krankenversicherung (§§ 182 ff. RVO); die Unfallversicherungsträger für die medizinische und berufliche R. bei Arbeitsunfällen und Berufskrankheiten (§§ 556 ff. RVO); die Rentenversicherungsträger für die medizinische und berufliche R., wenn die Erwerbsfähigkeit erheblich gefährdet ist (§§ 1236 ff. RVO), § 13 ff. AVG, § 35 ff. RKG); die Arbeitsverwaltung für die berufliche R. Behinderter, wenn kein anderer Träger zuständig ist (§§ 56 ff. AFG); die Sozialhilfeträger für medizinische und berufliche R. von Behinderten, die keinen anderweitigen Anspruch auf Förderung haben (§ 39 BSHG). – 3. Für alle Verfahren der R. gilt der *Grundsatz: R. geht vor Rente,* d. h., Renten wegen verminderter Erwerbsfähigkeit oder Erwerbsunfähigkeit sollen nur gewährt werden, wenn zuvor Maßnahmen zur R. durchgeführt worden sind oder solche Maßnahmen keinen Erfolg versprechen. – 4. Maßnahmen der R. können nur mit *Zustimmung des Behinderten* durchgeführt werden. Fehlende Zustimmung kann unter bestimmten Umständen Verletzung der →Mitwirkungspflicht bedeuten und zur Versagung weiterer Leistungen (z. B. Renten) führen.

Rehabilitationsangleichungsgesetz (RehaG), Gesetz über die Angleichung der Leistungen zur →Rehabilitation v. 7.8.1974 (BGBl I 1881) mit späteren Änderungen, in Kraft getreten am 1.10.1974. – *Inhalt:* Das RahaG enthält neben der Angleichung der Rechtsvorschriften der einzelnen Rehabilitationsträgergruppen eine Reihe allgemeiner, für alle Träger geltender Grundsätze. Wichtigste *Neuregelungen:* a) Einheitliche Sachleistungen für medizinische und berufliche Maßnahmen, b) einheitliche Ausrichtung der ergänzenden Leistungen, c) einheitliche Ausrichtung des Übergangs- und Krankengeldes, d) Dynamisierung des Übergangs- und Krankengeldes, e) einheitliche soziale Sicherung des Behinderten während der Maßnahmen zur Rehabilitation, f) einheitliche Grundsätze für das Rehabilitationsverfahren, g) Anspruch des einzelnen auf Auskunft und Beratung durch die Rahabilitationsträger, h) vorläufige Leistungen, i) Einbeziehung der gesetzlichen Krankenversicherung in den Kreis der Rehabilitationsträger, k) Verpflichtung der Ärzte zur Mitteilung des Behinderungen an die der →Krankenkassen.

Rehabilitationsmaßnahmen, Begriff der →Sozialstatistik für medizinische und berufsfördernde Maßnahmen zur allgemeinen sozialen Eingliederung Behinderter oder von Behinderung bedrohter Personen im Arbeit, Beruf und Gesellschaft (→Schwerbehinderte). R. werden jährlich in der →Rehabilitationsstatistik nachgewiesen.

Rehabilitationsstatistik, gem. § 51 SchwbG jährlich zu ermittelnde Statistik über die Durchführung von →Rehabilitationsmaßnahmen. Erfaßt werden die Zahl der Behinderten, persönliche Merkmale (Alter, Geschlecht, Staatsangehörigkeit, Wohnort, Stellung im Erwerbsleben und Beruf), Art und Ursache der Behinderung sowie Art, Ort, Dauer, Verlauf und Ergebnis der Rehabilitation.

Reichsanleihen, die langfristigen →Anleihen des Deutschen Reiches. R. sind ebenso wie →Reichsschatzwechsel und →Reichsschatzanweisungen bei der Währungsreform nicht umgestellt worden. Regelung im →Kriegsfolgengesetz.

Reichsbank, Zentralnotenbank des Deutschen Reiches von 1875–1945. Die R. war eine öffentlich-rechtliche Körperschaft, deren Grundkapital in R.-Anteile zerlegt war, die sich überwiegend in privaten Händen befanden. 1924 wurde die R. ein unabhängiges Institut. 1937 wurde sie direkt dem Kanzler unterstellt und 1939 verstaatlicht. Organe waren der Präsident und das Reichsbankdirektorium. Die R. unterhielt über 500 Zweiganstalten. Sie hatte das Notenmonopol und regelte vornehmlich den nationalen und internationalen Zahlungsverkehr. – *Nachfolger* der R. wurden die →Landeszentralbanken und die →Bank deutscher Länder. 1961 wurden die Anteilseigner der R. durch Bundesbankgenußrechte angefunden.

Reichsknappschaftsgesetz (RKG), Rechtsgrundlage für die →Knappschaftsversicherung. Das RKG v. 23.6.1923 (RGBl I 431) i.d.F. der Bekanntmachung v. 1.7.1926 (RGBl I 369) gilt mit zahlreichen späteren Änderungen bis heute.

Reichskraftwagentarife (RKT), als Bestandteile der →Kraftverkehrsordnung erlassene Tarife für die Berechnung von Beförderungspreisen durch den gewerblichen →Güterfernverkehr. Nach Zwangskartellisierung des Kraftwagen-Güterfernverkehrs wurde das Schema der Wertklassifizierung aus dem →Deutschen Eisenbahn-Güter-Tarif (DEGT) näherungsweise übernommen: Die Güter der Klassen A bis D des Eisenbahntarifs wurden in einen RKT eingruppiert. Später wurde die RKT auf alle Klassen des DEGT ausgedehnt. Durch Güterkraftverkehrsgesetz vom 10.3.1983 (BGBl I 256) ist die Gültigkeit des RKT nicht aufgehoben worden (§ 106 II GüKG).

Reichsmark (RM), deutsche Währungseinheit, eingeteilt in 100 Reichspfennige; trat durch das Münzgesetz vom 30.8.1924 an die Stelle der Mark. Die RM war an das Gold gebunden, ihr Feingoldgehalt betrug 1/2790 kg = 0,358423 g. Die RM blieb bis zur →Währungsreform 1948 die deutsche Währungseinheit. – Vgl. auch →Deutsche Mark.

Reichsschatzanweisung, kurz- und mittelfristige →Schatzanweisung des Deutschen Reichs, besonders zur Kriegsfinanzierung in großem Umfang in Verkehr gebracht als kurzfristige unverzinsliche R. mit Laufzeit bis zu zwei Jahren, v.a. von den Kreditinstituten angekauft. Der ausstehende Betrag an Reichsschatzwechseln und unverzinslichen R. betrug (1945) 225,5 Mrd. RM. – Die R. wurden bei der Währungsreform von der Umstellung ausgenommen.

Reichsschatzwechsel, vom Deutschen Reich nach dem Ersten Weltkrieg und im Zweiten Weltkrieg als Finanzierungsinstrumente in Form von Orderpapieren (→Solawechsel) mit drei Monaten Laufzeit ausgegebene Papiere.

Reichsschuld. 1. *Begriff:* Verschuldung des Deutschen Reiches. – 2. *Höhe* 1945 (nach unterschiedlichen Quellen): a) Insgesamt 379 800 Mill. RM, davon Altverschuldung: 2100 Mill. RM, Auslandsverschuldung (langfristig): 1300 Mill. RM, Inlandsschulden (langfristig; Anleihen, Schatzanweisungen usw.): 135 400 Mill. RM, Inlandsschulden (kurzfristig; Schatzwechsel, U-Schätze usw.): 241 000 Mill. RM (Statistisches Handbuch von Deutschland, München 1949). – b) 700 Mrd. RM (andere Quellen). – 3. *Regelung:* Gläubiger waren größtenteils Kreditinstitute. Ihnen wurden bei der Währungsreform durch das Umstellungsgesetz an Stelle der entwerteten Reichsschuldtitel z.T. →Ausgleichsforderungen zugewiesen. Regelung für verbriefte Reichsschuld mit Kapitalanlagecharakter im →Kriegsfolgengesetz. – Vgl. auch →Reichsanleihe.

Reichsspitzenlage, zur früher gültigen Bewertung des Weinbauvermögens ermittelte Weinbaulage. R. wird durch den „Bernkasteler Doctor" dargestellt, dessen Wert pro Hektar mit 160 000 DM festgesetzt worden ist (§ 22 BewDV). – Vgl. auch →Bewertungsstützpunkte.

Reichsvermögen, Eigentum und sonstige Vermögensrechte, die dem Deutschen Reich am oder nach dem 8.5.1945 zustanden. Das R. ist Vermögen der Bundesrep. D.; das gleiche gilt für die Beteiligungen, die dem ehemaligen Land Preußen an Unternehmen des privaten Rechts zustanden. R., das am 8.5.1945 überwiegend und nicht nur vorübergehend für einen Sachbereich einer Verwaltungsaufgabe bestimmt war, fällt dem an den anderer Rechtsträger als der Bund zuständig ist, steht diesem Rechtsträger zu. Einzelheiten des Übergangs des R. im Reichsvermögen-Gesetz vom 16.5.1961 (BGBl I 597).

Reichsversicherungsordnung (RVO) vom 19.7.1911, allgemeine Grundlage für die →Sozialversicherung. Die RVO hat die 1883, 1884 und 1889 ins Leben getretenen drei Gesetze über die Kranken-, Unfall- sowie

Alters- und Invaliditätsversicherung abgelöst, den Fragenkomplex unter Beachtung der auf der Eigenart und Zweckbestimmung jedes einzelnen Versicherungszweiges beruhenden Besonderheiten neu geregelt und einheitlich zusammengefaßt. Die RVO trat am 1.1.1912 in Kraft und ist in sechs Bücher eingeteilt. 1. Buch: Gemeinsame Vorschriften für alle Zweige der Reichsversicherung. 2. Buch: Krankenversicherung. 3. Buch: Unfallversicherung. 4. Buch: Rentenversicherung der Arbeiter. 5. Buch: Beziehungen der Versicherungsträger zueinander und zu anderen Verpflichteten. 6. Buch: Verfahren. Im Laufe der Zeit wurde die RVO vielfach geändert und ergänzt. Das 1. Buch ist durch Inkrafttreten des 4. Buches und 10. Buches des → *Sozialgesetzbuches* bis auf wenige Vorschriften außer Kraft getreten; ebenso bis auf wenige Ausnahmen das 4. und 5. Buch der RVO durch daas 10. Buch des Sozialgesetzbuches und (schon früher) durch das →Sozialgerichtsgesetz. Bis zu ihrer Einordnung in das Sozialgesetzbuch gilt die RVO als besonderer Teil des Sozialgesetzbuches (Art. 2 §1 Nr. 4 SGB 1).

Reichweite. 1. *Allgemein:* Kontaktmaßzahl zur Beurteilung der →Media. Innerhalb der →Intermediaselektion (Auswahl zwischen mehr oder weniger speziellen Media) stellt sich insbes. die Frage nach dem Kontakten der verschiedenen Werbeträger mit der Zielpersonen. – 2. *Begriffsvarianten:* a) *Räumliche R.:* geographisches Gebiet, das durch einen Werbeträger abgedeckt wird. – b) *Qualitative R.:* besagt, inwieweit ein Werbeträger genau den zu umwerbenden Personenkreis erreicht. – c) *Quantitative R.:* gibt an, wieviele Personen in einer Zeiteinheit mit dem Werbeträger in Kontakt kommen. Für die →Mediaselektion maßgebliches Entscheidungskriterium, weil die Auswahl auf jenen Werbeträger zusteuert, der das →Werbemittel bei gegebenen Aufwendungen (→Werbebudget) am wirkungsvollsten an die Zielpersonen heranträgt. – Zu unterscheiden in: (1) *Brutto-R.:* Summe der Einzel-R.; (2) *Netto-R.:* externe Überschneidung (→Reichweitenüberschneidung) wird eliminiert; (3) *kumulierte R.:* R., die aus einer Mehrfachbelegung desselben Werbeträgers bzw. derselben Werbeträger-Kombination resultiert. Zu ermitteln ist der prozentuale Anteil der Zielgruppe, der bei wiederholter Schaltung einer Werbebotschaft wenigstens einmal angesprochen wird. Die Kennzahl ergibt sich durch Bereinigung der Zahl der zustande gekommenen Kontakte um jene der Mehrfachkontakte. Diese Reichweitenermittlung ist angezeigt, wenn die Nutzerschaft (Leser, Hörer, Seher) stark fluktuiert. – 3. *Praxis:* Im Rahmen der Zeitschriften-Leserschaftforschung (als Beispiel) werden verschiedene Kennziffern angewandt: a) *LpN-Wert (Leser pro Nummer):* steht für die Gesamtheit der Personen, die eine normale Ausgabe einer Zeitschrift lesen oder durchblättern. – b) K_1-*Wert:* drückt die durchschnittliche Leserschaft einer Zeitschrift auf der Basis der Lesehäufigkeit des weitesten Leserkreises aus (schließt alle Personen ein, die mindestens einer der letzten zwölf Ausgaben gelesen haben. – c) *LpA-Wert (Leser pro Ausgabe):* als Kompromiß eingeführt aufgrund der Abweichungen zwischen beiden vorgenannten Kriterien und definiert ebenfalls die Leserschaft einer durchschnittlichen Ausgabe, jedoch wird die Lesewahrscheinlichkeit durch ein aufwendiges empirisches Rechenverfahren empirisch ermittelt. – d) *LpE-Wert (Leser pro Exemplar):* eine rein rechnerische Größe (LpA-Wert / verbreitete Auflage). (Auch →Streuung, →Streuverluste, →Mediaplanung.

Reichweitenüberschneidung, *Duplikation, Multiplikation,* Mehrfachkontakte bei simultanem Einsatz unterschiedlicher →Media bezüglich der →Reichweite. R. kann entstehen, indem Personen verschiedene Werbeträger, z.B. Zeitung und Fernsehen, parallel nutzen. – *Arten:* a) *interne R.:* Zielpersonen nehmen mehrere Ausgaben bzw. Sendungen des gleichen Werbeträgers in Anspruch; b) *externe R.:* Verschiedene Media wergen gleichzeitig kontaktiert. – Vgl. auch →Mediaanalyse, →Mediaplanung.

REIF, Abk. für revolving euronote issuance facility (→note issuance facility (NIF)).

Reihenanlage, →Nebenstellenanlage.

Reihenfolgeplanung, *jobshop sequencing, jobshop scheduling,* Bestandteil der ›Produktionsprozeßplanung, v.a. bei Einzel-, Serien- und Sortenproduktion. – 1. *Aufgabe:* Bestimmung der zeitlichen Reihenfolge, in der n verschiedene Produkte auf m verschiedenen Maschinen so zu bearbeiten sind, daß minimale Durchlauf- und Leerzeiten auftreten. – 2. *Ziele:* a) Minimierung der Durchlaufzeiten des Materials, bis sie den Bearbeitungs- und Förderzeiten entsprechen und die arbeitsablauf- und störungsbedingten Liege- und Wartezeiten (= Zwischenlagerzeiten) möglichst klein sind. – b) Minimierung der Leerzeiten, d.h. zeitliche Verteilung der Fertigungsaufträge mit dem Ziel maximaler Auslastung der betrieblichen Teilkapazitäten. – 3. *Lösungsansätze:* a) Mit Hilfe *kombinatorischer Methoden:* Sie berechnen zunächst alle möglichen Belegungspläne, schalten die technologisch unzulässigen Pläne aus und wählen den besten an Hand vorgegebener Zielkriterien aus. Mit wachsendem Wert von n und m werden diese kombinatorischen Verfahren unpraktikabel. – b) Mit Hilfe der *ganzzahligen linearen Programmierung:* Sie berücksichtigt vorgegebene Maschinenbelastungen, Liefertermine, Transport- und Überlappungszeiten

bei gegebener und bei variabler Verrichtungs-
folge. Aber auch diese Lösungsversuche sind
bis heute noch nicht praktikabel, da noch
keine zuverlässige Methode der ganzzahligen
Programmierung vorliegt und der Rechenaufwand der derzeitigen Verfahren unverhältnismäßig groß und selbst unter Verwendung
moderner elektronischer Rechenanlagen nur
schwer zu bewältigen ist. – c) Mit Hilfe von
Näherungslösungen, z. B unter Verwendung
von →Prioritätsregeln: Die manuellen, mehr
oder minder systematischen Probierverfahren
der Praxis werden auf Computer übertragen
und Reihenfolgepläne simuliert (→Simula-
tion). Ausgehend von einer zuverlässigen Aus-
gangslösung werden weitere Varianten
berechnet, die jeweils besser sind als die zuvor
zulässigen Lösungen. Die Simulation gibt
zwar gute, nicht hingegen notwendig optimale
Reihenfolgepläne.

Reihengeschäfte, Begriff des Umsatzsteuerrechts. Umsatzgeschäfte mehrerer Unternehmer über denselben Gegenstand, wobei der
erste Unternehmer dem letzten Abnehmer in
der Reihe unmittelbar die Verfügungsmacht
über den Gegenstand verschafft; Sonderfall
der Lieferung (→Lieferungen und (sonstige)
Leistungen). Bei R. gibt es nur einen Liefe-
rungsort und einen Lieferungszeitpunkt,
wobei die Verhältnisse der tatsächlichen Verschaffung der Verfügungsmacht maßgeblich
sind. Die Lieferung an den letzten Abnehmer
gilt als Lieferung eines jeden Unternehmers in
der Reihe. Bei allen R. können die Vorsteuern abgesetzt werden, wenn die allgemeinen Voraussetzungen vorliegen (→Vorsteuer-
abzug).

Reihenproduktion, →Straßenfertigung.

Reihenregreß, →Reihenrückgriff.

Reihenrückgriff, *Reihenregreß,* bei notlei-
denden Wechseln der →Rückgriff des Inhabers in der Reihenfolge seiner Vormänner. –
Anders: →Sprungrückgriff.

Reihenuntersuchung, planmäßige ärztliche
Untersuchung bestimmter Gruppen, z. B. von
Jugendlichen, Angehörigen polizeilicher oder
militärischer Verbände, Belegschaftsmitglie-
dern bestimmter Industrie- oder Handels-
zweige (z. B. Betreiber von kerntechnischen
Anlagen, Nahrungsmittelbetriebe) zur Überprüfung ihres Gesundheitszustandes oder zur
Feststellung etwa vorhandener wesentlicher
Strahlenbelastungen und Infektionen
(Thyphus, Tbc, Geschlechtskrankheiten
usw.). R. *erfolgen:* a) im Rahmen des öffentlichen Gesundheitsdienstes, vielfach aufgrund
gesetzlicher oder polizeilicher Vorschriften; b)
im Rahmen des werkärztlichen Dienstes der
Betriebe.

Reihung von Plänen, →rollende Planung,
→Blockplanung.

Reineinkommen, *Nettoeinkommen,* das zum
Verbrauch und/oder Sparen zur Verfügung
stehende →Einkommen eines Wirtschaftssub-
jektes. Das R. entspricht dem um die →direk-
ten Steuern verminderten Bruttoeinkom-
men. – Vgl. auch →Individualeinkommen.

Reinertrag, →Reingewinn.

reines Konnossement, →Konnossement,
das keine hinzugefügten Klauseln enthält, die
ausdrücklich den Zustand der Ware oder die
Verpackung als mangelhaft bezeichnen.

reines Referenzverfahren, →Referenzver-
fahren 1.

Reingewicht, Rohgewicht abzüglich Versand-
umschließung. Das R. ist kein Zollgewicht;
nach § 34 ZG ist entweder das →Rohgewicht
oder das →Eigengewicht der Ware das Zollgewicht.

Reingewichtsmaterialien, Begriff der
→Standorttheorie von A. Weber bei der
Entwicklung des →Materialindex, d. h. der
Meßziffer für diejenige Menge „lokalisierten"
Materials, die zur Herstellung einer Tonne
Fertigprodukt verbraucht wird. R. entspricht
dem Materialindex 1 (das Einsatzgewicht
bleibt im Fertigprodukt enthalten) im Gegen-
satz zum Gewichtsverlustmaterial (etwa
Brennstoff oder Roheisen), dessen Gewicht
ganz oder teilweise im Produktionsprozeß
verlorengeht.

Reingewinn, *Reinertrag,* das positive Ergeb-
nis des Geschäftsjahres. Summe der →Erträge
abzüglich der Summe der →Aufwendungen. –
Ausweis des R.: 1. Bei *Einzelkaufmann* und
Personengesellschaften: a) in der Gewinn- und
Verlustrechnung als Habensaldo; b) in der
Bilanz auf den Kapitalkonten bzw. beim
Kommanditisten, der seine Einlage erfüllt hat,
auf Sonder- oder Darlehenskonto. – 2. Bei
Kapitalgesellschaften: nach Handelsrecht der
→Jahresüberschuß in der Gewinn- und Ver-
lustrechnung. – *Gegensatz:* →Reinverlust.

Reinheitsgebot, →Biersteuer.

Reinigungskrise, →Stabilisierungskrise.

R1, bei der Entwicklung an der Carnegie-
Mellon-University (USA) verwendete Bezeichnung für das Expertensystem →Xcon.

Reinumsatz, →Nettoumsatz.

Reinverlust, das negative Ergebnis eines
Geschäftsjahres. Summe der →Aufwendun-
gen abzüglich der Summe der →Erträge. –
Ausweis des R.: 1. Bei *Einzelfirma* und *offener
Handelsgesellschaft:* a) in der Gewinn- und
Verlustrechnung als Sollsaldo; b) in der Bilanz
auf den Kapitalkonten; negatives Kapitalkonto (Überschuldung) möglich, auch bei
einem Teil der Gesellschafter. – 2. Bei *Kommanditgesellschaft:* a) in der Gewinn- und
Verlustrechnung auf den Kapitalkonten; b) in
der Bilanz auf den Kapitalkonten; auch beim
Komman-
ditisten werden, wenn die Einlage durch Ver-

lustabbuchungen verbraucht ist, die weiteren Verluste auf negativem Kapitalkonto verbucht. Dadurch entsteht keine Nachschußpflicht; aber erst wenn negatives Kapitalkonto durch Gewinngutschriften beseitigt und die Kommanditeinlage auf vertraglicher Höhe gehalten wird, sein Gewinnabhebungen ohne Rückzahlungsverpflichtung möglich. – 3. Bei *Kapitalgesellschaften* ist der Begriff des R. formell durch den Begriff *Jahresfehlbetrag* ersetzt worden: a) in der Gewinn- und Verlustrechnung: letzter Posten; b) in der Bilanz: letzte Position des Eigenkapitals, wenn die Bilanz nicht unter Berücksichtigung der Verwendung des Jahresergebnisses (§ 268 I HGB) aufgestellt wird; vgl. →Bilanzgewinn, (-verlust). Ist das Eigenkapital durch Verluste aufgebraucht, so sind Verluste auf der Aktivseite als „Nicht durch Eigenkapital gedeckter Fehlbetrag" anzusammeln. – *Gegensatz:* →Reingewinn.

Reinvermögen. I. Volkswirtschaftslehre: Auch *Nettovermögen,* Saldo aus Gesamtvermögen (Sachvermögen und Forderungen) und Verbindlichkeiten. Vgl. im einzelnen →Volksvermögen.

II. Betriebswirtschaftslehre: Aktiva abzüglich Schulden. Vgl. im einzelnen →Vermögen, →Gesamtvermögen.

Reinvermögenszugangstheorie. 1. *Charakterisierung:* Neben der →Quellentheorie der bedeutsamste Versuch, für das steuerliche Einkommen (→Einkommensbesteuerung) eine theoretische Basis zu bestimmen; 1896 von G. von Schanz entwickelt (→Schanz-Haig-Simons-Ansatz). – 2. *Begriff des Einkommens:* Die R. definiert als Einkommen alles, was im Laufe eines Jahres in die rechtliche Verfügungsgewalt eines Einkommensempfängers eingeht, d. h. alles, was dem Reinvermögen (Differenz zwischen Vermögen und Schulden) eines Steuerpflichtigen zugewachsen ist, unabhängig von Entstehungsquelle und Regelmäßigkeit (Periodizität). – a) Einkommenselemente sind insbes. laufende Faktorentgelte, geldwerte Leistungen Dritter, Zufallseinkommen wie Geschenke, Erbschaften, Lotteriegewinne, Konjunkturgewinne, Versicherungskapitalien sowie preisbedingte Vermögenswertänderungen. – b) Da die Periodizität des Zugangs kein Definitionsbestandteil des Einkommens ist, entfallen zahlreiche Abgrenzungsprobleme. – c) Die R. grenzt alle Einkommensteile, die für die „Kapitalreproduktion" verwendet werden, aus; sie nimmt somit ein Element der Einkommensverwendung in die ansonsten auf die Entstehung ausgerichtete Definition auf. – Die R. kommt zu einem gegenüber der Quellentheorie erheblich erweiterten Einkommensbegriff, der nicht makro-, sondern mikroökonomisch orientiert ist. – Vgl. auch →Einkommen II. – 3. *Kritik:* Gegenstand der Kritik ist die mikroökonomische Ausrichtung; z. B. preisbedingte

Vermögenswerterhöhungen bedeuten aufgrund der Erhöhung der ökonomischen Dispositionsfähigkeit für den einzelnen, nicht aber für die Gesamtwirtschaft einen Einkommenszugang. – 4. *Bedeutung:* Die R. hat teilweise Eingang in die deutsche Einkommensteuer gefunden; sie trug erheblich dazu bei, die Gewinnermittlungsmethode (→Einkommensermittlung) über den →Vermögensvergleich im Einkommensteuergesetz zu verankern.

Reinversion, spezielle Technik zur Vermeidung der Akkumulation von Rundungsfehlern in Computerprogrammen zur Lösung von linearen Optimierungsproblemen. Dabei wird nach dem Erreichen einer gewissen Anzahl von Iterationen bzw. dem Erreichen eines anderen vorgegebenen Kriteriums die jeweilige Basisinverse neu aus den entsprechenden Spalten des Ausgangssystems berechnet.

Reinvestition, erneute Bindung frei gewordener Investitionsmittel zur Anschaffung oder Herstellung neuer Produktionsanlagen mit dem Ziel der Erhaltung der Produktionsanlagen (→Ersatzinvestition). Laufende R. kann zur Erweiterung der →Kapazität führen (→Lohmann-Ruchti-Effekt, →Selbstfinanzierung). – Vgl. auch →Nettoinvestition.

Reinvestitionsrücklage. 1. *Begriff* des Steuerbilanzrechts: Steuerfreie →Rücklage bei Veräußerung bestimmter Wirtschaftsgüter des Anlagevermögens. – 2. *Voraussetzungen* (§ 66 III, IV EStG): a) Von der Möglichkeit, den bei der Veräußerung entstandenen Gewinn von den →Anschaffungskosten oder →Herstellungskosten bestimmter Wirtschaftsgüter abzuziehen (§ 6 b I EStG), darf kein Gebrauch gemacht werden sein. – b) Der Gewinn muß nach § 4 I oder § 5 EStG ermittelt werden. – c) Die Wirtschaftsgüter müssen bei Veräußerung mindestens sechs Jahre ununterbrochen zum →Anlagevermögen einer inländischen Betriebsstätte gehört haben. – d) Die angeschafften oder hergestellten Wirtschaftsgüter müssen wiederum zum Anlagevermögen einer inländischen Betriebsstätte gehören. – e) Der Veräußerungsgewinn darf bei der Ermittlung des im Inland steuerpflichtigen Gewinns nicht außer Ansatz bleiben. – f) Die →Handelsbilanz muß einen entsprechenden Passivposten in mindestens gleicher Höhe aufweisen. – 3. *Bildung:* Die R. kann ohne Rücksicht auf eine ernstliche Absicht zur Reinvestition im Wirtschaftsjahr der Veräußerung gebildet werden; Nachholung unzulässig. Sie kann bis 80%, bei Grund und Boden und Gebäuden in Höhe von 100% des Veräußerungsgewinns gebildet werden. – 4. *Verwendung:* Ein Betrag bis zur Höhe der R. kann von den Anschaffungskosten oder Herstellungskosten der reinvestierten Wirtschaftsgüter abgezogen werden, die in den folgenden zwei Wirtschaftsjahren angeschafft oder hergestellt werden; Fristverdoppelung bei neu hergestellten Gebäuden und Schiffen. – 5. *Auflösung:* Die R. ist gewinnerhöhend aufzulösen a) in Höhe des abgezogenen Betrags (vgl. 4.); b) am Schluß des zweiten, bei neu hergestellten Gebäuden und Schiffen spätestens am Schluß des vierten, auf ihre Bildung folgenden Wirtschaftsjahres. Dabei wird der durch die Steuerstundung erreichte Zinsvorteil ausgeglichen, indem der Gewinn im Wirtschaftsjahr der Auflösung für jedes volle Wirtschaftsjahr, in dem die Rükklage bestanden hat, um 6% des aufzulösenden Rücklagenbetrags erhöht wird (§ 66 VI EStG).

Reise. I. S t e u e r r e c h t : Vgl. →Reisekosten.

II. Z o l l r e c h t : 1. *Für Bewohner des Zollauslands und der Zollfreigebiete:* Anreise außerhalb des →Zollgebiets, der Aufenthalt im Zollgebiet und die Weiterreise außerhalb des Zollgebiets. Bei einer Übersiedlung endet die R. mit Erreichen des Zielorts im Zollgebiet (→Übersiedlungsgut). – 2. *Für Bewohner des Zollgebiets:* Anreise, der Aufenthalt außerhalb des Zollgebiets und die Rückreise ins Zollgebiet (§ 45 I AZO).

Reiseandenken, →Reiseverkehr III 2b).

Reisebedarf, →Reiseverkehr III 2a).

Reisebuchungssysteme, →computergestützte Reisebuchungssysteme.

Reisebüro, Betrieb eines Handelsvertreters (§§ 84 ff. HGB), der aufgrund von Vermittlungs- und Agenturverträgen mit Betrieben des →Reiseverkehrs, des →Fremdenverkehrs und mit →Reiseveranstaltern deren touristische Dienste (→Tourismus) Privat- und Geschäftsreisenden (→Geschäftsreise) anbietet und gegen Provision den Abschluß von Verträgen zwischen den von ihm vertretenen touristischen Betrieben und seinen Kunden besorgt.

Reisecharter, →Charterverkehr.

Reisediktiergerät, →Diktiergerät b).

Reiseerfolgsrechnung, kurzfristige Erfolgsrechnung zur Ermittlung des Ergebnisses der Ausführung mehrerer Transportaufträge in einer geschlossenen Folge von Last- und Leerfahrten eines Fahrzeugs (Schiff, Flugzeug, Lastkraftwagen) mit Personal im →Gelegenheitsverkehr; meist →Deckungsbeitragsrechnung.

Reisegepäckversicherung, Versicherung zum Schutz gegen Beschädigung und Verluste des Reisegepäcks (Gegenstände des persönlichen Bedarfs, einschl. der auf dem Körper und in den Kleidern getragenen Gegenstände). – 1. Die R. *deckt* typische Reisegefahren, insbes. Transportmittelunfälle, höhere Gewalt, Elementarereignisse, Feuer, Diebstahl, Einbruch-Diebstahl, Abhandenkom-

men, räuberischen Überfall. Die R. gilt a) während des Transportes mit allen verkehrsüblichen Beförderungsmitteln, b) während des Aufenthalts in allen Unterkunftsstätten. – 2. *Umfang:* Außer dem Reisegepäck sind a) *begrenzt mitversichert:* optische Geräte, Pelzwaren, Schmucksachen und dgl.; b) *nicht mitversichert:* Bargeld, Fahrkarten, Wertpapiere und Dokumente, Gegenstände mit vorherrschendem Kunst- oder Liebhaberwert. – 3. *Beginn* der R. beim Verlassen der Wohnung zum Zweck der Reise, *Ende* beim Wiedereintreffen dort. – 4. *Vertragsformen:* a) Jahres-R. (z. B. für Geschäftsreisende), b) kurzfristige R. (z. B. für Urlaubsreisende), c) Kollektivabschlüsse für alle reisenden Personen eines Unternehmens zu Vorzugsbedingungen möglich. Für Verkaufswaren ist i. d. R. eine →Transportversicherung abzuschließen. – Vgl. auch →Reiselagerversicherung, →Musterkollektionsversicherung.

Reisegerät, →Reiseverkehr III 2a).

Reisegesetz, →Lillsches Reisegesetz.

Reisegewerbe, früher: *Wandergewerbe.* 1. *Begriff:* Ausübung gewerblicher Tätigkeiten ohne feste Niederlassung oder außerhalb der Räume einer solchen Niederlassung (§§ 55 ff. GewO). – *Gegensatz:* →stehendes Gewerbe. – 2. Ein R. *übt aus,* wer ohne vorhergehende Bestellung selbständig oder unselbständig in eigener Person a) Waren feilbietet oder Bestellungen aufsucht oder ankauft, Leistungen anbietet oder Bestellungen auf Leistungen aufsucht; b) selbständig unterhaltende Tätigkeiten als Schausteller oder nach Schaustellerart ausübt. – 3. Zur Ausübung des R. ist i. a. – *Reisegewerbekarte* erforderlich. – 4. *Verboten* sind im R. v. a. aus gesundheits-, seuchen- und kriminalpolizeilichen Erwägungen der Vertrieb oder das Feilbieten gewisser Waren und Gegenstände, z. B. von Giften, Arzneimitteln, Wertpapieren, Edelmetallen (Einzelheiten: § 56 GewO), →Abzahlungsgeschäfte und Veräußerung von Waren unter →Eigentumsvorbehalt sind zulässig. – 5. *Öffentliche Ankündigungen* müssen Namen und Wohnung des Gewerbetreibenden enthalten. Wird eine Verkaufsstelle u. ä. benutzt, so muß an dieser deutlich sichtbar der Name mit mindestens einem ausgeschriebenen Vornamen und Angabe der Wohnung angebracht werden (§ 56 a GewO). Sondervorschriften für →Wanderlager. – 6. *Für Ausländer:* VO über die Ausübung des R. durch Ausländer i. d. F. vom 1. 6. 1976 (BGBl I 1351) mit späteren Änderungen.

Reisegewerbekarte, Bescheinigung über die Erlaubnis zur Ausübung des →Reisegewerbes. – 1. *Befreiung:* Keine R. ist zur Ausübung reisegewerbekartenfreier Tätigkeiten (§ 55 a GewO) erforderlich, u. a. Tätigkeit auf Messen und Ausstellungen, Tätigkeit am Ort des Wohnsitzes oder der gewerblichen Niederlassung in Gemeinden unter 10 000 Einwohnern, Vermittlung oder Abschluß von Versicherungs- oder Bausparverträgen. Eine R. ist ferner nicht erforderlich, soweit der Gewerbetreibende andere Personen im Rahmen ihres Geschäftsbetriebes aufsucht, oder für →Handlungsreisende oder andere Personen, die auf solche Weise im Auftrag und im Namen eines Gewerbetreibenden tätig werden (§ 55 b I GewO). – 2. *Ausstellung* der R. durch die für den →Wohnsitz des Antragstellers zuständige untere Verwaltungsbehörde (§ 61 GewO) grundsätzlich auf Lebenszeit für den Betriebsinhaber; dagegen für mitreisende Arbeitnehmer keine R. erforderlich. R. kann inhaltlich beschränkt und mit Auflagen zum Schutz der Allgemeinheit oder der Verbraucher verbunden werden. – 3. *Versagung* dann, wenn Tatsachen die Annahme rechtfertigen, daß der Antragsteller die für die beabsichtigte Tätigkeit erforderliche Zuverlässigkeit nicht besitzt (§ 57 GewO). – 4. *Entziehung* aus den vorerwähnten Gründen. – 5. *Untersagung:* Bei reisegewerbekartenfreien Tätigkeiten (oben 1) ist unter den gleichen Voraussetzungen die Ausübung des Reisegewerbes zu untersagen (§ 59 GewO). – 6. Die R. ist bei Ausübung des Reisegewerbes *mitzuführen* und auf Verlangen den zuständigen Behörden oder Beamten *vorzuzeigen* (§ 60 c GewO). – 7. Für Tätigkeiten im *Ausland:* →Gewerbelegitimationskarte. – 8. *Ausländer* benötigen stets eine R.

Reisegewerbesteuer, früher: *Wandergewerbesteuer,* Erhebungsform der →Gewerbesteuer für das →Reisegewerbe (§§ 2 I, 35a GewStG). Wird im Rahmen eines einheitlichen Gewerbebetriebes *sowohl ein stehendes Gewerbe als auch ein Reisegewerbe* betrieben, so ist der Betrieb im vollen Umfang als stehendes Gewerbe zu behandeln (Beispiel: Herstellung von Haushaltsartikeln im stehenden Gewerbebetrieb; Absatz durch Hausierhandel). – *Hebeberechtigt* ist die Gemeinde, von der aus die gewerbliche Tätigkeit überwiegend ausgeübt wird (i. d. R. also die Wohnsitzgemeinde des Reisegewerbetreibenden); eine auswärtige Gemeinde nur, wenn die gewerbliche Tätigkeit von einem dort befindlichen Büro oder Warenlager aus überwiegend ausgeübt wird. Ist der Mittelpunkt der gewerblichen Tätigkeit nicht feststellbar, so ist die Gemeinde hebeberechtigt, in der der Unternehmer polizeilich gemeldet oder meldepflichtig ist (§ 35 GewStDV). Falls im Laufe des →Erhebungszeitraums der Mittelpunkt der gewerblichen Tätigkeit verlegt wird, hat das Finanzamt den einheitlichen Steuermeßbetrag nach zeitlichen Anteilen (Kalendermonaten) auf die beteiligten Gemeinden zu zerlegen (§ 35a IV GewStG).

Reisekette, →Transportkette.

Reisekosten. I. Steuerrecht: 1. *Begriff:* Aufwendungen für Geschäftsreisen oder Geschäftsgänge (lt. Einkommensteuerrecht)

bzw. für Dienstreisen oder Dienstgänge (lt. Lohnsteuerrecht). – a) Eine *Geschäftsreise* von selbständigen Gewerbetreibenden, Land- und Forstwirten, selbständig Tätigen bzw. eine →*Dienstreise* von →Arbeitnehmern liegt vor, wenn der Steuerpflichtige aus betrieblichen oder beruflichen bzw. dienstlichen Gründen in einer Entfernung von mindestens 15 km von seiner regelmäßigen Betriebsstätte (Arbeitsstätte) vorübergehend tätig wird. – b) Ein *Geschäftsgang* oder →*Dienstgang* liegt vor, wenn der Steuerpflichtige aus betrieblichen bzw. dienstlichen Gründen außerhalb der regelmäßigen Betriebs- bzw. Arbeitsstätte in einer Entfernung von weniger als 15 km tätig wird. – c) Zu den R. *gehören:* →Fahrtkosten, Verpflegungskosten, Unterbringungskosten und Nebenkosten, z. B. für Beförderung und Aufbewahrung von Gepäck, Telefon, Telegramme, Porto, Garage, Parkplatzgebühren, öffentliche Verkehrsmittel oder Pkw am Reiseort. – 2. R. bei *Geschäftsreisen* und *Geschäftsgängen* sind, wenn diese durch den Betrieb veranlaßt sind →Betriebsausgaben. R. bei Dienstreisen und Dienstgängen sind, soweit sie durch den →Arbeitgeber nicht steuerfrei ersetzt werden, als →Werbungskosten bei der Einkommensteuer abzugsfähig. Ist eine Trennung vom privaten Reiseaufwand nicht möglich, so gehören die gesamten Aufwendungen zu den nicht abzugsfähigen Kosten der Lebensführung. – 3. Als R. *abzugsfähig* sind: a) I. d. R. nur die tatsächlich angefallenen und nachgewiesenen oder zumindest glaubhaft gemachten Aufwendungen. Bei Mehraufwendungen für Verpflegung ist die Abzugsfähigkeit für Geschäfts- und Dienstreisen jedoch auf maximal 64 DM, bei Dienstgängen auf maximal 19 DM pro Reisetag beschränkt. – b) Anstelle der tatsächlichen, nachgewiesenen Aufwendungen können Pauschbeträge geltend gemacht werden: (1) Für *Verpflegungsmehraufwendungen* die folgenden nach der Höhe der →Einkünfte bzw. dem voraussichtlichen Jahresarbeitslohn und der Abwesenheitsdauer gestaffelten Sätze (in DM):

	Einkünfte/Jahresarbeitslohn		
	bis einschl. 25 000 oder Verlust	25 001 – 50 000	über 50 000
(1) eintägige Reise mit ununterbrochener Abwesenheit von			
mehr als 12 Std.	31	33	35
mehr als 10–12 Std.	24,80	26,40	28
mehr als 7–10 Std.	15,50	16,50	17,50
mehr als 5– 7 Std.	9,30	9,90	10,50
(2) mehrtägige Reise mit ununterbrochener Abwesenheit von			
mehr als 12 Std.	42	44	46
mehr als 10–12 Std.	33,60	35,20	36,80
mehr als 7–10 Std.	21	22	23
mehr als 5– 7 Std.	12,60	13,20	13,80

(2) Für *Unterbringungskosten* bei *Dienstreisen* von Arbeitnehmern die folgenden, von der Höhe des Jahresarbeitslohnes abhängigen Sätze:

	Jahresarbeitslohn		
	bis einschl. 25 000	25 001 – 50 000	über 50 000
Pauschale pro Übernachtung	35,–	37,–	39,–

(3) Für *Fahrtkosten* bei Benutzung eines eigenen Fahrzeugs: je gefahrenen km bei einem Pkw 42, beim Motorrad/Motorroller 18 Pf. und Fahrrad mit Motor 11 Pf, ohne Motor 4 Pf. – 6. Aufwendungen für Unterbringung und Mehraufwendungen für Verpflegung bei →*Auslandsreisen* (vgl. dort).

II. K o s t e n r e c h n u n g : R. werden überwiegend den Verwaltungs- und Vertriebskostenstellen zugerechnet; sie können aber auch für andere Kostenstellen (Einkauf, Betrieb) anfallen. I. d. R. werden sie direkt an Hand der Reiseabrechnungen verteilt; auftragsweise Verrechnung als Sonderkosten ist möglich. – Für →*Vertreterkosten* besondere Kostenart des Vertriebsbereichs.

Reisekostenstelle, →Reisestelle.

Reisekreditbrief, Akkreditiv in Urkundenform (→*Kreditbrief)* zur Erleichterung des Reiseverkehrs. Der Reisende kann gegen Vorlegung der Urkunde bis zu einem im R. bezeichneten Höchstbetrag bei jedem zum Korrespondentenkreis der ausstellenden Bank gehörenden Kreditinstitut nach entsprechender Legitimation Bargeld abheben (vgl. auch →Zirkularkreditbrief). Durch heute übliche Reisezahlungsmittel, z. B. Reisescheck, Eurocheque, Kreditkarte fast völlig verdrängt.

Reiselagerversicherung, Versicherung von Verkaufswaren, die der Vertreter im Kraftwagen oder in öffentlichen Verkehrsmitteln bei sich führt, verkauft und ausliefert. – *Versichert* sind nach Art der Objekte Schäden durch Diebstahl, Einbruch-Diebstahl, Beraubung, Transportmittelunfall usw., *nicht aber z. B.* Schäden durch Unterschlagung oder →grobe Fahrlässigkeit des Reisenden oder durch Zahlungsunfähigkeit von Käufern. *Beschränkungen* der Haftung v. a. bei Aufbewahrung in Kraftfahrzeugen zur Nachtzeit. – *Sonderform:* Bijouterie-Reiselager-Versicherung für die Gold- und Schmuckwarenindustrie.

Reisemitbringsel, →Reiseverkehr III 2 b).

Reisender. 1. *Handelsrecht:* Häufig verwendete Bezeichnung für die angestellte Angestellte, →Handlungsgehilfen (Handlungsreisender). – 2. *Zollrecht:* Jeder, der die Zollgrenze (mit oder ohne Beförderungsmittel) überschreitet.

Reisepaß, →Paß.

Reisescheck, Zahlungsmittel im internationalen Reiseverkehr in Form von Schecks oder scheckähnlichen Urkunden (Anweisungen), das gegen Einlösung durch Unbefugte gesichert ist. R. können im Land selbst erworben und an vielen Plätzen eines anderen Landes ausgezahlt werden. Auf DM ausgestellte R. wurden bis Mitte 1981 im Auftrag deutscher Banken von deren ausländischen Korrespondenten ausgegeben; sie lauteten auf 50 DM (rot), 100 DM (grün) und 500 DM (blauviolett). Seit 1982 emittieren die deutschen Kreditinstitute keine eigenen R. mehr, sondern verkaufen R. ausländischer Emittenten, die auf unterschiedliche Währungen und auf DM lauten. Im europäischen Ausland hat der R. durch →Eurocheque und →Eurocard zunehmend an Bedeutung verloren. – *Anders:* →Reisekreditbrief.

Reisestelle, in größeren Betrieben und Behörden zentrale Organisations- und Abrechnungsstelle *(Reisekostenstelle)* für die →Geschäftsreisen aller Mitarbeiter.

Reiseunfallversicherung, Unfallversicherung mit kurzer Laufzeit, Geltung nur für die Dauer einer Reise.

Reiseveranstalter, Kaufmann, der touristische Dienstleistungen (→*Tourismus)* verschiedener Betriebe des →Reiseverkehrs und →Fremdenverkehrs aufeinander abstimmt und zu →Pauschalreisen als eigenen Leistungen so zusammenfaßt, daß er am Reisemarkt jeweils eine größere Anzahl gleichartiger Reisen zu einem grundsätzlich einheitlichen Pauschalpreis anbieten kann. Nach dem Gesetz der Massenproduktion kann dieser Preis grundsätzlich niedriger sein als die Summe der Einzelpreise der Reisebestandteile einer entsprechenden →Individualreise. – *Rechtliche Regelung* der Beziehungen zwischen R. in der Bundesrep. D. und ihren Kunden in §§ 651 a ff. BGB. – *Umsatzsteuerliche Behandlung* (§ 25 UStG): Von einem Reiseveranstalter im eigenen Namen erbrachten Leistungen sind grundsätzlich einheitliche sonstige Leistungen (→Lieferungen und sonstige Leistungen); sie sind umsatzsteuerbefreit, sofern sie in einem Land außerhalb der EG bewirkt werden; im übrigen unterliegt lediglich die Wertschöpfung des R. der Umsatzsteuer; steuerpflichtig sind also nur die sog. Regieleistungen bei Reisen innerhalb der EG. Dementsprechend Verbot des Abzugs der auf den Vorleistungen lastenden Vorsteuern. Besondere Rechnungslegungs- und Aufzeichnungspflichten für R.

Reiseverkehr. I. B e g r i f f : 1. Häufig synonyme Bezeichnung für →Tourismus. – 2. Bestandteil des Tourismus: Private und berufsbedingte (→Geschäftsreise) Fahrten zu und von vorübergehenden Aufenthalten an anderen als den üblichen Wohn- und Tätigkeitsorten der Reisenden.

II. Amtliche Statistik: 1. Das *Reiseverkehrsgewerbe* umfaßt folgende Institutionen: Gaststätten- und Beherbergungsgewerbe, karitative und private Unterkunftsarten, Verkehrsunternehmen, Reisebüros u.a. – 2. *Umfang und wirtschaftliche Bedeutung:* a) *Grenzverkehr:* Reiseverkehrseinnahmen und -ausgaben in der Leistungsbilanz: Einnahmen (1986) 16,9 Mrd. DM, Ausgaben (1986) 44,4 Mrd. DM, somit Passivum der Reisebilanz (1986) 27,4 Mrd. DM. 1951–57 war die Reisebilanz aktiv. – b) *Beherbergungsgewerbe:* 1986 insgesamt 218,6 Mill. Übernachtungen, davon 190,8 Mill. Inlandsgäste, 27,8 Mill. Auslandsgäste. Durchschnittliche Aufenthaltsdauer Inländer 4,0 Tage, Ausländer 2,3 Tage. Durchschnittliche Aufenthaltsdauer (in Tagen) der Gäste in Heilbädern 8,0, in Seebädern 8,7, in Luftkurorten 5,2, in Erholungsorten 4,3, in sonstigen Berichtsgemeinden (einschl. Großstädten) 2,2. – c) *Beschäftigte im Gastgewerbe* (lt. Handels- und Gaststättenzählung 1985): Am 29.3.1985 insgesamt 839 329. – d) *Reiseintensität:* Zahl der Reisenden insgesamt 30,8 Mill., d.h. 50,0 v.H. der Wohnbevölkerung der Bundesrep. D., durchschnittlich 1,27 Reisen je Person. 39,1 Mill. Reisen mit einer Dauer von mindestens 5 Tagen, davon im Inland 16,1 Mill. (41,1 v.H.), ins Ausland 23,0 Mill. (58,9 v.H.). – e) *Gesamtausgaben:* 1981/82 35,4 Mrd. DM, davon für Inlandsreisen 10,25 (28,9 v.H.), für Auslandsreisen 25,19 (71,1 v.H.).

III. Internationale Wirtschaftsbeziehungen: Internationaler R. ist für einige Länder ein wichtiger Aktivposten der →Zahlungsbilanz; er wird für das Zielland als unsichtbare Ausfuhr von Waren und Dienstleistungen betrachtet. Vgl. →unsichtbarer Handel.

IV. Zollrecht: 1. *Begriff:* Einfuhr und Ausfuhr von Waren, die von Reisenden im Rahmen des auf einer Reise Üblichen mitgeführt werden, einschl. der dabei verwendeten Beförderungsmittel; mitgeführt sind auch Waren, die auf dem gleichen Beförderungsweg als Reisegepäck befördert werden (§ 5 AZO). – 2. *Frei von Eingangsabgaben:* a) *Reisegerät (Reisebedarf):* Gegenstände, die eine Person auf der Reise nach ihren persönlichen Verhältnissen sowie nach Art, Ziel, Dauer und Jahreszeit der Reise üblicherweise gebraucht oder verbraucht, z.B. Fahrrad, Fotoapparat, Arzneien. b) *Reisemitbringsel (Reiseandenken):* Waren, die Reisende in ihrem persönlichen Gepäck, zu ihrem eigenen Gebrauch oder Verbrauch, für ihre Haushalt oder als Geschenk einführen und die nicht für Handelszwecke bestimmt sind, im Rahmen bestimmter Mengen- und Wertgrenzen. Für eine Reihe von Sonderfällen ist die Abgabenfreiheit weiter eingeschränkt. Rechtsgrundlage: Einreise-Freimengen-Verordnung (EF-VO) vom 3.12.1974 (BGBl I 3377) mit späteren

Änderungen – 2. Zur Beschleunigung der Zollabfertigung im R. mit Einverständnis des Reisenden zur Abgeltung der Eingangsabgaben →*pauschalierte Abgabensätze* angewendet, wenn die eingeführten Waren weder zum Handel noch zur gewerblichen Verwendung bestimmt sind und insgesamt nicht mehr als 290 DM wert sind; anderenfalls unterliegt das Zollgut der üblichen →Zollbehandlung. – 3. Wird Zollgut im R. im Zusammenhang mit der Zollbehandlung der zollamtlichen Überwachung *vorenthalten oder entzogen* (z.B. durch Verbergen oder falsche Beantwortung entsprechender Fragen eines Zollbeamten), kann ein Zollzuschlag ("abgabenrechtliche Sanktion", weder Strafe noch Bußgeld) bis zur Höhe der Eingangsabgaben, jedoch mindestens 3 und höchstens 100 DM erhoben werden (§ 57 VII ZG).

IV. Umsatzsteuer: Für →Ausfuhrlieferungen im R. gilt §§ 14–17 UStDV: 1. Ausfuhren im sog. *nichtkommerziellen innergemeinschaftlichen R.* (ein →außergebietlicher Abnehmer mit Wohnort in einem EG-Staat erwirbt einen Gegenstand im Inland für private Zwecke und führt ihn im persönlichen Reisegepäck in einen EG-Staat aus): steuerpflichtig, wenn ihr Wert 780 DM (einschl. Umsatzsteuer) nicht übersteigt; steuerfrei, wenn ihr Wert höher ist, die Einfuhr in den EG-Staat besteuert wurde und dies durch Beleg nachgewiesen wird. – 2. Ausführen im sog. *kommerziellen innergemeinschaftlichen R.* (der außergebietliche Abnehmer ist →Unternehmer und erwirbt den Gegenstand für unternehmerische Zwecke, im übrigen wie 1.): steuerfrei, wenn ein →Buchnachweis darüber vorliegt. – 3. Ausfuhren im sog. *außergemeinschaftlichen R.* (der außergebietliche Abnehmer wohnt außerhalb der EG und führt den im Inland erworbenen Gegenstand im persönlichen Reisegepäck aus): steuerfrei, wenn der →Ausfuhrnachweis bestimmte zusätzliche Angaben enthält, die durch eine Grenzzollstelle bestätigt worden ist.

Reiseverkehrsstatistik, →amtliche Statistik zur Erfassung des →Reiseverkehrs (→Tourismus). R. umfaßt: 1. *Beherbergungsstatistik:* Es werden die Unterbringungskapazität von Beherbergungsstätten sowie deren Inanspruchnahme durch Reisende erfaßt. Als Beherbergungsstätten werden neben den gewerblichen (Hotel, Gasthöfe usw.) auch nichtgewerblich betriebene Einrichtungen (z.B. Erholungsstätte, Ferienheime von Organisationen ohne Erwerbszweck) sowie sonstige Unterbringungsstätten nachgewiesen. Gem. Gesetz über die Statistik der Beherbergung im Reiseverkehr vom 14.7.1980 (BGBl I 953) werden nur Betriebe einbezogen, die nach Einrichtung und Zweckbestimmung mindestens neun Gäste gleichzeitig vorübergehend zu beherbergen. – *Erfassungstatbestände:* a) *Monatlich:* Ankünfte,

Übernachtungen und Aufenthaltsdauer nach Herkunftsländern; Fremdenbetten und Stellplätze auf Campingplätzen; Auslastung der Bettenkapazität nach Betriebsarten, Betriebs- und Gemeindegrößenklassen und Gemeindegruppen (Heil-, Seebäder, Luftkurorte u. a.); b) *sechsjährlich* (erstmalig 1981): Beherbergungsstätten, Fremdenbetten nach Betriebsarten, -größenklassen, Ausstattungs- und Preisklassen, Gemeindegrößenklassen und -gruppen; Größe und Struktur des Campingplatzangebots. – 2. *Statistik des grenzüberschreitenden Reiseverkehrs:* a) Einreisen von Personen mit Reisepaß oder Personalausweis aus dem Ausland nach der Staatsangehörigkeit, Grenzabschnitten, ausgewählten Land-Grenzübergangsstellen und Flughäfen. Ein- und Ausreisen über Seehäfen nach Häfen, Herkunfts- und Bestimmungsländern sowie nach der Staatsangehörigkeit. b) Grenzverkehr: Einreisen von Personen mit Grenzkarte (Pendler), Ausflugschein oder mit sonstigem Ausweis für den Grenzverkehr nach Grenzabschnitten und ausgewählten Land-Grenzübergangsstellen. c) Reiseverkehr über die Grenze zur DDR. – 3. *Statistik der Urlaubs- und Erholungsreisen* nach dem →Mikrozensus: Freiwillige Stichprobenerhebung bei ca. 23 000 Haushalten jeweils im April jeden Jahres seit 1976. – *Erfassungstatbestände:* Anzahl der Reisen mit einer Dauer von mindestens fünf Tagen, Reisende nach Zahl der Reisen sowie ausgewählten demographischen und erwerbsstatistischen Merkmalen; Reisen nach Herkunftsland (Bundesland) und Zielland (Bundesland bei Inlandsreisen, Reisegebiete bei Auslandsreisen), Monat, Dauer, Art, Verkehrsmittel und Unterkunftsart; Haushaltsreisen und Reiseausgaben nach Zahl der Reiseteilnehmer, Reisedauer und sonstigen reisebezogenen Merkmalen. – 4. *Statistik der Kurzreisen und Tagesausflüge:* Einmalig im Oktober 1972 für Januar bis September 1972 durchgeführt. – 5. *Jährliche Aufwendungen* ausgewählter privater Haushalte für Urlaubs- und Erholungsreisen im Rahmen der →Wirtschaftsrechnungen.

Reiseversicherung, →Reisegepäckversicherung, →Reisewetterversicherung.

Reisevertrag. 1. *Begriff:* →Vertrag zwischen Reiseveranstalter und Reisendem über die Gesamtheit von Reiseleistungen. Der Reisende wird zur Zahlung des vereinbarten Reisepreises, der Veranstalter zur Durchführung der Reise ohne Fehler oder fehlende zugesicherte Eigenschaften verpflichtet. Geregelt durch Reisevertragsgesetz vom 4. 5. 1979 (BGBl I 509) in §§ 651 a–k BGB. – 2. Wird eine Reise fehlerhaft ausgeführt, kann der Reisende *Abhilfe* verlangen, bei fehlender Abhilfe diese selbst durchführen und Ersatz seiner Aufwendungen verlangen. Zeigt der Reisende einen Mangel der Reise dem Reiseveranstalter an, so kann er den Reisepreis mindern. Bei erheblichen Mängeln und fehlender Abhilfe

trotz Fristsetzung kann der Reisende den R. *kündigen.* Dadurch verliert der Veranstalter Anspruch auf den Reisepreis und muß die Rückbeförderung zu seinen Lasten durchführen. Hat der Reiseveranstalter den Mangel zu vertreten, kann der Reisende Schadenersatz wegen Nichterfüllung und Ersatz der nutzlos aufgewandten Urlaubszeit verlangen; der Anspruch ist innerhalb eines Monats nach vorgesehenem Reiseende geltend zu machen; Haftungsbegrenzung bei leichter Fahrlässigkeit oder für das Verschulden eines anderen Leistungsträgers auf den dreifachen Reisepreis ist zulässig. – 3. *Rücktritt* vom R. vor Reisebeginn gegen Zahlung einer angemessenen Entschädigung zulässig. Vereinbarung eines pauschalierten Vomhundertsatzes ist zulässig. *Kündigung* kann bei Gefährdung der Reise durch höhere Gewalt erfolgen.

Reisewetterversicherung, Sonderzweig der →Regenversicherung, speziell für Urlaubsreisende. Ersatz von Reise- und Aufenthaltskosten, wenn am Reiseziel eine vertraglich festgelegte Niederschlagsmenge während der Versicherungsdauer erreicht oder überschritten wird.

Reißer, Weiterverarbeitungsgerät zum Trennen von →Endlosformularen und Sätzen in Leporelloform. – Vgl. auch →Separierer.

Reitwechsel, →Wechsel, die immer wieder durch Diskontierung neuer Wechsel eingelöst werden. Kaufleute in Zahlungsschwierigkeiten suchen durch (oft betrügerische) Wechselreiterei den Konkurs abzuwenden. Wechselreiterei kann auch der Akzeptaustausch von Gefälligkeitsakzepten sein: Zwei Personen ziehen aufeinander, um zu Geld zu kommen.

Reklamation, Beanstandung gelieferter Ware. Vgl. im einzelnen →Mängelanzeige und →Mängelrüge.

Reklame, früher (Anfang dieses Jahrhunderts) synonym mit →Werbung verwendet, im Laufe der Zeit abwertender Inhaltswandel, heute überwiegend als kritische Vokabel i. S. schlechter, marktschreierischer, übertriebener oder gar unwahrer Werbung gebraucht (stupide Wiederholungen, ,,Trommelfeuerwerbung", aufdringliche Beeinflussungsversuche usw.). – Vgl. auch →unlautere Werbung, →sittenwidrige Werbung, →irreführende Werbung.

Rekonzentration, Wiederherstellung der durch Kontrollratsgesetz aufgelösten Eigentumsverbindungen zwischen Unternehmungen (→Dekonzentration, →Entflechtung). Besonders in den Bereichen Kohle und Stahl von Bedeutung, da die technisch bessere Ausnutzung von Rohstoffen, Energie, Transportmitteln usw. in →Konzernen und sonstigen →Unternehmungszusammenschlüssen auch wirtschaftliche Vorteile schafft (insbes. durch einheitliche →Finanzierung,

→Marktbeobachtung). – Über R. im *Kreditwesen:* Vgl. →Dekonzentration III.

Rektaklausel, *negative Orderklausel,* „*nicht an Order"*, durch die der Aussteller die Indossierung von →Wechseln und Namensschecks untersagen kann. Damit werden diese Papiere zu →Rektapapieren, deren Übertragung nur durch gewöhnliche →Forderungsabtretung möglich ist (Art. 11 WG, Art. 14 ScheckG). – Bei →Namensaktien kann die Indossierung nicht durch Rektaklausel untersagt, aber durch Satzung an die Zustimmung der Gesellschaft gebunden werden (sog. →vinkulierte Aktien). – *Gegensatz:* →Orderklausel.

Rektapapier, Wertpapier, das auf den Namen einer bestimmten Person lautet und bei dem nur der namentlich genannte Inhaber oder sein Rechtsnachfolger zur Geltendmachung des verbrieften Anspruchs berechtigt ist. Übertragung erfolgt durch →Zession. – *Beispiele:* →Orderpapiere, →Namenspapiere.

Rektascheck, →Scheck, der durch →Rektaklausel zum →Rektapapier geworden ist. R. ist nach Art. 5 I ScheckG zulässig, wird jedoch im innerdeutschen Zahlungsverkehr kaum verwendet, schon weil er vom →Abrechnungsverkehr ausgeschlossen ist.

Rektawechsel, →Wechsel mit →Rektaklausel. Er kann nicht durch Indossament, sondern nur durch Abtretung des Anspruchs übertragen werden (Art. 11 WG), wodurch seine Weitergabe sehr erschwert ist. Er wird von Kreditinstituten grundsätzlich nicht angekauft. Abgesehen von der durch das Orderverbot bedingten Nichtübertragbarkeit durch Indossament bleiben die anderen Wechselverpflichtungen bzw. -eigenschaften erhalten. Gelegentlich kommt der R. als →Depotwechsel vor.

Rektifikationsetat, spezielle Form des →Nachtragshaushalts, bei dem statt eines zusätzlichen Nachtragshaushalts ein berichtigter Hauptetat geschaffen wird.

Rektifikationsposten, seltene Bezeichnung für Posten der →Wertberichtigung.

Rekurs, früher übliche Bezeichnung für die verwaltungsrechtliche →Beschwerde.

Rekursion, formales Prinzip, demzufolge bei der Beschreibung eines Sachverhalts auf den zu beschreibenden Sachverhalt selbst Bezug genommen wird. Beispiel (mathematische Definition der Fakultät einer Zahl n): n! = (n – 1)! n. Häufig in der Mathematik und in der Informatik (v.a. bei der →Programmentwicklung; →rekursive Programmierung) angewendetes Prinzip.

rekursive Programmierung. 1. *Begriff:* Bei der →Programmentwicklung eine Vorgehensweise, bei der →rekursive Unterprogramme eingesetzt werden. – 2. *Verwendung:* Manche

→Algorithmen können mit Hilfe der →Rekursion wesentlich kompakter und übersichtlicher dargestellt werden, v.a. beim →Sortieren, →Suchen sowie bei der Benutzung von →Bäumen. *Beispiele:* Türme von Hanoi, Quicksort, Baumtraversierung. – 3. *Voraussetzung* für r.P. ist, daß die →Programmiersprache rekursive Unterprogramme zuläßt; erfüllt z.B. in →Ada, →C, →Pascal, →Pl/1; nicht in →Fortran, →Cobol.

rekursives Modell, Typ eines ökonometrischen Mehrgleichungsmodells (→simultane Gleichungssysteme), in dem die gemeinsam abhängigen Variablen sich nicht wechselseitig beeinflussen und die Störgrößen der einzelnen Gleichungen unabhängig voneinander sind. In diesem besonderen Fall kann die gewöhnliche →Methode der kleinsten Quadrate zur Schätzung der einzelnen Gleichungen des Systems angewandt werden. Es ist strittig, ob R. sich allgemein zur Erklärung des Wirtschaftsablaufs eignen oder nur in Spezialfällen anwendbar sind.

rekursives Unterprogramm, ein →Unterprogramm, das sich direkt oder indirekt selbst wieder aufruft (→Rekursion). – Vgl. auch →rekursive Programmierung.

Relation. I. Betriebsinformatik: 1. *Begriff:* In der →Datenorganisation eine Tabelle, in der a) Eigenschaften (Attribute) der Objekte eines Typs beschrieben werden oder b) Beziehungen zwischen Objekten aufgeführt werden. – 2. *Beispiele:* a) Eine Tabelle mit den Attributen Artikelnummer, Artikelname, Preis, Lagerbestand des Objekttyps Artikel (die Zeilen der Tabelle enthalten die jeweiligen Attributwerte eines bestimmten Artikels); b) eine Tabelle, die zu jeder Artikelnummer die Nummer des Lieferanten enthält, von dem der Artikel bezogen wird. – 3. *Mathematischer Hintergrund:* Eine R. ist eine Teilmenge des kartesischen Produkts über den Wertemengen der Attribute. – Vgl. auch →Relationenmodell.

II. Verkehrswesen: Verkehrsverbindung zwischen zwei Orten, Regionen; im →Schiffsverkehr zwischen zwei Küstenabschnitten *(Fahrtgebiet, Range)* mit mehreren Häfen.

relationale Datenbank, →Datenbank bzw. →Datenbanksystem, das auf dem →Relationenmodell aufbaut.

relationales Datenbanksystem, →relationale Datenbank.

relationales Datenmodell, →Relationenmodell.

Relationenmodell, *relationales Datenmodell.* 1. *Begriff:* →Datenmodell, mit dem die Beziehungen zwischen Daten in Form von →Relationen bzw. in Tabellenform beschrieben werden; entwickelt von E. F. Codd um 1970. Grundlage aller neueren →Datenbanksysteme

(z. B. DB2, Oracle, Ingres, Unify). – 2. *Vorteile:* Hohe Flexibilität, leichte Handhabung, einfache Datenbankabfragen (heute bestehender); *Nachteil:* Effizienzprobleme bei großen Datenvolumen. – 3. *Bedeutung:* Starker Trend zu Datenbanksystemen auf Basis des R.; weitere Verbreitung zu erwarten, v. a. auf Mikrocomputern. Viele „relationale" Datenbanksysteme genügen jedoch tatsächlich nicht den Anforderungen des R. (z. B. dBASE II, dBASE III).

relative Deckungsbeitragsrechnung, Form der →Deckungsbeitragsrechnung (vgl. im einzelnen dort). Die r. D. dient zur Abgrenzung des von Riebel entwickelten Konzepts von den auf der Trennung zwischen fixen und proportionalen Kosten beruhenden Bruttoerfolgsrechnungen.

relative Einkommenshypothese, →Konsumfunktion 3.

relative Einzelkosten, in der Einzelkostenrechnung von P. Riebel die im Hinblick auf unterschiedliche Bezugsgrößen (Kostenträger, Kostenträgergruppen, Betriebsbereiche usw.) definierten jeweiligen →Einzelkosten (vgl. dort 2 c)). – *Gegensatz:* →relative Gemeinkosten.

relative Gemeinkosten, in der Einzelkostenrechnung von P. Riebel alle Kosten, die sich im Hinblick auf eine bestimmte Bezugsgröße innerhalb der Bezugsgrößenhierarchie nicht als Einzelkosten (→relative Einzelkosten) erfassen lassen. R. G. einer bestimmten Bezugsgröße können in bezug auf eine andere Bezugsgröße relative Einzelkosten sein. – Vgl. auch →Gemeinkosten.

relative Häufigkeit, in der Statistik der Anteil der Elemente einer →Gesamtheit, die zu einer bestimmten Kategorie oder, bei (klassierten) →Häufigkeitsverteilungen, zu einer bestimmten →Klasse gehören. Die Summe der r. H. ist 1.

relativer Fehler, Begriff aus der Statistik. Ist A der wahre Wert einer statistischen Größe und A' ein ggf. fehlerbehafteter Näherungs- oder Schätzwert für A, so bezeichnet $(A' - A)/A$ den r. F. von A'.

relativer Preis, *Relativpreis.* 1. *Preis,* der dadurch charakterisiert ist, daß er nicht als absolute Größe, sondern nur in Relation zum Preis eines anderen Gutes (→Standardgutes) festgelegt ist. – 2. *Mengenverhältnis,* in dem zwei Güter ausgetauscht werden. Der r. P. des Gutes A wird durch die Mengeneinheiten des Gutes B angegeben, die für eine Einheit des Gutes A eingetauscht werden müssen, z. B.: $P_{A/B} = 3$ Einheiten B/1 Einheit A $= \frac{3}{1} = 3$. Entsprechend beträgt der r. P. des Gutes B in

Einheiten des Gutes A: $P_{B/A} = 1$ Einheit A/3 Einheiten B $= \frac{1}{3}$.

Relativpreis, →relativer Preis.

Relaunch, Strategie zur Verlängerung des →Lebenszyklus eines Produkts einer Marke durch zielgruppenspezifische Anpassung von →Produktgestaltung (→Produktvariation), →Werbeziel. Ein wenig erfolgreiches Produkt (→Flop) wird kurzfristig vom Markt zurückgezogen und zu einem späteren Zeitpunkt in veränderter Form erneut in den Markt eingeführt.

relevante Daten, bei der Problemanalyse und -lösung diejenigen Faktoren, die die Problemstellung tangieren.

relevante Kosten, *incremental costs,* 1. *Begriff* der →entscheidungsorientierten Kostenrechnung für Teile der Gesamtkosten, die vom Treffen einer bestimmten Entscheidung abhängig sind, d. h. für betriebliche Entscheidungsprobleme relevant sind. Die Einteilung in r. K. und →nicht relevante Kosten kann nur im Hinblick auf das jeweilige Entscheidungsproblem vorgenommen werden: a) Werden keine Engpässe wirksam, so setzen sich die r. K. nur aus den →Einzelkosten des betreffenden Entscheidungsobjekts zusammen; b) werden mehrere Engpässe wirksam, müssen →Opportunitätskosten als r. K. berücksichtigt werden. – 2. Nach *Riebel* gehören zu den r. K. nur solche, die mit noch disponiblen zusätzlichen Ausgaben bzw. Auszahlungen verbunden sind, nicht dagegen grenzauszahlungsloser zusätzlicher Güterverbrauch. →Opportunitätskosten sind als Vergleichsmaßstab für den →Mindestdeckungsbeitrag zu berücksichtigen, aber kein Kostenbestandteil, sondern Teil des relevanten Beitrags zum Erfolgsziel; sie sind nicht intersubjektiv nachprüfbar. Bei Liquiditätsengpässen sollte auf die zeitlich differenzierten →Liquiditätsbeiträge abgestellt werden. – Vgl. auch →Relevanzprinzip.

relevanter Markt, Begriff der Wirtschaftstheorie zur Abgrenzung einer Gruppe von Anbietern und Nachfragern derart, daß von den nicht der Gruppe angehörenden Anbietern und Nachfragern nur unbedeutende Einflüsse auf die Preisbildung innerhalb der Gruppe ausgehen. Dieser Abgrenzung dient die Theorie der →Substitutionslücke *(J. Robinson)* und die Theorie der Elementarmarktes *(H. v. Stackelberg)*.

Relevanzprinzip, Grundsatz bei der vor- und rückschauenden Beurteilung von Entscheidungsalternativen, der besagt, alle entscheidungsrelevanten Wirkungen auf das Erreichen der gesetzten Ziele zu berücksichtigen. Nach Riebel ist das (einseitige) Abstellen auf →relevante Kosten zu modifizieren: (1) Das R. ist zum (mehrdimensionalen) „Prinzip der relevanten Wirkungen" oder „allgemeinen R." zu erweitern:

Änderungen der positiven Zielkomponente
./. Änderung der negativen Zielkomponente

Zielbeitrag (Änderung der Zielerreichung) durch Ergreifen der betrachteten Maßnahme gegenüber dem Unterlassen.

(2) Das R. ist im Hinblick auf die konkreten Ziele zu spezifizieren. Um die Existenz des Unternehmens nicht zu gefährden muß das Zielbündel zwei Überziele enthalten: Erzielung eines nachhaltigen Erfolgs im Sinne eines langfristigen finanziellen Überschusses und laufende Sicherung der Liquidität im Sinne von Zahlungsbereitschaft. Diesen Zielen wird die Ermittlung des mit der betrachteten Maßnahme identifizierbaren →Deckungsbeitrags und →Liquiditätsbeitrags nach dem Identitätsprinzip bzw. entscheidungsorientierten Kosten- (und Erlös-)begriffs gerecht.

Reliabilität. 1. *Begriff:* Kriterium der →Gütekriterien; wird berücksichtigt bei der Messung theoretischer Konstrukte (z. B. Motivation, Einstellung, Preisbereitschaft). Die R. einer Meßmethode gibt an, inwieweit Meßergebnisse, die unter gleichen Bedingungen mit identischen Meßverfahren erzielt werden (z. B. bei Wiederholungsmessungen), übereinstimmen. Sie wird häufig als Korrelation zwischen zwei Meßreihen berechnet. – 2. *Methoden zur Messung:* a) *Test-Retest-Reliabilität:* Korreliert werden die Einstellungen einer Gruppe, die mit der gleichen Methode zu verschiedenen Zeitpunkten gemessen werden. – b) *Äquivalente Messungen:* Korreliert werden die Einstellungen einer Gruppe, die mit verschiedenen, aber als äquivalent angenommenen Methoden gemessen werden. – c) *Parallele Messungen:* Die Einstellung einer Gruppe wird zweimal mit jeweils verschiedenen Items gemessen.

religiöse Zwecke, →gemeinnützige Zwecke.

Rem (rem), veraltete Einheit der Äquivalentdosis. 1 rem = 0,01 Sievert. Vgl. →Sievert.

Remanenz der Kosten, →Kostenremanenz.

Remboursgeschäft. I. Allgemeines: Die Mitwirkung der Bank bei der Begleichung eines überseeischen Warengeschäfts, in bestimmten Fällen verbunden mit Kreditgewährung (Rembourskredit). Als *Unterlage* für das R. dienen die Fracht- und Versicherungspapiere (→Konnossemente und →Versicherungsscheine), evtl. Fakturen und Prüfungszertifikate für Gewicht und Qualität (sog. Dokumente).

II. Grundform: Die wichtigste Form des R. ist der Wechselrembours, bei dem die Bank des Importeurs die Tratte des überseeischen

Verkäufers akzeptiert. Der Importeur muß sich den erforderlichen Kredit von der Bank vor Abschluß des Importgeschäfts zusichern lassen, besonders, wenn der Exporteur einen bestätigten Bankrembours verlangt. Die Bank akzeptiert die Tratte des Verkäufers gegen Übergabe der Dokumente. Wegen der langen Zeit, die mit Versendung von Dokumenten und Tratte und Rücksendung der akzeptierten Tratte vergeht, übergibt der überseeische Verkäufer Dokumente und Tratte und Sekunda- und Prima-Ausfertigung seiner Bank in Übersee, welche die Sekunda diskontiert und die Prima nebst den Dokumenten der Bank des Importeurs zum Akzept einsendet. Prima und Sekunda werden zusammen eingelöst, sie sind beide mit einem auf das zugrunde liegende R. bezüglichen Vermerk versehen. Am Fälligkeitstag erfolgt Einlösung durch die bezogene Bank. Die Belastung des Kunden für eine Hergabe des Akzepts erfolgt auf besonderem Trattenkonto, Wert einen Tag vor der Fälligkeit.

III. Modifizierte Form: Die akzeptierende Bank oder Remboursbank braucht nicht eine Bank im Land des Importeurs zu sein. Es wird sogar meist eine Bank sein, die ihren Sitz in einem Land der heute meist vertretenen Welthandelswährungen hat. Das R. wickelt sich dann etwa in folgender Weise ab: Eine Bank im Land der Fakturenwährung akzeptiert für Rechnung der Bank des Importeurs oder für Rechnung des Importeurs selbst einen auf sie gezogenen Wechsel und händigt die Tratte Zug um Zug gegen Hereinnahme der vorgeschriebenen Transportdokumente dem Ablader aus, damit er sie bei seiner Bank diskontieren lassen kann. Als *Remboursbanken* fungieren entsprechend dem meist im Devisenhandel verwendeten Vertragsgewährungen die Londoner und New Yorker Banken. Ihre Akzepte sind zu besonders günstigen Bedingungen unterzubringen. Oft besorgen die Remboursbanken selber die Unterbringung von Akzepten und stellen den Erlös dem Ablader zur Verfügung. Aber dies ist ein Sondergeschäftsverhältnis. Die Aufgabe der kreditgewährenden Bank (Remboursbank) ist nur die Akzeptleistung.

Rembourskredit, →Remboursgeschäft.

Remboursregreß, →Rückgriff II 5.

Remissionsrecht, Recht zur Rückgabe einer unter diesem Vorbehalt gekauften Ware. – Vgl. auch →Bedingtlieferung.

Remittent, →Wechselnehmer.

Remonstration, *Gegenvorstellung,* formloser Rechsbehelf, durch den ein einzelner →Verwaltungsakt betroffener Staatsbürger bei der betreffenden Behörde vorstellig wird. Wie bei der Dienstaufsichtsbeschwerde besteht *kein Rechtsanspruch* auf Überprüfung der Bedenken und Erteilung eines Bescheides.

remote job entry (RJE), möglicher Dienst in einem →Rechnernetz bzw. einem →Computerverbund. Der →Benutzer kann einen →Job auf jedem beliebigen →Rechner des Netzes bzw. Verbunds ausführen lassen.

Renaissance, Geschichtsepoche des Erwachens eines neuen Lebens- und Naturgefühls, Denkens und Forschens aus der mittelalterlichen Bindung. Mitte des 14. bis Ende des 16. Jh. Klassische Persönlichkeitsideale werden wiederentdeckt (Individualismus). – 1. *Kulturell:* Humanismus in Dichtung und Wissenschaft. Italien: Neuer Stil der Baukunst (Bramante, Michelangelo), der Malerei (Leonardo da Vinci) und Bildhauerei (Donatello); Deutschland: Schlösser, Rathäuser, Bürgerhäuser; Bilder, Holzschnitte, Kupferstiche (Dürer, Cranach, Holbein usw.). – 2. *Sozial:* Lösung aus den Gemeinschaftsbindungen, in denen Macht und Ansehen von der gesellschaftlichen Funktion abhingen (Adel, Klerus, Zünfte usw.). – 3. *Wirtschaftlich:* Geldbesitz wird zu einem neuen gesellschaftlichen Machtfaktor. Die Zeit gibt der Wirtschaft neue Impulse. Beginn betriebswirtschaftlicher Überlegungen; vgl. →Betriebswirtschaftslehre, →Geschichte der Betriebswirtschaftslehre.

Rencontres de St. Gall, seit 1948 periodisch (z. Zt. Plenartagungen im Zweijahres-Turnus mit Zwischentagungen) in der Schweiz stattfindende Arbeitstagungen von Wirtschaftswissenschaftlern aus zahlreichen europäischen und überseeischen Ländern. Im Rahmen wissenschaftlicher Zusammenarbeit und Erfahrungsaustauschs werden Fragen der gewerblichen Wirtschaft (Handwerk, Handel, Kleingewerbetreibende) erörtert.

Rendite, jährlicher Gesamtertrag eines angelegten Kapitals, meist in Prozenten des angelegten Kapitals ausgedrückt. – Vgl. auch →Effektivverzinsung.

Renegotiation-Klausel, bei →Offshore-Käufen eine Klausel, die den Auftraggeber berechtigt, innerhalb von drei Jahren eine Preisprüfung durchzuführen.

Rennen, Begriff des Straßenverkehrsrechts; sportliche Veranstaltung zwischen mehreren, mindestens zwei Fahrzeugen, bei der unter möglichst hoher Geschwindigkeit das Endziel angestrebt wird. R. bedürfen der polizeilichen Erlaubnis, wenn dabei öffentliche Straßen mehr als verkehrsüblich in Anspruch genommen werden (§ 29 StVO). R. und Wettfahrten einzelner Verkehrsteilnehmer untereinander verbieten sich nach den allg. verkehrsrechtlichen Gesichtspunkten der Gefährdung, Behinderung oder Belästigung anderer Verkehrsteilnehmer (§ 1 StVO).

Renner, Produkte mit im Vergleich zu den übrigen Artikeln des Sortiments hoher

Umschlagshäufigkeit. – *Gegensatz:* →Ladenhüter.

Rennwett- und Lotteriesteuer. 1. *Rechtsgrundlagen:* Rennwett- und Lotteriegesetz vom 8. 4. 1922 (RGBl I 1393) mit späteren Änderungen; Ausführungsbestimmungen (Rennw-LottAB) vom 16. 6. 1922 mit späteren Änderungen. – 2. *Steuerarten:* a) *Rennwettsteuer* erfaßt Einsätze, die aus Anlaß von Pferderennen beim Totalisator oder beim Buchmacher gemacht werden; Steuersatz: 16⅔ % vom Einsatz. Die Steuer ist vom Unternehmer aufgrund von Nachweisungen im Abrechnungsverfahren zu entrichten, ohne daß die Wetter haftet. In der Praxis werden die Gewinne oft um den Steuerbetrag gekürzt (Steuerüberwälzung). – b) *Lotteriesteuer* ist von →Lotterien und (Sach-)→Ausspielungen vor Beginn des Verkaufs durch den Veranstalter im Abrechnungsverfahren zu entrichten; Höhe bei inländischen Losen 20% des Preises ohne Steuer, 16⅔ % des Preises mit Steuer; bei ausländischen Losen 25%. Steuerschuldner ist der Veranstalter; der Käufer des Loses haftet nicht. – Steuerfrei sind Ausspielungen, bei denen Lose nicht verteilt werden oder bei denen der Gesamtpreis der Lose 1200 DM nicht übersteigt und die Gewinne nicht in barem Geld bestehen sowie Lotterien und Ausspielungen zu ausschließlich gemeinnützigen, mildtätigen oder kirchlichen Zwecken unter bestimmten Voraussetzungen. – 3. *Aufkommen:* 1986: 1746 Mill. DM, (1985: 1566 Mill. DM, 1980: 1282 Mill. DM, 1970: 566 Mill. DM, 1960: 275 Mill. DM, 1950: 76 Mill. DM).

Rentabilität, Verhältnis einer Erfolgsgröße zu eingesetztem Kapital einer Rechnungsperiode. Beide Größen werden bilanziell gemessen.

1. *Gesamtkapital-R.:* Der Periodenerfolg (einschl. der Fremdkapitalzinsen) wird in Beziehung zum gesamten zur Verfügung stehenden Kapital der Unternehmung (Eigen- und Fremdkapital) gesetzt.

a) *Gesamtkapital-R. vor Steuern*

$$= \frac{\text{Erfolg vor Zinsen und vor Steuern}}{\text{Gesamtkapital}};$$

b) *Gesamtkapital-R. nach Steuern*

$$= \frac{\text{Erfolg nach Steuern} + \text{Zinsen}}{\text{Gesamtkapital}};$$

Eine *Verzerrung der Gesamtkapital-R.* ist möglich durch die Ausnutzung bilanzieller Bewertungsspielräume bei der Gewinnermittlung oder durch Nichtabgrenzung periodenfremder Aufwendungen und Erträge.

2. *Eigenkapital-R.:* Relative Größe, die angibt, mit welcher Rate sich das während einer Periode eingesetzte →Eigenkapital verzinst.

a) *Eigenkapital-R. vor Steuern*

$$= \frac{\text{Erfolg nach Zinsen und vor Steuern}}{\text{Eigenkapital}};$$

b) *Eigenkapital-R. nach Steuern*

$$= \frac{\text{Erfolg nach Zinsen und nach Steuern}}{\text{Eigenkapital}};$$

Bei Kapitalgesellschaften besteht das Eigenkapital aus Grund- oder Stammkapital, Gewinn- und Kapitalrücklagen, Gewinnvortrag u. ä. Posten. Über die Beziehung zwischen Eigenkapital-R., Gesamtkapital-R. und Fremdkapitalzinssatz vgl. →Leverage-Effekt.

3. *R. des Betriebs:*

$$\textit{Betriebs-R.} = \frac{\text{Betriebsgewinn}}{\text{betriebsnotwendiges Kapital}}.$$

Unter betriebsnotwendigem Kapital wird das im Unternehmen eingesetzte Kapital, soweit es zur Erfüllung des Betriebszwecks notwendig ist, verstanden; der Betriebsgewinn wird durch die Abspaltung von neutralen und außerordentlichen Aufwendungen und Erträgen vom Erfolg nach Zinsen und Steuern ermittelt.

4. *Umsatz-R.:* Zu unterscheiden sind:
a) Brutto-Umsatz-R.

$$= \frac{\text{Erfolg vor Zinsen und vor Steuern}}{\text{Nettoumsätze}}.$$

b) Netto-Umsatz-R.

$$= \frac{\text{Erfolg nach Steuern und Zinsen}}{\text{Nettoumsätze}}$$

Im Falle der Gesamtkapital-, Eigenkapital- und Umsatz-R. kann als *Erfolgsgröße* der bilanzielle Periodenerfolg oder der um außerordentlichen Betriebserfolg und Finanzerfolg bereinigte ordentliche Betriebserfolg angesetzt werden. – Vgl. auch →return on investment, →Effektivverzinsung.

Rente. I. Theorie der Preisbildung/Kapitaltheorie: Preis eines vollständig immobilen →Produktionsfaktors, dessen Angebotskurve vollkommen unelastisch ist. – Vgl. auch →Quasirente.

II. Sozialversicherung/-recht: 1. *Begriff:* An regelmäßig wiederkehrenden Zeitpunkten aufgrund von Rechtsansprüchen zu zahlende Geldbeträge. Beim Empfänger stellen R. ein →Renteneinkommen dar. – 2. *Arten:* a) *Allgemein:* (1) Hinsichtlich der *Dauer* der Auszahlung: (a) →Zeitrente; (b) →Leibrente; (c) ewige Rente oder Dauerrente. – (2) Hinsichtlich der *Höhe* der Beträge: (a) konstante R.; (b) nach bestimmten Richtlinien (arithmetisch oder geometrisch) steigende

oder fallende R. – (3) Nach dem *Zeitraum*, für den gezahlt wird: (a) nachschüssige (postnumerando) R.: jeweils am Ende des Zeitabschnitts; (b) vorschüssige (pränumerando) R.: am Anfang des Zeitabschnitts bezahlt; (c) aufgeschobene R.: Zahlung beginnt erst nach einer Anzahl von Jahren (Formen der R.-Versicherung); (d) abgebrochene R.: Zahlung hört von einem bestimmten Zeitpunkt an auf; (e) unterbrochene R.: zwischen den Rentenzahlungen liegen Leerzeiten. – *Berechnung der R.:* →Rentenberechnung. – b) *R. als Einkommen aufgrund von Rechtsansprüchen:* (1) Renten in Form von →Ruhegehalt: Vergütung für frühere Dienstleistungen. – (2) R. aufgrund eines gesetzlichen *Versorgungsanspruches:* Kriegsbeschädigtenrenten (→Beschädigtenrenten) oder →Hinterbliebenenrenten. (3) R. aus *sonstigen Versicherungsansprüchen:* (a) Unfallrenten seitens der →Berufsgenossenschaft; (b) R. aus der →Arbeiterrentenversicherung, →Angestelltenversicherung, →Knappschaftsversicherung aus Pensionskassen u. dgl. – (4) R. aus *Vertrag:* →betriebliche Altersversorgung, →Lebensversicherung. – (5) Vgl. auch →Mindestrente. – Teilweise werden diese R. nur *auf Antrag* gewährt. Die Anträge sind sofort nach Eintritt des Versicherungsfalls zu stellen, ohne Rücksicht darauf, ob zu diesem Zeitpunkt schon alle Unterlagen beigefügt werden können.

III. Steuerrecht: 1. *Begriff:* Periodisch wiederkehrende gleichbleibende Leistungen in Geld oder vertretbaren Sachen, die ihren Rechtsgrund in einem einheitlich nutzbaren, selbständigen Rentenstammrecht haben und auf das Leben eines Menschen oder auf die Dauer von mindestens zehn Jahren gewährt werden. Renten sind zu unterscheiden von anderen dauernden Lasten, anderen dauernden Bezügen und Kaufpreisraten. – 2. *Im Einzelnen* vgl. →Rentenbesteuerung.

Rentenabfindung, →Abfindung III.

Rente nach Mindesteinkommen, →Mindestrente.

Rentenanleihe, Staatsanleihe, bei der kein Tilgungszwang besteht. Vgl. auch →ewige Anleihe. – Bei *unechten* R. hat sich der Staat Kündigungsrecht vorbehalten oder nimmt Tilgungen vor, ohne dem Gläubiger gegenüber feste Bindungen einzugehen.

Rentenanpassung, Veränderung der Höhe der aus den gesetzlichen →Rentenversicherungen zu zahlenden Renten (§ 1272 RVO, § 49 AVG, § 71 RKG), der Versorgungsbezüge nach dem Bundesversorgungsgesetz (§ 56 BVG) und der vom →Jahresarbeitsverdienst abhängigen Geldleistungen der →Unfallversicherung (§ 579 RVO) mit Rücksicht auf die Veränderungen der allgemeinen →Rentenbemessungsgrundlage. Die R. erfolgt jeweils durch die Rentenanpassungsgesetze (RAG). – Vgl. auch →Produktivitätsrente.

Rentenanpassungsbericht, bis zum 31. März eines jeden Jahres von der Bundesregierung den gesetzgebenden Körperschaften mit dem Gutachten des →Sozialbeirats vorzulegender Bericht über die voraussichtliche Finanzlage der Rentenversicherung der Arbeiter und der Angestellten für die künfigen 15 Kalenderjahre unter Unterbreitung von Vorschlägen für die zu treffenden Maßnahmen (§ 1273 RVO, § 50 AVG).

Rentenauskunft. 1. Zur Durchführung des →Versorgungsausgleichs hat der Versicherte in der gesetzlichen Rentenversicherung Anspruch auf Auskunft über die Höhe der für die bisherige Ehezeit zu berechnenden Anwartschaft auf Altersruhegeld. Der Antrag ist i. d. R. durch den bevollmächtigten Rechtsanwalt zu stellen, der den Versicherten in der Ehescheidungsangelegenheit vertritt. Soll eine Vereinbarung über den Versorgungsausgleich beurkundet werden, kann die R. von dem bevollmächtigten Notar eingeholt werden (§ 1 der 2. VO über die Erteilung von Rentenauskünften an Versicherte der gesetzlichen Rentenversicherung v. 5. 8. 1977 – BGBl I 1486). – 2. Der zuständige *Träger der Rentenversicherung* hat Versicherten, die das 45. Lebensjahr vollendet haben und für die ein maschinelles Konto geführt wird, mindestens alle sechs Jahre einen Nachweis über die gespeicherten Daten (→Versicherungsverlauf) zu übersenden, wenn nicht in den letzten drei Jahren bereits ein Versicherungsverlauf übersandt worden ist. Ansonsten ist ein Versicherungsverlauf nur auf Antrag zu erteilen (§ 17 I der 2. Datenerfassungs-VO v. 28. 5. 1980 – BGBl I 593).

Rentenbanken, *Boden-Rentenbanken, Landes-Rentenbanken, Ablösungskassen,* öffentlich-rechtliche Kreditinstitute zur Pflege des Realkredits für landwirtschaftliche Siedlungen durch Eintragung von Grundpfandrechten gegen Ausgabe von Rentenbriefen. In der Bundesrep. D. nur noch eine R., die Bayerische Landesboden-Kreditanstalt (München). – Vgl. auch →Deutsche Siedlungs- und Landesrentenbank, →Landwirtschaftliche Rentenbank.

Rentenbemessungsgrundlage, Berechnungsgrundlage für die Rente aus der →Arbeiterrentenversicherung, →Angestelltenversicherung und →Knappschaftsversicherung. – 1. *Allgemeine R.:* Für das Jahr 1981 festgeschrieben; beträgt in der Arbeiterrenten- und Angestelltenversicherung 22 787 DM; in der knappschaftlichen Rentenversicherung 23 030 DM. Sie verändert sich in den folgenden Jahren jeweils um den Vomhundertsatz, um den sich die Summe der durchschnittlichen Bruttoarbeitsentgelte in den drei Kalenderjah-

ren vor dem Kalenderjahr, das dem Eintritt des Versicherungsfalls vorausgeht, gegenüber der Summe dieser Durchschnittsentgelte in dem Dreijahreszeitraum verändert hat, der ein Jahr vorher endet (§ 1255 II RVO, § 32 II AVG, § 54 II RKG). Für das Kalenderjahr 1987 beträgt die allgemeine R. in der Arbeiterrenten- und Angestelltenversicherung 27 885 DM und in der knappschaftlichen Rentenversicherung 28 181 DM. – 2. *Persönliche R.* (auch die für den Versicherten *maßgebende R.* genannt) ist der Vomhundertsatz der allgemeinen R., der dem Verhältnis entspricht, in dem während der zurückgelegten Beitragszeiten das Bruttoarbeitsentgelt aller Versicherten der Rentenversicherung der Arbeiter und Angestellten (in der knappschaftlichen Rentenversicherung einschl. der Entgelte im Bergbau Beschäftigten) ohne Auszubildende und Anlernlinge gestanden hat. Sie wird bei der Rentenberechnung höchstens bis zum Doppelten der im Jahr des Versicherungsfalles geltenden allgemeinen R. berücksichtigt (§ 1255 I RVO, § 32 I AVG, § 54 I RKG). Hat z. B. ein Versicherter, dessen Versicherungsfall 1987 eingetreten ist, während der in der Arbeiterrenten- oder Angestelltenversicherung zurückgelegten Beitragszeiten ein jahresdurchschnittliches Arbeitsentgelt von 160% der Durchschnittsentgelte aller Versicherten erzielt, so beträgt seine persönliche R. 160% von 27 885 DM = 44 616 DM. Bei der Ermittlung der persönlichen R. sind →Ersatzzeiten, →Ausfallzeiten und Zeiten der Ausbildung und →Kindererziehungszeiten nach Tabellenwerten zu berücksichtigen (§ 1255a RVO, § 32a AVG, § 54a RKG). – Vgl. auch →Rentenformel.

Rentenberater, Personen, die gewerbs- und geschäftsmäßig Rentenberatungen und Rentenberechnungen im Bereich der Sozialversicherung durchführen. R. dürfen nur mit gerichtlicher Zulassung tätig werden und erhalten eine auf den Sachbereich beschränkte Erlaubnis zur →Rechtsberatung. Für das Auftreten vor dem Sozialgericht in fremden Rechtsangelegenheiten (sog. *Rechtsbeistand*) bedürfen sie der zusätzlichen Zulassung, i. d. R. durch den Präsidenten des zuständigen →Landessozialgerichts oder der zuständigen obersten Landesbehörde. Die Zulassung wird für *bestimmte* Sozialgerichte angesprochen und gilt *nicht generell* für alle Sozialgerichte.

Rentenberechnung, Errechnung der auszuzahlenden →Renten (Renten wegen Berufsunfähigkeit oder Erwerbsunfähigkeit, →Altersruhegeld, →Bergmannsrente, →Knappschaftsrenten, →Knappschaftsruhegeld). Der Rentenberechtigte erhält für jedes anrechnungsfähige Versicherungsjahr einen bestimmten Prozentsatz seiner persönlichen Bemessungsgrundlage *(Rentenformel)* sowie ggf. Kinderzuschüsse für seine Kinder bis zum vollendeten 18. (unter besonderen

Umständen bis zum vollendeten 25.) Lebensjahr. – *Anders:* →Rentenrechnung.

Rentenbesteuerung, zusammenfassende Bezeichnung für die steuerliche Behandlung der verschiedenen →Renten (vgl. dort III.).

I. E i n k o m m e n s t e u e r: Bestimmung jeder einzelnen Rente hinsichtlich Vermögenszugehörigkeit und Veranlassung ist wegen unterschiedlicher Einkommensbesteuerung außerordentlich wichtig, mitunter jedoch schwierig, insbes. bei der Beteiligung von Familienangehörigen. Für die Einkommensbesteuerung sind die Ermittlung des Rentenwertes und die Zusammensetzung der einzelnen Rentenleistung von Bedeutung.

1. *Betriebliche Veräußerungsrenten:* Rente fällt beim Berechtigten in die Gewinneinkunftsarten und beruht auf der Veräußerung eines Betriebs, Teilbetriebs, eines Anteils an einer Mitunternehmergemeinschaft oder eines einzelnen zum Betriebsvermögen zählenden Wirtschaftsguts. Der betrieblichen Veräußerungsrente wird gleichgestellt die Rente bei Veräußerung einer wesentlichen Beteiligung an einer Kapitalgesellschaft, die beim Veräußerer zum Privatvermögen rechnet und nicht innerhalb der Spekulationsfrist veräußert wird. – a) *Leibrente:* Barwert ist nach versicherungsmathematischen Grundsätzen zu ermitteln unter Berücksichtigung der Lebenserwartung der Bezugsperson und eines Zinsfaktors. – (1) *Behandlung beim Berechtigten:* Bei Veräußerung eines Betriebs, Teilbetriebs oder Mitunternehmeranteils sind die Rentenzahlungen zunächst gegen den Buchwert der veräußerten Wirtschaftsgüter zu verrechnen und lösen insoweit keine Steuerpflicht aus. Wird das aufgegebene Kapitalkonto überstiegen, sind weitere Bezüge im Rahmen der Einkunftsart, der das veräußerte Vermögen zugehört hatte, Betriebseinnahmen (§ 24 Nr. 3 EStG) und damit ohne tarifliche Begünstigung steuerpflichtig. Stirbt die Bezugsperson, bevor die Leibrentenzahlungen die aufgegebenen Buchwerte erreicht haben, so entsteht ein Veräußerungsverlust, der steuerlich zu berücksichtigen ist. Der Veräußerer kann jedoch die sofortige Besteuerung des Veräußerungsgewinns in Höhe des Unterschieds zwischen dem Rentenbarwert und dem Kapitalkonto im Zeitpunkt der Veräußerung (unter Berücksichtigung eines etwaigen Veräußerungsfreibetrages) wählen. Ein sich ergebender Veräußerungsgewinn unterliegt auf Antrag nur dem halben durchschnittlichen Steuersatz. Die laufenden Rentenbezüge sind mit dem Ertragsanteil gem. § 22 Nr. 1 (a) EStG steuerpflichtig. Stirbt die Bezugsperson, bevor die laufenden Rentenzahlungen das aufgegebene Kapitalkonto erreicht haben, so handelt es sich um einen steuerlich unbeachtlichen Verlust in der Privatsphäre. – Bei der Veräußerung einzelner Wirtschaftsgüter des Betriebsvermögens hat der Berechtigte bei Gewinnermittlung durch Betriebsvermögensvergleich den Rentenbarwert zu aktivieren. Der Unterschiedsbetrag zwischen Rentenbarwert und Buchwert des veräußerten Wirtschaftsguts ist laufender Gewinn oder Verlust. Der Rentenbarwert ist zu den einzelnen Bilanzstichtagen neu zu ermitteln, Änderungen schlagen sich als Aufwand oder Ertrag nieder. Die laufenden Rentenzahlungen sind Ertrag. Ermittelt der Veräußerer seinen Gewinn durch Überschußrechnung gem. § 4 III EStG, sind die in den zufließenden Rentenzahlungen steuerpflichtig, sobald der Buchwert des veräußerten Wirtschaftsgutes überstiegen ist. – (2) *Behandlung beim Verpflichteten:* Wird das erworbene Vermögen beim Verpflichteten ebenfalls Betriebsvermögen und ermittelt er seinen Gewinn durch Betriebsvermögensvergleich, dann bilden die versicherungsmathematische Barwert der Rente und sonstige Leistungen im Zeitpunkt des Erwerbs die Anschaffungspreise der erworbenen Wirtschaftsgüter. Der Kapitalwert bestimmt zugleich die Anschaffungskosten der Rentenverpflichtung. Der Barwert dieser Verpflichtung wird zu jedem Bilanzstichtag neu festgestellt; die Veränderung des Passivpostens gegenüber dem letzten Bilanzansatz ist bei Verringerung als Ertrag, bei einer Erhöhung (etwa durch Auswirkung einer Wertsicherungsklausel) als Aufwand zu buchen. Die laufenden Rentenzahlungen sind Betriebsausgaben. Entfällt die Verpflichtung durch Tod der Bezugsperson, ist der restliche Passivposten gewinnerhöhend aufzulösen. Ermittelt der Erwerber seinen Gewinn durch Überschußrechnung gem. § 4 III EStG, so sind im Zeitpunkt des Erwerbs ebenfalls durch den versicherungsmathematischen Barwert der Rente die Anschaffungspreise der erworbenen Wirtschaftsgüter des Anlagevermögens festzustellen. Darüber hinaus ist nach den (Teil-)Wertverhältnissen der erworbenen Wirtschaftsgüter zu ermitteln, zu welchem Anteil die Rente auf Anlagevermögen und zu welchem Teil sie auf Umlaufvermögen entfällt. Die einzelnen Rentenzahlungen sind in Höhe ihres Zinsanteils und in Höhe des Teils, mit dem Umlaufvermögen erworben wurde, abziehbare Betriebsausgaben. – Gehört das erworbene Vermögen beim Verpflichteten zum ertragbringenden Privatvermögen, verkörpert der Rentenbarwert den Anschaffungspreis des Wirtschaftsguts. Der Ertragsanteil jeder einzelnen Rentenleistung zählt zu den abziehbaren Werbungskosten. – Wird das erworbene Wirtschaftsgut dem ertraglosen Privatvermögen zugeführt, so ist der Ertragsanteil jeder Rente als Sonderausgabe gem. § 10 I Nr. 1 a EStG abzugsfähig. – b) *Zeitrente:* Barwert bemißt sich nach Dauer der Laufzeit und dem zugrunde liegenden Zinsfaktor; jede Rentenzahlung enthält folglich einen Zinsanteil (Ertragsanteil) und Tilgungsanteil. – *Be-*

handlung beim Berechtigten und Verpflichteten erfolgt wie bei den Leibrenten; an die Stelle des versicherungsmathematischen Rentenbarwertes tritt der finanzmathematische Barwert. – c) *Leib- und Zeitrente:* Es sind die jeweiligen Werte getrennt zu ermitteln und bei Höchstzeitrente der kleinere, bei Mindestrente der höhere Wert anzusetzen (§ 22 Nr. 1 a EStG; § 55 II EStDV).

2. *Betriebliche Versorgungsrente:* Rente, der die Übertragung eines Mitunternehmeranteils zugrunde liegt, die jedoch weniger als Entgelt für den übernommenen Anteil gedacht ist, vielmehr in erster Linie die Versorgung des ausscheidenden Mitunternehmers sichern soll. Die Rente ist als Belohnung für die früher für den Betrieb erbrachten Dienste des Ausscheidenden zu beurteilen. – Die Vereinbarung einer Versorgungsrente zwischen Familienangehörigen wird regelmäßig als außerbetriebliche Versorgungsrente gewertet. – a) *Behandlung beim Berechtigten:* Der Rentenberechtigte bezieht mit den gesamten Rentenzahlungen nachträgliche Einkünfte (§ 24 Nr. 2 EStG) aus der früheren Einkunftsart. – b) *Behandlung beim Verpflichteten:* Das auf den ausscheidenden Gesellschafter entfallende Betriebsvermögen wird von den zurückbleibenden Gesellschaftern zum Buchwert übernommen. Der Rentenbarwert ist nicht zu passivieren; die einzelnen Rentenzahlungen sind von Anfang an in voller Höhe als Betriebsausgaben zu behandeln.

3. *Betriebliche Schadensrente:* Rente, die dem Berechtigten als Entschädigung für entgehenden Gewinn gezahlt wird. – a) *Behandlung beim Berechtigten:* Die betriebliche Schadensrente ist gem. § 24 Nr. 1 a EStG steuerpflichtig. Ermittelt der Berechtigte seinen Gewinn durch Betriebsvermögensvergleich, ist der Anspruch auf die Schadensrente gewinnwirksam zu aktivieren. Der dadurch realisierte Gewinn unterliegt auf Antrag nur dem halben durchschnittlichen Steuersatz. Zu jedem Bilanzstichtag ist der Anspruch neu zu bewerten; Änderungen im Wertansatz bilden Aufwand oder Ertrag. Die laufenden Rentenbezüge sind Betriebseinnahmen. Bei Gewinnermittlung durch Überschußrechnung gem. § 4 III EStG sind nur die bezogenen Rentenzahlungen als Betriebseinnahmen zu erfassen. – b) *Behandlung beim Verpflichteten:* War das schädigende Ereignis betrieblich veranlaßt, liegen Betriebsausgaben vor. Ermittelt der Verpflichtete seinen Gewinn durch Betriebsvermögensvergleich, so ist der Rentenbarwert im Jahr der Entstehung zu Lasten des Gewinns zu passivieren. Der an den folgenden Bilanzstichtagen jeweils zu ermittelnde Barwert bildet in Höhe der Differenz zum vorangegangenen Barwert Aufwand oder Ertrag. Die laufenden Rentenzahlungen sind Aufwand. Stirbt bei einer Leibrente die Bezugsperson vor dem völligen Abbau der Rentenverpflichtung, ist diese gewinnerhö-

hend aufzulösen. – Liegen keine Betriebsausgaben vor, kann der Ertragsanteil der Rente als Werbungskosten berücksichtigt werden, wenn ein wirtschaftlicher Zusammenhang mit einer Überschußeinkunftsart besteht, anderfalls sind die einzelnen Rentenleistungen mit ihrem Ertragsanteil als Sonderausgaben abziehbar. Der Tilgungsanteil kann u. U. als außergewöhnliche Belastung gem. § 33 EStG Berücksichtigung finden. Bei einer Zeitrente sind die Rentenzahlungen in voller Höhe als Werbungskosten oder Sonderausgaben abziehbar.

4. *Betriebliche Unfallrente:* Rente wird an den Betriebsinhaber infolge eines Betriebsunfalls aus einer Versicherung gezahlt. Behandlung beim Berechtigten wie die betriebliche Schadensrente.

5. *Private Veräußerungsrente:* Rente wird gegen Veräußerung von ertragbringenden oder ertraglosen Wirtschaftsgütern des Privatvermögens gewährt. – a) *Leibrente:* (1) *Behandlung beim Berechtigten:* Die Einnahmen sind mit ihrem Ertragsanteil gem. § 22 Nr. 1 a EStG steuerpflichtig. Der Veräußerungserfolg ist unbeachtlich, sofern nicht ein Spekulationsgeschäft gem. § 23 I EStG gegeben ist. In diesem Fall ist der Tilgungsanteil der Renten laufend mit den Anschaffungskosten des Wirtschaftsguts zu verrechnen; sobald die Anschaffungskosten überstiegen sind, ergibt sich ein steuerpflichtiger Spekulationsgewinn. – (2) *Behandlung beim Verpflichteten:* Die Grundsätze über die Behandlung betrieblicher Veräußerungsleibrenten gelten hier sinngemäß. – b) *Zeitrente:* Eine private Veräußerungszeitrente wird wie eine ratenweise Kaufpreiszahlung behandelt. Beim Berechtigten zählt der Zinsanteil zu den Einkünften aus Kapitalvermögen gem. § 20 I Nr. 8 EStG; der Tilgungsanteil bleibt steuerfrei, sofern es sich nicht um ein Spekulationsgeschäft handelt. Beim Berechtigten bestimmt der finanzmathematische Barwert der Rente den Anschaffungspreis des erworbenen Wirtschaftsguts. Geht der erworbene Gegenstand in ein Betriebsvermögen ein, ist der Zinsanteil jeder Zahlung als Betriebsausgabe abzugsfähig. Hat der *Verpflichtete* ertragbringendes Privatvermögen erworben, gehört der Zinsanteil zu den abziehbaren Werbungskosten; bei Erwerb ertraglosen Privatvermögens ist der Zinsanteil nicht abziehbar.

6. *Private Versorgungsrente:* Rente, die im Zusammenhang mit der Übertragung von Vermögen vereinbart worden ist, die jedoch nicht als Kaufpreis für die Vermögensübertragung angesehen werden kann, weil Leistung und Gegenleistung nicht nach kaufmännischen Gesichtspunkten abgewogen sind. Bei Einräumung von Renten dieser Art stehen häufig familiäre oder erbrechtliche Gesichtspunkte im Vordergrund. Zu den privaten

Versorgungsrenten zählen i.d.R. auch Renten, die sich auf einem Testament begründen. – Für Wirtschaftsgüter, die im Zusammenhang mit einer Versorgungsrente erworben wurden, richtet sich die →Absetzung für Abnutzung (AfA) nach §7 EStDV bzw. nach §11d EStDV. – a) *Leibrente:* (1) *Behandlung beim Berechtigten:* Die Ertragsanteile der Rente sind als sonstige Einkünfte gem. §21 Nr. 1 (a) EStG zu versteuern. – (2) *Behandlung beim Verpflichteten:* Der Ertragsanteil der Rente ist Sonderausgabe gem. §10 I Nr. 1a EStG. – b) *Zeitrente:* (1) *Behandlung beim Berechtigten:* Die einzelnen Rentenzahlungen sind in voller Höhe als sonstige Einkünfte gem. §22 Nr. 1 (a) EStG zu versteuern. – (2) *Behandlung beim Verpflichteten:* Die Rente ist in voller Höhe als Sonderausgabe abziehbar (§10 I Nr. 1a EStG).

7. *Private Schadensrente:* a) *Leibrente:* (1) *Behandlung beim Berechtigten:* Soweit die Rente eine Entschädigung für entgehende steuerpflichtige Einnahmen (z.B. Lohn oder Gehalt) darstellt, ist sie in voller Höhe im Rahmen der Einkunftsart zu versteuern, bei der der Einnahmeausfall entstanden ist (§24 Nr. 1a EStG). Wird die Rente wegen vermehrter Bedürfnisse oder als Schmerzensgeld gezahlt, ist sie mit ihrem Ertragsanteil gem. §22 Nr. 1 (a) EStG steuerpflichtig. – (2) *Behandlung beim Verpflichteten:* Ist das schädigende Ereignis durch den Betrieb veranlaßt, dann ist der versicherungsmathematische Barwert der Rente zu passivieren, wenn der Gewinn durch Betriebsvermögensvergleich ermittelt wird. Der Barwert der Verpflichtung ist zu jedem Bilanzstichtag neu zu ermitteln, Änderungen schlagen sich als Ertrag oder Aufwand nieder. Die laufenden Rentenzahlungen sind in voller Höhe Betriebsausgaben. Bei Gewinnermittlung durch Überschußrechnung sind die laufenden Rentenzahlungen in voller Höhe Betriebsausgaben. Steht die Schädigung im Zusammenhang mit einer anderen Einkunftsart, sind nur die Zinsanteile der geleisteten Rentenzahlungen als Werbungskosten abziehbar. Fehlt ein Zusammenhang zwischen der Schädigung und einer Einkunftsart, so ist der Ertragsanteil der Rente als Sonderausgabe abziehbar. U.U. ist der Tilgungsanteil der Rente im Rahmen des §33 EStG als außergewöhnliche Belastung anzuerkennen. – b) *Zeitrente:* (1) *Behandlung beim Berechtigten:* Besteuerung erfolgt wie bei der Leibrente; soweit die Rente wegen vermehrter Bedürfnisse und als Schmerzensgeld gezahlt wird, ist sie in voller Höhe gem. §22 Nr. 1 (a) EStG steuerpflichtig. – (2) *Behandlung beim Verpflichteten:* Soweit die Rente ein Betriebsvermögen belastet, sind die Grundsätze zur Besteuerung einer Leibrente sinngemäß anwendbar. Ist die Verpflichtung im Rahmen einer Überschußeinkunftsart verursacht, sind die Rentenzahlungen in voller Höhe als Wer-

bungskosten abziehbar. Sind die Schadenersatzleistungen weder Betriebsausgaben noch Werbungskosten, so sind sie in voller Höhe Sonderausgaben.

8. *Private Unfall- und Altersrente:* Rente aus der Versicherung als Berufsunfähigkeitsrente, Erwerbsunfähigkeitsrente, Altersruhegeld, Witwen- und Waisenrente, Renten aus Versicherungsverträgen und Maßnahmen des Arbeitgebers zur Zukunftssicherung. – a) *Sozialversicherungsrente:* Der Ertragsanteil der Rente ist steuerpflichtig gem. §22 Nr. 1 (a) EStG. – b) *Rente aus Versicherungsvertrag:* Wie Sozialversicherungsrente. – c) *Rente aus Pensionskasse:* Wie Sozialversicherungsrente. – d) *Rente aus betrieblicher Unterstützungskasse:* Die Rentenzahlungen sind als nachträglicher Arbeitslohn in voller Höhe steuerpflichtig als Einkünfte aus nichtselbständiger Arbeit. – e) *Rente aus betrieblicher Pension:* Wie Rente aus betrieblicher Unterstützungskasse.

9. *Unterhaltsrente (Zuwendungsrente):* Rente, der keine Gegenleistung gegenübersteht und Rente mit Gegenleistung, wenn der Wert der Gegenleistung bei überschläglicher und großzügiger Berechnung weniger als die Hälfte des Werts der Rentenverpflichtung ausmacht. – a) *Leibrente:* (1) *Behandlung beim Berechtigten:* Ist der Verpflichtete unbeschränkt steuerpflichtig, dann bleibt die Rente steuerfrei. Sie ist im Rahmen der sonstigen Einkünfte (§22 Nr. 1 (a) EStG) mit ihrem Ertragsanteil zu versteuern, sofern der Verpflichtete nicht unbeschränkt steuerpflichtig ist. Unterhaltsleistungen von einem geschiedenen oder dauernd getrennt lebenden Ehegatten in Form einer Leibrente werden insoweit gem. §22 Nr. 1a EStG als sonstige Einkünfte erfaßt, wie vom Geber als Sonderausgaben abgezogen werden. – (2) *Behandlung beim Verpflichteten:* Die Rente ist weder als Betriebsausgaben noch bei den Werbungskosten oder Sonderausgaben abziehbar. Nur die Berücksichtigung als außergewöhnliche Belastung gem. §33a EStG kommt in Betracht. Unterhaltsleistungen an den geschiedenen oder dauernd getrennt lebenden unbeschränkt einkommensteuerpflichtigen Ehegatten in Form einer Leibrente können auf Antrag mit Zustimmung des Berechtigten bis zu 9000 DM im Kalenderjahr als Sonderausgaben gem. §10 I Nr. 1 EStG abgezogen werden. – b) *Zeitrente:* Rente wird regelmäßig behandelt wie abgekürzte Leibrente, da sie beim Tod der Rentenberechtigten i.d.R. wegfällt.

II. **Bewertungsgesetz:** 1. *Allgemeines:* Unterscheidung zwischen betrieblichen und privaten Renten ist von untergeordneter Bedeutung; Bestimmung des Rentengrundes ist unbeachtlich. Renten sind auch dann zu erfassen, wenn einklagbarer Anspruch fehlt, aber fortdauernder Bezug sichergestellt ist. – Jahreswert der Rente: Wert der jährlich zu erbringenden Leistung. Ungewisse Änderungen der Rentenhöhe sind erst mit ihrem Eintritt zu berücksichtigen, von vornherein feststehende Änderungen dagegen schon an den vorangehenden Stichtagen. Bei schwankender Rentenhöhe ist der Betrag zugrundezulegen, der im Durchschnitt der Jahre voraussichtlich erzielt wird.

2. *Ansatz:* Rentenanspruch bzw. -verpflichtung kann zum →Betriebsvermögen oder zum sonstigen Vermögen (dann ausschließlich für Zwecke der →Vermögensteuer) gehören.

3. *Bewertung:* Einheitlich mit dem Kapitalwert (§§ 13 ff. BewG). – a) *Leibrente* (§ 14 BewG): Der Kapitalwert bestimmt sich (1) nach dem Jahreswert der Rente, (2) nach dem Höhe des Vervielfältigers (§ 14 BewG). Die maßgeblichen Vervielfältiger sind in Anlage 9 zum BewG zusammengestellt; die Anlage unterscheidet nach dem Geschlecht und dem vollendeten Lebensalter der Person, auf deren Leben die Rente abgestellt ist. Hängt die Rentendauer von der Lebenszeit mehrerer Personen ab, so ist Geschlecht und Lebensalter der Person maßgebend, für die sich der höchste Vervielfältiger ergibt, wenn die Rente mit dem Tod des Längstlebenden endet; fällt die Rente mit dem Tod des zuerst Sterbenden fort, ist Geschlecht und Lebensalter der Person maßgebend, für die sich der niedrigste Vervielfältiger ergibt. – Individuelle Verhältnisse bleiben bei dieser Bewertung unberücksichtigt. Ansatz eines abweichenden Werts nur dann, wenn dieser nachweislich (aufgrund von Erfahrungssätzen oder Denkgesetzen zwingend) geringer oder höher als der vervielfältigene Kapitalwert ist (→lebenslängliche Leistungen). – b) *Zeitrente* (§ 13 BewG): Der Kapitalwert wird ermittelt als Summe der einzelnen Jahresleistungen unter Berücksichtigung von Zinsen und Zinseszinsen; dabei darf der Barwert höchstens das Achtzehnfache des Jahreswertes betragen. Vorgeschriebener Zinssatz: 5,5%; Anlage 6 zu den VStR enthält eine Hilfstafel mit den entsprechenden Kapitalisierungsfaktoren. – c) *Höchstzeitrente (abgekürzte Leibrente):* Zu berechnen sind Leibrenten und Zeitrente, davon ist der jeweils niedrigste Wert anzusetzen. – d) *Mindestzeitrente (verlängerte Leibrente):* Auch hier sind Leibrente und Zeitrente getrennt zu ermitteln; anzusetzen ist grundsätzlich der höhere von beiden Werten. – e) *Immerwährende Rente:* Rente, bei der ein Ende der Laufzeit überhaupt nicht abzusehen ist oder deren Ende von Ereignissen abhängt, bei denen ungewiß ist, ob sie jemals eintreten, ist mit dem Achtzehnfachen ihres Jahreswertes anzusetzen (§ 13 II BewG). – f) *Rente von unbestimmter Dauer:* Rente, deren Ende zwar in absehbarer Zeit sicher, bei der aber der genaue Zeitpunkt des Wegfalls ungewiß ist, wird mit

dem Neunfachen ihres Jahreswertes angesetzt (§ 13 II BewG).

4. *Behandlung beim Berechtigten:* Rentenanspruch gehört im Regelfall zum sonstigen Vermögen (§ 110 BewG); dabei sind einige Steuerbefreiungen zu beachten. Zum sonstigen Vermögen gehören u. a. *nicht* (§ 111 BewG): a) Rentenansprüche, die auf ein früheres Arbeits- oder Dienstverhältnis zurückzuführen sind, gleichgültig, ob freiwillige Leistung oder aufgrund Dienst-, Tarifvertrag oder Pensionsordnung, ob vom Dienstherrn selbst oder von einem Dritten (z. B. Pensionskasse, Versicherung) gezahlt wird. Anwartschaften auf Versorgungsrenten sind aufschiebend bedingt und daher nicht zu erfassen. – b) Rentenansprüche aus der Sozialversicherung, der Arbeitslosenversicherung und einer sonstigen Kranken- oder Unfallversicherung. – c) Fällige Ansprüche auf Renten aus der Rentenversicherung, wenn der Versicherungsnehmer das 60. Lebensjahr vollendet hat oder voraussichtlich für mindestens drei Jahre erwerbsunfähig ist. – d) Ansprüche auf Renten aufgrund gesetzlicher Unterhaltspflicht, wenn Verpflichteter und Berechtigter zur VSt zusammen veranlagt werden, in anderen Fällen, soweit der Kapitalwert 20000 DM übersteigt. – e) Ansprüche auf Renten, soweit der Jahreswert 4800 DM nicht übersteigt und der Berechtigte über 60 Jahre alt ist oder voraussichtlich für mindestens drei Jahre erwerbsunfähig ist.

5. *Behandlung beim Verpflichteten:* a) Renten, die mit einem gewerblichen Betrieb oder der Ausübung eines freien Berufs in wirtschaftlichem Zusammenhang stehen, sind grundsätzlich bei der Ermittlung des →Einheitswerts des Betriebsvermögens mit dem Kapitalwert (vgl. 3) als Betriebsschuld zu berücksichtigen. – b) Andere Renten sind bei der Ermittlung des Gesamtvermögens mit dem Kapitalwert (vgl. 3) abzuziehen, sofern die Verpflichtung nicht in Zusammenhang mit dem Erwerb steuerfreien Vermögens eingegangen wurde. – Der Abzug ist von Befreiungen in der Person des Berechtigten unabhängig.

III. G e w e r b e s t e u e r: Renten beeinflussen unter bestimmten Voraussetzungen sowohl den →Gewerbeertrag als auch das →Gewerbekapital als Bemessungsgrundlagen der →Gewerbesteuer. Die Betrachtung beschränkt sich dabei auf Rentenansprüche bzw. -verpflichtungen, die zu einem lebenden gewerblichen Betrieb gehören.

1. *Behandlung beim Berechtigten:* Soweit die Rente sich auf den nach einkommensteuerlichen Vorschriften ermittelten Gewinn auswirkt, schlägt sie im Regelfall auf den Gewerbeertrag durch (§ 7 GewStG). Kennzeichnend bildet eine betriebliche (Veräußerungs- oder Versorgungs-)Rente, die im Zusammenhang mit der Veräußerung eines Teilbetriebs oder

eines Mitunternehmneranteils durch natürliche Personen oder Personengesellschaften begründet worden ist. Weiterhin werden in den Gewerbeertrag betriebliche Unfallrenten nicht einbezogen. – In das Gewerbekapital finden Rentenansprüche über den Einheitswert des gewerblichen Betriebs Eingang (§ 12 I GewStG).

2. *Behandlung beim Verpflichteten:* a) *Gewerbeertragsteuer:* Soweit die Rentenverpflichtung zum Betriebsvermögen gehört, wirkt sie sich auf den Gewinn und damit auch auf den Gewerbeertrag aus. Unter bestimmten Voraussetzungen (§ 8 Nr. 2 GewStG) führen die Renten zu Hinzurechnungen: (1) Die Renten müssen wirtschaftlich mit der Gründung oder dem Erwerb des Betriebs (Teilbetriebs) oder eines Anteils am Betrieb (Teilbetrieb) zusammenhängen (betriebliche Veräußerungs- und Versorgungsrenten). (2) Die Rentenleistungen dürfen beim Berechtigten nicht zur Steuer nach dem Gewerbeertrag herangezogen werden. (3) Die Rente ist nur insoweit hinzuzurechnen, als sie den Gewinn gemindert hat. Bei Ausweis eines Passivpostens für die Rentenverpflichtung ist Hinzurechnung nur insoweit geboten, als Rentenzahlung (Aufwand) die Verminderung der Verpflichtung (Ertrag) übersteigt. – *Besonderheiten:* Bei entgeltlichem Erwerb eines Betriebs, Teilbetriebs oder Mitunternehmeranteils sind Pensionszahlungen an Arbeitnehmer und Aufwendungen aus der Auffüllung von →Pensionsrückstellungen insoweit hinzurechnungspflichtig, als sie auf Verpflichtungen beruhen, die bereits beim Erwerb bestanden haben und übernommen worden sind. – b) *Gewerbekapitalsteuer:* Soweit die Rentenverpflichtung im Einheitswert des gewerblichen Betriebs enthalten ist, hat sie auch das Gewerbekapital verkürzt. Eine Hinzurechnungspflicht ergibt sich aus § 12 II Nr. 1 GewStG, wenn die Rente entsprechend der Behandlung bei der Gewerbeertragsteuer (1) wirtschaftlich mit der Gründung oder dem Erwerb des Betriebs (Teilbetriebs) zusammenhängt, (2) beim Berechtigten nicht zur Steuer nach dem Gewerbekapital herangezogen wird.

Dr. Hans Kurth

Renteneinkommen. I. Einkommens-/Verteilungstheorie: Sammelbezeichnung für alle →Besitzeinkommen, also Zinsen und sonstiger Kapitalprofit, etwa aus Staatsanleihen, Obligationen u. a. Rechtstiteln fließende Renten sowie →Bodenrente; bei Rodbertus mit dem Ausdruck „Herrenrente" als dem kapitalistischen System eigene Form unberechtigter →Ausbeutung gekennzeichnet.

II. Sozialversicherung: Einkommen, die im Rahmen der →Sozialversicherung zufließen, bzw. die an Kriegsversehrte, Kriegshinterbliebene und andere Berechtigte oder

Bedürftigte ausgezahlten Renten (übertragene Einkommen). – *Arten:* Vgl. →Renten II.

Rentenformel, Grundlage für die Ermittlung der Renten aus der Angestellten- und Arbeiterrentenversicherung seit Einführung der →dynamischen Rente 1957. Die R. verknüpft vier Faktoren miteinander: Prozentsatz der persönlichen Bemessungsgrundlage (P), bestimmt durch das Verhältnis zwischen dem Bruttoarbeitsentgelt des einzelnen Versicherten zu dem Bruttoarbeitsentgelt aller Versicherten; Zahl der anrechnungsfähigen Versicherungsjahre (J), ergibt sich aus der Summe der Beitrags-, Ersatz-, Ausfall- und Zurechnungszeiten; allgemeine Bemessungsgrundlage (B), ermittelt als Betrag, der auf die jährliche Entwicklung der durchschnittlichen Bruttojahresentgelte aller Versicherten abstellt; Steigerungssatz je anrechnungsfähigem Versicherungsjahr (St), der sich für Altersruhegelder und Renten für Erwerbsunfähigkeit auf 1,5%, bei Berufsunfähigkeit oder Erwerbsfähigkeit auf weniger als die Hälfte) auf 1,0% beläuft. – Die Errechnung von (Neu-)Renten ergibt sich aus folgender Formel: Jahresrente = P × B × J × St. – Vgl. auch →Rentenbemessungsgrundlage.

Rentenmark, durch Gesetz vom 13. 10. 1923 geschaffene und von der →Deutschen Rentenbank ausgegebene Hilfswährung in Form des Papiergeldes.

Rentenmarkt, Börsenmarkt der festverzinslichen Wertpapiere, gegliedert in Markt für Staats- und Kommunalanleihen, Pfandbriefe (→Pfandbriefmarkt), Schuldverschreibungen öffentlich-rechtlicher Kreditanstalten und Industrieobligationen. Der R. ist, gemessen an Umsatz, Anzahl notierter Wertpapiere und Neuemissionen, von größerer Bedeutung als der →Aktienmarkt.

Rentenpapiere, →Rentenwerte.

Rentenrechnung, Teilgebiet der →Finanzmathematik. Ermittlung des Kapitalwerts von regelmäßigen Leistungen oder Zahlungen (→Renten). – 1. *Rentenendwert* (R_n): Betrag, der sich ergibt, wenn n Jahre lang a DM eingezahlt wurden. Der Rentenendwert wird durch Aufzinsung der einzelnen Renten und nachfolgende Addition ermittelt, so daß sich die Summe einer geometrischen Reihe (mit dem Anfangsglied a und dem Quotienten q) ergibt:

$$R_n = a + aq + aq^2 + \ldots + aq^{n-1}$$
$$= a(1 + q + q^2 + \ldots + q^{n-1})$$
$$= a\frac{q^n - 1}{q - 1} = as_n, \quad s_n = \frac{q^n - 1}{q - 1}$$

Den Endwert R'_n vorschüssiger Renten erhält man aus dem Endwert nachschüssiger Renten durch Multiplikation mit q, d. h. $R'_n = R_n q$, da jede vorschüssige Rente ein Jahr länger verzinst wird als eine entsprechende nachschüssige Rente. – 2. *Rentenbarwert* (R'_0): Der gegenwärtige Wert aller Renten ergibt sich aus dem Endwert R_n durch Abzinsung um n Jahre:

$$R_n = \frac{R_n}{q_n} = \frac{a}{q^n}\frac{q^n - 1}{q - 1} = rs_n, \quad s_n = \frac{1}{q^n}\frac{q^n - 1}{q - 1}$$

Entsprechend ist für vorschüssige Renten R'_0 = $R_n q$. – Für die R. gibt es Tabellen, in denen die Rentenend- bzw. -barwertfaktoren für die vor- und nachschüssigen Renten angegeben sind. Diese Tabellen sind Zusammenstellungen für verschiedene Zinssätze und Laufzeiten, da sich danach die Höhe der Rentenfaktoren richtet. Multipliziert man die Tabellenwerte mit den Rentenbeträgen, so erhält man die entsprechenden Bar- bzw. Endwerte.

Rentenschuld, Sonderform der →Grundschuld, bei der im Gegensatz zu dieser kein Kapital, sondern eine Rente aus dem Grundstück zu zahlen ist (§§ 1199–1203 BGB). Die R. ist wie die Grundschuld von einer persönlichen Forderung unabhängig, abstrakt. – *Ablösung* der Rente ist möglich. – *Anders:* →Hypothek.

Rententafeln, amtlich aufgestellte Tabellen zur Ermittlung der Ausgleichsrentenbeträge (→Ausgleichsrenten) bei Rentnern nach dem Bundesversorgungsgesetz.

Rentenübergang, →Lebensversicherung II 5.

Rentenverschreibung, Wertpapier, das Verpflichtung regelmäßig wiederkehrender Entrichtung bestimmter Geldbeträge verbrieft, ohne daß Zinsen oder Kapitalbeträge geschuldet werden. Oft im Zusammenhang mit →Grundschulden. – *Steuerliche Behandlung:* Analog zu →Anleihe.

Rentenversicherung. I. Gesetzliche R.: Gesetzliche Versicherung, die im Fall der →Berufsunfähigkeit, der →Erwerbsunfähigkeit, des Alters und des Todes laufende Geldleistungen gewährt. In den meisten modernen Staaten während der letzten 70 Jahre für die Angehörigen bestimmter Berufszweige oder Volksschichten geschaffen, soweit nicht allgemeine Staatsversorgung eintritt. Die Versicherungssysteme, Art und Umfang des versicherten Risikos und der Leistungen sind in den einzelnen Staaten verschieden. – In der Bundesrep. D. gibt es im Rahmen der →Sozialversicherung getrennte Systeme für Arbeiter (→Arbeiterrentenversicherung), Angestellte (→Angestelltenversicherung), Handwerker (→Altersversorgung des Handwerkers), Landwirte (→Altershilfe für Landwirte), Künstler (→Künstlersozialversicherung) und die im Bergbau Tätigen (→Knappschaftsversicherung).

II. **Private R.:** Vgl. →Lebensversicherung II 5.

Rentenversicherungsträger, für die Durchführung der gesetzlichen →Rentenversicherung zuständige Behörden. R. sind: für die →Angestelltenversicherung: →Bundesversicherungsanstalt für Angestellte; für die →Arbeiterrentenversicherung: →Landesversicherungsanstalten, →Seekasse, →Bundesbahnversicherungsanstalt; für die im Bergbau Tätigen: →Bundesknappschaft; für die in der Landwirtschaft Tätigen: →landwirtschaftliche Alterkassen.

Rentenwerte, *Rentenpapiere,* festverzinsliche Wertpapiere, z. B. Staats- und Kommunalanleihen (→Anleihen), Pfandbriefe und Industrieobligationen.

Rentenzahlung, aufgrund von Ansprüchen aus →Rentenversicherungen (gesetzlichen und privaten) zu leistende Zahlungen. R. der *Sozialversicherung* werden z. T. unmittelbar durch die Versicherungsträger, z. T. auch durch Vermittlung der Bundespost getätigt. Anstelle der laufenden R. ist u. U. →Abfindung möglich.

Rentnerkrankenversicherung, eingeführt durch VO vom 4. 11. 1941 (RGBl I 689), seit 1. 8. 1956 neu geregelt durch Gesetz vom 12. 6. 1956 (BGBl I 500), inzwischen wiederholt geändert und ergänzt. – 1. *Pflichtversicherung* aller Personen, die die Voraussetzungen zum Bezug einer Rente aus der Arbeiterrenten- und Angestelltenversicherung erfüllen und diese Rente beantragt haben. Voraussetzung ist, daß sie oder die Person, aus deren Versicherung der Rentenanspruch abgeleitet wird, seit der erstmaligen Aufnahme einer Erwerbstätigkeit, frühestens seit 1. 1. 1950, bis zur Stellung des Rentenantrages mindestens die Hälfte der Zeit Mitglied einer gesetzlichen Krankenkasse oder bei einem Mitglied verheiratet oder Mitglied (§ 165 I Nr. 3 RVO). – 2. Die *Mitgliedschaft* in der R. beginnt mit dem Tag der Rentenantragstellung (§ 306 II RVO); sie endet mit dem Tod oder mit Ablauf des Monats, in dem über den Wegfall des Rentenanspruchs verbindlich entschieden ist (§ 312 II RVO). Rentenantragsteller können auch erklären, daß die Mitgliedschaft in der R. erst mit Ablauf des Monats beginnen soll, in dem der Rentenbescheid zugestellt wird (§ 315 b RVO). Die Rentner gehören der Kasse als Mitglied an, bei der sie zuletzt Mitglied waren (§ 257 a RVO). – 3. Seit 1. 1. 1983 haben die Rentner *Beiträge zur R.* aus der Rente und aus der Rente vergleichbaren Einkommen (z. B. Betriebsrenten, Zusatzversorgungen, Beamtenpensionen) sowie aus Arbeitseinkommen selbst zu zahlen. – a) Für die Renten *aus der gesetzlichen Rentenversicherung* betrug der Beitragssatz 11,8%. Seit 1. 1. 1983 erhalten die Rentner vom →Rentenversicherungsträger einen Zuschuß, der sich bis 1. 7. 1987 ständig verringerte. So betrug der Zuschuß seit 1.1.1983: 11,8% und seit 1.7.1987: 5,9%, so daß sich der Eigenanteil der Rentner ständig erhöht hat. – b) Für der Rente vergleichbaren Einkommen und Arbeitseinkommen *aus selbständiger Tätigkeit* beträgt der Beitragssatz die Hälfte des für die Krankenversicherung geltenden durchschnittlichen allgemeinen Beitragssatzes (etwa 6%); für neben der Rente bezogenes Arbeitseinkommen aus versicherungspflichtiger Beschäftigung gilt der je nach der Satzung der Krankenkasse festgesetzte volle Beitragssatz (durchschnittlich etwa 12%). – 4. *Leistungen:* In der R. werden den Versicherten sowie deren anspruchsberechtigten Familienangehörigen die gleichen Leistungen, außer →Krankengeld, gewährt wie den übrigen Mitgliedern der jeweiligen Krankenkasse. – 5. *Befreiung* von der R. unter bestimmten Voraussetzungen möglich, wenn eine private Krankenversicherung besteht (§ 173a RVO).

rent seeking. 1. *Begriff:* Versuche der Erschließung, Sicherung oder Verbesserung von Einkommenserzielungschancen im Marktbereich mit Hilfe politisch erwirkter Privilegien. Ziel: dauerhafte Rente im Marktbereich. Beispiel: Errichtung von Zollschranken auf Betreiben inländischer Produzenten. – 2. *Allkokationspolitische Problematik:* a) Verstetigung von Marktrenten erfordert ein Abschotten der betroffenen Märkte gegen Konkurrenz; Wettbewerbsfunktionen werden außer Kraft gesetzt. Als Folge der somit fehlenden Anreize, die Produktion veränderten Marktbedingungen anzupassen und Innovationen durchzuführen, sinkt die Wettbewerbsfähigkeit. – b) Erfolgreiches r.s. bestärkt →Interessengruppen in ihrem Verhalten und setzt ein Signal zur Nachahmung, was zur Zunahme von ergebnisorientierten Eingriffen in Marktprozesse führt. – c) Für r.s. in Anspruch genommene Ressourcen stehen für produktive Verwendungen nicht mehr zur Verfügung.

Reorganisation, Teilgebiet der →Organisationsgestaltung. 1. *Begriff:* Änderung einer bestehenden →Organisationsstruktur. Anlässe für R. bilden u.a. Verschiebungen in der Umwelt oder im Produktionsprogramm einer Unternehmung, personelle Veränderungen durch Eintritt oder Ausscheiden (wichtiger) Handlungsträger (→organisation ad personam). – 2. *Phasen des R.sprozesses:* (1) Erkennen eines Organisationsproblems und die Erteilung eines entsprechenden Organisationsauftrags, (2) problemadäquate Konzeption des organisatorischen Gestaltungsprozesses, (3) Erhebung des Ist-Zustandes, (4) Generierung und Bewertung organisatorischer Alternativen mit der anschließenden Festlegung der zukünftigen Organisation (instrumentaler →Organisationsbegriff) und (5) Einführung der (eventuellen) organisatorischen

Neuerungen. – Unterstützt wird der R.sprozeß (v.a. Informationsaufnahme bzw. -erhebung, Darstellung, Generierung und Beurteilung organisatorischer Regelungen sowie Präsentation der Ergebnisse einer organisatorischen Analyse) durch →Organisationsmethodik.

Reorganisationsverfahren, im Zuge der Insolvenzrechtsreform diskutierte Ablösung des bisherigen Vergleichsverfahrens. – Vgl. auch →Insolvenzrechtsreform.

Reparationen, einem Staat auferlegte Leistungspflichten zur Wiedergutmachung der von ihm unrechtmäßig angerichteten Schäden auf fremdem Hoheitsgebiet. R. können in Geld-, Sach- oder Dienstleistungen bestehen. – *Nach dem Ersten Weltkrieg* wurden die R. für Deutschland auf 269 Mrd. RM und 12% der jährlichen Ausfuhr festgesetzt, 1921 im Londoner Abkommen auf 132 Mrd. RM gekürzt. Das Dawes-Abkommen ließ 1924 die Gesamtsumme fallen und verlangte statt dessen eine jährliche Leistung von 2,5 Mrd. RM. Der Young-Plan wollte 1930 die Schuldenlast in Anleihen umwandeln. Das Lausanner Abkommen begrenzte 1932 die R. auf 3 Mrd. RM. Seither sind lediglich noch Zinsen für die Dawes- und Young-Anleihen gezahlt worden. – *Nach dem Zweiten Weltkrieg* sind in der Bundesrep. D. die R. in Form von →Demontagen erhoben worden sowie durch Verteilung von deutschem Vermögen im Ausland und der Handelsflotte.

Reparationsschaden, Schaden, der im Zusammenhang mit den Ereignissen und Folgen des Zweiten Weltkriegs, auch der Besatzungszeit, durch Wegnahme von Wirtschaftsgütern in den deutschen Ostgebieten oder anderen Gebieten außerhalb des deutschen Reiches oder im Gebiet westlich der Oder-Neiße-Linie entstanden ist (§2 RepG). Entschädigung nach dem →Reparationsschädengesetz.

Reparationsschädengesetz, Gesetz zur Abgeltung von Reparations-, Restitutions-, Zerstörungs- und Rückerstattungsschäden (RepG) vom 12.2.1969 (BGBl I 105) mit späteren Änderungen; DVO vom 9.7.1970 (BGBl I 1053). – 1. *Voraussetzungen der Entschädigung:* Entschädigungsfähig sind Reparations-, Restitutions-, Zerstörungs- und Rückerstattungsschäden, die 500 RM oder 500 DM übersteigen und die im Geltungsbereich des Gesetzes, in den deutschen Ostgebieten, in Gebieten westlich der Oder-Neiße-Linie oder in anderen Gebieten außerhalb des Deutschen Reiches an Wirtschaftsgütern entstanden sind, die zum land- und forstwirtschaftlichen, zum Grund- oder Betriebsvermögen gehören oder die für die Berufsausübung oder die wissenschaftliche Forschung erforderlich sind. Lediglich bei Schäden in den deutschen Ostgebieten und Gebieten außerhalb des Deutschen Reiches erfolgt auch Ersatz von privatrechtlichen geldwerten Ansprüchen, Anteilen an Kapitalgesellschaften oder Geschäftsguthaben der Mitglieder von Genossenschaften, von Gewerbeberechtigungen, literarischen und künstlerischen Urheberrechten, gewerblichen Schutzrechten, Erfindungen und Lizenzen (§ 12 RepG). Die Schäden müssen einer natürlichen Person entstanden sein. Bei Schäden in den deutschen Ostgebieten oder außerhalb des Deutschen Reiches muß der Geschädigte deutscher Staatsangehöriger oder deutscher Volkszugehörigkeit gewesen sein (§ 13 RepG). – 2. *Nicht entschädigt* werden: a) Schäden, deren Ersatz nach anderen Gesetzen geregelt wurde (§ 14 RepG, z. B. Lastenausgleichsgesetz, Feststellungsgesetz, Währungsausgleichsgesetz, Besatzungsschädengesetz); b) Nutzungsschäden und mittelbare Schäden, insbes. entgangener Gewinn, Verluste, die durch Produktions- und Betriebsverbote oder -einschränkungen oder durch Währungsumstellung entstanden sind; c) Schäden an Zahlungsmitteln, Edelmetallen, Edelsteinen und Perlen, Schmuck und Luxusgegenständen, Kunstgegenständen und Sammlungen, soweit es sich nicht um Betriebsvermögen handelt; d) Schäden infolge ordnungsgemäßer Inanspruchnahme von Besatzungsleistungen usw. (§ 15 RepG). – 3. *Schadensberechnung* erfolgt gem. §§ 18–30 RepG. Bei Grundvermögen wird der zuletzt festgestellte *Einheitswert* zugrunde gelegt unter Berücksichtigung des Bewertungsgesetzes. – 4. *Verfahren:* Die Entschädigung setzt einen Antrag auf Formblatt bei dem Ausgleichsamt voraus (§ 51 RepG), der bis zum 31. 12. 1974 zu stellen war, es sei denn, daß der Berechtigte seinen ständigen Aufenthalt in einem Aussiedlungsgebiet hat (§ 53 RepG). Die Höhe des Anspruchs wird nach Schadensgruppen und Grundbeträgen gem. §§ 32–36 ReptG festgesetzt und zuerkannt. Daraus wird der Auszahlungsbetrag berechnet (§ 39 RepG). Der zuerkannte Anspruch ist vererblich und übertragbar, jedoch nicht pfändbar.

Reparatur, →Instandsetzung.

Reparaturkosten, →Instandhaltungskosten 1.

Repartierung (rep.), *Zuteilung.* 1. Bei *Überzeichnung* einer Emission: Die Zuteilung der Stücke an die einzelnen Zeichner wird prozentual herabgesetzt (evtl. kleine Zeichner bevorzugt). – 2. Liegen zu den festgestellten Kursen *mehr Aufträge* vor, werden auf die Aufträge nur bestimmte Teilbeträge zugewiesen. Bei der *Geld-R.* (Abk. im Kurszettel: bGR = bezahlt und Geld repartiert) können die Kaufaufträge, bei der *Brief-R.* (Abk. im Kurszettel: bBR = bezahlt und Brief repartiert) die Verkaufsaufträge nur z. T. ausgeführt werden.

Repartitionsprinzip, Prinzip zur Gestaltung von Steuer- (→Repartitionssteuern) bzw. Sub-

ventionstarifen, bei dem am Anfang die Beschlußfassung über den erwünschten Umfang der Gesamtsteuerschuld (des gesamten Subventionsbetrages) steht. Danach erfolgt durch eine entsprechende Tarifgestaltung die Aufteilung der Gesamtsumme auf die einzelnen Steuer- bzw. Subventionssubjekte. – *Gegensatz:* →Quotitätsprinzip.

Repartitionssteuern, Steuern, bei denen die Steuersätze nach einem vorweg festgelegten Gesamtertrag festgesetzt werden, der entsprechend der jeweiligen Zahl der Steuerpflichtigen umgelegt wird (→Repartitionsprinzip). Heute ungebräuchlich und durch →Quotitätsteuern ersetzt. – *Beispiel:* Die Investitionshilfe der gewerblichen Wirtschaft für die Grundstoffindustrie in Höhe von 1 Mrd. DM (IH-Gesetz vom 7. 1. 1952); Umlegungsschlüssel waren Gewinn und Umsatz 1950 und 1951.

Repetierfaktoren, von E. Heinen geprägter Begriff für →Produktionsfaktoren, die beim einmaligen Einsatz vollständig verbraucht werden. Sie geben hierbei materiell unter, müssen in relativ kurzen Zeitabständen neu beschafft werden und sind weitgehend teilbar (Werkstoffe, Hilfsstoffe, Betriebsstoffe). – *Gegensatz:* →Potentialfaktoren.

Repetition, →Steuerkonstrukt 2c).

Report. *Terminaufschlag, Kursaufschlag.* 1. *Wertpapiertermingeschäft:* Aufschlag (in Prozent des Nennbetrages angegeben), den der Hereingeber von Stücken an den Hereinnehmer bei Rückkauf zu zahlen hat. – Vgl. auch →Reportgeschäft. – 2. *Devisentermingeschäft:* Differenz zwischen Terminkurs und Kassakurs, auch als *Agio* bezeichnet.

Reportgenerator, →Generator, mit dessen Hilfe Berichte, Listen usw. erzeugt werden können. Ein R. ist häufig in kommerzielle →Softwaresysteme, v. a. in →Datenbanksysteme, und →Programmiersprachen (z. B. →Cobol) integriert. R. in Programmiersprachen werden durch bestimmte Sprachelemente im →Anwendungsprogramm aufgerufen und gesteuert.

Reportgeschäft, Verlängerung (Prolongation) eines Wertpapiertermingeschäfts durch einen Haussier, der einen Geschäftspartner, i. d. R. einer Bank, am ursprünglich vereinbarten Erfüllungstag dieses verlängert, indem er zum Tageskurs verkauft und zum nächsten Ultimotermin Rückkauf zum meist gleichen Kurs vereinbart. Er bezahlt dafür eine Gebühr (→*Report*), die Zinskosten und Provisionen beinhaltet. R. sind *wirtschaftlich* Lombardgeschäfte, da Kreditgewährung gegen Wertpapierverpfändung vorgenommen wird, *rechtlich* ein Kauf- und Verkaufsgeschäft von Effekten (Reporteffekten). – R. unterliegen der →Börsenumsatzsteuer. – *Gegensatz:* →Deportgeschäft.

Repräsentationsaufwendungen, durch die wirtschaftliche und gesellschaftliche Stellung eines Steuerpflichtigen bedingte Aufwendungen. 1. R. werden steuerlich *grundsätzlich* als →Kosten der Lebensführung behandelt. – 2. Dienen derartige R. außerhalb des Hauses des Steuerpflichtigen ausschließlich *betrieblichen oder beruflichen Zwecken* des Steuerpflichtigen, so sind sie bei der →Einkünfteermittlung abzugsfähig. Teilweise betrieblich bzw. beruflich veranlaßte Aufwendungen können, wenn sie von Ausgaben, die der privaten Lebensführung gedient haben, leicht und einwandfrei zu trennen sind, als →Betriebsausgaben oder →Werbungskosten berücksichtigt werden. Unangemessene R. stellen nicht abzugsfähige Betriebsausgaben dar (§4 V Nr. 7 EStG).

Repräsentationsschluß, *indirekter Schluß,* in der Statistik der Schluß von einem Befund aus einer →Stichprobe auf die zugehörige →Grundgesamtheit. Der R. ist die Grundlage der Schätzverfahren und →statistischen Testverfahren der →Inferenzstatistik.

Repräsentativerhebung, →Erhebung, die sich nur auf eine →Teilgesamtheit (→Stichprobe i.w.S., →Teilerhebung) erstreckt und deren Ergebnisse geeignet auf die →Grundgesamtheit übertragen werden können. Die Repräsentativität der Teilgesamtheit ist abhängig vom zugrunde liegenden →Auswahlverfahren. – a) *I.e.S.* können nur Zufallsstichprobenerhebungen als R. gelten, weil nur bei ihnen die Übertragung der Resultate in kontrollierter Form (→Punktschätzung, →Intervallschätzung) möglich ist. – b) *I.w.S.* werden trotzdem auch nichtzufällige Auswahlverfahren unter die R. gerechnet.

Reprise, Börsenfachausdruck für Kurssteigerungen, durch die vorherige Rückgänge wieder ausgeglichen werden.

Reprivatisierung, Rückführung von in Staatseigentum übergegangenen Unternehmungen in Privateigentum (→Privatisierung).

Reproduktionskosten, die zur Wiederherstellung (i.S. von Wiederbeschaffung) eines Sachguts notwendigen Kosten, die durch Preisveränderungen oder technischen Fortschritt von den „historischen" Produktionskosten des Sachguts abweichen können. R. sind auch für den Faktor Arbeit definiert. Sie entsprechen dem Aufwand, der erforderlich ist, um die menschliche Arbeitskraft zu regenerieren (→Existenzminimum). – Nach der *Reproduktionskostentheorie* tendiert der →Gleichgewichtspreis dahin, sich den R. anzugleichen.

Reproduktionskostentheorie, →Reproduktionskosten.

Reproduktionskostenwert, →Reproduktionswert.

Reproduktionswert, *Reproduktionskostenwert, Substanzwert, Wiederherstellungswert,* nach Schmalenbach *Teilreproduktionswert,* Wert eines Unternehmens, der sich aus der Addition der einzelnen bilanzierungsfähigen Vermögensteile nach Abzug der Schulden ergibt; zu Tageswerten bewertet. Der Gesamtwert einer Unternehmung wird durch R. nicht dargestellt, weil außer den bilanzmäßig erfaßten Werten noch Werte aus der Kombination von einzelnen Vermögensgegenständen oder nicht aktivierbaren Fähigkeiten (z.B. des Personals) zum Bestand einer Unternehmung gehören, die man unter dem Begriff →Firmenwert zusammenfaßt. Der Unternehmungswert ist deshalb nach der Methode der Gesamtbewertung zu ermitteln (vgl. →Unternehmungswert, →Unternehmungsbewertung).

Reptilienfonds, →Dispositionsfonds des Bundeskanzlers, über den im einzelnen nicht abgerechnet zu werden braucht.

Republik, Staatsform, bei der die Souveränität beim Volk selbst liegt. – Für die Bundesrep. D. verfassungsmäßig in Art. 20 GG verankert. Änderung ist selbst im Weg der verfassungsändernden Gesetzgebung nicht möglich (Art. 79 III GG).

Republik Südafrika, →Südafrika.

Repudiation. 1. *Nichtannahme des Geldes* wegen seiner geringen Kaufkraft, d.h. als Folge einer →Inflation. Das Geld verliert seine Funktion als allgemeines Tauschmittel (→Tauschmittelfunktion des Geldes), nicht unbedingt die als allgemeines Rechenmittel (→Rechenmittelfunktion des Geldes). – R. bestand z.T. vor der Währungsreform 1948. R. kann zum →Staatsbankrott führen. – 2. *Dauernde Ablehnung* des Staates zur Erfüllung von Anleiheverpflichtungen.

requirements engineering. 1. *Begriff:* Das ingenieurmäßige Festlegen der *Anforderungen* an ein System; in der →Systemanalyse auf computergestützte (→Computersystem) →betriebliche Informationssysteme bezogen, im →Software Engineering auf →Softwareprodukte. Vgl. auch →Softwaresysteme. – 2. *Aufgaben/Ziele:* Ermittlung, Beschreibung, Analyse und Gewichtung der Anforderungen in einer möglichst exakten und operationalen Form, um eine qualitative Verbesserung der Anforderungsdefinition und eine Reduktion der Fehler zu erreichen. Das R.E. stellt auf den Leistungsumfang eines Systems ab (,was'), nicht jedoch auf seine Realisierung (,wie'). – 3. *Einsatz:* a) Bei der →Systemanalyse im Rahmen der →Istanalyse; das Ergebnis, die Anforderungs- oder Produktdefinition, dient als Basis für das →Sollkonzept. b) Im →Software Engineering in der Phase →Anforderungsdefinition im →software life cycle. – 4. *Methoden/Werkzeuge:* Das r.e. wird derzeit nur in geringerem Umfang als andere

Phasen unterstützt. V. a. fehlen meist exakte Beschreibungsmittel zur Definition von Produktanforderungen sowie →Softwarewerkzeuge zur automatischen Analyse der Anforderungen auf Widerspruchsfreiheit und Vollständigkeit; Ansätze dazu in →PSL/PSA, auch →SADT.

Reservebanken, zentrale Banken, bei denen Geschäftsbanken Liquiditätsreserven halten müssen. In der Bundesrep. D. Haltung von Mindestreserven bei der Deutschen Bundesbank.

Reservefonds, veraltete Bezeichnung für →Rücklage. Streng genommen dürften sie R. nur solche Rücklagen bezeichnet werden, denen auf der Aktivseite der Bilanz ein im Bedarfsfall jederzeit verfügbaren Posten (z. B. Wertpapier-R.) gegenübersteht. In diesem Sinn sind Rücklagen im HGB jedoch *nicht* definiert.

Reserven, →Rücklagen, →stille Rücklagen, →Mindestreserven.

Reserveposition im IMF, Betrag, der von einem Mitglied des Internationalen Währungsfonds (→IMF) von diesem jederzeit als Kredit zur Finanzierung von Defiziten in der →Zahlungsbilanz abgerufen werden kann, ohne daß der IMF berechtigt ist, eine Rechtfertigung des Kreditwunsches zu verlangen oder die Kreditvergabe an Auflagen (→Konditionalität) zu binden. Die R. i. IMF umfaßt die →Reservetranche und eventuelle Forderungen aus der Gewährung von Krediten an den IMF. Ein in Anspruch genommener Kredit ist zu verzinsen und in konvertierbarer Währung zurückzuzahlen. Die R. i. IMF zählt zu den →Währungsreserven eines Landes. – Vgl. auch →Ziehungsrechte.

Reservetranche, Teil der →Reserveposition im IMF. Die Höhe der R. bemißt sich nach der Subskriptionsverpflichtung des betreffenden IMF-Mitglieds; diese entspricht der IMF-Mitgliedsquote, die zu 25% in →Sonderziehungsrechten (früher in Gold) und zu 75% in nationaler Währung einzuzahlen ist. *Zur R. zählen* alle Subskriptionsleistungen abzüglich des vom IMF nicht für seine Ausleihung eingesetzten, vom Mitglied in eigener Währung erbrachten Teils der Subskription. Bei Ländern mit einer nicht konvertierbaren, d. h. vom IMF nicht für Ausleihungen verwendbaren Währung (v. a. →Entwicklungsländer) entspricht die R. demnach dem in Sonderziehungsrechten eingezahlten Betrag.

Reservewährung, eine →Leitwährung, in der im Welthandel viel fakturiert wird und in der andere Länder deshalb vorzugsweise ihre →Währungsreserven anlegen. Früher v. a. das englische Pfund, z. Z. v. a. der US-$, Schweizer Franken und Deutsche Mark.

Residenzhandel, Handel nach dem *Residenzprinzip:* Der Kaufvorgang findet am Standort des Verkäufers (dessen Residenz) statt, so bei den meisten Betriebsformen des Einzelhandels, z. B. Warenhaus, Supermarkt. – *Gegensatz:* →Domizilhandel.

Residualkosten, Kosten, die sich bei einer →Kostenauflösung, die nicht von einer stetigen Form der Beschäftigungsvariation ausgeht, sondern derartige Veränderungen nur in ganzen ,,Produktionsschichten" unterstellt, ergeben. – 1. *Vorgehen:* Für jede einzelne Produktionsschicht werden die zusätzlichen Kosten der Schicht (Schichtgrenzkosten) durch die Schichtleistung (in der Schicht produzierte Leistungsmenge) dividiert und diese ,,Schichtstückgrenzkosten" anschließend mit der *gesamten* Produktionsmenge multipliziert. Die damit ermittelten Grenzkosten der Periodenleistung zieht man schließlich im letzten Schritt des Verfahrens von den Gesamtkosten ab und erhält die R. – Bei einem s-förmigen, auf einem Fixkostensockel aufsetzenden Kostenverlauf ergeben sich zunächst stark positive R., was den Produktionsverantwortlichen zu einer Ausweitung der Produktion veranlassen soll. Im überproportionalen Teil der Kostenfunktion sind die R. dagegen negativ, wovon ein Drang nach Minderbeschäftigung ausgehen soll. Im proportionalen Bereich schließlich nehmen die R. den Wert Null an und signalisieren, die Beschäftigung nicht zu verändern. – 2. *Aussagefähigkeit:* R. sollen als Indikator für das Maß der Kapazitätsauslastung, genauer für den Grad der Abweichung von jener Beschäftigung, bei der mit minimalen Kosten pro Leistungseinheit produziert wird, dienen. Allerdings muß beachtet werden, daß die Höhe der Produktionskosten nur eine von mehreren Bestimmungsfaktoren zur Festlegung des Produktions- und Absatzprogramms darstellt.

Residualtheorie. 1. *R. des Profits:* Von Ricardo vertretene →Profittheorie; nach ihr ergibt sich der Profit als eine Restgröße, die nach Abzug des Lohnes und der Grundrente vom →Volkseinkommen noch übrig bleibt. Vgl. →Verteilungstheorie III 1. – 2. *R. des Lohnes:* Von F. A. Walker entwickelte →Lohntheorie; danach ist der Lohn einer Restgröße, die vom Ertrag einer Industrie nach Abzug der Kapitalkosten übrig bleibt. – 3. *R. der Dividenden:* Theorie über die optimale Gestaltung der →Dividendenpolitik einer Aktiengesellschaft. Gewinne sollen nur dann thesauriert werden (→Selbstfinanzierung), wenn die damit im Unternehmen erzielbare Rendite über derjenigen liegt, die Aktionäre selbst durch Anlage des entsprechenden Betrags erhalten. Ansonsten werden die Gewinne ausgeschüttet. Die Gewinnverwendungsentscheidung ist der Investitionsentscheidung nachgeordnet. – Vgl. auch →Schütt-aus-Hol-zurück-Politik.

resignative Arbeitszufriedenheit, Konstrukt, das die Beseitigung einer Soll-Ist-Differenz im Rahmen der →Arbeitszufriedenheit nicht durch eine Annäherung der Realität an die Erwartungen, sondern durch eine Anpassung der Erwartungen an die Realität über entsprechende Anspruchsniveausenkungen erklärt. In der empirischen Forschung ermittelte hohe Zufriedenheitsgrade vieler Personen weisen auch diesem Modell auch einen resignativen Anteil auf, der durch eine Beschränkung der →Situationskontrolle zu erklären versucht wird.

Resolution, logische Beweistechnik, die sich besonders gut für das computergestützte Beweisen von Theoremen eignet. R. bildet eine wesentliche Grundlage der Programmiersprache →Prolog.

Respektfrist, →Respekttage.

Respekttage, *Respektfrist,* Frist, innerhalb derer ein →Wechsel nach Fälligkeit noch ohne nachteilige Rechtsfolgen für den Wechselschuldner eingelöst werden kann. In der Bundesrep. D. werden weder gesetzliche noch richterliche R. anerkannt (Art. 74 WG).

response function, →Responsefunktion.

Responsefunktion, *response function, Wirkungsfunktion,* Beziehung zwischen beliebig vielen Marketingvariablen (z. B. Preis, Werbung, Distribution) und dem Response (Antwort) der Konsumenten und Nachfrager auf deren Einsatz. Unabdingbare Voraussetzung für rationale Marketingentscheidungen. *Messung:* R. kann in tabellarischer, graphischer oder mathematischer Form beschrieben werden. Der Response (abhängige Variable) wird oft in Form von absoluten oder relativen Absatzmengen oder Marktanteilen gemessen, so daß R. Auskunft gibt über Art und Stärke der Wirkung verschiedener Marketingvariablen auf den Absatz und/oder Marktanteil eines Produktes; die Wirkung kann nicht direkt oder indirekt über andere Marketingvariable erfolgen. – *Wichtige Sonderform:* →Preisresponsefunktion, →Werbewirkungsfunktion.

responsibility accounting, →verantwortungsorientiertes Rechnungswesen.

Ressort. I. Verwaltungsrecht: 1. *Geschäftskreis einer Behörde* im Verhältnis zum Geschäftskreis einer anderen Behörde der gleichen Ordnung. Behörden dürfen nur innerhalb ihres R. tätig werden, ein von einem nicht zuständigen R. erlassener →Verwaltungsakt ist nichtig (z. B. eine Anordnung des Finanzministeriums, für die sachlich das Wirtschaftsministerium zuständig wäre). – 2. R. *innerhalb einer Behörde* entsprechend den verschiedenartigen Verwaltungsaufgaben.

II. Organisation: Im Rahmen der ressortgebundenen Unternehmensführung (→Organisation der Unternehmungsleitung) ein →organisatorischer Teilbereich, der von einem Mitglied der Unternehmungsleitung geführt wird.

ressortgebundene Unternehmungsführung, →Organisation der Unternehmungsleitung.

Ressortkollegialität, Form der Arbeitsteilung innerhalb einer multipersonalen →organisatorischen Einheit, bei der den einzelnen Mitgliedern →Entscheidungskompetenzen für jeweils bestimmte Entscheidungsbereiche (→Ressorts) übertragen werden, aber bereichsübergreifende Fragen der gemeinsamen Entscheidung sämtlicher Mitglieder vorbehalten bleiben. Die Anwendung des Prinzips der R. an der Spitze der Hierarchie führt zur ressortgebundenen Unternehmungsführung (→Organisation der Unternehmungsleitung).

ressortlose Unternehmungsführung, →Organisation der Unternehmungsleitung.

Ressortprinzip, →Ministerialprinzip.

Ressourcen. 1. *I. w. S.:* Mittel, die in die Produktion von Gütern und Dienstleistungen eingehen. – 2. *I. e. S.:* →natürliche Ressourcen.

Ressourcennutzung, das durch die →Organisation beeinflußte Ausmaß der Ausnutzung vorhandener →Ressourcen einer Unternehmung. Zielkriterium für die Messung der →organisatorischen Effizienz.

Ressourcenökonomik, →Umwelt- und Ressourcenökonomik, →Ressourcentheorie, →Ressourcenpolitik.

Ressourcenplanung, →Unternehmensplanung III.

Ressourcenpolitik. 1. *Ziele:* a) Korrektur der in der →Ressourcentheorie diskutierten Marktmängel; der praktische R. hat solche Ziele bisher nur teilweise aufgegriffen (Beispiel: Fischereipolitik). b) Weitere relevante Zielsetzungen in der Praxis; sie ergeben sich aus der Position eines Landes als *Ressourcenanbieter* (z. B. Einnahmemaximierung oder Streckung nationaler Ressourcen) oder als *Ressourcennachfrager* (z. B. Absicherung gegen internationale Versorgungsengpässe oder Vermeidung von Zahlungsbilanzschwierigkeiten). – 2. *Instrumente:* a) *Mengenpolitische Instrumente* zur Beeinflussung des mengenmäßigen Ressourcenabbaus (Lizenzierung, Auktionierung, Vorratshaltung, Rohstoffausgleichslager). b) *Mengen- und Preissteuern* zur Verlagerung des Ressourcenabbaus in die Zukunft, indem R. auf Allmenderessourcen effizienzsteigernd. c) *Gewinnregulierende steuerpolitische Maßnahmen* (Gewinnsteuer, die progressiv sein kann;

Steuer auf Zinseinkommen; Abschreibungsregelungen; Kapitalgewinsteuer; Bodenwertzuwachssteuer). d) *Preisregulierende Maßnahmen* (Preiskontrollen, insbes. Höchstpreise, Renditeregulierung, Zinsregulierung). e) *Direkte staatliche Eingriffe* (Produktionsquoten, Verwendungsauflagen, Rationierung).

Ressourcenproblem, *Problem der Ressourcenverknappung,* Problem der erschöpfbaren (erneuerbaren oder nicht erneuerbaren), in geringer werdenden Mengen verfügbaren →natürlichen Ressourcen. Das R. hängt ab von der →Bevölkerungsentwicklung (in der Ressourcenökonomik i.d.R. nicht endogenisiert) sowie von schonender Nutzung und dem Bedarf erschöpfbarer natürlicher Ressourcen (→Ressourcenpolitik), auch von →Backstop-Technologien und deren Verfügbarkeit.

Ressourcenschonung, beim Input von Produktion/Konsum ansetzende umweltpolitische Konzeption (→Umweltpolitik), gerichtet auf Sparen, vollständige Einsatzvermeidung und Substitution bei →ökologischer Knappheit sowie bei umweltschädlichen Einsatzstoffen und -energien.

Ressourcentheorie. I. Begriff: Ökonomische Theorie der intertemporalen Allokation erschöpfbarer sowie erneuerbarer oder nicht erneuerbarer →natürlicher Ressourcen. – *Gegenstand:* Untersuchung der Frage nach dem Umgang der Gesellschaft mit dem →Ressourcenproblem und dessen Entwicklung unter verschiedenen institutionellen und technologischen Bedingungen.

II. Normative Analysen: 1. *Standardproblem* der R.: Ermittlung von Implikationen der Maximierung einer intertemporalen sozialen Wohlfahrtsfunktion unter den Restriktionen (1) produktionstechnische Bedingungen; (2) bei nicht erneuerbaren Ressourcen: Beschränkung des Gesamtabbaus durch den Anfangsbestand; (3) bei erneuerbaren Ressourcen (zusätzlich) Erneuerungsfunktion, die angibt, wie die Ressource bei erhöhten Beständen biologisch nachwächst. – 2. *Wohlfahrtsfunktionen* reflektieren verschiedene Vorstellungen über intertemporale Gerechtigkeit: (1) *Utilitaristische* Wohlfahrtsfunktionen diskontieren „Interessen" künftiger Generationen ab; der Schattenpreis der Ressource ist gleich der Summe aus Abbaugrenzkosten und Nutzungskosten; Schattenpreisänderungen folgen der →Hotelling-Regel. (2) *Rawlsianische* Wohlfahrtsfunktionen implizieren ein gleiches Wohlfahrtsniveau für alle Generationen.

III. Positive Analysen (und wohlfahrtsökonomische Evaluierung der Ergebnisse): 1. Unter den Annahmen, daß alle Zukunftsmärkte existieren und Mengenanpasserverhalten ohne Preisunsicherheit vorliegt, verlangt ein intertemporales *Wettbewerbsgleichge-*

wicht, daß alle Märkte in allen Perioden geräumt sind; im Gleichgewicht entspricht die intertemporale Allokation derjenigen auf einem unter II. beschriebenen Optimalpfad. Unter abstrakten Modellbedingungen ist der Markt ein perfektes Allokationsverfahren zur Lösung des →Ressourcenproblems. – 2. Die R. untersucht auch verschiedene *Modellmodifikationen,* die Marktmängel begründen können: (1) Zukunftsmärkte sind für die Zukunft nicht vorhanden; (2) →Allmenderessourcen werden bei unreguliertem Zugang i.a. übernutzt; (3) intra- und intertemporale Verteilungswirkungen des Marktes sind u.U. politisch unakzeptabel; (4) Unvollkommenheiten des Wettbewerbs, insbes. monopolistische Marktmacht oder Rohstoffkartelle können zu Allokationsmängeln führen (Monopole wirken tendenziell ressourcenkonservierend).

Ressourcentransfer, die unentgeltliche Übertragung von Waren, Dienstleistungen oder Finanzmitteln, z.B. von Industrie- in Entwicklungsländer durch Gewährung von →Entwicklungshilfe. Die Erhöhung des R. ist ein Element im Rahmen der Forderungen der Entwicklungsländer nach einer →Neuen Weltwirtschaftsordnung.

Ressourcenverknappung, →Ressourcenproblem.

Restantenliste, Liste ausgeloster oder gekündigter Wertpapiere, deren Kapitalbetrag am Rückzahlungstermin von den Inhabern nicht erhoben worden ist.

Restdeckungsbeitrag, Bezeichnung für die im Rahmen der →Fixkostendeckungsrechnung ermittelten Differenzen aus den →Deckungsbeiträgen und verschiedenen speziellen →fixen Kosten.

Resteverkauf, →Sonderveranstaltung während der letzten drei Tage eines Schlußverkaufs. Gem. §7 UWG seit 1.1.1987 unzulässig.

Restfamilie, →Familie.

Restitution, →Rückerstattung.

Restitutionsklage, →Wiederaufnahme des Verfahrens.

Restitutionsschaden, Schaden, der dadurch entstanden ist, daß Wirtschaftsgüter, die tatsächlich oder angeblich während des Zweiten Weltkriegs aus den von deutschen Truppen besetzten oder unmittelbar kontrollierten Gebieten beschädigt oder fortgeführt worden sind, durch Maßnahmen oder auf Veranlassung fremder Staaten oder der Besatzungsmächte in der Absicht oder mit der Begründung weggenommen worden sind, sie in jene Gebiete zu verbringen oder zurückzuführen (§ RepG). – Entschädigung nach dem →Reparationsschädengesetz.

Rest(kosten)wert, im Rahmen der Rest(kosten)wertrechnung (→Kuppelprodukte III

2 a)) ermittelter Wert, der sich als Differenz zwischen den Kosten des Kuppelproduktionsprozesses und den Verwertungsüberschüssen (→Nettoerlöse abzüglich Weiterverarbeitungskosten nach dem Spaltprozeß) der Nebenprodukte ergibt. Der R. ist nicht als dem Hauptprodukt exakt zurechenbarer Kostenbetrag zu interpretieren, sondern stellt vielmehr eine Deckungslast (→Deckungsbudget) dar, die vom Hauptprodukt über seine Verwertung abgedeckt werden muß.

Rest(kosten)wertrechnung, →Kuppelprodukte III 2 a).

Restkreditversicherung, i. a. Bezeichnung für eine →Restschuldversicherung, erweitert um eine Arbeitsunfähigkeits-Zusatzversicherung oder Krankentagegeldversicherung. Tilgung durch den Versicherer auch während Arbeitsunfähigkeit. Finanzierung der Einmalprämie bei Abzahlungsgeschäften u. a. kurzfristigen Darlehen häufig durch den Gläubiger; der Schuldner zahlt im Rahmen der Tilgung den vorfinanzierten Betrag zurück.

Restliberalisierung, weitgehende →Deregulierung der deutschen Kapitalmärkte, die es u. a. ermöglichte, daß moderne Finanzierungsinstrumente wie floating rate notes und Zins- und Währungsswap-induzierte Euroanleihen an den deutschen Märkten eingesetzt werden können.

Restnutzungsdauer, die nach Ablauf einer bestimmten Zeit noch verbleibende Nutzungsdauer eines Anlagegutes. R. ist maßgeblich bei →Absetzungen für Abnutzung (Afa) nach §§ 7 und 7 a EStG.

Restposten der Zahlungsbilanz, Saldo der statistisch nicht aufgliederbaren Transaktionen. Korrekturposten, mit dessen Hilfe der statistische Ausgleich der →Zahlungsbilanz formal hergestellt wird. Der R. d. Z. wird dadurch erforderlich, daß aufgrund von Unzulänglichkeiten der Zahlungsbilanzstatistik nicht für alle außenwirtschaftlich relevanten Transaktionen die entsprechenden Gegenbuchungen nach dem Prinzip der doppelten Buchführung in der Zahlungsbilanz vorgenommen werden können.

Restriktion, *Nebenbedingung.* 1. *Begriff:* Mathematische Bedingung der Form $f(x_1, x_2, \ldots, x_n) \; \Box \; 0$, die den Zahlenbereich der Variablen $x_1, x_2, \ldots, x_n$ auf solche Zahlenwerte einengen soll, die dieser Bedingung genügen. „$\Box$" steht für eines der Restriktionszeichen: „$=$" (sprich: „gleich" oder „genauso groß wie"); „$\leq$" (sprich: „kleiner gleich" oder „höchstens so groß wie"); „$\geq$" (sprich: „größer gleich" oder „mindestens so groß wie"); „$<$" (sprich: „kleiner", „echt kleiner" oder „strikt kleiner"); „$>$" (sprich: „größer", „echt größer" oder „strikt größer"). – 2. *Spezielle Typen:* a) →Gleichungsrestriktion und →Ungleichungsrestriktion; b) →lineare

Restriktion und →nichtlineare Restriktion; c) →redundante Restriktion und →nichtredundante Restriktion; d) →Nichtnegativitätsrestriktion; e) →Strukturrestriktion. – Vgl. auch →Restriktionssystem.

Restriktionssystem. 1. *Charakterisierung:* Formales System

$$(1) \begin{cases} f_1 (x_1, x_2, \ldots, x_n) \; \Box_1 \; 0 \\ f_2 (x_1, x_2, \ldots, x_n) \; \Box_2 \; 0 \\ \cdot \\ \cdot \\ \cdot \\ f_m (x_1, x_2, \ldots, x_n) \; \Box_m \; 0 \end{cases}$$

der m (m $\geq$ 1) Restriktionen:

$$(2) \quad f_i (x_1, x_2, \ldots, x_n) \; \Box_i \; 0; \; i = 1, 2, \ldots, m \, .$$

Es besagt, daß die Variablen $x_1, x_2, \ldots, x_n$ nur solche Zahlenwerte annehmen dürfen, die sämtlichen Restriktionen gleichzeitig genügen. $\Box_i$ steht für eines der Restriktionszeichen „$=$", „$\leq$", „$\geq$", „$<$", „$>$". – 2. *Typen:* a) *konsistentes Restriktionssystem* und →*inkonsistentes Restriktionssystem;* b) *lineares Restriktionssystem* und →*nichtlineares Restriktionssystem;* c) →*Gleichungsrestriktionssystem,* →*Ungleichungsrestriktionssystem* und →*NN-Restriktionssystem;* d) →*gemischtes Restriktionssystem.*

Restschuldversicherung. 1. *I. w. S.:* Eine *Risikoversicherung* mit fallender Versicherungssumme (→Lebensversicherung II 1) zur Sicherung der Restschuld von Tilgungshypotheken (→Hypothek II 4) beim Tod des Schuldners. Die Versicherungssumme paßt sich stets der Restschuld an. Ermittlung der Prämie jährlich, weil sich die Versicherungssumme durch laufende Tilgung der Schuld vermindert. Versicherungsdauer maximal 35 Jahre. Beim Tod des Versicherten steht das zur Tilgung der Schuld erforderliche Kapital zur Verfügung. Anwendung häufig in Verbindung mit Bauspardarlehen. – 2. *I. e. S.:* Eine Versicherung zur Sicherung der Schulden aus kurzfristigen Kreditgeschäfte (z. B. Ratenkredit). Üblicherweise Einmalbetrag des Kreditgebers (Bank), der den vorgelegten Betrag dem Darlehensbetrag zuschlägt. Zur Sicherung des Kontokorrentkredits noch als *Außenstands- oder Saldenversicherung* gegen laufende nachträgliche Prämienbelastung. – 3. *Erweiterte R.:* →Restkreditversicherung.

Restwaren, Lagerbestände bei Produzenten oder Handelsbetrieben, die i. d. R. zu normalen Preisen nicht mehr verkauft werden können. Spezielle Sonderveranstaltungen, auf denen R. verkauft werden (→Resteverkäufe) sind wettbewerbsrechtlich nicht zulässig.

Restwert, der nach einer bestimmten Abschreibungsdauer verbleibende Buchwert eines Anlagegegenstandes, der bei →direkter Abschreibung als Aktivum in der Bilanz erscheint. – *Beispiel:* Wird eine Maschine mit einem Anschaffungswert von 10 000 DM drei Jahre lang mit je 2000 DM abgeschrieben, so ergibt sich zu Beginn des vierten Jahres ein Restwert von 4000 DM. – Vgl. auch →Altmaterialwert.

Restwertabschreibung, *geometrisch degressive Abschreibung, Buchwertabschreibung,* eine Form der →degressiven Abschreibung mit fallenden jährlichen Raten, die durch die Anwendung eines konstanten Prozentsatzes auf den jeweils verbleibenden Restwert entstehen. Errechnung des gesuchten Abschreibungsprozentsatzes p durch *Formel:*

$$p = 100 \left(1 - \sqrt[n]{\frac{R_n}{A}} \right);$$

Abschreibungssumme	3200 DM
./. 50% von 3200 DM	1600 DM
Restwert am Ende des 1. Jahres	1600 DM
./. 50% von 1600 DM	800 DM
Restwert am Ende des 2. Jahres	800 DM
./. 50% von 800 DM	400 DM
Restwert am Ende des 3. Jahres	400 DM
./. 50% von 400 DM	200 DM
Restwert am Ende des 4. Jahres	200 DM
./. 50% von 200 DM	100 DM
Restwert am Ende des 5. Jahres	100 DM

Beurteilung: Die Anwendung der Formel führt nicht immer zu ökonomisch sinnvollen Ergebnissen. Tendiert der Restwert gegen 0, so ergibt sich eine sehr starke Degression (z. B. $R_n = 1$, dann ist $p \approx 80\%$). Üblich ist deshalb eine auch steuerlich zulässige *Kombination mit der →linearen Abschreibung.* Der Übergang findet statt, sobald die linearen Abschreibungsbeträge auf der Basis des Restwerts und der Restnutzungsdauer höher sind als die degressiven Abschreibungsbeträge (§ 7 III EStG).

Restwertrechnung, →Kuppelprodukte III 2 a).

Retentionsrecht, →Zurückbehaltungsrecht.

Retorsionszoll, Begriff der Außenhandelspolitik. R. werden nicht aus wirtschaftspolitischen Erwägungen, sondern als Vergeltungsmaßnahmen gegen handelspolitische Maßnahmen anderer Staaten erhoben. – Vgl. auch →Zoll.

Retouren. 1. *Allgemein:* Beanstandete oder unverkäufliche, an den Verkäufer zurückgesandte Waren. – 2. *Außenhandel:* Waren, die dem Exporteur von seinen Niederlassungen oder Handelspartnern im Ausland zur Verrechnung von Exportsendungen zugesandt werden; zu registrieren in einem R.-Buch. – 3. *Zollrecht:* →Rückwaren. – 4. *Bankverkehr:*

Nicht eingelöste Wechsel *(Retourwechsel)* und Schecks *(Retourscheck).*

Retourscheck, →Retouren 3.

Retourwechsel, →Retouren 3.

retractable bond, →Anleihe mit dem Recht auf Laufzeitverkürzung. Nach Ablauf einer Sperrfrist kann →Kupon neu festgesetzt werden; der Gläubiger kann den neuen Zinssatz akzeptieren oder die Rückzahlung des Anleihebetrages zum Nennwert verlangen. – *Gegensatz:* →extendable bond.

retrograde Erfolgsrechnung, mehrstufige →Erfolgsrechnung, bei der Erlöse einzelner Bezugsgrößen angesetzt und sukzessive Kosten abgezogen werden. Wichtigste Ausprägung r. E. sind →Deckungsbeitragsrechnungen. – *Gegensatz:* →progressive Erfolgsrechnung.

retrograde Kalkulation, mehrstufige, beim erzielbaren Marktpreis eines Erzeugnisses ansetzende →Kalkulation, in der sukzessive die dem Erzeugnis zurechenbaren Kosten abgezogen werden. R. K. werden häufig in Handelsbetrieben angewandt, wenn der maximale Einkaufspreis ermittelt werden soll. – *Gegensatz:* →retrograde Kalkulation. –

retrograde Planung, →Unternehmensplanung VII 3 a).

retrograde Prüfung, →Prüfung eines Vorgangs, ausgehend von der Letzterfassung im Rechnungswesen, zurückgehend bis zum wirtschaftlichen Tatbestand, über eine →Prüfungskette. Prüfungsrichtung und Richtung der Fehlerfortpflanzung sind gegenläufig. Erst am Ende der Prüfungskette kann dem zu prüfenden Ist-Objekt ein vergleichsfähiges Soll-Objekt gegenübergestellt werden.

retrograde Wertermittlung, →beizulegender Wert.

Rettungspflicht, →Schadenminderung.

return on investment (RoI), *Kapitalrendite,* Verhältnis des gesamten investierten Kapitals und des Umsatzes zum Gewinn:

$$RoI = \underbrace{\frac{Gewinn}{Umsatz}}_{Umsatzerfolg} \times \underbrace{\frac{Umsatz}{investiertes\ Kapital}}_{\substack{Umschlag\ des \\ investierten\ Kapitals}}.$$

RoI ist Kennzahl zur Analyse der →Rentabilität. Sie kann als Grundlage für die →Unternehmenspolitik und →Unternehmensplanung dienen. Als Entscheidungsgrundlage bezüglich Investitionen hat RoI den Nachteil der statischen Betrachtungsweise.

returns to scale, →Skalenertrag.

Reue, →Rücktritt IV, →Selbstanzeige.

Reugeld, Prämie, die bei einem Vertrag in Form eines →Reuvertrags vereinbart ist. Eine bei Eingehung eines Vertrags gegebene Draufgabe oder eine versprochene Vertragsstrafe gilt im Zweifel nicht als R. (§§ 336 ff. BGB), berechtigt also die Vertragspartner nicht zum Rücktritt.

Réunion, →Frankreich.

Reuvertrag, Vertrag, bei dem sich der eine Teil das Recht des Rücktritts gegen Zahlung eines →Reugeldes (Prämie) vorbehält. – Vgl. auch →Prämiengeschäft.

Revalvation, →Aufwertung.

revealed preference, →Theorie der faktischen Präferenz.

Revers. 1. Gegenschein, durch den eine Verpflichtung aufgehoben oder eine Urkunde widerrufen wird. – 2. Schriftliche Verpflichtungserklärungen u. ä. (z. B. Reverssystem).

reverse dumping, →Dumping.

revidierte amerikanische Außenhandelsdefinition 1941, →US-Trade Terms.

revidierte Simplexmethode, →Simplexmethode, die rechen- und speichertechnische Vorteile bietet und deshalb Grundlage fast jeder kommerziellen Software zur Lösung von linearen Optimierungsproblemen (→lineare Optimierung) ist. Insbes. wird bei einem Simplexschritt nicht das gesamte Optimierungssystem umgeformt, sondern im wesentlichen nur die Koeffizienten der ausgewählten Pivotspalte sowie die Inverse der aus den Koeffizientenspalten der Basisvariablen gebildeten Matrix.

Review. 1. *Begriff:* Vorgehensweise zum →Testen und zur Prüfung von Systementwicklungen, insbes. bei der →Softwareentwicklung; Hilfsmittel für das →Projektmanagement. – 2. *Gegenstand:* Feststellung von Mängeln, Fehlern und Inkonsistenzen des erstellten Produkts sowie formale Abnahme nach Abschluß eines Arbeitsabschnitts. – 3. *Durchführung:* R. erfolgen auf Basis der vorhandenen Arbeitsergebnisse und →Dokumentationen in Gruppensitzungen, an denen das Projektteam und der Auftraggeber teilnimmt.

revised american foreign trade definition 1941, →US-Trade Terms.

Revision. I. B u c h p r ü f u n g s w e s e n : Häufig gleichgesetzt mit →Prüfung. Wird eine betriebswirtschaftlicdhe Prüfung von unternehmungsinternen (mit der Unternehmung durch Arbeitsvertrag verbundenen) Mitarbeitern durchgeführt, wird hierfür i. d. R. der Terminus R. (→interne Revision) verwendet.

II. Z i v i l p r o z e ß o r d n u n g : Rechtsmittel, mit dem die rechtliche Überprüfung eines Urteils des Oberlandesgerichts durch den Bundesgerichtshof begehrt wird (§§ 545–566 a ZPO). – 1. *Umfang:* Die Nachprüfung beschränkt sich darauf, ob eine Gesetzesbestimmung nicht oder nicht richtig angewendet ist, und zwar auf der Grundlage des vom Berufungsgericht festgestellten Tatbestandes. – 2. *Zulässig* i. d. R. bei vermögensrechtlichen Streitigkeiten, wenn der Wert des Beschwerdegegenstandes 40 000 DM übersteigt, oder bei Zulassung im Urteil oder wenn OLG von einer bundesgerichtlichen Entscheidung abgewichen ist. – 3. R. kann *wahlweise* gegen ein Urteil des Landgerichts statt der Berufung eingelegt werden, soweit sie ohne besondere Zulassung statthaft ist, lediglich eine Verletzung des materiellen Rechts gerügt wird und der Gegner einwilligt (*Sprungrevision,* § 566 a). – 4. *Einlegung* und *Verfahren* entsprechen der →Berufung, jedoch kann bei einer Mehrheit von ⅔ die Annahme der R. durch Entscheidung ohne mündliche Verhandlung dann abgelehnt werden, wenn die Rechtssache keine grundsätzliche Bedeutung hat (§ 554 b ZPO). Bei Zurückweisung von Rügen wegen Verfahrensmängeln muß die Entscheidung nicht begründet werden.

III. S t r a f p r o z e ß o r d n u n g : Das gegen die erstinstanzlichen Urteile des Landgerichts (Strafkammer) gegebene Rechtsmittel (§§ 333–358 StPO). – 1. Ausnahmsweise auch gegen Urteile des Amtsgerichts statt der →Berufung *zulässig,* wenn anstelle der Berufung unmittelbar R. (*Sprungrevision*) eingelegt wird. – 2. R. muß i. d. R. innerhalb einer Woche nach Verkündigung des Urteils *eingelegt* und binnen eines weiteren Monats *begründet* werden. Der Angeklagte muß sich zur Begründung der R. eines Verteidigers oder Rechtsanwalts bedienen oder sie zu Protokoll der Geschäftsstelle des Gerichts, dessen Entscheidung angefochten ist, erklären. Die R. führt lediglich zu einer rechtlichen Überprüfung des Urteils. – 3. Über die R. *entscheidet* das Oberlandesgericht, wenn erstinstanzlich das Amtsgericht entschieden hat, sonst der Bundesgerichtshof.

IV. V e r w a l t u n g s g e r i c h t s b a r k e i t (§§ 132–145 VwGO): Rechtsmittel gegen Urteile der Oberverwaltungsgerichte (oder Sprungrevision gegen Urteile der Verwaltungsgerichte). – 1. *Zulässig:* a) bei besonderer Zulassung durch das Oberverwaltungsgericht; b) bei schweren prozessualen Verstößen. Zulassung nur bei grundsätzlicher Bedeutung der Sache, bei Abweichung von einer Entscheidung des Bundesverwaltungsgerichts oder bei einem Verfahrensmangel, auf die angefochtene Entscheidung darauf beruhen kann. Gegen Nichtzulassung der R. ist die →Beschwerde zulässig, die die Rechtskraft des Urteils hemmt. Gegen Urteile in Verfahren betr. einstweilige Anordnungen ist die R. nicht zulässig. R. kann nur darauf gestützt werden, daß das Urteil auf einer Verletzung von Bundesrecht beruht; die Tatsachenfeststellung des Urteils ist bindend. – 2. Die R. ist *binnen eines Monats* nach Zustellung des Urteils schriftlich *einzulegen* und spätestens innerhalb eines weiteren Monats zu begründen. Hierbei Vertretung durch Rechtsanwalt oder Hochschullehrer notwendig (→Anwaltszwang). – 3. Soweit für einzelne Gebiete des *Landesrechts* die Berufung von einer Zulassung abhängig ist, kann die Landesgesetzgebung die R. an das Oberverwaltungsgericht zulassen.

V. F i n a n z g e r i c h t s b a r k e i t (§§ 115–127 FGO): Rechtsmittel gegen Urteile der Finanzgerichte an den Bundesfinanzhof. – 1. *Zulässigkeit:* a) Wert des Streitgegenstandes übersteigt 1000 DM; b) Zulassung durch Finanzgericht bei grundsätzlicher Bedeutung der Rechtssache oder Abweichung von einer Entscheidung des BFH; c) bei wesentlichen Verfahrensmängeln; d) in Zolltarifsachen. Im Verfahren der einstweiligen Anordnung ist die R. stets unzulässig. – Nichtzulassung der R. kann durch Beschwerde binnen eines Monats seit Zustellung des Urteils angefochten werden, der Eintritt der Rechtskraft wird dadurch gehemmt. – 2. Die R. kann grundsätzlich nur darauf *gestützt* werden, daß das angefochtene Urteil auf die Verletzung von Bundesrecht beruht. Der BFH ist an die in dem angefochtenen Urteil getroffenen Feststellungen grundsätzlich gebunden (§ 118 FGO). – 3. Die R. ist beim Finanzgericht innerhalb eines Monats nach Zustellung des vollständigen Urteils oder nach Zustellung des Beschlusses über die Zulassung der R. schriftlich *einzulegen* und spätestens innerhalb eines weiteren Monats zu *begründen*. Die Frist kann auf Antrag verlängert werden. Vertretungszwang besteht nicht.

VI. A r b e i t s g e r i c h t s b a r k e i t (§§ 72 ff. ArbGG): Rechtsmittel gegen Urteile der Landesarbeitsgerichte (oder unter bestimmten Voraussetzungen →Sprungrevision gegen Urteile der Arbeitsgerichte). – 1. *Zulässig:* a) wenn das Landesarbeitsgericht die R. aus einem der in § 72 II ArbGG aufgeführten Gründe im Urteil zugelassen hat; b) wenn das Bundesarbeitsgericht die R. auf eine Nichtzulassungsbeschwerde hin in dem Beschluß nach § 72 a V 2 ArbGG zugelassen hat (§ 72 I ArbGG). – 2. Die *R.sfrist* und die *R.sbegründungsfrist* betragen je einen Monat. – 3. Die R. kann nur darauf *gestützt* werden, daß das Urteil des Landesarbeitsgerichts auf der Verletzung einer Rechtsnorm beruht. – 4. Vertretung durch *Rechtsanwalt* erforderlich (→Anwaltszwang).

Revisionismus. 1. Heute abqualifizierende *Bezeichnung* von Vertretern des →Marxismus-Leninismus für alle nicht mit der eigenen Doktrin übereinstimmenden sozialistischen Auffassungen. – 2. Ursprünglich Bezeichnung für die *Revision* des →*Marxismus* insbes. durch Bernstein. – *Inhalt:* Der Grundgedanke war, daß nicht die durch zunehmende Krisen

(→Krisentheorie) sowie →Ausbeutung und →Verelendung hervorgerufene sozialistische Revolution, sondern *sukzessive Reformen* des →Kapitalismus eine (evolutionäre) Besserstellung der Arbeiter bewirken können. Das Ausbleiben des von Marx erwarteten Zusammenbruchs des Kapitalismus wurde nicht mit Hilfe der Theorie über den →Imperialismus erklärt, sondern auf *systemimmanente Stabilisatoren* zurückgeführt (u. a. die Gewerkschaftsbewegung mit ihren zunehmenden Möglichkeiten der politischen Einflußnahme, Lohnerhöhungen, Agrarprotektionismus zur Verhinderung der Konzentration in der Landwirtschaft, breitere Streuung des Aktien- und Vermögensbesitzes). – Bernstein näherte sich in seiner Revision der Marxschen Wertlehre (→Arbeitswertlehre) der *österreichischen* →*Grenznutzenschule* an.

Revisionsattest, →Klassifikationsattest.

Revisionsverbände, →Prüfungsverbände der Genossenschaften.

Revisor, Person, die →Revisionen durchführt.

revolvierender Kredit, →Revolving-Kredit.

revolvierendes Akkreditiv, Sonderform des →Akkreditivs, bei der dieses bis zur Erreichung eines bestimmten Höchstbetrages innerhalb einer festgesetzten Frist wieder verwendet werden kann.

revolving Euronote issuance facility (REIF), →note issuance facility (NIF).

Revolving-Kredit, *revolvierender Kredit,* →Kredit, der während eines bestimmten Zeitraums dem wirtschaftlichen Rhythmus des Kreditnehmers entsprechend getilgt und wieder in Anspruch genommen werden kann. Anwendung z. B. als Revolving-Akkreditiv im Rahmen von Dauergeschäften zwischen zwei Geschäftspartnern.

Revolving-System, besondere Form der Refinanzierung von langfristigen →Schuldscheindarlehen. Kurzfristige Gelder, z. B. aus dem Deckungsstock der Versicherungsgesellschaften werden von Finanzmaklern gesammelt und zur Verfügung gestellt. Wenn die Kreditgeber ihre Gelder zurückrufen, werden die entsprechenden Mittel durch neu hinzutretende Kapitalgeber ersetzt. Durch das laufende Wechseln von Kapitalgebern findet so die Fristentransformation zwischen den kurzfristigen Mitteln einerseits und dem langfristigen Darlehen andererseits statt. Der Finanzmakler trägt als vermittelnde Stelle das Transformationsrisiko und i. d. R. auch das Zinsänderungsrisiko. – Nach § 1, I Nr. 7 KWG ist diese Geschäftsart →*Bankgeschäft.*

revolving underwriting facility (RUF), Fazilität, die die Liquiditätsbeschaffung über die revolvierende Plazierung von kurzfristigen

Schuldtiteln (notes) ermöglicht. Diese werden durch ein einziges Kreditinstitut am Markt untergebracht (*anders:* →note issuance facility). Abgesichert durch Backup-Linien (→backup line) der Banken.

Rewe-Genossenschaften (RG), Genossenschaften selbständiger Lebensmitteleinzelhändler, entstanden in den 20er Jahren in Westdeutschland, heute auch im nord- und süddeutschen Raum. – *Einkaufszentrale* der RG: Rewe-Zentral AG, früher: Rewe-Zentrale des Lebensmittel-Großhandels eGmbH, Köln (1927 gegründet). – *Prüfungsverband:* Rewe Prüfungsverband e. V., Köln, mit 19 Großhandlungen (31. 12. 1985) und ca. 4800 angeschlossenen Einzelhandelskaufleuten. – *Umsatz* der örtlichen Großhandlungen (1985) ca 6,6 Mrd. DM.

Rezept, schriftliche Anweisung des Arztes an den Apotheker auf Anfertigung und Aushändigung von →Arzneimitteln; erforderlich bei →Rezeptpflicht.

Rezeptgebühr, →Verordnungsblattgebühr.

Rezeptpflicht, für bestimmte →Arzneimittel, insbes. für Rauschgifte oder ähnliche Stoffe oder Gifte enthaltende Medikamente bestehende Vorschriften, wonach diese nur nach ärztlicher Verschreibung (→Rezept) in bestimmter Dosierung und nach genauer Anweisung von den Apotheken ausgegeben werden dürfen. – Vgl. auch →Betäubungsmittelgesetz, →Gifthandel.

Rezeptur, überwiegend in Produktionsbetrieben mit chemischen und physikalischen Umwandlungsprozessen verwendeter Begriff. Entspricht im Verwendungszweck und vom Inhalt her der →Stückliste und z. T. auch dem →Arbeitsplan.

Rezession, →Konjunkturphasen.

reziprokes Konto, →Übergangskonto.

reziproke Zahlen, zwei Zahlen, wobei eine der Kehrwert der anderen ist, z. B. 7 und $^1/_7$, 0,2 und 5.

Reziprozität, →Verteilungstheorie II 1.

Reziprozitätsklausel, dem →Reziprozitätsprinzip entsprechende Klausel in Handelsverträgen (→Handelsklauseln).

Reziprozitätsprinzip, Grundsatz im zwischenstaatlichen Handelsverkehr, nach dem eine vereinbarte →Meistbegünstigung nur bei einer entsprechenden Gegenleistung des betreffenden Landes gilt.

Rezyklierung, →Recycling.

Rheinisch-Westfälische Börse, Sitz in Düsseldorf. 1935 aus der Vereinigung der Börsen von Köln, Düsseldorf und Essen durch der Börsenreform entstanden. Seit April 1946 wieder tätig. Auch der Kuxenhandel wurde von der „Vereinigung der am Handel mit

Kuxen und amtlich nicht notierten Werten beteiligten Bankgeschäfte Rheinlands und Westfalens e. V. (Kuxenverein)" wieder aufgenommen. – *Träger:* Verein „Rheinisch-Westfälische Börse zu Düsseldorf e. V. – *Aufsichtsbehörde:* Minister für Wirtschaft, Mittelstand und Technologie des Landes Nordrhein-Westfalen. – *Organisation: Börsenstand* aus mindestens 19 Mitgliedern, von denen mindestens 12, höchstens 14 Mitglieder aus dem Kreis der zugelassenen Kreditinstitute kommen. Weiterhin stellen die Kursmakler zwei Mitglieder, die freien Makler und die Börsenbesucher, die an der Börse unselbständig Geschäfte abschließen, jeweils ein Mitglied (wird von der jeweiligen Gruppe gewählt). Von den Industrie- und Handelskammern in Düsseldorf, Essen und Köln wird jeweils ein Mitglied benannt. Der Börsenvorstand entscheidet über die Zulassung zum Börsenbesuch. – Mit dem Recht zur *dauernden Teilnahme am Börsenhandel* können zugelassen werden Personen aus dem Kreditgewerbe, die als Einzelkaufleute, persönlich haftende Gesellschafter einer OHG oder KG oder gesetzliche Vertreter einer juristischen Person in einem Handels- oder Genossenschaftsregister eingetragen sind, sowie die Vorstandsmitglieder öffentlicher Bankanstalten.

Rheinisch-Westfälisches Institut für Wirtschaftsforschung, Sitz in Essen, gegründet 1926 als Abteilung Westen des →Instituts für Konjunkturforschung, seit 1943 selbständige, unabhängige und gemeinnützige Einrichtung der wirtschaftlichen Forschung. – *Arbeitsgebiete:* Beobachtung und Analyse der konjunkturellen und strukturellen Entwicklung in der Bundesrep. D. (→Wirtschaftsforschungsinstitute); spezielle Aufmerksamkeit gelten dem Energie- und Stahlmarkt, dem Handwerk und dem regionalen Bereich Ruhrgebiet. – *Veröffentlichungen:* Mitteilungen (vierteljährlich); Konjunkturbrief (monatlich); Die Wirtschaft im Ruhrgebiet (jährlich); Konjunkturberichte über das Handwerk, Schriftenreihe.

Rhein-Regeln Antwerpen-Rotterdam, einheitliche Regelung der großen →Havarie auf dem Rhein, geschaffen von der Internationalen Vereinigung des Rheinschiffsregisters.

rhocrematics, →Logistik.

Rhodesien, →Simbabwe.

ricardianischer Wachstumspessimismus, →Verteilungstheorie III 1.

Ricardo, David, 1772–1823, bedeutender Vertreter der klassischen Nationalökonomie (→Klassik), fußt auf den Gedanken von Smith. Ursprünglich erfolgreicher Börsen-, später ausschl. Wissenschaftler. – Grundlagen seines in sich geschlossenen *Systems der Volkswirtschaftslehre* sind: 1. *Wertlehre (Arbeitswerttheorie):* R. unterscheidet →Gebrauchswert und →Tauschwert. Nach dem R.schen Arbeitswertgesetz tauschen sich die Güter im Verhältnis der auf sie verwendeten Arbeit, gemessen an der Zeit. – 2. *Theorie der →Bodenrente,* die er als Preisfolge wegen unterschiedlicher Produktionskosten erklärt. Wichtigste Anwendung des Marginalprinzips vor v. Thünen. R. unterschied →Bodenrente, →Lagerente, →Differentialrente. – 3. *Entwicklungsgesetz der Einkommensverteilung:* Steigende Grundrenten entstehen aus dem Zwang, immer unfruchtbarere Böden zu bebauen, konstanter →Reallohn ergibt sich aus dem →ehernen Lohngesetz, zwischen diesen beiden Einkommensarten wird mit dem Zwang gesetzmäßiger Entwicklung der Profit eingeklemmt, was zu einer dauernd sinkenden →Profitrate führt. Erreichung der →stationären Wirtschaft ist danach bei einer Profitrate = 0 zu erwarten. – 4. *Theorie der komparativen Kosten:* Im Außenhandel gewinnt auch die Volkswirtschaft desjenigen Landes, die den anderen Ländern kostenmäßig absolut unterlegen ist, wenn sich die anderen Länder auf die Produktion der Güter verlegen, bei der der vergleichsweise (komperative) Kostenunterschied am größten ist. – Geldtheoretisch war R. Anhänger der →*Quantitätstheorie* und mit R. Peel Hauptvertreter der →*Currency-Theorie.* – *Hauptwerk:* „Principles of Political Economy and Taxation" 1817.

Richtbeispiel, genaue Beschreibung einer betrieblichen Arbeitsaufgabe für die Eingruppierung anhand der →Lohngruppenmerkmale in die für die betriebliche Tätigkeit maßgebende Lohngruppe entsprechend →Lohngruppenkatalog. – Vgl. auch →Arbeitsbewertung.

Richtbetriebe, →Bewertungsstützpunkte.

Richter, Person, die, in bestimmten Formen als Berufsrichter oder ehrenamtliche Richter in ihr Amt berufen, unabhängig und nur dem Gesetz unterworfen, die rechtsprechende Gewalt ausübt. – *Rechtsgrundlage:* Art. 97, 98 GG; Deutsches Richtergesetz i.d.F. vom 19.4.1972 (BGBl I 713) mit späteren Änderungen und einschlägige Sondergesetze.

I. Berufsrichter: 1. *Voraussetzungen* für die Ernennung: a) Befähigung zum Richteramt durch Bestehen zweier Prüfungen nach rechtswissenschaftlichem Studium von mindestens 3½ Jahren und Vorbereitungsdienst von mindestens 2½ Jahren; befristet bis zum 15.9.1981 konnten einzelne Bundesländer eine einstufige Juristenausbildung von mindestens 5½ Jahren einführen (→Jurist I 5); b) Deutscher; c) Gewähr für jederzeitiges Eintreten für die freiheitliche demokratische Grundordnung. – Grundsätzlich werden die Richter (ähnlich wie →Beamte) auf Lebenszeit ernannt, jedoch erst nach einer Probezeit. – 2. *Sachliche Unabhängigkeit:* Der R. ist bei Ausübung der Rechtsprechung frei von Weisungen Vorgesetzter (die ein Beamter befolgen

müßte) und *nur* an das – von ihm, falls erforderlich, auszulegende (→Gesetzesauslegung) – Gesetz gebunden. – 3. *Persönliche Unabhängigkeit:* Die hauptamtlich und planmäßig endgültig angestellten Richter können vor Erreichen der Altersgrenze gegen ihren Willen nur kraft richterlicher Entscheidung und nur aus bestimmten gesetzlich vorgesehenen Gründen entlassen oder dauernd oder zeitweise ihres Amtes enthoben oder in den Ruhestand versetzt werden (Art. 97 II GG).

II. Ehrenamtliche Richter: Laienrichter, die bei einem Gericht aufgrund eines Gesetzes und unter gesetzlich bestimmten Voraussetzungen tätig werden, z.B. als Handelsrichter, Arbeitsrichter. – 1. *Sachliche Unabhängigkeit:* Ehrenamtliche R. sind im gleichen Maß wie ein Berufsrichter unabhängig. – 2. *Persönliche Unabhängigkeit:* Sie können vor Ablauf ihrer Amtszeit nur unter gesetzlich bestimmten Voraussetzungen und gegen ihren Willen nur durch Entscheidung eines Gerichts abberufen werden. – 3. *Entschädigung:* I. a. nach dem Gesetz über die Entschädigung der ehrenamtlichen Richter vom 1.10.1969 (BGBl I 1753) mit späteren Änderungen.

richterliche Vertragshilfe, →Vertragshilfe.

Richtgeschwindigkeit, die durch VO vom 21.11.1978 (BGBl I 1824) den Kraftfahrern gegebene Empfehlung, eine bestimmte Geschwindigkeit (130 km/h auf Autobahnen oder außerhalb geschlossener Ortschaften auf autobahnähnlichen Straßen) nicht zu überschreiten. Sanktionsloser Appell an die Kraftfahrer.

Richtkosten, frühere Bezeichnung für →Plankosten.

Richtlinien, *Verwaltungsanordnungen, Verwaltungsverordnungen.* 1. *Begriff:* Behördeninterne Vorschriften, die nur die Finanzbehörden binden; keine Rechtsnormen. R. sind zu den umfangreichen →Steuergesetzen erlassen worden, z.B. Einkommensteuer-R., Körperschaftsteuer-R., Gewerbesteuer-R. – 2. *Ziel:* Einheitliche Anwendung des Steuerrechts durch die Finanzverwaltung, um den Grundsatz der Gleichmäßigkeit der Besteuerung seitens der Verwaltung zu gewährleisten. – 3. *Auswirkungen auf den Steuerpflichtigen:* Keine Bindung für den Steuerpflichtigen. Er kann sich gegen R. wenden, soweit gegen ihn ein darauf gestützter →Verwaltungsakt erlassen worden ist. – Vgl. auch →Steuergesetze, →Steuerrechtsverordnungen.

Richtpreis. I. Betriebliche Preispolitik: Vorläufiger, später in einen →Festpreis umzuwandelnder Preis für Erzeugnisse, zu deren Preisbildung die Kostengrundlagen noch nicht genau zu ermitteln sind. – *Beispiel:* Angebotspreis für ein neues Kraftfahrzeugmodell, bei dem die mögliche Seriengröße erst festgestellt werden soll, so daß die z.T. erheblichen Entwicklungs- und Werbekosten auf eine unbekannte Zahl von Leistungseinheiten verteilt werden müssen.

II. Staatliche Preispolitik: Festsetzung von Höchst-(Mindest-)Preisen, die nicht über-(unter-)schritten werden sollen, nach denen sich also die Marktteilnehmer richten müssen. Verstoß nicht ohne weiteres strafbar. Als Ordnungstaxen (→Preisstopp) können sie der Preisbildung bei freier Konkurrenz entsprechen.

Richtsätze, Begriff des Steuerrechts. – 1. *Gewinn-Richtsätze:* Verhältniszahlen zur Ermittlung des →Gewinns nichtbuchführender Gewerbetreibender und Land- und Forstwirte als Hilfsmittel für die Finanzverwaltung zur Ermittlung der →Einkünfte bei Fehlen geeigneter Unterlagen. Den R. liegen Ergebnisse von →Außenprüfungen zugrunde; sie werden als Rahmensätze mit einem Mittelsatz aufgestellt. R. sind unterteilt in Roh-, Halbrein- und Reingewinnsätze in Prozenten des wirtschaftlichen Umsatzes. – 2. Für *Abschreibungen:* Vgl. →Afa-Tabellen.

Richtsatzmieten, die von den obersten Wohnungs- und Siedlungsbehörden der Bundesländer festgesetzten Mietrichtsätze für die öffentlich geförderten Mietwohnungen im Sinn des Ersten Wohnungsbaugesetzes.

Richtsatzprüfung, →Außenprüfung VII 5; →Schätzung II.

Richtsatzwerte, →Grundstückswert.

Richtorte, Bezeichnung der Plankostenrechnung für die Leistungsart einer Kostenstelle, auf die bei häufigen Sortenwechsel alle anderen Leistungsarten durch Gewichtung mit einer →Äquivalenzziffer bezogen werden, um die Leistung mengenmäßig vergleichbar zu machen (→Divisionskalkulation).

Richtzahlen, aus einem →Betriebsvergleich gewonnene Maßstabswerte aus →Beziehungszahlen, →Gliederungszahlen bzw. Verhältniszahlen, die von mehreren Betrieben gemeldet werden, z.B.: Verhältnis von Umsatz zur Lohnsumme; Materialeinsatz zum Fertiggewicht u.a. – R. werden als branchentypische Werte für vergleichbare Betriebe in Form von Mittelwerten, Best- oder Normwerten berechnet. An ihnen können die entsprechenden einzelbetrieblichen Zahlen gemessen werden, um →Abweichungen von branchenüblichen Ergebnissen festzustellen.

Richtzeit, →Soll-Zeit.

Rieger, Wilhelm, 1878–1971, Prof. in Nürnberg und Tübingen, bedeutender, zeitweilig als Außenseiter geltender Fachvertreter. – *Forschung und Lehre:* Im Mittelpunkt seines konsequenten Denkansatzes steht das Gewinn- bzw. Rentabilitätsstreben; systembildende Grundidee ist das *Gewinnprinzip;* das

Erkenntnisobjekt der →Privatwirtschaftslehre ist der *Geldumwandlungsprozeß.* Die Opposition R.s gegen Schmalenbachs Wirtschaftlichkeitslehre ist als zweiter →Methodenstreit in die Geschichte des Fachs eingegangen. – *Hauptwerke:* ,,Einführung in die Privatwirtschaftslehre'' 1927; ,,Schmalenbachs Dynamische Bilanz'' 1936; ,,Über Geldwertschwankungen'' 1938.

Rimesse, →Besitzwechsel.

Ringabschluß, →Ringgeschäft.

Ring Deutscher Makler, Verband der Immobilienberufe und Hausverwalter Bundesverband e.V., Sitz in Hamburg. – *Aufgaben:* Förderung des Ansehens des Berufsstandes; Wahrnehmung der berufsständischen Interessen der Mitglieder; Förderung des lauteren Wettbewerbs sowie Bekämpfung der unlauteren Wettbewerbs.

Ringgeschäft, *Ringabschluß,* →Termingeschäft, bei dem die gleiche Warenpartie mittels Geschäfts und Gegengeschäfts durch eine Reihe von Kontrahenten gehandelt und zuletzt wieder von dem ersten Verkäufer erworben wird. Die Abwicklung erfolgt lediglich durch Abrechnung.

Ring-Netz(-werk), →Netzwerktopologie 2 b).

RISC, reduced instruction set computer, Rechner (→elektronische Datenverarbeitungsanlage) mit verringertem und vereinfachtem Befehlsrepertoire (→Maschinenbefehl). Komplizierte Befehle werden durch eine Folge einfacher RISC-Befehle emuliert. – R. hat seinen Ursprung in Untersuchungen am Thomas J. Watson-Forschungsinstitut der IBM Anfang der siebziger Jahre. Man stellte fest, daß bei typischen Computeranwendungen 80% der Befehle weniger als 20% des Maschineninstruktionsvorrats ausmachen. Anlaß zur Untersuchung war die fortschreitende Komplexität des Instruktionssatzes bisheriger Computer. Ziel war die Verbesserung des Leistungsverhaltens der Computer durch eine Architektur (Computerstruktur), die mit geringerem Instruktionsvorrat auskommt. Anfang der achtziger Jahre wurde an der Berkeley Universität (Kalifornien, USA) ein RISC-Rechner mit nur 30 Maschineninstruktionen entwickelt.

RISC-Architektur, Struktur neuerer Computer (→elektronische Datenverarbeitungsanlage), die einer reduzierten Instruktionsrepertoire (→Maschinenbefehl) verfügen. – Herkömmliche Computerarchitektur: Complex Instruction Set Computer (CISC) mit einem großen Repertoire vielseitiger Maschinenbefehle. – Vgl. auch →RISC.

Risiko. I. Betriebswirtschaftslehre: Vgl. →Wagnis, →Risk-Management.

II. Versicherungsbetriebslehre: Vgl. →versicherbares Risiko.

III. Statistik, Theorie der Unternehmung und Entscheidungstheorie: Unsicherheitsgrad, bei dem für das Eintreten zukünftiger Ereignisse objektive →Wahrscheinlichkeiten vorliegen. – Vgl. auch →Unsicherheit, →Ungewißheit, →Sicherheit.

Risikoabgeltungsthese, These über die Reaktion von Kreditgebern auf steigendes Ausfallrisiko durch erhöhten Verschuldungsumfang des Kreditnehmers: Für das höhere Risiko finden die Kreditgeber einen Risikozuschlag zum Zinssatz. – *Anders:* →Kreditrationierungsthese.

risikobewußte Kontrolle, →Risk-Management II 3.

risikobewußte Planung, →Risk-Management III 2.

risikobewußte Steuerung, →Risk-Management III 3.

risikobewußte Unternehmensführung, →Risk-Management III.

Risiko-Kapital, →venture capital.

Risikolebensversicherung, →Lebensversicherung II 1.

Risiko-Management, →Risk-Management.

Risiko-Nutzen, →Bernoulli-Prinzip.

Risikoprämie, das im →Unternehmergewinn enthaltene Äquivalent für das allgemeine Unternehmerwagnis (vgl. auch →Wagnisse).

Risikoschub, Tendenz einer Gruppe, gemeinsam ein höheres Risiko einzugehen als das vergleichsweise für einzeln entscheidende Personen gilt. R. wird als Sonderfall von in Gruppenprozessen auftretenden Meinungsextremisierungen interpretiert und/oder durch Verantwortungsdiffusion erklärt.

Risikotheorie, modelltheoretische Grundlage der →Versicherungsmathematik. R. quantifiziert das Risikogeschäft einer Versicherungsgesellschaft durch wahrscheinlichkeitstheoretische Modelle. – 1. *Risikotheoretische Modelle:* a) Modelle zur Beschreibung von Schadenereignissen und -verläufen benutzen stochastische Gesetzmäßigkeiten zur Quantifizierung des Risikotransfers. Kennzeichnend für den Ansatz der R. ist es, daß die Anzahl der Schäden sowie deren Höhe als zufallsabhängig modelliert werden. b) Modelle zur Erklärung von Schadenereignissen und Schadenverläufen erklären und begründen die Schadengesetzmäßigkeit anhand von Schadenursachen (Risikofaktoren), ermittelt durch Faktorenanalyse). – 2. *Anwendung:* Aussagen der R. zu risikopolitischen Entscheidungsproblemen der Praxis existieren für die Herbeiführung eines Risikoausgleichs, zur Berechnung von Risikoprämien, Sicherheitsreserven und Schwankungsreserven (→Schwankungsrückstellung), zur Prognose von (pauschalen) Schadenreserven sowie zur Bestimmung der Rückversicherungspolitik.

Risikoumtauschversicherung, Sonderform der Risikolebensversicherung, bei der der Versicherungsnehmer berechtigt ist, den Vertrag innerhalb der ersten zehn Versicherungsjahre, spätestens aber drei Monate vor Ablauf in eine Kapital- oder gemischte Versicherung umzuwandeln. Vgl. →Lebensversicherung II 1 und 5.

Risikoversicherung, →Lebensversicherung II 1.

Risiko-Zusatzversicherung, →Lebensversicherung II 6c).

Risk-Management, *Risiko-Management.* I. Begriff und Bedeutung des R.-M. als Führungsaufgabe: Risiken, verstanden als *Gefahren,* die den Prozeß der Zielsetzung und Zielerreichung begleiten und ihn negativ beeinflussen können, sind seit jeher mit unternehmerischer Tätigkeit verbunden. Vieles deutet allerdings darauf hin, daß die Risiken, denen Unternehmungen gegenwärtig und sicher auch zukünftig ausgesetzt sind, wesentlich an Bedeutung und Brisanz gewinnen. Nicht rechtzeitig erkannte und bewältigte Risiken können die erfolgreiche Weiterentwicklung der Unternehmung gefährden, die Unternehmung sogar in *Krisen im Sinn von überlebenskritischen Prozessen* geraten lassen. (→Unternehmungskrise). – Als Begriff wurde R.-M. von *R. J. Mehr* und *B. A. Hedges* wieder in die moderne betriebswirtschaftliche Diskussion eingebracht und beschränkte sich dabei zunächst auf die Handhabung *versicherbarer Risiken.* Diese Sichtweise des R.-M. wurde fortentwickelt, sie umfaßt heute in einer weiteren Begriffsauslegung auch die Führung der Unternehmung aus der Gesamtschau *aller relevanten Risiken.* Damit ergibt sich eine Zweiteilung bei der Betrachtung in: (1) ein *spezielles R.-M.* und (2) ein *generelles R.-M.*

II. Spezielles R.-M. (Insurance-Management): 1. *Gegenstand:* Spezielles R.-M. hat die Absicherung gegenüber sog. *reinen Risiken* (pure risks) zum Gegenstand, die als grundsätzlich versicherbare Risiken interpretiert werden. Diese Betrachtungsweise des R.-M. ist in der Praxis noch vorherrschend und hat nicht zuletzt angesichts ständig größer werdender Dienstleistungsangebote von Versicherungsgesellschaften große Bedeutung. – 2. *Beispiel:* R.-M. weist *Prozeßcharakter* auf und ist, orientiert am allgemeinen Führungsprozeß, in einzelne Phasen unterteilbar: a) Suche nach (*versicherbaren*) Risiken und Analyse solcher Risiken, b) Ermittlung von Alternativen zur Risikovermeidung oder -begrenzung, c) Beurteilung und Optimierung ermittelter Alternativen, d) Entscheidung über den Abschluß von Versicherungen (oder Selbstversicherung), e) Abschluß solcher Versicherungen (oder Selbstversicherungen) und f) Schadenskontrolle. – 3. Als *Instrumente* des speziellen R.-M. kommen grundsätzlich in Frage: a) Fremdversicherung (→Versicherung für fremde Rechnung), b) Selbstversicherung, c) Einschaltung von Captive-Insurance-Companies (→Captive) und/oder d) vertragliche Risikobegrenzung. – 4. Spezielles R.-M. als *Institution* kennzeichnet den oder die Träger dieser Führungstätigkeit. Als oberster Träger gilt dabei zunächst der Risk-Manager und die ihm zugeordneten Stellen/Abteilungen. Er übernimmt diese Aufgabe entweder in Personalunion mit anderen Aufgaben oder als eigenständige Aufgabe. Entsprechend seiner Verantwortung, seiner bereichsübergreifenden Aufgabenstellung sowie seiner gesamtunternehmungsbezogenen Koordinationsfunktion sollte der Risk-Manager im Rahmen der oberen Führung angesiedelt werden. In Unternehmungen, die ein „R.-M." nicht etabliert haben, kommen als mögliche Träger alternativ oder in Kombination in Frage: a) Versicherungsabteilung oder (konzerneigene) Versicherungsgesellschaft (Captive-Insurance-Company), b) Sicherheitsbeauftragte und c) Werkschutz.

III. Generelles R.-M.: Generelles R.-M. dient einer Erhaltung und erfolgreichen Weiterentwicklung der Unternehmung durch *Bewußtmachung des Risiko-Phänomens* bei allen Führungs- und auch Durchführungsprozessen und ist letztendlich *risikobewußte Unternehmensführung.* Von zentraler Bedeutung ist dabei die Berücksichtigung von Risikoaspekten in den typischen Führungstätigkeiten der Planung, Steuerung und Kontrolle. Sie werden noch überlagert von Aspekten einer risikobewußten Unternehmungsphilosophie und Unternehmungskultur. Jeweils sind Analysen und Prognosen sowie speziell Szenarien und Frühwarnsysteme die (informationellen) Voraussetzungen für alle Aktionen im Rahmen eines generellen R.-M.

1. *Risikobewußte Unternehmungskultur und -philosophie:* Unternehmungsphilosophie und Unternehmungskultur bestimmen das in der Unternehmung angestrebte Risikoniveau sowie das angestrebte und praktizierte Risikoverhalten. Sie beinhalten Entscheidungskriterien für nachgelagerte Entscheidungskomplexe und determinieren die Planung.

2. *Risikobewußte Planung:* Planung umfaßt die in Abb. Sp. 1283/1284 aufgeführten Komplexe und ist zentrales Aktionsfeld eines generellen R.-M. – a) Im Rahmen der *generellen Zielplanung* finden die Grundsätze der Unternehmungskultur und -philosophie Eingang und beeinflussen durch das angestrebte Risikoniveau die Ausprägungen der generellen Wert-, Sach- und Humanziele. Die Berücksichtigung des Risikoaspektes wird hier – für die nachfolgenden Phasen des Planungsprozesses determinierend – festgelegt. – b) Der Teilplanungsbereich *strategische Planung* bezieht sich auf drei außerordentlich wichtige Aufgabenkomplexe für die Weiterentwicklung der Unternehmung: Geschäftsfeldplanung, Organisations-, Rechtsform- und Informationssystemplanung sowie die Führungskräfteplanung. – (1) Im Rahmen der *Geschäftsfeldplanung* hat sich für die zukunftsorientierte Gestaltung des Produktprogramms unter Berücksichtigung spezifischer Chancen und Risiken besonders das dynamische Portfolio bewährt. Es lassen sich hier besonders deutlich Risiken und Chancen für vorhandene und mögliche künftige Produkte, Produktelemente und Produktionsverfahren aus ökologischen, technischen, gesellschaftlichen sowie binnen- und außenwirtschaftlichen Entwicklungen verdeutlichen. Bezogen auf einzelne Produkte lassen sich Risiken anhand von alternativen Lebenszyklen simulieren. – (2) Die *Organisationsplanung* umfaßt alle systematischen Gestaltungsfragen im Hinblick auf die künftige Aufbauorganisation und enthält als spezielles Risiko das zu späte Erkennen von Reorganisationserfordernissen. – (3) Die Kernaufgabe der *Führungskräfteplanung* besteht in der systematischen Erfassung und Beurteilung der verfügbaren Führungskräfe sowie der Ermittlung zukünftigen Führungskräftebedarfs und seiner unternehmungsinternen und -externen Deckungsmöglichkeiten. Die Sicherung des künftigen Führungsnachwuchses und die rechtzeitige Sicherung der Führungskräftenachfolge bis hin in die Unternehmungsspitze stellen die vielleicht wichtigsten Aufgaben zur Risikovermeidung in Unternehmungen jeder Größe und Struktur dar. – c) Risikobewußte *operative Planung* kann eine Vielzahl von Maßnahmen der Produktprogrammplanung und der Funktionsbereichsplanung betreffen, wie etwa: (1) im Rahmen der Programmplanung: Produktselektion; (2) im Rahmen der Absatzpolitik: Aufbau einer eigenen Außendienstorganisation; (3) im Rahmen der Produktionspolitik: Einführung flexibler Produktionssysteme; (4) im Rahmen der Beschäftigungspolitik: Lieferantenpflege; (5) im Rahmen der Personalpolitik: Mitarbeiterpflege; (6) im Rahmen der Finanzierungs- und Ergebnispolitik: Einhaltung konservativer Finanzierungspolitik und im Rahmen des Möglichen ausgeprägte bilanzielle Reservepolitik (vgl. im folgenden). – d) Risikobewußte *Ergebnisplanung* kann im Rahmen der periodischen Ergebnisplanung, der Budgetierung, rechtzeitig Risiken verdeutlichen. Auf der Ergebnis und Liquidität einwirken. So können z. B. im verabschiedeten GuV-Plan verdeutlicht werden: das Preisverfall-, Mengenabweichungs-, Wechselkurs- und

Aufgabenkomplexe und Instrumente risikobewußter Unternehmungsführung

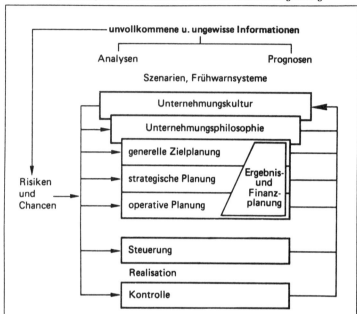

Zinsrisiko sowie Risiken aus überhöhten Lohnforderungen und zu späten oder frühen Produkteinführungen. – e) Konservative *Finanzierungsplanung* bedeutet insbes. ausreichende Liquiditätsreservehaltung, „gesunde" Eigen-Fremdkapital-Relation, gesicherte Kreditrahmen und Finanzierungsgeschäfte sowie schlagkräftiges Debitoren-Management. Zudem verbietet sich hier z. B. das Betreiben von Produktionsstätten über Leasing-Konstruktionen.

3. *Risikobewußte Steuerung und Kontrolle:* Eine risikobewußte Planung determiniert weitgehend die anschließenden Führungsaktivitäten der Steuerung und Kontrolle. Dennoch sind hier Risiken bei der Informationsvorgabe, -verarbeitung und -rückmeldung zu erkennen, Ansatzpunkte für die Vermeidung solcher Risiken ergeben sich insbes. aus der Verbesserung von Informationssystemen und der Nutzung von Frühwarnsystemen. Für die Führungstätigkeit „Kontrolle' bedeutet die Realisierung eines generellen R.-M. im Führungsprozeß die verstärkte Hinwendung zu

Verlaufskontrollen und dabei insbes. zu sog. vorauseilenden Kontrollen.

Literatur: Mehr, R. J./Hedges, B. A.; Risk Management in the Business Enterprise, Homewood 1963; Damary, R., Das Risk-Management in Westeuropa. Ergebnisse eines Forschungsprogramms, in: BFuP 1978, S. 77 ff.; Goetke, W./ Sieben, G. (Hrsg.), Risk-Management-Strategien zur Risikobeherrschung, Köln 1979; Brühwiler, B., Risk-Management – eine Aufgabe der Unternehmensforschung, Bern-Stuttgart 1980; Mugler, J., Risk-Management in der Unternehmung, Wien 1979; Wätke, J.-P., Die Captive Insurance Company – ein Instrument des Risk-Managers, Diss., Hamburg 1982; Braun, H., Risikomanagement. Eine spezifische Controllingaufgabe, Darmstadt 1984; Jacob, H. (Hrsg.), Risiko-Management, Wiesbaden 1986; Haller, M., Risiko-Management – Eckpunkte eines integrierten Konzepts, in: Risiko-Management, hrsg. v. H. Jacob, Wiesbaden 1986; Hahn, D., Risiko-Management – Stand und Entwicklungstendenzen, in: ZfO 1987, S. 137 ff.; Krystek, U., Unternehmungskrisen. Beschreibung, Vermeidung und Bewältigung überlebenskritischer Prozesse in Unternehmungen, Wiesbaden 1987; Hahn, D./Krystek, U., Risiko-Management, in: Jahrbuch für Betriebswirte 1988, Stuttgart 1988, S. 116 ff.

Prof. Dr. Dietger Hahn
Prof. Dr. Ulrich Krystek

Riskmanagementorganisation, →Funktionsmanagementorganisation.

RKW, Abk. für →Rationalisierungs-Kuratorium der Deutschen Wirtschaft.

RM-Schlußbilanz, Bilanz, die die RM-Rechnung beendete und auf den 20.6.1948 aufzustellen war. Durch eine →DM-Eröffnungsbilanz zum gleichen Stichtag wurde die Rechnung fortgesetzt.

Robertson-Lag, nach D. Robertson benannter Verzögerungszusammenhang (→Lag) zwischen Konsum und Einkommen: $C_t = cY_{t-1}$ wobei $0 < c \leq 1$ (mit $C_t =$ Konsum in der Periode t; $Y_{t-1} =$ Einkommen der Vorperiode; c = marginale Konsumquote).

Robinson-Bedingung, Lehrsatz der monetären →Außenwirtschaftstheorie, nach dem bei Aufgabe der Annahme unendlicher Angebotselastizitäten, die bei der →Marshall-Lerner-Bedingung unterstellt wurde, eine Summe der Nachfrageelastizitäten unter 1 ausreichen kann, um eine normale Zahlungsbilanzreaktion auf Wechselkursveränderung zu gewährleisten. Nach der R.-B. erfordert eine *normale Reaktion,* daß

$$\eta_x + \eta_m + 1 < \frac{\eta_m \cdot \eta_x}{\varepsilon_m \cdot \varepsilon_x}(\varepsilon_m + \varepsilon_x + 1)$$

Dabei bezeichnet:

η_x: Preiselastizität der Exportnachfrage des Auslandes (genauer: der Nachfrage des Auslandes nach inländischen Exportgütern),

η_m: Preiselastizität der Importnachfrage des Inlandes,

ε_m: Preiselastizität des Exportangebots im Ausland,

ε_x: Preiselastizität des Exportangebots im Inland.

Robinson-Liste, →Direktwerbung.

Robinson-Patman-Act, →Clayton Act.

Robotics, Anwendungsfeld der →künstlichen Intelligenz, das sich mit der Anwendung von KI-Methoden bei der Entwicklung von Steuerungsprogrammen bei Robotern beschäftigt.

robuste Statistik, Bezeichnung für den Teilbereich der Statistik, der sich mit der →Robustheit von Verfahren, der Messung der Robustheit von Verfahren und der Entwicklung von Verfahren mit hoher Robustheit befaßt.

Robustheit, *Unempfindlichkeit.* I. Statistik: Eigenschaft von Verfahren (→Punktschätzung, →Intervallschätzung, →statistischen Testverfahren), auch dann gewisse Gütekriterien aufzuweisen, wenn die diesen Verfahren zugrunde gelegten Voraussetzungen nicht oder nicht vollkommen gegeben sind. Je nach den diskutierten Voraussetzun-

gen sind verschiedene Arten von R. (z.B. R. gegen die Annahme der →Normalverteilung) *zu unterscheiden.* R. kann auf verschiedene Arten *gemessen* werden.

II. Betriebsinformatik: Merkmal der →Softwarequalität; die Fähigkeit eines Softwareprodukts, fehlerhaftes Verhalten seiner Umwelt (häufigster Fall: unzulässige Eingabedaten) zu erkennen, z.B. durch Plausibilitätsprüfungen, und in einer definierten Weise zu behandeln, so daß keine unvorhersehbaren Programmreaktionen entstehen. Besonders wichtig bei →Dialogsystemen, mit denen ungeübte →Endbenutzer in Kontakt kommen. Voraussetzung für →Benutzerfreundlichkeit.

rod, amerikanische Längeneinheit. 1 rod = 5,029210 m. – In Großbritannien wird diese Einheit auch *pole* oder *perch* genannt.

Rodbertus-Jagetzow, Karl, 1805–1875, einer der ersten Vertreter des wissenschaftlichen Sozialismus (vor Marx und Lassalle). Nach R. schafft nur die Arbeit Güter und Werte. Daher haben die Arbeiter das „Recht auf den vollen Arbeitsertrag". Der Umstand, daß es Zinsen und Renten gibt, bedeutet eine Verletzung dieses Rechtes. Kapital und Boden sollen deshalb in Staatseigentum übergeführt werden. Den grundlegenden Mangel der kapitalistischen Ordnung sieht R. darin, daß bei steigender Ergiebigkeit der Produktion der Arbeitslohn absolut gleich hoch bleibt; auf diese Weise erhalte der Arbeiter einen proportional fallenden Anteil am Sozialprodukt („Gesetz der fallenden Lohnquote"). Die daraus folgende Unterkonsumtion wird von R. als Ursache von Krisen und Pauperismus (Verelendung) des Arbeiters angesehen. R. erkannte als einer der ersten die Geldschöpfungsmacht der Banken. *Hauptwerke:* „Zur Erkenntnis unserer staatswirtschaftlichen Zustände" 1842; „Vier soziale Briefe an von Kirchmann" 1850/51; „Zur Erklärung und Abhilfe der heutigen Kreditnot der Grundbesitzes" 1868/69.

Rohbauabnahme, →Bauabnahme.

Rohbauversicherung, Feuerversicherung eines im Bau befindlichen Gebäudes einschl. der auf dem Grundstück lagernden Baumaterialien, sofern sie die Interessen des Versicherungsnehmers betreffen. R. erfolgt für Wohngebäude prämienfrei (i.a. bis zu sechs Monaten) bei gleichzeitigem Abschluß der Gebäude-Feuerversicherung auf zehn Jahre.

Rohbilanz, *Summenbilanz, Umsatzbilanz, Verkehrsbilanz,* Zusammenstellung der Summen der Hauptbuchkonten nach Ablauf einer Rechnungsperiode (i.d.R. ein Jahr) zur Vorbereitung des →Jahresabschlusses. Eintragung der R. in der ersten Spalte für →Hauptabschlußübersicht. Kontrolle für die Richtigkeit der Kontenabschlüsse und der Übertragungen: Im Soll und im Haben Summengleichheit. – Durch Saldierung der Soll- und Habenposten für jedes einzelne Konto entsteht die →Saldenbilanz, die sich nach Vornahme der Abschlußbuchungen in die →Vermögensbilanz (Schlußbilanz) und die →Gewinn- und Verlustrechnung spaltet. – *Formen der R.:* →Tagesbilanz, →Monatsbilanz.

Rohergebnis, Zwischensaldo der →Gewinn- und Verlustrechnung. Kleine und mittelgroße Kapitalgesellschaften (→Größenklassen) haben ein Wahlrecht, bestimmte Positionen der Gewinn- und Verlustrechnung zum R. zusammenzufassen (§ 276 HGB). – 1. Bei Anwendung des →Gesamtkostenverfahrens dürfen die Posten: Umsatzerlöse, Erhöhung oder Verminderung des Bestands an fertigen und unfertigen Erzeugnissen, andere aktivierte Eigenleistungen, sonstige betriebliche Erträge sowie Materialaufwand unter der Bezeichnung R. zusammengefaßt werden. – 2. Bei Anwendung des →*Umsatzkostenverfahrens* ergibt sich das R. aus den Posten: Umsatzerlöse, Herstellungskosten der zur Erzielung der Umsatzerlöse erbrachten Leistungen sowie sonstige betriebliche Erträge.

Rohertrag. I. G e w i n n - u n d V e r l u s t - r e c h n u n g: Zwischensumme in der Gewinn- und Verlustrechnung (§ 157 AktG a. F.); Gesamtleistung (Umsatzerlöse ± Bestandsveränderungen an fertigen und unfertigen Erzeugnissen + andere aktivierte Eigenleistungen) minus Wareneinsatz. – In der durch das *BiRiLiG* neu gegliederten Gewinn- und Verlustrechnung (§ 275 II HGB oder § 275 III HGB) nicht mehr als Zwischensumme aufzuführen. Jedoch Wahlmöglichkeit für kleine und mittelgroße Kapitalgesellschaften zum Ausweis einer ,,Sammelposition" →Rohergebnis (vgl. § 276 HGB) mit anderem Inhalt. **II. H a n d e l s b e t r i e b s l e h r e: 1.** *Begriff:* Differenz zwischen Warenverkaufspreis (inklusive Mehrwertsteuer) und der eingesetzten Warenmenge, bewertet mit dem →Wareneinstandspreis (ohne Vorsteuer). R., bezogen auf einen Artikel, ergibt seine →Handelsspanne. Die Summe aller artikelbezogenen R. ergibt den →Warenrohgewinn. – 2. *Anwendung/Kritik:* a) R. werden als Planungsgröße für sortimentspolitische Entscheidungen genutzt (→Sollspanne). – Wichtige Risiken dieses Vorgehens: (1) Die geplanten Verkaufspreise können nicht realisiert werden, z. B. wegen zusätzlich gewährter Rabatte, wegen Ausnutzung des Skontos durch die Kunden, wegen Preisreduzierung bei Warenverderb oder -beschädigung. (2) Die Wareneinstandspreise erhöhen sich, z. B. wegen Nichtausnutzung des Skontos aus

Liquiditätsgesichtspunkten, wegen Erhöhung der Kosten der Wareneingangskontrolle. (3) Waren werden in erhöhtem Maß gestohlen oder erweisen sich als unverkäuflich; die Zahlungseingänge sind geringer als geplant, verschieben sich oder fallen ganz aus. (4) Die Höhe der →Handlungskosten bleibt völlig unberücksichtigt. – b) *Einschränkungen:* (1) Für eine Steuerung der Warenwirtschaft über Soll- und Istspannen sind nur die R. der tatsächlich verkauften Waren heranzuziehen. – (2) Als Kennzahl ist die Bruttorentabilität im Handel zwar sehr verbreitet; sie sollte jedoch durch die betriebswirtschaftlich wesentlich aussagefähigere Nettorentabilität ersetzt werden (vgl. →Kennzahlen im Handel).

Rohgewicht, Gewicht der Waren mit ihren sämtlichen Umschließungen. Das Gewicht ohne alle Umschließungen ist das →Eigengewicht (§ 34 ZG).

Rohgewinn, →Warenrohgewinn.

Rohproduktenhandel, →Rohstoffhandel.

Rohrleitung, *Pipeline,* Verkehrsweg für bestimmte, geeignete Güter im →Rohrleitungsverkehr. – 1. *Technik:* Die R. besteht i. d. R. aus einem unterirdisch verlegten Rohrstrang, einem Pumpwerk (je nach Rohrreibungsverlust und geodätisem Höhenverhältnissen i. a. Abständen von 60–100 km) und Behältern zur Zwischenlagerung der zu befördernden Produkte am Anfang und Ende einer R. – 2. *Besondere Kennzeichen:* Transportweg und -gefäß sind identisch, der Rohrstrang ist gleichzeitig Weg und Transportgefäß. Zudem ist das Antriebsaggregat bzw. die Energiequelle stationär, da die Antriebskraft in Form von Druck genutzt wird, so daß lediglich das zu befördernde Produkt bewegt wird bzw. eine Ortsveränderung erfährt. – 3. *Zu unterscheiden:* (1) Rohölleitungen, die nur Rohöle befördern; (2) Produktenleitungen, die für separate Beförderung verschiedener Produkte ausgelegt sind.

Rohrleitungsbauverband e. V., Sitz in Köln. – *Aufgaben:* Vertretung der Mitglieder in Gremien, die technische Regelwerke, Normen und Richtlinien erarbeiten; Mitwirkung an einem Qualifikationsnachweis für Rohrleitungsbauunternehmen.

Rohrleitungsverkehr. I. B e g r i f f: Beförderung von flüssigen, gasförmigen oder staubförmigen Produkten mittels einer →Rohrleitung (Pipeline), einem aus mehreren Rohren zusammengefügten Leitungsstrang. R. ist vom Leitungsverkehr zu unterscheiden, zu dem auch noch der Kabelleitungsverkehr (Strom) zählt.

II. G e s c h i c h t e: 1. *Anfänge:* Die Entwicklung des R. hängt eng zusammen mit der Intensivierung der Erdölförderung. In der

Erdölwirtschaft von Beginn an bestehende Transportprobleme begünstigen schon frühzeitig die Suche nach alternativen Beförderungssystemen für Rohöl. Dem Bau der ersten Pipeline 1861, folgte 1863 die Erprobung der ersten gußeisernen Leitung (Hutchings). 1865 wurde in Pennsylvania die erste, dem Rohöltransport dienende Rohrleitung gebaut (8 km Länge/tägliche Transportkapazität 250 t Öl). Der schnell sichtbar werdende Transportkostenvorteil führte trotz des Widerstandes der Faßfuhrleute und der Eisenbahngesellschaften zum raschen Ausbau eines weiträumigen Rohrleitungsnetzes in den USA. Nachdem 1874 zwischen Westpennsylvania und Pittsburg die erste moderne Mineralölleitung (96 km Länge/470 t Tageskapazität) in Betrieb genommen worden war, erreichte das Pipelinenetz der amerikanischen Mineralölwirtschaft bereits 1879 eine Länge von 1100 km. – 2. In den *80er Jahren des 19. Jh.* kam es zu entscheidenden *technischen Verbesserungen* (Erhöhung des Korrosionsschutzes und der Dichtigkeit, damit verbunden eine Erhöhung der Qualität und eine Steigerung der Transportkapazität). Während die ersten Pipelines ausschl. dem Rohöltransport dienten, wurde 1892 auf diese Weise erstmals Benzin befördert. Dennoch blieben Leitungen für Fertigprodukte lange Zeit noch eine Ausnahme; erst die Verbesserung der Schweißtechnik ermöglichte ab 1930 die Ausweitung des Transports von leichtentzündbaren Mineralölfertigprodukten in Pipelines. – 3. *Weltweit:* Um die Jahrhundertwende verfügten die USA bereits über knapp 30 000 km Rohölleitungen. Außerhalb der USA entstanden die ersten Pipelines ebenfalls zunächst in Erdölfördergebieten, so 1878 in Rußland (von Baku nach Balanchany), 1916 im Irak und in den 20er und 30er Jahren in Mexiko und Venezuela. 1944 wurde der Bau der Transarabienpipeline (Persischer Golf/Sidon im Libanon) begonnen. Bis zum 2. Weltkrieg lag der Pipelinebau (Ausnahme UdSSR) nahezu ausschließlich in privaten Händen (starke Beteiligung der großen Mineralölgesellschaften). Der Ausbau des Mineralölfernleitungsnetzes führte zu bedeutenden wirtschaftsstrukturellen Veränderungen (Beseitigung der Standortgebundenheit der Raffinerien an die Ölfelder, Erleichterung der Energieversorgung mit Öl). Anfang der 50er Jahre belief sich der Gesamtumfang des Pipelinenetzes auf der Welt (einschl. Gasleitungen) auf rd. 800 000 km, wovon etwa 90% auf die USA entfielen (in den USA etwa 220 000 km Rohölleitungen, 40 000 km Fertigproduktenleitungen sowie 45 000 km Erdgasleitungen). – 4. *Westeuropa:* Der Ausbau des Rohrfernleitungsnetzes erfolgte langsamer (1961 erst rd. 1200 km). Auch in der Bundesrep. D. existierten Ende der 50er Jahre erst wenige zumeist kurze Pipelines (Ausnahme: Pipeline Brunsbüttelkoog/Eide für importiertes Rohöl. In einer ersten Phase wurde die

Nord-West-Ölleitung (Wilhelmshaven-Wesseling, Inbetriebnahme Ende 1958) sowie die Rotterdam-Rhein-Pipeline (Inbetriebnahme Juli 1960) gebaut. In einer zweiten Phase entstanden zur Versorgung der Anfang der 60er Jahre in Süd- und Südwestdeutschland errichteten Raffinerie-Zentren (Ingolstadt/Karlsruhe) drei Pipeline-Verbindungen zum Mittelmeer; Ende 1962 Inbetriebnahme der Süd-Europäischen-Pipeline von Lavara (Marseille) nach Karlsruhe; im November 1963 Anbindung von Ingolstadt durch die Rhein-Donau-Ölleitung; ab Herbst 1966 Versorgung der deutschen Raffinerien zudem durch die Central-Europäische-Pipeline (Ausgangspunkt: Genua). Im Herbst 1967 folgte die Inbetriebnahme der Transalpine Ölleitung (TAL) zwischen Triest und Ingolstadt als der bedeutendsten europäischen Pipeline. – 5. Die Erweiterung des Rohölleitungsnetzes durch Zuleitungen wurde zunehmend ergänzt durch den Bau von *Produktenfernleitungen.* Mit der Rhein-Main-Rohrleitung (RRP) von Ludwigshafen zum Ruhrgebiet (später Verbindung mit Rotterdam) wurde Ende der 60er Jahre die erste derartige Pipeline fertiggestellt. Die RRP dient v.a. dem Transport von Grundstoffen für die chemische Industrie. Im übrigen war die weitere Entwicklung weniger durch den Bau von neuen Rohölfernleitungen, als vielmehr durch die Erweiterung des Netzes von Produktenfernleitungen gekennzeichnet (als letzte neue Rohölfernleitung wurde 1983 die Norddeutsche Ölleitung (Wilhelmshaven-Hamburg) in Betrieb genommen).

III. Unternehmens-, Betriebs- und Kostenstruktur: 1. Hohe Investitionskosten und wesentlich günstigere Transportkosten bei steigender Durchsatzmenge sprechen dafür, Pipelinebauten als *Gemeinschaftsprojekte* durchzuführen. Bau und Betrieb der Rohrleitungen daher überwiegend durch speziell zu diesem Zweck gegründete, privatwirtschaftlich arbeitende Betriebsgesellschaften unterschiedlicher Rechtsform mit starker Beteiligung der Mineralölgesellschaften; vielfach auch multinationale Organisation und Tätigkeit der Gesellschaften. Einzelne Zweigleitungen befinden sich im Eigentum der jeweils angeschlossenen Raffinerien. – 2. *Länge:* Nach der Statistik der Rohrfernleitungen (Leitungen über 40 km Länge) belief sich die Gesamtlänge der Rohrfernleitungen auf deutschem Gebiet auf 2222 km; darunter waren 1715 km Rohölleitungen. Einschl. der Strecken außerhalb des Bundesgebietes waren die deutschen Raffinerien an ein Rohölleitungsnetz von 3938 km angeschlossen; zugleich waren 1539,1 km Produkten-Fernbzw. Verbindungsleitungen in Betrieb (1987; ohne militärische Pipelines). – 3. *Kapazität:* Mit einem Durchmesser von 102 cm und einer Durchsatzkapazität von 45 Mill. Jahrestonnen weist die Transalpine Ölleitung die höchste Kapazität auf, gefolgt von der Nord-West-Ölleitung (NWO I) mit 24,5 Mill. Jahrestonnen. An die in Betrieb befindlichen Rohölfernleitungen waren Anfang 1987 insgesamt 22 Raffinerien angeschlossen. – 4. *Beförderungs- und Verkehrsleistung:* 1985 wurden im Bundesgebiet 56,79 Mill. t Rohöl im R. befördert. Die Verkehrsleistung belief sich dabei auf 8675 Mill. tkm. Rohes Erdöl wurde zu 97,7% und Mineralölerzeugnisse zu 12,8% mittels Rohrfernleitungen befördert. – 5. *Beschäftigte, Einnahmen, Wertschöpfung und Anlagevermögen:* Im R. waren 1985 knapp 1000 Personen beschäftigt; die Gesamteinnahmen beliefen sich auf rd. 650 Mill. DM (lt. Umsatzsteuerstatistik). Zu jeweiligen Preisen betrug die Bruttowertschöpfung im R. 430 Mill. DM (weniger als 1% der Verkehrsbereiche insgesamt). Im Vermögen von 1980 belief sich das Brutto-Anlagevermögen im R. 1985 auf 4,33 Mrd. DM (Netto-Anlagevermögen: 2,09 Mrd. DM)

Rohölfernleitungen in Betrieb (1.1.1987)

Leitungsweg	Länge in km	Durchmesser in cm	Durchsatzkapazität in Mill. t/Jahr
Nord-West-Ölleitung	353	71	24,5
Norddeutsche Ölleitung	136	56	7,0
Rotterdam-Rhein Pipeline	177	91	24,0
Südeuropäische Pipeline	782	86	22,0
Central-Europäische Pipeline	660	81–46	8–10
Transalpine Pipeline	465	102	45,0

(nur Hauptleitungen, ohne Zweigleitungen)

Entwicklung des Rohrleitungsverkehrs[1])

	1960	1967	1973	1979	1985
Länge der Leitungen (km)[2])	455	1951	2086	2086	2222[3])
Rohölleitungen	455	1571	1579	1579	1715
Mineralölproduktenleit.	–	380	507	507	507
Verkehrsaufkommen					
Gesamtmenge (Mill. t)	13,3	60,0	103,8	96,2	69,2
dar. grenzüber-					
schreitender Verkehr	2,4	39,9	77,6	71,5	55,2
Rohöl	13,3	57,5	91,0	76,1	56,8
Mineralölerzeugnisse	–	2,5	12,6	8,6	12,4
Verkehrsleistung[4])					
Tonnen-km (Mill. tkm)	3,0	10,4	19,2	17,4	10,5
Rohöl	3,0	10,0	16,8	16,0	8,7
Mineralölerzeugnisse	–	0,4	2,4	1,4	1,8

[1]) Rohöl- und Mineralölproduktenleitungen über 40 km Länge; [2]) Stand: 31. Dezember; [3]) einschl. der 244 km des seit Mitte 1982 vorübergehend stillliegenden zweiten Rohrstranges der Nord-West-Ölleitung; [4]) im Bundesgebiet.

Quelle: Bundesminister für Verkehr (Hrsg.): Verkehr in Zahlen 1986; Bonn September 1986.

Rohrpost, mechanisches Fördermittel für schriftliche Nachrichten (→Schriftgut-Förderanlage) zur schnellen Überbrückung größerer Entfernungen innerhalb eines Betriebes. Schriftstücke oder kleine Gegenstände werden

in zylindrische Büchsen (von 50 mm $\varnothing$) gesteckt und diese mittels Druck- oder Saugluft durch Röhren direkt oder (bei größeren Anlagen) über eine Zentrale zur Empfangsstation befördert.

Rohstoffabkommen, *internationale Rohstoffabkommen,* internationale Abkommen zur Regulierung des Weltrohstoffhandels, damit wesentlicher Bestandteil der internationalen Agrarpolitik. – *Ziele:* Sicherung der Versorgung mit Rohstoffen; Stabilisierung der Rohstoffmärkte bzw. der Rohstoffpreise und damit der Exporterlöse der Entwicklungsländer. – *Instrumente:* Insbes. Quotenregelung; Rohstoffausgleichsfonds (buffer stocks); Abnahmegarantien. – *Bedeutung:* Die bisherigen Abkommen scheiterten zum größten Teil (derzeit existiert noch das Internatiale Zuckerabkommen, seit 1954, und das Internationale Kaffeeabkommen, seit 1959). Bei massiven Preisbewegungen haben die Fonds zu geringe finanzielle Mittel oder zu geringe Rohstoffmengen, um (endgültig) stabilisierend eingreifen zu können. Zudem hielten sich die Entwicklungsländer häufig nicht an die vereinbarten Exportquoten und gefährden dadurch die Funktionsfähigkeit der Abkommen. – Aus der Sicht der Entwicklungsländer stand lange Zeit ein Korb mit etwa zehn Hauptprodukten zur Diskussion (,,integrierte Rohstoffpolitik"), von denen die Entwicklungsländer besonders abhängig sind und gemeinsam hätten verwaltet werden sollen (vgl. die Diskussion um eine →Neue Weltwirtschaftsordnung).

Rohstoffe. I. Volkswirtschaftslehre: Unbearbeitete Grundstoffe, die durch Primärproduktion gewonnen werden.

II. Betriebswirtschaftslehre: Grundstoffe, die im Produktionsprozeß in das Erzeugnis eingehen. R. bilden den stofflichen Hauptbestandteil der Erzeugnisse. – Vgl. auch →Rohstoffwirtschaft I.

Rohstoffhandel, *Rohproduktenhandel,* Form des Handels, differenziert nach ihren Hauptumsatzträgern: Roh-, Hilfs- und Betriebsstoffe sowie manche Zwischenprodukte, die in den nachfolgenden Produktionsstufen verwendet werden. *Abgrenzung* zum →Urproduktenhandel und zum Investitionsgüterhandel oft fließend. Vgl. →Produktionsverbindungshandel.

Rohstoffkartell. 1. Begriff: Internationales Kartell, in dem sich Rohstoffanbieter zusammenschließen, um durch koordinierte Angebotspolitik Preissenkungen zu verhindern bzw. Preissteigerungen zu bewirken. R. wurden v. a. nach dem anfänglichen Erfolg des →OPEC im Hinblick auf eine Exporterlössteigerung der →Entwicklungsländer diskutiert.

Die Erfolgsaussichten von R. sind wegen der erforderlichen Voraussetzungen gering. – 2. Die *Voraussetzungen* für eine erfolgreiche Funktion erstrecken sich auf verschiedenen Ebenen, z. B.: a) Der betreffende Rohstoff müßte bestimmte Eigenschaften erfüllen, wie Homogenität und Lagerfähigkeit. b) Es müßten kartellbegünstigende Angebotsbedingungen vorliegen, wie hoher Anteil der betreffenden Rohstoffländer am Weltexport und -vorkommen (hoher Monopolisierungsgrad), niedrige Preiselastizität des Angebots von Nichtkartellmitgliedern, relativ geringe Zahl der sich zum Kartell zusammenschließenden Länder (Informations- und Marktregulierungskosten müssen niedriger sein als die Erlössteigerung) und relativ hohe Konvergenz der wirtschafts- bzw. allgemeinpolitischen Ziele der Mitglieder. c) Ferner müßte die Preiselastizität der Nachfrage nach dem betreffenden Rohstoff niedrig, bzw. die Möglichkeit, diesen zu substituieren oder durch technischen Fortschritt seinen Einsatz zu rationalisieren, relativ gering sein.

Rohstoffkosten, Kosten für Rohstoffe (→Werkstoffe). Teil der →Materialkosten. R. werden als →Einzelkosten in der Kostenartenrechnung erfaßt und als →Einzelmaterial einzelnen Kostenträgern zugeordnet. – Vgl. auch →Materialbuchhaltung.

Rohstoffsteuer, →Fabrikationssteuer.

Rohstoffwirtschaft. I. Begriffe: 1. *Rohstoffwirtschaft:* Beschreibung, Erklärung, Prognose und Gestaltung wirtschaftlicher Zusammenhänge und Entwicklungen auf dem Rohstoffsektor. R. erstreckt sich von der Suche über die Gewinnung bis zur Verarbeitung der Rohstoffe und hat volks- und betriebswirtschaftliche Bezüge. Im Rahmen der betrieblichen Funktionen Beschaffung und Absatz werden die Beziehungen zwischen Rohstoffproduzent und Rohstoffverwender bzw. -verbraucher und evtl. nötigen Institutionen (z. B. Börsen) behandelt. – 2. *Rohstoffe:* Im allgemeinen Sprachgebrauch die unbearbeiteten Grundstoffe, die durch Urproduktion gewonnen werden. In der →Havanna-Charta etwas weiter gefaßte volkswirtschaftliche Definition über „Grundstoffe": „Jedes Erzeugnis der Landwirtschaft, der Forstwirtschaft oder der Fischerei und jedes Mineral, einerlei, ob dieses Erzeugnis sich in seiner natürlichen Form befindet oder ob es eine Veränderung erfahren hat, die i. a. für den Verkauf in bedeutenden Mengen auf dem internationalen Markt notwendig ist." – 3. *Werkstoffe:* Mit Rücksicht auf den volkswirtschaftlichen Inhalt der Bezeichung „Rohstoffe" im betriebswirtschaftlichen Bereich verwendeter Begriff für alle Ausgangs- und Grundstoffe, die für die Herstellung von Erzeugnissen bestimmt sind. – Vgl. auch →Werkstoffe.

II. Besonderheiten der R. resultieren aus den besonderen sich z. T. häufig ändernden Gegebenheiten der Rohstoffe: 1. *Vorkommen* mineralischer Rohstoffe sind vollständig, organischer Rohstoffe teilweise ortsgebunden. – 2. *Entfernung* der Rohstoffvorkommen oft weit von den Verbrauchermärkten; daher hohe Transportkosten, die wesentlicher Preisbestandteil der Rohstoffe sind. – 3. *Beeinflußbarkeit* von Qualität und Verfügbarkeit der Rohstoffe nur teilweise und nur durch vergleichsweise langwierige Aktionen. – 4. *Begrenztes Vorkommen* mineralischer Rohstoffe; sie unterliegen dem Substanzverzehr. – 5. *Großanlagen* für Rohstoffgewinnung, -beund -verarbeitung erfordern hohe und langfristige Kapitalbindung. – 6. *Prognosen* bezüglich des Rohstoffmarktes mit großen Unsicherheiten; daher häufiger Wechsel von Überschuß- und Mangellagen; folglich Preisschwankungen bzw. -risiken. – 7. Die Volkswirtschaften mit großen Rohstoffvorkommen sind in ihrer Existenz abhängig von möglichst regelmäßigem Absatz (Monokulturen). Rohstoffwarenverkehr wird oft durch politische Maßnahmen sowohl von den verbrauchenden Staaten als auch von den rohstoffbesitzenden Staaten beeinflußt, um wirtschaftliche und politische Ziele zu erreichen (vgl. auch →Rohstoffabkommen).

III. Rohstoffreserven: Wichtig ist die Unterscheidung in regenerierbare und nicht regenerierbare Rohstoffe. Menge/Qualität pflanzlicher und tierischer Rohstoffe hängt im wesentlichen von den Bedingungen ihrer Gewinnung ab (Anbaumethoden, Bodenschaffenheit, Klima). Bei Abbaurohstoffen ist die Reichweite der geologischen Lagerstätten und ihre geographische Verteilung wichtig. Bei der Beurteilung möglicher *Versorgungsengpässe* sind zu berücksichtigen: a) politische und wirtschaftliche Stabilität des Rohstofflandes; b) regionale/kontinentale Konzentration der Lagerstätten; c) nationale/internationale Interventionsmöglichkeiten; d) Substitutionsmöglichkeiten; e) Lagerfähigkeit der Rohstoffe.

IV. Institutionen im Rohstoffbereich: a) Bundesanstalt für Geowissenschaften und Rohstoffe, Hannover; b) Institut für Erforschung technologischer Entwicklungslinien, Hamburg; c) Bundesministerium für Wirtschaft, Bonn; d) Metallgesellschaft, Frankfurt a. M.; e) US-Bureau of Mines, Washington; f) American Bureau of Metal Statistics, Washington; g) Institute of Geological Sciences, London.

Rohumsatz, Umsatz vor Abzug von →Umsatzsteuer und →Erlösschmälerungen. – Vgl. auch →Erlöse, →Umsatzerlöse.

Roi, Abk. für→return on investment.

Rolle, sozialwissenschaftlicher Begriff zur Kennzeichnung eines Systems von Verhaltensregeln. R. wird meist durch die Erwartungen und Ansprüche einer Gruppe definiert, die an den Inhaber eine bestimmten Position bezüglich seines Verhaltens und äußeren Erscheinungsbildes gestellt werden. So bestehen etwa ganz bestimmte Erwartungen darüber, wie sich ein Lehrer, ein Vorgesetzter, ein Mann oder ein Kind zu verhalten haben.

rollende Läden, Bezeichnung für die beim →Fahrverkauf eingesetzten Fahrzeuge.

rollende Landstraße, →Huckepack-Verkehr, →kombinierter Verkehr II 2 a).

rollende Planung, Verfahren zur systematischen Aktualisierung und Konkretisierung der Pläne durch Fortschreibung. Basis ist meist eine Unterteilung des langfristigen Plans in Jahresabschnitte (d. h. Planperiode t gleich ein Jahr), vor denen der erste Abschnitt detailliert geplant wird, so daß er dem Kurzfristplan entspricht. Nach Ablauf des ersten Jahresabschnitts wird der Gesamtplan neu überarbeitet, wobei man den nächsten Jahresabschnitt (t + 1) detailliert plant. Die Revision der Periodenpläne erfolgt also nach *einer* Periode (*anders:* →Blockplanung). – Gibt es keine zeitliche Überlagerung von Plänen gleicher und unterschiedlicher →Fristigkeit, so spricht man vom *Prinzip der Reihung,* andernfalls vom *Prinzip der Staffelung.*

rollende Ware, Ware, die sich auf dem Straßen- oder Schienentransport befindet. – Entsprechend: *schwimmende"* oder *„fliegende"* Ware. – *Bilanzierung:* In der →Bilanz des Lieferanten bis zum Gefahrenübergang auf den Käufer (→Realisationsprinzip) als Bestand, danach als Forderung aufzuführen.

Rollenkonflikt, Form des →Konflikts mit der Besonderheit, daß die Konflikteinheiten nicht Personen, sondern →Rollen sind. – R. tritt besonders dann vor, wenn eine Person mehrere Positionen innehat, deren Rollen miteinander unverträglich sind, so daß dann eine noch die andere Rolle erwartungsgemäß erfüllt werden kann bzw. die eine nur auf Kosten der anderen (z. B. berufstätige Frauen, die auch Hausfrauen sind).

Rollfuhrdienst, *bahnamtlicher R.,* von der Deutschen Bundesbahn nach Bedürfnis eingerichteter Straßenverkehr zum Transport der mit der Bahn beförderten Güter zwischen Bahn und Empfänger bzw. Absender gemäß §41 V EVO. R. wird durch Aushang bei →Güterabfertigung bekanntgegeben. Absender kann bei Aufgabe im →Frachtbrief Zuführung von Stückgut, auch von Ladungsgütern, zur Wohn- oder Betriebsstätte des Empfängers oder „bahnlagernd" vorschreiben. Diese Vorschrift ist bevorrechtigt und

schließt Selbstabholrecht des Empfängers aus. Für Schäden im R. haftet die Bahn in gleicher Weise wie für die Beförderung auf der Eisenbahn. – Der *Rollfuhrunternehmer,* fälschlich auch als Spediteur bezeichnet, steht in Ausübung der R. den Bediensteten der Bahn gleich (→Erfüllungsgehilfe) und hat kein eigenes erwerbliches Verhältnis zum Empfänger; für seine Haftung gegenüber der Eisenbahn – im Rahmen der EVO oder des HGB – versichert ihn der Bahnrollfuhr-Versicherungsschein (BRVS). Die ADSp gelten nicht. – *Innenverhältnis* zwischen R. und Bahnverwaltung nach den Allgemeinen Bedingungen für Rollfuhrunternehmer (ARB). – *Rollgeldberechnung* gegenüber Versendern oder Empfängern gemäß →Einheitsgebührentarif.

Rollfuhrversicherungsschein (RVS), Versicherung der Schäden aus Rollfuhraufträgen im Orts- und Nahverkehr, die der Spediteur nach §39a ADSp abschließen und dem Auftraggeber bescheinigen muß. Teil des →Speditions- und Rollfuhrversicherungsscheins und der →Speditions-Police.

Rollfuhrvertrag, Vertrag zwischen Eisenbahn und Rollfuhrunternehmer, der die Bedingungen für die Zuführung des Gutes zum Empfänger im →Rollfuhrdienst regelt; u. a. wird ein Entgelt (→Rollgeld) festgelegt, das sich in der Höhe nach den vom Bundesverband Spedition und Lagerei (BSL) empfohlenen Hausfrachten richtet. – Bei den früher angewandten Allgemeinen Rollfuhrbedingungen, die heute in den R. eingearbeitet sind, handelt es sich nicht um eine allgemeine Rechtsgrundlage, sondern um eine selbstauferlegte Regelung zwischen den Eisenbahnen und den Rollfuhrunternehmen.

Rollgeld, Entgelt des Rollfuhrunternehmers für die Zuführung eines Gutes an den Empfänger; geregelt im →Rollfuhrvertrag. In der Höhe richtet sich R. nach den vom Bundesverband Spedition und Lagerei empfohlenen Hausfrachten. Eine allgemeine rechtliche Grundlage für die Handhabung des R. existiert nicht. – *Kostenabrechnungstechnische Erfassung/Verrechnung:* R. werden als spezielle Frachtkostenart (→Frachtkosten) oder als Teil von Beschaffungsnebenkosten (→Beschaffungskosten) bzw. Versandkosten (→Transportkosten) erfaßt. Sie werden pauschal (z. B. im Rahmen der Materialgemeinkosten) oder gesondert als Kostenträger- bzw. Kostenträgergruppeneinzelkosten verrechnet.

rollierende Arbeitszeitsysteme, neues Modell der →Arbeitszeitflexibilisierung, bei der die 5-Tage- und die 40-Stunden-Woche für die einzelnen beibehalten werden, durch rollierende Arbeitsplatzbesetzung von n Mitarbeitern an n + 1 Arbeitsplätzen die Betriebszeit auf 6 Tage pro Arbeitswoche erweitert

Rollierende Arbeitszeitsysteme

Mitarbeiter	Mo	Di	Mi	Do	Fr	Sa	Mo	Di	Mi	Do	Fr	Sa
1	–	1	1	· 1	1	1	1	–	2	2	2	2
2	1	–	2	2	2	2	2	2	–	3	3	3
3	2	2	–	3	3	3	3	3	3	–	4	4
4	3	3	3	–	4	4	4	4	4	4	–	5
5	4	4	4	4	–	5	5	5	5	5	5	–
6	5	5	5	5	5	–	–	1	1	1	1	1

wird. Obenstehende Tabelle verdeutlicht das System.

Roll on/Roll off-Verkehr, *RoRo-Verkehr,* →kombinierter Verkehr zum Transport von Straßenfahrzeugen und/oder Schienenfahrzeugen (Trajektverkehr) mit und ohne Ladungen auf Schiffen (RoRo-Schiffe, Fähren), auf die und von denen die Landfahrzeuge mit eigener Kraft fahren.

Roll-over-Kredit. 1. *Begriff/Charakterisierung:* Der R.-o.-K. ist ein mittel- bis langfristiger Großkredit mit spezieller Zinsvereinbarung. Der Zinssatz wird nicht für die gesamte Laufzeit festgelegt, sondern periodisch an den Marktzinssatz angepaßt. Die Kreditlaufzeit wird in Zinsperioden untergliedert (Länge ca. 3–6 Monate); während dieses Zeitraums bleibt der Zinssatz konstant. Nach Ablauf der Zinsperiode findet eine erneute Anpassung für den nächsten Abschnitt statt. Das Risiko bzw. die Chance einer Zinsänderung trägt hier der Schuldner. Die Art der Zinsvereinbarung erleichtert dem Kreditgeber die Refinanzierung: Veränderte Bedingungen können durch die Zinsanpassung auf den Kreditnehmer überwälzt werden. So ist auch bei langfristigen Krediten eine kurzfristige Refinanzierung möglich. – 2. *Arten:* Bezüglich der vertraglichen Ausgestaltung existieren mehrere Varianten: a) Vereinbarung eines festen Darlehensbetrags, der zu einem fixierten Zeitpunkt auf einmal ausbezahlt wird. – b) Die Höhe der Inanspruchnahme durch den Kreditnehmer ist variabel, es wird lediglich ein Höchstlimit vereinbart. Auch bei vollständiger Rückzahlung bleibt das Vertragsverhältnis bestehen. – c) Für den Fall unvorhergesehener Finanzierungsbedürfnisse oder evtl. auftretender Kapitalmarktengpässe wird vorsorglich die Bereitstellung der erforderlichen Mittel vereinbart (Stand-by-roll-over-Kredit). – 3. *Bedeutung:* Von großer Bedeutung ist der R.-o.-K. auf dem Euromarkt; es werden dort Großkredite von Bankenkonsortien an Großunternehmen oder staatliche Institutionen vergeben.

ROM, read only memory, →Festwertspeicher, dessen Inhalt vom Hersteller festgelegt wird. ROM dient der Aufnahme von häufig gebrauchten →Maschinenprogrammen aus dem Komplex der →Systemprogramme (vgl. auch →Mikroprogramm).

Roosa doctrine, →availibility doctrine.

RoRo-Verkehr, Abk. für →Roll on/Roll off-Verkehr.

Rorschach-Test, bei der. →Eignungsuntersuchung gebräuchlicher, nach dem Schweizer Psychiater Hermann Rorschach benannter Formdeutversuch. Dabei hat die Versuchsperson (Vp) symmetrische Klecksfiguren (auch bunte) nach der Phantasie auszudeuten. Der R.-T. findet *Anwendung* zur Ermittlung v. a. des charakterlichen, aber auch des intellektuellen Gefüges eines Menschen. Besonders wird das Eingehen der Vp auf ganzheitliche oder Teilerfassung, auf Form-, Bewegungs- und Farbmomente, in zweiter Linie die Art der von ihr gesehenen Inhalte auf den Tafeln beobachtet und ausgewertet. Der Test ist heute sehr *verbreitet* und eines der bestbewährten charakterologischen Verfahren überhaupt. Vgl. auch →Psychodiagnostik.

Roscher, Wilhelm, 1817–94, Begründer der älteren →historischen Schule der Nationalökonomie. – *Hauptthese:* Das Wirtschaftsleben kann nur im Zusammenhang mit anderen Kulturbereichen wie Religion, Kunst, Wissenschaft erfaßt werden; darauf fußt die von R. und seinen Schülern vertretene „geschichtliche oder physiologische Methode". – *Hauptwerke:* „System der Volkswirtschaft" in 6 Bänden, 1854–94, und die heute noch sehr lesenswerte „Geschichte der Nationalökonomie in Deutschland" 1874.

Rosenzweig-Test, →Bildenttäuschungstest.

Rotation von Stichproben, bei Wiederholungsbefragungen in einem ständigen Berichterkreis (→Panel) der schrittweise Ersatz von Elementen (→Personen), um zu vermeiden, daß das Befragungsergebnis nicht mehr auf die →Grundgesamtheit übertragen werden kann. Hintergrund ist die Erfahrung, daß sich die Verhaltensweisen von Befragten, etwa im Konsumbereich, durch laufende Auskunfterteilung verändern, und daß in manchen Fällen nach zahlreichen Befragungen eine weitere Mitarbeit verweigert wird. Durch Beibehaltung einiger Untersuchungseinheiten sind darüber hinaus Veränderungen von individuellen Daten zwischen aufeinanderfolgenden Erhebungszeitpunkten beobachtbar.

Rötung, Verfahren (rotes Unterstreichen) zur Kenntlichmachung der Löschung von Eintragungen im →Grundbuch.

Routenstreckung, Ausweitung des Aktionsradius eines Transportbetriebs zur Wiedererlangung seines ursprünglichen Kapazitätsnutzungsgrades, der nach Verkürzungen bisheriger Fahrstrecken und/oder Fahrzeiten (z. B. durch Neu- und Umbauten von Verkehrswegen) gesunken ist.

Routineentscheidung, →programmierbare Entscheidung 2 a).

Rowan-Lohn, von Rowan entwickeltes Prämienlohnsystem (→Prämienlohn), bei dem für eine normale Stundenleistung der übliche Stundenlohn gezahlt wird und darüber hinaus für Zeitunterschreitungen eine Prämie, die sich aus dem Verhältnis der ersparten Zeit zur Normalzeit bei normalem Stundenlohn errechnet. (Beispiel: Normale Arbeitszeit wird um 30% unterschritten; Stundenlohn erhöht sich um ebenfalls 30%.) Die Prämie in Abhängigkeit von der Mehrleistung weist damit einen degressiven Verlauf (→degressiver Akkord) auf. Keine der Mehrleistung proportionale Lohnsteigerung; kein Antreiben zu Höchstleistungen. – Vgl. auch →Halsey-Lohn.

Rowntree-Zyklus. 1. *Begriff:* Gesetzmäßigkeit in Bezug auf Verbrauch und Einkommen bei der Lebenshaltung von Arbeitern. Der „reguläre Zyklus" hohen wirtschaftlichen Drucks hängt zusammen mit den von der Familiengröße abhängigen Ausgaben und den gegengerichteten Einnahmen aus der Erwerbstätigkeit. – 2. *Phasen:* (1) Sinkende Lebenshaltung für die Kinder durch wachsende Familiengröße bei gleichem →Arbeitseinkommen der Eltern. – (2) Relativ hoher Lebensstandard junger Menschen nach Abschluß der Berufsausbildung, evtl. auch durch Mitarbeit der Ehefrau, besonders bei kinderloser Ehe. – (3) Beeinträchtigung der Lebenshaltungskosten der Kinder und später durch Minderung des Arbeitseinkommens bzw. noch später durch die niedrigere →Sozialrente. Der R.-Z. beeinträchtigt die Sparfähigkeit und die →Vermögensbildung der Arbeitnehmer. – Vgl. auch →Familienzyklus.

RPG, report programm generator, in den Versionen RPG II und RPG III auf mittleren und kleinen Rechnern für kommerzielle Anwendungen relativ weit verbreitete →Programmiersprache (als Alternative zu →Cobol). Sie ermöglicht auf einfache Weise die Erzeugung von Drucklisten (→Reportgenerator); sie ist jedoch aufgrund sehr beschränkter Sprachelemente unflexibel und für anders gelagerte Aufgaben weniger geeignet.

RS232C, →V. 24-Schnittstelle.

Ruanda, *Rwanda, République Rwandaise,* kleinster Staat Afrikas, präsidiale Republik, neue Verfassung seit 1978, eingeteilt in 10 Präfekturen, seit 1962 unabhängig. – *Fläche:* 26 338 km². – *Einwohner* (E): (1985, geschätzt)

6,07 Mill. E. (230,5 E/km²). – *Hauptstadt:* Kigali (155 000 E); weitere wichtige Städte: Butare (25 000 E), Ruhengeri (16 000 E), Gisenyi (13 000 E). – *Amtssprachen:* Französisch, Kinyarwanda; Kisuaheli z. T. Verkehrssprache.

W i r t s c h a f t : *Landwirtschaft:* Angebaut werden: Baumwolle, Mais, Hirse, Maniok, Kaffee, Tee. Rinderzucht: – *Bergbau:* Zinn, Gold, Silber, Wolfram, Wismut, Columbit. – *Industrie* nur schwach entwickelt, v. a. Nahrungsmittelverarbeitung. – *BSP:* (1985, geschätzt) 1730 Mill. US-$ (290 US-$ je E). – Anteil der Landwirtschaft am *BSP:* (1984) 46%; der Industrie 7%. – *Öffentliche Auslandsverschuldung:* (1984) 15,1% des BSP. – *Inflationsrate:* (Durchschnitt 1973–84) 10,5%. – *Export:* (1985) 144 Mill. US-$, v. a. Kaffee, Tee, Zinn, Wolfram, Baumwolle, Ölfrüchte, Tabak, Pyrethrum, Häute, Felle. – *Import:* (1985) 368 Mill. US-$, v. a. Erdöl, Fahrzeuge, Maschinen. – *Handelspartner:* Belgien, Kenia, Malaysia, Tansania, Japan, USA.

V e r k e h r : Keine *Eisenbahn,* gutes *Straßennetz;* internationale *Flughäfen* in Kamembe-Kigasi und Cyangugu.

M i t g l i e d s c h a f t e n : UNO, AKP, CCC, OAU, OCAM, UNCTAD u. a.

W ä h r u n g : 1 Ruanda-Franc (F. Rw) = 100 Centimes.

Rückbehaltungsrecht, →Zurückbehaltungsrecht.

Rückbuchung, →Stornobuchung.

Rückbürge, Person, die sich einem Bürgen für den Fall, daß er aus der →Bürgschaft in Anspruch genommen wird, für die Sicherheit des dem Bürgen vom Hauptschuldner zu leistenden Ersatzes verbürgt. – *Anders:* Nachbürge (→Nachbürgschaft).

Rückdeckungsversicherung, →Lebensversicherung VIII 2.

Rückerstattung, *Restitution.* 1. *Begriff:* Rückgewähr von Vermögensgegenständen, die ihren Inhabern aus Gründen der Rasse, Religion, Nationalität, Weltanschauung oder politischer Gegnerschaft gegen den Nationalsozialismus entzogen worden sind. Die R. bezieht sich nur auf feststellbare Vermögensgegenstände; sonst →Wiedergutmachung. Die Fristen für die Geltendmachung von R.-Ansprüchen sind abgelaufen; die Verfahren in der internen Instanz von Wiedergutmachungs- und Restriktionskammern des Landgerichts erledigt. – 2. *Rechtsgrundlagen:* U. a. Militärregierungsgesetze Nr. 59 (US-Zone vom 10. 11. 1947, britische Zone vom 12. 5. 1949), Ordonnance Nr. 120 vom 10. 10. 1947 für die französische Zone und Anordnung der Alliierten Kommandantur vom 26. 7. 1949 für Berlin (West). Nicht vergleichbare Regelung durch SMA-Befehle und Landesgesetze in der DDR. – *Sonderregelung für Ansprüche gegen das Deutsche Reich oder andere öffentliche Rechtsträger,* wie Deutsche Reichspost, Deutsche Reichsbahn, Land Preußen, im Bundesrückerstattungsgesetz vom 19.7.1957 (BGBl I 733) mit späteren Änderungen. *Entschädigung* nach dem →Reparationsschädengesetz.

Rückerstattungsangebot, *money-refund offer,* Maßnahme der →Verkaufsförderung. Mit dem Kauf eines bestimmten Produktes erhält der Konsument gleichzeitig die Herstellergarantie, daß er innerhalb einer bestimmten Frist bei Nichtgefallen bzw. Unzufriedenheit den Verkaufspreis (insgesamt oder mit Nutzungsabschlag) zurückerstattet bekommt.

Rückfall, Begriff des Erbschaftsteuerrechts. Vgl. →Vermögensrückfall.

Rückflußstücke, Stücke einer Wertpapieremission, die nicht zu langfristigen Anlagezwecken erworben wurden und daher bald an den offenen Markt gelangen, wo sie von der Emissionsstelle häufig wieder aufgenommen werden, um Abgleiten des Kurses zu vermeiden.

Rückgabe, umsatzsteuerrechtlich a) die Rücksendung von Bestandteilen einer vom Verkäufer an den Käufer gelieferten Ware nach deren Verarbeitung, wenn die Bestandteile von vornherein nicht an den Käufer übertragen werden sollten, z.B. die R. von Magermilch an den Bauern, der Vollmilch an die Molkerei lieferte; b) die Rückgängigmachung einer →Lieferung. – Die R. unterliegt nicht der →Umsatzsteuer; da) wegen § 3 V UStG, bei b) wegen fehlendem →Leistungsaustausch. – *Anders :* →Rücklieferung.

Rückgriff, *Regreß,* Inanspruchnahme eines Dritten wegen bestimmter Forderungen.

I. Allgemein: R. nimmt: 1. Wer auf →*Schadenersatz* in Anspruch genommen worden ist und nunmehr *von einem Dritten* Ersatz des von ihm zum Zweck des Schadenersatzes Geleisteten verlangt. *Beispiel:* Ein Geschäftsinhaber hat wegen des Verschuldens seines Angestellten Schadenersatz leisten müssen und verlangt nunmehr von diesem Schadloshaltung. – 2. Der in Anspruch genommene *Bürge gegen den Hautschuldner* (→Bürgschaft). – 3. Der in Anspruch genommene →*Gesamtschuldner gegen die übrigen.* – Um sich das Recht zum R. zu erhalten, empfiehlt sich im *Prozeß* die →Streitverkündung.

II. Wechselrecht: Befriedigung der Ansprüche des Wechselgläubigers eines →notleidenden Wechsels durch Inanspruchnahme der Wechsel-Verpflichteten (Art. 43–54 WG). – 1. Rückgriffsrecht besteht *gegenüber* allen Vormännern, Indossanten, Ausstel-

lern, Wechselbürgern. Der R. kann gegen jeden Beliebigen der Wechselverpflichteten genommen werden *(Sprungregreß),* es braucht also keine Reihenfolge eingehalten zu werden. Die Wechselverpflichteten haften als →Gesamtschuldner. – 2. R. kann bei *Nichtannahme* oder *Nichtzahlung* genommen werden, außerdem in gewissen Fällen der Vermögensunsicherheit (z.B. Konkurs des Bezogenen oder Ausstellers). – Voraussetzung für den R. ist Erhebung des →*Wechselprotests.* – 4. Der Inhaber *kann* im Wege des R. *verlangen:* a) die Wechselsumme, soweit der Wechsel nicht angenommen oder nicht eingelöst worden ist, mit den etwa bedungenen Zinsen; b) 6% Zinsen seit dem Verfalltag; c) Kosten des Protests und der Nachrichten sowie der anderen Auslagen; d) Provision in Höhe von höchstens ⅓% der Wechselsumme. Er muß gegen Entrichtung der Rückgriffssumme den Wechsel nebst dem Protest und einer quittierten Rückrechnung (wichtig für →Wechselprozeß) aushändigen. – 5. Jeder, der als *Rückgriffsschuldner* den Wechsel eingelöst hat, ist seinerseits rückgriffsberechtigt *(Ersatzrückgriff, Remboursregreß);* er kann sein Indossament und die Indossamente seiner Nachmänner ausstreichen und im Weg des R. von seinen Vormännern verlangen: a) den vollen Betrag, den er gezahlt hat; b) davon 6% Zinsen seit dem Tag der Einlösung; c) seine Auslagen; d) Provision (wie 4d).

III. Scheckrecht: Ein E. kommt nur mangels Zahlung in Betracht. Es gilt Entsprechendes wie im Wechselrecht (Art. 40–48 ScheckG). An die Stelle des Protests wird die Verweigerung der Zahlung aber in der Praxis zulässigerweise regelmäßig durch die schriftliche, datierte Erklärung des Bezogenen, die den Tag der Vorlegung angibt, oder eine datierte Erklärung der →Abrechnungsstelle, daß der Scheck rechtzeitig eingeliefert und nicht bezahlt worden ist, festgestellt.

Rückkaufgeschäft, *Buy-back-Geschäft,* Sonderform des →Kompensationsgeschäfts, bei der die mit der gelieferten Anlage erstellten Produkte (z.B. Grundstoffe, oder Fertigerzeugnisse) vom Anlagenlieferanten gekauft werden: zur eigenen Verwendung, wenn die Produkte den quantitativen, qualitativen und zeitlichen Anforderungen der eigenen Produktion entsprechen; zur Vermarktung über entsprechende Kanäle, z.B. Gegengeschäftshändler.

Rückkaufsdisagio, ein →Disagio, das entsteht, wenn Obligationen zwecks Tilgung unter pari zurückgekauft werden; *Disagiogewinne* müssen von Kapitalgesellschaften als →sonstige betriebliche Erträge in der Gewinnund Verlustrechnung erfaßt werden (§ 275 HGB).

Rückkaufswert, →Rückkauf von Versicherungen.

Rückkauf von Versicherungen, vorzeitige Kündigung von Lebens- und Unfallversicherungen mit Prämienrückgewähr durch den Versicherungsnehmer. Diesem steht nach den →Allgemeinen Versicherungsbedingungen ein Garantiewert zu, der bei den Tarifen vor 1987 als Rückkaufswert, bei den neuen Tarifen (seit 1987) als Rückvergütung bezeichnet wird. – 1. *Rückkaufswert* (Tarife *vor 1987*): Voraussetzung für die Gewährung ist die Rückkaufsfähigkeit, d. h. die Beiträge müssen für mindestens drei Jahre oder mindestens $^1/_{10}$ der Beitragszahlunsdauer gezahlt sein; als Rückkaufswert kommt die gezillmerte →Deckungsrückstellung abzüglich eines Stornoabzugs (häufig 95% des →Deckungskapitals) zur Auszahlung. – 2. *Rückvergütung* (Tarife *ab 1987*): Sie wird je nach den Bedingungen des Versicherers ab Beginn der Versicherung oder ab dem zweiten Versicherungsjahr gezahlt. Sie wird grundsätzlich nach denselben Maßstäben berechnet wie bei dem alten Tarifen, allerdings ist eine Mindestrückvergütung vorgeschrieben, die in der Größenordnung von 50% der ab Beginn gezahlten Prämien über 65% der ab Beginn des zweiten Versicherungsjahrs gezahlten Prämien liegt. Bei vermögenswirksamen →Lebensversicherungen (vgl. dort II 7 d)) wird nach wie vor die Hälfte der gezahlten Prämien garantiert.

Rücklagen, bei Kapitalgesellschaften Reserven in der Form von →Eigenkapital, das nicht als →gezeichnetes Kapital, →Gewinnvortrag oder →Jahresüberschuß ausgewiesen und entweder auf gesonderten Rücklagenkonten bilanziert (offene Rücklagen) oder nicht in der →Jahresbilanz in Erscheinung tritt (→stille Rücklagen); nicht zu verwechseln mit →Rückstellungen. R. sind variable Teile des Eigenkapitals, variabel in bezug auf die →Gewinnverwendung oder in Abhängigkeit vom Verwendungszweck (§ 272 III 2, IV HGB, § 150 AktG). Bildung von R. wird mit dem Prinzip des Gläubigerschutzes (der Kapitalsicherung), der Dividendenkontinuität und der Selbstfinanzierung begründet.

I. Offene Rücklagen (in der →Bilanz gesondert [= offen] ausgewiesen): 1. R. bei *Kapitalgesellschaften* (§ 266 III A. II und III HGB): a) →Kapitalrücklage; b) →Gewinnrücklagen. – 2. R. bei *Genossenschaften:* Die Genossenschaft muß eine gesetzliche R. bilden zum Ausgleich von aus der Bilanz sich ergebenden Verlusten; Höhe und Art der Bildung müssen im →Statut festgelegt werden (§ 7 GenG). In jedem Fall muß der gesetzlichen R. ein Teil des Jahresüberschusses zugeführt und der Mindestbetrag der R. festgelegt werden, bis zu dessen Erreichung die Einstellung vorgenommen werden muß. – Außer der gesetzlichen R. können noch weitere Ergebnisrücklagen gebildet werden (vgl. im einzelnen § 337 HGB). – Die R. sind für die Finanzierung der

Genossenschaft von besonderer Bedeutung; da ausscheidende Mitglieder grundsätzlich (zu Ausnahmen vgl. § 73 III GenG) keinen Anspruch auf eine Beteiligung an den R. haben, steht der Genossenschaft in der R. Kapital zur Verfügung, das ihr, im Gegensatz zu den →Geschäftsguthaben, nicht entzogen werden kann. – 3. Für *alle Unternehmungsformen* steuerfreie R. als Sonderposten mit Rücklageanteil in z. B. folgenden Anwendungsfällen: (1) →*Ersatzbeschaffungsrücklage.* – (2) →*Preissteigerungsrücklage.* – (3) R. bei *Veräußerung bestimmter Anlagegüter* gemäß § 6 b III EStG (→Reinvestitionsrücklage). – 4. R. für *Investitionen im Zonenrandgebiet* (§ 3 ZRFG). – (5) R. für *Verluste ausländischer Tochtergesellschaften* (§ 3 AIG). – (6) R. bei Erwerb von Betrieben, deren *Fortbestand gefährdet* ist, gem. § 6 d EStG (sog. Sanierungsrücklage).

II. Stille Rücklagen: Auch als *stille Reserven* bezeichnet. Vgl. →stille Rücklagen.

Rücklaufquote, Anteil der versandten Werbemittel mit Rückantwort oder Fragebögen einer postalischen →Befragung, die innerhalb eines festgesetzten Zeitintervalls zurückgesandt wurden. Niedrige R. kennzeichnend für das →Non-response-Problem.

Rücklieferung, umsatzsteuerrechtlich der Rückkauf einer verkauften Ware oder eines Teils davon oder R. von Abfällen oder Nebenerzeugnissen an den Verkäufer, der dem Käufer Waren zur Verarbeitung lieferte. Es liegen jeweils zwei Lieferungen (→Lieferungen und (sonstige) Leistungen) vor, die der →Umsatzsteuer unterliegen. – *Anders:* →Rückgabe.

Rücknahmesätze, Marktsätze, zu denen bestimmte →Geldmarktpapiere von der Deutschen Bundesbank im Rahmen der →Offenmarktpolitik gekauft werden. – *Gegensatz:* →Abgabesätze.

Rückprämie, →Prämiengeschäft III 2.

Rückprämiengeschäft, →Prämiengeschäft III 2.

Rückrechnung, beim Wechsel- und Scheckrückgriff die quittierte Rechnung, die der Rückgriffsberechtigte eines zu Protest gegangenen Wechsels zugleich mit einem →Rückwechsel dem Einlösenden auszuhändigen hat. Vgl. im einzelnen →Rückgriff II.

Rückruf, Befugnis des Urhebers eines →Werkes, das einem anderen erteilte →Nutzungsrecht zum Erlöschen zu bringen. – 1. *R. wegen Nichtausübung:* Übt der Inhaber eines ausschließlichen Nutzungsrechts das Recht nicht oder nur unzureichend aus und werden dadurch berechtigte Interessen des Urhebers erheblich verletzt, so kann dieser das Nutzungsrecht zurückrufen (§ 41 UrhRG). Der R.

setzt i.a. eine Nachfristsetzung voraus und kann nicht vor Ablauf von zwei Jahren seit Einräumung des Nutzungsrechts ausgeübt werden. R. ist nicht möglich, wenn die Nichtausübung oder die unzureichende Ausübung überwiegend auf Umständen beruht, deren Behebung dem Urheber zuzumuten ist. Der Urheber hat den Betroffenen zu entschädigen, wenn und soweit es der Billigkeit entspricht. – 2. *R. wegen gewandelter Überzeugung:* Der Urheber kann ein Nutzungsrecht zurückrufen, wenn das Werk seiner Überzeugung nicht mehr entspricht und ihm deshalb die Verwertung des Werkes nicht mehr zugemutet werden kann. Auf den R. kann im voraus nicht verzichtet werden. Der Urheber hat den Inhaber des Nutzungsrechts angemessen zu entschädigen (§ 42 UrhRG). – Ein Rechtsnachfolger des Urhebers kann den R. nur erklären, wenn er nachweist, daß der Urheber vor seinem Tod zum R. berechtigt gewesen wäre und an der Erklärung gehindert war oder den R. durch letztwillige Verfügung angeordnet hat (§ 42 UrhRG).

Rucksackproblem, *Knapsack-Problem, Ladungsproblem.* 1. *Begriff:* →Binäres Optimierungsproblem der Form:

(1) $x_0 = c_1 x_1 + c_2 x_2 + \ldots + c_n x_n$

(2) $\qquad a_1 x_1 + a_2 x_2 + \ldots + a_n x_n = b$

(3) $\qquad x_1, \qquad x_2, \quad \ldots \qquad x_n \in \{0, 1\}$

(4) $x_0 \longrightarrow$ Max!

2. *Interpretation:* Ein Bergsteiger steht vor dem Problem, für eine Bergtour seinen Rucksack so mit Proviant zu füllen, daß der (Gesamt-)Nährwert x_0 der eingepackten Lebensmittel möglichst groß wird. Insgesamt stehen die (unteilbaren) Lebensmittel $1, 2, \ldots, n$ mit den (Einzelnährwerten) $c_1, c_2, \ldots, c_n$ und den Gewichten $a_1, a_2, \ldots, a_n$ zur Verfügung, der Bergsteiger kann aber höchstens b Kilogramm tragen. Welche der Lebensmittel sollen unter diesen Bedingungen eingepackt werden? – 3. *Lösungsverfahren:* Grundsätzlich sind alle Verfahren der binären Optimierung anwendbar. Trotz großer Erfolge bei der Reduzierung des Rechenzeitaufwands ist man bei vielen R. der Praxis noch auf den Einsatz heuristischer Verfahren angewiesen. – 4. *Ökonomische Anwendung:* Varianten des R. kommen v.a. bei der Planung von Investitionsprogrammen bzw. von Wertpapierportefeuilles zum Einsatz. Darüber hinaus ergeben sich häufig R. als Unterprobleme bei der Lösung größer linearer Optimierungsprobleme, z.B. bei →Verschnittproblemen.

Rückscheck, →Retouren 3.

Rückschein, besondere Versendungsform im Fall von →Einschreiben sowie mit →Wertangabe versehenen Briefen und Paketen. Der Absender erhält die Original-Empfangsbestä-

tigung des Empfängers. Kennzeichnung: „Rückschein".

Rückstand. 1. *Begriff:* Unerwünschte oder unvermeidbare Nebenwirkung von Produktion und Konsum. – 2. *Arten:* a) *Produktionsrückstände:* Unerwünschte, naturgesetzlich unvermeidbare stoffliche und energetische →Kuppelprodukte jeder Gütererzeugung, die neben dem beabsichtigten Produkten entstehen. (1) *Stoffliche R.:* Bei Formgebung (z.B. Fräsen) bestehen die R. aus Werk- oder Hilfsstoffsubstanz (z.B. Späne); bei chemischer Stoffumwandlung haben R. andere chemische Beschaffenheit als die Einsatzstoffe. Auch beim Einsatz von Betriebsstoffen entstehen R. (z.B. Kohlendioxid und Schwefeldioxid bei Verbrennung fossiler Energieträger). Ferner sind R. ausgemusterte Bauwerke, Maschinen, Geräte, Werkzeuge usw. (2) *Energetische R.:* Abwärme, Abstrahlung, Lärm, Erschütterung. – b) *Konsumrückstände:* Jeder Konsumvorgang verursacht durch Ingebrauchnahme, Gebrauch und Verbrauch von Gütern, Ausmustern von Gebrauchsgütern stoffliche R. (z.B. Verpackungen, Abgase, Altkleider, Altautos); Konsum führt auch zu energetischen R. – Nicht in Wieder- oder Weiterverwendung gehende R. sind →Abfall.

Rückstellungen. I. B e g r i f f : R. sind nach geltendem Handelsrecht →Verbindlichkeiten, →Verluste oder →Aufwendungen, die hinsichtlich ihrer Entstehung oder Höhe ungewiß sind. Durch die Bildung der R. sollen die später zu leistenden Ausgaben den Perioden ihrer Verursachung zugerechnet werden (Buchung: Aufwandskonto an R.). – Nach der statischen →Bilanztheorie sollten nur R. gebildet werden, denen Ansprüche Dritter zugrunde liegen (sog. Verbindlichkeitenrückstellungen). Bei den *dynamischen Bilanzauffassungen* geht es bei der Bilanzierung in erster Linie um die Vergleichbarkeit der Periodenergebnisse und damit um Zurechnung der Ausgaben als Aufwand zu denjenigen Perioden, in denen sie wirtschaftlich verursacht wurden. R. sind danach auch Aufwendungen, denen keine Verpflichtung Dritten gegenüber zugrunde liegt (sog. Aufwandsrückstellungen). – Nachdem früher im Handels- und Steuerrecht nur Verbindlichkeitenrückstellungen zugelassen waren, sind seit der Novellierung des AktG 1965 und insbes. durch das BiRiLiG eine Reihe von Aufwandsrückstellungen vorgesehen (vgl. Tabelle Sp. 1307/1308).

II. H a n d e l s r e c h t : 1. →*Passivierungspflicht* gem. § 249 I HGB: a) Für alle *Verbindlichkeitenrückstellungen.* Dazu gehören ungewisse Verbindlichkeiten, d.h. alle rechtlich entstandenen oder wirtschaftlich verursachten Verbindlichkeiten (z.B. Prozeßrückstellungen, →Garantieverpflichtungen, →latente Steuern, aber auch →Pensionsrückstellungen für nach dem 31.12.1986 zugesagte unmittel-

AktG 1965	StR alt	StR neu	HGB 1985	Rückstellungstatbestand	Bilanztheor. Art der Rückstellung
muß	muß	muß	muß	– ungewisse Verbindlichkeiten	
muß	muß	muß	muß	– drohende Verluste aus schwebenden Geschäften	statische
muß/darf strittig	muß	muß	muß	– Gewährleistungen ohne rechtliche Verpflichtung	
darf	darf/Verbot (strittig)	muß	muß	– unterlassene Aufwendungen für Instandhaltung – Nachholung innerhalb von drei Monaten nach Stichtag	
darf	darf/Verbot (strittig)	muß	muß	– unterlassene Abraumbeseitigung – Nachholung innerhalb des folgenden Geschäftsjahres	dynamische
darf	Verbot	Verbot	darf	– unterlassene Aufwendungen für Instandhaltung – Nachholung innerhalb des 4.–12. Monats des folgenden Geschäftsjahres	
Verbot	Verbot	Verbot	darf	– Aufwandsrückstellungen (allgemein, also auch bei Nachholung nach dem folgenden Geschäftsjahr)	

StR alt ≙ Steuerrecht bis 31.12.1986; StR neu ≙ Steuerrecht ab 1.1.1987

bare Pensionszusagen, für Altverpflichtungen lediglich R.-Wahlrecht) und drohende Verluste aus →schwebenden Geschäften (bilanziert wird der Verpflichtungsüberschuß, wenn der Wert der eigenen Leistung den Wert der Gegenleistung übersteigt). b) Für folgende *Aufwandsrückstellungen:* Aufwendungen für unterlassene Instandhaltung, die in den ersten drei Monaten des folgenden Geschäftsjahres nachgeholt werden, Aufwendungen für unterlassene Abraumbeseitigung, die innerhalb von zwölf Monaten nachgeholt werden, und Aufwendungen für Gewährleistungen ohne rechtliche Verpflichtung (Kulanzgewährleistungen). – 2. *Passivierungswahlrecht* für folgende Aufwandsrückstellungen: Aufwendungen für unterlassene Instandhaltung, die innerhalb von vier bis zwölf Monaten nachgeholt werden sowie für ihrer Eigenart nach genau umschriebene, dem Geschäftsjahr oder einem früheren Geschäftsjahr zuzuordnende Aufwendungen, die am Abschlußstichtag wahrscheinlich oder sicher, aber hinsichtlich ihrer Höhe oder des Zeitpunkts ihres Eintritts unbestimmt sind (§ 249 II HGB, als Beispiel werden Großreparaturen genannt). – 3. *Passivierungsverbot:* Andere R. dürfen nicht gebildet werden. – 4. *Auflösung:* Alle R. sind aufzulösen bei Inanspruchnahme oder Wegfall des Grundes (§ 249 III HGB). – 5. *Bewertung und Ausweis:* R. dürfen nur in der Höhe gebildet werden, die nach vernünftiger kaufmännischer Beurteilung notwendig ist (§ 253 I HGB). R. sind gesondert zwischen dem Eigenkapital und den Verbindlichkeiten auszuweisen; für Kapitalgesellschaften ist eine Aufgliederung nach Pensions-, Steuer- und sonstigen R. vorgesehen.

III. S t e u e r r e c h t : 1. →*Steuerbilanz:* Da für die Bildung von R. besondere steuerrechtliche Vorschriften fehlen (abgesehen von § 6a EStG für →Pensionsrückstellungen), gelten auch für das Steuerrecht die handelsrechtlichen →Grundsätze ordnungsmäßiger Buchführung

(GoB; § 5 I EStG). Demnach sind die nach HGB zu bildenden R. auch steuerrechtlich passivierungspflichtig. – 2. *Bewertungsgesetz:* a) Bei der Einheitsbewertung (→Einheitswert) können R. das →Betriebsvermögen nur *mindern,* wenn sie für bereits entstandene, bewertbare Verbindlichkeiten gebildet sind, nicht also, wenn sie in der Ertragsteuerbilanz für Schulden ausgewiesen wurden, deren Entstehen dem Grunde nach zwar wahrscheinlich, aber noch ungewiß ist (→Bedingung; Ausnahme: R. für Preisnachlässe und Wechselhaftung). – b) *Einzelfälle:* (1) R. wegen Bergschäden: →Bergschaden; (2) R. für Bürgschaftsverpflichtung: Nicht abzugsfähig vor Inanspruchnahme aus der Bürgschaft; (3) R. für Garantieleistungen: →Garantieverpflichtung; (4) R. für Haftungsverpflichtungen: Nicht abzugsfähig, soweit nicht Inanspruchnahme vorliegt; (5) R. für Heimfallverpflichtung: Nicht abzugsfähig; (6) R. für künftige Ausgaben und Unkosten: Nicht abzugsfähig; (7) R. für Patentverletzungen: Nicht abzugsfähig, wenn Ansprüche aufgrund der Patentverletzung am Stichtag bereits geltend gemacht worden sind; (8) R. für künftig fällige Provisionen: Nicht abzugsfähig; (9) R. für Preisnachlässe und für Wechselhaftung: Mit den Werten anzusetzen, die sich nach den Grundsätzen über die steuerliche Gewinnermittlung ergeben; (10) R. für Versorgungszusagen: →Pensionsrückstellungen.

Rückstellung für Beitragsrückerstattung, ein Schuldposten des Versicherungsunternehmens. Eingestellt werden die nicht direkt ausgeschütteten Jahresüberschüsse (→Direktgutschrift) des Versicherers, die als „erfolgsabhängige Rückgewähr" an die Versicherungsnehmer zurückerstattet werden. – Vgl. auch →Lebensversicherung V.

Rückstellung für latene Steuern, von Kapitalgesellschaften zu bildende →Rückstellung für in späteren Perioden anfallende Steuerbelastung. Ist der dem Geschäftsjahr und früheren Geschäftsjahren zuzurechnende Steueraufwand zu niedrig, weil der nach den steuerrechtlichen Vorschriften zu versteuernde Gewinn niedriger als das handelsrechtliche Ergebnis ist, und gleicht sich der zu niedrige Steueraufwand des Geschäftsjahres und früherer Geschäftsjahre in späteren Geschäftsjahren voraussichtlich aus, so ist in Höhe der voraussichtlichen Steuerbelastung nachfolgender Geschäftsjahre eine Rückstellung nach § 249 I S. 1 zu bilden und in der →Jahresbilanz oder im →Anhang gesondert anzugeben. Die Rückstellung ist aufzulösen, sobald die höhere Steuerbelastung eintritt oder mit ihr voraussichtlich nicht mehr zu rechnen ist (§ 274 HGB).

Rücktritt. I. B ü r g e r l i c h e s R e c h t: 1. *Begriff:* Einseitige empfangsbedürftige Willenserklärung (§ 349 BGB), die einen gültigen →Vertrag (im Gegensatz zu der nur für die Zukunft wirkenden →Kündigung) *rückwirkend aufhebt,* wenn das Recht zum R. vertraglich oder gesetzlich vorgesehen ist, so vielfach bei objektiver Unmöglichkeit der Leistung und Schuldnerverzug, insbes. beim gegenseitigen Vertrag (§§ 346 ff. BGB) sowie bei unwahren und →irreführenden Angaben (§ 13 a UWG), die bei der Vertragsabschluß wesentlich sind. – Als Vereinbarung kann R.-Rechts gilt auch die *Klausel,* daß der Schuldner seiner Rechte aus dem Vertrag verlustig sein soll, wenn er seine Verbindlichkeit nicht erfüllt (§ 360 BGB). – Nach dem AGB-Gesetz ist in *Allgemeinen Geschäftsbedingungen* die Vereinbarung eines Rechts des Verwenders, sich ohne sachlich gerechtfertigten und im Vertrag angegebenen Grund von seiner Leistungspflicht zu lösen, unwirksam, es sei denn, es handelt sich um ein Dauerschuldverhältnis (bei dem der R. bedingungsfeindlich ist). – Bei unwahren und irreführenden Werbeangaben (→irreführende Angaben), die für den Abschluß von Verträgen wesentlich sind, ist der R. nach § 13 a UWG möglich. *Anders:* Aufhebung eines Schuldverhältnisses durch Vertrag (→Änderungsvertrag); →Anfechtung. – 2. *Folgen:* a) *Verpflichtungen:* Die Parteien müssen einander die empfangenen Leistungen zurückgewähren; für geleistete Dienste oder die Überlassung der Benutzung einer Sache ist i. d. R. der Wert zu vergüten (§ 346 BGB). (1) Für den Anspruch auf Schadenersatz wegen Verschlechterung, Untergang oder anderweitiger Unmöglichkeit der Herausgabe oder Vergütung von →Nutzungen bzw. Ersatz von Verwendungen gelten vom Zeitpunkt des Leistungsempfanges an i. a. die zwischen Eigentümer und Besitzer nach Rechtshängigkeit maßgebenden Vorschriften (§§ 989, 987, 994 BGB: u. a. Haftung für Untergang oder Verschlechterung infolge Verschuldens, Herausgabe von gezogenen oder schuldhaft nicht gezogenen Nutzungen,

Ersatz notwendiger Verwendungen nach den Vorschriften über Geschäftsführung ohne Auftrag); Geld ist vom Empfang an zu verzinsen (§ 347 BGB). – (2) Erfolgt aber der R. wegen Umstandes, den der andere Teil nicht zu vertreten hat, haftet er nur aus →ungerechtfertigter Bereicherung (§ 327 S. 2 BGB). – b) Die sich aus dem R. ergebenden beiderseitigen Verpflichtungen sind *Zug um Zug zu erfüllen* (§ 348 BGB). Kommt der zurückgetretene mit der Rückgewähr in Verzug, kann ihm der andere Teil angemessene Frist mit Ablehnungsandrohung setzen; erfolgt Rückgewähr nicht innerhalb der Frist, wird der R. unwirksam (§ 354 BGB). – 3. *Ausgeschlossen:* a) Wenn der Berechtigte, sein Erfüllungsgehilfe oder ein Dritter, an den der Gegenstand (z. B. bei Weiterverkauf) veräußert wurde, wesentliche Verschlechterung, Untergang oder sonstige *Unmöglichkeit der Herausgabe* verschuldet hat oder durch Verarbeitung oder Umbildung eine Sache anderer Art geschaffen wurde, §§ 351–353 BGB; b) i. d. R. nach dem Willen der Parteien entgegen § 350 BGB auch dann, wenn der Gegenstand *durch Zufall untergangen* ist.

II. H a n d e l s r e c h t: R. vom Gesellschaftsvertrag einer OHG oder KG ist nur möglich, wenn die Gesellschaft nach außen noch nicht in Erscheinung getreten ist. Sonst bleibt nur die →Auflösungsklage des § 133 HGB. – Bei der →stillen Gesellschaft ist R. nach §§ 320 ff. BGB ohne besondere Einschränkung zulässig.

III. V e r s i c h e r u n g s r e c h t: Beim Versicherungsvertrag ist der Versicherer zum R. berechtigt, wenn der Versicherungsnehmer oder der Versicherte bei Antragstellung über gefahrerhebliche Umstände falsche Angaben gemacht hat. Versicherer behält Prämien; bei Lebensversicherungen und Unfallversicherungen mit Prämienrückgewähr evtl. Erstattung des Rückkaufwerts. R. ist nur innerhalb eines Monats nach Erhalt der Kenntnis von dem R.sgrund zulässig. Der R. ist ausgeschlossen, wenn: a) Versicherer den verschwiegenen Umstand kannte; b) weder Versicherungsnehmer noch Versicherten Verschulden trifft; c) ein Schaden eingetreten oder der betreffende Umstand keinen Einfluß auf Eintritt des Schadens gehabt hat; d) bei der →Lebensversicherung seit Abschluß, Änderung oder Wiederherstellung der Versicherung eine bestimmte Zeit (1–3 Jahre) vergangen ist. – R. auch möglich wegen Nichtbezahlung der Erstprämie.

IV. S t r a f r e c h t: R. vom →Versuch; freiwillige Aufgabe der weiteren Tatausführung oder die Verhinderung deren Vollendung. Führt zur Straflosigkeit (§ 24 StGB).

V. W e t t b e w e r b s r e c h t: Bei unwahren und irreführenden Werbeangaben (→irreführende Angaben), die für den Abschluß von

Verträgen wesentlich sind, ist R. nach § 13 a UWG möglich.

Rücküberwälzung von Steuern, →Steuerüberwälzung mittels Preisbildung am Markt; Übertragung der Steuerlast auf „Vormann" (z. B. Lieferant, Hersteller) mittels Preisabschlag, z. B. Skonti, Rabatte. – *Gegensatz:* →Fortwälzung von Steuern.

Rückvergütung. I. H a n d e l : Vgl. →Konsumgenossenschaft.

II. B a h n v e r k e h r : Tarifmäßig von den Eisenbahnen den Verfrachtern bei Auflieferung gewisser Mindestmengen von Gütern gewährte Vergütung unter Anwendung der →Mindestmengenklausel.

III. V e r s i c h e r u n g s w e s e n : Rückgabe nicht verbrauchter Prämienanteile, z. B. wegen schadenfreien Fahrens in der Kraftverkehrsversicherung, an den Versicherungsnehmer. Zu R. in Unfall- und Lebensversicherung vgl. insbes. →Rückkauf von Versicherungen und →Überschußbeteiligung.

Rückversicherung, *Reassekuranz,* „Versicherung der Versicherung", System der Gefahrenteilung von Versicherern untereinander. Der Erstversicherer (Zedent) gibt einen Teil seiner Wagnisse an den Rückversicherer (Zessionär) ab und kann damit die eigene Zeichnungskraft vervielfachen.

Rückwaren, zollrechtlicher Begriff für Waren, die nachweisbar aus dem →freien Verkehr des Zollgebietes ausgeführt und von demjenigen oder für denjenigen wieder eingeführt werden, der sie ausgeführt hat oder hat ausführen lassen. R. sind, wenn zwischen Ausfuhr und Wiedereinfuhr bei Marktordnungswaren nicht mehr als sechs Monate, bei anderen Waren nicht mehr als drei Jahre liegen, unter bestimmten Voraussetzungen zollfrei. Dem Zollantrag auf Abfertigung der R. zum freien Verkehr ist eine Rückwarenerklärung nach vorgeschriebenem Muster beizufügen. Zum Nachweis der Richtigkeit sind Belege, z. B. Ausfuhrpapiere, Schriftwechsel, Kassenbelege, vorzulegen. – Dies gilt auch für Waren, die aus dem freien Verkehr des *Zollgebietes eines anderen EG-Landes* ausgeführt worden sind, wenn der Nachweis durch eine zollamtliche Bescheinigung dieses Landes geführt wird.

Rückwärtsverkettung, *backward chaining, zielgesteuerte Inferenz,* rekursive Vorgehensweise (→Rekursion), bei der man mit dem Endziel beginnt (d. h. mit dem Sachverhalt, den man aufgrund der Problemstellung erreichen möchte); dieses Ziel wird in Unterziele aufgeteilt, diese werden ebenfalls wieder aufgeteilt usw., bis die Ziele elementare →Fakten sind, von denen man weiß, ob sie zutreffen oder nicht. R. ist eine mögliche →Inferenz-

strategie eines →regelbasierten Systems. – *Gegensatz:* →Vorwärtsverkettung.

Rückwärtsversicherung, Beginn des Versicherungsschutzes zu einem vor Vertragsabschluß liegenden Zeitpunkt, geregelt in § 2 VVG. Haftungszeitraum ist länger als Vertragsdauer. R. i. d. R. in Verbindung mit →Vorwärtsversicherung. Voraussetzung für die Wirksamkeit des Vertrages ist das subjektive Nichtwissen der Beteiligten darüber, ob ein Versicherungsfall eingetreten ist oder noch eintreten wird.

Rückwechsel, →Wechsel, den ein Rückgriffsberechtigter eines zu Protest gegangenen Wechsels auf einen seiner Vormänner zieht. Der R. muß auf Sicht (→Sichtwechsel) lauten und am Wohnort des Vormannes zahlbar sein (Art. 52 WG). Gegen Zahlung der Rückgriffssumme ist diesem der ursprüngliche Wechsel mit dem Protest und eine quittierte Rechnung (→Rückrechnung) auszuhändigen. Diese Urkunden müssen dem R. beigefügt werden. Das Recht, einen R. zu ziehen, kann durch Vermerk ausgeschlossen werden. – Im Bankverkehr werden auch *Retourwechsel* (nicht eingelöste Wechsel) als R. bezeichnet (→Retouren).

Rückwirkung. 1. *R. von Rechtsvorschriften:* Nicht grundsätzlich verboten (Ausnahme: strafrechtliche Vorschriften strafverschärfender Art), muß aber auf Ausnahmefälle beschränkt bleiben, da jede R. in die gesetzlich geordnete Handlungssphäre des Staatsbürgers erheblich eingreift. – 2. *R. von Verträgen und Rechtsgeschäften:* Möglich, aber steuerlich i. d. R. ohne Wirkung.

Rückzahlung, Rückerstattung einer früher erfolgten Zahlung.

I. R. v o n A r b e i t s l o h n : R. von bereits versteuerten Arbeitslohn; Möglichkeiten der *steuerlichen Behandlung:* a) Abzug als →Werbungskosten des Jahres, in dem die R. erfolgt, und zwar ohne Kürzung um den allgemeinen Pauschbetrag von 564 DM jährlich; b) Steuerverrechnung für den Rückzahlungsbetrag im Weg des →Lohnsteuer-Jahresausgleichs.

II. R. v o n S p a r e i n l a g e n : →Spareinlagen mit gesetzlicher Kündigungsfrist dürfen nur bis 2000 DM innerhalb von 30 Zinstagen zurückgezahlt werden. Zur R. höherer Beträge bedarf es der Kündigung mit dreimonatiger Frist. Vor Fälligkeit geleistete Zahlungen (auch bei vereinbarten Kündigungsfristen) sind als Vorschüsse zu verzinsen. Zu vorzeitigen Rückzahlungen ist das Kreditinstitut nicht verpflichtet, es wird aber i. d. R. dem Kunden entgegenkommen.

III. R. v o n S c h u l d v e r s c h r e i b u n g e n : Vgl. →Tilgung, →Rückzahlungsagio.

IV. R. von Steuern: Vgl. →Steuererstattungsanspruch.

Rückzahlungsagio, →Agio von einigen Prozent, mit dem eine Anleihe häufig zurückgezahlt wird. Als Anreiz zum Kauf ist das Emissionsdisagio beliebter. Ein R. erhöht die →Effektivverzinsung.

Rückzahlungsklausel, Klausel, die für den Fall der Beendigung des Arbeitsverhältnisses innerhalb einer bestimmten Frist die Rückerstattung von Leistungen vorsehen. Häufig sind freiwillige →Sozialleistungen (z. B. Gratifikationen, Umzugskosten, Ausbildungskosten) mit R. versehen. Damit wird das Grundrecht der Arbeitnehmer auf freie Wahl des Arbeitsplatzes nach Art. 12 GG (→Arbeitsplatzwechsel) eingeschränkt. – *Zulässig:* R. ist nur zulässig, wenn der Arbeitgeber eine Leistung erbringt, die durch die bisherige Arbeitsleistung des Abeitnehmers noch nicht verdient, sondern auch mit Rücksicht auf die zukünftige Beschäftigung erbracht wird. R. grundsätzlich zulässig bei Ausbildungsbeihilfen und Erstattung von Umzugskosten, stark eingeengt bei Gratifikationen.

RUF, Abk. für →revolving underwriting facility.

Rufanlage, →Personenrufanlage.

Rufbereitschaft, →Arbeitsbereitschaft.

Rügefrist, →Mängelrüge.

Rügepflicht, besondere Obliegenheit des Käufers. R. besteht u. U. beim Handelskauf zur Erhaltung der Ansprüche aus der Sachmängelhaftung. – Vgl. auch →Mängelrüge, →Mängelanzeige.

Ruhegehalt. 1. Begriff des *Beamtenrechts* für die Gewährung von Pensionsbezügen an →Beamte. Die Höhe des R. richtet sich nach der ruhgehaltsfähigen Dienstzeit und den ruhegehaltsfähigen Dienstbezügen. Es beträgt bei Vollendung einer zehnjährigen Dienstzeit 35% und steigt mit jedem weiteren bis zum vollendeten fünfundzwanzigsten Dienstjahr um 2%, von da ab um 1% der ruhegehaltsfähigen Dienstbezüge bis zum Höchstsatz von 75% (§ 14 Beamtenversorgungsgesetz). Vgl. auch →Besoldung. – 2. Die Bezeichnung R. wird gelegentlich auch für Leistungen der *betrieblichen Alters- und Hinterbliebenenversorgung* verwendet, die sich in vielen Fällen kaum mehr von den beamtenrechtlichen Versorgungsbezügen unterscheiden. – 3. *Besteuerung:* Vgl. →Versorgungsbezüge.

Ruhegeld. I. Sozialversicherung: Leistung im Rahmen der Sozialversicherung. Vgl. →Altersruhegeld.

II. Betriebliche Alters- und Hinterbliebenenversorgung: Eine dem Arbeitnehmer nach Beendigung des Arbeitsverhältnisses gewährte Rente oder Pension als zusätzliche soziale Leistung. Vgl. im einzelnen →betriebliche Altersversorgung, →betriebliche Ruhegeldverpflichtung, →Betriebsrentengesetz.

Ruhegeldanwartschaft, →Pensionsanwartschaft.

Ruhegeldordnung, →Pensionsordnung.

Ruhegeldrichtlinien, →Pensionsordnung.

ruhende Konten, die durch Geschäftsvorfälle selten, zumeist nur beim Vierteljahres- bzw. →Jahresabschluß durch Buchungen veränderten Konten, in der Hauptsache die Anlage- und langfristigen Kapitalkonten. R. K. werden im IKR in den Kontenklassen 0 (Immaterielle Vermögensgegenstände und Sachanlagen), 1 (Finanzanlagen) und 3 (Eigenkapital, Wertberichtigungen und Rückstellungen) geführt.

Ruhen des Zivilprozesses, gerichtlich angeordneter Verfahrensstillstand. Das R. eines Verfahrens kann auf Antrag beider Parteien angeordnet werden, wenn es wegen Schwebens von Vergleichsverhandlungen oder anderer Gründe zweckmäßig ist, oder von Amts wegen, wenn beide Parteien zu einem Verhandlungstermin nicht erscheinen oder nicht verhandeln. – Während des R. hört der Lauf prozessualer *Fristen,* nicht der Verjährungsfristen, auf und beginnt nach Beendigung von neuem (§ 251 ZPO; ausgenommen sind Notfristen und Rechtsmittelbegründungsfristen). – Jede Partei kann das Verfahren durch Einreichung eines Schriftsatzes bei Gericht *wiederaufnehmen,* jedoch vor Ablauf von drei Monaten seit der Anordnung nur mit Zustimmung des Gerichts bei Vorlage eines wichtigen Grundes.

Ruhepausen, →Pausen.

Ruhezeit. I. Produktionsplanung: Teil der →Auftragszeit, die zusammengesetzt ist aus: (1) arbeitsablaufbedingte →Wartezeit, (2) störungsbedingte Unterbrechungen, (3) persönlich bedingte →Erholungszeiten und (4) persönlich bedingte →Verteilzeiten.

II. Arbeitsrecht: Vgl. →Arbeitszeit 4.

Rumänien, *Sozialistische Republik Rumänien,* Volksrepublik mit sozialistischer Zentralwirtschaft, 1-Kammer-Parlament; in Südosteuropa gelegen, mit gemäßigt-kontinentalem Klima. – *Fläche:* 237 500 km²; eingeteilt in 40 Kreise und die Hauptstadt Bukarest. – *Einwohner* (E): (1985, geschätzt) 22,7 Mill. (95,6 E/km²); meist Rumänen, außerdem Ungarn, Deutsche. – *Hauptstadt:* Bukarest (2,2 Mill. E); weitere wichtige Städte: Kronstadt (334 000 E), Konstanza (307 000 E), Temeschburg (301 000 E), Klausenburg (290 000 E), Iasi (280 000 E), Galatz (278 000 E). – *Amtssprache:* Rumänisch.

W i r t s c h a f t : *Landwirtschaft:* Anbau von Weizen, Mais, Tabak, Sonnenblumen; 29% der Erwerbspersonen waren 1984 in der Landwirtschaft tätig. – *Bergbau:* Förderung von Steinkohle, Braunkohle, Erdöl und Erdgas. – *Industrie:* Stahlerzeugung, Maschinenbau, Fahrzeugindustrie, chemische Industrie, Nahrungsmittelindustrie, Raffinerien; ca. 36% der Erwerbspersonen waren 1984 in der Industrie tätig. – *BSP:* (1982, geschätzt) 54 000 Mill. US-$ (2400 US-$ je E). – Anteil der Landwirtschaft am BSP: (1982) 18%; der Industrie: 57%. – *Netto-West-Verschuldung:* (1985) 19– 21 Mrd. US-$. – *Export:* (1983) 13 241 Mill. US-$, v. a. Rohstoffe, Brennstoffe, Maschinen, Chemikalien, Verbrauchsgüter, Nahrungsmittel. – *Import:* (1983) 9959 Mill. US-$, v. a. Brennstoffe, Maschinen und Fahrzeuge. – *Handelspartner:* RGW-Staaten, UdSSR, Bundesrep. D., Österreich, Italien, Frankreich. – *Reiseverkehr:* (1981) ca. 7 Mill. Touristen.

V e r k e h r : Die Donau ist die wichtigste Verkehrsader; wichtige *Häfen:* Konstanza, Galatz, Braila, Turnu Severin; ausgedehntes Pipeline-Netz; *Straßen- und Schienennetz* teilweise gut ausgebaut; sowjetisch-rumänische *Luftfahrtgesellschaft* TAROM.

M i t g l i e d s c h a f t e n : UNO, BIZ, CCC, RGW, UNCTAD u. a.; Warschauer Vertrag.

W ä h r u n g : 1 Leu (1) = 100 Bani.

Rumpfabschnitte, *Rumpfwirtschaftsjahr,* steuerlicher Begriff, insbes. früher bei der →Gewerbesteuer. Die der Besteuerung zugrundeliegenden Teile eines Jahres.

Rumpfwirtschaftsjahr, →Rumpfabschnitte.

Run, Ansturm der Einleger auf die Kassen einer Bank, um bei wirklichen oder vermeintlichen Zahlungsschwierigkeiten ihre Guthaben abzuziehen.

Runder Tisch, →Ausschuß für Kreditfragen der öffentlichen Hand.

Rundfunk, Teil des Nachrichtenwesens, in der Bundesrepublik D. verwaltet durch die Deutsche Bundespost, betrieben durch in den Ländern des Bundesgebietes errichtete Rundfunkanstalten und die Rundfunkanstalten des Bundesrechts „Deutsche Welle" und „Deutschlandfunk". – *Bedeutung:* a) Zahl der erteilten gebührenpflichtigen *Rundfunkgenehmigungen* (1986) für das Bundesgebiet und Berlin (West): 25,9 Mill. Hörfunkgenehmigungen, 23,0 Mill. Fernsehgenehmigungen. – b) *Jahresproduktion* an Geräten (1986): 3,9 Mill. Hörfunk- und 3,9 Mill. Farbfernsehgeräte. – Vgl. auch →Fernsehen.

Rundfunkentstörung, Aufgabengebiet der Deutschen Bundespost. Sie unterhält einen Funkstörungs-Meßdienst zur kostenlosen Beratung der Rundfunk- und Fernsehteilneh-

mer. Gewähr für störungsfreien Empfang übernimmt die Post nicht.

Rundfunkwerbung, →Funkwerbung.

Rundreiseproblem, →Travelling-salesman-Problem.

Rundschreiben, im Rahmen der innerbetrieblichen Organisation Weisungen, die die Geschäftsleitung oder einzelne Betriebsleitungen allen Stellen ihres Dienstbereiches zugehen lassen, nach festem Schema abgefaßt und durch Umlauf, Schwarzes Brett oder Werkzeitung bekanntgegeben. R. sind systematisch zu sammeln und neu eintretenden Mitarbeitern zur Kenntnisnahme vorzulegen. Wichtig ist die Ungültigkeitserklärung von R., wenn ihr Inhalt überholt ist.

Rundungsfehler, →Fehler, der bei einer Ausprägung eines stetigen Merkmals dadurch entsteht, daß nur wenige Nachkommastellungen angegeben werden und die letzte Ziffer durch Auf- bzw. Abrundung festgelegt wird. Z. B. repräsentiert der Wert 1,47 das Intervall [1,46500 …; 1,47500); der R. kann hier also – 0,005 bis + 0,005 betragen. Die *Auswirkungen* von R. bei der Verarbeitung gerundeter Werte ergeben sich nach den Regeln der →Fehlerfortpflanzung.

Rüstkosten, Kosten, die durch die Durchführung der Umrüstung von Produktionsanlagen anfallen, z. B. Personalkosten der Rüstmannschaften, rüstbedinger Verschleiß der Werkzeuge, Reinigungskosten. Wesentlicher Teil der →Sortenwechselkosten (Verrechung vgl. dort).

Rüstprozesse, Vorbereitungsmaßnahmen und Einrichtungsvorgänge insbes. an Maschinen und Werkzeugen, die vor Aufnahme der eigentlichen Produktion erforderlich und unabhängig von der zu bearbeitenden Stückzahl sind. R. führen zu →Rüstkosten.

Rüstzeit, neben →Ausführungszeit Teil der →Auftragszeit. R. umfaßt im Sinne des →Arbeitsstudiums alle →Soll-Zeiten, die notwendig sind, um ein Arbeitssystem vorzubereiten, einen Auftrag durchzuführen, ggf. noch zusätzliche Zeiten, um Arbeitssysteme nach Erledigung des Auftrags in den ursprünglichen Zustand zurückzuversetzen. – Vgl. auch →Belegungszeit.

Rwanda, →Ruanda.

Rybczynski-Theorem. 1. *Begriff:* In der realen Außenwirtschaftstheorie auf T. M. Rybczynski zurückgeführte Hypothese, die besagt, daß in einem Land bei zunehmender Verfügbarkeit eines Produktionsfaktors und konstanten →terms of trade (d. h. Konstanz der relativen Güterpreise) die Produktion des Gutes, bei dessen Erzeugung der betreffende Faktor relativ intensiv eingesetzt wird, stärker steigt als das gesamte Sozialprodukt, während die Produktion desjenigen Gutes, das den betreffenden Faktor in relativ geringerem Maß beansprucht, zurückgeht. – 2. *Erklärung:* Konstanz der relativen Güterpreise impliziert Konstanz der relativen Faktorpreise bzw. der Faktoreinsatzverhältnisse. Die Vereinbarkeit erhöhter Verfügbarkeit eines Faktors mit konstanten Faktoreinsatzverhältnissen setzt, ausgehend von abnehmenden Grenzproduktivitäten bei Zunahme der Faktorintensitäten voraus, daß die Produktion des Gutes, das den betreffenden Faktor weniger beansprucht, sinkt, so daß dort auch andere Faktoren freigesetzt werden und nunmehr für die vermehrte Produktion des Gutes, das den sich vermehrenden Faktor stärker beansprucht, zur Verfügung stehen. – 3. *Wirkung auf den Außenhandel:* Änderungen der Faktorproportionen haben nach dem R.-T. Auswirkungen auf den Außenhandel. Steigt z. B. in einem arbeitskräftereichen Land, das nach dem →Faktorproportionentheorem komparative Vorteile bei arbeitsintensiven Gütern hat, aufgrund von Bevölkerungswachstum der Arbeitskräftebestand, so steigt die Produktion arbeitsintensiver Güter, während die Produktion anderer (z. B. kapitalintensiver) Güter absolut zurückgeht; die Produktionseffekte des Bevölkerungswachstums sind also handelsfördernd. Steigt dagegen der Bestand des knappen Faktors (z. B. Kapital), ergeben sich negative Wirkungen auf die Handelsintensität, da die Produktion der kapitalintensiven Güter stärker als das Sozialprodukt steigt, die Herstellung der arbeitsintensiven Exportgüter dagegen zurückgeht.

rz, Abk. für „rückzahlbar" im Kurszettel; →Kurszusätze und -hinweise.

RZZ, Abk. für →Rat für die Zusammenarbeit auf dem Gebiete des Zollwesens.

S

s, Kurzzeichen für →Sekunde.

S, Kurzzeichen für Siemens (→gesetzliche Einheiten, Tabelle 1).

Saatgut, i. S. des Saatgutverkehrsgesetzes Samen, der für die Erzeugung von Pflanzen bestimmt ist, sowie Pflanzgut von Kartoffeln und Reben. – Wer S. vertreibt, gewerbsmäßig abfüllt oder für andere verarbeitet, hat ein *Saatgutkontrollbuch* über Eingänge und Vertrieb von S. zu führen und zur Überwachung bereitzuhalten. (SaatgutaufzeichnungsVO vom 21.1.1986, BGBl I 214). – *Einfuhr und Vertrieb* von S. unterliegen Beschränkungen. – Eine →Sortenliste wird beim Bundessortenamt geführt.

Saatgutverkehrsgesetz, Gesetz i.d.F. vom 20.8.1985 (BGBl I 1633) mit Saatgutverordnung vom 21.1.1986 (BGBl I 146), Pflanzkartoffelverordnung vom 21.1.1986 (BGBl I 192) und Rebenpflanzgutverordnung vom 21.1.1986 (BGBl I 204), regelt Vertrieb, Einfuhr, Kennzeichnung, Verbot der Irreführung, Gewährleistung und Sortenschutz von →Saatgut der im Anlageverzeichnis aufgeführten Pflanzengattungen und -arten.

sabbatical. 1. *Allgemein:* Jüdischer Ruhe- und Feiertag, der 7. Tag der Woche (Samstag). – 2. →*Arbeitszeitmodell:* Alle sieben Jahre kann ein sog. Sabbatjahr eingelegt werden, während dessen das bestehende →Arbeitsverhältnis aufrechterhalten bleibt. In der Praxis werden z. T. auch andere Periodisierungen gewählt, die größtenteils kürzere Zeitperioden zugrunde legen.

Sabbatjahr, →sabbatical 2.

Sachanlagevermögen, materielle Gegenstände des →Anlagevermögens. S. umfaßt Grundstücke und Bauten, Anlagen und Maschinen, Betriebs- und Geschäftsausstattung, geleistete Anzahlungen und Anlagen im Bau (§ 266 II HGB). – *Gegensatz:* Immaterielle Vermögensgegenstände (→immaterielle Wirtschaftsgüter) und →Finanzanlagen.

Sachbeschädigung, rechtswidrige Beschädigung oder Zerstörung einer fremden Sache, wobei der →Versuch strafbar ist (§ 303 StGB). Die Verfolgung setzt die Stellung eines Strafantrags voraus, es sei denn, die Strafverfolgungsbehörde (Staatsanwaltschaft) hält wegen des besonderen öffentlichen Interesses

an der Strafverfolgung ein Einschreiten vom Amts wegen für geboten. – *Spezielle Tatbestände:* →Computersabotage, →Datenveränderung.

Sachbesteuerung, →Objektbesteuerung.

Sachbezüge, Entgelte, die einem Arbeitnehmer vom Arbeitgeber als Teil des →Arbeitsentgelts zugewendet werden, einen Geldwert besitzen, aber nicht in Barmitteln bestehen, z. B. Gewährung von freier Kleidung, freier Wohnung, Heizung, Beleuchtung, Kost, von Deputaten und sonstigen Bezügen. – 1. S. gehören zu den *einkommen- bzw. lohnsteuerpflichtigen* Einkünften (§ 3 LStDV) und sind bei der Berechnung der *Sozialversicherungsbeiträge* zu berücksichtigen. – 2. Bei der *Bewertung* der S. sind die üblichen Mittelpreise des Verbrauchsorts zugrunde zu legen, nicht der vom Arbeitgeber aufgewendete Preis. Zur Vereinfachung und Vereinheitlichung, sowohl regional als auch für die verschiedenen Rechtsgebiete (Steuer- und Sozialversicherungsrecht), sind bei Arbeitnehmern, für deren S. nach § 17 Nr. 3 IV. Buch SGB Werte bestimmt sind, diese Werte auch für die steuerrechtliche Bewertung maßgebend (§ 8 II 2 EStG). In der für 1987 geltenden Sachbezugsverordnung 1987 (SachBezV 1987) vom 19.12.1986 (BGBl I 2657) sind Werte für freie und verbilligte Kost und Wohnung festgesetzt; der Wert der S. gilt dabei jeweils für einen Monat, für kürzere Zeiträume sind Bruchteile festgelegt. Die in der SachBezVO angegebenen Werte sind dann nicht anwendbar, wenn ihre Anwendung zu einer offensichtlich unzutreffenden Besteuerung führt. Diese kann z. B. angenommen werden, wenn als Dienstwohnung ein aufwendiges Einfamilienhaus zur Verfügung gestellt wird, wobei der reale Wert der Dienstwohnung ein Mehrfaches des Sachbezugswerts beträgt.

Sachdepot, *sachliches Depot,* früher: *totes Depot,* in der Depotbuchführung das nach Wertpapieren geführte →Depotbuch. – *Gegensatz:* →Personendepot.

Sacheinlage, →Einlage, die nicht durch Bareinzahlung, sondern durch Einbringung von Maschinen, Gebäuden, Grundstücken usw. geleistet wird. – Im Falle der *Gründung einer AG* (→Sachgründung): In der →Satzung der AG muß festgesetzt werden: a) Gegenstand der S., b) Person, von der die AG den Gegenstand erwirbt und c) Nennbetrag der zu gewährenden Aktien bzw. Vergütung. Andernfalls sind Vereinbarungen über S. unwirksam (§ 27 AktG). – 2. S. im Falle einer *Kapitalerhöhung einer AG* (→Sachkapitalerhöhung): Die gleichen, oben genannten Bestimmungen sind im Hauptversammlungsbeschluß zu treffen (§ 183 AktG). Ähnlich bei →*bedingter Kapitalerhöhung* und →*genehmigtem Kapital* (§§ 194, 205 ff. AktG). – *Ähnlich:* →Sachübernahme.

Sachen, i. S. des Bürgerlichen Gesetzbuches Gegenstände der Körperwelt, und zwar feste, flüssige und gasförmige Körper; letztere i. d. R. nur im Behältnis. Keine S. sind dagegen unkörperliche Gegenstände, z. B. Rechte, Sachgesamtheiten, Firmenwert, Kundenkreis eines Kaufmannes und geistige Schöpfungen (z. B. ein Roman als solcher, anders das Buch). – Zu *unterscheiden:* →bewegliche Sachen, →Grundstücke, →verbrauchbare Sachen, →vertretbare Sachen, →Bestandteile, →wesentliche Bestandteile, →Zubehör.

Sachenrecht, →absolutes Recht sowie →dingliches Recht an einer →Sache, das gegen jedermann wirkt. Stärkstes, umfassendstes S. ist →Eigentum; daneben stehen die schwächeren →beschränkten dinglichen Rechte. Im Gegensatz zum →Schuldrecht ist der Kreis der S. geschlossen, die Parteien können nur die gesetzlich vorgesehenen S. vereinbaren. Geregelt im dritten Buch des BGB.

Sachfirma, eine dem Gegenstand des Unternehmens zu entnehmende →Firma. Führung einer S. ist i. d. R. für AG (§ 4 AktG) und KGaA (§ 279 AktG), zwingend für die Genossenschaft (§ 3 GenG) und wahlweise für die GmbH (§ 4 GmbHG) vorgeschrieben. – *Gegensatz:* →Personenfirma.

Sachgründung, Form der →Gründung einer AG, bei der Gründer als Eigenkapital an Stelle von Geld →Sacheinlagen (Maschinen, Grundstücke) einbringen. →Gründungsprüfung durch unabhängige Prüfer erforderlich zur Vermeidung von Überbewertung durch Einbringer. – *Gegensatz:* →Bargründung.

Sachgüter, Oberbegriff für →Verbrauchsgüter und →Gebrauchsgüter. Die Sachgüterproduktion steht bei →Industrieunternehmungen im Vordergrund und grenzt sie von Dienstleistungsunternehmungen ab.

Sachinvestition, →Realinvestition.

Sachkapital, →Realkapital.

Sachkapitalerhöhung, →Kapitalerhöhung einer AG unter der Vornahme von →Sacheinlagen. Verschärfte Anforderungen bei S. enthalten z. B. §§ 183, 194, 205 f. AktG, § 19 GmbHG.

Sachkonto, Begriff der doppelten Buchführung für über Bilanz bzw. Gewinn- und Verlustrechnung abzuschließendes Konto. Auch das Debitorenkonto (Summe aller Debitoren) und Kreditorenkonto (Summe aller Kreditoren) sind S. – *Gegensatz:* →Personenkonto.

Sachkonzern, *Realkonzern,* →Konzern, der gegründet wird, um Beschaffung, Produktion und Absatz rationeller zu gestalten. I. w. S. werden auch →Finanzkonzerne (zur Konzentration des Kapitals errichtet) zu den S. gerechnet. – *Gegensatz:* →Personalkonzern.

Sachkredit, →Realkredit 1.

Sachlegitimation, zusammenfassende Bezeichnung für die prozeßrechtliche →Aktivlegitimation und →Passivlegitimation.

Sachleistungen, in der Sozialversicherung zugesicherte wirtschaftliche Unterstützungen, die z. T. neben Barleistungen (Kranken-, Sterbegeld usw.) gewährt werden. – 1. *Gesetzliche* →*Krankenversicherung:* Kranken- bzw. Krankenhauspflege, freie ärztliche Behandlung durch Kassenärzte und Kassenzahnärzte, Versorgung mit Arzneien, Brillen, Bruchbändern und Heilmitteln wie Bädern, Massagen, Bestrahlungen und dgl. – 2. *Unfallversicherung:* Vgl. →Krankenbehandlung und →Berufshilfe. – 3. *Andere Versicherungen* (u. a. →Knappschaftsversicherung, →Kriegsopferversorgung): Ausstattung mit Körperersatzstücken, orthopädischen und anderen Hilfsmitteln, Verordnung von Badekuren, Heilstättenbehandlung und dgl.

sachliches Depot, →Sachdepot.

sachliche Verteilzeit, →Soll-Zeiten, die als Folge der Erfüllung der Arbeitsaufgabe zustandekommen. – Vgl. auch →Verteilzeit, →persönliche Verteilzeit.

Sachlohn, →Naturallohn.

Sachmängelhaftung. I. S. beim Kaufvertrag (§§ 459 ff. BGB): 1. *Begriff:* Sonderregeln, die nach →Gefahrübergang, soweit sie eingreifen, die allgemeinen Vorschriften über unverschuldete →Unmöglichkeit, →Verzug und →Anfechtung wegen Irrtums ausschließen. Bei der S. haftet der Verkäufer einer Sache dem Käufer dafür, daß bei Gefahrübergang a) die Sache nicht mit Mängeln behaftet ist, die ihren Wert oder ihre Tauglichkeit zu dem gewöhnlichen oder zu dem im Vertrag vorausgesetzten Gebrauch aufheben oder nicht unerheblich mindern sowie b) der Sache keine vom Verkäufer zugesicherte Eigenschaft fehlt. Für Fehler, die der Käufer bei Abschluß des Kaufes kannte oder nur infolge →grober Fahrlässigkeit nicht erkannt hat, haftet der Verkäufer i. d. R. nicht (§ 460 BGB). – 2. *Umfang der S.:* a) *Grundsätzlich:* Greift S. ein, kann der Käufer entweder

→Wandlung oder →Minderung verlangen (§ 462 BGB); ein Recht oder eine Pflicht zur Nachbesserung besteht im Gegensatz zum Werkvertrag nicht. Beim Gattungskauf kann der Käufer darüber hinaus auch die gelieferte mangelhafte Ware ablehnen und statt dessen auf Lieferung einer mangelfreien Sache bestehen (§ 480 BGB). – →Nachbesserungspflicht und Ausschluß der S. werden vielfach vereinbart (v. a. in den Allgemeinen Geschäftsbedingungen). – b) *Verschärfte Haftung,* wenn der Verkäufer Mängel arglistig verschwiegen hat oder zugesicherte Eigenschaften fehlen: Verkäufer kann sich dann nicht darauf berufen, daß der Käufer die Fehler nur infolge grober Fahlässigkeit nicht erkannt hat (§ 460 S. 2 BGB). Käufer kann nach seier Wahl Wandlung bzw. Minderung oder auch Schadenersatz wegen Nichterfüllung verlangen (§ 463 BGB). – c) *Anspruchsverlust:* Der Käufer, der in Kenntnis des Mangels eine Sache annimmt, verliert Ansprüche aus S., wenn er sich seine Rechte wegen des Mangels nicht ausdrücklich vorbehält (§ 464 BGB). – 3. *Nichtige Vertragsklauseln:* Der vertragliche Ausschluß der S. ist nichtig, wenn Verkäufer den Mangel arglistig verschweigt (§ 476 BGB). Nach dem AGB-Gesetz (§ 11 Nr. 10) sind eine Reihe von Klauseln (Ausschluß und Verweisung auf Dritte, Beschränkung auf Nachbesserung, Aufwendungen bei Nachbesserung, Vorenthalten der Mängelbeseitigung, Ausschlußfrist für Mangelanzeige und Verkürzung von Gewährleistungsfristen) in Allgemeinen Geschäftsbedingungen unwirksam, sofern es sich um Verträge über die Lieferung neu hergestellter Sachen und Leistungen handelt; auch im Rahmen eines Werkvertrages. – 4. *Verjährung der Ansprüche:* Die Ansprüche aus der S. verjähren bei beweglichen Sachen in sechs Monaten von der Ablieferung, bei Grundstücken in einem Jahr von der Übergabe an (§ 477 BGB), bei arglistig verschwiegenen Mängeln in 30 Jahren. Die Verjährungsfrist kann durch Vertrag verlängert werden. – Sie wird, wenn Käufer *gerichtliche Beweissicherung* beantragt, bis zur Beendigung des Verfahrens unterbrochen. – Der Käufer kann sich seine Ansprüche ferner in gewissem Umfang durch →*Mängelanzeige* erhalten (§ 478, 479 BGB). – Gewisse Besonderheiten gelten für die →*Viehmängelhaftung.*

II. S. b e i m W e r k v e r t r a g: 1. *Umfang der S.:* a) *Nachbesserung:* Ist ein aufgrund eines →Werkvertrags hergestelltes Werk mangelhaft, d. h. hat es nicht die zugesicherten Eigenschaften oder ist es mit Fehlern behaftet, die den Wert oder die Tauglichkeit zu dem gewöhnlichen oder nach dem Vertrag vorausgesetzten Gebrauch aufheben oder mindern, so steht dem Besteller in erster Linie ein Anspruch auf Nachbesserung (→Nachbesserungspflicht) zu. Die Nachbesserung kann verweigert werden, wenn sie einen unverhält-

nismäßigen Aufwand erfordert. Ist der Unternehmer mit der Beseitigung des Mangels in →Verzug, kann der Besteller den Mangel selbst beseitigen (lassen) und Ersatz der erforderlichen Aufwendungen verlangen (§ 633 BGB). – b) Wird die Nachbesserung verweigert oder nicht binnen einer vom Besteller unter Ablehnungsandrohung gesetzten angemessenen Frist ausgeführt, kann der Besteller *Wandlung* oder *Minderung* verlangen (§ 634 BGB). Das gleiche gilt, wenn die Nachbesserung unmöglich ist oder wenn der Besteller ein besonderes Interesse an der sofortigen Geltendmachung des Anspruchs auf Wandlung oder Minderung hat. Beruht der Mangel auf einem Verschulden des Unternehmers oder seiner Erfüllungsgehilfen, so kann der Besteller auch statt der Wandlung oder Minderung →Schadenersatz wegen Nichterfüllung verlangen (§ 635 BGB). – 2. *Verjährung der Ansprüche:* Für die Verjährung der Sachmängelansprüche gelten beim Werkvertrag im wesentlichen dieselben Vorschriften wie beim Kaufvertrag. Doch verjähren die Ansprüche bei Bauwerken in fünf Jahren seit →Abnahme. Prüft der Unternehmer im Einverständnis mit dem Besteller, ob ein Mangel vorhanden und wie er zu beseitigen ist, so tritt →Hemmung der Verjährungsfrist ein, bis der Unternehmer das Ergebnis der Untersuchung mitteilt, den Mangel für beseitigt erklärt oder Fortsetzung der Beseitigung verweigert. – 3. *S. bei Abnahme:* Nimmt der Besteller ein mangelhaftes Werk ab, obwohl er den Mangel kennt, stehen ihm Ansprüche auf Wandlung oder Minderung nur zu, wenn er sich seine Rechte wegen der Mängel bei der Abnahme vorbehält (§ 640 II BGB). – 4. *Ausschlußklausel:* Durch Vertrag kann die S. ausgeschlossen oder beschränkt werden, eine solche Vereinbarung ist jedoch nichtig, wenn der Unternehmer den Mangel arglistig verschweigt (§ 637 BGB).

III. S. b e i m W e r k l i e f e r u n g s v e r t r a g: Die S. richtet sich nach den Vorschriften über den Werkvertrag; wenn eine vertretbare Sache herzustellen war, nach den Vorschriften über den Kauf (§ 651 BGB).

Sachsicherheit, absolut geschütztes dingliches Verwertungsrecht an Forderungen und anderen Rechten, beweglichen Sachen und Grundstücken. Bei Konkurs des Sicherungsgebers hat der Sicherungsnehmer ein Recht auf uneingeschränkten Zugriff auf das Sicherungsmittel; anderen Konkursgläubigern ist der Zugriff auf den mit einem dinglichen Recht belasteten Sicherungsgegenstand verwehrt. Die Qualität der S. wird von der Werthaltigkeit und den Verwertungsmöglichkeiten des Sicherungsmittels bestimmt. – *Formen der S.:* →Pfandrechte an beweglichen Sachen und Rechten, →Sicherungsübereignung, →Sicherungsabtretung, →Grundpfandrechte (z. B. Sicherungshypothek, Sicherungsgrundschuld). – Vgl. auch →Kreditsicherheiten, →Personensicherheit.

Sachsteuern, →Realsteuern.

Sachübernahme, Übernahme von vorhandenen oder herzustellenden Anlagen oder sonstigen Vermögensgegenständen bei →Gründung einer AG durch die Gesellschaft (§ 27 AktG). In der Satzung der AG muß festgesetzt werden: a) Gegenstand der S. b) Person, von der die AG den Gegenstand übernimmt und c) Nennbetrag der zu gewährenden Aktien bzw. Vergütung. Andernfalls sind Vereinbarungen über S. unwirksam. – *Ähnlich:* →Sacheinlage.

Sachverhaltsgestaltung, →Steuerpolitik II.

Sachvermögen, →Vermögen.

Sachversicherung, →Schadenversicherung von Sachinteressen, meist unterschieden nach beweglichen (Mobilien) und unbeweglichen Gegenständen (Immobilien). – *Wichtigste Zweige:* →Feuerversicherung, →Einbruchdiebstahlversicherung, →Leitungswasserversicherung, →Sturmversicherung und →Glasversicherung sowie →technische Versicherung.

Sachverständigenausschuß Bergbau, Gremium mit der Aufgabe, den Bundesminister für Wirtschaft in allen Fragen der Bergtechnik zu beraten und zu von diesem zu erlassenden BergVO Stellung zu nehmen. – *Mitglieder:* Vertreter des Bundesministers für Wirtschaft, der beteiligten Bundesminister, der Landesregierungen der fachlich zuständigen Landesbehörden, der Träger der gesetzlichen Unfallversicherung, der Wirtschaft und der Gewerkschaften (vgl. VO vom 4.3.1981, BGBl I 277).

Sachverständigenrat für Umweltfragen (SRU), 1971 eingerichtetes Gremium, umfaßt 12 Mitglieder aus Natur-, Ingenieur-, Wirtschafts- und Sozialwissenschaften. – *Aufgabe:* Periodische Begutachtung der Umweltsituation und der Umweltbedingungen; Aufzeigen von Fehlentwicklungen und Möglichkeiten zu deren Vermeidung oder Beseitigung.

Sachverständigenrat zur Begutachtung der gesamtwirtschaftlichen Entwicklung (SVR), durch Gesetz über die Bildung des Sachverständigenrates zur Begutachtung der gesamtwirtschaftlichen Entwicklung (SVG) vom 14.8.1963 gebildetes Gremium (BGBl I 685).

I. R e c h t l i c h e S t e l l u n g / O r g a n i s a t i o n : Nach § 3 I SVG ist der SVR weder Regierung noch Parlament verantwortlich, sondern nur an den gesetzlich begründeten Auftrag (vgl. II) gebunden. Der SVR setzt sich aus fünf *Mitgliedern* („Fünf Weisen") zusammen. Die Mitglieder sollen über besondere wirtschaftswissenschaftliche Kenntnisse und volkswirtschaftliche Erfahrungen verfügen (§ 1 II SVG). Die Mitglieder werden auf Vorschlag der Bundesregierung durch den Bundespräsidenten für die Dauer von fünf Jahren berufen. Sie dürfen nicht der Regierung oder einer gesetzgebundenen Körperschaft des Bundes oder eines Bundeslandes angehören und nicht im Dienste einer juristischen Person des öffentlichen Rechts, eines Wirtschaftsverbandes oder einer Arbeitgeberbzw. Arbeitnehmerorganisation stehen, um die Unabhängigkeit des SVR zu sichern (§ 1 III SVG). – Zur Erfüllung seines Auftrages stehen dem SVR zur Verfügung: Ein Stab von acht wissenschaftlichen Mitarbeitern, einer davon in der Funktion eines Generalsekretärs; das Statistische Bundesamt, das die Aufgaben einer Geschäftsstelle für den SVR wahrnimmt und zu diesem Zweck eine Verbindungsstelle innerhalb des Statistischen Bundesamtes eingerichtet hat, an ihrer Spitze ein Geschäftsführer, sowie die Behörden des Bundes und der Länder, die dem Sachverständigenrat zur Amtshilfe verpflichtet sind. – Die Kosten des SVR trägt der Bund.

II. A u f g a b e n : Periodische Begutachtung der gesamtwirtschaftlichen Lage und deren absehbarer Entwicklung. In den Gutachten soll untersucht werden, wie die wirtschaftspolitischen Ziele Stabilität des Preisniveaus, hoher Beschäftigungsstand, außenwirtschaftliches Gleichgewicht sowie stetiges und angemessenes Wachstum im Rahmen einer marktwirtschaftlichen Ordnung (→Stabilitätsgesetz) gleichzeitig gewährleistet werden können. Dabei sollen Fehlentwicklungen, die diese Ziele gefährden, aufgedeckt und alternative Möglichkeiten gezeigt werden, Spannungen zwischen der gesamtwirtschaftlichen Nachfrage und dem gesamtwirtschaftlichen Angebot zu vermeiden oder zu beseitigen, ohne daß dabei Empfehlungen für bestimmte wirtschafts- und sozialpolitische Maßnahmen ausgesprochen werden. Dadurch soll der SVR zur Erleichterung der Urteilsbildung bei allen wirtschaftspolitisch verantwortlichen Instanzen und in der Öffentlichkeit beitragen (→wirtschaftswissenschaftliche Politikberatung). Der SVR hat Sondergutachten zu erstatten, wenn Entwicklungen erkennbar werden, die die genannten wirtschaftspolitischen Ziele gefährden, oder wenn ihn die Bundesregierung mit der Erstattung eines zusätzlichen Gutachtens beauftragt. Die Bundesregierung ist verpflichtet, zu den Jahresgutachten des SVR Stellung zu nehmen. Die Stellungnahme ist Teil des →Jahreswirtschaftsberichts. Der Deutsche Bundestag erörtert das Jahresgutachten des SVR und die Stellungnahme der Bundesregierung dazu im Rahmen seiner Beratungen über den Jahreswirtschaftsbericht.

III. G u t a c h t e n : 1. *Jahresgutachten:* 1964 „*Stabiles Geld – Stetiges Wachstum*"; 1965 „Stabilisierung ohne Stagnation"; 1966 „Expansion und Stabilität"; 1967 „Stabilität im Wachstum"; 1968 „Alternativen außen-

wirtschaftlicher Anpassung"; 1969 „Im Sog
des Booms"; 1970 „Konjunktur im Umbruch
– Risiken und Chancen"; 1971 „Währung,
Geldwert und Wettbewerb"; 1972 „Gleicher
Rang für den Geldwert"; 1973 „Mut zur
Stabilisierung"; 1974 „Vollbeschäftigung für
morgen"; 1975 „Vor dem Aufschwung"; 1976
„Zeit zum Investieren"; 1977 „Mehr Wachs-
tum – mehr Beschäftigung"; 1978 „Wachstum
und Währung"; 1979 „Herausforderung von
Außen"; 1980 „Unter Anpassungszwang";
1981 „Investieren für mehr Beschäftigung";
1982 „Gegen Pessimismus"; 1983 „Ein Schritt
voran"; 1984 „Chancen für einen langen
Aufschwung"; 1985 „Auf dem Weg zu mehr
Beschäftigung"; 1986 „Weiter auf Wachstums-
kurs". – 2. *Sondergutachten:* Bisher hat der
Sachverständigenrat vorwiegend aus eigener
Entscheidung gemäß § 6 (2) in Sondergutachten zu Fehlentwicklungen in der Wirtschaftspolitik Stellung genommen. Sondergutachten
auf Veranlassung der Regierung sind: „Zu den
gesamtwirtschaftlichen Auswirkungen der
Ölkrise" (Dezember 1973) und „Vor Kurskor-
rekturen" (Oktober 1982).

Sachverständiger. 1. *Begriff:* Person mit
besonderer Sachkunde und Erfahrung auf
bestimmten Fachgebieten. Vielfach durch entsprechende Berufsausübung qualifiziert bzw.
öffentlich bestellt; im Wirtschafts- und
Rechtsleben unentbehrlich. Benennung geeigneter Personen durch →Industrie- und Handelskammer usw. – 2. *Handwerkskammer usw.* – 2.
Handelsrecht: Bei der OHG und KG können
von den einzelnen Gesellschaftern i.a. zur
Prüfung der Geschäftsbücher der Gesellschaft
im Rahmen des Überwachungsrechts (§§ 118,
166 HGB) geeignete S. (Buchprüfer usw.)
zugezogen werden. – 3. *Zivilprozeßordnung:*
Die Gerichte bedürfen des S. zur Erstattung
von Gutachten über bestimmte Erfahrungs-
sätze, wenn es dem Gericht an eigener Sachkunde ermangelt. Eingehende Regelung für
den Zivilprozeß in §§ 402–414 ZPO: a) Die
Auswahl trifft das Gericht, jedoch können sich
die Parteien verbindlich auf einen bestimmten
S. einigen (Schiedsgutachtenverfahren). b)
Ablehnung wegen Besorgnis der Befangenheit
ist möglich. c) Eine *Pflicht*, als S. tätig zu
werden, besteht nur für bestimmte Personen:
bei allgemeiner Bereiterklärung dem Gericht
gegenüber, bei öffentlicher Bestellung oder für
Personen, welche die Wissenschaft, die Kunst
oder das Gewerbe, deren Kenntnis Voraussetzung für die Begutachtung ist, öffentlich zum
Erwerb ausüben (§ 407 ZPO). d) Die *Erstattung* des Gutachtens kann mündlich oder
schriftlich verlangt werden. Der S. kann verei-
digt werden. e) *Vergütung* gem. Gesetz über
die Entschädigung von Zeugen und S. vom
1.10.1969 (BGBl I 1757) mit späteren Änderungen für Erstattung des Gutachtens je
Stunde 40 bis zu 70 DM (in Ausnahmefällen
bis zu 50% mehr) sowie Ersatz der Aufwen-

dungen und Auslagen. – 4. *Handelsverkehr:*
Im internationalen und auch im inländischen
Handel Kommission von vereidigten S. zur
Begutachtung von Streitfällen. Sie wird meist
auf den Beweisbeschluß eines Schiedsgerichts
oder eines ordentlichen Gerichts hin gebildet.
– 5. *Versicherungswesen:* Ein S. wird hinzuge-
zogen, wenn sich Versicherungsnehmer und
Versicherer über die Höhe eines Schadens
nicht einigen, vorgesehen in den Allgemeinen
Versicherungsbedingungen in vielen Versicherungszweigen (Feuer-, Einbruch-Diebstahl-,
Leitungswasser-, Sturm-, Unfall-, Kraftverkehrsversicherung usw.).

Sachverwalter. 1. *Begriff:* Person oder mehrere Personen, unter deren Überwachung sich
der Schuldner im →Vergleich bis zur Erfüllung des Vergleichs oder zum Eintritt einer
Bedingung unterwerfen kann (§ 91 VerglO).
Das Vergleichsverfahren wird bei Unterwerfung mit der Bestätigung des Vergleichs aufgehoben; gegen den Schuldner erlassene Verfügungsbeschränkungen wirken aber fort (§ 94
VerglO). – 2. *Befugnisse/Aufsicht:* Der S. hat
hinsichtlich der Überwachung des Schuldners
fast die gleichen Befugnisse wie der →Ver-
gleichsverwalter (§ 92 VerglO). Er untersteht
nicht der Aufsicht des Gerichts, dieses kann
ihn jedoch aus wichtigen Gründen entlassen. –
3. *Amtsende:* Das Amt endet mit Erfüllung des
Vergleichs oder der festgesetzten Bedingung.
Die Beendigung der Überwachung ist auf
Antrag des Schuldners oder des S. auf Kosten
des Schuldners öffentlich bekanntzumachen
(§ 95 VerglO). – 4. *Vergütung:* Der S. vereinbart mit dem Schuldner seine Vergütung.

Sachwert. 1. Synonym für →Reproduktions-
wert. – 2. *Im übertragenen Sinne:* Von Geldwertschwankungen unabhängiges (die Inflation im Wert kompensierendes) Gut. – 3.
Begriff des *Steuerrechts:* Vgl. →Sachwertver-
fahren.

Sachwertanleihe, →Anleihe, die nicht auf
einen Geldbetrag, sondern auf Einheiten eines
bestimmten Gutes wie Feingold, Roggen,
Kohle, Holz, Zucker lauten. Gesetzliche
Grundlage bildete in Deutschland das Gesetz
über die Ausgabe wertbeständiger Schuldverschreibungen vom 23.6.1923. 1934 in
Deutschland beseitigt.

Sachwertklausel, →Warenpreisklausel.

Sachwertpolicen, →Lebensversicherung II
7 a).

Sachwertverfahren, Verfahren zur Ermitt-
lung des Wertes eines Grundstücks für
Zwecke der steuerlichen Bewertung (§§ 83 ff.
BewG). – *Anders:* →Ertragswertverfahren.

I. Anwendungsbereich: Nach dem S.
werden bewertet: a) →*Einfamilienhäuser und*
→*Zweifamilienhäuser,* die durch besondere
Gestaltung oder Ausstattung wesentlich von

den nach dem →Ertragswertverfahren zu bewertenden Ein- und Zweifamilienhäusern abweichen; b) →*Geschäftsgrundstücke* (und in Einzelfällen →Mietwohngrundstücke und →gemischtgenutzte Grundstücke), für die weder eine →Jahresrohmiete ermittelt, noch die übliche Miete geschätzt werden kann. Hierunter fallen i.d.R. Fabrikgrundstücke, Warenhäuser, Lichtspielhäuser usw.; c) *Grundstücke mit Behelfsbauten* oder mit Bauten, für die ein zur Anwendung des Ertragswertverfahrens notwendiger Vervielfältiger in den Anlagen 3 bis 8 zum Bewertungsgesetz nicht bestimmt ist; d) die *sonstigen bebauten Grundstücke* wie z.B. Sporthallen, Bootshäuser usw.

II. Wertermittlung: Zur Ermittlung des Grundstückswerts wird zunächst ein →Ausgangswert errechnet, der den Bodenwert, den Gebäudewert und den Wert der →Außenanlagen umfaßt; dieser wird durch Anwendung einer Wertzahl an den →gemeinen Wert angeglichen. Die Werte der einzelnen Bestandteile des Ausgangswerts sind dabei getrennt zu ermitteln. – 1. Als *Bodenwert* ist der Wert anzusetzen, der sich für den →Grund und Boden ergeben würde, wenn das Grundstück unbebaut wäre. – 2. Bei Ermittlung des *Gebäudewerts* ist nicht von den tatsächlichen →Herstellungskosten, sondern von den Herstellungskosten nach den Baupreisverhältnissen des Jahres 1958 auszugehen (Baupreisgrundlage 1958; Baupreisindex 100). Durch Umrechnung dieses Werts nach den Baupreisverhältnissen im →Hauptfeststellungszeitpunkt ergibt sich der sog. Gebäudenormalherstellungswert. Von diesem können Wertminderungen wegen Alters (bis höchstens 70%) abgesetzt, sowie →Abschläge wegen baulicher Mängel und Schäden gemacht werden. Der sich ergebende sog. Gebäudesachwert kann wegen besonderer Umstände ermäßigt (z.B. bei unorganischem Aufbau, wirtschaftlicher Überalterung) oder erhöht (z.B. wenn das Gebäude nachhaltig und entgeltlich für Reklamezwecke genutzt wird) werden. – 3. Der *Wert der Außenanlagen* wird ähnlich dem Gebäudewert unter Ansatz der Herstellungskosten nach den Baupreisverhältnissen 1958 und Umrechnung auf den Wert im Hauptfeststellungszeitpunkt unter Berücksichtigung von Wertminderungen, Ermäßigungen und Erhöhungen ermittelt. – 4. Der nach diesen Grundsätzen gefundene Ausgangswert stimmt i.a. nicht mit dem gemeinen Wert des Grundstücks überein. Er muß ihm durch Anwendung von *Wertzahlen* angeglichen werden. Die Wertzahlen drücken das Verhältnis zwischen dem Sachwert und dem gemeinen Wert aus. Sie berücksichtigen den Wert des Grundstücks beeinflussenden Umstände (Zweckbestimmung und Verwendbarkeit der Grundstücks innerhalb verschiedener Wirtschaftszweige unter Berücksichtigung der Gemeinde-

größe), liegen im Rahmen von 85 bis 50% des Ausgangswerts und werden durch eine Rechtsverordnung festgesetzt. – 5. *Mindestwert:* Der Grundstückswert darf grundsätzlich nicht geringer sein als der Wert, mit dem der Grund und Boden allein als unbebautes Grundstück zu bewerten wäre (gemeiner Wert des Grund und Bodens). Ausnahme: Kosten, die wegen des baulichen Zustandes von Gebäuden oder Gebäudeteilen für deren Abbruch entstehen, sind zu berücksichtigen. Sie können auch zu einer Unterschreitung des Mindestwerts führen.

SADT, structured analysis and design technique. 1. *Begriff:* I.e.S. →Softwareentwurfsmethode; i.w.S. eine Analyse, Entwurfs- und Darstellungsmethode. – 2. *Hauptbestandteile:* a) *Diagrammtechnik:* (1) *Tätigkeitsdiagramme* beschreiben in graphischer Form primär die Verarbeitungsschritte und ihre logischen Beziehungen; mehrere Verfeinerungsstufen (→schrittweise Verfeinerung); (2) *Datendiagramme* beschreiben primär den Datenfluß und die Bearbeitung der Daten durch die Verarbeitungsschritte. – b) *Regeln* über die Vorgehensweise beim Entwurf und die Erstellung der Diagramme. – c) Formalisiertes *Kontrollverfahren* zur Überwachung aller Entwurfsergebnisse. – 3. *Eignung:* SADT gilt als leicht erlernbar; auf einfachen, durchgängigen angewendeten Konzepten aufbauend, aber neuerdings sind →Softwarewerkzeuge verfügbar.

SAEG, Abk. für →Statistisches Amt der Europäischen Gemeinschaften.

Sahara, *Demokratische Arabische Republik Sahara,* Wüstenland im NW Afrikas. – *Fläche:* 266000km², bestehend aus dem ehemals marokkanischen Nordteil Saguia al-Hamra und dem ehemals mauretanischen Südteil Rio de Oro. – *Einwohner:* (E): (1985, geschätzt) ca. 150 000 (0,56 E/km²); Sahauris, vorwiegend berberischer Abstammung. – *Hauptstadt:* El Alaiun; weitere Städte: Dakhla, Smara. – *Amtsprachen:* Spanisch, Arabisch und Hasania. Am 28.2.1976 Proklamation der Demokratischen Arabischnen Republik Sahara,. (1978) von 63 Staaten anerkannt. Seit dem Friedensvertrag mit Mauretanien im August 1979 ganz von Marokko annektiert. Kämpfe zwischen Marokko und der Unabhängigkeitsbewegung POLISA-RIO.

Wirtschaft: Die *Landwirtschaft* spielt eine untergeordnete Rolle. Es dominiert die Viehwirtschaft. Der in geringem Umfang betriebene Anbau beschränkt sich auf den Küstenstreifen (Gerste, Mais, Erdnüsse, Zitrusfrüchte, Gemüse) und die Oasen (u.a. Datteln, Hirse). – Nutzung der reichen Fischgründe vor der Atlantikküste z.T. durch Fremdbefischung. – *Bergbau und Industrie:* Erste Ansätze einer Industrialisierung aufgrund ungewöhnlich reicher Phosphatvorkommen.

Von Bedeutung sind ferner Erdöl und Eisenerz. *Exportiert* werden v.a. Phosphate,
(Meer-)Salz, Viehzuchtprodukte.

Währung: 1 Dirham (DH) = 100 Centimes.

Saint Christopher und Nevis, *Föderation von
Saint Christopher und Nevis,* Teil der Leeward-
Inseln der Kleinen Antillen im Karibischen
Meer. – *Fläche:* 266,6 km², davon die Insel St.
Christopher 168,4 km² und Nevis 93,2 km²,
Sombrero 5 km². – *Einwohner* (E): (1985,
geschätzt) 60 000 (224,7 E/km²), meist Afro-
amerikaner und Mulatten. – *Hauptstadt:* Bas-
seterre auf St. Christopher (14 725 E); weitere
wichtige Stadt: Charlestown (Hauptstadt von
Nevis; 1771 E). – Unabhängig seit 19.9.1983.
– *Verwaltungsgliederung:* 14 Gemeinden. –
Amtssprache: Englisch.

Wirtschaft. *Landwirtschaft:* Anbau von
Zuckerrohr, Baumwolle, Kokospalmen und
Gewürznelken. Für den Eigenbedarf werden
Reis, Mais, Süßkartoffeln und Gemüse kulti-
viert. In geringem Umfang Viehwirtschaft. –
Die Fangmenge der *Fischerei* betrug (1982)
1880 t. – Die *Industrie* des Landes beruht auf
der Verarbeitung von Agrarprodukten (u.a.
Zucker, Rum, Baumwolle), daneben Textil-
und Zementindustrie. – *Fremdenverkehr:*
(1983) 39 367 Besucher; Anteil am BSP rd.
20%. – *BSP:* (1985, geschätzt (70 Mill. US-$
(1520 US-$ je E). – *Export:* (1981) 245 Mill.
US-$, v.a. Zucker und Melasse, Baumwolle,
Salz. – *Import:* (1981) 48,1 Mill. US-$, v.a.
Nahrungsmittel, Textilien.

Verkehr: 198 km *Autostraße.*

Mitgliedschaften: UNO, AKP, CARI-
COM, OAS, UNCTAD u.a.; Commonwealth.

Währung: 1 Ostkaribischer Dollar (EC$)
= 100 Cents.

Saint Lucia, Inselstaat in der Karibik, Teil der
Kleinen Antillen. – *Fläche:* 616 km², beste-
hend aus 16 Gemeinden. – *Einwohner* (E):
(1985, geschätzt) 130 000 (211 E/km²), meist
Schwarze, sonst Mulatten, Inder und Weiße. –
Hauptstadt: Castries (45 000 E); weitere wich-
tige Städte: Micoud (8000 E), Soufrière (7000
E). – Seit 1979 unabhängige konstitutionelle
Monarchie. – *Amtssprache:* Englisch.

Wirtschaft. *Landwirtschaft:* 28% der Fläche wird als Ackerland genutzt; vorwiegend
Anbau von Bananen, Mangos, Kokosnüsse,
Süßkartoffeln, Maniok, Zuckerrohr; Viehzucht: Rinder, Schafe, Schweine, Ziegen. –
Fischfang: (1980) 2400 t. – *Industrie:* vorwiegend Leichtindustrie. – *Fremdenverkehr:*
(1982) 106 137 Touristen; Einnahmen: 39,1
Mill. US-$. – *BSP:* (1985, geschätzt) 160 Mill.
US-$ (1210 US-$ je E); Anteil der Landwirtschaft am BSP: (1984) 30%, der Industrie:
15%. – *Export:* (1982) 42 Mill. US-$, v.a.

Zucker, Bananen, Rum, Papierwaren,
Getränke, Textilien, Kakao, Kokosöl, Zitrus-
früchte und Gewürze. – *Import:* (1982) 118
Mill. US-$. – *Handelspartner:* Großbriannien,
USA, Trinidad und Tobago, Barbados.

Mitgliedschaften: UNO, AKP, CART-
COM, OAS, UNCTAD; Commonwealth.

Währung: 1 Ostkaribischer Dollar (EC$)
= 100 Cents.

Saint Pierre und Miquelon, →Frankreich.

Saint Vicent und die Grenadinen, Inselstaat
in der Karibik, Teil der Windward-Inseln am
südlichen Ende der Kleinen Antillen. – *Fläche:*
389 km², davon St. Vincent 345 km² und die
Inselgruppe der Grenadinen 44 km². – *Einwohner* (E): (1984, geschätzt) 123 000 (316 E/
km²); meist Schwarze, sonst Mulatten und
Inder, Weiße, Indianer. – *Hauptstadt:* King-
stown (32 600 E). – Konstitutionelle Monarchie, seit 1979 unabhängig. – *Amtssprache:*
Englisch, Umgangssprache: kreolisches Englisch.

Wirtschaft: *Landwirtschaft:* Ca. 50% der
Fläche wird als Ackerland genutzt, zum
Anbau von Bananen, Kokosnüssen, Kopra,
Mangos, Pfeilwurz (Weltmonopol), Zucker-
rohr, Gemüse und Knollenfrüchten. Vieh-
zucht: v.a. Schafe, Rinder, Schweine und
Ziegen. – *BSP:* (1985, geschätzt) 100 Mill US-
$ (840 US-$ je E); Anteil der Landwirtschaft
am BSP: (1984) 40%, der Industrie: 15%, des
Fremdenverkehrs: ca. 30%. – *Export:* (1982)
32,5 Mill. US-$, v.a. Zucker, Bananen,
Kopra, Wurzel- und Knollengewächse,
Kakao, Kokosüsse, Gewürze, Rum. – *Import:*
(1982) 61 Mill. US-$. – *Handelspartner:* Groß-
britannien, Trinidad und Tobago, Kanada,
Barbados.

Mitgliedschaften: UNO, AKP, CARI-
COM, OAS, UNCTAD; Commonwealth,
Association des Antilles.

Währung: 1 Ostkaribischer Dollar (EC$)
= 100 Cents.

Salson, im kaufmännischen Sprachgebrauch
ein regen wirtschaftlichen Betrieb. –
Vgl. auch →Saisonschwankungen.

salsonale Arbeitslosigkeit, →Arbeitslosig-
keit II 2.

Saisonausverkauf, →Schlußverkauf.

Saisonbereinigung, Verfahren der →Zeitrei-
henanalyse, bei dem die Saisonkomponente
(→Komponenten einer Zeitreihe) aus der
→Zeitreihe dadurch eliminiert wird, daß
zunächst der Sainsonbestandteil geschätzt und
dann der originale Zeitreihenwert entsprechend korrigiert wird. – *Beispiel:* S. von
Arbeitslosenzahlen, die das Ausmaß der
Arbeitslosigkeit ohne den Einfluß der Saisonkomponente darstellen.

Saisonbetrieb. 1. *Begriff:* Betrieb, dessen Produktions- oder Absatzprogramm während eines bestimmten Zeitraums größeren, regelmäßig wiederkehrenden Schwankungen, ursächlich im Zusammenhang mit Jahreszeit oder Verbrauchsgewohnheiten, unterliegt, z. B. Eisdielen, Pensionen in Kur- und Fremdenverkehrsorten. – 2. *Arbeitsrecht:* Es bestehen arbeitsrechtliche Ausnahmebestimmungen. – a) *Anzeigepflicht bei Entlassungen:* §§ 17–21 KSchG (Regelung anzeigepflichtiger Entlassungen) finden auf S. im Falle von in der Eigenart dieser Betriebe bedingte Entlassungen keine Anwendung. Keine S. i. d. S. sind Betriebe des Baugewerbes, deren ganzjährige Beschäftigung gemäß Arbeitsförderungsgesetz gefördert wird (→Winterbauförderung). – b) *Sonn- und Feiertagsarbeit:* Für bestimmte Gewerbe, insbes. für Betriebe, in denen Arbeiten vorkommen, welche ihrer Natur nach eine Unterbrechung oder einen Aufschub nicht gestatten, sowie für Betriebe, welche ihrer Natur nach auf bestimmte Jahreszeiten beschränkt sind oder welche in gewissen Zeiten des Jahres einer außergewöhnlich verstärkten Tätigkeit genötigt sind, können durch Rechtsverordnung des Bundesministers für Arbeit und Sozialordnung mit Zustimmung des Bundesrates Ausnahmen von den Vorschriften bezüglich der Ruhezeit an Sonn- und Feiertagen zugelassen werden (§ 105 d GewO). – 3. *Gewerbesteuer:* Das zwischenzeitliche, saisonbedingte Ruhen des Geschäftsbetriebes ist aus gewerbesteuerlicher Sicht irrelevant (§ 21 V GewStG).

Saisonkredit, Form des →Kontokorrentkredits, die zur Überbrückung der Zeitspanne zwischen Spitzenbedarf an Finanzierungsmitteln bei saisonbedingter Beschaffung bestimmter Produkte an saisonabhängige Unternehmen gewährt werden.

Saison-Reserven, selten verwendete Bezeichnung für →Schwankungsrückstellungen.

Saisonschlußverkauf, →Schlußverkauf.

Saisonschwankungen, jahreszeitlich regelmäßig eintretende Marktveränderungen für bestimmte Erzeugnisse oder sonstige vom Jahresablauf bestimmte Wirtschaftsvorgänge. – Die *statistisch-methodische Behandlung* von S. durch Schätzung der Saisonkomponente (→Bewegungskomponente) ist Teilgebiet der →Zeitreihenanalyse (vgl. auch →Saisonbereinigung).

säkulare Stagnation, Begriff der Volkswirtschaftstheorie. Von Keynes und v. a. A. Hansen vertretene Hypothese, nach der das kapitalistische Wirtschaftssystem langfristig in einen stationären Zustand, d. h. einen Zustand ohne wirtschaftliches Wachstum, übergeht. Die S. St. entsteht bei relativ hohem Pro-Kopf-Einkommen, bei dem infolge zu hoher durchschnittlicher →Sparquote die geplante Ersparnis die geplante Investition übersteigt. Dadurch wird ein langfristiger Kontraktionsprozeß ausgelöst, der erst bei dem niedrigen Sozialproduktsniveau zum Stillstand kommt, bei dem geplante Ersparnis und geplante Investition wieder einander angeglichen sind. Die Wirtschaft verharrt dann auf diesem Niveau. Empirisch bisher nicht belegt.

salaire proportione, Sonderform des →Arbeitentgelts, mit der die Beteiligung der Belegschaft an der veränderlichen →Wirtschaftlichkeit in Form eines Ergänzungslohns vorgenommen wird, zusätzlich zum tariflich gesicherten Grundlohn. Seit 1938 in zahlreichen Unternehmungen Frankreichs mit Erfolg eingeführt.

Saldenbilanz, aus der →Rohbilanz (Summenbilanz) entwickelte Zusammenstellung der Salden der Verkehrszahlen einer Rechnungsperiode. Die S. wird fortgeführt zur →Inventurbilanz und Erfolgsrechnung (→Gewinn- und Verlustrechnung). – Vgl. auch →Abschluß, →Hauptabschlußübersicht.

Saldenliste, Zusammenstellung der Salden der einzelnen →Personenkonten, die der Abstimmung mit den entsprechenden Hauptbuchkonten dienen. Die Summe aller Debitorensalden muß mit dem Saldo des Sachkontos „Forderungen aus Lieferungen und Leistungen" übereinstimmen, die Summe aller Kreditorensalden mit dem Saldo des Sachkontos „Verbindlichkeiten aus Lieferungen und Leistungen".

Saldenversicherung, →Restschuldversicherung.

Saldierungsverbot, →Verrechnungsverbot.

Saldo, Begriff der Buchführung für den Unterschiedsbetrag, der sich durch Aufrechnung zwischen Soll- und Habenseite eines Kontos ergibt. Der S. wird als Ausgleichsposten auf der kleineren Kontoseite eingesetzt, Gegenkonto ist bei den Abschlußbuchungen der doppelten Buchführung i. d. R. das Gewinn- und Verlustkonto oder Bilanzkonto. – *Benennung* des S. nach der größeren Seite des Kontos: „Habensaldo" (z. B. bei Verbindlichkeiten), „Sollsaldo" (z. B. bei Forderungen).

Saldoanerkenntnis, →Schuldanerkenntnis des Schuldners, daß zwischen ihm und dem Gläubiger aufgrund einer Abrechnung ein →Saldo von bestimmter Höhe bestehe. S. bedarf keiner Form (§ 782 BGB).

sale and lease back, →Leasing II 2 c).

sales force, →persönlicher Verkauf.

sales promotion, →Verkaufsförderung.

Salomonen, *Salomon Islands,* Inselstaat im westlichen Pazifik (Ozeanien); umfaßt sechs große Inseln: Guadalcanal (6250 km²), San Christobal (4500 km²), Santa Isabel (4500 km²), Malaita (3750 km²), New Georgia (3250 km²), Choiseul (2450 km²) und die Santa-Cruz-Inseln. – *Gesamtfläche:* 28 446 km². – *Einwohner* (E): (1985, geschätzt) 270 000 (9,5 E/km²); meist Melanesier, Polynesier, Weiße und Chinesen. – *Hauptstadt:* Honiara (1984: 23 500 E) auf der Insel Guadalcanal; weitere wichtige Städte: Auki, Gizo. – *Unabhängig* seit 1978; konstitutionelle Monarchie. *Eingeteilt* in vier Verwaltungsdistrikte. – *Amtssprache:* Englisch (Umgangssprache Pidgin-Englisch).

W i r t s c h a f t : *Landwirtschaft:* Anbauprodukte sind meist Kokosnüsse, Kopra, Süßkartoffeln, Palmöl, Reis, Kakao. Viehzucht (meist Schweine und Rinder). – *Fischfang:* (1979) 28 030 t. – *Bergbau:* Abbau von Gold. – *BSP:* (1985, geschätzt) 140 Mill. US-$ (510 US-$ je E); Anteil der Landwirtschaft am BSP: (1984) 65%, der Industrie: 5%. – *Export:* (1985) 70 Mill. US-$, v. a. Fische, Palmöl, Holzprodukte, Kopra, Kakao, Tabak, Muscheln. – *Import:* (1985) 69 Mill. US-$. – *Handelspartner:* Australien, Japan, Singapur, USA, Großbritannien, Niederlande, Samoa, Bundesrp. D., Mexiko.

M i t g l i e d s c h a f t e n : UNO, AKP, UNC-TAD u. a.; Commonwealth.

W ä h r u n g : 1 Salomonen-Dollar (SI$) = 100 Cents.

SAL-Paket (SAL = surface air lifted), über den kombinierten Land-/Luftweg befördertes →Paket. SAL-P. werden schneller befördert als Land-/Seewegpakete; die Gebühren sind niedriger als bei Luftpostpaketen.

Salzsteuer, Steuer auf Salzherstellung oder -einfuhr. Vermutlich älteste, zugleich problematischste →Verbrauchsteuer, da sie lebensnotwendigen Bedarf erfaßt und angesichts gleicher individueller Verbrauchsmengen als →Kopfsteuer anzusehen ist. Da die körperlich Arbeitenden wegen des physiologisch bedingten Kochsalzverbrauchs geradezu nach der Schwere ihrer täglichen Arbeitsanstrengungen belastet werden und diese Menschen i. d. R. nicht zu den oberen Einkommensschichten gehören, kann man die S. als das „Schulbeispiel für eine unsoziale Steuer" bezeichnen (Schmölders). – 1. *Rechtsgrundlagen:* Salzsteuergesetz, -Durchführungsverordnung und -Befreiungsordnung vom 25. 1. 1960 (BGBl I 50, 52, 56) mit späteren Änderungen; Salzsteuervergütungsordnung vom 3. 12. 1980 (BGBl I 2214). – 2. *Steuergegenstand:* Stein-, Hütten-, Siede- und Seesalz (Natriumchlorid); Kalirohsalze, Abraumsalze, Badesalze, Salzsolen, Salzabfälle und als Nebenerzeugnis der chemischen Industrie gewonnenes Salz (festgelegter Natiumchloridanteil). – 3. *Steuerbefreiungen:* a) Salz zum Salzen von Heringen und ähnlichen Fischen; b) Salz zu anderen

Zwecken als zur Herstellung oder Bereitung von Lebens- oder Genußmitteln verwendetes Salz, wenn es unter Steueraufsicht zum Genuß untauglich gemacht (vergällt) wird; c) Warengewicht. – 5. *Steuerschuldner:* a) Hersteller; b) wer außerhalb des Herstellungsbetriebes aus vergälltem Salz das Vergällungsmittel ganz oder teilweise ausscheidet oder dem vergällten Salz Stoffe zusetzt, durch die die Wirkung des Vergällungsmittels hinsichtlich des Geschmacks, Geruchs oder Aussehens vermindert wird. *Entstehung* im Zeitpunkt der Entfernung des Salzes aus dem Herstellungsbetrieb oder des Verbrauchs innerhalb des Betriebes oder der Entgällung. – 6. *Verfahren:* Der Steuerschuldner hat der Zollstelle bis zum 15. eines Monats die im Vormonat entstandene S. *anzumelden* und spätestens fünf Tage später zu *entrichten.* Kein Zahlungsaufschub. – 7. *Unversteuert:* U. a. Salzausfuhr unter Steueraufsicht. – 8. *Steuererstattung* bzw. *-vergütung* auf Antrag: a) für Salz, das der Hersteller nachweislich in seinen Betrieb zurückgenommen hat, im Wege der Anrechnung auf (zukünftig) fällige S.; b) u. a. bei der Ausfuhr unter Verwendung von versteuertem Salz hergestellter Lebensmittel nach vorheriger Erteilung eines Zusagescheines und Erfüllung weiterer Voraussetzungen. – 9. →*Steueraufsicht* für Herstellerbetriebe und salzhaltige Quellen. – 10. *Aufkommen:* 1986: 41,9 Mill. DM (1985: 42,4 Mill. DM, 1981: 42,2 Mill. DM, 1976: 41,6 Mill. DM, 1970: 42,7 Mill. DM, 1965: 39,4 Mill. DM, 1955: 41,5 Mill. DM).

Sambia, Republic of Zambia, früher *Nordrhodesien,* Binnenland in Südafrika, Zweiteilung durch den Katanga-Zipfel; präsidiale Republik, seit 1973 Einparteienstaat, unabhängig seit 1964. Hochebene über 1000 m ü. M. mit überwiegendem Hochlandklima. – *Fläche:* 752 614 km²; eingeteilt in 9 Provinzen. – *Einwohner* (E): (1985, geschätzt) 6,67 Mill. (8,9 E/km²); überwiegend Bantu-Gruppen und kleine Buschmanngruppen. – *Hauptstadt:* Lusaka (1980: 641 000 E); weitere wichtige Städte: Kitwe (401 000 E), Ndola (280 000 E), Chingola (269 000 E), Mufulira (187 000 E), Luanshya (184 000 E), Kabwe (120 000 E). – *Amtssprachen:* Englisch, Bantusprachen.

W i r t s c h a f t : *Landwirtschaft:* Anbau von Hirse, Maniok, Mais, Baumwolle, Tabak. Viehbestand hauptsächlich Rinder, Ziegen, Schweine, Schaft. 65% der Erwerbspersonen waren 1984 in der Landwirtschaft tätig. – *Fischfang* (Binnenfischerei): (1980) 38 000 t. – Der *Bergbau* bildet die Grundlage der Wirtschaft: Kupfer (über 90% des Ausfuhrwertes), Kobalt, Zink, Blei, Steinkohle, Mangan, Kadmium, Gold, Silber, selen, Uran. – *Industrie:* Beachtlicher Entwicklungsstand; Nahrungsmittel-, Leicht-, Zementindustrie, Metallverarbeitung, Motoren- und Kraftfahrzeug-

Montage. – *BSP:* (1985, geschätzt) 2620 Mill. US-\$ (400 US-\$ je E): – Anteil der Landwirtschaft am BSP: (1984) 20%; der Industrie: 35%. – *Öffentliche Auslandsverschuldung:* (1984) 114,4% des BSP. – *Inflationsrate:* (Durchschnitt 1973–84) 10,4%. – *Export:* (1985) 539 Mill. US-\$, v.a. Kupfer, Blei, Kobalt, Mangan, Zink, Tabak, Holz. – *Import:* (1985) 698 Mill. US-\$, v.a. Maschinen, Fahrzeuge, Fertigwaren, Erdöl. – *Handelspartner:* Japan, Großbritannien, Bundesrep. D. u.a. EG-Länder, USA, Rep. Südafrika, Iran, VR China.

V e r k e h r : Weitmaschiges, aber gut ausgebautes *Straßen- und Schienennetz;* Lusaka ist Knotenpunkt des Verkehrs; die Eisenbahn verbindet die Bergbaugebiete einerseits über Elisabethville/Katanga mit dem atlantischen Hafen Benguela/Angola, andererseits mit dem südafrikanisschen Netz und den Häfen am Indischen Ozean.

M i t g l i e d s c h a f t e n : UNO, AKP, CCC, OAU, UNCTAD u.a.; Commonwealth, Sicherheitsabkommen mit Angola und Zaire.

W ä h r u n g : 1 Kwacha (K) = 100 Ngwee (N).

Sammelabschreibung, →Pauschalabschreibung.

Sammelaktie, →Globalaktie.

Sammelanleihe, *kommunale Sammelanleihe.* 1. Gemeinsame →Anleihe mehrerer Gemeinden, die nach dem Ersten Weltkrieg häufig als Gesamtemission von der Deutschen Girozentrale (Deutschen Kommunalbank) oder der Deutschen Landesbankzentrale aufgelegt und deren Erlöse auf die beteiligten Gemeinden verteilt wurden. – 2. Vgl. →Ablösungsanleihe.

Sammelauftrag, im →Postgiroverkehr das Zusammenfassen von mehreren Aufträgen zur Gutschrift *(Sammelüberweisung)* oder zur Auszahlung in bar bzw. zur Verrechnung *(Sammelzahlungsanweisung, Sammelscheck).* Postgirokunden mit elektronischer Datenverarbeitung können S. auf Magnetbänder, Kassetten, Disketten oder über Datenfernübertragung einliefern.

Sammelbesteller, meist „Vertreter im Nebenberuf", der Aufträge an →Versandhäuser oder an Hersteller mit →direktem Vertrieb bündelt. – *Aufgaben:* Kontaktanbahnung; Verkaufsberatung, meist anhand der Kataloge und des sonstigen Informationsmaterials; Bestellannahme; Verteilung der Ware und gegebenenfalls Inkasso. – S. erhalten i.d.R. eine *Provision* auf den vermittelten Warenwert. –Mit Einführung neuer Kommunikationstechnologien, z.B. Btx, entwickeln sich S. zu *Informationsaußenstellen,* die weitere Auskünfte über Lagerbestände, Lieferfristen, Preisreduzierungen, Zahlungsziele, Bonität u.a. abrufen können.

Sammelbewertung, →Pauschalbewertung.

Sammelbuch, *Sammeljournal,* Hilfsmittel der doppelten Buchführung in Form von losen Blättern, die später zu einem „Buch" vereinigt werden, i.d.R. zur täglichen Zusammenfassung der Buchungen in den einzelnen Grundbüchern (Kassenbuch, Einkaufsbuch, Verkaufsbuch usw.). Die Summen des S. werden monatlich in das →Hauptbuch übertragen; das S. ist also praktisch ein spezifziertes Hauptbuch. – *Schema:* Vgl. →deutsche Buchführung, →französische Buchführung.

Sammeldepot, →Sammelverwahrung.

Sammelgutverkehr, →Sammelladungsverkehr.

Sammelinkassoversicherung, offizielle Bezeichnung seit 1983: *Sammelversicherung,* Form der →Lebensversicherung. – 1. *Wesen:* Lebensversicherungsverträge, denen bei Erfüllung festgelegter Voraussetzungen für die Dauer des Sammelinkassos ein Nachlaß auf die Tarifprämie eingeräumt wird. – 2. *Grundkonstruktion:* Zwei Verträge erforderlich: a) die Sammelinkasso-Vereinbarung (Sammelversicherungsvertrag), ein Vertrag zwischen dem Versicherer und einem Arbeitgeber bzw. einer nach den Vorschriften des Bundesaufsichtsamtes für das Versicherungwesen diesem gleichgestellte Einrichtung, in dem sich der Arbeitgeber verpflichtet, die Prämien gesammelt an den Versicherer abzuführen; b) der eigentliche Versicherungsvertrag zwischen Versicherer und Versicherungsnehmer, der im Rahmen der Vereinbarung abgeschlossen wird. – 3. *Voraussetzungen:* a) Versicherungsverträge auf das Leben von mindestens zehn Arbeitnehmern; b) Gesamtversicherungssumme ab 1983 mindestens 300 000 DM Kapital oder Gesamtjahresrente mindestens 30 000 DM. Dabei muß die Versicherungssumme der einzelnen Versicherung mindestens 5000 DM Kapital bzw. 500 DM Jahresrente betragen; c) der versicherte Arbeitnehmer muß Versicherungsnehmer sein, es sei denn, der Arbeitgeber bringt die Prämie für die betreffende Versicherung ganz oder teilweise auf (daher auch als →Direktversicherung oder als →Rückdeckungsversicherung angewandt); d) Einbehaltung der Prämie des Arbeitnehmers und kostenfreie Abführung an das Versicherungsunternehmen (bei ehemaligen Arbeitnehmern genügt auch Inkasso durch den ehemaligen Arbeitgeber und kostenfreie Abführung an den Versicherer). – 4. *Vorteile:* a) Nachlaß: Bis zu 3% auf die Tarifprämie. Der Nachlaß rechtfertigt sich insbes. durch Einsparung von Inkassokosten durch das Sammelinkasso des Arbeitgebers; b) Sind mindestens 100 Arbeitnehmer mit einer Versicherungssumme (Rente) von jeweils mindestens 30 000 DM (3000 DM) versichert, dürfen evtl. die Ratenzuschläge für unterjährige Zahlungsweise der Prämie gekürzt werden. Ist die Prämie für die

→Unfall-Zusatzversicherung höher, kann sie bis auf 1,2‰ der Versicherungssumme herabgesetzt werden. Die Vorteile *fallen* bis zum Wiedererreichen der Voraussetzungen *weg*, wenn drei Jahre lang ununterbrochen weniger als zehn Personen versichert oder 200000 DM Gesamtversicherungssumme unterschritten waren. – *Zu 3 und 4:* Zur Erleichterung der Anpassung bestehender S. an die mit Wirkung vom 1.1.1983 geistigen Voraussetzungen wurden „Altverträgen" für eine Übergangszeit bis zum 1.1.1988 Ausnahmeregelungen zugebilligt. – 5. *Teilnehmer:* Grundsätzlich nur Arbeitnehmer bzw. ihnen gem. §17 I BetrAVG gleichgestellten Personen (z.B. Handelsvertreter). Möglich ist Erweiterung des Kreises auf Ehegatten und Kinder der Arbeitnehmer, Inhaber, Vorstandsmitglieder, Geschäftsführer der Firma sowie deren Ehegatten und Kinder. – 6. *Abgrenzung zur →Firmen-Gruppenversicherung:* Für die S. ist es nicht erforderlich, daß Art und Höhe der Versicherungsleistungen nach objektiven Merkmalen festgelegt werden. Versicherungsnehmer kann Versicherungsform, Versicherungsleistung und Prämie wählen. Es bedarf nicht einer Mindestbeteiligungsquote eines festumschriebenen Personenkreises. Es werden keine speziellen Tarife verwendet. Gesundheitsprüfung entfällt nicht. Außerdem kann der Arbeitnehmer auch selbst Versicherungsnehmer sein und den Vertrag nach seinen Bedürfnissen gestalten, somit eignet sich die S. für die individuelle Vorsorge.

Sammeljournal, →Sammelbuch.

Sammelkonto, Begriff der Buchführung für ein Konto, auf dem gleichartige (insbes. Aufwands-)Konten (z.B. verschiedene Lohnkonten) zusammengeführt werden, um sie geschlossen oder in anderer Aufteilung auf die Erfolgsrechnung oder auf die Kostenstellen übertragen zu können.

Sammelladungsverkehr, *Sammelgutverkehr, Spediteur-Sammelgutverkehr,* gemeinsame Beförderung einer Vielzahl verschiedener relativ kleiner Sendungen als Sammelladung im Hauptlauf einer →Transportkette. Die Sendungen werden im Vorlauf bei ihren Versendern durch einen als Versandspediteur *(Verkehrsführer)* fungierenden Verkehrsbetrieb eingesammelt und im Nachlauf durch einen als Empfangsspediteur fungierenden Verkehrsbetrieb *(Spedition)* an ihre Empfänger verteilt.

Sammelliste mit Opposition belegter Wertpapiere, →Wertpapier-Mitteilungen.

Sammelmarken, Maßnahme der →Verkaufsförderung. S. werden in wertmäßiger Abhängigkeit vom tatsächlichen Einkaufswert durch den Handel an Endverbraucher verteilt. Sie

können hinterher gegen Waren eingetauscht werden.

Sammelproblem, →Tourenplanung IV.

Sammelrufnummer, Rufnummer bei Telefonanlagen mit mehreren Hauptanschlüssen, über die alle Anschlüsse erreichbar sind. Bei Anruf wird automatisch auf eine freie Leitung geschaltet.

Sammelscheck, →Sammelauftrag.

Sammeltratte, ein vom Exporteur ausgestellter →gezogener Wechsel (Tratte) über den Gesamtwert mehrerer erteilter Aufträge verschiedener Firmen in demselben Land in derselben Währung und mit demselben Zahlungsziel auf eine dieser Firmen, die mit den anderen abrechnet.

Sammelüberweisung, →Sammelauftrag.

Sammelurkunde, *Globalurkunde,* nicht in Form einer Einzelurkunde vorliegendes Wertpapier, das im Gegensatz zu diesem mehrere Rechte, oft die einer gesamten Wertpapieremission, verbrieft (z.B. 100000 Stück Aktien im Nennwert von 50 DM). S. können vom Emittenten jederzeit durch Einzelurkunden ersetzt werden. Durch die S. vereinfacht Wertpapierverkehr und -verwaltung. – Vgl. auch →Sammelverwahrung.

Sammelversicherung, in der Wirtschaftspraxis (nicht in der Versicherungstechnik) verwendeter Begriff. – 1. Zusammenfassende Bezeichnung für →Gruppenversicherung und →kombinierte Versicherung. – 2. *Warendelkredereversicherung* (→Kreditversicherung): Versicherungsverträge, bei denen mehrere Warenkunden zusammengefaßt sind. – 3. *Lebens- und Krankenversicherung:* Versicherungen, denen aufgrund von Sammelversicherungsverträgen (Sammelinkasso-Vereinbarungen) Begünstigungen (für die Höhe der Prämie) eingeräumt wurden (→Sammelinkassoversicherung).

Sammelverwahrung, *Sammeldepot.* 1. *Begriff/Charakterisierung:* →Wertpapierverwahrung, bei der der Bankier die von verschiedenen Kunden hinterlegten Stücke der gleichen Gattung zusammen aufbewahrt, doch so, daß im *Gegensatz* zur →Summenverwahrung der Hinterleger in gewisser Form sein Eigentumsrecht an den Wertpapieren behält. Im *Gegensatz* zur →Sonderverwahrung hat er *kein* Eigentumsrecht an den einzelnen von ihm eingelieferten Stücken, sondern ein Miteigentumsrecht an dem gesamten Sammelbestand der Stücke gleicher Gattung (§§ 5ff. DepotG). Infolgedessen hat der Hinterleger ein Recht zur →Aussonderung im Konkursfall. – 2. *Arten:* a) *Haus-S. (Eigenverwahrung):* S. beim Bankier oder einem anderen Kreditinstitut, das nicht →Wertpapiersammelbank ist. *Giro-S. (Drittverwahrung):* S. bei einer Wertpapiersammelbank; sie ist die Voraussetzung für den →Effektengiroverkehr; überwiegend angewandte Form der S. c) *Verwahrung durch* →*Sammelurkunde:* Nach DepotG-Novelle 1972 zulässige Form der S. (§ 9 a DepotG). – 3. *Sammeldepotfähig* sind nur Papiere, die sich für den stückelosen Effektengiroverkehr eignen, z. B. Inhaberaktien oder festverzinsliche Werte ohne Einzelauslosungsrecht, i. d. R. jedoch *nicht* vinkulierte Namensaktien.

Sammelwerbung, →kooperative Werbung.

Sammelwerk, Sammlung von →Werken oder anderen Beiträgen, die durch Auslese oder Anordnung eine persönliche geistige Schöpfung sind (z. B. Lexika, Enzyklopädien, Anthologien, auch Kochbücher und u. U. auch Adreßbücher usw.). S. werden unbeschadet des Urheberrechts an den aufgenommenen Werken wie selbständige Werke durch das Urheberrecht geschützt (§ 4 UrhRG). Das Urheberrecht am S. steht dem Urheber (Herausgeber) zu. Ist er nicht angegeben, tritt an seine Stelle der Verleger (§ 10 UrhRG). – Vgl. auch →Miturheber.

Sammelwertberichtigungen. 1. *Allgemein:* Im Pauschalverfahren ermittelte Wertkorrekturen zu den Forderungen in der Jahresbilanz, um jenen Teil der Forderungen zu erfassen, der erfahrungsgemäß nicht oder nicht in voller Höhe eingehen wird. Seit Inkrafttreten der BiRiLiG dürfen S. bei Kapitalgesellschaften nicht mehr auf der Passivseite der Bilanz gesondert ausgewiesen werden. – 2. *Bankwesen:* Für Banken ist die Bildung von S. geregelt durch das →Bundesaufsichtsamt für das Kreditwesen. Soweit nicht besondere Verhältnisse vorliegen, müssen S. nach besonders vorgeschriebenen Mindestsätzen für diejenigen Forderungen eingesetzt werden, für die keine Einzelwertberichtigungen gebildet sind. Die Mindestsätze der S., die nur geringfügig schwanken, werden bei der Veranlagung zur Einkommen- und Körperschaftsteuer als abzugsfähige →Betriebsausgaben anerkannt.

Sammelzahlungsanweisung, →Sammelauftrag.

Sammel-Zollager, →Lagerung im Sinne des Zollrechts.

Sammel-Zollanmeldung, an Stelle von →Zollanmeldungen für Einzelsendungen. S.-Z. kann unter bestimmten Voraussetzung für sämtliche z. B. in einem Monat eingeführten Sendungen eines Zollbeteiligten abgegeben werden, dient der Vereinfachung des Verfahrens der Zollabfertigung. Abgabe von S.-Z. kann auch Firmen bewilligt werden, die regelmäßig als Vertreter (z. B. Spediteure) Zollanträge stellen. Der Zollbeteiligte kann verpflichtet werden, die Eingangsabgaben selbst zu berechnen.

Sammlung. I. Öffentliche S.: 1. *Begriff:* Aufforderung zu Geld- oder Sachspenden oder zu Spenden geldwerter Leistungen auf Straßen oder Plätzen, in Gastwirtschaften oder anderen jedermann zugänglichen Räumen *(Straßensammlung)* oder von Haus zu Haus, insbes. mit Sammellisten *(Haussammlung),* oder durch Spendenbriefe *(Briefsammlung).* – 2. Das Recht der öffentlichen S. ist durch Gesetze der Länder geregelt. Danach bedarf eine S. der *Erlaubnis,* die je nach dem Gebiet, auf das sie sich erstrecken soll, das Ministerium (des Innern), die höhere oder Kreisverwaltungsbehörde erteilt. Erlaubnisfrei sind nur Haus- und Briefsammlungen, die eine Vereinigung unter ihren Angehörigen oder ein sonstiger Veranstalter innerhalb eines mit ihm durch persönliche Beziehungen verbundenen Personenkreises durchführt. – Die *Erlaubnis* wird *versagt,* wenn die öffentliche Sicherheit oder Ordnung gestört werden kann, wenn die ordnungsgemäße Durchführung der S. und die Verwendung des Erlöses für den S.-Zweck nicht gewährleistet ist.

II. Bewertungsgesetz: 1. *Begriff:* Zusammenfassung von Gegenständen, die nicht dem Verkauf oder wirtschaftlichen Gebrauch dienen, sondern künstlerischen oder wissenschaftlichen Interessen. – 2. *Steuerlich* gehören S. als →sonstiges Vermögen (§ 110 I Nr. 12 BewG) zum (vermögen-)steuerpflichtigen Vermögen, wenn ihr →gemeiner Wert 20 000 DM übersteigt. Ausnahmen: S. von Edelmetallen, Edelsteinen, Perlen, Münzen und Medaillen jeglicher Art gehören zum sonstigen Vermögen, wenn ihr Wert insgesamt 1000 DM übersteigt. – Vgl. auch →Kunstgegenstände.

Sammlungspflegschaft, →Pflegschaft II 6.

Samoa, →Westsamoa.

sample, →Stichprobe, →kostenlose Probe.

Samstag, →Sonnabend.

Samurai bond, ein auf japanische Yen lautendes, am japanischen Markt begebenes Wertpapier (→Anleihe), das von einem ausländischen Emittenten ausgestellt ist.

Sanierung. I. Begriff: Maßnahmen zur Vermeidung einer drohenden →Illiquidität und zur Beseitigung rentabilitätsbedingter Verluste.

II. Mögliche Ursachen (Beispiele): 1. *Im Beschaffungsbereich:* Mängel in der Beschaffungspolitik, in der Abstimmung von Beschaffung und Vorratshaltung, Mängel in der Lagerverwaltung. – 2. *Im fertigungstechnischen Bereich:* Überholte Produktionsverfahren, nicht mehr zweckmäßige Ausstattung mit Maschinen und maschinellen Anlagen, dauerhafte Unterbeschäftigung. – 3. *Im Absatzbereich:* Standortnachteile, Einseitigkeit der Ausrichtung des Produktionsprogramms,

Mängel im Einsatz des absatzpolitischen Instrumentariums (wie z. B. Werbung, Produktgestaltung, Preispolitik), Unzweckmäßigkeit des Absatzweges. – 4. *Im personalwirtschaftlichen Bereich:* Überalterung, innovationshemmende Einstellung der Geschäftsleitung, Mangel an Schulung, Unzufriedenheit unter den Mitarbeitern. – 5. *Im finanzwirtschaftlichen Bereich:* Unzureichende Ausstattung mit Eigenkapital, Mängel oder Störungen in der zeitlichen Abstimmung (Fristenkongruenz) von Kapitalherkunft (Kapitalaufnahme) und Kapitalverwendung, Ausfall von Forderungen im organisatorischen Aufbau und in der Ablauforganisation. – 6. *Im Bereich der Planung:* Unzulänglichkeiten im Unternehmens- bzw. im Marketingkonzept, Mängel in der Abstimmung der Teilpläne.

III. Umfang der Sanierungsmaßnahmen: 1. *S. im weiteren Sinne:* Die Sanierungsmaßnahmen erfassen mehrere oder sämtliche Funktionsbereiche des Unternehmens (siehe II). – 2. *S. im engeren Sinne:* Einmalige Durchführung einer Finanzierungsmaßnahme zur Beseitigung einer →Unterbilanz.

IV. Arten: 1. *S. im Bereich des Eigenkapitals:* a) *Aktiengesellschaft:* (1) *Reine S.:* Erfolgt durch formelle →Kapitalherabsetzung: (a) Herabsetzung des Nominalwerts durch →Abstempelung der Aktien (die Anteilsquote des Aktionärs wird nicht beeinträchtigt); (b) →Zusammenlegung der Aktien, d. h. Aktien werden eingereicht und nur zum Teil den Aktionären zurückgegeben; nachteilig für Aktionäre, die zu wenig Aktien besitzen und fehlende nicht zukaufen können; Zusammenlegung deshalb nur, wenn Abstempelung nicht möglich, z. B. wenn der Nennwert bei Abstempelung unter die gesetzlich vorgeschriebene Mindestgrenze von 50 DM fallen. würde. – (2) *Zuzahlungssanierung:* Übliche Form der S., da die reine S. zwar eine Unterbilanz, nicht jedoch gleichzeitige Mängel in der Kapitalausstattung beseitigen kann. – Zu *unterscheiden:* (a) Zuzahlungen der Aktionäre ohne Gegenleistung der AG: Aktionäre leisten freiwillige Zuschüsse, in Familien-AG üblich. (b) Zuzahlungen der Aktionäre gegen Leistung der AG: Die Gegenleistung besteht gewöhnlich in der Einräumung bestimmter Vorrechte (z. B. →Vorzugsdividende oder Ausgabe von →Genußscheinen). – (3) *Alternativ-S.:* Die Aktionäre haben die Wahl, sich für die Herabsetzung des Nominalwertes ihrer Aktien oder für eine Zuzahlung zu entscheiden. – (4) *Rückkauf von Aktien unter pari mit anschließender Einziehung* (→Aktieneinziehung): Angebot, wenn bei niedrigem Börsenkurs die Differenz zwischen Kaufpreis und Nennbetrag die Unterbilanz ausgleicht oder übersteigt. – (5) *Kapitalherabsetzung mit anschließender →Kapitalerhöhung durch Neuemission von Aktien (doppelstufige S.);* häufig gegen

Zuzahlungen der Aktionäre, Vorzugsaktien, Genußscheine). – In den Fällen (2), (3) und (5) ist die S. mit einem Mittelzufluß und im Fall (4) mit einem Mittelabfluß verbunden. Die reine S. Fall (1)) ist nicht unmittelbar liquiditätswirksam. – (6) *Wesentliche Regelungen* für Sanierungsmaßnahmen im Sinne von (1) bis (5): (a) Erfordernis eines *Hauptversammlungsbeschlusses* mit einer ¾-Mehrheit des bei der Beschlußfassung vertretenen Grundkapitals. Einfache Stimmenmehrheit genügt, falls Aktien, auf die der Nennbetrag oder der höhere Ausgabebetrag voll geleistet ist, im Rahmen der S. durch Einziehung von Aktien der Gesellschaft unentgeltlich zur Verfügung gestellt oder zu Lasten des Bilanzgewinns oder einer anderen Gewinnrücklage, soweit sie zu diesem Zweck verwendet werden können, eingezogen werden. – (b) *Behandlung von Kapital- und Gewinnrücklagen* (→Kapitalrücklage, →Gewinnrücklage): Um das aufwendige Procedere einer ordentlichen →Kapitalherabsetzung zu vermeiden, werden Kapitalherabsetzungen zum Zweck der S. einer AG gewöhnlich als vereinfachte Kapitalherabsetzung gem. §§ 229–236 AktG durchgeführt. Sie ist nur zulässig, nachdem der Teil der gesetzlichen Rücklage und der Kapitalrücklage, um den diese zusammen über 10 v. H. des nach der Herabsetzaung verbleibende Grundkapitals hinausgehen, sowie die übrigen Gewinnrücklagen vorweg aufgelöst sind. Sie ist nicht zulässig, solange ein Gewinnvortrag existiert. Die Beträge, die aus der Auflösung der Kapital- und Gewinnrücklagen und aus der Kapitalherabsetzung gewonnen werden, dürfen weder für Zahlungen an die Aktionäre noch für eine Befreiung der Aktionäre von ihrer Verpflichtung zur Leistung von Einlagen, sondern nur zum Ausgleich von Wertminderungen, zur Deckung sonstiger Verluste oder zur Dotierung der Kapital- und gesetzlichen Rücklage verwendet werden. Die Einstellung von Beträgen, die aus der Auflösung von anderen Gewinnrücklagen gewonnen werden, in die gesetzliche Rücklage und der Beträge, die aus der Kapitalherabsetzung gewonnen werden, in die Kapitalrücklage ist nur zulässig, soweit die Kapitalrücklage und die gesetzliche Rücklage zusammen 10 v. H. des Grundkapitals in der herabgesetzten Höhe (mindestens aber des Mindestnennbetrags von 100 000 DM) nicht übersteigen. Stellt sich bei Aufstellung des Jahresabschlusses für das Jahr, in dem der Beschluß über die Kapitalherabsetzung gefaßt wurde, heraus, daß der Sanierungsgewinn höher ist als die bei der Beschlußfassung angenommenen Wertminderungen und sonstigen Verluste, so ist der Unterschiedsbetrag unter gesondertem Ausweis im Jahresabschluß und entsprechender Erläuterung im Anhang in die Kapitalrücklage einzustellen (§ 240 AktG). Zum Schutz der Gläubiger begrenzt § 233 AktG die Gewinnausschüttungen für die ersten Jahre nach der Beschlußfassung über die Kapitalherabsetzung unter den dort näher geregelten Voraussetzungen. – b) *Gesellschaft mit beschränkter Haftung* und *Genossenschaft:* S. entspricht der der AG. Zusätzliche Möglichkeit durch Aufruf von →Nachschüssen bzw. →Zubußen. – c) *Einzelunternehmung* und *Personengesellschaft:* S. durch zusätzliche Kapitaleinlagen der Inhaber bzw. der stillen Teilhaber oder Kommanditisten; wenn möglich, Aufnahme von Darlehen von Verwandten, Geschäftsfreunden o. ä.

2. S. *im Bereich des Fremdkapitals:* a) Durch *Stundung* bzw. Umwandlung kurzfristiger in langfristige Verbindlichkeiten. – b) Durch teilweisen oder gänzlichen *Erlaß* (→Sanierungsgewinn, →Vergleich): (1) Mit Gegenleistung des Schuldners (z. B. Ausgabe von →Besserungsscheinen oder →Genußscheinen); (2) ohne Gegenleistung des Schuldners. – c) Durch *Umwandlung von Krediten in Eigenkapital.*

Sanierungsbilanz, die anläßlich der →Sanierung einer Unternehmung aufgestellte Sonderbilanz. – a) Die *Sanierungseröffnungsbilanz,* zeigt den Vermögensstand, die Sanierungsbedürftigkeit, bei Kapitalgesellschaften unter gleichzeitigem Ausweis des Verlustes an Eigenkapital. – b) *Sanierungsschlußbilanz:* Weist die Neuordnung der Kapitalverhältnisse und die Beseitigung des Verlustes aus. – *Beispiele:*

a) *Sanierung durch vereinfachte Kapitalherabsetzung:*

(Zusammengefaßte) Bilanz zum ... vor der Sanierung

	Mill. DM		Mill. DM
Vermögen	4.000	Gezeichnetes Kapital	2.000
Bilanzverlust	1.400	Gesetzliche Rücklage	200
		Andere Gewinnrücklagen	560
		Verbindlichkeiten	2.640
	5.400		5.400

Auf Vorschlag des Vorstands beschließt die Hauptversammlung, das Grundkapital (hier = gezeichnetes Kapital) zum Ausgleich des Bilanzverlusts (hier = Jahresfehlbetrag) um DM 800.000,– herabzusetzen.

(Zusammengefaßte) Bilanz zum ... vor der Sanierung

	Mill. DM		Mill. DM
Vermögen	4.000	Gezeichnetes Kapital	1.200
		Kapitalrücklage	40
		Gesetzliche Rücklage	120
		Andere Gewinnrücklagen	–
		Verbindlichkeiten	2.640
	4.000		4.000

Gem. § 229 II AktG sind die anderen Gewinnrücklagen voll und die gesetzliche Rücklage in Höhe des 10 v. H. des das (herabgesetzte) Grundkapital übersteigenden Betrags aufzulösen. (Würde aus der Zeit vor der Sanierung auch eine Kapitalrücklage existieren, müßte sie ebenfalls aufgelöst werden, bis sie *zusammen mit der gesetzlichen Rücklage* jene 10 v. H.

– Grenze nicht mehr übersteigt). Der aus der Kapitalherabsetzung resultierende Betrag ist gem. § 240 AktG als ,,Ertrag aus der Kapitalherabsetzung" gesondert auszuweisen. Insgesamt werden durch diese Buchungsvorgänge (560 + 80 + 800 =) 1.440 gewonnen. Da der auszugleichende Verlust nur 1.400 beträgt, ist der verbleibende Restbetrag gem. § 232 AktG im Wege des gesonderten Ausweises und unter Erläuterung im Anhang in die Kapitalrücklage einzustellen. Sämtliche Vorgänge (auch der Ertrag aus der Kapitalherabsetzung) sind in der Gewinn- und Verlustrechnung im Rahmen der Gewinnverwendung (§ 158 AktG) und nicht im Rahmen der Gewinnermittlung (Ermittlung des Jahresüberschusses) auszuweisen.

b) *Sanierung durch Rückkauf von Aktien unter pari:*

(Zusammengefaßte) Bilanz zum ... vor der Sanierung

	Mill. DM		Mill. DM
Liquide Mittel	3.000	Gezeichnetes Kapital	8.000
Übriges Vermögen	10.000	Verbindlichkeiten	7.400
Bilanzverlust	2.400		
	15.400		15.400

Rückkaufpreis: 40% des Nennwerts. Dementsprechend sind Aktien im Nennwert von insgesamt 4.000 einzuziehen, um den Bilanzverlust (hier = Jahresfehlbetrag) von 2.400 beseitigen zu können.

(Zusammengefaßte) Bilanz zum ... vor der Sanierung

	Mill. DM		Mill. DM
Liquide Mittel	1.400	Gezeichnetes Kapital	4.000
Übriges Vermögen	10.000	Verbindlichkeiten	7.400
	11.400		11.400

In Höhe von nur 1.600 werden liquide Mittel zum Kauf von nom. 4.000 Aktien zum Kurs von 40% ausgegeben, die dann eingezogen und in Höhe der Anschaffungskosten (1.600) voll abgeschrieben werden. Dann wird das Grundkapital (hier = gezeichnetes Kapital) um den Nennwert der eingezogenen Aktien gekürzt. Der Gegenposten ist gem. § 240 AktG im Rahmen der Gewinnverwendung (§ 158 AktG) und nicht im Rahmen der Gewinnermittlung als ,,Ertrag aus der Kapitalherabsetzung" gesondert auszuweisen. Die Abschreibung der eingezogenen Aktien ist dagegen echter Aufwand, der im Rahmen der Gewinnermittlung (Ermittlung des Jahresüberschusses) zu erfassen ist.

c) *Alternativsanierung:*

(Zusammengefaßte) Bilanz zum ... vor der Sanierung

	Mill. DM		Mill. DM
Liquide Mittel	400	Gezeichnetes Kapital	8.000
Übriges Vermögen	6.000	Verbindlichkeiten	2.000
Bilanzverlust	3.600		
	10.000		10.000

Auf Vorschlag des Vorstands beschließt die Hauptversammlung, (1) die Aktien im Verhältnis von 2 : 1 zusammenzulegen oder (2) eine Zuzahlung von 55% des Nennwerts der Aktien zu verlangen. Die Aktionäre entscheiden sich zu drei Vierteln des Nennwerts des Grundkapitals für eine Zusammenlegung und zu einem Viertel für eine Zuzahlung.

(Zusammengefaßte) Bilanz zum ... vor der Sanierung

	Mill. DM		Mill. DM
Liquide Mittel	1.500	Gezeichnetes Kapital	5.000
Übriges Vermögen	6.000	Verbindlichkeiten	500
		Verbindlichkeiten	2.000
	7.500		7.500

Die Zuzahlungen belaufen sich auf (1/4 von 8.000 × 55% =) 1.100. (Die Höhe des Zuzahlungskurses ist im konkreten Anwendungsfall genau zu fixieren, damit die Alternative der Zuzahlung nicht ungünstiger ist als die der Zusammenlegung). Sie erhöhen den Bestand an liquiden Mitteln. Gem. § 272 Abs. 2 HGB ist der Betrag der Zuzahlung auf der anderen Seite (zunächst in voller Höhe) erfolgsneutral in die Kapitalrücklage einzustellen. Das Grundkapital wird um (3/4 von 8.000 = 6.000 × 1/2 [2 : 1] =) 3.000 herabgesetzt. In der Gewinn- und Verlustrechnung wird der Herabsetzungsbetrag gem. § 240 AktG im Rahmen der Gewinnverwendung und nicht im Rahmen der Gewinnermittlung als ,,Ertrag aus der Kapitalherabsetzung'' ausgewiesen. Dieser ,,Ertrag'' reduziert den auszugleichenden Verlust auf 600. Zum Ausgleich des Restverlustbetrags sind 600 der (zuvor dotierten) Kapitalrücklage wieder zu entnehmen. Die Kapitalrücklage beläuft sich im Ergebnis somit auf (1.100 − 600 =) 500. Sie liegt damit innerhalb der 10 v. H. - Grenze des § 231 AktG. Nach dieser Vorschrift ist die Einstellung der Beträge, die aus der Auflösung von anderen Gewinnrücklagen gewonnen werden, in die gesetzliche Rücklage und der Beträge, die aus der Kapitalherabsetzung gewonnen werden, in die Kapitalrücklage nur *zulässig, soweit die Kapitalrücklage und die* gesetzliche Rücklage *zusammen* 10 v. H. des herabgesetzten Grundkapitals nicht übersteigen.

d) *Doppelstufige Sanierung:*

(Zusammengefaßte) Bilanz zum ... vor der Sanierung

	Mill. DM		Mill. DM
Liquide Mittel	1.000	Gezeichnetes Kapital	8.000
Übriges Vermögen	7.800	Kapitalrücklage	400
Bilanzverlust	5.200	Gesetzliche Rücklage	400
		Andere Gewinnrücklagen	2.000
		Verbindlichkeiten	3.200
	14.000		14.000

Auf Vorschlag des Vorstands beschließt die Hauptversammlung, das Grundkapital (hier = gezeichnetes Kapital) im Wege der vereinfachten Kapitalherabsetzung um 4.000 zu kürzen und um den gleichen Betrag (zum Ausgabekurs der neuen Aktien von 110%) zu erhöhen.

(Zusammengefaßte) Bilanz zum ... vor der Sanierung

	Mill. DM		Mill. DM
Liquide Mittel	5.400	Gezeichnetes Kapital	8.000
Übriges Vermögen	7.800	Kapitalrücklage	1.600
		Gesetzliche Rücklage	400
		Andere Gewinnrücklagen	—
		Verbindlichkeiten	3.200
	13.200		13.200

Der Bilanzverlust soll hier dem Jahresfehlbetrag entsprechen. Zunächst werden die anderen Gewinnrücklagen voll aufgelöst (2.000), danach das gezeichnete Kapital buchmäßig herabgesetzt (4.000) und dementsprechend schließlich die Kapital- und die gesetzliche Rücklage um je 200 (zusammen also um 400) aufgelöst, damit die 10 v. H. - Grenze gewahrt bleibt. Insgesamt werden aus diesen Vorgängen (2.000 + 4.000 + 200 + 200 =) 6.400 gewonnen. In der Gewinn- und Verlustrechnung werden diese Beträge – der Herabsetzungsbetrag gesondert als ,,Ertrag aus der Kapitalherabsetzung'' – im Rahmen der Gewinnverwendung und nicht im Rahmen der Gewinnermittlung (Ermittlung des Jahresüberschusses) erfasst (§ 158 AktG). Im nächsten Schritt wird die Erhöhung des Grundkapitals um 4.000 verbucht. Da sie aufgrund des höheren Ausgabekurses von 110% einen Mittelzufluß von 4.400 erbringt, ist der überschießende Betrag (→Agio) gem. § 272 II HGB in die Kapitalrücklage einzustellen. Der auszugleichende Verlust ist mit 5.200 niedriger als die aus der Sanierung gewonnenen Beträge (insgesamt 6.400). Der Differenzbetrag darf nicht ausgeschüttet, sondern muß gem. § 232 AktG unter gesondertem Ausweis im Jahresabschluß und entsprechender Erläuterung im Anhang in die Kapitalrücklage eingestellt werden.

Sanierungsfusion, →Verschmelzung (Fusion) aus wirtschaftlichem Grund (→Sanierung). Keine Ausnahme von der Fusionskontrolle (→Kartellgesetz III), kann aber eine Ministererlaubnis (→Kartellgesetz III 3) rechtfertigen.

Sanierungsgewinn, bei der →Sanierung einer Unternehmung entstandener Gewinn. – 1. *Fremdkapital:* S. mittels durch Gläubigerverzicht. Ist ein Gläubiger gleichzeitig Gesellschafter und verzichtet er auf eine Forderung an die Gesellschaft, so erbringt er als Gesellschafter einer Personengesellschaft eine Einlage. In einer Kapitalgesellschaft entsteht in diesem Fall ein Buchgewinn, der der →Kapitalrücklage zuzuführen ist. – *Besteuerung:* S. sind gem. § 3 Nr. 66 EStG steuerfrei, wenn das Unternehmen sanierungsbedürftig war und die Schulden zum Zweck der Sanierung erlassen werden sind. Der Forderungsverzicht des Kapitalgesellschafters wird kapitalverkehrsteuerrechtlich als steuerbare Kapitalzuführung behandelt. Dient der Verzicht der Beseitigung einer Überschuldung oder eines Verlusts, so ist er von der Gesellschaftssteuer befreit (§ 7 IV Nr. 1 KVStG). – 2. *Eigenkapital von Kapitalgesellschaften:* S. entstehen a) durch die Herabsetzung des Grundbzw. Stammkapitals und b) durch die Auflösung von Kapitalrücklagen nur im formalen Sinne. – Diese Erträge führen jedoch – auch *einkommensteuerrechtlich* – nicht zu einem Reinvermögenszuwachs und sind somit nicht im Rahmen der →Gewinnermittlung, sondern im Rahmen der →Gewinnverwendung zu erfassen (für die AG vgl. §§ 240, 158 AktG).

Sanierungsübersicht, Vermögens- und Schuldenübersicht in dreifach verschiedener Bewertung als Grundlage für die Entscheidung über Maßnahmen der →Sanierung. Die S. zeigt vergleichsweise den Wert der Unternehmung a) laut Buchführung, b) im Falle der Weiterführung, c) im Falle der Veräußerung, im Wege der →Abwicklung oder aus Anlaß eines Konkurses. – 1. Die *Aktiva* sind aufgeführt mit a) Buchwert, b) Effektivwert (Wert, der dem Tageswert bei Fortführung des Betriebes entspricht; Anwendbarkeit umstritten, da bei Fortführung der Wert der Unternehmung nur im ganzen, als Ertragswert, sinnvoll ermittelt werden kann) und c) Einzelveräußerungswert (zu erwartender Einzelveräußerungserlös, ggf. Versteigerungswert). – 2. Die *Passiva* sind zu unterteilen in a) Eigenkapital, b) Forderungen seitens bevorrechtigter und gesicherter Gläubiger und c) freie Verbindlichkeiten.

Sankt Helena, →Großbritannien.

San Marino, *Repubblica di San Marino,* Freistaat in Italien, im nordöstlichen Apennin. – *Fläche:* 60,57 km². – *Einwohner* (E): (1985) 22 418 (370,1 E/km². – *Hauptstadt:* San Marino (4695 E); weitere wichtige Städte: Serravalle (6418 E), Borgo Maggiore (3715 E), Faetano (770 E). – *Amtssprachen:* Italienisch und Romagnol.

W i r t s c h a f t : Tourismus ist bedeutendste Einnahmequelle (rd. 2,5 Mill. Touristen jährlich); daneben Keramikherstellung; eigene Briefmarken; Wein- und Sektausfuhr.

V e r k e h r : Eisenbahnverbindung mit Rimini.

M i t g l i e d s c h a f t e n : ILO, UNESCO, WHO, ECE, UNCTAD u. a.

W ä h r u n g : 1 Italienische Lira (Lit) = 100 Centesimi (Cent.); daneben Lira von San Marino.

Sansibar, →Tansania.

Santa-Clara-Modell, Modell der →Arbeitszeitflexibilisierung, benannt nach der Stadt in Kalifornien, in der dieses Modell zum ersten Mal angewendet wurde. In diesem Modell können die Arbeitnehmer aus der Bandbreite des Arbeitsvolumens, des täglichen, wöchent-

lichen, monatlichen und jährlichen Arbeitszeitraumes nach ihren Vorstellungen und Bedürfnissen ihren Arbeitsvertrag ausgestalten. In der Summe der Arbeitsverträge hat das →Personalmanagement für eine ständige Betriebsbereitschaft zu sorgen. – Vgl. auch →Arbeitszeitmodelle.

São Tomé und Principe, Inselstaat im Golf von Guinea (W-Afrika). – *Fläche:* 964 km², davon Sao Tomé 836 km². – *Einwohner* (E): (1985), geschätzt) 110 000 (114,1 E/km²); meist Schwarze, Mulatten, Portugiesen. – *Hauptstadt:* São Tomé (25 000 E); weitere wichtige Stadt: Santo Antonio (1000 E). – *Unabhängig* seit 1975 (ehemalige portugiesische Kolonie). – *Amtssprache:* Portugiesisch; Umgangssprache: Mischung aus Portugiesisch und Bantusprachen.

W i r t s c h a f t : *Landwirtschaft:* Anbau von Kakao, Kaffee, Öl- und Kokospalmen. – *BSP:* (1985, geschätzt) 30 Mill. US-$ (310 US-$ je E); Anteil der Landwirtschaft am BSP: (1984) 50%, der Industrie: 10%. – *Export:* (1979) 27 Mill. US-$, v. a. Kakao, Kopra, Kaffee, Palmkerne. – *Import:* (1979) 22 Mill. US-$. – *Handelspartner:* Portugal, Bundesrep. D. u. a. EG-Länder, Angola.

M i t g l i e d s c h a f t e n : UNO, AKP, ECA, OAU, UNCTAD.

W ä h r u n g : 1 Dobra (Db) = 100 Centimos.

SAP. 1. Abk. für Streuplan-Analyse-Programm, →Mediaselektionsmodelle IV 2 b) (2). – 2. Abk. für →Sozialamt der Deutschen Bundespost.

SAS, statistical analysis system, Statistik-Programmpaket zur elektronischen Datenverarbeitung.

Satellitensteuern, Steuern, die in Verbindung mit einer anderen Steuer erhoben werden, z. B. Kirchensteuer mit Einkommensteuer als Bemessungsgrundlage. – *Anders:* →Trabantensteuern.

Satisfizierer, →Rationalität.

Sattelpunkt, →Spieltheorie 8.

Sattelschlepper, Fahrzeuge mit besonderer Einrichtung für aufzusattelnde Anhänger, die auf diese Weise auf dem ziehenden Fahrzeug lasten. Ein weiterer →Anhänger darf aber nicht mitgeführt werden (§ 32a StVZO). – *Aufgesattelte Anhänger* werden im Straßenverkehrsrecht, z. B. hinsichtlich der Vorschriften über die →Personenbeförderung, als →Lastkraftwagen behandelt.

Sättigungskonsum, →Konsumplan in einer →Konsummenge, dem kein anderer möglicher Konsumplan vorgezogen wird. Das Axiom der Nichtsättigung (→Präferenzordnung) unterstellt, daß kein Sättigungskonsum existiert. D. h., wie immer auch der Konsumplan eines Wirtschaftssubjekts aussieht, es gibt stets einen anderen Konsumplan, den es diesem vorzieht.

Sättigungsmenge, Begriff der Haushaltstheorie; gibt die Menge an, bei der der Haushalt aus dem Mehrverbrauch des betreffenden Gutes keinen Nutzenzuwachs erzielt (→Sättigungskonsum).

Satz. I. K a u f m ä n n i s c h e r S p r a c h g e b r a u c h : 1. Eine *Anzahl* sachlich zusammengehöriger, der effektiven Zahl nach aber unbestimmter Gerätschaften oder Teile, die zumeist als Einheit gehandelt werden und deren einzelne Teile unverbunden einen geringeren →Gebrauchswert haben, z. B. Briefmarken. – 2. Synonym für →*Quote.*

II. L o g i k / M a t h e m a t i k : Folge zusammengehöriger Wörter, mit der ein Gedanke oder etwas logisch bzw. mathematisch bewiesenes mit gewisser Endgültigkeit ausgedrückt werden kann.

III. D a t e n v e r a r b e i t u n g : Kurzbezeichnung für →Datensatz.

Satzergänzungstest, →projektives Verfahren, bei dem den Probanden ein bereits begonnener Satz vorgegeben wird, den sie spontan vervollständigen müssen. Es handelt sich hierbei formal um eine offene Frage (→Befragung). Oft wird S. in graphischer Form durchgeführt, z. B. Abbildung zweier Personen mit Sprechblasen, wobei bei einer Sprechblase (Ballon) der Satz zu ergänzen ist (Ballonfrage). – *Ähnlich:* →Wortassoziationstest.

Satzung, *Statut,* vertragliche Bestimmungen über die Verfassung von Kapitalgesellschaften, Genossenschaften usw. – Vgl. auch →Mustersatzung.

I. S. d e r K a p i t a l g e s e l l s c h a f t e n : 1. *Aktiengesellschaften und Kommanditgesellschaften auf Aktien:* a) *Voraussetzungen:* Die S. der AG und KGaA bedarf öffentlicher Beurkundung (§ 23 I AktG), an ihrer *Feststellung* müssen mindestens fünf Gründer beteiligt sein (§ 2 AktG). – b) *Inhalt* (§ 23 II, III, IV AktG): (1) *Zwingender Inhalt:* Angabe von Nennwert, Ausgabebetrag und, wenn mehrere Gattungen bestehen, Gattung der Aktien, Firma und Sitz der Gesellschaft, Gegenstand des Unternehmens, Höhe des Grundkapitals, Nennbeträge und Zahl der Aktien, Form der Bekanntmachungen der Gesellschaft. (2) *Erweiterter Mindestinhalt* wird bei →qualifizierten Gründung gem. §§ 26,27 AktG verlangt. (3) Daneben enthält die S. meist zahlreiche andere Bestimmungen. – c) *Änderungen* der S. sind nur durch Beschluß der Hauptversammlung mit einer Mehrheit, die i. d. R. ¾ des bei der Beschlußfassung vertretenen Grundkapitals umfassen muß, möglich (§§ 179 ff. AktG). – 2. *Gesellschaften mit beschränkter Haftung:* a) *Abschluß* bedarf

öffentlicher Beurkundung; sie ist von allen Gesellschaftern zu unterzeichnen (§ 2 GmbHG). – b) *Inhalt:* (1) Firma und Sitz der Gesellschaft; (2) Gegenstand des Unternehmens; (3) Betrag des →Stammkapitals und der →Stammeinlagen; (4) etwaige Nebenverpflichtungen der Gesellschafter (§ 3 GmbHG). – c) *Änderungen* bedürfen eines Gesellschafterbeschlusses mit einer Mehrheit von mindestens ¾ der abgegebenen Stimmen und öffentlicher Beurkundung.

II. S. d e r G e n o s s e n s c h a f t e n : Grundlage für die Rechtsverhältnisse in der →Genossenschaft nach innen und außen. – 1. *Erforderlich* sind Schriftform, Eintragung in →Genossenschaftsregister und auszugsweise Veröffentlichung. – 2. *Änderungen* nur mit qualifizierter Mehrheit durch die Generalversammlung. – 3. *Inhalt:* a) *Notwendiger Inhalt:* (1) Firma und Sitz der G.; (2) Gegenstand des Unternehmens; (3) Bestimmungen über die Form der →Nachschußpflicht der Mitglieder im Konkursfall; (4) Bestimmungen über Form der Berufung, Beurkunden und Bekanntmachung der Generalversammlung; (5) Höhe des →Geschäftsanteils und der darauf zu leistenden Mindesteinzahlung; (6) Vorschriften über Art und Höhe der Bildung einer gesetzlichen Rücklage. – b) *Kannbestimmungen:* (1) Mehrund Pflichterwerb von Geschäftsanteilen; (2) Bildung eines besonderen Reservefonds; (3) Zulässigkeit von →Nichtmitgliedergeschäften; (4) Beschränkungen der Geschäftsführungsbefugnis des Vorstands; (5) Erwerb und Beendigung der Mitgliedschaft; (6) Rechte und Pflichten der Mitglieder; (7) Maßstab für die Verteilung von Gewinn und Verlust; (8) Verzinsung der →Geschäftsguthaben.

III. S. v o n I n s t i t u t i o n e n d e s ö f f e n t l i c h e n R e c h t s : Vgl. →autonome Satzung.

Satz vom komplementären Schlupf, →Dualitätstheorie der linearen Optimierung II 3.

Satz von Lindeberg-Lévy, Grenzwertsatz 2.

Satz von Ljapunoff, →Grenzwertsatz 1.

Saudi-Arabien, Königreich in Vorderasien, seit 1931 auf islamischer Grundlage. Der König ist höchste Legislative, Exekutive und Judikative; auch geistliches Oberhaupt. Zwischen S.-A. und dem Irak liegt eine Neutrale Zone, die unbewohnt und demilitarisiert ist. S.-A. bildet den Hauptteil der Arabischen Halbinsel zwischen Rotem Meer und Persischem Golf. – *Fläche:* 2,497 Mill. km²; eingeteilt in 5 Verwaltungseinheiten (Najd, Hedschas, Asir, Ostprovinz, Nachschran). – *Einwohner* (E): (1985 geschätzt) 11,54 Mill. (5,4 E/km²); meist Araber und 2 Mill. Gastarbeiter. – *Hauptstadt:* Er-Riad (1980: 1,2 Mill. E); weitere wichtige Städte: Djidda (1 Mill. E), Mecca (550 000 E), Taif (300 000 E), Medina (290 000 E), Damman (200 000 E), Hofuf (101 000 E). – *Amtssprache:* Arabisch.

Wirtschaft: *Landwirtschaft:* An erster Stelle in der Welt, mit Irak, in der Dattelproduktion; Viehzucht: Schafe, Ziegen, Kamele, Rinder, Esel. – *Fischfang:* (1982) 26425 t. – *Bergbau:* Drittgrößtes Erdölförderland der Welt, $^1\!/_5$ der nachgewiesenen Erdölreserven der Welt. – *Industrie:* Nahrungsmittel-, Baustoff-, erdölverarbeitende, Stahlindustrie. – *Reiseverkehr:* Deviseneinnahmen: (1980) 1,34 Mrd. US-$. – *BSP:* (1985, geschätzt) 102120 Mill. US-$ (8860 US-$ je E). – *Inflationsrate:* (Durchschnitt 1973–84) 14,1%. – Anteil der Landwirtschaft am *BSP:* (1984) 2%; der Industrie: 63%. – *Export:* (1983) 46941 Mill. US-$, v.a. Erdöl und Erdölprodukte (über 95%), Datteln, Häute und Felle, Wolle. – *Import:* (1983) 39206 Mill. US-$, v.a. Konsumgüter, Kraftfahrzeuge. – *Handelspartner:* Japan, USA, Bundesrep. D., Frankreich, Italien, Niederlande, Großbritannien.

Verkehr: Er-Riad ist durch feste Straßen mit der Erdölstadt Dhahran, mit den Wallfahrtsorten Mekka und Medina und dem Hafen Djidda verbunden; wichtig ist der Inlandsflugverkehr. Nationale *Luftverkehrsgesellschaft:* Haupthafen: Djidda für Erdölausfuhr.

Mitgliedschaften: UNO, CCC, OIC, OPEC, UNCTAD u. a.; Arabische Liga.

Währung: 1 Saudi Riyal (S. Rl.) = 20 Qirshes = 100 Hallalas.

Säuglingssterblichkeit, →Mortalitätsmaße 3.

Säulendiagramm, →Histogramm.

Säumniszuschlag. 1. *Begriff:* Zuschläge auf Steuern, wenn die Steuer nicht bis zum Ablauf des Fälligkeitstages entrichtet wird (§240 AO). S. ist eine →steuerliche Nebenleistung. – **2.** Die *wirksame Zahlung* gilt als entrichtet: a) bei Übergabe oder Übersendung von Zahlungsmitteln am Tag des Eingangs; b) bei Überweisung oder Einzahlung auf ein Konto der Finanzbehörde und bei Einzahlung mit Zahlschein, Zahlkarte oder Postanweisung am Tag der Gutschrift; c) bei Vorliegen einer Einzugsermächtigung grundsätzlich am Fälligkeitstag (§224 II AO). – **3.** S. *beträgt* vom Fälligkeitstage an 1% des rückständigen (auf volle 100 DM nach unten abgerundeten) Steuerbetrages für jeden angefangenen Monat. – **4.** S. *entsteht* verwirklichungsfähig durch Tatbestandserfüllung; er wird nicht festgesetzt (§218 AO). *Gegen* die Anforderung von S. ist →Beschwerde gegeben. – **5.** Von der Erhebung wird bei verspäteter Zahlung *bis zu fünf Tagen* abgesehen (§240 III AO, ,,Schonfrist"). – **6.** S. und →Verspätungszuschlag (§152 AO) sind zu unterscheiden.

Savage-Niehans-Regel, *Minimax-Risiko-Regel, Regel des kleinsten Bedauerns,* Entscheidungsregel bei Unsicherheit (→Entschei-

dungsregeln 2c)), die auf einer →Opportunitätskostenmatrix basiert. Es wird die Aktion mit dem Maximum der Zeilenminima der →Opportunitätskosten gewählt. Die S.–N.–R. spiegelt die Haltung eines pessimistischen Entscheidungsträgers wider.

Savary, Jacques, 1622–1690, französischer Kaufmann und Handelspolitiker, als Mitglied des Conseil de la Réforme der geistige Urheber der berühmten Ordonnance de Commerce (,,Code Savary"), der ersten umfassenden Kodifikation des Handelsrechts. Verfasser des bedeutendsten handelswissenschaftlichen Werkes des Mercantilismus: ,,Parfait Negociant..." (1675), das den größten Einfluß auf die betriebswirtschaftliche Literatur Europas während des ganzen 18. Jh. hatte (zahlreiche Neuauflagen und Übersetzungen). – Vgl. auch →Betriebswirtschaftslehre, →Geschichte der Betriebswirtschaftslehre.

savings banks, Sparkassen in Großbritannien und den USA. Öffentliche Sparkassen kommen nur vereinzelt in Großbritannien, in den USA überhaupt nicht vor. – *Haupttypen:* **1.** *USA:* a) *Mutual s. b.:* Sparkassen auf Gegenseitigkeit mit gemeinnützigen Zielen; kein Grundkapital; die Sparer tragen Gewinn und Verlust. Meist können erhebliche Dividenden an die Sparer verteilt werden. – b) *Stock s.b.:* Private Sparkassen; Erwerbsgesellschaften, die für Rechnung der Anteilseigner geführt werden, während der Einleger kein Risiko trägt und auf seine Einlagen Zinsen erhält. – c) Auch die *Kreditbanken* haben ein bedeutendes Spargeschäft und führen in ihren *saving departments* savings accounts (Sparkonten) mit besonderen Zinsbedingungen; für die Anlage dieser Spargelder bestehen keine Vorschriften. – d) *Savings and loan associations:* Bausparkassenähnliche Institute. – e) *Postal s.b.:* Postsparkassen, die mit den Postämtern zusammenarbeiten. Mindesteinlage 1 US-$, höchstens 2500 US-$. Die Postspareinlagen werden größtenteils bei den lokalen Banken deponiert, ein Teil wird durch das Schatzamt in Regierungspapieren angelegt. – **2.** *Großbritannien:* Seit dem Gesetz von 1863 als s. b. im eigentlichen Sinne die *trustee s.b.,* private Einrichtungen mit gemeinnützigem Charakter, die die ihnen anvertrauten Gelder auf Treuhandkonten bei der →Bank of England einlegen müssen, die diese Mittel ihrerseits in Regierungspapieren anlegt. – Seit 1916 sind die Sparbeträge in Großbritannien in großem Umfange unmittelbar in den *national savings securities* (Sparbriefe) angelegt worden.

Savings-Verfahren, →Tourenplanung V.

Say, Jean Baptiste (1767–1832), Vertreter der klassischen Nationalökonomie, systematisierte die Gedanken von →Smith und verbreitete sie in Frankreich. S. schuf die übliche Einteilung der Volkswirtschaftslehre in Erzeugung (Produktion), Verteilung (Distribution) und Verbrauch (Konsumation). Erstmals klare Abgrenzung der Funktion des Unternehmens von der des Kapitalisten (→Profit). Ausdehnung des Produktivitäts-Begriffs auf die geistigen Berufe. S. schuf →Saysches Theorem (Theorie der Absatzwege, théorie des débonds). – *Hauptwerke*: „Traité d'Economie politique" 1802, „Cours complet d'économie politique et practique" 1828.

Saysches Theorem, von Say aufgestellter Satz der →klassischen Lehre, nach dem eine allgemeine Überproduktion in einer Volkswirtschaft unmöglich sei, da jedes →Angebot in demselben Umfang kaufkräftige →Nachfrage schaffe, die durch Faktoreinkommen und Gewinne dem Wert der erstellten Produkte entspreche. Jede Produktion schaffe sich also ihre eigene Nachfrage. Das Geld sei nur ein Schleier, der den eigentlichen Tatbestand verhülle, daß die Produkte immer nur mit Produkten gekauft werden. Demnach sei nur eine partielle Überproduktion möglich, der eine Unterproduktion an anderer Stelle entspreche. Diese Ungleichgewichtssituation sei aber nur temporär und werde durch den Preismechanismus (→Tannonement) beseitigt. – *Kritik* an Say schon durch →Malthus und →Sismondi. Das S. Th. gilt nur in einer Naturaltauschwirtschaft. Scharfe Kritik am S. Th. v. a. von →Keynes.

SB-Center, →Verbrauchermarkt.

SB-Warenhaus, →Selbstbedienungswarenhaus.

Scanner, taktweise arbeitende Abfragevorrichtung (Lesegerät) für optische Zeichen- und Strichcodes (→Barcode). S. werden insbes. im Einzelhandel verwendet; dient zur Identifizierung der auf Waren oder Etiketten angebrachten Artikelnummern. Zum maschinellen Lesen der Nummer ist diese über ein im Kassentisch eingebautes „Fenster" zu führen. Ein Laserstrahl tastet die auf dem Strichcode-Etikett verschlüsselten Informationen ab und identifiziert so den einzelnen Artikel. – Vgl. auch →computergestützte Warenwirtschaftssysteme.

Scanner-Handelspanel, →Handelspanel, bei dem die Erfassung der Abverkäufe automatisch ort- und zeitkongruent mittels →Scanner erfolgt. Wesentliche Vorteile im Vergleich mit dem herkömmlichen Handelspanel: kontinuierliche Erhebungsfrequenz, kürzerer Berichtszeitraum, genauerer Erfassungsmodus für Absätze und Preis, höhere Reliabilität, niedrigere Kosten (da die Abverkäufe und Preise als Nebenprodukt des Kassiervorgangs anfallen). – Vgl. auch →Scanner-Haushaltspanel.

Scanner-Haushaltspanel, →Haushaltspanel, bei dem die Erfassung der Abverkäufe und Preise nicht durch herkömmliche Tagebücher

oder Kassenbons erfolgt, sondern mittels →Scanner. Die Haushalte werden mit Identifikationskarten ausgestattet, die bei Vorlage an der Kasse eine orts- und zeitkongruente Erfassung und Zuordnung der Einkaufsvorgänge zu den Haushalten ermöglichen. – Vorteile gegenüber dem herkömmlichen Haushaltspanel: Erhebungsmodus (tatsächliche Käufe und Preise gegenüber erinnerten Käufen und Preisen), geringere Belastung der Panelmitglieder, kürzerer Berichtszeitraum, geringere Kosten, Informationsumfang (Informationen über alle verfügbaren Kaufalternativen gegenüber Informationen nur über gekaufte Alternativen), größere externe Validität. – Vgl. auch →Scanner-Handelspanel.

scanning, anglo-amerikanischer Begriff der Managementlehre. Vgl. im einzelnen →strategische Frühaufklärung I.

Schachteldividende, Begriff des Steuerrechts für den Gewinnanteil eines Unternehmens aus einer Kapitalgesellschaft, an der es mit mindestens 10% beteiligt ist (→Schachtelprivileg). Mit der Einführung des →körperschaftsteuerlichen Anrechnungsverfahrens ist die punktuelle Körperschaftsteuerbefreiung inländischer Sch. entfallen.

Schachtelgesellschaft, →Kapitalgesellschaft als Beteiligungsgesellschaft, bei der ein inländisches Unternehmen mindestens zu einem Zehntel beteiligt ist. Auch beim Bund, bei Ländern, Gemeinden, Gemeindeverbänden, Betrieben von inländischen Körperschaften des öffentlichen Rechts finden sich Sch. – *Steuerliche Vergünstigung:* Vgl. →Schachtelprivileg. – Vgl. auch →Organschaft.

Schachtelprivileg. I. B e g r i f f: Instrument zur Vermeidung ertrag- oder substanzsteuerlicher Mehrfach- oder Doppelbesteuerung (→Doppelbesteuerung), die sich bei der Verschachtelung von Kapitalgesellschaften ergeben. Im Falle von →Schachtelgesellschaften werden die Gewinne bzw. die Beteiligungswerte aus der Bemessungsgrundlage der jeweiligen Steuerart ausgenommen. Es handelt sich nicht um ein für die begünstigten Gesellschaften geschaffenes „Privileg", sondern um eine notwendige Korrektur zur Vermeidung von Überbesteuerungen.

II. I n l ä n d i s c h e s S c h.: Findet nach der Körperschaftsteuerreform nur noch im Bewertungs- und Gewerbesteuerrecht Anwendung. – 1. Das *körperschaftsteuerliche Sch.* wurde mit Einführung des →körperschaftsteuerlichen Anrechnungsverfahrens abgeschafft. – 2. *Bewertungsrechtliches Sch.:* a) Folgende *Voraussetzungen* müssen erfüllt sein (§ 102 I BewG): (1) Eine inländische Kapitalgesellschaft, Erwerbs- oder Wirtschaftsgenossenschaft (ohne Abzugsmöglichkeit von Geschäftsguthaben § 104a BewG) sowie andere betimmte juristische Personen des öffentlichen und privaten Rechts (Obergesellschaften) müssen an einer inländischen Kapitalgesellschaft, Erwerbs- oder Wirtschaftsgenossenschaft oder einer anderen inländischen Kreditanstalt des öffentlichen Rechts beteiligt sein. (2) Die Obergesellschaft muß unmittelbar am Grund- oder Stammkapital bzw. Geschäftsguthaben (ist beides nicht vorhanden, am Vermögen) der Untergesellschaft beteiligt sein. (3) Die Beteiligung muß an den Aktien oder Geschäftsanteilen bestehen (nur Gesellschafterrechte sind maßgeblich, nicht etwa Gläubigerrechte wie Obligationen und Schuldverschreibungen), mindestens ein Zehntel (10 v. H.) betragen und ununterbrochen seit mindestens 12 Monaten vor dem maßgebenden Abschlußzeitpunkt bestanden haben. – b) Sind diese Voraussetzungen erfüllt, so hat das bewertungsrechtliche Sch. zur *Folge,* daß die Beteiligung nicht zum →Einheitswert des Betriebsvermögens gehört; dadurch unterliegt die Schachtelbeteiligung auf der Gesellschaftsebene weder der Vermögen- noch der Gewerbekapitalsteuer. Stehen allerdings Schulden in wirtschaftlichem Zusammenhang mit der Beteiligung, so sind diese bei der Ermittlung des Betriebsvermögens nicht abzugsfähig (sog. *Schachtelstrafe).* – 3. *Gewerbesteuerliches Sch.:* a) Nur in diesem Bereich zählen auch *Personenunternehmungen* zum Kreis der begünstigten Steuerpflichtigen. Dies gilt sowohl für die →Gewerbeertragsteuer gem. § 9 Nr. 2 a GewStG als auch für die →Gewerbekapitalsteuer gem. § 912 III Nr. 2 a GewStG. *Voraussetzungen* dafür sind: (1) Die Untergesellschaft muß eine nicht steuerbefreite inländische Kapitalgesellschaft i. S. d. § 2 II GewStG oder eine Kreditanstalt des öffentlichen Rechts sein. (2) Das gewerbesteuerpflichtige Unternehmen muß zu Beginn des Erhebungszeitraums mindestens zu 10 v. H. bestehen. (3) Die Gewinnanteile bzw. der Beteiligungswert müssen im Gewinn bzw. im Einheitswert enthalten sein. – b) Sind diese Voraussetzungen gegeben, so werden die Gewinnanteile bzw. die Beteiligungswerte bei der Ermittlung des Gewerbeertrags bzw. -kapitals *gekürzt.*

III. Grenzüberschreitende Sch.: Diese leiten sich sowohl aus nationalen als auch aus internationalen Normen ab (→Außensteuerrecht, →internationales Steuerrecht). – 1. Von größter Bedeutung sind die in →Doppelbesteuerungsabkommen verankerten DBA-Sch. Je nach Geltungsbereich des Abkommens erstrecken sich sich auf die Körperschaft-, Gewerbe- und Vermögensteuer. Grenzüberschreitende Sch. bezwecken die Vermeidung der internationalen wirtschaftlichen Doppelbesteuerung. Die Sch. bedienen sich dabei der →Freistellungsmethode mit der Folge, daß Gewinnausschüttungen bzw. Beteiligungen letztlich nur im Domizilstaat der Auslandsgesellschaft besteuert

werden. – a) *Voraussetzungen* für die Gewährung eines DBA-Sch.: (1) Die ausländische Gesellschaft ist als (Kapital-) Gesellschaft zu qualifizieren (→Qualifikationskonflikt). (2) Die inländische Muttergesellschaft ist eine Kapitalgesellschaft (ggf. eine als Bankinstitut tätige Körperschaft des öffentlichen Rechts). (3) Die Beteiligungshöhe beträgt mindestens 10 v. H.; eine Mindestbesitzzeit wird i. d. R. nicht gefordert. (4) Im Gegensatz zu den nationalen werden die DBA-Sch. in den meisten Fällen nur dann gewährt, wenn die Auslandsgesellschaft bestimmte Sachzielvoraussetzungen erfüllt, die in einer sog. Aktivitätsklausel niedergelegt sind. Dadurch soll sichergestellt werden, daß nur diejenigen Auslandseinkünfte von der deutschen Besteuerung freigestellt werden, die durch bestimmte, tatsächlich im Ausland entfaltete Tätigkeiten erwirtschaftet wurden; lediglich künstliche Einkommens- und Vermögensverlagerungen sollen verhindert werden. – b) *Inhalt:* Die Freistellung von der deutschen Besteuerung wird nur für Dividendeneinkünfte gewährt, wobei auf die Dividendendefinition des jeweiligen DBA zurückzugreifen ist. Betriebsausgaben, die „mit steuerfreien Einnahmen in unmittelbarem wirtschaftlichen Zusammenhang stehen" (§ 3c EStG), dürfen nicht abgezogen werden. Freigestellte Einkünfte gehen nicht in die Bemessungsgrundlage der Körperschaftsteuer ein und mindern somit nicht einen ggf. vorhandenen abzugsfähigen Verlust. Die Entlastungswirkung eines DBA-Sch. entfällt i. d. R. völlig, wenn die dem EK 01 zugeführten Dividendeneinkünfte an die Anteilseigner ausgeschüttet werden. Im Bereich der Gewerbe- und der Vermögensteuer ergeben sich bezüglich der Rechtsfolgen des Sch. keine Besonderheiten. Bedeutsam sind lediglich die Voraussetzungen, die einzelnen dem DBA zu entnehmen sind. – 2. Greift kein *DBA-Sch.* entlastend ein, so kommt im Bereich der Körperschaftsteuer lediglich die indirekte Steueranrechnungsmethode in Frage; im Bereich der Vermögen- und der Gewerbesteuer existieren aber den DBA-Sch. vergleichbare Regelungen (§§ 9 Nr. 7, 12 III NR. 4 GewStG, 102 II BewG). Diese *nationalen grenzüberschreitenden Sch.* unterscheiden sich nicht in ihrer Rechtsfolge, wohl aber in ihren Voraussetzungen von den DBA-Entlastungen. Sie kommen grundsätzlich *neben* den DBA-Sch. zur Anwendung, sind aber, da sie (mit Ausnahme des gewerbekapitalsteuerlichen Sch.) eine Mindestbesitzzeit (12 Monate) postulieren und dazu auf die Sachziele des § 8 AStG rekurrieren, nur bei Nichtbestehen eines DBA oder für Personenunternehmungen im Bereich der Gewerbesteuer von Bedeutung. – 3. Der Verweis auf die Sachzielvoraussetzung des § 8 AStG in den nationalen grenzüberschreitenden Sch. sowie die Aktivitätsklauseln in den DBA-Schachtelprivilegien bewirken, daß *ausländische* →*Holdinggesellschaften* nur in engen Grenzen begünstigt sind, nämlich wenn es sich um eine →Landesholding oder um eine →Funktionsholding handelt. Um aber die Holdingtätigkeit als solche nicht generell steuerlich zu benachteiligen, befinden sich in den §§ 26 V KStG, 9 Nr. 7, 12 III Nr. 4 GewStG, 102 II BewG Regelungen, die das Sch. im Bereich der Gewerbe- und der Vermögensteuer sowie das internationale körperschaftsteuerliche Sch. auch dann zur Anwendung bringen, wenn die Auslandsgesellschaft eine Holding ist. Bei der Körperschaftsteuer wird ein ggf. im Verhältnis zum Domizilstaat der Enkelgesellschaft bestehendes Sch. bei der Besteuerung der Muttergesellschaft so berücksichtigt, als ob die Mutter unmittelbar an der Enkelgesellschaft beteiligt wäre. Diese Sch. bei mittelbarer Beteiligung sind aber an engere Sachziel- und bei der Gewerbekapital- und der Vermögensteuer an bestimmte Ausschüttungsvoraussetzungen geknüpft.

IV. K r i t i k : Kritikpunkte bilden die sehr engen Voraussetzungen, an die Sch. geknüpft sind. Aus diesem Grund werden folgende Forderungen erhoben: Herabsetzung der Beteiligungshöhe sowie der Wegfall der Mindestbesitzzeiten; bei grenzüberschreitenden Sch. der Wegfall der Sachzielvoraussetzungen des § 8 AStG sowie der Ausschüttungsvoraussetzungen bei den mittelbaren substanzsteuerlichen Sch.; die Wiedereinführung eines nationalen körperschaftsteuerlichen Sch.; Neuregelung bei der Herstellung der Ausschüttungsbelastung im Falle der Auskehrung steuerfreier Auslandseinkünfte (Anrechnung der ausländischen →Quellensteuer auf die Ausschüttungsbelastung.

V. S t e u e r p o l i t i k : Bei den zahlreichen Voraussetzungen der Sch. zielen steuerpolitische Maßnahmen vorwiegend auf die Verwirklichung eines begünstigten Sachverhalts ab. Sachverhaltsgestaltungen sind sowohl darauf gerichtet, die Bedingungen für die Gewährung der Sch. zu schaffen, als auch die Nichtabzugsfähigkeit von Schachtelschulden (sog. Schachtelstrafe) zu vermeiden. So kann die 10%ige Beteiligungshöhe dadurch erreicht werden, daß kleinere Beteiligungen in Zwischenholdings eingebracht werden; die Mindestbesitzzeiten bleiben gewahrt, wenn Beteiligungserwerbe zum richtigen Zeitpunkt erfolgen. Bei internationaler Betätigung kommt der Funktions- und Sachzielaufteilung sowie der Gewinnverwendungspolitik besondere Bedeutung zu. Die Schachtelstrafe läßt sich weitgehendst durch eine Lenkung der Zahlungsströme vermeiden. Die steuerlichen Gestaltungsmaßnahmen müssen aber über den Zeitpunkt des Beteiligungserwerbs hinaus auch auf die Erhaltung der einzelnen Voraussetzungen gerichtet sein.

Schachtelstrafe, →Schachtelprivileg II 2b).

Schaden, durch einen schädigenden Umstand entstehende materielle (seltener ideelle) Nachteile.

I. B ü r g e r l i c h e s R e c h t : Differenz zwischen dem Vermögensstand vor und nach dem Schadenereignis, abgestellt auf den Zeitwert (Abzug „neu für alt").

II. V e r s i c h e r u n g s w e s e n : Zentralbegriff der Schadenversicherung, der sich aus der negativen Beeinträchtigung des versicherten →Interesses ergibt. Höchstgrenze der Ersatzleistung (→Bereicherungsverbot), die i. d. R. in Geld erfolgt (ausgenommen z. B. Naturalersatz der Glasversicherung). Bei →Unterversicherung Schadenersatz nur im Verhältnis der Versicherungssumme zum Versicherungswert. Beteiligung des →Versicherungsnehmers am Schaden durch →Franchise oder →Selbstbeteiligung. Soll neben dem Substanzinteresse (eigentlicher Sachschaden) auch ein anderes Interesse (z. B. Gewinninteresse) geschützt werden, so muß dies besonders vereinbart werden (z. B. →Mietverlustversicherung). – Der Versicherungsnehmer ist im Schadenfall zur Abwendung und Minderung des Schadens und zur Auskunfterteilung gegenüber dem Versicherer verpflichtet (→Obliegenheiten). – *Sonderregelungen:* →Ablehnung der Leistungspflicht im Schadensfall, →Klagefrist für Versicherungsansprüche, Heranziehung von →Sachverständigen, →Verjährung von Ansprüchen aus Versicherungsverträgen.

III. R e c h n u n g s w e s e n : 1. Die durch Beschädigung oder Vernichtung von Teilen des Betriebsvermögens durch höhere Gewalt, Brand, Diebstahl oder durch behördlichen Eingriff eintretenden Vermögensminderungen sind als *Betriebsverluste* dem Rechnungsabschnitt zuzuschreiben, in dem sie entstanden sind. Der entstandene Schaden (z. B. Brandschaden) wird in der Gewinn- und Verlustrechnung unter den →Aufwendungen (§ 277 IV HGB) erfaßt (Buchung im Falle Brandschaden: a. o. Aufwendungen an Anlagekonto). – 2. Wird durch die Höhe einer *Versicherungsentschädigung* eine →stille Rücklage frei – liegt also der Buchwert der vernichteten oder beschädigten Sache niedriger als der Entschädigungsbetrag –, so kann die Auflösung der stillen Reserve gemäß Abschn. 35 II EStR (Rücklage für Ersatzbeschaffung), § 254 HGB in Handels- und Steuerbilanz vermieden werden, soweit für die vernichteten Gegenstände Ersatz angeschafft wird. Die stille Reserve ist mit dem Ersatzgegenstand aufzurechnen. Beispiel: Gebäudebuchwert 50 000 DM, Versicherungssumme 60 000 DM, Ersatzgebäude 80 000 DM. – Zu buchen: (1) Aufdeckung der stillen Reserve: außerordentliche Aufwendungen an Gebäude 50 000 DM; Forderungen 60 000 an außerordentliche Aufwendungen 50 000 und an außerordentlichen Ertrag 10 000 DM; außerordentliche Aufwendungen an Sonderposten mit Rücklageanteil 10 000 DM. (2) Übertragung der stillen Reserve: Neubau an Geldkonto 80 000 DM; Sonderposten mit Rücklageanteil an außerordentliche Erträge 10 000 DM; außerordentliche Aufwendungen an Neubau 10 000 DM. – Vgl. auch Rücklagen für Ersatzbeschaffung (→Rücklagen), →Sonderposten mit Rücklageanteil.

Schadenabwendung, Maßnahmen des Versicherungsnehmers, um den Eintritt eines bevorstehenden →Versicherungsfalls zu verhindern. Zur Sch. ist der Versicherungsnehmer verpflichtet. Die (angemessenen) Kosten der Sch. werden vom Versicherer ersetzt. – Vgl. auch →Schadenminderung, →Schadenverhütung.

Schadenergie, →Schadstoff.

Schadenersatz, Ausgleich des Schadens (→Interesse), der einem anderen durch einen vom Ersatzpflichtigen zu vertretenden Umstand erwachsen ist.

I. Sch.-Pflicht: Gesetzlich oder vertraglich begründete Verpflichtung zur Leistung von Sch. Eine Sch.-Pflicht kann sich u. a. sowohl aus einem zwischen den Parteien bestehenden →Vertrag (durch Verzug, Unvermögen, Unmöglichkeit), insbes. bei →gegenseitigen Verträgen, als auch aus einem →Verschulden bei Vertrgsverhandlungen oder auch außerhalb vertraglicher Beziehungen aus dem Gesichtspunkt →unerlaubter Handlung oder der →Gefährdungshaftung ergeben.

II. Art und Umfang: 1. *Allgemeine Grundsätze* über die Formen des aufgrund anderer Bestimmungen zu leistenden Sch. in §§ 249–255 BGB. Der Schädiger muß den tatsächlichen Zustand wieder herstellen, der bestehen würde, wenn das schädigende Ereignis nicht eingetreten wäre (z. B.: die beschädigte Sache reparieren, für eine zerstörte Sache gleichwertigen Ersatz liefern). Ein Anspruch auf Geldersatz besteht grundsätzlich nicht. – 2. *Ausnahmen:* a) wenn →Naturalherstellung unmöglich ist oder zur Entschädigung des Geschädigten nicht genügt (§ 251 BGB); b) wenn der Geschädigte dem Schädiger eine angemessene Frist zur Naturalherstellung gesetzt hat und der Schädiger diese Frist hat ungenutzt verstreichen lassen (§ 250 BGB); c) wenn die Naturalherstellung nur mit unverhältnismäßigen Aufwendungen möglich ist, kann der Ersatzpflichtige den Geschädigten in Geld entschädigen (§ 251 II BGB). Praktisch ist heute Geldersatz die Regel, er allein kommt bei Schadenersatz wegen Nichterfüllung in Betracht. – 3. *Besonderheiten:* a) Der zu ersetzende Schaden umfaßt auch den →entgangenen Gewinn (§ 252 BGB), während dem Geschädigten zugeflossene Vorteile durch →Vorteilsausgleichung zu berück-

sichtigen sind. b) Wegen eines Schadens, der nicht Vermögensschaden ist, braucht nur Ersatz geleistet zu werden, wenn das Gesetz es – wie z. B. beim Schmerzensgeld – ausdrücklich anordnet (§ 253 BGB). c) →Mitverschulden des Geschädigten kann zur Schadensteilung, u. U. auch zu Wegfall des Anspruchs auf Sch. führen (§ 254 BGB). d) In Ausnahmefällen kann auch für den einem anderen entstandenen Schaden (→Drittschaden) Sch. verlangt werden. – Vgl. auch → Pauschalierung von Schadenersatzansprüchen.

III. Steuerliche Behandlung: Vgl. →Schadenersatzleistungen.

Schadenersatzleistungen, Aufwendungen zur Erfüllung einer Verpflichtung des Steuerpflichtigen auf →Schadenersatz. – *Steuerliche Behandlung:* 1. *Einkommensteuer:* Sch. sind als →Betriebsausgaben oder →Werbungskosten abzugsfähig, wenn die Verpflichtung zum Schadenersatz mit den betreffenden →Einkünften in unmittelbarem Zusammenhang steht und durch den Betrieb oder Beruf veranlaßt wurde. – 2. *Umsatzsteuer:* Echte Sch. unterliegen nicht dem Umsatzsteuer, weil das Merkmal des entgeltlichen Leistungsaustausches fehlt. Stellt jedoch der Geschädigte im Auftrag des Schädigers eine Sache im eigenen Unternehmen wieder her, ist das von dem Schädiger hierfür gezahlte Entgelt umsatzsteuerbar.

Schadenfreiheitsrabatt, wegen des individuellen oder allgemeinen günstigen Schadenverlaufs in bestimmten Versicherungszweigen gewährte Ermäßigung der Prämie. In der →Kraftverkehrsversicherung üblicher Bestandteil des Tarifs zur Berücksichtigung des subjektiven →Risikos.

schadengeneigte Arbeit, →gefahrgeneigte Arbeit.

Schadenminderung, Maßnahmen des Versicherungsnehmers, um bei Eintritt des Versicherungsfalls das Ausmaß des Schadens gering zu halten. Zur Sch. ist der Versicherungsnehmer verpflichtet (Rettungspflicht); Weisungen des Versicherers sind zu beachten. Die (angemessenen) Kosten der Sch. werden vom Versicherer ersetzt. – Vgl. auch →Schadenabwendung, →Schadenverhütung.

Schadensausgleich, Leistung für →Kriegsopfer. Analog dem →Berufsschadensausgleich für Beschädigte erhalten Witwen einen Sch., wenn ihr Gesamteinkommen geringer ist als die Hälfte des Einkommens, das der Ehemann ohne die Schädigung erzielt hätte. Höhe $^4/_{10}$ des festgestellten Unterschiedsbetrages. Die Witwen müssen die gleichen persönlichen Voraussetzungen erfüllen, die für die Gewährung der →Ausgleichsrente gefordert werden (§ 40 a BVG).

schadensgeneigte Arbeit, →gefahrgeneigte Arbeit.

Schadensliquidation im Drittinteresse, →Drittschaden.

Schadensreserven, versicherungstechnische →Rückstellungen für im Laufe des Wirtschaftsjahres eingetretene, aber am Schluß des Jahres noch nicht erledigte Schadensfälle. Zuführungen zu Sch. mindern den körperschaftsteuerlichen Gewinn, da sie den Charakter einer Rückstellung haben (§ 20 I KStG). – Vgl. auch →Schwankungsrückstellungen.

Schadenteilungsabkommen, →Teilungsabkommen.

Schadenverhütung. 1. *Begriff:* Alle Maßnahmen, mit denen der Eintritt von Gefahren und Schäden verhütet wird. Sch. erfolgt zeitlich vor →Schadenabwendung oder →Schadenminderung, so daß Aufwendungen dafür nicht unter die Schadenregulierung aus einem Versicherungsvertrag fallen. – **2.** *Arten:* a) *Vorbeugende Sch.:* Der Eintritt von Gefahren und das Entstehen von Schäden sollen verhindert werden. b) *Abwehrende Sch.:* Für den Fall des Eintritts von Gefahren sollen die den Eintritt von Schäden abwehren. – **3.** *Pflicht zur Sch.* durch Versicherungsnehmer ergibt sich aus der Pflicht zur →Gefahrminderung. Einzelne Versicherer betreiben selbständig Sch., gemeinsam durch Fachverbände. – **4.** *Anwendungsbeispiele:* a) *Lebensversicherung* durch Gesundheitsdienst; b) *Sachversicherung* durch Sicherheitsberatung (z. B. Feuersicherheit), Feuerschutzsteuer, technische Vorkehrungen (z. B. Sprinkleranlagen, Rauch- und Wärmeabzugs- und -meldeanlagen, Einbruchsicherungen); c) *Transportversicherung* durch Verpackungs-, Verladeberatung, Beratung bei der Wahl optimaler Reiserouten; d) *technische Versicherung* durch Werkstoffprüfungen; e) *Kranken- und Rentenversicherung* durch Kuren und Heilstättenbehandlung.

Schadenversicherung, Sammelbezeichnung für alle Versicherungszweige, die den durch einen konkreten →Schaden entstandenen Bedarf befriedigen wollen. – *Beispiele:* →Sachversicherung wie →Feuerversicherung, →Einbruchdiebstahlversicherung, →Leitungswasserversicherung sowie Vermögensversicherung wie →Haftpflichtversicherung. – Es gilt das Prinzip der konkreten Bedarfsdeckung; der Versicherungsnehmer darf durch die Ersatzleistung nicht bereichert werden (→Bereicherungsverbot). Die Versicherungsleistung wird durch die →Versicherungssumme, den →Versicherungswert und die Schadenhöhe dreifach begrenzt. – *Gegensatz:* →Summenversicherung.

Schadlosbürge, Bezeichnung für den Bürgen bei der →Ausfallbürgschaft.

Schadstoff, in der natürlichen Umwelt vorkommende (natürliche und anthropogene) Stoffe, die unter bestimmten Voraussetzungen auf Menschen, andere Lebewesen, →Ökosysteme oder Sachen schädlich wirken können. – *Bezeichnung gemäß Chemikaliengesetz* (§ 3 III): „gefährliche Stoffe" bzw. „gefährliche Zubereitungen". – *Anzahl der Sch.:* ca. 12 000; Schadstoffcharakter wird bei vielen anderen synthetischen Stoffen ebenfalls vermutet. – *Schadenergie* (Abwärme, radioaktive Strahlung, Lärm) kann analog definiert werden.

Schäffle, Albert Eberhard Friedrich, 1831–1903, bedeutender deutscher Soziologe und Nationalökonom (Finanzwissenschaft). In seinem Hauptwerk „Bau und Leben" versuchte Sch., ein einheitliches System der Sozialwissenschaften aufzubauen, analog zum organischen System. Sch. vertrat ganzheitliche Anschauungen, d. h. nach seiner Lehre gebührt dem Ganzen der Vorrang vor seinen Teilen. „Nur als Glied der Soziologie ist eine vollständige Nationalökonomie möglich" (Schäffle). Wie später Schumpeter nahm Sch. an, daß sich zwangsläufig ein Übergang vom Kapitalismus zum Sozialismus ergeben würde. – Sch. ist auch bedeutsam als einer der drei Klassiker der deutschen Finanzwissenschaft (neben L. v. Stein und Wagner). Dabei zeichnete sich Sch. v. a. durch starke Berücksichtigung soziologischer und politischer Faktoren im Urteil über die Steuergerechtigkeit aus. – *Hauptwerke:* „Bau und Leben des sozialen Körpers" 1875–1878, „Die Grundsätze der Steuerpolitik" 1880, „Abriß der Soziologie", herausgegeben von K. Bücher 1906.

Schale, →shell.

Schallplatte, →Tonträger.

Schaltergeschäft, →Tafelgeschäft.

Schalterprovision, Vergütung im Bankgeschäft zwischen Mitgliedern eines Emissionskonsortiums (→Konsortium). Die Mitglieder des Konsortiums überlassen einen Teil ihrer Quote anderen Kreditinstituten zum freihändigen Publikumsverkauf und geben an diese einen Teil ihrer Sch. als Bankier- →Bonifikation weiter.

Schaltglied, →Gatter.

Schaltungstechnologie, →Informatik II 1 b).

Schaltwerktheorie, →Informatik II 2 f).

Schankerlaubnissteuer, nur noch in wenigen Ländern erhobene →Gemeindesteuer, einmalige Besteuerung der Erlaubniserteilung (Erlaubnispflicht nach § 1 Gaststättengesetz) zur Eröffnung, zur Erweiterung oder zur Übernahme einer schon bestehenden Gast- und Schankwirtschaft, eines Branntwein-Kleinhandels oder eines Ausschankes alkoholfreier Getränke. – *Steuersatz* (landesrechtlich verschieden): 2 bis 30% des Jahresumsatzes.

Schanz-Haig-Simons-Ansatz, ursprünglich von G. von Schanz im Rahmen seiner →Reinvermögenszugangstheorie (vgl. dort) entwickelter breiter Einkommenbegriff, dessen Diskussion sich vom deutschen in den englischen Sprachraum verlagerte und dort mit den Namen R. M. Haig und H. C. Simons verbunden ist. Letztere weisen darauf hin, daß auch die zur Aufrechterhaltung des Kapitalstocks verwendeten Einkommenselemente in theoretischer Sicht Einkommen darstellen. Von grundlegender Bedeutung für die moderne Diskussion um einen breiten Einkommensbegriff (→comprehensive tax base) für die Einkommensbesteuerung.

Schär, Johann Friedrich, 1846–1924, einer der bedeutendsten Begründer der →Betriebswirtschaftslehre als wissenschaftliche Disziplin. Nach Tätigkeit als Unternehmer, Wirtschaftspolitiker und Lehrer 1903 auf den handelswissenschaftlichen Lehrstuhl der Universität Zürich berufen (den ersten betriebswirtschaftlichen Lehrstuhl an einer deutschsprachigen Universität). Von 1906–1919 ord. Prof. an der Handelshochschule Berlin. – Sch. suchte als erster ein geschlossenes System der Betriebswirtschaftslehre aufzubauen. Er sah infolge seiner ganzheitlichen Betrachtungsweise in der Betriebswirtschaftlehre einen Teil der Nationalökonomie und forderte, um die Kongruenz beider herzustellen, „das Gewinnprinzip aus dem Handelsbegriff zu eliminieren". Sch. ist neben →Nicklisch und →Lisowsky der bedeutendste Vertreter einer →normativen Betriebswirtschaftslehre (genauer: der ethisch-normativen Betrachtungsweise im Fach). Seine „Allgemeine Handelsbetriebslehre" ist wegen ihrer grundsätzlichen, allgemein gültigen Gedanken heute noch eines der wichtigsten Lehrsysteme der Betriebswirtschaftslehre. Seine „Buchhaltung und Bilanz" enthält eine Fülle kühner Ideen und Forderungen, die heute noch aktuell und großenteils unerfüllt sind. – *Hauptwerke:* „Allgemeine Handelsbetriebslehre" 1911; „Buchhaltung und Bilanz auf wirtschaftlicher, rechtlicher und mathematischer Grundlage" 1914.

Schattenpreis, →Opportunitätskosten, →Verrechnungspreis.

Schattenwirtschaft. 1. *Begriff:* Ökonomische Aktivitäten, die zur gesamtwirtschaftlichen →Wertschöpfung beitragen, jedoch nicht in der offiziellen Wirtschaftsstatistik ausgewiesen werden. – 2. *Arten* (abgesehen von der Wertschöpfung aus Straftaten): a) Transaktionen von Gütern und Dienstleistungen, für die offizielle Märkte existieren, die aber auf „schwarzen" Märkten gehandelt werden; b) grundsätzlich marktfähige, d. h. bewertbare Wertschöpfung im Bereich der bedarfsorientierten Selbstversorgung oder Nachbar-

schaftshilfe privater Haushalte; c) freiwillige soziale Leistungen ohne Erwerbsabsicht. – 3. *Bedeutung/Umfang:* Vorsichtigen Schätzungen zufolge betrug der Umfang der legalen und der illegalen Sch. in der Bundesrp. D. zu Beginn der 80er Jahre jährlich ca. 10% des offiziell ausgewiesenen Sozialprodukts. Das Ausmaß der Sch. hängt ab: a) von der erfassungstechnischen Leistungsfähigkeit der Wirtschaftsstatistik, b) dem Grad der Arbeitsteilung und c) – insbes. in den entwickelten Industriestaaten – vom Ausmaß staatlicher Reglementierung und Abgabenbelastung. – 3. *Wirtschaftspolitische Problematik:* Abgesehen von erheblichen Einbußen an Steuereinnahmen entspricht aufgrund der Sch. das statistische Bild einer Volkswirtschaft nicht mehr den realen Verhältnissen, das damit als Informationsgrundlage der Wirtschaftspolitik fraglich wird. Einige Indikatoren weisen darauf hin, daß die Sch. in der Bundesrep. D. in den siebziger Jahren ihren Output relativ stärker steigern konnte als die offiziell in der Statistik ausgewiesenen Sektoren. Gründe aus allokationspolitischer Sicht: a) Viele Arbeitnehmer empfinden ein zunehmendes Mißverhältnis zwischen ihrem durch Abgaben zur Sozialversicherung, direkte oder indirekte Steuern belasteten verfügbaren Einkommen und den Marktpreisen der dafür real eintauschbaren Güter und Dienstleistungen. b) Änderung des Substitutionsverhältnisses (d. h. der Relativpreise) zwischen den über offizielle Märkte beziehbaren Gütern sowie Dienstleistungen und haushaltsinterner Produktion („Do it yourself") zugunsten der letztgenannten. c) Im Nutzen-Kosten-Kalkül verliert der Einkommenserwerb im offiziellen Sektor im Vergleich zum Einkommenserwerb in der Sch., aber auch zu Freizeitaktivitäten zunehmend an Attraktivität.

Schatzanweisungen, *(Finanzierungs-) Schätze.* 1. *Begriff:* Kurz- und mittelfristige →Anleihen, die von öffentlichen Gebietskörperschaften, insbes. Staatsregierungen zur Finanzierung vorübergehenden Geldbedarfs begeben werden. – 2. *Arten:* a) *verzinsliche Sch.:* Kassenobligationen mit Laufzeiten von drei bis vier Jahren; b) *unverzinsliche Sch. (U-Schätze):* U-Schätze werden von Bund, Bundesbahn und Bundespost emittiert. Die Verzinsung erfolgt auf dem Wege des Diskontabschlags: U-Schätze werden zum Nennwert abzüglich des vereinbarten Zinsabschlags verkauft, bei Fälligkeit zum Nennwert zurückgezahlt. Sie gehören zu den Geldmarktpapieren i. e. S. und sind mit der Refinanzierungszusage der Deutschen Bundesbank versehen. – 3. *Bedeutung:* Zusammen mit den →Schatzwechseln stellen sie die wichtigsten Instrumente der →Offenmarktpolitik der Bundesbank dar. Die Bundesbank ist ermächtigt, diese Papiere am offenen Markt zur Regelung des Geldmarktes zu kaufen und zu verkaufen.

Schätze, →Schatzanweisungen.

Schätzer. 1. Sammelbegriff der →Inferenzstatistik für →Schätzfunktion oder →Schätzwert. – 2. Umgangssprachliche Bezeichnung für →Sachverständiger.

Schätzfehler, →Stichprobenzufallsfehler.

Schätzfunktion, spezielle →Stichprobenfunktion, die aufgrund ihrer Eigenschaften (wie →Erwartungstreue, →Wirksamkeit oder →Konsistenz) zur →Schätzung eines →Parameters der →Grundgesamtheit qualifiziert ist, z. B. die Stichprobenfunktion

$$\bar{X} = \frac{1}{n} \sum X_i$$

(der Stichprobendurchschnitt), die zur Schätzung des →Erwartungswertes in der Grundgesamtheit herangezogen wird.

Schätzmethoden, →Ökonometrie III, →Methode der kleinsten Quadrate, →Maximum-Likelihood-Methode.

Schätzstichproben, →Stichprobenprüfung.

Schätzung. I. S t a t i s t i k / Ö k o n o m e t r i e : Zusammenfassende Bezeichnung für →Punktschätzung und →Intervallschätzung auf der Grundlage von Befunden aus einer →Stichprobe. – Vgl. auch →Ökonometrie III.

II. A b g a b e n o r d n u n g : Zulässiges Verfahren zur ersatzweisen Beschaffung der →Besteuerungsgrundlagen, wenn diese durch das Finanzamt nicht ermittelt oder berechnet werden können (§ 162 AO). – 1. *Sch. tritt ein,* wenn der Steuerpflichtige Bücher nicht oder nicht ordnungsmäßig führt, die Vorlage der Bücher und sachdienliche Auskunft verweigert, über seine Angaben nicht ausreichend Aufklärung geben kann oder wenn das Ergebnis der Buchführung nach der Sachlage offensichtlich unrichtig ist. – 2. *Formen der Sch.:* Innerer und äußerer Betriebsvergleich, insbes. a) Schätzung des Rohgewinns aufgrund der Umsätze, der Beschäftigtenzahlen u. ä., b) Festlegung der Besteuerungsgrundlagen nach den von der Finanzverwaltung aufgestellten →Richtsätzen und c) →Vermögenszuwachsrechnung. – 3. Als *Rechtsbehelf* gegen den auf Sch. beruhenden Steuerbescheid ist der Einspruch gegeben (§ 348 I AO).

Schatzwechsel. 1. *Begriff:* Geldmarktpapier i. e. S., das von Bund, Ländern, Bundespost und Bundesbahn mit einer Laufzeit von ein bis drei Monaten emittiert wird. Es handelt sich bei diesen Papieren um →Solawechsel. – 2. *Bedeutung:* Zusammen mit den →Schatzanweisungen stellen sie die wichtigsten Instrumente der →Offenmarktpolitik der Deutschen Bundesbank dar.

Schätzwert, einzelne Realisation einer →Schätzfunktion aus einem konkreten Stichprobenbefund, z. B. ein konkret ermittelter

Stichprobendurchschnitt als Sch. für den →Erwartungswert in der →Grundgesamtheit.

Schaufenster. 1. *Begriff:* Wichtiges →Werbemittel des Einzelhandels. Zu unterscheiden: a) nach Größe und Konstruktion: Sch., Schaukasten, Vitrine, Passage (letztere gehen z. T. übergangslos in den Verkaufsraum über); b) nach Dekorationstyp: Sch., Phantasie-, Stapel- Sensations-, Saisonfenster (Weihnachts-, Frühlings-, Schlußverkaufsfenster). – 2. *Schaufenstergestaltung (Dekoration):* Durch speziell ausgebildete Dekorateure, oft auch durch nicht im Unternehmen beschäftigte Schaufenstergestalter. V. a. im Facheinzelhandel wird – um keine Regalfläche zu verlieren – auf Sch.auslagen häufig verzichtet und die Sch. werden mit Plakaten, die meist über Sonderangebote informieren, zugeklebt. – 3. *Funktionen:* Vermitteln erste Eindrücke in das Sortiment; Darstellung von Leistungsfähigkeit und Sachverstand des Handelsunternehmens. – 4. *Wirkung:* Größe, Lage, Blickfang, Warengruppierung, Preisauszeichnung und Beleuchtung bestimmen die Verkaufswirkung von Sch. Kontrolle der Schaufenstergestaltung durch Beobachtung (Blickverlaufsaufzeichnungen) und gegebenenfalls anschließender Befragung. Umsatzveränderungen nach Ausstellung von Waren im Sch. können nicht eindeutig diesem Werbemittel zugerechnet werden. – Vgl. auch →Schaufenstermiete.

Schaufenstergestaltung, →Schaufenster 2.

Schaufenstermiete, einmalige oder laufende Geldzahlungen, v. a. an den Facheinzelhandel, für die Nutzung des Werbemittels →Schaufenster; gilt als den Leistungswettbewerb im Handel gefährdende Praktik (→Gemeinsame Erklärung).

Schaumweinbezeichnungs-Verordnung, Kurzbezeichnung für die EWG-Verordnung Nr. 3309/85 des Rates vom 18. 11. 1985 zur Festlegung und Aufmachung von Schaumwein, in Kraft seit 1. 9. 1986. Vorgeschriebene Qualitätsstufen: a) *Schaumwein:* Erzeugnisse aus Wein, in denen Kohlensäure mit einem Kohlensäureüberdruck von mindestens zwei bar enthalten ist, und einfache Erzeug.nisse; b) *Qualitätsschaumwein (Sekt):* Gehobene Qualitätsstufe mit einem Kohlensäureüberdruck von mindestens 2,5 bar, zweite Gärung vorgeschrieben; c) *Qualitätsschaumwein b. A.* (bestimmter Anbaugebiete): Qualitätsschaumweine aus einem der elf Weinanbaugebiete.

Schaumweinsteuer, →Verbrauchsteuer mit reinem Finanzcharakter auf Schaumweinherstellung oder -einfuhr. – 1. *Rechtsgrundlagen:* Schaumweinsteuergesetz vom 26. 10. 1958 (BGBl I 764) und Durchführungsbestimmungen vom 6. 11. 1958 (BGBl I 776) mit späteren Änderungen. – 2. *Steuergegenstand:* Schaumwein; Getränke, die als Schaumwein gelten; schaumweinähnliche Getränke nach näherer gesetzlicher Begriffbestimmung. – 3. *Steuerbefreiungen:* Warenproben; unentgeltliche Kostproben. – 4. *Steuersätze:* a) je Flasche (0,75 l) 2 DM (Schaumwein) bzw. 0,40 DM (schaumweinähnliche Getränke); b) bei größeren (kleineren) Flaschen ein der Menge entsprechendes Vielfaches (Anteil); c) bei nicht in Flaschen abgefüllten schaumweinähnlichen Getränken 0,53 DM je l. – 5. *Steuerschuldner:* Hersteller. *Entstehung* im Zeitpunkt der Entfernung des Schaumweins aus dem Herstellungbetrieb oder des Verbrauchs innerhalb des Betriebes. – 6. *Verfahren:* Der Hersteller hat der Zollstelle bis zum 15. eines Monats die im Vormonat entstandene S. *anzumelden* und spätestens zehn Tage danach zu *entrichten.* Kein Zahlungsaufschub. – 7. *Unversteuert:* U. a. Schaumweinausfuhr unter Steueraufsicht. – 8. *Steuererstattung* bzw. *-erlaß* auf Antrag für Schaumwein, den der Hersteller nachweislich in seinen Betrieb zurückgenommen hat, im Wege der Anrechnung auf (zukünftig) fällige S. – 9. →*Steueraufsicht* für Herstellerbetriebe. – 10. *Aufkommen:* 1986: 698 Mill. DM (1985: 684 Mill. DM, 1981: 569 Mill. DM, 1976: 419 Mill. DM, 1973: 330 Mill. DM, 1969: 214 Mill. DM).

Scheck. I. B e g r i f f : Zahlungsanweisung auf ein Guthaben des Ausstellers bei einer Bank; er soll daher nur auf eine Bank gezogen werden (→Scheckfähigkeit). – *Rechtgrundlage:* Scheckgesetz (ScheckG) vom 14. 8. 1933 (RGBl I 597) mit späteren Änderungen.

II. A r t e n : 1. →*Orderscheck:* Der Sch. ist ein →*Wertpapier* und von Gesetzes wegen →*Orderpapier* (Art. 14 ScheckG). – 2. →*Inhaberscheck:* Sch. werden meist mit dem Zusatz *„oder Überbringer"* oder mit einem gleichbedeutenden Vermerk versehen und werden dadurch zum →*Inhaberpapier.* Sch., auf denen der Zusatz „oder Überbringer" gestrichen ist, die demnach die Ordereigenschaft besitzen würden, werden von den Banken meist nicht honoriert. – 3. →*Rektascheck:* Durch die Beifügung der Rekataklausel *„nicht an Order"* wird der Sch. zum Rektascheck, er kann nur von der als Empfänger benannten Person, dem Nehmer, zur Einlösung vorgelegt werden. – 4. →*Verrechnungsscheck:* Durch den Vermerk *„nur zur Verrechnung"* auf der Vorderseite des Sch. wird die Barzahlung ausgeschlossen, die Einlösung eines solchen Verrechnungsschecks kann gem. Art. 39 ScheckG nur durch Gutschrift auf Konto erfolgen.

III. E i n z e l h e i t e n : 1. *Wesentliche Erfordernisse des Sch.:* a) Bezeichnung als Sch. im Text der Urkunde, und zwar in der Sprache, in der sie ausgestellt ist; b) die unbedingte Anweisung, eine bestimmte Geldsumme zu zahlen; c) der Name dessen, der zahlen soll; d) die Angabe des Zahlungsorts; e) die Angabe des Tages und Ortes der Ausstellung; f) die Unterschrift des Ausstellers (Art. 1 ScheckG).

– 2. Der Aussteller *haftet* für die Zahlung des Sch. Die Ausstellung ungedeckter Sch. (→Scheckbetrug) und →Vordatierung sind untersagt. Auch für die abredewidrige Ausfüllung von Blankoschecks haftet der Aussteller im Rahmen der Bestimmungen des Art. 13 ScheckG. – 3. Die *Übertragung* des Sch. erfolgt durch →Indossament, bei Inhaberschecks auch durch Einigung und Übergabe, bei Rektaschecks durch →Forderungsabtretung. – 4. *Zahlbar* ist der Sch. in jedem Fall bei Sicht. Auch bei vordatierte Sch. ist bei Vorlegung zahlbar; gegenteilige Angaben gelten als nicht geschrieben (Art. 28 ScheckG). Der Inhaber des Sch. darf Teilzahlung nicht zurückweisen; der Bezogene kann verlangen, daß die Teilzahlung auf dem Sch. vermerkt und ihm Quittung erteilt wird. – 5. Die *Vorlegungsfrist* beträgt acht Tage, beginnend mit dem Tage, der in dem Sch. als Ausstellungstag angegeben ist. Die Einlieferung in eine Abrechnungsstelle steht der Vorlegung zur Zahlung gleich. – 6. Ein *Widerruf* des Sch. ist erst nach Ablauf der Vorlegungsfrist wirksam. Doch ist →Schecksperre bei abhanden gekommenen Sch. möglich. – 7. Für →*Rückgriff* und →*Scheckprotest* beim Orderscheck gelten ähnliche Bestimmungen wie beim Wechsel. Rückgriffansprüche des Inhabers verjähren in sechs Monaten vom Ablauf der Vorlegungsfrist an. – 8. Für *abhanden gekommene Sch.* erfolgt Kraftloserklärung im Wege des →Aufgebotsverfahrens. – 9. *Abrechnung:* Vgl. →Abrechnungsverkehr.

Scheckbetrug, *Scheckmißbrauch,* der durch die Hingabe ungedeckter →Schecks an Zahlungs Statt begangene →Betrug, vielfach mit →Vordatierung des Schecks verknüpft. – Da der Betrug im Sinne des § 263 StGB nur bei →Vorsatz des Täters und Bereicherungsabsicht gegeben ist, handelt es sich nur bei einen Sch., wenn lediglich im Zeitpunkt der Begebung des Schecks keine Deckung vorhanden ist, der Aussteller aber am Scheck begeben hat, weil er annahm, daß sie bei Vorlegung vorhanden sein würde. Der *Nachweis* der Betrugsabsicht ist im Einzelfall oft schwer zu erbringen. Von den am Scheckverkehr beteiligten Kreisen wird deshalb vielfach eine besondere Strafvorschrift schon gegen das Ausstellen ungedeckter Schecks, gegen *Scheckmißbrauch* gefordert. – *Anders:* Scheckfälschung (→Fälschung).

Scheckbezogener, →Bezogener 1.

Scheckbürgschaft, durch eine Bürgschaftsklausel auf dem →Scheck oder einem Anhang übernommene wertpapierrechtliche →Bürgschaft für die Schecksumme (Art. 25 bis 27 ScheckG). Die Regelung ist ähnlich wie bei der →Wechselbürgschaft: Der Bezogene kann nicht als Bürge fungieren. – Die Sch. ist im *innerdeutschen Verkehr* ohne Bedeutung.

Scheckdeckungsanfrage, meist telefonische Anfrage des Scheckinhabers nach der Deckung eines →Schecks bei der bezogenen Bank. Die Auskunft kann allenfalls unter Vorbehalt dahin gegeben werden, daß der Sch. zur Zeit der Anfrage gedeckt ist und eingelöst würde, falls die übrigen Formalien in Ordnung seien. Im Hinblick auf das →Bankgeheimnis nicht ganz unproblematisch.

Scheckeinreichungsverfahren, Vorlegung von Post- und Bankverrechnungsschecks, auch fremder Währung, zur Gutschrift auf Postgirokonto. Gutschrift in DM. Orderschecks müssen auf der Rückseite unterschrieben werden. Bei ausländischen Schecks muß die vollständige Anschrift des Einsenders auf der Rückseite vermerkt sein.

Scheckfähigkeit, Fähigkeit, rechtswirksam als Aussteller oder Indossant einen →Scheck zu begeben (aktive Sch.) oder Bezogener eines Schecks sein zu können (passive Sch.). *Aktive Sch.* besitzt jede geschäftsfähige Person (→Geschäftsfähigkeit), die *passive Sch.* haben alle Personen. Schecks sollen aber nur auf Banken (Art. 3, 54 ScheckG) gezogen werden; auf andere Personen gezogene Schecks sind als solche gültig, unterliegen jedoch der Wechselsteuer (§ 6 I WStG).

Scheckfälschung, →Fälschung.

Scheckinkasso, →Inkassogeschäft I.

Scheckkarte, →Eurocheque-Karte.

Scheckmahnbescheid, Sonderform des →Urkundenmahnbescheids. Das →Mahnverfahren wird ggf. in den →Scheckprozeß übergeleitet (§ 703a ZPO).

Scheckmißbrauch, →Scheckbetrug.

Scheckprotest, amtliche Beurkundung der Zahlungsverweigerung des Bezogenen. Es gelten ähnliche Vorschriften wie für den →Wechselprotest. Die praktische Bedeutung des Sch. ist gering, weil an Stelle des Protests auch eine schriftliche, datierte Erklärung des Bezogenen auf dem Scheck, die den Tag der Vorlegung angibt, oder eine datierte Erklärung einer Abrechnungsstelle, daß der Scheck rechtzeitig eingeliefert und nicht bezahlt worden ist, dem Scheckinhaber den Rückgriff gegen die anderen Scheckverpflichteten ermöglicht (Art. 40 ScheckG).

Scheckprozeß, besondere Art des →Urkundenprozesses zur Geltendmachung von Ansprüchen aus einem →Scheck (§ 605a ZPO). – *Besonderheiten:* Entsprechend denen des →Wechselprozesses, u. a. hinsichtlich Abkürzung der Einlassungsfrist, Begrenzung der Beweismittel, Zuständigkeit.

Scheckrecht, besondere Rechtsvorschriften, die den →Scheck betreffen. Der Scheck hat sich zunächst weitgehend *gewohnheitsrechtlich* entwickelt. – Erste *gesetzliche Regelung* in Deutschland durch das Scheckgesetz vom 11.3.1908. – Bestrebungen für eine *internationale Vereinheitlichung des Sch.* seit den 80er Jahren, 1912 auf der Haager Wechselrechts-Konferenz Beschlüsse auch über das Sch. Aber erst die Genfer Scheckrechts-Konferenz von 1931 beschloß ein Abkommen über das einheitliche Scheckgesetz, ein Abkommen über Bestimmungen auf dem Gebiete des internationalen Scheck-Privatrechts und ein Abkommen über das Verhältnis der Stempelgesetze zum Sch. In Deutschland wurde in Ausführung des Genfer Abkommens das Scheckgesetz vom 14.8.1933 (RGBl I 597) erlassen.

Scheckrückgriff, →Rückgriff.

Schecksperre, Maßnahmen zur Verhinderung der Einlösung eines →Schecks. Sch. kann zunächst durch Mitteilung an die bezogene Bank, die dann den Scheck i.d.R. einstweilen nicht einlöst, veranlaßt werden. Nach Einleitung des →Aufgebotsverfahrens zwecks Kraftloserklärung ggf. gerichtliche Sperre. – Vgl. auch →Sperren, →Widerruf.

Scheck-Wechsel-Verfahren, →Umkehrwechsel.

Schedulensteuer, →Einkommensbesteuerung II 3.

Scheidemünzen, nicht vollwertig ausgeprägte, über niedrige Nennbeträge lautende Münzen. Sch. sind nur in beschränktem Umfang →gesetzliches Zahlungsmittel. Niemand ist verpflichtet, auf DM lautende Sch. im Betrag von mehr als 20 DM und auf Pfennig lautende Sch. im Betrag von mehr als 5 DM in Zahlung zu nehmen; ausgenommen sind Bundes- und Landeskassen und Kassen der Deutschen Bundespost (§ 3 des Gesetzes über die Ausprägung von Sch. vom 8.7.1950 – BGBl I 323). Die daraus folgende beschränkte Aufnahmefähigkeit im Zahlungsverkehr führt zur gesetzlichen *Begrenzung der Ausgabe:* Wenn der Gesamtbetrag 20 DM je Kopf der Bevölkerung übersteigt, ist die Zustimmung des →Zentralbankrates erforderlich (§ 5 des Gesetzes). – *Stückelung in der Bundesrep. D. und Berlin (West)* Sch. über 1, 2, 5, 10 und 50 Pf und 1, 2, 5 und 10 DM. – *Gegensatz:* →Kurantgeld.

Schein-Bargründung, Form der →Gründung einer AG, bei der den Gründern für das von ihnen eingezahlte Geld von der AG Sachgüter abgekauft werden. Rechtliche Behandlung wie →Sachgründung. – Vgl. auch →Bargründung.

Schein-Einzelkosten, in der traditionellen Vollkostenrechnung als →Einzelkosten erfaßte und verrechnete Kosten, die sich bei exakterer Analyse der Kostenzurechenbarkeit (→Identitätsprinzip) als Kostenträgergemeinkosten (→Gemeinkosten) erweisen, z. B. Fertigungslöhne.

Scheingeschäft. 1. *Charakterisierung:* →Rechtsgeschäft, das einem anderen gegenüber mit dessen Einverständnis nur zum Schein vorgenommen wird. Das Sch. ist nichtig; soll damit ein anderes Rechtsgeschäft verdeckt werden, so ist das letztere gültig, sofern die etwa vorgeschriebene Form (z. B. bei Scheinkaufvertrag an Stelle Schenkung öffentliche Beurkundung des Schenkungsversprechens) gewahrt ist (§ 117 BGB). – 2. Auch *steuerlich* ist das Sch. ohne Bedeutung; für die Besteuerung ist ggf. das verdeckte Rechtsgeschäft maßgebend (§ 5 StAnpG); →Steuerumgehung.

Scheingesellschaft, →Handelsgesellschaft, die ohne Abschluß eines →Gesellschaftsvertrages den Betrieb unter gemeinsamer →Firma aufnimmt. Die Sch. muß sich gutgläubigen Dritten gegenüber wie eine ordentlich zustande gekommene Gesellschaft behandeln lassen. So haften z. B. die Gesellschafter einer zum Schein gegründeten OHG Dritten gegenüber für →Gesellschaftsschulden als →Gesamtschuldner persönlich (§ 128 HGB).

Scheingesellschafter, Bezeichnung für denjenigen, der durch sein Auftreten im Geschäftsverkehr den Anschein erweckt, er sei →persönlich haftender Gesellschafter einer →Handelsgesellschaft. – Er *haftet* dann für Verbindlichkeiten aus Geschäften, die ein Dritter im Vertrauen auf diesen Rechtsschein abschließt. – Diese *Wirkung* des Rechtsscheines *endet,* wenn der Dritte von der wahren Sachlage Kenntnis erhält oder wenn eine Nachprüfung der wahren Sachlage für ihn zumutbar erscheint.

Scheingewinn, →Gewinn, der in Zeiten sinkenden Geldwertes dadurch entsteht, daß wegen steigender Wiederbeschaffungskosten das Vermögen in Geld gemessen zunimmt, während es substanzmäßig gleichbleibt oder sich sogar vermindert. Unlösbares Problem: Trennung von geldwertbedingten und marktbedingten (z. B. Verknappung des Angebots) Preissteigerungen. – *Beispiel:* Warenbestand zu Beginn des Jahres 1000 Stück à 6 DM = 6000 DM wird veräußert zu 7,50 DM/Stück = 7500 DM. Die Wiederbeschaffung der 1000 Stück erfordert 8,- DM = 8000 DM; es ist ein Scheingewinn von 1500 DM (→nominale Kapitalerhaltung) entstanden, während substantiell ein Verlust von 500 DM vorliegt (→substantielle Kapitalerhaltung). – *Vermeidung* von Sch. theoretisch durch Bewertung zum Tageswert der →organischen Tageswertbilanz oder nach Methoden →Lifo, →Hifo, →Fifo; alles jedoch steuerlich nicht anerkannt. – *Besteuerung:* Der Sch. wird durch die heutigen steuerlichen Bestimmungen (Nominalwertprinzip) nicht ausgeschlossen. Milderung durch steuerliche Sondervorschriften,

z. B. Bildung von →Preissteigerungsrücklagen und →Reinvestitionsrücklagen.

Scheingründung, →Mantelgründung.

Scheinhandlungsvollmacht, Erwecken des Anscheines einer →Handlungsvollmacht (z. B. der Unternehmer duldet schuldhaft, daß eine Person als Handlungsbevollmächtigter auftritt, ohne es zu sein). Die Sch. läßt zum Schutze gutgläubiger Dritter eine (Schein)-Vertretungsmacht entstehen. Der Kaufmann muß sich so behandeln lassen, als habe er die Vollmacht erteilt.

Scheinkaufmann, handelsrechtlicher Begriff: Person, die im Rechtsverkehr als →Kaufmann auftritt, ohne es zu sein. – Die *Lehre vom Sch.* ist von Rechtsprechung und Rechtslehre entwickelt worden, weil die Vorschrift des § 5 HGB (→vermuteter Kaufmann), die Eintragung einer Firma im Handelsregister und Vorhandensein eines Gewerbebetriebes voraussetzt, zum Schutz des redlichen Geschäftsverkehrs nicht ausreicht. Andererseits kann nicht jeder, der als Kaufmann auftritt, als →Vollkaufmann gelten, da sonst das gesetzliche Erfordernis der Eintragung für den →Sollkaufmann ausgeschaltet würde. – Der Sch. muß sich deshalb zu seinen Ungunsten gegenüber dem gutgläubigen Vertragsgegner und soweit es Treu und Glauben im Rechtsverkehr erfordern, ggf. als Vollkaufmann *behandeln lassen,* z. B. muß er 5% Zinsen zahlen, darf sie aber nicht fordern, seine Bürgschaft bedarf keiner Schriftform usw.

Scheinkorrelation, →Korrelation zweier statistischer →Merkmale, für die eine sinnvolle kausale Begründung nicht gegeben werden kann. – *Beispiel:* Korrelation zwischen Schuhgröße und Monatseinkommen.

Scheinkurs, *Ausweichkurs,* nominell festgesetzter Geld- oder Briefkurs (→Kurs) eines Wertpapiers, zu dem kein Umsatz stattgefunden hat. Der Sch. läßt keine Schlüsse auf eine tatsächliche Abschlußmöglichkeit zu diesem Kurs zu. Wird zum Sch. ein Angebot gemacht, so versucht der Partner so lange ,,auszuweichen", bis ein Kurs erreicht ist, zu dem er tatsächlich abschließen will.

Scheinvorgang, Begriff der Netzplanung: →Vorgang in einem Netzplan, dem im realen zugrundeliegenden →Projekt keine Tätigkeit entspricht. Sch. sind in Vorgangspfeilnetzplänen zur Darstellung gewisser Ablaufbeziehungen zwischen (realen) Vorgängen erforderlich, in Vorgangsknotennetzplänen allenfalls zur eindeutigen Darstellung des Projektanfangs bzw. des -endes als Quelle bzw. Senke des betreffenden Netzplanes vor. – Vgl. auch →Netzplantechnik.

Schema. 1. *Begriff:* In der →Datenorganisation eine Repräsentation des →Datenmodells in einer →Datenbeschreibungssprache. –

2. *Verwendungsformen:* a) →internes Schema; b) →konzeptionelles Schema; c) →externes Schema.

Schenkung. I. B e g r i f f : Unentgeltliche vertragliche Zuwendung aus dem Vermögen des Schenkers zur Bereicherung des Beschenkten (§§ 516–534 BGB). – Zu *unterscheiden:* 1. Die sog. *Handschenkung,* die sofort (z. B. durch Übereignung der verschenkten Sache) erfüllt wird, ist formfrei. – 2. Wird eine (künftige) Leistung schenkweise versprochen, ist der Vertrag nur gültig, wenn die Erklärung des Schenkers *(Schenkungsversprechen)* in Form der →öffentlichen Beurkundung vorgenommen ist. – Im BGB *Einzelheiten* u. a. über Haftung des Schenkers, Auflagen, Rückforderungsrecht wegen Bedürftigkeit und Widerruf wegen groben Undanks.

II. S t e u e r r e c h t : 1. *Einkommen- und Körperschaftsteuer:* Eine Sch. unterliegt als →einmaliger Vermögenszufall nicht der Einkommen- und Körperschaftsteuer. – 2. *Erbschaftsteuer:* Im Rahmen der für die →Erbschaftsbesteuerung maßgebenden Vorschriften sind Sch. erbschaftsteuerpflichtig (§ 1 Nr. 2, § 7 ErbStG). – 3. *Umsatzsteuer:* Sch. unterliegt wegen fehlendem →Entgelt grundsätzlich nicht der Umsatzsteuer. Ausnahmen: a) unternehmerisch veranlaßte Sch. wenn es sich um Leistungen eines →Unternehmers an seine Arbeitnehmer handelt (→Aufmerksamkeiten) oder wenn sie einkommensteuerlich nicht abziehbare Betriebsausgaben verursachen (→Eigenverbrauch); b) privat veranlaßte Sch. (insbes. von Unternehmensgegenständen an Angehörige des Unternehmers) als Eigenverbrauch; c) Sch., die auf gesellschaftsrechtlichen Beziehungen (z. B. Sch. einer Gesellschaft an Gesellschafter) beruhen, als →Gesellschafterverbrauch. – 4. *Betriebliche Aufwendungen* für Geschenke an (natürliche oder juristische) Personen, die nicht →Arbeitnehmer des Steuerpflichtigen sind, sind als →Betriebsausgaben nur abzugsfähig, wenn a) die Anschaffungs-/Herstellungskosten bei dem Empfänger jeweils die Freigrenze von 50 DM im Wirtschaftsjahr nicht übersteigen und b) die Aufwendungen für Geschenke einzeln und getrennt von den anderen Betriebsausgaben aufgezeichnet werden (§ 4 V Nr. 1 und VIII EStG).

Schenkungsbilanz, →Übertragungsbilanz.

Schenkungsteuer, →Erbschaftsteuer.

Schicht. I. S t a t i s t i k : Beim →geschichteten Zufallsstichprobenverfahren spezielle Bezeichnung für die Primäreinheiten, in die die →Grundgesamtheit im Wege der →Schichtenbildung aufgegliedert ist und welchem jeweils eine Teilstichprobe entnommen wird.

II. S o z i o l o g i e : Vgl. →soziale Schicht.

Schichtarbeit, Übernahme eines Arbeitsplatzes nacheinander von verschiedenen Arbeitnehmers für eine Zeitspanne, die die individuelle →Arbeitszeit eines Arbeitnehmers übersteigt. Für die Arbeitnehmer ergibt sich die Schwierigkeit tageszeitlich wechselnder Einsatzzeiten. Aufgrund des Biorhythmus ist insbes. die →Nachtarbeit problematisch. In der Nacht sind die arbeitsbezogenen Fehlleistungen am größten. S. wirkt sich auf das soziale Umfeld des Schichtarbeiters negativ aus.

Schichtenbilanz, Kalkulationsinstrument der →Teilzinsspannenrechnung bei Kreditinstituten, das eine Schichtung der →Bankbilanz nach Rentabilitäts-, Liquiditäts- oder gesetzlichen und satzungsmäßigen Anlage- und Finanzierungsvorschriften vornimmt und damit eine Zuordnung von Aktiva und Passiva durchführt. Als Steuerungsinstrument nur wenig geeignet, da mangelnde Aussagefähigkeit durch die quasi willkürliche Schichtung.

Schichtenbildung, *Stratifikation,* beim →geschichteten Zufallsstichprobenverfahren die Zerlegung der →Grundgesamtheit in Primäreinheiten (→Schichten), denen dann jeweils ein Teilstichprobenumfang geeignet zugeordnet wird (→Allokation). Die Sch. soll im Hinblick auf die →Wirksamkeit der Schätzung des →Gesamtmerkmalsbetrages in der Grundgesamtheit so erfolgen, daß möglichst *homogene Schichten* resultieren. Mit zunehmender Anzahl der Schichten wird diese Schätzung ebenfalls verbessert. In der *Praxis* Anwendung von Modellen der Optimierung der Sch. nur gelegentlich. Die Sch. muß oft nach regionalen Gesichtspunkten erfolgen, weil regionale Teilergebnisse gewünscht werden und kaum Informationen verfügbar sind, nach denen die Sch. bestmöglich erfolgen könnte.

Schichtkosten. 1. *Sch. i. e. S.:* Zusätzliche Kosten, die bei erhöhter Beschäftigung, d. h. durch Hinzutreten einer neuen Produktionsschicht, auftreten bzw. bei Beschäftigungsrückgang, d. h. Verminderung um eine solche Schicht, in Höhe dieser Schicht fortfallen. Es sind nicht nur die zusätzlichen →variablen Kosten, sondern auch →intervallfixe Kosten zu berücksichtigen. – 2. *Sch. i. w. S.:* Kosten aller Produktionsschichten. – Vgl. auch →Residualkosten.

Schichtlohn, Form des →Zeitlohns, bei der pro geleisteter Arbeitsschicht ein fester Geldbetrag gezahlt wird, unabhängig von der Leistung.

Schichtungseffekt, beim →geschichteten Zufallsstichprobenverfahren der Effekt, daß durch die →Schichtenbildung bei homogenen →Schichten die Präzision der →Schätzung des →Gesamtmerkmalsbetrages bei sonst gleichen Umständen verbessert wird bzw., daß eine bestimmte Präzision mit geringerem Gesamtstichprobenumfang als bei →uneingeschränkten Zufallsstichprobenverfahren erzielt werden kann.

Schickschuld, Schuld, deren →Erfüllungsort der Wohnsitz des Schuldners ist, der Schuldner ist aber verpflichtet, die Leistung an einem anderen Ort (Ablieferungsort, Bestimmungsort) zu senden. Eine Sch. ist z. B. die Geldschuld oder die Verpflichtung des Verkäufers beim Versendungskauf. – *Anders:* →Bringschuld, →Holschuld.

Schiedsausschuß, →Schlichtung 3.

Schiedsgericht, Organ zur Entscheidung privatrechtlicher Streitigkeiten im →Schiedsgerichtsverfahren.

Schiedsgerichtsverfahren. I. Allgemeines: Entscheidung bürgerlicher Rechtsstreitigkeiten statt durch ordentliche Gerichte durch ein von den Parteien eingesetztes Schiedsgericht (§§ 1025–1048 ZPO). – Die *ordentlichen Gerichte* werden hinsichtlich einzelner Akte wie Beeidigung von Zeugen, Vollstreckbarkeitserklärung, Niederlegung des Schiedsspruchs tätig; ist keine →Zuständigkeit vereinbart, ist für diese Verrichtungen das Gericht zuständig, das den Rechtsstreit ohne Sch. zu entscheiden hätte. – *Vorteil* der Sch. ist häufig schnellere und den wirtschaftlichen Belangen der →Parteien dienlichere Entscheidung. – Der Schiedsvertrag ist *unwirksam,* wenn eine Partei unter Ausnutzung ihrer wirtschaftlichen oder sozialen Überlegenheit den anderen Teil zur Annahme nachteiliger Bestimmungen genötigt hat (§ 1025 ZPO). – Sch. ist zu unterscheiden von Verfahren des →*Schiedsgutachters,* das nur Feststellung einzelner, für die Entscheidung erheblicher Tatsachen betrifft, z. B. der Schadenshöhe.

II. Abschluß des Schiedsvertrages: Nur soweit *zulässig,* als die Parteien berechtigt sind, über den Streitgegenstand einen Vergleich zu schließen, also insbes. bei vermögensrechtlichen Streitigkeiten. Der Schiedsvertrag muß sich auf die Regelung der Streitigkeiten aus einem *bestimmten Rechtsverhältnis* (z. B. einem Gesellschaftsvertrag) beziehen, nicht generell z. B. auf alle Streitigkeiten einer bestehenden Geschäftsverbindung (§ 1026 ZPO). Er muß ausdrücklich und schriftlich in einer besonderen *Urkunde* niedergelegt sein, die keine weiteren Vereinbarungen enthalten darf (zumindest besondere Unterschrift bei Vereinbarung in einem anderen Vertrag); er ist *formlos* gültig, wenn beide Parteien Vollkaufleute sind und der Abschluß für sei ein Handelsgeschäft ist. Jede Partei ist *verpflichtet,* die für die Erreichung des Vertragszwecks erforderlichen Handlungen vorzunehmen, insbes. die Schiedsrichter zu ernennen. Eine trotz des Schiedsvertrages vor dem ordentlichen

Gericht erhobene *Klage* ist auf entspr. Einrede des Beklagten als *unzulässig* abzuweisen (§ 1027a ZPO).

III. Bildung des Schiedsgerichts: Es gelten primär die Bestimmungen des Schiedsvertrages, sekundär die der ZPO. Die Parteien können die *Ernennung* des oder *der Schiedsrichter* dritten Pesonen überlassen, z. B. Landgerichtspräsidenten, oder der →Industrie- und Handelskammer, oder die Entscheidung einem bereits bestehenden Schiedsgericht übertragen. Nach der ZPO ernennt jede Partei einen Schiedsrichter; kommt der Gegner der Aufforderung der das Verfahren betreibenden Partei zur Benennung nicht binnen einer Woche nach, so ernennt auf Antrag das Gericht den Schiedsrichter. – Die *Schiedsrichter* erhalten *Vergütung* nach dem Vertrag, andernfalls nach dem Ortsüblichen. Sie sind bei ihren *Entscheidungen* von Weisungen unabhängig (vgl. aber →Rechtsbeugung).

IV. Verfahrensablauf: Das Verfahren wird, mangels anderer Vereinbarung, nach freiem Ermessen des Schiedsgerichts bestimmt. Den Parteien muß stets Gelegenheit gegeben werden, das ihnen wichtig Erscheinende mündlich oder schriftlich *vorzutragen.* Ob das Schiedsgericht bei der Entscheidung an das *materielle Recht* gebunden sein soll, entscheidet der Inhalt des Schiedsvertrages; im Zweifel wünschen die Parteien eine Rechtsund keine Billigkeitsentscheidung, jedoch nach wirtschaftlich brauchbaren Gesichtspunkten unter Befreiung von verfehlten Rechtsvorschriften. Das Sch. *endet* durch den Erlaß eines Schiedsspruchs oder den Abschluß eines Schiedsvergleichs.

V. Wirksamkeit von Schiedsspruch und -vergleich/Rechtsmittel: 1. *Schiedsspruch* wird wirksam, wenn er nebst Begründung den Parteien zugestellt und unter Beifügung der Zustellungsurkunden bei dem Gericht niedergelegt worden ist. Er hat die Wirkung eines rechtskräftigen →Urteils. – 2. Der *Schiedsvergleich* muß von Parteien und Schiedsrichter unterschrieben werden. – Aus beiden kann erst vollstreckt werden, wenn sie vom zuständigen Gericht für vollstreckbar erklärt worden sind (Versagung nur aus wichtigem Grund). – 3. *Rechtsmittel:* Gegen den Beschluß kann der Schuldner binnen zwei Wochen Widerspruch erheben; dann Entscheidung über die Vollstreckbarkeit durch Urteil. – Der Schiedsspruch kann durch Aufhebungsklage angefochten werden, die nur auf bestimmte wichtige Gründe (§ 1039 ZPO) gestützt werden kann.

Schiedsgutachter, Person, die nach dem Willen der Vertragsschließenden bestimmte Bestandteile für die Entscheidung eines Streits (auch Rechtsstreits) unter den Parteien verbindlich feststellen, aber nicht über Rechtsfolgen entscheiden soll (sonst: →Schiedsgerichtsverfahren). Die Abrede ist formbedürftig. Sch. können z. B. Höhe des angemessenen Mietzinses oder eines eingetretenen Schadens feststellen. Nach h. M. gelten die §§ 317–319 BGB entsprechend, d. h. der Sch. hat nach billigem Ermessen zu entscheiden, offenbar unbillige Entscheidungen sind für die Beteiligten nicht verbindlich.

Schiedsklausel, eine im internationalen Handel übliche Klausel zur außergerichtlichen Beilegung von etwaigen Streitigkeiten (z. B. „Alle aus dem gegenwärtigen Vertrag sich ergebenden Streitigkeiten werden nach der Vergleichs- und Schiedsordnung der Internationalen Handelskammer von einem oder mehreren gemäß dieser Ordnung ernannten Schiedsrichtern endgültig entschieden."). Durch Aufnahme dieser Klausel unterwerfen sich die Vertragspartner freiwillig dem privaten →Schiedsgerichtsverfahren.

Schiedsordnung, Ordnung, die bestimmte Selbstverwaltungsorgane der Wirtschaft zur Beilegung von Streitigkeiten erlassen haben. Verschiedene Industrie- und Handelskammern in der Bundesrep. D. haben eigene Sch.

Schiedsrichter, →Schiedsgerichtsverfahren.

Schiedsspruch. I. Bürgerliches Recht: Entscheidung eines Schiedsgerichts im →Schiedsgerichtsverfahren. Der Sch. hat zwischen den Parteien die Wirkung eines rechtskräftigen →Urteils.

II. Arbeitsrecht: Sch. nach Scheitern der Verhandlungen zum Abschluß eines Tarifvertrags und zur Vermeidung eines Arbeitskampfs; vgl. im einzelnen →Schlichtung.

Schiedsspruchwert, →Arbitriumwert, →Unternehmungsbewertung.

Schiedsverfahren, →Schlichtung.

Schiedsvergleich, ein im →Schiedsgerichtsverfahren zwischen den Parteien abgeschlossener →Vergleich (§ 1044a ZPO). – Der Sch. muß zu seiner *Wirksamkeit* als Prozeßvergleich nach Unterschriftsleistung durch Schiedsrichter und Parteien unter der Angabe des Tages seines Zustandekommens auf der Geschäftsstelle des zuständigen Gerichts niedergelegt werden. – *Vollstreckung* aus Sch. nur, wenn sich der Schuldner der sofortigen Zwangsvollstreckung unterworfen hat und der Sch. vom Gericht für vollstreckbar erklärt worden ist.

Schiedsvertrag, Vereinbarung, nach der Rechtsstreitigkeiten statt durch das ordentliche Gericht durch Schiedsgericht entschie-

den werden sollen. Vgl. im einzelnen →Schiedsgerichtsverfahren II.

Schiefe, in der Statistik Bezeichnung für die Eigenschaft einer →Verteilung (→Häufigkeitsverteilung; →Wahrscheinlichkeitsfunktion, →Dichtefunktion), asymmetrisch zu sein. Man unterscheidet *linkssteile (rechtsschiefe)* und *rechtssteile (linksschiefe)* Verteilungen (vgl. untenstehende Diagramme). Bei linkssteilen Verteilungen ist der →Median kleiner als der →Erwartungswert, bei rechtssteilen Verteilungen ist es umgekehrt.

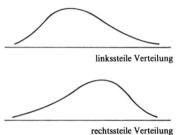

linkssteile Verteilung

rechtssteile Verteilung

Es gibt →Maßzahlen zur Kennzeichnung der Sch., die aber kaum praktische Bedeutung haben (→Moment).

Schieflage, zu starkes Engagement eines Unternehmens (insbes. einer Bank) in einem oder mehreren riskanten Objekten im Verhältnis zu den haftenden Mitteln. Wenn Verluste aus diesen Objekten auftreten (z. B. Ausfall eines Großkredits) ist das Unternehmen in seiner Existenz gefährdet. Durch →Diversifikation kann die Sch. beseitigt und das eingegangene Risiko vermindert werden.

Schienenbahnen, durch Schienen (Eisenschienen) spurgebundene bzw. -geführte Transportmittel, v. a. →Eisenbahnen.

Schienenersatzverkehr, →Ersatzverkehr.

Schienenverkehr, *spurgebundener Verkehr,* Personen- und Güterverkehr auf Schienenwegen mit Gleisfahrzeugen (Eisenbahn, Straßenbahn, sonstige Schienenbahn) der Eisenbahnbetriebe, der Betriebe des öffentlichen Personennahverkehrs und der Schienenverkehrsabteilungen anderer Betriebe. – Vgl. auch →Eisenbahnverkehr.

Schiene-Straße-Problem, Teilproblem der →Verkehrskoordination. – 1. *Ursachen* für das Entstehen von Schwierigkeiten: a) Einbruch eines neuen →Verkehrsträgers in das Landverkehrsmonopol der Eisenbahn; b) ungleiche Konkurrenzfähigkeit wegen (1) besserer Eignung des Kraftwagens zur Netzbildung, (2) Wettbewerbsverhinderung der Eisenbahn durch Auflagen zur →Gemeinwirtschaftlichkeit im Verkehr und betriebsfremde Lasten, (3) unterschiedlicher Grad der →Eigenwirtschaftlichkeit der Verkehrsträger, (4) kostenfremde Tarifbindung des gewerblichen Güterfernverkehrs an den →Deutschen Eisenbahn-Gütertarif. – 2. *Lösungsrichtungen:* Herstellung einer den spezifischen Eigenschaften der Verkehrsträger entsprechenden Arbeitsteilung und dadurch komplementärer Verkehrsmittelbeziehungen: a) Straßenverkehr im Nah- und Mittelstreckenverkehr; b) Eisenbahn im Langstrecken- und Massengutverkehr. – 3. *Vordringliche Maßnahmen:* a) Schaffung gleicher Startbedingungen; b) Errichtung arteigener Tarife. – Vgl. auch →staatliche Verkehrspolitik.

Schiffahrtsgericht, Gericht zur Entscheidung über →Binnenschiffahrtssachen. – *Gesetzliche Grundlage:* Gesetz über das gerichtliche Verfahren in Binnenschiffahrtssachen vom 27.9.1952 (BGBl I 641) mit späteren Änderungen. – Sch. in *erster Instanz* sind, ohne Rücksicht auf den Streitwert, einige →Amtsgerichte für jeweils größeren Bezirk.

Schiffahrtsrecht, öffentlich- und privatrechtliche Rechtssätze des See- und Binnenschiffahrtsrechts. – 1. *Geschichtliches:* Besondere seerechtliche Rechtssätze entwickelten sich bereits im Altertum, vornehmlich in Griechenland (Seedarlehen, Havarie). Große Bedeutung und Verbreitung gewannen im Mittelalter private Aufzeichnungen der Seegebräuche und Urteile der Seegerichte, sog. Seerechtsbücher. Auch in Stadtrechten, städtischen Willküren und Hanserezessen wurde Seerecht aufgenommen. Seit dem 17. Jahr. trat die staatliche Gesetzgebung in den Vordergrund. Bestrebungen nach einer internationalen Regelung des Seerechts setzten sich seit Mitte des 19. Jahrh. zunehmend durch. – 2. *Geltendes Recht:* Für das deutsche Seerecht sind insbes. von Bedeutung: Viertes Buch des HGB (sog. Seehandelsrecht); Gesetz über die Rechtsverhältnisse an eigetragenen Schiffen und Schiffsbauwerken vom 15.11.1940 (SchiffsG) nebst DVO vom 21.12.1940; SchiffsbesetzungsVO vom 4.4.1984 (BGBl I 523) mit späteren Änderungen; Schiffsoffizier-AusbildungsVO vom 11.2.1985 (BGBl I 323). Schiffsregisterordnung vom 26.5.1951; Flaggenrechtsgesetz vom 8.2.1951; Seemannsgesetz vom 26.7.1957; ebenso →Seemannsbrauch und internationale Verträge. – 3. *Sch. für die Binnenschiffahrt:* Vgl. →Binnenschiffsrecht.

Schiffbau, Zweig des →Investitionsgüter produzierenden Gewerbes, Standort überwiegend die See- und Binnenhäfen. Nach Zerstö-

rung der Flotte und Werften im Krieg übertrifft der Produktionsstand weit den Vorkriegsstand. Stark exportorientiert; Exportquote (1986): 47,0.

Schiffbau

Jahr	Be-schäf-tigte in 1000	Lohn- und Gehalts-summe	darunter Ge-hälter	Um-satz ge-samt	darun-ter Aus-lands-umsatz	Netto-produk-tions-index 1980 = 100
		in Mill. DM				
1970	79	1 264	287	3 513	1 261	–
1971	79	1 404	332	4 441	1 877	–
1972	77	1 464	355	4 544	2 210	–
1973	73	1 625	404	5 546	3 122	–
1974	74	1 852	462	6 398	2 840	–
1975	77	2 076	515	7 182	4 334	–
1976	74	2 036	528	7 393	4 210	123,8
1977	70	2 074	559	7 541	4 022	116,7
1978	64	1 940	554	6 492	3 278	92,6
1979	58	1 847	537	4 485	1 722	86,0
1980	57	2 035	587	5 161	2 000	100
1981	57	2 163	615	6 718	3 278	111,2
1982	57	2 170	634	7 719	3 201	114,4
1983	53	1 971	612	8 550	3 201	95,0
1984	45	1 714	555	8 241	4 163	83,0
1985	44	1 810	560	7 342	3 681	87,3
1986	41	1 750	558	6 058	2 845	73,3

Schiffer, *Kapitän,* Führer, nicht notwendig Eigentümer (→Reeder, →Schiffseigner) eines Schiffes. Auch als Angestellter ist er kein →Handlungsgehilfe. – *Rechte und Pflichten* regeln §§ 511–555 HGB bzw. §§ 7–20 BinnSchG. Auf hoher See hat der Sch. eine beamtenähnliche, zum Teil öffentlich-rechtliche Stellung. Er ist Ferner Hilfsorgan der Strafrechtspflege und Standesbeamter. Außerhalb des Heimathafens ist er Bevollmächtigter des Schiffseigners (Reeders). Der Sch. hat gegenüber der Schiffsmannschaft besondere Disziplinargewalt (§§ 105 ff. Seemannsgesetz).

Schifferbörse, →Börse.

Schiffsbank, *Schiffspfandbriefbank, Schiffsbeleihungsbank, Schiffhypothekenbank, Schiffskreditbank,* Kreditinstitute, die auf versicherte, im Schiffsregister eingetragene Schiffe gegen Eintragung von →Schiffshypotheken Darlehen an Reeder bzw. Schiffseigner gewähren und aufgrund der erworbenen, durch Schiffshypotheken gesicherten Forderungen Schuldverschreibungen (Schiffspfandbriefe) ausgeben. – *Rechtsgrundlage:* Gesetz über Schiffspfandbriefbanken (Schiffsbankengesetz) i.d. F. vom 8.5.1963 (BGBl I 302) mit späteren Änderungen.

Schiffsbauwerk, im Bau befindliches Schiff. Ein Sch. kann nach einer gewissen Fertigstellung im Schiffsbauregister (→Schiffsregister) eingetragen werden, wenn zugleich eine →Schiffshypothek eingetragen wird (§§ 76 ff. SchiffsG).

Schiffsbeleihungsbank, →Schiffsbank.

Schiffsbesatzung, Kapitäne (→Schiffer), Schiffsoffiziere, sonstige Angestellte und

Schiffsleute. Das Seemannsgesetz vom 26. 7. 1957 enthält eine besondere arbeitsrechtliche Regelung: Durch Gesetz vom 1. 3. 1983 sind die Fristen für die ordentliche Kündigung (→Kündigungsfristen) denen des allgemeinen Arbeitsrechts weitgehend angeglichen worden.

Schiffsbevölkerung, Begriff der amtlichen Statistik für die Mitglieder der Familien-Haushaltungen und sonstigen Schiffshaltungen (das Bordpersonal von Kauffahrtei- und Hochseefischereischiffen, das ständig an Bord eines Schiffes lebt und an Land keine Wohnung hat). – Vgl. auch →Bevölkerung.

Schiffsbrief, Urkunde über die Eintragung eines Binnenschiffs im →Schiffsregister (§§ 60 ff. SchRO).

Schiffseichämter, →Eichbehörden für die Eichung von Binnenschiffen zur Feststellung der von einem Schiff nach Maßgabe seiner Eintauchung verdrängten Wassermenge gem. VO über die Eichung von Binnenschiffen vom 30. 6. 1975 (BGBl I 1785) mit späteren Änderungen.

Schiffseigentümer. 1. Sch. von der *See-schiffahrt* dienenden Schiffen: Vgl. →Reeder. – 2. Sch. von der *Binnenschiffahrt* dienenden Schiffen: Vgl. →Schiffseigner.

Schiffseigner, Eigentümer eines der Binnenschiffahrt dienenden Schiffes. – Die *Haftung* des Sch. entspricht im wesentlichen der des →Reeders. Führt Sch. das Schiff selbst, haftet er für fehlerhafte Führung nur mit Schiff und Fracht (§§ 1 ff. BinnSchG).

Schiffsgläubiger, einzelne in § 754 HGB und entsprechend in § 102 BinnSchG aufgezählte Gläubiger, die ein besonderes, meist →gesetzliches Pfandrecht am →Schiffsvermögen haben, das keiner Eintragung im Schiffsregister bedarf, durch gutgläubigen Erwerb nicht erlischt, gegen dritte Besitzer verfolgbar ist und alle anderen Belastungen im Rang vorgeht. Untereinander haben Sch. bestimmte Rangordnung (§§ 755 ff. HGB).

Schiffshypothek, an Schiffen bzw. Schiffsbauwerken und Schwimmdocks, die im Schiffsregister eingetragen sind, vorgesehenes →Schiffspfandrecht. – 1. *Rechtsgrundlagen:* §§ 24, 81 Schiffsgesetz vom 15. 11. 1940 (RGBl I 1499) mit späteren Änderungen. – 2. *Rechtliche Behandlung:* Die Sch. wird entsprechend der →Hypothek an Grundstücken behandelt; an Stelle des Grundbuches tritt das Schiffsregister. Die Sch. ist notwendig immer →Sicherungshypothek und kann auch als →Höchstbetragshypothek, →Inhaberhypothek oder →Gesamthypothek bestellt werden. – 3. Die *Zwangsvollstreckung* in das Schiff erfolgt durch →Zwangsversteigerung (Schiffsversteigerung). – 4. *Erlöschen der Sch.:* Die

Sch. erlischt wie die Sicherungshypothek des BGB, aber sie besteht auch in Fällen, in denen diese als →Eigentümergrundschuld bestehen bleibt, nicht fort; die Nachhypotheken rücken im Rang auf. Der Eigentümer darf bis zur Eintragung der Löschung der Sch. im Schiffsregister die erloschene Sch. durch eine neue mit gleichem Rang ersetzen. Daher darf die Löschung nicht ohne seine Zustimmung erfolgen. eine →Eigentümerhypothek kann (im Gegensatz zur Eigentümergrundschuld) dagegen auch bei der Sch. der Eigentümer erwerben.

Schiffshypothekenbank, →Schiffsbank.

Schiffskaskoversicherung, →Seeversicherung, →Kaskoversicherung, →Transportversicherung.

Schiffskreditbank, →Schiffsbank.

Schiffsmakler, Makler, der sich mit der Vermittlung von Schiffsraum, Ladungen, Liegeplätzen usw. befaßt; im Linienverkehr meist Übernahme des ganzen Frachtgeschäftes und der übrigen Abfertigung. Der Sch. ist, soweit er als Makler tätig wird, i. d. R. →Handelsmakler (§ 93 HGB) und untersteht den für diese geltenden Rechtsvorschriften.

Schiffsmanifest, eine Aufstellung der geladenen Güter nach Menge und Verpackung mit Angabe des Bestimmungsortes. Von Bedeutung für die Verzollung.

Schiffspfandbriefbank, →Schiffsbank.

Schiffspfandrecht, dingliche Schiffsbelastung. – 1. An *nicht im Schiffsregister eingetragenen Schiffen* kann nur ein Pfandrecht entsprechend der Verpfändung →beweglicher Sachen bestellt werden. – 2. *Im Schiffsregister eingetragene Schiffe, Schiffsbauwerke und Schwimmdocks* können mit einer →Schiffshypothek belastet werden. – Vgl. auch →Pfandrecht.

Schiffsregister. I. Allgemeines: 1. *Gesetzliche Grundlage:* Schiffsregisterordnung (SchRO) vom 26. 5. 1951 (BGBl I 355) mit späteren Änderungen. – 2. *Arten:* Seeschiffs-, Binnenschiffs- und Schiffsbauregister. Das Sch. entspricht weitgehend dem →Grundbuch. – 3. *Einsicht:* ist jedem, dem ein Schiffsbauregister aber nur bei berechtigtem Interesse, gestattet (§§ 6, 65 II SchRO). – 4. *Registerbehörde* ist das Amtsgericht des Heimathafens bzw. Heimatorts, für Schiffsbauwerke des Bauorts, für Schwimmdocks das des Bau- oder Lageorts (§§ 4, 67 SchRO).

II. Eintragung: 1. In das *Seeschiffsregister* werden Kauffahrteischiffe und Schiffe, die nach dem Flaggenrechtsgesetz zur Flaggenführung berechtigt sind, eingetragen (§ 3 I SchRO); Kauffahrteischiffe über 50 cbm Bruttoraumgehalt müssen i. d. R., andere können eingetragen werden (§ 10 I SchRO). – 2. Im

Binnenschiffsregister können nur Binnenschiffe, deren Tragfähigkeit 10 to oder deren eigene Triebkraft 50 PS übersteigt, eingetragen werden (§ 3 III SchRO); Eintragungszwang für Schiffe von mehr als 20 to Tragfähigkeit oder 100 PS und generell für Schlepper, Tankschiffe und Stoßboote (§ 10 II SchRO). – 3. Im *Schiffsbauregister* werden Schiffsbauwerke und Schwimmdocks zur Hypothekenbestellung eingetragen (§§ 65 ff. SchRO, §§ 76 ff. SchiffsG).

III. R e g i s t e r e i n r i c h t u n g: 1. Das *Registerblatt* entspricht dem Grundbuchblatt: Aufschrift und drei Abteilungen. Die erste Abteilung enthält Kennzeichnung des Schiffes, die zweite Eigentum und Verfügungsbeschränkungen, die dritte →Schiffshypotheken, →Nießbrauch am Schiff und Pfandrecht an Schiffsparten. – 2. Über die Eintragung wird a) beim Seeschiff ein *Schiffszertifikat,* b) beim Binnenschiff ein *Schiffsbrief* ausgestellt (§§ 60 ff. SchRO). – 3. *Im einzelnen* gilt gleiches wie beim Grundbuch: a) Eintragungen gemäß →Antragsgrundsatz und →Eintragungsbewilligung (§§ 23, 29, 37 SchRO) haben Vermutung der Richtigkeit für sich (§ 15 SchiffsG, →Grundbuchvermutung) und genießen bei gutgläubigen Erwerb →öffentlichen Glauben (§§ 16, 17 SchiffsG); b) schuldrechtliche Ansprüche auf Eintragung können durch →Vormerkung (§§ 10–14 SchiffsG) gesichert werden; c) bei unrichtigen Eintragungen i. d. R. keine→Amtsberichtigung, sondern Berechtigungsanspruch (§§ 18–20 SchiffsG, →Grundbuchberichtigungsanspruch) und →Widerspruch (§ 21 SchiffsG). – 4. *Löschung* durch Löschungsvermerk (§ 50 SchRO).

Schiffsverkehr, Personen- und Güterverkehr auf →Wasserstraßen und dem offenen Meer mit Personenschiffen (Fähre, Rundfahrt, Ausflugs-, Kabinen-, Kreuzfahrtschiff) und Güterschiffen (Binnenmotorschiff, Schubverband, Küstenmotorschiff, Hochseeschiff) durch Binnen-, Küsten- und Hochseeschiffahrtsbetriebe sowie mit privaten Wasserfahrzeugen (überwiegend Sportboote). – Zu *unterscheiden:* →Binnenschiffahrt und →Seeschiffahrt.

Schiffsvermögen, besondere Vermögensmasse des →Reeders, auf die sich wegen der unübersehbaren Haftungsmöglichkeiten die Haftung des Reeders bisweilen beschränkt. Das Sch. besteht aus dem Schiff, zuzüglich dessen jeweils Forderungen entstanden sind, nebst →Zubehör, der Bruttofracht und dem Überfahrtsgeld des Schiffers in bestimmtem Umfang sowie etwa erlangten Ersatzansprüchen (→Schiffsgläubiger) haben ein →gesetzliches Pfandrecht am Sch.

Schiffsversteigerung, →Zwangsversteigerung von im Schiffsregister eingetragenen

Schiffen oder Schiffsbauwerken. – *Gesetzliche Regelung:* §§ 864 ff. ZPO, §§ 162 ff. ZVG. – Die Sch. richtet sich (mit geringen Abweichungen) nach den Bestimmungen über die Zwangsversteigerung von Grundstücken. Zuständig ist das Amtsgericht, in dessen Bezirk sich das Schiff befindet; an Stelle des Grundbuchs tritt das →Schiffsregister; Bezeichnung des Schiffes nach Schiffsregister; mit Anordnung der Zwangsversteigerung erfolgt Bewachung und Bewahrung des Schiffes; Bekanntmachung des →Versteigerungstermins in einem Schiffahrtsfachblatt; Zeitraum zwischen Terminbestimmung und Versteigerungstermin mindestens drei Monate.

Schiffszertifikat, *Registerbrief,* von der Registerbehörde des Heimathafens ausgestellte Urkunde über die Eintragung im →Schiffsregister (vgl. dort III 2). – Das Sch. verleiht das Recht zum Führen der deutschen Handelsflagge.

Schikaneverbot, das in § 226 BGB ausgesprochene Verbot, ein Recht lediglich zu dem Zwecke auszuüben, einem anderen Schaden zuzufügen. – Weiter geht das aus § 242 BGB herzuleitende Verbot der →unzulässigen Rechtsausübung.

Schirmmethode, Markenstrategie, bei der eine Dachmarke und damit verbunden eine Markenfamilie (→Produktfamilie) gebildet wird. – *Gegensatz:* →Pilzmethode.

Schlange, →Queue.

Schlange im (ohne) Tunnel, →Währungsschlange.

schlechtgläubig, →bösgläubig.

Schlechtleistung, →Vertragsbruch II.

Schlechtwettergeld, Leistung der →Bundesanstalt für Arbeit an gewerbliche Arbeitnehmer in den zugelassenen Betrieben des Baugewerbes in der Schlechtwetterzeit (1. November bis 31. März), die auf einem witterungsabhängigen Arbeitsplatz beitragspflichtig beschäftigt sind, wenn an einem Arbeitstag mindestens eine Stunde aus zwingenden witterungsbedingten Gründen ausfällt und dieser Ausfall dem Arbeitsamt unverzüglich angezeigt worden ist. – *Höhe* des Sch. in % des Nettoentgelts, i. d. R. nach dem ohne Arbeitsausfall erzielbaren Arbeitsentgelt. Die Tabellensätze werden jährlich durch Rechtsverordnung des Bundesministers für Arbeit und Sozialordnung festgesetzt.

Schleichhandel, →Schwarzmarkt.

Schleichwerbung, Werbemaßnahme, die ohne Vorliegen einer entsprechenden Genehmigung durch unentgeltliche Nutzung eines Massenmediums erfolgt. Dadurch sollen sowohl die Effizienz der Werbewirkung erhöht als auch Werbekosten gespart werden („erschlichene Werbewirkung"). – *Zulässig-*

keit: a) *Offene, aber erschlichene Werbung* (z. B. in Film oder Fernsehen) ist erlaubt; die Medien sind jedoch bestrebt, sie weitestgehend zu vermeiden. – b) Eine *redaktionell gestaltete, „getarnte" Werbung* versucht zu erreichen, daß das Werbesubjekt den werblichen Charakter z. B. bei einer Anzeige nicht auf Anhieb durchschaut; diese verstößt gegen das UWG und ist unzulässig (→unlautere Werbung), außerdem ein Verstoß gegen das →Presserecht.

Schleuderpreis, →Preisschleuderei.

schlichter Graph, →Graph, der weder parallele Kanten (Kanten mit gleichen Endknoten) bzw. parallele Pfeile (gleiche Anfangs- und Endknoten) noch Schlingen (übereinstimmende Endknoten bzw. übereinstimmende Anfangs- und Endknoten) hat.

Schlichtung. I. Begriff/Rechtsgrundlage: 1. *Begriff:* Verfahren zur Beilegung von arbeitsrechtlichen Gesamtstreitigkeiten (Schaffung neuer oder Ergänzung bestehender →Tarifverträge). Die Sch. kann auch dazu dienen, einen bereits begonnenen →Arbeitskampf beizulegen. – 2. *Rechtliche Regelungen:* Nach geltendem Arbeitsrecht gibt es *keine staatliche Zwangsschlichtung.* Es bestehen staatliche Sch.sregelungen (Kontrollratsgesetz Nr. 35 über das Ausgleichs- und Schlichtungsverfahren in Arbeitsstreitigkeiten vom 20. 8. 1946; Ausführungsvorschriften einiger Länder; landesgesetzlich geregeltes Schlichtungsrecht in Rheinland-Pfalz und dem früheren Land Baden); diese haben aber gegenüber der zwischen den Tarifvertragsparteien vereinbarten Sch. nur subsidiäre Bedeutung. Nach dem Kontrollratsgesetz Nr. 35 besteht weder ein Zwang zur Sch. noch die Möglichkeit, den Schiedsspruch gegen den Willen der Partei für verbindlich zu erklären; soweit die genannten Landesgesetze für Rheinland-Pfalz und für das frühere Land Baden etwas anderes vorsehen, ist ihre Rechtsgültigkeit umstritten.

II. Arten: 1. *Vermittlungsverfahren (Ausgleichsverfahren):* Es soll durch Beratung und Aufklärung zwischen den Parteien einen Ausgleich herbeiführen. Als Vermittler wird auf Anrufung einer Partei ein Beauftragter der obersten Landesbehörde (Landesschlichter) tätig. Ergebnis i. d. R. a) Abschluß einer neuen Gesamtvereinbarung oder b) Vereinbarung, den Streit vor Gericht weiter auszutragen oder c) den Arbeitskampf fortzusetzen (mit schärferen Mitteln). – 2. *Schlichtungsverfahren (Schiedsverfahren):* Es wird nur mit Zustimmung der Parteien eröffnet; häufig vor Beginn des Arbeitskampfes in einem Schlichtungsabkommen vereinbart. Die Schlichtungsausschüsse bestehen aus dem Vorsitzenden (benannt von der obersten Arbeitsbehörde des jeweiligen Landes) und der gleichen Anzahl von Arbeitgeber und -nehmervertretern. Alle

Ausschußmitglieder, auch der Vorsitzende, sind stimmberechtigt. Mangels Einigung der Parteien erläßt der Schiedsausschuß einen Schiedsspruch in Form einer abzuschließenden Gesamtvereinbarung, der wie ein von den Parteien abgeschlossener Vertrag bindend wird, wenn diese sich ihm vorher unterworfen haben oder ihn nachträglich annehmen. Schiedsspruch wird mit einfacher Mehrheit gefällt. – In den Fällen, in denen ein Sch.sverfahren nicht vereinbart worden ist, oder in denen ein vereinbartes Verfahren erfolglos geblieben ist, kann mit Zustimmung beider Parteien ein *staatlicher Schiedsausschuß* angerufen werden. Sein Spruch ist nur bindend, wenn beide Parteien ihn annehmen oder wenn die Annahme im voraus vereinbart ist.

Schlichtungsverfahren, →Schlichtung II 2.

Schließfach. 1. *Bankwesen:* Numeriertes Fach in einem Stahlschrank einer Bank, das an Kunden zur Aufbewahrung von Wertpapieren, Dokumenten und Wertsachen vermietet wird. – Die Stahlschränke sind in mit besonderen Sicherheitsvorrichtungen versehenen Stahlkammern untergebracht. – Der Mieter (oder die Mieter, denn es können auch mehrere Personen gemeinsam ein Fach mieten) erhält gegen Vorauszahlung einer nach Größe gestaffelten Mietgebühr *(Schließfachmiete)* den *Safeschlüssel* ausgehändigt. Die Sch. stehen unter Mitverschluß der Bank, die den Schlüssel zu einem zweiten Schloß des Safes zurückbehält, so daß nur Mieter und Vermieter zusammen das Sch. öffnen können. Jede Öffnung des Sch. wird in das dafür bestimmte *Kontrollbuch* eingetragen. – 2. *Postwesen:* Vgl. →Postfach.

Schlupf, häufig synonym gebrauchte Bezeichnung für gesamter Puffer eines Ereignisses (→Ereignispuffer).

Schlupfvariable. I. Begriff: →NN-→Variable, die man in Prozessen zur Bestimmung von Lösungen für lineare Restriktions- bzw. Optimierungssysteme (→lineare Optimierung) hilfsweise eingeführt, um lineare Ungleichungen in lineare Gleichungen zu überführen.

II. Arten: 1. *Schwundvariable:* Jede NN-Variable, die man einführt, um eine Restriktion des Typs

$$(1) \quad a_1 x_1 + a_2 x_2 + \ldots + a_n x_n = b \text{ mit } b \geqq 0$$

in eine entsprechende Gleichung

$$a_1 x_1 + a_2 x_2 + \ldots + a_n x_n + s = b$$

mit $s \geqq 0$ umzuformen. D. h. man ersetzt die Ungleichung (1) durch das Restriktionssystem:

$$(1') \quad \begin{cases} a_1 x_1 + a_2 x_2 + \ldots + a_n x_n + s = b \\ \qquad\qquad\qquad\qquad\qquad s \geqq 0. \end{cases}$$

2. *Überschußvariable:* Jede NN-Variable, die man einführt um eine Restriktion des Typs

$$(2) \quad a_1 x_1 + a_2 x_2 + \ldots + a_n x_n = b \text{ mit } b \geqq 0$$

in eine Gleichung

$$a_1 x_1 + a_2 x_2 + \ldots + a_n x_n - s = b$$

mit $s \geqq 0$ umzuformen, d. h. (2) wird durch das Restriktionssystem:

$$(2') \quad \begin{cases} a_1 x_1 + a_2 x_2 + \ldots + a_n x_n - s = b \\ \qquad\qquad\qquad\qquad\quad s = 0. \end{cases}$$

ersetzt.

III. Interpretation: Eine *Schwundvariable* ist ein Maß dafür, um wieviel die linke Seite einer Ungleichung (1) beim Einsetzen einer Lösung kleiner als die rechte Seite ist. Entsprechend ist eine *Überschußvariable* ein Maß dafür, um wieviel die linke Seite einer Ungleichung (2) beim Einsetzen einer Lösung größer als die zugehörige rechte Seite ist. – Bei *ökonomischen Anwendungen* lassen sich Sch. darüber hinaus häufig vor dem jeweiligen klassischen Problem der Produktionsprogrammplanung in einer Restriktion des Typs (1') b für die zur Verfügung stehende Periodenkapazität einer Maschine und $a_1 x_1^* + a_2 x_2^* + \ldots + a_n x_n^*$ für die durch ein bestimmtes Produktionsprogramm $(x_1^*, x_2^*, \ldots, x_n^*)$ beanspruchte Periodenkapazität, so repräsentiert s^* die bei diesem Produktionsprogramm ungenutzte Kapazität der Maschine.

IV. Bedeutung: Mit Hilfe von Sch. (und ggf. durch Ersetzen von unbeschränkten Variablen durch die Differenz zweier →NN-Variablen) läßt sich jedes beliebige lineare Restriktionssystem in ein →lineares NN-Gleichungssystem (Hilfssystem) überführen. Das Einführen einer Sch. stellt zwar keine →lösungsneutrale Umformung dar, es läßt sich aber aus jeder Lösung des Hilfssystems sofort eine Lösung des ursprünglichen Systems ableiten, wenn man einfach die Werte der Sch. daraus streicht (und ggf. die Substitution von unbeschränkten Variablen rückgängig macht). Für ein NN-Gleichungssystem kann man aber weitestgehend problemlos eine zulässige (Basis)Lösung bestimmen (sofern eine solche Lösung überhaupt existiert), etwa indem man ein entsprechendes künstliches Optimierungssystem konstruiert und darauf die →Simplexmethode anwendet.

Schluß, Mindestbetrag bzw. Mindestmenge für den einzelnen Geschäftsabschluß an der Börse. Geringere Nominalbeträge als der festgesetzte Sch. sowie höhere, aber nicht durch die Schlußeinheit teilbare Nominalbeträge dürfen meist nur im →Freiverkehr gehandelt werden oder werden zum →Einheitskurs ausgeführt. – Im variablen Handel beträgt der Sch. z. B. für Aktien und Optionsgeschäfte meist 50 Stück, für festverzinsliche Werte nominal 3000 DM.

Schlußbesprechung. 1. Der *mündliche Bericht des Wirtschaftsprüfers oder sonstigen Abschlußprüfers* über das Ergebnis der →Pflichtprüfung des Jahresabschlusses. Aufgrund der Sch. wird der schriftliche Prüfungsbericht in einzelnen Teilen mehr oder weniger ausführlich gehalten. – 2. *Abschließende Verhandlung nach einer Außenprüfung zwischen Unternehmen, Gesellschaftern und Vertretern der zuständigen Finanzbehörden:* Gegenstand der Sch. sind Beanstandungen der →Buchführung und Erklärungen zu einzelnen fraglichen Punkten an Hand des Entwurfs des Betriebsprüfungsberichtes. Angestrebt wird Einigung über die Behandlung der aufgeworfenen Fragen bzw. klare Herausarbeitung und Trennung der Punkte, über die Einigung erzielt und nicht erzielt worden ist, der Sache nach ein gegenseitiges Nachgeben; an die Zuständnisse, die die Steuerverwaltung hierbei macht, wird sie unter dem Gesichtspunkt von Treu und Glauben im allgemeinen gebunden sein, sie verlangt aber auch Bindung des Pflichtigen durch Verzicht auf Rechtsmittel. Aufgrund des Ergebnisses der Sch. erhält der Prüfungsbericht seine endgültige Gestalt.

Schlußbilanz, →Bilanz am Ende einer Rechnungsperiode, die aus dem Abschluß der bis dahin geführten Sach- und Personenkonten meist unter gleichzeitiger →Inventur aufgestellt wird: a) am Ende eines Geschäftsjahres, b) nach erfolgter →Abwicklung einer Unternehmung. Die Sch. kann aus der →Rohbilanz und →Saldenbilanz entwickelt werden und weist die Vermögens- und Kapitalverhältnisse der bilanzierenden Unternehmung sowie durch Vergleich mit der →Eröffnungsbilanz das Geschäftsergebnis aus (vgl. auch →Hauptabschlußübersicht).

Schlußbrief, Kontrakt mit ausführlichen Kaufbedingungen, meist in Form des Geschäftsbriefs mit Anrede, Grußformel und Unterschrift. Gebräuchlich bei nicht börsenmäßig gehandelten Waren. Durch Unterzeichnung des Sch. bindet sich Käufer einseitig, während Verkäufer erst unterzeichnet, nachdem er sich bezüglich seiner zu übernehmenden Lieferungsverpflichtung gesichert hat. – Vgl. auch →Schlußnote.

Schlüssel. I. Kostenrechnung: Vgl. →Gemeinkostenschlüsselung III.

II. Elektronische Datenverarbeitung: 1. *Begriff:* In der →Datenorganisation ein Element eines →Datensatzes, das zur Identifikation des Satzes dient. – 2. *Inhalt:* Als Sch. dienen in der →betrieblichen Datenverarbeitung häufig *Nummern* (z. B. Artikel-, Personal-, Lieferantennummern). – 3. *Arten:* a) *Primär-Sch.:* Sch., der einen Datensatz *eindeutig* identifiziert; b) *Sekundär-Sch.:* Zusätzliche Sch., die ebenfalls zum Auffinden von Datensätzen herangezogen werden können, aber nicht eindeutig zu sein brauchen (z. B. Artikelname, Personalname, Wohnort des Lieferanten). – Vgl. auch →Nummernsystem.

Schlüsselarbeiten, Begriff in der analytischen →Arbeitsbewertung. Sch. werden zur Erleichterung der Rangreihenbildung bei dem Rangreihenverfahren verwendet. Sie sollen so gewählt werden, daß sie sowohl die höchste als auch die niedrigste vorkommende Belastung in jeder Anforderungsart kennzeichnen.

Schlüsselgewalt, Begriff des Familienrechts für das Recht beider Ehegatten, Geschäfte zur angemessenen Deckung des Lebensbedarfs der Familie mit Wirkung auch für den anderen Ehegatten zu besorgen und ihn damit zu vertreten. Durch das Handeln eines Ehegatten werden beide Ehegatten berechtigt und verpflichtet, es sei denn, daß sich aus den Umständen etwas anderes ergibt (§ 1357 I BGB). – Die nach §1357 II BGB für jeden Ehegatten gegebene Befugnis, die Sch. des anderen Ehegatten zu *beschränken* oder *auszuschließen,* wirkt Dritten gegenüber nur, wenn die Beschränkung oder Ausschließung ihnen bekannt oder wenn sie in das →Güterrechtsregister eingetragen worden ist. Liegt kein ausreichender Grund für die Beschränkung oder Ausschließung vor, so hat sie auf Antrag das →Vormundschaftsgericht aufzuheben. – Bei *getrennt* lebenden Eheleuten entfällt die Sch.

Schlüsselindustrien, Zweige des →Grundstoff- und Produktionsgüterewerbes, deren Aufträge und Lieferungen für einen weiten Kreis anderer Industrieunternehmen oder Gewerbe die Existenzgrundlage darstellen, z. B. Automobilindustrie, Baugewerbe.

Schlüsselzuweisung, nach einem feststehenden Schlüssel, d. h. regelgebunden verteilte Zuweisung. Zu Sch. gehören die im Länderfinanzausgleich übertragenen Beiträge und Zuweisungen zwischen Geber- und Nehmerländern, →Ergänzungszuweisungen des Bundes und der größte Teil der im kommunalen Finanzausgleich gewährten Zuweisungen (letztere sind Schl. i. e. S.). – Die *Höhe* der Sch. errechnet sich aus der Multiplikation der Differenz zwischen Finanzkraft (→Steuerkraftmeßzahl) und Finanzbedarf (→Ausgleichsmeßzahl) der Gemeinden mit dem →Grundbetrag.

Schlußfolgerung, →Inferenz.

Schlußkurs, →Kurs, der am Schluß der offiziellen Börsenzeit für ein Papier mit fortlaufender Notierung festgestellt wird.

Schlußnote, *Schlußschein.* 1. *Begriff:* Von dem →Handelsmakler zu unterzeichnende und beiden Parteien unverzüglich nach Abschluß des Geschäftes zuzustellende Privaturkunde (§ 94 I HGB). – 2. Die Sch. *enthält* die Namen bzw. Firmen der Parteien, den Gegenstand und die Bedingungen des Geschäfts, bei Verkäufen von Waren und

Wertpapieren v. a. Gattung, Menge, Preis und Lieferzeit. – 3. Die Sch. *dient* lediglich Beweiszwecken, auf die Wirksamkeit des Geschäftes hat sie direkt keinen Einfluß. – 4. Wird die Sch. vorbehaltlos *angenommen,* so ist darin Genehmigung des Geschäftes mit dem Inhalt der Sch. zu sehen; Schweigen gilt als Annahme, wenn Parteien Sch. gleichen Inhaltes zugegangen ist und das Geschäft bereits vorher unzweideutig von einer Partei abgelehnt war. – 5. Bei Geschäften, die *nicht sofort erfüllt* werden sollen, muß die Sch. von den Parteien unterschrieben an den Handelsmakler zurückgesandt werden, der sie dann dem Vertragsgegner des Unterzeichners übermittelt (§ 94 II HGB). – 6. *Verweigert* eine Partei Annahme oder Unterschrift der Sch., hat der Handelsmakler der anderen Partei unverzüglich Anzeige zu machen (§ 94 III HGB). Verweigerung der Annahme oder Unterzeichnung berühren die Wirksamkeit des Geschäftes nicht. – 7. Im *Börsenverkehr* ist die Sch. auch unter Vorbehalt der Benennung der anderen Partei häufig (→Aufgabegeschäft). – 8. Die Vorschriften über Sch. *gelten nicht* für →Krämermakler (§ 104 HGB). – Vgl. auch →Schlußbrief.

Schlußrechnung, im →Konkursverfahren Form der Rechenschaftslegung des →Konkursverwalters bei Beendigung seines Amtes gegenüber der Gläubigerversammlung (nicht dem Konkursgericht). – *Inhalt:* Tätigkeitsbericht, Zusammenstellung der Einnahmen und Ausgaben; die Sch. muß an Inventur und Bilanz anschließen, die bei Konkurseröffnung vorgelegt wurden. – *Termin:* Sch. ist spätestens drei Tage vor dem Schlußtermin auf der Geschäftsstelle des Konkursgerichts zur Einsichtnahme der Beteiligten niederzulegen (falls ein Gläubigerausschuß besteht, mit dessen Bemerkungen). – Über *Einwendungen,* die nur im Schlußtermin erhoben werden können, entscheidet notfalls das Gericht. Werden Einwendungen nicht erhoben, gilt die Sch. als anerkannt; der Verwalter ist insoweit entlastet und seiner Verantwortlichkeit (§ 82 KO) enthoben.

Schlußschein, →Schlußnote.

Schlußtermin, im →Konkursverfahren Bezeichnung für die →Gläubigerversammlung vor Aufhebung des Verfahrens. Die Abhaltung des Sch. ist öffentlich bekanntzumachen. – *Zuvor* müssen die →Schlußrechnung des Konkursverwalters und ein Schlußverzeichnis (Aufstellung über beabsichtigte Durchführung der Schlußverteilung) auf der Geschäftsstelle des Konkursgerichts zur Einsichtnahme niedergelegt werden. – *Im Termin* müssen etwaige Einwendungen gegen das Schlußverzeichnis vorgebracht werden. Es wird über die Verwertung nicht verwertbaren Vermögens sowie die Festsetzung der Vergütung für Konkursverwalter und Gläubigerausschuß verhandelt. Möglich ist auch die Prüfung nachträglich angemeldeter Forderungen, jedoch sind diese von der Schlußverteilung ausgeschlossen. – Nach der Abhaltung des Sch. beschließt das Gericht die Aufhebung des Konkursverfahrens.

Schlußverkauf, *Saisonschlußverkauf, Saisonausverkauf,* nach § 7 III UWG zulässige →Sonderveranstaltung für die Dauer von jeweils zwölf Werktagen, beginnend am letzten Montag im Januar *(Winter-Sch.)* und im Juni *(Sommer-Sch.),* in der Textilien, Bekleidungsgegenstände, Schuh-, Lederwaren oder Sportartikel angeboten werden. – *Werbebeschränkung:* Verbot von →Preisgegenüberstellung (vgl. dort).

Schlußverteilung, im →Konkursverfahren die Ausschüttung der gesamten, nach dem Vollzug etwaiger →Abschlagsverteilungen noch verfügbaren Teilungsmasse, sobald die Verwertung der Masse beendet ist (§ 161 KO). – *Erforderlich* ist die Genehmigung des Konkursgerichts und (falls vorhanden) des Gläubigerausschusses. – *Vorher* müssen alle bekannten Ansprüche der Massegläubiger erfüllt oder gesichert sein. – Der Konkursverwalter hat die Gläubiger, die an der Sch. beteiligt werden sollen (→Verteilungsverfahren), in ein *Schlußverzeichnis* aufzunehmen, das auf der Geschäftsstelle des Konkursgerichts zur Einsichtnahme vor dem Schlußtermin offengelegt wird. – Über *Einwendungen* gegen das Schlußverzeichnis entscheidet das Konkursgericht im →Schlußtermin. Zurückbehaltene Beträge (§§ 168, 169 KO) werden auf Anordnung des Konkursgerichtes hinterlegt.

Schlußziffernverfahren, spezielles →Auswahlverfahren zur Gewinnung einer (uneingeschränkten) →Zufallsstichprobe. Benötigt wird eine lückenlos durchnumerierte →Grundgesamtheit. Die zufällige Auswahl einer Schlußziffer ergibt einen →Auswahlsatz von 10%; die eines Schlußziffernpaares einen solchen von 1%; die eines Schlußzifferntripels einen solchen von 1‰. Nach Festlegung des Auswahlsatzes und Auswahl der Schlußziffern kommen alle Elemente in die Stichprobe, die die entsprechenden Schlußziffern aufweisen. Beim Sch. kann nur das Modell ohne Zurükklegen (→Urnenmodelle) verwirklicht werden.

Schmalbandnetz, Fernmeldenetz (→Netz), das für Fernmeldedienste (u.a. Telex-Dienste) mit niedriger Bandbreite geeignet ist.

Schmalenbach, Eugen, 1873–1955, Professor in Köln. Begründer der →Kölner Schule innerhalb der →Betriebswirtschaftslehre. Sch. gilt als einer der profiliertesten Fachvertreter; im Gegensatz zu anderen Fachvertretern (vgl. etwa →Nicklisch, →Rieger) hat er allerdings kein in sich geschlossenes Forschungs- und Lehrsystem begründet. – *Lehre:* Grundlegend

für Sch. Denkweise ist die Vorstellung von der BWL als →Kunstlehre (im Sinn einer technologisch orientierten Disziplin) und die Idee der Wirtschaftlichkeit als inhaltlicher Leitgedanke. Sch. führte den ersten →Methodenstreit im Fach (1912); sein Werk war Gegenstand des zweiten (1936). Schwerpunkte seines Denkens: a) Entwicklung einer *Kostenlehre:* Analyse der Abhängigkeit des Kostenverlaufs von Beschäftigungsgrad; Unterscheidung von fixen und variablen Kosten; im dauernden Anwachsen der ersteren erblickte Sch. den Grund für den Niedergang der freien Wirtschaft („Der freien Wirtschaft zum Gedächtnis", 1949). b) *Gewinnproblem:* Es wird in Sch. Bilanzlehre behandelt; die Bilanz erscheint nicht ausschließlich als buchhaltungstechnischer und rechtlicher Aspekt, ihr Hauptzweck ist die Feststellung des Jahreserfolgs als Differenz aller dem Geschäftsjahr zuzurechnenden Erträge und Aufwendungen (sog. dynamische Bilanztheorie). – *Hauptwerke:* „Dynamische Bilanz" 1919, „Kostenrechnung und Preispolitik" 1919, „Der Kontenrahmen" 1927, „Die Aufstellung von Finanzplänen", 1931; „Pretiale Wirtschaftslenkung" (2 Bände) 1947/48.

Schmalenbach-Gesellschaft – Deutsche Gesellschaft für Betriebswirtschaft e.V., Sitz in Berlin und Köln. Gegründet 1978 von der Schmalenbach-Gesellschaft zur Förderung der betriebswirtschaftlichen Forschung und Praxis e.V. und der Deutschen Gesellschaft für Betriebswirtschaft e.V. – *Mitglieder:* Einzelpersönlichkeiten aus Wirtschaftspraxis und -wissenschaft sowie Unternehmen und sonstige Institutionen. – *Ziele:* Systematische Förderung und Institutionalisierung der Zusammenarbeit von Wissenschaftlern und Praktikern bei der betriebswirtschaftlichen Forschung, Erfahrungsaustausch über die Anwendung neuer betriebswirtschaftlicher Erkenntnisse und Methoden, Erarbeitung von Stellungnahmen zu aktuellen Fragen der Wirtschaftspraxis und -gesetzgebung, Verbreitung von Erkenntnissen der betriebswirtschaftlichen Forschung. – *Aktivitäten:* Kooperative Forschung in Arbeitskreisen (ca. 30 Arbeitskreise zu sämtlichen betriebswirtschaftlichen Funktionskreisen und Branchen), Veranstaltung von Kongressen (Der Deutsche Betriebswirtschafter-Tag), Fachtagungen (Schmalenbach-Tagung) und Fachgesprächen sowie Herausgabe von „Schmalenbachs Zeitschrift für betriebswirtschaftliche Forschung". – *Veröffentlichungen:* Zeitschrift für betriebswirtschaftliche Forschung (zfbf) (monatlich); Berichte aus der Arbeit der Gesellschaft.

Schmerzensgeld, im Sprachgebrauch Bezeichnung für eine Entschädigung in Geld für die Verletzung persönlicher Rechtsgüter wie Körper, Gesundheit u.a. – Neben →Schadenersatz kann in *den gesetzlich bestimmten Fällen* ein Sch. zur zusätzlichen

Abgeltung der Folgen einer Verletzung, die nicht Vermögensschaden sind (Schmerzen, Entstellung, Behinderung usw.), verlangt werden (§ 847 BGB). Anspruchsberechtigt ist nur der unmittelbar Verletzte. Die Höhe richtet sich nach Art und Schwere der Beeinträchtigung sowie den persönlichen und finanziellen Verhältnissen der Beteiligten. – Bei *Schäden aus dem Betrieb eines Kraftfahrzeuges* (→Kraftfahrzeughaftung) besteht ein Anspruch auf Sch. nur bei nachgewiesenem Verschulden des Halters oder Führers des Kfz (→unerlaubte Handlung).

Schmidt, Fritz, 1882–1950, von 1913–1950 Professor an der Universität Frankfurt (Main). – *Lehre:* Angeregt durch die Erfahrungen der Inflation, die durch die falschen Bilanzbewertungen und den Ausweis von Scheingewinnen sehr verstärkt wurde, entwickelte Sch. die Lehre von der „Organischen Bilanz", zunächst in der kleinen Schrift „Die organische Bilanz im Rahmen der Wirtschaft", 1921, die dann wesentlich ausgebaut und erweitert wurde und 1929 in 3. Aufl. und der letzten Fassung erschien (s. o.) Sch. untersucht darin die Stellung des Betriebes im wirtschaftlichen Kreislauf und fordert die Verwendung von Tageswerten (Wiederbeschaffungspreisen) – statt von Anschaffungswerten – in Kostenrechnung und Preispolitik. Im Mittelpunkt der Lehre steht die *substantielle Kapitalerhaltung.* Eine Bewertung in ständiger Anpassung an die jeweilige Marktverhältnisse vermöge die Konjunkturen stark zu mildern, da die Aussonderung der Scheinwerte aus den Wertströmen die Scheinblüte dämpfe und bei fallenden Preisen die wirklichen Gewinne durch Hinzurechnung der Scheinverluste erhöhe und die Krise abgeflacht werde. Diese These arbeitete Sch. zu seiner „Betriebswirtschaftlichen Konjunkturlehre" (s. o.) aus (das Buch erschien zuerst 1927 unter dem Titel „Die Industriekonjunktur, ein Rechenfehler"). Da die BWL den Betrieb stets als Zelle der Volkswirtschaft zu betrachten habe, trat Sch. für eine einheitliche Wirtschaftslehre ein. Sch. hat seine ursprüngliche vom Buchungstechnischen ausgehenden Erkenntnisse zu einem geschlossenen theoretischen System der Betriebswirtschaft entwickelt, das seine Vollendung in seiner „Allgemeinen Betriebswirtschaftslehre" (s. o.) erhielt. – *Hauptwerke:* „Die organische Tageswertbilanz", 4. Aufl. 1951: „Allgemeine Betriebswirtschaftslehre" (erschienen in „Die Handelshochschule"), 3. Aufl. 1949; „Betriebswirtschaftliche Konjunkturlehre", 4. Aufl. 1933; „Der Wiederbeschaffungspreis des Umsatztages in Kalkulation und Volkswirtschaft" 1923; „Kalkulation und Preispolitik" 1930; „Der internationale Zahlungsverkehr" 1917; „Der nationale Zahlungsverkehr" 1919. – Sch. ist Gründer und Herausgeber der „Zeitschrift für Betriebswirtschaft" (1924 bis

1942 und 1950 ff.), ferner des Sammelwerkes „Die Handelshochschule", 1. Aufl. 1925, 3. Aufl. 1948–1952.

Schmiergelder, Beträge, die vom Geber aufgewendet werden, um den zur Wahrnehmung der Interessen einer anderen Person verpflichteten Empfänger zu einem bestimmten Verhalten zu veranlassen oder sich ihm erkenntlich zu zeigen, und deren Hingabe nach den Anschauungen der beteiligten Kreise ein unlauteres Verhalten darstellt. – *Nicht* als Sch. gelten harmlose Geschenke, übliche Trinkgelder oder die Annahme von Einladungen in angemessenem Rahmen.

I. Z i v i l r e c h t : Die Hingabe von Sch. stellt ein sittenwidriges und daher nichtiges →Rechtsgeschäft dar; doch können Sch. vom Geber nicht zurückgefordert werden (§ 817, 2 BGB). – Nichtig ist i. d. R. auch das *infolge* Hingabe von Sch. zustande gekommene Rechtsgeschäft, jedenfalls dann, wenn der Bestochene den Geschäftsherrn beim Abschluß vertreten hat. Im Streitfall darüber, ob die Hingabe des Sch. für den Vertragsschluß ursächlich war, trägt der die Sch. Gebende die →Beweislast für Nichtursächlichkeit.

II. W e t t b e w e r b s r e c h t : Strafbar ist der Angestellte oder Beauftragte eines Betriebes, der im geschäftlichen Verkehr Geschenke oder andere Vorteile *fordert, sich versprechen läßt* oder *annimmt,* wenn damit einem anderen beim Bezuge von Waren oder gewerblichen Leistungen durch unlauteres Verhalten eine Bevorzugung verschafft werden soll. In gleicher Weise wird bestraft, wer Sch. *verspricht oder gewährt* usw. (§ 12 UWG; →Bestechung). Strafverfolgung tritt nur auf Antrag ein (§ 22 UWG); so führt auch zur →Verfallerklärung; solange sie nicht erfolgt ist, kann der Geschäftsherr Herausgabe des Sch. verlangen. – Auch Bestrafung des Empfängers wegen →Untreue möglich, wenn er seinem Dienstherrn Nachteil zufügt, indem er Vertretungsmacht mißbraucht oder Pflicht zur Wahrnehmung der Vermögensinteressen verletzt (§ 266 StGB).

III. A r b e i t s r e c h t : Die Pflicht, keine Sch. anzunehmen, ist eine sich aus dem Arbeitsvertrag ergebende Nebenpflicht (→Treuepflicht des Arbeitnehmers). Nach der Rechtsprechung sind Sch. nach § 687 II BGB an den Arbeitgeber herauszugeben. – Nach den Umständen des Einzelfalls ist bei Annahme von Sch. →außerordentliche Kündigung gerechtfertigt.

IV. E r t r a g s t e u e r r e c h t : Sch. sind als →Betriebsausgaben abzugsfähig, wenn sie nicht als Geschenke (§ 4 V Nr. 1 EStG) anzusehen sind (→Schenkung II 4; selten) und der Empfänger benannt wird (§ 160 AO).

Schmoller, Gustav Friedrich von, 1838–1917, bedeutender deutscher Nationalökonom. – *Wissenschaftliche Tätigkeit:* Sch. war der geistige Führer der jüngeren historischen Schule und Mitbegründer der Gesellschaft für Wirtschafts- und Sozialwissenschaften. Berühmt sind seine wissenschaftlichen Kontroversen mit C. Menger (→Methodenstreit) und H. v. Treitschke. Seine Bedeutung liegt außerdem in seinen wirtschaftshistorischen Arbeiten sowie darin, daß er die Durchführung solcher Arbeiten durch seine Schüler, auch in Gruppenarbeit, veranlaßte. Sozialpolitisch trat Sch. besonders für eine gerechte Einkommensverteilung ein. Gegen Ende seines Lebens erkannte Sch. ausdrücklich die Notwendigkeit und Berechtigung deduktiver Forschung an (→Deduktion). – *Hauptwerke:* „Über einige Grundfragen der Sozialpolitik und der Volkswirtschaftslehre" 1898, „Zur Geschichte der deutschen Kleingewerbe im 19. Jahrh." 1870, „Grundriß der allgemeinen Volkswirtschaftslehre", 2 Bde., 1900/04. Seit 1881 gab Sch. das „Jahrbuch für Gesetzgebung, Verwaltung und Volkswirtschaft (Schmollers Jahrbuch)" heraus.

Schmucksachenversicherung, →Wertsachenversicherung, →Juwelen-, Schmuck- und Pelzsachenversicherung.

Schmuggel, Form der →Steuerstraftat. – 1. *Tatbestand:* Gewerbsmäßigen, gewaltsamen und bandenmäßigen Sch. begeht, wer a) gewerbsmäßig Eingangsabgaben hinterzieht; b) gewerbsmäßig durch Zuwiderhandlungen gegen Monopolvorschriften →Bannbruch begeht; c) eine Hinterziehung von Eingangsabgaben oder einen Bannbruch begeht, bei denen er oder ein anderer Beteiligter eine Schußwaffe bei sich führt; d) eine Hinterziehung von Eingangsabgaben oder einen Bannbruch begeht, bei denen er oder ein anderer Beteiligter eine Waffe oder sonst ein Werkzeug oder Mittel bei sich führt, um den Widerstand eines anderen durch Gewalt oder Drohung mit Gewalt zu verhindern oder zu überwinden; e) als Mitglied einer Bande, die sich zur fortgesetzten Begehung der Hinterziehung von Eingangsabgaben oder des Bannbruchs verbunden hat, unter Mitwirkung eines anderen Bandenmitglieds die Tat ausführt (§ 373 AO). – 2. *Strafe:* Freiheitsstrafe von drei Monaten bis zu fünf Jahren.

schmutziges Floating, Versuch der Notenbank eines Landes, trotz offiziell freier Kursbildung am Devisenmarkt (→Floating) das Ergebnis des Kursbildungsprozesses durch Interventionen (Kauf oder Verkauf von Devisen) zu beeinflussen, um zu starke Kursschwankungen am Markt zu glätten oder die Devisenkurse nachhaltig im Sinne der eigenen (außen)wirtschaftlichen Ziele zu manipulieren.

Schneeballsystem, Verkauf unter Verpflichtung des Käufers, den Kaufpreis durch Anzahlung und durch Zuführung einer bestimmten Anzahl weiterer Kunden zu tilgen. Bei Nichterfüllung muß der Kaufpreis ganz oder teilweise gezahlt werden. Die so geworbenen Kunden werden nach dem gleichen System beliefert, ihre Zahl wächst lawinenartig (deshalb auch als *Lawinensystem* bezeichnet). – *Folgen:* Sch. verstößt gegen die guten Sitten, weil der Käufer regelmäßig die Möglichkeit, weitere Kunden zu gewinnen, falsch einschätzt oder bei richtiger Erkenntnis die Spielleidenschaft ausgenutzt wird. Der Verkauf nach dem Sch. ist deshalb nicht nur →unlauterer Wettbewerb, der Unterlassungs- und Schadenersatzklage rechtfertigt, sondern auch strafbare →Ausspielung im Sinne des § 286 StGB. Als →progressive Kundenwerbung ferner unter den Voraussetzungen des § 6c UWG strafbar. – *Strafe:* Freiheitsstrafe bis zu zwei Jahren oder Geldstrafe.

Schneider, Erich, 1900–1970, einer der bedeutendsten Volks- und Betriebswirtschaftler der neueren Zeit. Einer der ersten, die in der Bundesrep. D. die mathematische Methoden in den Wirtschaftswissenschaften einführten. Lehrte von 1936–46 an skandinavischen Universitäten, wo in den Wirtschaftswissenschaften bereits mathematische Methoden angewandt wurden. 1946 Ordinariat an der Universität Kiel, das Sch. später „Ordinariat für Staatswissenschaften, Betriebswirtschaftslehre und Statistik" nannte. Bis zu seiner Emeritierung (1969) war Sch. auch Direktor des „Instituts für Weltwirtschaft" und Herausgeber der Halbjahresschrift des Instituts „Die Weltwirtschaft" und des „Weltwirtschaftlichen Archivs" an der Universität Kiel. – *Hauptwerke:* Einführung in die Wirtschaftstheorie, Teil I: Theorie des Wirtschaftskreislaufs, 14. Aufl. 1969; Teil II: Wirtschaftspläne und wirtschaftliches Gleichgewicht in der Verkehrswirtschaft, 13. Aufl. 1972; Teil III: Geld, Kredit, Volkseinkommen und Beschäftigung, 12. Aufl. 1973; Teil IV: Ausgewählte Kapitel der Geschichte der Wirtschaftstheorie, 3. Aufl. 1970; Wirtschaftlichkeitsrechnung. Theorie der Investition, 8. Aufl. 1973; Industrielles Rechnungswesen, Grundlagen und Grundfragen, 5. Aufl. 1969.

Schnelldrucker, →Drucker 1 b).

Schnellgreifbühne, technisches Hilfsmittel im Rahmen der Spontanhandlungsverfahren. Zur Messung der Aufmerksamkeit bei der Werbeerfolgsprognose von Verpackungen. Die Testpersonen sollen mittels eines technischen Gerätes spontan aus einer Anzahl von verschiedenen Packungen eine herausgreifen. „Greiftests" auch in abgewandelten Versionen, z. B. werden die Probanden beim Verlassen einer Veranstaltung ganz unvorbereitet darauf hingewiesen, daß sie aus einer Anzahl am Ausgang stehender Packungen eine kostenlos mitnehmen können. Insbes. Prüfung der Anmutungsqualität von Packungen und Beurteilung des Preis-/Leistungsverhältnisses verschiedener Alternativen. Die aus den Ergebnissen gezogenen Schlüsse hinsichtlich des zukünftigen Erfolges einer Verpackung sind umstritten.

Schnelligkeit der Verkehrsleistung. 1. *Begriff:* Zeitbedarf für die Überwindung der Distanz zwischen zwei Raumpunkten in einem Verkehrsnetz. – 2. *Verkehrswertigkeit:* Als technisch-ökonomisches Qualitätsmerkmal des Verkehrsangebots wird die Sch. d. V. bei vorgegebener Entfernung zwischen Quelle und Ziel durch die bei der Raumüberwindung zu realisierende durchschnittliche Geschwindigkeit bestimmt; neben der eigentlichen Verkehrsgeschwindigkeit sind Zu- und Abgangszeiten sowie Wartezeiten zu berücksichtigen; bei gebrochenen Verkehrsströmen treten Übergangszeiten wie Umlade- und Umsteigezeiten hinzu. – 3. *Verkehrsaffinität:* a) *Güterverkehr:* Geringwertige Massengüter tendieren zu einem relativ langsamen, aber auch kostengünstigen Transport; hochwertige Stückgüter verlangen eine größere Sch. d. V. (niedrigere Kapitalbindungsdauer und Zinskosten); besondere hohe Anforderungen an die Sch. d. V. bei Zusammentreffen von Hochwertigkeit des Transportguts und Qualitätsminderung bei längerer Transportdauer; besondere Dringlichkeit des Bedarfs im Einzelfall kann zu erhöhten Anforderungen an die Sch. d. V. führen (z. B. wichtige Ersatzteile für Produktionsanlagen). – b) *Personenverkehr:* Differenzierung der Schnelligkeitsanforderungen nach Fahrtzwecken; regelmäßige und diskretionäre Ein-Tages-Reisen: hohe Anforderungen an Sch. d. V.; längere Urlaubsreisen: geringere Schnelligkeitsanforderungen, es sei denn, daß die höhere Schnelligkeit nur mit geringen Kostenzuwächsen erkauft wird und gleichzeitig die Bequemlichkeit ansteigt. – c) *Nachrichtenverkehr:* Private bzw. geschäftliche Dringlichkeit der Nachrichtenübermittlung und mit steigender Sch. d. V. allgemein ansteigende Kosten bestimmen das Entscheidungskalkül der Verkehrsnachfrager.

Schnellsendung, besondere Versendungsform bei →Päckchen, →Paket und →Postgut; beschleunigte Beförderung und gesonderte Zustellung der Sendung. Nur im Inland möglich. Erreichen Sch. am Eingangstag nicht die Paketzustellung, so werden sie an Werktagen bis 21.00 Uhr, an Sonn- und Feiertagen bis 12.00 Uhr gesondert zugestellt. Die Aufschrift muß den Vermerk „Schnellpäckchen", „Schnellpaket" oder „Schnellpostgut" tragen.

Schnelltrennsatz, *Snap-out-Satz,* einzeln oder in Endlosform erhältlicher Durchschreibsatz, bei dem sich die farbspendenden Zwischenlagen durch einen Abreißstreifen mit

einem Handgriff von den Teilen trennen lassen.

Schnellverfahren, beschleunigtes Verfahren in Strafsachen (→Strafprozeß). Sch. kommt nur bei Amtsgerichten und in einfach gelagerten Fällen in Frage, u. a. in Verkehrsstrafsachen. Es ermöglicht Hauptverhandlung und Urteilsspruch ohne vorherige schriftliche Anklage und ohne Einhaltung der sonst üblichen Fristen (§§ 212 ff. StPO).

Schnittebenenverfahren, *Cutting-plane-Verfahren.* 1. *Begriff:* Klasse von Verfahren zur Lösung von Problemen der ganzzahligen bzw. gemischt-ganzzahligen Optimierung (→ganzzahliges Optimierungsproblem, →nichtlineares Optimierungsproblem). – 2. *Vorgehensweise:* Das Problem wird zunächst ohne Berücksichtigung der Ganzzahligkeitsbedingungen gelöst. Erfüllt die so gefundene optimale Lösung sämtliche Ganzzahligkeitsbedingungen, ist die Lösung des ganzzahligen Problems gefunden. Andernfalls führt man nach einem gewissen Konstruktionsprinzip eine zusätzliche (Ungleichungs)Restriktion ein, durch die die gefundene Lösung „herausgeschnitten" (d. h. unzulässig), aber keine Lösung des ursprünglichen Problems ausgeschlossen wird. Mit dieser neuen Restriktion löst man das modifizierte Problem erneut und verfährt wie bereits beschrieben. Das Verfahren endet entweder mit dem Auffinden einer optimalen Lösung, die die Ganzzahligkeitsbedingungen erfüllt, oder mit dem Nachweis, daß keine derartige Lösung existiert. – 3. *Ökonomische Anwendung:* Bei Optimierungsproblemen der Praxis haben sich Sch. als nicht sehr effizient und z. T. anfällig gegen Rundungsfehler erwiesen.

Schnittmenge, *Durchschnitt,* Begriff der Mengenlehre. Zu zwei vorgegebenen Mengen M_1 und M_2 die Menge derjenigen Elemente, die sowohl zu M_1 als auch zu M_2 gehören, Zeichen: $M_1 \cap M_2$. – *Beispiel:* $\{1, 2, 3, 4\} \cap \{2, 4, 5\} = \{2, 4\}$.

Schnittstelle, *interface.* 1. *Allgemein:* Berührungspunkt zwischen verschiedenen Sachverhalten oder Objekten. – 2. Im *Software Engineering* verschiedene Verwendungen: a) i. S. von →*Modulschnittstelle;* b) i. S. von →*Benutzerschnittstelle* (Berührungspunkt zwischen Endbenutzer und Softwareprodukt); c) i. S. von *Hardwareschnittstelle* (Berührungspunkt zwischen Betriebssystem und Hardware). – 3. Im *Hardwarebereich:* Der Teil eines Geräts, über den dieses mit anderen Geräten verbunden werden kann (z. B. Schnittstelle zwischen Computer und Drucker); umfaßt die physikalischen Eigenschaften des Berührungspunkts, die elektrischen Eigenschaften der ausgetauschten Signale sowie die Bedeutung dieser Signale; eine S. kann herstellerspezifisch sein, ist aber auch oft Gegenstand internationaler

Normen und Empfehlungen. – Vgl. auch
→Centronics-Schnittstelle.

Schnittstellenminimalität. 1. *Begriff:* Im
Software Engineering ein →Modularisierungs-
prinzip, das besagt, daß die →Schnittstelle
eines Moduls möglichst klein sein soll (z. B.
geringe Anzahl von Parametern). Im Sinne des
→*information hiding* sollen möglichst alle
Informationen über ein Modul, die für die
Benutzung irrelevant sind, innerhalb des
Moduls versteckt bleiben und nur die relevanten Informationen über die Schnittstelle nach
außen hin bekannt gemacht werden. – 2. *Ziel:*
Sch. fördert die Unabhängigkeit der Module,
damit auch die arbeitsteilige Entwicklung und
die Austauschbarkeit bei Änderungen oder
Fehlerkorrektur (→Softwarewartung, →War-
tungsfreundlichkeit).

Schock. I. K o n j u n k t u r t h e o r i e : Üblicherweise in Zusammenhang mit exogenen
Einflußfaktoren verwendeter Begriff. Ein Sch.
liegt vor, wenn exogene Einflußfaktoren eine
drastische Parameteränderung in einem ökonomischen Modell bewirken, so daß die
→endogenen Variablen eine deutliche plötzliche Änderung erfahren. S. sind in der Konjunkturtheorie v. a. in linearen Konjunktur-
modellen wesentlich, um andauernde Konjunkturschwankungen erklären zu können
(→Konjunkturtheorie II 1 a).

II. M e ß w e s e n : Früher verwendete Mengeneinheit. 1 Sch. = 60 Stück.

Schöffengericht, mit einem Berufsrichter
und zwei →Laienrichtern *(Schöffen)* besetz-
tes, beim →Amtsgericht gebildetes Gericht
zur Aburteilung bestimmter Straftaten (zur
Zuständigkeit vgl. →Strafprozeß III). – Unter
bestimmten Voraussetzungen kann ein weiterer Berufsrichter hinzutreten *(erweitertes
Sch.).*

Scholastik, die besonders auf Aristoteles
aufbauende christliche Philosophie des Mittelalters (fortgeführt als Neuscholastik), die
sich unter dem Aspekt der „göttlichen Welt-
ordnung" auch mit den Grundfragen des
Wirtschaftslebens befaßt, so v. a. mit dem
Eigentumsbegriff (privates Eigentum zu
treuen Händen), der Arbeit, der harmonischen
Ordnung der Wirtschaft (Rangordnung der
Stände), der Verteilung des Sozialprodukts
(justitia distributiva = „standesgemäße Nah-
rung"), dem Tauschverkehr (aequalitas dat et
accepti), dem Preis (justum pretium), dem
Kredit und Wucher. – *Bedeutendster Vertreter:* Thomas von Aquino.

Schonfrist, →Säumniszuschlag 5.

Schönheitsreparaturen, Instandsetzungsar-
beiten, die durch das Abwohnen, den vertrags-
gemäßen Gebrauch der Mietsache, erforderlich geworden sind und der Ansehnlichkeit
oder Wiederherstellung der Ansehnlichkeit

der Räume dienen. – Die *Kosten für Sch.* hat
der Vermieter zu tragen, falls im Mietvertrag
nichts anderes vereinbart ist (→Miete).

Schönpflug, Fritz, 1900–1936, bedeutender
Methodologe der Betriebswirtschaftslehre.
Habilitation 1935 an der Universität Bern. –
Hauptwerke: „Das Methodenproblem in der
Einzelwirtschaftslehre" 1933 (Neuauflage
1954 u. d. T. „Betriebswirtschaftslehre,
Methoden und Hauptströmungen"); „Untersuchungen über den Erkenntnisgegenstand
der allgemeinen und theoretischen Betriebswirtschaftslehre als Lehre von den betriebswirtschaftlichen Gebilden" 1936.

Schrecksekunde, Begriff des Straßenverkehrsrechts für die Zeitspanne, die auch bei
gesunden Menschen vom Augenblick der
Wahrnehmung einer Gefahr bis zur Entschließung, diese durch ein Handeln abzuwenden,
vergeht. Die Sch. ist bedeutsam, wenn bei
einem Verkehrsunfall die Frage des Verschuldens geklärt werden muß. Anders als die
→Reaktionszeit wird eine Sch. einem Verkehrsteilnehmer nur dann zugebilligt, wenn es
sich um ein nicht zu vermutendes Ereignis,
eine nach der Verkehrslage ganz unerwartete
besondere Gefahr handelt.

Schreibauftrag, Verständigungsmittel zwischen Texturheber und Schreibkraft über formale, inhaltliche, organisatorische und ter-
minliche Forderungen in der Niederschrift
von Diktaten und Textprogrammen. Erforderlich bei →programmierter Textverarbeitung und Phonodiktaten.

Schreibfehler, →offenbare Unrichtigkeit.

Schreibleistung, Menge geschriebener Zeichen in einer Zeiteinheit (Seiten/h, Zeilen/min,
Zeichen/sek.). – Zu *unterscheiden:* a) *Nennlei-
stung:* vom maschinellen Takt abhängige Leistung, gemessen im durchgehenden Ablauf
ohne nichtschreibende Funktionen; b) *Realleis-
tung:* Erfahrungswert bei bestimmten
Anwendungen im praktischen Betrieb.

Schreib-/Lese-Speicher, →Speicher, bei
dem jede einzelne Speicherstelle über ihre fest
zugeordnete →Adresse beliebig oft gelesen
oder beschrieben (und damit auch gelöscht)
werden kann. – *Beispiele:* →RAM, →Magnet-
band. – *Gegensatz:* →Festwertspeicher.

Schreibmarke, →Cursor.

Schreibmaschine, zeichenweise schreibende
Maschine, deren Schriftqualität, Funktionen
und Zeichenvorrat für Textaufgaben ausgelegt sind. – *Arten:* a) nach Baugrößen: Büro-,
Klein- und Flachschreibmaschinen; b) nach
Antriebsart: mechanische, elektrische, →elek-
tronische Schreibmaschine; c) mit Speicher-
funktionen: →Textsysteme, →Speicher-
schreibmaschine.

Schreibschritt, *Schriftteilung,* von der →Schriftart abhängige, zeichenweise Fortschaltung des Typenelements oder Papierwagens im gleichmäßigen, proportionalen Schritt. Als Maßeinheiten dienen internationale Normen: $1/10$, $1/12$ und $1/15$ Zoll.

Schreibtischforschung, *desk research.* Bezeichnung der Marktforschung für Auswertungsarbeiten primär-statistischen Materials (→Sekundärforschung). – *Anders:* →Feldforschung, →Laborforschung.

Schreibtischtest, →code inspection.

Schreibwerk, Gesamtheit aller Elemente bei schreibenden Geräten zur direkten Mitwirkung bei der Zeichendarstellung. – *Anders:* →Druckwerk.

Schriftart, typografischer Charakter oder erkennungstechnische Gestaltung einer Maschinenschrift. – Zu *unterscheiden:* a) Groß-, Pica-, Perl- und Raumsparschrift; b) genormte und ungenormte Schrift. Sch. bedingt →Schreibschritt.

Schriftform, vielfach durch Gesetz oder Vereinbarungen für die Gültigkeit von →Rechtsgeschäften vorgeschriebene Form. Derartige Vorschriften finden sich auch im öffentlichen Recht. So ist Sch. (sowie u. U. auch Schriftform durch mehrere Personen) zur Gültigkeit von Erklärungen, die eine Gemeinde oder einen Kreis verpflichten sollen, nach den Gemeinde- und Kreisordnungen erforderlich. – 1. Bei *gesetzlich vorgeschriebener Sch.* muß die Erklärung eigenhändig unterzeichnet sein; bei →Verträgen müssen beide Unterschriften auf derselben Urkunde vorgenommen werden, sofern nicht zwei gleichlautende Urkunden hergestellt werden und jede Partei die von der andern unterzeichnete erhält (§ 126 BGB). – 2. Bei *vertraglich vereinbarter Sch.* genügt auch telegrafische Übermittlung, bei Vertrag Briefwechsel, doch sind abweichende Vereinbarungen möglich (§ 127 BGB).

Schriftgut, für kürzere oder längere Zeit aufzubewahrendes Arbeitsgut der Büropraxis, auch Druckwerke, Zeichnungen, Fotos und Filme. – *Arten:* a) Briefe, Postkarten, Telegramme, Fernschreiben u. a., b) Ausarbeitungen (Berichte, Arbeitsanweisungen), c) innerbetriebliche Belege (z. B. Bedarfsmeldungen), d) Versandpapiere (z. B. Lieferscheine), e) Verträge und Urkunden, f) Drucksachen (z. B. Prospekte), g) Abbildungen (z. B. Zeichnungen, Filme), h) Veröffentlichungen (Zeitungen, Bücher), i) Gesetze und behördliche Bekanntmachungen.

Schriftgut-Förderanlage, technische Anlage zum materiellen Schriftgut-Transport (z. B. →Rohrpost, Aktenaufzug).

schriftliches Verfahren, Verfahren im →Zivilprozeß. Das sch. V. ist nur ausnahmsweise zulässig: a) *mit Zustimmung* der Parteien

kann das Gericht ohne mündliche Verhandlung binnen drei Monaten eine Entscheidung treffen; b) *von Amts wegen,* wenn ein vermögensrechtlicher Streit bis zu einem Wert von 500 DM vorliegt, kein →Anwaltszwang besteht und das Erscheinen einer Partei unzumutbar ist (§ 128 ZPO).

schriftliches Vorverfahren, im →Zivilprozeß neben dem →frühen ersten Termin zur umfassenden Vorbereitung des →Haupttermins. U. a. Aufforderungen, Anzeige- oder Mitteilungs- und Belehrungspflichten (§ 276 ZPO); auch kann ein Versäumnis- oder ein Anerkenntnisurteil ohne mündliche Verhandlung ergehen. – Das sch. V. gilt nicht in Familien- und Kindschaftssachen.

Schriftteilung, →Schreibschritt.

Schriftwechsel, →Korrespondenz, →Geschäftsbriefe, →Aufbewahrungspflicht.

schrittweise Verfeinerung. 1. *Begriff:* Bei der →*Programmentwicklung* angewendetes Prinzip zur Erzeugung und zur Darstellung eines →*Algorithmus* bzw. eines →*Programms* auf der Grundlage eines →*Top-down-Prinzips.* – 2. *Vorgehensweise:* a) Ausgehend von der Problemstellung wird zunächst ein *Grobalgorithmus* entwickelt, der die wesentlichen Problemlösungsschritte (ohne weitere Detaillierung) enthält. b) Die groben Schritte werden anschließend *verfeinert,* d. h. durch detaillierte Schritte beschrieben. Die Verfeinerung setzt sich solange fort, bis die entstandenen Teilalgorithmen unmittelbar in eine →*Programmiersprache* überführt werden können. Dies ist spätestens der Fall, wenn jeder Schritt durch einen →*Befehl* der verwendeten Programmiersprache ausgedrückt werden kann. – 3. *Darstellungsform:* a) Die sch. V. ist nicht nur ein Prinzip beim Vorgang des *Entwickelns* eines Algorithmus, sondern auch der Beschreibung; d. h. die Verfeinerungsstufen der sch. V. stellen auch den Lese- und Dokumentationswert der zum entstandenen Algorithmus bzw. dem Programm müssen auch für den Leser (z. B. einen anderen Programmierer) transparent werden. – b) *Hilfsmittel:* Die Programmiersprache muß dazu *Verfeinerungskonstrukte* (*Refinements*) bereitstellen oder zumindest ihre Nachbildung erlauben, z. T. können →*Prozeduren* verwendet werden. – c) *Unterstützt* wird die sch. V. z. B. in →Ada, →Cobol, →Pascal, →Pl/1; schlechter in →Basic, →Fortran.

Schrotterlös, →Abbrucherlös.

Schrottwert, Wert einer Anlage am Ende ihrer →Nutzungsdauer im Hinblick auf ihre Veräußerung. Ist der Sch. im Verhältnis zum →Anschaffungswert minimal, so bleibt er in der Praxis bei Bemessung der →Abschreibung meist unberücksichtigt. Genau ist der Anschaffungswert ./. Schrottwert einer Anlage als Aufwand auf die Jahre der Nutzung zu verteilen.

Schubladenplanung, →Eventualplanung.

SCHUFA, Abk. für →Schutzgemeincahft für allgemeine Kreditsicherung e. V.

Schuhherstellung, Zweig des →Verbrauchsgüter produzierenden Gewerbes, umfaßt v. a. Serienanfertigung von Arbeits-, Straßen-, Sport- und Hausschuhen aus Leder (auch mit Oberteil aus Kunststoff u. a. Stoffen), Schuhen mit Holzsohle, Badeschuhen, Schuhbestandteilen aus Leder; Maßanfertigung von Schuhen, auch orthopädischen. Wichtige Standorte: Rheinland-Pfalz (Pirmasens), Baden-Württemberg und Nordrhein-Westfalen.

Schuhherstellung

Jahr	Beschäftigte in 1000	Lohn- und Gehaltssumme	darunter Gehälter	Umsatz gesamt	darunter Auslandsumsatz	Nettoproduktionsindex 1980 = 100
		in Mill. DM				
1977	55	1 030	247	4 411	602	99,4
1978	55	1 106	265	4 633	575	102,8
1979	55	1 191	286	5 121	693	103,2
1980	55	1 266	304	5 605	884	100
1981	52	1 273	322	5 456	864	95,8
1982	49	1 273	329	5 635	973	91,3
1983	47	1 257	337	5 891	1 077	86,1
1984	47	1 301	352	6 259	1 108	88,8
1985	45	1 292	361	6 292	1 178	85,1
1986	43	1 263	357	6 452	1 130	77,0

Schuldabänderung, Änderung des Inhalts einer Schuld durch Vertrag zwischen Gläubiger und Schuldner (z. B. einer Kaufpreisschuld in Darlehen). I. d. R. gem. § 305 BGB zulässig. →Pfandrechte und →Bürgschaften bleiben bestehen (anders bei der →Schuldumwandlung); doch kann durch die Sch. die Haftung des Bürgen, i. a. auch die des Pfandes, nicht erweitert werden (§§ 767, 1210 BGB).

Schuldanerkenntnis, →Vertrag zwischen Gläubiger und Schuldner, durch den der letztere das Bestehen einer Schuld anerkennt. – 1. Das *abstrakte Sch.* schafft eine neue, selbständige, vom bisherigen Schuldgrund unabhängige Verpflichtung. Die Erklärung des Schuldners bedarf i. d. R. der →Schriftform (§ 781 BGB). – 2. Das *schuldbestärkende (deklaratorische) Sch.* begründet keine neue Schuld, bestätigt lediglich die vorhandene. – *Auslegung* im Einzelfall muß ergeben, was gemeint ist. – Vgl. auch →Saldoanerkenntnis, →Schuldversprechen.

Schuldbeitritt, →Schuldmitübernahme.

Schuldbrief, →Schuldschein.

Schuldbuchforderungen, →Wertrechte.

Schuldbuchgiroverkehr, →Treuhandgiroverkehr a).

Schulden, *Verbindlichkeiten.* I. Allgemeines: 1. *Begriff/wirtschaftliche Bedeutung:* Vgl.

→Fremdkapital. – 2. *Arten* (für steuerliche Zwecke zu unterscheiden): a) *Langfristige Sch.:* Anleihen (Obligationen), langfristige Darlehen, Teilschuld-, Wandelschuldverschreibungen, Hypotheken, Grund- und Rentenschulden. b) *Kurzfristige Sch.:* I. d. R. solche, die innerhalb 90 Tagen fällig werden, z. B. Kreditoren (Warenschulden), Akzepte, Bankkredite.

II. Steuerrecht: 1. *Bewertungsgesetz:* a) Sch. werden zur Ermittlung des Wertes des →Gesamtvermögens vom Rohvermögen *abgezogen* (§ 118 I Nr. 1 BewG), soweit sie nicht bereits beim →Betriebsvermögen berücksichtigt sind (→Betriebsschulden). – b) *Nicht abzugsfähig* sind Sch., die im Zusammenhang mit (vermögen)steuerbefreiten Wirtschaftsgütern des Steuerpflichtigen (oder der Zusammenveranlagten) stehen (§ 118 II BewG, Ausnahme: steuerbefreite Wirtschaftsgüter nach § 115 BewG). – c) Sch. müssen im Veranlagungszeitpunkt (z. B. Hauptveranlagungszeitpunkt) für den Steuerpflichtigen eine *tatsächliche und wirtschaftliche Belastung* darstellen. Eine bürgerlich-rechtlich entstandene Schuld muß deshalb nicht unbedingt abzugsfähig sein, wenn der Steuerpflichtige nicht ernsthaft mit deren Begleichung rechnen muß (z. B. Schulden zwischen nahen Angehörigen). Umgekehrt ist eine bürgerlich-rechtliche Schuld nicht unbedingte Voraussetzung für den Abzug vom Rohvermögen. – d) *Bewertung:* (1) bei *Kapital-Sch.* zum Nennwert, sofern nicht besondere Umstände einen auf-/ abgezinsten Wert rechtfertigen (§ 12 BewG); (2) bei *Renten/ wiederkehrenden Leistungen* mit dem Kapitalwert (§§ 13 ff. BewG, vgl. →Rentenbesteuerung); (3) *Sachleistungsverpflichtungen* (Übereignungsverpflichtungen) mit dem für den Gegenstand steuerlich maßgebenden Wert (z. B Einheitswert bei →Grundstücken). – 2. *Steuerbilanz:* a) *Bilanzierung:* Sch., die am Bilanzstichtag dem Grunde und der Höhe nach entstanden sind, müssen passiviert werden (Passivierungsgebot). Ein Passivierungsverbot besteht für Sch. aus schwebenden Geschäften soweit keine Anzahlungen erbracht sind oder Erfüllungsrückstände bestehen. b) *Bewertung:* Sch. sind grundsätzlich mit den →Anschaffungskosten (= Rückzahlungsbetrag) oder dem höheren →Teilwert zu passivieren. Rentenverbindlichkeiten sind mit dem Barwert anzusetzen.

Schuldendienstquote, Kennziffer für das Maß der Belastung eines Staatshaushalts, das durch die Bedienung eines Schuldenstandes (Zinsen, Tilgung) entsteht. Die Sch. drückt die Schuldendienstfähigkeit aus; deren logische Grenze ist erreicht, wenn der Schuldendienst schneller wächst als die laufenden Einnahmen.

Schuldenerlaß, Forderung der →Entwicklungsländer – u. a. im Rahmen der Verhandlungen über eine →Neue Weltwirtschaftsordnung – nach einem Verzicht auf die Rückzahlung ihrer (öffentlichen) Auslandsschulden durch die Gläubiger. – 1. *Differenzierter Sch.:* Den am wenigsten entwickelten Ländern sollte ein genereller Sch. gewährt werden, anderen dagegen lediglich ein mehrjähriges Schuldendienstmoratorium. Einige Industrieländer haben für einige der am wenigsten entwickelten Länder die gewährte →Kapitalhilfe in nicht-rückzahlbare Zuschüsse umgewandelt. – 2. *Genereller Sch.:* Ein genereller Sch. wird abgelehnt und z. T. sogar als in nicht jedem Fall im Interesse der Etnwicklungsländer liegend angesehen v. a. mit folgenden Begründungen: a) Sch. trägt den verschiedenen Ursachen der Verschuldung nicht Rechnung. b) Sch. begünstigt jene, die sich am stärksten verschuldet bzw. die aufgenommenen Kredite am wenigsten entwicklungswirksam verwendet haben. c) Als Begleiterscheinung des Sch. dürfte in vielen Fällen die zukünftige Kapitalhilfe gekürzt werden, so daß die begünstigten hiervon weniger als erwartet profitieren. – Vgl. auch →Auslandsverschuldung der Entwicklungsländer III 2.

Schuldenhaftung, Einstehenmüssen (→Haftung) für Verbindlichkeiten, insbes. bei Vorhandensein mehrerer rechtlich oder wirtschaftlich getrennter Vermögensmassen.

I. Bürgerliches Recht: 1. *Familienrecht:* Zur Sch. in den einzelnen Güterständen des Familienrechts vgl. →eheliches Güterrecht. – 2. *Erbrecht:* Zur Haftung für die Nachlaßverbindlichkeiten vgl. →Erbenhaftung.

II. Handelsrecht: 1. *Sch. bei der offenen Handelsgesellschaft:* Sch. besteht für →Gesellschaftsschulden (Haftung der Gesellschaft und eine persönliche Haftung der Gesellschafter als Gesamtschuldner). Entgegenstehende Vereinbarungen sind möglich, Dritten gegenüber aber unwirksam (§128 HGB). Hierin liegt ein grundlegender Unterschied im Wesen der Personengesellschaft zu dem der Kapitalgesellschaft. Diese besondere Art der Sch. gestattet dem Gläubiger, auf zwei verschiedene Vermögensbereiche, nämlich das Gesellschaftsvermögen und das Privatvermögen der einzelnen Gesellschafter, Zugriff zu nehmen. – Alle *Einwendungen,* die der OHG gegenüber dem Gläubiger zustehen, kann auch der in Anspruch genommene einzelne Gesellschafter neben den in seiner Person begründeten Einwendungen geltend machen (§129 HGB). Er kann also z. B. mit seinen privaten Geldforderungen gegen den Gläubiger aufrechnen, aber auch die Möglichkeit der →Aufrechnung durch die OHG einwenden. Im letzten Falle jedoch nur aufschiebende Einrede (§129 III HGB). – Für die *Zwangsvollstreckung* in das Gesellschaftsvermögen bedarf es eines →Vollstreckungstitels gegen die OHG (§124 II HGB), der aber nicht gleichzeitig die Grundlage für die Vollstreckung in das Privatvermö-

gen der Gsellschafter bietet (§129 IV HGB). Vielfach richtet man die Klage gegen die Gesellschaft unter ihrer →Firma und zugleich gegen einen oder mehrere Gesellschafter als Gesamtschulder. – 2. *Sch. bei der Kommanditgesellschaft:* Gleiches wie für die OHG gilt auch für die KG hinsichtlich der persönlich haftenden Gesellschafter (→Komplementäre). Die Sch. der →Kommanditisten geht nur bis zur Höhe ihrer →Hafteinlage (§171 I HGB). – 3. *Sch. bei der stillen Gesellschaft:* Der Geschäftsinhaber haftet allein mit seinem vollen Vermögen (§230 HGB). Eine Sch. des stillen Gesellschafters gibt es nicht, jedoch können die Gläubiger, die einen Vollstreckungstitel gegen den Geschäftsinhaber erwirkt haben, dessen Anspruch auf Leistung der noch →ausstehenden Einlage pfänden und sich überweisen lassen und danach gegen den stillen Gesellschafter auf Leistung der Einlage klagen. – 4. *Sch. bei juristischen Personen* (insbes. *Kapitalgesellschaften*): Es haftet nur das Vermögen der juristischen Person, nicht das Privatvermögen ihrer Mitglieder, Gesellschafter usw. – Gewisse Ausnahmen bei der *Genossenschaft:* Vgl. →Genossenschaftskonkurs. – 5. *Sondervorschriften* finden Anwendung bei *Veräußerung* eines Unternehmens (→Veräußerung II), insbes. bei →Firmenfortführung.

Schuldenkrise, →Auslandsverschuldung der Entwicklungsländer.

Schuldenpolitik, planvoller Einsatz der staatlichen Schuldenaufnahme zur Finanzierung der Staatstätigkeit und zur Umsetzung von allokativen und stabilisierungspolitischen Zielen der staatlichen Wirtschaftspolitik. – *Maßnahmen:* →debt management, →deficit spending. – *Theorieansatz:* →Transferansatz.

Schuldmitübernahme, *kumulative Schuldübernahme, bestärkende Schuldübernahme, Schuldbeitritt,* im Gesetz nicht geregelte, gem. § 305 BGB zulässige Übernahme einer fremden Verbindlichkeit durch einen neuen →Schuldner. Im Gegensatz zur →befreienden Schuldübernahme haften alter und neuer Schuldner als →Gesamtschuldner. – Die Sch. ähnelt der →selbstschuldnerischen Bürgschaft, bedarf aber keiner Form. Abgrenzung oft schwierig. Eigenes Interesse spricht für Sch. – Vgl. auch →Schuldübernahme.

Schuldner, *Debitor,* derjenige, der aufgrund eines →Schuldverhältnisses dem →Gläubiger eine Leistung zu erbringen verpflichtet ist (§241 BGB). – *Mehrere Sch.:* Vgl. →Schuldnermehrheit. – Sch. im Mahnverfahren: *Antragsgegner.*

Schuldnerbegünstigung, Form eines strafbaren →Konkursdelikts (vgl. im einzelnen dort II).

Schuldnerland, Land mit negativem Saldo aus Forderungen und Verbindlichkeiten gegenüber dem Ausland. – *Gegensatz:* →Gläubigerland.

Schuldnermehrheit, mehrere für eine einheitliche Schuld haftende Schuldner. – Sie können *haften:* a) als →Teilschuldner; b) als →Gesamtschuldner: (1) immer, wenn die geschuldete Leistung unteilbar ist (§ 420 BGB); (2) bei teilbarer Leistung, wenn sie sich gemeinschaftlich durch Vertrag verpflichtet haben (§ 427 BGB) oder nebeneinander für den aus einer →unerlaubten Handlung entstandenen Schaden verantwortlich sind (§ 840 BGB); (3) wenn sich mehrere für dieselbe Schuld verbürgen, i. d. R. auch dann, wenn sie die Bürgschaft nicht gemeinschaftlich übernommen haben (§ 769 BGB).

Schuldnerschutz, →Vollstreckungsschutz, →Unpfändbarkeit, →Lohnpfändung.

Schuldnerverzeichnis, bei dem →Amtsgericht des Wohnsitzes oder Sitzes eines Schuldners geführtes amtliches Verzeichnis, in das alle Personen, die bei der Zwangsvollstreckung die →eidesstattliche Versicherung abgegeben haben oder gegen die zur Erzwingung die Haft angeordnet ist, eingetragen werden. – *Auskunftserteilung* über das Bestehen oder Nichtbestehen einer bestimmten Eintragung an jedermann (§ 915 ZPO).

Schuldnerverzug. 1. *Begriff:* Der →Schuldner gerät in Sch., wenn er nach Fälligkeit trotz →Mahnung nicht leistet. Ist für die Leistung ein kalendermäßiges Datum bestimmt, so gerät er bei Nichtleistung bis zu diesem Datum auch ohne Mahnung in Sch. (§ 284 BGB). *Kein Sch.,* wenn die Nichtleistung auf vom Schuldner nicht zu vertretende Umstände zurückzuführen ist (§ 285 BGB). Im Streitfall muß der Schuldner beweisen, daß rechtzeitige Leistung ohne sein Verschulden unterblieben ist. – 2. *Rechtsfolgen:* a) Schuldner hat →Verzugsschaden zu ersetzen; hat die Leistung infolge des Sch. für den Gläubiger kein Interesse, kann er unter Ablehnung der Leistung Schadenersatz wegen Nichterfüllung verlangen (§ 286 BGB; →gegenseitige Verträge II 4). – b) Wird die Leistung nach Eintritt des Sch. unmöglich (→Unmöglichkeit, →gegenseitige Verträge II 3), so ist der Schuldner auch dann schadenersatzpflichtig, wenn er die Unmöglichkeit nicht verschuldet hat (§ 287 BGB). – c) Der Schuldner hat während des Sch. →Verzugszinsen zu entrichten (§ 288 BGB).

Schuldrecht, Bezeichnung für die im →Recht der Schuldverhältnisse des BGB geregelte Rechtsmaterie. – *Gegensatz:* →Sachenrecht.

Schuldschein, *Schuldbrief, Schuldurkunde.* I. B ü r g e r l i c h e s R e c h t : 1. *Begriff:* Urkunde, in der der Schuldner eine bestimmte Leistung, i. d. R. Zahlung einer Geldsumme, verspricht; meist zu Beweiszwecken ausgestellt. Angabe des Schuldgrundes ist nicht

erforderlich. Sch. ist kein →Wertpapier; Besitz der Urkunde ist zur Geltendmachung des Rechts nicht erforderlich. Vorlage bei der Forderungsabtretung kann aber zu gutgläubigem Erwerb führen (→Forderungsabtretung III). Das Eigentum am Sch. steht dem Gläubiger der Forderung zu (§ 952 BGB). – 2. Nach bewirkter Leistung kann der Schuldner neben der Quittung *Herausgabe* des Sch. verlangen (§ 371 BGB). Erklärt der Gläubiger sich zur Rückgabe außerstande, kann der Schuldner auf dessen Kosten eine Erklärung mit →öffentlicher Beglaubigung über das Erlöschen der Schuld verlangen; (→Löschungsbewilligung). – 3. Die von einem →*Kaufmann* gezeichneten Sch. gelten als im Betrieb seines Handelsgewerbes gezeichnet, sofern sich nicht aus der Urkunde selbst das Gegenteil ergibt (§ 344 II HGB).

II. G r u n d b u c h r e c h t : Ist der Sch. über eine Forderung ausgestellt, für die eine →Hypothek besteht, soll sie in Urschrift oder Ausfertigung mit dem →Hypdotthekenbrief durch Schnur und Siegel verbunden werden, um abweichende Verfügungen über Hypothek und Forderung zu erschweren. Das →Grundbuchamt verlangt dazu i. d. R. Vorlage der Sch. vor Ausstellung des Hypothekenbriefes (§ 58 GBO).

Schuldscheindarlehen. 1. *Begriff/Charakterisierung:* →Darlehen, über das ein →Schuldschein ausgestellt wird. Sch. sind anleiheähnliche (→Anleihe), langfristige Großkredite, die von bestimmten Unternehmen bei Kapitalsammelstellen (i. d. R. meist Banken) aufgenommen werden. Die Kapitalsammelstellen erhalten die erforderlichen Mittel von mehreren Kapitalgebern, da es sich um Großkredite handelt. – 2. *Darlehensgeber:* Versicherungsunternehmen (insbes. Lebensversicherungen und Pensionskassen), auch Sozialversicherungsträger. – 3. *Darlehensnehmer:* Größere Unternehmen. Handelt es sich um Versicherungen, sind strenge Bonitätsanforderungen zu erfüllen, die den Anlagevorschriften des Versicherungsaufsichtsgesetzes (VAG) und die Anlagerichtlinien des Bundesaufsichtsamts für das Versicherungswesen (BAV) an die →Deckungsstockfähigkeit von Kapitalanlagen stellen. Bei Sch. muß vertragsgemäße Verzinsung und Tilgung gewährleistet und das Darlehen durch erstrangige →Grundpfandrechte gesichert sein. – 4. *Ausstattung:* Die Verzinsung bestimmt sich nach dem Kapitalmarktsatz für erstklassige Anlagen. Wegen der im Vergleich zu →Anleihen deutlich geringeren Transaktionskosten wird die Effektivrendite über ein Agio meist so eingestellt, daß sie bis zu ½ % über der aktuellen Kapitalmarktrendite liegt. I. d. R. sind die ersten Jahre tilgungsfrei, dann gleichmäßige jährliche Tilgungsquoten. – 5. *Beurteilung:* a) *Vorteile:* (1) Der Darlehensnehmer profitiert von den geringen Transaktionskosten und der relativ schnellen und einfachen Bereitstellung. Vorteilhaft ist auch die Flexibilität der Kreditbedingungen und der i.d.R. verglichen mit Bankkrediten, niedrigere Zinssatz. (2) Der Darlehensgeber erhält i.d.R. einen Zinssatz über der Kapitalmarktrendite. – b) *Nachteile:* (1) Hohe Bonitätsanforderungen an Kreditnehmer; eine vorzeitige Kündigung (ausgenommen Kündigung nach § 247 BGB) ist i.d.R. nicht möglich. (2) Gefahr der Illiquidität bei unterschiedlichen Bindungsfristen von Darlehensgebern und -nehmern.

Schuldtitel, →Vollstreckungstitel.

Schuldübernahme. 1. *Begriff:* Übernahme einer Schuld durch einen neuen →Schuldner (§§ 414 ff. BGB). – 2. *Arten:* Je nachdem, ob der alte Schuldner völlig aus der Haftung entlassen wird oder neben dem neuen Schuldner als →Gesamtschuldner weiter haftet, liegt eine →*befreiende Schuldübernahme* oder eine →*Schuldmitübernahme* vor. – 3. Die Sch. kann durch →Vertrag zwischen dem neuen Schuldner und dem Gläubiger oder zwischen dem alten und neuen Schuldner *erfolgen.* Befreiende Sch. zwischen dem alten und dem neuen Schuldner bedarf der Genehmigung des Gläubigers; fehlt sie oder wird sie verweigert, ist die Sch. i.d.R. als →Erfüllungsübernahme anzusehen. – 4. Der neue Schuldner darf *dem Gläubiger* alle Einwendungen des alten Schuldners entgegensetzen, nicht aber die aus dem der Sch. zugrunde liegenden Rechtsverhältnis (zwischen neuem und altem Schuldner) herrührenden.

Schuldumwandlung, *Novation,* Aufhebung eines →Schuldverhältnisses und Begründung eines neuen an Stelle des alten. Die Sch. ist gem. § 305 BGB zulässig und hat im Gegensatz zur →Schuldabänderung i.a. das Erlöschen der Pfandrechte und Bürgschaften zur Folge.

Schuldurkunde, →Schuldschein.

Schuldverhältnis, im Sinne des BGB das zwischen zwei (oder mehreren) Personen bestehende Rechtsverhältnis, kraft dessen die eine von der anderen (oder beide gegenseitig voneinander) ein Tun oder Unterlassen fordern kann. – 1. *Begründung, Änderung oder Aufhebung:* I.d.R. nur durch →Vertrag (§ 305 BGB), z.B. Kaufvertrag, Darlehen, Auftrag, Gesellschaft, Bürgschaft. – 2. Sch. entstehen aber auch *kraft Gesetzes,* z.B. aus unerlaubter Handlung, ungerechtfertigter Bereicherung, Geschäftsführung ohne Auftrag.

Schuldverschreibung, →Anleihe.

Schuldversprechen, →Vertrag, durch das eine Leistung unabhängig von einem bestimmten Schuldgrund (z.B. Kauf, Darlehen) versprochen wird. Erklärung des Schuldners bedarf i.d.R. der →Schriftform. – Vgl. auch →Schuldanerkenntnis, →abstraktes Schuldversprechen.

Schuldwechsel. 1. *Begriff:* →Wechsel, aus dem der →Bezogene als Hauptschuldner verpflichtet wird; vgl. →Akzept – *Gegensatz:* →Besitzwechsel. – 2. *Bilanzierung:* In der Jahresbilanz sind Sch. unter den Passiven gesondert, also insbes. getrennt von den →Buchschulden, auszuweisen (§ 266 III HGB). Die Verbindlichkeit aus dem Schuldverhältnis ist nicht neben der Wechselverbindlichkeit noch einmal besonders zu passivieren. – Das *Wechselobligo* (Rückgriffsverpflichtung aus zahlungshalber weitergegebenen, im Umlauf befindlichen Wechseln) wird i.d.R. nicht passiviert, es sei denn, daß Inanspruchnahme droht (→Rückstellungen). Die Höhe des Wechselobligos wird „unter dem Strich" bei der Bilanz ausgewiesen (§ 251 HGB).

Schuldzinsen, →Zinsen für Fremdkapital. – *Steuerliche Behandlung:* 1. *Einkommensteuer:* Sch., die in wirtschaftlichem Zusammenhang mit der Erzielung von Einkünften aus einer der sieben Einkunftsarten stehen, sind bei der →Einkünfteermittlung als →Betriebsausgaben oder →Sonderausgaben abzugsfähig. – 2. *Gewerbeertragsteuer:* Sch. sind ggf. als sog. Dauerschuldzinsen zur Hälfte dem Gewinn aus Gewerbebetrieb (Ausgangsgröße gem. § 7 GesStG) hinzuzurechnen (§ 8 Nr. 1 GewStG).

Schulstatistik, Teilbereich der →Kulturstatistik. Jährlich bei allgemeinbildenden und berufsbildenden Schulen zum Schuljahresbeginn im Herbst erhobene, auf Ersuchen der Kultusministerkonferenz vom Statistischen Bundesamt koordinierte Länderstatistik.

Schulungs- und Bildungsveranstaltung, Veranstaltung, die erforderliche Kenntnisse für die Betriebsratsarbeit vermittelt (§ 37 VI BetrVG). Betriebsratsmitglieder (→Betriebsrat) sind zur selbständigen Wahrnehmung an solchen Veranstaltungen in angemessenem Umfang von der Arbeit bei vollem Lohnausgleich freizustellen. Kriterium dafür ist, daß die vermittelten Kenntnisse zur Wahrnehmung der Aufgaben als Betriebsrat unerläßlich oder erforderlich sind. Gewerkschaftliche Schulungen, kirchliche, kulturelle, staatsbürgerliche oder parteipolitische Veranstaltungen lösen keinen Befreiungsanspruch aus.

Schulze-Delitzsch, Hermann, 1808–1883, Patrimonialrichter, Abgeordneter des preußischen Landtags, nach 1848 freie Betätigung in Delitzsch; Begründer v.a. der gewerblichen →Genossenschaften in Deutschland. Sch.-D. trat für das Selbsthilfeprinzip ein und lehnte Staatshilfe strikt ab; er hat das preußische Genossenschaftsgesetz von 1867 und das Genossenschaftsgesetz von 1889 stark beeinflußt. – *Grundsätze* seiner genossenschaftlichen Arbeit (im Gegensatz zu →Raiffeisen): (1) Keine Beschränkung des örtlichen Bereichs der Genossenschaften, (2) Errichtung von Spezialgenossenschaften für bestimmte Aufgaben, (3) hauptamtliche Leitung der

Genossenschaften, (4) Kapitalbildung in erster Linie aus →Geschäftsanteilen bzw. -guthaben, daneben Bildung von Reservefonds; Verteilung des Gewinns als →Kapitaldividende oder Rückvergütung an die Mitglieder, (5) unbeschränkte, später aber auch beschränkte →Haftpflicht der Mitglieder.

Schuman-Plan, nach dem französischen Außenminister Robert Schuman benanntes Projekt, das auf ein von Jean Monnet (frz. Wirtschaftspolitiker) ausgearbeitetes Dokument zurückging, das die Empfehlung enthielt, die französische und deutsche Kohle- und Stahlproduktion zu einem „gemeinsamen Markt" zusammenzufassen und einer supranationalen Behörde zu unterstellen, um so mittels administrativer Methoden die wirtschaftliche und zugleich die politische →Integration der europäischen Länder zu fördern. Durch die Montanunion (→EGKS) wurde der Schuman-Plan realisiert. Bereits am 20.6.1950 traten die Vertreter der beteiligten Länder (Frankreich, Bundesrep. D.), Italien, Niederlande, Belgien, Luxemburg) nach Zustimmung der Regierungen zu Verhandlungen zusammen. Das Vertragswerk trat am 25.7.1952 in Kraft. – Vgl. auch →EG II 1.

Schumpeter, Joseph Alois, 1883–1950, bedeutender österreichischer Nationalökonom und Soziologe. Sch. war Schüler von v. Böhm-Bawerk und v. Wieser, österreichischer Finanzminister 1919, lebte seit 1932 in den USA. In seinem ersten Werk „Das Wesen und der Hauptinhalt der theoretischen Nationalökonomie" brachte Sch. eine Darstellung der allgemeinen →Interdependenz in mathematischer Form und verbreitete diese im anglo-amerikanischen Bereich sehr gebräuchliche Form der wissenschaftlichen Aussage im deutschsprachigen Gebiet in seiner „Theorie der wirtschaftlichen Entwicklung". Darin legte Sch. entscheidendes Gewicht auf die Leistungen „dynamischen Unternehmer", die mit Hilfe von Bankkrediten „neue Kombinationen" (= innovations) durchsetzen und so den Konjunkturaufschwung herbeiführen. Sie begründen zugleich die von Sch. vertretene dynamische Produktivitätstheorie des Zinses. Denn nur aus einer solchen evolutorischen Wirtschaft entsteht Unternehmergewinn („Pioniergewinne"), aus denen Zinsen gezahlt werden können. – Sch. gilt neben Keynes als einer der bedeutendsten Nationalökonomen des 20. Jh. – *Hauptwerke:* „Das Wesen und der Hauptinhalt der theoretischen Nationalökonomie" 1908, „Theorie der wirtschaftlichen Entwicklung" 1912, „Zur Soziologie der Imperialismus" 1919, „Epochen der Dogmen- und Methodengeschichte" 1914, „Business Cycles" 1939, „Capitalism, Socialism and Democracy" 1942. Aus dem Nachlaß veröffentlicht: „Dogmengeschichte" 1955.

Schürffreiheit, →Bergbaufreiheit.

Schütt-aus-hol-zurück-Politik, *Dividendenkapitalerhöhung.* 1. *Begriff:* Spezielle Finanzierungspolitik für Aktiengesellschaften. Die Hauptversammlung beschließt, den gesamten Jahresüberschuß vor Steuern auszuschütten. Gleichzeitig wird eine →Kapitalerhöhung gegen Einlagen gem. § 182 AktG beschlossen; die Erhöhung des Grundkapitals entspricht mindestens dem Mittelbetrag, über den das Unternehmen bei voller Einbehaltung hätte verfügen können. – 2. *Beurteilung:* Die finanziellen Effekte hängen von den steuerlichen Gegebenheiten ab. Durch die Spaltung des Körperschaftsteuertarifs (56% auf einbehaltene, 36% auf ausgeschüttete Gewinne) wird die herkömmliche →Selbstfinanzierung gegenüber der Sch.-a.-h.-z.-P. diskriminiert. Andererseits ist bei ihrer Durchführung die Belastung des ausgeschütteten Betrages mit dem Einkommensteuersatz der Aktionäre zu berücksichtigen. Diese Belastung tritt im Fall der Thesaurierung bei annahmegemäß gleich hohen Kurssteigerungen nicht ein, wenn die Spekulationsfrist gem. § 23 I EStG beachtet wird. Zusätzliche Kosten entstehen im Fall der Sch.-a.-h.-z.-P. durch die notwendige Kapitalerhöhung (Bankprovision, Gesellschaftsteuer, Notariatsgebühren usw.). Ob eine Sch.-a.-h.-z.-P. finanzielle Vorteile bringt, hängt von der Höhe dieser Emissionskosten und der Höhe des marginalen Einkommensteuersatzes der Aktionäre ab.

Schutzaktie, hauptsächlich in der Infaltionszeit zum Schutz gegen Überfremdung geschaffene Aktie (→Verwaltungsaktie). Sch. waren meist nur zu 25% eingezahlt, mit erhöhtem Stimmrecht versehen (→Mehrstimmrechtsaktien) und i.d.R. bei einem Konsortium gebunden, das im Sinn der Verwaltung abstimmte. Durch das Aktiengesetz vom 30.1.1937 wurden den noch vorhandenen Sch. beseitigt.

Schutzfrist, →Frist, bis zu deren Ablauf ein bestimmter gesetzlicher Schutz eines Gegenstandes i.a. besteht. – 1. Sch. des →*Urheberrechts* endet i.a. 70 Jahre nach dem Tod des Urhebers (§§ 64ff. UrhG). – 2. Sch. des →*Patents* 20 Jahre (§ 16 PatG). – 3. Sch. für →*Gebrauchsmuster:* Drei, bei rechtzeitiger Zahlung einer Verlängerungsgebühr acht Jahre (§ 14 GebrMG) möglich. – 4. Sch. für →*Geschmackmuster:* Ein bis drei Jahre, die auf insgesamt 15 Jahre verlängert werden kann (§ 8 GeschMG). – 5. Sch. für *eingetragene* →*Marken:* 10 Jahre, die wiederholt um jeweils 10 Jahre verlängert werden kann (§ 9 WZG).

Schutzgemeinschaft der Kleinaktionäre e.V., Sitz in Frankfurt a.M. – *Aufgaben:* Wahrung der Interessen der Aktionäre, insbes. des Streubesitzes; Stimmrechtsvertretung auf jährlich rd. 400 Hauptversammlungen.

Schutzgemeinschaften, *Schutzvereinigungen.* 1. Zusammenschlüsse von *Wertpapierinhabern,* deren Papiere notleidend geworden sind; früher insbes. der durch die Kriegsereignisse geschädigten Wertpapiereigentümer in Hinblick auf die Wiederherstellung ihrer Rechte in der →Wertpapierbereinigung. Heute auch oft Zusammenschlüsse von →Kleinaktionären, um deren Interesse in Hauptversammlungen zu wahren (→Schutzgemeinschaft der Kleinaktionäre e.V.). – 2. Sch. zur *Kreditsicherung:* →Schutzgemeinschaft für allgemeine Kreditsicherung e.V. (SCHUFA).

Schutzgemeinschaft für allgemeine Kreditsicherung (SCHUFA), Gemeinschaftseinrichtung der kreditgebenden deutschen Wirtschaft, bestehend aus 13 SCHUFA-Gesellschaften in der Rechtsform einer GmbH und der *Vereinigung der deutschen Schutzgemeinschaften für allgemeine Kreditsicherung e.V. (Bundes-SCHUFA)*, Sitz in Wiesbaden. Gesellschafter der SCHUFA-Gesellschaften mbH sind Banken, Sparkassen, Volks- und Raiffeisenbanken, Ratenkreditbanken sowie Einzelhandelsunternehmen (einschl. des Versandhandels). – *Aufgabe:* Erteilung von Informationen an Vertragspartner (Kreditinstitute, Leasinggesellschaften, Einzelhandelsunternehmen einschl. des Versandhandels, Kreditkartengesellschaften und sonstige Unternehmen, die gewerbsmäßig Geld- oder Warenkredite an Konsumenten geben). – Die Zusammenarbeit beruht auf dem *Prinzip gegenseitiger Information:* Der vertraglichen Verpflichtung der SCHUFA, Auskünfte zu erteilen, steht die Verpflichtung der Vertragspartner gegenüber, der SCHUFA Informationen für den Datenbestand zur Verfügung zu stellen. – *Zweck:* Vermeidung von Verlusten im Kreditgeschäft mit Konsumenten; Vermeidung einer übermäßigen Verschuldung des Konsumenten (Kreditnehmer).

Schutzgemeinschaft Muster und Modelle – Musterschutz e.V., Sitz in Frankfurt a.M. – *Aufgaben:* Absicherung der Mitglieder gegen verbotene Nachbildungen; Forderung des Musterschutzes; Beratung der Mitglieder in Fragen des Musterschutzes.

Schutzgesetz, im Sinne des § 823 BGB ein Gesetz, das nicht nur Schutz der Allgemeinheit bezweckt, sondern daneben oder ausschließlich den eines einzelnen oder eines bestimmten Personenkreises (z.B. § 263 StGB, →Betrug). Wer ein Sch. verletzt und dadurch einem anderen, durch das Gesetz Geschützten, Schaden zufügt, begeht eine →unerlaubte Handlung und ist zum →Schadenersatz verpflichtet (§ 823 II BGB).

Schutzhelm, Kopfschutz für Fahrer und Beifahrer von →Krafträdern, im Straßenverkehr vorgeschrieben (§ 21 a StVO).

Schutzklausel, *Ausweichklausel, Befreiungsklausel, Escapeklausel.* 1. *Vertragsbestimmung*

des GATT (Art. XIX): Ein Mitglied wird ermächtigt, seine vertraglichen Verpflichtungen (z.B. die Bindung eines Zollsatzes) auszusetzen oder zu ändern, falls durch erhöhte Einfuhr einer Ware die Gefahr einer ernstlichen Störung der einheimischen Erzeugung besteht. Sch. hat auch in zweiseitige Handelsabkommen Einlaß gefunden. – 2. *Sch. der gemeinsamen Marktorganisationen der EG:* Diese läßt in Fällen, in denen der Inlandsmarkt für eines oder mehrere der betr. Marktorganisation unterliegende Erzeugnisse durch Einfuhren oder Ausfuhren ernstlichen Störungen ausgesetzt oder von solchen bedroht ist, durch Beschluß der EG-Kommission – entweder auf Antrag eines Mitgliedstaates oder von sich aus – die Anwendung von Schutzmaßnahmen (z.B. Einfuhrsperren oder -beschränkungen) gegenüber Drittländern solange zu, bis die Störung behoben ist.

Schutzmarke, →Marke.

Schutzpflichten im Arbeitsverhältnis, →Fürsorgepflicht.

Schutzrechte, zusammenfassende Bezeichnung für die Rechte des →gewerblichen Rechtsschutzes.

Schutzvereinigungen, →Schutzgemeinschaften.

Schutzzoll, Einfuhrzoll (→Zoll) auf Auslandsgüter zum Schutz der inländischen Produktion vor ausländischer Konkurrenz. Zur Begründung und Beurteilung von Sch. vgl. →Protektionismus. – Vgl. auch →Finanzzoll, →Erziehungszoll.

schwache Signale, →strategische Frühaufklärung III.

schwache Ungleichung(srestriktion), →Ungleichungsrestriktion 1.

Schwachstromanlagenversicherung, Sparte der →technischen Versicherung; im neueren Sprachgebrauch auch als Elektronikversicherung bezeichnet. Die Sch. ersetzt dem Betreiber oder Eigentümer betriebsfertiger Schwachstromanlagen entweder die für die Wiederherstellung oder Neubeschaffung seiner beschädigten oder zerstörten Anlagen aufzuwendenden Kosten, oder sie leistet Naturalersatz. Unter Schwachstromanlagen werden elektrische oder elektronische Apparate und Anlagen im Niederspannungsbetrieb verstanden, die der Erzeugung, Umwandlung, dem Transport oder der Speicherung von Informationen dienen. Neuerdings wird auch eine Betriebsunterbrechungsversicherung für Schwachstromanlagen angeboten. – Vgl. auch →Maschinenbetriebsunterbrechungsversicherung.

Schwangerschaft, →Mutterschutz.

Schwangerschaftsabbruch, Abbruch der Schwangerschaft durch einen Arzt entsprechend den Vorschriften des § 218 a StGB. – 1. Bei einem nicht rechtswidrigen Sch. besteht Anspruch auf Leistungen aus der *gesetzlichen Krankenversicherung.* Gewährt werden ärztliche Beratung über Erhaltung und Abbruch der Schwangerschaft, ärztliche Untersuchung und Begutachtung zur Feststellung der Voraussetzungen für einen nicht rechtswidrigen Sch., ärztliche Behandlung, Versorgung mit Arznei, Verband- und Heilmitteln sowie Krankenhauspflege und Anspruch auf Krankengeld, wenn durch den nicht rechtswidrigen Sch. Arbeitsunfähigkeit eintritt (§ 200 f. RVO). – 2. Die gleiche Hilfe ist im Rahmen der *Sozialhilfe* zu gewähren, wenn der nicht rechtswidrige Sch. von einem Arzt vorgenommen wird (§ 37 a BSHG).

Schwankungskurs, →Kurs 2 a) (2).

Schwankungsrückstellungen, *Schwankungsreserven* →Rückstellungen im Versicherungswesen zum Ausgleich erheblicher Schwankungen im Schadenverlauf. – 1. Zur *Bildung* von Sch. sind alle Versicherungsunternehmen verpflichtet, ausgenommen solche mit geringerer wirtschaftlicher Bedeutung und Lebensversicherungsunternehmen. – 2. *Voraussetzungen* (z. B. erhebliche Schwankungen während des Beobachtungszeitraumes, mindestens ein Überschadensjahr), *Berechnungsverfahren* und *Auflösung* (Entnahmezwang bei technischem Verlust) werden durch besondere Anordnungen der Versicherungsaufsichtsbehörden geregelt. – 3. *Steuerliche Anerkennung* durch KStG 1977 erstmals gesetzlich geregelt (§ 20 II KStG). Sie setzt voraus, daß a) nach den Erfahrungen in dem betreffenden Versicherungszweig mit erheblichen Schwankungen des Jahresbedarfs zu rechnen ist und b) diese Schwankungen nicht durch Prämien ausgeglichen werden. Die Schwankungen des Jahresbedarfs müssen aus den am Bilanzstichtag bestehenden Versicherungsverträgen herrühren und dürfen nicht durch Rückversicherungen gedeckt sein.

Schwankungswerte, Werte, für die fortlaufende Kurse festgestellt werden, so daß die Schwankungen der Kurse ersichtlich werden (→Kurs 2 a). – *Gegensatz:* →Einheitswerte. – Vgl. auch →Kursfeststellung.

Schwänze, *corner,* Börsenausdruck für besondere Situation im →Termingeschäft: Bei einer Baissespekulation besteht durch Aufkäufe von interessierter Seite am Erfüllungstag ein so großer Materialmangel, daß die Fixer (alle →fixen) alle Preisforderungen bewilligen müssen. – *Schwänzen* oder *Aufschwänzen* nennt man das planmäßige Herbeiführen einer Sch.

Schwarzarbeit. 1. *Begriff:* Selbständige oder unselbständige Tätigkeit unter Umgehung gesetzlicher Anmelde- und Anzeigepflichten. – 2. Das *Gesetz zur Bekämpfung der Sch.* i. d. F.

vom 29. 1. 1982 (BGBl I 109) sieht Ahndung des Schwarzarbeiters *und* des Auftraggebers dann vor, wenn durch die Ausführung von Dienst- oder Werkleistungen wirtschaftliche Vorteile in erheblichem Umfang erbracht oder gefördert werden und der Schwarzarbeiter entweder a) der Verpflichtung zur Anzeige von der Aufnahme entlohnter oder selbständiger Arbeit (§ 60 SG) nicht nachgekommen ist, b) der Verpflichtung zur Anzeige vom Beginn eines selbständigen Betriebes eines stehenden Gewerbes (§ 14 GewO) nicht genügt oder die erforderliche →Reisegewerbekarte (§ 55 GewO) nicht erworben hat, c) weiß, daß er ein Handwerk als →stehendes Gewerbe betreibt, ohne in die →Handwerksrolle eingetragen zu sein (§ 1 HandwO). – *Ahndung* als Ordnungswidrigkeit: Geldbuße bis zu 50 000 DM. – Das Gesetz *gilt nur hilfweise,* d. h. wenn die Tat nicht schon nach anderen Vorschriften mit schwerer Strafe bedroht ist.

schwarze Börse. 1. Staatlich nicht genehmigte börsenmäßige Veranstaltung, bei der den anerkannten →Börsen vorbehaltene Geschäfte getätigt werden. – 2. Börsenversammlung, an der ein verlustreicher Kurssturz erfolgte (z. B. Schwarzer Freitag).

schwarze Liste. 1. Bezeichnung für das beim Amtsgericht geführte →Schuldnerverzeichnis. – 2. *Selbstschutzeinrichtung der Wirtschaft:* Meist mit Hilfe der Verbände (ggf. durch Gründung von Kreditschutz-Organisationen) wird Nachrichtenmaterial gesammelt und den Mitgliedsfirmen zur vertraulichen Einsichtnahme zugänglich gemacht. Die Mitgliedsfirmen verpflichten sich, laufend über Erfahrungen mit gemeinsamen Abnehmern zu berichten. Diese in einem Archiv gesammelten Mitteilungen enthalten Angaben über: a) schlechte Zahlungsgewohnheiten; b) Scheck- und Wechselproteste; c) Zahlungsbefehle oder Klagen; d) Pfändungen; e) Offenbarungseid-Verfahren und Haftbefehle; f) Vergleiche und Konkursverfahren.

Schwarzer Freitag, Kurszusammenbruch (→Börsenkrach), der sich an einem Freitag ereignet, einem vom Börsenaberglauben seit 1873 als besonders kritisch angesehenen Wochentag. Der Sch. F. vom 9. 5. 1873 leitete den Krach der Gründerjahre ein; bekannte Sch. F. aus neuerer Zeit der 13. 5. 1927 und der 25. 10. 1929. Der Sch. F. in den USA am 25. 10. 1929 bedeutete den Zusammenbruch der New Yorker Börse; löste die →Weltwirtschaftskrise (1929–1931) aus.

Schwarzer Montag, in Analogie zum →Schwarzen Freitag geprägte Bezeichnung für den 19. 10. 1987. An diesem Tag erfolgte ein nach dem Börsenkrach von 1927 einmaliger Kurssturz an allen internationalen Wertpapierbörsen. V. a. betroffen die New Yorker Börse; die Börse von Hongkong wurde für eine Woche geschlossen. Z. T. wird in diesem

Zusammenhang auch von →Börsenkrach gesprochen; der Sch. M. gilt jedoch in Fachkreisen nicht als Signal für eine erneute Wirtschaftskrise, sondern als Anpassung von zuvor zu hohen Kursen (überrascht hat jedoch das plötzliche Auftreten und die Stärke des Kurssturzes). Die Wechselkurse erholten sich in der Folgezeit geringfügig; mit einem weiteren Anstieg in den nächsten Jahren wird in Fachkreisen gerechnet.

Schwarzes Brett. I. A l l g e m e i n: Anschlagtafel innerhalb der Betriebsräume an allgemein sichtbarer Stelle zur Bekanntmachung von Mitteilungen an alle Betriebsangehörigen. jeder Anschlag am Sch. B. ist von einem dafür Verantwortlichen zu genehmigen, wildes Plakatieren zu unterbinden und dafür zu sorgen, daß die Anschläge nach der vorgesehenen Aushängefrist wieder entfernt werden.

II. B ü r o k o m m u n i k a t i o n: Möglicher Dienst des →Betriebssystems eines Mehrplatzrechners oder in einem →Rechnernetz bzw. in einem →Computerverbund, der eine Art „elektronisches Anschlagbrett" realisiert. – *Funktionen:* Ein →Benutzer kann Informationen, Wünsche, allgemeine Nachrichten usw. in das Sch. B. eingeben (evtl. mit einer Zeitangabe, wie lange die eingegebenen Daten erscheinen sollen). Die im Sch. B. gespeicherten Informationen können sich alle Benutzer am →Bildschirm anzeigen lassen. Bei manchen Systemen wird das Sch. B. zusätzlich automatisch gezeigt, wenn ein Benutzer am Rechner zu arbeiten beginnt. – Ein *Mailbox-System* ist ein Sch. B., bei dem die Mitteilungen zentral in einem Rechner gespeichert werden und die Benutzer über ein →Netz, das den zentralen Rechner und die →Datenendgeräte der Benutzer integriert, Mitteilungen abrufen (→Download) und in das Sch. B. eingeben (→Upload) können. Um die Mailbox vor nicht berechtigten Benutzern zu schützen, ist sie i. d. R. durch Benutzernummern und ein →Paßwort gesichert.

Schwarzfahrt, Benutzung insbes. eines Kraftfahrzeugs zu Fahrten gegen Wissen und Willen des Halters. – 1. Bei der Sch. ist die →*Kraftfahrzeughaftung* des Halters ausgeschlossen, wenn er nicht die Benutzung des Fahrzeugs durch sein →Verschulden ermöglicht hat oder wenn der Benutzer für den Betrieb des Kraftfahrzeugs angestellt ist oder ihm das Fahrzeug vom Halter überlassen worden ist; die Kraftfahrzeughaftung trifft den Schwarzfahrer (§ 7 III StVG). – 2. Sonderregelung bei der →*Kraftverkehrsversicherung.* – 3. *Strafe:* Die Sch. wird auf Strafantrag als Vergehen mit Freiheitsstrafe bis zu drei Jahren oder mit Geldbuße bestraft (§ 248 b StGB).

Schwarzhandel, *Schleichhandel,* Warenverkauf unter Umgehung polizeilicher oder gesetzlicher Vorschriften. Gehandelt wird Schmuggel-, Hehlerware, Drogen, zum Verkauf nicht

freigegebene, z. B. verdorbene, gesundheitsgefährdende Ware. – Blütezeiten des Sch. bei Warenverknappung, z. B. durch Bewirtschaftung und Kontingentierung (Kriegs- und Nachkriegszeiten) sowie für manche Produkte in Ländern mit Zentralverwaltungswirtschaft.

schwebende Geschäfte. 1. *Begriff:* Zweiseitig verpflichtende, auf Leistungsaustausch gerichtete Verträge, die vom Leistungsverpflichteten noch nicht (voll) erfüllt sind. – 2. *Bilanzierung:* Die gegenseitigen Ansprüche und Verpflichtungen aus sch. G. werden wegen des Realisationsprinzips im Regelfall nicht bilanziert (unrealisierte Gewinne dürfen nicht vorweggenommen werden; bei ausgeglichenem Ergebnis besteht kein Bilanzierungsbedarf). Droht jedoch ein Verlust, weil der Wert der Gegenleistung geringer ist als der der zu erbringenden, muß sowohl in der →Handelsbilanz als auch der →Steuerbilanz wegen des →Imparitätsprinzips (Antizipationsgebot für erwartete Verluste) eine →Rückstellung für drohende Verluste aus schwebenden Geschäften in Höhe des Verpflichtungsüberschusses gebildet werden. Das →Verrechnungsverbot gilt insoweit nicht, doch müssen alle sch. G. einzeln auf einen eventuellen Rückstellungsbedarf hin überprüft werden. – *Sch. G. größeren Umfangs,* die für die Beurteilung der Finanzlage von Bedeutung sind, sind im →Anhang des Jahresabschlusses einer Kapitalgesellschaft anzugeben (§ 285 I Nr. 3 HGB).

schwebende Schulden, *unfundierte Schulden, floating debt,* kurzfristige Verbindlichkeiten der öffentlichen Hand zur Überbrückung vorübergehender Kassenanspannungen (Überbrückungskredite, Kassenverstärkungskredite), d. h. noch nicht endgültig plazierte Schulden. – *Gegensatz:* →fundierte Schulden. – Vgl. auch →öffentliche Kreditaufnahme.

schwebende Unwirksamkeit, Rechtszustand eines Rechtsgeschäfts, dessen Gültigkeit von der →Genehmigung eines anderen oder einer Behörde abhängt, solange die Genehmigung weder erteilt noch versagt ist. Bei Erteilung der Genehmigung wird das Geschäft mit rückwirkender Kraft gültig, bei Verweigerung mit rückwirkender Kraft nichtig, d. h. voll unwirksam.

Schweden, *Königreich Schweden, Konungariket Sverige.* parlamentarisch-demokratische Monarchie in Nordeuropa, Einkammerparlament, neue Verfassung seit 1975; liegt im Osten der Skandinavischen Halbinsel, erstreckt sich von S nach N über 1577 km über den Polarkreis hinaus. – *Fläche:* 449 964 km²; eingeteilt in 24 Provinzen mit eigenem Gouverneur und Parlament. – *Einwohner* (E): (1985) 8,36 Mill. (19 E/km²). – *Hauptstadt:* Stockholm (653 000 E); weitere wichtige Städte: Göteborg (428 000 E), Malmö (229 000 E), Uppsala (152 000 E), Norrköping (119 000 E), Västerås (117 000 E),

Örebo (117000 E), Linköping (113000 E), Jönköping (107000 E). – *Amtssprache:* Schwedisch.

Wirtschaft: *Landwirtschaft:* Anbau von Weizen, Roggen, Gerste, Hafer, Zuckerrüben, Kartoffeln, Raps, Viehzucht: Rinder, Schweine, daneben Schafe, Ziegen, Pferde, Geflügel. – Ausgedehnte *Küstenfischerei* (Heringe, Lachse, Dorsche, Aale, Flundern): (1982) 258 980 t. – *Bergbau:* Reich an Bodenschätzen; große Eisenerzvorkommen, Arsenvorkommen, weiter Kupfer, Schwefelkies, Blei, Zink, Silber, Granit, Gold; größter Exporteur von Eisenerz in Europa. – *Industrie:* Stahl-, Metall-, chemische, Holz-, Papier-, Fahrzeugindustrie, Erdölraffinerien. 34% der Erwerbspersonen sind in der Industrie tätig, 62% im Dienstleistungssektor; Arbeitslosenquote: (1980) 2,0%. – *Reiseverkehr:* (1982) 2,7 Mill. Gästeübernachtungen, Deviseneinnahmen: 1012 Mill US-$. – *BSP:* (1985, geschätzt) 99050 Mill. US-$ (11 890 US-$ je E). – Anteil der Landwirtschaft am *BSP:* (1984) 8,5%; der Industrie: 28,5%. – *Inflationsrate:* (Durchschnitt 1973–84) 10,2%. – *Export:* (1985) 30439 Mill. US-$, v.a. Erze, Holz, Zellstoff, Maschinen, Fahrzeuge, Eisen und Stahl, Chemikalien. – *Import:* (1985) 28 501 Mill. US-$, v.a. Erdöl, Kraftfahrzeuge u.ä. Industriegüter, Lebensmittel. – *Handelspartner:* Bundesrep. D., Großbritannien, Norwegen, Dänemark, USA, Finnland, Frankreich, Niederlande, Belgien, Luxemburg, Saudi-Arabien, Italien, UdSSR, Japan.

Verkehr: Dichtes und gut ausgebautes *Eisenbahn- und Straßennetz*, rege *Küsten- und Binnenschiffahrt* auf den mittelschwedischen Seen; wichtige *Häfen:* Göteborg, Stockholm, Malmö, Sundsvall, Umeå, Luleå; Stockholm ist Mittelpunkt des skandinavischen *Luftverkehrs* (SAS, Scandinavian Airlines System).

Mitgliedschaften: UNO, BIZ, CCC, EFTA, OECD, UNCTAD u.a.; Europarat, Nordischer Rat, Freihandelsabkommen mit der EG.

Währung: 1 Schwedische Krone (skr) = 100 Öre.

Schwedische Schule, →Stockholmer Schule.

Schweigen, →Stillschweigen.

Schweigepflicht. 1. *Sch. des Arbeitnehmers:* Nebenpflicht aus dem Arbeitsvertrag (→Treuepflicht des Arbeitnehmers). Insbes. besteht die Pflicht, →Betriebs- und Geschäftsgeheimnisse zu wahren (§ 17 UWG, § 9 Nr. 6 BBiG). Verstoß gegen die Sch. kann zur →außerordentlichen Kündigung berechtigen sowie strafbar sein (→Betriebs- und Geschäftsgeheimnis III). – Nach den Umständen des Einzelfalles kann ausnahmsweise auch eine *Sch. über das Ende des Arbeitsverhältnisses hinaus* bestehen. – **2.** Sch. ergibt sich unter

bestimmten Voraussetzungen auch für Mitglieder des *Betriebsrates* (§ 79 BetrVG) und des *Aufsichtsrates* (§ 93 I 2 i.V. m § 116 AktG). – **3.** Sch. besteht auch für die *Bediensteten des öffentlichen Dienstes* für die ihnen aus dienstlicher Tätigkeit bekannten Vorgänge (z.B. →Steuergeheimnis, →Postgeheimnis) sowie für →*Abschlußprüfer*, →*Wirtschaftsprüfer*, →*Rechtsanwälte* und zahlreiche andere Personen.

Schweinezyklus, auf den Schweinemarkt bezogenes, vom Institut für Konjunkturforschung (Hanau) festgestelltes Konjunkturbarometer das einen regelmäßigen drei- bis vierjährigen Schweinepreiszyklus ausweist. Bestimmender Faktor ist das unter Rentabilitätserwägungen variierte Angebot, während die Nachfrageintensität im wesentlichen unverändert bleibt: Günstige Relation zwischen Schweine- und Futterpreisen wird zur gesteigerten Aufzucht an; das vergrößerte Angebot erscheint nach etwa 18 Monaten (3 Monate Reaktionsverzögerung der Landwirte, 15 Monate zwischen Ferkelzeugung und Schlachtreife) auf dem Markt, kann aber nur zu niedrigen Preisen abgesetzt werden. 18 Monate darauf das umgekehrte Bild: niedriges Angebot bei höchsten Preisen. Wegen der wesentlich naturgebundenen Veränderbarkeit der Nachfrage eignet sich der Schweinemarkt besonders gut für eine treffsichere →Konjunkturprognose; Hilfsfaktoren für die Prognose: die Schweine-Futter-Preisrelation 18 Monate vorher, die Futterpreise 11 Monate vorher, die Zuchtsauenbewegung 12 Monate vorher. – Der Sch. ist das klassische Beispiel für das →*Spinnwebtheorem.*

Schweiz, *Schweizerische Eidgenossenschaft, Suisse,* parlamentarisch-direkt-demokratischer Bundesstaat in Mitteleuropa, mit 2-Kammer-Regierung (Städterat und Nationalrat), in den Westalpen gelegen mit überwiegend Hochgebirgsklima. – *Fläche:* 41 293 km²; eingeteilt in 23 Kantone (Zürich, Bern, Luzern, Uri, Schwyz, Unterwalden-Obwalden und Unterwalden-Nidwalden, Glarus, Zug, Fribourg, Solothurn, Basel-Stadt, Basel-Land, Schaffhausen, Appenzell-Außerrhoden und Appenzell-Innerrhoden, St. Gallen, Graubünden, Aargau, Thurgau, Tessin, Waadt, Wallis, Neuenburg, Genf). – *Einwohner* (E): (1985) 6,455 Mill. (156,3 E/km²); Deutsche, Franzosen, Italiener, Rätoromanen. – *Hauptstadt:* Bern (1984: 142000 E); weitere wichtige Städte: Zürich /356000 E); Genf (159000 E), Lausanne (127000 E), Winterthur (85000 E), St. Gallen (74000 E), Luzern (62000 E), Bienne (53000 E). – *Amtssprachen:* Deutsch, Französisch, Italienisch, Rätoromanisch.

Wirtschaft: *Landwirtschaft:* Im wesentlichen eine hochentwickelte Vieh- und Milchwirtschaft; angebaut werden Weizen, Roggen, Hafer, Gerste, Mais, Zuckerrüben, Kartoffeln, Wein. Viehzucht: Rinder, Schweine, Ziegen, Schafe, Pferde. – *Industrie:* Rohstahl, Hüttenaluminium, Raffinerien; 46% der Erwerbspersonen waren 1981 in der Industrie tätig. – *Reiseverkehr:* (1982) ca. 10 Mill. Touristen; meist Deutsche, Amerikaner, Franzosen, Briten, Niederländer, Italiener, Belgier, Japaner; Einnahmen: 3015 Mill. US-\$. – *BSP:* (1985, geschätzt) 105180 Mill. US-\$ (16380 US-\$ je E). – Anteil der Landwirtschaft am *BSP:* (1984) 3%, der Industrie: 40%. – *Inflationsrate:* (Durchschnitt 1973–84) 3,9%. – *Export:* (1985) 37683 Mill. US-\$, v.a. Maschinen, Fahrzeuge, chemische Produkte, Apparate, Instrumente, pharmazeutische Produkte, Uhren, Textilien, Nahrungsmittel. – *Import:* (1985) 41381 Mill. US-\$, v.a. Maschinen, Edelmetallwaren, Fahrzeuge, Erdöl, Lebensmittel, hochwertige Konsumgüter. – *Handelspartner:* Bundesrep. D., Frankreich, USA, Italien, Großbritannien, BENELUX-Länder, Österreich, Japan, Niederlande, UdSSR, Brasilien.

V e r k e h r : Dichtes Straßenverkehrsnetz, voll elektrifizierte *Eisenbahn:* Rhein ist als *Schiffahrtsweg* von großer Bedeutung; die Schweiz hat als Binnenstaat eine eigene *Handels- und Rheinflotte:* Durchgangsland von Nord- und Westeuropa nach Italien; *Tunnelbauten* durch den St. Gotthard, Simplon, Großen St. Bernhard; 20 große Paßstraßen; eigene *Luftfahrtgesellschaft* (SWISS-AIR); 3 internationale *Flughäfen:* Zürich, Basel, Genf.

M i t g l i e d s c h a f t e n : Kein UNO-Mitglied; doch Mitglied von FAO, GATT, IFAD, ILO, ITU, UNESCO, WHO, WMO, UNCTAD, UNICEF, BIZ, CCC, ECE, EFTA, IEA, OECD u.a.; Europarat, Freihandelsabkommen mit der EG.

W ä h r u n g : 1 Schweizer Franken (sfr) = 100 Rappen (Rp).

Schweizerische Nationalbank, Sitz in Bern (Sitz des Direktoriums in Zürich). Durch Bundesgesetz vom 6.10.1905 errichtete alleinige →Notenbank der Schweiz, in der Rechtsform einer AG. Die Sch. N. nahm ihre Tätigkeit am 20.6.1907 auf. Die Noten müssen zu 40% durch Gold, im übrigen bankmäßig gedeckt sein; sie sind gesetzliches Zahlungsmittel, die Goldeinlösungspflicht ist suspendiert. Die Bank betreibt außer der Notenausgabe die üblichen Geschäfte einer →Zentralbank.

Schwellenland, relativ fortgeschrittenes →Entwicklungsland, das beachtliche Industrialisierungsfortschritte erzielt und in seinem Entwicklungsstand gegenüber den Industriestaaten stark aufgeholt hat. Zu den Sch. werden z.B. Brasilien, Mexiko, Süd-Korea, Taiwan und Singapur gezählt.

Schwellenpreis für Agrargüter, →Agrarpreise II 1, →EWG I 2 b) (3).

Schwerbehinderte. I. P e r s o n e n k r e i s : 1. *Sch. i. S. des SchwbG:* Personen, die körperlich, geistig oder seelisch behindert und infolge ihrer Behinderung in ihrer Erwerbsfähigkeit nicht nur vorübergehend um 50% gemindert sind (§ 1 SchwbG), sofern die Minderung von der zuständigen Stelle ausdrücklich anerkannt wurde oder eine entsprechende Rente gewährt wird. – *Behinderung* ist die Auswirkung einer Funktionsbeeinträchtigung, die auf einem regelwidrigen körperlichen, geistigen oder seelischen Zustand beruht. Dabei ist regelwidrig der Zustand, der von dem für das jeweilige Lebensalter typischen Zustand abweicht (§ 2 a SchwbG). Vgl. auch →Grad der Behinderung. – 2. *Gleichgestellte Personen:* Personen mit einer dauernden oder vorübergehenden Erwerbsminderung von 30 bis 50% sollen auf Antrag vom Arbeitsamt gleichgestellt werden, wenn sie infolge ihrer Behinderung ohne diese Hilfe einen geeigneten Arbeitsplatz nicht erlangen oder nicht behalten können. Die Gleichstellung kann zeitlich befristet werden. – 3. *Nichtdeutsche Sch.* gelten ebenfalls als Sch. i. S. des § 1 SchwbG.

II. S t a a t l i c h e M a ß n a h m e n : 1. Besondere *Fürsorgebetreuung.* – 2. Bevorzugt *Arbeitsvermittlung* (→Pflichtplätze, →Ausgleichsabgabe), Berufsberatung, Berufsfürsorge, Berufsförderung, Beschaffung von Wohnraum, Betreuung durch →Hauptfürsorgestellen. – 3. Besonderer *Kündigungsschutz* (→Schwerbehindertenrecht III). – 4. *Angestelltenversicherungsrente* nach Vollendung des 60. Lebensjahres. – 5. Schwerbehinderte Kriegsopfer erhalten Rente. – Anerkannte versorgungsberechtigte Kriegsbeschädigte (ohne Angehörige) in der Bundesrep. D. und Berlin (West) 1985 : 0,8 Mill., damit 46,7 v. H. sämtlicher versorgungsberechtigter Kriegsopfer (= 1,6 Mill.). – 6. Kostenlose Beförderung im *öffentlichen Personennahverkehr,* ggf. auch für Begleitpersonen (Gesetz über die unentgeltliche Beförderung Sch. im öffentlichen Personenverkehr vom 9.7.1979; BGBl I 989).

III. S t a t i s t i s c h e E r f a s s u n g : Gem. § 51 SchwbG werden alle zwei Jahre die Zahl der Sch. mit gültigem Ausweis und deren persönliche Merkmale (Alter, Geschlecht, Staatsangehörigkeit, Wohnort) sowie Art, Ursache und Grad der Behinderung ermittelt. Außerdem wird jährlich eine →Rehabilitationsstatistik durchgeführt.

Schwerbehindertenrecht, im Schwerbehindertengesetz (SchwbG) i.d. F. vom 26.8.1986 (BGBl I 1421) enthaltene Rechtsgrundlage für den Schutz →Schwerbehinderter sowie der ihnen gleichgestellten Personen.

I. Pflichten der Arbeitgeber: 1. *Beschäftigungspflicht:* a) *Jeder* Arbeitgeber mit 16 oder mehr *Arbeitsplätzen* ist verpflichtet, 6% der Arbeitsplätze mit Schwerbehinderten oder Gleichgestellten zu besetzen (Pflichtplätze); Ausbildungsplätze werden vom 1.1.1986 bis zum 31.12.1989 nicht mitgerechnet (§ 7 SchwbG) zur Beschaffung und Sicherung von Ausbildungsplätzen. Die Zahl der Pflichtplätze im öffentlichen Dienst und in der Privatwirtschaft sowie in den verschiedenen Industriezweigen ist grundsätzlich einheitlich. – Die Beschäftigungspflicht ist lediglich eine *öffentlich-rechtliche Pflicht;* sie gibt dem einzelnen Schwerbehinderten keinen Anspruch auf Beschäftigung bei einem bestimmten Arbeitgeber. – b) Beschäftigungspflichtige Arbeitgeber, die über *Ausbildungsplätze* verfügen, haben im Rahmen der Erfüllung der Beschäftigungspflicht einen angemessenen Anteil dieser Stellen für schwerbehinderte Auszubildende zur Verfügung zu stellen (§ 5 II SchwbG). Schwerbehinderte, die zur Ausbildung beschäftigt werden, werden bis zum 31.12.1989 automatisch auf je zwei Pflichtplätze angerechnet. Zur Förderung der innerbetrieblichen beruflichen Rehabilitation werden Plätze von Behinderten, die in Betrieben und Dienststellen an Maßnahmen der beruflichen Rehabilitation teilnehmen, nicht mehr gezählt (§ 6 II 1 SchwbG). – c) Neu ist auch die Anrechnung des *schwerbehinderten Arbeitgebers* (§ 7a III SchwbG). – d) Solange der Arbeitgeber die vorgeschriebene Zahl Schwerbehinderter nicht beschäftigt, hat er für jeden unbesetzten Pflichtplatz monatlich eine *Ausgleichabgabe* an die Hauptfürsorgestelle zu entrichten. Die Ausgleichsabgabe ist mit Wirkung vom 1.8.1986 von 100 DM auf 150 DM monatlich je unbesetzten Pflichtplatz erhöht worden. – 2. *Sonstige Pflichten:* Die Arbeitgeber sind verpflichtet, bei der Besetzung freier Arbeitsplätze zu prüfen, ob Schwerbehinderte beschäftigt werden können. Die Arbeitgeber haben die Schwerbehinderten so zu beschäftigen, daß diese ihre Fähigkeiten und Kenntnisse möglichst voll verwerten und weiterentwickeln können (§ 11 SchwbG).

II. Kündigungsschutz: 1. *Ordentliche Kündigung:* Die Kündigung ist grundsätzlich nur mit Zustimmung der Hauptfürsorgestelle möglich. Die Zustimmung muß vor Ausspruch der Kündigung vorliegen. – Die *Kündigungsfrist* beträgt mindestens vier Wochen. – Der besondere Kündigungsschutz Schwerbehinderter setzt nach dem Änderungsgesetz zum SchwbG vom 24.7.1986 (BGBl I 1110) ebenfalls wie der allgemeine Kündigungsschutz erst nach einer *Beschäftigungsdauer von sechs Monaten* ein, unabhängig von der für den einzelnen Schwerbehinderten geltenden →Probezeit (§ 17 I Nr. 1 SchwbG). Die Lockerung des besonderen Kündigungsschutzes wurde für notwendig gehalten, um die

Einstellung Schwerbehinderter zu fördern. – 2. *Außerordentliche Kündigung:* Die vorherige Zustimmung der Hauptfürsorgestelle muß ebenfalls eingeholt werden, die die Zustimmung dann erteilen soll, wenn die Kündigung aus einem Grund erfolgt, der nicht im Zusammenhang mit der Behinderung steht. – 3. Nach wie vor besteht die *doppelte Zuständigkeit der Gerichte,* die gegenüber der Hauptfürsorgestelle im Rechtszug vor den Verwaltungsgerichten über die Wirksamkeit der Zustimmung angerufen werden können und dann nochmals im Rechtsweg vor den Arbeitsgerichten über die allgemeine Berechtigung zur Kündigung.

III. Zusatzurlaub: Nach § 44 SchwbG haben Schwerbehinderte einen Anspruch auf einen bezahlten zusätzlichen Urlaub von sechs Arbeitstagen im Jahr. Nach dem Änderungsgesetz vom 24.7.1986 ist nunmehr eine Anknüpfung an die jeweilige Arbeitswoche vorgesehen. Der Zusatzurlaub beträgt danach seit 1.1.1987 nur noch fünf Tage, wenn die Arbeitszeit – wie in rund ¼ aller Fälle – auf fünf Tage in der Woche verteilt ist.

IV. Vertrauensmann der Schwerbehinderten: In Betrieben und Dienststellen, in denen wenigstens fünf Schwerbehinderte nicht nur vorübergehend beschäftigt sind, werden ein Vertrauensmann und wenigstens ein Stellvertreter gewählt, der den Vertrauensmann im Fall seiner Verhinderung vertritt. Der Vertrauensmann der Schwerbehinderten hat die gleiche persönliche Rechtsstellung wie ein Betriebs- oder Personalratsmitglied. Er übt aber nicht die Mitwirkungs- und Mitbestimmungsrechte für die Schwerbehinderten aus, sondern der →Betriebsrat oder →Personalrat. Die Rechtsstellung der Vertrauensleute und ihrer Stellvertreter ist durch das Änderungsgesetz vom 24.7.1986 (§ 11 I, § 21 ff. SchwbG n.F.) verstärkt worden.

V. Durchführung: Das SchwbG wird, soweit die Verpflichtung aus dem Gesetz nicht durch freie Entschließung des Arbeitgebers erfüllt wird, von den Hauptfürsorgestellen und der Bundesanstalt für Arbeit in enger Zusammenarbeit durchgeführt. Der Bundesanstalt obliegt neben der Berufsberatung und der Arbeitsvermittlung Schwerbehinderter v.a. die Gleichstellung und die Überwachung der Erfüllung der Beschäftigungspflicht, der Hauptfürsorgestelle die Erhebung der Ausgleichsabgabe, der Kündigungsschutz und die nachgehende Hilfe im Arbeitsleben, u.a. auch die Durchführung von besonderer Schulungs- und Bildungsveranstaltungen. Bei der Hauptfürsorgestelle und dem Landesarbeitsamt sind Widerspruchsausschüsse gebildet, die über Widersprüche entscheiden.

Schwerbeschädigte, Begriff des Bundesversorgungsgesetzes für Personen, die nicht nur vorübergehend um wenigstens 50% gemindert sind (§ 31 III BVG). Sch. haben Anspruch auf

Grundrente und weitere Leistungen gem. BVG. – Vgl. auch →Schwerbehinderte.

schwere Papiere, →Wertpapiere, insbes. Aktien, die hoch im Kurs stehen, wodurch diese Papiere schwerer zu handeln sind. – *Gegensatz:* →leichte Papiere.

schwerer Fall, strafrechtlicher Begriff zur Kennzeichnung der Notwendigkeit überdurchschnittlicher Bestrafung im Einzelfall. Der sch. F. ist im Strafrecht an verschiedenen Stellen strafverschärfend erwähnt und führt meist zur Androhung von Freiheitsstrafe nicht unter einem Jahr.

Schwererwerbsbeschränkte, Personen, deren Erwerbsfähigkeit um wenigstens 50% gemindert ist und deren Schädigung weder auf einen Kriegs- oder Besatzungsschaden noch auf nationalsozialistische Verfolgungs- oder Unterdrückungsmaßnahmen oder auf einen Arbeits- oder Dienstunfall zurückzuführen ist. Sch. werden beim Vorliegen bestimmter Voraussetzungen auf Antrag den →Schwerbehinderten (vgl. dort I 2) gleichgestellt.

Schwerkriegsbeschädigte, Kriegsbeschädigte (→Kriegsopfer) mit einer Erwerbsminderung um wenigstens 50%, denen weitergehende Leistungen als den übrigen Kriegsbeschädigten zustehen (z., B. Ausgleichsrente, Heilbehandlung auch für Gesundheitsstörungen, die Kriegsleiden sind). Die Sch. gehören zum Kreis der →Schwerbehinderten.

Schwerpunktstreik, *Teilstreik,* →Streik, der einzelne Abteilungen eines Betriebes erfaßt, i. d. R. solche, die die Arbeitsfähigkeit des ganzen Betriebs entscheidend beeinflussen. Bei Sch. in größerem Rahmen, auf Verbandsebene, werden Betriebe in Schlüsselpositionen (z. B. Zulieferbetrieb für elektronische Teile in der Automobilbranche) bestreikt. Die Arbeitgeberseite reagiert i. d. R. mit Abwehraussperrungen (→Aussperrung).

Schwerstbeschädigtenzulage, Leistung nach dem BVG für erwerbsunfähige Beschädigte, die durch die anerkannten Schädigungsfolgen gesundheitlich außergewöhnlich betroffen sind (§ 31 V BVG). Sch. beträgt 1986 je nach Einstufung des Beschädigten in eine der Stufen I bis VI zwischen 96 DM (Stufe I) und 589 DM (Stufe VI). – Einzelheiten über die *Einordnung* des berechtigten Personenkreises in die Stufen I bis VI regelt die VO v. 20.4.1970 (BGBl I 410); die Einordnung richtet sich nach einer bestimmten Punktzahl, die aus den einzelnen Graden der →Minderung der Erwerbsfähigkeit für die einzelnen Schädigungsfolgen ermittelt wird.

Schwerverletzter, im Sinne der gesetzlichen →Unfallversicherung ein Verletzter, der eine Rente von mehr als 50% oder mehr der Vollrente oder mehrere Verletztenrenten aus der Unfallversicherung bezieht, deren Vom-

hundertsätze zusammen die Zahl 50 erreichen (§ 583 I RVO).

schwimmend, Eigenschaft von Wertpapieren, die in spekulativer Absicht erworben wurden und noch nicht in festen Besitz übergegangen sind. Diese Papiere bilden für den Markt ein Moment der Unsicherheit, sind jedoch auch zur Kursbildung bei Wertpapieren mit →engem Markt nützlich.

schwimmende Ware, Klausel, die bei einer Preisnotierung oder einem Kauf besagt, daß die betreffende Ware sich noch auf See befindet.

Schwund, Gewichtsverlust einer Ware infolge Lagerung (→Lagerverlust), Umpackung oder Beförderung. Sch. wird im Handelsverkehr vom Verkäufer z. T. bei der Berechnung des Gewichts berücksichtigt. – *Kostenrechnung:* Sch. als Ursache für Lagerverluste wird zumeist als kalkulatorische →Wagnisse erfaßt. – *Transportversicherung:* Schäden durch natürlichen Sch. (Eintrocknen) gehören zu den nicht gedeckten Beschaffenheitsschäden.

Schwundgeld, *Freigeld,* auf S. Gesell zurückgehender Vorschlag zur Reform des Geldwesens. Die Störungen wirtschaftlicher Aktivitäten durch Horten sollen. Enthorten von Geld sollten dadurch verhindert werden, daß die Banknoten in regelmäßigen Zeitabständen mit gebührenpflichtigen Marken beklebt werden. Der damit verbundene Geldwertschwund (→Geldwert) sollte die Geldhaltung genauso wie die Lagerhaltung von Waren mit Kosten belegen. Ziel war eine Stabilisierung der Umlaufsgeschwindigkeit des Geldes: Die Strafgebühr für Horten sollte einen stetigen und reibungslosen Umlauf der Zahlungsmittel gewährleisten. Derartige Vorschläge werden in moderner Form auch heute noch von Vertretern der →freien Wirtschaftslehre propagiert.

Schwundvariable, →Schlupfvariable II 1.

Schwurgerichtskammer, Große Strafkammer beim →Landgericht, zuständig für Kapitalverbrechen (→Zivilprozeß).

scientific management, →Taylorismus.

Scoring-Modell, →Nutzwertanalyse.

screening, Grob- oder Vorauswahl von Produktideen (→Innovation) durch Einsatz von Methoden der →Produktbewertung, z. B. →Profilverfahren und Scoring-Modelle (→Nutzwertanalyse). – Vgl. auch →Werbeziele.

scrip. 1. In Großbritannien und den USA: →Zwischenschein für neu ausgegebene Wertpapiere; in den USA auch *Anrechtschein* auf eine Dividende, falls diese aufgrund eines vorübergehenden Liquiditätsengpasses nicht ausgezahlt werden kann (Dividendenscrip); handelbar, Einlösung erfolgt mit Aufgeld. – 2. *Bescheinigungen* über nicht gezahlte Zinsen von Schuldverschreibungen, durch die der Zinsanspruch zunächst abgegolten ist.

scruple, Masseneinheit in Großbritannien. 1 scruple = 1,29598 g.

SD/CD-Methode, structured design/composite design method. 1. *Begriff:* →Softwareentwurfsmethode; nach dem Entwickler auch *Constantine-Methode* genannt. – 2. *Grundidee:* SD/CD-M. soll →Modularisierung unterstützen und zu möglichst unabhängigen →Modulen mit folgenden Eigenschaften beitragen: a) hohe *Modulfestigkeit*, d. h. enge inhaltliche Bindungen innerhalb der Module; b) geringe *Modulkopplung*, d. h. möglichst lose Bindungen *zwischen* verschiedenen Modulen. – 3. *Vorgehensweise:* Grobe Gliederung eines Problems in Eingabeteil (afferent data), Verarbeitungsteil (transformation) und Ausgabeteil (efferent data); davon ausgehend weitere Zerlegung nach dem →Top-down-Prinzip. – 4. *Bedeutung:* SD/CD-M. ist v. a. wegen der grundlegenden Ideen bzgl. *Modulfestigkeit* und *Modulkopplung* bekannt geworden.

SDLC, synchronous data link control, ein von IBM entwickeltes bitorientiertes →Protokoll für die →synchrone Datenübertragung; wurde von nationalen und internationalen Normungsgremien (u. a. DIN und ISO) unter der Bezeichnung *HDLC (high level data lind control)* weitgehend übernommen.

SDR, special drawing rights, →Sonderziehungsrechte.

SEC, Securities and Exchange Commission, Aufsichtsbehörde für das Wertpapiergeschäft in den USA; Sitz in Washington; gegründet gemäß Securities Act von 1933. – *Zuständigkeit:* a) Für die *Neuzulassung* von Wertpapieren zum Börsenhandel. Es gelten sehr strenge Offenlegungsvorschriften. Unternehmen, die Wertpapiere an einer Börse im Umlauf haben, müssen zudem in vierteljährlichen und jährlichen Abständen bei der SEC Angaben zur Geschäftslage einreichen, die dann auch der Öffentlichkeit zugänglich sind. – b) *Überwachung* des Börsenhandels im Hinblick auf Insidergeschäfte und Preismanipulationen.

Sechs-b-Rücklage, Rücklage gem. § 6 b EStG (→Reinvestitionsrücklage).

Sechsspaltenausweis, →Anlagespiegel, →Anlagegitter.

secondary credit, →Gegenakkreditiv.

Secondhandshop, Betriebsform des Einzelhandels: Gebrauchte, aber noch weiterhin nutzbare Waren werden aufgekauft und zu verhältnismäßig niedrigen Preisen verkauft. Forderungen zur Ressourcenschonung haben dem S. ein neues, meist junges Kundenpotential eröffnet. – Vgl. auch →Altwarenhandel, →Trödelhandel.

Securities and Exchange Commission, →SEC.

Securitization, Verbriefung von Kredit- und Einlagenpositionen. Die Handelbarkeit soll dadurch erhöht werden (→Euromärkte).

Seeberufsgenossenschaft, Organisation für die →Unfallversicherung aller in der Seefahrt beschäftigten Personen, Sitz Hamburg. – Die S. führt ein *Verzeichnis* der zur See- und Küstenschiffahrt sowie zur Hochseefischerei gehörigen Fahrzeuge.

Seebetriebsrat, Betriebsvertretung (→Betriebsrat) in Seebetrieben, geregelt in §§ 114, 116 BetrVG.

Seefahrtsbuch, →Anmusterung.

Seefischerei, das berufsmäßige Fangen oder in anderer Weise Gewinnen von Fischen auf See. Rechtliche Regelung durch das Gesetz vom 12. 7. 1984 (BGBl I 876). Danach kann S. beschränkt und erlaubnispflichtig sein. Verstöße werden als →Ordnungswidrigkeit geahndet.

Seefrachtgeschäft, Güterbeförderung zur See. – 1. *Rechtsgrundlagen:* §§ 556–663 HGB. – 2. *Begriff:* Dem Frachtführer des Land- und Flußfrachtgeschäfts entspricht hier der *Verfrachter* (der Reeder oder Ausrüster sein kann), dem Absender der *Befrachter*. Außerdem kennt das Seerecht noch den Begriff des *Abladers:* derjenige, der das Gut dem Verfrachter zur Beförderung übergibt. Regelmäßig sind Befrachter und Ablader personenbzw. firmengleich. Ist der Ablader von dem Befrachter verschieden, so ist er Vertreter des Befrachters beim Abladungsakt mit gewissen eigenen Rechten (er erhält z. B. das →Konnossement). – 3. Grundlage ist entweder ein →Chartervertrag oder ein →Stückgutvertrag.

Seefunk, internationaler Funktelegramm-, Funktelex- und Funksprechverkehr zwischen Küstenfunkstellen (in der Bundesrep. D. Norddeich Radio, Elbe-Weser Radio und Kiel Radio) und Seefunkstellen (Funkstellen auf Schiffen) sowie zwischen Seefunkstellen untereinander (→beweglicher Funk). Telegramme und Gespräche zwischen dem Land und Seefunkstellen werden durch Küstenfunkstellen vermittelt. Seefunkbriefe werden per Funk vom Schiff an Küstenfunkstelle übermittelt und dem Empfänger als Briefpost zugestellt.

Seefunkbrief, →Seefunk.

Seehafenausnahmetarif, einer der →Ausnahmetarife der Deutschen Bundesbahn, übernommen aus den Gepflogenheiten der Deutschen Reichsbahn, zur Stärkung der deutschen Häfen in ihrem Wettbewerb mit den weiter westlich gelegenen europäischen Nordseehäfen. Außerdem sollen S. der Bundesbahn im Wettbewerb mit ausländischen

Bahnen Transporte zuführen. – Zum großen Teil beziehen sich die S. auf Ausfuhrkohle und Bunkerkohle.

Seehafen-Speditions-Tarif (SST), gemäß VO des Bundesministers für Verkehr und des Bundesministers für Wirtschaft vom 27.6.1950 verbindliche Sätze für Versandgüter deutscher Herkunft, die über Bremen, Hamburg oder Lübeck seewärts ins Ausland gelangen. Der SST enthält die Entgelte der Seehafenspediteure für fob-Lieferung und Verschiffung sowie für Nebenleistungen, wie Ausfertigung von Konsulatsfakturen, Ausstellung der Konnossemente.

Seehandelsrecht, →Schiffahrtsrecht 2.

Seekargoversicherung, →Seeversicherung.

Seekaskoversicherung, →Seeversicherung.

Seekasse. 1. *Seekrankenkasse:* Gesetzliche Krankenversicherung der Seeleute. Besatzungsangehörige sind in der S. pflichtversichert, auch wenn sie arbeitslos sind. – 2. *Rentenversicherungsträger* der →Arbeiterrentenversicherung für die Besatzungsmitglieder deutscher Seefahrzeuge (§ 1360 RVO) in der Rechtsform einer Körperschaft des öffentlichen Rechts; mit Sitz in Hamburg.

Seekrankenkasse, →Seekasse 1.

Seemannsamt, Landesbehörde, der u. a. die obrigkeitliche Kontrolle über die Dienst- und Arbeitsverträge des Seerechts obliegt.

Seemannsbrauch, Übung derjenigen Personen, die Seefahrt technisch betreiben. Der S. kommt v. a. als Maßstab für das nautische Verschulden der Schiffsbesatzung in Betracht. – *Ähnlich:* →Verkehrssitte.

Seemeile (sm), →Meile.

SEES, software engineering environment system, →Softwareentwicklungsumgebung.

Seeschiffahrt. I. Begriff: Gewerbliche Beförderung von Personen, Post oder Gütern auf dem Seeweg von Unternehmen mit eigenen Niederlassungen an Land. Zu *unterteilen* in die Bereiche: (1) *Linienschiffahrt:* routengebundener, fahrplanmäßiger Sammel- und Verteilungsverkehr zu feststehenden Beförderungsbedingungen und -preisen; (2) *Trampschiffahrt:* routengebundener Transport überwiegend von trockenen Massengütern über relativ große Entfernungen; (3) *Tankschiffahrt:* Transport von Erdöl sowohl in Form der Linien- bzw. Pendelschiffahrt als auch der Trampschiffahrt; (4) *Spezialschiffahrt:* Kühl-, Versorgungs-, Gastank-, Passagierschiffahrt. Die S. wird ferner gemäß der Entfernung zwischen dem Ausgangs- und Zielhafen in die Bereiche „*Kleine Fahrt*" (z. B. zwischen einem Hafen in Großbritannien und einem in Kontinentaleuropa) und „*Große Fahrt*" (zwischen zwei Häfen in verschiedenen Kontinenten) unterteilt. – Von der S. zu trennen ist die →Küstenschiffahrt; die Trennung von See- und Küstenschiffahrt fällt allerdings häufig schwer und ist daher nicht für alle Fälle einheitlich.

II. Geschichte: 1. *Anfänge:* In Form der Küstenschiffahrt bereits in der Frühzeit anzutreffen. Mit den Phöniziern ab etwa 1500 v. Chr. Beginn einer lebhaften Seefahrertätigkeit und eines nennenswerten Handels im Mittelmeerraum; später beherrschten Griechen, danach die Römer den Seeverkehr und -handel im Mittelmeer. Während der gesamten Zeit jedoch keine nennenswerten Fortschritte in der Schiffsbautechnik; vorherrschend blieben kombinierte Segelruderschiffe (Galeeren). Ab dem 8. Jh. n. Chr. tauchten im Norden die Wikinger als Seefahrervolk auf; im Anschluß daran wurden die Friesen zum wichtigsten Seehandelsvolk des Nordens. – Gleichzeitig entwickelten sich Genua, Venedig, Florenz und Amalfi zu bedeutenden Seehandelsstädten des Mittelmeerraumes mit intensiven Handelsbeziehungen zum Vorderen Orient. Unabhängig davon im Norden systematischer Ausbau des Seehandelsverkehrs durch die sich gegen Ende des 12. Jh. enfaltende Hanse. Ausbau von Häfen und Aufstellung von Krähnen. Charakteristischer Schiffstyp des Hanseraums wurde die Kogge. – Ab Beginn des 16. Jh. allmählicher Niedergang der Hanse. Neue Impulse für die S. kamen im 15. Jh. v. a. aus dem Mittelmeerraum; schiffsbautechnische Neuerungen (Entwicklung neuer Schiffstypen; Erhöhung der Manövrierfähigkeit durch Steuer und veränderte Segelanordnung) leiteten die Zeit der Entdeckungen ein. 1492 Atlantiküberquerung durch Kolumbus; 1498 Vasco da Gama entdeckte Seeweg nach Indien; 1519/22 erste Weltumsegelung durch Magellan. Im Anschluß an die Entdeckungen, die zu einer deutlichen Verbesserung der Nautik und der Seekartographie beitrugen, rasche Ausweitung des Seehandels. Neben Portugal und Spanien traten immer stärker England und Holland als Seemächte in Erscheinung. Als besondere Organisationsformen des Überseehandels entstanden die Handelskompanien (1602 Gründung der Holländisch-Ostindischen Kompanie). Zwischen 1600 und 1770 erbitterte Konkurrenz der führenden Seefahrtsmächte um Seehandelsrouten und überseeische Häfen. Grundsatz des Mare liberum fand erst 1770 allgemeine Anerkennung. – Ab dem 17. Jh. zunehmende Differenzierung zwischen den Schiffstypen je nach Zweckbestimmung. Haupthandelsgüter im Seefernverkehr blieben bis 1800 fast ausschließlich Luxusgüter (Pelze, Gewürze, Genußmittel, Baumwolle, Seide und Sklaven). – 2. *Erste Hälfte des 19. Jh.:* Bereits Ende des 18. Jh. beherrschte England einen großen Teil des Weltseehandels und konnte diese Position während der Napoleonischen Zeit noch erheblich verbessern. Spätestens im Laufe des 19. Jh. erlangte England im internationalen Seehandel eine unangefochtene Weltmachtstellung. In der ersten Hälfte des 19. Jh. vorübergehende Bedeutung des Schiffstyps Klipper, der sich vor allem durch seine Schnelligkeit auszeichnete (Atlantiküberquerung in 14 Tagen). Noch Anfang des 19. Jh. war die Partenreederei neben der Adventurefahrt häufigste Form der gewerblichen S. Seitdem verstärkte Einrichtung von Linienverkehren (1816 Gründung der Paketlinie Liverpool-New York); Gründung zahlreicher Linienverkehrsreedereien. Während zunächst die englische Cunard-Linie den Atlantikverkehr beherrschte, entwickelte sich bis 1910 die HAPAG nach dem Tonnagegehalt ihrer Schiffe zur größten Reederei der Welt. Ebenfalls im 19. Jh. nachhaltige Veränderungen in der S. durch revolutionäre Weiterentwicklung des Schiffsbaus und des Antriebs. 1919 erste Atlantiküberquerung eines mit Dampf ausgestatteten Seglers (Savannah); 1938 erste Ozeanüberquerung ausschließlich mit Dampf; 1843 Stapellauf der Great Britain, dem ersten Ganzmetallschiff und dem ersten Schiff, bei dem Schiffsschrauben eingesetzt wurden. In der Folgezeit verdrängte das Dampfschiff zunehmend das Segelschiff und erreicht 1890 einen Anteil von 58,9% an der Gesamttonnage der Welt. Senkung der durchschnittlichen Frachtraten in der S. zwischen 1820 und 1913 um 83%. – 3. *Zweite Hälfte des 19. Jh.:* Bau von drei für die S. bedeutenden Seekanälen (1859–1869 Suezkanal, 1887–1895 Nord-Ostsee-Kanal, 1881–1914 Panamakanal). – 4. *Bis nach dem 2. Weltkrieg:* Anfang des 20. Jh. weitere wesentliche Neuerungen (1910 erstmals Einsatz eines Dieselmotors als Schiffsantrieb, schrittweise Einführung der Funktelegraphie auf Ozeanschiffen und Ausrüstung mit Kreiselkompass, Echolot, und Radar). Bestreben v. a. im Atlantikverkehr, möglichst große und schnelle Schiffe einzusetzen (1928 Stapellauf der Bremen und Europa mit jeweils rd. 125 000 PS, Geschwindigkeiten bis zu 53 km/h und fast 52 000 BRT; Queen Elisabeth mit sogar 83 673 BRT). Welthandel zur See konzentriert sich weiterhin auf die Verbindungen zwischen den Industriestaaten und den Kolonien. – 5. *Nach dem 2. Weltkrieg:* Unmittelbar nach Ende des 2. Weltkrieges Bemühungen um schnellen Wiederaufbau der Handelsflotten und Ersatz des kriegsbedingt verlorengegangenen Schiffsraums. In den USA Übergang zur standarisierten Serienfertigung (Liberty-Schiffe). Deutsche Reedereien treten nach vorübergehendem Ausschluß von der S. Anfang der 50er Jahre mit fast völlig neuer Flotte in den internationalen Wettbewerb. In der Folgezeit wesentliche Veränderungen im Fracht-S.; Bau immer größerer und schnellerer Frachtschiffe bei zunehmendem Einsatz von Spezialschiffen (Flüssiggastanker, Öltan-

ker, Container-Frachter, Autotransporter). Wachsende Bedeutung des Erdöls führt zum Aufbau einer enormen Tankerflotte mit Supertankern mit bis zu 500 000 BRT. Flaggenprotektionismus wird zu einem wachsenden Problem der S. Zunehmen des Überschußangebots an Schiffsraum führt in den 70er Jahren zu einem beträchtlichen Frachtenverfall in der S.

III. Unternehmens-, Betriebs- und Kostenstruktur: 1. *Unternehmensstruktur:* Am 1.4.1987 gab es 108 deutsche Seeschiffahrtsreedereien (ohne Reedereien, die nur Küstenschiffahrt mit Schiffen unter 1600 BRT betreiben). Insgesamt verfügten diese Reedereien über 712 Schiffe (einschl. fremdflaggiger Schiffe) mit einem Gesamtraumgehalt von 7,08 Mill. BRT; fünf der Reedereien besaßen 20 und mehr Schiffe, 20 (6 bis 20 Schiffe), 53 (2 bis 5 Schiffe) und zehn (je ein Schiff). Die fünf größten Reedereien (über 300 000 BRT pro Unternehmen) stellten 36,7%, weitere 13 Reedereien (100 000–300 000 BRT) 28,4% und die 48 kleinsten Reedereien (bis 20 000 BRT) zusammen nur 6,3% der Gesamttonnage. Über die Hälfte der Reedereien (57) besaßen die Rechtsform einer KG, 25 die einer GmbH, acht die einer OHG, vier die einer AG und 14 waren Einzelunternehmen. 59 Reedereien mit zusammen 70,9% der Tonnage hatten ihren Hauptsitz in Hamburg. Anfang 1987 wurden auf den Handelsschiffen unter deutscher Flagge (See- und Küstenschiffahrt ohne Fischerei) 20 198 Personen, darunter 4170 (20,6%) Ausländer beschäftigt. Bei den Unteroffizieren und Mannschaften betrug der Ausländeranteil sogar 33%. Von den 4370 Kapitänen und Nautischen Schiffsoffizieren waren 115 Ausländer (2,6%). – 2. *Tonnage:* Die Welthandelsflotte verfügte Mitte 1986 über eine Gesamttonnage von 404,91 Mill. BRT oder 647,6 tdw, darunter über 21 796 Stückgutschiffe mit einer Tonnage von zusammen 97,2 Mill. BRT. Die Welt-Tankschiffsflotte kam auf 128,4 Mill. BRT bzw. 247,5 Mill. tdw; die Welt-Bulkcarrierflotte auf insgesamt 132,9 Mill. BRT bzw. 235,2 Mill. tdw; die Welt-Containerschiffsflotte bestand aus 1064 Schiffen mit 19,6 Mill. BRT. Die Bundesrep. D. nahm mit einem Anteil von 1,4% an der Gesamttonnage der Welthandelsflotte den 20. Platz unter den Schiffahrtsländern der Welt ein. Gemessen am Bruttoraumgehalt verfügte sie über 0,6% der Welttankerflotte (15. Platz), 0,4% der Welt-Bulkcarrierflotte (15. Platz) sowie 9,0% der Welt-Containerflotte (4. Platz). – 3. *Arten, Größe und Beschäftigungsstruktur der Seeschiffe:* Am 1.1.1986 fuhren 1404 Handelsschiffe (nur Schiffe über 100 BRT) mit einem Gesamtraumgehalt von 5,3 Mill. BRT unter der Flagge der Bundesrep. D.; 79,2 % davon entfielen auf Trockenfrachtschiffe, 18,9% auf Tankschiffe und 1,9% auf Schiffe zur Personenbeförderung. U. a. fuhren unter deutscher

Flagge 143 Schiffe für Personenbeförderung mit 101 000 BRT, 74 Ro-Ro-Schiffe (einschl. Fährschiffe) mit 319 000 BRT, 860 Stückgutfrachtschiffe mit 1 248 000 BRT, 150 Containerschiffe mit 2 107 000 BRT, 21 Spezialtransportschiffe mit 25 000 BRT und 136 Tankschiffe mit zusammen 999 000 BRT. Die Durchschnittsgröße der befrachteten Schiffe betrug Anfang 1985 rd. 11 600 BRT. Im Vergleich zur Welthandelsflotte weisen die Seeschiffe unter deutscher Flagge eine günstige Altersstruktur auf; auf BRT-Basis waren Anfang 1987 46,5% dieser Flotte jünger als 5 Jahre und nur 6,6% älter als 15 Jahre (Welthandelsflotte: 19,2% bzw. 25%); das Durchschnittsalter pro Schiffseinheit beträgt bei deutschen Schiffen ca. 8,5 Jahre. – 4. *Einsatzgebiete:* Von den 698 Seeschiffen deutscher Reedereien (1.1.1987) waren 383 (2,9 Mill. BRT) in der Trampfahrt, 118 (1,53 Mill. BRT) in der Linienschiffahrt, 112 (1,24 Mill. BRT) in der Tankschiffahrt, 15 (0,11 BRT) in der Kühlfahrt und 10 (0,13 Mill. BRT) in der Fahrgastschiffahrt eingesetzt. – 5. *Beförderungs- und Verkehrsleistung:* Im Welt-Seehandel wurden 1985 3,293 Mill. t Güter befördert und eine Verkehrsleistung von 13 065 Mrd. Tonnenmeilen erbracht. Der seewärtige Außenhandel der Bundesrep. D. belief sich auf 268 Mill. t. Von deutschen Häfen nach Häfen außerhalb der Bundesrep. D. wurden 1985 insgesamt 44,48 Mill. t versandt (darunter 9,1 Mill. t durch Schiffe unter deutscher Flagge), von dort 91,9 Mill. t empfangen (11,9 Mill. t durch deutsche Schiffe). – 6. *Einnahmen, Kosten, Anlagevermögen und Umsatz:* Aus Transportleistungen nahm die deutsche Seeschiffahrt 1985 insgesamt 9255 Mill. DM ein; davon wurden 51% in der Linienschiffahrt, 47% in der Tramp- und Tankfahrt und nur 2% in der Passagierschiffahrt erzielt. Das Brutto-Anlagevermögen der deutschen Handelsflotte belief sich 1985 (in Preisen von 1980) auf 28 517 Mill. DM. Die Seeschiffahrtsreedereien mit einer Gesamtleistung von über 25 Mill. DM erzielten 1983 im Durchschnitt einen Umsatz von 67,7 Mill. DM (einschl. Umsatzsteuer); die Nettoleistung je Beschäftigten betrug 166 700 DM. Bezogen auf die Gesamtleistung ergaben sich 1983 die folgenden Kostenanteile: Personalkosten 27,3%, Kosten des Schiffs- und Fahrzeugparks 32,3% (dar. 22,3% für Treibstoff u. ä.), Hafen-, Lade- und Löschkosten 14,3%.

IV. Nationale und internationale Organisation: 1. *Nationale Ebene:* Die Seeschiffahrtsbelange auf nationaler Ebene vertritt von staatlicher Seite der Bundesminister für Verkehr, Abt. Seeverkehr. – Das Gewerbe hat zur Interessenvertretung verschiedene Reedervereine und Verbände (u.a. Verband Deutscher Reeder e. V., Schutzverein Deutscher Reeder V. a. G., Verein Hamburger Reeder) gegründet. – 2. *Internationale Ebene:*

v. a. Internationaler Ständiger Verband für Schiffahrtskongresse (Association Internationale Permanente des Congrès de Navigation, A. I. P. C. N.), Internationle Seerechts-Vereinigung (Comitè Maritime International, C. M. I.), Internationale Organisation für Seeschiffahrt (International Maritime Organization, IMO), Internationale Schiffahrtskammer (International Chamber of Shipping, ICS) The Baltic and International Maritime Council (BIMCO) und International Shipping Federation, Ltd.

V. Gegenwarts- und Zukunftsprobleme: In der S. ist derzeit ein Rückgang der Nachfrage im Bereich der Trockenfracht (in der Tankerfracht hingegen eine Erhöhung der Nachfrage) zu verspüren, das zu Überkapazitäten und sinkenden Frachtraten führt. Diese Tendenz schwächt sich zwar langsam ab, dennoch kann eine Verschärfung des Wettbewerbs beobachtet werden. Die Reedereien sehen sich daher häufig zur Stillegung (Abwrackung) der Schiffe oder zur Ausflaggung in die sog. offenen Register der →Billigflaggen gezwungen, um so Personalkosten und Steuern zu sparen. Andererseits nimmt der Schiffsraum im Bereich der Containerschiffe (→Containerverkehr) ständig zu, so daß ein Strukturwandel zu vermerken ist.

Seeschiffahrtsstraßenordnung (See-SchStrO), Gesetz i. d. F. vom 15.4.1987 (BGBl I 1265), enthält die Rechtsvorschriften über das Verhalten der Teilnehmer am Verkehr auf Seeschiffahrtsstraßen. – *Verstöße* sind →Ordnungswidrigkeiten.

SeeSchStrO, Abk. für →Seeschiffahrtsstraßenordnung.

See-Unfallversicherung, Zweig der gesetzlichen →Unfallversicherung. Die S. U. umfaßt die der Seefahrt (Seeschiffahrt und Seefischerei) dienenden Unternehmen und die in ihnen Tätigen. Es gelten weitgehend die Vorschriften für die Unfallversicherung.

Seeversicherung, ältester Zweig der →Individualversicherug, im Mittelmeerraum seit dem 13., in Deutschland seit dem 16. Jh. nachgewiesen. Die Vorschriften der §§ 778 ff. HGB sind in der Praxis verdrängt worden durch die →Allgemeinen Deutschen Seeversicherungsbedingungen. Gegenstand der S. kann jedes im Geld schätzbare →Interesse sein, das jemand daran hat, daß Schiff oder Ladung die Gefahren der Seeschiffahrt bestehen. – *Arten:* Seekaskoversicherung, Seekargoversicherung (→Transportversicherung). – Vgl. auch →Transportversicherung.

Seewarenversicherung, →Seeversicherung.

Seezollgrenze, Zollgrenze gegenüber dem Meer (Zollgrenze an der Küste). S. ist die jeweilige Strandlinie, d. i. die Linie, an der sich ohne den Einfluß ungewöhnlicher Naturgewalten Land und Wasser jeweilig begrenzen.

Sie umschließt auch die in das Wasser hinausreichenden Anlagen wie Molen, Dämme, Buhnen, Anliege- und Ladebrücken. Leuchttürme gehören als Inseln zum →Zollgebiet. Die der Küste vorgelagerten Inseln gehören zum →Zollgebiet, mit Ausnahme der Insel Helgoland. Bei Ebbe und Flut rückt die S. entsprechend dem Wasserstand vor oder zurück. Im Fall von Überschwemmungen ist die Strandlinie bei mittlerem Hochwasser maßgebend. Zur Vereinfachung der zollamtlichen Überwachung kann die S. durch Rechtsverordnung bis zur Hoheitsgrenze vorverlegt werden. Die Zollgrenze an Flußmündungen wird jeweils nach den Erfordernissen der zollamtlichen Überwachung festgelegt (§ 2 IV ZG). – Vgl. auch →Zollgrenzbezirk.

Segment, →Record.

Segmentationsprämientheorie, →Zinsstruktur 2 c).

Segment-Bilanzen, die aus der Aufgliederung des Jahresabschlusses (→Bilanz) einer diversifizierten Unternehmung (Diversifikation) entstehenden Abschlüsse. Aufgliederung nach den Anteilen der einzelnen Geschäftszweige (Segmente) an den Beständen der Unternehmungsbilanz, so daß jedem Segment eine eigene Bilanz mit dem jeweiligen betriebsnotwendigen Vermögen und Kapital sowie eine entsprechende Erfolgsrechnung zugeordnet werden. Eng verwandt mit Konzernabschlüssen, die die Jahresabschlüsse der zum selben Konzern gehörenden Unternehmungen zusammenfassen. – *Bedeutung:* Eine Ergänzung des Jahresabschlusses um Segmentabschlüsse fördert die Aussagefähigkeit der Jahresabschlüsse erheblich. – Vgl. auch →Absatzsegmentrechnung.

Segmentierung. I. Organisation: 1. *Begriff:* Die horizontale Zerlegung eines Handlungskomplexes. Durch S. wird der *Inhalt der* →Kompetenz organisatorischer Einheiten festgelegt (kompetenzinhaltliche Abgrenzung); dies prägt die spezifischen Orientierungen bzw. Zuständigkeiten der Handlungsträger bezüglich der verschiedenen Dimensionen des arbeitsteiligen (→Arbeitsteilung) Handlungsvollzugs in der Unternehmung. – 2. *Segmentierungsprinzipien/-kriterien:* a) Unterscheidung der *traditionellen Organisationslehre:* (1) →Verrichtungsprinzip, (2) →Objektprinzip. – b) Eine *entscheidungslogische Betrachtung* (Entscheidungskomplex der Unternehmung ist Anknüpfungspunkt organisatorischer Regelungen) knüpft bei der Ableitung logisch möglicher Segmentierungskriterien an die Komponenten einer Entscheidungshandlung an. Dabei wird eine Entscheidung beschrieben durch (1) die Entscheidungsfeldkomponente, die Umwelt und Ressourcen der Entscheidungseinheit abbildet, (2) die Handlungskomponente, die die Entscheidungsfeldtransformation erfaßt, und (3) die Entscheidungszielkomponente.

Auf diese drei Entscheidungsdimensionen lassen sich sämtliche Gliederungsmerkmale für die horizontale →Kompetenzabgrenzung zurückführen; mehrere Merkmale sind unter einer Komponenten subsumierbar, weil die Entscheidungsdimensionen ihrerseits weitere Handlungsaspekte mit einem höheren Konkretisierungsgrad umfassen. Die →Funktionalorganisation beruht auf einer *handlungsorientierten S.,* die →Spartenorganisation auf einer *(sach-)zielorientierten S.* und die →Regionalorganisation auf einer *feldorientierten S.;* auch die →Kundengliederung und →Marktgliederung basieren auf einer feldorientierten S. – 3. *Bedeutung:* Die Art des gewählten S.skriteriums prägt in hohem Maße die →Organisationsstruktur der Unternehmung. Beurteilung des Einflusses der S. auf die →*organisatorische Effizienz:* (1) Die Wahl eines bestimmten Gliederungsmerkmals für die Kompetenzabgrenzung entscheidet über die Art der →Spezialisierung der entsprechenden Handlungsträger. (2) Diese Wahl bedeutet zugleich organisatorische Verankerung und damit Wahrnehmungs- bzw. Durchsetzungspotential für diesen Handlungsaspekt. Ob und auf welchen Hierarchieebenen ein Handlungsaspekt als S.smerkmal Verwendung findet, beeinflußt damit seinen Stellenwert im Aufgabenerfüllungsprozeß der Unternehmung. (3) Die Struktur der Interdependenzen zwischen den organisatorischen Einheiten und damit die Anforderungen an die →Koordination hängen von der jeweiligen S. ab.

II. Marketing / Marktforschung: Vgl. →Marktsegmentierung.

Segmentierungskriterien, →Segmentierung, →Marktsegmentierung.

Segmentrechnung, →Absatzsegmentrechnung.

SEGURsches Gesetz, besagt, daß innerhalb praktischer Grenzen die von allen erfahrenen gewerblichen Arbeitnehmern benötigten Zeiten zur Ausführung echter Grundbewegungen konstant sind. Das S. G. ist Grundlage aller →Systeme vorbestimmter Zeiten und gipfelt in der →Additivitätshypothese.

Sehleistung, Sinnesleistung des menschlichen Auges. Rund 80% des menschlichen Tuns wird von den Augen kontrolliert; ein Drittel der während eines durchschnittlichen Tages aufgewandten Energie wird vom Sehapparat beansprucht. Daher kommt bei der →Arbeitsgestaltung und der →Arbeitsplatzgestaltung der Gestaltung der Beleuchtung bzw. des Lichts eine herausragende Rolle zu. Die Verbesserung der S. kann durch technisch-organisatorische (Schaffung spezieller Lichtquellen, Tageslicht; vgl. auch →Farbgestaltung) und durch persönliche (Brille) Maßnahmen erreicht werden.

Seifenformel, eine zuerst von der seifenverarbeitenden Industrie (2. DVO vom 13.5.1940 zur Anordnung über die Regelung der Preise für Seife und Waschmittel) angewandte Formel zur Errechnung des →kalkulatorischen Unternehmerlohns: 18mal Wurzel aus Umsatz; z.B. Jahrsumsatz 250000, kalkulatorischer Unternehmerlohn $= 18 \cdot \sqrt{250\,000} = 9000$ DM. Sind *mehrere voll tätige Gesellschafter* vorhanden, so ist für jeden Gesellschafter ein Teilbetrag (bei zwei Gesellschaftern je 75%, bei drei je 67%, bei vier je 62% und bei fünf und mehr Gesellschaftern je 60%) anzusetzen.

Seitendrucker, →Drucker, dessen kleinste Darstellungsgröße eine Seite ist. Gegenwärtig nur bei →Laserdruckern.

Seitenumbruch, tasten- oder programmgesteuerte Aufbereitung, Aufmachung und Unterbringung von Texten innerhalb einer Seite.

Sektoren der Volkswirtschaft. 1. Zusammenfassung wirtschaftlicher Institutionen im Rahmen der →*Volkswirtschaftlichen Gesamtrechnungen* zur kontenmäßigen Darstellung ihrer wirtschaftlichen Tätigkeit: a) *Unternehmen* (erwerbswirtschaftliche Betriebe sowie von öffentlichen Körperschaften betriebene oder kontrollierte Organisationen und Einrichtungen, die Güter und Dienste für den Markt erzeugen und zu einem Preis anbieten, der zumindest die Herstellkosten decken soll); b) *Staat* (einschl. Sozialversicherung, neben Verwaltung und Gerichtsbarkeit auch Schulen, Militär und Gesundheitspflege); c) *private Haushalte* sowie *private Organisationen ohne Erwerbszweck* (Einzelpersonen und Familien, die Inländer sind, sowie Organisationen, Verbände, Vereine, Institute usw., deren Leistungen vorwiegend privaten Haushalten dienen und die sich überwiegend aus freiwilligen Zahlungen von privaten Haushalten finanzieren). – 2. Gliederung aus *entwicklungstheoretischer Sicht* (Clark, Fourastié), in einer zeitlichen und systematischen Reihenfolge: *primärer Sektor* (Land- und Forstwirtschaft, Fischerei), *sekundärer Sektor* (warenproduzierendes Gewerbe), *tertiärer Sektor* (Handel, Verkehr, Kreditgewerbe, Versicherungen, sonstige Dienstleistungsunternehmen, Staat, private Organisationen ohne Erwerbszweck usw.).

Sekundärbedarf, Bedarf an Rohstoffen und Halbfabrikaten, abgeleitet aus dem Primärbedarf. – *Gegensatz:* →Primärbedarf. – Vgl. auch →Materialbedarfsarten.

sekundäre Finanzierungsinstitute, →paramonetäre Finanzierungsinstitute.

sekundäre Grundrechnung, aus der →primären Grundrechnung abgeleitete →Grundrechnung. Aggregiert erfaßte Geld- und

Mengengrößen (unechte Gemeinkosten, -erlöse, -verbräuche usw. werden durch Disaggregation (unter Einschluß der Spaltung von →Mischkosten (-erlösen, -verbräuchen)) näherungsweise den originären Bezugsobjekten zugerechnet. Schein-Erlöse werden entsprechend dem Verbundzusammenhang nach originären Bezugsobjekten aggregiert. Für →innerbetriebliche Leistungen können abgeleitete Kostenarten (z.B. Dampf- oder Reparaturkosten bei Eigenerstellung) gebildet werden.

Sekundäreinkommen, →abgeleitetes Einkommen.

sekundäre Kostenarten, *abgeleitete Kostenarten, gemischte Kostenarten, zusammengesetzte Kostenarten,* Kosten →innerbetrieblicher Leistungen (z.B. einer Instandhaltungsleistung), die sich aus →primären Kosten der die Leistungen erbringenden →Kostenstelle (z.B. Personalkosten des Werkstattleiters) und den dieser zugerechneten s.K. (z.B. Kosten des vom unternehmenseigenen Kraftwerk bezogenen Stroms) zusammensetzen und im Rahmen der →innerbetrieblichen Leistungsverrechnung zwischen Kostenstellen verrechnet werden (z.B. Belastung einer Fertigungskostenstelle mit Instandhaltungskosten). S.K. werden in der Kostenstellenrechnung erfaßt. – *Gegensatz:* →primäre Kostenarten.

sekundärer Finanzausgleich, →ergänzender Finanzausgleich.

sekundärer Sektor, →Sektoren der Volkswirtschaft 2.

Sekundärforschung. 1. *Begriff:* Form der →Marktforschung, Aufbereitung und Auswertung bereits vorhandenen Datenmaterials umfaßt, das nicht für den konkreten Untersuchungszweck erhoben worden ist. – 2. *Vorteil:* Zeit und Kostenersparnis, da keine empirische Erhebung notwendig ist; *Nachteile:* zeitliche Überholung, ggf. Qualität des Materials (von der ursprünglichen Zwecksetzung abhängig). – 3. *Anwendung:* V.a. in der →Investitionsgütermarktforschung. – *Gegensatz:* →Primärforschung.

Sekundärgruppe, →Gruppe I 3 a).

Sekundärkostenrechnung, →innerbetriebliche Leistungsverrechnung.

Sekundärmarkt, *Umlaufmarkt,* Markt für bereits in Umlauf befindliche Wertpapiere. Wichtigster S. ist die Wertpapierbörse. Der S. erfüllt die Aufgabe des Kapitalaustauschs zwischen den Anlegern sowie die Bewertungsbzw. Preisbildungsfunktion für Wertpapiere. Die am S. erzielten Umsätze sind bei den meisten Wertpapieren deutlich höher als am →*Primärmarkt.*

Sekundärrohstoff, →Sekundärstoff.

Sekundärschlüssel, →Schlüssel 3 b).

Sekundärstatistik, Bezeichnung für eine Form der statistischen →Erhebung, die im wesentlichen aus der Übernahme von Daten, die ursprünglich nicht für statistische Zwecke ermittelt wurden, besteht, z. B. Übernahme von Daten aus dem Rechnungswesen für Zwecke der Statistik. →Adäquation ist bei einer S., die oft aus Wirtschaftlichkeitsgründen angestrebt wird, häufig nur unvollkommen.

Sekundärstoff, *Sekundärrohstoff, Wertstoff,* Werk-, Hilfs- oder Betriebsstoff, der durch Aufbereitungsvorgänge aus stofflichen →Rückständen von Produktion oder Konsum gewonnen wird (→Recycling).

Sekundärverteilung, →Verteilungstheorie I 1.

Sekunde. 1. Einheit der Zeit (s). 1 s ist das 9 192 631 770fache der Periodendauer der dem Übergang zwischen den beiden Hyperfeinstrukturniveaus des Grundzustandes von Atomen des Nuklids ^{133}Cs entsprechenden Strahlung. – 2. Einheit des Winkels (″). – Vgl. auch →gesetzliche Einheiten, Tabelle 1.

SELA, Sistema Económico Latinoamericano, *Latin American Economic System (LAES),* lateinamerikanische Wirtschaftsorganisation, Sitz in Caracas. 1975 gegr. von 26 Ländern aus dem lateinamerikanischen und dem karibischen Raum einschl. Kuba. – *Ziele:* Das SELA dient als Forum für alle lateinamerikanischen Länder. Die wirtschaftlichen Zielsetzungen bestehen in der Förderung der regionalen Zusammenarbeit und der Unterstützung bei der Bildung lateinamerikanischer multinationaler Unternehmen. Interessenvertretung gegenüber anderen Gruppen, bes. den USA. – *Organe:* Ministerrat (jährlich), Executivsekretariat, Fachausschüsse.

Selbständige, Begriff der amtlichen Statistik der →Erwerbstätigkeit für Personen, die einen Betrieb oder eine Arbeitsstätte gewerblicher oder landwirtschaftlicher Art wirtschaftlich und organisatorisch als Eigentümer oder Pächter leiten (einschl. selbständiger Handwerker) sowie alle freiberuflich Tätigen, Hausgewerbetreibenden und Zwischenmeister. – *Gegensatz:* →Abhängige.

selbständige Arbeit, steuerrechtlicher Begriff. Selbständige, nachhaltige Betätigung, die mit Gewinnabsicht ausgeübt wird und sich als Beteiligung am allgemeinen wirtschaftlichen Verkehr darstellt, soweit sie nicht als gewerbliche Tätigkeit gilt. Zur s. A. zählen der Tätigkeit als →freier Beruf, die Einnehmer einer staatlichen Lotterie, Testamentsvollstrecker, Aufsichtsratsmitglied, Vermögensverwalter usw. (§ 18 I EStG). – 1. *Einkommensteuer:* Einkünfte aus s. A. unterliegen der Einkommensteuer (→Einkünfte III). Bei der

1441

Ermittlung des Einkommens werden 5 v. H. der Einnahmen aus freier Berufstätigkeit, höchstens jedoch 1200 DM jährlich, abgesetzt, wenn die Einkünfte hieraus überwiegen (§ 18 IV EStG). – 2. *Gewerbesteuer:* Der in s. A. Tätige unterliegt grundsätzlich nicht der Gewerbesteuer, auch dann nicht, wenn der Berufsträger zur Unterstützung seiner eigenen Arbeit Hilfskräfte in sachlich begrenztem Umfang beschäftigt. Wenn jedoch Hilfskräfte die Hauptarbeit, d. h. die geistig führende, also auch entscheidende und verantwortliche Tätigkeit mit übernehmen, so wird der Berufsträger zum →Gewerbetreibenden und damit gewerbesteuerpflichtig.

Selbstanzeige, im Steuerstrafrecht und im Steuerordnungswidrigkeitenrecht vorgesehene Möglichkeit, die →Steuerhinterziehung straffrei und bei leichtfertiger →Steuerverkürzung die Nichtfestsetzung einer Geldbuße zu erlangen (§§ 371, 378 III AO). – 1. *Voraussetzungen:* a) Der Täter muß die unrichtigen oder unvollständigen Angaben bei der Steuerbehörde berichtigen oder ergänzen oder die unterlassenen Angaben nachholen. b) Die S. muß erfolgen, bevor dem Täter oder seinem Vertreter die Einleitung eines Straf- oder Bußgeldverfahrens eröffnet worden ist, bei Steuerhinterziehung auch bevor ein Prüfer der Finanzbehörde zur steuerlichen oder steuerstrafrechlichen Prüfung erschienen ist. c) Der Täter weiß bei der S. nicht, daß die Tat ganz oder teilweise bereits entdeckt war und mußte bei verständiger Würdigung der Sachlage auch nicht damit rechnen. d) Sind Steuerverkürzungen bereits eingetreten oder Steuervorteile gewährt oder belassen, muß der Täter die festzusetzende geschuldete Summe innerhalb der ihm bestimmten Frist entrichten. – 2. *Folgen:* Der Täter bleibt bei Steuerhinterziehung straffrei. Bei Steuerverkürzung wird von der Festsetzung einer Geldbuße abgesehen.

Selbstauskunft, Erklärung desjenigen, über den die Auskunft lautet, z. B. an Auskunftei (die wegen einer Anstellung, Bürgschaft, Geschäftsübernahme, Hypothek, eines Kredites, eines Mietvertrages usw. befragt sein kann) oder Geschäftsfreunde. Häufig im *Kreditverkehr* als Auskunft des Kreditsuchenden an den Kreditgeber über seine persönlichen, rechtlichen und wirtschaftlichen Verhältnisse im Rahmen der →Kreditwürdigkeitsprüfung. S. soll richtig und vollständig sein und bei Änderung der Verhältnisse berichtigt oder ergänzt werden.

Selbstauswahl, *Vorwahl, Halbselbstbedienung, partielle Selbstbedienung,* Bedienungsbzw. Angebotsform zwischen Fremd- und Selbstbedienung. Der Kunde wählt aus dem offen präsentierten Warenangebot eigenständig aus, das Verkaufspersonal steht ggf. zur Beratung, ansonsten nur für den Verkaufsabschluß zur Verfügung; der Kunde trägt die

1442

gewählten Waren selbst zur (zentralen) Kasse, wo die Warenausgangskontrolle und das Inkasso vorgenommen werden. – Vgl. auch →Selbstbedienungsläden.

Selbstbedienung, Verkaufsmethode im Einzelhandel. – 1. *Formen:* a) *,,Totale" S.:* Der Kunde übernimmt sämtliche Verkäuferfunktionen (Warenauswahl, innerbetrieblichen Warentransport, Inkasso). Realisiert in →Automatenläden. – b) *Typischer →Selbstbedienungsladen:* Vorherrschend ist Bedienungsform der →Selbstauswahl. – 2. *Bedeutung:* Durch fortschreitende Standardisierung (Markenartikel), neue Verkaufstechniken (SB-Tankstellen) und Ausweitung der Kundenkenntnisse (Do-it-yourself-Welle) ist S. heute weit über den Lebensmittelhandel hinaus verbreitet. Formen der S. haben sich zu einem generell angewendeten Verkaufsprinzip entwickelt. Selbst Banken haben das S.-Prinzip zur Geldabhebung mittels Scheckkarte und Automaten aufgegriffen.

Selbstbedienungsgroßhandel, →Cash-and-carry-Großhandel.

Selbstbedienungsladen (SB). 1. *Begriff:* Betriebsform des Handels (z. B. →Cash-and-carry-Großhandel, →Supermarkt, →Selbstbedienungswarenhaus). – *Kennzeichen:* Offene, den Kunden zugängliche Präsentation meist wenig erklärungsbedürftiger Waren; Warenprüfung, Warenentnahme und innerbetrieblicher Warentransport durch den Kunden; zentrales Inkasso (innerhalb einer Abteilung oder am Ladenausgang) mittels Barzahlung, Scheck oder zukünftig →point of sale banking. Beratung durch Verkäufer nur in Ausnahmefällen; die Tätigkeit der Mitarbeiter ist auf die Erteilung von Auskünften über Warenplazierung, Preisauszeichnung und Regalpflege beschränkt (→Selbstauswahl). – 2. *Entwicklung:* Erste S. in den USA, um durch die Übertragung möglichst vieler Verkaufstätigkeiten auf die Hersteller (problemlose, markierte, SB-gerecht verpackte Ware mit aufgedruckten Konsum-/Verwendungshinweisen) und die Kunden (Information, Auswahl, Transport) Kostenersparnisse und raschere Abwicklung des Verkaufsvorganges zu erzielen. Außerdem wurde durch die offene, akquisitorische Warenpräsentation, z. B. Massendisplay, Umsatzsteigerung durch u. a. →Impulskäufe angestrebt.

Selbstbedienungswarenhaus, *SB-Warenhaus.* 1. *Begriff:* Betriebsform des Einzelhandels. Angebot eines breiten Sortiments an Nahrungs- und Genußmitteln sowie eines warenhausähnlichen Sortimens an Non-food-Artikeln auf einer Verkaufsfläche von 4000 m² und mehr in →Selbstbedienung. – 2. *Besonderheiten:* Das Warenangebot erfolgt zumeist in eingeschossigen, einfach ausgestatteten Zweckgebäuden (Hallen), wegen des hohen Platzbedarfs an verkehrsgünstigen Stadtrand-

lagen, zusammen mit weiträumigen Parkplätzen. Weitgehender Verzicht auf Serviceleistungen; Verbesserung der Kaufatmosphäre durch weitere funktionelle Angebote: Tankstellen mit Billigbenzin, Express-Reinigung, Schlüssel- und Schuhabsatz-Dienst, Konzessionäre für Blumen, Zeitungen, Zeitschriften, Tabakwaren, Imbißstuben, Cafés oder Selbstbedienungsrestaurants. Steigerung der Attraktivität regelmäßig durch äußerst preisgünstige →Sonderangebote sowie spektakuläre Aktionen (Musikkapellen, Ballonfahrten, Schlacht-, Wein-, Kinderfeste u. a.) – 3. *Hauptkonkurrent* sind die traditionellen →Warenhäuser in der City, die ihre Kunden ebenfalls mit dem Argument ,,Alles unter einem Dach" umwerben. Vorteile der S. gegenüber diesen sind niedrigere Preise und bequemere Parkmöglichkeiten. Entschließen sich Verbraucher zu Großeinkäufen im S., so wird naturgemäß auch Kaufkraft von →Fachgeschäften aller Art, aber auch von →Supermärkten, →Verbrauchermärkten und dem →Nahrungsmittelhandwerk abgezogen.

Selbstbehalt, →Selbstbeteiligung.

Selbstbelieferung vorbehalten, →Lieferfähigkeit vorbehalten.

Selbstbeschränkungsabkommen, Form des →Handelsabkommens zwischen Volkswirtschaften. In dem S. erklärt sich der Exporteur bereit, die Exporte bestimmter Produkte in eine bestimmte Region zu reduzieren oder nur in einem festgelegten Ausmaß zu steigern, um die betreffenden Bereiche im Importland zu schonen. S. sind zwar formal *freiwillige Vereinbarungen* der Vertragsparteien, sie kommen aber i. d. R. nur unter massivem Druck des Importlands zustande, indem stärkere Abwehrmaßnahmen angedroht werden. – *Bedeutung:* S. spielen in den internationalen Handelsbeziehungen eine nicht unerhebliche Rolle; sie bestehen sowohl zwischen Industrieländern (z. B. beim Export japanischer Videorekorder in die EG sowie japanischer Autos in die USA) als auch zwischen Industrie- und Entwicklungsländern (z. B. beim Export von Textilien aus Entwicklungsländern in die EG).

Selbstbeteiligung, *Selbstbehalt, Franchise,* bei Versicherungen Beteiligung des Versicherungsnehmers an dem von der Versicherung gedeckten Schaden. – *Arten:* a) S., um →Prämie zu senken, z. B. in der Kraftfahrzeug- (Kasko-) und der Sturmversicherung; b) bei manchen Versicherungen bzw. Versicherungsarten dem Versicherungsnehmer auferlegt, um das →subjektive Risiko einzudämmen. – Vgl. auch →Franchise II.

Selbstbucher, Versender von mehr als 500 Paketen pro Jahr bzw. zehn →Einschreiben oder Wertsendungen pro Tag, die ihre Sendungen selbst für den Postversand vorbereiten. Vereinfachung und Beschleunigung bei der Einlieferung, übersichtliche Nachweisführung durch besondere Einlieferungsbücher und Abbuchung der Gebühren vom Postgirokonto. Gebührenermäßigung bei Päckchen und Paketen, wenn Versender die Sendung sortiert (Kooperationsvertrag).

Selbsteintritt. 1. *Allgemein:* Befugnis einer Person, durch bestimmtes Verhalten in ein zwischen anderen Beteiligten abgeschlossenes oder auszuführendes Geschäft als Vertragspartner einzutreten oder das Geschäft im Innenverhältnis auf eigene Rechnung zu übernehmen. – 2. *S. beim Kommissionsgeschäft:* Recht des Kommissionärs, anstatt ein →Ausführungsgeschäft mit einem Dritten vorzunehmen, selbst in die Stellung des Käufers oder Verkäufers einzutreten (§§ 400 ff. HGB; →Kommissionär II 4). Insbes. beim →Effektenkommissionsgeschäft ist S. bei amtlich notierten Werten die Regel. – 3. *S. des Spediteurs:* Zum S. ist der Spediteur gem. § 412 HGB befugt, sofern nicht ausdrücklich vom Auftraggeber untersagt. S. berechtigt den Spediteur, eine Beförderungsleistung mittels eigener Fahrzeuge vorzunehmen, sei es im Fern- oder Nahverkehr. Soweit der Spediteur selbst eintritt (also nicht notwendig für die Gesamtstrecke), haftet er nach dem Gesetz wie ein Frachtführer. ADSp lehnen diese Haftung weitgehend an die Spediteurhaftung an. – 4. *S. bei wettbewerbsrechtlich verbotswidrig abgeschlossenen Geschäften:* Bei Verstößen gegen gesetzliche →Wettbewerbsverbote kann der Unternehmer bzw. die Gesellschaft in die verbotswidrig abgeschlossenen Geschäfte des Handlungsgehilfen (§ 61 HGB), der persönlich haftenden Gesellschafter einer OHG (§ 113 HGB) oder KG (§ 165 HGB) oder des Mitglieds des →Vorstandes einer AG (§ 88 AktG) eintreten. – a) Bei für *eigene Rechnung* gemachten Geschäften kann der Berechtigte durch Erklärung gegenüber dem Handlungsgehilfen usw. verlangen, daß er das Geschäft als für seine (des Unternehmers) Rechnung eingegangen gelten läßt. Erklärung des S. macht den Unternehmer *nicht* zum Vertragsgegner des Dritten, verpflichtet aber den Handlungsgehilfen usw. zur Herausgabe des Gewinns gegen Ersatz der Aufwendungen; die Erklärung ist nicht widerruflich und muß, wenn Handlungsgehilfe statt eines einzelnen Geschäfts ein →Handelsgewerbe betreibt, sämtliche Geschäfte umfassen, nicht etwa nur die gewinnbringenden. Hat der Unternehmer den S. gewählt, so ist jede andere Schadenersatzforderung ausgeschlossen. – b) Bei Geschäften für *fremde Rechnung* hat der Verpflichtete bei Erklärung des Selbsteintritts die bezogene Vergütung herauszugeben oder seinen noch ausstehenden Anspruch auf die Vergütung (gegen Ersatz seiner Aufwendungen) abzutreten.

Selbstentfaltung, →humanistische Psychologie.

Selbstentscheidung, →Entscheidung mit im Vergleich zur →Fremdentscheidung größerem Entscheidungsspielraum für das entscheidende Individuum, da Entscheidungs- und Ausführungsaufgabe durch diese wahrgenommen werden. Unternehmen mit hohem Anteil an S. gelten als tendenziell dezentralisiert (→Delegation).

Selbsterfahrungsgruppe, unstrukturierte Gruppe, die verschiedene Methoden der Gruppendynamik anwendet, um zu verbesserter Selbsterkenntnis und Verständnis für andere zu kommen. Die stimulierende Eigenschaft der Gruppe wird als Medium des Lernens ausgenutzt. – *Methoden:* Psychodrama, Gruppendiskussionen, Rollenspiele, instrumentelles Laboratoriumstraining u. a. In S. wird immer ein sozialpsychologisch ausgebildeter *Trainer* eingesetzt. – *Anwendung:* Im Rahmen von Prozessen der →Organisationsentwicklung wird häufig auf S. zurückgegriffen.

Selbstfinanzierung. I. Begriff/Arten: Finanzierung durch einbehaltene Gewinne *(Gewinnthesaurierung).* Bei Einzelunternehmen und Personengesellschaften durch Ansammlung von Gewinnen auf dem Kapitalkonto, bei Kapitalgesellschaften durch Bildung von Gewinnrücklagen *(offene S.);* auch z. B. durch die Unterbewertung von Vermögensgegenständen (→stille Reserven) möglich *(stille S.)*

II. Vorgehensweise: 1. Bei *Personengesellschaften* und *Einzelunternehmen:* Die einbehaltenen Gewinne müssen in der Bilanz nicht gesondert ausgewiesen werden; sie erhöhen das Kapitalkonto. – 2. Bei *Kapitalgesellschaften:* Die einbehaltenen Gewinne sind in den Bilanzposten „Gewinnrücklagen" einzustellen und so gesondert auszuweisen. Die Entscheidung, ob und in welcher Höhe Gewinne einbehalten oder ausgeschüttet werden, treffen in der GmbH die Gesellschafter; bei der AG ist wegen der Trennung von Eigentum und Geschäftsführung die Entscheidungsbefugnis geteilt: Vorstand und Aufsichtsrat können unter bestimmten Bedingungen bis zur Hälfte des Jahresüberschusses ohne Zustimmung des Aktionärs in Gewinnrücklagen einstellen. Über die Verwendung des verbleibenden Restes entscheidet die Hauptversammlung. Das durch S. gewonnene Kapital führt bei unverändertem Nominalkapital zu einem höheren →Kurswert.

III. Beurteilungen: 1. Bei *Personengesellschaften* und *Einzelunternehmen:* Die S. ist wegen der fehlenden Emissionsfähigkeit oft die einzige Möglichkeit zur Eigenkapitalbeschaffung. Durch die S. wird so indirekt auch der Verschuldungsspielraum beeinflußt. – 2. Bei *Kapitalgesellschaften:* a) *Vorteile:* Die Haftungsbasis des Unternehmens wird erweitert und der Verschuldungsspielraum erhöht.

Das durch S. aufgebrachte Kapital muß nicht bedient werden; die Mehrheits- und somit Herrschaftsverhältnisse im Unternehmen bleiben unverändert bestehen. Im Vergleich zur Finanzierung über neues Beteiligungskapital (→Beteiligungsfinanzierung) ist die S. weit kostengünstiger, da die Emissionskosten nicht anfallen. – b) *Nachteile:* Durch die erhöhten Kurse nach durchgeführter S. wird die →Fungibilität der Aktien eingeschränkt. Zugleich sinkt die Dividendenrendite der Aktie: Die Ausschüttung pro Aktie sinkt durch die Einstellung in die Gewinnrücklagen, gleichzeitig wird dadurch der Kurs erhöht. Eine Senkung des Kurses ist durch eine →Kapitalerhöhung aus Gesellschaftsmitteln möglich. Je nach ist die Höhe der S. und die der Ausschüttung häufig Konfliktstoff zwischen Vorstand und Aufsichtsrat einerseits und den Eigentümern andererseits (agency problem). – Vgl. auch →Residualtheorie, →Finanzentscheidungen.

Selbsthilfe, eigenmächtige Rechtssicherung oder -verwirklichung, nur ausnahmsweise zulässig. Nach §228 BGB ist als S. die Wegnahme, Zerstörung oder Beschädigung einer fremden Sache, die Festnahme eines fluchtverdächtigen Schuldners oder die Brechung des Widerstandes eines Verpflichteten gestattet, wenn obrigkeitliche Hilfe (z. B. Arrest oder einstweilige Verfügung) nicht rechtzeitig zu erlangen ist und ohne sofortiges Eingreifen die Verwirklichung des Anspruchs vereitelt oder erschwert würde. Die S. darf nicht weiter gehen als zur Abwendung der Gefährdung erforderlich; ggf. sind gerichtliche Zwangsvollstreckungsmaßnahmen oder Arrest nachzuholen (§229 BGB). Irrtümliche Annahme des Selbsthilfe-Rechts verpflichtet (auch ohne Verschulden) zu →Schadenersatz (§230 BGB). – Vgl. auch →Notwehr, →Notstand, →Vermieterpfandrecht.

Selbsthilfeunternehmen, →Unternehmungstypen, →Genossenschaft.

Selbsthilfeverkauf, beim →Handelskauf Verkauf der Ware an Dritte bei →Annahmeverzug des Käufers (§373 HGB). – *Erforderlich* ist grundsätzlich vorherige Androhung. – *Verkauf* erfolgt durch öffentliche Versteigerung, ausnahmsweise freihändig, wenn die Ware einen Börsen- oder Marktpreis hat. Käufer und Verkäufer können bei öffentlicher Versteigerung mitbieten. Verkäufer hat bestimmte Anzeigepflichten. – Der S. erfolgt *auf Rechnung* des säumigen Käufers (§373 III HGB). Ist demnach eine Art Erfüllung des Verkäufers. – Bei *Formmängeln* braucht der Käufer den S. nicht gegen sich gelten zu lassen. Ist Käufer aber zugleich im Zahlungsverzug, so kann der S. als Deckungsverkauf nach §326 BGB behandelt und i. a. der Berechnung des →Schadenersatzes wegen Nichterfüllung zugrunde gelegt werden. – *Anders:* →Deckungskauf.

Selbstkontrahieren, Vertragsschluß oder anderes Rechtsgeschäft eines Vertreters im Namen des Vertretenen mit sich selbst im eigenen Namen oder mit sich selbst als Vertreter eines Dritten. S. ist nach §181 BGB unzulässig, soweit es nicht ausschließlich in der →Erfüllung einer Verbindlichkeit besteht, doch kann der Vollmachtgeber dem Bevollmächtigten das S. gestatten oder das Geschäft später durch →Genehmigung wirksam werden lassen.

Selbstkosten, Summe aller durch den betrieblichen Leistungsprozeß entstandenen →Kosten. – 1. In *Fertigungsbetrieben:* Die S. setzen sich zusammen aus den Kosten des Material-, Fertigungs-, Entwicklungs- und Entwurfs-, Verwaltungs- und Vertriebsbereichs. Sie werden nach dem Schema der Zuschlagskalkulation wie folgt ermittelt:

Einzelmaterialkosten
+ Materialgemeinkosten

= Materialkosten
+ Fertigungslöhne
+ Fertigungsgemeinkosten
+ Sondereinzelkosten der Fertigung

= Herstellkosten
+ Vertriebsgemeinkosten
+ Sondereinzelkosten des Vertriebs
+ Verwaltungsgemeinkosten

= Selbstkosten

Abweichende Definition von S. in den →Leitsätzen für die Preisermittlung aufgrund von Selbstkosten (LSP). – 2. In *Handelsbetrieben:* Die S. setzen sich zusammen aus den Kosten des Beschaffungs-, Lager-, Verwaltungs- und Vertriebsbereichs. Sie werden nach folgendem Schema ermittelt:

Warenpreis
./. Rabatt, Skonto, Preisnachlässe

= Einkaufspreis
+ Bezugskosten
+ Zölle und Abgaben
+ Sonstige direkte Beschaffungsspesen

= Einstandswert
+ Lagerkosten ⎫
+ Verwaltungskosten ⎬ Handelskosten
+ Vertriebskosten ⎭

= Selbstkosten

I. d. R. werden S. als →Vollkosten ermittelt, umfassen neben →Einzelkosten auch anteilige →Gemeinkosten. Damit sie mit der Problematik der →Gemeinkostenschlüsselung

behaftet. – Vgl. auch →Kalkulation, →Stück-
kosten, →Selbstkostenpreis.

Selbstkostenpreis. 1. Preis, der die →Selbst-
kosten einer Ware (Leistungseinheit) deckt. –
2. Preis nach den →Leitsätzen für die Preisermittlung auf Grund von Selbstkosten (vgl.
dort II.).

Selbstkostenrechnung, →Kalkulation.

Selbstmord, *Suizid, Selbsttötung,* auch
Tötung durch einen anderen mit Einwilligung
des Getöteten (*Sterbehilfe*).

I. S o z i a l v e r s i c h e r u n g : 1. *Rentenversi-
cherungen:* Keine Kürzung oder Versagung
von Leistungen bei S. des Versicherten, ebenso
bei Selbstmordversuch. – 2. *Krankenversicherung:* Leistungen werden bei S. oder Selbstmordversuch in vollem Umfang gewährt;
lediglich das →Krankengeld kann bei miß-
glücktem Selbstmordversuch ganz oder teilweise versagt werden. – 3. *Unfallversicherung:*
Ein bei klarem Bewußtsein herbeigeführter S.
oder Selbstmordversuch nach einem vorangegangenen Arbeitsunfall schließt Entschädi-
gungsansprüche nur aus, wenn starke
Schmerzen oder die Erkenntnis der Unheil-
barkeit den Anlaß zum S. gegeben haben.
Auch wenn durch einen Arbeitsunfall eine
Bewußtseinsstörung oder ein Zustand schwerer Depression eintritt, ist ein in diesem
Zustand verübter S. noch als mittelbar
Unfallfolge anzusehen und zu entschädigen.

II. P r i v a t v e r s i c h e r u n g : 1. *Lebensversicherung:* a) I. d. R. muß im Fall des S. des
Versicherten die besondere Wartezeit von drei
Jahren erfüllt sein. – b) Volle Leistung bei S.,
auch vor Ablauf der Wartezeit, wenn dieser in
einem der freie Willensbestimmung aus ab-
schließenden Zustand krankhafter Störung
der Geistestätigkeit begangen ist. Verminderte
Zurechnungsfähigkeit genügt nicht, wohl aber
z. B. sinnlose Trunkenheit. – c) Wenn der
Versicherer nicht leistungspflichtig ist, steht
dem Anspruchsberechtigten nur ein etwa vorhandenes →Deckungskapital zu. – 2. *Unfallversicherung:* S. schließt die Leistung aus
(§ 181 VVG). – 3. *Krankenversicherung:* I. d. R.
bei S. keine Versicherungsleistungen.

Selbstorganschaft, →Genossenschaft IV 2.

Selbstregulierung der Zahlungsbilanz,
→Zahlungsbilanzausgleichsmechanismen.

selbstschuldnerische Bürgschaft, Form der
→Bürgschaft, bei der der Bürge auf die
→Einrede der Vorausklage verzichtet hat
(§ 773 BGB). Der Gläubiger braucht also nicht
gegen den Schuldner zu klagen; er kann sofort
den Bürgen in Anspruch nehmen. Die s. B.
ähnelt der →Schuldmitübernahme, die Erklärung des Bürgen bedarf aber der →Schrift-
form (§ 766 BGB). Die Handelsbürgschaft des
Vollkaufmanns ist formfrei und immer s. B.
(§§ 349 f. HGB).

Selbstsicherheitstraining, aus der Verhal-
tenstherapie übernommene Trainingsform,
die über einen schrittweisen Lernprozeß die
Bewältigungsstrategien (→coping) gegenüber
bedrohlichen Situationen zu optimieren versucht.

selbststeuernde Arbeitsgruppe, →teilauto-
nome Arbeitsgruppe.

Selbstverbrauch, Begriff des Umsatzsteuerrechts. S. liegt vor, wenn ein Unternehmer
abnutzbare Wirtschaftsgüter, deren Anschaf-
fungs- oder Herstellungskosten nach einkom-
mensteuerrechtlichen Vorschriften im Jahr der
Anschaffung oder Herstellung nicht in voller
Höhe als →Betriebsausgaben abgesetzt werden können, im Inland der Verwendung oder
Nutzung als Anlagevermögen zuführt. – Zur
Sicherung des Steueraufkommens wurde die
Besteuerung des S. nach dem Systemwechsel
für 1968 bis 1972 eingeführt und aus stabilitätspolitischen Gründen in modifizierter
Form bis 1973 beibehalten.

Selbstverbrauchsteuer, Steuer auf der
→Selbstverbrauch (vgl. im einzelnen dort).

Selbstversicherung, fälschlich oft als
→Selbstbeteiligung bezeichnet. – 1. Risikoaus-
gleich im *eigenen wirtschaftlichen Bereich* mit
gleichzeitigem bewußten Verzicht auf eine
sonst mögliche Versicherungsnahme. – 2. von
Wirtschaftsverbänden und ähnlichen Bedarfs-
trägern zum Zweck des Schadenausgleiches
geschaffene versicherungsähnliche Einrichtungen. – 3. *Sozialversicherung:* Möglichkeit
eines freiwilligen Beitritts (→freiwillige Versicherung).

Selbstversorgung, →Unternehmungstypen,
→Genossenschaft.

Selbstverstärker, Begriff der Konjunkturtheorie. Exogen verursachte Störungen des
Gleichgewichts werden durch die endogenen
Kräfte einer Wirtschaft in ihrer Wirkung
verstärkt (→Akzelerator).

**selbstverwaltete sozialistische Marktwirt-
schaft.** I. B e g r i f f : →Wirtschaftsordnung
mit dominierendem Gesellschaftseigentum an
den Produktionsmitteln sowie dezentraler Planung und Lenkung der Produktions- und
Verteilungsprozesse durch die privaten Haushalte und Unternehmen über Wettbewerbs-
märkte bei freier Preisbildung (→Marktwirt-
schaft). Die s.s.M. ist in Jugoslawien realisiert;
wird im folgenden als Beispiel dargestellt.

II. W i r t s c h a f t s o r g a n i s a t i o n u n d
- k o o r d i n a t i o n : 1. *Das Gesellschaftseigentum* ist juristisch negativ definiert: Weder der
Staat noch Private (mit Ausnahmen in Landwirtschaft und Kleingewerbe) dürfen Produk-
tionsmitteleigentum erwerben. Diese Definition bewirkt, daß das Gesellschafts-praktisch
Gruppeneigentum der Beschäftigten der einzelnen Betriebe ist, über dessen Nutzung

(Produktionsprogramm, Faktornutzung usw.) die Mitarbeiter im Rahmen der →Arbeiterselbstverwaltung entscheiden. – *Unternehmerisches Formalziel* ist die Einkommensmaximierung (→Einkommensprinzip); über die *Reinvestition* des am Markt erzielten Unternehmensüberschusses bzw. seine *Ausschüttung* an die Mitarbeiter entscheiden die Selbstverwaltungsorgane in den Unternehmen. – Seine *Nutzungsrechte* und das *Recht auf Beteiligung am Unternehmensüberschuß* verliert der einzelne Beschäftigte beim Austritt aus dem Unternehmen. Dabei wird auch sein Einkommensverzicht in der Vergangenheit zur Finanzierung der betrieblichen Investitionen, obwohl diese mit Grundlage der weiteren Einkommenserzielung der verbleibenden Mitarbeiter sind, nicht kompensiert. – 2. Die *wirtschaftspolitischen Ziele, Entwicklungsstrategien und Instrumente* werden in der allgemein gehaltenen und zwischen allen Beteiligten kooperativ ermittelten Gesellschafts- und Entwicklungsplänen fixiert und sollen durch ein System freiwilliger Absprachen zwischen den staatlichen Instanzen, Interessengruppen und Unternehmen durchgesetzt werden. Nicht zuletzt sollen durch solche Absprachen die gesamtwirtschaftlichen Probleme, die sich aus Gesellschaftseigentum, Einkommensprinzip und Arbeiterselbstverwaltung resultieren (vgl. III) entschärft werden, womit jedoch eine Beschränkung der Selbstverwaltungsautonomie der Beschäftigten verbunden ist. – Handelt es sich bei der jugoslawischen Wirtschaftsordnung von der Konzeption her um eine Martkwirtschaft, überlagern und verdrängen die Absprachen und daneben die Selbstverwaltungsabkommen (zwischen Unternehmen oder öffentlichen Körperschaften/Interessengruppen gleicher Hierarchieebene) jedoch den Marktwettbewerb erheblich, so daß eher von einem kooperativen „*Verhandlungssozialismus*" gesprochen werden muß. Der Markt-Preis-Mechanismus wird auch durch den großen Anteil staatlich gesetzter bzw. reglementierter Preise, die ausgesprochen monopolistischen bzw. oligopolistischen Marktstrukturen sowie eine nicht selten diskretionär-interventionistische und in sich inkonsistente Wirtschaftspolitik stark beeinträchtigt.

III. Funktionsprobleme, bewirkt durch Gesellschaftseigentum, Einkommensprinzip und Arbeiterselbstverwaltung: 1. Die Beschäftigten stimmen *nur zurückhaltend Neueinstellungen* zu, da jedes zusätzliche Gruppenmitglied das Pro-Kopf-Einkommen schmälert, ohne daß sicher ist, ob der zusätzliche Arbeitseinsatz dies ausgleicht. Folgen sind a) eine *tendenziell hohe Arbeitslosigkeit* und b) eine *relativ kapitalintensive Produktion*. – 2. Der Reinvestition des Unternehmensüberschusses (mit der Aussicht auf unsicheres zukünftiges Einkommen und der Gefahr des kompensationslosen Verlusts der Einkommensanrechte

beim Austritt aus dem Unternehmen) wird die *Ausschüttung als in der Gegenwart verfügbares Einkommen* vorgezogen; Folgen sind a) vergleichsweise *hohe Kreditfinanzierung* der betrieblichen Investitionen und b) durch die damit verbundene *Kreditschöpfung* (gleich *Geldschöpfung*) der Geschäftsbanken *hohe Inflationsanfälligkeit*. – 3. Da das individuelle Einkommen vom jeweiligen Unternehmenserfolg abhängt, sind auch bei gleicher Qualifikation der Beschäftigten *große zwischenbetriebliche Einkommensunterschiede* zu beobachten. Die bestehende Tendenz, daß das persönliche Einkommen der Mitarbeiter erfolgreicher Unternehmen oft Maßstab der Selbstverwaltungsorgane in den weniger erfolgreichen Unternehmen für deren Ausschüttungsentscheidungen ist (je geringer der absolute Unternehmensüberschuß, um so größer wird damit der relative Anteil des an die Mitarbeiter ausgeschütteten Einkommens), verstärkt die unter Punkt III 2 erwähnten Probleme. – 4. Das Gesellschaftseigentum *verhindert das Entstehen eines Kapitalmarkts* und fördert hierdurch die Fehlallokation des Produktivvermögens. – 5. Die Dezentralisierung bzw. „Deetatisierung" durch gesellschaftliche Absprachen ist verbunden mit einer *Regionalisierung der Wirtschaftspolitik:* sie fördert den *Lokalegoismus* der Beteiligten und verhindert hierdurch die Einheitlichkeit der Lebensverhältnisse innerhalb des Gesamtstaates. Für Jugoslawien ein typisches Problem: Es ist ein sehr starkes Wohlstandsgefälle zwischen den industrialisierten Nord- und dem agrarisch strukturierten Südrepubliken zu beobachten.

Selbstverwaltung. 1. Verwaltung der eigenen Angelegenheiten gewisser *Körperschaften des öffentlichen Rechts* durch selbständige und selbstverantwortliche eigene Organe und unabhängig von Weisungen übergeordneter staatlicher Behörden, aber unter Staatsaufsicht hinsichtlich Rechtmäßigkeit (nicht Zweckmäßigkeit) der verwalteten Maßnahmen (anders: →Auftragsverwaltung). Das Recht zur S. ist grundlegend für die Gemeindeverfassung und in der Bundesrep. D. den →Gemeinden und →Gemeindeverbänden durch Art. 28 GG gewährleistet. Bei Verletzung des Rechts zur S. Verfassungsbeschwerde möglich (Art. 93 GG). – 2. S. *der Wirtschaft:* Vgl. →Organisation der gewerblichen Wirtschaft, →Verbände.

Selbstverwaltungsangelegenheiten, die einer Körperschaft des öffentlichen Rechts zur Erledigung (in →Selbstverwaltung) übertragenen Angelegenheiten. – *Gegensatz:* →Auftragsangelegenheiten.

Selbstwählferndienst, im Fernsprechbetrieb Herstellen von Fernverbindungen durch Vorwahl von Ortsnetzkennzahl durch den Teilnehmer. Auch im Auslandsferndienst mit allen europäischen und den meisten außereuropäischen Ländern möglich durch Vorwahl der Länderkennzahl. Ortsnetzkennzahlen dem →AVON zu entnehmen. – *Gegensatz:* Handvermittelter Fernsprechdienst mit Anmeldung bei einer Fernvermittlungsstelle für Gespräche in einige ausländische Staaten und nach manchen Orten in der DDR.

Selbstwähltelexdienst, Herstellung einer Telexverbindung durch Eingabe des Wahleinleitungszeichens, der Telexnummer und des Wahlendezeichens (Schlußkreuz). Bei *Auslandsverbindungen* noch zusätzliche Vorwahl, soweit dies technisch möglich ist; ansonsten Handvermittlung durch Handvermittlungsstelle in Frankfurt a.M.

Selektion. 1. *Wirtschaftlicher Sprachgebrauch:* Qualitative Auswahl unter Alternativen. – 2. *Betriebsinformatik:* Vgl. →Steuerkonstrukt 2 b).

Selektion von Auslandsmärkten, *Länderselektion, Länderauswahl.* I. C h a r a k t e r i s i e - r u n g : 1. *Länderbeurteilung bestehender Auslandsmärkte:* Länderbeurteilung i.d.S. beinhaltet Beobachtung, Beurteilung und Kontrolle bestehender Auslandsmärkte. Im Vordergrund stehen insbes. die Zielsetzungen: (1) Effizienzsteigerung bzw. -erhöhung der bisherigen Tätigkeit auf einem bestehenden Auslandsmarkt; (2) Expansion (z.B. durch Intensivierung oder Variation der bisherigen Art und Form des Auslandsengagements); (3) Früherkennung von Risiken und Chancen auf bestehenden Auslandsmärkten (vgl. im einzelnen →Länderrating). – 2. *Beurteilung neuer Auslandsmärkte:* Zielsetzung ist es in diesem Fall, (Länder)gruppen, die künftig zusätzlich als Auslandsmärkte aufgesucht werden sollen, zu selektieren. – Grundsätzlich können zwei alternative *Ausgangssituationen* bestehen: (1) Ein Unternehmen ist bereits auf Auslandsmärkten tätig und möchte sein Auslandsgeschäft auf weitere Länder ausdehnen. (2) Ein Unternehmen ist nur auf dem Binnenmarkt tätig, möchte aber künftig auch auf Auslandsmärkten tätig werden. – *Vorgehensweise:* In beiden Fällen ist eine gezielte Auswahl von Ländern erforderlich, die – gemessen an den vorgegebenen Zielsetzungen – voraussichtlich den höchsten Grad der Zielerreichung mit sich bringen. – Im *1. Fall* kann die Zahl der betrachteten Länder eingeschränkt werden, weil (1) bisherige Auslandsmärkte ausgeschlossen werden können und (2) aufgrund der vorhandenen Auslandsmärkte und der damit verbundenen Erfahrungen meist bereits konkrete Vorstellungen über ein weiteres Auslandsengagement bestehen (z.B. Komplettierung eines Länderkreises, Einschaltung eines Transitlandes). Der *2. Fall* geht (theoretisch) davon aus, daß grundsätzlich alle Länder als potentielle Auslandsmärkte zur Disposition stehen. Dies schließt auch die spezielle Situation ein, in der ein Unternehmen, das bisher

mit der Produktgruppe A (z.B. Brillengestelle und -accessoires) auch auf Auslandsmärkten tätig war, vor die Frage gestellt wird, in welchen Ländern die inzwischen zusätzlich (z.B. durch Aufkauf eines anderen Unternehmens) ins Programm aufgenommene Produktlinie B (z.B. Gartengeräte) vertrieben werden soll. Man wird in diesem Fall versuchen, die aktuellen Auslandsmärkte von Produktgruppe A auch für die neue Produktlinie B zu nutzen. Dies würde sich aufgrund von Länder-Know-how und -Erfahrungen sowie bereits vorhandene Synergien anbieten. Dieses Wissen sowie die bereits geschaffenen Leistungsgrundlagen beziehen sich jedoch auf die Produktgruppe A und können für einen konkreten Auslandsmarkt nicht ohne Vorbehalt auf die Produktlinie B übertragen werden. Aus diesem Grund sollte jede Auswahl von Auslandsmärkten primär unter Produktaspekten erfolgen und weniger aufgrund von Erfahrungen mit anderen Produktgattungen.

II. V o r g e h e n s w e i s e / M e t h o d e n : 1. *Unternehmensanalyse:* Der Phase der Länderselektion im eigentlichen Sinne sollte zweckmäßigerweise eine Unternehmensanalyse, je nach angestrebter (zusätzlicher) Betätigung auf Auslandsmärkten mit unterschiedlichen Inhalten, vorausgehen. Sie soll generell darüber Aufschluß geben, ob und inwieweit ein Unternehmen in der Lage ist, den zusätzlichen Aufgabenstellungen, die mit dem Auslandsengagement verbunden wären, gerecht zu werden. Gegenstand einer Unternehmensanalyse können sein: (1) Produkt (z.B. Anpassungsmaßnahmen); (2) produktionstechnische Gegebenheiten und technisches Entwicklungspotential (z.B. Kapazitätsauslastung); (3) verwaltungs- und abwicklungstechnische Kapazitäten; (4) Know-how; (5) Management-Anforderungen (Gegenüberstellung mit dem aktuellen Eignungsprofil); (6) organisatorische Anforderungen; (7) Kapital/Finanzierung; (8) Rentabilitätsauswirkungen. Einige Punkte können erst parallel zur fortschreitenden Länderselektion, d.h. mit zunehmendem Bezug auf spezielle Verhältnisse und Anforderungen einzelner Länder, detailliert analysiert werden.

2. *Selektion von (Länder)gruppen:* a) Die *Formulierung der Zielsetzungen,* die der Selektion zugrunde gelegt werden sollen (wie z.B. Suche nach den erfolgsversprechendsten Auslandsmärkten) sollte unter Beachtung der folgenden *Nebenbedingungen* erfolgen: (1) *Risiko:* Eingehen eines vertretbaren und zu X% übertragbaren Risikos; (2) *betriebswirtschaftliche Vorgaben:* Erwartungen (1., 2., 3. Jahr) in bezug auf Absatz, Umsatz, Deckungsbeitrag, Auswirkungen auf Gesamt-Unternehmen (Kapazitätsauslastung, Kosten, Deckungsbeitrag, Ergebnis, Rentabilität, RoI/Return-on-Investment usw.). – b) *Selektion und Analyse der als (zusätzliche) Auslands-*

*märkte in Frage kommenden Länder (gruppen)
sowie der Nachfragesegmente:* (1) *Selektionsstufen:* Die beiden ersten Stufen dienen der
Bestimmung des Kreises der Länder, die als
Auslandsmärkte in die engere Wahl kommen.
1. *Selektionsstufe:* Hier erfolgt durch *Grobauswahl* eine Selektion der zur detaillierteren
Weiterprüfung geeigneten Länder. Diese
Praeselektionsschritte basieren auf zwei
Hauptuntersuchungsrichtungen: (a) *Untersuchung der allgemeinen Nachfragevorausset-
zungen:* „Im Rahmen einer für die Marktwahl
erforderlichen systematischen Marktsegmen-
tierung muß zunächst darauf abgestellt werden, solche Ländersegmente zu bilden, die ein
jeweils homogenes Niveau der allgemeinen
Kaufvoraussetzungen aufweisen. Insofern ist
das erste Ziel einer stufenweisen Marktwahl,
jene Ländergruppen herauszufiltern, deren
Kaufvoraussetzungen für einen Markterfolg
der Unternehmung nicht ausreichend erscheinen" (Meffer. H./ Althans, J., Internationales
Marketing, Stuttgart 1982, S. 73). – (b) *Untersuchung der politischen und ökonomischen Risikosituation und -entwicklung:* Neben einer
Untersuchung der allgemeinen Nachfragevor-
aussetzungen muß im Rahmen der Praeselektion eine länderspezifische Analyse der politischen und ökonomischen Risikosituation und
-entwicklung erfolgen (→Länderrating) – 2.
Selektionsstufe: Der Praeselektion von Ländern schließt sich über die erste *Abschnitt der
Feinauswahl* an mit der *Untersuchung länderspezifischer Erfolgschancen und -vorausset-
zungen:* Zielsetzung ist, aus der Zahl der in der
Großbauswahl selektierten Länder jene zu
isolieren, in denen sich *aufgrund ökonomischer
Kriterien* ein Markteintritt lohnt bzw. am
lohnendsten erscheint. – 3. *Selektionsstufe:* Sie
stellt – falls die verfügbaren Informationen
dies gestatten – einen *zweiten Abschnitt der
Feinauswahl* dar. In diesem Abschnitt erfolgt
für jedes der in der 2. Stufe ausgewählten „A-
Länder" eine weiterführende Analyse segmentspezifischer Erfolgschancen und -voraus-
setzungen. Erst die letzte Selektionsstufe
kann endgültige Aufschlüsse darüber geben,
welchem Land welcher Platz in der Rangfolge
zugemessen werden soll. Dem schließt sich die
gezielte Erarbeitung von Entscheidungs-
grundlagen für einen Auslandsmarkt an in
bezug auf Zielsetzungen und Markteintrittsal-
ternativen (einschl. der Art und Form der
anzustrebenden Betätigung). – (2) *Methoden:*
Eine Übersicht der in bestimmten Selektionsstufen angewandten Selektionsmethoden zeigt
die Tab. 1457/1458. – (a) *Heuristische
Verfahren* werden – bis auf die Portfolio-
Analyse und das kombinierte Verfahren – auf
der Basis des Teamwork-Prinzips und teilstrukturierter Kreativitätstechniken (Brain-
storming u. ä.), die im Rahmen der 1. und 2.
bzw. 3. Selektionsstufe verwendung finden
können, – alle ausschl. zum Zwecke der
Grob- bzw. Vorauswahl (= 1. Selektions-

stufe) eingesetzt. – α) *Checklisten-Verfahren:*
Das Checklist-Verfahren ist eine der ein-
fachsten Methoden, um die Länder auszuson-
dern, die für eine weiterführende Untersu-
chung nicht mehr in Betracht kommen. „Sein
Zweck besteht darin, die detaillierte Analyse
auf eine überschaubare Zahl relevanter Länder zu beschränken und so den unnötigen
Einsatz von Ressourcen für aufwendige
Marktforschungsmaßnahmen zu vermeiden.
Seine primären Erfordernisse sind damit
Schnelligkeit, Einfachheit und geringe Kosten.
Als Mittel zur Handhabung informationsar-
mer Entscheidungen beschränkt sich das
Checklist-Verfahren darauf, die Länder im
Hinblick auf einige grundsätzliche Anforderungen zu überprüfen. Diese betreffen insbesondere die Umweltfaktoren des ausländischen Marktes, die Import- und Absatzbedingungen sowie die Angebots- und Nachfragesi-
tuation" (Meffert, H./Althans, J., Internationales Marketing, Stuttgart 1982, S. 73). – β)
Punktbewertungsmethode: Die Punktbewertungsmethode stellt – als wesentlich differen-
zierteres Verfahren – die Ermittlung von
länderspezifischen Risiko- und Leistungspro-
filen in den Mittelpunkt. Kriterien, die der Art
und Form des angestrebten Auslandsengagements angepaßt sein sollten, werden Skalenwerte 5 (sehr gut) bis 1 (unzureichend) bzw.
+ 3 bis – 3 zugeordnet. Die zusätzlich anzuset-
zenden merkmalspezifischen Gewichtungsfaktoren sollten nach möglichst objektiven Kriterien festgelegt werden. Es bestehen zudem
Unterschiede hinsichtlich Informationsstand
und -qualität in bezug auf die zu beurteilenden
Merkmale und zudem noch die Gefahr subjektiver (intuitiver) Beurteilung. Die Regeln,
nach denen die Auswahl einzelner Länder
entschieden wird, sollten ebenfalls möglichst
objektiv formuliert werden. Eine Überprüfung der mit der Anwendung alternativer
Gewichtungsfaktoren und Entscheidungsre-
geln für einzelne Länder verbundenen Konsequenzen sollte nach Möglichkeit erfolgen.
Hierdurch können die Einflüsse subjektiv
formulierter Größen erkannt und ggf. kompensiert werden. – γ) *Mehrstufige Auswahlverfahren (sequentielle Bewertungsmethode):*
Dieses Verfahren unterteilt die Punktbewer-
tung der einzelnen Länder in mehrere Unter-
stufen. Am Ende der einzelnen Stufe entscheidet sich, ob das beurteilte Land aus der weiteren Betrachtung ausscheidet. Dabei wird für
die Bewertung der Kriterienkatalog schrittweise erweitert. Zunehmend detaillierte Informationen müssen zur Verfügung stehen. Auf
diese Weise kann sowohl den ökonomischen
Erfordernissen Rechnung getragen werden als
auch der Notwendigkeit einer zunehmend
detaillierten Informationsbasis. – δ) *Länderra-
ting-Methoden:* Diese Methoden dienen insbes. der Analyse der politischen und ökonomischen Risikosituation und -entwicklung einzelner Länder. Zur Darstellung der Einzelme-

thoden vgl. →Länderrating II. – ε) *Portfolio-Analyse:* Die Portfolio-Analyse berücksichtigt sowohl Risiko- als auch Erfolgsaspekte, weshalb sie der 1. und der 2. Selektionsstufe als Methode zugeordnet werden kann. Das zum Zwecke der Länder-Grob- und -Feineselektion einsetzbare Portfolio-Verfahren hat zum generellen Ziel, aus der Zahl der möglichen Auslandsmärkte ein optimales Länderbündel mit der für das Unternehmen besten Kombination von Risiko und Gewinn zu bestimmen. Im Gegensatz zur herkömmlichen →Portfolio-Analyse, wie sie z. B. im Rahmen von Investitionsentscheidung zur Anwendung kommt, erfolgt bei der Nutzung dieses Prinzips im Falle der Selektion von Auslandsmärkten eine wesentliche Vereinfachung des Grundgedankens, wodurch das Verfahren einen mehr heuristischen Charakter annimmt. Dies bedeutet, daß sich die mit den einzelnen zu beurteilenden Ländern verbundene Risikosituation und -entwicklung nicht durch die unterschiedlichen Gewinnmöglichkeiten bestimmt, sondern direkt durch die im jeweiligen Fall zugrunde gelegte Einschätzung des politischen und ökonomischen Risikos. – φ) *Kombiniertes Länderauswahlverfahren:* Es handelt sich um ein kombiniertes Verfahren auf der Basis des Teamwork-Prinzips und teilstrukturierter Kreativitätstechniken (→Kreativitätstechniken). Angewandt wird dieses Verfahren in allen Selektionsstufen. Diese Vorgehensweise ist in erster Linie praxisorientiert. – 1. *Phase (Stufe):* Sammlung von

Ländervorschlägen mit Begründung bzw. Dokumentation anhand kurzfristig verfügbarem Sekundärmaterial durch unternehmensinterne Stellen (Ressorts, Abteilungen usw.). Jeder einbezogene Mitarbeiter sucht – zur Vorbereitung für ein Round-table-Gespräch –, den eigenen fachlichen Schwerpunkten folgend, eine Mindestzahl von Ländern aus. Hierbei bleiben jedem Mitglied des Selektionsteams die zu benutzenden Informationsquellen vorbehalten. Es wird diese jedoch nach fachlich vorgegebenen Problemschwerpunkten auswählen und entsprechend als Begründung für den Einbezug eines bestimmten Landes anführen. So wird z. B. der Marketingleiter die Länder mit den besten Marketingmöglichkeiten auswählen, während der Vertreter des Rechnungswesens die Länder ablehnt (bevorzugt), bei denen (keine) Transfer- und Finanzierungsschwierigkeiten zu erwarten sind, und die Produktionsseite wird die Länder auswählen, mit denen keine oder nur geringfügig ins Gewicht fallenden produktionstechnischen Anpassungsmaßnahmen verbunden sind. Die Motive der Geschäftsleitung können sehr vielschichtig sein und u. U. von Steuervorteilen und Gewinnaussichten über Prestige bis hin zu touristischen Möglichkeiten reichen. Die unternehmensintern erarbeitete Länderliste müßte zweckmäßigerweise durch externe Anregungen und Hinweise ergänzt werden, z. B. Auswertung von Fachzeitschriften und -literatur sowie Auskünfte bzw. Befragung von branchen- und

Selektionsebenen	Selektionsmethoden	heuristische Verfahren		analytische Verfahren	
	Selektionsstufen				
I Länderselektion	(1) **Praeselektion (1. Stufe)** (Vor-/Grobauswahl)	mehrstufiges Auswahlverfahren (sequentielles Bewertungsverfahren)	checklist-Methode Punktbewertungsmethode (Ermittlung von Risiko- und Leistungsprofilen)		
	(1.1) Untersuchung der allgemeinen Nachfragevoraussetzungen				
	(1.2) Untersuchung der politischen und ökonomischen Risikosituation und -entwicklung		country-rating-Methoden (BERI-Index, mm-Ländertest, etc.)	Portfolio-Methode	
	(2) **Feinauswahl**		Kombiniertes Verfahren auf der Basis des Teamwork-Prinzips und teilstrukturierter Kreativitätstechniken (Brainstorming u. ä.)	klassische Entscheidungsregeln (● Minimax- und Maximal-Regel ● Hurwicz-Regel ● Laplace-Regel ● Erwartungswert-Prinzip)	Investitionstheoretische methoden Sensitivitätsanalyse Break-Even-Analyse Entscheidungsbaum-Methode
	(2.1) Untersuchung länderspezifischer Erfolgschancen und -voraussetzungen **(2. Stufe)**				
II Länderbezogene Detailuntersuchung	(2.2) Untersuchung segmentspezifischer Erfolgschancen und -voraussetzungen **(3. Stufe)**				Anwendung multivariater Verfahren

Quelle: Walldorf, E. G., Auslandsmarketing – Theorie und Praxis des Auslandsgeschäfts, Wiesbaden 1987, S. 306.

länderkundigen Experten (Bank, IHK, Fachverband, Beratungsunternehmen usw.) und anderen Unternehmen. – 2. *Phase (Stufe):* Im Zuge des in der 2. Phase stattfindenden Round-table-Gesprächs kommt es auf der Grundlage der in der 1. Phase erarbeiteten Ergebnisse zur Erstellung der den nächsten Schritten zugrunde zu legenden Länderliste (mit Begründungen bzw. Dokumentation). Diese kann nochmals mit branchen- und länderkundigen Experten auf Vollständigkeit überprüft werden. – 3. *Phase (Stufe):* Die in der 2. Phase erstellte Länderliste beinhaltet die von den unterschiedlichsten Interessenlagen getragenen (subjektiven) Ländernennungen. Aus diesem Grund ist die Entwicklung und Anwendung eines Beurteilungssystems erforderlich, nach dem die Länderliste weiterführend selektiert wird. Im Zuge dieser Bestrebungen müssen die folgenden Schritte erfolgen (nach Möglichkeit in Teamarbeit): Festlegung des Kriterienkatalogs; Erarbeitung des Gewichtungsschlüssels in bezug auf die einzelnen Kriterien; Bestimmung der Beurteilungsskala; Formulierung der Regeln für die weiter durchzuführende Selektion (Platzziffern, Anzahlbeschränkung, Mindestpunktzahl usw.). – 4. *Phase (Stufe):* Die aus der 3. Phase hervorgegangenen Länder werden jetzt im Rahmen der Feinauswahl hinsichtlich der im Einzelfall gegebenen länderspezifischen Erfolgschancen und -voraussetzungen untersucht. Im Zentrum steht die genauere Analyse von Bedarf (Marktvolumen), Anbieter-Umfeld und Voraussetzungen für den Einsatz einzelner Marketing-Instrumente, unter Berücksichtigung alternativer Arten und Erscheinungsformen der Betätigung auf den einzelnen Auslandsmärkten. Hierbei können Teile der in den Vorphasen bereits beschafften Informationen benutzt werden. Diese müssen i.d.R. aber durch die gezielte Beschaffung ergänzender Daten weiter verdichtet werden, um letztlich – unter Einsatz analytischer Verfahren – aus dem Kreis der in die engere Wahl einbezogenen Länder die erfolgsträchtigsten Auslandsmärkte zu bestimmen, die im Zentrum eines künftigen Engagements stehen sollen. Auch hierbei können wieder Prioritäten gesetzt werden, die Richtung und Ziele einer sich sukzessive realisierenden Auslandsmarkt-Strategie vorgeben. In diesem Zusammenhang kommt der sich anschließenden 5. Phase eine entscheidende Rolle zu, indem die Feinauswahl auf Segmentbasis weitergeführt wird. – 5. *Phase (Stufe):* Die Untersuchung segmentspezifischer Erfolgschancen und -voraussetzungen kann einmal die in der 4. Phase ermittelten Kern-Auslandsmärkte dahingehend weiter selektieren, daß Prioritäten festgelegt werden. Zum anderen können für feststehende Auslandsmärkte durch Segmentierung die Teilmärkte definiert werden, mit denen sich aufgrund der dort gegebenen Reaktionsbereitschaften die größten Erfolgsaussichten verbinden lassen. Auf der Basis des durch die Auslandsmarktforschung gezielt beschafften weiterführenden Informationsmaterials kommt es zur Anwendung analytischer Verfahren im Hinblick auf die Bestimmung der einzelnen Ziel-Segmente und die Festlegung der segmentspezifischen Strategien mit den voraussichtlich höchsten Zielerreichungsgraden (Absatz/Umsatz, Marktanteil, Deckungsbeitrag usw.). – b) *Analytische Verfahren:* Diese Verfahren werden in den folgenden Selektionsstufen angewandt. Mit ihrem Einsatz wird einmal die Zielsetzung verfolgt, aus der Zahl der in der Grobauswahl selektierten Länder jene zu isolieren, in denen aufgrund ökonomischer Kriterien ein Markteintritt lohnt. Hierbei sind zum einen die Länder, zum anderen – falls die gegebenen Informationen eine tiefere Segmentierung erlauben – die Abnehmersegmente zu ermitteln, die auf dem Weltmarkt die höchsten Zielbeiträge (Umsatz-, Gewinnvorgaben, Risikominimierung) erbringen. Andererseits kann damit der Zweck verbunden sein, qualitative Informationen (Variable) auf funktionale Zusammenhänge bzw. Abhängigkeitsbeziehungen zu untersuchen, um hieraus Segmentierungs- und Zielgruppenentscheidungen abzuleiten.

Literatur: Berekoven, L., Internationales Marketing, Wiesbaden 1978; Henzler, H., Neue Strategien ersetzen den Zufall, in: manager magazin, 4/1979. Meffert, H./ Althans, J., Internationales Marketing, Stuttgart 1982; Seidel, H., Erschließung von Auslandsmärkten, Berlin 1977; Stahr, G., Auslandsmarketing, 2. Bd., Stuttgart 1979; Walldorf, E. G., Auslandsmarketing – Theorie und Praxis des Auslandsgeschäfts, Wiesbaden 1987.

Prof. Dr. Erwin G. Walldorf
Dipl.-Kff. Ute Arentzen

selektive Absatzpolitik, Aufspaltung des Absatzmarktes der Unternehmung in Teilmärkte (→Marktsegmentierung), die absatzpolitisch differenziert behandelt werden. Reaktion der Unternehmung auf vielfältige Unterschiede in der Struktur der Teilmärkte, insbes. hinsichtlich der Bedarfs-, Kaufkraft- und Konkurrenzverhältnisse. Preispolitische, werbepolitische usw. Maßnahmen (→Absatzpolitik II) werden nicht mehr auf den Gesamtmarkt, sondern auf die Teilmärkte hin ausgerichtet.

selektive Anpassung, →Anpassung 4.

Selektorkanal, →Multiplexkanal b).

self-liquidating credit, →Kredit, der „sich selbst liquidiert". Der Kredit, der zum Einkauf von Waren dient, wird aus den Verkaufserlösen dieser Waren zurückgezahlt.

self liquidation offer, *self liquidators,* Maßnahme der →Verkaufsförderung (Einführung eines neuen Produkts und/oder Lagerabbau). Das Produkt, auf das sich die Verkaufsförderungsaktion bezieht, wird mit einem Zusatzartikel versehen, der komplementär sein muß (aus anderen, branchenfremden Sparten durch Zukauf gewonnen werden kann,) zu einem optisch günstigen Gesamtpreis angeboten. Der Preis für das eigentliche Produkt wird nicht reduziert. Das Produkt wird somit nicht zum Gegenstand von Preissonderaktionen, wodurch es u. U. abgewertet werden könnte. Gleichzeitig wird durch den vorteilhaften Gesamtpreis eine verkaufsfördernde und somit umsatzsteigernde Wirkung erzielt. – *Beispiele:* Handtuch mit Besteck, Modeschmuck, Spielzeug, Gläser-Set o. ä. in einer Geschenkverpackung; Schinken mit Zinnkrug oder -teller u. a. m. – Vgl. auch →banded pack.

self liquidators, →self liquidation offer.

selling center, multipersonales Verkaufsgremium auf der Anbieterseite; umfaßt die anbieterseitigen Gesprächspartner der Rollen- und Funktionsträger im →buying center der nachfragenden Unternehmung. – *Multiorganisationale s.c.* entstehen durch Bildung von Anbietergemeinschaften, speziell im internationalen Anlagen- und Systemgeschäft.

Semantik, Teilgebiet der als →Semiotik bezeichneten allgemeinen Sprachtheorie. Gegenstand der S. sind Beziehungen zwischen sprachlichen Zeichen (Wörter, Sätze) und ihrer Bedeutung sowie zwischen Zeichen und Bezeichneten. – Speziell im Hinblick auf wissenschaftliche →Theorien und →Hypothesen interessiert der semantische →Informationsgehalt.

Semantik einer Programmiersprache, Aussagen über die Bedeutung der Sprachelemente und der zulässigen Kombinationen von Elementen einer →Programmiersprache in einem →Programm. – Vgl. auch →Syntax einer Programmiersprache.

semantisches Differential, 1957 von Osgood-Suci und Tannenbaum entwickeltes →Skalierungsverfahren zur Messung des Images von Objekten, Personen usw. (→Einstellung). Die Versuchspersonen stufen auf Bewertungsskalen (Rating-Skalen; →Rating) ein Untersuchungsobjekt ein. Die beiden Pole jeder Skala stellen verbale Gegensatzpaare dar. Die Abstufungen bleiben verbal undefiniert und weisen optisch gleiche Abstände auf. Zur Auswertung des s.D. dient neben der Mittelwertbildung und Streuungsberechnung über die Menge der Testpersonen die Methode der →Datenreduktion (insbes. mit Hilfe der →Faktorenanalyse); graphische Veranschaulichung durch Darstellung der jeweiligen Profile. – *Ähnlich:* →Polaritätsprofil.

semantisches Netz, *assoziatives Netz,* in der →künstlichen Intelligenz eine Form der →Wissensrepräsentation. *Struktur* eines s.N.: ein markierter, gerichteter Graph, dessen Knoten „semantische Einheiten" (Objekte oder Attributwerte) und dessen Kanten binäre Relationen zwischen diesen darstellen. – Auf diese Weise wird über die bloße Speicherung von Fakten hinaus auch eine *assoziative Verbindung* zwischen ihnen hergestellt, die den direkten Zugriff auf „benachbartes Wissen" ermöglichen soll.

Semiotik, als allgemeine Sprachtheorie Teil der Erkenntnistheorie; unterteilt in →Syntaktik, →Semantik und →Pragmatik.

Senat. 1. Bezeichnung für die *Regierungen der Stadtstaaten* Berlin, Hamburg und Bremen; *Senatoren:* Mitglieder dieser Regierungen; *Regierender Bürgermeister:* Chef dieser Regierungen. – 2. Bezeichnung für *gerichtliche Spruchgremien* höherer Gerichte, z. B. die S. des Bundesgerichtshofs.

Sendebetrieb, Zustand eines Kommunikationsgeräts beim Senden von Nachrichten an einen Empfänger. – *Gegensatz:* →Empfangsbetrieb.

Senderecht, Recht des Urhebers, das Werk durch Funk (Ton- und Fernsehrundfunk, Drahtfunk usw.) der Öffentlichkeit zugänglich zu machen (§ 20 UrhRG). Das Sendeunternehmen genießt ein →Leistungsschutzrecht, u. a. das ausschließliche Recht, seine Funksendungen weiterzusenden, auf Bild- oder Tonträger aufzunehmen und diese zu vervielfältigen sowie öffentlich wahrnehmbar zu machen (§ 87 UrhRG). – Vgl. auch →öffentliche Wiedergabe.

Sendung, Gesamtheit der Güter, die von einem Versender zu einem Empfänger zu befördern sind. – Vgl. auch →Ladeeinheit.

Senegal, *République du Sénégal.* Republik in Westafrika, Einkammerparlament, seit 1960 unabhängig, Staatenbund mit Gambia, ehemalige französische Kolonie; am Westkap Afrikas gelegen. – *Fläche:* 196 192 km², eingeteilt in 10 Regionen. – *Einwohner* (E): (1985) 6,58 Mill. (33,3 E/km²; meist Sudan-Gruppen, ferner Fulbe, Mauren und Europäer. – *Hauptstadt:* Dakar (1983: 1,15 Mill E); weitere wichtige Städte: Rufisque (150 000 E), Thiès (117 000 E), Kaolack (115 000 E). – *Amtssprachen:* Französisch und Wolof.

W i r t s c h a f t : *Landwirtschaft:* In der Hauptsache Erdnußanbau und Baumwolle; 70% der Erwerbspersonen. Viehzucht: Rinder, Schafe, Ziegen, Pferde. – *Fischfang:* (1981) 207 000 t. – *Industrie und Bergbau:* Nahrungsmittel-, Düngemittelindustrie; Phosphatbergbau, Titan, Meersalz; 12% der Erwerbspersonen. – *BSP:* (1985, geschätzt) 2400 Mill. US-$ (370 US-$ je E). – Anteil der Landwirtschaft am *BSP:* (1984) 27%, der Industrie: 26%. – *Öffentliche Auslandsverschuldung:* (1984) 68,9% des BSP. – *Inflationsrate:* (Durchschnitt 1973–84) 9,0%. – *Export:* (1984) 534 Mill. US-$, v.a. Erdnüsse und Erdnußprodukte, Phosphate, Häute und Felle, Fische, Erdölprodukte, Titan, Salz. – *Import:* (1984) 1010 Mill. US-$, v.a. Maschinen und Fahrzeuge, Erdöl, Nahrungsmittel. – *Handelspart-*

ner: Frankreich, Großbritannien u.a. EG-Staaten, USA, afrikanische Staaten.

V e r k e h r : Recht gut entwickeltes Verkehrsnetz, Dakar ist der modernste *Hafen* Westafrikas.

M i t g l i e d s c h a f t e n : UNO, AKP, UNC-TAD u.a.

W ä h r u n g : 1 CFA-Franc = 100 Centimes.

Senior, Nassau William, 1790–1864, englischer Sozialökonom und -reformer. S. ist v.a. durch seine →Abstinenztheorie des Zinses bekannt geworden, daneben auch durch methodologische Untersuchungen und systematische Darstellung der Klassik (→klassische Lehre) und der →Lohnfondstheorie. Nach seiner originellen Preistheorie bestimmen der über die Nachfrage wirkende Nutzen und die über das Angebot wirkende Knappheit der Güter den Preis. – *Hauptwerke:* „An Outline of the Science of Political Economy" 1836, „A Lecture on the Production of Wealth" 1849, „Four Introductory Lectures on Political Economy" 1852.

Senioritätsprinzip, Ordnung der →Aufstiegsmöglichkeiten, wonach diese nur dem jeweils Dienstältesten bzw. dem Ältesten an Lebensjahren zustehen. In Japan durchgängig für alle Hierarchieebenen praktiziert. Im nordamerikanischen und zentraleuropäischen Raum ist das S. nur in bestimmten Berufsgruppen oder auf bestimmten Hierarchieebenen üblich.

Senke, →Knoten innerhalb eines →gerichteten Graphen zu dem nur Pfeile führen. – *Gegensatz:* →Quelle.

Sensitivitätsanalyse. I. O p e r a t i o n s R e s e a r c h : Untersuchung eines →mathematischen Optimierungsproblems im Hinblick auf die Frage, inwieweit sich gewisse Daten des Problems (jeweils bei Konstanz aller übrigen Daten ändern dürfen, damit eine bereits gefundene Lösung optimal bleibt bzw. wie diese Lösung auf (in bestimmten Grenzen gehaltene) Datenänderungen reagiert. Derartige Informationen sind bei ökonomischen Entscheidungen von besonderer Bedeutung, wenn die zunächst unterstellten Daten unsicher sind. Besonders gut ausgebaut ist das Instrumentarium für derartige Analysen im Rahmen der →linearen Optimierung, wo die meisten Standardsoftwarepakete entsprechende Routinen anbieten. – Vgl. auch →postoptimale Rechnungen.

II. P l a n u n g : Überprüfung einer Rangfolge von Planungsalternativen auf ihre Robustheit gegenüber Änderungen einzelner Parameterwerte oder Gruppen von Parameterwerten. Es können Grenzwerte errechnet werden, bei denen eine Vorteilhaftigkeit einzelner Alternativen nicht mehr vorhanden ist. Gleichzeitig ergibt sich ein Bild über die Unsicherheit, die mit einer Planungsalternative verbunden ist.

sensitivity training, gruppendynamische Veranstaltung, die ein systematisches Training zur Verbesserung des sozialen Verhaltens von Menschen zum Ziel hat, a) durch bewußte Teilnahme und effektives Erleben zwischenmenschlicher Beziehungen in kleinen →Gruppen und b) durch Vermittlung von Kenntnissen über soziale Interaktionsprozesse und gruppendynamische Phänomene.

sensorielle Reaktion, →Reaktionszeit I.

Sensualismus, →Empirismus.

separables Optimierungsproblem, *disjunktives Optimierungsproblem, separables Programmierungsproblem.* 1. *Begriff:* →Mathematisches Optimierungsproblem, bei dem alle Funktionen:

$$(1) \quad f_i(x_1, x_2, \ldots, x_n) \text{ mit } i = 0, 1, 2, \ldots, n$$

separierbar sind, d.h. sich als Summe von Funktionen darstellen lassen, die jeweils nur von einer Variablen abhängen:

$$(2) \quad f_i(x_1, x_2, \ldots, x_n) = \sum_{j=1}^{n} f_{ij}(x_j)$$

$$\text{mit } i = 0, 1, 2, \ldots, n \, .$$

2. *Bedeutung:* Nichtlineare Optimierungsprobleme des Typs:

$$(3) \quad x_0 = \sum_{j=1}^{n} f_{0j}(x_j)$$

$$(4) \quad \sum_{j=1}^{n} f_{ij}(x_j) = b_i, \quad i = 1, 2, \ldots, m,$$

$$(5) \qquad\qquad x_j \geqq 0, \quad j = 1, 2, \ldots, n,$$

$$(6) \qquad\qquad x_0 \longrightarrow \text{Min!}$$

(also s.O.) lassen sich durch entsprechende gemischt-ganzzahlige lineare Optimierungsprobleme approximieren (und auch mit den Methoden der ganzzahligen linearen Optimierung lösen), wenn sämtliche Funktionen $f_{ij}(x_j)$ konvex sind (→ganzzahliges Optimierungsproblem). Dabei kann das ursprüngliche Problem grundsätzlich beliebig genau angenähert werden, jedoch muß jede Erhöhung der Genauigkeit durch zusätzliche Variablen und Restriktionen erkauft werden.

separables   Programmierungsproblem, →separables Optimierungsproblem.

Separationsprinzip, Begriff aus der Finanzierungstheorie. – *Ausprägungen:* 1. *Fisher-Hirschleifer-Modell:* Unter der Annahme des vollkommenen Kapitalmarktes bei Sicherheit können Konsum- und Investitionsentscheidungen voneinander getrennt werden. – 2. *Modigliani* und *Miller:* Sie beweisen, daß die Trennung von Investitions-, Finanzierungs- und Konsumentscheidungen unter bestimmten Annahmen auch dann möglich ist, wenn die über die Ausschüttung Entscheidenden nicht identisch mit den Ausschüttungsempfängern sind. – 3. Auf *vollkommenem Kapital-markt unter Unsicherheit* ist die Zusammenset-zung des optimalen Portefeuilles aus unsiche-ren Anlagen unabhängig von der Risikonei-gung des Investors.

Separationstheorem, *Zwei-Fonds-Theorem,* Weiterentwicklung der Portfolio-Theorie (→Portfolio Selection), wonach ein Teilporte-feuille unabhängig vom Grad der Risikoaver-sion (separabel) aus der Menge der alternati-ven Teilportefeuilles, die risikobehaftet sind, ausgewählt werden kann. Die Kenntnis der Risikoaversion des Anlegers ist allerdings dann notwendig, wenn ein gegebener Kapital-betrag auf risikobehaftete Anlagen aufgeteilt werden soll, d.h. wenn das nutzen-optimale Gesamtportefeuille bestimmt werden soll.

Separierer, Weiterverarbeitungsgerät für →Endlosformulare. S. trennt, zerlegt und sortiert die Sätze nach beschrifteten Seiten und Zwischenlagen. – Vgl. auch →Reißer.

Sequel, →SQL.

Sequentialtestverfahren, *Folgeprüfverfah-ren,* Klasse von →statistischen Testverfahren, bei denen der Stichprobenumfang nicht fest ist, sondern sich als →Ausprägung einer →Zufallsvariablen im Verlauf der Testdurch-führung erst ergibt. Anwendung v.a. in der →Qualitätskontrolle und bei →Stichproben-inventuren. – Nach Entnahme eines Stichpro-benelements und Feststellung seiner Merk-malsausprägung gibt es hierbei *drei Hand-lungsalternativen:* Ablehnung der →Nullhy-pothese; Beibehaltung der Nullhypothese; Fortsetzung der Entnahme. Letzteres dann, wenn der Stichprobenbefund eindeutig weder Ablehnung noch Beibehaltung der Nullhypo-these zuläßt. Dabei ist für die →Prüfgröße ein dritter Bereich *neben* Ablehnungs- und Nicht-ablehnungsbereich festgelegt. – *Vor- und Nachteile:* Mit S. können in eindeutigen Fäl-len erhebliche Kostenvorteile erzielt werden. Es besteht jedoch auch das Risiko eines sehr großen Stichprobenumfangs; ggf. muß der Entnahmevorgang nach einem geeigneten Kriterium abgebrochen werden.

sequentielle Informationsbeschaffung, im Fall von Entscheidungen unter Ungewißheit (→Entscheidungstheorie) angewendetes Ver-fahren der Informationsbeschaffung. Die s.I. besteht aus einem schrittweisen Hinzuziehen weiterer Informationen, bis der Grad der Unsicherheit aufgrund dieser zusätzlichen Information auf ein als ausreichend angesehe-nes Maß reduziert ist. Methodische Grund-lage der s.I. ist die →Sequenzanalyse.

Sequenz, →Steuerkonstrukt 2 a).

Sequenzanalyse. I. S t a t i s t i k : Verfahren, bei denen der Stichprobenumfang nicht wie in der Neyman-Pearsonschen Testtheorie fest vorgegeben ist, sondern bei denen nach jeder

Entnahme eines Elementes aus der →Grund-gesamtheit zusammen mit den bisherigen Stichprobenergebnissen festgestellt wird, ob die Stichprobenentnahme abgebrochen wer-den kann, oder ob noch ein weiteres Element zu entnehmen ist, da mit dem bisherigen Stichprobenergebnis eine Entscheidung noch nicht möglich ist. Mit der von A. Wald begründeten S. wird häufig erreicht, daß eine Entscheidung über Annahme oder Ablehnung einer Hypothese (→statistische Testverfahren) im Durchschnitt mit einem wesentlich geringe-ren Stichprobenumfang möglich ist als bei vergleichbaren nichtsequentiellen Prüfverfah-ren.

II. M i k r o ö k o n o m i k : Untersuchung von Ungleichgewichtssituationen. Die S. ist immer dynamisch. Der Untersuchungszeitraum wird in Perioden zerlegt und die Entwicklung der interessierenden ökonomischen Variablen über alle Perioden untersucht.

Sequester. 1. *Vom Staat* oder einer Besat-zungsmacht (in Deutschland nach 1945) ein-gesetzter Zwangsverwalter von beschlag-nahmten Unternehmungen, Grundstücken oder sonstigen Vermögenswerten. – 2. *Vom Gericht* auch aufgrund →einstweiliger Verfü-gung zur Verwahrung und Verwaltung beweg-licher oder unbeweglicher Sachen zu bestel-lende Person (§§ 848, 938 ZPO). – 3. *Von zwei* oder mehreren *Personen (Parteien)* zur Ver-wahrung eines Streitobjektes bestellter Ver-trauensmann.

Serie, in begrenzter Anzahl hergestellte Pro-duktarten. Die S. ist dadurch gekennzeichnet, daß lediglich die Grundausführung der Pro-duktart spezifiziert ist, so daß unmittelbar kundenorientiert produziert werden kann. (→unmittelbar kundenorientierte Produk-tion). – *Ähnlich:* →Sorte. – Vgl. auch →Seriengröße, →Serienproduktion, →Losse-quenzenplanung.

Serienbrief, Schemabrief mit gleichlauten-dem Text für Zielgruppen-Aktionen. Ratio-nelle Erstellung und Individualisierung durch Einfügen von Adressen und Anreden ist Tei-laufgabe der →Textverarbeitung, auch →pro-grammierten Textverarbeitung.

Seriendurchgangszeit, Begriff der Betriebs-organisation und der →Arbeitsvorbereitung für die Arbeitsstundenzahl, die benötigt wird, um eine bestimmte Auflage (Serie) eines bestimmten Produkts herzustellen. Die Ferti-gungszeit je Stück wird kleiner bei großen Serien, da die Rüst- und Umstellungszeiten (z.B. Umstellung einer Bohrmaschine auf andere Weiten, Einfüllung einer anderen Lackfarbe o.ä.) sich auf eine größere Stück-zahl verteilen (→Auflagendegression).

Seriengröße, Gesamtmenge der Produkte einer →Serie. Sie kann der Losgröße (→Los) entsprechen oder ein vielfaches dieser sein.

Serienkalkulation, auf die Kalkulation ganzer Produktionsserien (→Serie) gerichtete Form der →Zuschlagskalkulation für Betriebe mit →Serienproduktion, kann ggf. mit einer →Divisionskalkulation kombiniert werden.

Serienproduktion, Elementartyp der Produktion (→Produktionstypen), der sich aus dem Merkmal der Prozeßwiderholung ergibt. Bei S. ist die Auflage der verschiedenen Produktarten begrenzt und damit die Wiederholung identischer Prozesse auf eine Zeitspanne fixiert. Seriengüter können parallel mit eigenständigen Arbeitssystemen oder sukzessive auf ein und demselben (umstellbaren) Arbeitssystem in →Losen produziert werden. Die S. hat große Ähnlichkeit mit der →Sortenproduktion, bei der nicht verschiedene Produktarten, sondern Varianten einer Produktart in begrenzter Auflage produziert werden. – *Beispiel:* Herstellung von Personenkraftwagen. – Vgl. auch →Einzelproduktion, →Massenproduktion.

Seriensequenzenplanung, →Lossequenzenplanung.

Server, aus dem Englischen übernommene Bezeichnung für einen →Computer in einem →Netz, der den im Netz verbundenen Arbeitsstationen bestimmte Dienste (z. B. Datenverwaltung, Drucken) zur Verfügung stellt. Verwendet wird der Begriff v. a. bei Mirkorechner-Netzwerken (→Rechnergruppen).

Service 130, Möglichkeit, eine Fernsprechstelle außerhalb der →Nahtarifzone unter Kurzrufnummer zum Ortstarif zu erreichen. Der angerufene Teilnehmer übernimmt die Restgebühren.

Servicegrad, →Lieferbereitschaftsgrad.

Servicepolitik, Instrument des →Handelsmarketing: Das mit den Waren unmittelbar verbundene oder selbständige Angebot von Dienstleistungen. – *Mittel:* a) Warenauswahl, Warenpräsentation, Beratung, Verpackung (Tragetaschen, Geschenkverpackung); b) Raumgestaltung, Zustellung, Reparatur, Installation, Wartung, Reklamation und Warenrücknahme, Garantieleistungen, Auswahlsendungen, Inzahlungsnahme gebrauchter Waren, Zugaben u. a.

Service-Rechenzentrum. 1. *Begriff:* Selbständiges →Rechenzentrum, das Datenverarbeitungsaufgaben für andere Betriebe durchführt. – 2. *Aufgaben* sind u. a. Abwicklung des Massengeschäfts (z. B. computergestützte Lohn- und Gehaltsabrechnung) oder Zurverfügungstellung bestimmter Leistungen (z. B. time sharing zur Finanzplanung). Typischer Anbieter solcher Leistungen ist u. a. die →DATEV e. G. – 3. *Vorteile* der Nutzung von S.-R.: Verlagerung des Betriebsrisikos,

kostengünstige Nutzung komfortabler Lösungen, weniger Overhead im eigenen Unternehmen.

Servicesystem, →Wartesystem.

Servituten, →Dienstbarkeiten, →Grunddienstbarkeiten.

SET, Abk. für →Wirtschaftsverband Stahlbau und Energietechnik e. V.

SEU, Abk. für →Softwareentwicklungsumgebung.

Seuchen, →übertragbare Krankheiten.

Sexualproportion, Verhältnis der männlichen zu den weiblichen Personen; fast überall und zu allen Zeiten ca. 105 bis 106 Jungengeburten auf 100 Mädchengeburten. Bis etwa zum 55. Lebensjahr gibt es infolgedessen in der Bevölkerung mehr Männer als Frauen *(Männerüberschuß),* vorausgesetzt keine oder nur untergeordnete Rolle von →Wanderungen und keine Kriegsverluste, bis etwa zu diesem Alter ist der männliche Geburtenüberschuß durch die „Übersterblichkeit" des männlichen Geschlechts aufgezehrt; deshalb danach *Frauenüberschuß.* – S. in der *Bundesrep.D.* (1985): 105 Jungengeburten auf 100 Mädchengeburten; 109 Frauen auf 100 Männer (Gesamtbevölkerung); 190 Frauen auf 100 Männer (über 65-jährige).

Seychellen, *Republic of Seychelles,* Inselstaat im Indischen Ozean (O-Afrika), nordöstlich von Madagaskar. 36 (von 88) Inseln sind bewohnt. – *Fläche:* 404 km², davon Hauptinsel Mahe 144 km². – *Einwohner* (E): (1986, geschätzt) 70 000 (173,3 E/km²); meist Schwarze und Mulatten, französische Kreolen, Inder, Malaien, Chinesen. – *Hauptstadt:* Victoria auf der Insel Mahe (23 000 E). – *Amtssprachen:* Englisch, Französisch; Umgangssprache: kreolisches Französisch. – Seit 1976 unabhängig, seit 1979 auf dem Weg zur „sozialistischen Demokratie".

W i r t s c h a f t : *Landwirtschaft:* Landwirtschaftlicher Anbau und Viehzucht sind unbedeutend; angebaut werden Kokospalmen, Kopra, Zimt, Vanille, Tee, Gewürze in geringem Umfang. – *Fischfang:* (1981) 5000 t. – *Bergbau:* Abbau von Naturphosphat und Gewinnung von Meersalz. – *BSP:* (1983, geschätzt) 160 Mill. US-$ (2400 US-$ je E); Anteil der Landwirtschaft am BSP: (1981) 4%; der Industrie: 17%. – Exportgüter sind v. a. Kopra, Fisch, Zimt, Zimtöl, Kokosnüsse, Guano. – *Handelspartner:* Großbritannien, Frankreich u. a. EG-Länder, Paskistan, Rep. Südafrika, Kenia, VR Jemen, Réunion, Mauritius. – *Fremdenverkehr:* stark aufstrebender Wirtschaftszweig (Anteil am BSP rd. 40%).

M i t g l i e d s c h a f t e n : UNO, AKP, ECA, OAU, UNCTAD; Commonwealth.

Währung: 1 Seychellen-Rupie (SR) = 100 Cents.

SGE, Abk. für strategische Geschäftsfeldeinheit (→strategisches Geschäftsfeld).

shell, *Schale.* 1. *I.w.S.:* Begriff aus dem →Software Engineering, der v. a. im Zusammenhang mit dem Betriebssystem →Unix bekannt geworden ist. Um einen Kern (die zugrundeliegende Hardware oder hardwarenahe Funktionen) herum wird das Programmsystem in mehreren Schalen, für die jeweils →Schnittstellen nach innen und außen definiert sind, aufgebaut. Die Vorteile liegen v. a. darin, daß einzelne Schalen und der Kern des Programmsystems mit relativ geringem Aufwand verändert bzw. ganz ausgetauscht werden können. – 2. *I.e.S.:* Die äußerste Schale eines Softwaresystems bzw. die Schale, die dem Benutzer als →Benutzeroberfläche zur Verfügung gestellt wird; diese kann ggf. gegen eine andere ausgetauscht werden. – 3. Im Bereich der →*Expertensysteme:* Vgl. →expert system shell.

Shephards Lemma, Lehrsatz der Produktionstheorie, der besagt, daß sich eine bedingte Faktornachfragefunktion einer Ein-Produkt-Unternehmung durch partielle Ableitung der →Kostenfunktion nach dem betreffenden Faktorpreis gewinnen läßt.

Sherman Act, amerikanisches Gesetz gegen Kartelle und den Mißbrauch von Monopolstellungen im Wirtschaftsleben aus dem Jahre 1890. Von Senator Sherman eingebracht und nach ihm benannt. Führte zu teilweise spektakulären Entflechtungen, z. B. bei General Electric und Standard Oil. – *Zweck:* Schutz der in der amerikanischen Verfassung garantierten individuellen Freiheitsrechte und Bewahrung des freien Wettbewerbs. – *Ergänzung* des S.A. 1914 durch den →Clayton Act und den →Federal Trade Commission Act. – Vgl. auch →Antitrust-Gesetzgebung.

shop in the shop, Aufteilung eines großflächigen Verkaufsraums in mehrere „Erlebniszonen", in denen zusammengehörige Waren in der jeweils passenden Atmosphäre (Raumgestaltung) angeboten werden zwecks Auflockerung großer Verkaufsflächen in →Warenhäusern und →Selbstbedienungswarenhäusern. Betreiber sind häufig Hersteller exklusiver Artikel, z. B. Textilien, Lederwaren, Kosmetika, Sportartikel, aber auch manche Spezialanbieter wie Schinken- oder Wurstwarenhersteller, Bäckereien, Tabak- oder Blumenhändler, Reinigungen (→rack jobber).

shopping-center. →Einkaufszentrum.

shopping goods, erklärungsbedürftige Güter des periodischen oder aperiodischen Bedarfs, für deren Erwerb der Konsument i. d. R. bereit ist, Beschaffungsanstrengungen auf sich zu nehmen, z. B. weite Einkaufswege, umfas-

sende Preisvergleiche (→Gebrauchsgüter), z. B. Möbel, Filmkameras, modische Kleidung, bestimmte Champagner- oder Kosmetikmarken. – Vgl. auch →convenience goods, →speciality goods.

shop steward, Vertrauensmann der Belegschaft mit sehr starker Stellung im Betrieb. Nur in Großbritannien anzutreffen.

shorthundredweight, →hundredweight.

short position, →Leerverkauf.

short sale, →Leerverkauf.

short ton, →ton.

SI, Abk. für →Internationales Einheitensystem (Système International d'Unités).

Siam, →Thailand.

Sicherheit. I. Finanzierung: Vgl. →Kreditsicherheit.
II. Verkehrswesen: 1. *Begriff:* Eigenschaft eines Verkehrssystems, Transportvorgänge ohne Schaden an dem Verkehrsobjekten durchführen zu können. – 2. *Verkehrswertigkeit:* Der Sicherheitsgrad eines Verkehrssystems läßt sich nach Maßabe der relativen Schadenshäufigkeit und der daraus entstehenden ökonomischen Folgen bestimmen. Die technisch-ökonomische, medizinische und sozialpsychologische Unfallforschung hat sich aus dem Regelkreis Mensch-Verkehrsmittel-Verkehrsweg und der Umwelt (z. B. Witterungseinflüsse) ergebenden Sicherheitsrisiken des Verkehrsablaufs weitgehend erklären können und – bei Geltung des Gesetzes der Großen Zahl – abschätzbar gemacht. Relativ hohe Sicherheitsrisiken im Straßenverkehr; deutlich geringer sind sie sowohl bei der Eisenbahn als auch beim Luftverkehr. – 3. *Verkehrsaffinität:* Im Güterverkehr niedrige Sicherheitsanforderungen für geringwertige Güter, die zugleich höhere sicherheitsbedingte Transportkosten ökonomisch nicht tragen können, oder für Güter, deren Qualität bei Unfällen kaum beeinträchtigt wird (z. B. Erztransporte). Hohe Anforderungen an S. für hochempfindliche chemische Stoffe (z. B. flüssige Gase), stoßempfindliche Brennstoffe und Sprengstoffe; bei einigen dieser Transportgüter muß S. sowohl für das Transportgut selbst als auch im öffentlichen Interesse gewährleistet werden. Im Personenverkehr generell hohe Anforderungen an S.; da jedoch der einzelne Verkehrsteilnehmer das Risiko eines Unfalls für sich kaum kalkuliert bzw. kalkulieren kann, tendiert der Personenverkehr stark zu privaten Pkw mit insgesamt relativ hoher Unfallrate. Im Nachrichtenverkehr sind die erbrachten Verkehrsleistungen nur sowiet, wie sie ohne Qualitätseinbußen erbracht werden; verzerrte Informationen können zu weitreichenden Fehlentscheidungen Anlaß geben. Vor-

handene Kommunikationswege und -techniken entsprechen weitgehend den hohen Anforderungen an die S.

III. Entscheidungstheorie: Bezeichnung desjenigen Ungewißheitsgrades, bei dem nur eine einzige Zukunftslage für möglich gehalten wird.

Sicherheitsäquivalent, mit Sicherheit eintretender (subjektiver) Ergebniswert, der einer (unsicheren) Verteilung alternativ möglicher Ergebnisse äquivalent ist. Vgl. auch →Entscheidungstheorie, →Bernoulli-Prinzip.

Sicherheitsarrest, →persönlicher Arrest.

Sicherheitsbeauftragter, Person, die gem. §719 RVO in Unternehmen mit mehr als zwanzig Beschäftigten zu bestellen ist. – *Aufgaben:* Den Unternehmer bei der Durchführung des Unfallschutzes zu unterstützen, u. a. sich laufend von der ordnungsgemäßen Benutzung der vorgeschriebenen Schutzvorrichtungen zu überzeugen (→Arbeitssicherheit). Der S. ist Mitglied des →Arbeitsschutzausschusses. – Vgl. auch →Fachkraft für Arbeitssicherheit, →Sicherheitsingenieur.

Sicherheitsbestand, →Materialbestandsarten 2 b), →eiserner Bestand.

Sicherheitsgurte, Zwei- oder Dreipunktgurte, für die Vordersitze von Kraftfahrzeugen und seit 1. 5. 1979 auch für Rücksitze, für alle Kraftfahrzeuge bis zu 2,8 t (§35a StVZO). Keine Nachrüstpflicht für alte Fahrzeuge hinsichtlich der S. für Rücksitze. Die S. müssen während der Fahrt angelegt sein, mit Ausnahme für Taxi- (Mietwagen-)fahrer, Lieferanten und Fahrten im Schritttempo und auf Parkplätzen (§21a StVO). – *Verstöße* können zu vericherungsrechtlichen Nachteilen oder bei Schadenersatzansprüchen als →Mitverschulden berücksichtigt werden.

Sicherheitshypothek, →Hypothek II 2.

Sicherheitsingenieur, →Fachkraft für Arbeitssicherheit, die die Bezeichnung Ingenieur tragen darf und über sicherheitstechnische Fachkenntnisse verfügen muß. – *Aufgaben:* Beratung der für den Arbeitsschutz und die Unfallverhütung verantwortlichen Personen, sicherheitstechnische Überprüfung der Betriebsanlagen, Beobachtung der Durchführung des Arbeitsschutzes, Hinwirken auf sicherheitsorientiertes Verhalten aller Betriebsangehörigen (→Arbeitssicherheit).

Sicherheitsleistung. I. Bürgerliches Recht: Vielfach durch Gesetz oder Abrede der Parteien vorgesehenes Mittel, v. a. zur Abwendung bestimmter Rechtsnachteile, z. B. bei vorläufiger Vollstreckbarkeit eines Urteils; zur Abwendung des Vermieterpfandrechts. S. ist möglich u. a. durch Hinterlegung von Geld oder Wertpapieren, Verpfändung beweglicher Sachen, Bestellung von Hypotheken und

Schiffshypotheken oder hilfsweise auch durch Stellung eines tauglichen Bürgen (§§232–240 BGB); letzteres (insbes. Bankbürgschaft) ist praktisch zum Regelfall geworden.

II. Steuerrecht: Entsprechendes gilt im Steuerrecht (§§241–248 AO), wenn S. gefordert werden kann, z. B. bei Aussetzung der Steuerfestsetzung oder Vollziehung (§361 AO), Stundung (§222 AO).

III. Zollrecht (§241–248 AO): Forderung der Leistung einer vollen oder teilweisen Sicherheit für auf den betr. Waren ruhende Eingangsabgaben, z. B. bei der Gewährung von →Zahlungsaufschub, im →Zollgutversand und im gemeinschaftlichen Versandverfahren, bei Erteilung von →Carnets TIR, bei offenen Zollagern (→Lagerung im Sinne des Zollrechts), in der vorübergehenden →Zollgutverwendung.

Sicherheitsmeister, →Fachkraft für Arbeitssicherheit.

Sicherheitsnachlaß, *Sicherheitsrabatt,* bei Versicherungsverträgen Nachlaß auf die Prämie wegen besonderer Sicherheitsvorkehrungen, die die Gefahr für den Versicherer wesentlich mindern. In der Einbruchdiebstahlversicherung z. B. besondere Bewachungsmaßnahmen, Polizeirufanlagen mit automatischer Auslösung; in der Feuerversicherung z. B. Sprinkleranlagen. – Vgl. auch →Schadenverhütung.

Sicherheitsrabatt, →Sicherheitsnachlaß.

Sicherheitstechniker, →Fachkraft für Arbeitssichereit.

Sicherheitsvorschriften, im Versicherungswesen z. T. auf Gesetzen und Verordnungen, in der Individualversicherung auch auf vertraglicher Vereinbarung (→Obliegenheiten) beruhend, dienen der Schadenverhütung. Verletzung kann zur Leistungsfreiheit des Versicherten führen. – In der *Sozialversicherung* Unfallverhütungsvorschriften der Berufsgenossenschaften.

Sicherheitswechsel, *Depotwechsel,* von Kreditgebern auf Kreditnehmer gezogener →Wechsel zur Sicherstellung ihrer Forderung in Höhe des gewährten Darlehens (→Kreditsicherheit). – *Bilanzierung:* S. werden in der Bilanz des Kreditnehmers, solange der Sicherungsfall nicht eingetreten ist, nicht gesondert ausgewiesen.

Sicherstellungsgesetze, Gesetze, die für den Fall des →Notstandes für Zwecke der Verteidigung, insbes. zur Deckung des Bedarfs der Zivilbevölkerung und der Streitkräfte erforderliche Versorgung mit Gütern und Leistungen sicherstellen sollen.

Sicherstellung von Zollgut, erfolgt durch Wegnahme oder Verfügungsverbot, wenn a) ein Zollantrag nicht rechtzeitig gestellt wird

(§ 20 ZG); b) Zollgut nicht innerhalb der festgesetzten Lagerfrist aus dem Zollager ausgelagert worden ist (§ 45 IX ZG); c) in Fällen der Nichtbeachtung von Zollvorschriften (§ 57 IV ZG).

Sicherungsabtretung, *Sicherungszession,* Abtretung einer Forderung (→ Forderungsabtretung) zur Sicherung einer Forderung des Zessionars gegen den Zedenten. Die S. ist ein treuhänderisches Rechtsverhältnis (→ Treuhandschaft); der Treuhänder, hier der Zessionar, hat gegenüber Dritten, insbes. dem Schuldner der abgetretenen Forderung, die volle Rechtsstellung des Gläubigers der abgetretenen Forderung, von dieser darf jedoch im Innenverhältnis zum Zedenten nur im Rahmen der getroffenen Vereinbarung Gebrauch gemacht werden. Der Zessionar muß die Forderung zurückübertragen, wenn seine Forderung gegen den Zedenten erlischt. S. wird vielfach in Form der → stillen Zession vorgenommen. – Vgl. auch → eigennützige Treuhandverhältnisse; → Globalabtretung, → Mantelzession.

Sicherungsgrundschuld, für die als Sicherheit für gewährte Kredite (→ Kreditsicherheit) bestellte → Grundschuld. Die S. ist keine besondere Rechtsinstitution wie die → Sicherungshypothek, weil die Grundschuld (anders als die Hypothek) von der zugrunde liegenden Forderung vollständig abstrahiert ist. Trotzdem wird die Grundschuld zur Besicherung von Bankkrediten vielfach angewendet, weil sie besonders beweglich und weniger kompliziert als die Sicherungshypothek ist.

Sicherungshypothek, → Hypothek, die in der Weise bestellt wird, daß das Recht des Gläubigers aus der Hypothek sich nur nach der zugrunde liegenden Forderung bestimmt und der Gläubiger sich zum Beweis der Forderung nicht auf die Eintragung im Grundbuch berufen kann. Die Hypothek muß im → Grundbuch als S. bezeichnet werden (§ 1184 BGB); die Geltendmachung des Grundpfandrechts ist an den Nachweis der Forderung gebunden. – Erteilung eines → *Hypothekenbriefs* ist bei der S. kraft Gesetzes ausgeschlossen (§ 1185 BGB). – Die S. ist immer → Arresthypothek bzw. → Zwangshypothek. – Die S. kann in eine gewöhnliche Hypothek und umgekehrt *umgewandelt* werden. – *Besondere Formen:* → Höchstbetragshypothek, → Inhaberhypothek. – *Bedeutung:* Im Kreditgeschäft wird die S. häufig als zusätzliche Sicherheit angewendet (→ Kreditsicherheit).

Sicherungsschein, Vereinbarung zwischen Versicherer und Kreditgeber, wonach dem Kreditgeber die Ansprüche aus dem Versicherungsvertrag zustehen sollen. Im Verkehr mit Kreditinstituten einheitliche Formulierungen. – *Arten:* Hypotheken-S., Zubehör-Hypotheken-S., Waren-S., Sicherungsbestätigung für Maschinen und Einrichtungsgegenstände, S.

bei Bestellung sonstiger Pfandrechte, Kraftfahrzeug-S.

Sicherungstreuhandschaft, → Treuhandschaft.

Sicherungsübereignung. I. B e g r i f f : Gesetzlich nicht geregelter, aber in der Praxis entwickelter und in der Rechtsprechung anerkannter Vertrag, durch den der Schuldner dem Gläubiger zur Sicherung einer Schuld das → Eigentum an einer → beweglichen Sache oder an einer Sachgesamtheit (z. B. Warenlager) mittels → Besitzkonstituts überträgt mit der Verpflichtung zur Rückübertragung, sobald die Schuld getilgt ist, oder mit der Vereinbarung, daß das Eigentum nach Erfüllung der Schuld von selbst an den Schuldner zurückfällt. Die S. ist ein treuhänderisches Rechtverhältnis (→ Treuhandschaft); der Treuhänder, in diesem Fall der Gläubiger, hat Dritten gegenüber die volle Rechtsstellung des Eigentümers, darf jedoch von dieser im Innenverhältnis zum Schuldner nur im Rahmen der getroffenen Vereinbarungen Gebrauch machen.

II. B e d e u t u n g : Die S. hat weitgehend das → Pfandrecht verdrängt, da sie im Gegensatz zu diesem eine tatsächliche Übergabe der Ware nicht voraussetzt. Sie ist jedoch nur wirksam, wenn ein → Besitzkonstitut vereinbart ist. Die S. einer Sachgesamtheit, insbes. eines Warenlagers, ist auch in der Weise möglich, daß dem Schuldner die Veräußerung einzelner Waren im Wege eines normalen Geschäftsverkehrs gestattet wird, andererseits jedoch auch die Waren, die erst in Zukunft Bestandteil des Warenlagers werden, von der S. erfaßt werden; vgl. → Raumsicherungsvertrag. Die S. größerer Sachgesamtheiten *kann nichtig sein,* wenn sie den Schuldner unangemessen in seiner wirtschaftlichen Freiheit beschränkt oder andere Gläubiger über die Kreditwürdigkeit des Schuldners täuscht (→ Knebelungsvertrag, → Kredittäuschungsvertrag).

III. R e c h t s f o l g e n : Vollstreckt ein Gläubiger des Sicherungsgebers in die zur Sicherung übereignete Sache, so kann der Sicherungsnehmer nach bisher herrschender Rechtsprechung mit der → Drittwiderspruchsklage Freigabe verlangen (§ 771 ZPO); ebenso kann der Sicherungsgeber der Vollstreckung durch Gläubiger des Sicherungsnehmers nicht widersprechen, solange die gesicherte Forderung besteht (strittig). Im → *Konkurs* kann der Sicherungsnehmer aber nicht → Aussonderung, sondern nur → Absonderung verlangen. – Vgl. auch → eigennützige Treuhandverhältnisse.

Sicherungsverfahren, → Arrestverfahren, → objektives Verfahren.

Sicherungszession, → Sicherungsabtretung.

Sicht, →Datensicht.

Sichteinlagen, täglich fällige Gelder; →Einlagen auf Bankkonten, die jederzeit fällig sind, und die den Zwecken des bargeldlosen Zahlungsverkehrs dienen, z. B. →Giroeinlagen. S. bei Notenbanken sind i.d.R. nicht, bei Geschäftsbanken niedrig verzinslich. Keine S. sind →Spareinlagen, die der Geldanlage und nicht dem Zahlungsverkehr dienen. – *Gegensatz:* →Termineinlagen.

Sichtgerät, →Bildschirmgerät.

Sichtkurs, →Devisenkurs für kurzfristig fällige Auslandszahlungsmittel, insbes. Schecks, telegrafische Auszahlungen, Sichtwechsel.

Sichttratte, →gezogener Wechsel (Tratte), der bei Vorlage zahlbar ist. – Im *Exportgeschäft* werden S. v. a. bei Dokumenteninkasso (→Inkasso) und Dokumentenakkreditiv (→Akkreditiv II 1 b) verwendet, falls ihre Ausstellung vorgeschrieben ist. Wenn beim Dokumentenakkreditiv eine S. gezogen wird, werden die Dokumente nur gegen Bezahlung der S. ausgehändigt.

Sichtvermerk, Vermerk eines diplomatischen oder konsularischen Vertreters eines fremden Staates im →Paß, der die *Einreise* in das betreffende Staatsgebiet erlaubt. – S.-zwang kann ausnahmsweise auch als *Ausreiseerlaubnis* angeordnet werden. S. ist Sonderform der →Aufenthaltserlaubnis für Ausländer (§ 5 Ausländer-G). – Die Bundesrep. D. hat durch gegenseitige Abkommen mit den meisten europäischen Staaten auf S. verzichtet.

Sichtwechsel, →Wechsel, auf dem kein bestimmtes Fälligkeitsdatum angegeben ist, sondern durch einen entsprechenden Vermerk „auf Sicht", „bei Sicht" u. ä. bestimmt wird, daß der Wechsel bei Vorlegung fällig sein soll (Art. 2 WG). – Der S. muß binnen eines Jahres seit der Ausstellung zur Zahlung vorgelegt werden (Art. 34 I WG). Der Aussteller kann eine kürzere oder längere Frist bestimmen, die Indossanten können die Vorlegungsfristen abkürzen. Der Aussteller kann vorschreiben, daß die Vorlegung nicht vor einem bestimmten Tag erfolgen soll; in diesem Falle beginnt die Vorlegungsfrist mit diesem Tag (Art. 34 II WG). – *Gegensatz:* →Tagwechsel. – Vgl. auch →Nachsichtwechsel.

Sieben-b-Abschreibung, Abschreibung nach § 7b EStG, der eine erhöhte Absetzung für Einfamilienhäuser, Zweifamilienhäuser und Wohnungseigentum vorsieht. Ist nur noch für Wohnungen und Häuser anzuwenden, die vor dem 1.1.1987 hergestellt oder angeschafft worden sind.

7F-Modell →Führungsmodelle II 2.

7-S-System, Erklärungsansatz zur →Unternehmenskultur von McKinsey & Co. bzw. Peters und Waterman. Dieser Ansatz basiert auf der These, daß die zielorientierte Kombination von beeinflußbaren Führungselementen (Struktur, Strategie, Systeme – sog. *hard facts*) und weniger beeinflußbaren Führungselementen (Fähigkeiten, Personal, Stil, übergeordnete Ziele – sog. *soft facts*) unternehmerische Spitzenleistungen erzeugt. Insbes. die letzteren dienen dabei als Beschreibungsdimensionen einer spezifischen U.; dem sichtbar gelebten Wertsystem wird eine zentrale Bedeutung zugesprochen.

Siebte EG-Richtlinie, *Konzernbilanzrichtlinie, gesellschaftliche Richtlinie* (vgl. →EG-Richtlinien).

I. R e c h t s l a g e : Verabschiedet im Juni 1983. Die Umsetzung der 7. Richtlinie in deutsches Recht erfolgte am 19.12.1985 im Rahmen des →Bilanzrichtlinien-Gesetzes. Die neuen Regelungen müssen erstmals für die Geschäftsjahre, die nach dem 31.12.1989 beginnen, können jedoch freiwillig schon vorher angewandt werden.

II. B e d e u t u n g : →Harmonisierung der Vorschriften zur Rechnungslegung im Konzern (vgl. →Konzernabschluß; →Konzernlagebericht) in den Mitgliedstaaten der EG. Die 7. Richtlinie ergänzt die →Vierte EG-Richtlinie, die sich auf den Einzelabschluß beschränkt. Die Pflicht zur Aufstellung eines Konzernabschlusses bezieht sich insbesondere auf Konzerne, deren Muttergesellschaft eine Kapitalgesellschaft (AG, KGaA, GmbH) ist. Zusätzlich muß der Konzern bestimmte Größenkriterien erfüllen, die zwischen denen der Vierten EG-Richtlinie (vgl. →Größenklassen) und des Publizitätsgesetzes (→Rechnungslegung nach Publizitätsgesetz) liegen. Je nach Konzernstruktur ist auf bestimmten Ebenen ein Teilkonzernabschluß vorgeschrieben.

III. I n h a l t : Voraussetzung für die Einbeziehung in den Konzernabschluß *(Konsolidierungskreis)* ist nicht mehr ausschließlich – wie im geltenden Recht – die Ausübung der einheitlichen Leitung (§ 290 I HGB), sondern ebenso das Vorliegen rechtlicher Beherrschungsmöglichkeiten (§ 290 II HGB). Neben der Vollkonsolidierung kennt die Richtlinie die *Quotenkonsolidierung* (vgl. →Konzernabschluß). Für von Konzernunternehmen maßgeblich beeinflußte Unternehmen mit einer Beteiligungshöhe zwischen 20–50% (assoziierte Unternehmen) wird eine Einbeziehung nach einem besonderen Konsolidierungsverfahren (→*Equity-Methode)* vorgeschrieben (§§ 311, 312 HGB). Die *Kapitalkonsolidierung* (Konzernabschluß) erfolgt künftig im Regelfall nach angelsächsischem Vorbild durch eine erfolgswirksame Erstkonsolidierung. In besonderen Fällen ist jedoch eine abweichende Methode zulässig (§ 302 HGB).

Siedlung, aus sozialpolitischen Erwägungen gegründete städtische Kleinsiedlung; Nebenerwerbs-, Stadtrand- und Heimstättenstellen, sämtliche Eigenheime oder Wohnstätten, die den Familien von hauptberuflich gewerblich tätigen Menschen nicht nur Wohnraum verschaffen, sondern ihnen durch eigene Garten- und Landwirtschaft, durch Kleintierhaltung und sonstige Betätigung zu Bodeneigentum und damit zur Seßhaftigkeit verhelfen sollen. Gem. § 20 des Ersten Wohnungsbaugesetzes bestehen derartige S. „aus einem Einfamilienhaus mit angemessenem Wirtschaftsraum und angemessener Landzulage und müssen nach Größe, Beschaffenheit und Einrichtung dazu bestimmt und geeignet sein, dem Siedler durch Selbstversorgung aus vorwiegend gartenbaumäßiger Nutzung des Landes und Kleintierhaltung eine fühlbare Ergänzung seines sonstigen Einkommens zu bieten".

Siedlungsdichte, Einwohner je km² Siedlungsfläche. – *Reziproker Wert:* →Siedlungsraum.

Siedlungseinheit, Begriff der Bevölkerungsstatistik für die Abgrenzung von Ortschaften mit den ihnen zugehörigen Wohnstätten nach Größenordnungen. Einzelne Bezeichnungen vgl. untenstehende Tabelle. – *Abgrenzung:* Es wird *abgesehen:* a) von formalrechtlichen Begriffen und b) von der Wirtschaftsstruktur; c) es werden *berücksichtigt:* verwaltungspolitische Abgrenzungen, auch die Zusammenfassung von Kirchspielen (z. B. in Bayern), Großgemeinden (Oldenburg) usw., selbst dann, wenn diese verwaltungsrechtliche Einheit der wirtschaftlichen und soziologischen nicht entspricht.

	Ort:	
von	bis unter	Bezeichnung
	2 000	*Landgemeinde*
2 000	5 000	*ländl. Kleinstadt*
5 000	20 000	*Kleinstadt*
20 000	100 000	*Mittelstadt*
100 000	1 000 000	*Großstadt*
über 1 Million Einwohner		*Weltstadt*

Siedlungsraum, Siedlungsfläche je Einwohner. – *Reziproker Wert:* →Siedlungsdichte.

Siedlungswesen, Schaffung neuer Ansiedlungen und Vergrößerung bereits bestehender Kleinbetriebe auf dem Lande. – *Rechtsgrundlage:* Reichssiedlungsgesetz vom 11.8.1919, ergänzt und erweitert durch die Bodenreformgesetze der Länder. Das S. gehört nach Art. 74 Nr. 18 GG heute zur konkurrierenden Gesetzgebungskompetenz. – Die ländliche →Siedlung wird *durchgeführt* von gemeinnützigen Siedlungsunternehmen, die *Körperschaften* des öffentlichen Rechts sind, unter Mitwirkung der staatlichen Siedlungsbehörden. – Vgl. auch →Heimstättenwesen.

Siegelbruch, strafrechtliches Vergehen (§ 136 StGB). Strafbar ist, wer unbefugt ein dienstliches Siegel vorsätzlich erbricht, ablöst oder beschädigt, welches von einer Behörde oder einem Beamten (z. B. Gerichtsvollzieher) angelegt ist, um Sachen dienstlich zu verschließen, zu bezeichnen oder in Beschlag zu nehmen, oder den durch das Siegel bewirkten amtlichen Verschluß ganz oder zum Teil unwirksam macht. – *Strafe:* Freiheitsstrafe bis ein Jahr oder Geldstrafe.

Siemens (S), →gesetzliche Einheiten, Tabelle 1.

Sierra Leone, *Republik Sierra Leone,* kleiner Küstenstaat in Westafrika, präsidiale Republik seit 1971, Militärregime seit 1967. – *Fläche:* 71 740 km², eingeteilt in 3 Provinzen mit 12 Distrikten und Hauptstadtbezirk. – *Einwohner* (E): (1984) 3,5 Mill. (49,3 E/km²); vorwiegend Sudan-Gruppen. – *Hauptstadt:* Freetown (1980: 300 000 E); weitere wichtige Städte: Bo (32 900 E), Kenema (31 300 E), Makeni (26 500 E), Maramya (21 500 E). – *Amtssprache:* Englisch; sudanesische Umgangssprachen.

Wirtschaft: *Landwirtschaft:* 65% der Erwerbspersonen. Getreideproduktion (Reis), Kaffee, Kakao, Agrumen, Piassave, Palmerzeugnisse. Viehzucht: Rinder, Ziegen, Schafe. – *Fischfang:* (1981) 49 200 t. – *Industrie und Bergbau:* Hauptsächlich Nahrungsmittelindustrie; Erdölraffinerien. Diamanten, Eisenerz, Chrom, Platin, Bauxit. 10% der Erwerbspersonen. – *BSP:* (1985, geschätzt) 1380 Mill. US-$ (370 US-$ je E). – Anteil der Landwirtschaft am *BSP:* (1984) 32%; der Industrie: 10% – *Öffentliche Auslandsverschuldung:* (1984) 34,7% des BSP. – *Inflationsrate:* (Durchschnitt 1973–84) 15,4%. – *Export:* (1984) 112 Mill. US-$, v. a. Diamanten (mehr als 50%), Eisen- und Chromerze, Bauxit, Palmkerne, Kakao, Kaffee, Kolanüsse, Piassave-Fasern. – *Import:* (1985) 156 Mill. US-$, v. a. Nahrungsmittel, Erdöl, Fertigwaren. – *Handelspartner:* Großbritannien, USA, Nigeria, Japan, Niederlande, Bundesrep. D., VR China.

Verkehr: Verstärkter Ausbau des *Straßennetzes* (ca. 7000 km). Wichtig ist die *Binnenschiffahrt.* Seehafen: Freetown. Internationaler *Flughafen:* Lungi; nationale *Fluggesellschaft.*

Mitgliedschaften: UNO, AKP, UNCTAD; Commonwealth.

Währung: 1 Leone (Le) = Cents.

Sievert (Sv), Einheit der Äquivalentdosis (→gesetzliche Einheiten, Tabelle 1). Zwischen der Äquivalentdosis H und der Energiedosis D (Einheit: →Gray) besteht die Beziehung: $H = QND$, wobei der Qualitätsfaktor Q und das Produkt aus allen anderen modifizierenden

Faktoren N Zahlen sind. H und D können in der gleichen Einheit (J/kg) gemessen werden. Es wird Gray für die Einheit der Energiedosis und Sievert für die Äquivalentdosis H verwendet, um eine Verwechslung zwischen Energie- und Äquivalentdosis auszuschließen. 1 Sv = 1 J/kg.

Signal, Begriff der Nachrichten- und Informationstheorie. S. ist ein physikalisch meßbares Faktum oder Ereignis, das als Ergebnis eines Kombinations- und Transformationsvorganges von Zeichen der Übermittlung von Nachrichten in einem Kanal von einem Sender an einen Empfänger dient. S. überbrücken entweder räumliche Distanzen (Telegrafie) oder Zeitspannen (Gedächtnis, Speicher) und sind Träger von →Informationen.

Signalfunktion des Preises, Begriff der Preistheorie. Veränderungen der Nachfrage lösen Preisveränderungen aus, die dem Produzenten anzeigen, daß sich die relative Knappheit des Gutes verändert hat. Preiserhöhungen signalisieren, daß das Angebot für die herrschende Nachfrage zu gering, Preissenkungen, daß das Angebot für die herrschende Nachfrage zu hoch ist. I.d.R. werden die Unternehmungen sich an die veränderte Knappheitssituation durch Veränderungen der Ausbringungsmenge anpassen.

Signalwirkungen, veränderte Verhaltensweise der Wirtschaftssubjekte schon während der Diskussion einer Steuerrechtsänderung bzw. einer Neueinführung mit dem Ziel, die Steuerzahlung zu vermeiden oder zu mindern; bestimmte Form der →Steuerwirkung. Ökonomisch handelt es sich um zeitliche, räumliche oder sachliche Substitutionsprozesse. – *Beispiele:* Vorziehen von Käufen bei drohender Erhöhung spezieller Verbrauchssteuern; steuerlich bedingte Verlagerung von Standorten; Substitution eines besteuerten Produktionsfaktors durch einen nicht besteuerten.

Signifikanzniveau, *Irrtumwahrscheinlichkeit,* vorab konzedierte (bei →einseitigen Fragestellungen größtmögliche) →Wahrscheinlichkeit der fälschlichen Ablehnung der →Nullhypothese, also des Begehens eines →Alpha-Fehlers bei →statistischen Testverfahren.

Silberwährung, monometallistisches Währungssystem, in dem Silber Währungsmetall ist und die Geldwert bestimmt (Silbermünzen). – *Arten der S.:* Analog zur →Goldwährung. – *Bedeutung:* S. waren während des Mittelalters in Europa vorherrschend, kommen heute aber nicht mehr vor.

Silvesterputz, →window dressing.

Simbabwe, *Zimbabwe,* früher *Rhodesien,* parlamentarische Demokratie in Südafrika, unabhängig seit 1980, Verfassung garantiert Mehrparteiensystem. Einparteienstaat setzt

sich durch; Binnenland, überwiegend Hochland mit tropisch-wechselfeuchtem Klima. – *Fläche:* 390 622 km²; eingeteilt in 8 Provinzen. – *Einwohner* (E): (1986, geschätzt) 8,4 Mill. (21,5 E/km²); meist Afrikaner, rund 4% Weiße, Mischlinge und Asiaten als Minderheiten. – *Hauptstadt:* Salisbury/Harare (1982: 656 000 E); weitere wichtige Städte: Chitungwiza (172 000 E), Gwelo (80 000 E), Umtali (70 000 E), Kwekwe (47 000 E), Kadoma (44 000 E). – *Amtssprache:* Englisch.

W i r t s c h a f t : *Landwirtschaft:* Anbau von Zitrusfrüchten, Obst, Tee, Tabak, Baumwolle, Erdnüssen. Bedeutende Viehzucht: hauptsächlich Rinder, Schafe, Ziegen, Esel; ca. 45% der Erwerbspersonen (1984) in der Landwirtschaft tätig. – *Bergbau:* Steinkohle, Chrom, Kupfer, Eisen, Wolfram, Uran, Gold (an sechster Stelle der Weltproduktion), Asbest, Magnesit; 15% der Erwerbspersonen. – Die *Industrie* baut v. a. auf den Bergbauprodukten auf; daneben auch Nahrungsmittel- und Textilindustrie. – *Reiseverkehr:* (1980) ca. 300 000 Touristen. – BSP: (1985, geschätzt) 5450 Mill. US-$ (650 US-$ je E.). – Anteil der Landwirtschaft am BSP: (1984) 20%; der Industrie: 35%. – *Öffentliche Auslandsverschuldung:* (1984) 28,4% des BSP. – *Inflationsrate:* (Durchschnitt 1973–84) 11,4% – *Export:* (1985) 1053 Mill. US-$, v. a. Bergbauprodukte (Chrom, Kupfer, Zinn, Wolfram und besonders Gold), daneben Tee, Getreide, Zucker. – *Import:* (1985) 969 Mill. US-$, v. a. Industrieausrüstungen, Fahrzeuge, Fertigwaren. – *Handelspartner:* Großbritannien, Rep. Südafrika, Sambia, USA, Bundesrep. D.

V e r k e h r : Gut ausgebautes *Landverkehrsnetz* (Hauptträger: Eisenbahn), das v. a. die Bergbaugebiete erschlossen hat; *Binnenluftverkehrswesen* ist gut entwickelt, wichtigster *Flughafen:* Salisbury/Harare; besitzt große Zentralität neben Johannesburg (Rep. Südafrika).

M i t g l i e d s c h a f t e n : UNO, AKP, CCC, OAU, UNCTAD u. a.; Commonwealth.

W ä h r u n g : 1 Simbabwe-Dollar (Z$) = 100 Cents.

simplex, Art der →Datenübertragung, bei der Daten nur in eine Richtung über das Medium übertragen werden können. – *Gegensatz:* (voll) →duplex.

Simplexmethode. 1. *Jedes Verfahren zur Bestimmung optimaler Lösungen für lineare Optimierungsprobleme,* das den →primalen Simplexalgorithmus bzw. den →dualen Simplexalgorithmus bzw. Modifikationen dieser Algorithmen (u. a. →Zwei-Phasen-Simplexmethode, →M-Methode oder →revidierte Simplexmethode) verwendet. – 2. Häufig auch synonym für →*Zwei-Phasen-Simplexmethode.*

Simplexschritt. 1. *Begriff:* Im Rahmen der Anwendung des primalen bzw. dualen Simplexalgorithmus Ausführung eines Bündels von lösungsneutralen Umformungen, die zum Übergang von einer kanonischen Form des Systems zur anderen erforderlich sind. – 2. *Arten:* a) *Primaler S.:* Überführt eine →primal zulässige kanonische Form in eine andere primal zulässige kanonische Form des betrachteten Systems, deren Basislösung aber i. d. R. einen besseren Zielwert aufweist (→primaler Simplexalgorithmus). – b) *Dualer S.:* Überführt eine →dual zulässige kanonische Form in eine andere dual zulässige kanonische Form des betrachteten Systems, deren Zielwert „näher" bei demjenigen der optimalen Lösung liegt (sofern eine solche Lösung existiert). Sofern die neue kanonische Form nicht auch primal zulässig ist, ist die ausgewiesene Basislösung keine zulässige Lösung des betrachteten Optimierungssystems.

Simplifikation, Begriff der Unternehmenspolitik für die Einengung des Leistungsprogramms einer Unternehmung durch Spezialisierungsmaßnahmen (→Wertschöpfungsstrategien). – *Gegensatz:* →Diversifikation.

Simulation. I. B e g r i f f : Ein möglichst realitätsnahes Nachbilden von Geschehen der Wirklichkeit. Aus Sicherheits- und Kostengründen ist es für fast alle konkreten Problemkreise notwendig, sie aus der Realität zu lösen und abstrakt zu behandeln; d. h. durch Abstraktion wird ein →Modell geschaffen, an dem zielgerichtet experimentiert wird. Von den daraus resultierenden Ergebnissen wird anschließend wieder auf das Verhalten der realen Vorgänge zurückgeschlossen. S. ist nicht auf analytische Verfahren (→effektiver Algorithmus) in geschlossener Form zurückzuführen; bei der Konzipierung des Modells sind deshalb viel Geschick und Erfahrung einzubringen, um die wesentlichen Einflußgrößen zu erfassen und keine unzulässige Vergröberung vorzunehmen.

II. K l a s s i f i z i e r u n g : Eine Kategorisierung der S.smodelle läßt sich durch folgende Eigenschaften einführen: a) *physikalische Modelle* (Windkanal) oder *abstrakte Modelle* (Planspiel); b) *Modelle mit menschlicher Entscheidung* (militärische Sandkastenspiele) oder *ohne menschliche Entscheidung* (Automatensteuerung); c) *deterministische Modelle* (Wärmeflußgleichungen) oder *stochastische Modelle* (Nachbildung der Molekularbewegung). – Unter *S. im engeren Sinn* versteht man die Behandlung mathematischer Probleme, die Modelle von technischen oder ökonomischen Vorgängen sind. I. d. R. werden zeitabhängige Phänomene behandelt, deren Änderung in *Zeitschritten (zeitorientiert)* oder *Ereignisschritten (ereignisorientiert)* nachvollzogen werden kann.

III. S t o c h a s t i s c h e S . : Bei der stochastischen S. sind die zu betrachtenden Einflußgrößen durch den Zufall bestimmt, daher wird der S.sablauf durch die Regeln der Wahrscheinlichkeitsrechnung bestimmt. Eingangsdaten sowie Ergebnisse sind Statistiken und somit nicht reproduzierbar. Bei dem Modellaufbau müssen die Beziehungen der Wahrscheinlichkeitsverteilungen untereinander und die Veränderung der Systemzustände beschrieben werden. In Form von Ablaufdiagrammen und daraus resultierenden Computerprogrammen wird die Logik des Systemablaufes nachgebildet. Notwendige Daten zur Ermittlung eines S.sergebnisses werden aus →Zufallsgeneratoren gewonnen, die jede vorgegebene Verteilung synthetisch erzeugen. – Zur Steuerung von Systemänderungen werden *zeitorientierte Ereignislisten* geführt. – Spezielle *Simulationssprachen* (SIMULA, GPSS) erleichtern den EDV-technischen Aufbau und Ablauf von S.smodellen. Neuere Simulationssoftware bietet interaktive graphische Entwicklung und Animation von S.

IV. A n w e n d u n g : S. wird angewandt, wenn ein Problem sich nicht durch ein mathematisches Modell beschreiben läßt, also keine analytische Lösung existiert oder eine exakte Lösung einen unverhältnismäßig hohen Rechenaufwand verursacht. Oft können →Wartesysteme nicht mit der →Warteschlangentheorie behandelt werden (Verteilungsprämissen), so daß die aufwendigere aber flexible S. zum Einsatz kommt.

Simulationsmodell, →Modell.

Simulationssprache, eine →Programmiersprache, die durch ihren Aufbau und spezielle Sprachelemente besonders die Durchführung von Simulationen unterstützt. – *Bekannte S.:* Dynamo, GPSS, Simscript, Simula.

simultane Gleichungssysteme. 1. *Begriff:* S. sind *Mehrgleichungssysteme,* in denen die gegenseitigen Beziehungen der Variablen eines ökonometrischen Modells (→Ökonometrie II) zum Ausdruck kommen. Sie sind dadurch gekennzeichnet, daß in jeder einzelnen Gleichung erklärende Variablen auftreten können, die in anderen Gleichungen als abhängige (endogene) Variablen dienen (interdependentes Modell). Daraus entstehen *stochastische Abhängigkeiten* zwischen Störgrößen und erklärenden Variablen; eine der Annahmen des klassischen Regressionsmodelles (→Regressionsmodell, →Regressionsanalyse) ist damit verletzt. – 2. *Beschreibung:* Die unverzögerten endogenen Variablen werden als gemeinsam abhängige Variablen bezeichnet. Ihre Werte werden durch das Modell bestimmt. Daneben enthält das S. im allgemeinen Variablen, die nicht gleichzeitig durch das Modell erklärt werden. Sie sind als vorherbestimmt zu betrachten. Zu den vorherbestimmten Variablen rechnet man die verzögerten endogenen Variablen und die echten, von außerhalb des Modelles vorgegebenen, exogenen Variablen. Ein S. wird als vollständig bezeichnet, wenn es ebensoviele Gleichungen wie gemeinsam abhängige Variablen enthält. –

S. können in der →*strukturellen Form* und der →*reduzierten Form* geschrieben und analysiert werden.

Simultaneous-peripheral-operations-online-Betrieb, →Spool-Betrieb.

Simultangründung, →Einheitsgründung.

Simultanplanung, Planung, bei der alle Teilpläne unter Berücksichtigung der gegenseitigen Interdependenzen gleichzeitig (simultan) aufgestellt werden. S. führt bei gleichzeitiger Berücksichtigung der Zielsetzung in einem Schritt zu harmonisch aufeinander abgestimmten Teilplänen und zum optimalen Gesamtplan (→Gesamtplanung). – *Schwierigkeiten* zur Durchführung betrieblicher S. bestehen im Umfang der dann entstehenden Planungsmodelle sowie der dann erforderlichen Rechenkapazitäten, der mangelnden Kenntnis funktionaler Zusammenhänge der betrieblichen Aktionsvariablen und der Unsicherheit gewisser relevanter Daten. – *Gegensatz:* →Sukzessivplanung.

SINAP, Système intégré de nomenclatures d'activités et de produits, →Integriertes System von Wirtschaftszweig- und Gütersystematiken.

Singapur, *Republik Singapur,* Stadtstaat und Inselrepublik in Südostasien mit einem Parlament aus einer Kammer, größter Handels- und Umschlagplatz in Südostasien, unabhängig seit 1965, an der Südspitze der Malaiischen Halbinsel gelegen. – *Fläche:* 618,1 km², eingeteilt in 6 Verwaltungsbezirke. – *Einwohner* (E): (1986, geschätzt) 2,59 Mill. (4190 E/km²; 77% Chinesen, 15% Malaien, 6% Inder und Pakistaner. – *Hauptstadt:* Singapur (1984: 2,5 Mill. E), daneben kleinere Siedlungen. – *Amtssprache:* Englisch; daneben Chinesisch, Malaiisch, Tamil.

W i r t s c h a f t: *Landwirtschaft:* Nur 16% der landwirtschaftlich genutzten Fläche ist Ackerland, nur 1% der Erwerbspersonen sind in der Landwirtschaft tätig. Viehzucht: Schweine, Rinder. – *Fischfang:* (1982) 19 346 t. – S. besitzt keine Bodenschätze. – In der *Industrie* (bedeutendes Erdölraffineriezentrum) sind 39% der Erwerbspersonen beschäftigt. – *Dienstleistungen:* Banken; Tagungs- und Konferenzzentrum. – *Reiseverkehr:* (1981) 2,83 Mill. Touristen. – *BSP:* (1985, geschätzt) 18 970 Mill. US-$ (7420 US-$ je E). – *Anteil der Landwirtschaft am BSP:* (1983) 1%; der Industrie: 37%. – *Öffentliche Auslandsverschuldung:* (1984) 10,6% des BSP. – *Inflationsrate:* (Durchschnitt 1973–84) 4,4%. – *Export:* (1986) 22494 Mill. US-$, v. a. Erdölprodukte, Maschinen, Textilerzeugnisse, Transportmittel, chemische Produkte, Rohkautschuk, Bekleidung. – *Import:* (1986) 25512 Mill. US-$, v. a. Erdöl, Maschinen, Konsumgüter. – *Handelspartner:* Japan, USA, Saudi-Arabien, Malaysia, Thailand, Hongkong, EG-Länder.

V e r k e h r: Singapur ist Schnittpunkt für den *Schiffs- und Luftverkehr* zwischen Indien, Afrika, Europa, Australien, Ostasien und dem pazifischen Amerika. Der *Flughafen* Paya Lebar wird von fast allen internationalen Fluggesellschaften angeflogen. Eine *-Eisenbahnlinie* verbindet Singapur mit der Malaiischen Halbinsel. 500 km gut ausgebaute *Straßen.* Singapur ist der größte Hafen in SO-Asien (Seeumschlag 1980: 86,3 Mill. t, davon sind ⅔ Erdöl und Erdölprodukte).

M i t g l i e d s c h a f t e n: UNO, UNCTAD u. a.; Commonwealth.

W ä h r u n g: 1 Singapur-Dollar (S$) = 100 Cents.

single factoral-terms of trade, *einseitiges faktorales Austauschverhältnis,* eines der Konzepte der →terms of trade, ermittelt durch Multiplikation der →commodity-terms of trade mit dem Index der Produktivität der in der inländischen Exportgüterherstellung eingesetzten Produktionsfaktoren. – *Bedeutung:* Die Größe ist im Hinblick auf Änderungen der Vorteilhaftigkeit des Außenhandels aussagefähiger als die commodity-terms of trade, da sie nicht nur auf die Preise abstellt, sondern zumindest auch über die Einbeziehung der Faktorproduktivitäten eine Kostenveränderung mitberücksichtigt. Die Aussagefähigkeit bezüglich der Wohlfahrtswirkung des Außenhandels ist jedoch in verschiedener Hinsicht beschränkt, insbes. weil sie die Mengenveränderungen nicht einbezieht. Werden z. B. bei technischem Fortschritt in der Exportproduktion die Exportpreise nicht zurückgenommen, so daß die Exportmenge nicht steigt (commodity- und →income-terms of trade bleiben unverändert), steigen zwar die s. f.-t. o. t.; der Faktoreinsatz in der Exportproduktion wird aber entsprechend der Produktivitätszunahme schrumpfen. Im Hinblick auf die Wohlfahrtimplikationen müßte dann untersucht werden, was mit den freigesetzten Faktoren geschieht; ihr Einsatz in alternativen Verwendungen ist anders zu beurteilen als eine eventuelle Zunahme der Unterbeschäftigung.

single-user-mode, →Einprogrammbetrieb.

Single-user-System, →Einplatzsystem.

singulärer Satz, →Existenzaussage.

Singularinstanz, eine mit nur einem Handlungsträger besetzte →Instanz. Die Leitung der hierarchisch untergeordneten organisatorischen Einheiten erfolgt nach dem →Direktorialprinzip. – *Gegensatz:* →Pluralinstanz.

Singularversicherung, →Individualversicherung.

Sinnestypen, →Vorstellungstypen.

SIO, Systematik der Produktionsbereiche in →Input-Output-Rechnungen. Für die Bereiche Land- und Forstwirtschaft, Fischerei,

Produzierendes Gewerbe und Handel abgeleitete Fassung der → Wirtschaftszweigsystematik.

SIR-Konzept, Stimulus-Insystem-Response-Konzept, → Käuferverhalten II 2.

Sismondi, Jean Charles Léonard Simonde de, 1773–1842, schweizerischer Nationalökonom. Historiker und Sozialpolitiker. Neben seinen historischen Werken, durch die S. u. a. die Erforschung der mittelalterlichen Geschichte Italiens anregte, konnten die politisch-ökonomischen Werke größtes Interesse beanspruchen. Nachdem S. 1818 bis 1819 in England eine der ersten Wirtschaftskrisen erlebt hatte, entwickelt er in seinen „Nouveaux principes" eine → Unterkonsumtionstheorie. S. gilt daher neben Malthus als der erste Krisentheoretiker. (Berühmter Briefwechsel mit Ricardo). S. forderte die Intervention des Staates zum Schutze der Arbeiter und zur Regelung der Produktion und Verteilung, jedoch ohne Kollektivierung der Produktionsmittel. – *Hauptwerke:* „Etudes sur les sciences sociales" 1836–37, „De la Richesse commerciale ou Principes de l'économie politique appliqués à la législation du commerce" 1803, „Nouveaux principes d'économie politique" 1819.

Sistema Económico Latinoamericano, → SELA.

SITA-Netz, *Societé Internationale de Télécommunications Aeronautiques-Netz,* seit Ende der 60er Jahre vom internationalen Verband der Fluggesellschaften (IATA) aufgebautes weltweites → Netz, das die Computer von mehr als 150 Fluggesellschaften verbindet und v. a. für die Buchung und Abrechnung internationaler Flugtickets gedacht ist.

SITC, Abk. für → Standard International Trade Classification.

sittenwidriges Rechtsgeschäft, → Sittenwidrigkeit.

sittenwidrige Werbung, Werbemaßnahmen, die keine Rücksicht auf das allgemeine Anstandsgefühl nehmen oder grob taktlos vorgehen. S. W. unterliegt der Generalklausel des § 1 UWG, die bestimmt, daß derjenige, welcher im geschäftlichen Verkehr – und damit auch im Rahmen seiner Werbemaßnahmen – gegen die guten Sitten verstößt, auf Unterlassung und Schadenersatz in Anspruch genommen werden kann (→ unlautere Werbung, → unlauterer Wettbewerb).

Sittenwidrigkeit. 1. *Begriff:* → Rechtsgeschäft, das gegen die guten Sitten verstößt *(sittenwidriges Rechtsgeschäft),* ist nichtig (§ 138 BGB), z. B. Knebelungsverträge, Kredittäuschungsverträge, Wucher. Ein Vertrag kann auch wegen der Art seines Zustandekommens (z. B. Schmiergeld) sittenwidrig sein. Meist nur unter Berücksichtigung aller Umstände des Einzelfalles zu entscheiden. –

2. S. eines Geschäftes schließt die *Besteuerung* nicht aus (§ 5 II AO). – 3. Wer einem anderen in sittenwidriger Weise *Schaden* zufügt, ist zum → Schadenersatz verpflichtet (§ 826 BGB). – 4. Vgl. auch → sittenwidrige Werbung.

Situationsanalyse, Begriff der Theorie der Wirtschaftspolitik. Bestehend aus: 1. *Diagnose:* Beschreibung und Erklärung der jeweiligen wirtschaftlichen Lage sowie Aufzeigen und Erklären von Abweichungen zwischen dem erwünschten Zustand (wirtschaftspolitisches → Ziel) und der realen Situation. Vgl. im einzelnen → Konjunkturdiagnose, → Gemeinschaftsdiagnose. – 2. *Status-quo-Prognose:* Vorhersage über die Fortentwicklung der Situation, wenn keine wirtschaftspolitischen Eingriffe vorgenommen werden; Zweck: Erkennung wirtschaftspolitischen Handlungsbedarfs. – 3. *Wirkungsprognose (Entscheidungsprognose):* Vorhersage möglicher Haupt- und Nebenwirkungen der in der jeweiligen Wirtschaftslage zur Zielerreichung vorgeschlagenen wirtschaftspolitischen Instrumente oder Programme. – *Zweck:* Bereitstellung von Informationen für den wirtschaftspolitischen Entscheidungsträger, der diese für das Problemlösungsverfahren benötigt. – Vgl. auch → rationale Wirtschaftspolitik.

Situationskontrolle, Grad, in dem eine Person Kontrolle über als aversiv (widerwillig) erlebte Arbeitsbedingungen besitzt; eine Funktion der Person und der Situation. Der Grad der erlebten S. hängt auch von der Einstellung der Person ab, sich selbst oder das Schicksal als wesentliche Bedingung für die eigene Lebenssituation zu betrachten *(locus of control).* – *Folgen:* Abhängig von der S. wählt die Person im Rahmen der Belastungsbewältigung unterschiedliche coping-Strategien (→ coping). Bei hoher S. sind innovative Tendenzen, bei niedriger S. resignative Tendenzen und das Eintreten → resignativer Arbeitszufriedenheit wahrscheinlich. Bürokratische Organisation führt i. d. R. zu Einschränkung der S.

Situationsprüfung, → Prüfung.

Situationstheorien der Führung. 1. *Ziel:* Die Prognose speziell des Führungserfolgs bei gegebenem → Führungsstil dadurch zu verbessern, daß auch spezifische Aspekte der Situation (Merkmale der Aufgabe, der Geführten und der Gruppe) berücksichtigt werden. – 2. *Hauptproblem:* Sinkender Geltungsbereich der hieraus ableitbaren Verhaltensempfehlungen. Notwendige Voraussetzungen sind Befähigung zu valider Situationsdiagnostik und zu hoher Verhaltensflexibilität (→ Führungseigenschaften). – Vgl. auch → Kontingenzmodell der Führung.

situative Entscheidung, Entscheidung, die bedingt wird durch die Beziehungen zwischen

Situation und Struktur, z. B. einer Organisation (Prinzip der situativen Bedingtheit). Die s. E. basiert auf der Kombination der Aussagen der vergleichenden Organisationsforschung und des dort entwickelten situativen Ansatzes (Bedingtheits- oder →Kontingenz-Ansatz) mit den Ergebnissen des Entscheidungsansatzes. – Vgl. auch→Entscheidungsverhalten, →Entscheidungstheorie, →entscheidungsorientierte Betriebswirtschaftslehre.

Sitz. 1. *Begriff:* Bezeichnung für den Betriebsmittelpunkt (Hauptniederlassung) von Handelsgesellschaften; i. a. im Gesellschaftsvertrag festgelegt (zwingend für Kapitalgesellschaften und Genossenschaften). Als S. der AG ist i. d. R. der Ort zu wählen, wo die AG einen Betrieb hat, oder der Ort, wo sich die Geschäftsleitung befindet oder die Verwaltung geführt wird (§ 5 AktG). Die AG kann nur einen S. haben; Zweigniederlassungen sind zulässig. Auch bei anderen Unternehmungsformen wird die willkürliche Bestimmung des S. als unzulässig angesehen (strittig). – 2. *Bedeutung:* Der S. ist v. a. maßgebend für die Bestimmung des →Erfüllungsorts, des →Gerichtsstandes und des für die Führung des →Handelsregisters zuständigen Registergerichts. – 3. Über den S. im Sinne der *Steuergesetze* vgl. § 11 AO. – *Gewerbesteuerrechtlich* wird der S. nur dann als →Betriebsstätte angesehen, wenn zugleich auch die geschäftsleitende Tätigkeit am Ort des S. dauernd ausgeübt wird. – Vgl. auch →Stätte der Geschäftsleitung, →Wohnsitz.

Sitzladefaktor, →Ladefaktor.

Skala, in der Statistik die Menge der →Ausprägungen einer →Variablen bzw. eines →Merkmals und deren Strukturierung bezüglich Informationsgehalt. Je nach Aussagegehalt ist, angeordnet nach zunehmendem Informationsgehalt, *zu unterscheiden:* die →Nominalskala, die →Ordinalskala und die metrischen Skalen (→Intervallskala und →Verhältnisskala). – Die Festlegung einer Skala für ein Merkmal wird als *Skalierung* bezeichnet (→Messung).

skalares Element, →Datenelement.

Skalenelastizität, Begriff der Produktions- und Kostentheorie. Die S. gibt die relative Veränderung der Outputmenge im Verhältnis zur proportionalen, relativen Veränderung *aller* Inputmengen an:

$$\frac{\delta x}{x} : \frac{\delta \lambda}{\lambda}$$

Ist die S. konstant gleich eins, handelt es sich um eine linear homogene Produktionsfunktion.

Skalenertrag, *Niveaugrenzprodukt, returns to scale,* Änderung des Output (Produktionser-

trags), die dadurch entsteht, daß bei gegebener Produktionstechnik alle Faktoreinsatzmengen im gleichen Verhältnis variiert werden. Wächst die Produktionsmenge proportional/überproportional/unterproportional zum zusätzlichen Faktoreinsatz, spricht man von konstanten/steigenden/sinkenden S. (constant/increasing/decreasing returns to scale).

Skalenniveau, *Meßniveau,* Begriff der Statistik für das Niveau verschiedener Maße. – Zu *unterscheiden:* 1. *Nominalskalen:* Dienen lediglich der Klassifikation und Identifikation von Untersuchungsobjekten (z. B. Geschlecht: 1-männlich, 2-weiblich). Die Analyse nominalskalierter Daten beschränkt sich auf Häufigkeitsauszählungen (z. B. Modus). – 2. *Ordinalskalen:* Diese ordnen die Untersuchungsobjekte nach ihrem Rang (z. B. Bank A ist besser als Bank B), sagen jedoch nichts über das Ausmaß der Unterschiede aus. Zulässige mathematische Operationen bei ordinalskalierten Daten sind die Berechnungen des Modus und des Medians. – 3. *Intervallskalen:* Es wird eine Maßeinheit vorausgesetzt, so daß der Abstand zwischen zwei Zahlen oder die Differenz zweier Zahlen die Bedeutung bekommt (z. B. Temperaturskala). Es existiert jedoch kein natürlicher Nullpunkt. Intervallskalen sind transformiert werden (z. B. Celsius nach Fahrenheit); es können arithmetische Mittelwerte berechnet werden. – 4. *Verhältnisskalen (Ratioskalen):* Diese bilden das höchste S. Sie haben im Vergleich mit den Intervallskalen einen eindeutig festgelegten Nullpunkt (z. B. Gewichtsskala).

Skalierung, →Skala.

Skalierungsverfahren, Verfahren zur Wahrnehmungs-, Image- und Einstellungsmessung. Ziel ist das Messen qualitativer Eigenschaften auf einem möglichst hohen →Skalenniveau. S. liefern ordinal-, intervall- oder verhältnisskalierte Meßwerte, wobei sowohl die Auswahl der aufzunehmenden Stimuli (→Expertenbefragung, →Pretest usw.) als auch die Interpretation der erhaltenen Antworten objektiv nachvollziehbar sind. S. ermöglichen es somit, subjektive Tatbestände in Zahlen auszudrücken und der numerischen Analyse zugänglich zu machen. Die Unterschiede zwischen den einzelnen Verfahren liegen in der Konstruktion und der Anwendung der jeweiligen Skalen. – *Bekannteste Verfahren:* →Thurstone-Skalierung, →Likert-Skalierung, →Guttman-Skalierung, →semantisches Differential, →Polaritätsprofil, →multidimensionale Skalierung, →Coombs-Skalierung, →Magnitude-Skalierung, →Fishbein-Modell, →Trommsdorf-Modell.

Skalogrammverfahren, Verfahren zur Wahrnehmungs-, Image- und Einstellungsmessung. Sie werden den →psychologischen Testverfahren zugerechnet. – 1. *I. w. S.:*Erhebungstechniken, bei denen Eigenschaften oder

Merkmale zuzuordnen oder Objekte gegenüber vorgegebenen Items einzuordnen sind. – 2. *I. e. S.:* Identisch mit den →Skalierungsverfahren.

SKE, Abk. für →Steinkohleneinheit.

skimming pricing, →Abschöpfungspreispolitik, →Preismanagement III.

Skimming-Strategie, Abschöpfungspreispolitik, →Preismanagement III.

Skonto. 1. *Charakterisierung:* Prozentualer Nachlaß, der vom Kaufpreis entsprechend den →Zahlungsbedingungen auf den Rechnungsbetrag bei Barzahlung binnen einer bestimmten Frist gewährt wird, oft auch gestaffelt z. B. „Zahlbar in 3 Monaten netto, binnen 1 Monat 2%, binnen 10 Tagen 3% Skonto." Wirtschaftlich gesehen ist S. der Preis für die Kreditnutzung bzw. Vorfinanzierung, die bei der Warenlieferung dem Abnehmer eingeräumt wurde. Außer den anteiligen Zins- und Verwaltungskosten enthält der dem Barpreis zugeschlagene S. kalkulatorisch noch eine Prämie für das Kreditrisiko, so daß dem Käufer ein Anreiz für Barzahlung gegeben ist. – *Sonderform:* Warenskonto (Nachlaß in Form von Waren). – 2. *Buchung:* Da Lieferer-S. als Anschaffungspreisminderungen zu behandeln sind (§ 255 I HGB), sind sie bei den entsprechenden Positionen der Vorräte bzw. Anlagen direkt abzusetzen. Kunden-S. sind als Erlösschmälerungen von den Umsatzerlösen abzuziehen (§ 277 I HGB). Eine gesonderte Buchung als Aufwand (nach IKR in Klasse 6) bzw. Ertrag (Klasse 5) kommt nur dann in Frage, wenn die S. den Umsatzerlösen als Erlösberichtigungen bzw. den Aufwendungen als Aufwandsberichtigungen nicht direkt zurechenbar sind. Ein gesonderter Ausweis in der →Gewinn- und Verlustrechnung ist nicht vorgesehen, aber zur Verbesserung des Einblicks durch offenes Absetzen bei den Materialaufwendungen und den Umsatzerlösen möglich (§ 265 V HGB). – 3. *Umsatzsteuerliche Behandlung:* a) Beim Lieferer: →Entgelt wird gemindert; b) beim Abnehmer: Kürzung des Vorsteuerabzugs.

Skontration. I. B u c h f ü h r u n g (Lagerbuchführung): 1. *Begriff:* Erfassung des Materialverbrauchs mit Hilfe von Materialentnahmescheinen, die bei jedem Lagerabgang unter Angabe der empfangenden Kostenstelle und der Auftragsnummer ausgestellt werden. Auch als *Fortschreibung* oder *Fortschreibungsmethode* bezeichnet. – 2. *Nachteil* der S. liegt in dem relativ hohen Arbeitsaufwand. Demgegenüber steht der *Vorteil* des jederzeit feststellbaren Soll-Bestandes. Durch Vergleich dieses Soll-Bestandes mit dem durch →Inventur ermittelten Ist-Bestand kann auch der nicht bestimmungsgemäße →Lagerverlust (Schwund, Diebstahl usw.) bestimmt werden. – 3. *Arten:* a) *Sorten-S.,* bei der nur Materia-

lien gleicher Art zusammen gelagert und artweise fortgeschrieben werden; *Partie-S.,* bei der ein Posten Material ungetrennt gelagert und fortgeschrieben wird. b) *Mengen-S.; Wert-S..*

II. B a n k w e s e n : Ausgleich von Forderungen und Schulden durch Abrechnung, z. B. Liquidation von Termingeschäften.

Skontro, Neben- und Hilfsbuch der Buchführung zum täglichen Nachweis von Bestandsmengen durch Aufzeichnung mengenmäßiger Ein- und Ausgänge; vielfach im Lager-, Wechsel-, Devisen-, Sorten- und Effektenverkehr üblich. – Vgl. auch →Lagerkarte, →laufende Inventur.

Sleeper-Effekt, Kommunikationseffekt, der besagt, daß die positiven Wirkungen eines glaubwürdigen Kommunikators im Laufe der Zeit verloren gehen („einschlafen"). Der S. konnte zwar mehrfach empirisch bestätigt werden, in neuerer Zeit wird er allerdings zunehmend in Zweifel gezogen. – *Ursache:* Im Zeitablauf kommt es zu einer Entflechtung von Informationsquelle und -inhalt. Es wird noch erinnert, was gesagt wurde, aber vergessen, wer es gesagt hat. – *Folge:* Manchmal wird daraus der gewagte Schluß gezogen, es käme in der Werbung nicht unbedingt auf Glaubwürdigkeit an.

Slip, Formularstreifen, gebräuchlich im Bankbetrieb, insbes. bei Ausführung von Börsenaufträgen. Aufgrund der S. erfolgen die Buchungen. Durchschrift erhält der Kunde.

Slogan, Werbeschlagwort, das der Einprägung von Begriffen (meist Merkmalen) beim Konsumenten dienen soll. – *Merkmale:* Kürze und Prägnanz (wesentlich für Akzeptanz und Gedächtniswirkung), verstärkt durch sprachlich-rhythmische Intonation und Wortwohlklang (wesentlich für Gefallen und Behalten).

slot, →frame.

Slump, Börsenausdruck für eine plötzlich eintretende →Baisse. – *Gegensatz:* →Boom.

Slutsky-Gleichung, zerlegt eine durch eine Preisänderung hervorgerufene Nachfrageänderung in zwei Komponenten: Substitutionseffekt und Einkommenseffekt. Der *Substitutionseffekt* mißt die Hicksche Nachfrageänderung (Änderung der Nachfrage bei konstantem Nutzenniveau), der *Einkommenseffekt* den Einfluß der Einkommensänderung auf die Nachfrage bei Konstanz der Preise.

Slutsky-Matrix, Matrix der Substitutionsterme, also die Matrix der Ableitungen der →Hicksschen Nachfragefunktionen nach den Güterpreisen. Aus der neoklassischen Theorie des Konsumenten folgt, daß die S.-M. symmetrisch und negativ semidefinit ist. Diese Aussage kann empirisch überprüft werden.

sm, Seemeile, →Meile.

Smalltalk. 1. *Begriff:* Von der Firma Rank Xerox im Palo Alto Research Center (USA) Ende der 80er Jahre entwickelte →Programmiersprache. – 2. *Umfang:* Im Gegensatz zu anderen Programmiersprachen stellt S. nicht nur eine Sprache zur Verfügung, sondern ein ganzes Programmentwicklungssystem (→Programm, →Programmierumgebung). Dieses ist selbst in S. geschrieben und stützt sich auf eine →virtuelle Maschine. – 3. *Einordnung:* S. ist eine imperative und objektorientierte Sprache, in der das Klassenkonzept der Programmiersprache Simula in weiterentwickelter Form integriert ist.

Smith, Adam, 1723–1790, englischer Philosoph und Nationalökonom, erster Klassiker der Nationalökonomie. S. betonte die Bedeutung der Arbeit als der eigentlichen Quelle des Wohlstands der Nationen, entdeckte die zentrale Bedeutung der →Arbeitsteilung, von der die Steigerung der →Produktivität abhängt und deren Geschichte die Geschichte des technischen, aber auch des menschlichen Fortschritts ist. Die Tauschvorgänge bilden die Grundlage des wirtschaftlichen Geschehens (angeborener Hang der Menschen zum Tauschen), und der Preis nimmt die zentrale Stellung für die Ausrichtung der Produktion und die Einkommensverteilung ein. S. unterschied a) den →Marktpreis, gebildet durch Angebot und Nachfrage, und b) den →natürlichen Preis, der mit den Durchschnittskosten (Lohn, Grundrente und Profit) übereinstimmt. Der Marktwert schwankt um den natürlichen Wert, kann sich auf die Dauer aber nicht weit von ihm entfernen. Voraussetzung für die Wirksamkeit des Preismechanismus und die immer weitere Ausdehnung der Arbeitsteilung (deren gesellschaftliche Nachteile S. allerdings auch sah), sind ein freier Markt und eigennütziges Handeln der Menschen, das zu einem Zustand der Harmonie der ganzen Wirtschaft führt. – Aus dieser Theorie wurde die Forderung nach weitgehender Nicht-Intervention des Staates abgeleitet sowie nach voller Handels- und Gewerbefreiheit (Laissez-faire). – Nach der Lehre von S. ist die →Zahlungsbilanz entscheidend für die Außenhandelssituation eines Landes im Gegensatz zu der merkantilistischen Auffassung, die Handelsbilanz sei entscheidend. – *Hauptwerke:* „Theory of Moral Sentiments" 1759, „Inquiry into the Nature and Causes of the Wealth of Nations" 1776.

Smithsche Steuerregeln, →Besteuerungsprinzipien 1.

Smithsonian Agreement, →Washingtoner Währungsabkommen.

SNA, systems network architecture, von IBM entwickeltes geschlossenes Rechnernetz (→geschlossenes Netz, →lokales Netz). Es unterstützt eine hierarchische Baumstruktur

der Kommunikationspartner. S. wurde bisher über 30000 Mal installiert.

Snap-out-Satz, →Schnelltrennsatz.

Snedecor-Verteilung, →F-Verteilung.

Snobeffekt, →externer Konsumeffekt.

social accounting, Darstellung →sozialer Kosten und →sozialer Erträge, d. h. solcher Kosten und Nutzen, die auf die Allgemeinheit abgewälzt werden, bzw. ihr zugutekommen. Das S. A. hat seinen Ursprung in der Kritik an der traditionellen Rechenschaftslegung, welche sich ausschließlich am monetären Gewinnziel der Einzelwirtschaften orientiert und wichtige gesamtwirtschaftliche Ziele (z. B. Umweltschutz) außer acht läßt. Mit Hilfe des S. A. soll versucht werden, die durch das Unternehmung bedingten Veränderungen in der Gesellschaft und der Umwelt zu erfassen (soziale Kosten und Nutzen), die gesellschaftliche Verantwortung der Unternehmung stärker zum Ausdruck zu bringen und allen Interessenten mit Hilfe quantitativer Informationen deutlich zu machen. – Vgl. auch →Sozialbilanz.

social benefits, →soziale Erträge.

social costs, →soziale Kosten.

social engineering, →Sozialtechnik.

social fiscal policy, Ergänzung der traditionellen →fiscal policy unter expliziter Berücksichtigung der finanzpolitischen Allokations- und Distributionsfunktion.

social goods (proper), →öffentliche Güter.

social man, →Menschenbilder 2.

social marketing, Begriff mit sozialen und humanen Komponenten. – 1. *Marketingkonzept,* das sich nicht an bestimmten Institutionen orientiert, sondern sein Interesse auf die marketingmäßige Realisierung von sozial orientierten, d. h. am gesellschaftlichen Nutzen ausgerichteten Ideen konzentriert. – 2. Im Rahmen von Marketingaktivitäten *gesellschaftlich verantwortungsbewußtes Handeln.*

Société Internationale de Télécommunications Aeronautiques-Netz, →SITA-Netz.

Society for Worldwide Interbank Financial Telecommunication (Swift), Zusammenschluß europäischer und nordamerikanischer Banken; Sitz in Brüssel. Gegründet 1973. Ziel ist die Standardisierung des internationalen Zahlungsverkehrs.

Soforthilfe, gesetzliche Maßnahme zur Milderung der dringendsten sozialen Notstände, die sich durch den Zweiten Weltkrieg ergeben hatten. Gesetzliche Grundlage bildete das Gesetz zur Milderung dringender sozialer Notstände (Soforthilfegesetz) vom 8.8.1949; durch das Lastenausgleichsgesetz (→Lastenausgleich) abgelöst.

sofortige Beschwerde, besondere Art der →Beschwerde, die binnen einer Notfrist von zwei Wochen nach Zustellung oder Verkündung der Entscheidung eingelegt sein muß. – Die s. B. ist nur *zulässig,* wenn es in der ZPO oder anderen Gesetzen ausdrücklich bestimmt ist, so z. B. i. d. R. gegen Entscheidungen des Gerichts im Zwangsvollstreckungsverfahren (§ 793 ZPO). Das Gericht, dessen Entscheidung angefochten wird, ist zur Abänderung der Entscheidung nicht befugt, sondern muß die s. B. dem Beschwerdegericht vorlegen; deshalb kann die s. B. auch sogleich bei dem Beschwerdegericht eingelegt werden (z. B. § 577 ZPO).

Software. I. Begriff: 1. *S. i. e. S.:* Zusammenfassende Bezeichnung für die Programme, die auf einem →Computer ausgeführt werden können. Ohne S. ist die →Hardware nicht betriebsfähig. Unterschieden wird i. w. zwischen →Anwendungsprogrammen und →Systemprogrammen. – 2. *S. i. w. S.:* Auch organisatorische Richtlinien, Verfahrensregeln und insbes. die zugehörige Dokumentation (→Dokumentation 3).

II. Bilanzierung: Für selbsterstellte S. gilt handels- wie steuerrechtlich ein Aktivierungsverbot, soweit es sich um immaterielle Gegenstände des Anlagevermögens handelt. Für selbsterstellte S. des Umlaufvermögens sowie für entgeltlich erworbene S. gilt i. d. R. ein Aktivierungsgebot als immaterielles Wirtschaftsgut (→Aktivierungspflicht). Beim Kauf von Hardware erworbene, nicht gesondert in Rechnung gestellte Systemsoftware ist als Teil der materiellen EDV-Anlage zu aktivieren.

Softwareeinsatz, *Systembetrieb* Phase im →software life cycle, in der das entwickelte →Softwaresystem seiner Zweckbestimmung entsprechend eingesetzt wird. In der betrieblichen Datenverarbeitung z. T. eine sehr lange Phase. Die Lebensdauer großer Softwaresysteme liegt häufig zwischen 10 und 15 Jahren.

Software Engineering. I. Gegenstand: S. E. ist eine Disziplin, die sich mit der Entwicklung, der Wartung (→Softwarewartung) und dem Einsatz von →Software, insbes. von →Softwaresystemen, befaßt. S. E. wird einerseits als wissenschaftliche Disziplin betrachtet, in der Praxis andererseits als ein Bündel von Prinzipien, Methoden und Werkzeugen für Softwareentwicklung, -einsatz und -wartung.

II. Einordnung: Die Zuordnung zu Wissenschaftsgebieten ist nicht eindeutig. – 1. S. E. wird als zur →*Betriebsinformatik* gehörig angesehen, da viele Problemstellungen typische betriebswirtschaftliche Fragen beinhalten (z. B. Softwarekosten, Projektmanagement) und der Großteil aller Softwaresysteme in Betrieben zum Einsatz kommt. S. E. ist i. a. auch Bestandteil der Betriebsinformatik-Aus-

bildung. – 2. S. E. gilt als Teilgebiet der *Angewandten Informatik* (→Informatik II 4), da andere Fragestellungen eine starke technische Ausrichtung haben (z. B. Softwaretechnologie, Softwarewerkzeuge).

III. „Softwarekrise" als Entstehungsursache: 1. *Ausgangssituation:* In den 60er Jahren war eine Explosion der →Softwarekosten zu verzeichnen, die auf mangelndes Know-how und unzureichende Methoden für die Softwareentwicklung zurückgeführt wurde. Mit den schnellen Fortschritten der Hardwaretechnologie standen zwar leistungsfähige Computer zur Verfügung, so daß immer umfangreichere Aufgabengebiete computergestützt abgewickelt werden konnten; es fehlte aber eine adäquate Technologie auf der Softwareseite für die Entwicklung großer Systeme. Den Programmierern standen nur die Methoden für die Entwicklung kleiner →Programme zur Verfügung. – 2. *Folgen:* Aufgrund der meist unsystematischen und ungeplanten Vorgehensweise waren Entwicklungskosten weder prognostizierbar noch kontrollierbar; Termine bei Softwareprojekten wurden i. d. R. überschritten. Die mangelhafte →Zuverlässigkeit der Software führte dazu, daß ein Großteil der Programmierer mit Fehlersuche und Korrekturen beschäftigt war (→Softwarewartung). Als typische Größenordnung für die Verteilung des Programmieraufwands gilt: ca. 30% Entwicklungsaufwand, 70% Wartungsaufwand. – 3. *Begriffsprägung:* Der Name S. E. wurde erstmals 1969 als Titel zweier Nato-Konferenzen verwendet; er sollte zum Ausdruck bringen, daß eine Abkehr von der unsystematischen Softwareentwicklung hin zu einer „ingenieurmäßigen" Vorgehensweise geboten war.

IV. Teilgebiete: 1. *Softwareprojektmanagement:* a) Softwareprojekte durchlaufen i. d. R. typische Phasen (→software life cycle). Es gibt verschiedene *Phasenmodelle;* eine gängige Unterteilung ist z. B. die folgende:

→Problemanalyse,
→Anforderungsdefinition,
→Spezifikation,
Entwurf (→Entwurfsphase),
→Implementierung,
→Testen,
→Dokumentation,
→Softwareeinsatz,
→Softwarewartung.

Das S. E. befaßt sich mit den einzelnen Phasen und ihren Beziehungen zueinander. – b) Softwareprojekte werden in bestimmten Formen der →*Projektorganisation* durchgeführt, die im S. E. untersucht werden. – c) Inhaltlich liegen starke Überschneidungen mit den „klassischen" Gebieten →*Systemanalyse* und →*Projektmanagement* in der Betriebsinformatik vor; diese sind historisch bedingt, da sich das S. E. unabhängig von der Systemanalyse entwickelt hat. – 2. *Planung und Kontrolle der Softwarekosten:* In den Phasen des software life cycle fallen unterschiedliche Kosten an; →*Kostenschätzungsmodelle* werden verwendet, um die Kosten eines Softwareprojekts zu prognostizieren; →Meilensteine dienen u. a. zur Kostenkontrolle. – 3. →*Softwarequalitätssicherung* beschäftigt sich v. a. mit Merkmalen der →Softwarequalität sowie mit konstruktiven und analytischen Maßnahmen, die die Qualität gewährleisten sollen. – 4. *Software-Technologie* stellt den zentralen Kern. Zu unterscheidende grobe Ausrichtungen der Methoden, Prinzipien und Werkzeuge: a) *Entwicklung von Softwaresystemen,* auch als „*Programmieren im Großen"* bezeichnet; Ziel ist v. a. die Reduktion der Problemkomplexität eines großen Systems durch Anwendung von Abstraktionsprinzipien (→Abstraktion) und Zerlegung in kleinere Bausteine (→Modularisierung). Besonderes Gewicht wird auf die Unterstützung der Entwurfsphase im Software life cycle gelegt (→Softwareentwurfsmethoden). – b) →*Programmentwicklung,* im S. E. auch als „*Programmieren im Kleinen"* bezeichnet; Ziel ist die Unterstützung des Feinentwurfs und der →Implementierung von →Algorithmen und →Daten des einzelnen →Programms bzw. →Moduls. Vgl. auch →Programmierstil. – c) *Werkzeuge:* Zur Vereinfachung der Softwareentwicklung wird im S. E. angestrebt, die Aktivitäten in den Phasen des Software life cycle durch geeignete →Softwarewerkzeuge zu unterstützen. Es gibt eine Vielzahl von Werkzeugen, die z. T. auf einzelne Phasen beschränkt, z. T. phasenübergreifend sind und z. T. auch alle Entwicklungsphasen überdecken (→Softwareentwicklungsumgebungen). – 5. *Software-Ergonomie:* Mit der zunehmenden Verbreitung von →Dialogsystemen und →Bildschirmgeräten in den letzten Jahren treten immer mehr Menschen mit Software an ihrem Arbeitsplatz direkt in Kontakt. Die Ergonomie von Softwaresystemen hat sich deshalb in jüngster Zeit zu einem schnell expandierenden Forschungszweig entwickelt.

V. P r a x i s : Die grundlegenden Prinzipien und Methoden des S. E. setzen sich nur langsam durch. Dagegen kommen verstärkt Softwarewerkzeuge zum Einsatz, die auf den Grundideen des S. E. aufbauen und den Entwicklungsprozeß teilweise automatisieren.

Literatur: Asam, R. / Drenkard, N. / Maier, H.-H., Qualitätsprüfung von Softwareprodukten – Definieren und Prüfen von Benutzungsfreundlichkeit, Wartungsfreundlichkeit, Zuverlässigkeit, Berlin, München 1986; Balzert, H., Die Entwicklung von Software-Systemen, Mannheim 1982; Boehm, B. W., Software Engineering Economics, Englewood Cliffs, N. J. 1981; Booch, G., Software Engineering with Ada, Menlo Park, Ca. (USA) 1983; Bullinger, H.-J., Software-Ergonomie '85 – Mensch-Computer-Interaktion, Stuttgart 1985; Dunn, R. / Ullman, R. Quality Assurance for Computer Software, New York, Hamburg 1982; Ferrari, D. / Bolognani, M., Theory and Practice of Software Technology, Amsterdam 1983; Gewald, K. / Haake, G. / Pfadler, W., Software Engineering, 4. Aufl., München 1985; Höcker, H.-J., Die

Bewertung von Software-Entwurfsmethoden, Schriftenreihe des Fachbereichs Wirtschaft der Hochschule Bremen, Band 27, 1984; Kimm, R. / Koch, W., u. a., Einführung in Software Engineering, Berlin 1979; Kurbel, K., Software Engineering im Produktionsbereich, Wiesbaden 1983; Metzger, P., Managing a Software Project, Second Ed., Englewood Cliffs, N. J.- (USA), 1981; Molzberger, P. / Schelle, H. (Hrsg.), München 1981; Scheibl, H.-J., Software-Entwicklung, Sindelfingen 1986; Shooman, M. L., Software Engineering – Design, Reliability, and Management, New York, Hamburg 1983; Schmitz, P. / Bons, H. / von Megen, R., Software-Qualitätssicherung – Testen im Software-Lebenszyklus, 2. Aufl., Braunschweig 1983; Schulz, A., Methoden des Softwareentwurfs und Strukturierte Programmierung, 2. Aufl., Berlin, New York 1982; Sneed, H.M., Software-Qualitätssicherung für kommerzielle Anwendungssysteme, Köln-Braunsfeld 1983; Sommerville, I., Software Engineering, London Amsterdam 1982; Wegner, P. (Ed.), Research Directions in Software Technologie, third printing, Cambridge, Ma. (USA), London 1980; Zelkowitz, M. V. / Shaw, A. C. / Gannon, J. D., Principles of Software Engineering and Design, Englewood Cliffs, N. J. (USA), 1979.

Prof. Dr. Karl Kurbel

software engineering environment system (SEES), →Softwareentwicklungsumgebung.

Softwareentwicklung, Entwicklung eines Softwaresystems oder eines einzelnen Programms (→Programmentwicklung); u. a. Gegenstand des →Software Engineering (vgl. dort III 4).

Softwareentwicklungsumgebung (SEU), *software engineering environment system (SEES),* integriertes Bündel aufeinander abgestimmter Methoden (mit ähnlicher Philosophie) einschließlich zugehöriger, möglichst interaktiv (→Dialogbetrieb) nutzbarer →Softwarewerkzeuge mit dem der Prozeß der →Softwareentwicklung oder auch der gesamte →software life cycle begleitet und unterstützt werden soll. Zusätzlich verfügt eine S. i. d. R. über eine eigene →Datenbank, so daß die →Kompatibilität der bereits erarbeiteten Daten über das Softwaresystem mit den Anforderungen des jeweils nächsten Werkzeugs gewährleistet ist. – *Beispiele:* Promod (Fa. GEI), Prados (Fa. SCS).

Softwareentwurfsmethoden. 1. *Begriff* aus dem Software Engineering: a) *i. w. S.:* Alle Methoden, die in der →Entwurfsphase für den Entwurf eines Softwaresystems angewendet werden; b) *i. e. S.:* Methoden, die meist nicht nur die Entwurfsphase, sondern auch weitere Phasen des →software life cycle erfassen; diese werden z. T. durch →Softwarewerkzeuge unterstützt. – 2. *Beispiele:* →HIPO-Methode, →Jackson-Methode, →Petri-Netze, →PSL-PSA, →SADT, →SD/CD-Methode, →Warnier/Orr-Methode. – Vgl. auch →Softwareentwurfsprinzipien.

Softwareentwurfsprinzipien. 1. *Begriff:* Im Software Engineering Prinzipien, die dem Entwurf eines Softwaresystems zugrundegelegt werden (→Entwurfsphase). – 2. *Arten:* a) *S. zur Systemstrukturierung:* →Abstraktionsebenen, →virtuelle Maschinen; b) *S. zur Systemzerlegung:* →Modularisierungsprinzipien; c) *weitere S.:* →getrennte Übersetzbar-

keit, beschränkte →Modulgröße, →Lokalität.
– Vgl. auch →Softwareentwurfsmethoden.

Software-Ergonomie. 1. *Begriff:* a) *i. e. S.*:
interdisziplinär zwischen →Informatik,
→Arbeitswissenschaft und Psychologie angesiedeltes Forschungsgebiet; enge Verbindung
zum Software Engineering, z. T. auch als
Bestandteil desselben angesehen (→Software
Engineering IV 5); b) *i. w. S.* die Eigenschaft
eines →Softwareprodukts, ergonomisch
(→Ergonomie) gestaltet zu sein. – 2. *Ziel* der
S.-E. ist es, Softwareprodukte entsprechend
den Bedürfnissen der mit ihnen arbeitenden
Menschen zu gestalten. – 3. *Inhalte:* Fragen
der Dialoggestaltung, Arbeitsinhalte, Bewahrung und Gestaltung von Entscheidungsspiel-
räumen, →Robustheit der Kommunikation,
→Benutzeroberflächen u. a. – 4. Vor Entstehung der Disziplin z. T. im Software Engineering unter dem Stichwort →*Benutzerfreund-
lichkeit* behandelt.

Softwarehaus, Unternehmen, das vorrangig
Softwareprodukte für externe Auftraggeber
(→Individualsoftware) oder →Standardsoft-
ware herstellt; außerdem häufig EDV-Bera-
tungs- und Schulungsleistungen. Abgrenzung
zu →Programmierbüros fließend; oft anhand
des Jahresumsatzes (≧ 1 Mill. DM).

Softwarekosten. 1. *Begriff:* a) *i. e. S.*: die
durch Entwicklung von →Softwareprodukten
und durch →Softwarewartung verursachten
Kosten (überwiegender Anteil); b) *i. w. S.* werden auch Kosten des →Softwareeinsatzes
hinzugerechnet. In den 60er Jahren als ein
Symptom der *Softwarekrise* (→Software
Engineering III.) diagnostiziert. – 2. *Größenordnung:* 30% der S. für Entwicklung, 70%
für Wartung von Software; entspricht unge-
fähr dem Personaleinsatz von →Programmie-
rern.

Softwarekrise, →Software Engineering III.

Softwarelebenszyklus, →software life cycle.

software life cycle, *Softwarelebenszyklus,*
im →Software Engineering Bezugsbasis für
die Phasen, die ein →Softwareprodukt bei
seiner Herstellung und dem späteren Einsatz
durchläuft; Grundlage für *Phasenmodelle*
(→Phasenmodelle II).

Softwaremarkt. 1. *Begriff:* Markt für →Soft-
wareprodukte. – 2. *Entwicklung:* Etwa seit
1969 existiert ein von der Hardware unabhängiger S. (→Unbundling). Der S. ist gekennzeichnet durch eine hohe Marktdynamik:
Verzehnfachung des Marktvolumens von
1970–1982, Verdopplung von 1982–1986,
Wachstumsraten 20–30% pro jahr. – 3. *Anbieter:* →Hardwarehersteller, →Softwarehäu-
ser, →Systemhäuser, →Programmierbüros,
Unternehmensberatungen, →Rechenzentren.
– 4. *Produktarten:* →Standardsoftware,

fremderstellte →Individualsoftware. – *Gegensatz:* →Hardwaremarkt.

Softwaremonitor, spezielles →Systempro-
gramm, mit dem die Auslastung von Funk-
tionseinheiten (z. B. →Zentraleinheit,
→Arbeitsspeicher) eines →Computers während des Betriebs gemessen werden kann. Es
registriert stichprobenartig oder zu definierten
Zeitpunkten die entsprechende Auslastung,
bereitet die Meßergebnisse am Ende auf und
gibt sie über das gewünschte →Ausgabegerät
aus. – Vgl. auch →Hardwaremonitor.

Softwarepaket, *Programmpaket.* 1. Synonym für →*Softwaresystem.* – 2. Synonym für
→*Standardsoftware.*

Softwarepflege, →Softwarewartung 1 b).

Softwarepiraterie, spezieller Tatbestand im
Urheberstrafrecht, beinhaltet die gewerbsmäßige unerlaubte Vervielfältigung und Verbreitung urheberrechtlich geschützter Werke
(§ 108 a UrhG), wozu auch Programme für die
Datenverarbeitung gehören. – *Strafe:* Freiheitsstrafe bis fünf Jahren oder Geldstrafe. –
→*Versuch* ist strafbar.

Softwareprodukt. 1. *Begriff:* →Programme
oder →Softwaresysteme, insbes. für solche,
die auf dem →Softwaremarkt angeboten werden. – 2. *Hintergrund:* Der Begriff entstammt
dem →Software Engineering; er soll zum
Ausdruck bringen, daß Software *Produktcha-
rakter* hat. Software wird in einem Produktionsprozeß unter Einsatz von Produktionsfaktoren hergestellt, weist je nach Güte der
Herstellung bestimmte Qualitätsmerkmale auf
(→Softwarequalität) und wird u. U. auf dem
Markt gehandelt.

Softwarequalität. 1. *Begriff:* Ein →Software-
produkt weist wie andere Produkte bestimmte
Qualitätseigenschaften auf. Die Qualität wird
hauptsächlich von der Vorgehensweise bei der
Herstellung beeinflußt. – 2. *Merkmale der S.:*
In der Literatur werden unterschiedliche Auf-
schlüsselungen der Merkmale genannt, z. B.
→Verständlichkeit, →Korrektheit, →Zuver-
lässigkeit, →Benutzerfreundlichkeit, →War-
tungsfreundlichkeit, →Portabilität, →Univer-
salität, →Robustheit, →Effizienz eines Softwareprodukts. – 3. *Zielkonflikte:* Die gleichzeitige Optimierung aller Qualitätseigenschaften ist i. d. R. nicht möglich wegen zahlreicher
Zielkonflikte, insbes. konkuriert das *Effizienz-
streben* mit allen anderen Zielen. – 4. *Motivation:* Die intensive Bschäftigung mit der S. im
→Software Engineering (vgl. dort III und IV
3) geht auf die Softwarekrise zurück. Insbesondere wurde ein enger Zusammenhang zwischen der Explosion der →*Softwarekosten*
und der S. festgestellt. – 5. *Konsequenzen:* Die
Merkmale der S. bildeten den Ausgangspunkt
für die Entwicklung von Prinzipien, Methoden und Werkzeugen des Software Engineering, v. a. für →Softwareentwurfsprinzipien,

→Softwareentwurfsmethoden, →Software-qualitätssicherung.

Softwarequalitätssicherung. 1. *Begriff:* Alle Prinzipien, Methoden und Werkzeuge, die der Herstellung und Aufrechterhaltung der →Softwarequalität dienen. – **2.** *Arten:* a) *Analytische S.* erfolgt anhand des bereits entwickelten →Softwareprodukts. Die Qualität wird primär diagnostiziert und ggf. verbessert, aber nicht von Grund auf hergestellt. (1) Statistische Analysen liegen die *Quellprogramme* zugrunde; Methoden: →structured walk through, →code inspection, →Programmverifikation. (2) *Dynamische* Analysen werden bei Ausführung der *Maschinenprogramme* durchgeführt (→Testen). – b) *Konstruktive S.* wird bereits bei der Softwareentwicklung betrieben mit dem Ziel, von vornherein ein Softwareprodukt hoher Qualität zu erzeugen. – Vgl. →Softwareentwurfsprinzipien, →Softwareentwurfsmethoden.

software science, →Softwarewissenschaft.

Softwaresystem, →Software, die aus mehreren Bausteinen besteht; die Bausteine bezeichnet man je nach Betrachtungsebene als Programme oder als Module. – **1.** *Programmiertechnisch* (→Programmierung) gesehen besteht ein S. aus Programmen (→Hauptprogrammen, →Unterprogrammen), aus deren Zusammenwirken sich die Lösung eines Problems ergibt; Synonym für S. i.d.S. *Programmsystem.* – **2.** *Konzeptionell* betrachtet besteht ein S. aus →Modulen, die bei einer Zerlegung nach Abstraktionsprinzipien (→Abstraktion) entstehen.

software tool, →Softwarewerkzeug.

Softwarewartung, Begriff aus dem →Software Engineering mit unterschiedlichen Bedeutungen: 1. a) *Nachträgliche Fehlerbehebung:* S. ist eine beschönigende, dennoch gebräuchliche Umschreibung des Sachverhalts, daß →Softwareprodukte aufgrund ihrer Unzuverlässigkeit und Fehlerhaftigkeit nach der Entwicklung noch während der gesamten Lebensdauer korrigiert und modifiziert werden müssen; b) *nachträgliche Änderungen:* z.T. wird unter S. zusätzlich die nachträgliche Anpassung eines Softwareprodukts an geänderte Anforderungen und Umgebungsbedingungen subsumiert, auch als *Softwarepflege* bezeichnet. – **2.** *Phase im →software life cycle* angesehen, die sich weitgehend mit der Phase des →Softwareeinsatzes überlappt. – **3.** *Bedeutung:* Gegenüber der Softwareentwicklung besitzt die S. seit den 60er Jahren ein starkes Übergewicht; Hintergrund der Softwarekrise (→Software Engineering III). Ein Großteil der →Softwarekosten wird durch S. verursacht.

Softwarewerkzeug, *software tool,* im →Software Engineering ein →Programm zur Unterstützung der →Softwareentwicklung, das die

computergestützte Anwendung einer Methode im →Dialogbetrieb ermöglicht. – *Beispiel:* →PSL/PSA.

Softwarewissenschaft, *software science,* ein Zweig der →Informatik, der sich mit der *Messung* der →Softwarequalität beschäftigt; enge Beziehung zum →Software Engineering. Die S. versucht, Maßgrößen zu entwickeln, aufgrund derer Aussagen über die Erfüllung von Merkmalen der Softwarequalität abgeleitet werden können.

Solawechsel, *Eigenwechsel, trockener Wechsel,* →Wechsel, in dem sich der Aussteller zur Zahlung einer Geldsumme verpflichtet. – *Gegensatz:* →gezogener Wechsel (Tratte).

Solidarhaftung, Haftung mehrerer Personen als →Gesamtschuldner.

Solidarismus, Bezeichnung für die im wesentlichen von dem Jusuitenpater Heinrich *Pesch* (1854–1926, „Lehrbuch der Nationalökonomie", Bde. 1–5 ab 1904) begründete Richtung der Nationalökonomie und Sozialpolitik. Der S. fußt auf der von Aristoteles beeinflußten Naturrechtslehre des Thomas von Aquino. Die Stellung des Menschen in der Gesellschaft war nach dieser Lehre schon vor jeder positiven rechtlichen Satzung naturrechtlich festgelegt. Jede Person soll sich organisch in die Gesellschaft eingliedern. Das *solidarische Prinzip* bedeutet dabei die „eigentümliche Doppelrichtung des Bindungsverhältnisses innerhalb der Gesellschaft" (G. Grundlach), d.h. das Angewiesensein des einzelnen auf die Gesellschaft und umgekehrt das Angewiesensein der Gesellschaft auf den einzelnen. Aus dem Prinzip des S. werden bei Pesch alle Folgerungen für die Organisation der Volkswirtschaft gezogen, z.B. die Abwägung von Interessen auf privatwirtschaftlichem und gemeinwirtschaftlichem Sektor der Volkswirtschaft. Die Freiheit des einzelnen darf nur so weit gehen, wie die Rücksicht auf das Wohl der Gemeinschaft es gestattet.

Solidaritätsbeitrag, Ausgleich, den nicht organisierte Arbeitnehmer anstelle des ersparten Gewerkschaftsbeitrags zu den Kosten gewerkschaftlicher Arbeit zu leisten haben. In →Tarifverträgen vorgesehene Regelung; nach fast allgemeiner Auffassung ist eine solche Regelung nicht mehr von der →Tarifautonomie gedeckt.

Solidaritätsfonds, durch Abkommen des →Pariser Klubs geschaffener Fonds mit einer Kapitalausstattung von 20 Mrd. Sonderziehungsrechten (SZR); Nachfolger des →EWA. Nach Schaffung des →EWS und der Einführung der erweiterten Beistandskredite im Rahmen des →IMF verlor der S. seine Bedeutung.

Soll, *Debet,* linke Seite des →Kontos, auf der die →Lastschrift gebucht wird. – Vgl. auch →Saldo.

Soll-Deckungsbeitrag, *Deckungsvorgabe,* in einer Periode (→Deckungsbudget) durch ein Projekt oder je Einheit einer Bezugsgröße (→Deckungssätze) hereinzuholender →Deckungsbeitrag. – *Beispiel:* →Mindest-Deckungsbeitrag.

Solleindeckungszeit, Zeitspanne, für die Lagerbestand und laufende Bestellungen den Bedarf abdecken sollen, um den festgelegten →Lieferbereitschaftsgrad eines Lagers einzuhalten. S. ergibt sich als Summe aus →Beschaffungszeit und Sicherheitszeit, die der Unsicherheit von Bedarfswerten und Beschaffungszeiten Rechnung trägt. – *Anders:* →Isteindeckungszeit. – Vgl. auch →Bestellpunktverfahren, →Eindeckung.

Sollertragsbesteuerung, finanzwissenschaftlicher Begriff für den Tatbestand, daß Steuern auf solche Vermögens- oder Kapitalbestände erhoben werden, bei denen unterstellt wird, sie würden Erträge abwerfen (→Sollsteuern). Der Besteuerungsidee nach „sollen" Bestände an produktiven Faktoren Erträge abwerfen. Die S. läßt sich unter allokationspolitischem Aspekt zur Kapital- und Vermögenslenkung einsetzen, wenn in bestimmten Wirtschaftsbereichen der Faktoreinsatz künstlich verteuert oder die Faktorverschwendung steuerlich „bestraft" werden soll (W. Andreae).

Sollertragsteuern, →Sollsteuern.

Soll-Ist-Vergleich. I. K o s t e n r e c h n u n g : Gegenüberstellung von →Sollkosten und wirklich entstandenen Kosten eines bestimmten Zeitabschnittes (Istkosten) in der Betriebsabrechnung. Aufgabe der →Plankostenrechnung. Bei Verwendung gleicher →Planpreise im Soll und Ist entspricht der S. einer Gegenüberstellung der vorgegebenen und der verbrauchten Mengen, die dadurch erst addierbar werden. –Die errechneten *Kostenabweichungen* (→Abweichungen) werden ermittelt und unter Berücksichtigung der Kosteneinflußgrößen bzw. -bestimmungsfaktoren analysiert, d. h. auf ihre Ursachen zurückgeführt. Wird ein *zwischenzeitlicher* (Zeitvergleich; vgl. →Betriebsvergleich) und *zwischenbetrieblicher Vergleich* (→Betriebsvergleich) ermöglicht. – Vgl. auch →Kostenkontrolle.

II. P r ü f u n g s w e s e n : Vgl. →Prüfung.

Sollkaufmann. 1. *Begriff:* Person, die (im Gegensatz zum →Mußkaufmann) die Kaufmannseigenschaft erst durch die Eintragung im Handelsregister erlangt (§ 2 HGB). Der S. ist verpflichtet, die Eintragung herbeizuführen, und kann durch Zwangsgeld bis zu 10000 DM dazu angehalten werden (§ 14 HGB). Er ist von dem Zeitpunkt an, von die Verpflichtung zur Eintragung in das Handelsregister entstanden ist, zur →Buchführung verpflichtet (§ 238 HGB). – 2. *Voraussetzung:* a) gewerbliches Unternehmen (also nicht: land- und forstwirtschaftliche Betriebe, freie

Berufe), das b) nach Art und Umfang einen →kaufmännischen Geschäftsbetrieb erfordert. – 3. Der S. ist stets →*Vollkaufmann.* Sinkt sein Betrieb nicht nur vorübergehend zum Kleinbetrieb herab, so muß er die Eintragung löschen lassen und verliert damit die Kaufmannseigenschaft. – 4. Das Gesetz über die *Kaufmannseigenschaft von Handwerkern* vom 31. 3. 1953 behandelt den Großhandwerker mit Rücksicht auf die zunehmende Bedeutung der handwerklichen Großbetriebe und ihre tatsächlich gegebene Betriebsweise als S., soweit er nicht schon als →Mußkaufmann unter § 1 HGB fällt.

Sollkonzept. 1. *Begriff:* Im →Phasenmodell (vgl. dort II 1) der Systemanalyse die Phase, die aufbauend auf der →Istanalyse den Grobentwurf eines →betrieblichen Informationssystems zum Gegenstand hat. – 2. *Bestandteile:* a) *Modellentwurf:* Entsprechend den Unternehmenszielen wird ein u. U. mehrere Alternativen umfassendes Modell des Informationssystems entworfen. b) *Systemrechtfertigung:* Es wird die logische, technische und wirtschaftliche Durchführbarkeit geprüft (Durchführbarkeitsstudie) und über die Weiterverfolgung einer Alternative entschieden, auch über Eigenerstellung der →Softwaresystems oder Kauf von →Standardsoftware (make or buy). – 3. *Ergebnis:* Die gewählte Alternative geht als Vorgabe in die nächste Phase (→Systementwurf) ein. In einem Realisierungsplan werden die personellen und finanziellen Ressourcen sowie ein Zeitplan festlegt.

Sollkosten, *Budgetkosten,* die aufgrund von Ermittlungen in der →Kostenplanung bei Erreichung eines bestimmten →Beschäftigungsgrades als erforderlich angesehenen Kosten. Die S. ergeben sich als Summe a) der vom Beschäftigungsgrad unabhängigen →fixen Kosten, b) der durch die Leistungserstellung verursachten →variablen Kosten je Kostenstelle. – *Voraussetzungen:* Plankostenrechnung; Kenntnis des erzielten Beschäftigungsgrades. – *Zweck:* Grundlage des →Soll-Ist-Vergleichs. – Vgl. auch →Vorgabekosten, →Plankosten.

Sollkostenrechnung, →Plankostenrechnung.

Soll-Objekt, →Prüfung.

Sollsaldo, →Debetsaldo.

Sollspanne, die bei Wareneingang gemäß den spezifischen, preispolitischen Zielsetzungen (→Mischkalkulation) festgelegte →Handelsspanne. S. dient als Vergleichsgröße, indem sie der →Istspanne eines Artikels zur Kontrolle des →Rohertrags oder sämtlicher Warengruppen eines Sortiments zur Kontrolle des →Warenrohgewinns gegenübergestellt wird. – *Abweichungen zur* →*Istspanne* resultieren i. d. R. aus Diebstählen durch Kunden, Mitarbeiter oder Lieferanten, oder aus an Kunden gewährte Skonti bzw. eingeräumte persönliche oder Mengenrabatte. – Eine mit Hilfe des Spannenvergleichs für eine Warengruppe durchgeführte *Rohgewinnkontrolle* ist nur dann aussagekräftig, wenn Wareneingang und -ausgang in einer Periode sich in etwa entsprechen. Ansonsten sind weitere Korrekturen um die Lagerbestandsveränderungen erforderlich (→Betriebshandelsspanne).

Sollsteuern, *Sollertragsteuern,* Steuern, die an das Halten von Vermögens- oder Kapitalbeständen unabhängig von tatsächlich erzielten Erträgen anknüpfen (→Sollertragsbesteuerung). Fehlen Erträge, führen S. zur Aufzehrung der Vermögens- und Kapitalsubstanz (bestehende Gefahr bezüglich Vermögen-, Gewerbekapital-, Grund- und Erbschaftsteuer); entsprechend werden S. in der Finanzwissenschaft auch als *Substanzsteuern* bezeichnet (anders: Substanzsteuern i. S. der Betriebswirtschaftlichen Steuerlehre; →Substanzsteuern I).

Sollversteuerung, Besteuerungsart bei der →Umsatzsteuer (Regelfall). Versteuerung nach den vereinbarten Entgelten, d. h. ohne Rücksicht auf die Vereinnahmung. Umsatzsteuerschuld entsteht mit dem Ablauf des →Voranmeldungszeitraums, in dem die entsprechende →Lieferung oder sonstige Leistung ausgeführt wurde. Wird dadurch ein Umsatz versteuert, dem später keine Bezahlung folgt, kann der entsprechende Steuerbetrag wieder abgesetzt werden. – Wird das →Entgelt vereinnahmt, bevor die Leistung erbracht wird, entsteht die Steuer mit Ablauf des Voranmeldungszeitraumes, in dem das Entgelt vereinnahmt wurde, wenn es 10 000 DM oder mehr (ohne Umsatzsteuer) beträgt oder eine →Rechnung mit gesondertem Steuerausweis erteilt wurde (sog. *Mindestistbesteuerung)*. – Wechsel zur →Istversteuerung: Der →Unternehmer kann die Entgelte, die er nach dem Zeitpunkt des Wechsels der Besteuerungsart für bereits versteuerte Lieferungen und sonstige Leistungen noch erhalten hat (Außenstände), nach Vereinnahmung absetzen.

Sollzahlen, Wahrscheinlichkeits- oder Planzahlen, die als →Richtzahlen für die Betriebs-, Absatz- und Finanzpolitik der Unternehmung dienen. Im Rahmen der Finanzplanung werden im →Finanzplan für einen bestimmten, zukünftigen Zeitraum Beträge für die zu erwartenden Einzahlungen und beabsichtigten Auszahlungen zusammengestellt. S. werden an Hand von im zwischenbetrieblichen oder im Zeitvergleich gewonnenen Erfahrungswerten ermittelt. – Nach Ablauf des Planabschnitts werden zur *Kontrolle* die S. mit den →Istzahlen laut Buchhaltung verglichen und abgestimmt. – Bei wesentlichen *Abweichungen* sind betriebs- oder finanzpolitische Maßnahmen angezeigt.

Soll-Zeit. I. P l a n k o s t e n r e c h n u n g : Die für die Durchführung eines Arbeitsgangs an einem Produkt je →Kostenstelle auf Grund der Ermittlungen der →Kostenplanung als erforderlich angesehene Zeit. Über die für eine Zeitperiode (Tag, Monat usw.) geplanten Kosten (→Sollkosten, →Plankosten) ist es möglich, die S. und die später anfallende →Istzeit zu vergleichen (→Soll-Ist-Vergleich). – *Ähnlich:* →Standardzeit.

II. A r b e i t s w i s s e n s c h a f t : Vorgabezeiten für die planmäßige Durchführung von Arbeitsabläufen oder Ablaufabschnitten für Mensch, Betriebsmittel und Arbeitsgegenstand. Auch als *Richtzeit* bezeichnet. – Die S. wird a) als Bezugszeit aus der REFA-→Normalleistung, b) aus der Durchschnittsleistung, c) aus →Systemen vorbestimmter Zeiten, d) durch Schätzen und Vergleichen, e) aus betrieblichen Planzeiten, f) Berechnen (nur für Betriebsmittel- und Arbeitsgegenstandszeiten). – *Gegenteil:* →Ist-Zeit.

Sollzinsen, →Aktivzinsen.

Solow-Modell, →Wachstumstheorie III 2.

Solvabilität, von der Zusammensetzung des Versicherungsbestandes abhängige Relation zwischen Prämien und Schäden einerseits und Eigenkapital andererseits. Einheitliche S.vorschriften sollen einen gemeinsamen Versicherungsmarkt innerhalb der EG ermöglichen.

Solvenz, →Zahlungsfähigkeit.

Somalia, *Demokratische Republik Somalia,* sozialistischer Einparteienstaat am Horn von Afrika (Nordostafrika); seit 1960 unabhängig. – *Fläche:* 637 700 km², eingeteilt in 16 Provinzen. – *Einwohner* (E): (1984, geschätzt) 5,45 Mill. (8.5 E/km²); zu 95% Angehörige von Somali-Stämmen; hoher Flüchtlingsanteil. – *Hauptstadt:* Mogadischu (1983: 600 000 E), weitere wichtige Städte: Hargeisa (150 000 E), Marka (100 000 E), Kisimayu (70 000 E), Berbera (65 000 E). – *Amtssprache:* Somali; daneben Arabisch, Englisch und Italienisch als Verkehrssprachen.

W i r t s c h a f t : *Landwirtschaft:* 82% der Erwerbspersonen in der Landwirtschaft tätig. Fast 50% der landwirtschaftlich genutzten Fläche ist Weideland. Viehzucht: Kamele, Rinder, Ziegen, Schafe. – *Fischfang:* (1981) 11 000 t. – *Bergbau:* Salzgewinnung. – *Industrie:* Unbedeutend; Verarbeitung landwirtschaftlicher Produkte. *BSP:* (1985, geschätzt) 1450 Mill. US-$ (270 US-$ je E). – Anteil der Landwirtschaft am *BSP:* (1984) 40%, der Industrie: 10%. – *Öffentliche Auslandsverschuldung:* (1984) 90,4% des BSP. – *Inflationsrate:* (Durchschnitt 1973–84) 20,2%. – *Export:* (1985) 91 Mill. US-$, v. a. Vieh, Häute, Felle, Bananen, Gemüse, Baumwolle, Holz, Gummiarabikum, Weihrauch. – *Import:* (1985) 112 Mill. US-$, v. a. Nahrungsmittel,

Maschinen und Fahrzeuge, Erdöl. – *Handelspartner:* Saudi-Arabien, Italien, Bundesrep. D., Großbritannien, Japan, VR China, UdSSR, USA.

Verkehr: 700 km befestigte *Straßen; Schmalspurbahn* von Mogadischu nach Baidoa; viele kleine *Häfen* dienen der Küstenschiffahrt zur lokalen Versorgung, Haupthäfen, Mogadischu, Marka, Kismayu.

Mitgliedschaften: UNO, UNCTAD u.a.; Arabische Liga, Kooperations-Abkommen mit den beiden Jemen und dem Sudan.

Währung: 1 Somalia-Schilling (So.Sh.) = 100 Centesimi (Cnt.).

Sombart, Werner 1863–1941, bedeutender deutscher Sozialökonom, Wirtschaftshistoriker und Soziologe. S. Verdienst liegt neben der gründlichen historischen Erforschung des →Sozialismus und der sozialen Bewegung in seinem monumentalen Werk über den modernen Kapitalismus, das bei manchen Fehlern im einzelnen noch heute unübertroffen und unentbehrlich ist. Im Gegensatz zu seinem Lehrer Schmoller suchte S. nach einer Verbindung der historischen Forschung mit den Erkenntnissen der allgemeinen Volkswirtschaftslehre (Wirtschaftstheorie); allerdings hat er den Einfluß der →historischen Schule und ihrer Tradition nicht gemindert. – Im zweiten →Methodenstreit setzte sich S. für die Werturteilsfreiheit der Wissenschaft ein. Er unterscheidet „*drei Nationalökonomien*": (1) die richtende N.Ö. (Lehre dessen, was sein soll auf Grund der Erkenntnis des „Richtigen"), (2) die ordnende N.Ö. (Beschreibung und Systematisierung dessen, was ist), (3) die verstehenden N.Ö. (eine Erfahrungs-, Kultur- und Sozialwissenschaft). – *Hauptwerke:* „Sozialismus und soziale Bewegung im 19. Jahrhundert" 1896, „Der moderne Kapitalismus" Bd. 1 und 2 1902, Bd. 3 1928, „Die deutsche Volkswirtschaft im 19. Jh." 1903 „Der Bourgeois" 1913, „Die drei Nationalökonomien" 1930, „Deutscher Sozialismus" 1934.

Sommerfeld, Heinrich, 1884–1950, Professor der Betriebswirtschaftslehre in Mannheim bzw. Heidelberg, Breslau und Köln. – *Besondere Arbeitsgebiete:* Finanzierungen, Börsenwesen und Allgemeine Betriebswirtschaftslehre. – S. bevorzugte eine mathematisch-analytische *Arbeitsmethode* und untersuchte damit die „Technik des börsenmäßigen Termingeschäfts" (1. Aufl. 1922) und entwickelte eine Betriebswirtschaftliche Theorie des Bezugsrechts (1927), die sich besonders auf die sehr schwierige Bewertung bezieht. – Angeregt durch die Inflation, befaßte er sich mit den Problemen der Bilanz und der Substanzerhaltung („Goldmarkbuchhaltung", besonders wichtig 2. Aufl. 1924), aus denen heraus er seine „Eudynamische Bilanztheorie" (vgl.

→Bilanztheorien V) entwickelte („„Der Unternehmer als Verwalter von Volksvermögen" 1934), die hinsichtlich der Forderung der Substanzerhaltung des Betriebes von äußerster Konsequenz ist.

Sommerpreise, Staffelpreise für den Sommerbezug von Waren, deren Einkauf normalerweise erst im Herbst oder Winter erfolgt zwecks Ausgleichs von Saisonschwankungen. Üblich besonders im Brennstoffhandel, bei Öfen und Herden, Pelzen u.a. – Vgl. auch →Preisstaffeln.

Sommerschlußverkauf, →Schlußverkauf.

Sommerzeit, →mitteleuropäische Zeit.

Sonderabfälle, Abfälle aus Unternehmen oder öffentlichen Einrichtungen, die nach Art, Beschaffenheit oder Menge in besonderem Maße gesundheits-, luft- oder wassergefährdend, explosiv oder brennbar sind oder Erreger übertragbarer Krankheiten enthalten oder hervorbringen können (§ 2 II Abfallgesetz); im einzelnen durch Rechtsverordnung i.S. von § 2 II 2 Abfallgesetz bestimmt. – *→Entsorgung der S.* unterliegt besonderen Anforderungen. – Vgl. auch →Abfälle.

Sonderabgaben. 1. *Begriff/Charakterisierung:* Abgaben, die nur einer Gruppe auferlegt werden; i.d.R. erhoben als Ausgleichsabgabe (z.B. Ausbildungsplatzabgabe, Abgabe nach dem Milch- und Fettgesetz, Schwerbehindertenabgabe), Branchenabgaben oder Fondbeiträge usw. Da S. geeignet sind, die Zuständigkeitsverteilung der bundesrepublikanischen Finanzverfassung zu unterlaufen, ist eine genaue Abgrenzung zum abgabenrechtlichen Steuerbegriff (→Abgaben I) und eine Präzisierung der Einsatzbereiche nötig: Laut Bundesverfassungsgericht ist eine S. anstelle einer Steuer nur (ausnahmsweise) zulässig, wenn die Gruppe, der die S. auferlegt wird, eine besondere, spezifizierbare Beziehung zu dem mit der Abgabenerhebung verfolgten Zweck aufweist und hinsichtlich bestimmter Merkmale (gemeinsame Interessen) homogen ist. – 2. *Verwendung:* Das Abgabenaufkommen ist gruppennützig zu verwenden, d.h. die Gelder müssen der gleichen Gruppe wieder zufließen. Verwendung und Erhebung sollten demselben Zweck dienen. S. dürfen nicht wie die Steuer zur Finanzierung allgemeiner Staatsausgaben herangezogen werden; das Nonaffektationsprinzip gilt nicht. – 3. *Bedeutung:* S. sind von wirtschaftspolitischer Bedeutung, da sie als pretiales allokationspolitisches Lenkungsinstrument (Wirkungszweckabgaben) gezielt einsetzbar sind, z.B. Schwerbehindertenabgabe (Unterstützung der Durchsetzung der Pflichtplatzquote nach dem Schwerbehindertengesetz), Abwasserabgabe, zukünftig eventuell eine Emissionsabgabe (→Umweltpolitik).

Sonderabschreibungen. I. Begriff: Die begriffliche Bestimmung, was unter S. zu subsumieren ist, ist umstritten; S. können somit im weiteren und im engeren Sinne verstanden werden. – S. können unterschieden werden in S. i.e.S. (= Bewertungsfreiheiten) und S. i.w.S. (= →erhöhte Absetzungen): 1. *S. i.e.S.* werden neben der normalen AfA gem. §7 EStG gewährt. S. enthalten z. Zt. die Vorschriften §§7e, 7f, 7g EStG, §§76, 78, 81, 82d, 82f EStDV, §3 ZonenRFG. – 2. *S. i.w.S. (erhöhte Absetzungen)* können anstatt der normalen AfA in Anspruch genommen werden: §§7b, 7d EStG, §§ 82a, 82g, 82i EStDV, §§14, 14a, 14b, 15 Berlin FG. – *Handelsrechtlich* fallen S. unter die Kategorie der außerplanmäßigen Abschreibungen und müssen aufgrund des umgekehrten →Maßgeblichkeitsprinzips in der Handelsbilanz vorgenommen werden, wenn sie steuerlich in Abzug gebracht werden sollen (§254 HGB).

II. S. zur Förderung der Anschaffung oder Herstellung bestimmter Wirtschaftsgüter: 1. *Wohngebäude:* Nach §7b EStG können bei im Inland gelegenen Ein- und Zweifamilienhäusern oder Eigentumswohnungen, die zu mehr als 66⅔% Wohnzwecken dienen, acht Jahre lang erhöhte Abschreibungen von jährlich 5% der Anschaffungs- bzw. Herstellungskosten (ohne Anschaffungskosten für Grund und Boden) vorgenommen werden. Nach Ablauf dieser acht Jahre sind als Absetzung für Abnutzung bis zur vollen Absetzung jährlich 2,5% des Restwertes abzuziehen. Übersteigen jedoch die Anschaffungs- bzw. Herstellungskosten bei einem Einfamilienhaus oder einer Eigentumswohnung 200 000 DM (vor dem 30.7.1981: 150 000 DM), bei einem Zweifamilienhaus 250 000 DM (vor dem 30.7.1981: 200 000 DM) und bei einem Anteil an einem dieser Gebäude den entsprechenden Teilbetrag, so ist auf den übersteigenden Teil der Herstellungs- oder Anschaffungskosten die normale Gebäude-AfA nach §7 IV EStG anzusetzen. Diese erhöhten Absetzungen nach §7b EStG sind unter bestimmten Voraussetzungen auch für den Ausbau und die Erweiterung von Ein- und Zweifamilienhäusern sowie Eigentumswohnungen möglich (§7b II EStG). Jeder Steuerpflichtige kann die Vergünstigung des §7b EStG grundsätzlich nur einmal in seinem Leben beanspruchen. Zusammenveranlagte Ehegatten können demnach zweimal nach §7b EStG abschreiben. Für selbstgenutzte Wohnungen, die nach dem *31.12.1986* fertiggestellt oder angeschafft werden, tritt künftig an die Stelle der bisherigen Steuervergünstigungen des §7b EStG ein diesem nachgebildeter besonderer *Abzugsbetrag* (§10e I–V EStG). Der Abzugsbetrag ist auf die selbstgenutzte Wohnung bezogen und kann unabhängig davon abgezogen werden, ob es sich um eine Wohnung in einem Ein-, Zwei- oder

Mehrfamilienhaus oder um eine Eigentumswohnung handelt. Nach dem neuen §10e EStG wird die Bemessungsgrundlage auf 300 000 DM erhöht, wobei die Hälfte der Anschaffungskosten des zur selbstgenutzten Wohnung gehörenden Grund und Bodens hierin eingeschlossen sind.

2. *Baudenkmäler:* Nach §82 EStDV kann der Steuerpflichtige bei Baudenkmälern von den Herstellungsaufwendungen, die zur *Erhaltung* des Gebäudes als Baudenkmal und zu seiner sinnvollen Nutzung erforderlich und nach dem 31.12.77 angefallen sind, anstelle der normalen AfA im Jahr der Herstellung und in den neun folgenden Jahren jeweils bis zu 10% absetzen.

3. *Anlagen, die dem Umweltschutz dienen:* Nach §7d EStG dürfen bei abnutzbaren beweglichen und unbeweglichen Wirtschaftsgütern des Anlagevermögens, die *nach* dem 31.12.74 und vor dem 1.1.91 zur Verhinderung von Schädigungen durch Abwässer, von Verunreinigungen der Luft und von Lärm und Erschütterungen und zur Beseitigung von Abfällen angeschafft oder hergestellt worden sind und die zu mehr als 70% dem Umweltschutz dienen im Jahr der Anschaffung oder Herstellung bis zu 60% und in den folgenden Jahren bis zur vollen Absetzung jeweils bis zu 10% der Anschaffungs- bzw. Herstellungskosten abgesetzt werden.

4. *Anlagen, die der Forschung und Entwicklung dienen:* Nach §82d EStDV dürfen für Wirtschaftsgüter, die in der Zeit ovom 19.5.83 bis zum 31.12.89 angeschafft oder hergestellt werden und die der Forschung und Entwicklung dienen, *neben* der normalen AfA nach §7I, IV EStG Sonderabschreibungen vorgenommen werden. Für abnutzbare bewegliche Wirtschaftsgüter dürfen im Jahr der Anschaffung bzw. Herstellung und in den folgenden vier Wirtschaftsjahren bis zu 40%, bei unbeweglichen Wirtschaftsgütern, die zu mehr als zwei Drittel der Forschung und Entwicklung dienen, bis zu 15% und bei unbeweglichen Wirtschaftsgütern, die zwischen ein und zwei Drittel der Forschung und Entwicklung dienen, bis zu 10% gesondert abgeschrieben werden.

5. *Schiffe und Flugzeuge:* Nach §82f EStDV dürfen *neben* der normalen AfA nach §7 I EStG bei Schiffen, die im inländischen Seeschiffsregister eingetragen sind, bis zu 40% und bei Flugzeugen, die in der deutschen Luftfahrzeugrolle eingetragen sind, bis zu 30% abgeschrieben werden, wenn sie vor dem 1.1.1990 hergestellt oder vom Hersteller erworben worden sind.

III. S. zur Unterstützung bestimmter Betriebe oder Personen: 1. Bewertungsfreiheit für Fabrikgebäude, Lagerhäuser und landwirtschaftliche Betriebsgebäude, die

Vertriebenen und *Verfolgten* gehören, nach §7e EStG. – 2. Bewertungsfreiheit für abnutzbare Wirtschaftsgüter des Anlagevermögens *privater Krankenhäuser* nach §7f EStG. – 3. S. zur Förderung *kleiner und mittlerer Betriebe* nach §7g EStG. – 4. Bewertungsfreiheit für bestimmte Wirtschaftsgüter des Anlagevermögens im *Kohlen- und Erzbergbau* nach §81 EStDV. – 5. Begünstigung der Anschaffung oder Herstellung bestimmter Wirtschaftsgüter und der Vornahme bestimmter Baumaßnahmen durch *Land- und Forstwirte,* deren Gewinn nicht nach Durchschnittssätzen zu ermitteln ist (§76 EStDV), sowie durch Land- und Forstwirte, deren Gewinn nach Durchschnittssätzen zu ermitteln ist (§78 EStDV).

IV. S. zur Beeinflussung der Standortwahl: 1. *Zonenrandgebiet:* §3 Zonenrandförderungsgesetz. – 2. *Berlin (West):* §14 Berlinförderungsgesetz (→Förderung der Wirtschaft von Berlin (West)).

V. Gemeinsame Vorschriften für S. (einschl. erhöhter Absetzungen) gem. §7a EStG: 1. Fallen im Begünstigungszeitraum *nachträgliche Anschaffungs- oder Herstellungskosten* an, so bemessen sich die S. vom Jahr der Entstehung der nachträglichen Anschaffungs-/Herstellungskosten an bis zum Ende des Begünstigungszeitraums nach den erhöhten Anschaffungs-/Herstellungskosten. – 2. Können S. bereits für *Anzahlungen* oder *Teilherstellungskosten* geltend gemacht werden, so können nach erfolgter Anschaffung bzw. Herstellung S. nur insoweit in Anspruch genommen werden, als sie nicht bereits geltend gemacht wurden. – 3. Bei Wirtschaftsgütern, bei denen erhöhte Absetzungen in Anspruch genommen werden, müssen während des Begünstigungszeitraums in *jedem Jahr mindestens* die normalen Absetzungen, *daneben zwingend* die Absetzung für Abnutzung nach §7 I–VI EStG vorgenommen werden (lineare AfA, Leistungs-AfA, AfaA); ausgenommen ist §7g EStG. – 4. Liegen bei einem Wirtschaftsgut die Voraussetzungen für die Inanspruchnahme von S. aufgrund mehrerer Vorschriften vor, so darf nur eine dieser Vorschriften angewandt werden (→*Kumulierungsverbot)*. – 5. Ist ein Wirtschaftsgut mehreren Beteiligten zuzurechnen und erfüllen die einzelne Beteiligte die Voraussetzungen für die Inanspruchnahme der S., so können diese nur anteilig geltend gemacht werden. – 6. S. sind bei Wirtschaftsgütern, die zu einem →Betriebsvermögen gehören, in einem gesonderten Verzeichnis aufzunehmen, es sei denn, die notwendigen Angaben sind aus der Buchführung ersichtlich.

VI. Bedeutung: Der Gesetzgeber benutzt die S. als wirtschafts- und sozialpolitisches Steuerungsinstrument und räumt dem Steuerpflichten das *Wahlrecht* ein, Teile der zu

aktivierenden Anschaffungs- bzw. Herstellungskosten, die eigentlich erst in späteren Perioden durch die Leistungserstellung verzehrt werden, sofort in Abzug zu bringen und somit die ertragssteuerliche Bemessungsgrundlage zu mindern. Diese Möglichkeit der Bildung →stiller Reserven wird auch nicht durch das sog. →Wertaufholungsgebot für Kapitalgesellschaften (§280 HGB) eingeschränkt, so daß dem Steuerpflichtigen ein wesentliches *bilanzpolitisches Instrumentarium* zur Verfügung steht. Die Vorverlagerung vorhandenen Aufwandspotentials stellt eine erhebliche *Liquiditätshilfe* für den Betrieb, da – unterstellt, die Ertragslage sei so gut, daß durch die S. keine buchmäßigen Verluste entstehen – mit der Gewinnverschiebung auf spätere Perioden auch Steuerzahlungen nachverlagert werden. Die vorerst eingesparten Steuerbeträge können damit solange anderweitig zinsbringend angelegt werden, bis sie später infolge der dann konsequenterweise geringeren Periodenabschreibung für Steuermehrzahlungen aufgebracht werden müssen. Durch diesen sog. *Zinseffekt* erhöht sich die *Rentabilität,* wobei der Zinsvorteil umso größer ist, je länger die Nutzungs- und damit die Abschreibungsdauer ist. Allerdings tritt hierbei i. d. R. (d. h. bei durchschnittlich gleichbleibendem Steuersatz) keine echte Steuerersparnis, sondern eine reine Steuerstundung ein, weil *keine zusätzlichen Betriebsausgaben* geltend gemacht werden und die Höhe des zu versteuernden Gesamtgewinns während der Nutzungsdauer des abzuschreibenden Wirtschaftsgutes insgesamt nicht gemindert wird. Bezieht man den *progressiven Steuertarif* in seine bilanzpolitischen Überlegungen mit ein, so erreicht man die größtmögliche Steuerminderung dann, wenn das Abschreibungspotential entsprechend dem jeweiligen Steuersatz eingesetzt wird, d. h. bspw. bei steigendem Steuersatz die S. in späteren Perioden geltend zu machen. Dieser sog. *Steuersatzeffekt,* der mit dem Zinseffekt konkurrieren, diesen aber auch ergänzen und damit verstärken kann, übt ebenso wie dieser einen wesentlichen Einfluß auf Liquidität und Rentabilität des Unternehmens aus und ist bei einem gegebenen Abschreibungspotential umso stärker, je höher der Steuersatz des Steuerpflichtigen ist. Hinsichtlich einer *betrieblichen Steuerplanung* kann man resümierend feststellen,, daß die *Vorteilswirkung* von S. gegenüber normalen Abschreibungen *umso größer* ist – je mehr die S.-Beträge an den *Nutzungsdauerbeginn* gelegt werden können, – je größer die *zeitlichen Steuersatzunterschiede* bei fallenden Steuersätzen sind, – je kleiner die *zeitlichen Steuersatzunterschiede* bei steigenden Steuersätzen sind, – je länger die *Abschreibungsdauer,* d. h. Nutzungsdauer des Ablagegutes ist, – je höher der *Steuersatz* bei einem *festen Zinssatz* ist, – je höher der *Kalkulationszins* (z. B. Zins für alternative Geldanlage) angenommen wird.

Sonderangebot. 1. *Begriff:* Einzelnes, besonders günstiges Angebot, von dem, durch Werbung klargestellt, keine Rückschlüsse auf das Preisniveau der übrigen Artikel gezogen werden dürfen; nach § 7 II UWG ausdrücklich zulässig. – *Gegensatz:* →Lockvogelangebot. – **2.** *Kennzeichen:* Vorliegen besonderer Umstände, die über das bloße Interesse an einer Umsatzsteigerung hinausgehen: produktbedingte (z. B. Verderb, modisches oder technisches Veralten), geschäftsbedingte (z. B. Geschäftsaufgabe, -eröffnung, günstiger Einkauf) oder marktbedingte (z. B. Preisverfall) Gründe. S. zielen auf einen beschleunigten Absatz der Sonderangebotsartikel ab.

Sonderausgaben. 1. *Begriff:* Bestimmte, in §§ 10, 10 a, 10 b EStG aufgezählte Aufwendungen, die, soweit sie nicht als →Betriebsausgaben oder →Werbungskosten zu berücksichtigen sind, als →Kosten der Lebensführung anzusehen sind, aber aus bestimmten Erwägungen vom Gesamtbetrag der →Einkünfte abgesetzt werden können. – **2.** *Arten:* a) *Unbeschränkt abzugsfähige S.:* (1) auf besonderen Verpflichtungsgründen beruhende Renten und dauernde Lasten; (2) gezahlte →Kirchensteuer; (3) abzugsfähige Teile der Vermögensabgabe, Hypotheken und Kreditgewinnabgabe; (4) →Steuerberatungskosten. – b) *Beschränkt abzugsfähige S.:* (1) →Vorsorgeaufwendungen; (2) →Unterhaltsleistungen an den geschiedenen oder dauernd getrennt lebenden unbeschränkt einkommensteuerpflichtigen Ehegatten bis zu 18 000 DM im Kalenderjahr (Einzelheiten vgl. →Realsplitting); (3) Aufwendungen des Steuerpflichtigen oder seines Ehegatten für die Berufsausbildung oder Weiterbildung in einem nicht ausgeübten Beruf bis zur Höhe von 900 DM (bei auswärtiger Unterbringung bis zu 1200 DM) im Kalenderjahr (→Berufsausbildungskosten, →Weiterbildungskosten); (4) nicht entnommener →Gewinn aus Land- und Forstwirtschaft und aus Gewerbebetrieb bis zu 50 v. H., maximal jedoch bis zu 20 000 DM bei Steuerpflichtigen, die die Voraussetzungen des § 10 a I EStG persönlich erfüllen; (5) Ausgaben für steuerbegünstigte Zwecke (→Spenden). – **5.** *Verfahren zur Berücksichtigung der S.* i. S.-von §§ 10, 10 b EStG: a) Soweit keine höheren Aufwendungen nachgewiesen werden, erfolgt die Berücksichtigung durch →Pauschbeträge: Sonderausgaben-Pauschbetrag bzw. für Vorsorgeaufwendungen durch die →Vorsorgepauschale bzw. den →Vorsorge-Pauschbetrag. – b) Höhere Sonderausgaben können im Rahmen der →Veranlagung zur Einkommensteuer oder im →Lohnsteuer-Jahresausgleich berücksichtigt werden. Darüber hinaus ist bei Arbeitnehmern – wenn bestimmte weitere Voraussetzungen erfüllt sind – die Berücksichtigung bestimmter S. während des laufenden Kalenderjahres durch Eintragung eines →Freibetrags auf der →Lohnsteuerkarte

möglich (§ 39 a EStG); vgl. auch →Lohnsteuer-Ermäßigungsverfahren.

Sonderausgaben-Pauschbetrag, →Pauschbetrag III.

Sonderausweis, gemäß verkehrsrechtlicher Bestimmung neben dem →Führerschein erforderliche besondere, von der zuständigen Behörde ausgestellte Urkunde als Nachweis der Berechtigung zur Führung besonderer Fahrzeuge zu bestimmten Zwecken, z. B. für Kraftdroschken, Kraftomnibusse, Fahrlehrer.

Sonderbetriebsvermögen, steuerrechtlicher Begriff. Wirtschaftsgüter, die zivilrechtlich im Eigentum eines →Mitunternehmers stehen, sind (notwendiges oder gewillkürtes) S., wenn sie dazu geeignet und bestimmt sind, dem Betrieb der Personengesellschaft *(Sonderbetriebsvermögen I)* oder der Beteiligung des Mitunternehmers an der Personengesellschaft *(Sonderbetriebsvermögen II)* zu dienen.

Sonderbilanzen. 1. *Bilanzen aus besonderen Anlässen:* Gründungsbilanzen, Vermögensbilanzen, Verschuldungsbilanzen, Sanierungsbilanzen, Fusionsbilanzen, Liquidationsbilanzen, Liquiditätsbilanzen, Konkurs- und Vergleichsbilanzen, Auseinandersetzungsbilanzen. – S. werden häufig als →*Status* bezeichnet, insbes. in den Fällen, in denen der Ausweis von Vermögen und Schulden im Vordergrund steht, so: Vermögens-, Liquiditäts-, Konkurs-, Vergleichsstatus u. a. – **2.** Steuerbilanzen, die die Wirtschaftsgüter des →Sonderbetriebsvermögens und Sonderbetriebseinnahmen und -ausgaben der *einzelnen* →*Mitunternehmer* erfassen.

Sonderdepot, →Sonderverwahrung.

Sondereinzelkosten, die in der →Zuschlagskalkulation im Rahmen der →Vollkostenrechnung über Einzelmaterial und Fertigungslöhne hinaus auftragsweise erfaßbaren →Einzelkosten, die nicht in die →Kostenstellenrechnung einbezogen werden. Sie werden den →Kostenträgern direkt angelastet. – Zu *unterscheiden:* →Sondereinzelkosten der Fertigung und →Sondereinzelkosten des Vertriebs.

Sondereinzelkosten der Fertigung, *Fertigungssonderkosten,* im Fertigungsbereich anfallende →Sondereinzelkosten. Zu den S.d.F. zählen auftragsweise erfaßbare Werkzeugkosten, Patent- und Lizenzkosten, Kosten für Materialanalysen, Kosten für anzufertigende Modelle, Schablonen, Kosten für Sonderanfertigungen usw.

Sondereinzelkosten des Vertriebs, *Vertriebssonderkosten,* im Vertriebsbereich anfallende →Sondereinzelkosten. Zu den S.d.V. zählen alle auftragsweise erfaßbaren Vertriebskosten (→Einzelkosten), z. B. Provisionen, Ausgangsfrachten und -zölle, Verpackung, Verkaufslizenzen.

Sondergericht, →Sondergerichtsbarkeit.

Sondergerichtsbarkeit, Gerichte, die eine beschränkte Gerichtsbarkeit für besondere Sachgebiete ausüben (*Sondergerichte*). Durch Art. 101 II GG zugelassen, wenn sie durch Gesetz errichtet worden sind. – *Beispiel:* Arbeitsgerichte. – Unzulässig sind dagegen *Ausnahmegerichte,* d.h. Gerichte, die nur für bestimmte Fälle oder einen Einzelfall und i.d.R. erst nach der Verwirklichung des von ihnen zu beurteilenden Sachverhaltes eingerichtet und hierfür als zuständig erklärt werden (Art. 101 I GG).

Sondergut der Ehegatten, →eheliches Güterrecht III 1 a) (d).

Sonderkonkurs, ein →Konkursverfahren, das ausnahmsweise nicht das gesamte Vermögen des →Gemeinschuldners ergreift, sondern nur einen Teil. – *Wichtigste Fälle:* 1. →*Nachlaßkonkurs* (§§ 214 ff. KO): Sondermasse ist der Nachlaß, beteiligt sind nur die Nachlaßgläubiger. – 2. Konkursverfahren über das Gesamtgut einer fortgesetzten *Gütergemeinschaft* oder das von den Ehegatten gemeinschaftlich verwaltete Gesamtgut (§§ 236 ff. KO): Gläubiger sind nur die Gesamtgutgläubiger. – 3. Konkurs eines →*Gemeinschuldners,* der *im Inland* keinen allgemeinen →Gerichtsstand (insbesondere Wohnsitz), aber eine *gewerbliche Niederlassung* hat (§ 238 KO): Teilungsmasse ist nur das im Inland gelegene Vermögen; teilnahmeberechtigt sind alle Gläubiger.

Sonderkonto, Zusatz zur Kontenbezeichnung des →Bankkontos, der auf Einschränkung in der Verfügungsbefugnis des genannten Konteninhabers hindeutet. Rechtliche Bedeutung nur von Fall zu Fall zu ermitteln. Echtes Sonder- (Treuhand-)konto ist das →Anderkonto.

Sonderkulturen, in der Landwirtschaftsstatistik →landwirtschaftliche genutzte Fläche für Garten- und Rebbau, Obstanlagen, Baumschulen, Korbweidenpflanzungen u.ä.

Sondernachfolge, →Rechtsnachfolge.

Sondernachlaß, →Rabatt IV.

Sonderopfer, →Aufopferungsanspruch.

Sonderorganisationen der UN, *specialized agencies,* Organisationen mit einem ausgedehnten internationalen Zuständigkeitsbereich auf wirtschaftlichen, sozialen, kulturellen und weiteren Gebieten, die →UN angeschlossen. Gem. Art. 57 UN-Charta wurden mit den nachstehenden, teils schon viele Jahre bestehenden teils neu errichteten autonomen internationalen Organisationen Abkommen abgeschlossen, die die Kompetenzen der zu dem System der UN gehörigen Organisationen festlegen. – *Im einzelnen:* Internationale Arbeitsorganisation (→ILO); Ernährungs-

und Landwirtschaftsorganisation der Vereinigten Nationen (→FAO); Organisation der Vereinten Nationen für Erziehung, Wissenschaft und Kultur (→UNESCO); Weltgesundheitsorganisation (→WHO); Internationale Bank für Wiederaufbau und Entwicklung, Weltbank (→IBRD); Internationale Finanz-Corporation (→IFC); Internationale Entwicklungsorganisation (→IDA); Internationaler Währungsfonds (→IMF); Internationale Zivilluftfahrt-Organisation (→ICAO); Weltpostverein (→UPU); Internationaler Fernmeldeverein (→ITU); Weltorganisation für Meteorologie (→WMO); Internationale Organisation für Seeschiffahrtsfragen (→IMO); Allgemeines Zoll- und Handelsabkommen (→GATT); Internationaler Fonds für landwirtschaftliche Entwicklung (→IFAD); Weltorganisation für geistiges Eigentum (→WIPO); Organisation der Vereinigten Nationen für industrielle Entwicklung (→UNIDO). – Mit der Internationalen Atomenergie-Organisation (→IAEA) bilden die vorstehend genannten S.d. UN die den Vereinten Nationen angeschlossenen zwischenstaatlichen Organisationen (*UN-Familie*). – Vgl. auch →internationale Wirtschaftsorganisationen.

Sonderpfanddepot, →Drittverwahrung.

Sonderpostämter, aus besonderen Anlässen, z.B. bei Tagungen, Messen, Festspielen, Kongressen auf Antrag des Veranstalters eingerichtete Postämter. Zuständig für die Entscheidung zur Einrichtung von S. sind die Oberpostdirektionen.

Sonderposten mit Rücklagenanteil. 1. Bei *Nichtkapitalgesellschaften* (§ 247 III HGB): Ein das Steuerergebnis mindernder Passivposten (unversteuerte „Rücklage"), der erst bei seiner Auflösung das steuerliche Ergebnis wieder erhöht, z.B. die Übertragung von →stillen Reserven, die bei der Veräußerung von Anlagevermögensgegenständen aufgedeckt wurden, auf Reinvestitionsobjekte gemäß §6b EStG. S.m.R. darf handelsrechtlich gebildet werden, sofern er steuerrechtlich *zulässig* ist, d.h. es ist handelsrechtlich weder Voraussetzung, daß steuerlich ein S. gebildet wurde, noch daß umgekehrt Maßgeblichkeit besteht (→Maßgeblichkeitsprinzip). – **2.** Bei *Kapitalgesellschaften:* a) Gleicher Begriffsinhalt wie unter 1., aber mit der Einschränkung, daß die Bildung des S. in der Steuerbilanz von einer entsprechenden Passivierung im →Jahresabschluß abhängig gemacht wird (= umgekehrte Maßgeblichkeit) (vgl. §273 HGB). b) Bei steuerlich begründeten außerplanmäßigen Abschreibungen, denen handelsrechtlich im Rahmen der umgekehrten Maßgeblichkeit gefolgt wird (§§ 254, 279 II HGB), kann wahlweise direkt oder indirekt abgeschrieben werden. Bei →indirekter Abschreibung ist ein S.m.R. zu bilden (§ 281 HGB). Beispiele:

Erhöhte Absetzungen für abnutzbare Wirtschaftsgüter des Anlagevermögens gemäß §§ 14, 14a Berlin FG, Sonderabschreibungen im Zonenrandgebiet gemäß § 3 ZRFG. – 3. Die *Auflösung* des S.m.R. richtet sich i.d.R. nach den steuerrechtlichen Vorschriften (§§ 247, 281 I HGB).

Sonderpostwertzeichen, aus besonderen Anlässen als Gedenkmarken ohne Zuschlag oder als →Wohlfahrtsmarken herausgegebene →Postwertzeichen.

Sonderpreis. →Rabatt IV.

Sonderpreisaktion, *Preisaktion, price-off promotion, price pack,* Maßnahme der →Verkaufsförderung. Der geläufige Produktpreis wird für einen bestimmten Zeitraum augenfällig reduziert mit entsprechender Herausstellung auf der Verpackung und durch Displays am point of purchase (POP). – *Arten:* a) Angebot einer im Preis reduzierten Verpakkungseinheit *(reduced-price pack).* – b) Zwei oder mehrere zusammengefaßte Verpackungseinheiten bzw. eine größere Verpackungseinheit zu einem sichtlich günstigeren Mengen-/ Preis-Verhältnis *(multiple pack).* – c) *Sonderformen:* →banded pack und →self-liquidating offer. – Vgl. auch →Sonderangebot.

Sonderprüfung, →Wirtschaftsprüfung IV 2 b.

Sonderrechnung, →Auswertungsrechnung.

Sonderrecht, einzelnen Aktionären oder Aktionärgruppen, auch Aktiengattungen von der AG als Mietgliedschaftsrechte eingeräumte Befugnisse, z.B. Rechte auf Entsendung von Aufsichtsratsmitgliedern, Rechte auf Vorzugsaktien. S. beruhen immer auf der Satzung. Sie können ohne Zustimmung der betroffenen Aktionäre i.d.R. auch durch Satzungsänderung nicht entzogen werden (§ 35 GBG) und sind im Gegensatz zu den bloßen →Genußrechten an den Aktienbesitz gebunden. – *Anders:* →Sondervorteil.

Sonderstatistiken, eine Reihe von monatlichen oder jährlichen Erhebungen im Rahmen der Statistik im →Produzierenden Gewerbe. Erhebungen über Stromerzeugungsanlagen und brennbare Gase bei Betrieben des Bergbaus und des Verarbeitenden Gewerbes; über Erdgas und Erdölgas sowie auf Erdöl- oder Mineralölbasis erzeugte Gase; über Investitionen bei Unternehmen, die Erdgas oder Erdölgas gewinnen oder Erdöl- oder Erdölgasleitungen erstellen oder betreiben (über Flüssigund Klärgas.

Sonderstempel, bei →Sonderpostämtern geführte Stempel; enthalten neben der Orts-, Tages- und Zeitangabe noch Zusätze, die auf den Anlaß hinweisen, und haben damit Sammelwert.

Sondertarif, →Ausnahmetarif.

Sonderunterstützung, Geldleistung nach § 12 Mutterschutzgesetz. – 1. S. erhalten im Familienhaushalt beschäftigte Frauen, deren Arbeitsverhältnis vom Arbeitgeber nach Ablauf des fünften Monats der Schwangerschaft durch Kündigung aufgelöst worden ist, vom Zeitpunkt der Auflösung des Arbeitsverhältnisses an bis zum Einsetzen der Leistungen des →Mutterschaftsgeldes. Besteht kein Anspruch auf laufendes Mutterschaftsgeld, endet die S. spätestens mit dem Tag vor Beginn der Schutzfrist nach § 3 II MuSchG. – 2. *Höhe:* Das um die gesetzlichen Abzüge verminderte durchschnittliche kalendertägliche Arbeitsentgelt der letzten drei abgerechneten Kalendermonate vor dem Zeitpunkt der Auflösung des Arbeitsverhältnisses, mindestens jedoch 3,50 DM kalendertäglich. – 3. *Zahlung* von der →Krankenkasse, bei die betreffende Frau versichert ist; gehört sie keiner Krankenkasse an, so zahlt die Allgemeine Ortskrankenkasse des Wohnorts. S. wird der Krankenkasse voll vom Bund erstattet.

Sonderurlaub, →Urlaub.

Sonderveranstaltung, *Sonderverkauf,* Verkaufsveranstaltung im Einzelhandel, die außerhalb des regelmäßigen Geschäftsverkehrs zur Beschleunigung des Warenabsatzes stattfindet. S. rufen den Eindruck der Gewährung besonderer Kaufvorteile hervor. Nach § 7 UWG grundsätzlich unzulässig. – *Zulässige Ausnahmen:* a) →Schlußverkauf, b) →Jubiläumsverkauf und c) →Räumungsverkauf. – *Anders:* →Sonderangebot.

Sonderverkauf, →Sonderveranstaltung.

Sondervermögen. I. Verwaltung: 1. *Begriff:* Vermögensteil im Eigentum einer Gebietskörperschaft, der über keine Rechtsfähigkeit verfügt, aber organisatorisch und haushaltsmäßig einen wesentlich höheren Selbständigkeitsgrad als Verwaltungseinheiten aufweist. – 2. *Regelungen bezüglich des Haushalts:* S. werden haushaltsmäßig in Form einer *Sonderrechnung* behandelt, die entweder als getrennte Rechnung neben dem Haushaltsplan des Trägers (z.B. →Wirtschaftsplan) oder als besonderer Abschnitt im Haushaltsplan des Trägers geführt wird. – Im *Haushaltsplan des Trägers* selbst sind die S. nur noch mit ihrem Nettoergebnis (→Nettobetrieb) ausgewiesen. – Es gilt das staatliche und kommunale Haushaltsrecht. – 3. *Arten:* a) *S. des Bundes:* Vgl. →Sondervermögen des Bundes. – b) *S. der Kommunen:* u.a. das Vermögen der nichtrechtsfähigen Stiftungen, die wirtschaftliche Unternehmen ohne eigene Rechtspersönlichkeit und öffentliche Einrichtungen, für die aufgrund gesetzlicher Vorschriften Sonderrechnungen geführt werden (z.B. Eigenbetrieb) sowie die rechtlich unselbständigen Versorgungs- und Versicherungseinrichtungen für Gemeindebedienstete (z.B.

Eigenunfallversicherung). – Vgl. auch →öffentliche Unternehmen.

II. Kapitalanlagegesellschaften: Vgl. →Kapitalanlagegesellschaften II 4.

Sondervermögen der Kommunen, →Sondervermögen I 3a).

Sondervermögen des Bundes, wirtschaftlich verselbständigte, rechtlich unselbständige Vermögensteile, die aus dem Bundesvermögen getrennt und mit eigenem Haushalt versehen sind, um Aufgaben zu erfüllen, die sonst das Budget hätte übernehmen müssen (→Fondswirtschaft): →Deutsche Bundespost, →Deutsche Bundesbahn, →ERP-Sondervermögen und Lastenausgleichsfonds (→Lastenausgleich). – Vgl. auch →Sondervermögen I.

Sonderverwahrung, *Sonderdepot, Streifbanddepot,* gesetzliche Grundform der →Wertpapierverwahrung (§ 2 DepotG). Der Verwahrer ist verpflichtet, die Wertpapiere unter äußerlich erkennbarer Bezeichnung jedes Hinterlegers gesondert von seinen eigenen Beständen und von denen Dritter aufzubewahren. Wertpapiermantel und -bogen werden aus Sicherheitsgründen getrennt abgelegt. Die depotführende Bank hat ein →Depotbuch (Verwahrungsbuch) zu führen. Die Wertpapiere werden meist mit Streifbändern bebändert, die die Namen der Kunden und Kundennummer tragen. Sie bleiben individuelles Eigentum des Kunden, der im Konkurs des Verwahrers →Aussonderung der ihm gehörenden einzelnen Stücke verlangen kann. – Auch bei der S. ist →Drittverwahrung möglich. – Im *Vergleich zur* →*Sammelverwahrung* ist die S. deutlich arbeitsintensiver.

Sondervollmacht, →Spezialvollmacht.

Sondervorteil, im Zusammenhang mit der →Gründung einer AG neben dem →Gründerlohn einzelnen Aktionären für ihre Person gewährter besonderer Vorteil, z.B. Warenbezugsrecht. Die S. müssen in der Satzung unter Bezeichnung der Berechtigten festgesetzt werden (§ 26 I AktG). Sie entsprechen den →Genußrechten und sind im Gegensatz zu den →Sonderrechten an Aktienbesitz nicht gebunden.

Sonderziehungsrechte (SZR), *special drawing rights (SDR).* 1. *Begriff und Handhabung:* Ende der 60er Jahre als Ergebnis der Diskussion um eine angebliche Verknappung internationaler Liquidität (sog. Dollarlücke) geschaffene zusätzliche Art von Währungsreserven. SZR sind ein Buchkredit, den der Internationale Währungsfonds (→IMF) seinen Mitgliedern, soweit sie Mitglieder im SZR-System sind (was nicht zwingend ist), entsprechend ihren IMF-Quoten einräumt. Hat ein Mitglied einen Finanzierungsbedarf, wendet es sich an den IMF, der ein anderes Mitglied mit starker →Zahlungsbilanz auffor-

dert („designiert"), seine SZR in konvertierbare Währung umzutauschen. In den ersten Jahren galt in bezug auf die zugeteilten SZR z.T. eine sog. *Rekonstitutionspflicht:* Bis Ende 1978 durften nur 70% der zugeteilten SZR im 5-Jahres-Durchschnitt endgültig verwendet werden, (später 85%, im Mai 1981 Rekonstitutionspflicht abgeschafft). Der IMF zahlt auf SZR-Bestände Zinsen und erhebt Gebühren bei ihrer Verwendung. Da SZR Liquidität darstellen, die nicht durch eigene Exporte verdient werden muß, bedeutet ihre Verwendung durch ein Land einen Realtransfer in dieses Land. Um eventuelle internationale Inflationsgefahren durch die verursachte Liquiditätszunahme zu begrenzen, ist die Pflicht zur Annahme von SZR auf 200% der eigenen Zuteilung limitiert. –

2. *Bewertung:* Hat sich mehrfach geändert. Zunächst wurde das SZR in Gold bewertet und entsprach einem US-Dollar. Mit dem Niedergang des Bretton-Woods-Systems war eine neue Situation entstanden. Ab 1.7.1974 galt eine neue Bewertungsformel (sog. *Korbbewertung),* nach dem der Wert eines SZR dem eines Korbes aus den 16 wichtigsten Währungen entsprach, die entsprechend ihrer Bedeutung im Welthandel mit unterschiedlichem Gewicht in dem Korb enthalten waren. Seit Januar 1981 enthält der Korb nur noch fünf Währungen (US-Dollar, Deutsche Mark, Französischer Franc, Pfund-Sterling, Yen). Der Wert des SZR wird täglich ermittelt. –

3. *Bedeutung als Zahlungsmittel und Recheneinheit:* Da die Schaffung von SZR (entgegen den Wünschen mancher Länder, v.a. der Entwicklungsländer) begrenzt blieb, erlangte das SZR als internationales Zahlungsmittel keine große Bedeutung. Als internationale Bezugsgröße für finanzielle Regelungen hat es sich zunehmend durchgesetzt. Z.B. sind die 25% der Quote eines jeden IMF-Mitglieds, die früher in Gold einzuzahlen waren, nunmehr in SZR zu zahlen. Auch außerhalb des IMF werden internationale Transaktionen in SZR ausgedrückt.

Sonnabend, *Samstag,* für die Berechnung von →Fristen weitgehend dem Sonntag gleichgestellt (§ 193 BGB).

Sonntag, besondere Vorschriften hinsichtlich *Arbeitszeiten:* 1. im *Einzelhandel:* Vgl. →Arbeitszeit IV; 2. im *Verkehr:* Vgl. →Lastkraftwagen; 3. hinsichtlich →Sonntagsarbeit. – Berechnung von *Fristen:* Vgl. →Fristen.

Sonntagsarbeit, Arbeit an Sonntagen und gesetzlichen Feiertagen.

I. Grundsätzlich: 1. S. ist i.a. *verboten.* – 2. *Gewerbebetriebe:* Zu S. können Gewerbetreibende Arbeiter nicht verpflichten; in Betriebe von Bergwerken, Salinen, Gruben, Hüttenwerken, Fabriken, Werkstätten, Werften, Ziegeleien usw. dürfen Arbeiter an Sonn-

und Feiertagen nicht beschäftigt werden (§ 105 a GewO). – 2. *Handelsbetriebe:* Gehilfen, Auszubildende und Arbeiter dürfen an Sonn- und Feiertagen nicht beschäftigt werden. Für alle oder einzelne Geschäftszweige oder für einzelne Betriebe kann für höchstens zehn Sonn- und Feiertage im Jahr, an denen besondere Verhältnisse einen erweiterten Geschäftsverkehr erforderlich machen, eine Beschäftigung bis zu acht Stunden, jedoch nicht über 18.00 Uhr hinaus, zugelassen werden. – 3. *Spediteure- und Schiffsmakler sowie andere Gewerbebetriebe,* soweit es sich um Abfertigung und Spedition von Gütern handelt: Eine S. kann von zwei Stunden zugelassen werden. Die gleiche Regelung gilt für Angestellte i. S. der AZO; die für S. zugelassenen Arbeitsstunden sind nicht auf die nach der Arbeitszeitordnung zulässige Höchstarbeitszeit anzurechnen (§ 105 b GewO).

II. A u s n a h m e n: 1. *Ausgenommene Tätigkeiten:* a) Arbeiten, die in Notfällen oder im öffentlichen Interesse unverzüglich vorgenommen werden müssen; b) für einen Sonntag zur Durchführung einer gesetzlich vorgeschriebenen Inventur; c) Bewachung der Betriebsanlagen; d) Arbeiten zur Reinigung und Instandhaltung, durch die der regelmäßige Fortgang des eigenen oder eines fremden Betriebs bedingt ist; e) Arbeiten, von denen die Wiederaufnahme des vollen werktäglichen Betriebs abhängig ist; f) Arbeiten zur Verhütung des Verderbens von Rohstoffen oder des Mißlingens von Arbeitserzeugnissen; g) Beaufsichtigung des Betriebs. – Werden Arbeiter in diesem Rahmen beschäftigt, so hat der Gewerbetreibende ein *Verzeichnis* anzulegen, in das für jeden einzelnen Sonn- und Feiertag die Zahl der beschäftigten Arbeiter, die Dauer ihrer Beschäftigung sowie die Art der Arbeiten einzutragen ist. Dauert die Arbeit länger als drei Stunden, sind entweder an jedem 3. Sonntag volle 36 Stunden arbeitsfrei oder an jedem 2. Sonntag mindestens die Zeiten von 6.00 Uhr bis 18.00 Uhr (§ 105 c GewO). – 2. *Ausgenommene Gewerbebetriebe:* V. a. a) Betriebe, in denen Arbeiten vorkommen, die ihrer Natur nach *eine Unterbrechung oder einen Aufschub nicht gestatten.* – b) Betriebe, die ihrer Natur nach *auf bestimmte Jahreszeiten beschränkt* oder in gewissen Zeiten des Jahres zu außergewöhnlich verstärkter Tätigkeit genötigt sind. In den Fällen a) und b) können Ausnahmen zugelassen werden (§ 105 d GewO); vgl. VO über Ausnahmen vom Verbot der Beschäftigung von Arbeitnehmern an Sonn- und Feiertagen in der Eisen- und Stahlindustrie vom 31. 7. 1968 (BGBl I 885) und entsprechende VO für die Papierindustie vom 20. 7. 1963 (BGBl I 491). – c) Für Gewerbe, deren vollständige oder teilweise Ausübung an Sonn- und Feiertagen zur Befriedigung täglicher oder an diesen Tagen besonders hervortretender Bedürfnisse der

Bevölkerung erforderlich ist, können Ausnahmen zugelassen werden (§ 105 e GewO). – d) Wenn zur *Verhütung eines unverhältnismäßigen Schadens* ein nicht vorherzusehendes Bedürfnis der Beschäftigung von Arbeitern an Sonn- und Feiertagen eintritt, können von der unteren Verwaltungsbehörde Ausnahmen für bestimmte Zeiten zugelassen werden (§ 105 f GewO). – e) Das Verbot der S. findet keine Anwendung auf das *Verkehrsgewerbe* sowie auf *Gast- und Schankwirtschaftsgewerbe,* Musikaufführungen, Schaustellungen u. a.; die Gewerbetreibenden können die Arbeiter in diesen Gewerben nur zu solcher S. verpflichten, die nach der Natur des Gewerbebetriebs keinen Aufschub oder keine Unterbrechung gestattet (§ 105 i GewO). – f) Soweit nach dem Ladenschlußgesetz *Verkaufsstellen* ausnahmsweise an Sonn- und Feiertagen geöffnet werden können, dürfen Arbeitnehmer während der zugelassenen Öffnungszeiten und, soweit dies für Vorbereitungs- und Abschlußarbeiten unerläßlich ist, insgesamt weitere 30 Minuten beschäftigt werden, höchstens jedoch acht Stunden. Die Arbeitnehmer sind, wenn die Beschäftigung länger als drei Stunden dauert, an einem Werktag derselben Woche ab 13.00 Uhr, wenn die Beschäftigung länger als sechs Stunden dauert, an einem ganzen Werktag von der Arbeit freizustellen (§ 17 Ladenschlußgesetz). – Vgl. auch →Arbeitszeit, →Frauenschutz, →Jugendarbeitsschutz, →Arbeitsentgelt.

sonstige bebaute Grundstücke, →Grundstücksart i. S. des BewG. – 1. *Begriff:* Alle Grundstücke, die nicht →Mietwohngrundstück, →Geschäftsgrundstück, →gemischtgenutztes Grundstück, →Einfamilienhaus oder →Zweifamilienhaus sind, z. B. Altersheime, Kinderheime, Gebäude für sportliche Zwecke. – 2. *Bewertung:* Nach dem →Sachwertverfahren.

sonstige betriebliche Aufwendungen, Position →Gewinn- und Verlustrechnung gem. § 275 HGB, deren Inhalt sich auch danach richtet, ob nach dem →Gesamtkostenverfahren oder dem →Umsatzkostenverfahren gegliedert wird. – 1. *Bei Anwendung des Gesamtkostenverfahrens:* S. b. A. sind alle Aufwendungen der gewöhnlichen Geschäftstätigkeit (d. h. Aufwendungen aus Tätigkeiten zur Erfüllung des Unternehmenszwecks, die mit einer gewissen Regelmäßigkeit und nicht nur selten auftreten, vgl. →außerordentliche Aufwendungen), die nicht unter die Positionen Materialaufwand (→Materialkosten), Personalaufwand (→Löhne und Gehälter, →Sozialkosten), →Abschreibungen auszuweisen sind oder zu den Aufwendungen des Finanzergebnisses (Positionen 12 und 13 gem. § 275 II) und zu den Steuern (Positionen 18, 19) gehören. Aus der Abgrenzung zwischen gewöhnlicher und außerordentlicher Geschäftstätigkeit ergibt sich, daß zu s. b. A. neben betrieblich ordentlichen auch betrieblich periodenfremde Aufwendungen sowie betriebsfremde Aufwendungen gehören können, sofern sie noch innerhalb der gewöhnlichen Geschäftstätigkeit liegen (→Kosten, →neutrale Aufwendungen). – *Beispiele:* Verluste aus dem Abgang von Gegenständen des Anlage- und Umlaufvermögens, Prüfungsaufwendungen, Spenden, Ausgangsfrachten, Werbeaufwendungen, Lagerkosten, Einstellungen in den Sonderposten mit Rücklageanteil gem. § 281 HGB (sind gesondert auszuweisen oder im Anhang anzugeben). – 2. Bei *Anwendung des Umsatzkostenverfahrens:* Zu den s. b. A. gehören die Aufwendungen der gewöhnlichen Geschäftstätigkeit, die nicht unter den Aufwendungen der Funktionsbereiche Herstellung, Vertrieb, allgemeine Verwaltung oder Finanzierung erfaßt werden und die nicht aktiviert wurden. Die Höhe der s. b. A. (ebenso die der genannten Funktionsbereiche) hängt wesentlich davon ab, ob die →Herstellungskosten der zur Erzielung der Umsatzerlöse erbrachten Leistungen (§ 275 III Nr. 2) zu Teil- oder Vollkosten (§ 255 II HGB) angesetzt werden. – Vgl. auch →sonstige betriebliche Erträge.

sonstige betriebliche Erträge, Position der →Gewinn- und Verlustrechnung, die bei Anwendung des →Gesamtkostenverfahrens gem. § 275 II HGB unter Nr. 4, bei Anwendung des →Umsatzkostenverfahrens gem. § 275 III HGB unter Nr. 6 auszuweisen ist. S. b. E. sind Erträge der gewöhnlichen Geschäftstätigkeit (zur Kennzeichnung vgl. →sonstige betriebliche Aufwendungen), die nicht unter →Umsatzerlöse, aktivierte →Eigenleistungen oder Erträge des Finanzbereiches (§ 275 II Nr. 9, 10, 11 bzw. § 275 III Nr. 8, 9, 10 HGB) erfaßt sind. Aus der Abgrenzung zwischen gewöhnlicher und außerordentlicher Geschäftstätigkeit ergibt sich, daß s. b. E. periodenfremde und betriebsfremde Erträge enthalten können, sofern sie der gewöhnlichen Geschäftstätigkeit zuzuordnen sind (→neutrale Erträge).

sonstige Bezüge, *einmalige Bezüge,* Begriff des Lohnsteuerrechts: Einmalige Arbeitslohnzahlungen, die neben dem laufenden Arbeitslohn gezahlt werden. S. B. sind u. a.: Weihnachts- und Neujahrszuwendungen; →Tantiemen und →Gratifikationen, wenn sie nicht zum laufenden Arbeitslohn gehören; das 13. Monatsgehalt; Urlaubsabfindungen (Entschädigungen für nicht gewährten Urlaub); →Jubiläumsgeschenke, soweit sie nicht steuerfrei sind (§ 4 LStDV); einmalige →Abfindungen an ausscheidende Arbeitnehmer; Vergütungen für →Arbeitnehmererfindungen (→Erfindervergütung 2.). →Pauschalierung der Lohnsteuer für s. B. unter bestimmten Voraussetzungen (§ 40 I Nr. 1 EStG); Besteuerung in den anderen Fällen gem. § 39 b III EStG (→Lohnsteuer VIII).

sonstige Einkünfte, Begriff des Einkommensteuerrechts. Nach § 22 EStG gehören zu den s. E. →Einkünfte aus wiederkehrenden Bezügen (z. B. Leibrenten), Einkünfte aus Unterhaltsleistungen, Einkünfte aus Spekulationsgeschäften, Einkünfte aus Leistungen.

sonstige Forderungen, Bilanzposten auf der Aktivseite nach § 266 HGB. Sammelposten für alle am Bilanzstichtag feststehenden Forderungen, die nicht mit Lieferungen und Leistungen im Zusammenhang stehen und keine Forderungen gegenüber verbundenen Unternehmen oder Beteiligungsunternehmen sind. – *Beispiele:* Forderungen an das Finanzamt wegen Steuerguthaben, Vorschußzahlungen an Belegschaftsmitglieder, außerdem der Teil der Erträge des Geschäftsjahres, die erst nach dem Bilanzstichtag zu Einnahme werden (= antizipative Posten; →Abgrenzung). – *Einordnung in der Bilanz* gemäß § 266 HGB: Aktiva B II. 4. „Sonstige Vermögensgegenstände“.

sonstige Hilfen, Leistung der gesetzlichen →Krankenversicherung: a) für ärztliche Beratung über Fragen der Empfängnisregelung, einschließlich der hierzu erforderlichen Untersuchung und der Verordnung von empfängnisregelnden Mitteln, b) bei einer nicht rechtswidrigen Sterilisation und c) bei nicht rechtswidrigem Abbruch der Schwangerschaft durch einen Arzt, bei nicht rechtswidrigem Schwangerschaftsabbruch (§§ 200 eff. RVO). Regelungen wie bei →Krankenhilfe. – Vgl. auch →Familienhilfe, →Familienplanung, →Geburtenkontrolle, →Schwangerschaftsabbruch.

sonstige Kosten, →allgemeine Betriebskosten.

sonstige Leistung, →Lieferungen und sonstige Leistungen.

sonstiges Einkommen, →Ausgleichsrente.

sonstiges Vermögen, Begriff des BewG: Alle Wirtschaftsgüter, die nicht zu den Vermögensarten →land- und forstwirtschaftliches Vermögen, →Grundvermögen und →Betriebsvermögen gehören und nicht durch § 111 BewG ausdrücklich als nicht zum s. V. gehörig aufgeführt sind. – *Beispiele:* Spareinlagen, Bankguthaben, Aktien, Geschäftsguthaben, Kapitalwert von Nießbrauchrechten, noch nicht fällige Versicherungsansprüche, Edelmetalle, Schmuck- und Luxusgegenstände (§ 110 BewG). – *Freibeträge und -grenzen* sind für mehrere Wirtschaftsgüter im § 110 BewG in unterschiedlichem Ausmaß festgelegt (z. B. für →Spareinlagen, →Kunstgegenstände). – Im Gegensatz zu den anderen Vermögensarten wird für das s. V. *kein* →*Einheitswert* festgestellt.

sonstige Verbindlichkeiten, Bilanzposten auf der Passivseite nach § 266 HGB. Sammelposten für alle Verbindlichkeiten, die nicht unter die Position C. 1 bis C. 7 der →Bilanzgliederung fallen, u. a. Steuerschulden (gesondert auszuweisen), noch nicht ausbezahlte Löhne und Gehälter, einbehaltene Sozialbeiträge (gesondert auszuweisen), fällige Provisionen, außerdem der Teil der Aufwendugen des Geschäftsjahres, der erst nach dem Bilanzstichtag zu Ausgaben verpflichtet (= antizipative Posten; →Abgrenzung).

Sorgerecht, Begriff des Familienrechts; vgl. im einzelnen →Personensorge.

Sorgfalt in eigenen Angelegenheiten, Begriff des BGB. Soweit ein Schuldner für S. i. e. A. haftet, kann er sich, sofern nicht →grobe Fahrlässigkeit vorliegt, durch den Nachweis entlasten, daß er in eigenen Angelegenheiten auch nicht sorgfältiger verfährt (§ 277 BGB).

Sorgfaltspflicht, vielfach aufgrund Gesetz oder Rechtsgeschäft bestehende Verpflichtung zur Wahrung der Interessen anderer. – 1. *S. des Arbeitgebers:* Diese umfaßt alle Vorkehrungen zum Schutze von Leben und Gesundheit seiner Arbeitnehmer, bei der Regelung seines Geschäftsbetriebs, z. B. Instandhaltung der Geschäftsräume und Unfallverhütung. – Vgl. auch →Fürsorgepflicht (des Arbeitgebers), →Arbeitsschutz. – 2. *S. des Handelsvertreters, des Handelsmaklers usw.:* Sorgfalt eines ordentlichen Kaufmannes (§§ 86 III, 347 I HGB). Sie umfaßt gewisse Grundregeln für jeden →Kaufmann; im Einzelfall kommt es darauf an, wie ein ordentlicher und gewissenhafter Kaufmann des gleichen Geschäftszweiges gehandelt hätte. – Vgl. auch →Fahrlässigkeit. – 3. *S. bei einer Aktiengesellschaft:* Die Mitglieder des Vorstands und des Aufsichtsrats müssen bei ihrer Geschäftsführung die Sorgfalt eines ordentlichen und gewissenhaften Geschäftsleiters anwenden; im Streitfalle den →Beweis dafür erbringen, sonst sind sie zu →Schadenersatz verpflichtet (§§ 93, 116 AktG). – Vgl. auch →Sorgfalt in eigenen Angelegenheiten.

SOR-Konzept, Stimulus-Organismus-Response-Konzept, →Käuferverhalten II 2, →Entscheidungsverhalten 2.

Sorte. I. Handelsbetriebslehre: Gemäß der →Sortimentspyramide Teilelement eines bestimmten →Artikels.

II. Bankwesen: Vgl. →Geldsorten.

III. Industriebetriebslehre: In begrenzter Anzahl hergestellte Varianten einer Produktart. – *Ähnlich:* →Serie. – Vgl. auch →Sortenproduktion, →Losequenzplanung.

Sortenhandel, bankmäßiger Handel mit ausländischen Banknoten und Münzen (→Geldsorten); von besonderer Bedeutung für den Reiseverkehr. – Die *Kursbildung* erfolgt frei

am Markt. Bei vollständig konvertiblen Währungen orientiert sich der Sortenkurs am Devisenkurs.

Sortenkalkulation, Sortenrechnung, →Kalkulation bei →Sortenproduktion. Typische Form der S. ist die durch Äquivalenzziffern verfeinerte →Divisionskalkulation.

Sortenkurs, →Kurs ausländischer →Geldsorten (Banknoten) an der Börse.

Sortenliste, beim →Bundessortenamt geführtes Verzeichnis nach dem Saatgutverkehrsgesetz. Enthält bezüglich →Saatgut u. a. Sortenbezeichnung, wesentliche morphologische und physiologische Merkmale, die für landeskulturellen Wert maßgebenden Eigenschaften, Name und Anschrift des Züchters, Auflagen und Beschränkungen, Zeitpunkt der Eintragung und Löschung (§ 68 Saatgutverkehrsgesetz).

Sortenproduktion, Elementartyp der Produktion (→Produktionstypen), der sich aus dem Merkmal der Prozeßwiederholung ergibt. Bei S. ist die Auflage der Varianten einer Produktart begrenzt und damit die Wiederholung identischer Prozesse auf eine bestimmte Zeitspanne fixiert. Sortengüter können parallel mit eigenständigen Arbeitssystemen oder sukzessive auf ein und demselben (umstellbaren) Arbeitssystem in →Losen produziert werden. Bei Walzwerken spricht man hier z. B. von Walzzyklen. Die S. hat große Ähnlichkeit mit der Serienproduktion, bei der nicht Varianten einer Produktart, sondern verschiedene Produktarten in begrenzter Auflage produziert werden. – *Beispiel:* Herstellung von Profilstahl in verschiedenen Abmessungen. – Vgl. auch →Einzelproduktion, →Massenproduktion.

Sortenrechnung, →Sortenkalkulation.

Sortenschutzrecht, besondere gesetzgeberische Maßnahmen zum Schutz der Pflanzensorten.

I. Nationales S.: 1. *Rechtsgrundlage:* Sortenschutzgesetz vom 11. 12. 1985 (BGBl I 2170). – 2. *Inhalt:* a) *Sortenschutzerteilung:* Sortenschutz wird auf Antrag für eine neue, hinreichend homogene und beständige, ihrer Art nach im Artenverzeichnis aufgeführte Pflanzensorte vom →Bundessortenamt durch Eintragung in die Sortenschutzrolle erteilt. Überlegenheit oder überdurchschnittliche züchterische Leistung werden nicht verlangt. – b) *Wirkung:* Der Sortenschutzinhaber hat das ausschließliche, übertragbare Recht zur Vermehrung der geschützten Pflanzensorte zur gewerblichen Verwertung (§ 10). Eine Gestattung der Nutzung der Sorte ist möglich, wobei auch ein Zwangsnutzungsrecht eingeräumt werden kann (§ 11) (→Linzenz, →Zwangslizenz). – c) *Rechtsfolgen:* Verstöße sind strafbar bzw. ordnungswidrig. Zivilrechtlich bestehen Ansprüche auf →Unterlassung (Unterlassungsanspruch) und bei Verschulden auf →Schadenersatz (Schadenersatzanspruch). – Das S. ähnelt dem →Patentrecht.

II. Internationales S.: Im Übereinkommen zum Schutz von Pflanzenzüchtungen von 1961 (BGBl 1968 II 861) geregelt, wobei das Prioritätsrecht als wichtigstes Recht dem Anmelder einen Rechtsanspruch auf Zeitvorrang für die Anmeldung derselben Sorte in den anderen Vertragsstaaten gewährt.

Sortenschutzrolle, beim →Bundessortenamt geführtes öffentliches Register über den rechtskräftig erteilten Sortenschutz (→Sortenschutzrecht).

Sortensequenzenplanung, →Lossequenzenplanung.

Sortenspanne, →Stückspanne.

Sortenwechselkosten, die bei der Umstellung einer Fertigungsstelle (Einzelanlage, Anlagenstraße) von einer zu produzierenden Sorte auf eine andere anfallenden Kosten. S. setzen sich zusammen aus →Rüstkosten, →Anlaufkosten und den aus dem Stillstand der Anlagen resultierenden entgehenden Deckungsbeiträgen (→Opportunitätskosten). S. gehören zu den →Fertigungskosten.

Sortierbegriff, das Kriterium, nach dem beim →Sortieren ein Datenbestand geordnet wird; häufig (aber nicht zwingend) ein →Datenelement (evtl. auch eine →Datenstruktur, das einen →Schlüssel darstellt (z. B. die Artikelnummer bei Artikeldatensätzen). Für den →Datentyp dieses Datenelements muß eine aufsteigende oder absteigende Reihenfolge definiert sein; eindeutig und vordefiniert z. B. bei Zahlen und bei Zeichenketten (alphabetische Reihenfolge).

Sortieren. 1. *Begriff:* In der elektronischen Datenverarbeitung ein Vorgang, bei dem die Komponenten eines Datenbestands in eine nach einem oder mehreren →Sortierbegriffen geordnete Reihenfolge gebracht werden. – 2. *Arten:* a) *internes S.:* S. eines →*Arrays* im internen →Arbeitsspeicher des Computers; b) *externes S.:* S. einer →*Datei,* die sich auf einem externen →Datenträger befindet. – 3. *Verwendung:* Das externe S. ist einer der häufigsten Arbeitsschritte in der →betrieblichen Datenverarbeitung; bei großen Dateien sehr aufwendiger Vorgang. – 4. *Unterstützung:* Für das *externe S.* stehen i. d. R. →Dienstprogramme eines →Betriebssystems zur Verfügung; kommerzielle →Programmiersprachen enthalten häufig eingebaute Sortierteile (z. B. →Cobol). Das *interne S.* muß dagegen vom →Programmierer bei der →Programmentwicklung fallweise realisiert werden. – 5. *Sortieralgorithmen:* Für das S. existiert ein breites Repertoire wohlbekannter →Algorithmen.

Sortiment, Summe aller Absatzobjekte (Waren, Dienstleistungen und Rechte), die ein Handelsbetrieb im Laufe einer Periode seinen potentiellen Kunden physisch oder auf andere Weise anbietet. – 1. *Üblich ist,* daß Handelsbetriebe die Waren beschaffen und unverarbeitet weiterveräußern. Manche Waren werden bearbeitet oder selbst erstellt. Letzteres gilt v. a. für Dienstleistungen wie Reparaturen, Änderungen, Installationen u. a. – 2. *Formen:* Gemäß der →Sortimentspyramide können *schmale, breite, tiefe* und *mächtige* S. unterschieden werden. Weitere S.-Begriffe: *Universal-S.* (das gesamte Warenangebot einer Volkswirtschaft); *Branchen-S.* (Warenangebot einer Branche); *Kern-S.* (Warenangebot, ausgerichtet auf die üblichen Bedürfnisse der Hauptzielgruppen, das dauerhaft geführt wird); *Zusatz-S., Rand-S.* (weitere Artikel zur Befriedigung spezieller Nachfragewünsche, z. B. Saisonartikel, Aktionsware, Artikel für regional unterschiedliche Nachfragebedürfnisse). – I. d. R. sind die Artikel im Laden physisch vorhanden *(aktuelles S.);* oft werden sie erst nach Auswahl in Katalogen beschafft *(potentielles S.).*

Sortimentsbreite, →Programmbreite.

Sortimentsgroßhandlung, →Großhandelsunternehmung mit breitem Sortiment, in erster Linie an den üblichen Bedürfnissen ihrer Abnehmer ausgerichtet. S. treten hauptsächlich auf bei einer großen Diskrepanz zwischen breiter, warenbedingt spezialisierter Erzeugerstruktur und einheitlicher, bedarfsorientierter Abnehmerstruktur, z. B. der Großhandel mit Konsumgütern, hierbei insbes. die Cash-and-carry-Großhandlungen.

Sortimentskongruenz, möglichst weitgehende Übereinstimmung des →Sortiments einer Großhandlung und der bei ihr beziehenden Einzelhänder. S. zwischen Großhandlung und allen Kunden nur bei wenigen Artikeln des Kernsortiments. Bei der Masse der Artikel ist S. nur mit einem mehr oder weniger großen Anteil der Abnehmer erzielbar. Eine Reihe von Artikeln – insbes. des Randsortiments – werden von der Großhandlung überhaupt nicht geführt, so daß S. völlig fehlt. In Filialunternehmen ist die S. nahe 100%. – Möglichst weitgehende S. ist *Voraussetzung* für hohe →Einkaufskonzentration; denn von der Großhandlung nicht geführte Artikel müssen die Abnehmer anderweitig beschaffen; die Gefahr, daß dort dann auch weitere Artikel bezogen werden, ist groß. – Streben nach S. hat im Großhandel zur *Aufblähung der Sortimente* geführt. Die →Zustellgroßhandlungen der →kooperativen Gruppen des Lebensmittelhandels führen ca. 8000 Artikel, die Sortimente der Kunden umfassen ca. 3000 Artikel unterschiedlicher Zusammensetzung.

Sortimentsplanung, →Materialbedarfsplanung, →Sortimentspolitik.

Sortimentspolitik, Entscheidungen des →Handelsmanagements über die Zusammenstellung des →Sortiments. S. ist abhängig von den Zielsystemen im Handel, insbes. der Wahl der Betriebsform. Weitere Determinanten sind Gegebenheiten auf den Absatz- und Beschaffungsmärkten, innerbetriebliche Begrenzungsfaktoren wie Verkaufsflächen und Lagerkapazität, Ladenausstattung, Grad der eingeräumten Entscheidungsfreiheit, z. B. bei Filialleitern oder Mitgliedern kooperativer Gruppen. – Zu *unterscheiden:* a) *Qualitative S.:* Bezieht sich auf die Eigenarten der angebotenen Waren, d. h. dem *Sortimentsinhalt, z. B.* Lebensmittel, Textilien, Freizeitbedarf. b) *Quantitative S.:* Bezieht sich auf die Anzahl der geführten Waren, d. h. die *Sortimentsdimensionen.* Sortimente können in ihrer Tiefe (Differenzierung) oder ihrer Breite (Diversifizierung) ausgeweitet bzw. eingeengt werden. c) *Zeitliche S.:* Bezieht sich auf die Stetigkeit von Inhalt und Dimensionen eines Sortimentes (*Sortimentsdynamik*).

Sortimentspyramide. 1. *Charakterisierung:* Systematische Gliederung des Warenangebots im →Sortiment: a) *Sortiment,* bestehend aus *Warengruppen, z. B.* Waren des Bekleidungsbedarfs, Wohnungsbedarfs, Nahrungsmittelbedarfs. – b) Die Warengruppe Nahrungsmittelbedarf besteht aus *Warengattungen, z. B.* Fleischwaren, Backwaren, Getränken. – c) Die Warengattung Getränke besteht aus *Warenarten,* z. B. Erfrischungsgetränken, Weinen, Bieren. – d) Die Warenart Biere besteht aus *Artikeln, z. B.* Malzbier, Weißbier, Pilsbier. – e) Der Artikel Pilsbier besteht aus *Sorten, z. B.* Pils Marke A, Pils Marke B, Pils Marke C. – f) Die Sorte Marke C besteht aus einzelnen *Waren, z. B.* eine ½-Literflasche Marke C (= ein Stück), ein Dreierpack mit drei Stück ½-Literflaschen der Marke C, eine Kiste mit 20 Stück ½-Literflaschen der Marke C. – Nach dieser Einteilung ist die Ware die *kleinste* zum Verkauf angebotene *Einheit* in einem Handelsbetrieb. – 2. Bei den *Sortimentsdimensionen* kommt es auf die Betrachtungsebene an: a) Ein Lebensmittelsupermarkt hat auf der Ebene der Warengruppen ein *schmales Sortiment,* gemessen an allen Handelswaren sämtlicher Warengruppen; jedoch ein *breites Sortiment* verschiedener Warengattungen. Hierbei bestehen viele additive Kaufmöglichkeiten. – b) Ein Getränkehändler hat erst auf der Ebene der Warenarten ein breites Sortiment. Innerhalb dieser Begrenzung führt er i. d. R. viele Artikel. Er hat somit ein *tiefes Sortiment,* das für einen bestimmten Bedarf viele alternative Kaufmöglichkeiten bietet. – Von einem mächtigen Sortiment spricht man, wenn die Anzahl der Waren einer Sorte sehr hoch ist.

Sortimentstiefe, →Programmtiefe.

Sortimentsverbundanalyse, Analyse des →Sortiments dahingehend, welche Produkte

überzufällig häufig zusammen gekauft werden. Anwendung bei der Auswahl der Sonderangebotsartikel und der Regalplatzzuweisung sowie im Rahmen der Strategie des kalkulatorischen Ausgleichs (→Mischkalkulation).

Southern African Customs Union, *Südafrikanische Zollunion,* gegründet Dezember 1969 durch Unterzeichnung eines Abkommens, das 1970 in Kraft getreten ist (anstelle des Abkommens von 1910), zur Begründung einer Zollunion zwischen Malawi, Namibia, Simbabwe, Botswana, Lesotho, Bophuthatswana, Rep. Südafrika, Swasiland, Kein ständiger Sitz mit Sekretariat. Einziges *Organ* ist die Kommission für Zollunion. – *Zielsetzung* ist die Sicherstellung des freien Warenverkehrs zwischen den Mitgliedsländern und die Anwenduang einheitlicher Zolltarife und Handelsbestimmungen auf Importe aus Drittländern.

Sowjetunion, *Union der Sozialistischen Sowjetrepubliken (UdSSR),* Bundesstaat in O-Europa und N-Asien (Eurasien). Offizielle Gründung der zentralistisch organisierten UdSSR 1922, neue Verfassung 1977, Rätesystem mit nationalföderalen Zügen; die KPdSU (Kommunistische Partei der Sowjetunion) entscheidet in allen Angelegenheiten, geleitet wird die KPdSU durch ein Führungskollektiv, d. h. die Vollmitglieder des Politbüros der KPdSU. Das Klima der UdSSR ist vorwiegend und nach Osten zunehmend streng kontinental mit gemäßigten bis warmen Sommern und meist sehr kalten Wintern. – *Fläche:* 22,402 Mill. Km²; eingeteilt in 15 Unionsrepubliken (SSR): Russische Sozialistische Föderative Sowjetrepublik, Ukrainische, Bjelorussische, Usbekische, Kasachische, Grusinische, Aserbaidschanische, Litauische, Moldauische, Lettische, Kirgisische, Tadschikische, Armenische, Turkmenische, Estnische SSR. Die UdSSR ist das größte Land der Erde, eingeschlossen die Fläche des Weißen Meeres und des Asowschen Meeres, die nicht den Unionsrepubliken zugeordnet werden. 5,5 Mill. km² der Fläche sind europäisch, 16,8 Mill. km² asiatisch. – *Einwohner* (E): (1986) 280 Mill. (12,6 E/km²); bestehend aus: Russen (ca. 137 Mill.), Ukrainern (ca. 42 Mill.), Usbeken (ca. 12 Mill.), Bjelorussen (ca. 9 Mill.), Kasachen (ca. 6 Mill.), Tataren (ca. 6 Mill.), Aserbaidschanern (ca. 5 Mill.) Armeniern (ca. 4 Mill.), Georgiern (ca. 3,5 Mill.), Moldauern (ca. 3 Mill.), Tadschiken (ca. 3 Mill.), Litauern (ca. 3 Mill.), Turkmenen (ca. 2 Mill.), Deutschen (ca. 2 Mill.), Kirgisen (ca. 2 Mill.), Juden (ca. 2 Mill.) u. a. – *Amtssprachen:* Russisch, daneben in den einzelnen SSR die jeweilige Sprache der Nationalität. – *Hauptstadt:* Moskau (8,5 Mill. E); weitere wichtige Städte: Leningrad (4,8 Mill. E), Kiew (2,4 Mill. E), Taschkent (2 Mill. E), Baku (1,6 Mill. E), Charkow (1,5 Mill. E), Gorki (1,4 Mill. E),

Nowosibirsk (1,3 Mill. E), Swerdlowsk (1,2 Mill. E), Kuibyschew (1,2 Mill. E), Dnepropetrowsk (1,1 Mill. E), Tbilisi (1,1 Mill. E), Odessa (1,1 Mill. E), Jerewan (1,09 Mill. E), Omsk (1,08 Mill. E), Tscheljabinsk (1,07 Mill. E), Donezk (1,05 Mill. E), Perm (1,03 Mill. E), Ufa (1,03 Mill. E), Kasan (1,03 Mill. E), Alma-Ata (1,02 Mill. E).

Wirtschaft: *Landwirtschaft:* Fast die Hälfte der Fläche ist von Wäldern bedeckt; rund 30% sind Ödland (Tundren, Halbwüsten, Hochgebirge); 13% sind Weideland und rund 10% dienen dem Ackerbau; Haupterzeugnisse der stark mechanisierten und in Sowchosen und Kolchosen betriebenen Landwirtschaft: Getreide (Weizen, Gerste, Roggen), Zuckerrüben, Kartoffeln, Sonnenblumen, Baumwolle, Reis, Wein; großer Viehbestand: hauptsächlich Schafe, Ziegen, Rinder, Pferde, Schweine, in Kasachstan Kamele. – Bedeutende *Binnen- und Küstenfischerei* (Hering, Lachs, Kabeljau) und Hochseefischerei (Walfang); 1977: 9,3 Mill. t; nach Japan auf Platz 2 der Fischereinationen. – *Bergbau:* Fast alle Bodenschätze und Rohstoffe vorhanden; Erdöl, Erdgas, Steinkohle, Braunkohle, Eisenerz, Torf, große Vorräte an Buntmetallen, Phosphaten, Salzen, Bauxit, Edelmetallen v. a. im Ural, Kaukasus, Fergana-Becken, Sibirien. – Die *Industrie* ist verstaatlicht und wird durch Mehrjahrespläne gefördert; wichtige Produkte: Roheisen, Rohstahl, Mineraldünger, Chemiefasern, Turbinen und Fahrzeuge, Traktoren, Baumwollstoffe. Die UdSSR verfügt über große Raffinerien; gut ausgebautes Erdöl- und Erdgasnetz. 39% der Erwerbspersonen waren 1984 in der Industrie tätig. Moskau und Leningrad sind die bedeutendsten und größten Industriestädte; das Donezbecken in der Ukraine ist eines der größten Eisen- und Stahlproduktionsgebiete der UdSSR; im Ural Schwermaschinenfabriken für Industrie- und Bergbauausrüstungen; Stahl aus der Ukraine und dem Ural geht in die Traktorenfabriken von Stalingrad, Charkow und Tscheljabinsk; der Raum um Karaganda ist eines der Zentren der Eisenmetallurgie. Mit der Entwicklung der Großkraftwerke wuchsen die Wolgastädte (auf der Grundlage neuer Energiequellen und aufgrund von vorhandenen Rohstoffen für die petrochemische Industrie sowie einer guten Verkehrslage); auch die Kraftfahrzeugindustrie fand hier bedeutende Standorte. Bratsk (Sibirien) ist Standort eines großen Aluminiumwerkes und eines der größten Holzverarbeitungszentren. – *BSP:* (1983, geschätzt) 150000 Mill. US-$ (je E. 5500 US-$); Anteil der Landwirtschaft am BSP: (1984) 15%; der Industrie: 55%. – *Netto-West-Verschuldung:* (1985) 30–35 Mrd. US-$. – *Inflationsrate:* (1982) 4%. – *Export:* (1985) 87041 Mill. US-$, v. a. Maschinen, Ausrüstungen, Transportmittel, Erdöl, Erze, Metallerzeugnisse, Kohle, Getreide, Holz, chemische Produkte, Textilrohstoffe, Halbfertigwaren, Nahrungsmittel, Agrarprodukte. – *Import:* (1985) 82748 Mill. US-$, v. a. Maschinen und Anlagen, Nahrungsmittel, industrielle Fertigprodukte. – *Handelspartner:* Alle RGW-Mitglieder, andere kommunistische Länder, Bundesrep. D., Finnland, Frankreich, Italien, Japan, USA, Entwicklungsländer, VR China.

V e r k e h r : Das *Straßennetz* hat außer im europäischen Rußland nur örtliche Bedeutung, sonst ist es noch völlig ungenügend; wichtiger ist das *Eisenbahnnetz* mit der 7415 km langen Transsibirischen Eisenbahn. Der *Binnenschiffahrtsverkehr* auf den schiffbaren Flüssen (113000 km Länge) und Kanälen hat größte Bedeutung; die wichtigsten künstlichen Wasserwege sind der Weißmeerkanal, der Moskwa-Wolga-Kanal, der Wolga-Don-Kanal. *Haupthäfen:* Leningrad, Riga, Wladiwostok, Murmansk. Gut ausgebautes *Flugnetz* im Landesinnern und nach den Volksdemokratien in Osteuropa; *Hauptflughafen:* Moskau; staatliche *Luftverkehrsgesellschaft:* Aeroflot.

M i t g l i e d s c h a f t e n : UNO, ECE, RGW, UNCTAD u. a.; Warschauer Vertrag.

W ä h r u n g : 1 Rubel (Rbl) = 100 Kopeken.

Sozialamt der Deutschen Bundespost (SAP), als mittlere Bundesbehörde zur →Deutschen Bundespost gehörend. Es nimmt alle überbezirklich zu regelnden sozialen Angelegenheiten der →Deutschen Bundespost wahr und berät die →Oberpostdirektionen. Beim S. sind zusammengefaßt: Versorgungsanstalt der Deutschen Bundespost, Bundespostausführungsbehörde für Unfallversicherung, Bundespostbetriebskrankenkasse, Postbeamtenkrankenkasse, Betreuungswerk der Deutschen Bundespost, Postkleiderkasse, Erholungswerk der Deutschen Bundespost und Studienstiftung der Deutschen Bundespost.

sozialärztlicher Dienst, →Vertrauensarzt.

Sozialbeirat, beim Bundesministerium für Arbeit und Sozialordnung gebildetes Gremium für alle Zweige der gesetzlichen Rentenversicherung und der gesetzlichen Unfallversicherung. – *Zusammensetzung:* Der S. besteht aus vier Vertretern der Versicherten, vier Vertretern der Arbeitgeber, einem Vertreter der Deutschen Bundesbank und drei Vertretern der Sozial- und Wirtschaftswissenschaften. – Dem Bundesminister für Arbeit und Sozialordnung obliegt die *Geschäftsführung* (§1274 RVO). – *Aufgaben:* Erstellung von Gutachten zur Vorbereitung der →Rentenanpassung und zum →Sozialbericht bzw. zur Fortentwicklung der gesetzlichen Renten- und Unfallversicherung.

Sozialbericht. 1. Von einer Gesellschaft freiwillig oder aufgrund von Statut (Satzung) oder auf Beschluß der Gesellschafterversammlung vorgelegter Teil eines →Geschäftsberichts mit Daten über die Entwicklung der Belegschaftszahlen nach Geschlecht, Alter, Krankheitstagen, Lohnsumme, Sozialleistungen sowie die aus der Belegschaft heraus unternommene Gemeinschafts- und Gruppentätigkeit (Sport, Werkzeitung, Schach usw.). – *Anders:* →Sozialbilanz. – 2. Seit 1970 jährlich von der Bundesregierung zu erstellende Übersicht über Maßnahmen und Pläne im Bereich der →Sozialpolitik. Im Teil A des Berichtes werden u. a. die wichtigsten renten-, arbeitsmarkt-, vermögens-, familien-, städtebau- und wohnungspolitischen Vorhaben der Bundesregierung angekündigt. Im Teil B wird das →Sozialbudget ausgewiesen.

Sozialbilanz. 1. *Begriff:* Konzept einer systematischen und regelmäßigen Erfassung und Dokumentation der gesellschaftlich positiven und/oder negativen Auswirkungen von Unternehmensaktivitäten. Als synonyme Ausdrücke finden sich in der deutschen Diskussion auch die Begriffe: *gesellschaftsorientierte, gesellschaftsverpflichtete, sozialverantwortliche* oder *gesellschaftsbezogenene Rechnungslegung* bzw. *Sozialreport, Sozialbericht* u. a. m. – 2. *Charakterisierung:* Die verschiedenen Sozialbilanzkonzepte sind Ausdruck des Versuches, den an einzelwirtschaftlichen Zielen ausgerichteten →Jahresabschluß durch eine auf gesamtwirtschaftliche und gesellschaftliche Ziele bezogene Berichterstattung zu ergänzen. Das klassische Rechnungswesen von Unternehmen wird als instrumentelle Grundlage für unzulänglich gehalten, sowohl für die unternehmensinterne Planung, Realisierung und Kontrolle einer sozialverantwortlichen Unternehmenspolitik als auch für Versuche einer darauf abzielenden externen Steuerung und Kontrolle des Unternehmensgeschehens. Gesucht wurde und wird nach einem brauchbaren Informations-, Planungs- und Rechnungslegungsinstrumentarium für Unternehmen zur Verwirklichung einer sozialverantwortlichen Unternehmenspolitik und – im Zusammenhange damit –, nach einer neuen Bestimmung des Unternehmenserfolges. – 3. Die *Praxis der Sozialbilanzierung* in der Bundesrep. D. reduziert die gesellschaftsorientierte Unternehmensrechnung zum großen Teil auf die quantitativen Daten des Jahresabschlusses, deren Gruppierung bzw. Strukturierung, ergänzt um die verbale Beschreibung bewirken sozialen Nutzens analog den Empfehlungen des *Arbeitskreises „Sozialbilanz-Praxis"* (Zusammenschluß von Unternehmen) von 1977. Danach Gliederung der S. in: (1) *Sozialbericht:* Mit statistischem Material angereicherte verbale Darstellung der Ziele, Maßnahmen, Leistungen und – soweit möglich – der Wirkungen gesellschaftsbezogener Aktivitäten der Unternehmen; (2) *Wertschöpfungsrechnung:* Ausweis des innerhalb einer

Periode geschaffenen betrieblichen Wertzuwachses sowie dessen Verteilung (→Wertschöpfung); (3) *Sozialrechnung:* Darstellung der vom Unternehmen geleisteten „gesellschaftsbezogenen" Aufwendungen bzw. der dem Unternehmen zugeflossenen, direkt erfaßbaren „gesellschaftsbezogenen" Erträge durch Umgruppierung der Daten der GuV und deren Verteilung auf Beziehungsfelder wie Unternehmen und Mitarbeiter, Unternehmen und Staat, Unternehmen und Umwelt. Die Ertragsseite bilden Rückflußkategorien von der Gesellschaft zum Unternehmen wie z. B. Subventionen, Sonderabschreibungen, infrastrukturelle Leistungen usw. Gesellschaftsbezogene Aufwendungen sind z. B. Löhne, freiwillige Sozialleistungen, Steuern, Spenden, Ausgaben für Umweltschutz. – Diesen Empfehlungen des Arbeitskreises hat der *Deutsche Gewerkschaftsbund* einen Katalog von *arbeitsorientierten Indikatoren bzw. Kennzahlen* entgegengesetzt, der die gewerkschaftlichen Forderungen zum Inhalt einer gesellschaftsbezogenen Rechnungslegung (Sozialbilanz) von Großunternehmen in der Bundesrep. D. präzisieren soll.

Sozialbrache, →Brachland.

Sozialbudget. 1. *Begriff:* Zusammenfassung der Sozialleistungen im Sinn der Erstellung eines Gesamtbildes der sozialen Sicherung zum jeweiligen Zeitpunkt. Auf mittlere Frist sollen Höhe, Struktur und Entwicklung der Kosten der *sozialen Sicherung* erkennbar werden. Damit sollen Entscheidungen über die *Verteilung* von Sozialleistungen besser vorbereitet werden können. Das S. hat *keine bindende Wirkung; Aufgaben* und *Ziele* sind also Informationshilfe, Entscheidungshilfe, Erfolgskontrolle für Sozialpolitik. Trotz zahlreicher kritischer Anmerkungen, ob mit dem S. der richtige Weg eingeschlagen sei, zeichnen sich bis heute keine erfolgversprechenden Alternativkonzeptionen ab. Das S. hat somit bis heute einen klar umrissenen Stellenwert als sozialpolitisches Instrument. Über die These von der Einheit des Sozialbudgets vgl. →Generationenvertrag. – 2. Die *Funktionen,* auf die das S. abstellt, beziehen sich auf den Bereich von Familie, Gesundheit, Beschäftigung, Alter und Hinterbliebene sowie auf die Folgen politischer Ereignisse, auf Wohnen, Sparförderung und allgemeine Lebenshilfen. Dabei bildet jede der genannten Gruppierungen eine Gesamtheit aus Funktionenbündeln, z. B. umfaßt die Gruppe „Familie" die Funktionen „Kinder, Ehegatten, Mutterschaft". Sie sind die Bezugspunkte für die Zuordnung von Leistungen infolge von Vorhandensein von Kindern für Leistungen bei Mutterschaft und Maßnahmen und Zuschüsse zur Jugendhilfe. – 3. Von sozialpolitischen *Institutionen* spricht man im Zusammenhang mit den Trägern von unter einem Gesetz zusammengefaßten Leistungen, die in Form von Selbstverwal-

Übersicht: Sozialbudget

Leistungen nach Institutionen *)

	1980	1984	1985	1986	1990	1980	1984	1985	1986	1990
	in Mio. DM					Anteile am Bruttosozialprodukt in %				
Sozialbudget [1])	**475 730**	**554 574**	**572 297**	**603 782**	**688 622**	**32,0**	**31,6**	**31,1**	**31,0**	**29,4**
Allgemeines System	**281 718**	**343 215**	**353 588**	**368 705**	**427 194**	**19,0**	**19,5**	**19,2**	**18,9**	**18,3**
Rentenversicherung	142 585	171 377	175 237	179 584	214 273	9,6	9,8	9,5	9,2	9,2
– Rentenv. der Arbeiter .	80 216	94 863	96 020	97 240	112 390	5,4	5,4	5,2	5,0	4,8
– Angestelltenversicherung	57 137	71 211	77 390	81 540	98 020	3,9	4,1	4,2	4,2	4,2
– Knappschaftliche Rentenversicherung . . .	13 319	14 670	14 740	14 970	16 720	0,9	0,8	0,8	0,8	0,7
Krankenversicherung . . .	90 066	108 944	114 543	118 535	138 690	6,1	6,2	6,2	6,1	5,9
Unfallversicherung	10 019	11 395	11 673	11 986	13 874	0,7	0,7	0,6	0,6	0,6
Arbeitsförderung	22 844	37 968	38 990	43 654	45 263	1,5	2,2	2,1	2,2	1,9
Kindergeld	17 609	14 967	14 464	14 590	13 600	1,2	0,9	0,8	0,8	0,6
Erziehungsgeld				1 705	2 900				0,1	0,1
Sondersysteme	**3 695**	**4 411**	**4 590**	**4 940**	**5 813**	**0,3**	**0,3**	**0,3**	**0,3**	**0,3**
Altershilfe für Landwirte .	2 775	3 190	3 327	3 631	4 283	0,2	0,2	0,2	0,2	0,2
Versorgungswerke	920	1 221	1 263	1 309	1 530	0,1	0,1	0,1	0,1	0,1
Beamtenrechtliches System .	**46 331**	**50 911**	**52 039**	**54 220**	**59 585**	**3,1**	**2,9**	**2,8**	**2,8**	**2,6**
Pensionen	32 947	36 104	36 793	38 055	41 270	2,2	2,1	2,0	2,0	1,8
Familienzuschläge	7 617	7 966	8 206	8 915	10 415	0,5	0,5	0,5	0,5	0,4
Beihilfen	5 767	6 841	7 040	7 250	7 900	0,4	0,4	0,4	0,4	0,3
Arbeitgeberleistungen	**44 953**	**47 804**	**50 000**	**53 267**	**62 825**	**3,0**	**2,7**	**2,7**	**2,7**	**2,7**
Entgeltfortzahlung	27 880	25 000	26 000	27 302	32 501	1,9	1,4	1,4	1,4	1,4
Betriebliche Altersversorgung	8 100	11 220	11 570	11 940	13 110	0,6	0,6	0,6	0,6	0,6
Zusatzversorgung	5 883	7 934	8 205	8 510	9 942	0,4	0,5	0,5	0,4	0,4
Sonstige Arbeitgeberleistungen . . .	3 090	3 650	4 225	5 551	7 272	0,2	0,2	0,2	0,3	0,3
Entschädigungen	**17 761**	**17 589**	**17 058**	**17 354**	**16 738**	**1,2**	**1,0**	**0,9**	**0,9**	**0,7**
Soziale Entschädigung (KOV)	13 480	13 826	13 435	13 792	13 575	0,9	0,8	0,7	0,7	0,6
Lastenausgleich	1 713	1 404	1 297	1 227	954	0,1	0,1	0,1	0,1	0,0
Wiedergutmachung	2 156	2 016	1 980	2 000	1 770	0,2	0,1	0,1	0,1	0,1
Sonstige Entschädigungen	412	343	346	335	439	0,0	0,0	0,0	0,0	0,0
Soziale Hilfen und Dienste . .	**40 771**	**43 997**	**45 286**	**47 166**	**50 781**	**2,8**	**2,5**	**2,5**	**2,4**	**2,2**
Sozialhilfe	14 972	20 677	22 182	23 536	26 984	1,0	1,2	1,2	1,2	1,2
Jugendhilfe	6 789	7 602	7 761	7 863	8 090	0,5	0,4	0,4	0,4	0,4
Ausbildungsförderung . .	3 149	698	449	454	457	0,2	0,0	0,0	0,0	0,0
Wohngeld	2 009	2 594	2 648	3 068	3 150	0,1	0,2	0,1	0,2	0,1
Öffentlicher Gesundheitsdienst	1 669	1 880	1 930	2 000	2 300	0,1	0,1	0,1	0,1	0,1
Vermögensbildung	12 183	10 546	10 296	10 245	9 800	0,8	0,6	0,6	0,5	0,4
Direkte Leistungen insgesamt	**433 840**	**506 327**	**520 825**	**543 363**	**621 045**	**29,2**	**28,8**	**28,3**	**27,9**	**26,5**
Indirekte Leistungen	**41 890**	**48 247**	**51 472**	**60 419**	**67 577**	**2,8**	**2,8**	**2,8**	**3,1**	**2,9**
Steuerliche Maßnahmen .	35 930	43 177	46 052	54 879	61 357	2,4	2,5	2,5	2,8	2,6
Vergünstigungen im Wohnungswesen	5 960	5 070	5 420	5 540	6 220	0,4	0,3	0,3	0,3	0,3

[1]) Darin sind enthalten an Ehegattensplitting (in Mrd. DM): 23,3 in 1980, 25,0 in 1984, 26,9 in 1985, 27,8 in 1986, 33,0 in 1990.
*) *Quelle:* Der Bundesminister für Arbeit und Sozialordnung, Sozialbericht, Bonn Juli 1986, Teil B, Sozialbudget 1986, S. 103 und S. 118.

Übersicht: Sozialbudget (Fortsetzung)

Leistungen nach Funktionen *)

	1980	1984	1985	1986	1990
			in Mill. DM		
Sozialbudget [1])	475 730	554 574	572 297	603 779	688 623
Ehe und Familie	61 936	65 315	67 738	78 455	88 452
Kinder	32 647	31 194	31 415	41 312	43 923
Ehegatten	25 348	30 327	32 393	33 471	40 470
Mutterschaft	3 941	3 794	3 930	3 671	4 059
Gesundheit	157 799	183 258	191 786	199 778	232 671
Vorbeugung	9 967	10 220	11 081	11 728	13 763
Krankheit	112 477	129 446	135 666	141 095	164 876
Arbeitsunfall, Berufskrankheit	11 987	13 346	13 768	14 251	16 592
Invalidität (allgemein)	23 368	30 246	31 270	32 704	37 441
Beschäftigung	30 732	44 610	46 089	52 269	57 022
Berufliche Bildung	10 721	9 658	10 107	12 467	15 777
Mobilität	5 735	5 201	6 172	8 902	12 009
Arbeitslosigkeit	14 276	29 752	29 810	30 901	29 235
Alter und Hinterbliebene	185 225	218 646	223 785	230 377	267 333
Alter	173 412	207 178	212 026	218 270	253 271
Hinterbliebene	11 812	11 468	11 759	12 107	14 062
Übrige Funktionen	40 039	42 745	42 899	42 900	43 145
Folgen politischer Ereignisse	9 086	9 985	9 747	10 129	10 217
Wohnen	10 383	11 314	12 296	12 838	11 715
Sparförderung	17 283	16 466	16 236	16 085	17 050
Allgemeine Lebenshilfen	3 287	5 070	4 620	3 849	4 163
			Anteile am Bruttosozialprodukt in %		
Sozialbudget	*32,0*	*31,6*	*31,1*	*31,0*	*29,4*
Ehe und Familie	*4,2*	*3,7*	*3,7*	*4,0*	*3,8*
Kinder	*2,2*	*1,8*	*1,7*	*2,1*	*1,9*
Ehegatten	*1,7*	*1,7*	*1,8*	*1,7*	*1,7*
Mutterschaft	*0,3*	*0,2*	*0,2*	*0,2*	*0,2*
Gesundheit	*10,6*	*10,4*	*10,4*	*10,3*	*9,9*
Vorbeugung	*0,7*	*0,6*	*0,6*	*0,6*	*0,6*
Krankheit	*7,5*	*7,4*	*7,4*	*7,2*	*7,0*
Arbeitsunfall, Berufskrankheit	*0,8*	*0,8*	*0,8*	*0,7*	*0,7*
Invalidität (allgemein)	*1,6*	*1,7*	*1,7*	*1,7*	*1,6*
Beschäftigung	*2,1*	*2,5*	*2,5*	*2,7*	*2,4*
Berufliche Bildung	*0,7*	*0,6*	*0,6*	*0,6*	*0,7*
Mobilität	*0,4*	*0,3*	*0,3*	*0,5*	*0,5*
Arbeitslosigkeit	*1,0*	*1,7*	*1,6*	*1,6*	*1,3*
Alter und Hinterbliebene	*12,5*	*12,4*	*12,2*	*11,8*	*11,4*
Alter	*11,7*	*11,8*	*11,5*	*11,2*	*10,8*
Hinterbliebene	*0,8*	*0,7*	*0,6*	*0,6*	*0,6*
Übrige Funktionen	*2,7*	*2,4*	*2,3*	*2,2*	*1,8*
Folgen politischer Ereignisse	*0,6*	*0,6*	*0,5*	*0,5*	*0,4*
Wohnen	*0,7*	*0,6*	*0,7*	*0,7*	*0,5*
Sparförderung	*1,2*	*0,9*	*0,9*	*0,8*	*0,7*
Allgemeine Lebenshilfen	*0,2*	*0,3*	*0,3*	*0,2*	*0,2*

[1]) Darin sind enthalten an Ehegattensplitting (in Mill. DM): 20,3 in 1980, 25,0 in 1984, 26,9 in 1985, 27,8 in 1986, 34,0 in 1990.
*) *Quelle:* Der Bundesminister für Arbeit und Sozialordnung, Sozialbericht, Bonn Juli 1986, Teil B, Sozialbudget 1986, S. 103 und S. 118.

tungskörperschaften, als Teile der öffentlichen Verwaltung oder der inneren Verwaltung oder als Gruppe von in sich ähnlichen Einrichtungen oder Tätigkeiten fungieren. Die Institution gilt als die Grundeinheit des S. Aus ihren Rechnungsabschlüssen und Statistiken stammen die Daten, die in Teilquantitäten zerlegt werden, die die Leistungen der Institutionen in ihren unterschiedlichen Formen sichtbar machen. An den Tätigkeitsbereichen der Institutionen orientieren sich sozialplanerische und gesetzgeberische Maßnahmen. Die Institutionen sind als ausführende Instanzen Träger sozialpolitischer Aktivitäten. Prognoseversuche finden ihr Datenmaterial in den Zahlen, die das Aktivitätsniveau der Institutionen sichtbar machen. – 4. S. in der *Bundesrep. D.:* Vgl. Übersicht Sp. 1533–1536.

Sozialdarwinismus, Bezeichnung für eine bestimmte soziologische Erklärung gesellschaftlicher und wirtschaftlicher Entwicklung, nach der sich im gesellschaftlichen und wirtschaftlichen Wettbewerb nur derjenige durchsetzen kann, der mit den sich ändernden Umweltbedingungen durch seine biologischen Anlagen am besten fertig wird, während die Nicht-Anpassungsfähigen eliminiert werden (Selektion). Indem der Überlebende als biologisch Tauglichste (survival of the fittest) bezeichnet werden, erfolgt eine Rationalisierung und Rechtfertigung der bestehenden gesellschaftlichen und ökonomischen Verhältnisse. Die Bezeichnung S. geht auf die biologischen Ideen von Ch. Darwin zurück, die um die Jahrhundertwende in der Soziologie völlig kritiklos analog auf soziale Sachverhalte angewandt wurde.

Sozialdaten, Einzelangaben über die persönlichen und sachlichen Verhältnisse (personenbezogene Daten), die von den sozialrechtlichen Leistungsträgern (Sozialversicherungsträger, Sozialhilfeträger, Versorgungsbehörden) zur Erfüllung ihrer gesetzlichen Aufgaben gesammelt und gespeichert werden. – S. unterliegen dem *Sozialgeheimnis* (§ 35 SGB 1) und dürfen nur unter den Voraussetzungen der §§ 67ff. SGB 10 geoffenbart werden. Danach ist eine *Offenbarung personenbezogener Daten* außer im Fall der schriftlichen Einwilligung des Betroffenen im jeweils genau im einzelnen bestimmten Umfang nur möglich: im Rahmen der Amtshilfe, der Durchführung des Arbeitsschutzes, der Erfüllung besonderer gesetzlicher Mitteilungspflichten, des Schutzes der inneren und äußeren Sicherheit, der Durchführung eines Strafverfahrens, der Verletzung der Unterhaltspflicht und des Versorgungsausgleichs sowie der Forschung und Planung. Gegenüber Personen oder Stellen außerhalb des Bundesgebietes dürfen personenbezogene Daten *nicht* geoffenbart werden, wenn Grund zur Annahme besteht, daß schutzwürdige Belange des Betroffenen beeinträchtigt werden (§ 77 SBG 10). Personen

und Stellen, denen personenbezogene Daten, Betriebs- bzw. Geschäftsgeheimnisse geoffenbart worden sind, dürfen diese nur zu dem Zweck verwenden, zu dem sie geoffenbart worden sind; im übrigen sind die Daten geheimzuhalten (§ 78 SGB 10). Zum Schutz der S. bei der Datenverarbeitung enthalten §§ 79–85 SGB 10 weitere Vorschriften.

Sozial-Dumping, überdurchschnittlich billiges Exportangebot eines Landes aufgrund eines niedrigen Lohnniveaus bzw. niedriger Lohnnebenkosten (v. a. Sozialaufwendungen). – S.-D. stellt jedoch – wie auch das →Valutadumping – kein →Dumping im Sinne des Art. VI I des →GATT dar, da beim S.-D. der Exportvorteil auf einem allgemeinen Kostenvorteil, nicht aber auf einer räumlichen Preisdifferenzierung beruht. – S.-D. liefert inländischen Anbietern häufig einen Vorwand, vom Staat protektionistische Eingriffe zu fordern.

soziale Angelegenheiten, Begriff des Arbeitsrechts. Der Betriebsrat hat, soweit eine gesetzliche oder tarifliche Regelung nicht besteht (Tarifvorrang; vgl. →Betriebsvereinbarung), in s. A. ein erzwingbares →Mitbestimmungsrecht; u. a. bei den Fragen der →Ordnung des Betriebs und des Verhaltens der Arbeitnehmer im Betrieb, bei Festlegung der →Lage der Arbeitzeit, bei vorübergehender Verkürzung oder Verlängerung der betriebsüblichen →Arbeitszeit und insbes. auch bei Fragen der →betrieblichen Lohngestaltung, hier v. a. bei der Festsetzung der Akkord- und Prämiensätze (§ 87 BetrVG). § 87 I BetrVG enthält eine erschöpfende Aufzählung derjenigen s. A., in denen ein erzwingbares Mitbestimmungsrecht des Betriebsrats besteht. Das Gesetz regelt die Erzwingung in der Weise, daß im Falle der Nichteinigung zwischen Arbeitgeber und Betriebsrat die →Einigungsstelle entscheidet und der Spruch der Einigungsstelle die Einigung zwischen Arbeitgeber und Betriebsrat ersetzt (§ 87 II BetrVG); vgl. auch →Betriebsverfassung. Eine wesentliche funktionelle Zuständigkeit des Betriebsrats zur Mitregelung der s. A. (z. B. Maßnahmen zur Förderung der Vermögensbildung) besteht aber in der Form der freiwilligen Mitbestimmung nach § 88 BetrVG.

soziale Aufwendungen, →Sozialkosten.

soziale Auswahl, →betriebsbedingte Kündigung.

soziale Betriebsführung, spezielle Art der Personalführung in den 50er Jahren, die sich an den Erkenntnissen der Hawthorne-Studien (→Hawthorne-Effekt, →human relations) orientiert. Da ein einseitig rational organisierter Betrieb die grundlegenden Bedürfnisse der Mitarbeiter nach sozialem Kontakt, Anerkennung, Geltung usw. nicht befriedigen kann und daher Konfliktpotentiale schafft, greift die s. B. in diese Struktur harmonisierend ein, indem Teile der Ergebnisse der Human-relations-Forschung zu Sozialtechniken ausgewertet und für Zwecke der Vorgesetztenschulung pädagogisch institutionalisiert werden.

soziale Betriebsgestaltung, Schlagwort für die Berücksichtigung gerechtfertigter Forderungen der →Arbeitnehmer an den Betrieb, Würdigung der Persönlichkeit und Schaffung eines guten →Betriebsklimas. – 1. *Zweck:* S.B. dient a) dem Arbeitnehmer; b) dem Betrieb durch Steigerung des Leistungswillens der Belegschaft. – 2. *Mittel der s.B.:* gerechte Entlohnung, (→betriebliche Lohngestaltung), →Gewinnbeteiligung, →Mitwirkung, →Mitbestimmung, →Miteigentum. – Vgl. auch →Betriebssoziologie.

soziale Differenzierung, Ausdruck für den Tatbestand der Heterogenität, Vielfalt und Komplexität von Gesellschaften bzw. einzelnen sozialen Systemen (wie Institutionen und Organisationen), differenziert nach Rollen und Positionen Autorität und Prestige, Macht und Herrschaft sowie nach Ständen, →Klassen und Schichten (→soziale Schicht). – *Erklärung der Formen der s.D.:* Sozialgeschichtlich ist davon auszugehen, daß seit der Herausbildung der modernen bürgerlichen, industriellen und bürokratischen Gesellschaften die Prozesse der Ausdifferenzierung und Segmentierung einzelner sozialer Bereiche sich verstärkt haben und zur relativen Verselbständigung z. B. des ökonomischen, religiösen, politischen und bürokratischen, des rechtlichen und staatlichen Bereichs geführt haben. Entsprechend diesen Ausdifferenzierungsprozessen nimmt die Komplexität und damit die s.D. der Gesellschaften und ihrer sozialen Gebilde, z. B. der Universitäten, Betriebe und Verwaltungen, zu. In der Soziologie wurden u.a. zahlreiche Theorien und Modelle entwickelt, nach welchem Muster und primären Ursachen (z. B. Arbeitsteilung) Prozesse s.D. bzw. der Evolution von Gesellschaften ablaufen.

soziale Erträge, *social benefits, soziale Nutzen,* aufgrund positiver →externer Effekte einzelwirtschaftlicher Aktivitäten entstehende volkswirtschaftliche Erträge, die *nicht* in der Ertragsrechnung des jeweiligen Akteurs in Erscheinung treten, sondern Dritten unentgeltlich zufallen. – *Beispiel:* Landschaftspflegerische Nebenwirkungen bei der Bewirtschaftung von (Berg-)Bauernhöfen. – *Gegensatz:* →soziale Kosten.

soziale Frage, Frage nach ausgewogenen Verhältnissen zwischen verschiedenen wirtschaftlichen Berufsgruppen (z. B. Agrar-, Handwerker-, Arbeiterfrage). Im 19. (und 20.) Jh. galt als s. F. die Integration der „neuzeitlich entstandenen" Arbeiterklasse in ein geordnetes Gesamtsystem und die Bekämpfung der ökonomischen Verelendung breiter Bevölkerungsschichten; auch heute gilt z. T. dies als Anliegen der →Sozialpolitik (insbes.

Institution und Qualität des freien Arbeitsvertrages). Das Problem einer sozial schwachen Arbeiterklasse gilt nach heutiger Meinung allerdings als nicht mehr gegeben (u. a. wegen der Organisierung in Interessenverbänden); andere soziale Schichten sind dagegen notleidend geworden oder gefährdet (→neue soziale Frage).

soziale Indikatoren. 1. *Begriff:* Quantitative Meßziffern, die als Teile von *Systemen s.I.* Aussagen über Zustand und Entwicklung gesellschaftlicher Anliegen ermöglichen sollen. Unterschiedlich weit gefaßt wird der Begriff Abhängigkeit von der *Zielsetzung* eines Systems s.I.: Wohlfahrtsmessung („Lebensqualität"), Dauerbeobachtung des Wandels sowie Prognose und Steuerung gesellschaftlicher Prozesse. – **2.** *Ausprägungen:* a) Die in den *USA* zu Beginn der 60er Jahre in Gang gekommene Diskussion über s.I. basierte auf der Erkenntnis, daß das Bruttosozialprodukt auf einer Reihe von Gründen kein zuverlässiger Wohlfahrtsindikator sein kann; positive Wachstumsraten also nicht gleich Wohlfahrtssteigerung. Zudem wurde ein Mangel an zielbezogenen Indikatoren und Daten in nichtökonomischen Gesellschaftsbereichen festgestellt. Aus diesen Gründen Bildung von *mehrdimensionalen Systemen* s.I. mit u.a. Bereichen wie Gesundheit, Bildung, soziale Sicherung, Umweltqualität und Freizeit, für die jeweils adäquate (soziale) Indikatoren zu bestimmen sind. Nicht alle diese Meßzahlen lassen sich monetär definieren, z. T., wurde darauf bewußt verzichtet. – b) Zentrale Probleme bei der Entwicklung eines umfassenden Systems s.I. sind u.a. die Aufgliederung der einzelnen Tatbestände auf Gruppen, Schichten, Regionen usw. sowie die Gewichtung der Einzelindikatoren zum Zwecke ihrer Aggregation zu globalen Meßzahlen. Von den bislang vorgelegten Entwürfen gilt das *Konzept der OECD* (List of Social Concerns, Paris 1973, und The OECD List of Social Indicators, Paris 1982) zur Bestimmung der Wohlfahrt von Individuen als das umfassendste mit den Hauptzielgebieten (soziale Anliegen): Gesundheit, Bildung, Erwerbstätigkeit und Qualität des Arbeitslebens, Zeitverwendung und Freizeit, ökonomischer Status, physische sowie soziale Umwelt und persönliche Sicherheit. Für diese Anliegen wurden zahlreiche Indikatorenvorschläge entwickelt, die jedoch wegen statistischer Probleme nur teilweise quantifiziert werden konnten. – c) Seit Anfang der 80er Jahre haben die Bestrebungen um die Entwicklung von Systemen s.I. wieder an Bedeutung verloren, jedoch in vielen Ländern mit der Publikation von entsprechenden Datenhandbüchern und Berichten eine *Verbesserung der Sozialberichterstattung* gebracht. In der *Bundesrep. D.* z. B.: „Gesellschaftliche Daten", herausgegeben vom Presse- und Informationsamt der

Bundesregierung (mehrere Ausgaben seit 1973); „Datenreport 1985", erstellt vom Statistischen Bundesamt in Zusammenarbeit mit dem Sonderforschungsbereich 3 der Universitäten Frankfurt und Mannheim; „Lebensqualität in der Bundesrepublik", herausgegeben von W. Glatzer und W. Zapf (1984).

Sozialeinrichtung, Begriff des Betriebsverfassungsrechts. Der Betriebsrat hat ein erzwingbares Mitbestimmungsrecht in →sozialen Angelegenheiten nach § 87 I Nr. 8 BetrVG hinsichtlich der Form, Ausgestaltung und Verwaltung von S., deren Wirkungsbereich auf den Betrieb, das Unternehmen oder den Konzern beschränkt ist (z. B. Kantinen, Lehrlingsheime, Betriebskindergärten, Werksbüchereien, Pensions- und Unterstützungskassen). Der Betriebsrat kann die Errichtung von S. nicht erzwingen, ihre Schließung nicht verhindern. Im Rahmen der vom Arbeitgeber für die S. zur Verfügung gestellten Mittel erstreckt sich das Mitbestimmungsrecht insbes. auf die Verteilung der Mittel. Die Errichtung von S. kann der Betriebsrat durch Abschluß einer freiwilligen →Betriebsvereinbarung erreichen (§ 88 Nr. 2 BetrVG).

soziale Kassen, steuerrechtlicher Begriff: Rechtsfähige Pensions-, Sterbe-, Kranken- und Unterstützungskassen. – *Besteuerung:* Von der Körperschaftsteuer befreit gem. 5 I Nr. 3 KStG in Verbindung mit §§ 1–3 KStDV. Voraussetzungen für die Steuerbefreiung im einzelnen vgl. →Pensionskasse, →Unterstützungskasse.

soziale Kosten, *social costs,* aufgrund negativer →externer Effekte einzelwirtschaftlicher Aktivitäten entstehende volkswirtschaftliche Kosten, die nicht in der Kostenrechnung des jeweiligen Akteurs in Erscheinung treten, sondern von Dritten bzw. der Allgemeinheit oder deren Einwilligung und ohne Kompensation getragen werden. In großem Umfang können s. K. durch →Umweltbelastungen entstehen. – *Gegensatz:* →soziale Erträge.

soziale Leistungen, →Sozialkosten, →Sozialleistungen.

soziale Marktwirtschaft. I. Charakterisierung: Von *A. Müller-Armack* und *L. Erhard* konzipiertes wirtschaftspolitisches Leitbild, das ab 1948 in der Bundesrep. D. verwirklicht worden ist. Es greift die Forderung des →Ordoliberalismus nach staatlicher Gewährleistung einer *funktionsfähigen Wettbewerbsordnung* auf, ergänzt jedoch den Katalog wirtschaftspolitischer Staatsaufgaben unter Betonung *sozialpolitischer Ziele.* Mit diesem Leitbild wird versucht, Ziele und Lösungsvorschläge des →Liberalismus, der christlichen Soziallehre und der sozialdemokratischen Programmatik miteinander zu verbinden. Sie ist kein streng in sich geschlossenes Konzept, wodurch der Gestaltungsauftrag an

die Träger der Wirtschaftspolitik umfassender und elastischer als beim Ordoliberalismus ist.

II. Aufgaben/Instrumente: Neben der Gewährleistung einer freiheitlichen Wettbewerbsordnung wird eine soziale Ausrichtung der Wirtschaftspolitik gefordert. Die Kennzeichnung als sozial erhält diese Konzeption nicht durch eine staatliche Umverteilung von Vermögen oder Einkommenschancen, vielmehr wird eine *sozialpolitisch motivierte Verteilung der Einkommenszuwächse,* die durch eine sinnvolle Ordnungspolitik erst ermöglicht werden, sowie eine *sozialorientierte Beeinflussung der Marktprozesse* bei Gewährleistung der →Marktkonformität der Instrumente angestrebt. Sozial unerwünschte Marktergebnisse sollen durch Beschränkung oder indirekte Beeinflussung der privatwirtschaftlichen Initiative korrigiert werden, tiefgreifende strukturelle Umbrüche werden mittels *staatlicher Anpassungsinterventionen* in ihren sozialen Folgen gemildert. Die ordoliberale These der prinzipiellen Stabilität des privatwirtschaftlichen Sektors wird nicht vollkommen geteilt und hieraus die Notwendigkeit einer *maßvollen staatlichen →Konjunkturpolitik* mit primär geld-, aber auch fiskalpolitischen Instrumenten abgeleitet. In den sozialpolitisch relevanten Bereichen, in denen →Marktversagen zu befürchten ist (soziale Versicherungssysteme), hat der Staat unter Wahrung des →Subsidiaritätsprinzips unterstützend einzugreifen oder die Bereitstellung entsprechender Güter und Dienstleistungen selbst zu organisieren. Weitere Aufgaben des Staates sind eine *aktive Arbeitsmarkt-, Vermögens-, Wohnungsbau- und Bildungspolitik, Gewährleistung einer sozialen Ausgestaltung der →Unternehmensverfassung* sowie *Bereitstellung der für die sozio-kulturell und wirtschaftliche Entwicklung notwendigen materiellen und immateriellen Infrastruktur.*

III. Entwicklung: Seit Mitte der 60er Jahre wurde die Ordnungs- zunehmend von der Prozeßpolitik verdrängt, die Fiskalpolitik erhielt Vorrang vor geldpolitischen Instrumenten und eine weitgehend paternalistische Politik trat an die Stelle der das Subsidiaritätsprinzip betonenden freiheitlichen Sozialordnung (→Wohlfahrtsstaat). Diese konzeptionellen Veränderungen sind durch die wirtschaftspolitische Umorientierung seit 1983 bisher nur teilweise rückgängig gemacht worden.

soziale Nutzen, →soziale Erträge.

sozialer Dualismus, Zustand ausgeprägter sozialer Ungleichheit; oft für →Entwicklungsländer als charakteristisch angesehen. Eindeutige Abgrenzung fehlt; so wird vielmehr durch verschiedene *Differenzierungsphänomene* umschrieben: a) Nebeneinander von sozialen Gruppen, die verstärkt westliche

Normen übernommen haben, und anderen, die sich weitgehend traditionell bzw. den autochthonen Kulturen treu verhalten; b) Nebeneinander verschiedener Völker und Religionen im Rahmen eines Staatsgebietes; c) durch Kastensysteme bedingte Beschränkung der sozialen Kontakte. – Vgl. auch →wirtschaftlicher Dualismus.

sozialer Konflikt, →Konflikt II.

sozialer Wohnungsbau, Bezeichnung für die staatlichen und kommunalen Maßnahmen, mit deren Hilfe mietgünstiger Wohnraum für die sozial schwächeren Bevölkerungsschichten bereitgestellt werden soll. In der Bundesrep. D. in der Wiederaufbauphase nach dem Zweiten Weltkrieg bis zum Ende der 60er Jahre von großer Bedeutung. – Vgl. auch →Wohnungsbau.

sozial erwünschtes Antwortverhalten, bei →Befragungen zu beobachtendes Phänomen. Die Probanden geben im Rahmen einer Befragung eine ihrer Meinung nach sozial erwünschte Antwort, die aber nicht ihrer tatsächlichen →Einstellung entspricht.

soziale Schicht, Gesellschaftsmitglieder, denen etwa ein gleicher sozialer Status und damit ein gleiches soziales Prestige zugemessen wird; i. a. wird zwischen *Unter-, Mittel- und Oberschicht* unterschieden. In fortgeschrittenen Industriegesellschaften sind es v. a. die Merkmale Beruf und Bildung, Einkommen und Vermögen, die über die Schichtzugehörigkeit entscheiden; charakteristisch ist zudem, daß es (anders als in Stände- und Kastengesellschaften) zwischen den Schichten keine harten und unüberwindbaren Grenzen gibt. Die Schichtzugehörigkeit sagt nur bedingt etwas aus über Macht, Einfluß und Prestige der Individuen in ihren verschiedenen Tätigkeits- und Wirkungsbereichen (z. B. ein Arbeiter, der Vorsitzender des Betriebsrats und eines Partei-Ortsvereins ist). – Strittig ist, inwiefern das Selbstbild westlicher Gesellschaften, daß v. a. die individuelle Leistung über die Schichtzugehörigkeit entscheidet und es eine starke Mobilität zwischen den Schichten gibt, der Wirklichkeit entspricht bzw. neue (und alte) soziale Barrieren die Schichtmobilität einschränken. – Vgl. auch →soziale Differenzierung.

soziales Entschädigungsrecht, Oberbegriff für die einzelnen Rechtsgebiete, nach denen bei Gesundheitsschäden eine soziale Entschädigung bzw. Versorgung in Anspruch genommen werden kann. Das s. E. hat sich aus der Kriegsopferversorgung entwickelt und umfaßt heute auch Leistungen nach dem →Häftlingshilfegesetz, Soldatenversorgungsgesetz, Zivildienstgesetz, Bundesseuchengesetz (→Impfschäden), und →Opferentschädigungsgesetz. – Einheitlicher *Grundgedanke* ist die Entschädigung und Versorgung von Per-

sonen, die aufgrund von Einwirkungen, für die die Allgemeinheit bzw. der Staat die Verantwortung trägt, Gesundheitsschäden erlitten haben. – *Leistungen:* Heil- und Krankenbehandlung sowie andere Leistungen zur Erhaltung, Besserung und Wiederherstellung der Leistungsfähigkeit, besondere Hilfen im Einzelfall einschließlich Berufsförderung, Renten wegen Minderung der Erwerbsfähigkeit, Renten an Hinterbliebene, Bestattungsgeld und Sterbegeld sowie Kapitalabfindung, insbes. zur Wohnraumbeschaffung (§ 24 I SGB 1). Der Umfang der Leistungen richtet sich generell nach dem →Bundesversorgungsgesetz. Zuständig für die Leistungen sind die →Versorgungsämter, Landesversorgungsämter und die →orthopädischen Versorgungsstellen; für die besonderen Hilfen die Fürsorge- und →Hauptfürsorgestellen.

soziale Sicherung, *social security,* alle sozialpolitischen Leistungen, die bestimmte wirtschaftliche und soziale Existenzrisiken ursprünglich sozial schwacher, heute fast aller Bevölkerungsgruppen absichern sollen, wie Krankheit, Unfall, Invalidität, Kurzarbeit, Arbeitslosigkeit, Alter. Der Begriff *social security* geht auf die Roosevelt-Administration zurück und fand schließlich Eingang in die 1948 beschlossenen Erklärung der Menschenrechte der Vereinten Nationen. – *Systeme s. S.* sind in den einzelnen Ländern heute überaus unterschiedlich ausgeprägt. Als Grundform unterscheidet man Versicherunges-, Versorgungs- und Fürsorgeprinzip, die in der Bundesrep. D. bei Übergewicht des Versicherungsprinzips nebeneinander bestehen. – Die im Lauf der Zeit nach Umfang und Struktur z. T. starke Ausweitung der s. S. wirft gegenwärtig vor allem *Probleme* ihrer Finanzierung sowie damit eng zusammenhängend Fragen der Verteilung von Kosten und Nutzen der s. S. auf. – Mit der *Verwirklichung* des Gedankens befassen sich der Internationale Verband für Soziale Sicherheit sowie die Internationale Arbeitsorganisation (→ILO), die u. a. ein Übereinkommen über Mindestnormen der sozialen Sicherheit ausarbeitete, das 1952 von der 35. Internationalen Arbeitskonferenz angenommen wurde.

soziales Jahr, *freiwilliges soziales Jahr.* 1. *Begriff:* Ganztätig pflegerische, erzieherische oder hauswirtschaftliche Hilfstätigkeit in Einrichtungen der Jugendhilfe oder Gesundheitshilfe, vor allem in Krankenanstalten, Altersheimen, Kinderheimen u. a. – 2. *Rechtsgrundlage:* Gesetz zur Förderung eines freiwilligen sozialen Jahres vom 17. 8. 1964 (BGBl I 640) mit späteren Änderungen. – 3. Das s. J. soll zwischen der Vollendung des *17. und 25. Lebensjahres* bis zur Dauer von 12 zusammenhängenden Monaten geleistet werden; Helfer und Helferinnen müssen sich mindestens für 6 Monate verpflichten. In Ausnahmefällen kann das s. J. schon nach Vollendung des 16.

Lebensjahres geleistet werden. – 4. *Vergütung:* Den Helfern und Helferinnen dürfen nur Unterkunft, Verpflegung, Arbeitskleidung und ein angemessenes Taschengeld gewährt sowie Aufwendungen für Beiträge zum Zweck der →Höherversicherung ersetzt werden. – 5. *Steuerliche Vergünstigungen* werden den Eltern unter diesen Voraussetzungen gewährt ähnlich wie für Kinder, die sich in Berufsausbildung befinden; (→Berufsausbildungskosten, →Kinderfreibetrag).

soziales Mietrecht. I. Begriff: Regelung, die neben dem →Mieterschutz zugunsten des Mieters von Wohnraum die freie Kündigung durch den Vermieter oder die Beendigung von Mietverhältnissen durch Zeitablauf einschränkt. Auf Vereinbarungen, die zum Nachteil des Mieters von diesen Vorschriften abweichen, kann sich der Vermieter nicht berufen.

II. Formen: 1. *Beschränkung der Zulässigkeit der außerordentlichen Kündigung:* Sie ist zulässig: a) Bei Mietzinsrückstand (von mindestens einem Monat). Die Kündigung wird unwirksam, wenn binnen eines Monats nach Eintritt der →Rechtshängigkeit des Räumungsanspruchs der Vermieter befriedigt wird oder eine öffentliche Stelle sich zur Befriedigung verpflichtet (§ 554 BGB). b) Wenn ein Vertragsteil schuldhaft in solchem Maße seine Verpflichtungen verletzt, insbesondere den Hausfrieden so nachhaltig stört, daß dem anderen Teil die Fortsetzung des Mietverhältnisses nicht zugemutet werden kann (§ 554a BGB). – 2. *Beschränkung der Zulässigkeit der ordentlichen Kündigung* nach dem Zweiten Wohnraumkündigungsschutzgesetz vom 18. 12. 1974 (BGBl I 3603): Kündigung eines Mietverhältnisses über Wohnraum seitens des Vermieters nur, wenn er ein berechtigtes Interesse an dessen Beendigung hat, z. B. bei erheblicher schuldhafter Verletzung von Vertragspflichten durch den Mieter, Eigenbedarf des Vermieters, Eintritt erheblicher Nachteile durch Verhinderung einer angemessenen wirtschaftlichen Verwertung des Grundstücks bei Fortdauer des Mietverhältnisses (§ 564b BGB). Der Vermieter kann aber vom Mieter die Zustimmung zu einer Anhebung des Mietzinses bis zur Höhe der Vergleichsmiete verlangen, die für vergleichbaren Wohnraum inzwischen gezahlt wird, wenn der Mietzins seit einem Jahr unverändert ist. Die Kündigung zum Zwecke der Mieterhöhung ist ausgeschlossen. – 3. *Verlängerung der Fristen für die ordentliche Kündigung* (§ 565 BGB), die der Schriftform bedarf (§ 564a BGB). – 4. *Widerspruchsrecht des Mieters gegen die ordentliche Kündigung* (§ 556a BGB): Würde die Beendigung des Mietverhältnisses wegen besonderer Umstände des Einzelfalles einen Eingriff in die Lebensverhältnisse des Mieters oder seiner Familie bewirken, dessen Härte auch unter voller Würdigung der Belange des

Vermieters nicht zu rechtfertigen ist, kann der Mieter vom Vermieter verlangen, das Mietverhältnis so lange fortzusetzen, als dies angemessen ist, gegebenenfalls unter Änderung der bisherigen Vertragsbedingungen. Kommt keine Einigung zustande, wird durch Urteil über die Dauer und die Vertragsbedingungen eine Bestimmung getroffen. – Das Widerspruchsrecht des Mieters ist ausgeschlossen, a) wenn er gekündigt hat; b) wenn ein Grund für eine fristlose Kündigung vorliegt; c) wenn auf einen früheren Widerspruch des Mieters bereits ein Urteil ergangen war; d) wenn der Mieter den Widerspruch nicht spätestens 2 Monate vor Beendigung des Mietverhältnisses dem Vermieter gegenüber erklärt hat; Ausnahme, wenn der Vermieter den Mieter auf das Widerspruchsrecht nicht hingewiesen oder auf Verlangen des Mieters die Kündigungsgründe nicht angegeben hat. – 5. *Endet* ein auf bestimmte Zeit eingegangenes Mietverhältnis durch *Zeitablauf,* so kann der Mieter spätestens zwei Monate vor Beendigung schriftlich die Fortsetzung des Mietverhältnisses verlangen, wenn nicht der Vermieter ein berechtigtes Interesse an der Beendigung hat (§ 564c BGB). War vereinbart, daß sich das Mietverhältnis nach Ablauf der vereinbarten Zeit mangels Kündigung verlängert, so tritt die Verlängerung ein, wenn nicht gekündigt wird (§ 565a BGB); entsprechendes gilt für auflösend bedingte Mietverhältnisse. – 6. Bei einem Mietverhältnis über Wohnraum mit einem vereinbarten *Rücktrittsrecht* gelten für den Rücktritt die Vorschriften über die Kündigung entsprechend (§ 570a BGB). – Das S.M. gilt nicht für *Wohnraum,* der nur zu *vorübergehendem Gebrauch* vermietet ist, für Wohnraum, der Teil der vom Vermieter selbst bewohnten Wohnung ist und den der Vermieter ganz oder überwiegend mit Einrichtungsgegenständen ausgestattet hat, wenn dieser Wohnraum nicht zum dauernden Gebrauch für eine Familie überlassen wird und für Wohnraum, der Teil eines Studenten- oder Jugendwohnheims ist.

soziale Ungleichheit. 1. *Begriff:* Tatbestand der ungleichen Verteilung und Bewertung der verschiedenen sozialen Positionen und Ressourcen (z. B. Eigentum, Einkommen, Vermögen, aber auch Schönheit und Herkunft) und den daraus sich ergebenden Unterschieden an Macht, Einfluß, Prestige (→soziale Differenzierung). – *Bewertungsmaßstäbe der s.U.:* In den einzelnen Gesellschaftssystemen (Stammes-, Stände-, Klassengesellschaft u. a.) im historischen Wandel unterschiedlich; wird z. B. als naturgegeben und gottgewollt, als unakzeptabel und ungerecht oder auch als tolerabel angesehen, wenn bestimmte Grenzen der Ungleichheit nicht überschritten werden. – 2. *Ursachen:* Umstritten; neben dem Vorrang-, Macht- und Prestigestreben werden auch psychologische Gründe der Differenzierungsmöglichkeit der vielen Mitmenschen und sozialen Gruppen genannt, um das unablässige Bewerten und Hierarchisieren anderer Menschen (ihrer Positionen und Ressourcen usw.) zu erklären.

Sozialfonds, →Sozialkapital.

Sozialfrist, →außerordentliche Kündigung 1).

Sozialgeheimnis, →Sozialdaten.

Sozialgericht, besonderes →Verwaltungsgericht erster Instanz zur Entscheidung in allen Angelegenheiten der →Sozialversicherung (→Krankenversicherung, →Unfallversicherung, →Angestelltenversicherung, →Arbeiterrentenversicherung, →Knappschaftsversicherung), der →Arbeitslosenversicherung, der →Kriegsopferversorgung (mit Ausnahme der fürsorgerischen Maßnahmen) und der Gewährung von →Kindergeld. – *Besetzung:* Die einzelnen Fachkammern entscheiden in der Besetzung mit einem Berufsrichter und zwei ehrenamtlichen Richtern. Die Vorbereitung der mündlichen Verhandlung obliegt allein dem Berufsrichter als Kammervorsitzendem. – Vgl. auch →Gerichte, →Bundessozialgericht, →Landessozialgericht.

Sozialgerichtsbarkeit, selbständige Gerichtsbarkeit, die durch unabhängige, von den Verwaltungsbehörden getrennte, besondere Verwaltungsgerichte ausgeübt wird (§ 1 SGG). Die S. wurde in Art. 95 GG als den anderen Gerichtsbarkeiten gleichwertige Gerichtsbarkeit verankert und aufgrund des Sozialgerichtsgesetzes v. 3.9.1953 (BGBl I 1239) begründet. Als Gerichte der S. wurden in den Ländern →Sozialgerichte und →Landessozialgerichte und im Bund das →Bundessozialgericht errichtet (§ 2 SGG). – Die Gerichte der S. sind *zuständig* für die ihnen in § 51 SGG und in den einzelnen Sozialgesetzen zugewiesenen Streitsachen (v. a. Angelegenheiten der Sozialversicherung, des Arbeitsförderungsgesetzes, des Kassenarztrechtes, des sozialen Entschädigungsrechts, des Kindergeldgesetzes, des Erziehungsgeldgesetzes, der Feststellung des Grades der Behinderung und der Ausstellung von Ausweisen für Schwerbehinderte); *nicht zuständig* für die Bereiche des Fürsorgerechts (Sozialhilfe, Kriegsopferfürsorge, Wohngeld usw.). – *Rechtsschutz* wird vor Klage (Anfechtungs-, Verpflichtungs-, Leistungs-, Feststellungsklage) gewährt. Im Widerspruchsverfahren ist nicht in allen Fällen obligatorisch; z. T. kann wahlweise Widerspruch oder auch sofort Klage erhoben werden (§ 78 SGG). – Den Richtern der S. obliegt eine weitgehende *Aufklärungspflicht* einschl. der Beseitigung von Formfehlern, der Erörterung unklarer und der Stellung sachdienlicher Anträge, der Ergänzung ungenügender Angaben und der Abgabe wesentlicher Erklärun-

gen. Der Sachverhalt ist von Amts wegen zu ermitteln und das Verfahren wird von Amts wegen betrieben (§ 103 SGG). – Das Gerichtsverfahren ist grundsätzlich *kostenfrei* (§ 183 SGG), jedoch haben die Körperschaften und Anstalten des öffentlichen Rechts eine →Pauschgebühr zu zahlen. – Einzelheiten des *Verfahrens* sind in dem →Sozialgerichtsgesetz geregelt, das gegenüber anderen Verfahrensvorschriften einige Besonderheiten enthält. Ergänzend gelten die Vorschriften der Zivilprozeßordnung und des Gerichtsverfassungsgesetzes (§ 202 SGG).

Sozialgerichtsgesetz (SGG), Gesetz i. d. F. v. 23.9.1975 (BGBl I 2535) mit späteren Änderungen. – *Inhalt:* Neuregelung von Verfahren und Aufbau der Sozialgerichtsbarkeit, die seit 1954 nicht mehr von den Verwaltungsbehörden, sondern von unabhängigen, von den Verwaltungsbehörden getrennten →Sozialgerichten ausgeübt wird. Vgl. im einzelnen →Sozialgerichtsbarkeit.

Sozialgesetzbuch (SGB), Gesetzestext, in dem alle Sozialleistungsgesetze zusammengefaßt und harmonisiert werden sollen. Das SGB wird, wenn die Arbeiten am Gesamtwerk abgeschlossen sind, alle auf Dauer angelegten Sozialleistungsbereiche umfassen: Ausbildungsförderung, Arbeitsförderung bis hin zur Sicherung bei Arbeitslosigkeit und bei Zahlungsunfähigkeit des Arbeitgebers einschl. der besonderen Förderung Schwerbehinderter, gesetzliche Kranken-, Unfall- und Rentenversicherung, Kriegsopferversorgung u. a. Formen der sozialen Entschädigung bei Gesundheitsschaden, Wohngeld, Kindergeld und Erziehungsgeld, Jugendhilfe und Sozialhilfe. – *In Kraft getreten* sind bisher der „Allgemeine Teil des Sozialgesetzbuches (SGB I)" durch Gesetz vom 11.12.1975 (BGBl I 3015) seit 1.1.1976, die „Gemeinsamen Vorschriften für die Sozialversicherung (SGB IV)" durch Gesetz vom 23.12.1976 (BGBl I 3845) seit 1.7.1977, das „Verwaltungsverfahren" durch Gesetz vom 18.8.1980 (BGBl I 1469, 2218) seit 1.1.1981 und die Vorschriften bezüglich der „Zusammenarbeit der Leistungsträger und ihre Beziehung zu Dritten" vom 4.11.1982 (BGBl I 1450) seit 1.7.1983. – Bis zu ihrer Einordnung in das S. gelten die einzelnen Sozialgesetze als *besondere Teile des S.* (Art. 2 § 1 SGB 1).

Sozialgruppe, →Gruppe I 3c).

Sozialhilfe, früher: *Fürsorge,* Hilfe zum Lebensunterhalt und Hilfe in besonderen Lebenslagen im Rahmen der öffentlichen Fürsorge; für die Fälle sozialer Notlage unentbehrlicher Teil der öffentlichen →Sozialleistungen.

I. Allgemeines: 1. *Rechtsgrundlage:* Bundessozialhilfegesetz (BSHG), i.d.F. vom 20.1.1987 (BGBl I 401). – 2. *Aufgabe:* Dem

Empfänger der Hilfe die Führung eines Lebens zu ermöglichen, das der Würde des Menschen entspricht. Die Hilfe soll ihn soweit wie möglich befähigen, unabhängig von ihr zu leben, hierbei muß er nach Kräften mitwirken. Art, Form und Maß der S. richten sich nach der Besonderheit des Einzelfalls, den persönlichen und örtlichen Verhältnissen; Wünschen des Hilfeempfängers, die sich auf die Gestaltung der Hilfe richten, soll entsprochen werden, wenn sie angemessen sind und keine unvertretbaren Mehrkosten erfordern. – 3. *Formen:* Persönliche Hilfe, Geldleistungen oder Sachleistungen; zur persönlichen Hilfe gehören auch die Beratung in Fragen der S. und in sonstigen sozialen Angelegenheiten. – 4. →*Subsidiaritätsprinzip:* S. erhält nicht, wer sich selbst helfen kann oder die erforderliche Hilfe von anderen erhält. – 5. S. wird von Amts wegen geleistet; auf S. besteht ein *Rechtsanspruch,* soweit das Gesetz bestimmt, daß Hilfe zu gewähren ist. Der Anspruch kann nicht übertragen, verpfändet oder gepfändet werden. Über Form und Maß der S. ist nach pflichtgemäßem Ermessen zu entscheiden. S. wird grundsätzlich nur an Deutsche mit Aufenthalt im Inland gewährt; S. kann jedoch auch Deutschen im Ausland (§ 119 BSHG) und Ausländern und Staatenlosen (§ 120 BSHG) gewährt werden. – Der Hilfesuchende ist verpflichtet, bei Feststellung seines Bedarfs mitzuwirken; er hat Änderungen der Tatsachen, die für die Hilfe maßgebend sind, unverzüglich dem Träger der S. mitzuteilen. – 6. *Träger:* Die kreisfreien Städte und die Landkreise (örtliche Träger) sowie die von den Ländern bestimmten überörtlichen Träger. Zuständig ist im allg. der Träger der S., in dessen Bereich sich der Hilfesuchende aufhält (§ 97 BSHG). – Die Stellung der Kirchen und Religionsgesellschaften des öffentlichen Rechts sowie die Verbände der freien Wohlfahrtspflege als Träger eigener sozialer Aufgaben und ihre Tätigkeit zur Erfüllung dieser Aufgaben wird durch das BSHG nicht berührt (§ 10 BSHG). – 7. *Kostenersatz:* Eine Verpflichtung zum Ersatz der Kosten der S. besteht nur in Ausnahmefällen (§§ 92, 92 a BSHG): a) für denjenigen, der nach Vollendung des 18. Lebensjahres die Voraussetzungen für die Gewährung der S. an sich oder an unterhaltsberechtigten Angehörigen vorsätzlich oder grob fahrlässig herbeigeführt hat; b) bei Leistung von Hilfe zum Lebensunterhalt für den Empfänger der Hilfe und den Ehegatten, wenn ihr monatliches Einkommen oder ihr Vermögen dies nach allgemeinen Richtsätzen zuläßt. – Es findet jedoch eine Kostenerstattung zwischen den einzelnen Trägern der S. statt (§§ 103–113 BSHG). – 8. *Auskunftspflichten:* Unterhaltspflichtige und Kostenersatzpflichtige sind verpflichtet, dem Träger der S. ihre Einkommens- und Vermögensverhältnisse mitzuteilen. Der Arbeitgeber ist verpflichtet, dem Träger der S. über die Art und Dauer der Beschäftigung, die Arbeitsstätte und den Arbeitsverdienst des bei ihm beschäftigten Hilfesuchenden, Hilfeempfängers, Unterhaltspflichtigen oder Kostenersatzpflichtigen Auskunft zu geben, soweit die Durchführung des BSHG dies erfordert. – 9. Die S. *umfaßt* Hilfe zum Lebensunterhalt (unten II), Hilfe in besonderen Lebenslagen (unten III), ärztliche Hilfe für Personen mit körperlicher Behinderung (§§ 123–126 BSHG).

II. Hilfe zum Lebensunterhalt (§§ 11–25 BSHG): 1. Sie *erhält,* wer seinen notwendigen Lebensunterhalt nicht oder nicht ausreichend aus eigenen Kräften und Mitteln, v. a. aus seinem Einkommen und Vermögen beschaffen kann; die Hilfe kann auch dem gewährt werden, der ein für den notwendigen Lebensunterhalt ausreichendes Einkommen oder Vermögen hat, jedoch einzelne für sein Lebensunterhalt erforderliche Tätigkeiten nicht verrichten kann. – 2. Der notwendige Lebensunterhalt *umfaßt* besondere Ernährung, Unterkunft, Kleidung, Körperpflege, Hausrat, Heizung und persönliche Bedürfnisse des täglichen Lebens (u. a. Teilnahme am kulturellen Leben). Als Hilfe zum Lebensunterhalt können Krankenversicherungsbeiträge, Alterssicherung, Bestattungskosten sowie Hilfe zum Seßhaftwerden geleistet werden. – 3. Jeder Hilfesuchende muß seine *Arbeitskraft* zur Beschaffung des Lebensunterhalts für sich und seine unterhaltsberechtigten Angehörigen einsetzen. Für Hilfesuchende, die keine Arbeit finden können, sollen nach Möglichkeit Arbeitsgelegenheiten geschaffen werden. Wer sich weigert, zumutbare Arbeit zu leisten, hat keinen Anspruch auf Hilfe zum Lebensunterhalt. – 4. Hilfe zum Lebensunterhalt kann durch *laufende* und *einmalige Leistungen* gewährt werden. Laufende Leistungen zum Lebensunterhalt werden nach →Regelsätzen gewährt, die von den zuständigen Landesbehörden erlassen werden; wegen Besonderheit im Einzelfall können die Leistungen abweichend von den Regelsätzen bemessen werden.

III. Hilfe in besonderen Lebenslagen (§§ 27–75 BSHG und VO vom 9.12.1976, BGBl I 1469): Umfaßt Hilfe zum Aufbau oder zur Sicherung der Lebensgrundlage, Ausbildungshilfe, vorbeugende Gesundheitshilfe, Krankenhilfe, →sonstige Hilfe, Hilfe zur Familienplanung, Hilfe für werdende Mütter und Wöchnerinnen, Eingliederungshilfe für Behinderte, Tuberkulosehilfe, Blindenhilfe, Hilfe zur Pflege, Hilfe zur Weiterführung des Haushalts, Hilfe für Gefährdete und Altenhilfe.

Sozialhilfeträger, →Sozialhilfe I 6.

Sozialinnovation, →Innovation II 3 g).

Sozialisation. I. S o z i o l o g i e : 1. *Begriff:* Umfassender Prozeß der Eingliederung bzw. Anpassung des heranwachsenden Menschen in die ihn umgebende Gesellschaft und Kultur. Da der Mensch hochgradig instinktunsicher ist, muß er im Prozeß der S. soziale Normen, Verhaltensstandards und Rollen erlernen, um ein im jeweiligen sozialen Kontext handlungsfähiges und verhaltenssicheres soziales Wesen zu werden und seine soziokulturelle Persönlichkeit zu entwickeln. – 2. *Träger der S.:* S.sinstanzen und S.sagenten (Familie, Erzieher, Schule, Ausbilder, Altersgruppen, Medien usw.). – 3. Zu *unterscheiden:* a) *primäre S.:* Erfolgt in der frühkindlichen Entwicklungsphase, wird vorwiegend durch die Familie getragen und vermittelt eine subjektive Handlungsfähigkeit; b) *sekundäre S.:* Es werden neue soziale Rollen und Normen vermittelt und gelernt. Die Phase der primären und sekundären S. überschneiden sich.

II. W i r t s c h a f t s p ä d a g o g i k , A r b e i t s - u n d O r g a n i s a t i o n s p s y c h o l o g i e : Fortdauernder Prozeß der Entstehung, Entwicklung und Ausbildung von Persönlichkeitsstrukturen in beruflichen Struktur- und Interaktionszusammenhängen. Dieser Aneignungsprozeß findet v. a. in der Auseinandersetzung mit beruflichen Anforderungen in schulischen und betrieblichen Einrichtungen des Berufsbildungssystems sowie während der Erwerbstätigkeit in allen beruflichen Positionen statt. Unter dem Einfluß kognitions- und handlungstheoretischer Ansätze deutet sich eine Verlagerung des Interesses auf die Analyse der Bedingungen und Möglichkeiten der Entwicklung personaler Identität im Spannungsfeld gesellschaftlicher Anforderungen und individuellen Entfaltungsanspruchs an. In diesem Sinn wird S. als kategorialer Oberbegriff aufgefaßt, der die Aspekte der *Personalisation* (Mündigwerden in der Gesellschaft) und *Qualifikation* (Handlungsfähigkeit zur Erfüllung beruflicher und gesellschaftlicher Anforderungen) umschließt. – Der S.-Prozeß kann sich für den einzelnen krisenhaft gestalten und zur →Belastung werden.

Sozialismus. I. B e g r i f f : 1. Sammelbezeichnung für zahlreiche *Gesellschaftsentwürfe* bzw. Lehren zu deren Verwirklichung, die seit Ende des 18. Jh. entstanden sind mit dem Ziel, eine Gesellschaftsordnung, in der *Gleichheit, Solidarität* und *Gerechtigkeit* zwischen allen Menschen gewährleistet ist, anstelle der kritisierten individualistisch-liberalen Marktwirtschaft (→privatwirtschaftliche Marktwirtschaft) zu errichten. Art und Umfang der angestrebten Umgestaltung sowie der Weg zur ihrer Realisierung unterscheiden sich je nach sozialistischer Schule z. T. erheblich. – S. und →*Kommunismus* werden oft synonym verwandt. – S. Bezeichnung für *Gesellschaftsordnungen* (z. B. Osteuropas), die sich (unter Berufung auf die marxistische Geschichtsphilosophie) nach

dem Verständnis der dort herrschenden Parteien auf der *Entwicklungsstufe zwischen* →*Kapitalismus und Kommunismus* befinden.

II. K o n z e p t i o n e n : 1. *Frühsozialistische Konzepte* (→utopischer Sozialismus): Z. T. werden eine umfassende Vergesellschaftung der Produktionsmittel, eine egalitäre Gesellschaftsordnung und eine straffe, zentrale Organisation aller Lebensbereiche (Babeuf, Cabet), z. T. aber auch die Beibehaltung von Privateigentum und einer gewissen sozialen Differenzierung (Saint-Simon, Fourier) gefordert. In vielen Konzepten wird die Errichtung von Arbeits- und Wohngenossenschaften als Voraussetzung für den S. (u. a. Fourier, Owen, Buchez, Blanc) betrachtet. – 2. *Wissenschaftlicher Sozialismus:* a) Der →*Marxismus* übernimmt unterschiedliche Vorstellungen einzelner Frühsozialisten: Die Annahme, bewegendes Moment der Geschichte seien Klassenkämpfe (Babeuf) oder die geschichtliche Entwicklung sei vorbestimmt und münde in eine optimale, harmonische Gesellschaftsordnung, wobei der Weg dorthin durch bewußtes Handeln beschleunigt werden könne (Saint-Simon, Fourier). – b) *Rodbertus-Jagedzow,* der ebenfalls eine geschichtliche Zwangsläufigkeit unterstellt, hält den Kapitalismus für die Vorstufe zum Staatssozialismus, d. h. einer staatlich gelenkten Wirtschaft ohne privates Grund- und Kapitaleigentum. Dort erfolge keine Ausbeutung der Arbeiter mehr, da ihnen nicht die als unverdientes Einkommen angesehenen Zins- und Grundrenteneinkünfte vorenthalten würden. – c) *Lassalle* leitet aus der Hegelschen Geschichtsphilosophie ab, daß Endpunkt der gesellschaftlichen Entwicklung die staats- und klassenlose Gemeinschaft sei. Die Arbeiter müßten jedoch auf dem Weg dorthin versuchen, auf parlamentarischem Weg die Macht im Staat zu erlangen, um durch den Aufbau von Produktionsgenossenschaften den S. zu verwirklichen. – 3. Der →*Marxismus-Leninismus* (vgl. im einzelnen dort, auch →Bolschewismus) beruft sich auf den Marxismus, modifiziert diesen jedoch, um diese Lehre nach erfolgreicher Revolution zur Lösung praktisch-politischer Aufgaben zu nutzen. – 4. *Neomarxistische Strömungen* („Neue Linke"), bestehend seit den 60er Jahren in Westeuropa, wenden sich gegen den Marxismus-Leninismus und die als kritikwürdig angesehene Ausgestaltung der sowjetischen Gesellschaftssystems. Sie sind bestrebt, die Marxsche Kapitalismus-Analyse der gewandelten Realität anzupassen, insbes. das Ausbleiben des vorhergesagten Zusammenbruchs zu begründen (→Spätkapitalismus); die Konzeption einer sozialistischen Gesellschaftsordnung bleibt i. a. sehr vage und orientiert sich an Modellen einer →Rätedemokratie. – 5. →*Revisionismus (freiheitlich-demokratischer S.):* Abkehr von marxistischen Grundpositionen (u. a. Klassenkampftheorie und idealisierende Kommunismuskonzeption) insgesamt; die Vorstellung, daß die Arbeiterschaft auch in einer →privatwirtschaftlichen Marktwirtschaft auf demokratisch-parlamentarischem Weg ihre Interessen zur Geltung bringen könne und der Kapitalismus ohne revolutionäre Diktatur des Proletariats zu einer dem Gemeinwohl verpflichteten Gesellschaftsordnung umgewandelt werden könne, herrscht vor. Beispiel: SPD seit dem Godesberger Parteitag von 1959.

III. K r i t i k : 1. Die Frage nach der durch die einzelnen sozialistischen Programme zu verwirklichenden *konkreten Wirtschafts- und Gesellschaftsordnung* bleibt auf Grund der Vieldeutigkeit des S.begriffs und der zumeist vagen Zukunftsentwürfe unbeantwortet. – 2. Die realen marktwirtschaftlichen Ordnungen werden oft an *idealisierenden* Konzepten, ohne hinreichende Überprüfung deren tatsächlicher Realisierbarkeit, gemessen. – 3. Von liberaler Seite aus wird eingewendet, daß die angestrebte Gleichheit, Gerechtigkeit und Solidarität nur mit einem (mehr oder weniger umfassenden) *Kontrollsystem* realisiert werden kann; dabei bestehe die Gefahr der *Entmündigung der Individuen* durch die staatlichen Entscheidungsträger, deren politische Vorstellungen und Aktivitäten nicht zwangsläufig gemeinwohlfördernd sein müssen (→Kollektivismus). Die Erfahrungen mit den bestehenden sozialistischen Systemen zeigen, daß diese die von ihnen angestrebten Ziele nicht notwendigerweise besser lösen können als die die Selbstverantwortung betonenden und dem →Individualismus verpflichteten Gesellschaftsordnungen.

Sozialistengesetz, ein von Bismarck in seinem Kampf gegen die Sozialdemokratie entworfenes und durchgesetztes Ausnahmegesetz (1878). – Es *enthielt* das Verbot sozialdemokratischer Zusammenschlüsse, wie auch Verbot der sozialistischen Gewerkschaften, des Allgemeinen Deutschen Arbeitervereins und der Internationalen Gewerkschaften und gab die Möglichkeit, sozialistische Zeitungen und Zeitschriften zu verbieten. Die alsbald eingeleitete Begründung der →Sozialversicherung sollte es propagandistischen Möglichkeiten der sozialistischen Stellungnahme gegen den Staat weiter beschneiden. – *Aufhebung* des S. 1890.

sozialistische Marktwirtschaft, →Wirtschaftsordnung, in der bei Staats- bzw. Gesellschaftseigentum an den Produktionsmitteln (mit Ausnahmen in Landwirtschaft, Handwerk und Kleingewerbe) der Wirtschaftsprozeß bei (indirekter) staatlicher Struktursteuerung dezentral über Märkte koordiniert wird. – *Formen* nach realisierter Eigentumsordnung und den daraus folgenden Konsequenzen bezüglich des Inhalts und Umfangs staatlicher Wirtschaftspolitik: a) →*staatssozialistische*

Marktwirtschaft (Staatseigentum; z. B. Ungarn, China seit Beginn der 80er Jahre, Tschechoslowakei 1966–1968); b) →*selbstverwaltete sozialistische Marktwirtschaft* (Gesellschaftseigentum; z. B. Jugoslawien).

Sozialkapital, zusammenfassender Begriff für die Sozialrücklagen (z. B. für zusätzliche Unterstützungen bei lange dauernden Krankheiten, für Fortbildung usw.) und Sozialrückstellungen (durch betriebliche Pensionskassen, Unterstützungsvereine u. ä.) einer Unternehmung (G. Fischer) Mittelstellung zwischen →Eigenkapital und →Fremdkapital. Sozialrücklagen i. a. nicht frei verfügbar, während die fremdkapitalähnlichen Sozialrückstellungen größere Dispositionsfreiheit gewähren. Das S. gewinnt durch seine starke Zunahme an Bedeutung. Das bilanziell ausgewiesene S. beträgt durchschnittlich 8 bis 15% des Gesamtkapitals, wobei der tatsächliche Anteil oft höher liegt, wenn Teile des S. unter anderen Positionen ausgewiesen werden. Das S. kann – besonders bei Steuerbegünstigung – der →Selbstfinanzierung dienen. – Verschiedene Vorschläge (darunter der Gewerkschaften) beabsichtigen die Zusammenfassung des betrieblichen S. zu überbetrieblichen *Sozialfonds* mit Arbeitnehmerbeteiligung. – *Anders:* →Sozialvermögen.

Sozialkosten, *soziale Aufwendungen, Soziallasten.* Teil der im betrieblichen Rechnungswesen zu erfassenden →Arbeitskosten (→Personalnebenkosten). – 1. *Gesetzliche S.:* Durch Gesetz, Verordnung oder Tarifordnung veranlaßte Aufwendungen, vor allem die Arbeitgeberanteile an der Sozialversicherung (Angestellten-, Arbeiterrenten-, Knappschafts-, Kranken-, Arbeitslosenversicherung) und Unfallversicherung (einschl. der Berufsgenossenschaft). Diese gesetzlichen S. werden mit den Löhnen und Gehältern zugleich fällig und mit diesen gebucht und kostenmäßig abgerechnet. – *Buchung:* a) Arbeitgeberanteile zur Sozialversicherung: Konto Sozialaufwand (soziale Abgaben und Aufwendungen für Altersversorgung und für Unterstützung, §275 II Nr. 6b HGB) an noch nicht abgeführte Sozialversicherung; noch nicht abgeführte Sozialversicherung an Bankkonto. (Die Arbeitnehmeranteile sind nicht S. der Unternehmung sondern durchlaufende Posten; Buchung: Lohnkonto an noch nicht abgeführte Sozialversicherung; noch nicht abgeführte Sozialversicherung an Bank.) b) Beiträge an die Berufsgenossenschaften werden ausschließlich vom Unternehmer im Umlageverfahren nach Lohn- und Gehaltssumme geleistet. Buchung: soziale Abgaben usw. (§275 II Nr. 6b HGB) an Bankkonto. – 2. *Freiwillige S.:* Aufwendungen aus der mehr oder weniger freiwilligen Durchführung fürsorglicher Maßnahmen zugunsten der Belegschaft oder deren Angehörigen, z. B. Zuschüsse an Pensionskassen, Gratifikationen, Werkküchen, Werkswohnungen, Erholungsheime, Unterstützungseinrichtungen, Ausgaben für kulturelle und sportliche Förderung der Belegschaftsmitglieder und dgl. In der Gewinn- und Verlustrechnung werden freiwillige S. als sonstige betriebliche Aufwendungen (§ 275 II und III HGB) erfaßt. Nur tarif- und branchenübliche Aufwendungen, die mittelbar oder unmittelbar dem Betriebszweck dienen, werden in die Kostenrechnung übernommen. In größeren Betrieben wird ein Teil der freiwilligen S. häufig als →sekundäre Kostenarten in →Hilfskostenstellen (Kantinen, Werkbüchereien u. ä.) erfaßt. – *Anders:* →soziale Kosten, →volkswirtschaftliche Kosten.

Soziallasten, →Sozialkosten.

Sozialleistungen, soziale Leistungen des Staates bzw. öffentlich-rechtlicher Körperschaften. – Zu den S. *gehören:* a) die aus dem Sozialsystem des Deutschen Reiches übernommene öffentliche →Sozialversicherung (Kranken-, Unfall-, Renten- und Arbeitslosenversicherung); b) Kriegs- und Kriegsfolgeleistungen (Kriegsopferversorgung, Lastenausgleich); c) →Sozialhilfe, Fürsorgeerziehung und Jugendhilfe; d) →Kindergeld; e) →Unterhaltsvorschuß; f) →Erziehungsgeld. – S. sind Gegenstand der amtlichen →Sozialstatistik.

Soziallohn, Form des →Bedürfnislohnes: Arbeitsentgelt, bei dem von der Leistung des Arbeiters zugunsten seiner gesellschaftlichen *Stellung* (z. B. der „gerechte Lohn" des ständisch geordneten mittelalterlichen Zukunftswesens) oder seiner gesellschaftlichen *Leistung* (z. B. die volkswirtschaftliche Leistung des Bergarbeiters bzw. die bevölkerungspolitische Leistung des Kinderreichen) durch entsprechende Lohnhöhe materielle Berücksichtigung findet. – *Sonderform:* →Familienlohn.

Sozialpartner, umstrittener Begriff für die Tarifpartner (→Tarifvertrag II). Aufgabe der Koalition ist u. a., durch Abschluß von Tarifverträgen eine sinnvolle Ordnung des Arbeitslebens zu schaffen; sie sind gewissermaßen „soziale Gegenspieler".

Sozialpfandbrief, steuerbefreiter →Pfandbrief, dessen Erlös mindestens zu 90% der Finanzierung des →sozialen Wohnungsbaus oder der dazu erforderlichen Baulanderschließung dient; werden seit mehreren Jahren nicht mehr ausgegeben.

Sozialplan. I. Grundsätzlich: 1. Der S. betrifft den *Ausgleich oder die Milderung der wirtschaftlichen Nachteile,* die den Arbeitnehmern des betreffenden Betriebs (mit mehr als 20 Arbeitnehmern) durch die geplante →Betriebsänderung entstehen (§ 112 I 2 BetrVG). Besteht die Betriebsänderung lediglich in einem Personalabbau, sind die besonderen Voraussetzungen des § 112a I BetrVG zu

beachten. – Im Falle der Betriebsänderung bei einem *neugegründeten Unternehmen* finden während der ersten vier Jahre nach der Gründung die Vorschriften über die Erzwingbarkeit eines S. keine Anwendung (§ 112a II BetrVG). – 2. *Verfahren zur Herbeiführung einer Einigung über den S.:* Es entspricht zunächst dem des →Interessenausgleichs. Kommt eine freiwillige Einigung zwischen Arbeitgeber und Betriebsrat auch unter Vermittlung der →Einigungsstelle nicht zustande, so entscheidet diese *verbindlich* über die Aufstellung eines S., der die Wirkung einer →Betriebsvereinbarung hat (§ 112 IV, I 3 BetrVG). Die Einigungsstelle hat nach § 112 V BetrVG eine Interessenabwägung zwischen den sozialen Belangen der betroffenen Arbeitnehmer und der wirtschaftlichen Vertretbarkeit der Belastungen für das Unternehmen vorzunehmen. Beim Ausgleich oder der Milderung wirtschaftlicher Nachteile soll nach näherer Maßgabe des § 112 V BetrVG den Gegebenheiten des Einzelfalls Rechnung getragen werden. Die Einigungsstelle soll nicht von vornherein generell →Abfindungen pauschal vorsehen, sondern feststellen, welche Nachteile einzelnen Arbeitnehmern tatsächlich entstehen; es sind auch die Aussichten der betroffenen Arbeitnehmer auf dem Arbeitsmarkt zu prüfen. – 3. *Inhalt des S.:* Nicht die wirtschaftliche Unternehmerentscheidung, sondern der Schutz der Arbeitnehmer auf sozialem und personellem Gebiet. In einem S. können z. B. folgende Regelungen getroffen werden. Zahlung von einmaligen Abfindungen oder auch laufende Ausgleichszahlungen, nach bisheriger Rechtsprechung auch Pauschalierungen in einem Punktsystem, das insbes. Lebensalter, Dauer der Betriebszugehörigkeit und Familienstand berücksichtigt. Weiter kommen in Betracht Zahlungen von Lohnausgleich, Beihilfe für Umschulungsmaßnahmen, Weitergewährung von Deputaten, Werkswohnungen usw.

II. S. im Konkurs- und Vergleichsverfahren: 1. Die Eröffnung des Konkurses ändert nichts an den *Beteiligungsrechten des Betriebsrats* nach den §§ 111 ff. BetrVG. Im Konkursfall ist zwischen Konkursverwalter und Betriebsrat ein S. zu vereinbaren; kommt eine solche Vereinbarung nicht zustande, ist ein S. vor der Einigungsstelle aufzustellen. – 2. An die Stelle der wirtschaftlichen Vertretbarkeit für das Unternehmen treten die Interessen der übrigen Konkursgläubiger. Dabei sieht § 2 des Gesetzes über den Sozialplan im Konkurs- und Vergleichsverfahren vom 20.2.1985 (BGBl I 369) für die Höhe der S.Leistungen eine *Obergrenze* vor. Für den Ausgleich oder die Milderung der wirtschaftlichen Nachteile darf nur ein Gesamtbetrag von bis zu 2½ Monatsverdiensten i.S. des § 10 III KSchG aller von einer Entlassung betroffenen Arbeitnehmer vorgesehen werden. Diese Obergrenze gilt nach § 3 des Gesetzes auch für S., die vor

Eröffnung des Konkursverfahrens, jedoch nicht früher als drei Monate vor dem Antrag auf Eröffnung des Konkurs- oder Vergleichsverfahrens aufgestellt worden sind. – 3. Nach § 4 I des Gesetzes erhalten die Forderungen aus S. nach den §§ 2, 3 den *Rang einer bevorrechtigten Konkursforderung* gemäß § 61 I Nr. 1 KO. Für die Berichtigung dieser Forderungen darf nicht mehr als ein Drittel der nach Abzug von Massekosten und Masseschulden für die Verteilung an die Konkursgläubiger zur Verfügung stehenden Konkursmasse verwandt werden.

Sozialpolitik. I. Begriff und Aufgabenstellung: 1. Nicht unberechtigt wird gelegentlich vermerkt, S. stelle keinen technischen Begriff dar, dem eine exakte Bedeutung zukommt. S. sei kein systematischer, sondern ein historischer Begriff. Gemeint ist, daß sich im historischen Ablauf, im Wandel der Wirtschafts- und Lebensverhältnisse die jeweils konkreten Auffassungen über die Bedeutung und die Aufgaben von S. ändern. Gleichwohl bleibt eine Kernposition für S. konstitutiv, die bereits durch die Vertreter der deutschen →Historischen Schule formuliert wurde: Als *Ziel* von S. erscheinen →Sozialreformen, deren Ausgangspunkt jeweils die Bestandsaufnahme „in einer bestimmten Zeit und in einem bestimmten Volk" bestehender sozialer Härten ist. Durch die Bestimmung der Faktoren, die solche Härtefälle bewirkt hatten, wollte man in Verbindung mit Bestrebungen, über die Bewertung gegebener Tatbestände einen Maßstab für gestaltende Politik zu erhalten, zu Veränderungen in den Rahmenbedingungen gelangen, die jene Härten hatten entstehen lassen.

2. Konkrete *Ansatzpunkte praktischer S.* sind somit einmal individuelle Lebenslagen, die als wirtschaftlich und gesellschaftlich verbesserungsbedürftig eingeschätzt werden, zum anderen existenzgefährdende Risiken, gegen die einzelne sich nicht oder nur unzureichend sichern können. Als *schutzbedürftig* gelten insbes. Bedarfsfälle und Notlagen, die sich ergeben können: a) aus vorübergehender Beeinträchtigung der Existenzlage durch Ereignisse, die (1) auf Tatbeständen beruhen, die an die personelle Situation anknüpfen (wie Krankheit, Schwangerschaft, Elternschaft, Unfall) oder (2) aus Tatbeständen resultieren, deren Bestimmungsgründe außerhalb des Handlungsbereichs der Person liegen (mangelnde Arbeitsgelegenheit [Arbeitslosigkeit] Kriegseinwirkungen); b) aus dauernder Beeinträchtigung oder Vernichtung der Arbeits- und Erwerbsfähigkeit durch :(1) Krankheit oder Unfall (Invalidität), (2) hohes Alter, (3) Kriegseinwirkung; c) aus Todesfällen: (1) Begräbniskosten, (2) Witwen- und Waisenschaft.

II. Grundkonzepte: In der Gegenwart besteht eine z. T. beträchtliche Meinungsverschiedenheit hinsichtlich des *Erkenntnisobjekts* der S. Oft trennt man heute zwischen einer alten und einer neuen S. (Gerhard Albrecht).

1. *Alte S.:* Als Gegenstand der alten S. gilt weitgehend die soziale Frage; ihre Merkmale sind: Aktivitäten vornehmlich der öffentlichen Hand zugunsten jener Gruppen, die durch ihre Stellung in der Wirtschaft als benachteiligt und in ihrer Existenz gefährdet erscheinen, insbes. Schaffung von Einrichtungen (und Maßnahmen) zum Ausgleich der Interessenunterschiede und -gegensätze zwischen Arbeit und Kapital. Die *Zielsetzung* lautet: Ausgleich zur Wahrung und Förderung des Gesamtwohls der Gesellschaft. Unter diesem Blickwinkel wurde deutlich unterschieden zwischen (1) öffentlicher →Versorgung, (2) öffentlicher (vornehmlich kommunaler) und privater →*Wohlfahrtspflege* und (3) S. Nach dieser Auffassung orientiert sich S. an Merkmalen der →Proletarität in ihrem Bemühen um die gesellschaftliche Integration des (historisch neuen) Sozialtyps „Arbeitnehmer", konkret: um die Überwindung von Proletarität. Daher vermag der Katalog der Merkmale der Proletarität eine „konsistente Systematik der Aufgaben der S. in der Sicht von gestern" zu liefern (W. Schreiber). S. umfaßt hier z. B. Arbeitnehmerschutz, Sozialversicherung, Tarifvertragswesen. Es ist nicht auszuschließen, daß zu den Abgrenzungsproblemen der S. in Deutschland die Entwicklung im Dritten Reich beigetragen hat. Hier wurde u. a. mit der Schaffung des Begriffs Volksgemeinschaft anzudeuten versucht, daß eine Politik hinfällig geworden sei, die dem Ausgleich von Interessenunterschieden und -gegensätzen innerhalb der Wirtschaftsgesellschaft zu dienen bestimmt war. Jene Wendung gegen die S. traditioneller Art äußerte sich u. a. in deren Umbenennung in „Sozial- und Arbeitsverwaltung".

2. *Neue S.:* Der Weg zu einem Konzept der neuen S. bahnte sich mit den Arbeiten von *Mackenroth* an. Für ihn besteht das Grundanliegen der S. „immer ... und auch heute" darin, „das Elend, einfach das nackte äußere Elend in der Welt auszurotten". Aufgabe der S. sei nicht mehr die Stützung einer sozialschwachen Arbeiterklasse, einer einzelnen Gruppe der Wirtschaftsgesellschaft; es seien vielmehr inzwischen große Teile auch anderer Schichten notleidend geworden. Die Aufgaben der S. sind nicht mehr als schichtenspezifisch, eher als „qualitativ total" anzusehen. Grundlegend verlautet: An Stelle einer Klasse muß heute Objekt der S. die *Familie* werden, und zwar quer durch alle Klassen und Schichten. S. wird zu einem integrierten Bestandteil des volkswirtschaftlichen Kreislaufs. Sie hat aufgehört, diesem gegenüber nur noch eine Randerscheinung zu sein. Neu ist hier der Gedanke, S. müßte ihre Aufgabe ohne Rück-

sicht auf die Ursachen (causa) der Hilfsbe-
dürftigkeit und damit auf eindeutig abgegrenzte Personenkreise erfüllen (Aufgabe bzw.
Relativierung des →Kausalprinzips bzw. der
Idee reaktiver S. und Hinwendung zum
→Finalprinzip bzw. zur Idee aktiver, d. h.
präventiver und auf die Sicherung wünschenswerter Lebenslagen ausgerichteter S.). – Ähnlich wie Mackenroth entwickelte *Achinger*
seine Konzeption von der S. *als Gesellschaftspolitik.* Achinger stimmt mit Mackenroth in
der Ablehnung einer schichten- oder gruppen-
spezifisch bestimmten S. überein. S. ist seines
Erachtens ein umfassendes Einwirkungsgebiet
innerhalb der Gesamtgesellschaft. S. habe
generell mit den Folgen des Prozesses der
Industrialisierung *nicht* für das Verhältnis der
Gruppen der industriellen Wirtschaftsgesellschaft, sondern für die Lebensfom der Bevölkerung zu tun. Nach Achinger hat die einseitige Orientierung der S. an der Arbeiterfrage
den Blick für solche Folgen der Industrialisierung verschleiert, die die Gesamtgesellschaft
umfassen, weil sie die Lebensformen der
gesamten Bevölkerung verändern. Folglich sei
unter Lockerung bzw. Lösung des Zusam-
menhanges der S. mit der Arbeiterfrage (also
ihrer gruppenmäßigen Ausrichtung) der Auftrag an die S. darin zu sehen, an der Schaffung
neuer Lebensformen mitzuwirken. Gestal-
tungsziele zu erreichen (Finalprinzip), sei
wichtiger, als auf Ursachen zu reagieren
(Kausalprinzip).

III. T r ä g e r : 1. Träger der S. ist insbes. der
Staat, meist mit besonderen Arbeits- und
Sozialministerien sowie vielen öffentlichen
Unterverbänden (z. B. Gemeinden). Darüber
hinaus sind andere öffentlich-rechtliche Körperschaften (z. B. Kirchen), ferner private
Zusammenschlüsse (z. B. Gewerkschaften,
Arbeitgeberverbände, Unternehmen, Konsumvereine, Genossenschaften und sozialpolitische Vereine) bis herab zur identragenden
Einzelpersönlichkeit wichtige Träger der S.
Oft wird die Forderung erhoben, sozialpolitische Aktivitäten sollten bezüglich der Trägerschaft nach Maßgabe des →Subsidiaritäts-
prinzips gegliedert sein (S. auf familiärer,
betrieblicher, gewerbeständischer, staatlicher,
supranationaler, internationaler Ebene).

2. Auf der *überstaatlichen Ebene* beruht die
zwischenstaatliche (internationale) S. meist
auf Gegenseitigkeitsverträgen der National-
staaten; aber auch überstaatliche Körperschaften und Organisationen wie die EWG
(→EWG I 12), die Internationale Arbeits-
Organisation (→ILO) und der Wirtschafts-
und Sozialrat der →UN mit seinem Sozialaus-
schuß und verschiedenen anderen Ausschüssen (z. B. für Wirtschaft und Beschäftigung,
Menschenrechte, die Rechtsstellung der Frau)
bahnen den Weg zu einer übernationalen S.

3. Die *Übersicht* (vgl. Sp. 1561/1562) stellt
nicht nur die zentralen Handlungsbereiche der

staatlichen S. dar. Sie veranschaulicht auch
deren Ergänzung durch die →Arbeitsverfas-
sung (und ihre partielle Orientierung an der
Verfassung der Erwerbsarbeit) und ihre Ein-
bettung in ein Umfeld komplementärer Poli-
tikfelder. Daraus folgt, daß nur bei einer
sorgfältigen wechselseitigen Abstimmung von
Maßnahmen in allen relevanten Politikebenen
eine sinnvolle (und erfolgreiche) →Ordnungs-
politik (als Wirtschafts- und Gesellschaftspolitik) erfolgen kann.

IV. G e s c h i c h t e : 1. Konkrete wirtschafts-
und sozialhistorische Forschung hat gezeigt,
daß Massenarmut und Hungerkrisen insbes.
als Ergebnis einer massiven *Übervölkerung* die
Lebenssituation des vorindustriellen Deutschland kennzeichneten (W. Abel, W. Fischer).
Es ist historisch unvertretbar, die →soziale
Frage des 19. Jahrhunderts ursächlich dem
industriellen (kapitalistischen) Wirt-
schaftssystems anzulasten. Bereits zu Beginn
jenes Industrialisierungsprozesses in Deutschland betonten die Begründer der →Histori-
schen Schule (z. B. B. Hildebrand) im scharfen
Gegensatz zu Darlegungen von Friedrich
Engels, nur der Übergang zur industriellen
Produktionsweise könne die *Armut als Massen-
erscheinung* jener Zeit mildern und allmählich
abbauen. Gleichwohl ist festzustellen, daß sich
die zunächst überwiegend ländliche Not in
Verbindung mit den daraus resultierenden
Binnenwanderungen und den damit verbundenen Problemen der Verelendung breiter
Bevölkerungskreise *in die Städte und Industrie-
zentren verlagerte.* Das bedeutet, daß eine
entscheidende Veränderung der Lebenslage
dieser Personen erfolgte (→Proletarität). Jetzt
traten jene besonderen Erscheinungen hervor,
die generell als Merkmale der sozialen Frage
(als Arbeiterfrage) gelten.

2. Die mit der fortschreitenden Industrialisierung einhergehenden, zu Recht als menschlich
unwürdig empfundenen Arbeitsbedingungen
veranlaßten in der ersten Hälfte des 19.
Jahrhunderts zahlreiche *Initiativen zur Gestaltung der wirtschaftlichen und sozialen Lage der
Arbeiterschaft.* Für die Verbesserung der
Arbeitsbedingungen und die Durchführung
umfassender sozialer Reformen setzten sich
Theologen der beiden großen Kofessionen
(z. B. Wichern, von Ketteler), Unternehmer
(z. B. Harkort), Wissenschaftler (v. a. die
→Kathedersozialisten) sowie schließlich auch
Teile der konservativen Beamtenschaft ein.
Darüber hinaus lenkte die Entstehung der
Arbeiterbewegung in christlich-sozialen, libe-
ral-sozialen und sozialistischen Flügeln die
Aufmerksamkeit der Öffentlichkeit auf die
entstandenen sozialen Spannungen. Die staatliche S. von 1839 bis 1890 wird jedoch
zutreffend als quantiativ bescheiden charakterisiert, als *Arbeitnehmerschutzpolitik* zwar
prioritätengerecht, gleichwohl patriarcha-

Übersicht: Sozialpolitik – Bereiche

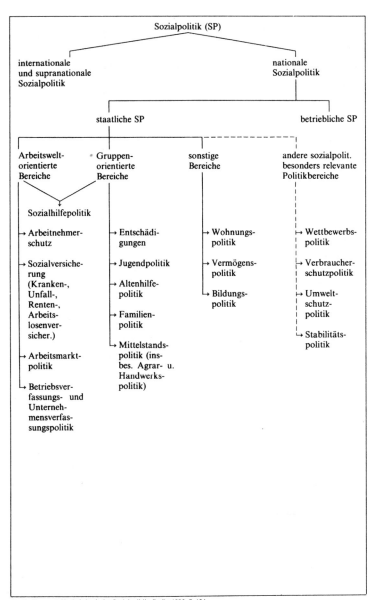

Quelle: Lampert, H., Lehrbuch der Sozialpolitik, Berlin 1985, S. 124

lisch-paternalistisch bis repressiv-staatsautoritär (H. Lampert).

3. Die später zur Reichsgewerbeordnung umgewandelte *Gewerbeordnung des Norddeutschen Bundes* von 1869 sowie die Novelle zur Reichsgewerbeordnung von 1891 brachten wesentliche Verbesserungen auf dem Gebiet des Arbeitsschutzes und der Arbeitszeit sowie wichtige Bestimmungen des Berufsausbildungsrechtes und des Lohnschutzes und eine Stärkung der Stellung der Gewerbeaufsichtsbeamten. – Das *Kinderschutzgesetz* von 1903 schützte Kinder erstmalig vor der Ausbeutung durch die eigenen Eltern. 1918 wurde der *Achtstundentag* gesetzlich verankert. – Während der Geltung des →Sozialistengesetzes begründete Bismarck das *Sozialversicherungswerk*, dessen einzelne Teile (Unfallversicherung, Rentenversicherung der Arbeiter und Krankenversicherung) 1911 durch die Rentenversicherung der Angestellten ergänzt und in der Reichsversicherungsordnung zusammengefaßt wurden. – Die sich im Gefolge der durch die *Reichsgewerbeordnung* von 1871 verkündeten →Koalitionsfreiheit entwickelnden *Gewerkschaften* setzten in zunehmender Weise den kollektiven Arbeitsvertrag an Stelle des individuellen Arbeitsvertrages durch und erreichten mit der *Tarif-Vertragsverordnung* von 1918 die rechtliche Sanktionierung dieses Vorganges. – Gemäß Weimarer Verf. (Art. 157–165) wurde 1920 das *Betriebsrätegesetz*, 1922 das *Arbeitsnachweisgesetz* und 1927 das *Gesetz über Arbeitsvermittlung und Arbeitslosenversicherung* erlassen. Probleme der Arbeitszeit, der Lohngestaltung und der Einführung der Arbeitsrechtsordnung standen weiter im Mittelpunkt der sozialpolitischen Bemühungen der Weimarer Zeit. – *Zwischen 1933 und 1940* wurden die sozialpolitischen Probleme auf autoritäre Weise gelöst (Treuhänder der Arbeit, Tarifordnungen, Arbeitsfront). – Mit der Gründung der *Bundesrep. D.* wurden die alten sozialpolitischen Bestrebungen wieder aufgenommen: Wiederherstellung der Berufsverbände und des Tarifrechts. Aufbau der Arbeits- und Sozialgerichtsbarkeit, Erweiterung des Mitbestimmungsrechts durch →Mitbestimmungsgesetz, →Montan-Mitbestimmungsgesetz und Betriebsverfassungsgesetz (→Betriebsverfassung). – In *jüngster Zeit* wird die Forderung nach der 35-Stunden-Woche bei →Lohnausgleich erhoben. Die Notwendigkeit zur Existenzsicherung der durch Kriegsfolgen in soziale Not geratenen breiten Schichten veranlaßte eine Fülle von sozialpolitischen Gesetzen und Maßnahmen, die vorzugsweise rentenähnliche Leistungen garantieren. Da diese Leistungen weder untereinander noch mit dem überkommenen System der Sozialversicherung abgestimmt wurden, entstand ein hochkomplizierter und nur noch begrenzt überschaubarer Wirkungszusammenhang mit der Folge, daß als vordringliches

Problem der deutschen S. eine grundlegende *Neugestaltung des Systems von Sozialleistungen* und damit auch der Sozialversicherung erscheint (→Sozialreform). Die Folgen des Rentensystems für die Volkswirtschaft werden unterschiedlich beurteilt (→Generationenvertrag, →Wohlfahrtsstaat).

4. Bestrebungen zur *Harmonisierung* der S. der EG-Staaten: Vgl. →EWG I 12.

Literatur: Achinger, H., S. als Gesellschaftspolitik, 2.Aufl., Frankfurt a.M. 1971; von Ferber, Ch./ Kaufmann, F.-X. (Hrsg.), Soziologie und Sozialpolitik, Opladen 1977; Fischer, W., Armut in der Geschichte, Göttingen 1982; Gladen, A., Geschichte der Sozialpolitik in Deutschland, Wiesbaden 1974; Glatzer, W./Zapf, W./(Hrsg.), Lebensqualität in der Bundesrep.D., Frankfurt a.M. 1984; Krüsselberg, H.-G., Grenzen des Sozialstaates in ordnungspolitischer Sicht, Wirtschaftsdienst 1978/VI, S. 302ff.; Külp, R./Schreiber, W. (Hrsg.), Soziale Sicherheit, Köln 1971; Lampert, H., Sozialpolitik, Berlin (West) 1980; ders./Kühlewind, G. (Hrsg.), Das Sozialsystem der Bundesrep. D., Nürnberg 1984; ders., Lehrbuch der Sozialpolitik, Berlin (West) 1985; Liefmann-Keil, E., Ökonomische Theorie der Sozialpolitik, Berlin (West) 1961; Oppenländer, K.H./Wagner, A. (Hrsg.), Ökonomische Verhaltensweisen und Wirtschaftspolitik bei schrumpfender Bevölkerung, München 1985; Sozialenquête-Kommission, Soziale Sicherung in der Bundesrep.D., Stuttgart 1966.

Prof.Dr. Hans-Günter Krüsselberg

sozialpolitische Institutionen, →Sozialbudget 3.

Sozialpotential, in einer Unternehmung vorhandenes Fähigkeits- und Motivationspotential. Größe des S. abschätzbar durch die Höhe der Kosten, die seine Wiederbeschaffung am Arbeitsmarkt verursachen würde. Das S. stellt u. a. eine Funktion der →Qualifizierungsprozesse sowie der →Arbeitsgestaltung dar.

Sozialprodukt, genauer: *Bruttosozialprodukt.* I. Begriff: Das Sozialprodukt (SP) ist ein Maß für die wirtschaftliche Leistung einer Volkswirtschaft in einer Periode. Es entspricht dem Wert aller in einer Periode produzierten Güter (Waren und Dienstleistungen), jedoch ohne die Güter, die als Vorleistungen bei der Produktion verbraucht wurden, und einschl. der aus dem Ausland netto empfangenen Erwerbs- und Vermögenseinkommen. Das SP, eine zentrale Größe der →Volkswirtschaftlichen Gesamtrechnungen, bezieht sich auf die wirtschaftliche Betätigung der Inländer, also der Institutionen und Personen, die ihren ständigen Sitz bzw. Wohnsitz im Inland, hier dem Gebiet der Bundesrep.D., haben. – Zu unterscheiden ist es vom Brutto-Inlandsprodukt, das die im Inland entstandene wirtschaftliche Leistung umfaßt (→Wertschöpfung). SP und Inlandsprodukt unterscheiden sich um den Saldo der Erwerbs- und Vermögenseinkommen zwischen Inländern und der übrigen Welt. Das SP enthält keine Erwerbs- und Vermögenseinkommen, die an Ausländer fließen, schließt dagegen entsprechende Einkommen ein, die die Inländer aus dem Ausland beziehen. – Mit dem SP in *konstanten Preisen* wird die reale Entwicklung der gesamtwirtschaftlichen Leistung dargestellt; es wird auch als globales Maß für das wirtschaftliche Wachstum einer Volkswirtschaft verwandt (→reales Sozialprodukt). Die Entwicklung des realen Inlandsprodukts je Erwerbstätigen gibt einen Anhaltspunkt über die Entwicklung der gesamtwirtschaftlichen (Arbeits-)Produktivität (vgl. Tabelle 1).

Tabelle 1
Sozialprodukt und Produktivität

Jahr	Bruttosozialprodukt		Brutto-inlands-produkt in Prei-von 1980	Erwerbs-tätige im Inland (Durch-schnitt)	Brutto-inlands-produkt in Prei-sen von 1980 je Erwerbs-tätigen (Produk-tivität)
	in je-weiligen Preisen	in Preisen von 1980			
	Mrd. DM			Mill.	1960 = 100
1960	303,0	731,7	728,9	26,1	100
1965	458,2	922,7	923,7	26,8	123
1970	675,7	1 134,0	1 132,8	26,6	152
1975	1 029,4	1 258,0	1 254,8	25,7	174
1980	1 485,2	1 485,2	1 478,9	26,3	201
1985	1 847,0	1 580,8	1 574,9	25,5	221
1986	1 949,0	1 618,4	1 614,2	25,7	225

Werden vom *Bruttosozialprodukt* die Abschreibungen auf das Anlagevermögen abgezogen, erhält man das *Nettosozialprodukt*. Je nach Berücksichtigung der indirekten Steuern und Subventionen spricht man von *SP zu Marktpreisen* oder vom *SP zu Faktorkosten*. Die Übersicht (vgl. Tabelle 2) zeigt diese Zusammenhänge im einzelnen. Das Nettosozialprodukt zu Faktorkosten ist identisch mit dem → *Volkseinkommen*.

Tabelle 2
Sozialprodukt und Volkseinkommen
(in Mrd. DM)

Gegenstand	1960	1986
Bruttoinlandsprodukt	302,7	1 944,0
+ Erwerbs- und Vermögenseinkommen aus der übrigen Welt	3,2	50,8
− Erwerbs- und Vermögenseinkommen an die übrige Welt	2,9	45,8
= Bruttosozialprodukt (zu Marktpreisen)	303,0	1 949,0
− Abschreibungen	23,6	239,4
= Nettosozialprodukt (zu Marktpreisen)	279,4	1 709,6
− indirekte Steuern	41,8	236,3
+ Subventionen	2,5	40,9
= Nettosozialprodukt zu Faktorkosten (Volkseinkommen)	240,1	1 514,2

II. B e r e c h n u n g : Grundsätzlich von drei Seiten her: von der Entstehungs-, Verwendungs- und Verteilungsseite. Die statistischen Grundlagen erlauben zur Zeit nur unmittelbare Berechnungen des SP von der Entstehungs- und Verwendungsseite.

1. *Entstehungsrechnung:* Von seiner Entstehung her gesehen, wird das SP über das Inlandsprodukt berechnet, d. h. es wird der Saldo der Erwerbs- und Vermögenseinkommen zwischen Inländern und der übrigen Welt zum Inlandsprodukt hinzugefügt. Das *Bruttoinlandsprodukt* ergibt sich aus der Summe der um die unterstellten Entgelte für Bankdienstleistungen bereinigten Bruttowertschöpfung aller Wirtschaftsbereiche zuzüglich der nichtabzugsfähigen Umsatzsteuer und der Einfuhrabgaben (vgl. Tabelle 3).

Tabelle 3
Bruttowertschöpfung nach Wirtschaftsbereichen und Bruttoinlandsprodukt
(in Mrd. DM)

Gegenstand	1960[1]	1986
Land- und Forstwirtschaft, Fischerei	17,7	33,0
Energie-und Wasserversorgung, Bergbau	15,7	68,4
Verarbeitendes Gewerbe	121,9	646,5
Baugewerbe	23,3	95,6
Handel und Verkehr	56,0	280,8
Dienstleistungsunternehmen	41,1	513,0
Unternehmen zusammen	275,6	1 637,3
Staat	21,6	217,9
private Haushalte und private Organisationen ohne Erwerbszweck	5,0	39,5
Bruttowertschöpfung aller Bereiche	302,2	1 894,7
unterstellte Entgelte für Bankdienstleistungen	5,2	86,1
Bruttowertschöpfung (bereinigt)	297,0	1 808,6
nichtabzugsfähige Umsatzsteuer	−	117,8
Einfuhrabgaben	5,7	17,6
Bruttoinlandsprodukt	302,7	1 944,0

[1] Bruttowertschöpfung einschl. kumulativer Umsatzsteuer

Die *Bruttowertschöpfung* eines Wirtschaftsbereichs wird durch Abzug der Vorleistungen vom Produktionswert ermittelt. Der Produktionswert umfaßt die Verkäufe von Waren und Dienstleistungen an andere Wirtschaftseinheiten, die Lagerveränderung an eigenen

Tabelle 4
Wertschöpfung der Unternehmung
(in Mrd. DM)

Gegenstand	1960[1]	1985
Produktionswert	781,8	4 772,2
− Vorleistungen	506,3	3 065,4
= Bruttowertschöpfung (zu Marktpreisen)	275,6	1 706,9
− Abschreibungen	22,2	230,8
− Produktionssteuern (abzügl. Subventionen)	33,5	59,8
= Nettowertschöpfung (zu Faktorkosten)	219,8	1 416,3
− Einkommen aus unselbständiger Arbeit	118,0	987,0
= Einkommen aus Unternehmertätigkeit und Vermögen	101,9	429,2

[1] Produktionswert, Vorleistungen, Bruttowertschöpfung und Produktionssteuern einschl. kumulativer Umsatzsteuer

Erzeugnissen und den Wert der selbsterstellten Anlagen. Als *Vorleistungen* werden die Waren und Dienstleistungen bezeichnet, die von anderen Wirtschaftseinheiten bezogen und im Rahmen der Produktion verbraucht wurden. Seit 1968 schließen die Produktionswerte die in Rechnung gestellte Umsatzsteuer und die Vorleistungen die abzugsfähige Umsatzsteuer nicht mehr ein. Zieht man von der Bruttowertschöpfung die Abschreibungen und die um die Subventionen verminderten Produktionsteuern (indirekte Steuern ohne Umsatzsteuer und ohne Einfuhrabgaben) ab, so erhält man die *Nettowertschöpfung zu Faktorkosten,* die die in dem Wirtschaftsbereich entstandenen Einkommen aus unselbständiger Arbeit und aus Unternehmertätigkeit und Vermögen umschließt (vgl. Tabelle 4, Sp. 1566).

2. *Verwendungsrechnung:* Von der Verwendungsseite betrachtet umfaßt das *Bruttosozialprodukt (zu Marktpreisen)* die für die letzte Verwendung verfügbaren Waren und Dienstleistungen (also ohne Vorleistungen), vermindert um den Wert der eingeführten Güter (vgl. Tabelle 5). Zur *Verwendung* des SP zählen der letzte Verbrauch (→privater Verbrauch und

und selbstproduzierten Erzeugnissen. Zur *Aus- und Einfuhr* zählen die Verkäufe und Käufe von Waren und Dienstleistungen zwischen Inländern und der übrigen Welt, die bei der Darstellung des SP die Erwerbs- und Vermögenseinkommen zwischen Inländern und der übrigen Welt einschließen. Die Aggregate der Verwendungsseite des SP werden sowohl in *Preisen* des jeweiligen Berichtsjahres als auch in konstanten Preisen eines festen Basisjahres berechnet, um auch die reale Entwicklung darstellen zu können.

3. *Verteilungsrechnung:* Die Ableitung der Nettowertschöpfung und damit des →Volkseinkommens aus dem Bruttosozialprodukt zu Marktpreisen wurde bereits erläutert. Das *Volkseinkommen* umfaßt alle Erwerbs- und Vermögenseinkommen, die inländischen Wirtschaftseinheiten aus dem Inland und der übrigen Welt zugeflossen sind. Unterschieden werden dabei die Einkommen aus unselbständiger Arbeit und die Einkommen aus Unternehmertätigkeit und Vermögen. In der Darstellung der *primären Einkommensverteilung* wird für die einzelnen Sektoren der Anteil am Volkseinkommen ermittelt, indem von den

Tabelle 5
Verwendung des Sozialprodukts
(in Mrd. DM)

Gegenstand	1960	1986
privater Verbrauch	171,8	1 081,1
Staatsverbrauch	40,5	383,1
zivile Zwecke	31,1	331,7
Verteidigungsaufwand	9,4	51,4
Bruttoinvestitionen	82,8	378,5
Ausrüstungen	27,1	162,2
Bauten	46,4	213,7
Vorratsveränderung	9,2	2,6
Ausfuhr von Waren und Dienstleistungen	60,7	634,8
letzte Verwendung von Gütern	355,8	2 477,5
Einfuhr von Waren und Dienstleistungen	52,8	528,5
Bruttosozialprodukt	303,0	1 949,0

→Staatsverbrauch), die Bruttoinvestitionen (Anlageinvestitionen – vor Abzug der Abschreibungen – und Vorratsveränderung) sowie der →Außenbeitrag. Zum *privaten Verbrauch* rechnen die Käufe von Waren und Dienstleistungen der privaten Haushalte (Wohnungskäufe gelten allerdings als Investitionen), ergänzt um bestimmte unterstellte Käufe (z. B. Nutzung eigener Wohnungen) und der Eigenverbrauch von privaten Organisationen ohne Erwerbszweck. Der *Staatsverbrauch* umfaßt die der Allgemeinheit unentgeltlich zur Verfügung gestellten Dienstleistungen des Staates. *Investitionen* sind Käufe der Unternehmen, des Staates und privater Organisationen an Bauten und Ausrüstungsgütern mit einer Nutzungsdauer von mehr als einem Jahr, der Wert selbsterstellter Anlagen sowie die Vorratsveränderung an bezogenen

Tabelle 6
Verteilung des Volkseinkommens
und verfügbares Einkommen der Sektoren
(in Mrd. DM)

Gegenstand	1960	1985
entstandene Erwerbs und Vermögenseinkommen (Nettowertschöpfung)		
Unternehmen	214,6	1 188,8
Staat	20,4	194,4
private Haushalte	4,8	33,1
+ empfangene Erwerbs-und Vermögenseinkommen		
Unternehmen	4,0	315,0
Staat	4,3	35,2
private Haushalte	226,4	1 391,6
− geleistete Erwerbs- und Vermögenseinkommen		
Unternehmen	206,0	1 433,6
Staat	22,6	249,7
private Haushalte	5,7	51,3
= Anteil am Volkseinkommen		
Unternehmen	12,6	70,2
Staat	2,1	− 20,1
private Haushalte	225,4	1 373,3
+ empfangene laufende Übertragungen		
Unternehmen	8,1	87,8
Staat	102,1	800,9
private Haushalte	44,4	375,0
− geleistete laufende Übertragungen		
Unternehmen	16,4	119,3
Staat	42,6	377,9
private Haushalte	59,5	605,4
= verfügbares Einkommen		
Unternehmen	4,2	38,8
Staat	61,6	402,9
private Haushalte	210,4	1 142,8

entstandenen und von den anderen Sektoren empfangenen Erwerbs- und Vermögenseinkommen eines Sektors die an andere Sektoren geleisteten Erwerbs- und Vermögenseinkommen abgezogen werden (Tabelle 6, Sp. 1568). Zu den hier nachgewiesenen *Erwerbs- und Vermögenseinkommen* zählen u. a. Lohn- und Gehaltszahlungen, Zins- und Pachtzahlungen, Dividenden und sonstige Ausschüttungen der Unternehmen mit eigener Rechtspersönlichkeit und die gesamten Einkommen der Unternehmen ohne eigene Rechtspersönlichkeit, jeweils vor Abzug der Steuern. Sozialbeiträge u. ä. An die primäre Einkommensverteilung schließt sich die *sekundäre Einkommensverteilung* (Einkommensumverteilung hauptsächlich über den Staat) an, in der das verfügbare Einkommen der Sektoren durch Abzug der an andere Sektoren geleisteten laufenden Übertragungen vom Anteil am Volkseinkommen und durch Addition der von anderen Sektoren empfangenen laufenden Übertragungen berechnet wird. Beispiele für *laufende Übertragungen* sind Transferzahlungen (→Transfers), wie Steuern und Beiträge zur Sozialversicherung einerseits, und →Transfereinkommen, wie Rentenzahlungen, Arbeitslosengeld, Sozialhilfe, andererseits. – Die sektorale Einkommensverteilung kann *verfeinert dargestellt* werden, indem beispielsweise die privaten Haushalte weiter nach Haushaltsgruppen (etwa in sozio-ökonomischer Gliederung) unterteilt werden. Dabei können die Einkommen auch nach der Höhe der Haushaltseinkommen geschichtet werden.

Sozialpsychologie, →Psychologie der zwischenmenschlichen Beziehungen. – *Untersuchungsgegenstand* sind jene psychischen Vorgänge, in denen Beziehungen des Menschen zu einem oder mehreren anderen Menschen zum Ausdruck kommen. Diese Beziehungen entsprechen Verhaltensweisen der Menschen zueinander. Solche gemeinschaftsbedingten psychischen Phänomene sind Liebe, Haß, Sympathie, Antipathie, Nachahmungstrieb, Pflegetrieb, Machtstreben, Minderwertigkeitsgefühl, Klassenhaß, Ressentiment usw. Ferner sucht die S. die Wurzeln der Entstehung der verschiedenen Sozialgebilde wie Ehe, Horde, Stamm, Volk, Gesellschaft, Staat psychologisch zu erfassen. – S. ist somit das *Grenzgebiet zwischen Soziologie uznd Psychologie,* das die Erlebnis- und Verhaltensweisen im gesellschaftlichen Zusammenleben zu deuten sucht: z. B. die Beachtung der Massen-(Kollektiv-)Psychologie, der Triebe, Instinkte, der seelischen Beschaffenheit sozialer Gruppen (Handwerker, Arbeiter, Bauern), der politischen Psychologie, der Sitten, der Moden.

Sozialrecht, Teilgebiet des öffentlichen Verwaltungsrechts. – 1. *Materieller Begriff* des S.: Eine einheitliche Formulierung ist bis heute nicht gelungen. Nach § 1 SGB 1 soll das Recht des Sozialgesetzbuches zur Verwirklichung

sozialer Gerechtigkeit und sozialer Sicherheit dienen. Es soll insbes. dazu beitragen, ein menschenwürdiges Dasein zu sichern, gleiche Voraussetzungen für die freie Entfaltung der Persönlichkeit, insbes. auch für junge Menschen, zu schaffen, die Familie zu schützen und zu fördern, den Erwerb des Lebensunterhalts durch eine frei gewählte Tätigkeit zu ermöglichen und besondere Belastungen des Lebens, auch durch Hilfe zur Selbsthilfe, abzuwenden oder auszugleichen. – 2. *Formeller Begriff* des S.: Danach umfaßt S. alle Rechtsgebiete, die nach dem Willen des Gesetzgebers als besondere Teile des Sozialgesetzbuches (Art. 2 § 1 SGB 1) gelten und/oder nach deren Anspruch auf Sozialleistungen nach dem Sozialgesetzbuch besteht (§§ 18–19 SGB 1); insbes. also das Sozialversicherungsrecht, Recht der Arbeitsförderung, Recht der sozialen Entschädigung, Kassenarztrecht, das Kindergeld-, Jugendhilfe-, Sozialhilfe-, Wohngeldrecht. – Das S. ist das Recht der öffentlichen Leistungsverwaltung und wird herkömmlich unterteilt in das Recht der *Sozialversicherung,* Recht der *sozialen Entschädigung* und *Sozialhilferecht.* Als vierte sogenannte ,,Säule des S.'' hat sich das Recht der *sozialen Förderung* herausgebildet.

sozialrechtlicher Herstellungsanspruch, →Herstellungsanspruch.

sozialrechtliche Schule, *ältere Freiburger Schule,* wissenschaftliche Richtung, nach deren Lehrmeinung das Wirtschaftsleben derart durch die jeweils geltende Rechtsordnung bestimmt wird, daß a) die wirtschaftlichen Erscheinungen nur im Zusammenhang mit der Rechtsordnung verstanden werden können und b) unbedingt geltende eigene ökonomische Gesetze nicht existieren können. Damit wird in Anlehnung an Gedanken von Rodbertus-Jagetzow dem Machtfaktor im Wirtschaftsleben Bedeutung zuerkannt und eine Theorie der Volkswirtschaftspolitik vorbereitet. – *Hauptvertreter:* K. Diehl ,,Theoretische Nationalökonomie'' 1922; R. Stolzmann ,,Grundzüge einer Philosophie der Volkswirtschaft'' 1920; in den USA: I. R. Commons.

Sozialreform. 1. *S. i. w. S.:* Eine Reform der gesellschaftlichen Verhältnisse unter sozialem Aspekt, also insbes. im Interesse der sozial schwächeren Gesellschaftsschichten. – 2. *S. i. e. S.:* Versuch, die bestehenden sozialpolitischen Einwirkungen, sowohl was das Arbeitsleben wie auch die soziale Sicherung der Arbeitenden betrifft, zu erneuern und zu verbessern; Aufgabe der →Sozialpolitik.

Sozialrente, umgangssprachliche Bezeichnung für Renten aus der gesetzlichen →Sozialversicherung.

Sozialreport, →Sozialbilanz.

Sozialstatistik. 1. *I. w. S.:* Anwendung statistischer Methoden auf die Erfassung und Messung gesellschaftlicher und wirtschaftlicher Tatbestände und Wiederholungsvorgänge zur Gewinnung von Einsichten in Struktur und Entwicklung der Bevölkerung, der wirtschaftlichen Erzeugungsbereiche (Agrarstatistik, Industriestatistik usw.) und der Verbrauchseinheiten (→Haushalte) sowie des Güter- und Einkommenskreislaufs. – 2. *I. e. S.*: Teilgebiet der →amtlichen Statistik zur Erfassung der →Sozialleistungen: a) nach der Zahl der Personen und der Leistungsfälle; b) nach der Höhe der durchschnittlich je Empfänger geleisteten Beträge unter Berücksichtigung der Kürzungsbeträge nach Geschlecht der Empfänger. – Im Bundesgebiet gehen rund 40 v. H. des laufenden Sozialaufwands an Mehrfachbezieher. Derartige Verbundleistungen (verschiedene, bei einzelnen Empfängern verbundene Leistungsarten) treten unterschiedlich häufig auf; die Nettobeträge je Fall sind bei Verbundleistungen meist geringer als bei Einzelleistungen, insbes. bei Beschädigten-, Grund- und Ausgleichsrenten. Mehrfachbezüge hauptsächlich bei Kindern und Jugendlichen.

Sozialstruktur, das aus den Elementen: Bildungsgrad, Stellung im Beruf, Höhe des Einkommens, Wertschätzung einzelner beruflicher Tätigkeiten in der öffentlichen Meinung sich aus verschiedenen sozialen Schichten bildende Gefüge des Gesellschaftsaufbaus. – *Statistisch* sind die genannten Merkmale, die in der modernen Industriegesellschaft keinesfalls an bestimmte Berufsstände oder →Klassen gebunden sind, nicht erfaßbar. Im Anschluß an die →Volkszählungen und →Berufszählungen wird die Bevölkerung a) nach der Stellung im Erwerbsleben, b) nach Wirtschaftsbereichen, c) nach dem Beruf und d) nach der Stellung im Beruf gegliedert (vgl. Tabellen der Übersicht Sp. 1573/1574). Diese Gliederungen gewährleisten noch nicht die Erfassung aller sozialen Schichten, die heute von Bedeutung sind. Durch die sog. sozioökonomische Gliederung der Bevölkerung, bei der die Merkmale der erwähnten vier Gliederungen in geeigneter Weise kombiniert sind, wird ein tieferer Einblick in die sozialen und wirtschaftlichen Verhältnisse der Bevölkerung gewonnen werden.

Sozialtechnik, *social engineering.* I. A l l g e m e i n : Auswertung verhaltenswissenschaftlicher Gesetzmäßigkeiten zur Beherrschung (= Beeinflussung) des sozialen Lebens.

II. M a r k e t i n g : Anwendung von sozial- und verhaltenswissenschaftlichen Techniken in der Werbung, bei der Packungsgestaltung, der Warenplazierung, beim persönlichen Verkauf usw. Zunehmende Bedeutung der S. bei der Bearbeitung gesättigter Märkte. – *Werbetechniken:* a) aktivierende und emotionale Techniken; b) kognitive und informative Techniken u. a. – *Kritik* bei der Anwendung in

der Werbung v. a. am Mißbrauch zur →Manipulation der Konsumenten und an der Gefährdung der kreativen Werbegestaltung durch Einsatz wissenschaftlich erarbeiteter Gesetzmäßigkeiten.

Sozialtechnik schrittweiser Reformen, →Politik schrittweiser Reformen.

sozial ungerechtfertigte Kündigung, →Kündigungsschutz.

sozialverantwortliche Rechnungslegung, →Sozialbilanz.

Sozialvermögen. 1. Sammelbezeichnung für das sozialen Zwecken dienende *Betriebsvermögen* (z. B. Werkswohnungen, -siedlung, -schule, -bücherei, -omnibusse), das in seiner relativen Größe und Struktur die betriebliche Sozialpolitik aufzeigt. Das S. steht mit dem betriebswirtschaftlichen →Humankapital in keiner unmittelbaren Beziehung. – Vgl. auch →Sozialbilanz. – 2. Bezeichnung für die *der Allgemeinheit dienenden Vermögenswerte,* z. B. Straßen, Brücken (→Infrastruktur).

Sozialversicherung, eines der wichtigsten Instrumente staatlicher →Sozialpolitik.

I. C h a r a k t e r i s i e r u n g : Im Gegensatz zur →Individualversicherung werden durch gesetzlich geregelte Einrichtungen weite Kreise der Bevölkerung gegen Schäden gesichert, die die Existenzgrundlage des einzelnen und der Gemeinschaft zu beeinträchtigen drohen, wie Krankheit, Beeinträchtigung der Arbeitsfähigkeit und dadurch entstehender Verdienstausfall, sowie zum Ausgleich der durch Entbindung oder Tod enstehenden Kosten. Umfang, Leistungen und Verfahren der S. in den einzelnen Staaten verschieden geregelt. – Die *deutsche S.* entstand aus der Idee der genossenschaftlichen Selbsthilfe, ist jedoch durch die Mitwirkung des Staates bei der Verwaltung und Aufbringung der Mittel (Versicherungszwang, gesetzlich geregelte Staffelung der Zwangsbeiträge, die sich weniger nach den Leistungen der Versicherung als nach der Leistungsfähigkeit der Versicherten richten) zu einem Teilgebiet staatlicher Sozialpolitik geworden, besonders auch durch die Umstellung der Leistungen bei der Währungsreform im Verhältnis 1:1.

II. G e s c h i c h t l i c h e s : Entsprechende Selbsthilfe-Einrichtungen wurden zuerst im Bergbau geschaffen, bezeichnet als Bruderladen, Büchsenkassen, Knappschaftskassen u. ä., um die wirtschaftliche Existenz der in Not geratenen Knappen zu sichern; im Handwerk: Zünfte und Gilden zur Unterstützung der in Not geratenen Meister und Gesellen, im 19. Jh. Versicherungsgemeinschaften verschiedenster Berufsgruppen und Berufszweige in wachsender Zahl. Aus diesen Vorläufen erwuchs die deutsche Sozialversicherungsgesetzgebung.

Wohnbevölkerung 1985 nach Beteiligung am Erwerbsleben

Beteiligung am Erwerbsleben (i = insgesamt, m = männlich, w = weiblich)	Insgesamt		Davon mit überwiegendem Lebensunterhalt durch							
			Erwerbstätigkeit		Arb.losengeld, -hilfe		Rente u. dgl.		Angehörige	
	1000	%	1000	%	1000	%	1000	%	1000	%
Erwerbspersonen										
Erwerbstätige i	26 626		25 075	94,2	15	0,1	296	1,1	1 241	4,7
m	16 402		15 892	96,9	11	0,1	149	0,9	350	2,1
w	10 225		9 184	89,8	–	–	147	1,4	890	8,7
Erwerbslose i	2 385		–	–	1 151	48,3	297	12,4	938	39,3
m	1 177		–	–	724	61,6	162	13,8	290	24,6
w	1 209		–	–	427	35,3	134	11,1	648	53,6
Zusammen i	29 012		25 075	86,4	1 166	4,0	593	2,0	2 178	7,5
m	17 578		15 892	90,4	735	4,2	311	1,8	640	3,6
w	11 433		9 184	80,3	430	3,8	282	2,5	1 538	13,5
Nichterwerbspersonen										
Zusammen i	31 975		–	–	–	–	11 910	37,2	20 065	62,8
m	11 584		–	–	–	–	5 006	43,2	6 578	56,8
w	20 391		–	–	–	–	6 904	33,9	13 488	66,1
Wohnbevölkerung										
Insgesamt i	60 987	100	25 075	41,1	1 166	1,9	12 503	20,5	22 244	36,5
m	29 162	100	15 892	54,5	735	2,5	5 317	18,2	7 218	24,8
w	31 825	100	9 184	28,9	430	1,4	7 185	22,6	15 026	47,2

Erwerbstätige nach Stellung im Beruf und Nettoeinkommensgruppen 1985

Stellung im Beruf	Erwerbstätige (1000)		Davon in den Einkommensgruppen von ... bis unter ... DM (%)								
			unter 600	600 – 1000	1000 – 1200	1200 – 1400	1400 – 1800	1800 – 2200	2200 – 3000	3000 – 4000	4000 und mehr
Männlich											
Selbständige	1 310	100	2,3	3,3	3,8	3,2	9,2	14,8	28,3	15,7	29,3
Beamte	1 671	100	8,4	1,3	1,3	3,4	10,5	16,2	25,4	21,1	12,3
Angestellte *)	4 695	100	5,1	2,6	1,7	2,9	11,4	18,9	26,5	17,7	13,2
Arbeiter *)	7 339	100	8,3	3,1	3,0	6,7	31,0	31,4	14,3	1,8	0,4
Zusammen	15 015	100	6,8	2,8	2,5	4,8	20,7	24,3	19,7	10,2	8,3
Weiblich											
Selbständige	441	100	17,0	13,8	10,0	6,7	12,3	13,6	11,1	6,7	8,9
Beamte	461	100	–	4,7	4,4	8,5	18,0	19,2	26,2	15,2	3,0
Angestellte *)	5 326	100	13,9	18,5	11,1	10,9	22,7	14,2	0,7	1,8	0,7
Arbeiter *)	2 819	100	24,6	25,5	15,9	14,6	15,2	3,4	0,7	–	–
Zusammen	9 047	100	16,7	19,7	12,2	11,7	19,6	11,0	5,8	2,2	1,0
Insgesamt											
Selbständige	1 751	100	6,0	5,9	5,4	4,1	10,0	14,5	16,5	13,5	24,1
Beamte	2 133	100	6,8	2,1	2,0	4,5	12,1	16,9	25,6	19,8	10,3
Angestellte *)	10 021	100	9,7	11,1	6,7	7,2	17,4	16,4	15,7	6,5	–
Arbeiter *)	10 158	100	12,8	9,3	6,6	8,9	26,6	23,6	10,5	1,4	0,3
Insgesamt	24 062	100	10,5	9,1	6,1	7,4	20,3	19,3	14,5	7,2	5,5

*) einschl. Auszubildende

Erwerbstätige nach Wirtschaftsbereichen und Stellung im Beruf in 1000

Wirtschaftsbereich / Stellung im Beruf	Reichsgebiet			Bundesgebiet				
	16. 6. 1925	16. 6. 1933	17. 5. 1939	13. 9. 1950	6. 6. 1961	Ø 1970	Ø 1980	Ø 1985
Land- und Forstwirtschaft, Tierhaltung und Fischerei	9 807	9 388	8 946	5 196	3 587	2 262	1 437	1 388
Selbständige	2 202	2 188	1 951	1 271	1 142	767	513	503
Mithelfende Familienangeh.	4 822	4 550	4 788	2 774	1 991	1 200	680	633
Abhängige	2 783	2 650	2 200	1 151	454	295	244	252
Produzierendes Gewerbe	13 667	13 235	14 580	10 507	12 908	13 024	11 622	10 458
Selbständige	1 482	1 529	1 375	985	724	653	563	544
Mithelfende Familienangeh.	223	276	294	173	206	145	87	69
Abhängige	11 962	11 431	12 910	9 349	11 978	12 226	10 972	9 845
Übrige Wirtschaftsbereiche	8 856	9 999	12 206	7 786	10 326	11 382	13 269	13 706
Selbständige	1 445	1 621	1 471	1 156	1 372	1 270	1 284	1 378
Mithelfende Familienangeh.	432	529	568	306	461	387	192	166
Abhängige	6 979	7 849	10 167	6 324	8 493	9 725	11 793	12 162
Insgesamt	32 329	32 622	35 732	23 489	26 821	26 668	8 400	9 021
Selbständige	5 129	5 338	4 804	3 412	3 238	2 690	659	739
Mithelfende Familienangeh.	5 477	5 354	5 651	3 253	2 658	1 732	97	83
Abhängige	21 724	21 930	25 276	16 824	20 925	22 246	7 644	8 199

III. Versicherungszweige: →Krankenversicherung, →Unfallversicherung und →Rentenversicherung. Die *Zurechnung* der →Arbeitslosenversicherung zur S. hängt von der Fragestellung ab; als Teilgebiet staatlicher Tätigkeit gehört sie zur S. bei der Erfassung der Güter- und Einkommensströme im Rahmen der →Volkswirtschaftlichen Gesamtrechnungen.

IV. Träger: Ausschließlich Körperschaften oder Anstalten des öffentlichen Rechts (→Versicherungsträger), Leistungen und Beiträge bzw. die Art der Beitragsberechnung sind gesetzlich festgelegt. Träger der Krankenversicherung (→Krankenkassen) haben die Möglichkeit innerhalb gewisser vom Gesetzgeber vorgezeichneter Grenzen selbst über die Beitrags- und Leistungshöhe zu entscheiden.

V. Rechtssystematik: Als Teilgebiet des →Sozialrechts unterscheidet sich die S. von der Versorgung (→soziales Entschädigungsrecht) dadurch, daß i.d.R. Leistungen nur nach dem Versicherungsprinzip, also nach vorangegangener Beitragsentrichtung erbracht werden. Das Vesicherungsprinzip wird jedoch durch das Prinzip des sozialen Ausgleichs in zahlreichen Einzelregelungen durchbrochen. Von der →Sozialhilfe unterscheidet sich die S. grundsätzlich dadurch, daß bei Eintritt des Versicherungsfalls die gesetzlich vorgesehenen Leistungen unabhängig von einer Bedürftigkeitsprüfung gewährt werden.

VI. Gerichtsbarkeit: Streitigkeiten in Angelegenheiten der S. werden vor den →Sozialgerichten (→Landessozialgerichten, →Bundessozialgericht) entschieden; vgl. im einzelnen →Sozialgerichtsbarkeit.

Sozialversicherungsabkommen, zwischenstaatliches Recht, mehrseitige (von mehr als zwei Vertragsstaaten vereinbarte) oder zweiseitige (von zwei Vertragsstaaten vereinbarte) internationale Verträge oder Vereinbarungen über Fragen der sozialen Sicherheit. S. sind innerstaatliches Recht erst durch Ratifizierungsgesetze und Vereinbarungen in den betreffenden Ländern.

Sozialversicherungsbeitrag, →Gesamtsozialversicherungsbeitrag.

Sozialversicherungsnachweisheft, →Versicherungsnachweisheft.

Sozialversicherungspflicht, →Versicherungspflicht.

Sozialversicherungswahlen, Sammelbegriff für die Wahlen der Selbstverwaltungsorgane der Versichertenältesten und Vertrauensmänner bei den Trägern der Sozialversicherung. Die Wahlen finden alle sechs Jahre statt (§ 58 SGB 4). – *Rechtliche Regelung:* Einzelheiten über Grundsätze und Durchführung der S. sind in §§ 43 ff. SGB 4 und der dazu ergangenen Wahlordnung für die Sozialversicherung

(SVWO) i.d.F. der Bekanntmachung vom 6.2.1985 (BGBl I 233), geändert durch die VO vom 10.7.1985 (BGBl I 1439), geregelt.

Sozialwidrigkeit von Kündigungen, →betriebsbedingte Kündigung, →personenbedingte Kündigung, →verhaltensbedingte Kündigung.

Sozialwissenschaftliches Institut der Bundeswehr, Bundesbehörde im Geschäftsbereich des Ministers der Verteidigung (BMVg), Sitz in München. – *Aufgaben:* Sozialwissenschaftliche (v.a. empirische) Forschung hinsichtlich Organisation, Information und Kommunikation sowie der Aus- und Fortbildung in den Streitkräften, des Verhältnisses von Bundeswehr und Gesellschaft; Grundlagenforschung.

Sozialwucher, Ausbeutung einer allgemeinen Mangellage, z.B. Mietwucher. – Vgl. auch →Wucher.

Sozialzulage, →Zulage zum Tariflohn, die – ähnlich wie bei Beamten und öffentlich Bediensteten – auch in der Wirtschaft aufgrund von Einzelarbeitsvertrag, Betriebsvereinbarung oder Tarifvertrag aus sozialen Gründen gewährt werden kann, z.B. Verheirateten- oder Frauenzulage, Kinderzulage, Alterszulage, Wohnungs- oder Trennungsgeld.

Soziogramm, graphische Darstellung sozialer Verhältnisse zwischen Personen in Gruppen anhand von Ergebnissen soziometrischer Messungen (→Soziometrie, →Transaktionsanalyse). Ein S. bildet die positiven oder negativen Beziehungen, Sympathie- und Abneigungsverhältnisse zwischen Gruppenmitgliedern ab. – Vgl. auch →Psychogramm.

Soziographie, (zahlenmäßig-statistische) Beschreibung der gesellschaftlichen Zusammenhänge, insbes. von Aufbau und Veränderungen der Struktur oder Entwicklung der Bevölkerung, der Wirtschaft, der Kultur und des öffentlichen Lebens.

Soziometrie, Erforschung und Lehre von den Maßen für Größe und Gliederung der Gesellschaft (v.a. die Bevölkerungswissenschaft) sowie die Denkformen, mit denen eine Beschreibung und Kenntnis des Wesens der gesellschaftlichen Zusammenhänge möglich wird. – Im amerikanischen Kulturbereich: Zusammenfassende Bezeichnung für Sozialpsychologie und -pädagogik; wird weitgehend unter Anwendung mathematisch-statistischer Methoden betrieben.

Sozius, →Teilhaber.

Spaltenminimumverfahren, →klassisches Transportproblem IV.

Spaltprodukte, →Kuppelprodukte.

Spaltungsrichtlinie, *Sechste EG-Richtlinie,* →EG-Richtlinien.

spanabhebende Fertigung, technisches Verfahren, bei dem vom Werkstück (Rohling) Werkstoffteile abgetrennt werden. – *Beispiele:* Drehen, Hobeln, Bohren, Fräsen. Beim Drehen einer Welle aus einem Stück Stabstahl z. B. wird der Stabstahldurchmesser abgedreht, bis der gewünschte Durchmesser der Welle erreicht ist. – Vgl. auch →spanlose Fertigung.

Spanien, *Königreich Spanien,* Land in Südwesteuropa auf der Iberischen Halbinsel, Monarchie auf parlamentarisch-demokratischer Grundlage, neue Verfassung seit 1978, 2-Kammer-Parlament (Abgeordnetenhaus und Senat). – *Fläche:* 504 782 km^2; einschließlich Balearen und Kanarischen Inseln, seit 1983 gegliedert in 17 autonome Gemeinschaften. – *Einwohner* (E): (1986, geschätzt) 38,82 Mill. (76,9 E/km^2); bestehend aus kastillischen Spaniern (73%), Katalanen (24%), Basken (2,5%) und Zigeunern. – *Hauptstadt:* Madrid (1981 : 3,19 Mill. E); weitere wichtige Städte: Barcelona (1,75 Mill. E), Valencia (751 000 E), Sevilla (653 000 E), Zaragoza (590 000 E), Malaga (503 000 E), Bilbao (451 000 E), Las Palmas (366 000 E), Valladolid (330 000 E), Palma de Mallorca (304 000 E). – *Amtssprachen:* Spanisch, Katalanisch, Baskisch und Galicisch.

Wirtschaft: *Landwirtschaft:* Angebaut werden Weizen, Reis, Sorghum, Mais, Roggen, Gerste, Hafer, Zuckerrüben, Kartoffeln, Wein, Sonnenblumenkerne, Oliven, Orangen, Mandarinen, Zitronen, Tomaten, Bananen, Tabak, Baumwolle. Viehzucht: Rinder, Schweine, Schafe, Ziegen, Esel, Pferde. – Ausgedehnte *Küstenfischerei* (Sardinen, Thunfisch, Sardellen, Langusten): (1982) 1,35 t. – *Bergbau:* Reich an Bodenschätzen: Stein-, Braunkohle, Eisenerze, Blei, Zink, Kupfer, Quecksilber, Schwefelkies, Mangan, Wolfram, Silber, Uran, Zinn. – *Industrie:* Rohstahlerzeugung, Aluminiumindustrie, Kupfer- und Bleiraffinade, Schiffbau, Raffinerien. – *Reiseverkehr:* (1982) 42 Mill. Touristen, in der Hauptsache Franzosen, Portugiesen, Briten, Deutsche, Niederländer; Einnahmen: 7173 Mill. US-$. – *BSP:* (1985, geschätzt) 168 820 Mill. US-$ (4360 US-$ je E). – Anteil der Landwirtschaft am *BSP:* (1984) 6%; der Industrie: 34%. – *Inflationsrate:* (1973–84) 16,4%. – *Export:* (1986) 27 199 Mill. US-$, v. a. Maschinen und Fahrzeuge, Nahrungs- und Genußmittel, Chemikalien, Erdölprodukte, Bergbauprodukte, Textilien, Gemüse, Fischkonserven. – *Import:* (1986) 35 067 Mill. US-$, v. a. Erdöl, Maschinen und Fahrzeuge, Fertigwaren, Nahrungsmittel. – *Handelspartner:* USA, Bundesrep. D., Frankreich, Saudi-Arabien, Großbritannien, Italien, Mexiko,

Portugal, BENELUX-Länder, Schweiz, Schweden, Japan, Kanada.

Verkehr: Verkehrsknotenpunkt ist Madrid; *Straßen- und Schienennetz* sind weitmaschig; wichtige *Häfen:* Barcelona, Bilbao, Valencia, Cadiz; zwei eigene *Luftverkehrsgesellschaften:* IBERIA, Líneas, Aéreas de España.

Mitgliedschaften: UNO, BIZ, CCC, IEA, NATO, EG (seit 1986), OECD, UNCTAD u. a.; Europarat.

Währung: 1 Peseta (Pta) = 100 Céntimos.

spanlose Fertigung, technisches Verfahren, bei dem die Form eines Werkstückes ohne bzw. mit relativ geringem Stoffverlust geändert wird. Die Festigkeitseigenschaften des Werkstoffes werden dabei ausgenutzt, um bei Anwendung von Druck oder Zug die Formänderung zu bewirken. Die Arbeitsoperationen können an warmen oder kalten Werkstücken vorgenommen werden. – *Beispiele:* Pressen, Schmieden, Ziehen, Walzen. – Vgl. auch →spanabhebende Fertigung.

Spannenklausel, Art der →Differenzierungsklausel. Sie sichert dem tarifgebundenen Arbeitnehmern (→Tarifgebundenheit) eine bestimmte Vergünstigung derart, daß es dem Arbeitgeber zwar nicht verboten ist, auch den nicht tarifgebundenen einen Vorteil der gleichen Art zu gewähren; er muß nur diese Vergünstigung den Tarifgebundenen zusätzlich gewähren. S. sind nach der Rechtsprechung unzulässig.

Spannweite, bei einer →Gesamtheit, bei der ein →quantitatives Merkmal interessiert, die Differenz aus größter und kleinster →Ausprägung. Die S. wird in der statistischen Qualitätskontrolle als einfaches →Streuungsmaß verwendet.

span of control, →Leitungsspanne.

Sparbrief, von einer Reihe von Kreditinstituten an Stelle des →Sparbuchs ausgegebene Urkunden über →Spareinlagen in der Stückelung von 100, 500, 1000, 5000 und 10 000 DM mit Verrechnung oder Auszahlung bzw. Kumulierung der Zinsen und meist fünfjähriger Festlegungsfrist. – *Ähnlich:* →Sparkassenbrief.

Sparbuch, das von einer →Sparkasse (Sparkassenbuch) oder Bank dem Inhaber eines →Sparkontos ausgehändigte Buch, in dem alle Kontoveränderungen, (Einzahlungen, Abhebungen, Zinsgutschriften) einzutragen und zu quittieren sind. Es muß auf den Namen des Kontoinhabers ausgestellt sein (anonyme Sparkonten nach §163 AO nicht möglich), ist aber kein →Wertpapier i. e. S., sondern vorwiegend Schuld- und Beweisurkunde (§808 BGB; →hinkendes Inhaberpapier). Die Sparkasse oder Bank ist zur Prüfung der Legitimation des Vorzeigers berechtigt, aber nicht verpflichtet (qualifiziertes Legitimationspapier). – *Übertragung:* Ein Sparguthaben wird daher nicht durch Übertragung des Eigentums am S. durch →Übereignung des S. übertragen, sondern – soweit nicht die Satzung entgegensteht – durch →Forderungsabtretung § 398 BGB). – *Verpfändung:* Ein S. kann nicht verpfändet werden, sondern nur das Sparguthaben (§ 1280 BGB). Allerdings wird in der Übergabe des S. zur Verpfändung regelmäßig die stillschweigende Abtretung der Forderung oder ggf. die Vereinbarung eines →Zurückbehaltungsrechts zu erblicken sein.

Spareckzins, →Eckzins.

Spareinlagen. 1. *Begriff:* →Einlagen, die durch Ausfertigung einer Urkunde, insbes. eines →Sparbuchs, als solche gekennzeichnet sind (§ 21 KWG). Als S. dürfen nur solche Geldbeträge angenommen werden, die der Ansammlung oder Anlage von Vermögen dienen. – 2. *Arten:* a) *S. mit gesetzlicher Kündigungsfrist:* Bei diesen können innerhalb von 30 Zinstagen nur 2000 DM Rückzahlung geleistet werden; für höhere Beträge besteht eine Kündigungsfrist von drei Monaten. – b) *S. mit vereinbarter Kündigungsfrist:* Nach einer sechsmonatigen Sperrfrist beträgt die Mindestlänge der Kündigungsfrist sechs Monate. – Für vorzeitige Auszahlungen werden i. a. Vorschußzinsen berechnet. Je länger die Kündigungsfristen sind, desto höhere Zinsen werden bezahlt. – c) *Sonderform:* →steuerbegünstigtes Sparen. – 3. *Bedeutung:* Das Spargeschäft hat seine Wurzeln in dem Bestreben, auch Bevölkerungskreisen mit relativ niedrigen Einkommen Gelegenheit zur Vermögensbildung zu geben. Daher ist das Spargeschäft im KWG auch gesondert geregelt. Das Sparen hat auch eine wichtige Bedeutung für die Kapitalbildung eines Landes.

Sparen, →Ersparnis.

Sparer-Freibetrag, Begriff des Einkommensteuerrechts. Ein →Freibetrag von 300 DM (bei →Zusammenveranlagung von Ehegatten 600 DM) der bei der Ermittlung der →Einkünfte aus Kapitalvermögen nach Abzug der →Werbungskosten zu berücksichtigen ist.

Sparerrente, →Einkommen, das ein Sparer aus einem durch kapitalbildendes Sparen entstandenen Vermögen bezieht.

Sparerschutzgemeinschaft, →Gemeinschaft zum Schutz der deutschen Sparer.

Sparförderung, Gesamtheit der staatlichen Maßnahmen zur Erhöhung der gesamtwirtschaftlichen Ersparnisbildung. – *Zielsetzung:* a) In weniger industrialisierten Ländern dient S. der Erhöhung der →Investitionsquote und somit der Wachstumspolitik; b) in den Industrieländern eher sozial- bzw. vermögenspolitischen Zielsetzungen. – In der *Bundesrep. D.* ist S. das konventionelle Instrument zugunsten der Vermögensbildung sozial schwächerer Schichten: a) Mittel zur weitergehenden Vermögensumverteilung; b) institutionelle Verbesserungen für Kleinkapitalanlagen: Zulassung von Investmentgesellschaften, starke Wertpapierstückelung u. a., v. a. aber finanzielle Anreize aus öffentlichen Mitteln, Arbeitnehmer–Sparzulagen nach dem Vermögensbildungsgesetz (Vermögensbildung der Arbeitnehmer II 8), Wohnungsbau-Prämiengesetz, sonstige Sparprämien nach dem Sparprämiengesetz (→steuerbegünstigtes Sparen), Steuervergünstigungen nach dem Einkommensteuergesetz.

Sparfunktion, Begriff für die funktionale Abhängigkeit der Ersparnis (S) von verschiedenen Einflußfaktoren, wie Einkommen, Preise, Vermögen, Zinsniveau. Wegen der Zweiteilung des Einkommens (Y) auf Ersparnis und Konsum (C), $Y = C + S$ bzw. $S = Y - C$, stellen Hypothesen über das Konsumverhalten (→Konsumfunktion) gleichzeitig auch Sparhypothesen dar.

Spargiroverkehr, →Überweisungsverkehr der deutschen Sparkassen, der 1909 aufgenommen wurde. S. verfügt über das größte Gironetz, dem neben den Sparkassen alle kommunalen Kreditinstitute angeschlossen sind. Als regionale Zentralstellen dienen die Girozentralen (→Landesbanken). – Als *Überweisungsformular* dient ein dreiteiliger Durchschreibevordruck: Der mittlere Teil ist der Träger der Überweisung, er wird über die Kontostelle des Empfängers diesem zugestellt; der obere Teil ist der eigentliche Auftrag, der vom Auftraggeber unterschrieben werden muß. – Der *Überweisungsweg* geht von Sparkasse A, wo der Auftraggeber sein Konto hat, zur Girozentrale X und von dort zum Konto des Empfängers bei der Sparkasse B. Liegen beide Sparkassen in verschiedenen Ländern, Sparkasse A – Girozentrale X – Girozentrale Y – Sparkasse B. – Ein Auftraggeber, der selbst kein Spargirokonto hat, kann durch *Bareinzahlung* mittels Zahlscheins eine Überweisung an den Inhaber eines Spargirokontos vornehmen. – Neben dem normalen S. ist ein *Eilüberweisungsverkehr* wie auch ein *Eileinzugsverkehr* entwickelt worden. Der Scheck- und der Wechsel-Inkassoverkehr wird in der allgemein üblichen Form durchgeführt.

Sparkassen, Kreditinstitute, die unter dem Leitgedanken der Förderung und Pflege des Sparens mit jedermann im Rahmen der satzungsmäßigen Bestimmungen alle Formen von →Bankgeschäften betreiben. S. sind in der Bundesrep. D. überwiegend kommunale juristische Personen öffentlichen Rechts. Die betreffende kommunale Körperschaft haftet für die Verbindlichkeiten der S. als Gewährverband. Die Spareinlagen bei den S. sind deshalb als mündelsicher anerkannt (→Mündelsicherheit). Privatsparkassen (freie Sparkassen) sind gesamtwirtschaftlich von geringer Bedeutung. – *Zusammenschluß:* S. sind regional in Sparkassen- und Giroverbänden mit regionalen Girozentralen zusammengeschlossen, die im →Deutschen Sparkassenund Giroverband e. V. bzw. der →Deutschen Girozentrale – Deutschen Kommunalbank – ihre Spitzenorgane haben. – Die *Bezeichnung* S. darf (auch in Wortzusammensetzung) nur von öffentlich-rechtlichen S., die eine Erlaubnis zum Geschäftsbetrieb nach §32 KWG besitzen, und von anderen Unternehmen, die sich vor Inkrafttreten des KWG als S. bezeichnen durften, geführt werden (§40 KWG). Daneben besteht die Erlaubnis für →Spar- und Darlehenskassen und für Kreditinstitute i.S. von §1 Gesetz über Bausparkassen. – *Besteuerung:* S. unterliegen, auch soweit es sich um öffentliche oder unter Staatsaufsicht stehende S. handelt, der Körperschaftsteuer, Gewerbesteuer und Vermögensteuer. – Vgl. auch →Sparkassensektor.

Sparkassenbilanz, Form der →Bankbilanz, aufzustellen nach Formblatt, das nur in wenigen Positionen von den Formblättern für Kreditinstitute in der Rechtsform der AG, KGaA und GmbH abweicht, z.B.: Beim Ausweis der Wertpapiere sind an Stelle der börsengängigen Dividendenwerte die Anleihen und verzinslichen Schatzanweisungen der Gemeinden und Gemeindeverbände aufzuführen; unter den „Guthaben bei Kreditinstituten (Nostroguthaben)" sind die Guthaben der eigenen Girozentrale in Vorkolonne anzugeben; Konsortialbeteiligungen treten in den S. nicht auf; bei „Beteiligungen" ist der Anteil bei der eigenen Girozentrale und beim zuständigen Sparkassen- und Giroverband aufzuführen; außerhalb der Aktiven sind die Forderungen an den Gewährverband zu vermerken; unter den Einlagen stehen die Spareinlagen an erster Stelle; das Eigenkapital besteht nur aus den Rücklagen. – Zur S. gehört auch ein Formblatt für die *Gewinn- und Verlustrechnung,* die nach dem Bruttoprinzip aufzustellen ist; Saldierung von Aufwendungen mit Erträgen, also auch Saldierung der Aufwands- und Ertragszinsen, ist nicht zulässig.

Sparkassenbrief, ähnlich dem →Sparbrief; über 1000, 5000 und 10000 DM lautend, wird seit 1967 von Sparkassen angeboten. Nach Wahl des Verkäufers entweder mit Abzinsung oder mit laufender Verzinsung ausgestattet.

Sparkassenbuch, →Sparbuch.

Sparkassenprüfung, *Sparkassenrevision,* →Pflichtprüfung der Sparkassen. Die S. erfolgt durch die Prüfungsstellen, die Einrichtungen der Sparkassen- und Giroverbände sind. Seit 1925 werden diese Prüfungen auch im Auftrag der Aufsichtsbehörden durchgeführt. Die Prüfstelle, an deren Spitze ein →Wirtschaftsprüfer als selbständiger Leiter steht, führen auch die →Abschlußprüfung bei

den Sparkassen durch (§28 KWG). – Für die →*Depotprüfung* werden die Prüfer von dem →Bundesaufsichtsamt für das Kreditwesen oder der →Deutschen Bundesbank bestellt (§30 KWG).

Sparkassenreglement, 1838 unter der Bezeichnung „Reglement, die Einrichtung des Sparkassenwesens betreffend" erlassenes „*preußisches S.",* das als Rahmengesetz unverändert gilt. – *Inhalt:* Das S. suchte die Errichtung von Sparkassen durch die Gemeinden zu fördern und gab dem Sparkassenwesen in Preußen einen starken Auftrieb. Es wurde auch eine Prüfung der Sparkassen durch die Aufsichtsbehörden angeordnet, die allerdings zunächst nur in großen Abständen erfolgte und mehr formalen Charakter hatte.

Sparkassenrevision, →Sparkassenprüfung.

Sparkassensatzung, durch das Verwaltungsorgan der Gemeinde usw. zu erlassende →Satzung. Sie gibt die Richtlinien für die Geschäftstätigkeit der →Sparkassen, bildet die Grundlage für die Organisation. Die S. muß sich eng an die →Mustersatzung für Sparkassen anlehnen, die alles Wesentliche enthält.

Sparkassensektor. I. C h a r a k t e r i s i e r u n g : 1. Dreistufig aufgebauter *Teilsektor* des Bankensystems in der Bundesrep. D.: a) *Unterste Stufe:* Örtliche →Sparkassen; der Wettbewerb zwischen den Sparkassen wird durch das Regionalprinzip (der geographische Einzugsbereich der Sparkasse ist mit dem räumlichen Bereich des Gewährträgers identisch) eingeschränkt. b) *Mittlere Ebene:* Regionale Girozentralen (→Landesbanken). c) *Oberste Ebene:* Spitzeninstitut des S. und Zentralinstitut der Girozentralen ist die →Deutsche Girozentrale – Deutsche Kommunalbank. – 2. Die Sparkassen sind: a) *staatliche Einrichtungen,* entweder in Form besonderer Institute (wie bei →Postsparkassen; b) *vom Staat beaufsichtigte Institute,* die für Rechnung einer öffentlichen Körperschaft (Kreis, Gemeinde usw.) arbeiten, die die Garantie für die Verbindlichkeiten der Sparkasse übernimmt; c) elf *„freie Sparkassen",* die aus historischen Gründen privatrechtlich betrieben werden. – In der Bundesrep. D. sind die Sparkassen überwiegend kommunale Anstalten der Kreise und Gemeinden. Durch zahlreiche Zweigstellen, Nebenkassen und Annahmestellen weit verzweigtes Netz.

II. G e s c h ä f t s t ä t i g k e i t : 1. *Mittelschaffung:* Spareinlagen erreichen etwa ⅔ am gesamten Geschäftsvolumen. Dem Sicht- und Termineinlagengeschäft kommt eine wesentlich geringere Bedeutung zu. – Ihre Eigenkapitalbasis können Sparkassen nur aus Gewinnerzielung durch *Bildung von →Rücklagen* erweitern. – Die Haftungsfunktion des Eigenkapitals wird durch die *Gewährträgerhaftung* ersetzt. – 2. *Mittelverwendung:* Wohnungsbau-

und Kommunalkredite stehen im Vordergrund; daneben werden in größerem Umfang Anleihen und Schuldverschreibungen gehalten. – 3. *Dienstleistungsgeschäft:* Die Angebotspalette der Sparkassen entspricht heute weitgehend der anderer →Universalbanken; die Abwicklung des bargeldlosen Zahlungsverkehrs privater Haushalte gilt jedoch weiterhin als traditionelle Domäne der Sparkassen.

Sparkassenstatistik statistischer Nachweis hauptsächlich über die Bewegung der →Spareinlagen als Maßstab für die Fortschritte der Kapitalbildung durch freiwilliges, echtes Sparen (im Gegensatz zur Kapitalbildung durch Zwangssparen), ferner über die Zahl der Sparkonten, die Anlage der Spargelder durch die Sparkassen und ihrer Nebenstellen. – *Veröffentlichung:* Jährlich im Statistischen Jahrbuch XVI – Geld und Kredit.

Sparkonto, ein bei einem Kreditinstitut geführtes Konto, auf dem Geldeinlagen verbucht werden, die nicht den Zwecken des Zahlungsverkehrs, sondern der Anlage dienen. Als solches insbes. durch Ausfertigung eines →Sparbuchs gekennzeichnet. – Über Spareinlagen darf nicht durch →Scheck oder →Überweisung verfügt werden (§ 21 III KWG); Überweisungen von →Bankkonten auf ein S. sind zulässig. Das S. muß immer ein Guthaben aufweisen; es erlischt, wenn die Einlage zurückgezahlt ist. – Vgl. auch →Spargiroverkehr.

Sparprämie. →steuerbegünstigtes Sparen.

Sparquote, Anteil der →Ersparnis der privaten Haushalte am →verfügbaren Einkommen dieses Sektors.

Sparte. 1. *Einzelner Zweig* einer →Branche. – 2. →Organisatorischer Teilbereich einer Unternehmung *(Division),* in dem bei reiner Verwirklichung der →Spartenorganisation sämtliche Kompetenzen für jeweils ein Produkt bzw. eine Produktgruppe zusammengefaßt sind; häufig als →Profit Center ausgestaltet.

Sparteneinzelkosten, einer einzelnen →Sparte des Produktions- und Absatzprogramms direkt zurechenbare Kosten (→Einzelkosten), z. B. Kosten des Spartenleiters, Kosten der zur Sparte zählenden Produkte, Kosten für spartenspezifische Werbung.

Spartenorganisation. 1. *Begriff:* Organisationsmodell (→Organisationsstruktur), bei dem die Kompetenz aufgrund sachzielorientierter →Segmentierung nach Produkten bzw. Produktgruppen zugeordnet wird. – 2. *Charakterisierung:* Bei reiner S. entstehen auf der zweiten Hierarchieebene →organisatorische Teilbereiche, in denen jeweils die Kompetenzen für eine Produktart bezüglich sämtlicher

→Funktionen und Märkte der Unternehmung zusammengefaßt sind; vgl. Abb. Diese →Sparten werden häufig als →Profit Center geführt.

Grundmodell der Spartenorganisation

3. *Beurteilung:* a) *Ressourcennutzung:* Die S. führt im Vergleich zur →Funktionalorganisation in der Tendenz zu einer schlechteren Ausnutzung von Ressourcen, da die Ausstattung sämtlicher Sparten mit den gesamten für ihre Aktivitäten erforderlichen Ressourcen häufig nachteilig ist im Vergleich mit der Ressourcenauslastung und Nutzung von Vorteilen der →Spezialisierung und →Größendegression anderer Organisationsformen. – b) *Interdependenzprofil:* Angesichts der Autonomie der Sparten fehlen weitgehend Interdependenzen aufgrund innerbetrieblicher Leistungsverflechtungen; die Marktinterdependenzen wachsen mit sinkendem Diversifikationsgrad des Produktprogramms der Unternehmung. – c) Die *Dispositionsfähigkeit* wird aufgrund fehlender innerbetrieblicher Interdependenzen positiv beeinflußt. – 4. *Modifizierung:* In der Praxis wird die S. wegen ihrer Nachteile meist zu einer →mehrdimensionalen Organisationsstruktur ressourcen- und/oder marktorientiert modifiziert; funktionale Zentralbereiche (z. B. Werke) sollen v. a. eine bessere Ressourcennutzung und auf einzelne Märkte ausgerichtete →organisatorische Einheiten eine höhere Koordination der marktlichen Spartenakitivitäten sicherstellen.

Spar- und Darlehenskasse, →ländliche Kreditgenossenschaft.

Sparzulage, →Arbeitnehmer-Sparzulage.

Spätkapitalismus, Begriff der →Historischen Schule der Nationalökonomie und der neomarxistischen Theorie (→Sozialismus II 4) zur Beschreibung des *Endstadiums des* →*Kapitalismus.* – 1. Für Sombart (Vertreter der Historischen Schule) ist der S. durch zunehmende nationale Wettbewerbsbeschränkungen sowie anwachsende soziale Konflikte gekennzeichnet. – 2. Für den *Neomarxismus* ist der S. gekennzeichnet durch: a) Zunahme der internationalen →Konzentration und →Zentralisation des Kapitals; b) wachsende Monopolisierung und Kartellierung der Wirtschaft; c) umfangreiche wirtschaftspolitische Eingriffe des Staates zur Beseitigung oder Milderung werdenden Wirtschaftskrisen (u. a. hohe Inflationsneigung, starke konjunkturelle Einbrüche); d) wachsende Bedeutung der Rüstungsindustrie, um Ersatzmärkte für das überschüssig akkumulierte Kapital zu schaffen und e) die Verschärfung des Klassenkampfes (E. Mandel). – Als *Ursache* hierfür wird, wie bei Marx, der Grundwiderspruch zwischen →Produktivkräften und →Produktionsverhältnissen des Kapitalismus angesehen (→historischer Materialismus). Anders als dies bei den Vertretern der Theorie des →Staatsmonopolkapitalismus der Fall ist, wird hier angenommen (so u.a. Offe, Habermas, Marcuse), daß der *Staat* ein gegenüber dem →Wirtschaftssystem relativ *selbständiges und abgegrenztes Teilsystem* ist. Die Folgen des ökonomischen Grundwiderspruchs beschränken jedoch den Handlungs- und Entscheidungsspielraum der politischen Instanzen: Der Staat muß immer stärker die zunehmend heftigeren Krisen auffangen. Dies hat jedoch nur die Konsequenz zukünftig noch größerer Störungen, wodurch das politische System in eine *Rationalitätskrise* gerät. Die Regierung muß immer mehr der ihr zur Verfügung stehenden Ressourcen zur Krisenbewältigung aufwenden und kann daher immer weniger allgemeine Kollektivgüter bereitstellen; aufgrund der Labilität des privatwirtschaftlichen Sektors wird für sie eine längerfristige konzeptionelle Planung immer schwieriger. Dies ruft neben der Rationalitätseine *Legitimationskrise* der staatlichen Instanzen hervor, da sie von den Staatsbürgern (Wählern) für diese Entwicklung haftbar gemacht werden, ggf. durch Entzug der Wählerloyalität. – Der diesem Argumentationsmuster zufolge von der ökonomischen Basis auf die Ebene des politischen Überbaus verlagerte Widerspruch bewirkt schließlich eine *revolutionäre Umwälzung* des gesamten Gesellschaftssystems. – 3. *Kritik:* Diese Theorie gilt als Ad-hoc-Hypothese, die nachträglich in das historisch-materialistische Entwicklungsschema Marxens eingeführt wurde, um dessen Grundidee der geschichtlichen Zwangsläufigkeit trotz der offenkundigen Stabilität der →privatwirtschaftlichen Marktwirtschaft aufrechterhalten zu können. Die zunehmenden Staatsaktivitäten und ihre krisenhaften Auswirkungen sind nicht entwicklungsgesetzmäßig vorbestimmt, sondern es liegen keine bzw. eine inkonsistente Ordnungskonzeption zugrunde (→Wirtschaftsordnung, →Ordnungspolitik, →Interventionismus, →Dirigismus, →Wohlfahrtsstaat); eine prinzipielle Umkehrbarkeit dieser Entwicklung hin zu einer ordnungskonformen Gestaltung der Wirtschaftspolitik (→Ordoliberalismus, →Soziale Marktwirtschaft) wird impliziert.

special drawing rights (SDR), →Sonderziehungsrechte.

speciality goods, höherwertige, teure Waren, die nur selten gekauft werden. – *Anders:* →convenience goods, →shopping goods.

specializes agencies, →Sonderorganisationen der UN.

Special United Nations Fund for Economic Development (SUNFED), →UN.

Spediteur. I. B e g r i f f : Derjenige, der gewerbsmäßig im Rahmen der für →Speditionsgeschäfte gültigen Rechtsvorschriften Güterversendungen durch Frachtführer oder Verfrachter von Seeschiffen für Rechnung eines anderen (des Versenders) im eigenen Namen besorgt (§407 HGB). Das „Besorgen von Güterversendungen" beinhaltet die kaufmännisch-organisatorische Auswahl und Kontrolle von und den Vertragsabschluß mit →Frachtführern bzw. Verfrachtern, →Lagerhaltern u.a. →Verkehrsbetrieben, die dann die Güter des Auftragsgebers (des Versenders) zu befördern haben. Übernimmt der S. auch Beförderungen und/oder Lagerungen, so ist er *zugleich* auch Frachtführer bzw. Verfrachter und/oder Lagerhalter (Selbsteintritt, §412 HGB). – Der S. betreibt ein →Grundhandelsgewerbe und ist →Mußkaufmann. Er ist gem. HGB lediglich *Frachtführer* (nicht S.), wenn er sich über die Beförderungskosten vorher mit dem Versender geeinigt hat (Übernahmesatz, fester Preis); nach den →Allgemeinen Deutschen Spediteursbedingungen (ADSp) bleibt jedoch S.-Eigenschaft auch bei Angabe von Übernahmesätzen erhalten. Er ist S., sofern er neben dem Frachtgeschäft noch erforderliche Dokumente besorgt (Frachtbriefe, Konnossemente, Zolldeklarationen u.ä.), die Ware bei Übernahme für den Käufer prüft, umpackt usw., für Versicherung und Lagerung sorgt. Auch für den Kaufmann, der im Rahmen eines anderen Gewerbes solche Geschäfte übernimmt, gilt Speditionsrecht (*Gelegenheitsspediteur;* §415 HGB).

II. A r t e n : 1. Nach der rechtlichen Stellung gegenüber dem Auftraggeber: a) *Haupt-S.:* Der vom Versender beauftragte S., der sich zur Durchführung des Auftrags anderer S. bedienen muß; b) *Zwischen-S.:* Dieser erhält vom Haupt-S. Auftrag zur Fortsetzung des Transports in eigenem Namen für Rechnung des Versenders, wobei er während des Transports oder am Empfangsort eingeschaltet werden kann; er ist nicht →Erfüllungsgehilfe des Haupt-S., sondern selbständiger S. (§411 HGB); c) *Unter-S.:* Unselbständiges Hilfsorgan (→Erfüllungsgehilfe), mit dem der Haupt-S. auf eigene Rechnung kontrahiert. – 2. Nach der Funktion bei der Abwicklung des Beförderungsauftrags: a) *Versand-S.* (*Platz-S.*): Ggf. mit der Aufgabe, das Gut heranzuschaffen; b) *Empfangs-S.* (*Abroll-S.*): Mit der Aufgabe der Auslieferung, ggf. auch der Zufuhr des Gutes. – 3. Nach vom Standort ausgehenden Spezialisierung: a) *Grenz-S.* (*Zoll-S.*, *Umschlag-S.*): Mit dem Sitz an der Grenze und besonderer Erfahrung in Zollangelegenheiten; b) *Binnen-S.; c) Seehafen-S.:*

Umschlag-S. von Land- auf Seeverkehrsmittel oder umgekehrt; bei Transitverkehr zugleich Grenz-S., vielfach noch vom Heimathafen aus spezialisiert auf Bezugs- oder Lieferländer oder nach Warenarten. – 4. Nach den vorwiegend behandelten Wirtschaftsgütern: a) *Möbel-S.;* b) *Bücher-S.;* c) nach Warenarten wie unter 3 c. – 5. Nach der Art der vorwiegend ausgeführten Transporte: a) *Paket-S.;* b) *Expreßgut-S.;* c) *Sammelladungs-S.* im Rahmen des →Spediteur-Sammelgutverkehrs.

III. P f l i c h t e n : 1. *Gesetzliche Regelung:* Der S. hat die Besorgung der Güterversendung mit der Sorgfalt eines ordentlichen Kaufmanns auszuführen (§ 408 HGB): Abschluß des Frachtvertrags, Empfangnahme, Verwahrung und Weitergabe des Speditionsguts, Verschaffung der →Begleitpapiere, gehörige und sorgfältige Auswahl des Frachtführers, Verfrachters und Zwischen-S., Befolgung von Weisungen, Haftung für jedes →Verschulden und für seine Erfüllungsgehilfen, nicht aber für →Frachtführer und Zwischen-S. bei sorgfältiger Auswahl. – Die Ansprüche gegen den S. wegen Verlusts, Beschädigung oder verspäteter Ablieferung des Speditionsguts verjähren in einem Jahr, nicht bei →Vorsatz des S. (§ 414 HGB). – 2. Abwandlung nach den *Allgemeinen Deutschen Spediteurbedingungen (ADSp):* Die gesetzliche Haftung des S. wird weitgehend ausgeschlossen und beschränkt. – a) Er hat aber eine *Speditions- und Rollfuhrversicherung* für seine Kunden und für deren Rechnung abzuschließen, indem er bei einem Pool bestimmter Versicherungsgesellschaften, die anteilmäßig haften, laufende Versicherung nimmt. Es wird ein Speditionsversicherungsschein (SVS) und ein Rollfuhrversicherungsschein (RVS) ausgestellt. – b) *Haftung des S.:* (1) für alle durch SV und RV (§ 39 ADSp) gedeckten Schäden haftet der S. nicht, auch wenn zu niedrig versichert war (§ 41 ADSp); (2) für nicht durch SV und RV gedeckte Schäden haftet der S. beschränkt nach §§ 51 ff. ADSp. Haftungsgrenze: 4,45 DM für 1 kg brutto, höchstens 4450 DM je Schadensfall, bei Schäden durch Unterschlagung und Veruntreuung durch einen Arbeitnehmer des Spediteurs bis 59000 DM. (3) Hat der S. ohne ausdrückliche schriftliche Weisung SV und RV nicht genommen, so haftet er nach HGB (§ 41 ADSp). Alle Ansprüche gegen den S. verjähren bereits in acht Monaten (§ 64 ADSp). Umkehrung der Beweislast (§ 51 ADSp).

IV. R e c h t e : 1. Recht auf *Provision* und *Aufwendungsersatz:* Der Anspruch entsteht mit der Übergabe des Gutes an den Frachtführer oder Verfrachter (§ 409 HGB). Gezahlte Fracht, Lagergeld und sonstige Spesen sind zu ersetzen. Es darf keine höhere als die wirklich verauslagte Fracht berechnet werden, Frachtabschläge sind dem Versender gutzubringen. Eingehende Regelung der

Ansprüche auf Entgelt und Auslagenersatz, Leistungsfreiheit bei Hindernissen in den §§ 18, 20 ff. ADSp. – 2. *Sicherungsrechte:* a) gesetzliches Pfandrecht am Speditionsgut, solange der S. es im →Besitz hat oder durch Konnossement, Ladeschein oder Lagerschein darüber verfügen kann (§ 410 HGB); b) →Zurückbehaltungsrecht nach § 50 ADSp.

Spediteurbedingungen, →Allgemeine Deutsche Spediteurbedingungen (ADSp).

Spediteurklausel, Klausel, die vorsieht, daß die Versicherung für eigene und/oder fremde Rechnung gilt, im Gegensatz zu den Versicherungsbedingungen zu Einbruchsdiebstahl-, Feuer-, gegen Leitungswasser- und Sturmversicherung, bei denen als versicherte Sachen nur solche Sachen gelten, die dem Versicherungsnehmer gehören, wenn nichts anderes vereinbart ist. – Die Versicherung mit S. *erstreckt* sich auf alle Güter, die der Spediteur z. Z. des Schadens in den im Versicherungsschein bezeichneten Räumen aufgrund eines Speditions- oder Lagervertrages eingelagert hat. Spediteure, die solche Versicherungsverträge im Auftrage ihrer Kunden zu tätigen haben, müssen darauf achten, daß der Versicherungsvertrag diese S. enthält.

Spediteur-Konnossement, weder →Traditionspapier noch →Konnossement laut HGB, da es nicht von einem Reeder gezeichnet, sondern von einem →Spediteur ausgestellt wird. Das S. K. ermöglicht dem Versender, über das Gut beim Empfangsspediteur zu verfügen und vereinfacht die Prüfung der Legitimation des Empfängers, der die Auslieferung des Gutes am Bestimmungsort forder†

Spediteur-Sammelgutverkehr, →Sammelladungsverkehr.

Spedition, →Verkehrsbetrieb, der (auch) die Tätigkeit eines →Spediteurs ausübt.

Speditionsbuch, wichtiger Bestandteil der Betriebsbuchführung einer →Spedition bzw. eines →Spediteurs. Aufträge und ausgeführte Leistungen werden an Hand von Buchungsunterlagen chronologisch aufgezeichnet, wobei jeder Auftrag seine Stamm- oder Positionsnummer erhält. Jede Verkehrsabteilung einer Spedition führt ihre S., in denen alle Betriebsleistungen festgehalten und in ihrem Ablauf kontrolliert werden. Unterschiedliche Spalteneinteilung läßt jeweils durchlaufende Speditionsaufwendungen, Gesamterlös und als Differenz den Brutto-Speditionsgewinn für einzelne Sendungen erkennen.

Speditionsgeschäft, ursprünglich ein Nebengewerbe des Handels, im 19. Jh. verselbständigtes Gewerbe. Rechtlich ist das S. ein gegenseitiger, auf eine Geschäftsbesorgung i. S. von § 675 BGB gerichtetes →Vertrag, wirtschaftlich ein Hilfsgeschäft zum →Frachtvertrag.

I. Begriff: 1. *Nach geltendem Recht:* Ein Vertrag, durch den ein →Spediteur oder anderer →Kaufmann es im Betrieb seines Handelsgewerbes übernimmt, die Güterversendung für Rechnung eines anderen (des Versenders) im eigenen Namen durch Frachtführer oder Verfrachter zu besorgen. – 2. *Nach wirtschaftlichem Sprachgebrauch:* Neben der Besorgung von Güterbeförderung durch Dritte auch die Funktion des →Frachtführers, des →Lagerhalters und/oder des →Kommissionärs.

II. Rechtsgrundlagen: §§ 407–415 HGB, abgeändert und ergänzt durch die →Allgemeinen Deutschen Spediteurbedingungen (ADSp). Daneben gelten subsidiär die Vorschriften über den →Kommissionär.

III. Vertragsformen: 1. Der *Speditionsvertrag* zwischen Spediteur und Versender (Geschäftsherr), dessen Weisungen der Spediteur zu befolgen hat. – 2. Der *Fracht- (Beförderungs-) Vertrag* zwischen Spediteur und Frachtführer. Der Spediteur als Absender wird grundsätzlich allein berechtigt und verpflichtet, der Versender aber geschützt: a) Der Spediteur darf bei seinen Schadenersatzansprüchen den Schaden des Versenders (→Drittschaden) zugrunde legen. b) Im Verhältnis zwischen Spediteur und seinen Gläubigern gelten (§§ 392, 407 II HGB) die Ansprüche aus dem Frachtvertrag schon vor deren Abtretung als Forderung des Versenders, der sie aber erst nach Abtretung geltend machen kann.

IV. Sonderform: Sonderform des S. bildet ein S., bei dem Spediteur und Versender sich über einen bestimmten Satz der Beförderungskosten vor der Ausführung des Verkehrsgeschäfts geeinigt haben (*S. mit festen Spesen*). Der Spediteur hat nur die Rechte und Pflichten eines Frachtführers (§ 413 HGB). Soweit die Allgemeinen Deutschen Spediteurbedingungen gelten, sind aber diese maßgebend (§ 52c ADSp).

Speditionskontenrahmen, vom Bundesverband Spedition und Lagerei e. V. (BSL) 1952 entwickelter, 1976 neu gefaßter →Kontenrahmen für das Speditionsgewerbe. – *Konten:* Klasse 0 Anlagevermögen, 1 Umlaufvermögen, 2 Eigen-, mittel- und langfristiges Fremdkapital, 3 kurzfristiges Fremdkapital, 4 Kostenarten, 5,6 frei, 7 auftragsbedingte Speditionskosten, 8 Erlöse, 9 Abgrenzungs- und Abschlußkosten. – Der S. soll trotz BiRiLiG im wesentlichen beibehalten werden und nur einige redaktionelle Anpassungen erfahren.

Speditionskonto, früher in der Buchführung der Spediteure bzw. Speditionen wie das →Warenkonto im Handel oder das →Fabrikationskonto in der Industrie als →gemischtes Konto geführtes Bruttobetriebsergebniskonto. Nach dem →Speditionskontenrahmen

werden die mit einem Auftrag unmittelbar zusammenhängenden Speditionskosten (Frachtkosten, Rollgelder, Umschlagsgebühren, Zölle, Lagergelder, Versicherungen usw.) abteilungsweise in Konten der Klasse 7 erfaßt, während die Speditionserlöse der speditionsbetrieblichen Leistungen (Bahn, Kraftwagen, Schiffahrt, Luftfracht usw.) in Klasse 8 gebucht werden. Zur Ermittlung der Abteilungsbruttoergebnisse können die auftragsbedingten Kosten über die entsprechenden Erlöskonten abgeschlossen werden; die Summe dieser Abteilungsbruttoergebnisse ergibt nach Abzug der Betriebskosten (Klasse 4) das Betriebsergebnis.

Speditions-Police, *Sp-Police,* dem →Speditions- und Rollfuhrversicherungsschein (SVS/RVS) gleichwertige Versicherung, die der Spediteur für Versicherung nach § 39 ADSp abzuschließen hat. Sp.-P. und SVS/RVS werden den Spediteuren von unterschiedlichen Versicherungsunternehmen angeboten.

Speditions- und Rollfuhrversicherungsschein (SVS/RVS), die nach den →Allgemeinen Deutschen Spediteurbedingungen (ADSp) vom Spediteur auszustellende Bescheinigung über die Versicherung, die er für fremde Rechnung (die seines Auftraggebers) bei Verkehrsaufträgen abzuschließen hat (§ 39 ADSp); d. h., versichert ist nicht der Spediteur, sondern der durch Schaden Betroffene, der Auftraggeber, der Empfänger, insbes. derjenige, der die Transportgefahr trägt. Der speziell erwähnte →*Rollfuhrversicherungsschein* erfaßt die zur Speditionstätigkeit zählende An- und Abrollen von Gütern im örtlichen Verkehr. – Abschluß einer anderen mindestens gleichwertigen Speditionsversicherung (z. B. →Speditions-Police) ist möglich; aus diesem Grund muß der Spediteur jedem Auftraggeber mitteilen, bei welchem Versicherer die Versicherung besteht. – Der Abschluß ist Voraussetzung für die Anwendung der ADSp und entlastet den Spediteur weitgehend von der Haftung (Haftungsersetzung durch Versicherung). – Der *Deckungsumfang* des SVS/RVS wird von den Spitzenorganisationen der Wirtschaft und des Speditionsgewerbes mit den Versicherern abgestimmt. – Versicherungsschutz *tritt ein* mit der Erteilung des Verkehrsauftrags, wenn der Auftraggeber nicht →Verbotskunde ist. – *Gegenstand:* Versichert sind alle Verkehrsaufträge, auf die die ADSp Anwendung finden. Die Speditionsversicherung bezieht sich auf Ausführung der Beförderung. Rollfuhrversicherung auf das An- und Abrollen von Gütern im örtlichen Verkehr. Der bahnamtliche Rollfuhrunternehmer gehört nicht dazu. Versichert ist nur Schaden, der durch Speditionsfehler entstand. – *Umfang:* Die Speditionsversicherung deckt alle Schäden, die sich aus einer gesetzlichen Haftpflicht aufgrund eines Verkehrsvertrages ergeben (§§ 2 ff. ADSp). Ausgeschlossen sind u. a. alle Gefahren und Schäden, die durch Transport- oder Lagerversicherung üblicherweise gedeckt werden können (§ 39 ADSp, § SVS), d. h. die typischen Transportgefahren, die das Gut während der Lagerung oder des Transports bedrohen. Die Speditionsversicherung deckt daher nur die unmittelbar mit dem Verkehrsauftrag zusammenhängenden Schäden (z. B. Verwechslung von Gütern, Verspätungsschäden, fehlerhafte Auswahl des Frachtführers oder des Zwischenspediteurs) sowie auch Schäden aus Nichterfüllung von Nebenaufträgen (Nachnahmeerhebung, Vermittlung von Lager-, Transport- und Dienstahlversicherungen), aus dem Eigentum, unerlaubter Handlung, aus ungerechtfertigter Bereicherung, bei vorsätzlichem Handeln des Spediteurs und seiner Leute. – *Anmeldung des Schadens* bei den Versicherern, üblicherweise durch den →Hauptspediteur. Er hat den Versicherern gegenüber für die Selbstbeteiligung an der Versicherungsleistung einzustehen. – Die *Höhe der Versicherungssumme* wird vereinbart, sonst gilt der Höchstbetrag von 5000 DM je Verkehrsgeschäft (§ 6 SVS). Für die Haftung der Versicherer gelten Höchstgrenzen, z. B. für ein Schadenereignis 1 Mill. DM. Versehen des Spediteurs bei der Anmeldung der Versicherungssumme geht nicht zu Lasten des Auftraggebers. Die Prämie ist vom Auftraggeber zu zahlen.

speed factor, *Plannutzenziffer,* reziproker Wert der Engpaßbelastung b_E^j durch eine Einheit der Produktart j: $1/b_{Ej}$. Multipliziert mit dem →Deckungsbeitrag ergibt der s.f. den →Rohgewinn pro Einheit der Engpaßbelastung. S.f. kann auch auf die Gesamtdurchlaufzeit durch den Betrieb bezogen werden und gibt dann an, mit welcher Geschwindigkeit ein bestimmter Bruttogewinn erzielbar ist. – Vgl. auch →Bruttogewinnanalyse.

Speicher. 1. *Begriff:* Funktionseinheit innerhalb eines Computers, die Daten aufnimmt, aufbewahrt und abgibt. – 2. *Arten:* a) →Zentralspeicher oder →externer Speicher; b) →Festwertspeicher, flüchtiger Speicher oder Schreib-/Lesespeicher; c) Realspeicher (→virtueller Speicher) oder Hintergrundspeicher. – 3. *Zugriffsarten:* Vgl. →Datenorganisation. – 4. *Medium:* a) Magnetplatte (→Magnetplattenspeicher); b) →Magnetband (vgl. auch →Massenspeicherkassettensystem); c) →optische Speicherplatte; d) →Speicherchip. Vgl. auch →Pufferspeicher, →Speicherhierarchie.

Speicherbuchführung, spezielle Form der EDV-Buchführung (→Buchführung VI 4), bei der die Buchungen auf maschinell lesbaren Datenträgern (Magnetbänder, Magnetplattenspeicher, Disketten u. ä., auch im Mikrofilmverfahren) gespeichert werden, ohne daß Ausdrucke der Geschäftsvorfälle und ihrer

Buchungen in zeitlicher und kontenmäßiger Ordnung vorliegen. Die S. entspricht den →Grundsätzen ordnungsmäßiger Buchführung, wenn die Buchungen auf den Beleg zurückverfolgbar und in der für den jeweiligen Zweck (Grundbuch oder Konto) erforderlichen Form jederzeit in angemessener Frist innerhalb der gesamten Aufbewahrungsfrist lesbar gemacht werden können (§ 239 IV HGB).

Speicherchip, →Chip zur Speicherung von →Bits. S. können grob in Bausteine für →RAM und für →ROM (→PROM, →EPROM) unterteilt werden. Zur Zeit im Einsatz befindliche →Computer verwenden S. mit 64 bis 256 Kilobits Speicherkapazität; hergestellt werden bereits 1-Mb-Chips, in der Entwicklung 4-Mb-Chips.

Speicherhierarchie. 1. *Begriff:* Funktionale Zusammenfassung von Datenspeichern (→Daten, →Speicher) mit unterschiedlichen →Zugriffszeiten. Die S. stellt sich als ein einheitlicher →Arbeitsspeicher dar, obgleich sie aus verschiedenen Speichern unterschiedlichen Typs und Größe gebildet wird. – 2. *Zweck* des Konzepts der S. ist die Beschleunigung des Datendurchsatzes mit wirtschaftlich vertretbarem Aufwand durch Anpassung der Zugriffszeit an den gespeicherten Daten an die Operationsgeschwindigkeit des →Zentralprozessors. – 3. *Funktionsweise:* Zwischen das schnelle Rechenwerk des →Zentralprozessors und den (im Vergleich dazu) langsamen →Arbeitsspeicher wird ein →Pufferspeicher (Cache) geschaltet, dessen Zugriffszeit etwa der Ausführungszeit eines elementaren Verarbeitungsschrittes im Rechenwerk entspricht. Der Pufferspeicher hält nur die unmittelbar zur Verarbeitung anstehenden Daten für den schnellen Zugriff durch das Rechenwerk bereit und übernimmt vom Rechenwerk die verarbeiteten Daten zur Weiterleitung an den Arbeitsspeicher. Die zu einem bestimmten Zeitpunkt vom →Programm nicht benötigten Daten stehen im Arbeitsspeicher und verbleiben dort bis kurz vor ihrem Abruf. Dann werden sie für den nachfolgenden Zugriff des Rechenwerks in den Pufferspeicher übertragen. Das Rechenwerk verkehrt fast ausschl. mit dem Pufferspeicher. Moderne →Computer arbeiten mit dieser zweistufigen S. oder unter Einbeziehung des →virtuellen Speichers mit dreistufiger S. Die Daten sind der erwarteten Zugriffshäufigkeit entsprechend auf die unterschiedlichen Speicher verteilt. Sinnvolle programmtechnische Einrichtungen steuern nach Wahrscheinlichkeitsgesichtspunkten die Auswahl der zu übertragenden Daten in den jeweils schnelleren Speicher. Die Treffsicherheit beträgt i. a. ca. 90% und mehr.

Speicherkapazität, Fassungsvermögen eines →Speichers in Bits (z. B. Halbleiterspeicher),

Bytes (z. B. Haupt-Arbeitsspeicher) oder Zeichen (z. B. Textsystemen).

Speicherschreibmaschine, elektronisch gesteuerte, mit Arbeitsspeicher für die Bereithaltung von Texten ausgestattete →Schreibmaschine. Texte können bis zur Reinschriftfassung am Bildschirm bzw. Display korrigiert, Serienbriefe erstellt und individuelle Anreden eingefügt werden.

Speichersystem, →Speicherhierarchie.

Speicherungsdichte, →Aufzeichnungsdichte.

Speiseeissteuer, früher in einigen Ländern mit der Getränkesteuer verbundene →Verbrauchsteuer auf Speiseeis. Die S. ist keine Steuer mit „örtlich bedingtem Wirkungskreis" und kann deshalb nach Art. 105 GG von den Ländern nicht eingeführt werden.

Spektralanalyse, Bezeichnung für eine bestimmte Klasse moderner und methodisch anspruchsvoller Verfahren der →Zeitreihenanalyse.

Spekulation. I. Allgemein: Alle auf Gewinnerzielung aus Preisveränderungen gerichteten Geschäftstätigkeiten (→Spekulationshandel), also die Ausnutzung von zeitlichen Preisunterschieden.

II. Börsengeschäft: Im Gegensatz zur Daueranlage meist kurzfristige Betätigung, die lediglich auf gewinnbringende Ausnutzung der Preisunterschiede zu verschiedenen Zeitpunkten gerichtet ist. – Es kann auf ein Steigen *(Hausse-S.)* oder ein Fallen *(Baisse-S.)* der Kurse spekuliert werden (Baisse-S. nur durch Abschluß eines →Termingeschäfts möglich). – Die *Träger* der Effekten-S. sind insbes. die Eigenhändler an der Börse (→Kulisse), auch als berufsmäßige S. bezeichnet. – *Wirkungen:* Indem die S. die künftige Entwicklung vorwegnimmt, kann sie marktregulierend, preis- und risikoausgleichend wirken sowie die Handelbarkeit von Wertpapieren erhöhen und damit eine volkswirtschaftlich nützliche Aufgabe erfüllen. Andererseits kann die S. Kursbewegungen induzieren, die zu tiefgreifenden Störungen des Kapitalmarkts führen, und im Extremfall auslösendes Moment für Börsenkräche sein.

III. Devisenhandel: Vgl. →internationale Devisenspekulation.

Spekulationsfristen, in § 23 I EStG festgelegte Zeitspannen für die Erfassung steuerpflichtiger Veräußerungsgewinne (Gewinne aus Spekulationsgeschäften) im sonst steuerfreien Bereich des privaten Vermögens: a) bei Grundstücken oder grundstücksgleichen Rechten zwei Jahre, b) bei Wertpapieren weniger als sechs Monate. Vgl. im einzelnen →Spekulationsgeschäfte I.

Spekulationsgeschäfte. I. Einkommensteuer: S. sind Veräußerungsgeschäfte, bei denen der Zeitraum zwischen Anschaffung und Veräußerung weniger als sechs Monate, bei Grundstücken weniger als zwei Jahre beträgt (§ 23 I EStG). Ein S. liegt auch vor, wenn das Wirtschaftsgut vor seinem Erwerb veräußert wird. S. liegen nur vor, wenn Wirtschaftsgüter veräußert werden, deren Wert nicht schon bei einer anderen Einkunftsart zu erfassen ist, z. B. die Veräußerung von Wirtschaftsgütern, die zum →Betriebsvermögen gehören (§ 23 III EStG). Spekulationsgewinne sind als →sonstige Einkünfte einkommensteuerpflichtig, bleiben aber bis zu 1000 DM (→Freigrenze) jährlich *steuerfrei.* Spekulationsverluste dürfen nur bis zur Höhe des Spekulationsgewinns des gleichen Kalenderjahres ausgeglichen werden.

II. Finanzwissenschaften: In der Finanzwissenschaft wird die in I dargestellte, formal begründete Steuerpflicht als Verstoß gegen den Grundsatz der Gleichmäßigkeit der Besteuerung kritisiert.

Spekulationshandel, Geschäftsabschluß, dem nicht die Absicht auf tatsächliche Lieferung der ge- bzw. verkauften Waren, sondern das Bestreben zur Ausnutzung von Preisdifferenzen zwischen Einkauf und Verkauf zugrunde liegt. Reine Form des S. nur bei →Termingeschäften an der Börse (→Spekulation). – *Gegensatz:* →Effektivhandel.

Spekulationskasse, von Keynes eingeführter Begriff für die Zahlungsmittelmenge, die zu spekulativen Zwecken gehalten wird. Entscheidend für die Höhe der gehaltenen S. ist die eigentliche Liquiditätspräferenz (→Liquiditätspräferenztheorie) der Wirtschaftssubjekte, die wiederum vom erwarteten Effektivzins (= Nominalzins dividiert durch Kurs) bzw. von der erwarteten Höhe der Wertpapierkurse abhängt. Bei gegebener Nominalverzinsung und steigenden (sinkenden) Kursen wird die Kassenhaltung aus spekulativen Gründen zunehmen (abnehmen), weil mit sinkender (steigender) Effektivverzinsung gerechnet wird. – Vgl. auch →Liquiditätsfalle, →monetäre Theorie und Politik IV 2 b).

Spekulationspapiere, *Spekulationswerte,* Wertpapiere, meist Aktien oder Termingeschäfte, deren Kurswert relativ starken Schwankungen unterliegt und die deshalb zur Durchführung von Spekulation besonders geeignet sind.

Spekulationswerte, →Spekulationspapiere.

Spenden. I. Begriff: Freiwillige Leistungen, die ohne Gegenleistung, aber i. d. R. mit einer gewissen Zweckbestimmung gegeben werden.

II. Besteuerung: 1. *Grundsätzlich* sind S. nicht abzugsfähige →Kosten der Lebensführung. – 2. *Ausnahmen:* S. zur Förderung mildtätiger, kirchlicher, religiöser, wissenschaftlicher und als besonders förderungswürdig anerkannter →gemeinnütziger Zwecke als →Sonderausgaben (§ 10 b EStG) die Einkommensteuer und bei der Körperschaftsteuer als abzugsfähige Ausgaben (§ 9 Nr. 3 KStG) das →Einkommen. – 3. *Voraussetzung für die Abzugsfähigkeit:* a) Empfänger der Zuwendung muß eine juristische Person des öffentlichen Rechts oder eine öffentliche Dienststelle sein, die bestätigt, daß der zugewendete Betrag für die bezeichneten Zwecke verwendet wird, oder b) Empfänger der Zuwendung muß eine nach § 5 I Nr. 9 KStG steuerbefreite Körperschaft sein, die bestätigt, daß die S. für ihre satzungsmäßigen Zwecke verwendet werden. – 4. *Höhe der Abzugsfähigkeit* begrenzt auf 5% des →Gesamtbetrags der Einkünfte bei der Einkommensteuer und 5% des Einkommens bei der Körperschaftsteuer oder auf 2 v. T. der Summe der gesamten Umsätze und der Lohn- und Gehaltssumme des Kalenderjahres. Für Ausgaben zu wissenschaftlichen und als besonders förderungswürdig anerkannten kulturellen Zwecken erhöht sich der Abzugssatz auf 10% (§ 10 b EStG, § 9 Nr. 3 KStG). – 5. *Sonderregelung für Ausgaben zur Förderung staatspolitischer Zwecke:* Hierzu zählen S. und bei der Einkommensteuer zusätzlich Mitgliedsbeiträge an politische Parteien (§§ 10 b II EStG, 9 Nr. 3 KStG). Sie sind nicht als →Betriebsausgaben abzugsfähig (§ 4 VI EStG). – a) Bei Steuerpflichtigen, die Ausgaben zur Förderung staatspolitischer Zwecke leisten, ermäßigt sich die Einkommensteuer gem. § 34 g EStG um 50 v. H. der Ausgaben, höchstens um 600 DM (1200 DM bei Ehegatten). Über die verdoppelten Höchstbeträge (1200 DM/2400 DM) hinausgehende Beträge sind Sonderausgaben i. S. v. § 10 b EStG. – b) Bei der Körperschaftsteuer stellen sie dagegen abzugsfähige Ausgaben gem. § 9 Nr. 3 KStG dar. – 6. Bei der →*Gewerbesteuer* sind die S. zur Ermittlung des →Gewerbeertrags dem Gewinn hinzuzurechnen. Kürzung des Gewinns lediglich um einkommensteuerlich abzugsfähige S. für wissenschaftliche Zwecke, soweit sie aus den Mitteln des Gewerbebetriebs einer natürlichen Person oder →Personengesellschaft entnommen sind (§ 9 Nr. 5 GewStG).

II. K o s t e n r e c h n u n g : S. sind, soweit sie nicht im Rahmen betriebs- und branchenüblicher freiwilliger sozialer Aufwendungen bleiben oder nicht unmittelbar als →Werbeaufwendungen angesehen werden können, als →betriebsfremde Aufwendungen bei der Umformung von Aufwendungen in Kosten auszuscheiden.

Sperre, →Boykott.

Sperren, Maßnahmen zur Verhinderung insbes. der Einlösung, Übertragung und Verpfändung von Wertpapieren usw. – 1. S. von →*abhanden gekommenen Wertpapieren* erfolgt durch Bekanntmachung im →Bundesanzeiger, zunächst auch durch Mitteilung der örtlichen Polizeibehörde usw. Wird ein solches Papier von einem Kaufmann, der Bankier- und Geldgeschäfte betreibt, angekauft, oder zum Pfand genommen, so ist der →gutgläubige Erwerb eines Eigentums- oder Pfandrechts daran regelmäßig ausgeschlossen (§ 367 HGB). Zur Erleichterung der Nachprüfung werden Sammellisten mit Opposition belegter Wertpapiere (→Wertpapier-Mitteilungen) veröffentlicht. – Die Auszahlung von *Zins- und Dividendenscheinen abhanden gekommener Wertpapiere* kann nach deutschem Recht während der Verjährungsfrist nicht gesperrt werden. Eine Kraftloserklärung ist nur für solche Zins- und Dividendenscheine gestattet, deren Hauptpapier vor dem Inkrafttreten des BGB zur Ausgabe gelangt ist. – 2. Bei →*Inhaberpapieren* kann im →Aufgebotsverfahren auch eine öffentlich bekanntzumachende, gerichtliche Zahlungssperre ergehen, mit der dem Aussteller und ggf. seinen Zahlstellen verboten wird, an den Inhaber des Papiers zu leisten, insbes. neue Zins-, Renten-, oder Gewinnanteilscheine auszugeben (§ 1019 ZPO). – 3. S. von →*Sparbüchern* erfolgt durch die Sparkasse bzw. Bank auf Verlustanzeige des Sparers, um Abhebungen durch nicht Berechtigte zu verhindern. Entsprechende gerichtliche Anordnung wie bei Inhaberpapieren zulässig (§ 1023 ZPO). – 4. Für *verlorengegangene Schecks* wird eine sofortige Zahlungssperre durch Mitteilung an die bezogene Bank bewirkt, sodann ergehen Mitteilungen durch die Verbände an alle Kreditinstitute. – 5. Bei *Effektendepots* (→Wertpapierverwahrung) bedeutet S., daß die Papiere an die berechtigte Person nur mit Genehmigung einer bestimmten anderen Person herausgegeben werden dürfen. Gesperrte Depots werden bei öffentlichen Hinterlegungsstellen insbes. für Mündeldepots eingerichtet oder bei Vorliegen eines gesetzlichen Veräußerungsverbots z. B. im Fall von Belegschaftsaktien.

Sperrfrist. 1. *S. im Vergleichsverfahren:* Die letzten 30 Tage vor Stellung des →Vergleichsantrages. Gläubiger, die durch Zwangsvollstreckungsmaßnahmen in der S. gesichert oder befriedigt worden sind, bleiben →Vergleichsgläubiger (§ 28 VerglO). Der Vergleichsverwalter kann die *Einstellung* der Zwangsvollstreckung dieser Gläubiger beim Vergleichsgericht beantragen (§ 48 VerglO). – Mit →*Bestätigung* des Vergleichs werden die Sicherungen hinfällig; das zur Befriedigung Erlangte ist als ungerechtfertigte Bereicherung herauszugeben (§ 87 VerglO). – Zwangssicherheiten und -befriedigung bleiben erhalten, wenn das Vergleichsverfahren vor Bestätigung *eingestellt* wird und es (mangels Masse) nicht zur Eröffnung des →Anschlußkonkurses kommt.

Durch *Rechtsgeschäfte* gewährte Sicherung oder Befriedigung bleibt unberührt, i. d. R. auch keine Anfechtungsmöglichkeit. – 2. S. im *Räumungsverkauf:* Vgl. →Räumungsverkauf, →Sperrjahr II. – 3. *S. in der Arbeitslosenversicherung:* Vgl. →Sperrzeit.

Sperrgut, im Postverkehr Bezeichnung für →Pakete (nicht →Postgüter), die länger als 120 cm, breiter oder höher als 60 cm sind bzw. eine besondere betriebliche Behandlung erfordern. Die Verpackungsprüfstelle beim Posttechnischen Zentralamt in Darmstadt prüft unentgeltlich, ob Pakete nach ihrer Beschaffenheit eine besondere betriebliche Behandlung erfordern.

Sperrjahr. I. H a n d e l s r e c h t : 1. *Aktiengesellschaft:* Die einjährige Frist, die im Fall der →Abwicklung der AG gem. §272 AktG seit dem dritten Aufruf der Gläubiger verstrichen sein muß, bevor das Vermögen verteilt werden darf. – 2. *Gesellschaft mit beschränkter Haftung:* Ebenso in §73 GmbHG vorgesehen; dort ist ferner ein S. in §58 vorgesehen für die Anmeldung einer Herabsetzung des Stammkapitals zum Handelsregister, die erst ein Jahr nach der dritten Aufforderung an die Gläubiger, sich zu melden, erfolgen darf.

II. W e t t b e w e r b s r e c h t : Nach Beendigung eines →Räumungsverkaufs (§7 UWG) ist es dem Geschäftsinhaber, seinem Ehegatten oder nahen Angehörigen verboten, vor Ablauf eines S. an dem Ort des Ausverkaufs einen Handel mit gleichen Warengattungen zu eröffnen (§7c UWG).

Sperrkarte, →Fehlkarte.

Sperrklinkeneffekt, *ratchet effect.* 1. In der *Konsumforschung* beobachtetes Phänomen, nach dem bei Einkommenserhöhungen eine proportionale Zunahme der Konsumausgaben eintritt, während bei Einkommensrückgängen eine nur unterproportionale Einschränkung der Konsumausgaben erfolgt. Erklärung der S. durch Duesenberry (→Konsumfunktion). – 2. Analoge Erscheinung bei der *sektoralen und gesamtwirtschaftlichen Preisentwicklung:* Preissteigerungen bei Nachfrageerhöhungen, keine Preissenkung bei Nachfragerückgängen (→Inflation).

Sperrminorität, →Minderheitsrechte.

Sperrstücke, diejenigen Anteile einer →Anleihe bzw. diejenigen →Aktien, deren Inhaber bei der →Zeichnung die Verpflichtung übernehmen haben, sie vor Ablauf einer bestimmten Zeit nicht zu veräußern.

Sperrwirkung, →Betriebsvereinbarung.

Sperrzeit, Zeitraum, während dessen der Anspruch oder auch Rechtsanspruch auf →Arbeitslosengeld und evtl. auch auf Anschlußarbeitslosenhilfe ruht. – 1. *Grundgedanke:* Leistungspflicht aus der →Arbeitslo-

senversicherung soll gemindert werden, wenn der Arbeitslose den Eintritt des Versicherungsfalls selbst herbeigeführt oder verschuldet hat oder aber an der Behebung der eingetretenen Arbeitslosigkeit nicht ausreichend seiner →Mitwirkungspflicht nachgekommen ist. – 2. *Eintritt der S.:* Wenn der Arbeitslose ohne wichtigen Grund (1) das Arbeitsverhältnis gelöst oder durch ein vertragswidriges Verhalten Anlaß für die Kündigung des Arbeitgebers gegeben und dadurch seine Arbeitslosigkeit vorsätzlich oder grob fahrlässig herbeigeführt hat; (2) trotz Belehrung über die Rechtsfolgen eine vom Arbeitsamt angebotene Arbeit nicht angenommen oder nicht angetreten hat; (3) trotz Belehrung über die Rechtsfolgen sich geweigert hat, an einer Ausbildungs-, Umschulungs-, Fortbildungs- oder (beruflichen) Rehabilitationsmaßnahmen teilzunehmen; (4) die Teilnahme an einer solchen Maßnahme abgebrochen hat. – 3. *Dauer:* I. d. R. acht Wochen, bei Vorliegen einer besonderen Härte vier Wochen, in Ausnahmefällen nur zwei Wochen. Hat der Arbeitslose nach der Entstehung bereits einmal Anlaß für eine S. von acht Wochen gegeben und hierüber einen schriftlichen Bescheid erhalten, so erlischt der noch zustehende Anspruch auf Arbeitslosengeld, wenn der Arbeitslose erneut Anlaß für eine Sperre von acht Wochen gegeben hat (§119 AFG). Hat der Arbeitslose in der Zeit vom 1. 1. 1985 bis zum 13. 12. 1989 ohne wichtigen Grund das Arbeitsverhältnis oder die Arbeitslosigkeit vorsätzlich oder grob fahrlässig durch vertragswidriges Verhalten herbeigeführt, so beträgt die S. zwölf Wochen und in besonderen Härtefällen sechs Wochen (§119a AFG).

Spesen. I. A l l g e m e i n : Aufwand, insbes. der Reisenden, Handelsvertreter, Handlungsgehilfen. Dem Unternehmer für S. gezahlte Beträge sind, soweit sie nur die Auslagen decken sollen, *grundsätzlich nicht* Teil der Vergütung. – S. gewinnen erst dann die wirtschaftliche Bedeutung einer Vergütung, wenn sie auch Aufwand decken sollen, der sonst mit Gehalt, Provision usw. bestritten werden müßte. – Vgl. auch →Aufwendungen, →Auslagenersatz. – *Steuerliche Behandlung:* Vgl. →Reisekosten, →Geschäftsfreundebewirtung, →Repräsentationsaufwendungen.

II. B a n k w e s e n : Vgl. →Bankspesen.

Spesenplätze, Begriff des Bankwesens für Orte, an denen sich keine Landeszentralbankstelle oder dem Inkassoverkehr angeschlossene Banken befinden, so daß für den Einzug von dort zahlbaren Wechseln und Schecks besondere Spesen in Anrechnung kommen. – *Gegensatz:* →Pariplätze.

Spesenrechnung, Zusammenstellung der Auslagen und besonderen Gebühren, die bei Ausführung eines Kundenauftrags im Bankgeschäft entstehen. Auch wenn die Ausführung des Auftrags durch →Selbsteintritt erfolgt, werden die Spesen berechnet.

Spezialbanken, Kreditinstitute (→Banken), die sich im Rahmen des Bankgeschäfts besonderen Aufgaben widmen. – Sie können sich *beschränken* auf: 1. Einen bestimmten Kundenkreis, indem sie die Einlagen nur oder doch überwiegend aus einer bestimmten Bevölkerungsschicht sammeln oder Kredite an bestimmte Kreise gewähren (Landwirtschaftsbanken); Geschäftstätigkeit als Branche- und Konzernbanken. 2. Einen Spezialzweig des Bankgeschäfts: a) Realkreditbanken, spezialisiert in Institute für städtische und landwirtschaftliche Grundstücksbeleihung, Schiffshypothekenbanken, Deutsche Verkehrskreditbank für Frachtstundenkredite; b) Absatzfinanzierungsinstitute; c) Institute des Abrechnungsverkehrs u. a. – Der Begriff der S. ist in der *Statistik der Deutschen Bundesbanken* ungebräuchlich. – *Anders:* →Kreditinstitute mit Sonderaufgaben. – *Gegensatz:* →Universalbanken.

Spezialbilanzen, →Sonderbilanzen.

Spezialfonds, Form der →Vermögensverwaltung für juristische Personen, i. d. R. Kapitalsammelstellen, durch Auflegen eines Fonds, wobei diese Anleger im Alleinbesitz der Anteilsscheine des Fonds sind. S. werden gemäß den individuellen Anforderungen und Bedürfnissen des Anlegers ausgerichtet und bringen gegenüber der Selbstverwaltung des Vermögens Kosten- und Steuervorteile. – Die S. verwaltenden Banken und Vermögensverwaltungsgesellschaften unterliegen dem Kreditwesengesetz und dem Gesetz über Kapitalanlagegesellschaften. – Vgl. auch →Investmentfonds.

Spezialgeschäft, Betriebsform des Einzelhandels: Das Sortiment ist noch schmaler als das eines →Fachgeschäfts, jedoch weitaus tiefer gegliedert. – *Beispiele:* S. für Krawatten, Damenstrümpfe, Blusen, Hemden, Handschuhe. – *Moderne Formen:* Tennis-, Surf-, Jogging-shop.

Spezialgroßhandlung, →Großhandelsunternehmung mit schmalem und tiefem Sortiment, oft die →Sortimentsgroßhandlung ergänzend, z. B. Tabakwaren-, Milch- und Molkereiprodukte-, Schraubengroßhandlung. Spezialisierung kann herkunfts-, stofforientiert (Lederwarengroßhandel) oder bedarfsorientiert sein (Sportartikel-, Knopfgroßhandel).

Spezialhandel, Form des statistischen Nachweises des Warenverkehrs im Außenhandel aus der Perspektive des Zollinlandes. Im Gegensatz zum →Generalhandel erscheinen lediglich die vom Zoll für die Ge- und Verbrauch sowie für Be- und Verarbeitung im Inland abgefertigten Waren einschl. des Verbrauchs im Freihafen und dort getätigten Eigen- und Lohnveredelung; d. h. im S.

werden bei der Ausfuhr neben den Warenlieferungen aus dem Zollinlandsverkehr ins Ausland die zur passiven Veredelung ins Ausland exportierten Waren und die nach aktiver Veredelung im Zollinland in Freihafenläger ausgeführten Güter erfaßt.

Spezialisierung. I. I n d u s t r i e b e t r i e b s l e h r e: Vgl. →Arbeitsteilung.

II. O r g a n i s a t i o n: 1. *Begriff:* Die durch →Segmentierung erfolgende inhaltliche Ausrichtung der Kompetenzen organisatorischer Einheiten auf jeweils spezielle Handlungsaspekte. – 2. *Gestaltungsalternativen:* Die →Zentralisation kann dabei nach dem →Verrichtungsprinzip oder nach dem →Objektprinzip erfolgen. – 3. *Beurteilung:* Die →*organisatorische Effizienz* hängt u. a. von der Art und der hierarchischen Positionierung der spezialisierten Einheit ab. Bei der S. einer Stelle auf Verrichtungen z. B. können sich v. a. auf tiefergelegenen Hierarchieebenen Vorteile besserer Auslastung maschineller Anlagen und höherer Geschicklichkeit der Handlungsträger bei gleichartigen Tätigkeiten einstellen; als Nachteil u. a. können Monotonie mit ihren Ermüdungs- und Frustrationsfolgen auftreten.

Spezialisierungsgewinn, →Handelsgewinn.

Spezialisierungskartell, →Kartell mit dem Ziel der Konzentration der beteiligten Unternehmen auf eine bestimmte Produktion bzw. auf die Erbringung bestimmter Dienstleistungen. Nach § 5a GWB Widerspruchskartell (→Kartellgesetz VII 3 b).

Spezialitätsprinzip, →Tarifvertrag IV 1 c).

Spezialschiffahrt, →Seeschiffahrt.

Spezialtarif, →Ausnahmetarif.

Spezialvollmacht, *Sondervollmacht,* →Vollmacht, die nur zur Vornahme eines bestimmten Geschäfts oder einiger bestimmter Geschäfte ermächtigt. – *Gegensatz:* →Generalvollmacht.

spezielle Betriebswirtschaftslehren, *besondere Betriebswirtschaftslehren,* Bezeichnung für jene Teile der →Betriebswirtschaftslehre, die sich mit den Besonderheiten einzelner Wirtschftszweige (Industrie, Handel, Banken, Versicherungen usw.) bzw. einer vertiefenden Erforschung betriebswirtschaftlicher Sachverhalte befassen. Die Abgrenzung zur →Allgemeinen Betriebswirtschaftslehre ist zwangsläufig unscharf. – Es *gehören dazu:* →Bankbetriebslehre, →Handelsbetriebslehre, →öffentliche Betriebswirtschaftslehre (Betriebswirtschaftslehre der öffentlichen Unternehmen und Verwaltungen), →Industriebetriebslehre, →Verkehrsbetriebslehre.

spezielle Nachfragefunktion, Funktion, die die Abhängigkeit der →Nachfrage von bestimmten als besonders wichtig erachteten

Faktoren darstellt, insbes. die →Preis-Konsum-Funktion (Abhängigkeit der Nachfrage nach einem Gut von dessen Preis) und die →Einkommens-Konsum-Funktion (Abhängigkeit der Nachfrage vom Einkommen). – *Verallgemeinerung:* Vgl. →Nachfragefunktion.

Spezieskauf, →Stückkauf.

Speziesschuld, →Stückschuld.

Spezifikation. I. Betriebsinformatik: Begriff aus dem →Software Engineering; uneinheitliche Verwendung, zahlreiche unterschiedliche Bedeutungen. – 1. *Phase im →software life cycle:* a) Synonym für →*Anforderungsdefinition;* b) Synonym für Entwurf; c) je nach →Phasenmodell auch eine Phase mit Aufgaben aus a) und b) – 2. *Dokument:* a) Beschreibung des Leistungsumfangs eines →Softwareprodukts; auch als *Systemspezifikation* bezeichnet; b) Synonym für →*Pflichtenheft;* c) Definition der Aufgabe eines →*Moduls.* – 3. *Konzept bei der Softwareentwicklung:* Für ein Modul wird durch die S. zunächst seine Aufgabe detailliert festgelegt (das „Was"); auf Grundlage der S. erfolgt dann die →*Implementierung* des Moduls (das „Wie"). Ein Grundprinzip des Software Engineering fordert, daß S. und Implementierung strikt getrennt werden. – 4. *Methode* zur Entwicklung und Darstellung einer S. (i. S. von 2c) Arten: →informale Spezifikation, →halbformale Spezifikation und →formale Spezifikation.

II. Ökonometrie: 1. *Begriff:* Phase der ökonometrischen Modellentwicklung, in der ein wirtschaftstheoretisch begründetes und statistisch schätzbares Modell des ökonomischen Untersuchungsgegenstandes (Schätzungsmodell) festgelegt wird. Es werden die endogenen und exogenen Variablen sowie deren funktionaler Zusammenhang durch die Funktionsform des Schätzungsmodells bestimmt. – Die →*Box-Cox-Transformation* ermöglicht es, die Wahl der Funktionsformen aus der Phase der S. herauszunehmen und durch die Schätzung der Funktionsformparameter zu ersetzen. – 2. *Probleme der S.:* (1) Wahl der geeigneten bestimmenden, exogenen Variablen und (2) Aggregation des Modells (→Aggregation). Fehl-S. können durch die Wahl besonderer Schätzmethoden nicht ausgeglichen werden; sie führen i. a. zu fehlerhaften Parameterschätzungen (→Parameter) und →Prognosen.

Spezifikationskauf, eine besondere Form von (insbes. Außenhandels-)Abschlüssen, bei der über die zu liefernde Ware nur Rahmenvereinbarung über Art, Menge und Grundpreis getroffen wird und der Käufer bei Abruf die Einzelheiten der im besonderen gewünschten Ware bestimmt (§ 375 HGB). Im einzelnen vgl. →Bestimmungskauf.

spezifische Ausgaben, →Einzelausgaben.

spezifische Einnahmen, →Einzeleinnahmen.

spezifische Erlöse, →Einzelerlöse.

spezifische Inzidenz, Form der →Inzidenz. Die s. I. gibt die durch eine einzelne isolierte staatliche Maßnahme bedingte Einkommensverteilungsänderung bei sonst konstant gehaltenem →Budget an. Damit sind Aussagen über einer Maßnahme spezifisch zuordenbaren Wirkungen möglich; die Prämisse einer einseitigen Ausgaben- oder Einnahmenänderung ist jedoch realitätsfern. – *Gegensatz:* →differentielle Inzidenz.

spezifische Kosten, →Einzelkosten.

spezifischer Deckungsbeitrag, →engpaßbezogener Deckungsbeitrag.

spezifischer Verbrauch, →Einzelverbrauch.

spezifischer Zoll, →Zoll, der nach dem Gewicht, dem Volumen, der Länge, der Stückzahl oder einer Kombination solcher Bemessungsfaktoren (z. B. Volumen und Alkoholgehalt) der betreffenden Ware berechnet wird. Im gemeinsamen Zolltarif der EG i. d. R. nicht enthalten. – Vgl. auch →Wertzoll, →Mischzoll.

Sphärentheorie, nach Grundsätzen des Arbeitsrechts hat der Arbeitgeber Lohn bei unverschuldeten Betriebsstörungen zu zahlen, wenn die Störung aus seiner Sphäre stammt. – Vgl. auch →Betriebsrisiko.

Sphygmograph, Pulsschreiber, am Handgelenk befestigte technische Vorrichtung, die durch einen Hebel die Bewegung des Pulses auf ein Rußpapier überträgt, das von einem Uhrwerk weitergeschoben wird, so daß eine Kurve der Pulsschläge entsteht. Zugleich zeichnet ein anderer Hebel die Zeiteinheiten auf das Rußpapier. Gebräuchlich in der →Psychotechnik.

Spiegelbildkonto, →Übergangskonto.

Spiegelbildsystem, →Zweikreissystem.

Spielbankabgabe, Steuer auf den Betrieb einer Spielbank. Nach einer Rechtsverordnung vom 27. 7. 1938 (RGBl 955) sind Spielbanken von den Steuern vom Einkommen, Vermögen und Umsatz sowie von der Lotterie- und Gesellschaftsteuer befreit. Sämtliche Steuern werden durch die S. abgegolten. Nach einem Verwaltungsabkommen zwischen Bund und Ländern (nicht veröffentlicht) beträgt die S. 80% des Bruttospielertrags. Von steuerrechtlicher Seite Bedenken wegen mangelnder Verfassungsmäßigkeit der S.

Spielgerät, Gerät, das mit einer den Spielausgang beeinflussenden mechanischen Vorrichtung ausgestattet ist und die Möglichkeit eines Gewinns bietet. Wer gewerbsmäßig a) S.

aufstellen oder b) ein anderes Spiel mit Gewinnmöglichkeiten veranstalten will, bedarf der Erlaubnis der Ortspolizeibehörde. – 1. Die Erlaubnis für die *Aufstellung eines S.* darf nur erteilt werden, wenn dessen Bauart von der Physikalisch-Technischen Bundesanstalt zugelassen ist und der Antragsteller im Besitz eines Abdrucks des Zulassungsscheins sowie im Besitz des Zulassungszeichens ist (§§ 30c, d GewO). – Das Verfahren bei der Zulassung der Bauart von S. ist geregelt in der VO i. d. F. vom 22.12.1982 (BGBl I 2015). – Besteht der Gewinn in Geld, Einsatz höchstens 0,30 DM, Gewinn höchstens 3 DM, darf die Erlaubnis nur erteilt werden für die Aufstellung in Schank- und Speisewirtschaften, Beherbergungsbetrieben, in Spielhallen oder ähnlichen Unternehmen oder in Wettannahmestellen konzessionierter Buchmacher und nur für höchstens zwei Geräte in einem Betrieb, in Spielhallen oder ähnlichen Unternehmen für höchstens drei Geräte; besteht der Gewinn in Waren, darf die Erlaubnis auch für die Aufstellung auf Jahrmärkten, Schützenfesten oder ähnlichen Veranstaltungen erteilt werden (VO über Spielgeräte und andere Spiele mit Gewinnmöglichkeit – SpielVO – i. d. F. vom 11.12.1985; BGBl I 2245). – 2. Die Erlaubnis für die *Veranstaltung eines anderen Spieles* darf nur erteilt werden, wenn der Veranstalter im Besitz einer vom Bundeskriminalamt erteilten Unbedenklichkeitsbescheinigung ist, und weiter für Spiele mit Geldgewinn nur für Spielhallen oder ähnliche Unternehmen, für Spiele mit Gewinn von Waren für Jahrmärkte, Schützenfeste und ähnliche Veranstaltungen sowie in Schank- und Speisewirtschaften oder Beherbergungsbetrieben. – 3. Keiner Erlaubnis bedarf die gewerbsmäßige *Veranstaltung unbedenklicher Spiele* (VO i. d. F. vom 5.9.1980; BGBl I 1674).

Spielgeschäft, →Differenzgeschäft.

Spielkartensteuer, eine auf Spielkarten gelegte →Verbrauchsteuer, die mit Wirkung vom 1.1.1981 abgeschafft wurde.

Spiellust, rechtliche Behandlung: 1. Ausnutzen der S. zum Zweck der Werbung durch Preisausschreiben, Gratisverlosungen usw. ist *grundsätzlich erlaubt,* wenn es sich nicht um eine strafbare Ausspielung handelt (z. B. nicht genehmigte Lotterie, →progressive Kundenwerbung). – 2. →*Unlauterer Wettbewerb* liegt dann vor, wenn das Ausnutzen der S. als psychologischer Kaufzwang zu werten ist.

Spieltheorie, *Theorie der strategischen Spiele.* 1. *Begriff:* Allgemeine mathematische Theorie des rationalen Verhaltens in einer Entscheidungssituation, deren Ausgang von den Aktionen mehrerer autonomer Entscheidungsträger bestimmt wird. – 2. *Aspekte:* (1) intuitiver Hintergrund der S., (2) formale

logische Struktur der S. und (3) Anwendung der S. – Anschauliche *Vorlage für die S.* und ihre mathematische Begriffsbildung sind die Gesellschaftsspiele, deren Spielausgang nicht bloß vom Zufall abhängt, sondern von den Strategien der Spieler, die unter Beachtung der Spielregeln ihren Vorteil suchen (z. B. Schach, Go, Poker; nicht aber Glücksspiele). – 3. *Anwendung* findet die S. in vielen Bereichen des gesellschaftlichen Lebens, z. B. bei der Beschreibung und Lösung interpersoneller Entscheidungsprobleme im wirtschaftlichen Wettbewerb, bei der Verteilung der Einkommen auf die sozialen Gruppen und Klassen, bei Konflikten innerhalb von Organisationen, militärischen Auseinandersetzungen, Wahlkämpfen politischer Parteien, Abstimmungsvorgängen in Parlamenten und anderen Gremien, Regelung zwischenstaatlicher Beziehungen. – 4. Als *Strategie* gilt ein mit den Spielregeln verträglicher Verhaltensplan des Spielers, der für jede Entscheidungssituation, in die ein Spieler im Ablauf einer Partie des Spiels geraten kann, einen Spielzug d. h. eine Entscheidung angibt; jeder möglichen Kombination der von allen Spielern gewählten Strategien (also jeden möglichen Spielausgang) ordnet eine sog. Auszahlungsfunktion eine Zahl zu, die die subjektive Bewertung des betreffenden Ergebnisses ausdrückt. Je größer die Zahl (Auszahlung oder Nutzen), desto wünschenswerter erscheint dieses durch sie repräsentierte Ergebnis dem Spieler. – 5. *Einteilung strategischer Spiele* nach der Anzahl der beteiligten Spieler: Ein-, Zwei- und n-Personenspiele; bei einem Spieler muß es sich nicht notwendigerweise um eine Einzelperson handeln, es kann auch ein kollektiv auftretender Personenverband sein, dessen Präferenzen durch eine einzige (allen gemeinsame) Nutzenfunktion wiedergegeben werden. – Die Probleme der *Konstruktion von Nutzenskalen und subjektiven Wahrscheinlichkeitsmaßen* sind Gegenstand der →Grenznutzentheorie oder →Entscheidungstheorie. – Das eigentliche Objekt der S. sind nicht die Grenzfälle (Einzelpersonenspiel oder n-Personenspiel mit n beliebig groß), sondern n-Personenspiele mit $n \geqq 2$, in denen die Auszahlungsfunktionen der Spieler nicht identisch sind. Hier ist das Postulat der individuellen Nutzenmaximierung kein hinreichendes Rationalitätsprinzip, da die Auszahlung jedes Spielers nicht nur von seinen eigenen, sondern auch von den Aktionen der anderen Spieler, die verschiedene Interessen verfolgen, abhängig ist (strategische Unsicherheit). – 6. *Aufgaben der S.:* (1) Definition des Begriffs rationalen Verhaltens der Spieler, (2) Nachweis der Existenz einer Lösung und (3) Berechnung von Lösungen für spezifische n-Personenspiele. – 7. *Klassifikation der Spiele:* a) *Spiele in Normalform,* bei denen der Spieler und der Gegner unabhängig voneinander nur einen Zug auszuführen haben; b) *Spiele in extensiver Form,* bei denen die Spieler in jeder Partie häufiger am Zuge sind. – Durch Interpretation solcher Zugfolgen als Strategien kann jedes Spiel in extensiver Form auf ein Spiel in Normalform zurückgeführt werden. – 8. *Arten von Spielen:* a) Nach der *Eindeutigkeit:* (1) *Eindeutig bestimmte Spiele:* Es gibt eine Strategie, die jedem der beiden Spieler die beste Möglichkeit erschließt, gleichgültig, wie sich der Gegenspieler verhält; dies gilt auch dann, wenn Spieler und Gegenspieler über das Verhalten des anderen vollkommen informiert sind. – (2) *Nicht eindeutig bestimmte Spiele:* Es gibt keine Strategie, die beiden Spielern die beste Möglichkeit erschließt; es ist also günstig, die Strategie des Gegners im voraus zu kennen, um seine eigene Strategie möglichst günstig wählen zu können. Diese Spiele sind durch eine gewisse Instabilität gekennzeichnet. – b) Nach der *Konstantsummenbedingung:* (1) *Konstantsummenspiel (Nullsummenspiel):* die Summe der Auszahlung für Spieler und Gegner ist für jedes Alternativpaar konstant; der eine gewinnt, was der andere verliert. Besitzt ein solches Spiel eine Gleichgewichtslage in dem Sinn, daß keiner der beiden Spieler diese verlassen kann, ohne Gefahr zu laufen, seine Auszahlungen zu verschlechtern, so existiert ein *Sattelpunkt (Gleichtgewichtspunkt).* – (2) *Allgemeines Zweipersonenspiel:* Spiel, an dem zwei Personen (Gruppen) beteiligt sind und die Auszahlungsfunktionen keiner Konstanzsummenbedingung unterliegen. Ausgangspunkt des Verhaltens der Spieler ist das Minimax-Theorem. *Beispiel:* →Gefangenen-Dilemma.

Spiethoff, Arthur, 1873–1957, bedeutender Volkswirtschaftler, Professor in Prag (1908–18) und in Bonn (1918–57). S. suchte als Schüler von Gustav Schmoller rationale und geschichtliche Theorie in Lehre einer Wirtschaftsstile zu vereinigen, die die geschichtlichen und sozial bedingten wirtschaftlichen Erscheinungen „rational" zu erklären und „anschaulich" zu verstehen sucht. Die „reine Theorie" muß durch die „anschauliche Theorie" mittels den (geisteswissenschaftlichen) „Verstehens" ergänzt und überbaut werden. Aus dieser methodologischen Anschauung heraus entwickelte er seine bedeutende Krisenlehre, eine moderne Fassung der →Überinvestitionstheorie. S. betrachtete die „Wechsellagen" als typische Formen des Kapitalismus. – *Hauptwerke:* „Boden und Wohnen in der Marktwirtschaft" 1934; „Die wirtschaftlichen Wechsellagen", 2 Bde., 1955.

Spill-over-Effekt. I. V o l k s w i r t s c h a f t s - l e h r e: 1. *Wirtschaftstheorie:* Vgl. →externe Effekte. – 2. *Wirtschaftspolitik:* Beeinflussung der internationalen politischen Ebene, v. a. im Hinblick auf die europäische Integration, durch soziale und wirtschaftliche Entschei-

dungen und Entwicklungen auf nationaler Ebene.

M a r k e t i n g : Beeinflussung von Image und Bekanntheitsgrad eines Objekts (i. d. R. Produkt oder Produktgruppe) durch ein anderes Objekt und dessen Image (Partizipationseffekt). Denkbar sind positive (S.-o.-E. i. e. S.) und negative Wirkungen. – *Beispiele:* positive (negative) Wirkung des Images eines Landes oder einer Branche auf ein Produkt, positive Wirkung eines Produktes eines Produzenten mit hohem Bekanntheitsgrad (eventuell Marktführer) auf ähnliche Konkurrenzprodukte; positive Wirkung eines (positiven) corporate images (→corporate identity); positive (negative) Wirkung des Produktes A eines Produzenten auf ein Produkt B desselben Produzenten (→Umbrella-Effekt, →Kannibalismus-Effekt).

Spinnwebtheorem, *cobweb theorem,* Ansatz zur Erklärung oszillatorischer Preis- und Mengenbewegungen, die auf verzögerten Angebotsanpassungen (→Lag) beruhen. Das Modell geht von der Prämisse aus, daß sich das Angebot der Unternehmer nach den Preisen der Vorperiode richtet,

$$A_t = s (p_{t-1}) + B ,$$

die Nachfrage jedoch vom Preis in diesem Zeitpunkt abhängt,

$$N_t = - s (p_t) + b .$$

Je nach der Konstellation der Angebots- zur Nachfragekurve sind verschiedene Fälle denkbar. In den nachfolgenden Darstellungen soll $A_L A_L$ die langfristige Angebotskurve, NN' die ursprüngliche Nachfragekurve kennzeichnen.

1. *Ist die* auf die Mengenachse bezogene *Steigung der Angebotskurve größer als die der Nachfragekurve,* ergibt sich ein langfristig stabiles Gleichgewicht. Unterstellt man, daß im Zeitpunkt der Gleichgewichtslage S. eine dauerhafte Verschiebung der Nachfrage von NN' nach $N_1 N_1'$ eintritt, wird unter Voraussetzung einer kurzfristigen Unelastizität des Angebots der Preis auf p_2 steigen (hier die kurzfristige Gleichgewichtslage S'). Für den hohen Preis p_2 und die daran geknüpften Erwartungen werden die Unternehmer zu Produktionsausweitungen veranlassen. Wird jedoch nach Abschluß der →Anpassung (z. B. in einem Jahr) die Menge OM_2 zum Preis p_2 im zweiten Jahr angeboten, ist die Nachfrage nur noch bereit, die Menge zum Preis p_3 anzukaufen. Der Preissturz auf p_3 wird die Unternehmer wiederum zu erneuter Anpassung veranlassen, so daß in der nächsten Periode zum Preis von p_3 nur noch die Menge OM_3 angeboten wird. Diese Menge wird bei gegebener Nachfrage eine Preiserhöhung hervorrufen und kann sogar zum Preise p_4 abgesetzt werden. Der

Anpassungsprozeß wiederholt sich von Periode zu Periode, bis die langfristige stabile Gleichgewichtszustand S_1 erreicht ist, d. h. die Menge OM_1 zum Preise p_1 angeboten wird.

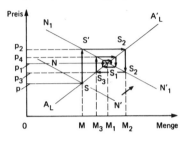

2. *Ist die Steigung der Angebotskurve kleiner als die der Nachfragekurve,* liegt ein labiles Gleichgewicht vor. Die jeweiligen Angebotsanpassungen setzen hier eine Preis- und Mengenentwicklung in Bewegung, die sich immer weiter vom Gleichgewichtszustand entfernt und schließlich negative Werte annimmt.

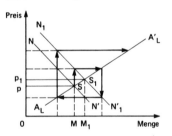

3. *Ist die Steigung der Angebotskurve gleich der der Nachfragekurve,* führt die Preis- und Mengenentwicklung weder zum Gleichgewichtszustand hin noch von diesem weg, sondern kreist in konstanter Entfernung um den Gleichgewichtspunkt S_1.

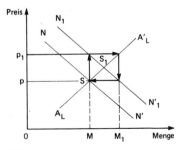

4. *Ist das Angebot der Unternehmungen kurzfristig nicht völlig unelastisch* (Lagerbestandsveränderungen), so vollzieht sich die Anpassung wesentlich schneller. Es erhöht sich dabei auch die Wahrscheinlichkeit eines stabilen Gleichgewichts.

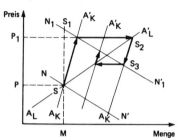

Spitzen, *Spitzenbeträge.* I. B a n k w e s e n : Überschießende Beträge, die sich bei der Aufrechnung von Wert und Gegenwert ergeben, z. B. bei der Abwicklung von Termingeschäften, im Abrechnungsverkehr, beim Umtausch von Wertpapieren, bei Zusammenlegung von Aktien, bei Ausübung von Bezugsrechten.

II. L o h n p o l i t i k : Vgl. →Lohnspitzenverzicht.

Spitzenbeträge, , →Spitzen.

split ballot, *Gabelungsmethode, gegabelte Befragung,* →Befragung, bei der zwei jeweils repräsentativen Querschnitten unterschiedliche Frageformulierungen vorgelegt werden. Abweichende Ergebnisse sind aufgrund der Strukturgleichheit der Befragtenquerschnitte auf die variierte Fragestellung zurückzuführen. S. b. ermöglicht die experimentelle Überprüfung der Zweckmäßigkeit von Frageformulierungen.

Split-run-Verfahren, Methode der Werbemittelforschung, die nach dem Prinzip des Teilgruppenvergleichs (→split ballot) vorgeht. Dabei werden die verschiedenen Anzeigen in unterschiedlichen Gruppen oder Teilstichproben durch Plazierung eines Inserats in nur einem Teil der Auflage, z. B. einer überregionalen Zeitung oder Zeitschrift, getestet. Unterschiedliche Ergebnisse können dann auf die Anzeigen zurückgeführt werden.

Splitting-Verfahren. I. E i n k o m m e n s t e u e r r e c h t : Form der Ehegattenbesteuerung (→Ehegatten IV). Das gemeinsam →zu versteuernde Einkommen der Ehegatten wird halbiert. Die tarifliche Einkommensteuer wird dann ermittelt, indem der auf die Hälfte des zu versteuernden Einkommens entfallende und nach der →Einkommensteuer-Grundtabelle ermittelte Steuerbetrag verdoppelt wird. Durch das S.-V. wird die Progressionswirkung der Einkommen- bzw. Lohnsteuer gemildert.

II. Börsenwesen: Besonders in den USA übliches Verfahren, Aktien, deren Kurs sehr hoch gestiegen ist, in zwei oder mehr Aktien aufzuteilen, wobei die Altaktionäre im Verhältnis ihrer Altaktien Anrecht auf diese neuen Aktien haben. – In der Bundesrep. D. üblich bei Anteilscheinen der Investmentgesellschaften. Durch das S.-V. verringert sich der Nennbetrag der einzelnen Aktie bzw. bei nennwertlosen Aktien der Anteil am Gesellschaftsvermögen. Aufgrund der erhöhten umlaufenden Stückzahl und des niedrigeren Kurses ergibt sich eine bessere Handelbarkeit der Aktien und Anteilsscheine.

III. Produktionsplanung und -steuerung: Maßnahme, um Terminüberschreitungen aus der *Durchlaufterminierung* zu beseitigen. Sofern für einen Arbeitsgang eines Fertigungsauftrags mehrere Maschinen zur Verfügung stehen, kann der Auftrag aufgeteilt und parallel bearbeitet werden. – *Vorteil:* Reduktion der Durchlaufzeit; *Nachteil:* mehrfache Rüstkosten.

Sponsoring, Planung, Organisation, Durchführung und Kontrolle sämtlicher Aktivitäten, die mit der Zurverfügungstellung von Mitteln durch Unternehmen für Personen und Organisationen zwecks Erreichung unternehmerischer Marketing- und Kommunikationsziele verbunden sind; ein Instrument im →Kommunikations-mix eines Unternehmens. – *Einsatzmöglichkeiten:* Im sportlichen *(Sport-S.),* kulturellen *(Kultur.-S.),* und sozialen Bereich *(Sozio-S.).*

Spontanhandlungsverfahren, →Schnellgreifbühne.

Spool-Betrieb, *spooling, Simultaneous-peripheral-operations-online-Betrieb.* 1. *Begriff:* Technik des →Betriebssystems für die Abwicklung von Ein-/Ausgabevorgängen bei →Mehrplatzrechnern oder einem →Rechnernetz. – 2. *Ablauf:* Da die Geschwindigkeit der →Peripheriegeräte es i. d. R. nicht erlaubt, die Ein-/Ausgabewünsche aller →Programme sofort bzw. gleichzeitig abzudecken, werden die Ein- und Ausgabedaten zunächst auf temporären →Dateien zwischengespeichert. Das Betriebssystem des Rechners, an das das benötigte Gerät angeschlossen ist, übernimmt es, diese Dateien zu verwalten und abzurufen, wenn sie zur Verarbeitung bzw. für die Ausgabe benötigt werden. Durch den S. werden auf der einen Seite Wartezeiten der →Zentraleinheit wegen langsamer Peripheriegeräte vermieden, auf der anderen Seite ermöglicht er eine optimale Auslastung der Peripheriegeräte. – 3. *Anwendung:* V. a. bei Datenausgabe über →Drucker.

spooling, →Spool-Betrieb.

Spotgeschäft. 1. An den *internationalen Warenbörsen:* Geschäft gegen sofortige Kasse und Lieferung, Form des →Effektivgeschäfts. – 2. Im *Devisenhandel:* Vgl. →Kassageschäft. – 3. Das S. wird abgewickelt zum *Spotkurs* oder *Spotpreis* (Kassakurs; vgl. →Kurs 2). – *Gegensatz:* →Termingeschäft.

Spotkurs, →Spotgeschäft 3.

Spotpreis, →Spotgeschäft 3.

Sp-Police, →Speditions-Police.

Spracherkennung, Anwendungsfeld der →künstlichen Intelligenz, das sich mit der Anwendung von KI-Methoden und der Verarbeitung und Interpretation von Tönen, die die menschliche Sprache repräsentieren, beschäftigt.

Spread, Zinsaufschlag auf einen →Referenzzinssatz (Zinssatz für die erste Adresse) zur Bestimmung des Zinssatzes eines Kredites; der S. steigt insbes. mit sinkender Bonität des Schuldners und sinkendem Wettbewerb der Gläubiger (Banken); er bestimmt die Zinssatzdifferenzen zwischen den Krediten (→Zinsstruktur) bzw. die Streubreite; diese betrug im April 1986 bei Wechseldiskontkrediten (bundesbankfähige Abschnitte; 5–20000 DM) 3,75–7,25% p. a.; bei Festgeld (drei Monate, 1–5 Mill. DM) 3,75–4,40% p. a.

spreadsheet. 1. Englische Kurzbezeichnung für →Arbeitsblatt. – 2. Kurzbezeichnung für →Tabellenkalkulationssystem (Spreadsheet-System).

Sprechanlage, hausinternes Gerätesystem zur tastengesteuerten oder automatischen Sprachübertragung.

Sprechbörse, inoffizielle Börsenversammlung, die nicht den Bestimmungen des Börsengesetzes entspricht.

Sprecherausschuß, Vertretung der →leitenden Angestellten. Auf den Kreis der in § 5 III BetrVG näher beschriebenen leitenden Angestellten findet das BetrVG grundsätzlich keine Anwendung. Die leitenden Angestellten werden nicht vom →Betriebsrat repräsentiert. Das BetrVG kennt auch keine eigenständige Vertretung der leitenden Angestellten. Andererseits wird es für zulässig gehalten, auf freiwilliger Grundlage S. zu bilden. Die S. können aber nicht Rechte aus dem BetrVG wahrnehmen. Vereinbarungen zwischen Arbeitgeber und S. gelten nicht unmittelbar und zwingend zwischen Arbeitgebern und leitenden Angestellten.

Sprecherfunktion, Form der Arbeitsteilung bei ressortloser Unternehmensführung (→Organisation der Unternehmensleitung).

Sprengstoffgesetz, →explosionsgefährliche Stoffe.

Springer, räumlich und leistungsartmäßig flexible Arbeitskräfte, die je nach Notwendigkeit an unterschiedlichen Stellen im Produktionsprozeß einsetzbar sind und spezifische oder alle Arbeitsaufgaben erfüllen können. S. sind somit Elemente des Potentialsystems, die nicht fest bestimmten Arbeitssystemen zugeordnet sind.

sprungfixe Kosten, →intervallfixe Kosten.

Sprungfolge, *Anfang-Ende-Beziehung,* Begriff der Netzplantechnik: Spezielle Ablaufbeziehung zwischen zwei →Vorgängen, bei der als Bezugspunkte der Anfang des ersten und das Ende des zweiten Vorgangs dient. Vgl. im einzelnen →Netzplantechnik III 2.

Sprungkosten, →intervallfixe Kosten.

Sprungregreß, →Sprungrückgriff.

Sprungrevision. 1. *Zivilprozeßordnung:* In Ausnahmefällen als →Rechtsmittel gegen Endurteile der Landgerichte erster Instanz zugelassene →Revision. Die S. bringt das Verfahren unter Übergehung der Berufsinstanz (Oberlandesgericht) unmittelbar an den Bundesgerichtshof. Sie ist nur statthaft, wenn gegen das Urteil des Oberlandesgerichts die Revision zulässig wäre und wenn der Gegner einwilligt (§ 566 a ZPO). – 2. *Verwaltungsgerichtsordnung:* Revision gegen das Urteil eines Verwaltungsgerichts an das Bundesverwaltungsgericht unter Übergehung der →Berufung (§ 134 VwGO). Statthaft bei Einverständnis des Gegners und Zulassung durch das Verwaltungsgericht. Zulassung nur bei grundsätzlicher Bedeutung der Rechtssache oder Abweichen des Urteils von einer Entscheidung des Bundesverwaltungsgerichts.

Sprungrückgriff, *Sprungregreß,* beim Wechsel oder Scheck zulässige Form des →Rückgriffs. Der Inhaber braucht sich nicht an die Reihenfolge der Wechsel- bzw. Scheckverpflichteten zu halten, sondern kann bei jedem einzelnen der Indossanten, Bürgen und dem Aussteller Rückgriff nehmen (Art. 47 II WG, Art 44 II ScheckG).

SPSS, statistical package for the social sciences, bekanntes und verbreitetes Programmpaket für Statistik. Als eine →Methodenbank stellt SPSS mathematische Verfahren aus der Statistik zur Verfügung; geschrieben ist SPSS in der Programmiersprache →Fortran.

spurgebundener Verkehr, →Schienenverkehr.

SQL, *Sequel, structured (english) query language.* 1. *Begriff:* →Abfragesprache; wichtiges Ergebnis aus den Entwicklungsarbeiten der Firma →IBM für ein relationales (→Relatio-

nenmodell) →Datenbanksystem. – 2. *Sprachstruktur:* SQL ist eine deskriptive und mengenorientierte Sprache (alle Ergebnisse einer Abfrage werden gleichzeitig geliefert und nicht nacheinander zur Verfügung gestellt); sie vereint in sich Funktionen einer →Datenbeschreibungssprache und einer →Datenmanipulationssprache. – 3. *Standardisierung:* SQL stellt heute den →De-facto-Standard für relationale Abfragesprachen dar; ihre Normung ist in Vorbereitung (→ANSI X3HZ-Empfehlung). – 4. *Anwendung:* U. a. bei den Datenbanksystemen →DB2 und →Oracle.

square foot, angelsächsische Flächeneinheit. 1 square foot = 0,092 903 m².

square inch, angelsächsische Flächeneinheit. 1 square inch = 6,451 6 cm².

square yard, angelsächsische Flächeneinheit. 1 square yard = 0,836 127 m².

sr, Kurzzeichen für Steradiant, (→gesetzliche Einheiten, Tabelle 1).

Sri Lanka, ehemals *Ceylon,* Land in Südasien, seit 1978 Präsidialrepublik mit der Bezeichnung „Demokratische Sozialistische Republik". Das Parlament besteht aus einer Kammer, seit 1948 unabhängig; neuer Name S. L. seit 1972. Insel im nördlichen Indischen Ozean mit tropischem Monsunklima. – *Fläche:* 65 610 km², eingeteilt in 9 zentralistisch verwaltete Provinzen und 24 Distrikte. – *Einwohner* (E): (1985, geschätzt) 15,84 Mill. (241,4 E/km²), 74% Singhalesen, 12,6% Ceylon-Tamilen, 5,6% Indien-Tamilen, 7,12% Moors. – *Hauptstadt:* Colombo (623 000 E); weitere wichtige Städte: Dehiwala-Mount Lavinia (181 000 E), Moratuwa (137 000 E), Jaffna (128 000 E), Kandy (114 000 E), Sri Jayewardenapura (102 000 E). – *Amtssprachen:* Singhalesisch, Englisch, Tamil.

Wirtschaft: *Landwirtschaft:* 54% der Erwerbspersonen waren 1981 in der Landwirtschaft tätig. Anbauprodukte: Tee, Reis, Kautschuk, Kokosnüsse, Kopra, Mais, Kaffee, Kakao. Viehzucht: Rinder, Büffel, Ziegen, Schweine, Schafe. – *Fischfang:* (1982) 211 300 t. – *Bergbau:* Traditionell ist die Edelsteingewinnung; daneben Abbau von Graphit, Ilmenit, Rutil, Monazit, Kaolin. – *Industrie:* Nahrungs- und Gebrauchsgüter-, chemische Industrie; Erdölraffinerie, Stahlwerk, Reifenfabrik. 1982 waren 14% der Erwerbspersonen in der Industrie, 32% im Dienstleistungssektor tätig. – *Reiseverkehr:* (1982) 407 230 Touristen. – *BSP:* (1985, geschätzt) 5980 Mill. US-$ (370 US-$ je E). – Anteil der Landwirtschaft am *BSP:* (1984) 27%; der Industrie: 27%. – *Öffentliche Auslandsverschuldung:* (1984) 41,2% des BSP. – *Inflationsrate:* (Durchschnitt 1973–84) 14,9%. – *Export:* (1985) 1191 Mill. US-$, v. a. Tee (zweitwichtigstes Exportland der Erde), Textilien, Kautschuk, Kopra,

Kokosöl, Kakao, Graphit, Erdölprodukte. – *Import:* (1985) 1874 Mill. US-$, v.a. Nahrungsmittel und Konsumgüter, Maschinen, Erdöl. – *Handelspartner:* USA, Saudi-Arabien, Bundesrep. D., Großbritannien, Singapur, Japan, Pakistan, UdSSR.
V e r k e h r : Colombo ist einer der bedeutendsten *See- und Flughäfen* auf der Südostasien-Route. Eigene *Luftfahrtgesellschaft.* Etwa 1500 km *Schienen.*
M i t g l i e d s c h a f t e n : UNO, CCC, UNCTAD u.a.; Colombo-Plan, Commonwealth.
W ä h r u n g : 1 Sri-Lanka-Rupie (S.L.Re.) = 100 Sri-Lanka-Cents (S.L.Cts.).

SR-Konzept, Stimulus-Response-Konzept, →Käuferverhalten II 1.

SRU, Abk. für →Sachverständigenrat für Umweltfragen.

SST, Abk. für →Seehafen-Speditions-Tarife.

Staatenbund, völkerrechtliche Verbindung von Staaten, i.d.R. zu einem einheitlichen Völkerrechtssubjekt mit einer einheitlichen Verfassung. Anders als der →Bundesstaat eine verhältnismäßig lose Form des Zusammenschlusses, mit viel Selbständigkeit der Gliedstaaten (z.B. eigene Militärhoheit und Recht zur Errrichtung eigener diplomatischer Vertretungen) und nur schwachen Ansätzen zur Bildung einer Zentralgewalt. – *Beispiele:* Deutscher Bund (1815–1867), Britisches Commonwealth.

Staatenloser, Person, die keine →Staatsangehörigkeit besitzt. Nach dem Gesetz zur Verminderung der Staatenlosigkeit vom 29.6.1977 (BGBl I 1101) sind St. unter erleichterten Voraussetzungen einzubürgern; ferner ist der Verlust der deutschen Staatsangehörigkeit erschwert, wenn Status als St. droht. – Vgl. auch →Einbürgerung.

staatliche Regulierung, →Regulierung.

staatliche Sozialpolitik, →Sozialpolitik.

staatliche Verkehrspolitik. I. G r u n d l a g e n : 1. *Begriff:* Die st.V. ist eine sektorale Wirtschaftspolitik, die sich auf den Transport von Gütern, Personen und Nachrichten bezieht und der Realisierung wachstums-, struktur-, raumordnungs- und verteilungspolitischer, aber auch sicherheits-, umwelt- und energiepolitischer Ziele dient. – *Träger:* Die st.V. ist institutionell nicht auf den Bund und die Länder begrenzt, sondern umfaßt auch die verkehrspolitischen Ziel-Mittel-Systeme anderer mit hoheitlichen Eingriffsrechten ausgestatteter Gebietskörperschaften (z.B. Gemeinden, Kreise, Gemeinde- und Landschaftsverbände). – 3. *Einteilung:* a) *Infrastrukturpolitik* (vgl. →Verkehrsinfrastruktur) und →*Verkehrsplanung:* Investitionen und Desinvestitionen in die Verkehrswege und Umschlagplätze, Anlastung von Wegekosten. – b) *Marktordnungs- und Tarifpolitik:* Marktzutritts-/Marktaustrittsregulierung, Tarifregu-

lierung, Eingriffe in Kooperations- und Konzentrationsprozesse.

II. I n f r a s t r u k t u r p o l i t i k u n d V e r k e h r s p l a n u n g : 1. *Entwicklungslinien:* a) *Wiederaufbau- und Expansionsphase:* Unmittelbar nach dem Zweiten Weltkrieg bestand die Hauptaufgabe der st.V. in der Beseitigung der gravierendsten Kriegsschäden an der Verkehrsinfrastruktur und in der Wiedeingangsetzung der Verkehrsleistungsproduktion. Darüber hinaus ergaben sich sehr bald infrastrukturelle Modernisierungs- und Ergänzungsnotwendigkeiten (Elektrifizierung und Verdieselung des Zugantriebs; schwerpunktmäßiger Ausbau der Binnenwasserstraßen; systematischer Ausbau der Bundesfernstraßen). Ausbau der Verkehrswege erfolgte fast ausschließlich in Orientierung an gesamtwirtschaftlichen Wachstumserfordernissen; wenige Ausnahmen: z.B. Coburger Verkehrswegeplan für das Zonenrandgebiet. Erst Ende der 60er Jahre zeichnete sich ein entscheidender Bedeutungswandel raumordnerischer Problemlagen für die Politikformulierung im Verkehrssektor ab. Der Zweite Ausbauplan für die Bundesfernstraßen 1971–85 berücksichtigte neben verkehrlichen auch raumordnerische Bewertungskriterien der Neubau- und Ausbaumaßnahmen.

b) *Übergangsphase zu einer koordinierten Verkehrswegeplanung:* Bis weit in die 60er Jahre hinein erfolgte die Verkehrswegeplanung fast überwiegend im Rahmen isolierter Fachplanungen. Zunehmende technische und wirtschaftliche Koordinierungsnotwendigkeiten und enger werdende Finanzierungsspielräume gaben den Anstoß für eine Gesamtverkehrsplanung auch auf Bundesebene. Erstes Ergebnis dieser Entwicklung war 1973 die Vorlage des *Bundesverkehrswegeplanes (BVWP)* 1. Stufe (Langfristplanung 1973–85 mit mehrjährigen Bauprogrammen). Eine geschlossene verkehrszweigübergreifende Bewertung aller Maßnahmen erfolgte noch nicht; statt dessen ein Rückgriff auf die beispielhaften Korridoruntersuchungen, in denen mit einer Kombination von Kosten-Nutzen-Analyse und Kostenwirksamkeitsanalyse ausgewählte Verkehrswegeinvestitionen (Schiene, Straße, Wasserstraße, unter Berücksichtigung von Luft- und Rohrleitungsverkehr) in drei Verkehrskorridoren auf ihre Wirtschaftlichkeit hin untersucht worden waren (Bewertungskriterien: Baukosten, Unterhaltungskosten, Instandsetzungskosten, Zeit- und Betriebskostenersparnisse, Sicherheitseffekte, Attraktivitätssteigerung, Lärmbelästigung, Luftverschmutzung, Wasserverschmutzung, Landschaftsbild, Erreichbarkeit zentraler Einrichtungen, Förderung wirtschaftlicher Aktivitäten und Erweiterung des Einzugsbereichs von Naherholungsgebieten), Korrektur und Fortschreibung des BVWP 1. Stufe führten 1976/77 zur Überprüfung des Bedarfsplanes für die Bundesfernstraßen und zur Vorlage des *Koordinierten Investitionsprogramms für die Bundesverkehrswege* bis 1985 *(KIP)*. Hinsichtlich der Bundesfernstraßen führte die explizite Einbeziehung raumordnerischer Gebiets- und Achsenkategorien zu einer beträchtlichen Verfeinerung der Bewertungsmethodik. Entsprechende Entwicklungen zeigten sich auch im Bereich der Bewertung von Neu- und Ausbaustrecken der DB, wenngleich hier noch weitgehend an die Methodik der Korridoruntersuchungen angeknüpft wurde. Parallel zu den Arbeiten zur Verbesserung der gesamtwirtschaftlichen und raumordnerischen Bewertung geplanter Verkehrsobjekte wurde auch die Entwicklung eines standardisierten Bewertungsverfahrens für Streckenstillegungen der DB vorangetrieben (mehrdimensionales nutzwertanalytisches Bewertungskonzept).

c) *Gegenwart:* Die Ende der 70er Jahre einsetzende Mängelanalyse der bisherigen Investitionsprogrammen zugrunde liegenden Planungsmethodik führte im Rahmen methodischer Weiterentwicklungen zur Vorlage des Bewertungsverfahrens für die Aufstellung des *Bundesverkehrswegeplanes 1980* (Konzept der Kosten-Nutzen-Analyse mit einem weitgefächerten Kriterienkatalog). Der Bundesverkehrswegeplan 1985 knüpft im wesentlichen an den damit erreichten Stand der Planungsmethodik an. Die verschiedenen Bewertungskriterien ermöglichen eine gesamtwirtschaftliche, regionalpolitische und ökologische Beurteilung der geplanten Investitionsprojekte und spiegeln im einzelnen die mittlerweile erreichte Differenzierung des verkehrspolitischen Zielsystems wider (Wachstum, Struktur, Raumordnung, Verteilung, Sicherheit, Umwelt, Ernergie). Bei allen Verfahrensschwächen im einzelnen ist damit ein recht hoher (auch international beachteter) Entwicklungsstand der Methodik der Infrastrukturplanung im Verkehrssektor erreicht worden.

Bundesverkehrswegeplan 1985

Investitionsbereiche	Investitionen 1986–1995	
	Investitionsniveau in Mrd. DM	Investitionsstruktur in %
1. Schienennetz der DB (Allgemeine und streckenbezogene Investitionszuschüsse des Bundes)	35,0	27,8
2. Bundesfernstraßen	50,1	39,7
davon: Hauptbautitel	26,2	20,8
3. Bundeswasserstraßen	8,0	6,4
4. Luftfahrt	2,3	1,8
5. GVFG-Finanzhilfen für ÖPNV	13,9	11,0
6. GVFG-Finanzhilfen für kommunalen Straßenbau	13,9	11,0
7. Übrige Bereiche	2,9	2,3
Summe	126,1	100,0

Quelle: Bundesminister für Verkehr (Hrsg.): Bundesverkehrswegeplan 1985, Bonn 1985.

2. *Gegenwarts- und Zukunftsprobleme:* a) *Neubau-/Ausbaubedarf:* Trotz einiger gegenläufiger Tendenzen (Personenverkehr: Bevölkerungsstagnation/-rückgang; Güterverkehr: Sinken der globalen Transportintensität der Produktion) muß für die Zukunft mit einer weiteren Mobilitätszunahme gerechnet werden (nach Schätzungen des Bundesverkehrswegeplan 1985 für den Zeitraum 1984–2000: Güterverkehr + 8,6 bis 25,5%, Personenverkehr + 2,7 bis 9,1%). Außerdem zeichnen sich bereits in der Gegenwart Kapazitätsengpässe in den Schwerelinien des Verkehrs ab. Daher müssen die bestehenden Verkehrsnetze durch Neubau- und Ausbaumaßnahmen angemessen ergänzt und verbessert werden. Die vielfach erhobene Forderung nach einem Stopp des Verkehrswegebaus spiegelt ein hohes Defizit an Sachinformation und Zukunftsvorsorgebereitschaft wider.

b) *Ersatzbedarf:* Ein wesentlicher Teil der heute bestehenden Verkehrsinfrastruktur löst bereits in der Gegenwart beträchtliche Ersatzinvestitionen aus; für die Zukunft wird der Ersatzbedarf merklich ansteigen. Wird dieser Entwicklung nicht Rechnung getragen, so wird sich die Modernität der Verkehrsinfrastruktur entscheidend verschlechtern.

c) *Desinvestitionsprobleme:* Die Aufrechterhaltung unrentabler Eisenbahnstrecken im ländlichen Raum wird auf lange Sicht kaum möglich sein; hier müssen zukunftsweisende Ersatzlösungen gefunden werden, die das Wachstum des Individualverkehrs nicht noch zusätzlich forcieren.

d) *Wegekostenproblem:* Die Lösung der Wegekostenfrage ist unerläßliche Voraussetzung für eine verstärkte wettbewerbliche Ordnung der Verkehrsmärkte. Dabei verläuft die Wegekostendebatte nach wie vor recht kontrovers. Wegekostenanlastung kann erfolgen aufgrund einer Ausgabenrechnung (Berücksichtigung der effektiven Ausgaben mit ihrer jeweiligen zeitlichen Verteilung) oder einer Kostenrechnung (Annuisierung der diskretionär anfallenden Ausgaben). Die Kostenrechnung ist denkbar nach Maßgabe (sozialer) Grenzkosten oder der Vollkosten. Weitere Probleme werfen die Auswahl des Zinssatzes in der Kostenrechnung sowie die Berücksichtigung verkehrsfremder Funktionen der Verkehrsinfrastruktur (z. B. wasserwirtschaftliche Gesichtspunkte bei Binnenwasserstraßen) und die kostenrechnerische Behandlung abgabebefreiter bzw. abgabebegünstigter Verkehrsteilnehmer (z. B. Fahrräder, städtische Fahrzeuge) auf. Ferner sind Art und Ausmaß der *Wegeeinnahmen* bei einzelnen Verkehrsträgern recht umstritten (Kfz-Steuer und Mineralölsteuer als spezifische Wegeeinnahmen oder als allgemeine Staatseinnahmen gemäß dem generellen Nonaffektationsprinzip; Wegeeinnahmen der Eisenbahn als nach Maßgabe des Kostenanfalls für Betrieb und Netz aufgeschlüsselte

Gesamteinnahmen; in der Binnenschiffahrt nur teilweise Erhebung von Schiffahrtsabgaben). Vorliegende Wegekostenrechnungen weisen darauf hin, daß der *Wegekostendeckungsgrad* bei den Verkehrsträgern Straße, Eisenbahn und Binnenschiffahrt in den letzten 20 Jahren kontinuierlich abgenommen hat und daß der höchste Kostendeckungsgrad gegenwärtig mit 90% im Straßenverkehr realisiert wird; für die DB liegt diese Meßziffer (unter Berücksichtigung der Ausgleichszahlungen des Bundes und bei anteiliger Betriebskostendeckung) bei 66%, während die Binnenschiffahrt nur eine Kostendeckung von etwa 9% erreicht.

e) *Probleme der Planungsverfahren:* Die Komplexität der Planungsverfahren erschwert die intersubjektive Überprüfung der Planungsergebnisse und verdeckt die vorhandenen nicht unerheblichen Theorie-, Methoden- und Datendefizite; grundsätzlich notwendige Erfolgskontrollen finden kaum statt. Ungeklärt ist nach wie vor die Grenzziehung zwischen gesamtwirtschaftlicher, regionalpolitischer sowie ökologischer Evaluierung von Verkehrsinfrastrukturprojekten einerseits und den Vorgaben sowie Vorbehalten der politischen Entscheidungsträger andererseits.

III. Marktordnungs- und Tarifpolitik: 1. *Entwicklungslinien:* a) *Restaurationsphase:* Die bereits in der Zwischenkriegszeit im Deutschen Reich entstandene staatliche Regulierung der Verkehrsmärkte wurde von der Bundesrep. D. weitgehend übernommen. Den Kern des *verkehrspolitischen Dirigismus* bildeten das Güterfernverkehrsgesetz vom 2.9.1949, das Allgemeine Eisenbahngesetz (AEG) vom 29.3.1951, das Bundesbahngesetz (BbG) vom 13.12.1951, das Güterkraftverkehrsgesetz (GüKG) vom 17.10.1952 sowie das Binnenschiffahrtsgesetz (BSchVG) vom 1.10.1953. Diese Gesetzgebung war wesentlich vom Schutzgedanken zugunsten der DB geprägt, die ihrem durch das BbG festgelegten gemeinwirtschaftlichen Auftrag angesichts längst verlorengegangener Monopolstellung nur zu Lasten der Eigenwirtschaftlichkeit entsprechen konnte. Die Wettbewerber der DB wurden Behinderungen bzw. Einschränkungen unterworfen. *Nichtbundeseigene Eisenbahnen:* Genehmigungspflicht, Pflicht zur Tarifabstimmung mit der DB. *Straßengüterfernverkehr:* Konzessionierung und Kontingentierung sowie unmittelbare Festsetzung der (Fest-)Tarife ohne jede gesetzlich gesicherte Mitwirkung des Gewerbes selbst; Schaffung der Bundesanstalt für den Güterfernverkehr (BAG) als Kontrollinstanz. *Werkverkehr:* Lediglich Erlaubnispflicht für die Fahrzeuge über 4 t Nutzlast. *Straßengüternahverkehr:* Erlaubnisverfahren im allgemeinen Güternahverkehr sowie Erlaubnis- und Genehmigungsverfahren im Güterliniennahverkehr; Höchstpreisverordnung, seit 1959

genehmigungspflichtige Margentarife. *Binnenschiffahrt:* Beibehaltung der Schifferbetriebsverbände als Zwangsorganisation der nicht genossenschaftlich oder durch langfristige Beschäftigungsverträge gebundenen Partikuliere; Ladungszuteilung nach Quotensystem und Subventionierung unrentabler Strecken mittels Frachtenausgleichskassen und Zwangsbeiträgen; im Binnenverkehr Festlegung der genehmigungspflichtigen Festtarife im Rahmen von Frachtenausschüssen. Für den binnenländischen *Personenverkehr* wurde zunächst das Personenbeförderungsgesetz (PBefG) von 1934 mit Lizenz-, Betriebs-, Beförderungs- und Tarifpflicht übernommen. In dieser Weise waren die Verkehrsmärkte in der Bundesrep. D. durch weitreichende Marktzugangsbeschränkungen und Tarifregulierungen mit staatlicher Tarifkoordination gekennzeichnet.

b) *Verkehrsgesetze von 1961:* Nach erfolgter Konsolidierung der deutschen Wirtschaft begann die zweite Phase der Marktordnungs- und Tarifpolitik. Insbes. die Vorschläge des Beyer-Ausschusses (1959, der Brand-Kommission (1960) sowie des Wissenschaftlichen Beirats beim Bundesverkehrsministerium prägten die Novellierung der Verkehrsgesetze für die Eisenbahn, den Güterkraftverkehr und den gewerblichen Binnenschiffsverkehr. Die Gesamtkonzeption dieses Gesetzgebungsprogramms wird deutlich in der in die verschiedenen Verkehrsgesetze übernommenen gleichlautenden Vorschrift des § 8 AEG, § 7 GüKG und § 33 BSchVG *(Wettbewerbs- oder Basisparagraph):* „(1) Mit dem Ziel bester Verkehrsbedienung hat die Bundesregierung darauf hinzuwirken, daß die Wettbewerbsbedingungen der Verkehrsträger angeglichen werden und daß durch marktgerechte Entgelte und einen lauteren Wettbewerb der Verkehrsträger eine volkswirtschaftlich sinnvolle Aufgabenteilung ermöglicht wird. (2) Die Leistungen und Entgelte der verschiedenen Verkehrsträger hat der Bundesminister für Verkehr insoweit aufeinander abzustimmen, als es die Verhinderung eines unbilligen Wettbewerbs erfordert. (3) Der Bundesminister für Verkehr kann Richtlinien über die Genehmigung der Verkehrstarife bekanntmachen." Die Novellierung der Verkehrsgesetze führte v.a. zu einer *Änderung der Tarifbildungsgrundsätze.* Durch eine Auflockerung der starren Preisgefüges sollte ein begrenzter Preiswettbewerb zwischen den Verkehrsträgern ermöglicht werden. Erstmalig wurde daher allen Verkehrsträgern das Tarifantragsrecht im Hinblick auf Fest- und Margentarife (im Güternahverkehr daneben auch Mindest- oder Höchsttarife) eingeräumt. Die Verpflichtung der Bundesministers für Verkehr zur Koordinierung der Beförderungsentgelte zwischen den Verkehrsträgern entfiel: Tarifpolitische Eingriffe nur noch zur Verhinderung eines unbilligen

Wettbewerbs, ferner zur Vermeidung unbilliger Benachteiligungen der Landwirtschaft, des Mittelstandes und unterentwickelter Regionen sowie aus Gründen des allgemeinen Wohls. Die Genehmigung der Beschlüsse der Tarifkommissionen des Güterkraftverkehrs und der Frachtenausschüsse der Binnenschifffahrt (im Einvernehmen mit dem Bundeswirtschaftsminister) wird mit einem besonderen Rechtssetzungsakt des Bundesverkehrsministers abgeschlossen, um die Allgemeinverbindlichkeit der Tarife sicherzustellen; einer solchen Rechtsverordnung bedarf es für die Anstaltstarife der DB nicht. Das PBefG vom 21. 3. 1961 löste das alte PBefG von 1934 ab: Abschaffung der Befreiung von der Tarifgenehmigungspflicht für Bundesbahn und Bundespost im Personennahverkehr, objektive Zulassungsbeschränkungen für den Straßenbahn-, O-Bus- und Linienverkehr mit Kraftfahrzeugen mit Ausnahmeregelungen („freigestellter" Schülerverkehr) und mengenmäßige Beschränkungen für den Taxiverkehr (nicht dagegen Mietwagenverkehr). Insgesamt brachten die Verkehrsgesetze 1961 keine entscheidende Auflockerung des verkehrspolitischen Dirigismus mit sich (Konzept der „kontrollierten" Wettbewerbsordnung).

c) *Weitere Entwicklungen:* (1) *Leber-Plan:* Die zunehmende Abwanderung des Güterverkehrs auf die Straße und die deutliche Überkapazitätsentwicklung in der Binnenschiffahrt führten – angesichts wachsender Defizite der DB – zum sog. Leber-Plan der Kapazitätseinschränkungen im Güterkraftverkehr und in der Binnenschiffahrt zwecks Belebung des Eisenbahngüterverkehrs. Die geplanten Transportverbote sowie die vorgesehene Reduzierung der Fernverkehrsgenehmigungen im Straßengüterverkehr wurden nicht realisiert; eingeführt wurde dagegen eine *Beförderungssteuer* (1 Pf/tkm im gewerblichen Straßengüterfernverkehr, 3–5 Pf/tkm im Werkfernverkehr), die aus EG-rechtlichen Gründen Ende 1971 auslaufen mußte. Ersatzweise wurden durch das *Verkehrsfinanzgesetz* 1971 die Kraftfahrzeugsteuer für Lkw deutlich und mit progressiver Ausgestaltung sowie die Mineralölsteuer um 4 Pf/l erhöht; der stark wachsende Werkfernverkehr wurde einem Lizensierungsverfahren unter Einschaltung der BAG unterworfen, der gewerbliche Straßengüterfernverkehr dagegen durch die Einführung des Systems der Inhabergenehmigungen und (1973) durch die Möglichkeit des Konzessionssplittings partiell erleichtert. Im Bereich der Binnenschiffahrt führte der Leber-Plan v. a. zu einer staatlich subventionierten Abwrackaktion, die – trotz weiterer staatlicher Neubauhilfen – bis in die Gegenwart zu einem wesentlichen Kapazitätsabbau führte; das Tarifbildungsverfahren wurde durch Wiedereinführung der paritätischen Besetzung der Frachtenausschüsse mit Schiffahrts-

treibenden und Verladern (wie vor 1961) geändert. – (2) *öPNV:* Der wachsende Individualverkehr im städtischen Bereich mit stark steigenden sozialen Kosten (Unfälle, Umweltbelastung) und zunehmenden Defiziten des öPVN führte zur Entstehung der verkehrspolitischen Forderung nach einer systematischen Attraktivitätssteigerung dieses Verkehrsträgers in den Ballungsgebieten. Dieser Forderung trug das *Gemeindesverkehrsfinanzierungsgesetz* (GVFG) mit einer teilweisen Zweckbindung des Mineralölsteueraufkommens für öPVN-Vorhaben Rechnung; gegenwärtig sind 5,4 Pf/l Treibstoff zu 50 % für den öPNV und zu 50 % für den kommunalen Straßenbau bestimmt; die Länder sind ermächtigt, bis zu 15 % der für den letzteren Bereich zweckgebundenen Mittel zugunsten des öPNV umzuschichten. Außerdem wurde seit den 70er Jahren eine systematische Förderung der Bildung von Verkehrsverbünden und Tarifgemeinschaften betrieben. – (3) *Internationaler Verkehr:* In diesem Bereich kamen insbes. seit Mitte der 70er Jahre Maßnahmen der →europäischen Verkehrspolitik zum Tragen, die partiell durch nationale Maßnahmen begleitet wurden (z. B. in der Luftverkehrs- und Seeschiffahrtspolitik).

2. *Gegenwarts- und Zukunftsprobleme:* a) *Liberalisierungsdiskussion:* Seit Beginn der 80er Jahre ist auch in der Bundesrep. D. in Wissenschaft und Politik eine intensive Diskussion um die Möglichkeiten und Grenzen einer Liberalisierung der Verkehrsmärkte entstanden. Unmittelbarer Anlaß hierzu waren einerseits die im Ausland durchgeführten Deregulierungsmaßnahmen und andererseits das offensichtliche Fehlschlagen des verkehrspolitischen Dirigismus bei der Lösung wichtiger Probleme der Verkehrswirtschaft (Defizitproblem der DB und des öPNV, externe Kosten des Verkehrs, Wegekostenproblem). Mittlerweile hat sich die Auffassung weithin durchgesetzt, daß der Wettbewerb – trotz mancher Besonderheiten der Verkehrswirtschaft – auch in diesem Bereich – unter Berücksichtigung der Heterogenität der Zielvorgaben für die verschiedenen Verkehrsträger sowie des historisch-institutionellen Trennung von Verkehrswegen und Verkehrsmitteln – als Steuerungsprinzip gesamtgesellschaftlich sinnvoll eingesetzt werden kann.

b) *Problematik des verkehrspolitischen Interventionismus:* (1) *Güterverkehr:* (a) Die Regulierung der Güterverkehrsmärkte dient wesentlich dem Schutz der DB, konnte aber die Schwächung der Marktposition dieses Verkehrsträgers trotz ihrer strukturkonservierenden Tendenz nicht aufhalten; vielmehr wurden die Chancen struktureller und organisatorischer Reformprozesse mit absehbarem Konfliktpotential vertan. Gesamtgesellschaftlich ist die mit der Verhinderung wettbewerblicher Ausleseprozesse im Verkehr gekoppelte

Zunahme der Ressourcenverschwendung bedenklich; gleiches gilt für die Bürokratisierung des Kontroll- und Sanktionssystems mit steigendem Aufwand und sinkender Effizienz. Die unreflektierte Aufrechterhaltung von Argumenten der Gemeinwirtschaftlichkeit, der Daseinsvorsorge und der ruinösen Konkurrenz konserviert traditionalitstisch-historische Strukturen und leistungsfeindliche Verhaltensweisen. Gerade im Bereich der DB sind eine geringe Flexibilität der Entscheidungsstrukturen, eine mangelnde Marktanpassung der Verkehrsleistungsproduktion, geringe Akquisition sowie Starrheit und Komplexität des Tarifsystems festzustellen. – (b) Die in der Marktordnung des *Straßengüterverkehrs* sichtbaren Schwachstellen betreffen insbes. das Kontingentierungs- und Konzessionssystem (z. B. Wachstum leistungsfähiger Unternehmen nur durch Aufkauf kleiner Unternehmen), gehen jedoch weit darüber hinaus (z. B. Drittverkehrsverbot im Werkverkehr) und betreffen auch die vorhandenen Tarifsysteme (z. B. Probleme der Gütereinteilung, Entfernungsberechnung, Mengenstaffel und Gesamtgewichte; Tarifsprung zwischen Nah- und Fernverkehr). – (c) In der *Binnenschiffahrt* hat die staatliche Regulierung die vorhandenen Kapazitätsprobleme (nicht zuletzt wegen fehlender internationaler Koordination) nicht lösen können; daneben zeigen sich v. a. Schwachstellen der Frachtenordnung (Schwerfälligkeit des Preisbildungsverfahrens mit vorrangiger Berücksichtigung der allgemeinen Kostenentwicklung der Verkehrsanbieter und mangelnder Orientierung an individuellen Kosten-, Konkurrenz- und Nachfragebedingungen; Komplexität des Stationentarifs mit differenzierten Marktbegleitumständen; noch überwiegend Festfrachten). (d) Das im internationalen Vergleich hohe Frachtenniveau trägt zur Beeinträchtigung der Wettbewerbsfähigkeit deutscher *Seehäfen* bei. – (e) Marktordnungsprobleme der deutschen *Seeschiffahrt* zeigen sich im internationalen Wettbewerb (Flaggenprotektionismus und Ladungslenkung, Problem der Billig-Flaggen und des Ausflaggens deutscher Handelsschiffe, Subventionspolitik der Staaten, Dumpingpraktiken der Staatshandelsflotten) sowie in Mängeln des Systems der Linienkonferenzen (Beschränkung des Outsider-Wettbewerbs und Herausbildung von Überkapazitäten, schwache Position der Seeverladerkomitees). – (f) Der Regulierung des *Luftfrachtverkehrs* muß generell eine Schutzfunktion zugunsten der DB zugeschrieben werden; daneben erfolgt die Regulierung des Charterverkehrs auch zum Schutz der Deutschen Lufthansa („öffentliche Verkehrsinteressen"); vielfältige Durchbrechungen des Regulierungssystems zeigen ebenso wie deutliche Tendenzen zur Auflockerung des Systems an, daß die staatliche Regulierung dem Marktgeschehen nur ungenügend Rechnung trägt. – (2) *Personen-*

verkehr: Auch die Regulierung der Personenverkehrsmärkte dient wesentlich dem Schutz der DB; der Schienenverkehr der DB ist mit dem PBefG gegen den Wettbewerb durch Omnibuslinienverkehr anderer Unternehmen weitgehend abgesichert. Trotz dieses Konkurrenzschutzes ist es für das staatliche Schienenverkehrsunternehmen zu erheblichen Marktanteilsverlusten gekommen, v. a. weil der Individualverkehr trotz erheblicher negativer externer Effekte keinen Einschränkungen unterliegt, sondern sogar staatlich gefördert wurde (Straßenbau, Steuervorteile). Im Verhältnis von DB und Deutscher Lufthansa wirkt die staatliche Regulierung darauf hin, daß die Tarife im Luftverkehr deutlich über den Eisenbahntarifen liegen; die Marktzugangsbeschränkungen und Preisauflagen des Charterverkehrs dienen gleichzeitig dem Schutz der Deutschen Lufthansa, konnten aber das Vordringen des Charterverkehrs nicht verhindern. – (3) *Nachrichtenverkehr:* Durch staatliche Regulierung ist der Fernmeldebereich weitgehend eine Domäne der Deutschen Bundespost (DBP) als öffentlichem Unternehmen. Die DBP ist alleiniger Betreiber öffentlicher Übertragungs- und Vermittlungseinrichtungen; sie betätigt sich als Regulierungsbehörde und nimmt für sich das Recht in Anspruch, grundsätzlich sämtliche Endgeräte bereitstellen und warten zu dürfen. Begründung für die Netzhoheit der DBP: Existenz eines natürlichen Monopols, Fernmeldeinfrastruktur als Instrument der staatlichen Daseinsvorsorge. Die extensive Übertragung dieser Argumente auf den Zulassungs- und Regelungsbereich sowie auf die Bereitstellung und Wartung von Endgeräten geben einer wettbewerblichen Steuerung kaum Raum. Dies ist umso bedenklicher, als es sich hier um einen Bereich mit einem außergewöhnlich hohen innovatorischen Potential handelt.

c) *Liberalisierungsmöglichkeiten:* (1) *Grundprinzp:* Einem funktionsfähigen Wettbewerb ist vor jeder Art staatlicher Regulierung grundsätzlich Vorrang einzuräumen. Auch der Verkehrssektor kann durch eine gezielte Wettbewerbsförderung gesamtwirtschaftlich effizienter gestaltet werden; die Lösung vorhandener Probleme liegt nicht in einem Mehr an Staatseingriffen. – (2) *Stabilisierung der wirtschaftlichen Lage der DB und des ÖPNV:* Zur wirtschaftlichen Stabilisierung und finanziellen Konsolidierung der DB gibt es keine Alternative. Notwendig sind ein mittelfristig abgesichertes Finanzierungs- und Investitionsprogramm sowie zielgerichtete Maßnahmen zur Lösung des Entschuldungsproblems. In marktordnungspolitischer Hinsicht ist eine Konkretisierung des Leistungsauftrags der Bahn bei vollständiger Einführung des Prinzips der speziellen Entgeltlichkeit erforderlich. Betriebs- und Beförderungspflicht müssen da abgebaut werden, wo sie nicht mehr der

Marktentwicklung entsprechen; eigenwirtschaftliche sind von gemeinwirtschaftlichen Aufgaben zu trennen. Erst eine weitreichende Umstrukturierung des Leistungsangebots der DB in Verbindung mit erhöhter preispolitischer Autonomie und deutlicher Verbesserung der Entscheidungsstrukturen der Bahnverwaltung ermöglichen eine flexible Anpassung an marktliche Gegenheiten, die auf die Dauer eine Neuregelung der finanziellen Beziehungen zwischen Bahn und Staat mit niedrigerer Belastung des Bundeshaushalts bewirken kann. Präzisierung des Leistungsauftrags sowie Verstärkung des Prinzips der speziellen Entgeltlichkeit sind auch für den öffentlichzen Straßenpersonenverkehr relevant. Lockerung der Marktzugangsbeschränkungen, erneutes Aufgreifen der Privatisierungsüberlegungen und der Diskussion um die Einführung von Gebietskonzessionen, Verstärkung von Kooperationsvorhaben und Entwicklung neuer Organisationsmodelle für den Personennahverkehr in der Fläche sowie die Entbürokratisierung des Preisbildungsverfahrens könnten weitere wichtige Ansatzpunkte verkehrspolitischer Reformprozesse in diesem Bereich sein. – (3) Lockerung der Marktzugangs- und Kapazitätsbeschränkungen sowie die Tarifregulierung im *Straßengüterverkehr* durch sukzessive Ausweitung der Kontingente (jedoch Verschärfung subjektiver Zulassungsbedingungen), Zulassung von Kozessionshandel, Lockerung des Drittladeverbots im Werkverkehr, Ausweitung der Tarifmargen sowie stärkere Beteiligung der Verladerseite an der Tarifbildung. Insgesamt ist eine Politik der flexiblen Markterweiterung und Kapazitätsanpassung mit stärkerer marktorientierter Preisgestaltung notwendig. Auf lange Sicht sollte der Straßengüterverkehr vollständig aus dem System der staatlichen Regulierung herausgeommen werden. – (4) Deregulierung der *Binnenschiffahrt:* Der kollektive Kapazitätsabbau mittels Abwrackprämien sollte wegen zukünftig geringer Erfolgsaussichten eingestellt werden. Wichtig ist eine schrittweise Neuorientierung der nationalen Frachtenordnung: Ersatz des vorherrschenden Festfrachtensystems durch ein obligatorisches Margenund schließlich Referenztarifsystem, das zugleich die bedenklichen Folgen der Differenzierung nationaler und internationaler Frachten beseitigen kann. – (5) Erhaltung des Wettbewerbs in der *Seeverkehr:* Maßnahmen gegen Flaggenprotektionismus und staatliche Ladungslenkung, Erhaltung des Außenseiterwettbewerbs, Angleichung der Wettbewerbsdingungen (Subventionen, Steuer- und Sozialvorschriften). – (6) Deregulierung des *Luftverkehrs:* Lockerung der Marktzugangsbeschränkungen für regionale Fluggesellschaften, Erhöhung der tarifpolitischen Handlungsfreiheit einschl. Zulassung effektiver Tarifkonkurrenz zur DB, Auflockerung des bisherigen Systems der Gewährung von Lan-

derechten, Privatisierung der Deutschen Lufthansa. – (7) *Fermeldebereich:* Auflockerung des Netzmonopols der DBP durch erweiterte Zulassung der Weitervermietung von Leitungen zwecks Ermöglichung einer Dienstleistungskonkurrenz innerhalb des bestehenden Netzes, prinzipieller Verzicht der DBP auf das Angebot von Endgeräten (Ausnahme: einfacher Fernsprechhauptanschluß, da Schnittstelle als Abschluß des Netzes in den Fernsprechapparat integriert; Entwicklung alternativer Netzsicherungen), Orientierung der Zulassungspolitik allein an den Kriterien Betriebssicherheit, Netzschutz und Kompatibilität zwecks Erhöhung des Wettbewerbs und der Innovationsbereitschaft der Hersteller von Endgeräten.

IV. Perspektiven: Im Sinn einer grundlegenden Neuorientierung der st.V. ist ein schrittweiser Rückzug des Staates auf wettbewerbliche Rahmenregelungen erforderlich, ohne daß damit ein völliger Verzicht auf gemeinwirtschaftliche Auflagen verbunden sein müßte. Argumente der Gemeinwirtschaftlichkeit und der Daseinsvorsorge dürfen jedoch nicht die marktgerechte Aufgabenteilung der Verkehrsträger behindern. Die Transportaufgaben müssen den jeweils leistungsfähigsten Verkehrszweigen übertragen werden können. Im Rahmen einer wettbewerblich geordneten Aufgabenteilung der Verkehrsträger können Gemeinwirtschaftlichkeit und Daseinsvorsorge neue Inhalte gewinnen; die Alternative würde stets in einer umfassenden Ressourcenverschwendung bestehen. Die Neuorientierung der Marktordnungs- und Tarifpolitik muß zugleich mit einer Neuorientierung der →Verkehrsinfrastrukturpolitik verbunden werden. Bestehende Verzerrungen bei den Wegekosten sind abzubauen. Die Verkehrsinfrastrukturpolitik muß vom kurz- und mittelfristigen Haushaltszwängen abgekoppelt werden; die langfristige Perspektive muß deutlich verstärkt werden, und sie darf der absehbaren Entwicklung der Verkehrsmärkte nicht zuwiderlaufen. Dabei müssen jedoch Verkehrssicherheits-, Umwelt- und Energieprobleme des Verkehrs einen höheren Stellenwert als bisher im verkehrspolitischen Entscheidungskalkül einnehmen. Schließlich ist die nationale St.V. im Rahmen der →europäischen Verkehrspolitik (vgl. dort) zu sehen.

Literatur: Aberle, G., u.a., Wettbewerb im binnenländischen Güterverkehr, Vorträge und Diskussion anläßlich eines Symposiums, veranstaltet vom Niedersächsischen Minister für Wirtschaft am 19.2.1981, Hannover 1981; Bundesminister für Verkehr (Hrsg.), Gesamtwirtschaftliche Bewertung von Verkehrswegeinvestitionen, Bewertungsverfahren zum Bundesverkehrswegeplan 1985, Bonn 1986. Frankfurter Institut für Wirtschaftspolitische Forschung e.V. (Hrsg.), Mehr Markt im Verkehr – Reformen in der Verkehrspolitik, Bad Homburg v.d.H. 1984; Frerich, J., Verkehrssicherheit und Kosten-Nutzen-Analyse, Berlin 1979; Klatt, S. (Hrsg.), Perspektiven verkehrswissenschaftlicher Forschung, Festschrift für Fritz Voigt zum 75. Geburtstag, Berlin 1985; Suntum, U. van, Verkehrspolitik, München 1986; Seidenfus, H. St. (Hrsg.), Verkehr zwischen wirtschaftlicher und sozialer Verantwortung, Forschungen aus dem Institut für Verkehrswissenschaft an der Universität Münster, Bd. 18, Göttingen 1984; Voigt, F., Verkehr, Bd. I und II, Berlin 1965 und 1973; Willeke, R. (Hrsg.), Zeitschrift für Verkehrswissenschaft, 51.–58. Jahrgang, 1980–87.

Prof. Dr. Johannes Frerich

Staatsangehörigkeit, rechtliches Verhältnis eines Menschen zu einem bestimmten Staat. – 1. *Bestimmung* der St. entweder durch die Abstammung der Eltern (jus sanguinis) und/ oder den Geburtsort (jus soli) sowie durch Eheschließung oder →Einbürgerung (Neutralisation). – 2. *In der Bundesrep. D. sind zu unterscheiden:* a) *Deutscher Staatsangehöriger* ist u. a. jeder, der die deutsche Staatsangehörigkeit nach dem Reichs- und Staatsangehörigkeitsgesetz von 1913 (nebst Änderungs- und Ergänzungsgesetzen), insbes. durch Geburt, Heirat, Legitimation, Einbürgerung oder Anstellung im Staatsdienst erworben hat. – b) *Deutscher* ist auch, vorbehaltlich anderer gesetzlicher Regelung, wer als Flüchtling oder Vertriebener deutscher Volkszugehörigkeit oder als dessen Ehegatte oder Abkömmling im Gebiet des Deutschen Reichs nach dem Stand vom 31. 12. 1937 Aufnahme gefunden hat (Art. 116 GG). – 3. Nach dem Gesetz zur Änderung des Reichs- und Staatsangehörigkeitsgesetzes vom 20. 12. 1974 (BGBl I 3714) erwerben durch die Geburt eheliche Kinder die deutsche Staatsangehörigkeit, wenn ein Elternteil Deutscher und nichteheliche Kinder diese, wenn ihre Mutter Deutsche ist. Das nichteheliche minderjährige Kind eines Deutschen ist unter erleichterten Bedingungen einzubürgern.

Staatsanleihe, von Bund, Ländern oder fremden Staaten ausgegebene Schuldverschreibung (→Anleihe). – *Sonderform:* →Rentenanleihe.

Staatsanteil, Anteil des öffentlichen Sektors an den gesamtwirtschaftlichen Aktivitäten (vgl. auch →Staatsquote). Zu den normativen Entscheidungshilfen zur Bestimmung des optimalen St. vgl. →öffentliche Güter, →optimales Budget.

Staatsanwaltschaft, staatliche Untersuchungs- und Anklagebehörde in Strafsachen. – *Gliederung:* Bundesanwaltschaft beim Bundesgerichtshof, Generalstaatsanwaltschaft bei den Oberlandesgerichten, Staatsanwaltschaft bei den Landgerichten, z.T. Amtsanwaltschaft. – Die *Staatsanwälte* sind im Gegensatz zu den Richtern an die Weisung ihrer vorgesetzten Behörde, Generalstaatsanwaltschaft usw. gebunden. – Zeugen, Sachverständige und Beschuldigte müssen auf Ladung vor der St. erscheinen. – *Tätigkeit:* Vorwiegend in Strafsachen tätig; als Strafverfolgungsbehörde obliegt ihr die Leitung des Ermittlungsverfahrens, die Erhebung und Vertretung der Anklage und die Strafvollstreckung (→Strafprozeß I).

Staatsanwaltsrat, an Stelle des →Betriebsrats in verschiedenen Ländern der Bundesrep. (z. B. in Bayern) gewählte Personalvertretung der Staatsanwälte. – Vgl. auch →Personalrat, →Präsidialrat.

Staatsaufsicht, staatliche Aufsicht über die →Körperschaften des öffentlichen Rechts, insbes. Gemeinden und Landkreise. Bei Selbstverwaltungsangelegenheiten ist die St. →Rechtsaufsicht, im Bereich der Auftragsverwaltung →Fachaufsicht.

Staatsausgaben, Teil der →öffentlichen Ausgaben, die dem Staat zugehen, wobei unter „Staat" verstanden wird: (1) Bund und Länder, (2) Bund, Länder sowie Gemeinden und Gemeindeverbände, d. h. sämtliche →Gebietskörperschaften, oder (3) Bund, Länder, Gemeinden, Gemeindeverbände sowie die Träger der →Sozialversicherung. Im letzteren Fall sind St. und öffentliche Ausgaben identisch. – *Gegensatz:* →Staatseinnahmen.

Staatsausgabenmultiplikator, genauer: *St. in bezug auf das Einkommen,* Maßzahl, die anzeigt, um wieviel sich das Volkseinkommen (Y) verändert, wenn der Staatssektor seine Ausgaben für Güter und Dienstleistungen (ST) variiert. Typische Form des St.: $dY/dST = 1/(1-b+bT)$ mit b = marginale Konsumneigung und T = Steuersatz einer (hier unterstellten) proportionalen Einkommensteuer. Der St. ist um die Größenordnung 1 größer als der →Transfermultiplikator oder →Steuermultiplikator, da die Käufe von Gütern und Dienstleistungen unmittelbar nachfragewirksam werden. – Vgl. auch →Haavelmo-Theorem, →Multiplikator, →öffentliche Ausgaben.

Staatsausgabenquote, →Staatsquote.

Staatsbank der Deutschen Demokratischen Republik, seit 1968 Notenbank der Deutschen Demokratischen Republik (DDR), gleichzeitig „Hausbank" des Staates und Zentralinstitut für die Gesamtheit der kurz- und langfristigen Finanzierung der Wirtschaft. Ihr Präsident ist Mitglied des Ministerrats der DDR. wird von dem Vorsitzenden des Ministerrats ernannt.

Staatsbank der Union der Sozialistischen Sowjetrepubliken, *Gosbank,* Sitz in Moskau. Noten- und Zentralbank der Union der sozialistischen Sowjetrepubliken (UdSSR), 1922 gegründet. Sie besitzt seit 1923 das alleinige Notenausgaberecht (abgesehen vom Staatsgeld). Eine Höchstgrenze für die Notenausgabe besteht nicht. Die St. d. UdSSR hat das totale Kreditmonopol; Kreditverkehr außerhalb der St. d. UdSSR ist verboten. Ferner verwaltet sie die gesamten Kassenbestände aller Betriebe und erledigt den gesamten unbaren Zahlungsverkehr.

Staatsbanken, *Regierungsbanken.* 1. *Begriff:* Öffentlich-rechtliche Bankinstitute, die unter staatlicher Aufsicht und für Rechnung des Staates Bankgeschäfte betreiben. – 2. *Zweck:* Verwaltung der Staatsgelder und Führung der Kassengeschäfte des Staates, Vermittlungsstelle zur Unterbringen von Staatsanleihen, Beeinflussung des Geldmarktes. Zahlreiche St. betreiben alle üblichen Bankgeschäfte. – 3. *Bedeutung:* →Notenbanken sind heute vielfach St. Die →Deutsche Bundesbank ist keine St.

Staatsbankrott. 1. *Begriff:* Zahlungsunfähigkeit des Staates, d.h. teilweise oder völlige Nichterfüllung der von einer öffentlichen Körperschaft eingegangenen Verpflichtung zur Zins- und/oder Kapitalzahlung. – 2. *Formen:* a) Repudiation (Verweigerung jeder Zins- und Tilgungszahlung); b) vorläufige Einstellung von Zins- und/oder Tilgungszahlungen; c) einseitige Herabsetzung der Zinsen und/oder Verschiebung von Tilgungszahlungen; d) einseitige Umwandlung einer Edelmetallschuld in eine Papierschuld. – 3. *Ursache:* Der Staat hat bei freier Währung die Möglichkeit, seine Zahlungsunfähigkeit mittels →Geldschöpfung, d.h. Verschuldung bei der Notenbank, wieder herzustellen. Durch den inflatorischen Prozeß wird zugleich die Staatsschuld entwertet, ihre relative Last reduziert. Diese Möglichkeit wird durch den Verfall des Außenwerts der Währung begrenzt, und es besteht die Gefahr, daß die inländischen Wirtschaftssubjekte die eigene Währung zurückweisen, da deren Zahlungsmittelfunktion durch die Entwertung gestört ist. Ein derartiger Zusammenbruch einer Währung erzwingt eine →Währungsreform. – 4. *Bedeutung:* In jüngster Zeit v.a. bei den hochverschuldeten Entwicklungsländern de facto St., die bisher (zumeist über Umschuldungsabkommen) aufgefangen werden konnten (vgl. →Auslandsverschuldung der Entwicklungsländer).

Staatsbürger. 1. *I.w.S.:* Personen deutscher →Staatsangehörigkeit. – 2. *I.e.S.:* Die sich im Besitz der →bürgerlichen Ehrenrechte befindenden, wahlberechtigten Personen.

Staatsbürgerrente, →Grundrente II.

Staatseinnahmen, Teil der →öffentlichen Einnahmen, dem Staat zugeht, wobei unter „Staat" verstanden wird: (1) Bund und Länder, (2) Bund, Länder sowie Gemeinden und Gemeindeverbände, d.h. sämtliche →Gebietskörperschaften, oder (3) Bund, Länder, Gemeinden, Gemeindeverbände sowie die Träger der →Sozialversicherung. Im letzteren Fall sind St. und öffentliche Einnahmen identisch. – *Gegensatz:* →Staatsausgaben.

Staatsgeheimnis, Tatsachen, Gegenstände oder Erkenntnisse, die nur einem begrenzten Personenkreis zugänglich sind und vor einer fremden Macht geheimgehalten werden müs-

sen, um die Gefahr eines schweren Nachteils für die äußere Sicherheit des Bundesrep. D. abzuwenden. Verstöße sind als Landesverrat strafbar.

Staatsgerichtshof, →Verfassungsgericht.

Staatsgewalt, die dem Staat zustehenden Hoheitsbefugnisse. – Vgl. auch →Gewaltenteilung.

Staatshaftungsgesetz, Neuregelung der Haftung für rechtswidriges Verhalten der öffentlichen Gewalt im Gesetz vom 26.6.1981 (BGBl I 553). Das Gesetz ist vom Bundesverfassungsgericht mit Urteil vom 19.10.1982 für verfassungswidrig erklärt worden und damit nichtig (BGBl I 1493).

Staatshandelsländer, Länder, in denen das staatliche →Außenhandelsmonopol realisiert ist, das gilt insbes. für →staatssozialistische Zentralplanwirtschaften. Das Außenhandelsmonopol ist z.B. für die DDR in Art. 9 Ziffer 5 ihrer Verfassung festgeschrieben und wird vom dortigen Ministerrat (Regierung) wahrgenommen.

Staatshaushalt, Gegenüberstellung von Solleinnahmen und Sollausgaben des Staatssektors in einem →Haushaltsplan, getrennt aufgestellt von Bund, Ländern und Gemeinden.

Staatsmonopolkapitalismus, *Stamokap.* 1. *Begriff:* Von *Lenin* geprägte Bezeichnung (u.a. in „Staat und Revolution", 1917) für die von ihm beobachtete Verquickung von Staat und (Rüstungs-)Industrie in Deutschland während des Ersten Weltkriegs; der Begriff wurde seit den 50er Jahren von Vertretern des →*Marxismus-Leninismus* in der UdSSR und der DDR sowie von Teilen der westdeutschen Jungsozialisten wieder aufgegriffen. – 2. *Charakterisierung:* Die Theorie soll erklären, warum trotz der im Rahmen des →Marxismus abgeleiteten zwangsläufigen Verschlechterung der Kapitalverwertungsbedingungen (→tendenzieller Fall der Profitrate, →Krisentheorie) der →Kapitalismus in den westlichen Industriestaaten nicht zusammenbricht. Der Annahme zufolge bemächtigen sich die Monopole (→Monopolkapitalismus) des Staatsapparats und ordnen ihn ihren Interessen unter. Durch wirtschaftspolitische Maßnahmen (steuerpolitische Umverteilung zugunsten der Monopole, Übernahme nichtprofitabler Wirtschaftsbereiche durch den Staat, Minderung der durch den Strukturwandel auftretenden sozialen Probleme usw.) sicherte er die weitere Existenz des Kapitalismus und dabei die Kapitalverwertungsmöglichkeiten der Monopole. – 3. *Kritik:* a) Das zugrunde liegende marxistische Denken in geschichtlichen Zwangsläufigkeiten verkennt die Variabilität und Offenheit gesellschaftlicher und wirtschaftlicher Entwicklung. Die Theorie des St. selbst ist dabei als monokausale Ad-hoc-Hypothese zu werten, durch die das Versagen der Marxschen Voraussagen über den baldigen Untergang der kapitalistischen Ordnung verdeckt werden soll (→Monopolkapitalismus, →Imperialismus, →Spätkapitalismus). Das Denken in geschichtlichen Zwangsläufigkeiten übersieht dabei, daß die tatsächlich zunehmenden Staatseingriffe in den Wirtschaftsprozeß ihre Ursache in fehlenden oder mangelhaften ordnungspolitischen Konzepten haben (→Wirtschaftsordnung, →Interventionismus, →Dirigismus, →Wohlfahrtsstaat), was jedoch eine prinzipielle Umkehrbarkeit derartiger Entwicklungen und Erscheinungen impliziert. – b) Der Begriff des Monopols ist nicht eindeutig definiert und steht oft allein für ein Großunternehmen, ohne daß dessen Marktmacht genau analysiert wird. – c) Es erfolgt keine systematische Analyse der Quantität und Qualität der unterstellten personellen und institutionell-organisatorischen Verflechtung zwischen Monopolen und Staatsapparat. – d) Die Theorie basiert darauf, daß der Staat ein einheitliches und von den Monopolen voll beherrschbares Gebilde ist. Damit verliert sie ihre Aussagekraft für eine pluralistische demokratische Ordnung mit ihren unterschiedlichen politischen Subsystemen und dem Wettstreit vieler verschiedener und voneinander unabhängiger Interessengruppen. – e) Die Theorie unterstellt, daß selbst sozialpolitische Maßnahmen, die die Großunternehmen (,,Monopole") durch Gewinnbesteuerung belasten, promonopolistisch sind: Sie dienten der Befriedung der Arbeiterklasse und der Armen und damit der Stabilisierung des kapitalistischen Systems. Damit wird die fundierte ökonomische Analyse jedoch durch ,,Verdachtsökonomie" (Peters) ersetzt.

Staatspapiere, vom Staat zum Zweck der Kreditaufnahme (→öffentliche Kreditaufnahme) ausgegebene Schuldtitel. St. werden nach ihrer Laufzeit unterteilt in kurzfristige (z. B. unverzinsliche Schatzanweisungen), mittelfristige (z. B. Bundesschatzbriefe) und langfristige (z. B. Anleihen) St.

Staatsquote, *Staatsausgabenquote.* 1. *Begriff:* Verhältnis der Ausgaben der Gebietskörperschaften (→öffentliche Ausgaben) zu einer Sozialproduktgröße (→Sozialprodukt). Je nach Abgrenzung der öffentlichen Ausgaben ergeben sich unterschiedliche St. (nach Finanzstatistik und Volkswirtschaftlicher Gesamtrechnung erfolgt Ausklammerung oder Einbeziehung der Parafiski). – Als *allgemeine St.* wird das Verhältnis der öffentlichen Ausgaben einschl. Sozialversicherung zum Bruttosozialprodukt bezeichnet. – 2. *Bedeutung:* St. drückt den Grad der Inanspruchnahme der gesamten Volkswirtschaft durch den staatlichen Sektor aus. – 3. *Problematik:* a) Da alle Ausgaben des Staates (ohne Finanzierungsvorgänge) einbezogen werden, also auch solche, die nicht Teilmenge des Bruttoso-

zialprodukts sind, handelt es sich bei der St. um eine *,,unechte"* Quote. Die St. ermöglicht damit zwar eine Einordnung der absoluten Beträge der Staatsausgaben in einen gesamtwirtschaftlichen Zusammenhang, liefert jedoch nur sehr begrenzte Information über den Grad der Inanspruchnahme der gesamtwirtschaftlichen Leistung durch den Staat in einem bestimmten Jahr. – b) Aussagefähiger ist die *Veränderung* der St. im Zeitablauf als Antwort auf die Frage, ob die Staatsausgaben in einem bestimmten Zeitraum schneller oder langsamer gewachsen sind als das Bruttosozialprodukt. – c) *Internationale Vergleiche* von St. sind eher problematisch, da bereits geringe Unterschiede in der jeweils angewandten Konzepten der Volkswirtschaftlichen Gesamtrechnungen die Aussagefähigkeit erheblich herabsetzen können.

Staatsschuldbuch, bei der →Bundesschuldenverwaltung geführtes Schuldbuch, in dem die Buchschulden des Staates (Namen der einzelnen Berechtigten) registriert sind. – Vgl. auch →Schuldbuchforderung, →öffentliche Kreditaufnahme.

Staatsschulden, Teil der öffentlichen Schulden (→öffentliche Kreditaufnahme); Problematik der St. vgl. dort) der vom Staat aufgenommen wird, wobei unter ,,Staat" verstanden wird: (1) Bund und Länder, (2) Bund, Länder sowie Gemeinden und Gemeindeverbände, d. h. sämtliche →Gebietskörperschaften oder (3) Bund, Länder, Gemeinden, Gemeindeverbände sowie die Träger der →Sozialversicherung. Im letzteren Fall sind St. und öffentliche Schulden identisch.

staatssozialistische Marktwirtschaft. I. B e - g r i f f : →Wirtschaftsordnung mit dominierendem Staatseigentum an den Produktionsmitteln, in der die zentrale staatliche Planung und Lenkung der makroökonomischen Prozesse mit dezentraler betrieblicher Planung der mikroökonomischen Abläufe und deren Koordination über Märkte verbunden ist. In *Ungarn* wurde das entsprechende Modell des *,,Neuen Wirtschaftsmechanismus"* 1968 eingeführt (im folgenden dargestellt). Die angestrebte ,,Synthese von Plan und Markt" löste das dort zuvor realisierte Modell einer →staatssozialistischen Zentralplanwirtschaft mit dem Ziel ab, dessen systemtypische Ineffizienzen ohne Infragestellung der politischen Ordnung zu überwinden. Nachdem zwischen 1973 und 1978 wieder verstärkt auf zentralplanwirtschaftliche Lenkungsmethoden zurückgegriffen wurde, findet seitdem eine Rückbesinnung auf das ursprüngliche Reformkonzept statt, wobei dieses in letzter Zeit erweitert wurde.

II. W i r t s c h a f t s k o o r d i n a t i o n : 1. Von den *zentralen Wirtschaftslenkungsorganen* (Ministerrat mit funktional und sektoral strukturierten Ministerien, Planungskommission, Landesplanungsamt, Zentralbank usw.) werden erstellt: a) konzeptioneller *Langfristplan* (Zeithorizont etwa 15–25 Jahre); b) *Fünfjahrplan*, der als Hauptinstrument der staatlichen Wirtschaftspolitik die wesentlichen Zielsetzungen (u. a. Wirtschaftswachstum, Verwendung des Nationaleinkommens, Entwicklung des Preisniveaus und der Beschäftigtenzahl, Außenhandelsbeziehungen) und die zu deren Verwirklichung einzusetzenden Instrumente, insbes. aus dem Bereich der Preis-, Wechselkurs-, Lohn- und Fiskalpolitik, enthält; c) *Jahresplan*, der die operativen Aufgaben der Wirtschaftspolitik entsprechend dem Fünfjahrplan bei flexibler Anpassung an zwischenzeitliche Datenänderungen festlegt. Dieser staatliche Volkswirtschaftsplan ist, anders als in staatssozialistischen Zentralplanwirtschaften, für die Betriebe, auch wenn sie sich in Staatseigentum befinden, *nicht verbindlich,* sondern dient der Abstimmung zwischen den verschiedenen Trägern der Wirtschaftspolitik. – Die Unternehmen können ihre *Geschäftspolitik selbst bestimmen* und agieren dabei auf Märkten. Ein wesentliche Ausnahme bildet das durch die Reform nicht beseitigte staatliche →*Außenhandelsmonopol.* Unternehmerisches Formalziel ist die Gewinnmaximierung (→Gewinnprinzip). – Seit (1985/86) sind in den Staatsunternehmen *Selbstverwaltungskörperschaften* institutionalisiert, die den Unternehmensdirektor wählen und einen nicht unerheblichen Einfluß auf die Geschäftspolitik haben. Ansatzpunkt der Wirtschaftspolitik zur Realisierung der zentralen Zielvorstellungen ist die Variation der erwähnten Instrumente („ökonomische Regulatoren"), die die Gewinnerzielung und -verwendung und dadurch das Unternehmensverhalten beeinflussen. Mit der Ausweitung der betrieblichen Entscheidungsautonomie ist verbunden, daß die Funktion der den Unternehmen unmittelbar übergeordneten Ministerien als den Trägern der staatlichen Eigentumsrechte auf die *Kontrolle der Rechtmäßigkeit* des Betriebsgebahrens beschränkt wurde; (bis 1984 hatten sie unmittelbare Eingriffsrechte und setzten den Unternehmensdirektor ein). Die gleichzeitig institutionalisierte *„Marktüberwachung"* soll jedoch staatlicherseits unerwünschte Marktergebnisse erkennen und verhindern, entweder durch den Einsatz von Regulatoren oder durch direkte Eingriffe in das Betriebsgeschehen. Letzteres kann u. U. zu einer Wiedereinschränkung der Unternehmensautonomie von der Zukunft führen. – 3. Mit der Reform von 1968 wurde die *freie Marktpreisbildung* (ggf. nur innerhalb bestimmter Bandbreiten) zugelassen, gleichwohl besteht auch heute noch ein *großer Anteil staatlich festgesetzter bzw. reglementierter Preis.* Momentan ist man bemüht, diesen weiter zu verringern, um die Wirksamkeit des Markt-Preis-Mechanismus zu erhöhen. Diese ist jedoch auch durch die (ausgesprochen)

monopolitische bzw. oligopolistische Unternehmensstruktur als Erbe aus zentralplanwirtschaftlicher Vergangenheit beeinträchtigt; zur Verminderung dieses Problems wird seit Beginn der 80er Jahre die *Aufteilung von Großunternehmen* und die *Gründung privater* und *genossenschaftlicher Kleinbetriebe* gefördert. 1980 wurde zudem das *„kompetitive Preissystem"* eingeführt, bei dem die inländischen Preise so weit wie möglich an die Weltmarktpreise gekoppelt werden, um so die Konkurrenzsituation auf dem Weltmarkt auf den Inlandsmarkt zu übertragen. Konnten die Unternehmen in der Vergangenheit (mit entsprechend negativen Folgen für ihre Gewinninteressiertheit) darauf vertrauen, Verluste aus dem Staatshaushalt ersetzt zu bekommen, sind sie seit 1984 der *Liquidations- und Konkursgefahr* ausgesetzt. – 4. Zur Erhöhung der Effizienz der Kapitalallokation wurde die Unternehmensautonomie bezüglich der Investitionsentscheidungen erhöht und der bisher relativ große Anteil der staatlichen Investitionen verringert. Vergrößert wurden dabei die Möglichkeiten der *dezentralen Kapitalallokation* durch a) Schaffung eines *zweistufigen Bankensystems* (neben der Zentralbank bestehen von ihr organisatorisch und geschäftlich unabhängige, nach dem Gewinnprinzip arbeitende Geschäftsbanken mit eigenem Kreditvergabespielraum) und b) Erlaubnis an die Unternehmen, Fremdkapital durch die *Ausgabe von Obligationen* aufzunehmen bzw. Obligationen anderer Unternehmen zu erwerben (letzteres gilt auch für private Haushalte). – 5. Das staatliche *Außenhandelsmonopol* schränkt die Unternehmensautonomie ein, stört den unmittelbaren Zusammenhang zwischen Welt- und Inlandsmarkt, verringert so die Anpassungsflexibilität der ungarischen Produzenten auf Datenänderungen, wie es sie auch vor ausländischen Konkurrenz schützt. Diese institutionelle *Beeinträchtigung der internationalen Wettbewerbsfähigkeit* ist für das sehr außenhandelsabhängige Ungarn negativ zu werten. Da die Rezentralisierung der 70er Jahre nicht zuletzt unter dem Einfluß sich für Ungarn stark verschlechternder Außenwirtschaftsbedingungen (sinkende terms of trade, große Handelsbilanzdefizite und Auslandsverschuldung) erfolgte, bleibt abzuwarten, welcher wirtschaftspolitische Kurs bei einer neuerlichen Verschlechterung in der Zukunft verfolgt wird.

staatssozialistische Zentralplanwirtschaft.
I. Charakterisierung: *Begriff:* Nach sowjetischem Vorbild in den meisten osteuropäischen Ländern realisierte →Wirtschaftsordnung mit dominierendem Staatseigentum an den Produktionsmitteln, zentraler Planung und Koordination der Produktions- und Verteilungsprozesse sowie staatlichem →Außenhandelsmonopol. – Grundlegendes *Organisationsprinzip* in Staat und Wirtschaft ist der

Demokratische Zentralismus: Der Staatsapparat ist dabei Instrument der herrschenden kommunistischen Partei zur Durchsetzung ihrer Ziele in allen politischen, wirtschaftlichen und kulturellen Bereichen. – *Organe:* Oberstes wirtschaftsleitendes Staatsorgan ist der *Ministerrat* (MR) mit der *Staatlichen Plankommission* (SPK) als Planungsorgan sowie mit funktional und branchenmäßig strukturierten *Ministerien*. Letzteren untergeordnet sind die →*Kombinate* als organisatorische Zusammenschlüsse der →*volkseigenen Betriebe* (VEB). – Das *Bankensystem* ist *einstufig,* d. h. die Geschäftsbanken sind unselbständige Filialen der Notenbank.

II. Wirtschaftskoordination: Die Vorgaben der kommunistischen Partei werden durch den MR in wirtschaftliche Zielgrößen umgerechnet. Auf deren Basis erstellt die SPK a) einen *konzeptionellen Perspektivplan* (Planungshorizont ca. 15 Jahre), b) einen *Fünfjahrplan* sowie c) den auf letzterem aufbauenden und für die Wirtschaftskoordination maßgeblichen *Jahresplan:* Mit Hilfe der →Bilanzierungsmethode erarbeitet die SPK zunächst einen vorläufigen Volkswirtschaftsplan, der sowohl reale als auch monetäre Bestands- und Stromgrößen umfaßt. Zwar basiert die finanzielle Planung auf derjenigen der güterwirtschaftlichen Prozesse, jedoch werden beide Bereiche gleichzeitig (aufeinander) abgestimmt. Gegenstand der finanziellen Planung sind u. a. die Geldeinnahmen und -ausgaben der Betriebe, privaten Haushalte und des Staatshaushalts und das Volumen der Geldschöpfung bzw. -vernichtung. – Auf der Basis des vorläufigen Planentwurfs übergibt die SPK den Ministerien die staatlichen *Planaufgaben* für die diesen unterstellten Kombinate (bzw. andernfalls regionalen Leitungsorganen), die diese wiederum auf die einzelnen Betriebe aufschlüsseln. Die VEB erarbeiten auf Basis dieser staatlichen Planaufgaben ihre *vorläufigen Betriebspläne* und schließen unter Beachtung der staatlichen Vorschriften zwischenbetriebliche *Liefervorverträge* ab. Diese Betriebspläne werden über den gleichen Instanzenweg wieder zusammengefaßt. Die jeweils untergeordnete Hierarchieebene hat dabei gegenüber der nächsthöheren ihren Planentwurf zu verteidigen, damit so bisher unerkannt gebliebene innerbetriebliche Leistungsreserven aufgedeckt werden. Die SPK koordiniert die so aggregierten Teilpläne zum *endgültigen Volkswirtschaftsplan,* der als Gesetz verabschiedet wird und dessen Erfüllung allen untergeordneten Organen und Wirtschaftseinheiten verbindlich vorgeschrieben wird. Unternehmerisches Formalziel ist also die *Planerfüllung* (→Planerfüllungsprinzip). Die Planauflagen drücken sich in einer Vielzahl von *Kennziffern* (Faktoreneinsatznormen, monetäre und reale Zielvorgaben usw.) aus, und auf ihrer Basis schließen die Betriebe ihre endgültigen Lieferverträge ab. – Da die güterwirtschaftliche Bilanzierung wegen der Vielzahl der Güter und der Komplexität der produktionstechnischen Interdependenzen nicht alle Güter einzeln erfassen kann, werden von der SPK überwiegend *Güterbündel* bilanziert, die von den übergeordneten Organen aufzuschlüsseln sind. Hieraus resultieren *betriebliche Entscheidungsspielräume* bei der Planausarbeitung und -durchführung. Um deren Ausnutzung durch die Betriebe im Interesse der Zentralinstanz zu gewährleisten, werden „ökonomische Hebel" wie Preise, Zinssätze, Steuern und Subventionen, Prämierungsvorschriften eingesetzt. Der Einsatz derartiger impliziter Bindungsregeln, d. h. derjenigen Instrumente staatlicher Wirtschaftslenkung, die indirekt über das Prämieninteresse der Beschäftigten wirken, ergänzt die Anwendung der Kennziffern als explizite Bindungsregeln, weil eine umfassende Vorausplanung mittels der Bilanzierungsmethode aus Gründen der Informationsgewinnung und -verarbeitung sowie wegen der Unsicherheit bezüglich der zukünftigen Entwicklung unmöglich ist.

III. Koordinationsprobleme: 1. Die skizzierte Methode der Planaufstellung, durch die die Zentrale Informationen über die betrieblichen Produktionsmöglichkeiten zu erlangen versucht, sowie das Prinzip der Prämiierung in Abhängigkeit von der Erfüllung der auf diesen Informationen beruhenden Pläne, führt zu der betrieblich rationalen *Strategie der „weichen Pläne":* Produktionsmöglichkeiten werden von den VEB möglichst gering, die notwendigen Inputs möglichst hoch angegeben, um so zum einen leicht erfüllbare Pläne zu erlangen und zum anderen betriebsinterne Reserven ansammeln zu können. Diese Reserven sichern die Planerfüllung auch bei extern verursachten Störungen in der Plandurchführungsphase (z. B. bei Lieferstörungen), binden jedoch die Faktoren unproduktiv. Hieraus resultieren u. a. eine relativ geringe Kapitalproduktivität und versteckte Arbeitslosigkeit. – Die Pläne werden nur „maßvoll" erfüllt bzw. übererfüllt, da die volle Aufdeckung der betrieblichen Leistungsfähigkeit höhere Planauflagen für die nächste Periode zur Folge hätte. – 2. Die *staatlich festgesetzten Preise* entsprechen allenfalls zufällig den gesamtwirtschaftlichen Knappheiten und lassen sich aufgrund ihrer bürokratisch-administrativen Festsetzung nur sehr verzögert an Datenänderungen anpassen. Richten sich die Betriebe im Rahmen ihrer Entscheidungsspielräume nach diesen Preissignalen, kommt es zu Fehlallokationen. Das →Unmöglichkeitstheorem findet hier seine praktische Bestätigung. Da die Preisrelationen nicht der staatlichen Zielstruktur entsprechen, beeinträchtigt dies die reibungslose Planerfüllung auf gesamtwirtschaftlicher Ebene. –

3. Das System der Kennziffern und „ökonomischen Hebel" erfaßt immer nur einen *Teilaspekt des betrieblichen Entscheidungsfeldes;* auch sind die Hebel und Kennziffern zumeist *nicht konsistent* aufeinander abgestimmt. Beide Aspekte führen dazu, daß die Betriebsangehörigen ihre eigenen Prämienziele erreichen können, ohne daß der gesamtwirtschaftliche Planzusammenhang gewährleistet wird. Diese Probleme wurden bisher nicht zufriedenstellend gelöst, wie die häufigen Umstellungen des Kennziffern- und Prämiierungssystems aund die abwechselnde Betonung quantitativer Kennziffern (z. B. Warenproduktion, ausgedrückt in Stück, Tonnen, Quadratmeter usw.) und finanzieller Kennziffern (insbes. Plangewinn) zeigen. – 4. Die Interdependenzen zwischen monetärer und güterwirtschaftlicher Planung und Leitung führen in st. Z. bei realen Planstörungen zu *inflationär wirkender Geldschöpfung.* Da die Preise staatlich festgelegt sind, zeigt sich der Geldüberhang nicht in einer offenen Preisinflation, sondern führt zu einer Zunahme der betrieblichen und insbes. individuellen Kassenhaltung *(Kassenhaltungsinflation).* – 5. Die st. Z. ist durch eine *relativ geringe Innovationsdynamik* gekennzeichnet. Eine Ursache hierfür ist, daß Produkt- und Verfahrensinnovationen Risiken für die Planerfüllung bedeuten und daher auf den Prämiierungsinteressen der Beschäftigten zuwiderlaufen. – 6. Die *Unternehmensstruktur* ist *ausgeprägt monopolistisch.* Das ist aus Gründen der administrativen Wirtschaftslenkung zwar zweckmäßig, wirkt sich jedoch negativ auf das Leistungsverhalten der Betriebe aus. Die in diesen Ländern oft selbst beklagte geringe Qualität der Produkte hat ihre Ursache in dem *fehlenden zwischenbetrieblichen Konkurrenzdruck.*

Staatstätigkeit, Aktivitäten der öffentlichen Hand zur Erfüllung der →öffentlichen Aufgaben. – Vgl. auch →Staatsanteil.

Staatsunternehmen, →öffentliche Unternehmen.

Staatsverbrauch. 1. *Begriff:* Teilgröße der Verwendungsseite des →Sozialprodukts. Der St. umfaßt den Wert der der Allgemeinheit ohne spezielles Entgelt zur Verfügung gestellten Dienstleistungen der Gebietskörperschaften und der Sozialversicherung (z. B. Sicherheits-, Unterrichts-, Verwaltungsleistungen, Gesundheitsbetreuung). – 2. *Berechnung:* Abzug des Wertes der Verkäufe des Staates (hauptsächlich Benutzungsgebühren) und der von ihm selbst erstellten Anlagen vom *Produktionswert des Staates:* Summe der laufenden Aufwendungen der Institutionen des Staatssektors; dazu rechnen die Einkommen aus unselbständiger Arbeit der beim Staat Beschäftigten (Beamte, Angestellte, Arbeiter, Soldaten, Wehrpflichtige usw.), die von Behörden und Einrichtungen des Staates

gezahlten Produktionssteuern (z. B. Kraftfahrzeugsteuer), die Abschreibungen sowie die laufenden Käufe des Staates von Waren und Dienstleistungen (einschl. der Käufe der Sozialversicherung, der Sozialhilfe u. a. Einrichtungen für soziale Sachleistungen zugunsten privater Haushalte sowie des Erwerbs und der Errichtung von militärischen Ausrüstungen und Bauten).

Staatsversagen, *Politikversagen.* 1. *Begriff:* Durch staatliches Handeln oder Unterlassen von Handlungen hervorgerufene →Fehllokationen. – 2. *Begründung* für die Vermutung von St.: a) Mängel beim Entwurf und der Koordination wirtschaftspolitischer Entscheidungen; b) im parlamentarischen Gesetzgebungsverfahren angelegte Anreize für →politische Unternehmer, korrigierend in Marktabläufe einzugreifen; c) Beeinflussungen wirtschaftspolitischer Entscheidungen durch Interessenvertreter (→Interessengruppen, →rent seeking); d) Ineffizienzen bei der Ausführung wirtschaftspolitischer Entscheidungen (→ökonomische Theorie der Bürokratie). – *Anders:* →Marktversagen.

Staatsvertrag, zwischenstaatliches Abkommen, das die beteiligten Staaten selbst als Rechtssubjekt verpflichtet und berechtigt. St. ist Form aller Abkommen, die unmittelbar in die Rechte der Bürger der beteiligten Staaten eingreifen. – *Wirksamkeit* der St. durch a) Ratifizierung, d. h. der Transferierung in innerstaatliches Recht durch die Gesetzgebungsorgane, und b) Inkraftsetzung durch das Staatsoberhaupt.

Staatswirtschaft, Teil der Volkswirtschaft, in der wirtschaftlich relevante Entscheidungen von solchen Institutionen getroffen werden, deren Aufgaben überwiegend darin bestehen, Dienstleistungen eigener Art für die Allgemeinheit zu erbringen, die sich hauptsächlich aus Zwangsabgaben finanzieren. Im Unterschied zur →Marktwirtschaft wird die Entscheidung über den Einsatz knapper Güter nicht von privaten, sondern von staatlichen Stellen getroffen, d. h. nichtmarktliche Bedürfnisbefriedigung unter Einsatz hoheitlicher Gewalt. Der Begriff der St. ist weitgehend deckungsgleich mit dem Begriff der →Finanzwirtschaft. – Vgl. auch →staatswirtschaftliche Planung.

staatswirtschaftliche Planung, Entwurf eines Handlungsprogramms für die Zukunftsgestaltung der Aufgaben des Staates (Versorgung mit →öffentlichen Gütern, Korrektur bestimmter Allokations- und Distributionseffekte des Marktes in Struktur und Prozeß). – *Instrumente:* Raumordnungs-, Landes- und Regionalplanungen, Regierungsprogramme, Personalbedarfs- und -entwicklungspläne, Organisationspläne, →Haushaltsplan, →Finanzplan, →Programmbudget, bestimmte Entscheidungstechniken (→Kosten-Nutzen-

Analyse, →Nutzwertanalyse, →Kosten-Wirksamkeits-Analyse, →Entscheidungsbaumverfahren).

Stab, Element der →Aufbauorganisation, eine →organisatorische Einheit, die nur indirekt durch Unterstützung einer →Instanz zur Lösung der Unternehmungsaufgabe beiträgt, insbes. bei Vorbereitung und Kontrolle der Entscheidungen der Instanz. Die Aufgabe ist mehr quantitativer (Stabsgeneralist, z. B. Direktionsassistent) oder qualitativer (Stabsspezialist, z. B. Stab für Rechtsangelegenheiten) Art. – Bei *multipersonalen Stäben* können St.sstellen auch mit →Weisungsbefugnissen, allerdings nur für den Bereich der St.sabteilung, ausgestattet sein. – Vgl. auch →Stab-Linienorganisation.

Stabdiagramm, graphische Darstellung von absoluten oder relativen →Häufigkeitsverteilungen bzw. →Wahrscheinlichkeitsfunktionen. In einem St. wird den beobachteten bzw. möglichen Ausprägungen eine vertikale Strecke („Stab") zugeordnet, deren Länge die beobachtete →Häufigkeit bzw. die →Wahrscheinlichkeit repräsentiert.

STABEX, Stabilisierung der Exporterlöse für Agrarerzeugnisse, →Lomé-Abkommen.

stabile Bevölkerung, →Bevölkerungsmodell.

Stabilisierung der Exporterlöse für Agrarerzeugnisse (STABEX), →Lomé-Abkommen.

Stabilisierungskrise, *Reinigungskrise,* eine Rezession bzw. Depression, die vermeintlich notwendig bzw. unvermeidbar eine Erholung der Wirtschaft vorhergeht, um die im Boom geänderten Erwartungen und Verhaltensweisen (Inflationsmentalität, Anspruchsverhalten usw.) zu normalisieren. Notwendigkeit und Länge von St. sind stark umstritten.

Stabilisierungspapiere, →Schatzwechsel und →unverzinsliche Schatzanweisungen, die die Deutsche Bundesbank auf Verlangen gem. §42a BBankG infolge von §29 StabG bis zu einer Höhe von 8 Mrd. DM zum Zweck einer (kontraktiven) →Offenmarktpolitik am Geldmarkt erhält, nachdem (wie 1971) als →Mobilisierungspapiere in Umlauf gebracht wurden. Durch die St. kann eine gewünschte Offenmarktpolitik nicht am fehlenden Titelbestand der Bundesbank scheitern.

Stabilisierungspolitik, →Stabilitätspolitik.

Stabilität (eines Gleichgewichtes). Ein →Gleichgewicht gilt als stabil, wenn eine Störung nur vorübergehend zu einer Abweichung vom Gleichgewicht führt, diese aber langfristig wieder erreicht wird. Die Frage nach der St. eines Gleichgewichts kann nur in einer→dynamischen Analyse beantwortet werden.

Stabilitätsgesetz (StabG), Kurzbezeichnung für das Gesetz zur Förderung der Stabilität und des Wachstums der Wirtschaft vom 8. 6. 1967 (BGBl I 582).

I. Charakterisierung: Rechtliche Regelung der Bund und Länder obliegenden Pflicht, bei ihren wirtschafts- und finanzpolitischen Maßnahmen die Erfordernisse des gesamtwirtschaftlichen Gleichgewichts zu beachten (Art. 109 GG); Kodifizierung der keynesianischen Wirtschaftspolitik (→Keynessche Lehre) in der Bundesrep. D.. Maßnahmen gem. StabG sollen so getroffen werden, daß sie im Rahmen der marktwirtschaftlichen Ordnung gleichzeitig zur Stabilität des Preisniveaus, zu einem hohen Beschäftigungsstand, zum außenwirtschaftlichen Gleichgewicht und zu einem stetigen und angemessenen Wirtschaftswachstum beitragen (magisches Viereck; vgl.→magisches Vieleck). – Vgl. auch →Stabilisierungspolitik.

II. Maßnahmen: 1. Erstellung eines →*Jahreswirtschaftsberichts* durch die Bundesregierung zur allgemeinen Information. – 2. Bildung des →*Konjunkturrats für die öffentliche Hand* zur Beratung der Bundesregierung. – 3. Im Falle der Gefährdung der Ziele des StabG ist eine Orientierungshilfe in Form der →konzertierten Aktion vorgesehen; sie soll der Absicherung der gesellschaftspolitischen Flanke der Konjunkturpolitik dienen. – 4. Bei außenwirtschaftlichen Störungen des gesamtwirtschaftlichen Gleichgewichts, deren Abwehr durch binnenwirtschaftliche Maßnahmen nicht oder nur unzureichend möglich ist, hat die Bundesregierung alle Möglichkeiten der internationalen Koordination zu nutzen; notfalls setzt sie die ihr zur Verfügung stehenden wirtschaftspolitischen Mittel ein (→Wirtschaftspolitik). – 5. Zur Abwehr einer Störung des gesamtwirtschaftlichen Gleichgewichts ist die Bundesregierung ermächtigt, durch Rechtsverordnung *steuerliche Maßnahmen* zu ergreifen. Sie kann insbes. Vorschriften erlassen, nach denen die Inanspruchnahme von Sonderabschreibungen und erhöhten Absetzungen für Abnutzung sowie die Bemessung der Absetzungen in fallenden Jahresbeträgen (degressive Abschreibung) ganz oder teilweise ausgeschlossen werden kann. Sie kann Vorschriften erlassen, nach denen die Einkommensteuer, Lohnsteuer und Kapitalertragsteuer um höchstens 10% herabgesetzt oder erhöht werden kann. Entsprechendes gilt u. a. für die Körperschaft- und die Gewerbesteuer.

III. Regelungen für Bundes- und Länderhaushalte: 1. Im *Bundeshaushaltsplan* (→Bundeshaushalt) sind Umfang und Zusammensetzung der Ausgaben und der Ermächtigungen zum Eingehen von Verpflichtungen zu Lasten zukünftiger Rechnungsjahre so zu bemessen, wie es zur Erreichung der Ziele des StabG erforderlich ist. →Finanzplan und →Subventionsbericht dienen ebenfalls der Erreichung dieser Ziele. – 2. Bei einer die volkswirtschaftliche Leistungsfähigkeit übersteigenden *Nachfrageausweitung* sollen Mittel des Bundes zur zusätzlichen Tilgung von Schulden bei der Bundesbank oder zur Zuführung an die →Konjunkturausgleichsrücklage veranschlagt werden. Außerdem kann die Bundesregierung den Finanzminister ermächtigen, die Verfügung über bestimmte Ausgabemittel, den Beginn von Baumaßnahmen und das Eingehen von Verpflichtungen zu Lasten künftiger Rechnungsjahre von seiner Einwilligung abhängig zu machen. – 3. Bei einer die Ziele des StabG gefährdenden *Abschwächung* der allgemeinen Wirtschaftstätigkeit sollen zusätzliche Ausgaben aus öffentlichen Mitteln geleistet werden, v. a. aus der Konjunkturausgleichsrücklage. Auch ist die Planung geeigneter Investitionsvorhaben so zu beschleunigen, daß mit ihrer Durchführung kurzfristig begonnen werden kann. – 4. Die *Kreditaufnahme* im Rahmen der in den Haushaltsgesetzen oder Haushaltssatzungen ausgewiesenen Kreditermächtigungen durch den Bund, Länder, Gemeinden, Gemeindeverbände sowie der öffentlichen Sondervermögen und Zweckverbände kann die Bundesregierung zur Abwehr einer Störung des gesamtwirtschaftlichen Gleichgewichts beschränken.

IV. B e d e u t u n g / K r i t i k : Mit dem Vordringen ideologischer und/oder theoretischer Kritik an einer keynesianischen Wirtschaftspolitik ist auch das StabG nach kurzer Zeit aus dem Brennpunkt der konjunkturpolitischen Diskussion verschwunden; seine Instrumente werden kaum noch genutzt. – *Kritikpunkte:* (1) Die fast ausschließliche *Nachfrageorientierung:* Vielfältige Ursachen konjunktureller Impulse erfordern aber eine differenzierte Therapie; insofern ist die theoretische und politische Entwicklung, ausgedrückt in verbesserten theoretischen Kenntnissen über die Transmissionsprozesse finanzpolitischer Maßnahmen, einer Verschiebung der politischen Zielstruktur und einer Veränderung der wirtschaftspolitischen Landschaft (Vordringen neoklassischer theoretischer Denkrichtungen und damit verbundener Werturteile; vgl. auch →Neoklassik) sowie mit wirtschaftlichen Rahmenbedingungen über das StabG hinweggegangen. – (2) *Instrumentelle* steuerungspolitische und verteilungspolitische *Kritikpunkte.*

Stabilitätspolitik. I. B e g r i f f : 1. *Im engeren Sinne (ältere Begriffsauffassung):* Gesamtheit der staatlichen Maßnahmen zur Sicherung eines stabilen Geldwertes bzw. gesamtwirtschaftlichen Preisniveaus (Preisniveau/Stabilität). – 2. *Im weiteren Sinne (heutige Begriffsauffassung):* Gesamte Ordnungs- und Prozeßpolitik des Staates, welche auf die Erhaltung und Wiedererreichung mehrerer gesamtwirtschaftlicher Stabilitätsziele, insbes. im im

→Stabilitätsgesetz (StabG) festgelegten Ziele gerichtet ist. – 3. In Anlehnung an den internationalen Sprachgebrauch wird für St. i. w. S. zunehmend der Terminus *Stabilisierungspolitik (stabilization policy)* verwendet. Zum Teil wird auch zwischen St. i. S. der Erhaltung erreichter Ziele und Stabilisierungspolitik i. S. der Wiedererreichung verletzter Ziele unterschieden.

II. Z i e l e : Rationale St. (i. w. S.) setzt die Auswahl und (qualitative, quantitative und zeitliche) Konkretisierung der Stabilitätsziele voraus. Gem. § 1 StabG sind zur Erreichung des gesamtwirtschaftlichen Gleichgewichts gleichzeitig vier Ziele anzustreben: Preisniveaustabilität, hoher Beschäftigungsstand, stetiges und angemessenes Wachstum sowie außenwirtschaftliches Gleichgewicht *(magisches Viereck).* – 1. *Preisniveaustabilität:* Als Indikatoren für das gesamtwirtschaftliche Preisniveau werden der Preisindex des Bruttosozialprodukts, der des privaten Verbrauchs und (am häufigsten) der Preisindex aller privaten Haushalte verwendet. – Abweichend von der Höchstnorm eines während der gewählten Zielperiode *absolut stabilen Preisniveaus* (Inflationsrate von Null) wird in der stabilitätspolitischen Praxis eine (mehr oder weniger große) positive Inflationsrate als *(relative) Preisniveaustabilität* toleriert. Während sich die Bundesregierung kurz nach Inkrafttreten des StabG 1968 eine relativ anspruchsvolle mittelfristige Zieldefinition einer jährlichen Änderungsrate des Preisindex des Bruttosozialproduktes von 1% vorgab, schwankten die später gem. § 2 StabG veröffentlichten Jahreszielprojektionen (bezogen auf den Preisindex des privaten Verbrauchs) zwischen 2% (1969) und 8 bis 9% (1974). – 2. *Hoher Beschäftigungsstand:* Hauptindikatoren für das gesamtwirtschaftliche Beschäftigungsziel stellen traditioneller Weise →Arbeitslosenquoten, neuerdings auch der Auslastungsgrad des gesamtwirtschaftlichen Arbeitskräftepotentials (→Beschäftigungsgrad) dar. – Im Vergleich zum Extremfall der *Vollbeschäftigung* (Arbeitslosenquote von Null bzw. Auslastung des Arbeitskräftepotentials von 100%) deutet die Formulierung hoher Beschäftigungsstand auf ein reduziertes Anspruchsniveau hin. Begründet wird dies damit, daß die globalen Steuerungsmittel der St. nur zur Bekämpfung der konjunkturellen Arbeitslosigkeit, nicht aber zur Beseitigung der normalen oder natürlichen Unterbeschäftigung (= strukturelle und friktionelle Arbeitslosigkeit) geeignet seien. Als mittelfristiger Zielwert wurde von der Bundesregierung 1968 eine jahresdurchschnittliche Arbeitslosenquote (definiert als Anteil der registrierten Arbeitslosen an der Zahl der abhängigen Erwerbspersonen) von 0.8% angestrebt; die jährlichen Zielprojektionen lagen demgegenüber zwischen 1% (1969–

1973) und 9,5 % (1983). – 3. *Angemessenes und stetiges Wachstum:* Als Indikator für das Wachstumsziel wird üblicherweise die Wachstumsrate des realen Bruttosozialproduktes oder Bruttoinlandprodukt herangezogen. – Versteht man unter stetigem Wachstum eine mittel- bis langfristig konstante Wachstumsrate, bleibt offen, welche stetige Wachstumsrate als angemessen gelten soll: a) 1968 wurde von der Bundesregierung eine Wachstumsrate des realen Bruttosozialproduktes von 4% für angemessen gehalten; Jahreszielprojektionen lagen im Bereich von – 1,0 bis 0% (1981) und 5% (1977). b) Unter Berücksichtigung der beiden vorgenannten Stabilitätsziele kann als angemessen auch jenes reale Wachstum angesehen werden, welches bei Preisniveaustabilität und hohem Beschäftigungsstand möglich erscheint. Dies führt zum Konzept eines *normalen Auslastungsgrades des gesamtwirtschaftlichen → Produktionspotentials*, der ohne konjunkturelle Überbeschäftigung und (soweit keine Inflationserwartungen vorliegen) auch ohne Preisauftriebstendenzen realisiert werden kann. Ist diese Normalauslastung erreicht, ist eine Wachstumsrate des realen Bruttoinlandsproduktes anzustreben, die der erwarteten Wachstumsrate des (relativ stetig wachsenden) Produktionspotentials entspricht. Bei Unterauslastung (Überauslastung) ist entsprechend ein höheres (niedrigeres) Wachstumstempo einzuschlagen. In diesem Sinne stellt das Wachstumsziel ein Mittel (Vorziel) zur Erreichung des Beschäftigungs- und Geldwertzieles dar. – 4. *Außenwirtschaftliches Gleichgewicht:* Als Indikatoren für das außenwirtschaftliche Gleichgewicht werden je nach Gleichgewichtskonzeptionen bestimmte Teilbilanzen der →Zahlungsbilanz (z. B. Devisenbilanz, Außenbilanz, Leistungsbilanz) verwendet. – Wird als außenwirtschaftliches Gleichgewicht eine Lage bezeichnet, in der die binnenwirtschaftliche Stabilität nicht durch die Außenwirtschaftsbeziehungen gefährdet wird, kommt auch dem Außenwirtschaftsziel lediglich die Bedeutung eines Vorzieles zu. Außenwirtschaftliches Gleichgewicht wird dann angestrebt, um die Binnenwirtschaft gegenüber der Instabilität im Ausland, d. h. gegen den Import von →Inflation und Arbeitslosigkeit abzusichern *(außenwirtschaftliche Absicherung der St.).* Als mittelfristige Zielvorgabe gab 1968 die Bundesregierung einen 1%igen Anteil des Außenbeitrages (=Aktivsaldo der Handels- und Dienstleistungsbilanz) am Bruttosozialprodukt an (entsprach der voraussichtlichen Höhe der finanziellen Verpflichtung gegenüber dem Ausland, d. h. Saldo der Übertragungs- und Kapitalverkehrsbilanz); die jährlichen Zielprojektionen lagen demgegenüber zwischen 0% (1980) und 3–3,5% (1975).

III. Politikbereiche: Als Teilbereiche der St. mit den ihnen zuzuordnenden Trägern und Instrumenten sind zu nennen: (1) *Fiskalpolitik* (→fiscal policy), (2) *Geldpolitik* (→monetäre Theorie und Politik), (3) → *Außenwirtschaftspolitik*, (4) → *Einkommenspolitik* und (5) → *Ordnungspolitik.* Mit welchem relativen Gewicht diese Politikbereiche in die St. einbezogen werden, hängt im wesentlichen von der zugrundeliegenden (theoretischen) Stabilitätskonzeption ab. – Im Stabilitätsgesetz im einzelnen vorgesehene *Maßnahmen:* Vgl. →Stabilitätsgesetz II und III.

IV. Grundkonzeption: 1. *Keynesianische Konzeption:* Ausgehend von der keynesianischen Instabilitätshypothese (Keynessche Lehre), welche die in Marktwirtschaften auftretenden Konjunkturschwankungen auf das zyklische Verhalten der privaten Nachfrager (Konsumenten, Investoren, Produzenten, Geldnachfragen usw.) zurückführt, wird dem Staat die Aufgabe zugewiesen, die gesamtwirtschaftliche Entwicklung durch eine ausgleichende Steuerung der gesamtwirtschaftlichen Nachfrageaggregate (→Globalsteuerung) zu stabilisieren. Da einer zinsorientierten Geldpolitik nur eine indirekte, von der Zinselastizität der Güter abhängige Wirkung, bei vollkommen zinselastischer Geldnachfrage gar keine (→Liquiditätsfalle) oder infolge von →Lags u. U. sogar eine destabilisierende Wirkung zugeschrieben wird, kommt einer *antizyklischen Finanzpolitik* die stabilitätspolitische Schlüsselrolle zu. Sie wird nicht nur für direkt und schneller und besser (nachfrage-)wirksam, sondern auch für besser dosier- und kontrollierbar gehalten. Insbes. wird eine *expansive Ausgaben- und Einnahmenpolitik der öffentlichen Haushalte* (z. B. Beschäftigungsprogramme) verlangt, um die Wirtschaft aus einem Unterbeschäftigungsgleichgewicht herauszuführen, weil die wirtschaftlichen Selbstheilungskräfte unter der Annahme nach unten starrer Preise und Nominallöhne versagen. – Der umgekehrt bei Flexibilität der Güter- und Faktorpreise zu erwartende *Preisniveauanstieg* wird als Nachteil einer wirksamen Beschäftigungspolitik (mehr oder weniger) in Kauf genommen. Zur Dämpfung der Preisauftriebstendenzen auf den Güter- und Faktormärkten werden flankierende Maßnahmen der Einkommenspolitik empfohlen. – Die *außenwirtschaftliche Absicherung der St.* gegen den Import von Arbeitslosigkeit und Inflation aus dem Ausland durch eine entsprechende Außenwirtschaftspolitik ergänzt diese Stabilitätskonzeption. – 2. *Neoklassische Konzeption:* In der monetaristisch fundierten neoklassischen Gegenposition (→Neoklassik, →Monetarismus) wird demgegenüber von der Basishypothese eines grundsätzlich stabilen Privatsektors einer Marktwirtschaft ausgegangen. Seine Aktivierungsschwankungen werden primär als Ausdruck von durch reale und monetäre Störungen ausgelösten (kumulativen) Anpassungsreaktionen interpretiert, die in einen *stabilisierenden Selbststeuerungsprozeß* übergehen. Destabilisierend wirkt vielmehr das diskretionäre Verhalten des Staates, der durch (dominierende) monetäre und fiskalische Impulse die beobachtbaren Schwankungen der gesamtwirtschaftlichen Zielvariablen herbeiführt. Um dies zu vermeiden, wird eine allgemeine *Verstetigung der staatlichen Wirtschaftspolitik* gefordert. Während die Fiskalpolitik sich zur Verbesserung der Anpassungsfähigkeit der Privatwirtschaft auf allokations- und strukturpolitische Maßnahmen beschränken soll, hat die wichtigere *Geldpolitik* für eine stetige Entwicklung der Geldmenge in dem Umfange zu sorgen, daß das reale Wirtschaftswachstum ohne Inflation finanziert werden kann. – Auf eine besondere Einkommenspolitik wird aufgrund der monetären Erklärung der Inflation weitgehend verzichtet. – Zur *außenwirtschaftlichen Absicherung* der (z. B. an der Wachstumsrate des gesamtwirtschaftlichen Produktionspotentials orientierten) Geldmengenpolitik wird i. d. R. ein *System flexibler Wechselkurse* gefordert. – Die *Ordnungspolitik* hat die wichtige Aufgabe, die vorausgesetzte Selbststeuerungsfähigkeit des privaten Sektors zu gewährleisten.

Literatur: Cassel, D./Thieme, H. J., Stabilitätspolitik, in: Vahlens Kompendium der Wirtschaftstheorie und Wirtschaftspolitik, 2. Aufl., München 1985; Friedrich, H., Stabilisierungspolitik, 2. Aufl., Wiesbaden 1986; Gahlen, B./Schneider, H. K., Grundfragen der Stabilitätspolitik, Tübingen 1974; Gerber, B., Stabilitätspolitik. Vollbeschäftigung, Preisniveaustabilität und Zahlungsbilanzgleichgewicht im wirtschaftspolitischen Spannungsfeld, 1976; Jahresgutachten des Sachverständigenrates zur Begutachtung der gesamtwirtschaftlichen Entwicklung, 1965 ff.; Jahreswirtschaftsbericht der Bundesregierung, 1968 ff.; Kuhn, H. (Hrsg.), Probleme der Stabilitätspolitik, Festschrift zum 60. Geburtstag von N. Kloten, Göttingen-Zürich 1986; Mackscheidt, K./Steinhausen J., Finanzpolitik I. Grundfragen fiskalpolitischer Lenkung, 3. Aufl., Worms 1978; Mammen, G., Grundzüge differenzierter Stabilisierungspolitik in der Bundesrepublik Deutschland, Göttingen-Zürich 1978; Müller, R./Röck, W., Konjunktur- und Stabilisierungspolitik, 2. Aufl., Stuttgart-Berlin-Köln-Mainz 1985; Pätzold, J., Stabilisierungspolitik. Grundlagen der nachfrage- und angebotsorientierten Wirtschaftspolitik, 2. Aufl., 1987; Pfleiderer, O., Betrachtungen zur Stabilitätspolitik, Tübingen 1980; Schaal, P., Stabilität und Konjunktur. Theoretische Grundlagen der Stabilitätspolitik, Göttingen-Zürich 1977.

Prof. Dr. Dirk Piekenbrock

Stab-Linienorganisation. 1. *Begriff:* Form der →Aufbauorganisation, bei der den →Instanzen zur Unterstützung Stabsstellen (→Stab) zugeordnet werden. – 2. *Gestaltungsalternativen:* a) Die Zuordnung von *Stabsgeneralisten* bewirkt eine generelle Erweiterung der Instanzenkapazität. – b) Durch *spezialisierte Stäbe* kann eine →mehrdimensionale Organisationsstruktur realisiert werden; für die durch gleichzeitige Zerlegung eines Handlungskomplexes nach verschiedenen Gliederungskriterien gewonnenen Teilhandlungen (→Segmentierung) werden →Entscheidungskompetenzen auf →Kompetenzen für entscheidungsvorbereitende Aktivitäten formuliert, die auf →Entscheidungseinheiten bzw. Stäbe übertragen werden. Die für mehrdimen-

sionale Organisationsstrukturen charakteristische Berücksichtigung mehrerer Aspekte einer Handlung im Entscheidungsprozeß erfolgt bei der St.-L. somit durch ungleichgewichtige organisatorische Verankerung der Handlungsaspekte. – *Anders:* →Matrixorganisation. – Die St.-L. kann als Organisationsmodell auf der zweiten Hierarchieebene oder im Rahmen einer →Teilbereichsorganisation auf niedrigeren Hierarchieebenen ansetzen. – 3. *Vorteile:* V. a. Entlastung der Leitungseinheiten und Qualitätsverbesserung ihrer Entscheidungen mit Hilfe detaillierter Entscheidungsvorbereitung durch den Stab sowie klare →Kompetenzabgrenzung durch das zugrunde liegende →Einliniensystem. – 4. *Nachteile:* V. a. mögliche Stab-Linienkonflikte z. B. durch Frustration des Stabes wegen fehlender direkter Entscheidungskompetenzen und informationelle Abhängigkeit der Instanz von ihrem Stab.

Stabsassistent, →Handlungsträger in einem →Stab.

Stack, *Keller, Stapel,* bei der →Programmentwicklung benutzte →abstrakte Datenstruktur. Ein St. ist eine Speicherstruktur, die Elemente nach dem Prinzip „Last-in-first-out" (→Lifo) aufnimmt und abgibt. Verwendung häufig im Zusammenhang mit →Bäumen. – *Gegensatz:* →Queue.

Stackelberg, Heinrich von, 1905–1946, bedeutender Nationalökonom, der entgegen der zu seiner Zeit herrschenden Lehre eine Theorie der Gleichgewichtslosigkeit der Märkte vertrat. St. ging aus von den Erkenntnissen der →allgemeinen Gleichgewichtstheorie (Walras, Pareto) und demonstrierte in der Theorie der Produktions- und Haushaltswirtschaft den Erkenntniswert mathematischer Formulierungen. Die Monopolpreistheorie wurde von ihm in den umfassenderen Zusammenhang einer systematisch aufgebauten Typenlehre gestellt, die auf der Unterscheidung von neun verschiedenen →Marktformen beruht: freie (vollständige) Konkurrenz, Angebots-Oligopol, Nachfrage-Oligopol, bilaterales Oligopol, Angebots-Monopol, Nachfrage-Monopol, unbeschränktes Angebots-Monopol, beschränktes Nachfrage-Monopol, bilaterales Monopol. – *Hauptwerke:* „Marktform und Gleichgewicht" 1934; „Grundzüge der theoretischen Volkswirtschaftslehre" 1943.

Stackelbergsches Dyopol, oligopolistisches Preis- bzw. Mengenmodell, in dem der eine Anbieter die Abhängigkeits-, der andere die Unabhängigkeitsposition bezieht, d. h., der Abhängige verhält sich entsprechend seiner Reaktionslinie (→Reaktionsfunktion), der Unabhängige bezieht die Reaktion des anderen in sein Kalkül mit ein und maximiert seinen Gewinn nach erfolgter Anpassung des Abhängigen. Das Gewinnmaximum liegt im

Tangentialpunkt der Isogewinnkurven des Unabhängigen mit der Reaktionslinie des autonom Handelnden. Man bezeichnet diese Lösung als Asymmetrielösung oder als →Preisführerschaft.

Stadtanleihe, von den größeren Städten für werbende Anlagen oder gemeinnützige Zwecke (Krankenhäuser, Schulen usw.) auf dem üblichen Weg durch Vermittlung einer Bank oder eines Bankenkonsortiums ausgegebene →Anleihe. Genehmigung der Emission von St. durch den Bundeswirtschaftsminister im Einvernehmen mit der zuständigen obersten Landesbehörde erforderlich (§ 795 BGB). I. d. R. zum amtlichen Börsenverkehr zugelassen.

Städtebauförderung, Aufgabe des Bundes, der Länder, der Gemeinden und sonstigen Körperschaften des öffentlichen Rechts, zum Zweck der Sanierung und Entwicklung im Städtebau; gesetzlich geregelt im Städtebauförderungsgesetz (→Baugesetzbuch).

Städtebauförderungsgesetz, →Baugesetzbuch.

Städtestatistik, laufend geführte, periodisch oder zu besonderem Anlaß veröffentlichte Statistik aus Groß- und Mittelstädten, häufig aus Ämtern, bei denen zugleich die Durchführung anderer Aufgaben liegt, wie Wahlamt, Standesamt u.ä. – Ergebnisse werden im „Statistischen Jahrbuch der deutschen Gemeinden" veröffentlicht.

Städtetag, →Deutscher Städtetag.

Stadtkämmerer, Leiter des Finanzdezernates einer Stadtverwaltung, dem die gesamte Finanzverwaltung der Stadtgemeinde obliegt. Insbes. hat er den jährlichen →Haushaltsplan aufzustellen und nach Genehmigung durch die Stadtvertretung durchzuführen.

Stadtkreis, die nur aus einer größeren, nicht dem →Landkreis eingegliederten, der sog. kreisfreien Stadt, bestehende Verwaltungskörperschaft.

Stadtökonomik, *urban economics,* neues, keineswegs ausreichend abgegrenztes Gebiet der →Volkswirtschaftstheorie, das sich mit dem Stadtphänomen im Rahmen der →Regionalpolitik beschäftigt. – 1. *Bedeutung:* Die St. hat in den letzten Jahrzehnten, insbes. ausgehend von den USA, große Beachtung gefunden, da sich die Folgen des sozialen, ökonomischen und politischen Wandels der modernen Industriegesellschaft v.a. in den Großstädten niedergeschlagen haben. Symptome u.a. zunehmende, zumeist strukturell bedingte →Arbeitslosigkeit in den großen Städten, oft unzureichendes Angebot an Infrastrukturlei-

stungen und hieraus resultierende Sozialkonflikte. Diese Veränderungen bewirkten in fast allen Großstädten der westlichen Welt eine z.T. gravierende Wanderungsbewegung aus den Zentren in stadtnahe Gebiete. – 2. *Gegenstand* der St. sind die verschiedenen Phasen des Verstädterungsprozesses. – In der theoretischen Diskussion zwei *Ansätze:* a) Das *mikroökonomische Konzept* führt die Bewegungen des Verstädterungsprozesses auf Veränderungen der Standortentscheidungen von Haushalten, Unternehmen und Behörden zurück. – b) Der *systemtheoretische Ansatz* betrachtet Städte als komplexe Systeme, die sich mit ihrer Umwelt in zumeist dauerhaften Spannungszuständen befinden.

Stadtverkehr. I. B e g r i f f : In der Verkehrswissenschaft und -politik gebräuchliche Bezeichnung für den in städtischen Verdichtungsräumen stattfindenden Verkehr. Sowohl hinsichtlich der darunter einzubeziehenden unterschiedlichen Verkehrssysteme wie in bezug auf die räumliche Reichweite existieren allerdings unterschiedliche Abgrenzungen. Als St. bezeichnet wird z.B. der Verkehr innerhalb eines Stadtgebietes, der Verkehr innerhalb eines großstädtischen Bereichs (metropolitan area) und der im Gegensatz zum überregionalen Verkehr stattfindende Verkehr.

II. G e s c h i c h t e : 1. *Anfänge:* In griechischen und römischen Großstädten war die Straßenpflasterung üblich und in deren Regionalbereich waren relativ gut ausgebaute Verkehrswege zur Versorung der Städte vorhanden; in den mitteleuropäischen Städten kam es erst im ausgehenden Mittelalter zu einer gewissen Verbesserung der städtischen Straßenverhältnisse. Der städtische Personenverkehr wurde überwiegend zu Fuß, seltener mit Reittieren oder Wagen abgewickelt, der Güterverkehr v.a. mittels menschlicher und tierischer Tragkraft sowie zwei- später vierrädriger Karren. – 2. *17./18. Jh.:* Beachtliche Weiterentwicklungen des städtischen Verkehrssystems brachte das 17. Jh.; ab 1650 entstanden in Paris und anderen größeren Städten Nahverkehrssysteme mittels Mietkutschen und Droschken (Lohnfuhrwerke mit festem Standort). Eine Neuheit im St. war der 1662 in Paris eingeführte Pferdeomnibus, der sich jedoch erst im 19. Jh. umfassend durchsetzen konnte. – 3. *19. Jh.:* Eine zunehmende *Trennung zwischen innerstädtischem Verkehr und dem Überlandverkehr* zeichnete sich zu *Beginn des 19. Jh.* ab, als mit dem Wachstum der Städte im Zuge der beginnenden Industrialisierung eine neue Phase des St. begann und die Trennung von Arbeitsplatz und Wohnort neue Verkehrsbedürfnisse entstehen ließ. Zum ersten Massenverkehrsmittel des 19. Jh. wurde der Pferdeomnibus (1825 in Berlin eingeführt; 1839 in Hamburg Eröffnung der ersten Linienverbindung). Die in der Folgezeit stattfindende Vergrößerung der Kapazität, die Erweiterung des regelmäßigen Linienverkehrs und die Senkung der Beförderungspreise, ermöglichten die Benutzung dieses Verkehrsmittels durch zunehmend breitere Bevölkerungsschichten (wegen hoher Fahrpreise blieb der Droschkendienst i.a. begüterten Personen vorbehalten). – *Mitte des 19. Jh.* erfolgt der sukzessive *Übergang zu auf Schienen fahrenden Verkehrsmitteln* (Schienen-Pferdeomnibus 1829 erstmalig in London eingesetzt). Um 1885 waren nahezu alle größeren Städte mit pferdegezogenen Straßen- bzw. Trambahnen versehen. Bereits dieses Verkehrssystem trug dazu bei, daß sich die Großstädte raummäßig ausdehnen konnten. Weitere Impulse in dieser Richtung gingen von der Entwicklung von Vorort-Eisenbahnnetzen aus (1851 Verbindung der Berliner Vororte mit der Innenstadt). Ein noch stärkerer Einfluß auf die Entwicklung des S. ging von dem 1881 in Berlin erstmals in Betrieb genommenen elektrischen Straßenbahnen aus. Parallel dazu erfolgte der Bau von Untergrundbahnen (erste U-Bahnen ab 1863 in London, 1900 Eröffnung der Pariser Metro, 1902 der Berliner U-Bahn). Ebenfalls um die Jahrhundertwende begann die Ablösung der Pferdedroschke durch das Kraftwagen-Taxi (1893 in Cannstadt) und der Einsatz erster motorgetriebener Omnibusse im St. (1899 in London). – *5. 20. Jh.: Zu Beginn des 20. Jh.* entwickelte der St. vorrangig auf der Basis der S- und U-Bahnen, der elektrischen Straßenbahnen und der Kraftomnibusse, sowie später auch der Obusse weiter; zunehmend verdrängt wurden Pferdeomnibusse und -droschken. – *Zwischen den beiden Weltkriegen* wurde die Verkehrsleistungen des St. überwiegend von öffentlichen Verkehrsmitteln erbracht; nach und nach begann jedoch das *Vordringen des privaten Kraftwagens als Individualverkehrsmittel.* Die anhaltende Verbesserung der städtischen Verkehrssysteme erlaubte eine immer stärkere Ausdehnung der Städte in die Breite, was zu einem enormen Anwachsen der Pendlerströme führte. – Der St. der *Nachkriegszeit* war zunächst v.a. gekennzeichnet durch das unaufhaltsame Vordringen des Privat-Pkw. Insbes. im Berufs-, Ausbildungs- und Einkaufsverkehr wurde anstelle der öffentlichen Verkehrsmittel zunehmend das Auto benutzt. Städtebau und Verkehrspolitik reagierten auf den dichter werdenden Autoverkehr in den Städten lange Zeit mit einer straßenbaufreundlichen Infrastrukturpolitik und dem Bemühen, die *Städte „autogerecht" zu gestalten.* Gleichzeitig wurde in dieser Periode die Weiterentwicklung der öffentlichen Verkehrssysteme in den Städten wenigstens teilweise vernachlässigt; insbes. das städtische Umland war lange Zeit nur unzureichend mit ÖPNV-Systemen versorgt. Seit Ende der 60er Jahre ist ein gewisses Umdenken feststellbar,

eine deutliche *Förderung des öffentlichen Verkehrs* (→Öffentlicher Personennahverkehr – öPNV –) in den Städten erst seit Ende der 2. Hälfte der 70er Jahre. – Vgl. auch →Individualverkehr.

III. Unternehmens-, Betriebs- und Kostenstruktur: 1. *Träger:* Die Verkehrsleistungen i.e.S. und i.w.S. werden neben dem Individualverkehr durch eine Vielzahl unterschiedlich organisierter Unternehmen erbracht. In diesem Bereich tätig sind v.a. die öffentlichen →Verkehrsbetriebe, die →Deutsche Bundesbahn (S-Bahn, Berufs- und Schülerverkehr), →nichtbundeseigene Eisenbahnen, private Busunternehmen sowie die Taxi- und Mietwagenunternehmen. Spezifische Struktur- und Leistungsdaten für den St. sind infolge der uneinheitlichen Abgrenzung des Begriffes nicht vorhanden; noch am ehesten deckungsgleich mit dem städtischen Nahverkehr ist der Betätigungsbereich der im →Verband öffentlicher Verkehrsbetriebe (VÖV) zusammengeschlossenen 167 ordentlicher Mitgliedunternehmen (darunter 128 rein öffentliche, 30 gemischtwirtschaftliche und 9 private Unternehmen). Zusammen beschäftigten diese Unternehmen 89684 Personen (30.9.1986). 31 Unternehmen betrieben Straßenbahn-, 2 Obus-, 155 Busverkehr und 21 Verkehr mit Bahnen besonderer Bauart (U-Bahnen/Stadtbahnen, Bergbahnen). – 2. *Beförderungsleistung:* Insgesamt wurden 1985 im öffentlichen Personennahverkehr 6714,9 Mill. Personen befördert und eine Verkehrsleistung von 25642,2 Mill. Pkm erbracht (65,4% der Fahrgäste und 45,3% der Verkehrsleistung entfielen auf die VÖV-Unternehmen). 1986 belief sich die mittlere Reiselänge bei den VÖV-Unternehmen auf 5,9 km; im Durchschnitt war jeder Einwohner des Bundesgebietes 71 mal Fahrgast eines VÖV-Unternehmens (40% der Bürger bedienen sich regelmäßig oder gelegentlich öffentlicher Verkehrsmittel). – 3. *Streckennetz:* Die Linienlänge (VÖV-Unternehmen) bei den Straßenbahnen umfaßte (1986) 2348 km, bei den U-Bahnen/Stadtbahnen 630 km, den Obussen 62 km und den Bussen 135887 km. Eingesetzt wurden von den Unternehmen insgesamt 26891 Fahrzeuge (darunter 2650 Straßenbahn-Treibwagen, 751 Beiwagen, 3048 U-Bahn/Stadtbahn-Triebwagen, 83 Obusse sowie 20379 Busse). – 4. *Gesamtbetriebsleistung:* Die Gesamtbetriebsleistung belief sich auf 1315,8 Mill. Wagen-km (davon 12,8% Straßenbahn, 15,1% U-Bahn-Stadtbahn, 71,8% Bus) und 147,363 Mrd. Platz-km (20,4% Straßenbahn, 22,6% U-Bahn/Stadtbahn, 167,7% Bus). Erreicht wurde eine durchschnittliche Platzauslastung von 17,3%. – 4. *Kosten* (1985) Die Aufwendungen der VÖV-Unternehmen beliefen sich auf insgesamt 8675,3 Mill. DM; davon waren 57,1% Personalaufwendungen, 22% Aufwendungen für Roh-, Hilfs- und

Betriebsstoffe und 8.3% planmäßige Abschreibungen und Wertberichtigungen. Die Einnahmen betrugen 5267 Mill. DM. Der Fehlbetrag der VÖV-Unternehmen bezifferte sich auf 2252 Mill. DM. Im Linienverkehr wären zur Kostendeckung Nettoeinnahmen von 1,76 DM je Fahrgast erforderlich gewesen; dem standen tatsächliche Einnahmen von 1,11 DM je Fahrgast gegenüber. Der Kostendeckungsgrad je Fahrgast betrug damit 63% (bei Einzelfahrausweisen 99%, bei Mehrfahrtenausweisen 76%, bei allgemeinen Zeitfahrausweisen 48%, bei Schülerfahrausweisen 61% und bei sonstigen Fahrausweisen 33%). Einschl. der Investitionen nach dem Gemeindeverkehrsfinanzierungsgesetz wurden von den VÖV-Unternehmen insgesamt 1478,8 Mill. DM investiert (u.a. 170,3 Mill. DM in Gleisanlagen, 179,2 Mill. DM in die Streckenausrüstung, 283,2 Mill. DM in Tunnel-/ Hochbaustrecken und 648,4 Mill. DM in Fahrzeuge).

IV. **Nationale/internationale Organisationen**: 1. *Nationale Ebene*: Es gibt im wesentlichen drei Verbände, in denen Unternehmen des städtischen Personenverkehrs zusammengeschlossen sind: a) *Verband öffentlicher Verkehrsbetriebe (VÖV)*: Vereinigung von u.a. Unternehmen, die im wesentlichen Nahverkehrsaufgaben in den Städten und Ballungsräumen mit Stadtschnellbahnen, Straßenbahnen, Obussen und Omnibussen durchführen. b) *Bundesverband Deutscher Eisenbahnen (BDE)*: Ein Teil der Mitgliedsunternehmen betreibt Stadt- und Regionalverkehr mit Eisenbahnen und Bussen (auch Unternehmen des nichtöffentlichen Eisenbahnverkehrs sowie des touristischen Verkehrs, z.B. mit Seilbahnen und Schleppliften). c) *Bundesverband des Deutschen Personenverkehrsgewerbes e.V. (BDP)*: Es sind zusammengeschlossen die privaten Busunternehmen sowie das Taxen- und Mietwagengewerbe; diese Unternehmen betreiben Stadt- sowie Regional- und Überlandverkehr. – 2. *Internationale Ebene*: V.a. die *Union Internationale des Transports Publics* (UITP, Internationaler Verband des Öffentlichen Verkehrswesens), dem Mitglieder aus rd. 70 Staaten aller Kontinente angehören. Ordentliche Mitglieder können Verkehrsbetriebe und staatliche Einrichtungen (z.B. Ministerien, Behörden) werden.

V. **Gegenwarts- und Zukunftsprobleme**: Hauptproblem des St. sind gegenwärtig die vielfältigen, *aus dem hohen Verkehrsaufkommen im Individualverkehr resultierenden Belastungen*. Um einen Teil des Verkehrs auf öffentlich Verkehrsmittel umzulenken, ist v.a. die *Verkehrswertigkeit des ÖPNV zu verbessern*, (z.B. pünktliche und zuverlässige Verkehrsbedienung, Erhöhung der Häufigkeit der Bedienung, der Reisegeschwindigkeit und der Bequemlichkeit, Verringerung der An- und Abmarschwege durch flächen-

hafte Erschließung, gute Umsteigeverhältnisse und vielseitige Haltestellenanlagen) sowie zur Koordination mit dem Individualverkehr sind bequeme Übergangsmöglichkeiten zu schaffen (Ausbau der P+R-Einrichtungen). Angesichts einer Marktentwicklung mit *stagnierenden/schrumpfenden Fahrgastzahlen* steht der ÖPNV allerdings bereits heute vor starken Finanzierungsproblemen; trotz häufiger Tarifanpassungen sind seit Jahren steigende Fehlbeträge je Fahrgast zu verzeichnen. Die hohe Personalintensität sowie zunehmende Gesamtdefizite machen die langfristige Defizitdeckung zu einem ernsthaften Problem. In der Diskussion befinden sich daher Vorschläge, Tätigkeiten im öffentlichen Personennahverkehr stärker als bislang private Unternehmen zu übertragen. Beim Individualverkehr in den Städten geht es v.a. darum, Lösungen in bezug auf den Flächenbedarf (z.B. Steuerung durch Zertifikate und Tageslizenzen in Plakettenform), die Luftverschmutzung, die Umweltbelastung, den Verkehrslärm und die Verkehrssicherheit (z.B. verkehrsberuhigte Zonen, Tempo 30 in Wohngebieten) zu finden. – Vgl. auch →europäische Verkehrspolitik, →staatliche Verkehrspolitik, →Verkehrsinfrastruktur, →Regionalverkehr.

Stafettenverkehr, →Streckenverkehr, bei dem die Führung eines Fahrzeugs oder Zugs für die einzelnen Teilstrecken von wechselndem Fahrpersonal (evtl. mit Zugmaschine, Lokomotive, Schleppschiff) wahrgenommen wird.

Staffelanleihe, →Anleihe mit veränderlichem Zinsfuß *(Staffelzins),* und zwar erhöht oder ermäßigt sich dieser nach einem in den Emissionsbedingungen festgelegten Plan zu bestimmten Terminen. St. sind selten.

Staffelbeteiligung, bei Genossenschaften Übernahme einer Mehrzahl von →Geschäftsanteilen durch einzelne Mitglieder, je nachdem in welchem Umfang sie die Genossenschaft in Anspruch nehmen. – *Verpflichtung* der Mitglieder zur St. muß in das →Statut der Genossenschaft aufgenommen werden. – Mögliche *Maßstäbe* für die Staffelung: Umsatz, Höhe der in Anspruch genommenen Kredite, Größe der landwirtschaftlich genutzten Fläche usw. – *Bedeutung* der St. in der Bundesrep. D. gewachsen, seit im →Genossenschaftsgesetz auch die Kündigung einzelner →Geschäftsanteile (Teilkündigung) für die Mitglieder gestattet wurde (§ 67b GenG).

Staffelform, →Gewinn- und Verlustrechnung 3.

Staffelkonto, *Saldenkonto,* Konto, bei dem nach jeder Kontobewegung sofort der Saldo errechnet wird. Es wird z.B. in der →Lagerbuchführung, ferner bei den Personenkonten (Sparkonto, Kontokorrent) der Kreditinstitute verwendet. – *Beispiel:* Vgl. Sp. 1651.

Jahr	Vorgang	DM
31.12.	Saldo	1 486,50
6.1.	Einzahlung	180,00
		1 666,50
10.1.	Auszahlung	85,20
		1 581,30

Das St. wird vielfach in folgender Form geführt:

Vorgang	Umsätze		Salden	
	Soll	Haben	Soll	Haben
Saldo		1 486,50		1 486,50
Einz.		180,00		1 666,50
Ausz.	85,20			1 581,30

Darstellung der *Zinsrechnung* beim Abschluß der St. im Gegensatz zu der Postenmethode (→Zinsrechnung).

Staffelmiete, schriftliche Vereinbarung des Mietzinses für bestimmte Zeiträume in unterschiedlicher Höhe im Mietvertrag. Die Vereinbarung darf nur einen Zeitraum bis zu jeweils zehn Jahren umfassen. Der Mietzins muß jeweils mindestens ein Jahr unverändert bleiben. Vgl. Art. 2 des Gesetzes zur Erhöhung des Angebots an Mietwohnungen vom 20.12.1982 (BGBl I 1912).

Staffelpreise, Preise für Waren mit gleicher Zweckbestimmung, die je nach Qualität, Ausstattung, Größe, Absatzzeit, Abnehmergruppe, Verwendungsort usw. unterschiedlich festgesetzt sind (→Preisstaffeln).

Staffelrechnung, →Staffelkonto, →Zinsrechnung.

Staffelspannen, →Handelsspannen, deren Unterschiede sich aus einer Staffelung der Verkaufspreise, z. B. bei Staffeln von →Mengenrabatten, ergeben.

Staffelung von Plänen, →rollende Planung, →Blockplanung.

Stagflation. 1. *Charakterisierung:* Bezeichnung für eine gesamtwirtschaftliche Fehlentwicklung, bei der Stagnation und →Inflation kombiniert mit Arbeitslosigkeit auftreten. Erste Anzeichen einer St. wurden in den USA während der Rezessionen 1957/58 und 1969–70 beobachtet. Besonders ausgeprägt und dauerhaft trat die St. in Großbritannien auf (,,englische Krankheit"). In der Bundesrep. D. konnten erste Symptome einer St. während der Rezessionen 1973–75 und 1980–82 festgestellt werden: Trotz rückläufiger Gesamtnachfrage stieg das Preisniveau in fast unvermindertem Tempo an. – 2. Als mögliche *Ursachen* der St. werden der Verteilungskampf der gesellschaftlichen Gruppen, das Preisverhalten der Unternehmen auf konzentrierten Märkten, die mangelnde Mobilität der Produktionsfaktoren im Strukturwandel, Inflationserwartungen, falsche Geld- und Fiskalpolitik sowie außenwirtschaftliche Faktoren

(Ölkrise usw.) diskutiert. Die Ursachen sind allerdings noch nicht vollständig erforscht. – 3. St. als *wirtschaftspolitisches Problem:* Die St. stellt die Prozeßpolitik (→Wirtschaftspolitik), insbes. die Geldpolitik, vor schwerwiegende Probleme, da die Inflation nicht wirksam durch eine Drosselung der Gesamtnachfrage bekämpft werden kann (zumindest auf kurze und mittlere Frist). Eine restriktive Geld- und Fiskalpolitik führt bei St. lediglich zu einem (beschleunigten) Verfall der Produktionstätigkeit und der Realeinkommen sowie zu einem (verstärkten) Anstieg der Arbeitslosigkeit (Verlagerung der →Phillips-Kurve). – Das Dilemma, insbes. der Geldpolitik, während einer Phase der St. wird durch *praktische Erfahrungen in der Bundesrep. D.* belegt: Mit Blick auf das Ziel stabiler Preise hat die Deutsche Bundesbank z. B. in der Phase 1973–75 lange und kräftig, nämlich bis Ende 1974, in den Abschwung (Anfang 1973 bis Mitte 1975) hineingebremst. Dadurch wurde der ohnehin rückläufige Auslastungsgrad des Produktionspotentials noch weiter nach unten gedrückt. Dies hatte (neben dem Ölpreiseinfluß) weitere Steigerungen der Stückkosten und Preise bei gleichzeitig beschleunigtem Beschäftigungsabbau zur Folge. – Da bei einer St. die traditionelle →Globalsteuerung vor Probleme gestellt ist, werden andere Mittel, z. B. ordnungspolitische (Wettbewerbs-, Vermögenspolitik), empfohlen.

Stagnation, →Konjunkturphasen.

Stahl, Eisen mit einem Kohlenstoffgehalt von 0,5 bis 1,7 v. H. – *Eigenschaften:* St. ist schmelz-, schmied- und schweißbar, härtbar durch Eintauchen des glühenden St. in Öl oder Wasser. Die dadurch erreichte Härte und Sprödigkeit wird vermindert durch Erwärmen auf verschiedene Temperaturen (Anlassen) entsprechend der gewünschten Elastizität (Biegsamkeit) des St. – *Gewinnung:* Mittels Veredelung des Roheisens durch Oxidation des Kohlenstoffs im Bessemer-Thomas- oder Siemens-Martin-Verfahren, elektrischer Ofen. – *Arten:* Sehr zahlreiche Edelstähle durch Zusatz von Legierungsmetallen wie Chrom, Nickel, Kobalt. – *Verwendung:* Nichtstahl für Instrumente, Chromnickelstahl für Panzerplatten und nichtrostende Geräte (Nirosta), Wolframstahl für Drehwerkzeuge, Kobalt-Wolframstahl für permanente Magnete. – *Produktion:* Vgl. Tabelle Sp. 1653 (oben).

Stahlkrise, →Strukturkrise.

Stahl- und Leichtmetallbau, Schienenfahrzeugbau, Teil des →Investitionsgüter produzierenden Gewerbes; umfaßt Brücken-, Hoch- und Wasserbau, Hallen, Gleismaterial, Schienenfahrzeuge, Kessel und Behälter, Rohrleitungen u. a. m. Auch Bauwerke mit großer Spannweite unter Verwendung hochwertiger Stahle. Vgl. Tabelle Sp. 1653 (unten).

Rohstahl-Produktion [1])
(in 1000 t)

Land	1985	1980
Bundesrep. Deutschland	40 908	43 838
Deutsche Dem. Rep. u. Berlin (Ost)	7 853	7 000
Belgien	10 683	12 319
Bulgarien	2 926	2 450
Finnland......................	2 518	2 488
Frankreich	18 808	23 176
Großbrit. u. Nordirl.	15 723	11 391
Italien.......................	23 898	26 501
Jugoslawien	...	3 630
Luxemburg....................	3 945	4 618
Niederlande	5 517	5 269
Österreich....................	4 660	4 651
Polen........................	16 126	18 000
Rumänien.....................	13 795	13 450
Schweden	4 813	4 234
Sowjetunion	155 200	140 000
Spanien......................	14 193	12 670
Tschechoslowakei	15 036	15 225
Türkei [2])....................	3 193	2 403
Ungarn......................	3 647	3 925
Südafrika	8 607	
Argentinien	2 941	2 725
Brasilien......................	20 364	15 325
Kanada......................	14 637	15 901
Mexiko......................	7 344	7 065
Venezuela	3 060	....
Vereinigte Staaten	80 895	104 035
China (Taiwan)	1 640	
China, Volksrep.	46 716	37 120
Indien.......................	11 004	9 430
Japan	105 279	111 395
Korea, Dem. Volksrep.	...	....
Korea, Republik	4 848	
Australien....................	6 407	7 594
Welt...	**720 377**	**713 700**

[1]) Gesamte Rohstahlerzeugung (Rogstahlblöcke, Strangguß und Flüssigstahl für Stahlguß).
[2]) Einschl. Erzeugung der unabhängigen Stahlgießereien.

Stahl- und Leichtmetallbau, Schienenfahrzeugbau

Jahr	Beschäftigte in 1000	Lohn- und Gehaltssumme	darunter Gehälter	Umsatz gesamt	darunter Auslandsumsatz	Nettoproduktionsindex 1980 = 100
		in Mill. DM				
1970	231	3 689	994	10 591	894	–
1971	240	4 338	1 192	12 781	983	–
1972	239	4 670	1 347	13 251	1 068	–
1973	243	5 280	1 561	14 153	1 093	–
1974	239	5 766	1 722	14 991	1 272	–
1975	222	5 737	1 798	15 644	1 928	–
1976	211	5 900	1 925	17 604	2 890	91,2
1977	212	6 355	2 001	16 867	2 753	91,3
1978	210	6 643	2 130	18 782	5 432	93,6
1979	208	7 021	2 284	19 732	4 664	97,0
1980	212	7 642	2 464	21 591	4 446	100
1981	208	7 829	2 574	21 642	4 242	95,6
1982	206	7 998	2 705	22 466	4 008	95,6
1983	196	7 811	2 721	21 455	3 797	89,7
1984	188	7 637	2 714	22 002	4 438	83,9
1985	186	7 842	2 751	22 874	4 632	81,7
1986	184	8 098	2 835	24 661	4 860	82,1

Stahlverformung, Teilbereich des →Investitionsgüter produzierenden Gewerbes, vorwiegend Zulieferer für die Automobil-, Maschinenbau- und die elektronische Industrie und den Bergbau. Herstellung von Gesenk- und Spezialschmiedestücken, Preß-, Zieh- und Stanzteilen, Federn, Ketten, Schrauben usw. St. umfaßt weiter Pulvermetallurgie, Erzeugnisse aus Sintereisen, -stahl und -metall, Oberflächenveredelung, Härtung.

Stahlverformung

Jahr	Beschäftigte in 1000	Lohn- und Gehaltssumme	darunter Gehälter	Umsatz gesamt	darunter Auslandsumsatz	Nettoproduktionsindex 1980 = 100
		in Mill. DM				
1977	128	3 395	924	11 464	1 616	90,3
1978	126	3 518	980	11 394	1 658	88,1
1979	126	3 755	1 024	12 788	1 904	97,1
1980	128	4 075	1 103	13 943	2 174	100
1981	123	4 080	1 162	13 571	2 262	94,0
1982	118	4 069	1 199	13 844	2 319	90,7
1983	112	4 014	1 215	13 563	2 268	86,6
1984	112	4 157	1 242	14 507	2 687	90,9
1985	118	4 505	1 307	16 217	2 998	97,7
1986	125	4 992	1 419	17 431	3 142	100,2

Stammaktie, *common share, common stock,* gewöhnliche Form der →Aktie, die dem Inhaber die normalen, im Aktiengesetz vorgesehenen Mitgliedschaftsrechte (Stimm-, Dividenden- und Bezugsrecht, Recht auf Anteil am Liquidationserlös sowie Recht auf Rechenschaftslegung und Information) gewährt. St. ist Hauptträger der Beschaffung von →Eigenkapital (vgl. auch →Kapitalerhöhung) in der AG. – *Gegensatz:* →Vorzugsaktie.

Stammbelegschaft, Bezeichnung für bewährte Fachkräfte in Industrieunternehmen, die i. d. R. sehr lange im Betrieb tätig sind, den „Stamm" der Belegschaft bilden und auch in Krisenzeiten möglichst nicht entlassen werden. Die St. wird meist stillschweigend bevorzugt oder gelegentlich auch offiziell ausgezeichnet.

Stammdatei, in der betrieblichen Datenverarbeitung eine →Datei, die →Stammdaten eines Betriebs enthält.

Stammdaten, in der betrieblichen Datenverarbeitung wichtige Grunddaten (→Daten) eines Betriebs, die über einen gewissen Zeitraum nicht verändert werden; z. B. Artikel-St., Kunden-St., Lieferanten-St., Erzeugnisstrukturen (→Stücklisten) u. a. St. werden oft nicht permanent, sondern periodisch aktualisiert (→Dateifortschreibung). – Vgl. auch →Stammdatei.

Stammeinlage, die auf den einzelnen Gesellschafter entfallende Beteiligung am →Stammkapital der GmbH. Die St. muß mindestens 500 DM betragen; der Betrag der St. kann für die Gesellschafter verschieden bestimmt werden, muß aber auf volle 100-DM-Beträge lauten; der Gesamtbetrag der St. muß mit dem Stammkapital übereinstimmen (§ 5 GmbHG). Kein Gesellschafter kann bei Errichtung der GmbH mehrere St. übernehmen; nach Errichtung können Gesellschafter auch mehrere →Geschäftsanteile erwerben (§ 15 GmbHG).

Stammgut, überholte Rechtsform landwirtschaftlichen Grundbesitzes: Gut, das nur mit Zustimmung bestimmter Personen veräußert werden konnte und nur in der männlichen Linie der Familie vererblich war.

Stammkapital, Einlage- oder Nominalkapital einer →Gesellschaft mit beschränkter Haftung, das sich aus der Summe der Nennbeträge aller GmbH-Anteile (→Stammeinlagen) ergibt. – *Mindestsumme:* 50 000 DM (§ 5 GmbHG). – *Erhöhung oder Verminderung* (nicht unter 50 000 DM): Nur durch Satzungsänderung auf Gesellschafterbeschluß. – *Finanzierungsmäßig* ist das St. →Eigenkapital; es dient zur →Finanzierung und als →Garantiekapital. – *Haftung:* Die Gesellschafter haften nur mit ihren Anteilen. – *Bilanzierung:* In der Bilanz der GmbH ist das St. gemäß § 42 I GmbHG als gezeichnetes Kapital auszuweisen (vgl. § 266 III HGB).

Stammkunde, Käufer, der seinen Bedarf regelmäßig bei demselben Lieferanten deckt. Eine möglichst breite Stammkundschaft aufzubauen und zu erhalten, ist besonderes Ziel des Einzelhandels (→Fachgeschäfte) und vieler Dienstleistungsbetriebe, z. B. Frisöre, Sportveranstalter. Andererseits darf die Absatzpolitik auch nicht, stark auf „Bewährtes" vertrauend, unflexibel sein, so daß sie langweilig, unmodern und veraltet wirkt. →Ladenverschleiß. – *Gegensatz:* →Laufkunde.

Stammpriorität, →Vorzugsaktie.

Stamokap, Abk. für →Staatsmonopolkapitalismus.

Stand-alone-System, *dezentrales System,* alleinstehendes, voll funktionsfähiges Textoder Datenverarbeitungssystem ohne Verbindung zu anderen Systemen.

Standard, *Typenmuster, Klassenmuster,* Ausfallmuster für Kaufabschlüsse, die die Durchschnittsqualität einer bestimmten Warentype darstellen, festgelegt durch →Standardisierung (vgl. dort I), z. B. im Baumwoll-, Getreide-, Kaffeehandel.

Standardabweichung, positive Wurzel aus der →Varianz. Die St. ist weit verbreitet als (absolutes) →Streuungsmaß. Sie hat dieselbe Dimension wie die Merkmalswerte selbst.

Standard & Poors 500 Index, neben dem →Dow Jones Index wichtigster Aktienindex in den USA. Zur Berechnung werden 500 nach ihren Marktwerten gewichtete Aktienkurse aller Bereiche durch den gewichteten durchschnittlichen Marktwert derselben Aktien während der Periode 1941–43 dividiert sowie mit dem Faktor 10 multipliziert.

Standard & Poors 100 Index, analog zum →Standard & Poors 500 Index berechneter Aktienindex, basierend auf 100 Aktienkursen.

Standardarbeitszeit, festgelegte Arbeitszeitstruktur für einzelne Arbeitnehmer oder ganze Betriebsabteilungen, die im Rahmen flexibler Arbeitszeiten (→Arbeitszeitflexibilisierung) zum Zweck der Aufrechterhaltung der Betriebsbereitschaft zu vereinbaren ist.

Standard-Briefsendungen, Briefsendungen, die sich im Postbetrieb maschinell bearbeiten lassen (z. B. mit elektronisch gesteuerten Verteilanlagen). – *Voraussetzungen:* Maximal 20 g Gewicht, Form: langgestrecktes Rechteck (DIN A 6, C 6 und DL).

Standarddatenstruktur, →Datenstruktur 2a).

Standarddatentyp. 1. *Begriff:* Ein →Datentyp, der in den gängigen →Programmiersprachen vordefiniert zur Verfügung steht. Trotz des suggestiven Namens uneinheitlich verwendet. – 2. *Arten* (v. a. in →Pascal und darauf aufbauenden Sprachen): a) numerisch ganzzahlig, b) numerisch reell, c) logisch, d) Zeichen bzw. Zeichenketten (alphanumerisch).

Standard-Daten-Verfahren, →Systeme vorbestimmter Zeiten.

Standard-Grenzpreisrechnung, eine von H. H. Böhm entwickelte Form der Grenzkostenrechnung zur Unternehmenssteuerung in der Vollbeschäftigung durch Berücksichtigung der Kapazitätsverschiebungen bei Änderung des Produktionsprogramms und -verfahrens und bei Engpässen. Dabei wird jeder Kostenträger mit seinen →Grenzkosten und – bei Vorliegen von Engpässen – mit seinen →Opportunitätskosten, die sich aus den Dualansätzen der mathematischen Programmierung (→lineare Programmierung) ermitteln lassen, bewertet. Da mit der Lösung des Dualansatzes gleichzeitig das optimale Produktionsprogramm bestimmt wird (Lösung des zugehörigen Primals) kommt der ST.-G. keine praktische Bedeutung zu, denn mit der Bestimmung der Grenzpreise ist gleichzeitig auch das Planungsproblem gelöst, für dessen Lösung man diese Preise erst ermitteln wollte.

Standardgut, *numéraire,* in der Mikroökonomik das →Gut, dessen Preis auf 1 normiert wird, um den Preis der übrigen Güter in Einheiten des St. auszudrücken (→Relativpreise).

Standard International Trade Classification (SITC), *Internationales Warenverzeichnis für den Außenhandel,* neueste Fassung nach Verabschiedung durch die Statistische Kommission der UN 1985 als dritte Revision (SITC, Rev. III). Volle Vergleichbarkeit mit der →Nomenklatur des Rates für die Zusammenarbeit auf dem Gebiet des Zollwesens

(NRZZ) und dem →Warenverzeichnis für die Statistik des Außenhandels der Gemeinschaft und des Handels zwischen ihren Mitgliedstaaten (NIMEXE). Die SITC III dient dem Zweck, alle Waren des internationalen Handels systematisch zu ordnen. Diese Systematik wird hauptsächlich in den internationalen Außenhandelsstatistiken der UN angewandt. Als nationale Nomenklatur haben viele Entwicklungsländer das SITC in ihre Außenhandelsstatistiken eingeführt. Die Warennummern des „Warenverzeichnisses für die Außenhandelsstatistik" in der Bundesrep. D. ermöglichen eine Zusammenfassung der nationalen Außenhandelsdaten zu den Positionen der SITC III. Die SITC-III-Positionen können ferner schwerpunktmäßig den Positionen des „Systematischen Güterverzeichnisses für Produktionsstatistiken", Ausgabe 1982, in der Bundesrep. D. zugeordnet werden. – *Gliederung:* Die SITC ist in fünf Ebenen untergliedert, die Viersteller (Untergruppen) sind nur z. T. weiter unterteilt. Insgesamt ca. 3200 Einzelpositionen, die für nationale Zwecke weiter untergliedert werden können. – Die neue SITC ist Bestandteil des in Entwicklung befindlichen →Integrierten Systems der internationalen Wirtschaftszweige- und Gütersystematiken. – Vgl. auch →internationale Waren- und Güterverzeichnisse.

Standardisierung, Vereinheitlichung nach bestimmten Mustern.

I. Handelsbetriebslehre: Festlegung eines Ausführungs- oder Qualitätsmusters, das den Durchschnitt einer bestimmten Warenart darstellt, für den die Preisbestimmung gelten soll (→Standard).

II. Industriebetriebslehre: Vgl. →Produktstandardisierung.

III. Marketing: Vgl. →Standardisierungsstrategie.

IV. Rechnungswesen: →Standardkosten und entsprechende Maße für Kalkulation und Betriebsabrechnung; →Richtzahlen für den Betriebsvergleich.

V. Statistik: 1. *Allgemeine Statistik:* Vgl. →Standardtransformation. – 2. In der *Bevölkerungsstatistik* und *Wirtschaftsstatistik:* Ermittlung von statistischen Kenngrößen für eine →Gesamtheit auf der Grundlage einer – von der beobachteten verschiedenen – Standard-Struktur. – *Beispiel:* St. einer Sterberate einer Bevölkerung erfolgt dadurch, daß aus den altersspezifischen Sterberaten ein gewogenes →arithmetisches Mittel errechnet wird, bei dem zur →Gewichtung die Anteile der einzelnen Altersjahre einer Standard-Bevölkerung (z. B. Bevölkerung in der Bundesrep. D. Ende 1970) eingehen. Eine solche standardisierte Sterberate gibt Auskunft über die Mortalität der Bevölkerung, wobei der Einfluß ihres Altersaufbaus neutralisiert ist.

Standardisierungsstrategie, an den durchschnittlichen Anforderungen und Erwartungen bestimmter Kundengruppen (→Marktsegmente) ausgerichtete Produktpolitik eines (Investitionsgüter-) Herstellers (vgl. →Absatzpolitik II, →marketingpolitische Instrumente). Keine individuellen (umfassenden), sondern durchschnittliche (begrenzte) Problemlösungen gleicher Art, unabhängig von der spezifischen Problemstellung des einzelnen Nachfragers. – *Vorteile* bei Kosten, Auftragsabwicklung, Lieferservice usw. aufgrund des Mengeneffekts einer →Serienproduktion. – *Nachteile:* Homogenisierung des Angebots (bei fehlendem Patent- oder Lizenzschutz); Preiskampf durch verstärkten internationalen Wettbewerb; differenzierte Marketingaktivitäten durch Bearbeitung heterogener Absatzmärkte. – *Präferenzbildung* ist durch entsprechende Gestaltung der →Software-Leistungen, speziell bei →After-Sales-Services (Überlegungen der →Individualisierungsstrategie) möglich; daraus folgt Entwicklung der in der Praxis dominierenden →Nischenstrategie von partieller Standardisierung bei Sachleistungen und partieller Individualisierung bei periphären Teilen (z. B. Abgabestation) und Dienstleistungen.

Standardkosten, die auf die Leistungseinheit bezogenen, für einen längeren Zeitraum fest vorgegebenen →Plankosten. – Vgl. auch →Standardkostenabrechnung, →Standardkostenrechnung.

Standardkostenabrechnung. I. Charakterisierung: Buchmäßige Abrechnung im System der →Plankostenrechnung. – St. *umfaßt:* a) Vergleich der →Standardkosten mit den Istkosten; b) Feststellung und Analyse der Ergebnisse aus den →Abweichungen zwischen Standard- und Istkosten muß gewährleistet sein. – St. ist eine *Verbrauchsmengenrechnung,* bei der die Wertansätze dazu dienen, die Mengen addierbar zu machen. Es wird keine enge Verbindung zur betrieblichen Planung geschaffen. St. dient der nachträglichen Kostenkontrolle.

II. Verbuchungsschemata: 1. *Istkostenbelastung / Standardkostenerkennung:* Das Konto für in Arbeit befindliche Erzeugnisse wird für den Verbrauch mit Istkosten belastet und mit Standardkosten erkannt, wenn die Erzeugnisse an das Fertigwarenlager weitergegeben werden. Der verbleibende Saldo setzt sich zusammen a) aus dem Wert der noch in Arbeit befindlichen Erzeugnisse und b) aus den Ergebnissen, die durch den Unterschied zwischen Ist- und Standardkosten hervorgerufen werden. Zur Ergebnisanalyse sind schwierige und zeitraubende zusätzliche Untersuchungen erforderlich. Selten verwendetes Schema. – 2. *Schema mit Ergebnisspaltung:* Das Konto für in Arbeit befindliche Erzeugnisse wird für den Verbrauch mit Standardkosten belastet und für die erstellte Leistung ebenfalls mit Standardkosten erkannt. Der Saldo besteht nur aus dem Wert der in Arbeit befindlichen Erzeugnisse, da die Ergebnisse (→Abweichungen) auf besonderen Konten aufgefangen werden und ohne besondere Untersuchungen direkt vorliegen. – *Voraussetzung:* Abrechnung der Rohstoffe mit Standardkosten: a) Durch Erfassung des Einsatz-Ergebnisses beim Eingang der Rohstoffe auf einem Einsatz-Ergebnis-Konto; das Lagerkonto wird zu Standardkosten belastet, deren Verrechnungspreis bis zu einer Neufestlegung für alle Eingänge gilt; die Lagerkarten enthalten nur Mengen; b) durch Belastung des Lagerkontos bei Eingang der Rohstoffe mit dem Einkaufswert; das Einsatz-Ergebnis ist erst bei Abgabe der Rohstoffe an den Betrieb festzustellen; die Lagerkarten enthalten sowohl Mengen als auch Preise; die Feststellung der Istkosten bei den jeweiligen Abgaben an den Betrieb ist schwierig; c) durch Kombination beider Methoden: das Einsatz-Ergebnis wird beim Eingang festgestellt; die Umbuchung auf das Einsatz-Ergebnis-Konto erfolgt aber erst bei Abgabe der Rohstoffe an den Betrieb; der Ergebnis-Saldo verbleibt auf dem Lagerkonto, bis diese Rohstoffe verbraucht sind.

Standardkostenrechnung, eine auf der →Normalkostenrechnung aufbauende Entwicklungsform der →Plankostenrechnung. Den einzelnen Leistungseinheiten werden durch genaue Kostenplanungen ermittelte →Standardkosten vorgegeben. Abweichend wird der Ausdruck von E. Kosiol gebraucht.

Standardnormalverteilung, spezielle →Normalverteilung mit →Erwartungswert 0 und →Varianz 1. Für die →Dichtefunktion und →Verteilungsfunktion der St. existieren Tabellenwerke. Mit diesen können Werte von Dichte- bzw. Verteilungsfunktionen beliebiger Normalverteilungen ermittelt werden. – Vgl. auch →Standardtransformation.

Standard-Preis-Ansatz, →Umweltabgabe 2 b).

Standardsoftware, →Softwareprodukt, das vom Hersteller für den Einsatz bei mehreren →Benutzern, z. B. verschiedenen Unternehmen, entwickelt und auf dem →*Softwaremarkt* angeboten wird. Kein exakt definierter Begriff; unscharfe Verwendung. – Das Attribut „Standard" ist meist irreführend, da es sich selten um ein Produkt handelt, das unverändert in einem beliebigen Unternehmen eingesetzt werden kann; i. d. R. sind umfangreiche Anpassungen erforderlich (außer bei Software für Personal Computer). – *Gegensatz:* →Individualsoftware.

Standardsoftware für die Kostenrechnung. 1. *Begriff:* Von Softwareunternehmen erstellte EDV-Programme, die geeignet sind,

unmittelbar bzw. nach Vornahme geringer Modifikationen (insbes. Schnittstellenprogrammierung) zur Durchführung der Kostenrechnung im Unternehmen eingesetzt zu werden. – **2.** *Bedeutung:* Traditionell sind die in der Praxis vorfindbaren EDV-Programme der Kostenrechnung betriebsindividuell erstellt. Ausgehend von zunächst sehr einfach aufgebauten Konzepten wurden sie im Laufe der Zeit durch Erweiterungen und Ergänzungen verfeinert, ohne jedoch bei diesem Prozeß das Grundkonzept ändern zu können. Die hardwarebedingte massive Erweiterung der EDV-Möglichkeiten (z. B. Datenbankorientierung) ist deshalb nur selten genutzt worden. Standardsoftware erweist sich heute als konzeptionell weiterentwickelter, flexibler und zudem wirtschaftlicher als eigenentwickelte Programme, so daß selbst Großunternehmen trotz des damit verbundenen erheblichen Umstellungsaufwands verstärkt S. f. d. K. einsetzen. – **3.** *Arten:* Der Markt für St. f. d. K. ist – mit steigender Tendenz – sehr breit; das Spektrum reicht von Software für Großunternehmen, die erhebliche Anforderungen an die Leistungsfähigkeit der →Hardware stellen, jedoch Flexibilität (breites Spektrum an Auswertungsmöglichkeiten, kostenrechnungsbezogene Flexibilität, z. B. Nebeneinander von Voll- und Teilkostenrechnung) bieten, bis zum Angebot auf Personal Computern installierbarer Software, die für Klein- und mittlerweile auch für Mittelbetriebe geeignet ist, die gesamte Kostenrechnung durchzuführen. – Vgl. auch →Kostenrechnungssoftware.

Standardtransformation, gelegentlich auch *Standardisierung,* in der Statistik spezielle lineare Transformation eines →quantitativen Merkmals bzw. einer →Zufallsvariablen (→Variablentransformation). Bei der St. wird vom jeweiligen Wert das →arithmetische Mittel bzw. der →Erwartungswert subtrahiert und das Resultat durch die →Standardabweichung dividiert. Damit entsteht ein Merkmal bzw. eine →Variable mit dem arithmetischen Mittel bzw. Erwartungswert 0 und der →Varianz 1. – *Anwendung:* Die St. ist insbes. bei Variablen mit einer →Normalverteilung von Bedeutung, weil dann nur Tabellen für die →Standardnormalverteilung erforderlich sind. Außerdem spielen St. in verschiedenen Bereichen der Statistik, etwa beim zentralen →Grenzwertsatz, oder in der Ökonometrie eine Rolle.

Standardzeit, für einen längeren Zeitraum geltende →Soll-Zeit im Rahmen der Plankostenrechnung.

stand-by arrangement, →Bereitschaftskreditabkommen.

stand-by-roll-over-Kredit, →Roll-over-Kredit 2 c)

Stand der Technik, wesentliches Kriterium für die Genehmigung schadstoffemittierender Anlagen; insbes. aufgenommen im →Bundes-immissionsschutzgesetz (§§ 5, 17 II BIMSch) und TA Luft (2.2.1.1 a). Auch als *„Politik des individuellen Schornsteins"* bezeichnet, da staatliche Instanzen jede einzelne Anlage zu genehmigen haben, im Zweifel auch beweisen müssen, daß ein bestimmtes Verfahren nicht dem St.d.T. entspricht. Die Aufgabe, den Fortschritt in der Umwelttechnologie zu fördern, verlagert sich von den Unternehmen zum Staat; die umweltbezogene, innovatorische Dynamik der Unternehmen könnte somit dem Interesse, die Unmöglichkeit der technischen Möglichkeiten nachzuweisen, weichen.

standeswidriges Verhalten, →Berufsgerichte.

Standgeld, Gebühr für Aufstellung (Platzmiete), u.U. von Ausstellungsständen auf Märkten, Messen u.a.

Ständige Tarifkommission (StTK). 1. *Allgemeine Aufgabe:* Institution zur Fortbildung der Teile I des Deutschen Eisenbahn-Güter- und Tiertarifs und des Deutschen Eisenbahn-Personen-, Gepäck- und Expreßguttarifs, Abschnitt V, sowie zur Fortbildung des Gütertarifsystems. – 2. *Organisation:* Die StTK besteht aus acht Vertretern der Deutschen Bundesbahn und einem Vertreter der nichtbundeseigenen Eisenbahnen. Zur Begutachtung ist ein Ausschuß der Verkehrsinteressenten angegliedert (fünf Vertreter der Industrie, drei des Handels, vier der Land- und Forstwirtschaft). An den Beratungen der StTK nehmen als Beigeordnete ohne Stimmrecht zwei Vertreter des Binnenschiffahrtsgewerbes und zwei Vertreter des Güterkraftverkehrsgewerbes teil. – 3. *Zuständigkeit:* Die StTK ist zuständig für: a) *Ausführungsbestimmungen der Eisenbahn* zu den Abschnitten I, V, VII und VIII der EVO, b) *Allgemeine Tarifvorschriften* sowie Abschnitt B I des Deutschen Eisenbahn-Güter- und Tiertarifs Teil I Abteilung C, c) *Gütereinteilung,* d) *Tarif für Nebenleistungen* einschl. der Sätze, jedoch außer den Besonderen Bestimmungen, e) *Fortbildung des Gütertarifsystems,* jedoch unter Ausschluß der Sätze und der →Ausnahmetarife. – 4. *Beschlüsse:* Werden für alle beteiligten Eisenbahnen bindend, falls nicht wirksamer Widerspruch von einer Eisenbahn erhoben wird.

Ständige Vertretung, die zwischen der →Bundesrepublik Deuschland und der →Deutschen Demokratischen Republik vereinbarten Vertretungen am Sitz der jeweiligen Regierung. Mitglieder der St. V. genießen ähnlich wie →Botschafter Vorrechte und Befreiungen. – *Gesetzliche Regelung:* Gesetz über die Gewährung von Erleichterungen, Vorrechten und Befreiungen an die Ständige Vertretung der Deutschen Demokratischen

Republik vom 16.11.1973 (BGBl I 1673) mit VO vom 24.4.1974 (BGBl I 1022).

Standort. 1. *Äußerer St.:* Ort der gewerblichen oder land- und forstwirtschaftlichen Niederlassung bzw. Ansiedlung. – Vgl. auch →Standortfaktoren, →Standortmarketing, →Standortplanung, →Standortpolitik, →Standorttheorie, →Standortwahl. – 2. *Innerbetrieblicher St.:* Räumliche Lage der einzelnen Teile einer Unternehmung, eines Betriebs bzw. einer Abteilung zueinander und ihre möglichst optimale Zuordnung. – Vgl. auch →Layoutplanung.

Standortdreieck, mit Hilfe der →generellen Standortfaktoren konstruiertes Dreieck, das den Ort der billigsten Rohstoffe, den Ort der billigsten Arbeitskräfte und den Konsumentenort verbindet. Innerhalb dieses St. muß sich der kostengünstigste Standort befinden.

Standortfaktoren, Determinanten der →Standortwahl. Tatbestände, die für die Wahl eines äußeren →Standortes unter ökonomischen Gesichtspunkten maßgebend sind. Zu unterscheiden: (1) input-bezogene St. (z.B.: Boden, Rohstoffe, Energieversorgung, Arbeitsmarktbedingungen); (2) throughput-bezogene St. (politische, soziale, technologische und geologische Bedingungen); (3) output-bezogene St. (Absatzmarktnähe, Absatzkontakte, Konkurrenz, Rückstandsbeseitigung usw.). – Vgl. Abbildung Sp. 1663/1664.

Standortmarketing. 1. *Begriff:* Werbung für einen gewerblichen →Standort bzw. eine Ansammlung von Standorten (i.d.R. eine →Gemeinde; →Standortwahl) unter Anwendung der Erkenntnisse und Methoden des →Marketing. – 2. *Gründe:* Trotz des verringerten Ansiedlungspotentials – in den 80er Jahren entfällt auf jede Gemeinde der Bundesrep. D. im Durchschnitt pro Jahr ein Ansiedlungspotential von 1 bis 2 Arbeitnehmern – sind die Gemeinden bei zunehmender Standortkonkurrenz zu verstärktem St. gezwungen, um nicht Opfer von schleichender Abwerbung und Abwanderung zu werden. Insbes. Umlandgemeinden von Großstädten können durch aktiveres St. auf Kosten der Großstädte noch Ansiedlungserfolge erzielen. – 3. *Inhalt:* Die Qualität des St. ist für Unternehmen ein Indikator für die Qualität der kommunalen →Wirtschaftsförderung und die durch sie zu erwartende reale Hilfe. Neben Ansiedlungswerbung *(Akquisition i.e.S.)* hat St. einen bestandspflegerischen Aspekt *(Akquisition i.w.S.;* →Gewerbebestandspflege), da neben die genaue Kenntnis der Adressaten des St. und der Merkmale der konkurrierenden Gemeinden die Kenntnis der eigenen spezifischen Standortfaktoren (also der lokalen Wirtschaftsstrukturen, Kooperations- und Verflechtungsmöglichkeiten für potentielle Ansiedler) und der gewünschten lokalen wirtschaftlichen Entwicklungsrich-

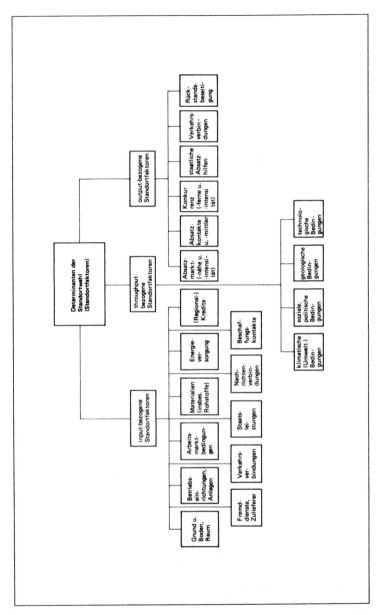

tungen treten muß. Beispiel: Bestandspflegerische Aspekte anläßlich einer →Messe (Messewerbung): gemeinsame Vorbereitung und Durchführung der Ausstellungen mit örtlichen Unternehmen, kommunale Förderung von Gemeinschaftsständen mehrerer kleiner Unternehmen, Betreuung der örtlichen Unternehmen während der Messe und in der Kundenvermittlung an die örtlichen Aussteller. Umgekehrt ergibt sich durch solche Kooperation die Möglichkeit gezielter Ansiedlungswerbung bei den Kunden der örtlichen Ausstellerunternehmen. – 4. *Formen:* Eine besondere Form des kommunalen St. ist die Profilierung des Standortes durch eine eigene regionale Wirtschaftsschau. Weitere konkrete Formen sind schriftliches Informationsmaterial („Gewerbeatlas"), Zeitungsanzeigen, direkte Schreiben an Unternehmen, Ausschilderung von Gewerbegebieten u. a. Dem Erfolg unspezifischer Formen des St. (allgemeine Briefaktionen) sind jedoch enge Grenzen gezogen.

Standortorientierung, Begriff der →Standorttheorie, zuerst ausgeführt bei A. Weber („Reine Theorie des Standorts", Tübingen 1922): Die dauernden Kostenvorteile eines →Standorts werden als maßgeblich für die Einrichtung von industriellen Betrieben am Tansportkostenminimalpunkt angesehen. – Bei *Arbeitsorientierung* wird die Abweichung von dieem Minimalpunkt auf die Linie der „Deviationspunkte" dadurch erklärt, daß höhere Transportkosten gegen geringere Arbeitskosten substituiert würden; diese Linien (→Isodapanen) liegen i. d. R. in konzentrischen Ringen um den Minimalpunkt. – Neben der Orientierung nach Transport- und Arbeitskosten ergeben sich durch *Zusammenlegen von Großbetrieben (Agglomeration)* Vorteile bezüglich der Kapitalkosten, der Betriebsorganisation oder auch sog. Fühlungsvorteile (Verbraucherschaft, Vorlieferanten u. ä.); diese Kostenersparnisse werden u. U. gegen zusätzliche Kosten der Zusammenballung, insbes. Kosten der Bodennutzung, aufgewogen.

Standortplanung, Entscheidungsprozeß zur Ermittlung des jeweils optimalen →Standortes einer Unternehmung bzw. von Unternehmungsbereichen (Gliedbetrieben). S. umfaßt somit die zielorientierte Suche alternativ in Frage kommender Standorte, deren Beurteilung anhand der jeweiligen Standortgegebenheiten im Hinblick auf die relevanten Standortfaktoren sowie Auswahl des bestmöglichen Standortes. – Zu *unterscheiden:* a) →betriebliche Standortplanung; b) →innerbetriebliche Standortplanung.

Standortpolitik, im Handel Instrument des →Handelsmarketings wegen der begrenzten →Einzugsgebiete von Handelsbetrieben. Ein einmal gewählter Standort determiniert entscheidend das mögliche Umsatzpotential. –

Formen: Standortwahl, Standortanpassung, Standortspaltung. Sicherung neuer Standorte ist für expandierende Filialunternehmen und kooperative Gruppen zentrales Instrument zur Erreichung des Wachstumszieles. – *Vorgehen:* Jeder Standort läßt sich durch unterschiedliche lokale Bedingungen kennzeichnen, die in sog. Standortfaktorenkatalogen erfaßt und gemäß den betriebsformenspezifischen Anforderungen bewertet werden. Auszuwählen ist der Standort, dessen Standortbedingungen in höchstem Maß den jeweiligen Standortanforderungen entsprechen. – Die St. ist stark von der regionalen →Infrastrukturpolitik abhängig. Daher ist in § 11 III Baunutzungsverordnung für die Errichtung großflächiger Handelsbetriebe mit einer Geschoßfläche von mehr als 1500 m^2 ein besonderes *Genehmigungsverfahren* vorgeschrieben. – Wegen der hohen Grundstückspreise und der hohen Baukosten ist St. stets mit der Finanzierungs- und Investitionspolitik *abzustimmen.*

Standortsicherung,   →Gewerbebestandspflege.

Standortspaltung, Dezentralisierung des betrieblichen Leitungsvollzugs an mehreren Standorten. – 1. *Gründe:* a) Heterogenität des betrieblichen Leistungsprogramms, b) großer Mengenabsatz je Zeiteinheit, c) weite Ausdehnung des betrieblichen Absatzgebietes, d) weite Ausdehnung des betrieblichen Beschaffungsgebietes und e) räumliche Differenzierung der Kreditverhältnisse oder der Kosten der staatlichen Verbandsleistungen. – 2. *Vorteile:* Durch Zerlegung des Gesamtbetriebes in räumlich getrennte und verschieden große Teilbetriebe können Standortgebundenheiten und Standortvorteile für einzelne Teilprozesse berücksichtigt und somit für die betrieblichen Gesamtprozeß die optimalen Standortbedingungen realisiert werden.

Standorttheorie. I. R a u m w i r t s c h a f t s - t h e o r i e : Teilgebiet, in dem die Frage nach dem optimalen →Standort eines gewerblichen oder auch landwirtschaftlichen Betriebes und der Einfluß dieses Standortes auf Absatz sowie Gewinn bzw. →Einkommen untersucht werden. – 1. Begründer der St. ist J. H. v. Thünen, der in seiner *landwirtschaftlichen St.* allerdings die Standorte der Betriebe als gegeben annahm und untersuchte, welchen Einfluß die Entfernung von der als Marktzentrum aller landwirtschaftlichen Güter angenommenen Stadt auf die Form der Bodennutzung hat. Sein Modell wurde später in abgewandelter Form von Predöhl für die Erklärung des Aufbaus der Weltwirtschaft verwandt. – 2. Dagegen suchte die *industrielle St.* (A. Weber, Launhardt) die Frage nach dem optimalen (gemeint war der kostengünstigste) Standort eines Betriebes unter der Voraussetzung zu beantworten, daß die Standorte der übrigen

Unternehmen und die Absatzverhältnisse gegeben seien. Diese Theorie beruht somit auf partieller Analyse. Die Rückwirkungen der Standortwahl auf die Dispositionen anderer Wirtschaftssubjekte wurden bei dieser Betrachtung vernachlässigt. Wichtigstes Teilergebnis ist die Erklärung der Tendenzen zur Agglomeration, die durch die kostenorientierte Entscheidung mehrerer Unternehmen für den gleichen Ort entsteht. Weiterentwicklung der St. durch Palander, Lösch und Isard. Als weiteres interessantes Problem ist im Rahmen der St. der Einfluß des Raumes auf den Wettbewerb zwischen den Unternehmen untersucht worden (Engländer), insbes. die Fragen der regionalen Preisdifferenzierung.

II. Finanzwissenschaft: Zur fiskalischen St. vgl. →ökonomische Theorie des Föderalismus.

Standortwahl. 1. *Begriff:* Auswahl einer nach verschiedenen volks- und betriebswirtschaftlichen Kriterien (→Standortfaktoren) analysierten und bewerteten Gewerbefläche bzw. Ansammlung von Gewerbeflächen (→Liegenschaft II, →Industriegelände) durch ein Unternehmen (→Standortplanung) für eine Gründung, Ansiedlung oder Umsiedlung eines Industrie- oder Gewerbebetriebes (→Standorttheorie I, →Bauleitplanung). – 2. *Problematik:* Das St.verhalten von Unternehmen ist wichtiger Ausgangstatbestand für ein kommunales →Standortmarketing. St. ist seit der Mitte der 70er Jahre bei insgesamt reduziertem Ansiedlungspotential ein überwiegend kleinräumiger Prozeß. Ausschlaggebend für die St. ist oft, daß eine der beteiligten Kommunen oder Regionen von der regionalen Wirtschaftsförderung (→Raumordung, →Regionalpolitik) begünstigt ist. Jedoch haben neben den herkömmlichen Standortfaktoren und finanziellen Fördermitteln die „realen" Hilfen der kommunalen →Wirtschaftsförderung besondere Bedeutung erlangt (Hilfen gegenüber den lokalen Behörden bei Bauanträgen, Genehmigungsverfahren, eigenständige Entwicklung von Problemlösungen durch die Wirtschaftsförderung und deren Durchsetzung gegenüber Ämtern und Behörden usw.).

Stapel, →Stack, →Stapelbetrieb.

Stapelbetrieb, *Stapelverarbeitung, Batch-Verarbeitung, batch processing,* Betriebsart eines →Computersystems, bei der die →Jobs der Benutzer jeweils als Ganzes abgearbeitet werden, ohne daß der Benutzer während der Bearbeitung Eingriffsmöglichkeiten hat. Früher einzige Betriebsart (meist in Verbindung mit →Closed-shop-Betrieb), heute zu einem großen Teil durch →Dialogbetrieb ersetzt; umfangreiche, zeitaufwendige Programme werden jedoch auch heute durchweg im St. abgewickelt.

Stapelbuchhaltung, Buchhaltungsform, früher in erster Linie in der Bankbuchhaltung. Die Belege wurden aufgestapelt, nach Kontonummern vorsortiert und erst nach einem bestimmten Zeitpunkt, dem *Buchungsschnitt* (12 bis 14 Uhr), auf die Personenkonten übernommen. – In der *EDV-Buchführung* ist das Stapelverfahren (→Stapelbetrieb) eine Organisationsform der Datenerfassung.

Stapelplätze, Märkte oder Hafenstädte, an denen Welthandelsgüter gestapelt werden.

Stapelverarbeitung, →Stapelbetrieb.

Stapelwaren, die für bedeutende Umschlagsplätze charakteristischen Welthandelsgüter.

Starchtest, →Recognitiontest.

Stärken-/Schwächenanalyse. 1. *Begriff:* Analyse und Bewertung der Ressourcen eines Unternehmens aus einer langfristigen Perspektive heraus. Dabei relativiert man sich z. B. zu den wichtigsten Konkurrenten oder zu betriebswirtschaftlichen Standards. Die St.-/Sch. kann für eine Ist- sowie für eine Soll-Situation durchgeführt werden. Die Ermittlung der Potentialwerte kann nach intuitivem Ermessen der Entscheidungsträger oder, falls dies möglich ist, durch direkte Messungen erfolgen. – 2. *Einordnung:* Instrumente eines →strategischen Managements; erweitert die →Potentialanalyse.

starke Ungleichung(s)restriktion), →Ungleichungsrestriktion 1.

starre Plankostenrechnung, Grundform einer →Plankostenrechnung, die auf den Grundprinzipien der →Vollkostenrechnung aufbaut und Kosten nur für einen ganz bestimmten →Beschäftigungsgrad vorgibt. Wegen des Fehlens einer →Kostenauflösung ist die st. P. nicht in der Lage, eine →Abweichungsanalyse durchzuführen.

Start, *Studiengesellschaft zur Automatisierung für Reise und Touristik,* →computergestütztes Reisebuchungssystem in der Bundesrep. D. für Flug-, Bahnverkehr und Touristik, dem u. a. die Deutsche Lufthansa, die Deutsche Bundesbahn und der Reiseveranstalter TUI (Touristik Union International) angeschlossen sind.

STATBIL, Abk. für →statistische Bilanzanalyse.

state banks, einzelstaatlich lizenzierte →commercial banks in den USA mit Wahlmöglichkeit der Mitgliedschaft im →Federal Reserve System (FRS). Im Herbst 1986 waren nur etwa 10% der st. b. Mitglied im FRS (state member banks) und damit der Versicherungspflicht bei der →Federal Deposit Insurance Corporation (FDIC) unterworfen. Die übrigen „state non-member banks" haben die Möglichkeit einer freiwilligen Mitgliedschaft bei der FDIC, sofern die Zugehörigkeit zur

Einlageversicherung nicht bereits durch die einzelstaatliche Bankengesetzgebung vorgeschrieben.

statement of earned surplus, *statement of retained earnings,* zweiter Teil der angloamerikanischen Gewinn- und Verlustrechnung, in dem die Veränderung des Gewinnvortrags dargestellt wird im Gegensatz zum →statement of income. – *Gliederung:* Gewinnvortrag des letzten Jahres + Reingewinn der Berichtsperiode ./. Dividende = Gewinn-(Verlust-)Vortrag der Berichtsperiode.

statement of income, derjenige Teil der anglo-amerikanischen Gewinn- und Verlustrechnung, der ausschl. zur Ermittlung des Periodengewinns dient; die Gewinnvortragsrechnung ist nicht darin enthalten, sondern wird im →statement of earned surplus erfaßt. – *Gliederung* des st. o. i.: Umsatz ./. Einstandswert derverkauften Waren bzw. Herstellkosten der umgesetzten Fabrikate ./. Verwaltungs- und Vertriebsaufwand + neutrale Erträge ./. Rückstellungen für Körperschaftsteuer = Reingewinn.

statement of profit and loss, anglo-amerikanische Bezeichnung für Gewinn- und Verlustrechnung. – Zu *unterteilen* in: a) →statement of income, das der Ermittlung des Periodengewinns dient, und b) →statement of earned surplus, das die Veränderung des Gewinnvortrags darstellt.

statement of retained earnings, →statement of earned surplus.

stationäre Bevölkerung, →Bevölkerungsmodelle.

stationärer Handel, Handelsbetriebe mit festem Standort. – *Gegensatz:* →ambulanter Handel.

stationäres Gleichgewicht, *statisches Gleichgewicht,* Zustand einer →stationären Wirtschaft, in dem zu jedem Zeitpunkt ein Gleichgewicht vorliegt.

stationäre Wirtschaft, *statische Wirtschaft,* Begriff der makroökonomischen Theorie: Volkswirtschaft in einem langfristigen Gleichgewichtszustand unter gleichbleibenden Umweltbedingungen (konstante Bevölkerung, kein technischer Fortschritt, unveränderte Konsumgewohnheiten), wobei sich in jeder Periode alle wirtschaftlichen Aktivitäten unverändert wiederholen *(stationäres Gleichgewicht* bzw. *statisches Gleichgewicht).* Alle Variablen (z. B. Verbrauch, Einkommen, Kapitalstock, Preise, Zinsen) weisen im Zeitablauf eine Veränderungsrate von Null auf. – Das stationäre Gleichgewicht ist als Fiktion *Erklärungszwecken* dienlich. In der neoklassischen *Wachstumstheorie* hat das Konzept des stationären Gleichgewichts Bedeutung erlangt, nachdem es als theoretisches Konzept der „klassischen Theorie" von J. M. Keynes

(→Keynessche Lehre) angegriffen worden war. – *Gegensatz:* →evolutorische Wirtschaft.

Stationierungsschäden, die infolge von Handlungen oder Unterlassungen der alliierten Streitkräfte oder ihrer Mitglieder oder Bediensteten bei Erfüllung ihrer dienstlichen Verpflichtungen nach dem 5. 5. 1955 entstehenden Schäden. St. werden nach Maßgabe der Bestimmungen des deutschen Rechts durch die Bundesrep. D. reguliert (Art. 8, 9 Finanzvertrag). Antrag binnen 90 Tagen ab Kenntnis des Schadens bei der zuständigen deutschen Behörde einzureichen.

Stationsbetrieb, →Verkehrsbetrieb.

statische Analyse, Untersuchung eines Systems zu einem gegebenen Zeitpunkt. Vgl. auch →komporatiav-statische Analyse, →dynamische Analyse.

statische Bilanz, →Bilanz, deren primäre Aufgabe es ist, den Vermögens- und den Schuldenstand einer Unternehmung zu einem bestimmten Zeitpunkt darzustellen. Grundlage der Bilanz bildet das Inventar als Spezifikation aller Vermögensteile und Schulden. Durch Gegenüberstellung von Anfangs- und Schlußbeständen ergibt sich der Vermögenszuwachs = Gewinn einer Rechnungsperiode. – Diese vermögensrechnerische Auffassung liegt den gesetzlichen Bestimmungen über die Bilanz zugrunde, insbes. §39 HGB, den Vorschriften zur Vermögenssteuer, zur Konkursordnung.

statische Bilanztheorie, →Bilanztheorien I.

statische Einkommen, alle Einkommen, die auch im Zustand des wirtschaftlichen →Gleichgewichts anfallen, d. h. bei Angebot- und Nachfrageausgleich bei völliger Gleichheit zwischen Preis und Durchschnittskosten. Zum st. E. gehören: Löhne, Gehälter, Grundrenten, Kapitalzins, Unternehmerlohn sowie die Monopolgewinne. – *Gegensatz:* →dynamische Einkommen.

statische Muskelarbeit, Zustand, in dem ein Muskel über längere Zeit gegen eine äußere Kraft angespannt wird, ohne daß es zu einer Bewegung der Gliedmaßen kommt. Sehr anstrengend und hohe Intensität der →Beanspruchung, da im beanspruchten Muskel kaum Durchblutung. – *Gegensatz:* →dynamische Muskelarbeit.

statisches Gleichgewicht, →stationäres Gleichgewicht.

statische Wirtschaft, →stationäre Wirtschaft.

statistical analysis system, →SAS.

statistical package for social sciences, →SPSS.

Statistik, wissenschaftliche Disziplin mit Anwendungsbedeutung sowohl in den Wirtschafts- und Sozialwissenschaften als auch in den Naturwissenschaften.

I. Gegenstand: St. umfaßt die Methoden zur Beschreibung und Analyse von Massenerscheinungen mit Hilfe von Zahlen. Auch Ergebnisse der Anwendung statistischer Methoden (Tabellen, Graphiken) werden St. genannt. – Das Ziel einer statistischen Untersuchung besteht jeweils aus einer Globalaussage über die Elemente einer →Grundgesamtheit, z. B. der Belegschaft einer Großunternehmung. Diese Globalaussage betrifft i. d. R. mehrere statistische →Merkmale (statistische Variablen), z. B. Geschlecht, Alter, Ausbildungsniveau, Monatseinkommen. Wird die Grundgesamtheit vollständig untersucht (→Vollerhebung), erstrecken sich die Methoden statistischer Analyse ausschl. auf die Deskription der Befunde, also die Verdichtung von Einzelinformationen; man spricht von →deskriptiver Statistik (beschreibender St.). Qualifizierte statistische Aussagen über eine Grundgesamtheit sind auch möglich, wenn diese nur teilweise erfaßt wurde, soweit die berücksichtigte Teilgesamtheit eine →Zufallsstichprobe ist. Deskriptive Befunde, die die Zufallsstichprobe betreffen, werden in diesem Fall zur →Punktschätzung und →Intervallschätzung von Kenngrößen der Grundgesamtheit sowie zur Durchführung →statistischer Testverfahren verarbeitet; man spricht von →Inferenzstatistik. – Statistische Methoden sind grundsätzlich unabhängig von einzelnen Anwendungsbereichen; in diesen stehen dennoch häufig verschiedenartige Methodenfragen im Vordergrund. Deshalb werden gelegentlich Sektoren wie →Betriebsstatistik, →Bevölkerungsstatistik, →Sozialstatistik, →Wirtschaftsstatistik gesondert betrachtet. Spezielle statistische Methoden der Deskription und der Inferenz gehen in die →Ökonometrie ein.

II. Statistische Untersuchungen: Ausgangspunkt einer statistischen Untersuchung ist ein Untersuchungsziel (z. B. Kennzeichnung der Belegschaftsstruktur einer Unternehmung), das, da es noch nach statistischen Gesichtspunkten formuliert ist, erst statistisch präzisiert werden muß. Die Präzisierung erfolgt durch Festlegung der die Struktur kennzeichnenden Untersuchungsvariablen (z. B. Alter, Einkommen, Ausbildungsniveau), die isoliert und verbunden betrachtet werden können. Außerdem hat eine geeignete sachliche, räumliche und zeitliche Abgrenzung der Grundgesamtheit zu erfolgen, über welche statistische Aussagen getroffen werden. – Bei der →Erhebung, also der Ermittlung der Werte der in das Untersuchungsziel einbezogenen Variablen bei der Grundgesamtheit oder einer Teilgesamtheit, stehen die organisatorischen und wirtschaftlichen Probleme in unmittelbarem Zusammenhang mit der Qualität der zu erzielenden

Befunde. Bei Verwendung sekundärstatistischer, also ursprünglich nicht für statistische Zwecke hergestellter Unterlagen (z. B. Steuererklärungen) ist mit hoher Wirtschaftlichkeit der Datengewinnung häufig ein nur unvollständiger Zuschnitt auf das Untersuchungsziel zu erreichen (→Sekundärstatistik). Auch bei Erhebungen im Sinne der →Primärstatistik (schriftlichen, mündlichen Befragungen, Beobachtungen) ist es organisatorisch oft nicht einfach, die Zielgesamtheit exakt einzugrenzen (Nichterfassung; Doppelerfassung; Coverage-Problem) und die Variablenwerte genau festzustellen (statistischer →Fehler). – Die bei der Erhebung ermittelten Daten werden im Rahmen der →Aufbereitung in Form von Tabellen und graphischen Darstellungen (z. B. →Kreisdiagrammen, →Stabdiagrammen, →Histogrammen) in eine übersichtliche Form übergeführt, wobei heute der Einsatz der →elektronischen Datenverarbeitung dominiert. – Die aufbereiteten Daten werden schließlich der methodisch-statistischen Analyse zugeführt. Im Fall einer totalen Erhebung der Grundgesamtheit stehen dabei deskriptive Methoden allein im Vordergrund. Bei Stichprobenerhebungen treten die Probleme der Inferenz, also die Probleme der Eingrenzung stichprobenbedingter Fehler, hinzu. – Eine allgemeine Problematik statistischer Untersuchungen ist der Adäquation. Sie umfaßt die Auswahl der dem Untersuchungsziel möglichst weitgehend gerecht werdenden Merkmale, die trotz rechtlicher, wirtschaftlicher und organisatorischer Hemmnisse adäquate Abgrenzung der Grundgesamtheit, die Perfektion der Durchführung primärstatistischer Erhebungen einschl. der korrekten Stichprobenauswahl, die Fehlereindämmung bei der Aufbereitung und den Einsatz der dem Untersuchungsziel gerecht werdenden Analysemethoden.

III. Wesentliche Teilbereiche der methodischen St.: Von universeller Anwendungsbedeutung sind die Maße zur Charakterisierung von empirischen →Häufigkeitsverteilungen, insbes. →Mittelwerte, →Streuungsmaße, Konzentrationsmaße und Maße zur Kennzeichnung der Schiefe, die unter deskriptiven und inferentiellen Gesichtspunkten betrachtet werden können. Eine wesentliche Grundlage der weiteren Teilbereiche ist die →Wahrscheinlichkeitsrechnung. In der Stichprobentheorie werden Modelle zur optimalen zufälligen Auswahl von →Teilgesamtheiten aus der Grundgesamtheit mit ihren wesentlichen inferentiellen und organisatorischen Implikationen betrachtet. Bei der Theorie der statistischen Testverfahren (Theorie der Hypothesenprüfung) werden substanzwissenschaftlich entwickelte Hypothesen über →Parameter oder →Verteilungsfunktionen von Grundgesamtheiten auf der Grundlage von Zufallsstichprobenbefunden (insbes. Befunden aus →uneingeschränkten Zufallsstichproben) unter Inkaufnahme einer (etwa über O gelegenen) Irrtumswahrscheinlichkeit statistisch überprüft. Die *statistische* →*Entscheidungstheorie* bildet den theoretischen Überbau der Theorie des statistischen Schätzens und Testens und kann auch als Teil der (allgemeinen) Entscheidungstheorie aufgefaßt werden. In dieser wird heute den Entscheidungen unter Ungewißheit bei Kenntnis von Wahrscheinlichkeitsverteilungen, die mittels statistischer Methoden zu bearbeiten sind, besondere Bedeutung beigemessen. Die Analyse des Zusammenhangs mehrerer statistischer Variabler erfolgt in der →*Regressionsanalyse*, bei der die funktionale Form zufallsbedingt gestörter Wirkungszusammenhänge im Vordergrund steht, sowie in der →*Korrelationsanalyse*, bei der die Intensität der statistischen Beziehungen zwischen Variablen im Vordergrund steht. Von besonderer Bedeutung in der Wirtschaftswissenschaft sind die Methoden der →*Zeitreihenanalyse*, die insbes. für Methoden der →*Prognose* nutzbar gemacht werden. Die dynamische Analyse gewisser ökonomischer und demographischer Prozesse erfolgt auf der Grundlage der Theorie →stochastische Prozesse. Im Bereich des →Marketing auf statistischer Grundlage werden zunehmend *multivariate Verfahren* (→Clusteranalyse, →Faktorenanalyse, →Diskriminanzanalyse, →Varianzanalyse) eingesetzt. – Gegenstand der →*Bevölkerungsstatistik* sind die Methoden und Ergebnisse der Erfassung und Prognose von Bevölkerungsbewegungen durch Geburten, Eheschließungen, Sterblichkeit und Wanderungen. – Von erstrangiger Bedeutung in der →Wirtschaftsstatistik sind die →Volkswirtschaftlichen Gesamtrechnungen, zu denen auch die statistische Problematik makroökonomischer Aggregatgräßen gerechnet werden kann, die →*Input-Output-Analyse*, die Theorie der →Indexzahlen sowie die *statistische Analyse wirtschaftlicher* →*Konzentration*. – Im Rahmen der →Betriebsstatistik stehen Methoden der *Verkaufsstatistik*, der *Stichprobenverfahren* im Rechnungswesen, der Arbeitsanalyse (→Multimomentverfahren; →Multimoment-Zeitstudie) und der *statistischen* →*Qualitätskontrolle* bei Massenfertigung im Vordergrund.

IV. I n s t i t u t i o n e n d e r a m t l i c h e n St.: Für die →amtliche Statistik in der Bundesrep. D. gelten die Prinzipien der fachlichen Zentralisation und der regionalen Dezentralisation. Neben der fachlich verselbständigten Statistik, der *ausgelösten Statistik*, gibt es die *Ressortstatistik* durch Ministerien, falls die statistischen Unterlagen im Geschäftsgang anfallen oder deren Bearbeitung sich vom Geschäftsgang nicht trennen läßt. – Die fachlich verselbständigte Statistik wird vom →Statistischen Bundesamt, von den *Statistischen Landesämtern* und den *Kommunalstatistischen*

Ämtern und Dienststellen durchgeführt. Das Bundesamt hat u. a. die Aufgabe, Statistiken für Bundeszwecke vorzubereiten, die Ergebnisse zu sammeln und zu veröffentlichen und Statistiken des Auslands und internationaler Organisationen darzustellen. Den Landesämtern obliegt der Hauptteil der Durchführungsarbeiten. – Die *rechtlichen Grundlagen* der Tätigkeit des Statistischen Bundesamtes enthält Art. 73 Nr. 11 GG sowie das Gesetz über die Statistik für Bundeszwecke (BStatG) vom 14. 3. 1980.

V. Q u e l l e n w e r k e a m t l i c h e r s t a t i s t i s c h e r D a t e n : Es publizieren das →Statistische Bundesamt, statistische Ämter der Bundesländer, statistische Ämter anderer Länder sowie internationale Organisationen (z. B. Statistisches Amt der Europäischen Gemeinschaften); vgl. im einzelnen die angegebenen Stellen.

VI. A u s b i l d u n g in St.: St. ist Gegenstand oder Bestandteil zahlreicher Studiengänge an Universitäten, Fachhochschulen und Berufsakademien. – 1. *Studiengänge*: a) Seit einigen Jahren ist an manchen Universitäten (München, Dortmund) der Studiengang St. mit dem Abschluß *Diplom-Statistiker* eingeführt. Hauptgegenstand dieses Studienganges ist die methodische St. auf anspruchsvollerem mathematischem Niveau; ein zweiter Schwerpunkt ist ein Anwendungsfeld, etwa Wirtschaftswissenschaft, Biologie oder Medizin. – b) Schon seit langer Zeit ist St. ein *Bestandteil verschiedener wirtschafts- und sozialwissenschaftlicher Studiengänge*, etwa die Studiengänge mit den Abschlüssen Diplom-Volkswirt, Diplom-Kaufmann, Diplom-Handelslehrer, Diplom-Ökonom, Diplom-Psychologe und Diplom-Soziologe sowie verschiedencr *naturwissenschaftlicher* und *medizinischer* Studiengänge. Meist, etwa in den wirtschafts- und sozialwissenschaftlichen Studiengängen, ist eine Pflicht-Grundausbildung von vier bis zwölf Semesterwochenstunden eingeführt. Darüber hinaus kann St. (gelegentlich einschl., gelegentlich neben Ökonometrie), etwa in den wirtschaftswissenschaftlichen Studiengängen, als Spezialgebiet im Hauptstudium und als Wahlpflichtfach in der Diplom- oder Staatsprüfung gewählt werden. Ähnliche Regelungen gelten für verschiedene *naturwissenschaftliche* Studienzweige. Speziell im Studiengang *Mathematik* ist St. weniger im Grundstudium, sondern und v. a. im Hauptstudium als mathematische St. eine von verschiedenen Vertiefungsrichtungen. – c) An den *Fachhochschulen für Wirtschaft* und an den *Berufsakademien* sind i. d. R. ebenfalls Pflicht-Grundausbildungen in St. eingeführt. – 2. *Studienfächer*: a) Speziell in den wirtschaftswisssenschaftlichen Studiengängen an Universitäten umfaßt die *Grundausbildung* deskriptive St., Wirtschaftsstatistik, Bevölkerungsstatistik sowie Wahrscheinlichkeitstheorie und die Grundlagen der Inferenzstatistik. – b) Im *Hauptstudium* werden v. a. die Gebiete Wirtschaftsstatistik, Verlaufs- und Bevölkerungsstatistik (jeweils in vertiefter Form), Stichprobenverfahren, Regressions- und Korrelationsanalyse, Schätz- und Testmethoden (jeweils in vertiefter Form), Ökonometrie, Zeitreihenanalyse, Prognoseverfahren, statistische Entscheidungstheorie, verteilungsfreie Prüfverfahren und stochastische Prozesse gelehrt.

Literatur: Anderson, O., Probleme der statistischen Methodenlehre, 5. Aufl., Würzburg 1965; ders., Ausgewählte Schriften, Bd. 1 und 2, Tübingen 1963; Anderson, O./ Schaffranek, M./Stenger, H./Szameitat, K., Bevölkerungs- und Wirtschaftsstatistik, Berlin u. a. 1983; Bleymüller J./ Gehlert, G./Gülicher, H., Statistik für Wirtschaftswissenschaftler, 4. Aufl., München 1985; Esenwein-Rothe, I., Die Methoden der Wirtschaftsstatistik, Bd. 1 und 2, Göttingen 1976; dies., Allgemeine Wirtschaftsstatistik – Kategorienlehre, 2. Aufl., Wiesbaden 1969; Fisz, M., Wahrscheinlichkeitsrechnung und mathematische Statistik, 10. Aufl., Berlin 1980; Hogg, R. V./Craig, A. T., Introduction to Mathematical Statistics, 4. Aufl., New York 1978; Kellerer, H., Theorie und Technik des Stichprobenverfahrens, 3. Aufl., München 1963; Kreyszig, E., Statistische Methoden und ihre Anwendungen, 7. Aufl., Göttingen 1979; Menges, G./Skala, H. J., Grundriß der Statistik, Teil 1: Theorie, 2. Aufl., Wiesbaden 1972; Teil 2: Daten, Wiesbaden 1973; Pfanzagl, J., Allgemeine Methodenlehre der Statistik, I, II, 6. bzw. 5. Aufl., Berlin 1983 bzw. 1978; Schaich, E./Köhle, D./Schweitzer, W./ Wegner, F., Statistik I, II, 3. bzw. 2. Aufl., München 1987 bzw. 1982; Schaich, E., Schätz- und Testmethoden für Sozialwissenschaftler, München 1977; Stenger, H., Stichproben, Heidelberg und Wien 1986; Strecker, H., Moderne Methoden in der Agrarstatistik, Würzburg 1957; Wagenführ, R., Statistik leicht gemacht, Bd. 1, 7. Aufl., Köln 1974; Bd. 2 (zus. mit M. Tiede und W. Voß) ebd., 1971; Wallis, W. A. / H. V. Roberts, Methoden der Statistik, Freiburg i. Br. 1969; Yamane, T., Statistik, Stuttgart 1976. – *Zeitschriften:* Allgemeines Statistisches Archiv, Zeitschrift der Deutschen Statistischen Gesellschaft; Jahrbücher für Nationalökonomie und Statistik; Metrika; Statistische Hefte.

Prof. Dr. Eberhard Schaich

Statistik-Programmpakete, Statistik-Software (→Software) zum Einsatz in der elektronischen Datenverarbeitung. – *Beispiele:* →BMDP, →OSIRIS, →SAS, →SPSS.

statistische Bilanzanalyse (STATBIL), multivariates Verfahren zur Bilanzauswertung (→Bilanzanalyse) und Früherkennung von Kreditrisiken, auf Bilanzkennzahlen aufbauend. Ergebnis für jeden zu prüfenden Fall sind: a) *Gesamtrisikoindex* sowie b) *Bereichsrisikoindex* für die Bereiche Ertragskraft, Kapitalbindung, mittelfristige Liquidität, Produktionskostenintensität, Vorratsintensität, Schuldentilgungskraft, Auflösungsrisiko und Barliquidität. – *Bedeutung:* Als Erweiterung des traditionellen Bilanzbeurteilungsinstrumentariums insbes. bei der Erforschung der Ursachen vorliegender Bilanzstrukturen und Risiken sowie bei der Beratung von Kreditnehmern.

statistische Datenanalyse, →Datenanalyse.

statistische Einheit, →Erhebungseinheit.

statistische Entscheidungstheorie, Art der allgemeinen →Entscheidungstheorie, bei der optimale Aktionen in Abhängigkeit von Stichprobeninformationen über Umweltzustände (→Umweltzustand) festgelegt werden. Betont

wird das Problem der Informationsbeschaffung zum Zweck der Entscheidung unter Unsicherheit.

statistische Masse, →Grundgesamtheit.

statistische Qualitätskontrolle, →Partialkontrolle.

Statistischer Beirat, beratendes Gremium beim →Statistischen Bundesamt (StBA), bestehend aus Vertretern der Bundesministerien (je 1), dem Bundesdatenschutzbeauftragten (1); der Deutschen Bundesbank (1); des Bundesrechnungshofes (1); der Deutschen Bundesbahn (1); der Statistischen Landesämter (1); der kommunalen Spitzenverbände (3), der gewerblichen Wirtschaft (7); der Gewerkschaften (3), der Arbeitgeberverbände (1); der Landwirtschaft (2); der wissenschaftlichen Forschungsinstitute (2); der Hochschulen (2). Vorsitzender ist der Präsident des StBA. – *Aufgaben:* Der St. B. berät das StBA in methodischen und technischen Fragen der Bundesstatistik. Er kann für bestimmte Sachgebiete Fachausschüsse und für einzelne Fragen Arbeitskreise einsetzen und Sachverständige hinzuziehen. Das StBA hat die Anregungen und Vorschläge des St. B. zu prüfen und im Rahmen der verwaltungsmäßigen Notwendigkeiten und finanziellen Möglichkeiten zu verwerten. Ziel ist, das Spezialwissen und die Erfahrungen der Fachleute für die Planung und Durchführung der Bundesstatistik nutzbar zu machen.

Statistisches Amt der Europäischen Gemeinschaften (SAEG bzw. EUROSTAT), gemeinsame statistische Dienststelle für drei supranationalen Organisationen in Europa (EWG, EGKS und EURATOM), die als EG organisatorisch eine Einheit bilden, Sitz in Luxemburg. – *Aufgaben:* Beschaffung der statistischen Informationen, deren die Gemeinschaftsgremien, v. a. die Kommission, zur Formulierung und Überwachung der Gemeinschaftspolitik auf den einzelnen Gebieten bedürfen; Unterstützung der statistischen Systeme in den einzelnen Mitgliedstaaten bei Schritten in Richtung auf ein integriertes europäisches System; Versorgung der Mitgliedstaaten und der übrigen Welt mit statistischen Informationen über die Gemeinschaft; Koordinierung der Tätigkeiten der Gemeinschaften auf statistischem Gebiet. Zahlreiche Gemeinschaftsstatistiken, die aus den nationalen Statistiken nicht abgeleitet werden können, beruhen auf Verordnungen, Richtlinien und Entscheidungen der EG, die auf Vorschlag des SAEG vom EG-Ministerrat oder der EG-Kommission erlassen werden. Wichtigstes Arbeitsinstrument des SAEG ist das mittelfristige Programm der Gemeinschaftsstatistik, das gegenwärtig als Sechste Statistisches Programm der EG 1985–87 vorliegt. – *Organisation:* Generaldirektor mit Sekretariat, das für die Arbeitsgestaltung des Arbeitsprogramms des Amtes und für die interne und externe Koordinierung zuständig ist; Direktionen für: Verarbeitung und Verbreitung statistischer Informationen (A), Allgemeine Wirtschaftsstatistik (B), Statistik des Außenhandels, der AKP-Staaten und der Länder der Dritten Welt, Verkehrsstatistik (C), Energie- und Industriestatistik (D), Bevölkerungs- und Sozialstatistik, Landwirtschaftsstatistik (E). – *Wichtige Veröffentlichungen:* Veröffentlichungssystem gegliedert in die Themenkreise: 1. Allgemeine Statistik (u. a. Eurostatistik-Daten zur Konjunkturanalyse; monatlich) Statistische Grundzahlen (jährlich); Regionalstatistik, Jahrbuch; EUROSTAT Revue; 2. Wirtschaft und Finanzen (u. a. Volkswirtschaftliche Gesamtrechnungen ESVG; Verbraucherpreisindizes; Geld und Finanzen; Zahlungsbilanzen); 3. Bevölkerung und soziale Bedingungen (u. a. Arbeitslosigkeit, monatlich; Sozialindikatoren; Beschäftigung und Arbeitslosigkeit; Bevölkerungsstatistik; Sozialschutz; Verdienste im Produzierenden Gewerbe und in Dienstleistungsbereichen; Arbeitskosten); 4. Energie und Industrie (u. a. Engergie, Statistisches Jahrbuch; Industrie, Statistisches Jahrbuch; Konjunkturindikatoren für die Industrie; Eisen und Stahl, Monatshefte und Jahrbuch); 5. Land- und Forstwirtschaft, Fischerei (u. a. Pflanzliche Erzeugung, vierteljährlich; Agrarstatistisches Jahrbuch; Tierische Erzeugung; Agrarpreise; Forststatistisches Jahrbuch; Fischereistatistik, Jahrbuch); 6. Außenhandel (u. a. Monatsbulletin der Außenhandelsstatistik; Außenhandel, Statistisches Jahrbuch; Analytische Übersichten des Außenhandels; Außenhandelsindizes); 7. Dienstleistungen und Verkehr (u. a. Verkehr, Nachrichtenübermittlung, Reiseverkehr – Statistisches Jahrbuch; Einzelhandel, Verkaufsindex); 9. Verschiedenes (u. a. Öffentliche Aufwendungen für Forschung und Entwicklung; EUROSTAT-Mitteilungen). Der Themenbereich 8. ist noch nicht besetzt. – Datenbanksystem CRONOS mit 1,2 Mill. Zeitreihen, seit 1981 externen Benutzern über das europäische Fernmeldenetz EURONET zugänglich; COMEX mit Handelsdaten in Tabellenform; REGIO mit Regionaldaten bis zur Größenordnung von Kreisen.

Statistisches Bundesamt (StBA). I. O r g a - n i s a t i o n : *Gesetzliche Grundlage* für die Arbeit des StBA ist das Gesetz über die Statistik für Bundeszwecke (Bundesstatistikgesetz – BStatG) vom 22. 1. 1987 (BGBl I 462/ 565). Danach ist das StBA eine selbständige Bundesoberbehörde im Geschäftsbereich des Bundesministeriums des Innern und Mittelpunkt der amtlichen statistischen Organisation im Bundesgebiet. Beratendes Gremium: →Statistischer Beirat.

II. A u f g a b e n g e b i e t : 1. *Statistiken für Bundeszwecke* (Bundesstatistiken): Metho-

disch und technisch im Benehmen mit den statistischen Ämtern der Länder vorzubereiten und weiterzuentwickeln, auf die einheitliche und termingemäße Durchführung der Erhebungs- und Aufbereitungsprogramme von Bundesstatistiken durch die Länder hinzuwirken, ihre Ergebnisse in der erforderlichen sachlichen und regionalen Gliederung für den Bund zusammenzustellen sowie für allgemeine Zwecke zu veröffentlichen und darzustellen. – 2. *Bundesstatistiken zu erheben und aufzubereiten,* wenn und soweit es in einem Bundesgesetz bestimmt ist oder die beteiligten Länder zustimmen, sowie Erhebungen für besondere Zwecke, Zusatzaufbereitungen für Bundeszwecke und Sonderaufbereitungen durchzuführen, soweit die statistischen Ämter der Länder diese nicht selbst durchführen. – 3. In besonderen Fällen *Geschäftsstatistiken* anderer Träger der amtlichen Statistik zu bearbeiten. – 4. Daten aus dem Verwaltungsvollzug anderer Bundesstellen als *Geschäftsstatistiken* aufzubereiten (→Bankenstatistik, →Verkehrsstatistik) sowie Bundesstatistiken aus allgemein zugänglichen Quellen oder öffentlichen Registern zu erstellen. – 5. Auf die sachliche, zeitliche und räumliche *Abstimmung* der Bundesstatistiken hinzuwirken. – 6. An der *Vorbereitung* des Programms der Bundesstatistik und der Rechts- und allgemeinen Verwaltungsvorschriften des Bundes, die die Aufgaben der Bundesstatistik berühren, mitzuwirken. – 7. *Volkswirtschaftliche Gesamtrechnungen* und sonstige Gesamtsysteme statistischer Daten für Bundeszwecke aufzustellen sowie sie für allgemeine Zwecke zu veröffentlichen und darzustellen. – 8. Das statistische Informationssystem des Bundes von speziellen Datenbanken anderer Stellen des Bundes mitzuwirken; das gleiche gilt, soweit der Bund in entsprechende Vorhaben außerhalb der Bundesverwaltung eingeschaltet wird. – 9. Zur Vereinfachung und Verbesserung der Datengewinnung und -verarbeitung für Zwecke der Bundesstatistik an *Nummerungsvorhaben* und Bestrebungen des Bundes zur *Automation* von Verwaltungsvorgängen und Gerichtsverfahren mitzuwirken; das gleiche gilt, soweit der Bund in entsprechende Vorhaben außerhalb der Bundesverwaltung eingeschaltet wird. – 10. Die Bundesbehörden bei der Vergabe von *Forschungsaufträgen* bezüglich der Gewinnung und Bereitstellung statistischer Daten zu beraten sowie im Auftrag der obersten Bundesbehörden auf dem Gebiet der Bundesstatistik Forschungsaufträge auszuführen, Gutachten zu erstellen und sonstige Arbeiten statistischer und ähnlicher Art durchzuführen. – Die Vorschriften des BStatG gelten auch für statistische Erhebungen, die durch unmittelbar geltende Rechtsakte der EG angeordnet sind, soweit sich aus diesen Rechtsakten nichts anderes ergibt. Im *supra- und internationalen Bereich* hat das StBA die Aufgabe, an der

Vorbereitung von statistischen Programmen und Rechtsvorschriften sowie an der methodischen und technischen Vorbereitung und Harmonisierung von Statistiken sowie der Aufstellung Volkswirtschaftlicher Gesamtrechnungen und sonstiger Gesamtsysteme statistischer Daten für Zwecke der EG und internationaler Organisationen mitzuwirken und die Ergebnisse an die EG und internationalen Organisationen weiterzuleiten.

III. Veröffentlichung/Datenverarbeitung: 1. *Zusammenfassende Veröffentlichungen:* Statistisches Jahrbuch (jährlich); Wirtschaft und statistik (monatlich); Statistischer Wochendienst (wöchentlich); weitere allgemeine und thematische Querschnittsveröffentlichungen zu Organisations- und Methodenfragen, z. B. Das Arbeitsgebiet der Bundesstatistik (zuletzt 1981) sowie Kurzbroschüren. – 2. Spezielle periodisch erscheinende, durch Berichtsreihen weiter unterteile *Fachserien:* 1 Bevölkerung und Erwerbstätigkeit, 2 Unternehmen und Arbeitsstätten, 3 Land- und Forstwirtschaft, Fischerei, 4 Produzierendes Gewerbe, 5 Bautätigkeit und Wohnungen, 6 Handel, Gastgewerbe, Reiseverkehr, 7 Außenhandel, 8 Verkehr, 9 Geld und Kredit, 10 Rechtspflege, 11 Bildung und Kultur, 12 Gesundheitswesen, 13 Sozialleistungen, 14 Finanzen und Steuern, 15 Wirtschaftsrechnungen, 16 Löhne und Gehälter, 17 Preise, 18 Volkswirtschaftliche Gesamtrechnungen, 19 Umweltschutz. – 3. *Systematische Verzeichnisse:* Unternehmens-, Betriebssystematiken; Güter-, Personen-, Regional- und sonstige Systematiken. – 4. *Kartographische Darstellungen* im Zusammenhang mit den in längeren Zeitabständen stattfindenden Großzählungen. – 5. *Statistik des Auslandes:* Internationale Monatszahlen, Länder- und Länderkurzberichte, Fachserie Auslandsstatistik mit fünf speziellen Veröffentlichungsreihen. – 7. Ein großer Teil der Daten steht auf *maschinell lesbaren Datenträgern* zur Verfügung.

statistische Testverfahren, St. T. *statistische Prüfverfahren.* – 1. *Begriff:* St. T. sind diejenigen Methoden der →Inferenzstatistik, mit denen eine Entscheidung über die Beibehaltung oder Zurückweisung einer →Nullhypothese H_o mit Hilfe eines Stichprobenbefundes getroffen wird (daher auch Hypothesenprüfung). – 2. *Beispiele für den Einsatz von st. T.:* a) Eine Lieferung technischer Kleinteile soll gemäß Vertragsbedingungen höchstens 3% Ausschuß enthalten; die Einhaltung dieser Bedingung kann vom Abnehmer durch ein st. T. überprüft werden; b) die Qualität einer Bestandsbuchführung bezüglich Korrektheit des Totalwertes des Lagers kann mit Hilfe eines st. T. auf der Grundlage einer →Stichprobeninventur getestet werden; c) durch ein

st. T. kann die Hypothese überprüft werden; eine bestimmte →Variable besitze eine →Normalverteilung; d) liegen mehrere →Grundgesamtheiten vor, kann deren Homogenität bezüglich →Parametern oder →Verteilungen einer Variablen getestet werden. – 3. *Gegenstände:* a) Ein st. T. kann einen *Parameter einer Grundgesamtheit* (z. B. →Erwartungswert; →Varianz, →Anteilswert) zum Gegenstand haben (Parametertest). Dabei kann ein punktueller Wert (→zweiseitige Fragestellung) oder ein Mindest- bzw. Höchstwert (→einseitige Fragestellung) behauptet sein. Auch gibt es die Möglichkeit der Prüfung einer Hypothese über die *Verteilung* einer Grundgesamtheit, z. B. Normalverteilung (Anpassungstest, Goodness-of-Fit-Test). Die genannten Gegenstände betreffen, da sie sich nur auf *eine* Grundgesamtheit beziehen, den *Ein-Stichproben-Fall.* – b) Der *Zwei-* und *Mehr-Stichproben-Fall* betrifft den Vergleich von Parametern bzw. Verteilungen in mehreren Grundgesamtheiten. – 4. *Gedankenfolge bei der Testverfahren-Durchführung*, dargestellt für punktuelle Parameterhypothesen: Es wird eine nahe 0 (z. B. 0,05) gelegene →Wahrscheinlichkeit α konzediert dafür, daß H_o fälschlich abgelehnt wird (→Signifikanzniveau, →Alpha-Fehler). Die Menge aller möglichen Stichprobenresultate wird in zwei Teilmengen zerlegt derart, daß der einen Teilmenge, der →kritischen Region, bei Gültigkeit von H_o eine Wahrscheinlichkeit von α zukommt, das Stichprobenresultat zu enthalten. Die Zerlegung erfolgt i. d. R. durch Vermittlung einer →Prüfvariablen, z. B. dem Stichprobendurchschnitt bei der Prüfung eines Erwartungswertes. Liefert die Stichprobe einen Befund aus der kritischen Region, wird H_o beim Signifikanzniveau α abgelehnt, sonst beibehalten. Neben dem Risiko eines →Beta-Fehlers, also der fälschlichen Beibehaltung von H_o. – 5. *Übersicht über st. T.:* Eine erste Hauptgruppe von st. T. ist durch die Voraussetzung gekennzeichnet, die betrachteten Variablen besitzen eine Normalverteilung *(„klassische", parametrische, verteilungsgebundene st. T.).* Hierzu rechnen etwa der *t-Test* (Prüfung eines Erwartungswertes; Vergleich zweier Erwartungswerte) oder der *F.-Test* (Vergleich zweier Varianzen). Neuerdings werden st. T. bevorzugt, die ohne Normalverteilungsannahme auskommen, etwa der *Vorzeichentest* oder *Vorzeichen-Rang-Test* (Prüfung eines →Medians) oder der *Wilcoxon-Mann-Whitney-Test* (Vergleich zweier →Lokalisationen). Die →parametrischen Testverfahren weisen gewisse theoretische Optimalitätseigenschaften auf; die →nichtparametrischen (verteilungsfreie) Testverfahren haben die Vorteile nicht restriktiver Anwendungsvoraussetzungen und einfacher Durchführbarkeit.

statistische Variable, →Merkmal.

Stätte der Geschäftsleitung, gewerbesteuerlicher Begriff für den Ort, an dem sich die Geschäftsleitung eines Unternehmens befindet. Die St. d. G. gilt als gewerbesteuerpflichtige →Betriebsstätte (§ 12 Nr. 1 AO). – *Anders:* →Sitz.

Status. I. Begriff: Die rechnungsmäßige Gegenüberstellung des Vermögens und der Schulden mit dem Zweck, den Vermögensstand (Reinvermögen bzw. Überschuldung) und/oder den Mittelbedarf zur Deckung der kurfristig fälligen Verbindlichkeiten festzustellen. Der St. ist mit dieser Zwecksetzung nicht nur Grundlage unternehmerischer Dispositionen, sondern auch ein Instrument zur Selbstinformation des Kaufmanns zum Schutz seiner Gläubiger. Ausgangspunkt der Aufstellung eines St. sind i. d. R. die Daten der Buchführung. Eine Anlehnung an deren Ergebnisse ist nicht erforderlich. Auch muß der Stichtag des St. nicht mit dem Stichtag des →Jahresabschlusses (Bilanzstichtag) übereinstimmen. – *Abgrenzung zur Zwischenbilanz:* Der St. unterscheidet sich von der →*Zwischenbilanz.* Während diese eng an die Buchführung anschließt, bilden die Daten der Buchführung für den St. nur den Ausgangspunkt.

II. Arten: Nach den Anlässen zu seiner Aufstellung zu unterscheiden, z. B. St. für →Sanierung, →Vergleichsverfahren (→Vergleichsstatus), →Konkurs, →Liquidation, Erbschaftsauseinandersetzung, Gesellschafterauseinandersetzung (→Auseinandersetzung), Gewährung von Kredit, finanzielle Überwachung (→Finanzierung).

III. Aufstellung: Beginnt i. d. R. mit einer kontenweisen Zusammenstellung der Vermögensgegenstände und Schulden auf der Grundlage der aktuellen Buchführung; diese werden in einem zweiten Schritt dem jeweiligen Zweck des St. entsprechend gliederungsmäßig zusammengefaßt und bewertet. Die Vorschriften für die Gliederung der jährlichen Bilanz und für die Bewertung der Vermögensgegenstände und Schulden im Jahresabschluß brauchen nicht beachtet zu werden; Abweichungen von diesen sollten allerdings hinreichend erläutert werden. Ist. z. B. im Gesellschaftsvertrag einer Personengesellschaft vereinbart, daß ausscheidende Gesellschafter auf der Grundlage des Substanzwerts des Unternehmens abgefunden werden (nach den Erkenntnissen der Unternehmensbewertungslehre und der neueren Rechtsprechung zur Ermittlung einer angemessenen Abfindung ist für solche Anlässe der Ertragswert maßgebend; →Unternehmungsbewertung, →Unternehmungswert), so ist vom Tageswert und nicht von den (ggf. fortgeschriebenen) Anschaffungkosten bzw. Herstellungskosten auszugehen. Bei Kreditgewährungen stehen

dem Vorsichtsprinzip entsprechende Realisationswerte im Vordergrund.

IV. Kreditstatus: 1. *Allgemeines:* Der Kreditstatus, auch *Kreditbilanz,* hat in der wirtschaftlichen Praxis große Bedeutung. Als „bilanzähnliche" Rechnung soll er über Höhe, Zusammensetzung und Liquidierbarkeit des Vermögens, über Höhe und Zusammensetzung der Schulden, über bestehende Sicherheiten und frei verfügbare Teile des Vermögens und somit über die Möglichkeiten zur Schuldendeckung informieren. – 2. *Gliederung:* Beherrschendes Gliederungsprinzip ist das der Fristigkeit und Fälligkeit des Eigenkapitals sowie der Schulden (Kapitalherkunft) und der Vermögensgegenstände (Kapitalverwendung). – 3. *Bewertung:* Vermögensgegenstände und Schulden nach dem Zeitwert- und nicht dem für den Jahresabschluß maßgebenden →Anschaffungsprinzip. Dem Zweck des Kreditstatus entsprechend ist Vorsichtsprinzip vorherrschend. – 4. *Gewinn- und Verlustrechnung:* Die in den Kreditstatus gewöhnlich einbezogene Erfolgsrechnung soll Auskunft geben, ob das Unternehmen fähig ist, in ausreichendem Maße Überschüsse zu erzielen, die nach Abzug der Steuern für die Verzinsung und Tilgung bzw. Rückzahlung von Krediten u. a. Schulden zur Verfügung stehen. Dementsprechend wird bei der Aufstellung einer in den Kreditstatus einbezogenen Gewinn- und Verlustrechnung das Prinzip einer adäquaten Gliederung (z. B. nach Ergebnisbereichen in ordentliches, Finanz- und außerordentliches Ergebnis) befolgt.

V. Finanzstatus: Weicht vom Kreditstatus insofern ab, als nur bestimmte, mit der Finanzgebarung des Unternehmens zusammenhängende Aktiv- und Passivposten erfaßt werden. Es kommt bei dem Finanzstatus im wesentlichen auf die *Ermittlung des Liquiditätsüberschusses* (oder der -unterdeckung) durch Gegenüberstellung der vorhandenen Geldmittel zu den kurzfristig fälligen Verpflichtungen an.

VI. Durchführung: Die Banken verwenden heute in ihren Kreditakten zur laufenden systematischen Darstellung der Vermögensentwicklung des Debitors nach Liquidität bzw. Fälligkeit gegliederte St.-Vordrucke. Der St. ist nach Möglichkeit von einem Gutachter aufzustellen oder zumindest durch gründliche Stickproben nachzuprüfen, wobei v. a. auf die Bewertung zu achten ist.

Statut, →Satzung.

Stauen, Einbringen und Sichern von Gütern in Laderäumen von Transportmitteln, in →Ladeeinheiten und in Lagerräume unter besonderer Berücksichtigung der Raumverhältnisse, der transport- und lagerungsrelevanten Gütereigenschaften und er statischen und dynamischen Beanspruchungen.

StBA, Abk. für →Statistisches Bundesamt.

steady state. I. K a p i t a l t h e o r i e : Zustand einer Wirtschaft, bei dem alle ökonomischen relevanten Größen, wie Konsum, Investitionen, Bruttoprodukten, Arbeitsmenge, im Zeitablauf relativ zueinander konstant sind (entweder mit derselben Rate wachsen oder konstant sind). – *Sonderfall:* →stationäre Wirtschaft.

II. A r b e i t s w i s s e n s c h a f t : Phase bei körperlicher Tätigkeit, bei der sich Sauerstoff-Zufuhr und Sauerstoff-Bedarf deckt (konstante Phase). Hier wird die im Moment der Kontraktion entstehende Ermüdung durch die sich in der Muskelpause anschließende Erholung kompensiert, Ermüdung und Erholung befinden sich im Gleichgewicht. In dieser Phase geht man keine Sauerstoffschuld ein (anaerobe Phase), in der ein Ermüdungszustand nicht mehr kompensiert werden kann. Bei Dauerleistungsarbeiten ist auf die Einhaltung des st. st. zu achten (Dauerleistungsgrenze).

stehendes Gewerbe, der an eine feste →Betriebsstätte, in den Räumen der gewerblichen Niederlassung gebundene →Gewerbebetrieb. – *Gegensatz:* →Reisegewerbe.

Steigerungsbetrag, Bestandteil der Renten aus Höherversicherungsbeiträgen der gesetzlichen →Rentenversicherungen, abhängig von Anzahl und Höhe der entrichteten Beiträge und dem Alter im Ankaufsjahr.

Steigerungsfaktor, Faktor, mit dem der durch die analytische Arbeitsbewertung für eine bestimmte Tätigkeit ermittelte →Arbeitswert (ausgedrückt in →Arbeitswertpunkten) zu multiplizieren ist. Das Produkt wird zum gleichbleibenden Grundbetrag addiert und ergibt den →Grundlohn. Die so einheitlich je Betrieb ermittelten Grundlöhne, erhöht um den jeweiligen Akkordzuschlag, ergeben die →Akkordrichtsätze der betreffenden Tätigkeiten. – *Anders:* →Geldfaktor.

Steigung einer Kurve, entspricht im Koordinatensystem dem Quotient aus Höhenzunahme △y und Breitenzunahme △x auf der Tangente in dem betreffenden Punkt.

Steinbeis-Stiftung für Wirtschaftsförderung, Sitz in Stuttgart. – *Aufgaben:* Maßnahmen des Technologietransfers, im einzelnen: Beratung, Forschung und Entwicklung, Information über Stand der Technik, Förderung von Existenzgründungen und Kooperationen.

Steinkohlenbergbau, Teilbereich des →Bergbaus. Unternehmen, die in der Bundesrep. D. St. betreiben, haben jährlich u. a. die Produktionskapazität an Steinkohle, die Zahl ihrer Arbeitnehmer, Haldenstand, Kohlenvorräte unter Tage, die Menge der geförderten Steinkohle und den Absatz an Steinkohle dem Bundesminister für Wirtschaft zu melden gem.

Gesetz über Meldungen der Unternehmen des deutschen Steinkohlenbergbaus vom 19. 12. 1977 (BGBl I 2753). Zuwiderhandlungen werden als →Ordnungswidrigkeit mit Geldbußen bis zu 50 000 DM geahndet. – Vgl. auch →Gesundung des deutschen Steinkohlenbergbaus, →Rationalisierungsverband des Steinkohlenbergbaus.

Steinkohlenbergbaugebiete, die in der Anlage des Gesetzes vom 15. 5. 1968 (BGBl I 365) mit späteren Änderungen aufgeführten Gemeinden und Gemeindeverbände.

Steinkohleneinheit (SKE), *Tonne Steinkohleneinheiten (tSKE),* Energieeinheit, bei der die Energie in Masse von Steinkohle angegeben wird. Die Umrechnung basiert auf einem spezifischen Heizwert von 29,3076 J/kg = 7000 kcal/kg. 1 SKE = 29,3076 Gigajoule.

Stellagegeschäft, →Prämiengeschäft III 3.

Stelle, →organisatorische Einheit, die aus der →Stellenbildung hervorgeht und im Rahmen der →Aufbauorganisation dem Kompetenzbereich eines gedachten Handlungsträgers gemäß der →Stellenbeschreibung abgrenzt. Element des →organisatorischen Teilbereichs.

Stellenangebot. 1. *Begriff:* Instrument der →Personalbeschaffung, mit dem sich ein Unternehmen an das interne (innerbetriebliche Stellenausschreibung) und externe (→Personalwerbung) Arbeitskräftepotential wendet, um vakante →Stellen zu besetzen (vgl. →Ausschreibung von Arbeitsplätzen). – 2. *Form:* Anzeige der vakanten Stelle entweder in Zeitung, Fachzeitschrift, schwarzes Brett und anderen Medien, mit denen die Zielgruppe erreicht werden kann. – 3. *Inhalt:* Darstellung des Anforderungsprofils der Stelle, des Eintrittstermins, der erwünschten Bewerbungsunterlagen, der Ausschreibungsfrist und weiterer Informationen für den potentiellen Stelleninhaber.

Stellenanzeige, →Personalanzeige.

Stellenbeschreibung, *job description.* 1. *Begriff:* Verbindliche, in schriftlicher Form abgefaßte Fixierung der organisatorischen Eingliederung einer →Stelle im Betrieb hinsichtlich ihrer Ziele, →Aufgaben, Kompetenz, Pflichten usw. – 2. *Bestandteile:* Bezeichnung der Stelle und organisatorischer Rang in der Hierarchie, Kompetenzen, aktive und passive →Stellvertretung, Tätigkeitsgebiet, spezielle Aufgaben. – 3. *Zweck:* Hauptsächlich eine transparente, umfassende und überschneidungsfreie Ordnung der →Zuständigkeiten; Hilfsmittel bei der →Arbeitsbewertung, bei der →Karriereplanung, bei der →Personalführung, bei der Ermittlung des →Personalbedarfs. – 4. *Nachteile:* Fixierte Aufgabenbeschreibungen führen zu organisatorischer Inflexibilität und Stellenegoismus (Beispiel: →Harzburger Modell).

Stellenbesetzungsdiagramm, →Organigramm.

Stellenbildung. 1. *Begriff:* Vorgang zur Gestaltung der →Aufbauorganisation, bei dem durch →Aufgabenanalyse gewonnene Teilaufgaben im Wege der →Aufgabensynthese für jeweils einen gedachten Handlungsträger zu einem Aufgabenkomplex bzw. zu einer →Stelle zusammengefaßt werden. – 2. *Kriterien:* Die Zusammenfassung der Teilaufgaben kann nach den verschiedenen Aufgabenmerkmalen, v. a. dem Verrichtungsaspekt (→Verrichtungsprinzip) oder dem Objektaspekt (→Objektprinzip), erfolgen; eine →Zentralisation nach dem einen Kriterium bedeutet zugleich eine →Dezentraisation nach dem anderen Kriterium. – 3. Das *Kernproblem* der St. besteht in der Synchronisation der Anforderungsprofile der gebildeten Stellen und der Fähigkeitsprofile der potentiellen Handlungsträger (vgl. auch →Arbeitsgestaltung). Dabei wird die Vielfalt der theoretischen Gestaltungsalternativen der St. in der Praxis durch feststehende →Berufsbilder eingeschränkt.

Stellenclearing, Konferenz von Vorgesetzten und Mitgliedern der Personalabteilung zum Zweck der Suche nach internen Deckungsmöglichkeiten von offenen Stellen (→Ausschreibung von Arbeitsplätzen). – Vgl. auch →Personalbeschaffung.

Stelleneinzelkosten, →Kostenstelleneinzelkosten.

Stellengemeinkosten, →Kostenstellengemeinkosten.

Stellengesuch, Anzeige in einer Zeitung oder Fachzeitschrift, in der ein Stellensuchender seine Arbeitskraft und seine Problemlösungsfähigkeiten potentiellen Arbeitgebern anbietet in der Hoffnung, eine neue Arbeitsstelle zu finden.

Stellensuche. Nach der Kündigung eines dauernden (nicht nur auf kurze Zeit abgeschlossenen) Arbeitsverhältnisses hat der Arbeitnehmer einen unabdingbaren Anspruch auf angemessene Freistellung von der Arbeit zum Aufsuchen einer neuen Stelle (§629 BGB). Während dieser Zeit ist das Entgelt fortzuzahlen (§616 BGB); →Lohnfortzahlung. Zeit und Dauer der Freistellung sind unter Ausgleichung der beiderseitigen Interessen nach Treu und Glauben zu bestimmen (§242 BGB).

Stellenvermittlung, →Arbeitsvermittlung.

Stellvertreter, →Handlungsträger, dem die →Stellvertretung eines anderen Organisationsmitgliedes übertragen ist.

Stellvertretung. I. O r g a n i s a t i o n : 1. *Begriff:* Übernahme der Aufgaben eines Stelleninhabers durch einen anderen Handlungsträger zur Gewährleistung der Aufgabenerfüllung in den Fällen, in denen der Vertretene aus bestimmten Gründen nicht selbst handeln kann oder will (z. B. wegen dienstlicher Abwesenheit, Urlaub oder Krankheit). Der *Stellvertreter* nimmt die formale →Kompetenz im Namen und im Sinn des Vertretenen, aber in eigener →Verantwortung wahr. – 2. *Formen:* Die St. kann haupt- oder nebenamtlich sowie unbegrenzt oder begrenzt sein.

II. B ü r g e r l i c h e s R e c h t : Abgabe oder Empfang einer →Willenserklärung für einen anderen in dessen Namen. – 1. St. *liegt* nur *vor*, wenn Vertreter über Abgabe und Inhalt der Erklärung, mag er auch im Innenverhältnis zum Vertretenen weisungsgebunden sein, selbst entscheidet; wer nur die vom Geschäftsherrn formulierte Erklärung überbringt, ist nicht Vertreter, sondern Bote. – 2. Eine *Erklärung* des Vertreters, die er innerhalb der ihm zustehenden →Vertretungsmacht im Namen des Vertretenen abgibt, *wirkt* unmittelbar für und gegen den Vertretenen, er allein wird ggf. berechtigt oder verpflichtet; ist auch aus den Umständen (z. B. Verkäufer im Ladenlokal) nicht ersichtlich, daß der Vertreter in fremdem Namen handeln will, treffen ihn die Wirkungen des Geschäfts selbst (§164 BGB); Sonderregeln bei →Vertretung ohne Vertretungsmacht. – 3. Soweit es auf *Kenntnis* oder Unkenntnis gewisser Umstände ankommt (z. B. beim →gutgläubigen Erwerb), ist Kenntnis des Vertreters entscheidend; auf die des Vertretenen kommt es nur an, wenn der Vertreter aus bestimmten Weisungen gehandelt hat (§166 BGB). – 4. →Selbstkontrahieren ist dem Vertreter i. d. R. verboten. Vertreter kann auch ein beschränkt Geschäftsfähiger (→Geschäftsfähigkeit) sein (§165 BGB).

Stempelsteuern, Steuern, die durch Aufkleben und Abstempelung oder Beschaffung von Steuermarken auf einer Urkunde entrichtet werden, z. B. →Wechselsteuer.

Stempeluhr, *Kontrolluhr,* Wanduhr mit Einsteckschlitz für Kontroll-(Stech)karten, auf denen die Uhrzeit beim Betreten bzw. Verlassen des Betriebes automatisch eingestempelt wird. Der Einsatz der St. war früher in technischen Abteilungen üblich; durch die Arbeitszeitflexibilisierung (→gleitende Arbeitszeit) verstärkter Einsatz im Angestelltenbereich. Heute werden vielfach elektronische Datenerfassungsgeräte (persönliche →Chipkarte oder →Magnetstreifenkarte) eingesetzt.

step ladder system, →innerbetriebliche Leistungsverrechnung II 3.

Stepping-Stone-Verfahren, →klassisches Transportproblem IV.

Ster, frühere französische Bezeichnung für →Raummeter.

Steradiant (sr), →gesetzliche Einheiten, Tabelle 1.

Sterbegeld. I. Sozialversicherung: Versicherungsleistung im Todesfall zur Deckung der mit der Beisetzung usw. entstehenden Aufwendungen. – 1. *Gesetzliche Krankenversicherung:* St. für Versicherte beträgt das 20fache des →Grundlohnes, mindestens 100 DM (§ 201 RVO); es kann gem. Satzung der Krankenkasse bis auf das 40fache erhöht werden (§ 204 RVO). St. beim Tod mitversicherter Familienangehöriger beträgt nur die Hälfte des satzungsmäßigen Mitglieder-St. (§ 205 RVO). – 2. *Gesetzliche Unfallversicherung:* St. wird gezahlt, wenn der Verletzte durch →Arbeitsunfall getötet oder infolge eines Unfalles oder einer →Berufskrankheit verstorben oder verschollen ist. Es beträgt $1/12$ des →Jahresarbeitsverdienstes des Versicherten, mindestens 400 DM (§ 589 RVO). Außerdem hat der Unfallversicherungsträger stets die Kosten für die Überführung des Verstorbenen an den Ort der Bestattung zu bezahlen, bei ausländischen Gastarbeitern auch in den Heimatort. – 3. *Kriegsopferversorgung:* St. als Leistung an die Angehörigen eines verstorbenen Beschädigten (neben dem →Bestattungsgeld) in Höhe des dreifachen der ihm für den Sterbemonat zustehenden Versorgungsbezüge, →Pflegezulage höchstens nach Stufe II. St. wird neben den →Hinterbliebenenrenten gewährt (§ 37 BVG).

II. Steuerrecht: 1. *Lohnsteuerrecht:* a) *Begriff:* An Angehörige von verstorbenen Arbeitnehmern gezahlte Gelder oder Weiterzahlung von Gehalt oder Lohn im Sterbemonat. – b) *Steuerliche Behandlung:* Diese Bezüge gelten als →Arbeitslohn der Empfänger und sind entsprechend deren →Lohnsteuerkarte steuerpflichtig. Für Empfänger ohne St. empfiehlt es sich, ggf. eigene Lohnsteuerkarten zu beantragen, weil damit die Durchführung eines →Lohnsteuer-Jahresausgleichs möglich wird. Werden die Bezüge eines Gnadenvierteljahrs in einer Summe ausgezahlt, beträgt der →Lohnzahlungszeitraum auch ein Vierteljahr. – 2. *Einkommensteuerrecht:* St., das aufgrund früherer Beitragsleistungen von →Sterbekassen gezahlt wird, ist nicht steuerpflichtig.

Sterbegeldversicherung, Form der Kleinlebensversicherung (→Lebensversicherung II 7 e) insbes. für Personen, denen kein →Sterbegeld zusteht. Der Versicherungsbetrag wird beim Tod an die Hinterbliebenen ausgezahlt. Meist Monats- oder Wochenprämien und nur geringe →Versicherungssummen (i. a. bis ca. 3000 DM). Nur noch geringe Bedeutung.

Sterbehilfe, →Selbstmord.

Sterbekassen, Einrichtungen, die ihren Mitgliedern (mit oder ohne Rechtsanspruch) ein geringes Sterbegeld bieten, i. a. nur zur Deckung der Bestattungskosten. Arbeitsgebiet räumlich (z. B. auf Gemeinde oder Kreis) und/ oder personell (auf Angehörige bestimmter Berufsgruppen oder eines Betriebes) eng begrenzt. Beiträge werden meist durch Umlage (→Umlageverfahren 3) aufgebracht.

Sterbetafel. I. Bevölkerungsstatistik: 1. *Begriff:* Beschreibung der Verminderung einer Generation von z. B. 100 000 Männern und Frauen durch Tod. Entsprechend den Sterblichkeitsverhältnissen der letzten Jahre Angabe der Zahl der Überlebenden.

Sterbetafel 1982/1984
(Bundesrep. D.)

Alter (in Jahren)	Personen	
	männliche	weibliche
20	97 863	98 519
40	95 097	97 814
60	81 931	90 507
80	29 992	52 761
90	5 073	13 893

Zum Vergleich: 1901–10 wurden von 100 000 neugeborenen Jungen nur 70 647 20 und 43 807 60 Jahre alt, von den Mädchen 73 564 20 und 50 780 60 Jahre alt. – Eine wichtige aus St.berechnungen hervorgehende Maßzahl ist die →*Lebenserwartung.* Für neugeborene Jungen hat sie sich von 1901/10 bis 1982/84 von 44,82 auf 70,84 Jahre, für Mädchen von 48,33 auf 77,47 Jahre erhöht. Der Unterschied der Lebenserwartung der Männer und Frauen hat sich zugunsten der Frauen verschoben. – Grundlage der St. sind *altersspezifische Sterbewahrscheinlichkeiten:* Wahrscheinlichkeiten, mit denen Personen im Alter x bis zum Alter x + 1, gelegentlich auch im Alter x bis x + 5 sterben. – 2. *Arten:* a) Perioden-St., deren Sterbewahrscheinlichkeiten für ein bestimmtes Kalenderjahr und – zur Vermeidung von Zufallsergebnissen – für mehrere benachbarte Kalenderjahre gelten (Regelfall); b) St., die das Sterblichkeitsrisiko bestimmter Geburtsjahrgänge im zeitlichen Längsschnitt nachzeichnen. – Gelegentlich wurde bzw. wird nach Familienstand, Nationalität, regionalen Gesichtspunkten und Todesursachen differenziert. – 3. *Bedeutung:* St.berechnungen sind für die Versicherungswirtschaft (vgl. II), die soziale Rentenversicherung, die Sozialmedizin und für →Bevölkerungsvorausrechnungen (vgl. auch →Bevölkerungsmodelle) wichtig. – 4. *Entwicklung:* Erste St.berechnungen wurden im 17. Jh. durchgeführt (Halley und Graunt). In Deutschland haben sich im 18. Jh. Süßmilch, um 1900 Zeuner, Raths und Becker um St.berechnungen verdient gemacht. In ununterbrochener Folge liegen für Deutschland Ergebnisse seit 1871/80 vor.

II. Versicherungswesen: Modell in der →Personenversicherung zur Beschreibung des Abbaus einer (geschlossenen) Personengesamtheit aufgrund eingetretener Todesfälle, z. B. in der →Lebensversicherung Anzahl von 100 000 Neugeborenen, die ein jedes ganzzahlige Alter zwischen ein und hundert Jahren erleben. Gelegentliche Anpassung der St. aufgrund der allmählich sinkenden Sterblichkeit, z. B. in der Lebensversicherung 1987 mit der Einführung der St. 1986. Aus der St. sind die für die Kalkulation bedeutsamen →Sterbewahrscheinlichkeiten ableitbar.

Sterbetafelbevölkerung, die der →Bevölkerungsvorausrechnung zugrunde liegende Vorstellung einer den Verhältnissen der zuletzt aufgestellten →Sterbetafel entsprechenden stationären Bevölkerung (→Bevölkerungsmodelle). Derartige Bevölkerungsmodelle dienen der Vorausschätzung demographischer Größen für Zwecke der Sozialpolitik und Lebensversicherung.

Sterbevierteljahr, umgangssprachliche Bezeichnung für die in der gesetzlichen Rentenversicherung in den ersten drei Monaten nach dem Tod des Versicherten zu zahlende Witwen- (oder Witwer-) Rente. Während des St. erhält die Witwe (oder der Witwer) Rente in Höhe der Rente des Versicherten ohne Kinderzuschuß. Dies gilt auch, wenn die/der Verstorbene bereits Rentner(in) war (§ 1269 V RVO, § 45 AVG).

Sterbewahrscheinlichkeit, →Sterbetafel, →Absterbeordnung.

Sterbeziffer, →Mortalitätsmaße 1 und 2.

Sterblichkeit, →Mortalität, →Mortalitätsmaße.

Stern-Netzwerk, →Netzwerktopologic 2 a).

stetiges Merkmal, in der Statistik Bezeichnung für ein →Merkmal, bei dem mehr als abzählbar unendlich viele mögliche Ausprägungen vorkommen können oder zumindest denkbar sind. – *Beispiele:* Länge, Gewicht, Zeitdauer. – Wegen der in der Praxis immer beschränkten Meßgenauigkeit bleibt ein st. M. *theoretische Modellvorstellung. – Gegensatz:* →diskretes Merkmal.

Stetigkeit der Präferenzordnung. Für jeden gegebenen Konsumplan aus der →Konsummenge eines Konsumenten sind die Mengen der Güter, die der Konsument nicht schlechter beurteilt oder nicht besser beurteilt, abgeschlossen (d. h. sie enthalten ihren Rand). S. ist eine notwendige mathematische Bedingung dafür, daß die →Präferenzordnung eines Konsumenten durch eine stetige →Nutzenfunktion repräsentiert werden kann.

Stetigkeitskorrektur, in der Statistik bei der →Approximation einer diskreten durch eine stetige →Verteilung die geeignete Korrektur der Bereichsgrenzen bei der Ermittlung von →Wahrscheinlichkeiten um 0,5 Einheiten zur Verbesserung der Approximation. Z. B. wird, falls die Voraussetzungen vorliegen, der Wert der →Verteilungsfunktion der →Binomialverteilung bei der (ganzzahligen) →Ausprägung x durch den Wert der entsprechenden →Normalverteilung an der Stelle x + 0,5 angenähert.

Steuer, →Steuern.

Steuerabgrenzung, →Abgrenzungsposten für aktive latente Steuern.

Steuerabwehr. 1. *Begriff:* Sammelbegriff für alle Formen der sich an verschiedenen Stellen des Wirtschaftskreislaufs abspielenden Bemühungen von Steuerpflichtigen, einer ihnen auferlegten Steuer wirksam zu begegnen. – 2. *Formen:* a) *Rechtswidrige Formen:* →Steuerhinterziehung, →Steuerumgehung. – b) *Rechtlich zulässige Formen:* →Steuerausweichung (Steuervermeidung), →Steuereinholung, →Steuerüberwälzung.

Steuerabzug, besondere Erhebungsform der →Abzugsteuern (vgl. auch dort). Der St. ist die steuertechnische Durchsetzung des Quellenprinzips.

Steueramnestie, →Selbstanzeige.

Steueränderungsgesetz, amtliche Bezeichnung für das Gesetz, das im Abstand von einem oder mehreren Jahren die wesentlichen Änderungen der steuerlichen Bestimmungen enthält. – Vgl. auch →Steuersenkungsgesetz 1986/1988.

Steueranpassungsgesetz, →Abgabenordnung.

Steueranspannung, Intensität, mit der die öffentlichen Aufgabenträger die ihnen zugewiesenen Steuerquellen ausschöpfen. Abhängig von: (1) Höhe des →Steuertarifs; (2) Höhe des Steuerhebesatzes (bei manchen Steuerarten, z. B. Gewerbe- und Grundsteuer); (3) Abgrenzung der →Steuerbemessungsgrundlage; (4) Art und Ausmaß gewährter Steuerermäßigungen und Steuerbefreiungen; (5) Intensität der Steuerkontrollen und Sanktionierung von Steuervergehen und -verstößen. – Bei der Ausgestaltung des →Finanzausgleichs sind Finanzkraftunterschiede aufgrund unterschiedlicher St. zu eliminieren, z. B. indem die bei einer einheitlichen St. anfallenden fiktiven Einnahmen errechnet werden.

Steueranstoß, Steueränderung, die Verhaltensänderungen bei den Besteuerten auslöst. – Vgl. auch →Steuerwirkungen, →Signalwirkungen.

Steuerarrest, →Arrest II.

Steuerarten, die einzelnen →Steuern, die insgesamt das →Steuersystem bilden. – In der

Bundesrep. D. gibt es ca. fünfzig verschiedene Steuern, insbes. →Einkommensteuer, →Körperschaftsteuer, →Gewerbesteuer, →Vermögensteuer, →Erbschaft- und Schenkungsteuer, →Grunderwerbsteuer, →Kapitalverkehrsteuer, →Kraftfahrzeugsteuer, →Kirchensteuer, →Versicherungsteuer, →Rennwett- und Lotteriesteuer, →Wechselsteuer, →Feuerschutzsteuer, →Umsatzsteuer, →Verbrauchsteuern, →Grundsteuer, →Schankerlaubnissteuer, →Getränkesteuer, →Vergnügungsteuer und →Hundesteuer. – Vgl. auch →Steuerartendependenzen, →Steuerarteninterdependenzen.

Steuerartendependenzen, einseitige Beeinflussungen bestimmter →Steuerarten durch andere, z. B. Abzugsfähigkeit der Gewerbekapitalsteuer von der Bemessungsgrundlage der Gewerbeertragsteuer, der Gewerbeertragsteuer von der Bemessungsgrundlage der Einkommen- bzw. Körperschaftsteuer. – *Gegensatz:* →Steuerarteninterdependenzen.

Steuerarteninterdependenzen, gegenseitige Abhängigkeiten und Beeinflussungen der →Steuerarten untereinander, z. B. Einkommen- und Kirchensteuer (die Kirchensteuer ist abhängig von der Einkommensteuer, da sie je nach Land ca. 8–9% der Einkommensteuer beträgt; die Einkommensteuer wird durch die Kirchensteuer beeinflußt, da die gezahlte Kirchensteuer als Sonderausgabe den Gesamtbetrag der Einkünfte mindert). – *Gegensatz:* →Steuerartendependenzen.

Steueraufkommen. 1. *Begriff:* Summe der Einnahmen der öffentlichen Hand aus den einzelnen →Steuern in einer bestimmten Periode (Rechnungsjahr, Kalenderjahr o. ä.). St. in der Bundesrep. D.: – Vgl. unter den einzelnen Steuerarten. – 2. *Verteilung des St.:* Vgl. →Steuerertragshoheit. – Vgl. auch →Finanzausgleich.

Steueraufsicht, zollamtliche Überwachung a) des Warenverkehrs über die Grenze und in den Zollfreigebieten; b) der Gewinnung und Herstellung verbrauchsteuerpflichtiger Waren; c) der Weiterverwendung von Waren in einem Zoll- oder verbrauchsteuerverfahren; d) der Herstellung und Ausfuhr von Waren, für die ein Erlaß, eine Erstattung von Zoll oder Verbrauchsteuer beansprucht wird (§ 209 AO). Durchführung der St. grundsätzlich durch →Nachschau, besondere Aufsichtsmaßnahmen sind möglich (§ 213 AO).

Steuerausgleichskonto, Konto, auf dem Bewertungsunterschiede zwischen →Handelsbilanz und →Steuerbilanz (Mehr- oder Wenigergewinne) gesammelt werden und das in die Passivseite der Steuerbilanz eingestellt wird, solange die steuerlichen Gewinne die Gewinne der Handelsbilanz übersteigen. Das St. hat Rücklagencharakter (zusätzliches Eigenkapital in der Steuerbilanz) und gleicht sich

spätestens bei Auflösung der Unternehmung aus, da es sich bei den Unterschieden zwischen Handels- und Steuerbilanz nur um Gewinnverlagerungen handelt. – Vgl. auch →Mehr- und Wenigerrechnung.

Steueraushöhlung. 1. *Begriff:* Durch →Ertragsteuern wird der für die Einkommenbesteuerung zur Verfügung stehende Wertestrom „ausgehöhlt“, da das Steuersystem häufig aus solchen Steuern besteht, die in Ertrags- und Einkommensentstehungssphäre desselben Wertestromes im Wirtschaftskreislauf ansetzen. – Im deutschen Steuersystem bewirken dies Gewerbe-, Grund-, Körperschaftsteuer und u. U. Vermögensteuer. – 2. *Probleme durch St.:* a) Die *Ertragshoheit* der →Gebietskörperschaften wird in unterschiedlicher Weise berührt und verändert: Grund- und Gewerbesteuer stehen den Gemeinden zu, Vermögensteuer den Ländern, Körperschaftsteuer Bund und Ländern gemeinsam, gemgegenüber werden von der St. nur Bund und Länder betroffen; die Einkommensteuer steht Bund und Ländern gemeinsam zu, wobei die Körperschaftsteuer einen Teil der St. ausgleicht. – b) Die Möglichkeiten der *steuerlichen Lastverteilung* nach der Leistungsfähigkeit werden eingeschränkt: Je mehr Ertragsteuern in einem Steuersystem bestehen, desto „unpersönlicher“ wird die Steuerlast verteilt, desto geringere Möglichkeiten verbleiben der Einkommensteuer, da allein sie die Merkmale der individuellen steuerlichen Leistungsfähigkeit berücksichtigen kann. – Vgl. auch →Gemeinschaftsteuern, →Leistungsfähigkeitsprinzip, →Ertragsbesteuerung, →Einkommensbesteuerung, →Finanzhoheit, →Steuerhoheit.

Steuerausschuß, für den jeweiligen Bezirk eines Finanzamtes (FA) gebildetes Organ; seit 1967 nicht mehr existierend. – 1. *Besetzung:* Vorsitzender (Vorsteher des FA); ein gewählter Gemeindevertreter für jede Gemeinde des Finanzamtsbezirks; mindestens zwei, höchstens vier andere gewählte Mitglieder als Vertreter der Steuerpflichtigen (Handwerker, Kaufleute usw.). – 2. *Aufgaben:* Beratung bei der gesonderten und einheitlichen →Gewinnfeststellung, bei der Festsetzung der Steuern vom Einkommen und der Vermögensteuer, soweit es sich um Fragen der Schätzung handelte, sowie der Umsatzsteuer. Das FA mußte den St. in Angelegenheiten der allgemeiner Bedeutung hören. – 3. *Verweigerte* St. die Erledigung der Geschäfte, so entschied das FA über die Einsprüche.

Steueraussetzung, Sammelbezeichnung für Aussetzung der →Steuerfestsetzung der Vollziehung und der Vollstreckung.

Steuerausweichung, *Steuervermeidung, Steuerevasion,* rechtlich zulässige Form der →Steuerabwehr. – 1. *Unternehmer* passen ihr

Erzeugnis der Steuerbemessungsgrundlage an (Beispiel: Hubraum bei der Herstellung von Kraftfahrzeugen), ändern die Unternehmensform (gegen Körperschaft- bzw. Einkommensteuer) oder den Standort (bei gebietlich grob unterschiedlicher Gewerbesteuer), unterlassen mögliche Mehrleistung oder treiben betriebswirtschaftlich nicht gerechtfertigte Aufwendungen, etwa bei der Werbung (gegen übersteigerte Spitzensätze der Einkommensteuer). – 2. *Haushalte* vermeiden Steuern u. a. durch Konsumeinschränkung oder -verlagerung bei exzessiver →Verbrauchsbesteuerung (z. B. von Kaffee, Tee, Tabakwaren, Benzin). – 3. *Erwerbstätige mit höherem Einkommen* unterlassen Mehrarbeit, Ehepaare vermeiden Doppelverdienst bei progressiver Einkommenbesteuerung, Kirchenaustritt zur Vermeidung der Kirchensteuer. – *Anders:* →Steuerumgehung.

Steuerbarkeit, →Disponierbarkeit.

steuerbefreite Wirtschaftsgüter, Begriff des BewG: Wirtschaftsgüter, die nach den Vorschriften des Vermögensteuergesetzes oder anderer Gesetze von der →Vermögensteuer befreit sind, z. B. die steuerfreie Reichsbahnanleihe 1931, die steuerfreie Wohnungsbauanleihe der Kreditanstalt für Wiederaufbau, Berliner Schuldverschreibungen 1949, Schachtelbeteiligungen (→Schachtelprivileg II 2; § 102 BewG), Wirtschaftsgüter, die nach einem →Doppelbesteuerungsabkommen von der Vermögensteuer befreit sind (§ 2 AO). – St. W. gehören weder zum →Gesamtvermögen noch zum →Betriebsvermögen (§§ 101, 114 BewG).

Steuerbefreiungen, Ausnahmen von der bestehenden →Steuerpflicht. Bestimmte Tatbestände werden aufgrund persönlicher (*subjektive St., persönliche St.*) oder sachlicher (*objektive St., sachliche St.*) Voraussetzungen von der Besteuerung ausgenommen. Da die St. auf jeweils normierten Tatbeständen basieren, gibt es keine einheitliche Regelung; vgl. bei den einzelnen Steuerarten.

steuerbegünstigter Wohnungsbau, →Wohnungsbau IV.

steuerbegünstigtes Sparen. I. Begriff: Freiwilliges Sparen, für das Steuervergünstigungen gewährt werden, z. B. Abzug im Rahmen der Höchstbeträge als →Sonderausgaben (§ 10 EStG) oder Beanspruchung der steuerfreien Prämien nach dem Wohnungsbau- oder Sparprämiengesetz.

II. Sparprämie: 1. *Rechtsgrundlagen:* Spar-Prämiengesetz i.d.F. vom 10.2.1982 (BGBl I 125). Verordnung zur Durchführung des Spar-Prämiengesetzes i.d.F. vom 30.11.1982 (BGBl I 1589). – 2. *Prämienbegünstigte Sparbeiträge* sind: a) Beiträge aufgrund von allgemeinen Sparverträgen, die bei Kreditinstituten abgeschlossen worden sind; b) Beiträge aufgrund von Sparverträgen mit

laufenden und in der Höhe gleichbleibenden Sparraten (Sparverträge mit festgelegten Sparraten); c) Sparverträge über vermögenswirksame Leistungen (→Vermögensbildung der Arbeitnehmer); d) Aufwendungen für den Erwerb von →Aktien und →Schuldverschreibungen inländischer Aussteller u. a. m. Alle Verträge müssen vor dem 13.11.1980 abgeschlossen worden sein. – 3. *Voraussetzungen der Prämiengewährung:* a) Die Sparbeiträge müssen grundsätzlich für sechs Jahre festgelegt werden. b) Sie dürfen weder unmittelbar noch mittelbar in wirtschaftlichem Zusammenhang mit einer Kreditaufnahme stehen. c) Die Sparbeiträge dürfen nicht nach dem Wohnungsbauprämiengesetz begünstigt sein. d) Die Sparbeiträge dürfen keine vermögenswirksamen Leistungen darstellen, für die eine Arbeitnehmersparzulage gewährt wird. e) Ferner darf das →zu versteuernde Einkommen bestimmte Grenzen nicht überschreiten (für Alleinstehende 24000 DM, für Ehegatten 48000 D; für jedes dem Steuerpflichtigen zuzurechnende Kind Erhöhung um 1800 DM). – 4. Die *Prämie* beträgt 14% der im Jahr geleisteten Sparbeiträge; sie erhöht sich für jedes Kind des Sparers oder seines Ehegatten, das zu Beginn des Sparjahres das 17. Lebensjahr noch nicht vollendet hat im Sparjahr geboren worden ist, um 2%. – 5. *Höchstgrenze:* Sparleistungen sind bis zu 800 DM im Kalenderjahr bei Ehegatten, zusammen bis zu 1600 DM im Kalenderjahr begünstigt. Die genannten Höchstbeträge stehen den Prämiensparern und ihren Kindern gemeinsam zu (Höchstbetragsgemeinschaft); für getrennt lebende Ehegatten gelten Sonderregelungen. – 6. *Prämiengewährung:* Den Antrag auf Gewährung der Prämie hat der Sparer bis zum 30.9. des auf die Zahlung der Sparbeiträge folgenden Jahres an das Kreditinstitut zu richten. Die Prämie wird von dem Kreditinstitut gutgeschrieben darf nicht vor Ende der Festlegungsfrist ausgezahlt werden und ist zu verzinsen.

III. Wohnungsbau-Prämie: Vgl. →Wohnungsbau-Prämiengesetz.

steuerbegünstigte Zwecke, Anknüpfungspunkte für die Gewährung bestimmter →Steuervergünstigungen. – 1. *Arten:* Gemeinnützige, mildtätige und kirchliche Zwecke (§§ 51–54 AO). – 2. *Voraussetzungen:* Gewährung nur, wenn die St. durch eine Körperschaft, Personenvereinigung oder Vermögensmasse i.S. des KStG ausschließlich und unmittelbar verfolgt werden. – 3. *Steuerbefreiungen* wegen der ausschließlichen und unmittelbaren Verfolgung st. Z. sind u. a. vorgesehen a) bei der →Körperschaftsteuer (§ 5 I Nr. 9 KStG), b) bei der →Vermögensteuer (§ 3 I Nr. 12 VStG), c) bei der →Gewerbesteuer (§ 3 I Nr. 6 GewStG), d) bei der →Grundsteuer (§ 3 I Nr. 3 GrStG), e) bei der →Umsatzsteuer (§ 4 Nr. 18 UStG) und f) bei der →Gesellschaftsteuer (§ 7 I Nr. 1 KVStG). – *Anders:* →Steuervergünstigungen.

Steuerbehörden, →Finanzverwaltung.

Steuerbelastungsgefühl, subjektives Maß der Steuerlast, das sich aus den objektiven Einkommenseinbußen und aus dem subjektiv empfundenen Nutzeneinbußen zusammensetzt. – Beeinflussungsfaktor des →Steuerwiderstands. – Vgl. auch →Steuerillusion.

Steuerbemessungsgrundlage, technisch-physische oder wirtschaftlich-monetäre Größe, auf die der Steuertarif angewandt wird (→Besteuerungsgrundlage). Bei Anknüpfung an technisch-physische Größen (z. B. kg, Kopf, Stück, Liter) ergeben sich kaum Schwierigkeiten bei der Erfassung und Abgrenzung der Bemessungsgrundlage (→Mengensteuer); bei wirtschaftlich-monetären Größen (mit Preisen bewertet) tritt das Problem der Inflationsabhängigkeit (Nominal- oder Realwertbesteuerung) auf (→Wertsteuer), dem mit einer Deflationierung und Indexierung begegnet werden kann. Je umfassender die Größen werden (von einem Güterpreis zu Umsätzen zu Einkommens- und Vermögensgrößen), desto differenzierter wird die Erfassung: Einer vollständigen Erfassung des Einkommens muß eine eindeutige Abgrenzung des Begriffs zugrunde liegen, dieser ist jedoch umstritten (vgl. →Einkommen II); Ermittlung, entsprechende Periodisierung und Bewertung (insbes. bei Vermögenswerten von Bedeutung) des Einkommens führen zu Schwierigkeiten bei der Beschreibung der St.

Steuerberater. I. Berufsinhalt: St. leisten nach dem →Steuerberatungsgesetz geschäftsmäßige Hilfe in Steuersachen. Sie haben die Aufgabe, im Rahmen ihres Auftrags ihre Auftraggeber in Steuersachen zu beraten, sie zu vertreten und ihnen bei der Bearbeitung ihrer Steuerangelegenheiten und bei der Erfüllung ihrer steuerlichen Pflichten Hilfe zu leisten. Dazu gehören auch die Hilfeleistung in Steuerstrafsachen und in Bußgeldsachen wegen einer →Steuerordnungswidrigkeit sowie die Hilfeleistung bei der Erfüllung von Buchführungspflichten, die aufgrund von Steuergesetzen bestehen, insbes. die Aufstellung von →Steuerbilanzen und deren Beurteilung. Die Tätigkeit ist →freier Beruf, kein Gewerbe (§ 33 StBerG). Sie wird häufig im Rahmen von →Steuerberatungsgesellschaften ausgeübt.

II. Berufsvoraussetzungen: 1. *Prüfung:* a) Als St. kann nur *bestellt* werden, wer die Prüfung als St. bestanden hat oder von dieser Prüfung befreit worden ist (§ 35 I StBerG). – b) *Fachliche Voraussetzung* für die Zulassung zur Prüfung: (1) erfolgreicher Abschluß eines rechtswissenschaftlichen oder wirtschaftswissenschaftlichen oder eines ande-

ren wissenschaftlichen Hochschulstudiums mit wirtschaftswissenschaftlicher Fachrichtung und eine sich daran anschließende hauptberufliche praktische Tätigkeit von 3 Jahren auf dem Gebiet des Steuerwesens; oder (2) der erfolgreiche Besuch einer Realschule (oder entsprechende Schulbildung), die Ablegung der Gehilfenprüfung nach einer ordnungsgemäßen Lehrzeit in steuerberatenden, wirtschaftsberatenden oder kaufmännischen Beruf oder als anderer als gleichwertig anerkannter Vorbildung und zehn Jahre hauptberuflich auf dem Gebiet des Steuerwesens praktischer Tätigkeit, davon mindestens fünf Jahre als Mitarbeiter bei einem St. oder einer Steuerberatungsgesellschaft oder als Angestellter von Rechtsanwälten, Wirtschaftsprüfern, vereidigten Buchprüfern, Wirtschaftsprüfungsgesellschaften, Buchprüfungsgesellschaften oder als Leiter von Buchstellen oder als Angestellter von genossenschaftlichen Prüfungsverbänden oder Treuhandstellen bzw. überörtlichen Prüfungseinrichtungen für Körperschaften des öffentlichen Rechts oder als Leiter von Beratungsstellen der Lohnsteuerhilfevereine. Die fachlichen Voraussetzungen *entfallen* bei ehemaligen Beamten und Angestellten des gehobenen Dienstes der Finanzverwaltung, wenn sie mindestens sieben Jahre auf dem Gebiet des Steuerwesens als Sachbearbeiter oder in gleichwertiger Stellung tätig waren (§ 36 StBerG). – c) *Weitere Voraussetzungen* für die Zulassung zur Prüfung sind, daß der Bewerber (1) seinen →Wohnsitz im Geltungsbereich des StBerG hat, (2) in geordneten wirtschaftlichen Verhältnissen lebt und (3) nicht Beamter oder Angestellter der Finanzverwaltung ist (§ 37 StBerG). – d) Wegen *Fehlens der persönlichen Eignung* ist die Zulassung zur Prüfung zu versagen, wenn der Bewerber (1) infolge strafgerichtlicher Verurteilung der Fähigkeit zur Bekleidung öffentlicher Ämter nicht besitzt, oder (2) infolge eines körperlichen Gebrechens oder wegen Schwäche seiner geistigen Kräfte dauernd unfähig ist, den Beruf des St. ordnungsgemäß auszuüben. Die Zulassung kann versagt werden, wenn aufgrund des Verhaltens des Bewerbers die Besorgnis begründet ist, er werde den Berufspflichten als St. nicht genügen oder wenn er nicht Deutscher ist (§ 37 III StBerG). – e) *Befreiung von der Prüfung* für (1) Professoren, die an einer deutschen wissenschaftlichen Hochschule oder Fachhochschule mindestens fünf Jahre auf dem Gebiet des Steuerwesens gelehrt haben, (2) ehemalige Finanzrichter mit mindestens zehnjähriger Tätigkeit im Steuerwesen, (3) ehemalige Beamte und Angestellte des höheren oder gehobenen Dienstes mit mindestens zehn- bzw. fünfzehnjähriger Tätigkeit auf dem Gebiet des Steuerwesens (§ 38 StBerG). – f) Die *Prüfung* erfolgt schriftlich und mündlich. Sie verlangt gründliche Kenntnis des →Steuerrechts, der →Betriebswirtschaftslehre und des Berufsrechts, die Kenntnis von Grundzügen der →Finanzwissenschaft, der →Volkswirtschaftslehre, des →Bürgerlichen Rechts und des →Handelsrechts.

2. *Bestellung* (§§ 40–48 StBerG): a) Die Bestellung *erfolgt* durch Aushändigung einer Urkunde durch den Landesfinanzminister bzw. den Finanzsenator. – b) Vor der Aushändigung hat der St. die *Versicherung* abzugeben, daß er seine Pflichten als St. gewissenhaft erfüllen werde. – c) Die Bestellung *erlischt* durch Tod, Verzicht oder rechtskräftige Ausschließung aus dem Beruf (§ 45 StBerG). Sie kann unter bestimmten Voraussetzungen zurückgenommen oder widerrufen werden (§ 46 StBerG).

III. B e r u f s r e c h t e / - p f l i c h t e n : 1. St. haben ihre *Berufsbezeichnung* im beruflichen Verkehr zu führen. Die Führung weiterer Berufsbezeichnungen ist nur zulässig, wenn sie amtlich verliehen worden sind. Zusätze, die auf einen akademischen Grad oder eine staatlich verliehene Graduierung hinweisen, sind erlaubt (§ 43 StBerG). – 2. St. haben ihren Beruf unabhängig, eigenverantwortlich, gewissenhaft und unter Verzicht auf berufswidrige Werbung *auszuüben*. Sie haben sich jeder Tätigkeit zu enthalten, die mit ihrem Beruf oder dem Ansehen ihres Berufs nicht vereinbar ist. Unvereinbar ist insbes. eine gewerbliche Tätigkeit oder eine Tätigkeit als Arbeitnehmer (§ 57 StBerG). Ein St. darf jedoch als Angestellter von anderen Personen oder Personenvereinigungen, die zur Hilfeleistung in Steuersachen befugt sind, tätig werden (§ 58 StBerG). Eine Berufsausübung ist nicht möglich, wenn ein St. ein öffentlich-rechtliches Dienstverhältnis als Wahlbeamter auf Zeit oder ein öffentlich-rechtliches Amtsverhältnis nicht ehrenamtlich übernommen hat (§ 59 StBerG). Eigenverantwortlich ist nur eine selbständige Tätigkeit als zeichnungsberechtigter Vertreter eines St., Steuerbevollmächtigten, einer Steuerberatungsgesellschaft sowie als Angestellter im Sinn des § 58 StBerG, wenn damit das Recht der →Zeichnung verbunden ist. – 3. St. haben ihre *Gehilfen* zur Verschwiegenheit zu verpflichten (§ 62 StBerG). – 4. Sie haben die *Ablehnung* eines Auftrags unverzüglich zu erklären (§ 63 StBerG). – 5. Die *Vergütung* richtet sich nach der vom Bundesminister der Finanzen erlassenen →Steuerberatergebührenverordnung. Die Höhe der Gebühren darf den Rahmen des Angemessenen nicht übersteigen und hat sich nach Zeitaufwand, Wert des Objekts und Aufgabe zu richten (§ 64 StBerG). – 6. St. haben die *Prozeßvertretung* zu übernehmen, wenn sie einer Partei zur vorläufig unentgeltlichen Wahrnehmung der Rechte aufgrund des § 142 FGO beigeordnet sind (§ 65 StBerG). – 7. Der St. muß die Handakten sieben Jahre nach Beendigung des Auftrags *aufbewahren* (§ 66 StBerG). – 8. Er hat sich gegen die aus der

Berufstätigkeit ergebenden Haftpflichtgefahren zu *versichern* (§ 67 StBerG).

IV. B e r u f s o r g a n i s a t i o n : Vgl. →Steuerberaterkammer, →Bundessteuerberaterkammer.

V. B e r u f s g e r i c h t s b a r k e i t : St. unterliegen neben der allgemeinen Gerichtsbarkeit einer besonderen Berufsgerichtsbarkeit. *Ahndung* (§§ 89–94 StBerG): Gegen denjenigen, der seine Pflichten schuldhaft verletzt, wird eine berufsgerichtliche Maßnahme verhängt. Als berufsgerichtliche Maßnahmen sind vorgesehen: Warnung, Verweis, Geldbuße bis zu 20 000 DM, Ausschließung aus dem Beruf. Die Verfolgung einer Pflichtverletzung, die nicht die Ausschließung aus dem Beruf rechtfertigt, verjährt in fünf Jahren. – 2. *Zuständig* für die Ahndung sind die ordentlichen Gerichte (§§ 95–104 StBerG). – 3. Für das berufsgerichtliche *Verfahren* gelten besondere Verfahrensvorschriften (§§ 105–145 StBerG). Gegen den St. kann u.a. durch Beschluß ein Berufs- oder Vertretungsverbot verhängt werden, wenn dringende Gründe für die Annahme vorhanden sind, daß ein Ausschließung aus dem Beruf erkannt werden wird (§ 134 StBerG). Nach Verkündigung eines solchen Beschlusses, darf der St. seinen Beruf nicht mehr ausüben (§ 139 StBerG), für ihn kann ein Vertreter bestellt werden (§ 145 StBerG). – 4. *Kosten* des Verfahrens, Vollstreckung und Tilgung der berufsrechtlichen Maßnahmen: §§ 146–152 StBerG.

VI. O r d n u n g s w i d r i g k e i t e n : Vgl. →Steuerberatungsgesetz III.

Steuerberatergebührenordnung, Gebührenordnung für die Leistungen von →Steuerberatern und →Steuerbevollmächtigten vom 17.12.1981 (BGBl I 1442). Für den überwiegenden Teil der beruflichen Tätigkeiten sieht die St. eine *Wertgebühr* vor; sie ergibt sich durch Anwendung nach oben und unten begrenzten Prozentsatzes (Gebührenrahmen) auf den Gegenstandswert, die tätigkeitsspezifischen Bemessungsgrundlagen. Die Anwendung der *Zeitgebühr* ist auf wenige Tätigkeiten beschränkt. – Eine *Abweichung* von St. bedarf der vorherigen schriftlichen Vereinbarung mit dem Mandanten.

Steuerberaterkammer. 1. *Begriff:* Berufskammer der →Steuerberater und →Steuerbevollmächtigten. Eine Körperschaft des öffentlichen Rechts, gebildet von denjenigen, die in einem Oberfinanzbezirk ihre berufliche Niederlassung haben; Sitz am Ort der Oberfinanzdirektion (§ 73 StBerG). Mitglieder sind auch Steuerberater und -bevollmächtigte, die bestellt, aber noch keine berufliche Niederlassung begründet haben, oder Mitglieder des Vorstandes, Geschäftsführer oder vertretungsberechtigte persönlich haftende Gesellschafter von Steuerberatergesellschaften (§ 74

StBerG) sind. – 2. *Aufgaben:* a) Berufliche Belange der Steuerberater und -bevollmächtigten zu wahren und zu fördern; St. führen die Aufsicht über ihre berufliche Tätigkeit (§ 76 StBerG). b) Steuerberater und -bevollmächtigte haben in Aufsichts- und Beschwerdesachen vor der St. zu erscheinen, wenn sie zur Anhörung geladen werden. Auf Verlangen haben sie Auskunft zu geben und ihre Handakten vorzulegen, wenn sie dadurch ihre Verschwiegenheitspflicht nicht verletzen (§ 80 StBerG). c) Pflichtverletzungen können durch den Vorstand der St. gerügt werden, wenn die Schuld des Mitglieds gering ist und ein Antrag auf Einleitung eines berufsgerichtlichen Verfahrens nicht erforderlich erscheint (§ 81 StBerG). – 3. *Aufsicht:* Landesfinanzminister bzw. Finanzsenator führen die Aufsicht über die St., die ihren Sitz im jeweiligen Land haben (§ 88 StBerG). – Vgl. auch →Bundessteuerberaterkammer.

Steuerberatungsgesellschaft. I. B e r u f s -
i n h a l t : St. sind nach dem Steuerberatungsgesetz (StBerG) Gesellschaften, die gesetzmäßig Hilfe in Steuersachen leisten. Sie bedürfen der Anerkennung, die den Nachweis voraussetzt, daß die Gesellschaft von →Steuerberatern verantwortlich geführt wird (§ 50 StBerG). Auswärtige Geschäftsstellen können unterhalten werden, wenn dadurch die Erfüllung der Berufspflichten nicht beeinträchtigt wird und Leiter der auswärtigen Geschäftsstelle ein Steuerberater ist (§ 34 StBerG).

II. O r g a n i s a t i o n : 1. *Rechtsform:* Als St. können Aktiengesellschaften, Kommanditgesellschaften auf Aktien, Gesellschaften mit beschränkter Haftung, Offene Handelsgesellschaften und Kommanditgesellschaften anerkannt werden (§ 49 StBerG). – 2. *Voraussetzung für die Anerkennung:* a) Die Mitglieder des Vorstandes, die Geschäftsführer oder die persönlich haftenden Gesellschafter müssen Steuerberater sein; mindestens ein Mitglied des Vorstandes, ein Geschäftsführer oder ein persönlich haftender Gesellschafter muß seinen Wohnsitz am Sitz der Gesellschaft haben. Die oberste Landesbehörde kann genehmigen, daß Wirtschaftsprüfer, vereidigte Buchprüfer und Steuerbevollmächtigte sowie andere befähigte Kräfte neben Steuerberatern Vorstandsmitglieder, Geschäftsführer oder persönlich haftende Gesellschafter von bestehenden St. werden (§ 50 III StBerG). – b) Bei Aktiengesellschaften oder Kommanditgesellschaften auf Aktien müssen die Aktien auf Namen lauten; die Übertragung muß an die Zustimmung der Gesellschaft gebunden sein (→vinkulierte Aktien); dasselbe gilt für die Übertragung von Geschäftsanteilen bei einer Gesellschaft mit beschränkter Haftung (§ 50 V StBerG). – 3. Über die Anerkennung als St. stellt die oberste Landesbehörde eine *Urkunde* aus (§ 51 StBerG). – 4. *Bezeichnung:* Die Gesellschaft ist verpflichtet, die Bezeichnung

„Steuerberatungsgesellschaft" in die →Firma aufzunehmen (§ 53 StBerG). – 5. Die Anerkennung *erlischt* (§ 54 StBerG) durch Auflösung der Gesellschaft oder Verzicht auf die Anerkennung; außerdem kann die oberste Landesbehörde die Anerkennung zurücknehmen (§ 55 StBerG), wenn sich nach der Anerkennung ergibt, daß diese hätte versagt werden müssen. Sie hat die Anerkennung zu widerrufen, wenn die Voraussetzungen für die Anerkennung nachträglich fortfallen, es sei denn, daß die St. innerhalb einer von der obersten Landesbehörde zu bestimmenden Frist den gesetzmäßigen Zustand herbeiführt. – 6. Die St. haben ihre *Berufstätigkeit* unabhängig, eigenverantwortlich, gewissenhaft, verschwiegen und unter Verzicht auf berufswidrige Werbung auszuüben (→Steuerberater III). Auch für sie gelten die Steuerberatergebührenordnung und die Notwendigkeit der Berufshaftpflichtversicherung (§ 72 StBerG). – 7. Die St. und die Mitglieder des Vorstandes, Geschäftsführer und vertretungsberechtigte persönlich haftende Gesellschafter, die nicht Steuerberater sind, sind Mitglieder der *Berufskammer der Steuerberater* (→Steuerberater IV), wenn die St. ihren Sitz im Oberfinanzbezirk hat (§ 74 StBerG). Die Vorschriften der Berufsgerichtsbarkeit (→Steuerberater V) gelten auch für diese Vorstandsmitglieder, Geschäftsführer oder persönlich haftenden Gesellschafter. An die Stelle der Ausschließung aus dem Beruf tritt die Aberkennung der Eignung, eine St. zu vertreten und ihre Geschäfte zu führen (§ 94 StBerG). – 8. Die St. hat ihre Gehilfen, die nicht selbst Steuerberater oder Steuerbevollmächtigte sind, zur *Verschwiegenheit* zu verpflichten (§ 72 StBerG).

Steuerberatungsgesetz (StBerG), Gesetz vom 16. 8. 1961 (BGBl I 1301) i. d. F. vom 4. 11. 1975 (BGBl I 2735) mit späteren Änderungen, ergänzt durch VO zur Durchführung der Vorschriften über Steuerberater, Steuerbevollmächtigte und Steuerberatungsgesellschaften (DVStB) vom 12. 11. 1979 (BGBl I 1922). – *Inhalt:* Im ersten Teil Vorschriften über die Hilfeleistung in Steuersachen, im zweiten Teil die Steuerberaterordnung und im dritten Teil Vorschriften über die entsprechenden Vollstreckungsmaßnahmen und →Steuerordnungswidrigkeiten.

I. H i l f e l e i s t u n g i n S t e u e r s a c h e n (§§ 1–12 StBerG): 1. Hilfeleistung in Steuersachen erfolgt durch *Beratung der Auftraggeber in Steuersachen,* Unterstützung bei der Bearbeitung ihrer Steuerangelegenheiten und bei der Erfüllung ihrer steuerlichen Pflichten.; insbes. die Hilfeleistungen in Steuerstrafsachen, Bußgeldsachen, bei der Führung von Büchern und Aufzeichnungen sowie bei der Aufstellung von Abschlüssen, die für die Besteuerung von Bedeutung sind, bei der Einziehung von →Steuererstattungsansprüchen oder Steuervergütungsansprüchen (§ 1

StBerG). – 2. a) *Geschäftsmäßig* darf die Tätigkeit nur von dazu befugten Personen und Personenvereinigungen ausgeübt werden (§ 2 StBerG). Befugt sind →Steuerberater, →Steuerbevollmächtigte, →Steuerberatungsgesellschaften, →Rechtsanwälte, →Wirtschaftsprüfer, →Wirtschaftsprüfungsgesellschaften, →vereidigte Buchprüfer und →Buchprüfungsgesellschaften (§ 3 StBerG). – b) Mit *Einschränkungen* sind befugt insbes. Arbeitgeber, soweit sie für ihre Arbeitnehmer Hilfe in Lohnsteuersachen leisten, und →Lohnsteuerhilfevereine (vgl. dort), soweit sie für ihre Mitglieder Hilfe in Lohnsteuersachen leisten (§ 4 StBerG). – c) Anderen Personen ist die Hilfeleistung grundsätzlich untersagt (§ 5 StBerG); Ausnahmen gelten jedoch für die Erstattung wissenschaftlicher Gutachten, unentgeltliche Tätigkeit gegenüber Angehörigen und die Durchführung mechanischer Arbeitsgänge bei der Führung von Büchern und Aufzeichnungen (§ 6 StBerG). – 3. *Werbung* und *Erfolgshonorare* sind unzulässig (§§ 8, 9 StBerG).

II. Steuerberaterordnung: Sie enthält Vorschriften über die Prüfung, Bestellung, Rechte und Pflichten, Berufsorganisation und Berufsgerichtsbarkeit der Stuerberater und Steuerbevollmächtigten sowie über die Organisation der Steuerberatungsgesellschaften (§§ 32–158 StBerG).

III. Vollstreckung/Ordnungswidrigkeiten: 1. Ein Verwaltungsakt der auf Untersagung der Hilfeleistung in Steuersachen oder auf die Durchführung von Aufsichtsmaßnahmen bei Lohnsteuerhilfevereinen gerichtet ist, kann mit →*Zwangsgeld* durchgesetzt werden. – 2. Wegen einer →Steuerordnungwidrigkeit *kann bestraft werden,* wer a) unbefugt oder entgegen einer vollzichbaren Untersagung geschäftsmäßig Hilfe in Steuersachen leistet; b) unaufgefordert seine Dienste oder die Dienste Dritter zur geschäftsmäßigen Hilfeleistung in Steuersachen anbietet; c) unbefugt die Bezeichnungen „Steuerberatungsgesellschaft", „Lohnsteuerhilfeverein", „Landwirtschaftliche Buchstelle" oder zum Verwechseln ähnliche Bezeichnungen benutzt; d) einzelne Pflichten von Lohnsteuerhilfevereinen verletzt (§§ 160–164 StBerG).

Steuerberatungskosten, Aufwendungen für die Beratung in Steuerangelegenheiten. St. sind, soweit sie nicht →Betriebsausgaben oder →Werbungskosten sind, als →Sonderausgaben abzugsfähig (§ 10 I Nr. 6 EStG).

Steuerbescheid, der nach § 122 I AO bekanntgegebene →Verwaltungsakt, der eine →Steuerfestsetzung bewirkt, voll oder teilweise von einer Steuer freistellt (→Freistellungsbescheid) oder einen Antrag auf Steuerfestsetzung ablehnt (§ 155 I AO). – 1. *Form und Inhalt:* St. sind grundsätzlich schriftlich zu erteilen und müssen Art und Betrag der festgesetzten Steuersumme dem Steuerschuldner nennen und eine Rechtsbehelfsbelehrung enthalten (§ 157 I AO). – 2. *Aufhebung* und *Änderung,* solange die →Festsetzungsverjährung nicht eingetreten ist. Durch Aufhebung wird der St. ersatzlos zurückgenommen, durch Änderung in seinem Inhalt partiell verändert. Aufhebung oder Änderung ist während der →Festsetzungsverjährung möglich: a) bei →offenbarer Unrichtigkeit (§ 129 AO); b) bei einer Steuerfestsetzung unter Vorbehalt, solange der Vorbehalt wirksam ist (§ 164 AO); c) bei vorläufiger Steuerfestsetzung mit Beseitigung der Ungewißheit (§ 165 AO); d) bei →Zöllen und →Verbrauchsteuern ohne Einschränkungen; e) bei →Besitzsteuern und →Verkehrsteuern nur nach Maßgabe der §§ 172 ff. AO. Gesamtaufrollung ist nicht zulässig; für die Aufhebung oder Änderung ist die Rechtslage zum Zeitpunkt der ursprünglichen Steuerfestsetzung maßgebend, soweit die Änderung reicht, können dabei auch Rechtsfehler berichtigt werden. Die Korrekturvorschriften gelten u. a. auch für Steueranmeldungen, →Feststellungsbescheide, →Steuermeßbescheide. – 3. *Rechtsbehelf:* Gegen den St. ist der Einspruch gegeben.

Steuerbetragstarif, →Stufentarif 2.

Steuerbetriebslehre, →betriebswirtschaftliche Steuerlehre.

Steuerbevollmächtigter. I. Berufsinhalt: St. leisten nach dem Steuerberatungsgesetz (StBerG) geschäftsmäßig Hilfe in Steuersachen. Sie haben die Aufgabe, im Rahmen ihres Auftrags ihre Auftraggeber in Steuersachen zu beraten, sie zu vertreten und ihnen bei der Bearbeitung ihrer Steuerangelegenheiten und bei der Erfüllung ihrer steuerlichen Pflichten Hilfe zu leisten; auch Hilfeleistungen in Steuerstrafsachen und in Bußgeldsachen wegen einer →Steuerordnungswidrigkeit sowie Hilfeleistung bei der Erfüllung von Buchführungspflichten, die aufgrund von Steuergesetzen bestehen, insb. die Aufstellung von →Steuerbilanzen und deren Beurteilung. Die Tätigkeit ist →freier Beruf, kein Gewerbe (§ 33 StBerG).

II. Berufsvoraussetzungen: 1. *Prüfung:* a) Als St. kann nur *bestellt* werden, wer die *Prüfung* als St. bestanden hat oder von dieser Prüfung befreit worden ist (§ 156 I StBerG). – b) *Fachliche Voraussetzung* für die Zulassung zur Prüfung als St. ist, daß der Bewerber: (1) das Zeugnis der mittleren Reife besitzt oder nach zweijährigem Besuch einer staatlich anerkannten →Berufsfachschule oder einer gleichwertigen Anstalt eine Abschlußprüfung bestanden oder sich auch andere Weise entsprechende Kenntnisse erworben hat; (2) eine ordnungsmäßige Lehrzeit im steuerberatenden, wirtschaftsberatenden oder kaufmännischen Beruf mit Ablegung der Gehilfenprüfung abgeschlossen oder eine als geeignet anerkannte Verwaltungsakademie oder gleichwertige Lehranstalt vier Semester besucht hat; (3) außerdem nach Erfüllung dieser Voraussetzung vier Jahre auf dem Gebiet des Steuerwesens hauptberuflich tätig gewesen ist (§ 156 StBerG). – c) *Allgemeine Voraussetzung* für die Zulassung zur Prüfung ist ferner, daß der Bewerber (1) seinen Wohnsitz im Geltungsbereich des StBerG hat, (2) in geordneten wirtschaftlichen Verhältnissen lebt und (3) nicht Beamter oder Angestellter der Finanzverwaltung ist (§§ 37, 156 IV StBerG). – d) Wegen *Fehlens der persönlichen Eignung* ist die Zulassung zur Prüfung zu versagen, wenn der Bewerber (1) infolge strafgerichtlicher Verurteilung die Fähigkeit zur Bekleidung öffentlicher Ämter nicht besitzt oder (2) infolge eines körperlichen Gebrechens oder wegen Schwäche seiner geistigen Kräfte dauernd unfähig ist, den Beruf des St. ordnungsgemäß auszuführen. Die Zulassung zur Prüfung kann versagt werden, wenn der Bewerber sich so verhalten hat, daß die Besorgnis begründet ist, er werde den Berufspflichten als St. nicht genügen oder wenn der Bewerber nicht Deutscher ist (§§ 37 III, 156 IV StBerG).

2. *Bestellung:* a) Die Bestellung *erfolgt* durch Aushändigung einer Urkunde durch die Oberfinanzdirektion. – b) Vor der Aushändigung hat der St. die *Versicherung* abzugeben, daß er seine Pflichten als St. gewissenhaft erfüllen werden. – c) Die Bestellung *erlischt* durch Tod, Verzicht oder rechtskräftige Ausschließung aus dem Beruf (§ 45 StBerG). Sie kann unter bestimmten Voraussetzungen zurückgenommen oder widerrufen werden (§ 46 StBerG).

III. Berufsrechte und -pflichten, Berufsgerichtsbarkeit: Entsprechend den Vorschriften für →Steuerberater (vgl. dort III). – Berufsorganisation: →Steuerberaterkammer, →Bundessteuerberaterkammer.

IV. Übergangsvorschriften: 1. Aufgrund der durch das 2. Gesetz zur Änderung des StBerG vom 11.8.1972 (BGBl I 1401) vorgesehenen *Zusammenführung der beiden Berufsgruppen* Steuerbevollmächtigter und Steuerberater war der Antragstellung auf Zulassung zur Prüfung als St. nur bis zum 12.8.1980 möglich. Fristverlängerung um drei Jahre für Bewerber, die die Prüfung zum St. nach dem 1.1.1979 nicht bestanden haben; soweit die vierjährige Tätigkeit auf dem Gebiet des Steuerwesens durch die Ableistung des Wehr-, Ersatz- oder Entwicklungsdienstes unterbrochen wurde, Fristverlängerung um den entsprechenden Zeitraum (§ 156 V StBerG). Danach erfolgen Neubestellungen nur noch zu dem einheitlichen Beruf des Steuerberaters. – 2. *Übergangsprüfung:* a) St. können zu *Steuerberatern bestellt werden,*

wenn sie (1) ihren Beruf als St. sechs Jahre hauptberuflich ausgeübt haben; sofern sie ein rechtswissenschaftliches, wirtschaftswissenschaftliches oder anderes wissenschaftliches Hochschulstudium mit wirtschaftswissenschaftlicher Fachrichtung abgeschlossen haben, verkürzt sich der Zeitraum auf drei Jahre; (2) nach Erfüllung der Voraussetzung unter (1) an einem vor der zuständigen Arbeitsgemeinschaft der Berufskammern (nach Zusammenschluß der Kammern, der Steuerberaterkammer) durchgeführten Seminar erfolgreich teilgenommen haben (§ 157 I StBerG). – b) Das Seminar umfaßt 50 Stunden und beinhaltet die Gebiete Bilanzierungsvorschriften des Aktiengesetzes, Besteuerung der Kapitalgesellschaften und Finanzgerichtsordnung. Die erfolgreiche Teilnahme ist durch eine vor einem Seminarausschuß abzulegende mündliche Prüfung nachzuweisen.

Steuerbilanz. I. Grundlagen: 1. *Begriff:* Eine unter Berücksichtigung einkommensteuerlicher Vorschriften aus der →Handelsbilanz abgeleitete Vermögensübersicht. – 2. *Zweck:* Die St. dient dem Gewerbetreibenden, die aufgrund gesetzlicher Vorschriften verpflichtet sind, Bücher zu führen und regelmäßig Abschlüsse zu machen, oder dies freiwillig tun, der periodischen Gewinn- bzw. Verlustermittlung (vgl. § 5 I EStG), und ist damit *ein* Instrument zur Ermittlung der objektiven wirtschaftlichen Leistungsfähigkeit. Sie bildet u. a. eine Grundlage für die Ermittlung der Bemessungsgrundlagen von →Einkommensteuer bzw. →Körperschaftsteuer und →Gewerbesteuer nach dem Gewerbeertrag. – 3. *Notwendigkeit:* Der →Steuererklärung ist eine Vermögensübersicht beizufügen; entspricht diese Übersicht nicht bereits den steuerlichen Vorschriften (Handelsbilanz = Steuerbilanz), so kann die erforderliche Anpassung der Handelsbilanz an die bilanzsteuerrechtlichen Vorschriften, insbes. §§ 4–7 g EStG, auch durch Zusätze oder Anmerkungen, z. B. durch eine →Mehr- und Weniger-rechnung, erfolgen; die Aufstellung einer besonderen Vermögensübersicht, einer St., ist nicht erforderlich (§ 60 EStDV). – 4. *Maßgeblichkeitsprinzip:* Für die St. gilt formal (neuerdings strikt) das aus § 5 I EStG abgeleitete Maßgeblichkeitsprinzip. Danach ist sowohl bei der Bilanzierung (Ansatz dem Grunde nach) als auch bei der Bewertung (Ansatz der Höhe nach) das Betriebsvermögen anzusetzen, das nach den handelsrechtlichen →Grundsätzen ordnungsmäßiger Buchführung auszuweisen ist. Das Maßgeblichkeitsprinzip gilt jedoch nur insoweit, als nicht zwingende steuerliche Vorschriften entgegenstehen (Durchbrechung des Maßgeblichkeitsprinzips). – Bei steuerlichen Bilanzierungs- und Bewertungswahlrechten ist infolge des Maßgeblichkeitsprinzips der handelsrechtliche Bilanzansatz verbindlich, wenn er steuerrechtlich zulässig ist. Gem. § 6 III EStG. setzt die Inanspruchnahme von →Steuervergünstigungen i.d.R. voraus, daß auch in der Handelsbilanz entsprechend verfahren wird; insofern muß sich die Handelsbilanz realiter an den steuerrechtlichen Vorschriften orientieren (Umkehrung des Maßgeblichkeitsprinzips), wenn der steuerbilanzpolitische Entscheidungsspielraum nicht eingeschränkt und die zielentsprechende Beeinflussung der Steuerbelastung sichergestellt werden soll.

II. Bilanzierung: 1. *Grundsatz:* Dem Maßgeblichkeitsprinzip entsprechend sind in der St. alle Wirtschaftsgüter des *Betriebsvermögens* auszuweisen, für die handelsrechtlich eine Aktivierungs- oder Passivierungspflicht besteht; handelsrechtliche Aktivierungs- oder Passivierungsverbote sind auch in der St. zu beachten. – 2. *Durchbrechungen:* Nach Auffassung des Großen Senats des Bundesfinanzhofs führen handelsrechtliche Aktivierungsrechte zu steuerlichen Aktivierungsgeboten, handelsrechtliche Passivierungswahlrechte hingegen zu steuerlichen Passivierungsverboten.

III. Bewertung: 1. *Bewertungsverfahren:* a) Die Bewertung der Wirtschaftsgüter erfolgt in der St. grundsätzlich durch →Einzelbewertung (§ 6 I EStG). – b) Handelsrechtliche Bewertungsvereinfachungen, wie →Durchschnittsbewertung, →Festwert, →Gruppenbewertung, werden steuerlich anerkannt, soweit sie den →Grundsätzen ordnungsmäßiger Buchführung entsprechen. – c) Verbrauchsfolgeverfahren (→Lifo, →Fifo, →Hifo) werden steuerlich grundsätzlich nicht anerkannt. Ausnahmen: Macht der Steuerpflichtige glaubhaft, daß in seinem Betrieb die Wirtschaftsgüter nach dem Lifo-Verfahren verbraucht oder veräußert werden, so wird dies akzeptiert (Abschn. 36 II EStR). Das Lifo-Verfahren ist auch anwendbar beim Wertansatz bestimmter metallhaltiger Wirtschaftsgüter des →Vorratsvermögens (§ 74a EStDV). – 2. *Bewertungsmaßstäbe:* Die Bewertung der einzelnen Wirtschaftsgüter erfolgt in der St. mit Hilfe der →Anschaffungskosten, der →Herstellungskosten oder des →Teilwerts (begriffliche Einzelheiten vgl. dort). – 3. *Bilanzansätze:* Unter Verwendung dieser Bewertungsmaßstäbe ergeben sich für die einzelnen Wirtschaftsgüter folgende Wertansätze: a) Abnutzbare Wirtschaftsgüter des →Anlagevermögens sind mit den Anschaffungs- oder Herstellungskosten, vermindert um die →Absetzungen für Abnutzung, anzusetzen. Der Ansatz des niedrigeren Teilwerts oder eines Zwischenwertes ist zulässig, der letzte Bilanzansatz darf jedoch nicht überschritten werden (§ 6 I Nr. 1 EStG). – b) Nichtabnutzbare Wirtschaftsgüter des Anlagevermögens und Wirtschaftsgüter des →Umlaufvermögens sind mit den Anschaffungs- oder Herstellungskosten anzusetzen. Der Ansatz des niedrigeren Teilwerts ist zuläs-

sig. Ein über dem letzten Bilanzansatz liegender Teilwert kann bis zur Höhe der Anschaffungs- oder Herstellungskosten angesetzt werden (§ 6 I Nr. 2 EStG). – c) →Pensionsrückstellungen sind mit dem Teilwert anzusetzen (§ 6a EStG). – d) Andere →Verbindlichkeiten sind mit den Anschaffungskosten (= Nennwert) zu bewerten. Der höhere Teilwert ist zulässig. Ein unter den letzten Bilanzansatz gesunkener Teilwert kann bis zur Höhe der Anschaffungskosten angesetzt werden (§ 6 I Nr. 3 EStG). – e) →Entnahmen und →Einlagen sind grundsätzlich mit dem Teilwert zu bewerten (§ 6 I Nr. 4 und 5 EStG). – f) Unentgeltlich erworbene Wirtschaftsgüter werden mit den Anschaffungskosten bewertet, die im Zeitpunkt des Erwerbs hätten aufgewendet werden müssen (§ 7 II EStDV).

IV. Steuerbilanzpolitik: Die bestehenden Bilanzierungs- und Bewertungswahlrechte sind Aktionsparameter der Steuerbilanzpolitik, die im Rahmen der betriebswirtschaftlichen Steuerpolitik auf die zielentsprechende Beeinflussung des Steuerbilanzgewinns gerichtet ist. In Abhängigkeit von dem übergeordneten Zielen der Unternehmenspolitik kann das steuerspezifische Bereichsziel „Minimierung der relativen Steuerbelastung" dabei grundsätzlich durch die Minimierung des Barwerts der Steuerzahlungen (Steuerbarwertminimierung) oder durch die Maximierung des Barwerts des nach Abzug der Ertragsteuern verbleibenden Einkommens (Nettogewinnmaximierung) verfolgt werden. – Vgl. auch →betriebswirtschaftliche Steuerpolitik.

Steuerbilanzpolitik, →Steuerbilanz IV.

Steuerdelikte, →Steuerordnungswidrigkeiten, →Steuerstrafrecht.

Steuerdestinatar, der nach Absicht des Gesetzgebers wirtschaftliche Träger einer Steuer. Beispiel: Bei der →Umsatzsteuer ist der Unternehmer Steuerschuldner, der Verbraucher St. Ob der Wille des Gesetzgebers realisiert wird, hängt von der wirtschaftlichen Situation am Markt ab. Eine Identität von St. und →Steuerträger wird von dem tatsächlichen Gelingen der →Steuerüberwälzung bestimmt.

Steuereinheit, Teil oder Einheit eines Systems zur Befehlssteuerung (→Befehl).

Steuereinholung, rechtlich zulässige Form der →Steuerabwehr: Erhöhte Leistung des Steuerbetroffenen, um einen Ausgleich (Einholung) der Belastung aus Steuerzahlungen zu erzielen (A. Lampe). Während Steuern im Sektor Haushalte i.d.R. Konsumeinschränkungen bewirken, kann eine Steuer im Bereich der Unternehmungen auch gewisse „Anspornwirkungen" auslösen, insbes. bei Unternehmen, die kurzfristig eine Steuerbelastung nicht auf die Abnehmer ihrer Erzeugnisse abwälzen können; sie versuchen deshalb den durch

Steuern eingetretenen Verlust auf dem Weg einer Kostensenkung auszugleichen. – *Anders:* →Steuerausweichung.

Steuereinmaleins, eine von J. Swift 1728 formulierte Erkenntnis, daß bei einer Verdoppelung des Steuersatzes sich die Einnahmen keineswegs verdoppeln müssen (*Swiftsches St.*). Heute als *Steuerertragsgesetz* bezeichnet (der Volks- und Betriebswirtschaft entnommen); es besagt, daß bei einer prozentualen Erhöhung des Steuersatzes der Steuerreinertrag mit einem geringeren Prozentsatz wächst oder sogar zurückgeht. Derartige Steuerausweicheffekte sind besonders bei einkommens- und vermögensabhängigen Steuern oder aufgrund von inflationsbedingten Einkommensverlusten zu erwarten. Bei Steuern auf die Einkommensverwendung werden sie durch Substitutionsvorgänge verursacht. – Vgl. auch →Lafferkurve.

Steuererklärung. 1. *Begriff:* Erklärung über steuerlich erhebliche Sachverhalte; mittelbar über die Feststellung der →Besteuerungsgrundlagen oder unmittelbar Grundlage der →Steuerfestsetzung. St., in der der Steuerpflichtige die Steuer selbst zu errechnen hat, ist *Steueranmeldung.* – 2. *Erklärungspflichtige:* Wer zur Abgabe verpflichtet ist, regeln die Einzelsteuergesetze (§ 149 AO). Erklärungspflichten ergeben sich insbes. aus § 46 EStG, §§ 56–59 EStDV, § 44 I KStG, § 18 UStG (→Umsatzsteuervoranmeldung), § 28 BewG, § 19 VStG, § 31 ErbStG. Die Verpflichtung kann sich auch aus einer Aufforderung der Finanzbehörde ergeben. Der Erklärungspflichtige ist →Steuerpflichtiger (§ 33 I AO). – 3. *Form und Inhalt:* Grundsätzlich nach amtlich vorgeschriebenem Muster (§ 150 AO), in Ausnahmefällen auch Aufnahme an Amtsstelle (§ 151 AO). Die St. ist wahrheitsgemäß nach bestem Wissen und Gewissen abzugeben, nach Maßgabe der Einzelsteuergesetze eigenhändig zu unterschreiben und mit den erforderlichen Unterlagen zu versehen. Unrichtige St. ist zu berichtigen (→Anzeigepflicht). – 4. *Erklärungsfrist:* Wann die St. abzugeben ist, richtet sich nach den Einzelsteuergesetzen und § 149 AO. Gegen denjenigen, der seiner Pflicht zur Abgabe nicht fristgemäß nachkommt, kann ein →Verspätungszuschlag festgesetzt werden. Bei Nichtabgabe ist →Schätzung möglich. – 5. St. kann durch →Zwangsmittel *erzwungen* werden.

Steuererlaß, Erlaß von Steuern und sonstigen Geldleistungen. – 1. *Allgemeines:* Entsprechend dem Grundsatz der →Gesetzmäßigkeit der Verwaltung müssen nach dem Gesetz entstandene Steuern und sonstige öffenlich-rechtliche Geldforderungen eingezogen werden. Ein Erlaß bedarf deshalb gesetzlicher Grundlage (§ 227 AO). Keine reine Ermessensentscheidung; ist die Einziehung im Einzelfall unbillig,

so besteht ein Rechtsanspruch auf Erlaß. Die Entscheidung ist gerichtlich nachprüfbar. – 2. *Begriff:* Erlaß ist die vollständige oder teilweise einseitige Aufhebung einer Steuer- oder Geldforderung durch →Verwaltungsakt. – 3. *Anwendungsbereich:* Erlaß möglich für alle Steuern, für die gem. § 3 I, II AO die Vorschriften der AO gelten, sowie →Realsteuern und sonstige Geldleistungen (z. B. →Zwangsgeld, →Verspätungszuschläge). – 4. *Voraussetzung:* Abwägung der Interessen der öffentlichen Hand (Haushaltslage) und des Steuerpflichtigen (persönliche und wirtschaftliche Verhältnisse) unter Beachtung der Belastung (Billigkeit); i. d. R. keine Unbilligkeit bei abwälzbaren Steuern, z. B. Umsatzsteuer, und bei Abzugsteuern, z. B. Lohnsteuer. – a) *Sachliche Billigkeitsgründe,* wenn nach Lage der Verhältnisse dem Steuerpflichtigen nicht zuzumuten ist, die Steuer zu erbringen. Keine sachliche Unbilligkeit, wenn wegen vorhergehender Steuervergünstigungen ein →Veräußerungsgewinn entsteht; wenn der Kurswert von Wertpapieren erheblich unter den →Steuerkurswert sinkt. Außersteuerliche Gesichtspunkte dürfen grundsätzlich nicht berücksichtigt werden. – b) *Persönliche Billigkeitsgründe,* wenn die Einziehung wegen der persönlichen oder wirtschaftlichen Verhältnisse des Steuerpflichtigen unbillig erscheint. Sie setzen Erlaßbedürftigkeit (Gefährdung des Lebensunterhalts oder der Fortsetzung der Erwerbstätigkeit) und Erlaßwürdigkeit (Eintritt der mangelnden Leistungsfähigkeit ohne Verschulden des Steuerpflichtigen) voraus. – 5. *Wirkung und Form des St.:* a) Durch den Erlaß erlischt die Steuerforderung, schon entrichtete Steuern usw. sind zu erstatten. Erlaß ist schon vor Verwirklichung des Steuertatbestandes möglich (Schuld erlischt dann im Zeitpunkt ihres Entstehens); daher eher Erlaß von Vorauszahlungen möglich. – b) Bei *Besitz- und Verkehrsteuern* ist darüber hinaus die Zulassung einer niedrigeren Steuerfestsetzung oder die Nichtberücksichtigung einzelner Besteuerungsgrundlagen möglich (§ 163 AO). Diese Form des Erlasses ergibt sich i. d. R. aus dem Steuerbescheid. Darin sind bei niedrigerer Steuerfestsetzung die Steuern ohne St. und nach St. anzugeben, bei Nichtberücksichtigung von Besteuerungsgrundlagen die bei Ansatz der außer Betracht bleibenden Besteuerungsgrundlagen; – c) Bei den *Steuern vom Einkommen* kann mit Zustimmung des Steuerpflichtigen zugelassen werden, daß steuererhöhende Besteuerungsgrundlagen zu einer späteren, steuermindernde Besteuerungsgrundlagen zu einer früheren Zeit berücksichtigt werden (§ 163 AO). – 6. *Rechtsbehelfe:* Gegen die Ablehnung oder die teilweise Ablehnung eines St. ist Beschwerde, gegen die Beschwerdeentscheidung i. d. R. Verpflichtungsklage an das Finanzgericht gegeben. – 7. *Zu unterscheiden* von St.: →Niederschlagung von Steuern.

Steuererstattung, →Steuervergütung.

Steuererstattungsanspruch, öffentlich-rechtlicher Anspruch auf Erstattung des gezahlten oder zurückgezahlten Betrages, wenn eine →Steuer, eine →Steuervergütung oder eine →steuerliche Nebenleistung ohne rechtlichen Grund gezahlt oder zurückgezahlt worden ist oder der rechtliche Grund für die Zahlung oder Rückzahlung später wegfällt oder nach einem Einzelsteuergesetz eine Steuererstattung vorgesehen ist (§ 37 II AO). Gläubiger des Anspruchs kann der Steuerpflichtige oder der Steuergläubiger sein. Der Erstattungsbetrag ist zu verzinsen, wenn eine festgesetzte Steuer durch eine rechtskräftige gerichtliche Entscheidung oder aufgrund einer solchen Entscheidung herabgesetzt wird (§ 236 AO).

Steuerertragsgesetz, →Steuereinmaleins.

Steuerertragshoheit, *Steuerertragskompetenz.* Teil der →Steuerhoheit. – 1. *Begriff:* Recht auf das →Steueraufkommen. Die St. ist geteilt. Verteilung des Steueraufkommens auf Bund, Länder und Gemeinden festgelegt in Art. 106 GG. – 2. *Ausprägungen:* a) *Originäre Steuereinnahmen:* (1) des *Bundes:* →Finanzmonopol, →Zölle, →Verbrauchsteuern (mit Ausnahmen), →Versicherungsteuer, →Wechselsteuer, Kapitalverkehrsteuern, Abgaben im Rahmen der EG (Abschöpfungen); (2) der *Länder:* →Vermögensteuer, →Erbschaftsteuer, →Kraftfahrzeugsteuer, →Verkehrsteuern (mit Ausnahmen), →Biersteuer, →Spielbankabgabe; (3) der *Gemeinden* und *Gemeindeverbände:* →Grundsteuer, örtliche Verbrauch- und Aufwandsteuer (z. B. Getränkesteuer, Hundesteuer), →Gewerbesteuer, an der jedoch Bund und Länder durch eine Umlage (→Gewerbeumlage) beteiligt werden. – b) →*Gemeinschaftsteuern,* an denen Bund und Länder unterschiedlich hoch beteiligt sind (→Einkommensteuer, →Körperschaftsteuer und →Umsatzsteuer). – 3. *Aufbau:* Verteilung des →Steueraufkommens nach einem *Mischsystem,* bestimmt durch: a) *Trennsystem:* Die einzelnen Steuern fließen entweder ausschl. dem Bund (→Bundessteuern), den Ländern (→Landessteuern) oder den Gemeinden (→Gemeindesteuern) oder in Form der →Gemeinschaftsteuern dem Bund und den Ländern gemeinsam zu; b) *Verbundsystem:* Die Gemeinden werden am Länderanteil der Gemeinschaftsteuern und der Bund und die Länder an den →Realsteuern beteiligt.

Steuerertragskompetenz, →Steuerertragshoheit.

Steuerevasion, →Steuerausweichung.

Steuerexport/-import, Begriffe im Zusammenhang mit regionalen Steuerinzidenzanalysen, denen die Fragestellung zugrunde liegt, ob und inwieweit Steuern regional überwälzbar sind. – *Zu unterscheiden:* (1) St. über die

Leistungsbilanz: Belastung der Export- bzw. Importgüterpreise, (2) St. über die *Kapitalbilanz:* Belastung der Faktoreinkommensströme an das Ausland bzw. Inland und (3) St. durch *Offset:* Abzug einer im Inland bzw. Ausland gezahlten Steuer von einer im Ausland zu zahlenden Steuerschuld oder von der Bemessungsgrundlage. – Vgl. auch →Steuerinzidenz.

Steuerfahndung, *Zollfahndung.* 1. *Verfahren* der Finanzbehörde zur Erforschung von →Steuerstraftaten und →Steuerordnungswidrigkeiten sowie zur Ermittlung der entsprechenden →Besteuerungsgrundlagen und zur Aufdeckung und Ermittlung unbekannter Steuerfälle (§ 208 I AO). Der St. können innerhalb der Zuständigkeit der Finanzbehörden auch andere Aufgaben einschl. der →Außenprüfung übertragen werden. – 2. *Beamte der St.* haben aufgrund ihrer Sonderaufgaben *erweiterte Befugnisse* zur Sachaufklärung. Sie haben im Strafverfahren wegen Steuerstraftaten dieselben Rechte und Pflichten wie die Behörden des Polizeidienstes nach den Vorschriften der Strafprozeßordnung und können dabei insbes. Beschlagnahmen, Notveräußerungen und Durchsuchungen anordnen sowie bei einer Durchsuchung die nach Gesetz aufzubewahrenden Geschäftspapiere durchsehen; sie sind Hilfsbeamte der Staatsanwaltschaft (§ 404 AO). – 3. Der *Steuerpflichtige* hat gegenüber der St. →Mitwirkungspflichten, soweit es um die Feststellung von Besteuerungsgrundlagen geht.

Steuerfestsetzung. 1. *Begriff:* Entscheidung der Finanzbehörde über den kraft Gesetzes (§ 38 AO) entstandenen Steueranspruch durch →Steuerbescheid, Konkretisierung des gesetzlich entstandenen Steueranspruchs durch →Verwaltungsakt. Als St. gilt auch die volle oder teilweise Freistellung von einer Steuer sowie die Ablehnung eines Antrags auf St. – 2. *Grundsätze:* Steuern werden von der Finanzbehörde grundsätzlich durch Steuerbescheid festgesetzt (§ 155 I AO). St. ist i. d. R. nicht erforderlich, wenn der Steuerpflichtige eine Steueranmeldung abzugeben hat, bei der Entrichtung der Steuer durch Steuerzeichen oder Steuerstempler (§ 167, 168 AO) und bei →Fälligkeitsteuern. St. ist rechtswidrig, wenn die →Festsetzungsverjährung eingetreten ist (§ 169 I AO). – 3. *Vorbehalt:* Solange der Steuerfall nicht abschließend geprüft ist, können Steuern unter dem Vorbehalt der Nachprüfung festgesetzt werden (§ 164 AO). Innerhalb der Festsetzungsfrist (→Festsetzungsverjährung) kann die St. aufgehoben oder geändert werden, solange der Vorbehalt wirksam ist. – 4. *Vorläufigkeit:* Wenn objektiv ungewiß ist, ob und inwieweit die Voraussetzungen für die Entstehung einer Steuer eingetreten sind, kann die Steuer insoweit vorläufig festgesetzt oder die St. ausgesetzt werden (§ 165 AO), aufgehoben oder geändert werden; bei Beseitigung der Ungewißheit ist die St. aufzuheben, zu ändern, für endgültig zu erklären oder nachzuholen. – 5. *Billigkeit:* Wenn die Erhebung der Steuer nach Lage des Falles unbillig wäre, können Steuern niedriger festgesetzt werden, einzelne →Besteuerungsgrundlagen unberücksichtigt bleiben oder in andere Besteuerungsperioden verlagert werden (§ 163 AO).

Steuerflucht, Verlegung von Wohn- oder Unternehmenssitz ins Ausland mit dem Zweck der Steuerersparnis, eine steuerlich motivierte Kapitalflucht. Maßnahmen gegen die St. in Deutschland bereits im Ersten Weltkrieg, später mit der Verordnung vom 8.12.1931 (Reichsfluchtsteuer) und deren Änderungen von 1934, 1937 und 1942. – 1. Die *Reichsfluchtsteuer* galt die grundsätzliche Abkehr vom Prinzip der Freizügigkeit und erfaßte alle diejenigen, die zu einem bestimmten Zeitpunkt (31.3.1931) im Reichsgebiet ansässig waren und danach ihren Wohnsitz oder gewöhnlichen Aufenthalt ins Ausland verlegten. – Durch den hohen Steuersatz von 25% des gesamten steuerpflichtigen Vermögens sollte Auswanderung steuerkräftiger Personen gestoppt bzw. ein Ausgleich für die künftigen Steuerverluste geschaffen werden. – 2. *Neuerdings* Verlagerung von Einkünften und Vermögen in →Steueroasen, wodurch sich i.d.R. wegen Wegfalls der →unbeschränkten Steuerpflicht in der Bundesrep. D. und wegen möglicher und erstrebter Ausnutzung des niedrigeren Steuerniveaus in dem ausländischen Staat Vorteile hinsichtlich der Besteuerung ergeben. Diese Vorteile sind allerdings durch das →Außensteuergesetz erheblich eingeschränkt und z.T. sogar in ihr Gegenteil verkehrt worden. – Vgl. auch →Basisgesellschaften, →Oasenerlaß.

steuerfreie Lieferungen, →Umsatzsteuer III.

steuerfreie Rücklagen, →Rücklagen I 3.

steuerfreies Existenzminimum, Betrag des Einkommens, der für die Existenz des Steuerpflichtigen erforderlich ist und bei einer am →Leistungsfähigkeitsprinzip orientierten Besteuerung nicht für Steuerzahlungen zur Verfügung steht; soweit er sich auf die physische Existenz bezieht, verwirklicht bei der →Einkommensteuer; das sozialkulturelle Existenzminimum wird jedoch nicht berücksichtigt.

steuerfreie (sonstige) Leistungen, →Umsatzsteuer III.

Steuergefährdung, →Steuerordnungswidrigkeit nach § 379 AO. St. begeht: a) wer vorsätzlich oder leichtfertig Belege ausstellt, die in tatsächlicher Hinsicht unrichtig sind; b) wer nach Gesetz buchungs- oder aufzeichnungspflichtige Geschäftsvorfälle oder Betriebsvorgänge nicht oder in tatsächlicher Hinsicht unrichtig verbucht oder verbuchen

läßt und dadurch die Verkürzung von Steuereinnahmen oder die Erlagung ungerechtfertigter Steuervorteile ermöglicht; c) wenn durch die Ausstellung unrichtiger Belege Eingangsabgaben verkürzt werden können, die von einem anderen Staat der EG verwaltet werden oder die einem Staat zustehen, der für Waren eines Präferenzabkommens eine Vorzugsbehandlung gewährt; d) wer bestimmten Mitteilungspflichten nicht nachkommt; e) wer der Pflicht zur Kontenwahrheit (§ 154 AO) verletzt. – *Strafe:* Geldbuße bis zu 10 000 DM, wenn keine leichtfertige →Steuerverkürzung vorliegt.

Steuergegenstand, →Steuerobjekt.

Steuergeheimnis, die Amtsträgern, Kirchenamtsträgern und amtlich zugezogenen Sachverständigen obliegende Verpflichtung, Verhältnisse sowie Berufs- und Geschäftsgeheimnisse eines Steuerpflichtigen, die ihnen im Rahmen ihres Amtes bekanntgeworden sind, nicht unbefugt zu offenbaren, zu verwerten oder geschützte Daten im automatisierten Verfahren unbefugt abzurufen (§ 30 AO). – *Verletzung* des St. ist strafbar: Geld- oder Freiheitsstrafe bis zu zwei Jahren (§ 355 StGB). – *Verfolgung* nur auf →Strafantrag des Steuerpflichtigen, dessen Interesse verletzt ist, oder des Dienstvorgesetzten.

Steuergerechtigkeit, Forderung nach einer gerechten Verteilung der Abgabenlast auf die Gesamtheit der Steuerpflichtigen, die den historisch gegebenen, gesellschaftspolitischen Gerechtigkeitsvorstellungen entspricht. Das Postulat der Gerechtigkeit ist in einem Rechtsstaat das systemtragende und -bestimmende Prinzip des →Steuerrechts, das widerspruchslos über den einzelnen konkret formulierten Besteuerungsprinzipien steht. Eine absolute St. kann es nicht geben, weil dazu der Maßstab fehlt, nach dem das Steuersystem ausgerichtet werden müßte. St. hat dem sozialpolitischen Grundsatz (→gerechte Einkommensverteilung) zu entsprechen; auch finanzpolitische (Ergiebigkeit) und wirtschaftspolitische (Konjunktur und Wachstum) Aspekte, die jeglicher St. eine Grenz setzen, sind zu beachten. Steuertechnischer Weg zur St. führt historisch und logisch von der Kopfsteuer über die Proportionalsteuer (→Steuerprogression); ein progressiver Tarif folgt dem der heutigen Gerechtigkeitsvorstellung nächstgelegenen Prinzip der Besteuerung nach Leistungsfähigkeit (→Leistungsfähigkeitsprinzip).

Steuergerichte, →Finanzgerichte.

Steuergesetze, Rechtsnormen des →Steuerrechts, die in einem förmlichen Gesetzgebungsverfahren zustande kommen und nach ordnungsgemäßer Ausfertigung in den entsprechend vorgeschriebenen amtlichen Blättern verkündet werden. – Nach dem Stufenbau der Rechtsordnung steht die Verfassung über den einfachen Gesetzen, während diese über den Rechtsverordnungen (→Steuerrechtsverordnungen) und Satzungen (→autonome Satzungen) stehen. Völkerrechtliche Verträge über die Befreiung von Steuern (→Doppelbesteuerungsabkommen) werden durch Zustimmungsgesetze gem. Art. 59 II GG zu innerstaatlichem Recht transformiert; sie gehen als Spezialnormen den anderen St. vor (§ 2 AO). – Vgl. auch →Richtlinien.

Steuergesetzgebungshoheit, *Steuergesetzgebungskompetenz,* Teil der →Steuerhoheit. – 1. *Begriff:* Das Recht zur Gesetzgebung im Bereich des →Steuerrechts. – 2. *Arten:* a) St. des *Bundes:* (1) *ausschließliche Gesetzgebung* für →Zölle und →Finanzmonopole (Art. 105 I GG); (2) *konkurrierende Gesetzgebung* für die übrigen Steuern, deren Aufkommen (→Steueraufkommen) dem Bund ganz oder teilweise zustehen und für die ein Bedürfnis nach bundesgesetzlicher Regelung besteht (Art. 105 II GG). – b) St. der *Länder:* (1) *ausschließliche Gesetzgebung* für örtliche Verbrauch- und Aufwandsteuern, solange und soweit sie nicht bundesgesetzlich geregelten Steuern gleichartig sind (Art. 105 II a GG); (2) *konkurrierende Gesetzgebung* solange und soweit der Bund von seinem Gesetzgebungsrecht keinen Gebrauch macht (Art. 105 II i. V. m. Art. 72 I GG).

Steuergesetzgebungskompetenz, →Steuergesetzgebungshoheit.

Steuergrundsätze, →Besteuerungsprinzipien.

Steuergutscheine, vom Staat begebene kurz- und mittelfristige →Inhaberschuldverschreibungen, die nach Fälligkeit vom Fiskus als Steuerzahlung angenommen werden. St. sind nicht verzinslich, jedoch vielfach mit einem je nach der Länge der Besitzzeit steigenden Agio ausgestattet. – *Zwecke der St.-Ausgabe:* a) Aufgrund der VO vom 4.9.1932 wurden St. für pünktliche Steuerzahlung und Mehreinstellung von Arbeitern, also aus konjunkturpolitischen Gründen, ausgegeben. – b) Die Ausgabe von St. nach dem Neuen Finanzplan von 1939 diente u. a. der Kapitalmarktpolitik. Die St. mußten von öffentlichen Kassen (Reich, Ländern, Gemeinden, Reichsbahn, Reichspost, Reichsautobahn u. ä.) bei der Reichsfinanzverwaltung gegen Bargeld erworben und für gewerbliche Lieferungen und Leistungen in Höhe von 40% des jeweiligen Rechnungsbetrages in Zahlung gegeben werden. Laufzeit dieser St. betrug je zur Hälfte sechs Monate und drei Jahre. Mit ihnen war neben der staatlichen Kreditaufnahme noch Einschränkung des Bargeldumlaufs verbunden.

Steuerharmonisierung. 1. *Begriff:* Internationale Vereinheitlichung der →Steuersysteme, d. h. Abbau des Steuergefälles bzw. der unterschiedlichen →Steuerlastquoten auf internationaler Ebene, die technische Angleichung einzelner Steuern zur Vermeidung von Wettbewerbsverzerrungen und Angleichung des Gewichts der einzelnen Steuern (Verhältnis von direkten zu indirekten Steuern) im jeweiligen Steuersystem. – 2. *St. in der EG:* St. ist ein erhebliches Problem in der EG. Erster Schritt in der Bundesrep. D. durch die Einführung der Mehrwertsteuer am 1.1.1969 (→Umsatzsteuerharmonisierung). Weitere Vorschläge des Steuer- und Finanzausschusses der EG: (1) Anwendung des →Ursprungslandprinzips bei allen speziellen Verbrauchsteuern, bisher →Bestimmungslandprinzip; (2) Vereinheitlichung der Besteuerung von Dividenden und Zinsen und (3) Beseitigung unterschiedlicher Belastungen bei Firmengründungen und Wertpapieremissionen. Vgl. auch →EWG I 11. Schwieriger sind Bemühungen um eine Harmonisierung der direkten Steuern, da diese in stärkerem Maße Instrumente der nationalen Wirtschafts-, Konjunktur- und Sozialpolitik sind.

Steuerhäufung, Konzentration mehrerer Steuern auf ein Steuersubjekt infolge →Steuerüberwälzung. Diese die steuerliche Leistungsfähigkeit mindernde →Steuerinzidenz ist problematisch, da kaum vorhersehbar. – *Beispiel:* Zuckersteuer, Mehrwertsteuer, überwälzte Gewerbesteuer auf allen Stufen, überwälzte Teile der Körperschaft- und Einkommensteuer auf allen Stufen und schließlich „Steuern von der Steuer" (→Kaskadenwirkung) belasten den Zuckerverbrauch.

Steuerheft, →Straßenhandel.

Steuerhehlerei, *Zollhehlerei,* der →Hehlerei des allgemeinen Strafrechts nachgebildeter Tatbestand des Steuerstrafrechts. St. begeht, wer Erzeugnisse oder Waren, hinsichtlich derer →Verbrauchsteuer oder →Zoll hinterzogen oder →Bannbruch begangen worden ist, ankauft oder sich oder einem Dritten in anderer Weise verschafft, sie absetzt oder abzusetzen hilft, um sich oder einen Dritten zu bereichern (§ 374 AO). – *Strafe:* Bestrafung wie bei →Steuerhinterziehung, bei gewerbsmäßigem Handeln wie bei →Schmuggel.

Steuerhinterziehung, *Zollhinterziehung,* rechtswidrige Form der →Steuerabwehr. St. ist eine →Steuerstraftat.

I. T a t b e s t a n d s m e r k m a l e : 1. St. *begeht,* wer vorsätzlich: a) den Finanzbehörden oder anderen Behörden über steuerlich erhebliche Tatsachen unrichtige oder unvollständige Angaben macht; b) die Finanzbehörden pflichtwidrig über steuerlich erhebliche Tatsachen in Unkenntnis läßt; c) pflichtwidrig die Verwendung von Steuerzeichen oder Steuerstemplern unterläßt und dadurch Steuern oder Eingangsabgaben verkürzt oder für sich oder einen anderen nicht gerechtfertigte Steuervorteile erlangt (§ 370 AO). Versuch ist strafbar. – 2. a) *Steuerverkürzung* liegt vor bei →Veranlagungsteuern insbes. dann, wenn Steuern nicht oder nicht rechtzeitig festgesetzt werden, bei →Fälligkeitsteuern, wenn im Fälligkeitszeitpunkt ein geringerer Betrag als der durch Tatbestandsverwirklichung geschuldete Betrag entrichtet wird. – b) *Nicht gerechtfertigte Steuervorteile* (einschl. Steuervergütungen) sind erlangt, soweit sie zu Unrecht gewährt oder belassen werden. Ob die Steuer, auf die sich die Tat bezieht, aus anderen Gründen hätte ermäßigt oder der Steuervorteil aus anderen Gründen hätte beansprucht werden können, ist für die Bestrafung ohne Bedeutung.

II. F o l g e n : 1. *Strafen:* a) Freiheitsstrafe bis zu fünf Jahren oder Geldstrafe; b) in besonders schweren Fällen Freiheitsstrafen von sechs Monaten bis zu zehn Jahren; besonders schwerer Fall liegt i. d. R. vor, wenn der Täter aus grobem Eigennutz in großem Ausmaß Steuern verkürzt oder nicht gerechtfertigte Steuervorteile erlangt, seine Befugnisse oder Stellung als Amtsträger mißbraucht, die Mithilfe eines Amtsträgers ausnutzt, oder seine Befugnisse mißbraucht, oder unter Verwendung nachgemachter oder verfälschter Belege fortgesetzt Steuern verkürzt oder nicht gerechtfertigte Steuervorteile erlangt. – 2. *Straffreiheit* kann durch rechtzeitige →Selbstanzeige erlangt werden (§ 371 AO). – 3. Hinterzogene Steuern sind zu *verzinsen* (§ 235 AO).

Steuerhoheit. 1. *Begriff:* Das einer öffentlichen Körperschaft zustehende Recht, →Steuern zu erheben. Die St. ist Teil der →Finanzwesen, die das gesamte staatliche Finanzwesen mit der Einnahmen- und Ausgabenseite umfaßt. – 2. *Bedeutung:* Obwohl sich die St. nur auf einen Teil der Einnahmen, die Steuern, bezieht, wird sie in der Politik häufig als wichtigster Teil der Staatshoheit gesehen. Die St. regelt auf dem Gebiet der Steuern die gesetzgebenden, vollziehenden und rechtsprechenden Staatsfunktionen, wobei sie den rechts- und sozialstaatlichen Bindungen des Art. 20 I GG unterliegt. – 3. *Arten:* →Steuergesetzgebungshoheit (Steuergesetzgebungskompetenz, Objekthoheit), →Steuerertragshoheit (Steuerertragskompetenz) und →Steuerverwaltungshoheit (Steuerverwaltungskompetenz).

Steuerillusion, steuerpsychologischer Begriff für das subjektive Gefühl von einer Steuer belastet zu sein (vgl. auch →Steuerbelastungsgefühl). Die tatsächliche Belastung kann höher oder geringer sein. Besonders bei Abzug- bzw. Quellensteuern kann eine St. derart vorliegen, daß der einzelne seine tatsächliche Belastung unterschätzt. Durch Abgabenerhebungen, nicht Steuern („Opfer",

„Beitrag", „Hilfe" oder „Pfennig"), kann ST. zur Vermeidung von Steuerwiderständen genutzt werden. – Vgl. auch →Geldillusion.

Steuerimport, →Steuerexport/-import.

Steuerinzidenz, Form der →Inzidenz. Die St. gibt die Einkommensverteilungsänderungen an, die von einer Änderung im Steuersystem ohne Änderung des Budgetvolumens ausgehen.

Steuerkapitalisierung, Abzug des kapitalisierten jährlichen Steuerbetrags vom dem Kaufpreis eines besteuerten Vermögensobjekts, so daß dem Käufer aus dem aufgewendeten Kaufpreis unbeschadet seiner laufenden Steuerzahlung die gleiche Nettoverzinsung verbleibt wie ohne Besteuerung.

Steuerkarte, →Lohnsteuerkarte.

Steuerklassen. 1. Für die *Durchführung des Lohnsteuerabzugs* werden unbeschränkt einkommensteuerpflichtige Arbeitnehmer in *Lohnsteuerklassen* eingeordnet. Gem. § 38 b EStG bestehen sechs St., die je nach den persönlichen Verhältnissen des Steuerpflichtigen eine unterschiedliche Höhe der Lohnsteuer bewirken. Einordnungskriterien sind u. a. Familienstand, Kinderzahl, Mitarbeit des Ehegatten und weitere Dienstverhältnisse. Vgl. im einzelnen →Lohnsteuerklassen. – Bei der *Erbschaft- bzw. Schenkungsteuer* werden die Erwerber nach dem persönlichen Verhältnis zum Erblasser bzw. Schenker in vier St. eingeteilt, die sich durch Höhe der Freibeträge und Steuersätze voneinander unterscheiden. Vgl. im einzelnen →Erbschaftsteuer V.

Steuerklassifikation, Einteilung von →Steuern nach bestimmten Gesichtspunkten. Die Wahl der Einteilungskriterien ist von dem Untersuchungszweck abhängig, daher gibt es eine große Zahl mehr oder weniger unterschiedlicher St.

I. B e i s p i e l h a f t e S t .: Im Schaubild Sp. 1717/1718 sind vier St. beispielhaft gegenübergestellt: eine betriebswirtschaftliche (Rose), eine steuerrechtliche (Tipke), eine finanzwissenschaftliche (Nöll v. d. Nahmer) und die Gliederung der Steuern im Finanzbericht. Alle Einteilungen knüpfen an das →Steuerobjekt an. Trotzdem ergeben sich zahlreiche Divergenzen aus den unterschiedlichen Zwecksetzungen der einzelnen Gliederungen. Die Divergenz äußert sich u. a. darin, daß einem Begriff *verschiedene Inhalte* zugeordnet werden. So fallen nach dem Verständnis der betriebswirtschaftlichen Steuerlehre unter den Begriff „Ertragsteuern" andere Steuerarten als nach den hierzu identischen Auffassungen von Steuerrechts- un Finanzwissenschaft: eine Überschneidung liegt nur hinsichtlich der Gewerbesteuer vor. Die mangelnde Übereinstimmung der Begriffsinhalte kann dadurch

Übersicht: Steuerklassifikation

FINANZWISSENSCHAFTLICHE KLASSIFIKATION (nach Nöll v. d. Nahmer)

FINANZSTATISTISCHE KLASSIFIKATION (nach FINANZBERICHT)

BETRIEBSWIRTSCHAFTLICHE KLASSIFIKATION (nach ROSE)

STEUERRECHTLICHE KLASSIFIKATION (nach TIPKE)

Finanzstatistische Klassifikation (Spaltenköpfe):

- Steuern auf das Einkommen und Vermögen
  - Steuern vom Gewerbebetrieb
  - Steuern vom Vermögensbesitz
  - Steuern vom Einkommen
- Steuern auf den Vermögensverkehr
- Steuern auf die Einkommensverwendung
  - Steuern vom Umsatz
  - Kraftfahrzeug-StG
  - Mineralöl-StG
  - sonstige Steuern

Betriebswirtschaftliche Klassifikation (Zeilenköpfe):

- Ertragsteuern
- Faktorsteuern
- Substanzsteuern
- Verkehrsteuern
- Produktsteuern

Finanzwissenschaftliche Klassifikation (rechte Spalte):

- sonstige Einkommensteuern / Einkommensteuern
- Ertragsteuern
- Vermögensbestandsteuern / Vermögensteuern
- Vermögensverkehrsteuern
- allgemeine Ausgabensteuer
- spezielle Ausgabensteuern / Ausgabensteuern

Steuerrechtliche Klassifikation (untere Achse):

- Steuern auf das Einkommen
  - Ertragsteuern
  - sonstige Steuern auf das Einkommen
- Steuern auf die Einkommensverwendung
  - spezielle Rechtsverkehrsteuern
  - allgemeine Rechtsverkehrsteuern
- Verbrauchsteuern

Einzelne Steuerarten (Zellen):

Einkommen(Kirchen-kommen)St, Körperschaft-St, Gewerbeertrag-St, Schankerlaubnis-St, Grund-St, Gewerbekapital-St, Vermögen-St, Erbschaft- und Schenkung-St, Wechsel-St, Gesellschaft-St, Börsenumsatz-St, Grunderwerb-St, Versicherung-St, Umsatz-St, Kraftfahrzeug-St, Real-verkehrsteuern, Mineralöl-St, sonstige Steuern erklärt werden, daß Steuerrechts- und Finanzwissenschaft mit einem historisch begründeten Begriffsverständnis arbeiten, demzufolge mit „Ertragsteuern" die Erträge aus der Kombination der volkswirtschaftlichen Produktionsfaktoren Arbeit, Boden und Kapital besteuert werden sollen, während die betriebswirtschaftliche Klassifikation die Ertragsteuern als Steuern auf das wirtschaftliche Ergebnis der Unternehmung sieht. Das Schema *umfaßt nicht* die Sonderfälle Zoll, eine Steuer eigener Art in allen Klassifikationen, und Spielbankenabgabe, eine Sondersteuer, die alle relevanten Steuerarten ersetzt. „Sonstige Steuern" (vgl. letztes Teilfeld rechts unten) sind die Salz-, Zucker-, Kaffee-, Tee-, Leuchtmittel-, Tabak-, Bier-, Schaumwein-, Getränke-, Vergnügung-, Hunde-, Jagd-, Luxuspferde-, Motorboot-, Zweitwohnungsteuer u. a.

II. Weitere St.: 1. →*Direkte Steuern* und →*indirekte Steuern:* Einteilungsmerkmal ist a) die Veranlagungs- und Erhebungstechnik, b) die Überwälzbarkeit, c) die steuerliche Leistungsfähigkeit. – 2. →*Marktsteuern* und →*Maßsteuern:* Auch hier ist die Möglichkeit der Überwälzung ein Gliederungskriterium (Schmölders). – 3. →*Personensteuern* und →*Realsteuern:* Gliederungskriterium ist die Verknüpfung von Steuersubjekt und Steuerobjekt. – 4. →*Besitzsteuern,* →*Verkehrsteuern,* →*Verbrauchsteuern,* →*Zölle:* Abgestellt auf die Besteuerung des Objekts. – 5. →*Periodische Steuern* und →*nichtperiodische Steuern:* Gliederung erfolgt nach der Regelmäßigkeit der Entstehung der Steuer. – 6. →*Veranlagungsteuern* und →*Fälligkeitsteuern:* Unterscheidung ist insbes. im Rahmen des →Steuerstrafrechts erheblich. Vgl. auch →Steuerhinterziehung. – 7. *Steuern der Einkommensentstehung, der Einkommensverwendung und Steuern außerhalb des Leistungskreislaufs:* Gliederung nach der Entstehung im Wirtschaftskreislauf (Haller).

Steuer-Kombinationstarife, →Steuertarife, die nicht für alle Steuerbemessungsabschnitte denselben Steuertariftyp anwenden, sondern Struktur und Typ abschnittsweise verändern.

Steuerkonsole, →Konsole.

Steuerkonstrukt, *Kontrollstruktur.* 1. *Begriff:* Eine Konstruktion zur Steuerung des Ablaufs in einem →Algorithmus oder →Programm. Begriff wird v. a. in der →*strukturierten Programmierung* verwendet; mit St. wird die Reihenfolge festgelegt, in der die →*Strukturblöcke* zur Ausführung gelangen. – 2. *Arten:* a) *Sequenz:* Strukturblöcke werden hintereinander ausgeführt; b) *Selektion:* In Abhängigkeit von einer Bedingung wird ein Strukturblock ausgewählt, der ausgeführt werden soll; c) *Repetition:* Ein Strukturblock wird in Abhängigkeit von einer Bedingung wiederholt ausgeführt (mehrere Formen der Repetition).

Steuerkraft, die von Gebietskörperschaften bei normaler bzw. durchschnittlicher Anspannung ihrer zugewiesenen Steuerquellen (→Steueranspannung) erzielbaren Steuereinnahmen; gemessen durch die →Steuerkraftmeßzahl.

Steuerkraftmeßzahl, Größe, mit der die Höhe der originären →Steuerkraft eines öffentlichen Aufgabenträgers gemessen werden soll: Summe mit fiktiven, landeseinheitlichen Hebesätzen modifizierten Steuereinnahmen der Gemeinden; wenig ergiebige Steuerarten (örtliche Verbrauch- und Aufwandsteuern) werden aus Vereinfachungsgründen i. d. R. nicht berücksichtigt. Im Rahmen des kommunalen (ergänzenden) Finanzausgleichs wird die St. zur Berechnung der →Schlüsselzuweisungen der →Ausgleichsmeßzahl (relativer Finanzbedarf) gegenübergestellt.

Steuerkraftziffern, Meßzahlen für den durchschnittlichen Steuerbetrag je Kopf der Bevölkerung und je Finanzamtsbezirk. Der Berechnung liegen Lohn-, Einkommen-, Körperschaft- und Vermögensteuern zugrunde.

Steuerkurswert, für die steuerliche Bewertung jeweils vom Bundesminister der Finanzen festzulegender amtlicher Wert, mit dem bestimmte Wertpapiere bei der Ermittlung des →Einheitswerts von →Betriebsvermögen und privatem Vermögen, etwa beim sonstigen Vermögen oder im Erbfall, anzusetzen sind (§§ 11, 112, 113 BewG). – *Anders:* →Kurswert.

Steuerlastquote, →Steuerquote.

Steuerlehre, →Betriebswirtschaftliche Steuerlehre.

steuerliche Beziehungslehre, Teilgebiet der finanzwissenschaftlichen Steuerlehre, die die wechselseitige Abstimmung der einzelnen Steuerarten eines Systems herstellen soll. Die Einzelsteuern sollen sich in ihren Zwecken und Zielen ergänzen und kontrollieren. – Zu *unterscheiden:* a) in *steuertechnischer Hinsicht:* →mehrgliedrige Steuern, →Ergänzungssteuern, →Folgesteuern und →Kontrollsteuern; b) hinsichtlich der Erfassung von (zumeist negativen) *Wirkungszusammenhängen:* →Steueraushöhlung, →Steuerhäufung und →Kaskadenwirkung.

steuerliche Nebenleistungen, Ansprüche aus dem →Steuerschuldverhältnis, die jedoch nicht wie Steuern der Einnahmeerzielung, sondern bestimmten Nebenzwecken dienen. St. N. sind ausschließlich →Verspätungszuschläge, →Zinsen, →Zwangsgeld, →Säumniszuschläge und Kosten (§ 3 III AO).

steuerlicher Formeltarif, →Kurventarif 3.

steuerliche Wahlrechte, →Steuerpolitik II.

Steuermarken, →Stempelsteuern.

Steuermentalität, allgemeine Einstellung zum Abgabewesen bzw. zur Besteuerung, wobei diese durch die sozio-kulturelle und politische Einschätzung der Staatsautorität allgemein und seiner Leistungserbringung im besonderen geprägt ist. Bezüglich St. lassen sich auffallende internationale Unterschiede (allgemeines Nord-Süd-Gefälle in Europa) aufzeigen. – Vgl. auch →Steuermoral.

Steuermeßbescheid, förmliche Feststellung des →Steuermeßbetrages bei den →Realsteuern. Die Vorschriften über die →Steuerfestsetzung finden sinngemäß Anwendung (§ 184 I AO). Vgl. →Gewerbesteuer, →Grundsteuer. Entscheidungen im St. können nur durch dessen Anfechtung, nicht auch durch Anfechtung des Steuerbescheides angegriffen werden, dessen Grundlage sie sind (§ 42 II FGO, § 351 II AO). – *Rechtsbehelf:* →Einspruch (§ 348 I 2 AO).

Steuermeßbetrag, Bemessungsgrundlage bei den Realsteuern. Der St. ergibt sich durch Anwendung der →Steuermeßzahl auf die →Besteuerungsgrundlage (bei der Gewerbesteuer: →Gewerbekapital und →Gewerbeertrag; bei der Grundsteuer: →Einheitswert). St. wird durch →Steuermeßbescheid festgesetzt.

Steuermeßzahl, der bei den Realsteuern auf die →Besteuerungsgrundlage anzuwendende Prozentsatz zur Ermittlung der →Bemessungsgrundlage. (→Steuermeßbetrag).

Steuermoral, Einstellung des Steuerpflichtigen zum Steuerdelikt. Mangelnde St. führt zu illegalem →Steuerwiderstand. – Vgl. auch →Steuermentalität.

Steuermultiplikator, genauer: *St. in bezug auf das Einkommen,* um wieviel sich das Volkseinkommen (Y) verändert, wenn der Staatssektor die Steuerbelastung der privaten Haushalte (T) variiert. Typische Form des St.: dY/dT = b/(1-b+bT) mit b = marginale Konsumneigung und T = Steuersatz einer (hier unterstellten) proportionalen Einkommensteuer. Der St. ist größengleich mit dem →Transfermultiplikator und um die Größenordnung 1 kleiner als der →Staatsausgabenmultiplikator für Güter und Dienstleistungen, da negative Nachfrageeffekte nur mittelbar wirksam werden. – Vgl. auch →Haavelmo-Theorem, →Multiplikator.

Steuern. I. B e g r i f f : Öffentliche →Abgaben, die ein Gemeinwesen kraft Zwangsgewalt in einseitig festgesetzter Höhe und (anders als bei →Gebühren und →Beiträgen) ohne Gewährung einer Gegenleistung von natürlichen und juristischen Personen ihres Gebietsbereichs erhebt. Entsprechend der heute gültigen →Steuerrechtfertigungslehre werden eine unbeschränkte staatliche Steuerhoheit und steuerliche Unterwerfung als unbestritten, weil gemeinschaftsbedingte Normen, anerkannt; dementsprechend Begriffsumschrei-

bung in der Finanzwissenschaft als „Zwangsabgaben ohne Anspruch auf Gegenleistung" und in der Abgabenordnung (§ 3 I AO) als „Geldleistungen, die nicht eine Gegenleistung für eine besondere Leistung darstellen und von einem öffentlich-rechtlichen Gemeinwesen zur Erzielung von Einkünften allen auferlegt werden, bei denen der Tatbestand zutrifft, an den das Gesetz die Leistungspflicht knüpft; die Erzielung von Einnahmen kann Nebenzweck sein."

II. E n t w i c k l u n g : 1. St. schon in *antiken Finanzwirtschaften* gebräuchlich. – 2. Im europäischen *Mittelalter und zu Beginn der Neuzeit* standen sie als Geldbeschaffungsmittel noch hinter Erträgen aus Domänen und Regalien zurück. – 3. Mit dem *Absolutismus* begann ununterbrochene Zunahme ihrer Bedeutung. – 4. In *modernen demokratischen Staatswesen* liegt das Bewilligungsrecht bei den vom Volk periodisch gewählten Parlamenten, womit gewährleistet sein soll, daß die Steuerlast unter Beachtung von →Steuergerechtigkeit und steuerökonomischen Prinzipien (→Steuerwirkungen, →Steuereinmaleins, →psychological breaking point usw.) auferlegt wird. Durch ständige Erhöhung der Sätze und Einführung immer neuer St. ist das Steueraufkommen in vielen Ländern auf ⅓ des →Volkseinkommens gestiegen; daraus ergibt sich, daß die →Steuerpolitik ein bedeutsames Mittel zur Lenkung der volksw. Einkommensströme geworden ist.

III. G r u n d b e g r i f f e : 1. *Steuersubjekt:* Die zur Besteuerung herangezogene Person. – *Steuerschuldner:* Der gesetzlich zur Entrichtung Bestimmte; er stimmt i. d. R. mit dem Steuerzahler überein (Ausnahme: Steuererhebung im Quellenabzugsverfahren); er ist mit dem →*Steuerträger,* d. h. dem der Steuer wirklich Belasteten nur dann identisch, wenn →Steuerüberwälzung unterbleibt. – →*Steuerdestinatar:* Den vom Gesetz nicht als Steuerzahler, aber als Steuerträger vorgesehene Person. – 2. →*Steuerobjekt (Steuergegenstand):* Tatbestand, an den die Steuererhebung anknüpft. Gezahlt wird die St. aus der →*Steuerquelle* (Einkommen oder Vermögen). – 3. Rechtlich greift die Besteuerung an der →*Steuerbemessungsgrundlage* an. Von der →*Steuereinheit,* ein festgelegter Anteil der Steuerbemessungsgrundlage (Maß, Gewicht, Wertziffer), wird der →*Steuersatz* oder *Steuerbetrag* erhoben; →*Steuertarif* ist ein listenmäßiges Verzeichnis, das den Steuereinheiten bestimmte Sätze oder Beträge zuordnet.

IV. E i n t e i l u n g : Einteilung der St. ist nach unterschiedlichen Gesichtspunkten möglich. Vgl. im einzelnen →Steuerklassifikation.

V. K o s t e n r e c h n u n g : St. werden als (Quasi-)Kosten nur verrechnet, soweit sie die betriebliche Tätigkeit an sich (Kauf und Einsatz von Produktionsfaktoren, ihre Kombination und Transformation zu Fertigprodukten und deren Absatz) belasten, nicht dagegen, soweit sie das Ziel der betrieblichen Tätigkeit, den Gewinn, belasten. Diese allgemeine betriebswirtschaftliche Auffassung deckt sich im wesentlichen mit den →*Leitsätzen für die Preisermittlung auf Grund von Selbstkosten (LSP)*. – Danach sind für die Preiskalkulation *zu unterscheiden:* a) *Kalkulierbare Steuern,* insbes. Gewerbesteuer, Vermögensteuer, Grundsteuer, Kraftfahrzeugsteuer und Beförderungsteuer sowie als Sonderkosten die Umsatzsteuer und besondere auf dem Erzeugnis lastende Verbrauchsteuern. – b) *Nicht kalkulierbare Steuern* sind insbes. Einkommen-, Körperschaft-, Kirchensteuer, Erbschaft- und Schenkungsteuer, Lastenausgleichsabgabe; dies sind also keine Kosten.

VI. H a n d e l s b i l a n z : St. sind als Anschaffungsnebenkosten (z. B. Grunderwerbsteuer, Börsenumsatzsteuer) oder als Teil der Herstellungskosten (Gewerbekapitalsteuer, Grundsteuer; nicht jedoch: gewinnabhängige Steuerarten) zu aktivieren. Für →Abgrenzungsposten für latente Steuern besteht ein →Aktivierungswahlrecht als →Bilanzierungshilfe. Sichere Steuerverbindlichkeiten sind unter den sonstigen Verbindlichkeiten, unsichere unter Steuerrückstellungen zu passivieren. – In der →*Gewinn- und Verlustrechnung von Kapitalgesellschaften* sind Steueraufwendungen getrennt nach St. vom Einkommen und vom Ertrag sowie sonstige Steuern auszuweisen. Im Gegensatz zum →Gesamtkostenverfahren enthält die Position „sonstige Steuern" beim →Umsatzkostenverfahren nur die nicht aktivierten Steuern.

Steuernachschau, →Außenprüfung, →Nachschau.

Steueroasen, *tax havens,* Bezeichnung für Länder, die ein niedriges Steuerniveau haben, weil keine oder nur sehr niedrige →Steuern oder sonstige →Abgaben erhoben werden, z. B. die Bermuda-Inseln, die Bahamas, sowie – mit gewissen Einschränkungen – Liechtenstein, Monaco, Schweiz. Das niedrige Steuerniveau kann entweder auf einer im allgemeinen niedrigen maximalen Steuerbelastung oder aber auf besonderen Steuer- und Abgabenprivilegien für bestimmte Steuersubjekte beruhen. Ein Teil dieser Länder versucht, die fehlenden Steuer- und Abgabeneinnahmen durch andere Einnahmen (Sonderbriefmarken, Konzessionen usw.) auszugleichen. – Das im Verhältnis zu anderen Staaten niedrige Steuerniveau bietet den Anreiz zur *Verlagerung von Einkünften und Vermögen* in diese Länder zum Zwecke der Steuerersparnis. – Die aus der Sicht der Steuerpflichtigen vorhandene Attraktivität der S. ist durch das →Außensteuergesetz erheblich gemildert und z. T. in ihr Gegenteil verkehrt worden. – Vgl.

auch →Basisgesellschaften, →Oasenerlaß, →Steuerabwehr I, →Steuerflucht.

Steuerobjekt, *Steuergegenstand,* Tatbestand, dessen Vorhandensein Grundlage der Besteuerung (→Steuern) ist. Inbegriff der sachlichen Voraussetzungen zur Entstehung der Steuerschuld. St. kann ein →Wirtschaftsgut oder ein wirtschaftlicher Vorgang sein.

Steuerordnung, →Steuersystem.

Steuerordnungswidrigkeiten, Zuwiderhandlungen, die nach den Steuergesetzen mit Geldbuße geahndet werden können (§ 377 AO). – 1. *Arten:* Insbes. leichtfertige →Steuerverkürzung, →Steuergefährdung, →Gefährdung der Abzugsteuern, →Verbrauchsteuergefährdung, →Gefährdung der Eingangsabgaben, unzulässiger Erwerb von Steuererstattungs- und Vergütungsansprüchen, Zuwiderhandlungen nach dem →Steuerberatungsgesetz. – 2. *Strafe:* Geldbuße bis zu 100 000 DM. – 3. *Verjährungsfrist:* Fünf Jahre (§ 384 AO). – 4. *Verfahren:* a) Es gilt das Gesetz über →Ordnungswidrigkeiten i. V. mit §§ 409–412 AO. Sachlich zuständig ist die Finanzbehörde, die die betroffene Steuer verwaltet. – b) Gegen einen →Rechtsanwalt, →Steuerberater, →Steuerbevollmächtigten, →Wirtschaftsprüfer oder →vereidigten Buchprüfer kann erst nach Stellungnahme der zuständigen Berufskammer wegen einer St., die er in Ausübung seines Berufes bei der Beratung in Steuersachen begangen hat, ein Bußgeldbescheid erlassen werden (§ 411 AO).

Steuerparadoxon. I. F i n a n z w i s s e n - s c h a f t : 1. *Begriff:* Eine von C. Föhl aufgestellte These, daß wie alle anderen Steuern auch Gewinnsteuern überwälzbar (→Steuerüberwälzung) seien (aufgestellt von C. Föhl). Durch die Wiederverausgabung der Steuereinnahmen durch den Staat oder durch Kreditfinanzierung steigt die gesamte Nachfrage nach Gütern und Diensten, ohne daß sich das Angebot ausdehnt, und ermöglicht dadurch der Überwälzung notwendigen Preiserhöhungen. – 2. *Bedeutung:* Die Aussage von Föhl löste eine umfangreiche Diskussion aus *(Föhl-Kontroverse),* da sie im völligen Gegensatz zu der bisherigen mikroökonomisch abgeleiteten Nichtüberwälzungsthese stand. Es zeigte sich, daß die Prämisse unveränderter Konsum- und Investitionsausgaben infolge erhöhter Gewinnbesteuerung unhaltbar ist und daß sich eindeutige Aussagen über die Überwälzung von Gewinnsteuern kaum fällen lassen. – Vgl. auch →Steuerinzidenz, →makroökonomische Inzidenz.

II. I n v e s t i t i o n s r e c h n u n g : Ein abschreibungsfähiges Investitionsobjekt ist vor Steuern nicht vorteilhaft (Kapitalwert < Anschaffungszahlung), nach Steuern jedoch vorteilhaft (Kapitalwert > Anschaffungsauszahlung).

Steuerpflicht, Pflicht, die durch die Steuergesetze auferlegten Verpflichtungen (nicht nur zur Steuerzahlung) zu erfüllen. – Zu *unterscheiden:* →beschränkte Steuerpflicht; →unbeschränkte Steuerpflicht. – Vgl. auch →Steuerpflichtiger.

Steuerpflichtiger, derjenige, der eine Steuer schuldet, für eine Steuer haftet, eine Steuer für Rechnung eines Dritten einzubehalten und abzuführen, eine Steuererklärung abzugeben, Sicherheit zu leisten, Bücher und Aufzeichnungen zu führen oder andere ihm durch die Steuergesetze auferlegte Verpflichtungen zu erfüllen hat (§ 33 I AO). St. ist *nicht,* wer in fremder Sache Auskunft zu erteilen, Urkunden vorzulegen, ein Sachverständigergutachten zu erstatten oder das Betreten von Grundstücken, Geschäfts- und Betriebsräumen zu gestatten hat (§ 33 II AO). – Zu *unterscheiden:* →beschränkt Steuerpflichtiger; →unbeschränkt Steuerpflichtiger.

steuerpflichtiges Vermögen, Begriff des VStG: Als st.V. gilt: a) bei *unbeschränkt steuerpflichtigen* natürlichen Personen der nach Abzug der →Freibeträge vom →Gesamtvermögen verbleibende Vermögensbetrag, bei Kapitalgesellschaften das Gesamtvermögen oder b) bei *beschränkt Steuerpflichtigen* das →Inlandsvermögen (§ 9 VStG).

Steuerpolitik. I. F i n a n z w i s s e n s c h a f t e n / W i r t s c h a f t s p o l i t i k: 1. *Begriff:* Einsatz steuerlicher Maßnahmen im Dienste der Finanz- und Wirtschaftspolitik (vgl. auch →Finanzpolitik, →Wirtschaftspolitik). – 2. *Ziele:* a) *Fiskalische Ziele:* Steigerung des Steueraufkommens. – b) *Nichtfiskalische Ziele:* Die St. kann jegliche staatspolitische Ziele verfolgen, z. B. allokative Ziele durch differenzierte Umsatzsteuersätze, wachstumspolitische Ziele durch erhöhte Abschreibungen, distributive Ziele durch einen progressiven Einkommensteuertarif und konjunkturpolitische Ziele durch eine →built-in flexibility. – 3. *Ansätze:* a) *Auswahl der Steuerobjekte,* z. B. Neueinführung oder Abschaffung von Steuern. – b) *Steuertechnik,* diesbezügliche vielfältige Eingriffsmöglichkeiten, z. B. Ausdehnung oder Einschränkung der Steuerbemessungsgrundlage, Steuerbefreiungen, Steuersatzänderungen. – 4. *Wirkungen:* In allen Bereichen der Volkswirtschaft (Einkommensentstehung, -verwendung und -verteilung, bei privaten Haushalten wie bei Unternehmen und auch dem Ausland) zeigen sich Wirkungen. Für den Politiker ist die Kenntnis der Wirkungen seiner Maßnahmen unerläßlich, doch nie umfassend erreichbar, so daß man beabsichtigte und unbeabsichtigte Wirkungen unterscheiden muß. – 5. *Grenzen:* Liegen in den ökonomischen und psychischen →Grenzen der Besteuerung i. a., im besonderen jedoch in den Vorstellungen vom Sinn und

Zweck der einzelnen →Steuern. Ferner muß eine aktive St. stets beachten, daß in demokratisch regierten Staaten Variationen im Steuergefüge nur sehr langsam in die Tat umgesetzt werden können, woraus eine strukturelle Schwerfälligkeit der St. resultiert.

II. B e t r i e b s w i r t s c h a f t s l e h r e: Der auf das Objekt →Steuern gerichtete adäquate Mitteleinsatz zur Erreichung bestimmter Ziele.

1. *Ziele:* In der →Betriebswirtschaftlichen Steuerlehre werden zahlreiche steuerpolitische – vornehmlich steuerbilanzpolitische – Ziele diskutiert. In allgemeingültiger Form kann eine *steuerpolitische Zielfunktion* definiert werden als: Maximiere den Barwert des Erfolgs, der sich durch die Wirkungen des Einsatzes eines steuerpolitischen Mittels auf die Größen Steuerhöhe und Zahlungszeitpunkt erzielen läßt, und beachte hierbei alle individuellen Nebenbedingungen des Steuerpflichtigen.

2. *Mittel:* a) Die *Möglichkeit* betriebswirtschaftlicher St. ist gegeben, da der Steuerpflichtige durch die an die Verwirklichung des Tatbestands anknüpfende Rechtsfolge und damit die Steuerhöhe und/oder den Zahlungszeitpunkt beinflussen kann. – b) Die *Mittel* im einzelnen: (Überblick vgl. Abb. Sp. 1727/ 1728): (1) *Sachverhaltsgestaltung:* Die über die bloße Ausübung der steuerlichen Wahlrechte hinausgehende steuerlich motivierte Beeinflussung der Realität unter den oben unter I. genannten Zielsetzungen verstanden z. B. Wahl der Rechtsform, Bestimmung des Standorts, Anschaffung geringwertiger Wirtschaftsgüter). – (2) Ein *steuerliches Wahlrecht* folgt immer erst auf einen realisierten Sachverhalt. Ein Wahlrecht liegt dann vor, wenn an den verwirklichten Sachverhalt nicht zwingend eine bestimmte Rechtsfolge angeknüpft, sondern der Steuerpflichtige entweder bestimmen kann, welche von mindestens zwei alternativen Rechtsfolgen bei ihm Anwendung finden soll, oder die Wahl hat, ohne weitere Sachverhaltsgestaltung eine bestimmte Rechtsfolge eintreten zu lassen oder jegliche Rechtsfolge zu vermeiden. – c) *Differenzierung der steuerlichen Wahlrechte:* (1) Die *steuerbilanziellen Wahlrechte* (z. B. Wahl der Abschreibungsmethode, Übertragung stiller Reserven nach § 6 b EStG, Bildung von Pensionsrückstellungen, Bildung einer Preissteigerungsrücklage nach § 74 EStDV u. v. m.) dienen der Beeinflussung der Steuerbilanz. Neben der ordentlichen, regelmäßig jährlich zu erstellenden Ertragsteuerbilanz existieren steuerliche →Sonderbilanzen (außerordentliche Steuerbilanzen), die zu bestimmten Anlässen anzufertigen sind (z. B. Umwandlung, Beendigung, Gründung) und ebenfalls durch den Einsatz bestimmter Wahlrechte gestaltet werden können. – (2) Wahlrechte, die

Übersicht: Steuerpolitisches Instrumentarium

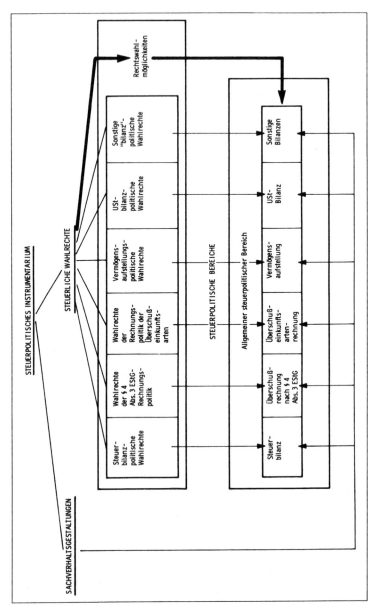

die →*Überschußrechnung* nach §4 III EStG beeinflussen (z. B. §6c EStG, §7 EStG). – (3) Wahlmöglichkeiten, die es dem Steuerpflichtigen erlauben, auf die *Rechenwerke* einzuwirken, die der Ermittlung der Überschußeinkunftsarbeiten (→Einkünfte) nach §2 I Nr. 4–7 EStG dienen (z. B. §82a I EStDV, §§82a, 82g, 82i EStDV. – (4) Die *Vermögensaufstellungspolitik* (→Vermögensaufstellung), deren Aufgabe in der zielgerichteten, durch Ausübung gesetzlich zulässiger Wahlrechte bewirkten Beeinflussung des zu ermittelnden Betriebsvermögens besteht. Eigenständige Wahlrechte der Vermögensaufstellungspolitik existieren kaum, ihre Beeinflussung erfolgt im wesentlichen über Mittel, die bereits in der Steuerbilanz, sogar in der Handelsbilanz ansetzen. – (5) *Umsatzsteuer, Erbschaftsteuer, Gewerbeertragsteuer- und Gewerbekapitalsteuerbilanzpolitik.* – (6) Außerhalb dieser speziellen Gebiete verbleibt ein großer Bereich, in dem der Steuerpflichtige aufgrund vorhandener Wahlrechte steuerpolitische Aktivitäten entfalten kann. Da diesem Umfeld ein unmittelbarer Bezug zu einer der genannten speziellen St. fehlt, wird es als *allgemeiner steuerpolitischer Teilbereich* bezeichnet, der die Wahlrechte umfaßt, deren Wirkung über die Beeinflussung der zuvor genannten Rechenwerke hinausgeht *(Rechtswahlmöglichkeiten).* Insgesamt sind nahezu 130 Rechtswahlmöglichkeiten bekannt.

3. *Wirkungen:* a) Die *Sachverhaltsgestaltungen* zeigen ihre Wirkungen sowohl im allgemeinen steuerpolitischen Bereich als auch in den einzelnen genannten speziellen St. – b) *Steuerpolitische Wahlrechte* beeinflussen die Steuerschuld unmittelbar über mittelbar über eine Beeinflussung beispielsweise der Bemessungsgrundlage, des Steuersatzes oder beider Größen. Weitere Folgen aufgrund der →Steuerartendependenzen und →Steuerarteninterdependenzen. Ferner lassen sich durch die Ausübung von Wahlrechten Steuerbemessungsgrundlagen persönlich (bestimmten Steuerpflichtigen) oder sachlich (unterschiedlichen Einkunftsarten, Vermögensarten) zuordnen. Weitere Konsequenzen durch die Veränderung der mit den Steuerpflichtigen verbundenen Verwaltungsaufgaben. Von entscheidender Bedeutung ist die Möglichkeit, den Zahlungszeitpunkt zu verschieben. – c) Aus dem Zusammenspiel dieser Konsequenzen ergibt sich das vom Steuerpflichtigen zur Erreichung seines steuerpolitischen Ziels angestrebte *Folge.* Bei der Durchführung betriebswirtschaftlicher St. sind die durch sie anfallenden *Kosten* mit ins Vorteilhaftigkeitskalkül einzubeziehen.

4. *Ungewißheit:* Steuerpolitische Entscheidungen werden von Ungewißheit beeinflußt. – a) Auf der *Sachverhaltsseite* ist zum einen ungewiß, welche Würdigung der bereits realisierte oder zukünftig zu realisierende Sachverhalt

durch die Finanzverwaltung erfährt, zum anderen ist die Sachverhaltsentwicklung mit Ungewißheiten behaftet. – b) *Die Steuerrechtsseite* unterliegt der Ungewißheit insbesondere durch die Risiken, die durch Gesetzgebung, Rechtsprechung und Finanzverwaltung verursacht werden. – c) *Vermeidung der Ungewißheit* ist kaum möglich; allenfalls beschränkt durch verbindliche Zusagen seitens der Finanzverwaltung oder durch Steuerklauseln. Die Berücksichtigung der Ungewißheit geschieht durch Prognose der zukünftigen Daten(Ermittlung von →Erwartungwerten, Bestimmung von Eintrittswahrscheinlichkeiten) und unter Anwendung verschiedener, aus der Investitionstheorie entliehener Methoden, wie z.B. Drei-Werte-Methode, Sensitivitätsanalysen, Bestimmung kritischer Werte.

Steuerprogramm, *Organisationsprogramm, Systemsteuerprogramm,* in der elektronischen Datenverarbeitung von den Computerherstellern nicht einheitlich verwendeter Begriff für die von ihnen entwickelten und gelieferten Programmkomplexe (→Programm), die der Steuerung und Kontrolle des (internen) Ablaufs einer →elektronischen Datenverarbeitungsanlage dienen (Steuern der Vorgänge in der →Zentraleinheit, Verwalten von Programmen und internen →Speichern, Zuteilen von →peripheren Geräten zu Programmen u. a.). Ohne St. sind moderne Datenverarbeitungsanlagen nicht betriebsfähig. – *Begriffsverwendungen:* 1. Als St. wird häufig der *Teil* der zu einem →Betriebssystem gehörenden →*Systemprogramme* bezeichnet, der die genannten Funktionen ausübt. – 2. Steigende Anforderungen an die EDV (→Datenfernverarbeitung, →Datenbank) und die Möglichkeiten ihrer Realisierung mit Hilfe des Konzepts des →virtuellen Speichers führten in den siebziger Jahren zur Erweiterung und wesentlichen Verbesserung von Betriebssystemen (neben zusätzlichen Funktionen neue Zugriffsmethoden) durch neue St.

Steuerprogression, eine der drei möglichen Ausprägungen der →Steuertariftypen, gekennzeichnet durch einen mit steigender Bemessungsgrundlage wachsenden Durchschnittssteuersatz *(progressiver Steuertarif).* Der Grenzsteuersatz ist immer höher als der Durchschnittssteuersatz. Der Durchschnittssteuersatz kann degressiv, linear oder progressiv steigen, z.B. zu verzögerter, linearer oder beschleunigter Progression führt. – Zur *Wirkung der St.* vgl. →Grenzen der Besteuerung, →psychological breaking point, →Steuerabwehr. – *Graphische Darstellung:* Vgl. Abbildung Sp. 1731.

Steuerproportionalität, eine der drei möglichen Ausprägungen der →Steuertariftypen, gekennzeichnet durch einen konstanten durchschnittlichen Steuersatz für jede Höhe der Steuerbemessungsgrundlage *(proportiona-*

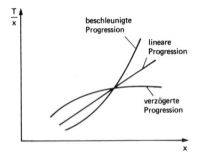

beschleunigte
Progression

lineare
Progression

verzögerte
Progression

ler Steuertarif). Der Grenzsteuersatz entspricht dem Durchschnittssteuersatz.

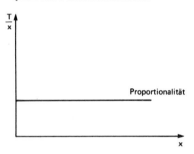

Proportionalität

Steuerpsychologie, Teilbereich der →Finanzpsychologie, deren Erklärungsobjekt die psychologischen →Grenzen der Besteuerung sind mit dem Ziel, die Steuerzwecke besser zu verwirklichen. Zu den steuerpsychologischen Maßnahmen gehören z. B. Informationsvermittlung über die mit Steuern finanzierten staatlichen Leistungen, geschickte Namensgebung (z. B. Pfennigabgaben) oder unmerkliche Ausgestaltung der Steuern.

Steuerquelle, Quelle (Einkommen oder Vermögen), aus der die →Steuer gezahlt wird.

Steuerquote, *Steuerlastquote,* Relation der Steuerschuld oder der tatsächlichen Steuereinnahmen zu einer anderen monetären Größe, um die relative Belastung durch die Besteuerung darzustellen (z. B. Anteil der Steuern am Bruttosozialprodukt zu Marktpreisen dieser Periode). – *Höhe in der Bundesrep.D.:* 23,2% (1986); 23,7% (1985); 24,0% (1981); 25,0 (1977); 22,8% (1970).

Steuerrechner, in komplexeren Netzen (→Netzwerk) für Netzwerk-Verwaltungsaufgaben (z. B. Optimierung der Netzverfügbarkeit, Überwachung der Antwortzeiten, Fehlerstatistiken, Erstellung von Abrechnungen) eingesetzter →Computer.

Steuerrecht. I. B e g r i f f : Gesamtheit der Rechtsnormen unserer Rechtsordnung, die sich – im weitesten Sinne – auf →Steuern beziehen. Diese schaffen und regeln die Rechtsbeziehungen (Rechte und Pflichten) zwischen den Trägern der →Steuerhoheit und den ihnen kraft des öffentlich-rechtlichen Machtgebots unterworfenen natürlichen und juristischen Personen.

II. G l i e d e r u n g : 1. a) *Materielles St.:* Das St. gilt hinsichtlich der Steuern für die Voraussetzungen ihrer Entstehung, ihren Gegenstand und die daran beteiligten Subjekte. – b) *Formelles St.:* Es gilt auch für ihre verfahrensrechtliche Verwirklichung. – 2. a) *Allgemeines St.:* Die Rechtsnormen, die für alle Steuerarten gelten und die sowohl die Verfahren als auch – teilweise – das materielle St. allgemeinen Charakters betreffen, sind mehr oder weniger einheitlich gestaltet. Weitgehend in der →Abgabenordnung und in dem →Bewertungsgesetz kodifiziert. – b) *Besonderes St.:* Es regelt für die Vielzahl der verschiedenen Steuern vorwiegend das materielle Steuerrecht der einzelnen Steuerarten, enthält aber auch besondere Verfahrensvorschriften, die nur für die jeweilige einzelne Steuer gelten.

III. R e c h t s q u e l l e n : Die Lehre von den Rechtsquellen des St. ist – entsprechend der Natur des St. – Teilstück der Rechtsquellenlehre des Verwaltungsrechts und damit zugleich Teil der allgemeinen Rechtslehre. Als Quellen des St. kommen folgende in Betracht: (1) →Steuergesetze, (2) →Steuerrechtsverordnungen, (3) →autonome Satzungen, (4) →Gewohnheitsrecht, (5) →supranationales Recht, (6) →Doppelbesteuerungsabkommen.

IV. R e c h t s a n w e n d u n g : Die Rechtsanwendung im St. besteht – wie im allgemeinen Recht – darin, einen konkreten Sachverhalt unter die maßgebenden (abstrakten) gesetzlichen Tatbestand zu subsumieren, so daß sich eine konkrete Rechtsfolge ergibt. Sie setzt Feststellung des Sachverhalts (geregelt in der AO [Ermittlungsverfahren] und in der FGO [Erforschung des Sachverhalts und Beweisaufnahme]) und der anzuwendenden Rechtsnorm (Finding, Textkritik und Auslegung) voraus.

V. R e c h t s a u s l e g u n g : Die Auslegung im St. ist gesetzlich nicht mehr geregelt. – 1. Sie folgt den *allgemein geltenden Auslegungsregeln:* Die Steuergesetze sind gemäß ihres Sinngehalts unter Berücksichtigung der →wirtschaftlichen Betrachtungsweise und der →Entwicklung der Verhältnisse auszulegen (vgl. auch →typische Betrachtungsweise). – 2. Dieses Ziel wollen die Anhänger der verschiedenen subjektiven und objektiven *Auslegungstheorien* auf verschiedenen Wegen erreichen: Während die subjektiven Theorien von dem Sinn des Gesetzes ausgehen, den es nach dem Willen des Gesetzgebers haben sollte, stellen die objektiven Theorien auf den Willen des Gesetzes selbst ab. Das Bundesverfassungsgericht hebt den objektiven Willen des Gesetzgebers hervor, wie er sich aus dem Wortlaut der Gesetzesbestimmung und dem gegebenen Sinnzusammenhang ergibt. Aufgrund dieser Rechtssprechung kann im St. die objektive Auslegungstheorie heute als die herrschende angesehen werden. – 3. Die von der allgemeinen Rechtslehre entwickelten verschiedenen *Auslegungsmethoden* gelten auch im St. Sie stehen gleichwertig nebeneinander, ergänzen einander und sind i. d. R. alle miteinander zu verbinden. – *Wichtigste Methoden:* (1) *Grammatische Auslegung:* Sie geht von dem Wortlaut der festgestellten Rechtsnorm aus und soll diesen unter Heranziehung des Sprachgebrauchs und der Grammatik klarstellen. – (2) *Historische Auslegung:* Sie berücksichtigt aufgrund der Materialien die Entstehungsgeschichte der Rechtsnorm, wobei die Entwicklung der Verhältnisse zu beachten ist. – (3) *Logisch-systematische Auslegung:* Sie ermittelt und stellt ab auf den Sinn der Begriffe und den Sinnzusammenhang der Rechtssätze nach der allgemeinen Rechsordnung und nach der Systematik des Gesetzes. – (4) *Teleologische Auslegung:* Sie geht von dem Zweck des Steuergesetzes aus, der einerseits in der beschreibenden Erfassung steuerpflichtiger, steuerfreier oder steuerbegünstigter Vorgänge, andererseits in der Bestimmung von Art und Umfang der Steuerpflicht, der Steuerbefreiung oder der Steuervergünstigung zu sehen ist.

VI. Verhältnis zu anderen Rechtsgebieten: 1. *Zum Bürgerlichen Recht:* Bürgerlich-rechtliche Vertragsfreiheit ist dem St. fremd. Wenn auch die Besteuerung im allgemeinen an Vorgänge anknüpft, denen bürgerlich-rechtliche Rechtsgeschäfte zugrunde liegen, so kommt es bei deren steuerrechtlicher Wertung doch mehr auf das an, was (wirtschaftlich betrachtet) ist und durchgeführt wird. – Das St. verwendet häufig Rechtsbegriffe des bürgerlichen Rechts. Diese können im St. einen abweichenden (z. B. Wohnsitz) oder den gleichen (z. B. Ehe, Miete) Inhalt haben oder dem St. angepaßt (z. B. Aufrechnung) sein. Weicht das St. von dem Inhalt bürgerlich-rechtlicher Begriffe ab, so muß dies sachlich hinreichend gerechtfertigt sein. – 2. *Zum Zivilprozeßrecht:* Während die ZPO der Durchsetzung und Sicherung bürgerlich-rechtlicher Ansprüche dient, soll das finanzgerichtliche Verfahren insbesondere dem einzelnen Rechtsschutz gegen unberechtigte steuerrechtliche Inanspruchnahme gewähren. Andere Unterschiede ergeben sich aus den besonderen Grundsätzen beider Verfahren. Die FGO erklärt bestimmte Vorschriften der ZPO ausdrücklich für sinngemäß anwendbar, so z. B. die Bestimmungen für die Ausschließung und Ablehnung von Gerichtspersonen,

für die Beweisaufnahme, für die Streitgenossenschaft. Soweit die FGO keine Bestimmungen über das Verfahren trifft, sind – unter Beachtung der grundsätzlichen Unterschiede beider Verfahren – die Vorschriften des GVG und der ZPO sinngemäß anzuwenden. – 3. *Zum Verwaltungsrecht:* St. ist in seinem Kern besonderes Verwaltungsrecht. Das wird heute allgemein anerkannt. Trotz vieler Gemeinsamkeiten (z. B. Rechtsfigur des Verwaltungsaktes, Ermessensausübung) haben sich die beiden Rechtsgebiete jedoch voneinander gelöst. Das St. hat sich insbesondere nach Einrichtung des Reichsfinanzhofs und dem Inkrafttreten der AO im Jahre 1919 weitgehend verselbständigt. Das formelle St. lehnt sich – entsprechend der erstrebten Verfahrensvereinheitlichung – i. d. R. an die Verwaltungsgerichtsordnung an, soweit nicht die Besonderheiten und die Eigengesetzlichkeit des St. Abweichungen fordern. – 4. *Zum Finanzrecht:* Dieses erfaßt die rechtliche Ausgestaltung der öffentlichen Finanzmittel in ihrer Gesamtheit und regelt deren Bestand, Beschaffung und Verwendung ebenso wie die verfahrensmäßigen Einrichtungen, die der Kontrolle und Sicherung einer gesetzmäßigen Verwaltung und Verwendung dieser Mittel dienen. Das St. stellt sich als ein wichtiges Teilgebiet des Finanzrechtsweges (→Finanzgerichtsbarkeit) dar: Es bezieht sich nur auf eine einzelne Art der öffentlichen Einnahmen, die Steuern; es erfaßt nicht andere öffentliche Einnahmen sowie die Ausgabe der öffentlichen Finanzmittel.

VII. St. und Rechtsprechung: 1. Die →Finanzgerichtsbarkeit wird durch unabhängige, von der Verwaltung losgelöste Gerichte ausgeübt, in den Ländern durch die *Finanzgerichte* als obere Landesgerichte und im Bund durch den *Bundesfinanzhof.* Ziel des Verfahrens ist der Rechtsschutz des einzelnen gegenüber rechtswidrigen Maßnahmen der Verwaltung. Die mündliche Verhandlung wurde mit Inkrafttreten der FGO obligatorisch. Die gerichtlichen Entscheidungen binden die Beteiligten des konkreten Rechtsstreits. Sie stellen für die Verwaltung zwar keine allgemein bindenden Richtlinien dar, werden aber – soweit ihnen allgemeine steuerrechtliche Bedeutung zukommt – i. d. R. beachtet. – 2. Das *Bundesverfassungsgericht* hatte bisher in einer Vielzahl von Fällen die Verfassungsmäßigkeit steuerrechtlicher Vorschriften zu prüfen. Seine Entscheidungen greifen unmittelbar und gestaltend in das St. ein.

Steuerrechtfertigungslehre, Lehre zur Begründung der Erhebung von Steuern. Die St. geht von den Funktionen des Gemeinwesens aus. – *Arten:* (1) →Äquivalenztheorie, (2) →Assekuranztheorie, (3) →Opfertheorie. – St. und →Steuertheorie werden i. d. R. synonym verwendet.

Steuerrechtsverordnungen, Rechtsnormen des →Steuerrechts, die nicht in einem förmlichen Gesetzgebungsverfahren zustande gekommen sind, sondern aufgrund einer gesetzlichen Ermächtigung durch die Bundesregierung oder den Bundesminister der Finanzen. Die St. hat bindende Wirkung für den Steuerpflichtigen. – Vgl. auch →Rechtsverordnungen.

Steuerreform, Umgestaltung einer bestehenden Steuerordnung (→Steuersystem).
I. Allgemeines: Die Steuersysteme fast aller entwickelten Staaten werden von Zeit zu Zeit durch größere St. *den gesellschaftlichen Anschauungen, den Veränderungen der wirtschaftlichen und sozialen Verhältnisse und den Bedürfnissen des Staatshaushalts angepaßt.* Meist verfolgt eine St. auch das Ziel, das Steuersystem durch Verringerung der Zahl der Steuerarten, durch Verbesserung der Verständlichkeit der Steuernormen und durch Erhöhung der Transparenz der Verwaltungsvorgänge zu vereinfachen *(Vereinfachung des Steuerrechts).* Der Realisierung solcher Zielvorstellungen sind jedoch einerseits durch die wachsenden Haushaltsbedürfnisse und die zunehmende Verwendung des Steuerrechts zur Durchsetzung wirtschafts- und sozialpolitischer Ziele und andererseits durch das Bestreben, die Gleichmäßigkeit und Gerechtigkeit der Besteuerung möglichst zu perfektionieren, enge Grenzen gesetzt.
II. St. in der Bundesrep. D.: Die Diskussionen um eine *große St.* begannen mit dem im Jahre 1953 veröffentlichten Gutachten des wissenschaftlichen Beirats beim Bundesfinanzministerium zur →organischen Steuerreform.
1. Am 1.1.1968 wurde die nahezu 50 Jahre alte kumulative Allphasen-Bruttoumsatzsteuer durch die nichtkumulative *Allphasen-Nettoumsatzsteuer* (Mehrwertsteuer, →Umsatzsteuer) ersetzt.
2. Auf der Grundlage der Vorschläge der Kommission beim Bundesfinanzministerium (→Steuerreformkommission) erfolgte die Ausarbeitung von *drei Gesetzentwürfen,* die in unterschiedlichem Maße realisiert wurden. – a) Das *1. Steuerreformgesetz* hatte die Reichsabgabenordnung zum Inhalt. Die reformierte Abgabenordnung ist also AO 1977 am 1.1.1977 in Kraft getreten. Ziel war es u.a., die Systematik und Terminologie zu verbessern und den Charakter der AO als Mantelgesetz wieder herzustellen. – b) Im *2. Steuerreformgesetz* sollten die einheitswertabhängigen Steuern, insb. die Vermögensteuer, Erbschaftsteuer, Grundsteuer und Gewerbekapitalsteuer reformiert werden. Die ursprüngliche Zielsetzung des Gesetzgebers, das Gesetz als Ganzes zu verabschieden, ließ sich nicht realisieren; dieser Reformentwurf wurde im Finanzausschuß in drei Gesetze aufgeteilt. Mit Wirkung vom 1.1.1974 sind das Gesetz zur

Reform des Grundsteuerrechts vom 7.8.1973 (BGBl I 965), das Gesetz zur Reform des Erbschafts- und Schenkungssteuerrechts vom 17.4.1974 (BGBl I 933) sowie das Vermögensteuerreformgesetz vom 17.4.1974 (BGBl I 949) in Kraft getreten. – c) Der Entwurf des *3. Steuerreformgesetzes* befaßte sich mit der Neuregelung des Einkommensteuerrechts (Art. 1), des Körperschaftsteuerrechts (Art. 2) und des Sparprämienrechts (Art. 3). Bereits vor der Behandlung des 3. Steuerreformgesetzes wurden einige zum Reformprogramm der Bundesregierung gehörende Maßnahmen vorgezogen und vorab verwirklicht. – (1) Aus diesem Komplex ist insbes. das *Außensteuerformgesetz* von Bedeutung, das als 1. Gesetz im Rahmen der Steuerreform am 13.9.1972 in Kraft trat (BGBl I 1713). – (2) Da das *3. Steuerreformgesetz* aus verschiedenen Gründen nicht als Ganzes verwirklicht werden konnte, entschloß man sich, die Körperschaftsteuerreform zunächst zurückzustellen und aus den Art. 1 und 3 einige Regelungen vorzuziehen, die als besonderer Gesetzentwurf zusammengefaßt wurden. Dieser *Entwurf eines Gesetzes zur Reform der Einkommensteuer und der Sparförderung* war heftig umstritten und wurde nach einmaliger Anrufung des Vermittlungsausschusses in erheblich veränderter Form Gesetz, das erstmals für den Veranlagungszeitraum 1975 Gültigkeit besitzt. – Der zunächst zurückgestellte Art. 2 des geplanten 2. Steuerreformgesetzes war die Grundlage für das *Körperschaftsteuerreformgesetz,* das sowohl das KStG 1977 umfaßt als auch die erforderlichen Änderungen des EStG 1975. Daneben wurde auch ein *Einführungsgesetz* zum Körperschaftsteuerreformgestz verabschiedet, das die notwendige Anpassung anderer Steuergesetze, insbes. das Umwandlungssteuergesetz 1977 (→Umwandlung IV) enthält.

3. *Weitere wesentliche Änderungen:* a) Durch das *Steueränderungsgesetz 1979* ist u.a. ab 1980 die *Lohnsummensteuer abgeschafft* worden. – b) Im Zuge der *Harmonisierung der Steuervorschriften* innerhalb der EG (→Steuerharmonisierung) wurde das *Umsatzsteuergesetz* reformiert, das am 1.1.1980 in Kraft trat. – c) Weiter ist das *Grunderwerbsteuergesetz 1983* zu nennen, das die Steuerbefreiung drastisch einschränkte und den Steuersatz von 7% auf 2% senkte. – d) →*Steuersenkungsgesetz 1986/88.*
Steuerreformgesetz 1990, Gesetz vom 25.7.1988. Eingeführt wurden →Abzugsteuern auf Kapitalerträge, →Erdgassteuer und Arbeitnehmer-Pauschbetrag (→Pauschbeträge IV); zahlreiche weitere Änderungen in div. Steuergesetzen. – Die Bestimmungen des St. 1990 konnten aus terminlichen Gründen in dieser Aufl. nur teilw. berücksichtigt werden.
Steuerreformkommission, *Eberhard-Kommission,* Sachverständigenkommission unter

dem Vorsitz des ehemaligen bayerischen Finanzministers Eberhard, die 1971 umfassende Steuerreformpläne für das gesamte Steuersystem (vgl. →Steuerreform II 2) vorlegte. Hauptziele des Reformwerks waren eine Vereinfachung und Straffung des Steuersystems, eine innere Abstimmung der Steuern und Abschaffungen von steuerlich bedingten Wettbewerbsverzerrungen.

Steuerregression, eine der drei möglichen Ausprägungen der →Steuertariftypen, gekennzeichnet durch einen mit steigender Bemessungsgrundlage sinkenden Durchschnittsteuersatz *(regressiver Steuertarif).* Der Grenzsteuersatz ist niedriger als der Durchschnittsteuersatz. Der Durchschnittsteuersatz kann degressiv, linear oder progressiv fallen, was zu verzögerter, linearer oder beschleunigter Regression führt.

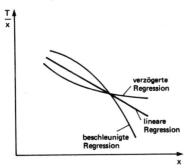

Auswirkung: St. bewirkt die Eigenschaft der →Verbrauchsteuern, niedrige Einkommenschichten relativ stärker zu belasten als höhere. Da Wirtschaftssubjekte mit einem geringen Einkommen i.d.R. eine höhere Konsumquote haben als Bezieher größerer Einkommen, werden sie relativ mehr von einer Verbrauchsteuer erfaßt als die übrigen Gruppen. Deshalb sind hohe Verbrauchsteuersätze aus sozialpolitischen Gesichtspunkten bedenklich.

Steuerrevolte, Aufbegehrung eines großen Teils der Steuerpflichtigen gegen die Staatsautorität wegen drückender Steuerlasten. Im Laufe der Geschichte gab es zahlreiche derartige Steuerwiderstandsbewegungen, z. B. die Boston Tea Party (1773), der Winzeraufstand von Bernkastel (1926) und in neuerer Zeit die tax revolte in den USA.

Steuerrichtlinien, →Richtlinien.

Steuersachverständige, Personen und Organisationen, die dem →Steuerpflichtigen beratend und helfend zur Seite stehen, u. a. Wirtschaftsprüfer, Wirtschaftsprüfgesellschaften, Steuerberater, Steuerbevollmächtigte, Steuer-

beratungsgesellschaften, Fachanwälte für Steuerrecht.

Steuersatz, Prozent- oder Promillesätze der →Bemessungsgrundlage einer Steuer. Der St. bestimmt die Höhe der Steuerbelastung. – Vgl. auch →Steuertarif.

Steuerschuld. I. A b g a b e n o r d n u n g : Die vermögensrechtliche Verpflichtung des Steuerschuldners im →Steuerschuldverhältnis, den Steueranspruch des Steuerberechtigten zu erfüllen. – 1. *Entstehung:* Die St. entsteht, sobald der Tatbestand verwirklicht ist, an den das Gesetz die Leistungspflicht knüpft (§ 38 AO). – 2. *Erlöschen:* Die St. erlischt insb. durch →Zahlung, →Aufrechnung, Billigkeitserlaß (→Steuererlaß 4), →Verjährung (§ 47 AO). – 3. *Zurechnungssubjekt:* Wer die St. zu erfüllen hat, wer Steuerschuldner ist, richtet sich nach den Einzelsteuergesetzen (§ 43 AO). Der Steuerschuldner muß steuerrechtsfähig sein, d. h. Träger steuerlicher Rechte und Pflichten sein können. Handlungsfähigkeit, bzw. steuerliche →Geschäftsfähigkeit ist nicht erforderlich.

II. B e w e r t u n g s g e s e t z : 1. St. sind bei der Bestimmung des →Gesamtvermögens für Zwecke der →Vermögensteuer (→Schulden) und bei der Bestimmung des →Einheitswerts für das →Betriebsvermögen (→Betriebsschulden) abzugsfähig. – 2. *Laufend veranlagte Steuern* (z. B. Einkommen- und Körperschaftsteuer) sind nur abzugsfähig, soweit die Steuern bis zum Veranlagungszeitpunkt (bzw. →Feststellungszeitpunkt) fällig geworden sind, bzw. für einen Zeitraum erhoben werden, der spätestens zum maßgebenden Stichtag endet. *Nicht laufend veranlagte Steuern* (z. B. Erbschafts- und Grunderwerbsteuer) sind nur abzugsfähig, soweit sie bis zum maßgebenden Stichtag entstanden sind (§§ 105, 118 I Nr. 1 BewG).

Steuerschuldner, →Steuern III 1.

Steuerschuldverhältnis, öffentlich-rechtliches →Rechtsverhältnis, auf die vermögensrechtlichen Ansprüche des Steuerrechts gerichtet. Dies sind der Steueranspruch, der →Steuervergütungsanspruch, der Haftungsanspruch, der Anspruch auf eine →steuerliche Nebenleistung und der →Steuererstattungsanspruch (§ 37 I AO). – Vgl. auch →Steuerschuld I.

Steuersenkungsgesetz 1986/88, →Steueränderungsgesetz, beinhaltet Änderungen einiger Vorschriften der →Einkommensteuer zur Leistungsförderung und Entlastung der Familie; Entlastung durch Senkung des Einkommensteuertarifs erfolgt in zwei Stufen, in 1986 und 1988. – 1. *Berücksichtigung von Kindern:* a) *Erhöhung des Kinderfreibetrags* je Kind und Jahr von bisher 432 DM auf 2484 DM; wird jedem Elternteil zur Hälfte gewährt. Als Ausgleich entfällt bei den →Sonderausgaben die

Erhöhung der abzugsfähigen Vorsorgeaufwendungen um insgesamt 900 DM je Kind. – b) *Erhöhung der Kinder-Ausbildungsfreibeträge:* (1) für Kinder bis unter 18 Jahren, die zur Berufsausbildung auswärtig untergebracht sind, von bisher 900 DM auf 1200 DM; (2) für Kinder ab 18 Jahren von 1200 DM auf 1800 DM, bei auswärtiger Unterbringung von 2100 DM auf 3000 DM. – 2. *Unterhaltsleistungen:* Erhöhung des Höchstbetrags für als →außergewöhnliche Belastung abzugsfähige Unterhaltsleistungen an Erwachsene auf 4500 DM. Eigene Einkünfte und Bezüge der unterhaltenen Person, die 4500 DM übersteigen, sind von dem o. g. Höchstbetrag zu kürzen. – 3. *Realsplitting:* Verdoppelung des Höchstbetrags für den Abzug der Unterhaltsleistungen (an den geschiedenen oder dauernd getrennt lebenden Ehegatten) als Sonderausgaben von 9000 DM auf 18 000 DM. – 4. *Tarifentlastung:* Ab 1986 Erhöhung des Grundfreibetrags bei der Einkommensteuer von 4212 auf 4536 DM; bei zusammenveranlagten Ehegatten von 8424 DM auf 9072 DM. In zwei Stufen 1986 und 1988 Abflachung des progressiven Einkommensteuersatzes (→Steuerprogression) für steuerpflichtige Einkommen ab 18 000 DM, bei zusammenveranlagten Ehegatten ab 36 000 DM, so daß der Steuersatz weniger schnell ansteigt. Die untere Proportionalzone (→Steuerproportionalität), in deren Bereich jeder Einkommenzuwachs mit gleichbleibend 22% versteuert wird, reicht weiterhin bis 18 000 DM, bei zusammenveranlagten Ehegatten bis 36 000 DM.

Steuerstatistik, →Finanzstatistik II.

Steuerstrafrecht, die besonderen, sich auf →Steuerstraftaten beziehenden strafrechtlichen Vorschriften der Abgabenordnung (AO). – Das St. *umfaßt* die materiellen Strafvorschriften (§§ 369–376 AO), ergänzt durch den StGB und die formellen Vorschriften des Steuerstrafverfahrensrechts (§§ 385–408 AO).

Steuerstraftat. 1. *Begriff:* St. sind: a) Taten, die nach den Steuergesetzen strafbar sind, d. h. (1) →Steuerhinterziehung, (2) gewerbsmäßiger, gewaltsamer und bandenmäßiger →Schmuggel, (3) →Steuerhehlerei, vorsätzliche Vermittlung von Geschäften oder Wechsel, für die die Wechselsteuer hinterzogen wurde (§ 13 WStG); b) →Bannbruch; c) →Steuerzeichenfälschung; d) Begünstigung einer Person, die eine dieser Taten begangen hat (§ 369 AO). – Verletzung des →Steuergeheimnis ist *keine* St., sondern Straftat nach § 355 StGB. – 2. *Strafe:* Geldstrafe oder Freiheitsstrafe; Tatwerkzeuge oder -produkte können eingezogen werden. Bei Freiheitsstrafe von mindestens einem Jahr kann das Gericht in bestimmten Fällen die Fähigkeit, öffentliche Ämter zu bekleiden und Rechte aus öffentlichen Wahlen zu erlangen, aberkennen (§ 375 I AO). – 3. *Verjährung:* Die

Strafverfolgung verjährt in fünf Jahren (§§ 78 StGB), die Verjährungsfrist wird durch die Bekanntgabe eines Bußgeldverfahrens oder deren Anordnung unterbrochen (§ 376 AO).

Steuerstrafverfahrensrecht, die formellen besonderen Vorschriften des →Steuerstrafrechts (§§ 385–408 AO), die in Ergänzung der allgemeinen Vorschriften (Strafprozeßordnung, Gerichtsverfassungsgesetz und Jugendgerichtsgesetz) gelten. – 1. Die *Finanzbehörden* haben bei allen →Steuerstraftaten von Amts wegen den Sachverhalt zu erforschen. Dabei nehmen sie die Rechte und Pflichten der →Staatsanwaltschaft im Ermittlungsverfahren wahr. Die Finanzbehörde kann die Sache jedoch jederzeit an die Staatsanwaltschaft abgeben. Diese kann die Sache auch jederzeit an sich ziehen und wieder abgeben (§ 386 AO). Die Einleitung des Strafverfahrens ist dem Beschuldigten mitzuteilen (→Selbstanzeige). – 2. Bieten die Ermittlungen genügenden Anlaß zur Erhebung der öffentlichen Klage, so beantragt das Finanzamt beim Amtsgericht den Erlaß eines →Strafbefehls. Erscheint ein Strafbefehl nicht geeignet, legt es die Akten der Staatsanwaltschaft vor, die sodann die Entscheidung trifft. An dem weiteren Verfahren ist das Finanzamt zu beteiligen. Ihm sind alle Termine und Entscheidungen mitzuteilen. – 3. Zulässig ist auch, die →*Einziehung* oder den →*Verfall* zu beantragen (§ 401 AO). – 4. Als *Verteidiger* können auch Steuerberater, Steuerbevollmächtigte, Wirtschaftsprüfer und vereidigte Buchprüfer gewählt werden, wenn das Finanzamt das Verfahren wegen der Steuerstraftat selbständig durchführt.

Steuersubjekt, →Steuern III 1.

Steuersystem, *Steuerordnung.* 1. *Begriff:* Gesamtheit der in einem Land erhobenen bzw. mit einem bestimmten Sinngehalt zu erhebenden →Steuern. – a) *St. i. e. S.:* Darstellung der Vielzahl der gleichzeitig erhobenen Steuern *(deskriptiver Aspekt).* – b) *St. i. w. S.:* Forderung nach einem logischen Zusammenhang aller Steuern *(gestalterischer Aspekt).* – 2. *Arten:* a) Nach der *Art der Entstehung:* →historisches Steuersystem, →rationales Steuersystem. – b) Nach der *Konzeption:* →äußeres Steuersystem, →inneres Steuersystem. – c) Nach der Anzahl der →Steuerarten: →monistisches Steuersystem, →pluralistisches Steuersystem. – 3. *Heutige St.* sind so vielgestaltig und komplex, müssen auf die föderalistischen Strukturen (→Föderalismus) und verschiedenste politische Ziele Rücksicht nehmen, daß die Gestaltung rationaler St. nur als theoretische Aufgabe bzw. – sofern überhaupt möglich – als Maßstab für eine „permanente Steuerreform" denkbar ist. – Vgl. auch →Gemeindesteuersystem.

Steuersystemtheorie, →Finanztheorie VI 2.

Steuertabelle, Übersicht in Tabellenform, die i.d.R. den jeweiligen Steuerbemessungsgrundlagen (→Bemessungsgrundlage) die entsprechenden →Steuersätze bzw. zu entrichtenden Steuerbeträge zuordnet.

Steuertarif, *Durchschnittssteuersatz,* Steuerschuld bei alternativen Bemessungsgrundlagen. – *Ausgestaltung* der St. durch →Steuertariftypen. – Vgl. auch →Steuer-Kombinationstarife.

Steuertariftypen, Gestaltung des Verlaufs des →Steuertarifs bei steigender Bemessungsgrundlage. – *Arten:* St. mit Proportionalität (proportionaler Steuertarif, →Steuerproportionalität), Progression (progressiver Steuertarif, →Steuerprogression) und Regression (regressiver Steuertarif, →Steuerregression), wobei zwischen beschleunigter, linearer und verzögerter Progression bzw. Regression unterschieden wird. – *Darstellung* von St. in verschiedenen →Tarifformen.

Steuertechnik, alle administrativen und juristischen Maßnahmen der Steuererhebung und -kontrolle, z.B. Festsetzung des Namens der Steuer, Bestimmung von Steuerobjekt, -bemessungsgrundlage, -subjekt, -tarif, -satz und Steuerrechtssprechung. Funktion der St. ist es, den allgemeinen →Steuergrundsätzen zu dienen und die Ausgestaltung einer Steuer im Detail festzulegen. Bei der Ausgestaltung der St. sind die potentiellen Wirkungsweisen zu berücksichtigen, um die mit einer bestimmten Steuer angestrebten Ziele zu verwirklichen. – Vgl. auch →Grenzen der Besteuerung, →Steuerwirkungen, →Steuern.

Steuertheorie. 1. *Begriff:* a) *St. i.w.S.:* Sammelbezeichnung für die →Steuerrechtfertigungslehre, die Lehre vom →Steuersystem, die Lehre von den →Steuerwirkungen, die Lehre von den Steuergrundsätzen (→Besteuerungsprinzipien) und die Lehre von den →Grenzen der Besteuerung. Begriff i.d.S. hat sich in der Literatur nicht durchgesetzt. – b) *St. i.e.S.:* Synonyme Bezeichnung für die →Steuerrechtfertigungslehre. – 2. *Charakterisierung:* Vgl. →Finanztheorie VI 1.

Steuerträger, der durch eine Steuer tatsächlich wirtschaftlich Belastete; ökonomischer Begriff im Unterschied zum steuerjuristischen Begriff des →Steuerschuldners. Der St. trägt die Steuer aus seinem Einkommen oder Vermögen. – *Anders:* →Steuerdestinatar.

Steuerüberwälzung. I. Allgemein: Rechtlich zulässige Form der →Steuerabwehr. Prozeß der Übertragung der Steuerlast vom Steuerpflichtigen auf den →Steuerträger. – *Arten:* a) *Vorüberwälzung:* Ein Anbieter gibt die Steuer in einer Preiserhöhung an den Nachfrager weiter; üblicher, unterstellter Fall bei Verbrauchsteuern. Für den Anbieter von Arbeitskraft ist eine Vorwälzung über Lohnerhöhungen abhängig von der Verhand-

lungsmacht der Gewerkschaften. – b) *Schrägüberwälzung:* Der Anbieter verteuert andere Produkte, da eine Preiserhöhung bei dem belasteten Gut aufgrund der Nachfrageelastizitäten nicht möglich ist. – c) *Rücküberwälzung:* Der Nachfrager wälzt eine Steuer über. Der Unternehmer versucht die Löhne oder Einkaufspreise, die privaten Haushalte versuchen die Güterpreise zu drücken.

II. Umsatzsteuer: In dem seit 1.1.1968 geltenden Umsatzsteuerrecht i.d.R. völlige Überwälzung der Steuer auf den Endabnehmer, da für die Unternehmer in der Produktions- und Handelskette die Steuer wegen des →Vorsteuerabzugs nur den Charakter eines →durchlaufenden Postens hat.

Steuerumgehung, rechtswidrige Form der →Steuerabwehr. St. ist der Mißbrauch von Formen und Gestaltungsmöglichkeiten des privaten Rechts zur Umgehung oder Minderung öffentlicher Abgaben. – Grundsätzlich darf der Steuerpflichtige die für ihn günstigste rechtliche Form wählen; Mißbrauch liegt vor, wenn der gewählte Weg offensichtlich unangemessen ist. – *Folge der St.:* Die Steuern sind so zu erheben, wie sie bei einer den wirtschaftlichen Vorgängen, Tatsachen und Verhältnissen angemessenen rechtlichen Gestaltung zu erheben wären (§42 AO). – Nur bei *Grenzfällen* kann St. als →Steuerhinterziehung *strafbar* oder als →Steuerordnungswidrigkeit mit Geldbuße geahndet werden.

Steuer und Versicherungen, →Versicherung und Steuer.

Steuerverbund. 1. *Begriff:* Steuerarten, deren Ertragshoheit sich gemäß dem →Verbundsystem auf mehrere öffentliche Aufgabenträger verteilt. – 2. *Arten:* a) *Einzelverbund:* Das Aufkommen einer einzelnen Steuer wird aufgeteilt; *Gesamtverbund:* Das Aufkommen mehrerer Steuern wird aufgeteilt. – b) *„Kleiner" St.:* St. zwischen Bund und Ländern, in der Bundesr. D. Körperschafts- und Umsatzsteuer; *„großer St.":* St. zwischen Bund, Ländern und Gemeinden, z.B. Einkommen- und Gewerbesteuer. – 3. *Meßzahl:* →Steuerverbundquote. – Vgl. auch →Finanzverfassung, →Finanzausgleich.

Steuerverbundquote, *Verbundquote,* die bei Verbundsteuern (→Gemeinschaftsteuern) den beteiligten öffentlichen Aufgabenträgern zugewiesenen Aufkommensanteile. – Vgl. auch →Finanzausglech, →Steuerverbund.

Steuervergehen, →Steuerstraftat.

Steuervergünstigungen, Gesamtheit der begünstigenden, vom Regelfall abweichenden steuerlichen Vorschriften, meistens ergangen aufgrund wirtschaftspolitischer Ziele des Staates. St. ergeben sich aus Vorschriften der einzelnen Steuergesetze (z.B. Abschreibung gem. §7b EStG), aber auch aufgrund besonderer Gesetze (z. B. Entwicklungsländer-Steuergesetz, Berlinförderungsgesetz, Investitionszulagengesetz, Zonenrandförderungsgesetz). – *Anders:* →steuerbegünstigte Zwecke.

Steuervergütung, *Steuererstattung,* Begriff des Umsatzsteuerrechts. Lieferungen von Gegenständen an Körperschaften, die ausschließlich und unmittelbar gemeinnützige, mildtätige oder kirchliche Zwecke verfolgen, und an juristische Personen des öffentlichen Rechts sollen umsatzsteuerfrei sein, wenn diese die gelieferten Gegenstände ins Ausland ausführen (§ 4a UStG). Steuerbefreiung durch eine St. an die befreiten Institutionen anstelle des →Vorsteuerabzugs.

Steuervergütungsanspruch, Anspruch aus dem →Steuerschuldverhältnis, den derjenige haben kann, der eine Steuer zwar wirtschaftlich getragen hat, aber nicht als Steuerschuldner entrichtet hat (§§ 37 II, 155 IV AO). – *Anders:* →Steuererstattungsanspruch.

Steuerverjährung, →Verjährung II 13, →Festsetzungsverjährung, →Zahlungsverjährung.

Steuerverkürzung, *leichtfertige Steuerverkürzung,* →Steuerordnungswidrigkeit nach § 378 AO. St. begeht, wer als Steuerpflichtiger oder bei Wahrnehmung der Angelegenheiten eines Steuerpflichtigen leichtfertig (grobfahrlässig) bewirkt, daß Steuereinnahmen verkürzt oder Steuervorteile zu Unrecht gewährt oder belassen werden. – *Strafe:* Geldbuße bis zu 100 000 DM; eine Geldbuße wird nicht festgesetzt, soweit der Täter unrichtige oder unvollständige Angaben bei der Finanzbehörde berichtigt, ergänzt oder unterlassene Angaben nachholt, bevor ihm oder seinem Vertreter die Einleitung eines Straf- oder Bußgeldverfahrens bekanntgegeben worden ist (§ 371 I, II AO). – Vgl. auch →Steuerhinterziehung, →Selbstanzeige.

Steuervermeidung, →Steuerausweichung.

Steuerversicherung, →Erbschaftsteuer-Versicherung.

Steuerverwaltung, →Finanzhoheit, →Finanzverwaltung, →Steuerhoheit.

Steuerverwaltungshoheit, Teil der →Steuerhoheit. – 1. *Begriff:* Das Recht zur Verwaltung der →Steuern; nach Art. 108 GG festgelegte Kompetenz zum Gesetzesvollzug der Steuergesetze durch die Bundesfinanzbehörden, durch die Landesfinanzbehörden im Auftrage des Bundes oder durch die Landesfinanzbehörden, wobei die Verwaltung der den Gemeinden zufließenden Steuern, die grundsätzlich den Ländern obliegt, den Gemeinden übertragen werden kann, wie das bei den →Realsteuern geschieht (Hebesatzautonomie der Gemeinden, ebenso bei den örtlichen Verbrauch- und Aufwandsteuern). – 2. *Ausprägungen:* a) *Verwaltung vom Bund:* Zölle,

Finanzmonopol, bundesgesetzlich geregelte Verbrauchsteuern, Einfuhrumsatzsteuer und Abgaben im Rahmen der EG. – b) *Verwaltung vom Land im Auftrage des Bundes:* Steuern, die ganz oder teilweise dem Bund zufließen, wie Kapitalverkehr-, Versicherung-, Wechsel-, Einkommen-, Körperschaft-, Umsatzsteuer. – c) *Verwaltung vom Land:* Vermögen-, Erbschaft-, Kraftfahrzeug-, Grunderwerb-, Feuerschutz-, Rennwett- und Lotterie-, Gewerbe-, Grundsteuer und Spielbankabgabe.

Steuerwerk, Funktionseinheit eines Prozessors, die für die Durchführung der einzelnen →Befehle eines Programms sorgt. Das (bzw. die) St. der →Zentraleinheit eines Computers z. B. übernimmt (überehmen) aus dem →Arbeitsspeicher bzw. →Pufferspeicher die →Maschinenbefehle, entschlüsselt (entschlüsseln), interpretiert (interpretieren) und (ggf.) modifiziert (modifizieren) sie, veranlaßt (veranlassen) die Ausführung der Befehle und übernimmt (übernehmen) dabei erforderliche Steuerungsaufgaben.

Steuerwiderstand, Gesamtheit der psychologisch bedingten Gegenreaktionen, die die Besteuerung bei den von ihr Betroffenen hervorruft. Je stärker der St., desto mehr versucht der Steuerpflichtige, der Steuer auszuweichen oder sie zu umgehen (→Steuerwehr). →Steuermentalität und →Steuermoral sowie das subjektive Belastungsgefühl bestimmen den St., der neben negativen fiskalischen Effekten auch zu negativen Auswirkungen auf andere finanzpolitische Ziele und auf die Einstellung zum Staat führen kann.

Steuerwirkungen. 1. *Begriff:* Effekte der Steuern oder Steuerrechtsänderungen auf volkswirtschaftliche Größen. St. umfassen Steuerausweichreaktionen in der Ankündigungsphase (→Signalwirkungen), Überwälzungsprozesse bei der Steuerauferlegung und Sekundärwirkungen beim Steuerträger. – 2. *Arten:* a) Sachliche, räumliche, zeitliche *Substitutionsprozesse* der potentiell Betroffenen, um der Steuer legal auszuweichen. – b) *Überwälzung:* Prozeß der Übertragung der Steuerlast vom Steuerpflichtigen auf den Steuerträger (→Steuerüberwälzung). – c) →*Steuereinholung:* Derjenige, der die Steuerlast trägt, kann versuchen, durch verstärkte Wirtschaftstätigkeit die Einkommenseinbuße auszugleichen (→incentives). Wenn ein bestimmtes subjektives Belastungsgefühl überschritten ist, können auch entgegengesetzte Effekte (→disincentives) eintreten. Wirkungen auf die unternehmerische Investitionsentscheidung (Bedeutung für die Konjunktur- und Wachstumspolitik), auf die private Spar- und damit Konsumentscheidung und Wirkungen auf das Arbeitsangebots- und Nachfrageverhalten stehen im Mittelpunkt des Interesses. Vgl. auch →Steuerabwehr. – 3. *Einfluß auf die Einkommensver-*

teilung: Alle aufgezeigten Effekte schlagen sich in veränderten Einkommenspositionen nieder und enden in der →Steuerinzidenz.

Steuerwissenschaften, Gesamtheit der rechts-, wirtschafts- und sozialwissenschaftlichen Disziplinen, die sich mit der Besteuerung und ihren Auswirkungen beschäftigen: (1) Steuerrechtswissenschaft (→Steuerrecht), (2) Staats- bzw. Verfassungsrechtslehre (→Verfassungsrecht), (3) →Finanzwissenschaft und (4) →Betriebswirtschaftliche Steuerlehre.

Steuerzahler, i. d. R. identisch mit dem Steuerpflichtigen; nur in den Fällen des Quellenabzugsverfahrens fallen St. (bei der Lohnsteuer das Unternehmen) und Steuerschuldner auseinander (→Steuern III 1)

Steuerzeichen, →Banderolensteuer, →Tabaksteuer.

Steuerzeichenfälschung, →Steuerstraftat (§ 369 AO). St. begeht, wer Steuerzeichen nachmacht oder verfälscht, wer sich falsche Steuerzeichen verschafft, falsche Steuerzeichen als echt verwendet, feilhält oder in Verkehr bringt (§ 148 StGB). Verwendung oder Verbreitung falscher Steuerzeichen. Versuch und Vorbereitungshandlungen sind ebenfalls strafbar, bei Vorbereitungshandlungen kommt Straffreiheit in Betracht (§ 149 StGB). – *Strafe:* Freiheitsstrafe bis zu fünf Jahren oder Geldstrafe; bei Verwendung oder Verbreitung falscher Steuerzeichen Freiheitsstrafe bis zu einem Jahr oder Geldstrafe; bei Vorbereitungshandlungen Freiheitsstrafe bis zu zwei Jahren oder Geldstrafe.

Steuerzinsen, →Zinsen V.

Steuerzusatztarif, →Stufentarif 1.

Steuerzuschläge, in bestimmten gesetzlich vorgesehenen Fällen auf den Betrag der endgültig geschuldeten Steuer erhobene Zuschläge, z. B. wenn die Abgabefrist der Steuererklärung nicht eingehalten wird, Verspätungszuschlag. St. sind →steuerliche Nebenleistungen (§ 3 III AO). – Vgl. auch →Säumniszuschläge.

Steuerzweck, oberste Zweckbestimmung von Steuern, abhängig von der historischen Entwicklung der staatlichen Aktivität. – 1. Rein *fiskalischer Zweck* im europäischen Mittelalter; erweiterte fiskalische Zwecksetzung durch die Merkantilisten: Ausbau der →Verbrauchsbesteuerung (→Akzisen) zur finanziellen Sicherung einer aktiven Handelsbilanz (→Merkantilismus). – 2. *Sozialpolitischer Zweck* überlagert mit aufkommendem Hochkapitalismus den fiskalischen: Einkommensungleichheiten beschleunigen Einführung der Einkommensbesteuerung als nachträgliche Korrektur der Verteilung des →Sozialprodukts. Nebenher geht allgemeine Verstärkung der Steuerlast zur Erfüllung der wachsenden öffentlichen Aufgaben (Schulen, Hygiene,

Straßen, Rechtswesen, Heer, Polizei). – 3. →Steuerpolitik rückt seit den 30er Jahren ins Zentrum der Volkswirtschaft, sie wird Instrument zur *Stärkung von Konsum oder Investition;* einzelne Steuern oder Steuerparagraphen lenken die Aktivität der Individuen in volkswirtschaftlich gebotene bzw. erwünschte Richtung (Zwecksteuer). Eigene Investitionen der öffentlichen Hand in wachsendem Umfang. – 4. Heute wird die Besteuerung zur Erreichung *jeglicher staatspolitischer Zwecke* (→fiskalische Besteuerung, →nichtfiskalische Besteuerung) eingesetzt.

Stichkupon, der letzte →Kupon eines Kuponbogens, der gleichzeitig als Stelle eines besonderen →Erneuerungsscheins zum Bezug eines neuen Kuponbogens dient.

Stichkurs, der für die Erklärung des Prämieninhabers am Prämienerklärungstage zugrunde zu legende Kurs. – Vgl. auch →Prämiengeschäft.

Stichprobe. 1. *I. w. S.:* Ergebnis einer →Teilerhebung. – 2. *I. e. S.:* Synonym für →Zufallsstichprobe.

Stichprobenfehler, →Strichprobenzufallsfehler.

Stichprobenfunktion, Funktion der →Zufallsvariablen $X_1,...,X_n$, der die n Beobachtungen aus einer →Stichprobe entsprechen, z. B. Stichprobendurchschnitt

$$\bar{X} = \frac{1}{n} \sum X_i.$$

Zu den S. rechnen insbes. die →Schätzfunktionen.

Stichprobeninventur, handels- und steuerrechtlich zulässiges Inventurvereinfachungsverfahren (§ 241 I HGB, Abschn. 30, 31 EStR), bei dem der Bestand der Vermögensgegenstände nach Art, Menge und Wert mit Hilfe anerkannter mathematisch-statistischer, wahrscheinlichkeitstheoretisch abgesicherter Verfahren aufgrund von Stichproben ermittelt wird (→Teilerhebung). Es entspricht den →Grundsätzen ordnungsmäßiger Buchführung, wenn die Teilerhebung unter Einhaltung des Grundsatzes der Vollständigkeit (der Stichprobe und der zu inventarisierenden Grundgesamtheit) nachprüfbare und einer Vollinventur gleichwertige Ergebnisse liefert. Dies ist nur bei ordnungsmäßiger →Lagerbuchführung möglich. Die St. bietet wegen der kürzeren Erhebungs- und Auswertungszeiten insbes. Kostenvorteile.

Stichprobenprüfplan, statistisches Instrument der →Abnahmeprüfung. Ein S. ist eine Zusammenstellung von Anweisungen zur Stichprobenprüfung. Bei gegebenem Losumfang entfällt ein S. Angaben über die Anzahl zu prüfender Produkte sowie Angaben bis zu welcher Anzahl beanstandeter Produkte ein Los akzeptiert werden kann. – Vgl. auch →Qualitätssicherung.

Stichprobenprüfung, *Auswahlprüfung.* 1. *Charakterisierung:* Form einer →Prüfung, bei der nur eine Auswahl von Prüfungs-(Ist)-Objekten (Stichprobenelemente) aus der Menge des Prüfungskomplexes (Grundgesamtheit) geprüft wird. Das Gesamturteil wird durch einen Schluß von dem Zustand der geprüften Ist-Objekte der Stichprobe auf den wahrscheinlichen Zustand sämtlicher Ist-Objekte des Prüfungskomplexes gewonnen. St. ist nur möglich, wenn keine vollkommene Sicherheit über den Prüfungskomplex gefordert ist; unter Wirtschaftlichkeitsgesichtspunkten der Prüfung kann sie dann geboten sein. Einsetzbarkeit nur bei Vorliegen bestimmter methodischer Bedingungen. – 2. *Auswahlprinzipien:* a) *Bewußte Auswahl:* Der →Prüfer bestimmt Ansatz und Umfang der Stichprobe nach subjektivem Ermessen, ausgehend von persönlichen Berufserfahrungen, Branchen- und Unternehmungskenntnissen; Wichtig sind absolute oder relative Bedeutung des einzelnen Prüfungsgegenstandes und das jeweilige Fehlerrisiko. Entnahmetechniken sind sog. ,,Auswahl auf's Geratewohl'', Auswahl nach dem Konzentrationsprinzip (cut off-Verfahren – Auswahl der Elemente nach deren Gewicht), Auswahl typischer Fälle (Auswahl nach allgemeinen oder speziellen Erfahrungen typischerweise fehlerbehafteter Elemente einer Grundgesamtheit) und Klumpenauswahl (Auswahl eines Teilbereichs aus einer Grundgesamtheit; dieser Teilbereich wird lückenlos geprüft). Eindeutige Bezifferung von Sicherheit und Genauigkeit der Urteilsaussage ist nicht möglich. Der erforderliche Stichprobenumfang wird nicht mit Hilfe von mathematisch-statistischen Verfahren errechnet. Ob die angesetzte Stichprobe repräsentativ ist, läßt sich kaum nachweisen. – b) *Zufallsauswahl:* Mit Hilfe mathematisch-statistischer Methoden wird aus der Grundgesamtheit eines Prüfungsbereichs eine hinsichtlich des zu prüfenden Merkmals hinreichend repräsentative Stichprobe ausgewählt (→uneingeschränktes Zufallsstichprobenverfahren); im Falle heterogener Grundgesamtheiten (Streuung der Merkmalswerte der Elemente der Grundgesamtheiten in einem weiteren Bereich), können komplexe Formen der Auswahl (→höhere Zufallsstichprobenverfahren) erforderlich werden. – 3. *Arten von Zufallsstichproben bezüglich prüferischer Fragestellungen:* a) *Schätzstichproben:* Aus einer Analyse der Stichprobenelemente wird auf den Zustand des gesamten Prüfungsobjekts geschlossen. – b) *Entdeckungsstichproben:* Die Wahrscheinlichkeit der Entdeckung fehlerhafter Elemente der Grundgesamtheit wird berechnet; auch wird die Frage nach dem erforderlichen Umfang einer Stichprobe

gestellt, damit der nicht erfaßte Teil der Grundgesamtheit mit einer bestimmten Wahrscheinlichkeit fehlerfrei ist. – c) *Annahmestichproben:* Es werden Hypothesen über den wirklichen Zustand der Grundgesamtheit getestet. Bei vorgegebener Höchstgrenze des Anteils fehlerbehafteter Elemente einer Grundgesamtheit und vorgegebenem Sicherheits-und Genauigkeitsgrad kann die Zahl der fehlerhaften Elemente einer Stichprobe berechnet werden, die den Grenzwert für eine Annahme bzw. Rückweisung der Grundgesamtheit angibt.

Stichproben-Regressionsgerade, in der →Regressionsanalyse Bezeichnung für eine →Regressionsgerade, die mit Hilfe von Stichprobenbefunden numerisch konkretisiert (geschätzt) wird. Die Kenngrößen der St.-R. werden als →Schätzwerte für die →Parameter der Regressionsgerade der →Grundgesamtheit verwendet.

Stichprobentheorie, Teilgebiet der methodischen Statistik. Gegenstand der St. sind die →Zufallsstichprobenverfahren, wobei insbes. die Quantifizierung des →Stichprobenzufallsfehlers im Mittelpunkt steht. Außerdem umfaßt die St. die Bestimmung ,,optimaler'' Verfahrensweisen beim Einsatz →höherer Zufallsstichprobenverfahren.

Stichprobenverfahren. 1. *i.w.S.:* Synonym für →Teilerhebung. – 2. *i.e.S.:* Synonym für →Zufallsstichprobenverfahren.

Stichprobenverteilungen, zusammenfassende Bezeichnung für die Gaußsche →Normalverteilung, die →Chi-Quadrat-Verteilung, die →F-Verteilung und die →t-Verteilung, die in der →Stichprobentheorie eine besondere Rolle spielen.

Stichprobenzufallsfehler, *Stichprobenfehler, Schätzfehler, Zufallsfehler,* in der →Inferenzstatistik der →Fehler eines →Schätzwertes, der dadurch zustandekommt, daß dessen Berechnung eine →Zufallsstichprobe zugrundeliegt.

Stichtag. I. S t a t i s t i k : Vgl. →Referenzzeit.

II. R e c h t : Für rechtsverbindliche Abmachungen (Verträge), Gesetze und Verordnungen der Zeitpunkt des Inkrafttretens.

III. R e c h n u n g s w e s e n : Der durch HGB vorgeschriebene Bilanzzeitpunkt (→Stichtagsprinzip) oder für Zwischen- und Sonderbilanzen der von der Sache her gebotene Termin.

IV. B e w e r t u n g s g e s e t z : Für die Substanzbesteuerung hat das Stichtagsprinzip außerordentlich wichtige Bedeutung. Bei allen Feststellungsarten der Einheitsbewertung (→Einheitswert) und Veranlagungsarten für die →Vermögensteuer und →Grundsteuer ist der St. für den *Bestand* und die *Bewertung* von →Wirtschaftsgütern (→wirtschaftliche Einheiten) der 1.1. eines Jahres um Null Uhr. – *Abweichende Zeitpunkte* bei der Feststellung des Bestands und/oder Bewertung gelten u. a. für gewerbliche Betriebe (→Abschlußzeitpunkt), Wertpapiere und Anteile an Kapitalgesellschaften (§ 112 BewG), vgl. →Grundbesitz. – Vgl. auch →Hauptfeststellung, →Fortschreibung, →Nachfeststellung, →Hauptveranlagung, →Neuveranlagung, →Nachveranlagung.

Stichtagsinventur, eine Form der →effektiven Inventur. An einem bestimmten Stichtag, meist dem der Jahresbilanz, werden alle Bestände des Betriebs körperlich aufgenommen. Zu diesem Zweck wird der Betrieb oft stillgelegt: Die gesamte Belegschaft beteiligt sich, eingeteilt in Inventurtrupps, an der Aufnahme. Durch zweckentsprechende Vorbereitung kann die Stillstandszeit erheblich eingeschränkt werden. Die Urausreichungen sind, v. a. für →Außenprüfungen, aufzubewahren. – Als St. gilt auch die auf einige Tage (i. d. R. bis 10 Tagen, vgl. Abschn. 30 EStR) vor oder nach dem Bilanzstichtag *ausgeweitete Bestandsaufnahme;* für Bestandsveränderungen zwischen dem Aufnahme- und dem Bilanzstichtag ist eindeutiger Buch- und Belegnachweis erforderlich. – *Vorteile:* Genauigkeit und die Möglichkeit, die ermittelten Bestände und Werte der Bilanzierung zugrunde zu legen. – *Nachteile:* Arbeitsanhäufung, Betriebsunterbrechung und Durchführung der →Bestandsaufnahme mit teilweise ungeschulten Kräften. Deshalb häufig →laufende Inventur.

Stichtagsprinzip, →Grundsatz ordnungsmäßiger Buchführung, nach dem bei der Bilanzierung nur diejenigen Geschäftsvorfälle berücksichtigt werden dürfen, die bis zum Abschlußstichtag entstanden sind. Für Ansatz und Bewertung der →Aktiva und →Passiva bedeutet dies, daß Tatsachen, die bereits vor dem Stichtag bestanden, dem Bilanzierenden aber erst später bis zur Bilanzaufstellung bekannt wurden, zu berücksichtigen sind. Diese „wertaufhellenden Tatsachen" sind zu unterscheiden von „wertbeeinflussenden", die erst nach dem Abschlußstichtag eingetreten sind. Diese sollen nicht in die Bilanzierung einfließen. Der Grundsatz ist durch das Bilanzrichtlinien-Gesetz ausdrücklich aufgenommen worden für alle bis zum Abschlußstichtag entstandenen vorhersehbaren Risiken und Verluste, die selbst dann zu berücksichtigen sind, wenn sie erst zwischen dem Abschlußstichtag und dem Tag der Aufstellung des Jahresabschlusses bekanntgeworden sind (§ 252 I 4.;→Vorsichtsprinzip); er gilt nach h. M. aber generell.

Stichtagsversicherung, besondere Versicherung zur Vermeidung der →Unterversicherung bei schwankenden Mengen bzw. Preisen der in einem Betrieb, Lager, Geschäft usw. vorhandenen Vorräte einerseits und überhöhter Prämienzahlung andererseits (v. a. bei der Feuerversicherung). Vereinbarung einer Höchstversicherungssumme ganzjährig. Prämienzahlung im voraus, jedoch nur die Hälfte dieser Höchstsumme. An einem monatlichen Stichtag wird der tatsächliche Wert der vorhandenen Vorräte aufgegeben. Danach wird die endgültig zu entrichtende Prämie berechnet und am Jahresschluß abgerechnet. – *Voraussetzung:* Höchstversicherungssumme mindestens 1 Mill. DM.

Stiefkinder, leibliche Kinder nur eines der Ehegatten (eheliche St.). – 1. *Einkommensteuerrecht:* St. sind →Kinder i. S. des EStG. Der Steuerpflichtige hat Anspruch auf Kinderermäßigung (→Kinderfreibeträge) wie für eheliche Kinder. Wird die Ehe später geschieden, so steht die Kinderermäßigung dem leiblichen Elternteil zu. – 2. *Vermögensteuer:* Gleiche Behandlung für Freibeträge bei der Vermögensteuer.

Stifterverband für die Deutsche Wissenschaft, gemeinnütziger Verein, Sitz in Essen. 1921 gegründe, 1949 wieder errichtete Gemeinschaftsaktion der Wirtschaft zur Förderung der Wissenschaft in Forschung und Lehre und zur Förderung des qualifizierten wisschenschaftlichen Nachwuchses. 4800 Mitglieder (Einzelpersonen, Unternehmen, Wirtschaftsverbände). – *Förderungs-Schwerpunkte:* Internationale wissenschaftliche Zusammenarbeit; Medizinische Forschung; Geisteswissenschaftliche Forschung; Struktur und Organisation der Wissenschaft u. a. Finanzierung von wissenschaftlichen Dienstleistungen und Hilfseinrichtungen. Förderung der Errichtung von Stiftungen mit eigener Vermögensausstattung im Dienst der Wissenschaft. – *Planung und Durchführung* der Förderungsprogramms in Zusammenarbeit mit: Deutsche Forschungsgemeinschaft, Max-Planck-Gesellschaft, Deutscher Akademischer Austauschdienst, Alexander von Humboldt-Stiftung, Studienstiftung des deutschen Volkes. – *Veröffentlichungen:* Tätigkeitsbericht (jährlich), Forum Stifterverband (Zeitschrift für die Mitglieder, sechsmal jährlich), Einzelpublikationen.

Stiftung. I. Begriff: 1. *Zuwendung von Vermögenswerten* für bestimmte, oft gemeinnützige oder wohltätige Zwecke (Stiftungsgeschäft). – 2. Bezeichnung für die *Vermögenswerte selbst.*

II. Arten: 1. *Private St. (St. des Privatrechts:)* a) Sonderregelung für die *rechtsfähige St.* in §§ 80–88 BGB: Errichtung durch Rechtsgeschäft, das unter Lebenden der Schriftform bedarf, oder durch letztwillige Verfügung. Rechtsfähigkeit erlangt die St. durch behördliche Genehmigung. Die Verfassung der St. wird durch das Stiftungsgeschäft festgelegt. Als Organ der →juristischen Person ist ein Vorstand zu bilden, dem die Vertretung der St. obliegt. – Einzelheiten regelt das Landesrecht. – b) Auf *nicht rechtsfähige St.* sind die vorgenannten Sonderregeln nicht entsprechend anwendbar. Sie entstehen durch die ggf. an die entsprechenden Formen des Schuld- oder Erbrechts gebundenen Zuwendungen und unterliegen den allgemeinen Vorschriften. – 2. *Öffentliche St. (St. des öffentlichen Rechts):* Diese sind meist zugleich →Anstalten des öffentlichen Rechts und haben oft →Selbstverwaltung, vielfach als sog. *unselbständige St.* aber keine Rechtsfähigkeit. – 3. *Sonderform:* Familienstiftung.

III. Steuerliche Behandlung: 1. *Körperschaftsteuer:* Rechtsfähige St. unterliegen als →juristische Personen, nichtrechtsfähige als →Zweckvermögen grundsätzlich der Körperschaftsteuer, ausgenommen St., die ausschließlich und unmittelbar kirchlichen, gemeinnützigen oder mildtätigen Zwecken dienen. – 2. *Vermögen-/Gewerbesteuer:* Entsprechende Regelung bei Vermögensteuer und Gewerbesteuer. – 3. *Erbschaftsteuer:* Das Vermögen von Familienstiftungen unterliegt in Zeitabständen von 30 Jahren der →Erbschaftsteuer (sog. *Erbersatzsteuer*). Der Übergang von Vermögen aufgrund eines Stiftungsgeschäftes unterliegt bei allen St. der Erbschaftssteuer, es sei denn, die St. dient unmittelbar und ausschließlich den unter III. 1. bezeichneten begünstigten Zwecken. – 4. *Besteuerung ausländischer Familien-St.:* Vgl. →Außensteuergesetz III 5.

Stiftung Reichspräsident-Friedrich-Ebert-Gedenkstätte, durch ein Gesetz vom 19.12.1986 (BGBl I 2553) eine rechtsfähige Stiftung des öffentlichen Rechts mit Sitz in Heidelberg. Ihr Zweck ist es, das Andenken an das Wirken des ersten deutschen Reichspräsidenten zu wahren und einen Beitrag zum Verständnis der deutschen Geschichte seiner Zeit zu leisten.

Stiftung Volkswagen, 1961 von der Bundesrep. D. und dem Land Niedersachsen gegründete Stiftung bürgerlichen Rechts zur Förderung von Wissenschaft und Technik in Forschung und Lehre; Sitz in Hannover. – *Förderungsmittel:* Es werden zweckgebundene Zuwendungen an förderungswürdige wissenschaftliche Einrichtungen vergeben; die Förderung ist zeitlich begrenzt. – *Organisation:* Die St. V. wird durch ein Kuratorium von 14 ehrenamtlichen Mitgliedern (berufen durch den Bund und das Land Niedersachsen; Amtszeit fünf Jahre) verwaltet. Die Stiftungsaufsicht obliegt der Bezirksregierung Hannover.

Stiftung Warentest, auf Beschluß des Bundestages am 16.12.1964 gegründetes unabhängiges Warentestinstitut; Sitz in Berlin (West). – *Gründungsfinanzierung* durch den Bund. – Nach §2 der Satzung ist der ausschließliche

und unmittelbare *Stiftungszweck* die Unterrichtung der Öffentlichkeit über objektiv feststellbare Merkmale des Nutz- und Gebrauchswertes von Waren und Leistungen, die überregional in grundsätzlich gleichbleibender Beschaffenheit und in einer zu ihrer Identifizierung ausreichenden Weise angeboten werden. – *Gremien* der St.W. sind (1) der Vorstand, (2) der ständige Beirat, der den Vorstand in allen wissenschaftlichen Fragen und Fachfragen von grundsätzlicher Bedeutung berät, (3) Programmierungsbeiräte, von Fall zu Fall für einzelne Untersuchungen gebildet sowie (4) der Wirtschafts-und Verbraucherausschuß, der die Untersuchungsvorhaben auswählt, deren Durchführung vordringlich erscheint, und Fachleute benennt, die als Sachverständige in einem Programmierungsbeirat tätig werden sollen. – *Veröffentlichung:* „test".

Stigler-Modell,   →Informationsökonomik II 1.

stille Forderungsabtretung, →stille Zession.

stille Gesellschaft. I. Charakterisierung: 1. Die (typische) st.G. ist eine Sonderform der →Gesellschaft, bei der sich eine Person (auch juristische Person, andere Gesellschaften u. ä.; →stiller Gesellschafter), derart an dem Handelsgewerbe eines anderen (→Einzelkaufmann oder →Handelsgesellschaft) beteiligt, daß ihre Einlage gegen einen Anteil am Gewinn in das Vermögen des Inhabers des Handelsgeschäftes übergeht. Die Einlage des stillen Gesellschafters kann in Geld-, Sach-, Dienstleistungen u. ä. bestehen. Ein Gesellschaftsvermögen entsteht nicht. Der stille Gesellschafter wird durch die Beteiligung nicht zum →Kaufmann; der Inhaber muß aber Kaufmann (wenn auch →Minderkaufmann) sein und wird aus dem mit Dritten abgeschlossenen Geschäften allein berechtigt und verpflichtet. Die st.G. ist als solche keine Handelsgesellschaft, sondern eine →*Gesellschaft des bürgerlichen Rechts.* – An einem Unternehmen können sich *mehrere stille Gesellschafter* beteiligen. Es bestehen dann ebenso viele voneinander unabhängige st.G., wie stille Gesellschafter vorhanden sind. – 2. *Abgrenzung der typischen st.G. gegen ähnliche Rechtsformen,* z. B. partiarisches Darlehen oder echte gesellschaftliche Beteiligung unter Bildung eines den Gesellschaftern in Gemeinschaft zur gesamten Hand zustehenden Gesellschaftsvermögens, ist mitunter schwierig und nur an Hand des Einzelfalles zu treffen, weil die Gesellschafter im Rahmen der →Vertragsfreiheit ihre Verhältnisse beliebig regeln und den stillen Gesellschaftern weitgehenden Einfluß einräumen können. – 3. *Rechtsgrundlage:* §§230–237 HGB; ergänzend gelten die §§705ff. BGB über die Gesellschaft des bürgerlichen Rechts, aber nur soweit sie die Innenverhältnisse der Gesellschaft betreffen.

II. Errichtung: 1. Die st.G. wird durch Vertrag, der, soweit nicht die Vorschriften des BGB (z. B. wegen der Einbringung eines Grundstücks) Abweichungen enthalten, keiner Form bedarf. Keine →Gesellschaftsteuer; anders als bei der Kommanditgesellschaft (KG) auch keine →Eintragung im Handelsregister. – 2. Die Einlage des stillen Gesellschafters wird auf dem →Einlagekonto verbucht. Er haftet den Gläubigern des Inhabers nicht für Verbindlichkeiten des Unternehmens; Sondervorschriften bei Konkurs. – 3. Ein gesetzliches →Wettbewerbsverbot besteht nicht, jedoch gilt auch für den stillen Gesellschafter eine abgeschwächte →Treuepflicht.

III. Firmenbezeichnung: Eine →Firma hat die st.G. als solche nicht. Der Inhaber darf und muß, wenn die sonstigen Voraussetzungen vorliegen, eine Firma führen; sie darf den Namen des stillen Gesellschafters nicht enthalten; ist der Inhaber Einzelkaufmann, darf in die Firma kein ein Gesellschaftsverhältnis andeutender Zusatz aufgenommen werden.

IV. Geschäftsführung / Vertretung: Diese stehen ausschließlich dem Inhaber zu. Eine Zustimmung des stillen Gesellschafters auch zu ungewöhnlichen Geschäften und Rechtshandlungen ist nicht erforderlich. Der Inhaber darf aber ohne Zustimmung des stillen Gesellschafters keine persönlich haftenden Gesellschafter oder Kommanditisten (anders im Falle weiterer stiller Gesellschafter) aufnehmen.

V. Bilanz / Kontrollrecht: 1. Die *Aufstellung der Bilanz* ist Aufgabe des Geschäftsinhabers. – 2. *Kontrollrecht des stillen Gesellschafters:* a) Er ist berechtigt, die abschriftliche Mitteilung des Jahresabschlusses zu verlangen und dessen Richtigkeit unter Einsicht der Bücher und Papiere (ggf. unter Zuziehung eines Sachverständigen) zu prüfen. – b) Bei →wichtigem Grund kann das Gericht die Mitteilung eines Jahresabschlusses oder sonstige Aufklärung sowie die Vorlegung der Bücher und Papiere jederzeit anordnen. Vertragliche Erweiterung dieser Rechte möglich. Einschränkungen können nach Lage des Einzelfalles als gegen die guten Sitten verstoßend angesehen werden oder dazu führen, daß Vorliegen einer st.G. überhaupt zu verneinen, weil das Kontrollrecht eine wesentliche Befugnis des stillen Gesellschafters darstellt.

VI. Gewinn- und Verlustverteilung: 1. Der stille Gesellschafter muß zwingend am Gewinn des Unternehmens beteiligt sein; die Beteiligung am Verlust kann ausgeschlossen werden. Enthält der Gesellschaftsvertrag keine Bestimmung über den Anteil am Gewinn und Verlust, so gilt ein den Umständen nach angemessener Anteil als bedungen. – 2. Soweit der stille Gesellschafter seine Einlage voll geleistet hat, wird der Gewinn, sofern er nicht bar ausgezahlt wird, nicht dem Einlage-,

sondern einem Konto „sonstige Forderungen" gutgeschrieben. Verluste werden dem Einlagekonto abgeschrieben, das ggf. auch einen passiven Stand aufweisen kann. Bezogene Gewinne braucht der stille Gesellschafter nicht zur Deckung späterer Verluste zurückzuzahlen. Ist die Einlage durch Verlust gemindert, werden spätere Gewinne zunächst zur Auffüllung des Einlagekontos verwendet. Zuzahlungen über den Betrag der rückständigen Einlage hinaus braucht der stille Gesellschafter nicht zu leisten.

VII. Auflösung: Die Auflösung kann erfolgen durch (1) Vereinbarung, (2) Zeitablauf, (3) soweit nicht vertraglich ausgeschlossen, Tod des Inhabers (nicht Tod des stillen Gesellschafters), (4) Konkurs des Inhabers oder des stillen Gesellschafters, (5) befristete Kündigung durch einen Gesellschafter oder einen Privatgläubiger des stillen Gesellschafters (§§ 132, 134, 135 HGB über die offene Handelsgesellschaft gelten entsprechend) sowie (6) außerordentliche Kündigung aus wichtigem Grund. – *Auseinandersetzung* durch Berichtigung des für den Zeitpunkt der Auflösung zu ermittelnden →Abfindungsguthabens; der stille Gesellschafter nimmt am Gewinn oder ggf. Verlust aus schwebenden Geschäften noch teil. Soweit Verluste die Einlage gemindert haben, besteht kein Rückzahlungsanspruch. Sacheinlagen verbleiben dem Unternehmen; lediglich die nur zum Gebrauch überlassenen Sachen sind, soweit vorhanden, in Natur zurückzugewähren. Die Auseinandersetzungsbilanz ist keine Vermögens-, sondern eine Erfolgsbilanz; Wertsteigerungen des Anlagevermögens werden nur ausnahmsweise berücksichtigt. Regelung im Gesellschaftsvertrag zweckmäßig.

VIII. Konkurs: Im Konkurs des Inhabers kann der stille Gesellschafter wegen seiner Einlage eine Forderung nur als →Konkursgläubiger und nur insoweit geltend machen, wie sie den Betrag des auf ihn entfallenden Anteils am Verlust übersteigt. Eine noch nicht erbrachte Einlage muß er zur Konkursmasse einzahlen, soweit es zur Deckung seines Anteils am Verlust erforderlich ist. – Ist die Einlage aufgrund einer im letzten Jahr vor der Konkurseröffnung betroffenen Vereinbarung zwischen den Gesellschaftern ganz oder teilweise zurückgewährt oder der Anteil aus dem entstandenen Verlust ganz oder teilweise erlassen worden, unterliegen Rückgewähr oder Erlaß der →Anfechtung durch den Konkursverwalter, ausgenommen, wenn der Konkurs in Umständen seinen Grund hat, die erst nach der Vereinbarung eingetreten sind.

IX. Steuerliche Behandlung: 1. *Einkommensteuer:* a) *Typische st.G.:* Die Gewinnanteile des stillen Gesellschafters sind beim Inhaber →Betriebsausgaben, der ermittelte Gewinn →Einkünfte aus Gewerbebetrieb.

Der typische stille Gesellschafter versteuert die Gewinnanteile als Einnahmen aus Kapitalvermögen (§ 20 I Nr. 4 EStG; →Einkünfte). Aufwendungen des stillen Gesellschafters für zu tragende Verluste bis zur Höhe der Einlage sind steuerlich als →Werbungskosten abzugsfähig. Bei negativem Einlagenkonto ist § 15a EStG sinngemäß anzuwenden (Einzelheiten vgl. →negatives Kapitalkonto). Zusätzlich unterliegt der Gewinnanteil der →Kapitalertragsteuer (§ 43 I Nr. 3 EStG). – b) *Atypische st.G.:* Der stille Gesellschafter ist an den stillen Reserven beteiligt. Er wird als →Mitunternehmer (vgl. im einzelnen dort) betrachtet. – 2. *Gewerbesteuer:* Zum →Gewerbeertrag gehören die Gewinnanteile aller Gesellschafter, zum →Gewerbekapital die Einlagen aller Gesellschafter. – 3. *Vermögensteuer:* Jeder Gesellschafter versteuert seinen Kapitalanteil bzw. seine Einlagen selbst (der Inhaber als →Betriebsvermögen, der stille Gesellschafter als →sonstiges Vermögen). Der Anspruch auf den Gewinnanteil ist als Kapitalforderung mit dem Nennwert anzusetzen (§ 12 BewG), falls nicht besondere Umstände einen höheren (besonders gute, dauernde Gewinnaussichten) oder einen niedrigeren (besonders niedriger Zins) Wert begründen. – 4. *Umsatzsteuer:* Die (typische und atypische) st.G. ist reine Innengesellschaft. Nach außen tritt immer nur ein Unternehmer, der Inhaber in Erscheinung. Der stille Gesellschafter ist nicht Unternehmer i.S. des Umsatzsteuerrechts.

Stillegung, →Betriebsstillegung.

stille Paketversicherung, eine bei Auslandspaketen nach einigen Ländern übernommene Haftung gegen Verlust, Beraubung oder Beschädigung seitens der Deutschen Bundespost (bis zu 100 DM). Behandlung als gewöhnliche →Pakete; keine Wertangabe auf Paketkarte und Sendung. Die Einlieferung wird bescheinigt.

stille Reserve. 1. *Beschäftigungs-/Konjunkturpolitik:* Vgl. →versteckte Arbeitslosigkeit. – 2. *Rechnungswesen:* Vgl. →stille Rücklagen.

stiller Gesellschafter, am Handelsgewerbe eines Kaufmanns mit einer Einlage, die gegen Anteil am Gewinn in das Vermögen des Inhabers des Handelsgeschäfts übergeht, beteiligte Person. Er ist kein Gesellschafter und an dem Geschäftsvermögen der Firma nicht unmittelbar beteiligt. Vgl. im einzelnen →stille Gesellschaft.

stille Rücklagen, *stille Reserven.* I. C h a r a k t e r i s i e r u n g : 1. *Begriff:* Nicht aus dem Bilanz ersichtliche Teile des Eigenkapitals einer Unternehmung. Sie entstehen durch Unterbewertung von Aktiva und/oder Nichtaktivierung aktivierungsfähiger Wirtschaftsgüter und/oder Verzicht auf mögliche Zuschreibungen und/oder Überbewertung

von Passiva. – 2. *Möglichkeiten der Bildung von st.R.:* (1) zwangsläufige Bildung (z. B. durch Preisschwankungen, Geldwertveränderungen u. a.); (2) zwangsweise Bildung durch die Beachtung der gesetzlichen Vorschriften; (3) bewußte (willkürliche) Bildung; (4) Bildung aufgrund von Schätzfehlern bei Abschreibungen oder Rückstellungen. – 3. *Folge* der Bildung st.R. ist, daß der Gewinn bzw. das Eigenkapital geringer erscheinen als es der Wirklichkeit am Bilanzstichtag entspricht. – 4. *Auflösung von st.R.:* Erfolgt durch den betrieblichen Prozeß im Zeitablauf, durch Gewinnrealisation oder Übergang zu normaler Bewertung; mitunter werden durch die bewußte Auflösung Verluste gedeckt und nicht ausgewiesen. – 5. *Beurteilung:* Bildung und spätere Auflösung der st.R. ständig in der Diskussion, da Möglichkeit der Gewinnverschiebung und -beeinflussung (besonders hinsichtlich der →Dividendenpolitik) und damit Rückwirkung auf Bilanz und Gewinn- und Verlustrechnung. Der ausgewiesene Gewinn als Kennzahl wird problematisch, denn für den Aktionär und jeden Außenstehenden ist nicht zu ersehen, ob Gewinn in dieser Höhe effektiv erzielt wurde oder als manipulierte Restgröße durch Bildung bzw. Auflösung der st.R. erzielt ist. Übermäßige Dotierung der st.R. ist Verstoß gegen das Prinzip der →Bilanzwahrheit und →Bilanzklarheit, während „normale st.R." der kaufmännischen Vorsicht (sog. Bilanzvorsicht) und dem im Handelsrecht verankerten Gläubigerschutz entsprechen. – *Vorteile:* Ausgleichsmöglichkeit bei wirtschaftlichen Schwankungen; Aufbringung von Kaptial mittels →Selbstfinanzierung; Steuerstundungseffekt, ggf. Steuerersparnis infolge →Steuerprogression.

II. B i l a n z i e r u n g : 1. *Auf der Aktivseite:* a) *Bewertungsreserven:* Entstehen durch das Prinzip, zu Anschaffungs- und Herstellungskosten abzüglich planmäßiger Abschreibung zu bewerten; häufig sind dadurch die Aktiven – besonders Wirtschaftsgüter des beweglichen Anlagevermögens und Wertpapiere – unter den →Tageswerten sowohl in →Handelsbilanz wie in →Steuerbilanz angesetzt. – b) *Ermessensreserven:* Entstehen durch strenge Beachtung des →Niederstwertprinzips, gestützt durch Prinzip kaufmännischer Vorsicht. – c) *Willkürreserven:* Meist beim Anlage- und Vorratsvermögen; Bewertung oft weit unter den gesetzlich vorgeschriebenen Höchstwerten, z. B. 1 DM-Werte. – 2. *Auf der Passivseite:* Überbewertung der Verbindlichkeiten (z. B. Ansatz von Währungsschulden mit altem Kurs, obwohl dieser inzwischen gefallen), häufig beim Ansatz von Rückstellungen; Ermessensreserven gestattet, dagegen nicht fiktive Schulden.

stille Zession, *stille Forderungsabtretung,* →Zession, die dem Schuldner nicht angezeigt wird. Üblich u. a. bei Sicherungsabtretung an

Banken. Die st.Z. birgt die Gefahr, daß der Zedent die Forderung erneut abtritt, der Schuldner in Unkenntnis der st.Z. an den zweiten Zessionar leistet und damit befreit wird (§ 408 BGB). – Vgl. auch →Globalabtretung, →Mantelzession.

Stillhalteabkommen, 1931 in Basel abgeschlossener Vertrag zwischen Ausschüssen ausländischer Banken sowie Reichsbank, Deutscher Golddiskontbank und Stillhalteausschuß der deutschen Regierung über die Stillhaltung ausländischer Gläubigerbanken für die kurzfristigen Kredite an deutsche Banken, Industrie- und Handelsunternehmen. – 1932 trat das *Deutsche Kreditabkommen* an seine Stelle, das jährlich verlängert wurde. – *Neuregelung* durch →Londoner Schuldenabkommen (1953).

Stillschweigen, bedeutet im Sinne des bürgerlichen Rechts i. d. R. →Ablehnung. Anders nur, wenn gesetzlich vorgeschrieben (z. B. u. U. beim Auftrag) oder wenn →Treu und Glauben eine ausdrückliche Ablehnung gebieten. Doch kann stillschweigende Annahme oder stillschweigendes Bewirken einer vertragsmäßigen Leistung auch Annahme des Vertragsgebots durch →konkludente Handlung bedeuten.

Stillstandskosten, durch den Stillstand einzelner Produktionsstellen (Arbeitsplätze, Anlagen, Anlagenstraßen), Betriebsteilen oder des Gesamtbetriebs anfallende →Kosten. *Begriffsverwendung* in zweifacher Sicht: a) Die auch bei Stillegung einer Produktiveinheit nicht wegfallenden Kosten. Dazu zählen z. B. Mieten und andere →Raumkosten, Zinskosten der Anlagen, →Grundsteuer und →Gewerbekapitalsteuer, →Instandhaltungskosten. – b) Die *aufgrund eines Produktionsstillstands anfallenden Kosten.* St. wird dann synonym mit *Betriebsunterbrechungskosten* und *Ausfallkosten* gebraucht. St. i. d. S. umfassen pagatorische Kosten (z. B. Wiederanlaufkosten) sowie →Opportunitätskosten in Form der durch den Stillstand entgehenden Deckungsbeiträge.

Stillstandzeit, →Brachzeit.

Stillzeit, die der stillenden Mutter, die ihr Kind regelmäßig ganz oder im wesentlichen Umfang auf natürliche Weise stillt, auf ihr Verlangen vom Arbeitgeber zur Verfügung zu stellende, zum Stillen erforderliche Zeit. Mindestens zweimal täglich eine halbe Stunde oder einmal täglich eine Stunde (§ 7 MuSchG). Nähere Regelung durch Gewerbeaufsichtsämter. – Durch die Gewährung der S. darf ein *Verdienstausfall* nicht eintreten. Die S. darf nicht vor- oder nachgearbeitet und nicht auf die Ruhepausen (→Arbeitszeit) angerechnet werden.

Stimmenkauf, →Stimmenverkauf.

Stimmenmehrheit, einfache Mehrheit der abgegebenen Stimmen. – 1. *Aktiengesellschaft:* St. ist, soweit nicht Gesetz oder Satzung eine größere oder unter Berücksichtigung anderer Erfordernisse zu ermittelnde Mehrheit vorschreiben (→qualifizierte Mehrheit), für Beschlüsse der →Hauptversammlung einer AG i. a. erforderlich und ausreichend (§ 133 AktG). – 2. *Offene Handelsgesellschaft/Kommanditgesellschaft:* Soweit bei der Beschlußfassung der OHG und KG ausnahmsweise St. entscheidet, wird die St. mangels anderer Vereinbarung nach der Zahl der Gesellschafter berechnet (§ 119 II HGB).

Stimmenverkauf, *Stimmenkauf,* das Sichgewähren- oder -versprechen-Lassen besonderer Vorteile für Stimmabgabe in bestimmtem Sinne. Eine →Ordnungswidrigkeit ist insbes.: a) St. nach § 152 GenG hinsichtlich der Abstimmung in der Generalversammlung; b) St. nach § 405 III AktG hinsichtlich der Abstimmung in der Hauptversammlung. – Vgl. auch →Stimmrechtsbindung.

Stimmliste, Verzeichnis, in das bei der →Abstimmung über die Annahme des Vergleichs oder Zwangsvergleichs die stimmberechtigten Forderungen und das Abstimmungsergebnis eingetragen werden.

Stimmrecht. I. V o r a u s s e t z u n g e n : 1. *Allgemeines:* St. gewährt jede Aktie nach ihrem Nennwert. →Vorzugsaktien können auch als Aktien ohne St. ausgegeben werden; →Mehrstimmrechtsaktien sind i. a. unzulässig (§ 12 AktG). Wenn ein Aktionär mehrere Aktien besitzt, kann die Satzung das St. durch Festsetzung eines Höchstbetrags oder von Abstufungen beschränken (§ 134 I AktG). – 2. Wesentlich für Bedingungen und Form der Ausübung des St. ist die Satzung: a) Sie kann die Ausübung des St. von der *Hinterlegung der Aktien* bis zu einem bestimmten Zeitpunkt vor der Hauptversammlung abhängig machen. Hinterlegung bei einer Bank, einem Notar oder einer Wertpapiersammelbank. – b) Sie kann die Ausübung des Stimmrechts von der *Anmeldung der Aktionäre zur Hauptversammlung* abhängig machen; es genügt dann Anmeldung nicht später als am dritten Tag vor der Hauptversammlung (§ 123 IV AktG).

II. A u s ü b u n g : 1. Das St. kann durch einen *Bevollmächtigten* ausgeübt werden; die Vollmacht bedarf der Schriftform (§ 134 III AktG; →Vollmachtsaktionär). – 2. *Kreditinstitute* bedürfen zur Ausübung des St. der Depotaktien (→Depotstimmrecht) der schriftlichen Ermächtigung des Deponenten, die längstens 15 Monate gültig und jederzeit widerruflich ist. Das stimmrechtsausführende Kreditinstitut hat dem Aktionär die von der Gesellschaft nach § 125 AktG zu erstellenden Mitteilungen sowie die Vorschläge zur Ausübung des Stimmrechts (§ 128 AktG) zuzusenden. Der Aktionär kann zu einzelnen oder allen Vorschlägen anderslautende Weisungen geben, an die sich die depotführende Bank in der Abstimmung außer in zu begründenden Ausnahmefällen (§ 135 V AktG) halten muß. Entsprechendes gilt u. a. für Aktionärs-Vereinigungen und geschäftsmäßig Handelnde (§ 135 AktG). – 3. Ein Aktionär, der durch die Beschlußfassung *entlastet* werden soll (→ Entlastung), kann das St. weder für sich noch für einen anderen ausüben (§ 136 I AktG, sonst →Stimmrechtsmißbrauch). – 4. Für →*Minderjährige* wird das St. durch den →gesetzlichen Vertreter ausgeübt. – 5. Bei →*Sicherungsübereignung* ist der →Treuhänder zur St.-Ausübung befugt, kann aber die Ausübung dem →Treugeber überlassen. – Bisweilen gehen Aktionäre →Stimmrechtsbindungen ein.

III. Sonstige St.: St. bei *Personengesellschaften* vgl. →Abstimmung; St. im *Konkurs- und Vergleichsverfahren* vgl. →Konkursverfahren und →Vergleichsverfahren.

Stimmrechtsaktie, →Mehrstimmrechtsaktie.

Stimmrechtsbindung, vertragliche Verpflichtung des Aktionärs, in einen bestimmten Sinne zu stimmen oder nicht zu stimmen. – St. ist i. d. R. *zulässig* gegenüber anderen Aktionären oder Dritten. Anderweitige Stimmenabgabe ist wirksam, kann aber zu →Schadenersatz verpflichten. – Die St. ist *unzulässig* und als Ordnungswidrigkeit zu ahnden, wenn dafür ein besonderer Vorteil (z. B. ein Entgelt) gewährt oder versprochen wird (§ 405 III AktG). Vgl. auch →Stimmenverkauf.

stimmrechtslose Vorzugsaktie →Vorzugsaktie II 3.

Stimmrechtsmißbrauch, Benutzung von Aktien eines anderen ohne dessen Einwilligung oder die Benutzung bzw. Überlassung von Aktien gegen Gewährung oder Versprechen besonderer Vorteile zur Ausübung des Stimmrechts oder Ausübung des Stimmrechts für Aktien, für die der Aktionär das Stimmrecht nicht ausüben darf. St. ist verboten. – *Strafe:* St. ist als Ordnungswidrigkeit zu ahnden (§ 405 III AktG).

Stimmschein, Hinterlegungsbescheinigung, von einer als Hinterlegungsstelle für die Aktien fungierenden Bank bzw. von dem Notar ausgestellte Bescheinigung als Grundlage für die Ausübung des →Stimmrechts bei der Teilnahme an der Hauptversammlung einer AG. Der St. bezieht sich je nach dem Betrag der hinterlegten Aktien auf eine bestimmte Stimmenzahl. Die Aktien bleiben bis zum Schluß der Hauptversammlung gesperrt, um Doppelanmeldungen unmöglich zu machen.

stimulierende Information, *Anregungsinformation,* Nachricht, die einen Handlungsprozeß auslöst, in dessen Verlauf ein Entschei-

dungsproblem formuliert und gelöst wird. Kennzeichen der st. I. ist, daß zu Beginn des Prozesses noch vollständig offen ist, ob überhaupt eine Entscheidung und wie diese ggf. getroffen wird. – *Beispiele:* veränderte Marktdaten, neu erlassene Gesetze. – Vgl. auch →Anregungsphase.

Stimulus, Reiz. Vgl. auch →Käuferverhalten II 1.

Stimulus-Organismus-Response-Konzept (SOR-Konzept), →Käuferverhalten II 2.

Stimulus-Response-Konzept (SR-Konzept), →Käuferverhalten II 1.

Stochastik, Teilbereich der →Statistik, der durch die →Wahrscheinlichkeitsrechnung als Grundlage gekennzeichnet ist. Insbes. rechnet die →Inferenzstatistik zur St.

stochastische Disposition, →PPS-System II 3 b).

stochastische Konjunkturtheorie, Teilgebiet der →Konjunkturtheorie (vgl. dort II 1 c), das exogen bestimmten stochastischen Faktoren die wesentliche Rolle bei der Auslösung und dem Aufrechterhalten eines →Konjunkturzyklus zuerkennt. Nach W. Krelle (1959) genügen kleine und daher mit hoher Wahrscheinlichkeit eintretende Abweichungen vom Gleichgewicht, einen Konjunkturzyklus herbeizuführen und diesen für einen längeren Zeitraum in Gang zu halten.

stochastische Netzplantechnik, →Netzplantechnik III 3.

stochastischer Prozeß, →Zufallsvektor, der in Abhängigkeit von der Zeit t betrachtet wird. Liegt speziell eine eindimensionale →Zufallsvariable X(t) vor, dann ist für diese zu jedem t eine bestimmte →Verteilung gegeben. Je nachdem, ob für jedes reele t oder nur für einzelne, etwa ganzzahlige, t eine Betrachtung erfolgt, unterscheidet man *st. P. mit stetiger* oder *diskreter Zeit.* Je nachdem, welche Verknüpfung zwischen den Verteilungen der Zufallsvariablen zu den verschiedenen Zeitpunkten besteht, werden *verschiedene Typen* von st. P. unterschieden. – *Anwendung* der Theorie der st. P. z. B. in der →Zeitreihenanalyse auf spektralanalytischer Grundlage, in der →Marktforschung (z. B. Markenwahlmodelle auf der Grundlage eines Markov-Prozesses) und in der →Warteschlangentheorie, →Zuverlässigkeitstheorie und bei Lagerhaltungsproblemen verwendet. – *Variante:* →Erneuerungsprozeß, →Markov-Prozeß.

stochastische Simulation, →Simulation III.

stochastische Unabhängigkeit. 1. Bei *zwei zufälligen* →*Ereignissen* A und B der Spezialfall, der dadurch gekennzeichnet ist, daß W (A ∩ B) = W (A) · W (B) gilt, die →Wahrscheinlichkeit des Eintretens beider Ereignisse also gleich dem Produkt der Einzelwahrscheinlichkeiten ist (→Multiplikationssätze der Wahrscheinlichkeit). In diesem Falle gilt auch für die →bedingten Wahrscheinlichkeiten $(W(A|B) = W(A)$ bzw. $W(B|A) = W(B)$, wobei $W(B) \neq 0$ bzw. $W(A) \neq 0$ vorausgesetzt werden muß. – Bei *mehr als zwei Ereignissen* wird die Definition der st. U. in Richtung auf *paarweise* und *totale st. U.* der beteiligten Ereignisse verallgemeinert. – 2. Bei *einem* →*Zufallsvektor* (X, Y) *mit zwei Komponenten* der Spezialfall, daß sich dessen →Verteilungsfunktion F (x, y) als Produkt der Verteilungsfunktionen $F_X(x)$ und $F_Y(y)$ der beiden →Zufallsvariablen X und Y ergibt, daß also $F(x, y) = F_X(x) \cdot F_Y(y)$ gilt. In diesem Falle ist die Wahrscheinlichkeitsfunktionen (bzw. Dichtefunktionen) von X und Y darstellbar (vgl. diskrete bzw. stetige →Zufallsvariablen). – Für einen *Zufallsvektor mit mehr als zwei Komponenten* ist die Definition der st. U. entsprechend zu verallgemeinern.

stock. 1. Warenvorrat. – 2. Gesamtbetrag einer →Anleihe. – 3. →Grundkapital einer Gesellschaft bzw. die Teilbeträge dieses Kapitals, die verschieden groß sein können und auf den Namen des Inhabers in die Verwaltungsbücher eingetragen sind.

stock certificate, →Globalaktie.

Stockdividende, Ausgabe von kostenlosen zusätzlichen Aktien anstelle der Barausschüttung einer →Dividende. – In der *Bundesrep. D.* nur über die Ausgabe von →Gratisaktien nach vorangehender Dividendenausschüttung zulässig.

Stockholmer Schule, *Schwedische Schule,* moderne Richtung der Wirtschaftswissenschaften in Schweden. – *Hauptvertreter:* E. Lindahl, B. Ohlin, G. Myrdal, E. Lundberg. – *Hauptverdienst* der St. Sch. ist es, den Einfluß von Erwartungen (d. h. die Vorausschau der im Wettbewerb stehenden Unternehmer) auf die →Preisbildung untersucht zu haben. Zur Kennzeichnung der unterschiedlichen Betrachtungsweise wurde das Begriffspaar *ex ante* und *ex post* in die Theorie eingeführt. Ex-ante-Größen sind am Anfang einer Periode erwartete bzw. geplante Größen, ex-post-Größen am Ende der Periode realisierte Größen. Die Abweichungen zwischen ex-ante-und ex-post-Größen, d. h. zwischen Erwartungen und Tatsachen, bestimmen den Wirtschaftsprozeß *(E. Schneider)*. Mit Hilfe dieser Begriffe können dynamische, meist makroökonomische Prozeßanalysen vorgenommen werden. – Wichtige Arbeiten der St. Sch. entstanden auch auf dem Gebiet der *Preistheorie.*

stock index futures, →financial futures.

stock jobber, →Jobber.

Stoffaufbereitung, →Verfahrenstechnik II 2.

Stoffbilanz, *Materialbilanz,* systematische, nach Arten geordnete Gegenüberstellung der Mengen an Material-(Stoff-)einsatz (Input) und Material-(Stoff-)ausbringung (Output) eines produktiven Systems. Es gilt: Menge (Masse) des Inputs = Menge (Masse) des Outputs. Der gesamte Stoffluß wird art- und mengenmäßig identifiziert, Verluste und unkontrollierte Emissionen werden offengelegt, Notwendigkeiten und Möglichkeiten für Erfassen, Rückhalten, Verarbeiten und Recycling von stofflichen Rückständen werden sichtbar.

Stoffe, →Material.

Stoffeigenschaftsänderung, →Produktionstechnik II 3 (6).

Stoffkosten, →Materialkosten.

Stoffkostenplanung, →Verbrauchsplanung.

stoffneutrale Produktion, *durchlaufende Produktion,* Elementartyp der Produktion (→Produktionstypen), der sich aus dem Merkmal der prozeßbedingten Stoffveränderung ergibt. Bei s. P wird ein Einsatzstoff zu einem Produkt umgeformt; die eingesetzte Substanz bleibt in ihrer chemisch-physikalischen Zusammensetzung vollständig bzw. im wesentlichen unverändert erhalten. – *Beispiel:* Walzen von Stahl in einem Walzwerk. – Vgl. auch →analytische Produktion, →synthetische Produktion, →analytisch-synthetische Produktion.

Stoffumwandlung, →Produktionstechnik II 2.

Stolper-Samuelson-Theorem, Lehrsatz der reinen Außenwirtschaftstheorie. Das S. S. T. besagt in Analogie zum →Faktorpreisausgleichstheorem (das dem Freihandel eine Verschiebung der Faktorpreise *zuungunsten* des knappen Faktors zuschreibt), daß Handelsbeschränkungen durch Zölle die Einkommensverteilung in die entgegengesetzte Richtung, nämlich *zugunsten* des knappen Faktors, verschieben. – Zur Frage, ob diese Überlegung Freihandelsbeschränkungen in Industrieländern, in denen Arbeit der relativ knappe Faktor ist, rechtfertigen kann, vgl. →Protektionismus.

stone, Masseneinheit für einige Handelsgüter. S. wird auch für Gewichtsangaben von Personen verwendet. 1 stone = 6,35029 kg.

Stop-loss-Order, Auftrag eines Kunden an seine Bank, ein bestimmtes Wertpapier zu verkaufen, sobald ein gewisser Kurs unterschritten wird.

store erosion, →Ladenverschleiß.

Store-Test, realitätsnahes Verfahren der Marktforschung. Das Produkt wird in einer ausgewählten Anzahl von Handelsgeschäften

(i. d. R. 10–15) unter kontrollierten Bedingungen verkauft. Bei eingeführten Produkten dient der St. T. der Wirkungskontrolle von Marketingaktivitäten (z. B. Preisaktionen, persönliche Verkaufsförderung, Werbung), bei neuen bzw. veränderten Produkten der Überprüfung von Marktchancen. – *Anders:* →Markttest.

Störfallkommission, Gremium, das den zuständigen Minister in Fragen, die die →Störfallverordnung betreffen, berät.

Störfallverordnung, Juni 1980 erlassene Verordnung. Für Betreiber bestimmter Industrieanlagen und für die darin verarbeiteten Stoffe werden Anforderungen an Bau und Einrichtung vorgegeben, um Störfälle zu verhindern bzw. deren Auswirkungen zu begrenzen. Dies schließt das Erstellen einer Sicherheitsanalyse (Beschreibung der Anlage, Liste der verarbeiteten Stoffe und deren mögliche Auswirkungen im Störfalle) zur Information der Behörden ein. Z. Zt. werden 17 Typen von Industrieanlagen und 145 Grundsubstanzen erfaßt. – Vgl. auch →Störfallkommission.

Störgröße, *Störvariable,* im →Regressionsmodell die →Zufallsvariable, die beim strukturellen Ansatz (→Struktur) für jede Beobachtung der →endogenen Variablen neben den Werten der →exogenen Variablen zur Erklärung herangezogen wird (vgl. auch →Regressionsanalyse). Sind etwa bei einer linearen →Einfachregression α und β die beiden →Parameter der →Regressionsgeraden der Grundgesamtheit, so wird ein Wert y_i der endogenen Variablen beim Wert x_i der exogenen Variablen mittels $y_i = \alpha + \beta x_i + u_i$ erklärt. Dabei ist u_i die St., die bewirkt, daß auch y_i zufällig ist. Über die St. werden in der Regressionsanalyse gewisse Annahmen getroffen, etwa daß ihr →Erwartungswert 0 ist, daß ihre →Varianzen gleich sind, daß sie unkorreliert sind (→Korrelation), ggf. auch, daß sie normalverteilt sind (→Normalverteilung). – *Bedeutung:* Die S. sind der Inbegriff der Einflüsse, die in nicht dominierender Weise neben den exogenen Variablen auf die endogene Variable einwirken.

Stornierung. 1. Rückbuchung (→Stornobuchung). – 2. Rückziehung eines →Auftrages. – 3. Rückbuchung von Gutschriften durch die Bank; Recht der Bank zur St. vgl. →Stornorecht.

Stornobuchung, (zulässige) Rückbuchung zur Aufhebung *(Stornierung)* einer bereits erfolgten unrichtigen Buchung. Gesetzlich nicht erlaubt sind dagegen Streichungen (wenn sie zu Unleserlichkeit führen) und Radierungen. – Vgl. auch →Berichtigungsposten.

Stornorecht, Recht der Bank, irrige Gutschriften (z. B. infolge Irrtums, Schreibfehlers usw.), für die kein entsprechender Auftrag

vorlag, rückgängig zu machen *Stornierung.* Das St. ist in den Allgemeinen Geschäftsbedingungen der Banken vorgesehen; es steht selbständig neben der →Anfechtung wegen Irrtums (§ 119 BGB), ist an dessen Voraussetzungen, insbes. an irgendwelche Fristen, nicht gebunden.

Störvariable, →Störgröße.

Storyboard, Arbeitspapier zur Gestaltung und Produktion eines →Fernsehspots als Hilfsmittel, den optischen Teil des Films nicht nur verbal, sondern auch zeichnerisch oder fotographisch zu erläutern. – *Bestandteile:* Video- und Audioteil und Bilder (entsprechend den Proportionen des Bildschirms) zur Darstellung des bildlichen Ablaufs des geplanten Spots.

Strafandrohung, derjenige Teil eines Strafgesetzes, der bestimmt, welche Strafe die Verwirklichung eines strafrechtlichen Tatbestandes durch den Täter für diesen zur Folge hat. – *Strafe:* lebenslange oder zeitige Freiheitsstrafe und Geldstrafe; vielfach auch Einziehung, Verlust der Amtsfähigkeit, der Wählbarkeit und des Stimmrechts, Wertersatz. Bei Ordnungswidrigkeiten i. d. R. Geldbuße.

Strafanspruch, staatlicher Anspruch auf Bestrafung desjenigen, der eine →Straftat begeht. Die Durchsetzung erfolgt im →Strafprozeß.

Strafantrag, ein zur Verfolgung bestimmter Straftaten notwendiger Antrag des durch die Straftat Verletzten (§§ 77ff. StGB). Der St. bedeutet eine Abweichung von dem das deutsche Strafrecht beherrschenden Grundsatz der Strafverfolgung von Amts wegen, nach dem die →Staatsanwaltschaft ohne Zutun Dritter einzuschreiten hat. – 1. *Wann* St. *erforderlich* ist, bestimmt Gesetz im Einzelfall. So z. B. bei: fahrlässiger Körperverletzung (Verkehrsunfall); Beleidigung, zahlreichen Delikten wegen →unlauteren Wettbewerbs; z. B bei Vor- und Nachschieben von Waren, Nichteinhaltung des Sperrjahres (§ 8 UWG), Zahlung von Schmiergeldern (§ 12 UWG), strafbarer Betriebsgefährdung durch Verleumdung (§ 15 UWG), Verrat von Betriebsgeheimnissen (§ 17 UWG), Verwertung anvertrauter Vorlagen (§ 18 UWG), Verleitung zum →Geheimnisverrat (§ 20 UWG). – 2. Berechtigt zur *Antragstellung* ist i. a. nur der durch die Tat Verletzte, bei Minderjährigen der gesetzliche Vertreter, ausnahmsweise auch ein Verband. Der St. ist innerhalb von drei Monaten nach Erlangung der Kenntnis von Tat und Täter zu stellen. – 3. *Rücknahme* ist bis zur →Rechtskraft des Urteils zulässig. – Vgl. auch →Privatklage.

Strafaussetzung zur Bewährung, Aussetzung der Vollstreckung von Geldstrafen bis zu 180 Tagessätzen (→Verwarnung mit Strafvorbehalt) und Freiheitsstrafe bis zu zwei Jahren, wenn zu erwarten ist, daß der Verurteilte künftig keine Straftat mehr begehen wird. Bewährungszeit beträgt bei Freiheitsstrafen zwei bis fünf Jahre, bei Geldstrafen ein bis drei Jahre und kann mit Auflagen verbunden werden (Geldbuße, Schadenswiedergutmachung). Bei erneuter Straftat oder Nichterfüllung der Auflagen Widerruf und Vollstreckung der Freiheitsstrafe (§§ 56 ff., 59 ff. StGB). Eine St. z. B. ist auch nach Verbüßung von ⅔ einer zeitigen Freiheitsstrafe und nach Verbüßung von 15 Jahren einer lebenslänglichen Freiheitsstrafe möglich, wenn verantwortet werden kann zu erproben, ob der Verurteilte außerhalb des Strafvollzugs keine Straftaten mehr begehen wird. – Vgl. auch →Führungsaufsicht.

Strafbefehl, richterliche Strafandrohung, die bei →Vergehen auf Antrag der Staatsanwaltschaft durch Amtsgericht ohne Hauptverhandlung ergehen kann (§§ 407–412 StPO). Im St. können →Geldstrafe, →Verwarnung mit Strafvorbehalt, Entziehung der →Fahrerlaubnis bis zu einer Sperre von zwei Jahren, →Fahrverbot, →Einziehung und →öffentliche Bekanntmachung angeordnet werden. – Gegen St. ist *Einspruch* zulässig, binnen zwei Wochen schriftlich bei Gericht oder zu Protokoll der Geschäftsstelle. Der Einspruch führt zur Hauptverhandlung, in der das Gericht ohne Bindung an den St. entscheidet (z. B. Freispruch, aber auch höhere Strafe möglich). – Wird *kein Einspruch* eingelegt, hat der rechtskräftige Strafbefehl die Wirkung i. a. eines rechtskräftigen Urteils.

Strafe. 1. *Begriff:* Maßnahme des Staates zur Ahndung oder Erzwingung eines bestimmten Verhaltens des Bestraften. Neben den eigentlichen Kriminalstrafen →Freiheitsstrafe und →Geldstrafe stehen →Maßregeln der Sicherung und Besserung, →Geldbuße, →Beugestrafe, →Ordnungsmittel u. a. – 2. *Steuerliche Behandlung:* Aufwendungn für St. werden steuerrechtlich nicht als abzugsfähig anerkannt (§§ 4 V Nr. 8, 12 Nr. 4 EStG, § 10 Nr. 3 KStG).

Straffreiheit, →Selbstanzeige, →Rücktritt.

Strafkostenverfahren, →nichtlineares Optimierungsproblem 4 c).

Strafmündigkeit, Begriff des Strafrechts. Die St. bezeichnet die Fähigkeit, strafrechtlich verantwortlich zu sein. Sie beginnt mit 14 Jahren; Kinder, die noch nicht 14 Jahre alt sind, sind strafunmündig (§ 1 JGG). Jugendliche von 14 bis 18 Jahren sind strafrechtlich verantwortlich, wenn sie zur Zeit der Tat nach ihrer sittlichen und geistigen Entwicklung reif genug sind, das Unrecht der Tat einzusehen und nach dieser Einsicht zu handeln (§ 3 JGG).

Strafprozeß, Verfahren zur Feststellung und Durchsetzung des staatlichen →Strafanspruchs. – *Rechtsgrundlage:* Strafprozeßord-

nung i. d. F. vom 7. 4. 1987 (BGBl I 1074) und →Gerichtsverfassungsgesetz.

I. V e r f a h r e n : 1. *Ermittlungsverfahren:* Das Ermittlungsverfahren dient der Prüfung und Feststellung, ob genügender Anlaß zur Erhebung der öffentlichen Klage (Anklage) durch die →Staatsanwaltschaft besteht. – 2. *Hauptverfahren:* Das Hauptverfahren dient der gerichtlichen Feststellung, ob der Beschuldigte eine strafbare Handlung begangen hat, endet mit Verurteilung, Freisprechung oder Einstellung des Verfahrens. – 3. *Vollstreckungsverfahren:* Das Vollstreckungsverfahren dient der Verwirklichung der gerichtlichen Entscheidung, vor allem der Beitreibung oder dem Vollzug der erkannten Strafen.

II. A l l g m e i n e V e r f a h r e n s g r u n d s ä t z e : 1. Grundsatz des →*rechtlichen Gehörs.* – 2. *Anklagegrundsatz* nur aufgrund einer Anklage der Staatsanwaltschaft und in bestimmten Fällen aufgrund einer →Privatklage kommt es zum Hauptverfahren. – 3. →*Legalitätsprinzip:* Die Staatsanwaltschaft ist bei Vorliegen einer strafbaren Handlung zur Verfolgung verpflichtet. Bagatellsachen, Auslandstaten und unwesentliche Nebenstraftaten sowie Staatsschutzsachen bei tätiger Reue können unverfolgt bleiben (vgl. auch →Opportunitätsprinzip). – 4. *Amtsermittlung:* Die Erforschung des Sachverhalts erfolgt von Amts wegen. – 5. *Öffentlichkeit:* Die Hauptverhandlung ist grundsätzlich öffentlich. – 6. *Grundsatz der Mündlichkeit:* Nur das in der Hauptverhandlung mündlich Vorgetragene, nicht der Akteninhalt ist Entscheidungsgrundlage.

III. G e r i c h t l i c h e Z u s t ä n d i g k e i t : Kleinere Straftaten kommen vor den Einzelrichter beim →Amtsgericht, größere Straftaten vor das →Schöffengericht oder die Große Strafkammer beim →Landgericht, die auch als Schwurgerichtskammer für Kapitalverbrechen zuständig ist. In Staatsschutzsachen sind die →Oberlandesgerichte (§§ 24, 74, 74 m, 120 GVG) zuständig. Über die →Berufung gegen Urteile der Einzelrichters entscheidet die Kleine Strafkammer beim Landgericht, gegen die Urteile des Schöffengerichts ist Berufung an die Große Strafkammer zulässig. Über die →Revision entscheidet das Oberlandesgericht. Gegen Urteile der Landgerichte und der Oberlandesgerichte im ersten Rechtsweg findet die Revision an den Bundesgerichtshof statt. Revisionsentscheidungen des Oberlandesgerichts oder des Bundesgerichtshofes unterliegen keinem →Rechtsmittel.

IV. B e s o n d e r e A r t e n d e s V e r f a h r e n s : 1. Das *Strafbefehlsverfahren:* Das Strafbefehlsverfahren hat die Ahndung von →Vergehen durch schriftlichen →Strafbefehl ohne Hauptverhandlung zum Ziel. – 2. *Sicherungsverfahren:* Verfahren zur Unterbringung in einer Heil- und Pflegeanstalt, wenn der

Täter bei Begehen der Tat unzurechnungsfähig gewesen ist. – 3. *Einziehungsverfahren:* Verfahren zur Einziehung, Vernichtung oder Unbrauchbarmachung von Vermögensgegenständen außerhalb des Hauptverfahrens. Vgl. im einzelnen →Einziehung I. – 4. *Jugendgerichtsverfahren:* Verfahren nach dem →Jugendstrafrecht.

Strafrecht. I. B e g r i f f / R e c h t s g r u n d - l a g e : 1. *Begriff:* Zusammenfassende Bezeichnung für Rechtsvorschriften, die bestimmte Handlungen oder Unterlassungen mit →Strafe bedrohen. – 2. *Rechtsgrundlagen:* Strafgesetzbuch i. d. F. vom 10. 3. 1987 (BGBl I 945); daneben gelten die strafrechtlichen Nebengesetze.

II. B u n d e s r e c h t u n d L a n d e s r e c h t : Das St. gehört zur →Gesetzgebungskompetenz des Bundes (Art. 74 Nr. 1 GG). →Landesgesetze sind nur insoweit zulässig, als der Bund von seinem Gesetzgebungsrecht keinen Gebrauch macht. Die Materien, die die Länder regeln dürfen, ergeben sich im wesentlichen aus dem Einführungsgesetz zum Strafgesetzbuch.

III. G l i e d e r u n g : 1. *Allgemeiner Teil:* Enthält allgemeine Regeln, die für alle Straftaten gelten (z. B. Regeln über die Einteilung der →Straftaten, über →Versuch, →Teilnahme, →Verjährung). – 2. *Besonderer Teil:* Dieser Teil umfaßt die einzelnen Straftatbestände mit der jeweiligen →Strafandrohung (z. B. →Beleidigung, →Begünstigung, →Bestechung, →Betrug, →Diebstahl, →Einbruch-Diebstahl, →Konkursdelikte, Delikte des →unlauteren Wettbewerbs, des →Steuerstrafrechts, des →Straßenverkehrsrechts und des →Wirtschaftsstrafrechts). – 3. *Sonderregelung* für das →Jugendstrafrecht.

Strafregister, →Bundeszentralregister, →Erziehungsregister, →Verkehrszentralregister.

Straftaten. 1. *Allgemein:* Mit →Strafe bedrohte Handlungen oder Unterlassungen. – *Zu unterscheiden:* in →Verbrechen und →Vergehen. – 2. *Wirtschaftsstrafrecht:* Zuwiderhandlungen gegen →Sicherstellungsgesetze und →Preisvorschriften und St. nach der Konkurs- und Vergleichsordnung (→Konkursdelikte), dem Wettbewerbs-, Gesellschafts-, Bank- und Kreditwesenrecht, sowie nach dem Außenwirtschafts-, Devisen-, Steuer- und Zollrecht. – 3. *Erfassung:* Verurteilungen wegen St. durch →Urteil oder →Strafbefehl eines deutschen Gerichts oder die von einer Verwaltungsbehörde durch Strafbescheid ausgesprochen sind, werden dem Bundeszentralregister mitgeteilt.

Strafvereitelung, absichtliche oder wissentliche Vereitelung der Bestrafung einer durch einen anderen begangenen →Straftat oder der Vollstreckung einer gegen einen anderen ver-

hängten Strafe oder Maßnahme (§ 258 StGB). – *Strafe:* Freiheitsstrafe bis zu fünf Jahren oder Geldstrafe. Eine St. zugunsten eines Angehörigen oder seiner eigenen Person ist straflos.

Strafverteidiger, →Verteidiger.

Strafvollstreckung, →Vollstreckung.

Strafvollzug, Regelung des Vollzuges der →Freiheitsstrafe und der freiheitsentziehenden →Maßregeln der Besserung und Sicherung. – 1. *Rechtsgrundlage:* Strafvollzugsgesetz (StVollzG) vom 16. 3. 1976 (BGBl I 581) mit späteren Änderungen und Strafvollzugsvergütungsordnung vom 11. 1. 1977 (BGBl I 57). – 2. *Aufgabe:* a) Der Gefangene soll fähig werden, künftig in sozialer Verantwortung ein Leben ohne Straftaten zu führen. b) Schutz der Allgemeinheit vor weiteren Straftaten. – 3. *Gestaltung:* a) Das Leben im St. soll den allgemeinen Lebensverhältnissen soweit als möglich angeglichen werden. b) Schädlichen Folgen des Freiheitsentzuges ist entgegenzuwirken. c) Der St. ist darauf auszurichten, daß er dem Gefangenen hilft, sich in das Leben in Freiheit einzugliedern. – 4. *Stellung des Gefangenen:* a) An der Gestaltung seiner Behandlung und an der Erreichung des Vollzugszieles hat er den Gefangenen mitzuwirken. b) Der Gefangene unterliegt den im Strafvollzugsgesetz enthaltenen Beschränkungen.

Strafzumessung, Festsetzung der →Strafe. Zu berücksichtigen sind die Schuld des Täters und die Wirkung der Strafe auf das künftige Leben des Täters. Beweggründe, Ziele, Gesinnung, Maß der Pflichtwidrigkeit, Vorleben und Verhalten nach der Tat sind abzuwägen (§ 46 StGB).

Strahlenschutz, Schutz vor radioaktiven Strahlen, geregelt a) im *Strahlenschutzvorsorgegesetz* (StrVG) vom 19. 12. 1986 (BGBl I 2610) und b) in der Strahlenschutzverordnung (StrahlenschutzVO) vom 3. 10. 1976 (BGBl I 2905). – 1. Nach dem *StrVG* ist zum Schutz der Bevölkerung die Radioaktivität in der Umwelt zu überwachen und die radioaktive Kontamination der Umwelt im Falle von Ereignissen mit möglichen nicht unerheblichen radiologischen Auswirkungen unter Beachtung des Standes der Wissenschaft und unter Berücksichtigung aller Umstände durch angemessene Maßnahmen so gering wie möglich zu halten. – 2. Nach der *StrahlenschutzVO* bedarf der Umgang mit radioaktiven Stoffen, die Beförderung, Ein- und Ausfuhr sowie der Verkehr mit radioaktiven Stoffen grundsätzlich der Genehmigung. Die VO regelt weiter die höchstzulässige Dosis für beruflich strahlenexponierte Personen, die Beseitigung radioaktiver Abfälle und die gesetzliche Untersuchung der Arbeitnehmer, die mit offenen radioaktiven Stoffen umzugehen haben. Die VO gilt nicht für Ärzte und Zahnärzte, die in Ausübung der Heilkunde mit radioaktiven Stoffen Untersuchungen und Behandlungen durchführen (vgl. Röntgen VO vom 1.3.1973, BGBl I 173).

straight bill of lading, →Konnossement.

straight bond, →Anleihe.

Strandungsfalldeckung, Deckungsform der ADS Güterversicherung 1973 i.d.F. von 1984 (→Allgemeine Deutsche Seeversicherungsbedingungen). – *Versicherungsschutz:* Die St. versichert nur die in ihr genannten Gefahren (z.B. Strandung von Schiffen, Brand, Blitzschlag, Explosion, Transportmittelunfall). Bei Schadeneintritt durch mit der St. versicherten Gefahren ist ein Totalverlust der Güter sehr wahrscheinlich. Sie ist deshalb nur für Transportgüter geeignet, bei denen keine Beschädigungen (z.B. Bruch, Verschmutzen, Nässe) eintreten können, v.a. unverpackte Massen- oder Schüttgüter, wie Sand, Erz, Asphalt, Schrott, Rundhölzer, gewisse Chemikalien und Düngemittel. – Tritt eine in der St. nicht als versichert genannte Gefahr ein, besteht *kein Versicherungsschutz.*

Straße, bauliche Anlage, die dem nicht an Schienen gebundenen Fahrverkehr als Bahn zu dienen geeignet und bestimmt ist. Vorschriften des →Straßenverkehrsrechts gelten nur für →öffentliche Straßen.

Straßenbaufinanzierungsgesetz, →Mineralölsteuer 11.

Straßenbaulast, die einer Behörde obliegende Wegebau-, Unterhalts- und Aufsichtspflicht über →öffentliche Straßen. – 1. Die St. *obliegt:* a) bei →Bundesfernstraßen dem Bund, der sie durch die Länder ausübt, auf die er die Trägerschaft delegiert hat, soweit sie nicht als Ortsdurchfahrten in Gemeinden mit mehr als 80 000 Einwohnern (Stichtag: Beginn des dritten Haushaltsjahres nach dem Jahr, in dem →Volkszählung stattfand) von diesen selbst zu tragen ist; b) bei Landstraßen I. Ordnung dem Land; c) bei Landstraßen II. Ordnung den Landkreisen. – 2. Die St. *umfaßt:* a) Anlegen, Bauen, Unterhalten und Ausbessern. b) Bei Schnee und Eis im allgemeinen Räum- und Streupflicht. c) Aufstellung von Hinweisen durch →Verkehrszeichen bei nicht verkehrssicherem Zustand einer Straße, soweit nicht die Straßenverkehrsbehörden eine Anordnung getroffen haben. d) Die Straßenaufsicht erstreckt sich neben der Prüfung der Verkehrssicherheit im allgemeinen auch auf die Bauaufsicht: Hochbauten dürfen längs der Bundesfernstraßen (bis zu 40 m Abstand bei Autobahnen und bis zu 20 m bei Bundesstraßen) nicht errichtet werden.

Straßeneinmündung, Begriff des Verkehrsrechts für zwei oder mehrere Straßen, die sich derart treffen, daß sie nur eine gemeinsame

Fortsetzung haben. – *Anders:* →Straßenkreuzung.

Straßenfahrzeugbau, Teilbereich des →Investitionsgüter produzierenden Gewerbes, Herstellung von Landfahrzeugen (ohne Schienenfahrzeuge, Ackerschlepper und Elektrofahrzeuge): Personenkraftwagen, Liefer- und Lastkraftwagen, Krafträder, Fahrrädern einschl. Motoren, Fahrgestelle, Karosserien, Anhänger und Zubehör, Krankenfahrstühle und Kinderwagen. Stark exportorientiert; Exportquote: 48,1% (1986).

Straßenfahrzeugbau

Jahr	Be-schäf-tigte in 1000	Lohn- und Gehalts-summe	darun-ter Ge-hälter	Um-satz ge-samt	darun-ter Aus-lands-umsatz	Netto-produk-tions-index 1980 =100
		in Mill. DM				
1970	718	11 489	2951	54 557	18 397	–
1971	746	13 036	3 464	59 832	21 146	–
1972	727	13 763	3 817	62 588	22 565	–
1973	749	16 052	4 457	69 185	26 686	–
1974	730	17 023	5 006	67 706	27 705	–
1975	675	17 758	5 323	77 533	27 958	–
1976	702	20 174	5 804	94 902	36 209	87,6
1977	740	23 078	6 638	105 739	39 683	93,9
1978	766	24 974	7 297	114 817	41 652	96,0
1979	787	27 394	7 990	124 635	47 507	101,9
1980	802	29 658	9 003	126 924	51 172	100
1981	787	30 854	9 736	136 954	60 257	106,7
1982	788	32 208	10 362	145 857	69 192	107,3
1983	777	33 179	10 751	156 569	70 061	107,8
1984	785	33 910	11 114	162 537	78 909	107,1
1985	809	36 695	11 666	184 508	91 870	119,6
1986	838	39 857	12 554	194 407	93 462	125,7

Straßengüterverkehr, →Straßenverkehr.

Straßengüterverkehrsteuer, Besteuerung von Güterbeförderungen mit Kraftfahrzeugen nach dem Gesetz über die Besteuerung des Straßengüterverkehrs vom 28.12.1968 (BGBl I 1461), befristet bis 31.12.1972.

Straßenhandel, Form des →ambulanten Handels: Angebot einer begrenzten, spezialisierten Warenauswahl an Straßen, auf bestimmten Plätzen oder in Fußgängerzonen. Zum St. zählen auch Eiswagen und Schnellimbißbuden, obwohl Abgrenzung vom →Kiosk nur schwer möglich. Gleiches gilt, wenn der stationäre Einzelhandel und die Gastronomie ihr Angebot in den Straßenbereich hinein ausdehnen. – *Umsatzsteuerliche Behandlung* (§22 V UStG und §68 UStDV): Unternehmer, die ohne Begründung einer gewerblichen Niederlassung oder außerhalb ihrer gewerblichen Niederlassung von Haus zu Haus oder auf öffentlichen Straßen, Wegen, Plätzen, Märkten oder an anderen öffentlichen Orten Umsätze ausführen, haben ein *Steuerheft* zu führen. Ausfertigung auf Antrag des St.-Unternehmers durch das zuständige Wohnsitz- bzw. Betriebsfinanzamt. – *Befreiung* für Unternehmer, die den Handel mit Zeitungen und Zeitschriften betreiben, die ihre Umsätze nach den Durchschnittsätzen für land- und forstwirtschaftliche Betriebe versteuern, sowie Unternehmer, die im Inland eine gewerbliche Niederlassung haben und Aufzeichnungen nach § 22 UStG sowie nach §§ 63–66 UStDV machen. Die befreiten Unternehmer haben die Bescheinigung über die Befreiung von der Führung eines Steuerhefts bei sich zu führen.

Straßenkreuzung, Begriff des Verkehrsrechts für zwei oder mehrere sich schneidende Straßen, die an der Kreuzung mindestens vier Winkel bilden. – Anders: →Straßeneinmündung.

Straßenproduktion, *Reihenproduktion, Linienproduktion,* Ausprägungsform der →Fließproduktion, bei der die Potentiale weder zeitlich noch räumlich gekoppelt sind.

Straßenverkehr. I. B e g r i f f : Beförderung von Personen und Fracht im Landverkehr auf der Straße, insbes. mittels Kraftfahrzeugen (heute überwiegend). – Der *gewerbliche Straßengüterverkehr* unterteilt sich in die Bereiche: (1) *Güternahverkehr* (§ 2 GüKG) innerhalb der Nahzone im Umkreis von 50 km Luftlinie um den Standort, (2) *Bezirksgüterfernverkehr* innerhalb der Zone im Umkreis von 150 km Luftlinie um den Standort, (3) *allgemeiner Güterfernverkehr* (§ 3 Abs. 1 GüKG) und (4) Grenzüberschreitender Güterfernverkehr. Zudem gibt es noch (5) *Umzugsverkehr* und (6) *Werkverkehr.* – Im *Personenverkehr* unterscheidet man zwischen *Individualverkehr* (IV, motorisiert und nicht motorisiert) und *öffentlichem Verkehr* (öV), insbes. *öffentlichem Personennahverkehr* (öPNV).

II. G e s c h i c h t e : 1. *Anfänge:* Erste Überlandwege für den Nah- und Fernverkehr gab es bereits in frühgeschichtlicher Zeit. Besondere Bedeutung erlangten die asiatischen Karawanenwege (z.B. die Seidenstraße). In Mitteleuropa fand ab dem 6. Jh. v.Chr. Handelsverkehr entlang der sog. Zinn-, Bernstein- und Salzstraßen statt. Eine Blüte erlebte der Straßenbau im Altertum während des Römischen Reiches, als ein umfangreiches Netz gut ausgebauter Heeresstraßen entstand. Die Beförderung von Gütern erfolgte überwiegend mit Pferden, Saumtieren, Karren und menschlicher Tragkraft. – 2. *Bis zum 16. Jh.:* Das Mittelalter verzeichnete nur eine geringe Straßenbautätigkeit. Weiterhin vollzog sich der Landverkehr auf alten römischen Heeresstraßen, Naturstraßen sowie Botenpfaden. Entscheidende Hindernisse für den Landverkehr bildeten neben den schlechten Straßenverhältnissen immer häufiger werdende Zölle, Wege- und Brückengelder. Mit dem Aufkommen des Fuhrwagens traten im 16. Jh. erstmals größere Speditionsfirmen in Erscheinung. Durch die Organisation des Geleits wurde zudem versucht, die Sicherheit auf den Straßen zu erhöhen. Die Verlagerung der Welthandelsströme im Zeitalter der Entdek-

kungen ließ den Umfang des Landverkehrs jedoch beträchtlich schrumpfen. – 3. *16. Jh.– 18. Jh.:* Erst im Zeitalter des Merkantilismus begann eine neue Phase des Straßenbaus; v.a. in Frankreich wurden im 17. Jh. in beträchtlichem Umfang Kunststraßen (Chausseen) für den Überlandverkehr gebaut. Die erste Kunststraße in Deutschland entstand zwar schon 1753 in Bayern, die Straßenverhältnisse insgesamt blieben jedoch im Vergleich zu Frankreich und England rückständig. Nicht zuletzt die politische Uneinigkeit verhinderte die Entwicklung eines systematischen Straßenbauplanes. Erst ab 1815 kam es in Preußen zu umfassenderen Straßenbaumaßnahmen (teilweise mit privater Finanzierung). Eine Verbesserung der Straßenqualität brachte v.a. die Anwendung neuer straßenbautechnischer Verfahren (Makdam-Decken). Um 1800 gab es in Deutschland erst ca. 5000 km befestigte Straßen; bis 1835 stieg die Netzlänge auf etwa 25 000 km und bis zur Reichsgründung auf rd. 115 000 km. 1913, als es mehr als 300 000 km befestigter Straßen gab, war praktisch jedes Dorf an das Straßennetz angebunden. – 4. *19. Jh.:* Das im Merkantilismus entstandene Fracht- und Personenfuhrwesen entwickelte sich im 19. Jh. zunächst fort, wobei das Frachtfuhrwesen zunehmend einen regelmäßigen Güterverkehr sicherstellte. Begünstigt durch den Chausseebau stieg die Leistungsfähigkeit des Frachtwagens deutlich an. Bei gleichzeitigem Abbau von Zoll- und Handelsschranken verzeichnete der Gütertransport auf der Straße bis Mitte des 19. Jh. eine anhaltende Zunahme. Der Aufschwung sowohl des Güter- wie des Personenverkehrs auf der Straße endete mit der Ausbreitung der Eisenbahn; dem St. blieb eine Komplementaritätsfunktion im Nahverkehr (Zubringerverkehr zu den Eisenbahnstationen). – 5. *20. Jh.:* Erst die Erfindung des mit Benzin angetriebenen Kraftwagens (1886 Daimler/Benz) eröffnete dem Straßengüter- und Personenverkehr im 20. Jh. neue Möglichkeiten und die Aufnahme des Wettbewerbs mit der Eisenbahn. Die Motorisierung des S. führte zudem zu einem neuen Aufschwung des Straßenbaus (v.a. Verbesserung der Straßenqualität durch Verwendung des 1848 erstmals erprobten Asphaltbelages). – Nach dem 1. Weltkrieg begann der Übergang zum Bau reiner Kraftfahrtstraßen (1921 Eröffnung der Avus; 1929/ 32 Errichtung einer Kfz-Straße zwischen Köln und Bonn). Ab 1933 folgte der forcierte Bau eines flächendeckenden Autobahnnetzes in Deutschland (3860 km bis zum Sommer 1942, davon 2110 km auf dem Gebiet der heutigen Bundesrep. D.). – In der Zwischenzeit wuchs die Konkurrenz zwischen Eisenbahn und Straßengüterverkehr; dabei zeigten sich insbes. während der Weltwirtschaftskrise die relative Vorteile des Lkw; kleinere Transporteinheiten erlaubten eine billigere, leichtere und flexiblere Disposition als mit Eisenbahnwaggons. – Tendenz des Güterverkehrs (v. a. beim Stückgut) hin zur Straße setzte sich nach dem Krieg ungebrochen mit sich verstärkender Tendenz fort. Bestrebungen, den individuellen Pkw-Verkehr durch Entwicklung eines billigen Kraftfahrzeugtyps (Volkswagen) auszuweiten, wurden durch den Kriegsausbruch gestoppt. In der Nachkriegszeit, v. a. in den 60er Jahren, entwickelte sich der private →Individualverkehr zum Massenverkehr. Bereits 1960 erreichte der Individualverkehr einen Anteil von 66,6% am Verkehrsaufkommen (beförderte Personen) und 64,1% an der Verkehrsleistung (Pkm). Entsprechend der enormen Ausweitung des Pkw- und Lkw-Verkehrs kam es zu einer deutlichen Konzentration der Verkehrsinvestitionen in den Ausbau des Straßenverkehrsnetzes (Verdichtung und qualitative Verbesserung des Autobahn- und Bundesfernstraßennetzes).

III. Unternehmens-, Betriebs- und Kostenstruktur: 1. Im gewerblichen S. ist zu unterscheiden zwischen Unternehmen für Güter- und Personenbeförderung, die ihren Tätigkeitsschwerpunkt mit →Stadtverkehr und →Regionalverkehr haben. Der Straßengüterverkehr umfaßt den genehmigungspflichtigen gewerblichen Güterfernverkehr (GFV), den gewerblichen Güternahverkehr (GNV) sowie die Unternehmen des Werkgüterverkehrs (im Nah- und Fernbereich). Der GFV zählte im November 1982 9090 Unternehmen mit rd. 80 000 Beschäftigten; der GNV im November 1984 42451 Unternehmen mit rd. 150 000 Beschäftigten. Für den Güterverkehr waren am 31. 12. 1985 insgesamt 33 477 Genehmigungen erteilt, darunter 21 474 für den gesamten Güterfernverkehr, 8724 für den Bezirksgüterfernverkehr und 4126 für den grenzüberschreitenden Verkehr (darunter 914 Gemeinschaftsgenehmigungen, 89 ECMT-Genehmigungen). 3043 der Genehmigungen entfielen auf den Güterverkehr im Auftrag der Deutschen Bundesbahn. Von den Unternehmen des GFV besaßen rd. 30% nur eine Genehmigung, 35,3% zwei bis drei Genehmigungen, 28,6% vier bis zehn Genehmigungen und 6,2% der Unternehmen mehr als elf Genehmigungen. Von den 32 461 Unternehmen des Werkfernverkehrs (WFV) hatten knapp die Hälfte nur eine Genehmigung, 30% zwei bis drei Genehmigungen und nur 3,7% mehr als elf Genehmigungen (November 1982). Bei den Unternehmen des GNV setzten 50,7% nur einen Lkw, 28,7% zwei bis drei Lkw und 8,7% sieben und mehr Lkw ein. – 2. *Eingesetzte Fahrzeuge und Anhänger/Ladekapazität:* Die Unternehmen des GFV setzten im November 1982 insgesamt 32 150 eigene Zugfahrzeuge (16 838 Lkw mit Normalaufbau, 6435 Lkw mit Spezialaufbau, 55 Zugmaschinen, 8822 Sattelfahrzeuge) sowie 28 557 eigene Anhänger mit einer Gesamtladekapazität von 0,648 Mill. t (20,2 t je Genehmigung) ein. Für den Werkfernverkehr waren zur gleichen Zeit

73 212 Lkw, 28 510 Kfz-Anhänger sowie 15 580 Sattelanhänger gemeldet. Die 2248 Tankwagen für brennbare Flüssigkeiten waren zu mehr als 99% im WFV eingesetzt. Die GNV meldeten für November 1984 den Einsatz von 124 494 Zugfahrzeugen (darunter 103 365 mit einer Nutzlast von mehr als 4 t) und 58 656 Anhängern mit einer Gesamtkapazität von 1,6 Mill. t. – 3. *Beförderungs- und Verkehrsleistung:* Im Straßenverkehr mit dem Lkw wurden 1985 im Bundesgebiet insgesamt 2319,3 Mill. t Güter befördert, davon 335,4 Mill. t im Fernverkehr (146,5 Mill. t durch den GFV, 119,1 Mill. t durch den WFV und 69,8 Mill. t durch den Fernverkehr mit ausländischen Fahrzeugen). Von den 1984,0 Mill. t im Nahverkehr beförderten Gütern entfielen 40,1% auf den GNV. Die Verkehrsleistung (1985) von insgesamt 133,2 Mill. tkm wurde zu knapp 70% im Fernverkehr erbracht. Rd. 80% der Verkehrsleistung im Güterfernverkehr erfolgte durch den GFV, 22% durch den WFV und 30% durch ausländische Unternehmen. – 4. *Umsatz/Einnahmen:* Der Gesamtumsatz (einschl. MwSt) der Unternehmen mit Schwerpunkt im gewerblichen Güterfernverkehr belief sich 1984 auf 13,2 Mrd. DM; aus dem Fernverkehr mit dem Lkw stammten insgesamt 10,9 Mrd. DM (ohne MwSt); davon wurden 8,7 Mrd. DM im Binnen- und 2,2 Mrd. DM im grenzüberschreitenden Verkehr erwirtschaftet. Bei den Untenehmen des GNV betrug der Jahresumsatz aus Verkehrsleistungen ca. 10,5 Mrd. DM (1984). Im gewerblichen Binnengüterfernverkehr beliefen sich die Frachteinnahmen je tkm auf 24,4 Pfg. (1985, ohne Steuern). – 5. *Kosten/Kostenstruktur:* In v. H. der Gesamtleistung erreichten die Personalkosten bei mittleren Unternehmen (Gesamtleistung zwischen 1 und 2 Mill.) im GFV 24,0%, die Kosten des Fahrzeugparks 32,4% (darunter 19,6% Treibstoffe u. ä.). Lastzüge bis zu einem Gesamtgewicht von 32 t waren mit einer KfzSt von 6814 DM pro Jahr, Lastzüge mit 38 t mit 9354 DM pro Jahr belastet (Juni 1986).

IV. Nationale und internationale Organisation: 1. *Nationale Ebene:* Oberste nationale Verwaltungsinstanz ist der Bundesminister für Verkehr mit den nachgeordneten Behörden, →Bundesanstalt für den Güterfernverkehr (BAG), →Bundesanstalt für das Straßenwesen (BASt) und →Kraftfahrtbundesamt (KBA). In der Hierarchie folgen die höheren Landesverkehrsbehörden (je nach Landesverfassung: Minister, Senator, Regierungspräsident usw.) und die unteren Verkehrsbehörden (Kreisverwaltung bzw. in kreisfreien Städten die Stadtverwaltung). – Die Überwachung der Straßenverkehrs-Zulassungs-Ordnung obliegt den Polizeibehörden. Neben den staatlichen Organisationen des Straßenverkehrs existieren eine Vielzahl von Organisationen des Verkehrsgewerbes, der

Verkehrsaufkommen und Verkehrsleistungen im Straßengüterverkehr

	1960	1970	1985
Verkehrsaufkommen (in Mill. t)			
Straßengüterfernverkehr [2])	99,2	164,9	335,7
Gewerblicher Verkehr	71,3	104,8	146,8
Werkverkehr [2])	23,5	41,1	119,1
Ausländ. Fahrzeuge	4,4	19,0	69,8
Straßengüternahverkehr [3])	1 090,0	1 972,0	1 965,0
Gewerblicher Verkehr	470,0	769,0	795,0
Werkverkehr	620,0	1 203,0	1 170,0
Verkehrsleistung (in Mrd. tkm)			
Straßengüterfernverkehr [1]) [2])	23,7	41,9	91,6
Gewerblicher Verkehr	18,5	28,7	43,8
Werkverkehr [2])	3,9	7,4	21,0
Ausländ. Fahrzeuge	1,3	5,8	26,8
Straßengüternahverkehr [3])	21,8	36,1	40,6
Gewerblicher Verkehr	10,1	16,9	19,6
Werkverkehr	11,7	19,2	21,0

[1]) Tariftonnenkilometer; [2]) 1985 ohne Transportleistung der im Werkverkehr eingesetzten Lkw bis einschl. 4 t Nutzlast und Zugmaschinen bis einschl. 40 kW Motorleistung; [3]) ohne grenzüberschreitenden Güternahverkehr und ohne freigestellten Güternahverkehr nach § 4 GüKG
Quelle: Bundesminister für Verkehr (Hrsg.): Verkehr in Zahlen 1986.

Automobilindustrie und der privaten Straßennutzer, z. B. die Zentralarbeitsgemeinschaft des Straßenverkehrsgewerbes e. V. (ZAV), die Bundesverbände des Deutschen Güterkraftverkehrs (BDG), der Verband der Automobilindustrie (VDA) und der Allgemeine Deutsche Automobil Club (ADAC). – 2. *Internationale Ebene:* u. a. Internationaler Ständiger Verband der Straßenkongresse (Association internationale Permanente des Congrès de la Route, A.I.P.C.R.), Internationaler Straßenverband (International Road Federation, IRF) und Internationale Straßentransport-Union (International Road Transport Union, IRU).

V. Gegenwarts- und Zukunftsprobleme: Der St. ist mit Abstand der bedeutendste Verkehrsträger. Dies gilt für den Personenverkehr ebenso wie für den Güterverkehr. Dennoch oder vielleicht gerade deswegen muß sich dieser Verkehrsträger immer wieder gegen eine starke Antilobby durchsetzen. Als Argumente gegen den St. bzw. seinen weiteren Ausbau führten die Gegner stets die folgenden drei Problemkreise an: (1) hoher Energieverbrauch, (2) starke Umweltbelastung und (3) hohe Unfallzahlen. Insbes. das Unfallrisiko beim Transport von →gefährlichen Gütern bildet seit geraumer Zeit einen aktuellen Diskussionspunkt. Aufgrund dieser Probleme wurden bereits einige Maßnahmen zur Verbesserung der Situation im Straßenverkehr eingesetzt (sparsamere Motoren, bleifreies Benzin, Katalysatoren, Schallwände an Straßen, Tunnellagen von Straßen, verkehrsberuhigte Straßen bzw. Wohngebiete usw.); andere Maßnahmen werden von Zeit zu Zeit immer wieder gefordert (Tempolimit 130 km/h). Straßenbauer und Automobilhersteller

tragen dieser Diskussion Rechnung und entwickeln bessere Systeme (z. B. Fahrzeugleitsysteme, Sicherheitsauto), so daß in Zukunft einige technische Neuerungen im Straßenverkehr zu erwarten sind, die die drei Problempunkte zwar nicht total aus der Welt schaffen können, aber doch bessere Lösungen bieten werden.

Straßenverkehrsgefährdung, strafrechtliche Vergehen nach den §§ 315 b–d, 316 StGB. – 1. Beeinträchtigung der Sicherheit des Straßenverkehrs durch einen *gefährlichen Eingriff,* v. a. durch Zerstören oder Beschädigen von Anlagen oder Fahrzeugen oder durch Bereiten von Hindernissen, wodurch Leib oder Leben eines anderen oder fremde Sachen von bedeutendem Wert *konkret gefährdet* werden. – *Strafe:* Freiheitsstrafe bis zu fünf Jahren oder Geldstrafe, in einem besonders →schweren Fall Freiheitsstrafe zwischen einem und zehn Jahren. – 2. *Verschiedene St.,* durch die Leib oder Leben eines anderen oder fremde Sachen von bedeutendem Wert konkret gefährdet worden sind: Führen eines Fahrzeuges, obwohl der Führer infolge des Genusses alkoholischer Getränke oder anderer berauschender Mittel oder infolge geistiger oder körperlicher Mängel zur sicheren Führung nicht in der Lage ist. Ferner ein grob verkehrswidriges und rücksichtsloses Nichtbeachten der Vorfahrt, falsches Überholen, falsches Fahren an Fußgängerüberwegen, zu schnelles Fahren an unübersichtlichen Stellen, Straßenkreuzungen, Straßeneinmündungen und Bahnübergängen, Nichteinhalten der rechten Fahrbahnseite an unübersichtlichen Stellen, Wenden, Rückwärtsfahren oder Verursachung dieser Handlungen auf Autobahnen oder Kraftfahrstraßen oder Nichtkenntlichmachung haltender oder liegengebliebener Fahrzeuge auf ausreichende Entfernung. – *Strafe:* Freiheitsstrafe bis zu fünf Jahren oder Geldstrafe. – 3. Führen eines Fahrzeuges, obwohl der Führer infolge des Genusses *alkoholischer Getränke oder anderer berauschender Mittel* (nicht aber Medikamente) nicht in der Lage ist, das Fahrzeug zu führen, ohne daß eine konkrete Gefährdung eintreten muß. – *Strafe:* Freiheitsstrafe bis zu einem Jahr oder Geldstrafe. – *Daneben* bei allen St. *Entziehung der →Fahrerlaubnis* oder →*Fahrverbot* möglich.

Straßenverkehrsgenossenschaft (SVG), wirtschaftliche Selbsthilfeorganisation selbständiger Unternehmer des gewerblichen Kraftverkehrs, zusammengefaßt in der *Bundes-Zentralgenossenschaft Straßenverkehr (BZG)* eG, Frankfurt a. M. – *Aufgaben:* Die St. unterhalten für ihre Mitglieder Autohöfe, Laderaum-Verteilungsstellen, haben eigenes Tankstellennetz und eigene Ölmarke. Sie bieten günstige Einkaufsmöglichkeiten für die Betriebsmittel des gewerblichen Straßengüterverkehrs. Weitere Aufgaben Frachtabrechnung, -inkasso und die -auszahlung sowie für den gewerblichen Güterfernverkehr gesetzlich vorgeschriebene Frachtenprüfung. Sie vermitteln ferner Finanzierungen von Großaufträgen und (→Deutsche Transportbank GmbH) und Abschluß von Versicherungen wie KVO-Bundespolice, bieten bargeldlosen Treibstoffbezug (SVG-TS-Verfahren) u. a.

Straßenverkehrsrecht, Rechtsgebiet, dessen Entwicklung wegen des Fortschreitens der Technik, der Zunahme an Kraftfahrzeugen, der sich steigernden Belastung des Straßennetzes und der notwendigen Bekämpfung der Verkehrsunfälle eine besondere Dynamik aufweist und das heute von besonderer Bedeutung ist. – 1. *Wichtige Rechtsgrundlagen:* a) *Straßenverkehrsgesetz* (StVG) vom 19.12.1952 (BGBl I 837) mit späteren Änderungen: Enthält allgemeine Vorschriften über Zulassung von Kraftfahrzeugen (Betriebserlaubnis), →Fahrerlaubnis sowie deren Erteilung und Entzug, eingehende Bestimmungen über die Haftpflicht des Halters und Führers von Kraftfahrzeugen (→Kraftfahrzeughaftung), den Ausschluß und Umfang der Kraftfahrzeughaftung. – b) *Straßenverkehrs-Ordnung* (StVO) vom 16.11.1970 (BGBl I 1565) mit späteren Änderungen: Regelt das Verhalten der Verkehrsteilnehmer im Straßenverkehr. Sie will die Motorisierung fördern, geht vom Gedanken der Verkehrsgemeinschaft und den gleichen Pflichten aller Verkehrsteilnehmer aus, enthält die Rechte und Pflichten der Verkehrsteilnehmer untereinander und soll verkehrsfremde, den Verkehr störende Einflüsse fernhalten. – Nichtbeachtung der Vorschriften der StVO wird als →Ordnungswidrigkeit mit Geldbußen geahndet. Daneben kann →Fahrverbot verhängt werden (§ 24 StVG). – c) *Straßenverkehrs-Zulassungs-Ordnung* (StVZO) vom 15.11.1974 (BGBl I 3193) mit späteren Änderungen: Die StVZO schafft die Voraussetzungen für die Teilnahme am Verkehr. Sie enthält Vorschriften über die Zulassung zum Verkehr, das Führen von Kraftfahrzeugen und die Zulassung insbes. von Kraftfahrzeugen: Pflichtversicherung sowie eingehende Bau- und Betriebsvorschriften. – Verstöße werden nach § 24 StVG als →Ordnungswidrigkeit geahndet. – 2. *Verkehrsrechtliche Nebengesetze* nach ihrer verkehrswirtschaftlichen Bedeutung: a) →Güterkraftverkehrsgesetz (GüKG) i. d. F. vom 10.3.1983 (BGBl I 256) mit zahlreichen Verordnungen, Richtlinien und Erläuterungen: →Kraftverkehrsordnung für den Güterfernverkehr mit Kraftfahrzeugen vom 30.3.1936; Gütertarifrecht (Regelung in verschiedenen Preisverordnungen). – b) →Personenbeförderungsgesetz vom 21.3.1961 (BGBl I 241) und VO über den Betrieb von Kraftfahrunternehmen im Personenverkehr (BOKraft) vom 21.6.1975 (BGBl I 1573) mit späteren Änderungen. – 3. *Weitere Gesetze* von Bedeutung:

Von Bedeutung sind ferner das Bundesfernstraßengesetz (FStrG) i. d. F. vom 6.8.1961 (BGBl I 1742) und das →Pflichtversicherungsgesetz (PflVG) vom 5.4.1965 (BGBl I 213).

Straßenverkehrsunfall-Statistik, →amtliche Statistik zur Erfassung der Unfälle, bei denen infolge des Fahrverkehrs auf öffentlichen Wegen und Plätzen Personen verletzt oder getötet bzw. Sachschäden verursacht worden sind. Gesamtentwicklung wurde beeinflußt durch ständig gestiegene →Verkehrsdichte. – *Statistische Erfassung* durch Polizei auf bundeseinheitlichem Meldeblatt. – *Gesetzliche Regelung:* im Straßenverkehrsunfallstatistikgesetz vom 22.12.1982 (BGBl I 2069).

Straßenverkehrsunfall-Statistik

Jahr	Unfälle mit Personen-schaden	Getötete und Verletzte	Unfälle mit nur Sachschäden
1953	251 618	326 606	221 000
1955	296 071	383 951	307 000
1957	299 866	389 145	379 000
1959	327 595	433 649	516 000
1961	339 547	462 470	690 000
1963	314 642	438 811	800 000
1965	316 361	449 243	783 000
1967	335 552	479 132	808 000
1969	338 921	489 033	875 000
1970	377 610	550 988	1 015 000
1971	369 177	536 812	969 000
1972	378 775	547 338	1 002 000
1973	353 725	504 548	970 000
1974	331 000	461 756	898 000
1975	337 732	472 667	927 000
1976	359 694	495 401	1 058 000
1977	379 046	523 120	1 144 000
1978	380 352	523 306	1 238 000
1979	367 500	499 663	1 293 000
1980	379 235	513 504	1 305 000
1981	362 617	487 618	1 316 000
1982	358 693	478 796	1 271 000
1983	374 107	500 942	1 319 000
1984	359 485	476 232	1 421 000
1985	327 745	430 495	1 513 000
1986	341 951	452 180	1 590 000

Strategie. I. Unternehmensplanung (v. a. im →strategischen Mangement): 1. *Unterschiedliche Begriffsauffassungen:* Der Prozeß der Zielbildung wird teilweise in die Strategienformulierung mit einbezogen, St. werden teilweise handlungsanweisend bzw. teilweise richtungsweisend angesehen. – Hentze und Brose verstehen unter St. die grundsätzliche Umschreibung, Charakterisierung und/oder Kennzeichnung von Verfahrensweisen, mit denen sich eine Organisation gegenüber ihrem Umfeld zu behaupten versucht. Mintzberg beschreibt St. ganz allgemein als Muster in einem Strom von Entscheidungen. – 2. *Charakteristika:* St. sind meist auf weite Sicht konzipiert. Ihre Realisierung muß jedoch umgehend beginnen. Problematisch ist dabei oft ihr hoher Abstraktionsgrad. – 3. Innerhalb der St.bildung lassen sich *themenspezifische Strategietypen* abgrenzen, die meist auch von überdurchschnittlicher aktueller Bedeutung sind: Die Positionierung des Unternehmens in ihrem sozio-politischem Umfeld →*gesellschaftliche Strategien,* die notwendige Teilnahme des Unternehmens an neuen Geschäften unter → *Markteintrittsstrategie* und die Positionierung des Unternehmens im Wettbewerb → *Wertschöpfungsstrategien.*

II. Entscheidungs-/Spieltheorie: Satz von Regeln, deren Beachtung die Wahrscheinlichkeit für das Auftreten eines gewünschten Ereignisses erhöhen soll. In der Entscheidungstheorie Aktion in einer →mehrstufigen Entscheidung, bestehend aus aufeinanderfolgenden Maßnahmen über alle betrachteten Teilperioden; in der Spieltheorie ein Spielplan, nach dem ein Spieler seine Auswahlmöglichkeiten für jeden Spielzug bestimmt. – Vgl. auch →Spieltheorie, →Entscheidungstheorie.

Strategienfächer. 1. *Begriff:* Innerhalb der strategischen Planung (→strategisches Management) zum Einsatz kommende Heuristik. Der St. unterstützt einen stufenweisen Entwurf von →strategischen Programmen, wobei von Stufe zu Stufe detaillierter geplant wird. – 2. *Planungsstufen: 1. Stufe:* →strategische Grundhaltung; *2. Stufe:* strategische Stoßrichtung des strategischen Geschäftsfelds, aufbauend auf der Normstrategien aus der →Portfolio-Analyse; *3. Stufe:* strategische Stoßrichtung der Hauptzielgruppen; *4. Stufe:* →Wertschöpfungsstrategien; *5. Stufe:* →Funktionalstrategien. – 3. *Unterstützung des St.:* Die Heuristik des St. kann durch Checklisten für zur Auswahl stehende Entwurfsalternativen (strategische Kataloge) unterstützt werden.

strategische Analyse, →strategisches Management.

strategische Erfolgsposition, →Führungsmodelle II 3.

strategische Frühaufklärung. I. Begriff (im Rahmen des →strategischen Managements): Antizipative Suche nach *schwachen Signalen;* d.h. frühzeitiges Aufspüren von Chancen zu neuen Erfolgspotentialen, rechtzeitige Vorbereitung und Ingangsetzung von Umgehung oder Umwandlung der Risiken. – Mit einer Warnung bzw. *Frühwarnung* sind – rein sprachlich – nur Hinweise auf potentielle Krisen verbunden; ,,Frühaufklärung" macht dagegen auch auf Gelegenheiten aufmerksam, wie z.B. Ideen zu neuen Geschäften. – Im anglo-amerikanischen Sprachraum werden die Begriffe *,,environmental scanning", ,,environmental assessment"* oder *,,environmental forecasting"* verwendet. Beim Beobachten bereits bekannter Phänomene spricht man von *,,monitoring",* beim Suchen nach neuen Phänomenen (auch außerhalb der bestehenden Domänen) vom *,,scanning";* beides wird dann zur *,,environmental analysis"* zusammengefaßt.

II. Entwicklung: Der Beginn einer systematischen Beobachtung des sozio-ökonomischen Felds in größerem und systematischerem Maße geht warhscheinlich auf das Jahr 1967 zurück, als bei General Electric eine strategische Planung initiiert wurde. Eine erste wissenschaftliche Arbeit zu diesem Themenbereich ist ,,Scanning the Business Environment" von Aguilar (1967), deren Ziel die Systematisierung der verschiedenen Beobachtungsaufgaben und die Inbezugsetzung der Unternehmung zu ihrem Umfeld war. – Relativ bald kristallisierte sich die *Technologie als Frühaufklärungsbereich* (technologische Vorhersage) von besonderem Interesse heraus; aber auch sehr kritisiert, weil viele Vorhersagen irrten oder im Sinne einer ,,self fullfilling prophecy" erfüllten, ohne daß ihre tatsächliche und allgemeine Wünschbarkeit überprüft werden konnte. – Der entscheidende Impuls ging 1976 von I. *Ansoff* durch die Entwicklung des *Konzepts der schwachen Signale* aus, das heute die theoretische Grundlage der meisten Arbeiten zu diesem Themenbereich bildet.

III. Konzept der schwachen Signale (I. Ansoff): 1. *Konzept:* Ansoff stellt die Frühaufklärung (,,before fact approach") dem traditionellen →Krisenmanagement (,,after fact approach") gegenüber. Dabei wird von der Annahme ausgegangen, daß sich Unternehmen aufgrund der zunehmenden Komplexität, Turbulenz und auch Unvorhersagbarkeit des Unternehmensumfelds immer häufiger sog. strategische Überraschungen ausgesetzt sehen. Um diese zumindest zum Teil zu vermeiden, ist es erforderlich, zukünftig zu erwartende Gefahren und Gelegenheiten möglichst frühzeitig aufzuspüren. Dies kann deshalb möglich sein, weil sich die meisten zukünftigen Ereignisse und Entwicklungen durch sog. schwache Signale ankündigen und somit antizipierbar sind. – 2. *Problem der Diskontinuitäten:* Die Qualität einer st. F. hängt in hohem Maße von den Möglichkeiten zur Prognose der Systementwicklung ab. Dabei stellt das Auftreten sog. Diskontinuitäten ein besonders schwerwiegendes Problem dar. Diskontinuitäten sind Richtungsänderungen (Strukturbrüche) oder Niveauänderungen (Unstetigkeiten). Die meisten der strategisch relevanten Diskontinuitäten sind mit den bekannten quantitativen (statistischen oder ökonometrischen) Modellprognosen nicht vorhersagbar, weil die Veränderung sich nicht als eine kausallogische Gesetzmäßigkeit der Vergangenheit erklären läßt oder die die Veränderung bewirkenden ,,dritten Variablen" nicht quantifizierbar sind. Gelingt eine Antizipation zukünftiger Entwicklungen und Ereignisse, so kann die Unternehmensplanung prinzipiell durch st. F. verbessert werden, indem sie zeitlich abgestufte Reaktionsstrategien für alternativ mögliche Zukünfte entwickelt und bereithält.

IV. Realisierungsansätze: Differenzierung anhand der konzeptionellen Orientierung der Ansätze; aufgrund der Überschneidung von Wesensmerkmalen nicht absolut trennscharf. – 1. *Indikatorenorientierte Ansätze:* I. a. nicht-vernetzte Indikatorensysteme, die als einfache Kennzahlensysteme als (Früh-)Indikatorensysteme oder als aggregierte Spezialindikatoren auftreten können. – 2. *Modellorientierte Ansätze:* Modelle aus dem →system dynamics (z. B. Feedback-Diagramme), um Szenarios sowie um Entscheidungs- und Simulationsmodelle (→Simulation). – 3. *Analyseorientierte Ansätze:* Es stehen verschiedene analytische Verfahren im Mittelpunkt, durch deren Anwendung eine systematischere Identifikation, Erfassung, Auswertung und Interpretation schwacher Signale erzielt werden soll. Zu unterscheiden: Bezugsrahmengebundene und -indifferente Methoden sowie Ansätze mit einem Methoden-Mix. – 4. *Informationsquellenorientierte Ansätze:* Die Art der zur Verwendung kommenden Informationsquellen ist wesentlich für die Gestaltung des Konzepts. Zu unterscheiden: a) partizipatives Recherchieren für Ansätze, in denen die Systemnutzer am Recherchieren der Informationen beteiligt sind; b) eigenes Recherchieren beim Träger des Ansatzes (mit und ohne eine regelmäßige Publikation). – 5. *Netzwerkorientierte Ansätze:* Ansätze, bei denen der (nahezu) vollständige Informationsverarbeitungsprozeß innerhalb eines →Netzwerks von Personen (bzw. →Hosts von Datenbanken) bewältigt wird.

V. Anwendungsstand: 1. *Empirische Erkenntnisse* zur Verbreitung einer st. F. gibt es bislang nur in sehr begrenztem Umfang, am interessantesten die empirische Studie von Jain (1984). Zur Erfassung des Entwicklungsstands einer strategischen Frühaufklärung werden in der Jain-Studie vier Phasen gebildet (v. a. Phase 2: Man beobachtet das Umfeld, um spezielle Ereignisse besser verstehen zu können; Phase 4: Man betreibt ein „strategisches Scanning", um nach Wettbewerbsvorteilen Ausschau zu halten). Nur 31% der befragten Unternehmen kamen über die Phase 2 hinaus; zum Erreichen der Phase 4 sind mindestens drei Jahre Entwicklungszeit notwendig. – 2. Die Schwerpunkte der Frühaufklärungsaktivitäten hängen von den *Entwicklungsstadien* ab: Die Beobachtung ökonomischer Entwicklungen ist am nächsten liegend und mit dem höchsten Maß an Vertrauen hinsichtlich ihrer Zuverlässigkeit verbunden. Am anderen Ende der Skala ist die Beobachtung der gesellschaftlichen Entwicklungen anzusiedeln. – 3. *Rangordnung des*

Methodeneinsatzes (die am meisten eingesetzte Technik wird zuerst genannt): →Szenario-Technik, →Trend-Extrapolation, →Trend-Impact-Analyse, →Brainstorming, Experten-Befragung (→Delphi-Technik), ökonometrische und statistische Modellrechnungen (→Statistik, →Ökonometrie), Simulationsmodelle (→Simulation), Cross-Impact-Analysen und Entscheidungsbaumverfahren (→Entscheidungsbaum). Diese Methoden sind zu nicht unerheblichen Teilen der →Zukunftsforschung zuzuordnen. – 4. *USA:* Der Anwendungsstand dürfte hier höher sein. Die Bereitschaft der Amerikaner zur Anwendung neuer Managementtechniken und deren generelles Interesse an der „Zukunft" als Erkenntnisobjekt dürfte höher liegen; amerikanische Unternehmen verfügen zudem über mehr personelle Ressourcen mit Fachkenntnissen auf diesem Gebiet. – 5. *Zusammenfassend:* Die Anerkennung der Notwendigkeit zur Installation von st. F.-Systemen hat sich schon beachtlich durchgesetzt. Meist werden aber noch nicht ihre speziellen Anforderungen und Probleme (v. a. im Unterschied zur →operativen Frühaufklärung) erkannt und damit zu viel Gewicht auf das methodische und zu wenig auf die ihr eigene Denkweise gelegt. Auch hat gerade eine st. F. noch sehr unter dem Stigma einer Spielerei zu leiden. Ihr Nutzen ist – auch langfristig – nur bedingt direkt nachweisbar, so daß Investitionen in diese Art von Aktivität gegenüber Dritten schwierig zu rechtfertigen sind.

strategische Geschäftseinheit, →strategisches Geschäftsfeld.

strategische Geschäftsfeldeinheit, →strategisches Geschäftsfeld.

strategische Geschäftsfeldkurve, systematische und hierarchische Aneinanderreihung von →strategischen Geschäftsfeldern hinsichtlich ihres Erfolgsbeitrages in Prozent ihres Geschäftsvolumens.

strategische Grundhaltung, Teilaspekt der unverwechselbaren, historisch gewachsenen Identität eines Unternehmens, bedingt durch einen „Kern" grundlegender Eigenschaften, der sich aus dem Vergleich der strukturellen Gegebenheiten, der →Unternehmensverfassung, der →Unternehmenspolitik sowie der →Unternehmenskultur mit denen anderer Unternehmen ergibt. Erste Stufe eines →Strategienfächers. – Ein *Beispiel* für eine der st. G., bezogen auf die Definition des Geschäfts (Primärbereich) eines Unternehmens, ist aus der vereinfachten Typologie der Abbildung Sp. 1783 zu entnehmen.

strategische Gruppe. 1. *Begriff:* Gruppe der Wettbewerber in einer Branche, die ein homogenes strategisches Verhalten aufweisen, d. h. bezüglich bestimmter strategischer Dimensio-

nen (z. B. Spezialisierung, Marken-Identifikation, Qualität) dieselbe oder ähnliche Strategie verfolgen. I. a. existieren in jeder Branche mehrere st.G. – Jede der st.G. kann z. B. anhand des Konzepts der fünf Wettbewerbskräfte auf ihre Struktur hin untersucht werden (→Wettbewerbsstrategie). – 2. *Mobilitätsbarrieren von st.G.:* a) Unterschiedlich hohe →*Markteintrittsschranken* der st.G. erklären unterschiedliche Rentabilitäten der st.G. Der Neueintritt in eine st.G. erfordert die Überwindung von deren Eintrittsbarrieren, die nicht identisch mit denen der generellen Branche sein müssen. – b) Der Wechsel von einer st.G. in eine andere erfordert zusätzlich die Analyse der relevanten →*Marktaustrittsschranken* aus der bisherigen st.G.

strategische Kontrolle. 1. *Begriff:* Überwachung der Durchführung der strategischen Programme *(Plan- bzw. Durchführungskontrolle)* sowie Überprüfung der weiteren Gültigkeit der gesetzten Planannahmen *(Prämissenkontrolle)*. Letztere sollte antizipativ erfolgen, wozu sie durch →strategische Frühaufklärung unterstützt werden kann. – Planung und Kontrolle können zeitlich gleichlaufende Prozesse sein. – 2. *Einordnung:* Phase im Ablaufprozeß eines →strategischen Managements; Teilaufgabe einer →strategischen Steuerung. – 3. *Arten:* a) *Direkte st.K.:* Es wird unmittelbar untersucht, ob die Aussagen der strategischen Programme erfüllt werden bzw. weiterhin als erfüllbar erscheinen. – b) *Indirekte st.K.:* Die operativen Maßnahmen werden hinsichtlich der Erreichung des strategisch Gewollten überprüft. – 4. *Beziehung zwischen st.K. und operativer Kontrolle:* Kontrollinformationen, die im Rahmen des operativen Kontrollprozesses auch für die aus dem strategischen Programm abgeleiteten Maßnahmen gewonnen werden, zieht man heran, um zu überprüfen, ob angesichts dessen, was im operativen Geschäft bereits erreicht wurde (oder noch für erreichbar gehalten wird), die mit dem strategischen Programm verbundenen Erwartungen realistisch waren und weiterhin sinnvoll aufrechterhalten werden können. – Vgl. auch →Kontrolle.

strategische Planung, →strategisches Management, →Unternehmenspolitik II.

strategischer Fahrplan, →strategisches Spielbrett.

strategischer Katalog, →Strategienfächer 3.

strategisches Geschäftsfeld, *strategische Geschäftseinheit, strategische Geschäftsfeldeinheit (SGE).* 1. *Begriff:* Ein möglichst isolierter Ausschnitt aus dem gesamten Betätigungsfeld eines Unternehmens. Das st.G. entsteht i. a. durch die Zusammenfassung von untereinander möglichst homogenen Produkt/Markt-Kombinationen. Die Anzahl der st.G. sollte übersichtlich und handhabbar bleiben (unter 10), so daß es oft zweckmäßig und erforderlich ist, weiter (z. B. in Zielgruppen) zu segmentieren. – Vgl. auch →strategisches Management IV 2. – 2. *Organisatorische Abgrenzung des st.G.* (diese muß nicht mit den historisch gewachsenen Grenzen der organisatorischen Verantwortungsbereiche eines Unternehmens zusammenfallen – duale Organisation –): a) *Durchführung:* I. a. werden Kataloge von Kriterien (z. B. „gemeinsame Kapazitäten“, „gemeinsame Kundengruppen“) gebildet, mit deren Hilfe eine Aufteilung der Unternehmensaktivitäten in solche Teileinheiten erreicht werden soll, für die eine strategische Planung möglich und sinnvoll erscheint. Abgrenzung so, daß die Potentiale der einzelnen st.G. möglichst autonom gesteuert werden können. – b) *Zweck:* Es soll eine eigenverantwortliche und effiziente Durchführung des strategischen Programms des st.G., das relativ unabhängig für diese geplant werden kann, sichergestellt werden (vgl. →Strategienfächer). – 3. *Erweiterung der Abgrenzungsproblematik:* Vgl. →Definition des Geschäfts (Abell).

strategisches Management, *strategische Unternehmensführung.*

I. St. M. und Unternehmensführung: 1. Rekonstruiert man das Entscheidungsverhalten von Führungskräften, so lassen sich (explizit formuliert oder nur formiert) Ziele, Grundsätze und →Strategien erkennen, die dieses Verhalten prägen und lenken. Also wird auch *jede Organisation strategisch geführt.* Jeder Unternehmer/Manager setzt sich demnach zumindest intuitiv mit der Steuerung seiner Erfolgspotentiale auseinander. Dafür muß kein spezielles Managementsystem institutionalisiert sein. Kirsch spricht hier von einer *strategischen Unterneh-*

mensführung, in deren Mittelpunkt die Gestaltung des Zusammenspiels der Erfolgspotentiale einer Organisation in ihrem Umfeld steht.
– Dementsprechend kann man vereinfachend die *Entwicklung der Unternehmensführung in vier geschichtliche Epochen* einteilen (Gälweiler): Die Steuerung des Unternehmens über die Liquidität (Einnahmen/Ausgaben), über den bilanziellen Erfolg (Aufwand/Ertrag), über die bestehenden Erfolgspotentiale (→Erfahrungskurve usw.) und zuletzt über neue Erfolgspotentiale (→strategische Suchfeldanalysen).

2. Seit Anfang der 70er Jahre richtet sich ein zunehmendes Forschungsinteresse auf die *Entwicklung von Managementsystemen zur Unterstützung bzw. Rationalisierung von Führungsentscheidungen.* Es wurde eine Art „Philosophie" dazu entwickelt, was unter einer „rationalen" oder „richtigen" strategischen Unternehmensführung zu verstehen ist. – Besondere Bedeutung kommt dabei der *Führungsphilosophie* eines st.M. zu, d. h. der Gesamtheit von Ideen, Regeln, Theorien, Prinzipien, Hypothesen usw. (also die Strategien), die Vorstellungen dazu formulieren, wie Führungskräfte ihre strategischen Entscheidungen treffen sollten. Diese Führungsphilosophie liegt der Gestaltung eines strategischen Managementsystems zugrunde. Man versucht sie über bestimmte Instrumente (z. B. die →Portfolio-Analyse) in der Organisation zu verwirklichen. Demgegenüber haben die bisherigen Konzeptionen eines st.M. ihren Schwerpunkt deutlich bei den Planungs- und Kontrollsystemen.

II. Entwicklungsgeschichte: 1. Der *Anfang der strategischen Planung* datiert auf die Mitte der 50er Jahre. Ursache waren v. a. negative Erfahrungen mit bestehenden langfristigen Planungssystemen, die durch ein immer komplexer und turbulenter werdendes Umfeld verursacht und verstärkt wurden. Daraus resultierte eine Veränderung der Planungsmentalität: Die Zukunft wurde als weniger generell planbar angesehen; es reicht auch nicht aus, Vergangenheitsstrukturen in die Zukunft zu extrapolieren: man kann sich aber durch Planung auf alternativ mögliche Zukünfte vorbereiten. Ziel der strategischen Planung wurde deshalb die Suche nach Strategien, die vor dem Hintergrund der aus dem Umfeld zu erwartenden Gelegenheiten und Gefahren die Stärken des Unternehmens im Wettbewerb ausnützen und seine Schwächen möglichst weit umgehen oder abmildern sollen *(Denken in Erfolgspotentialen).*

2. Innerhalb dieser strategischen Planung werden erforderliche Anpassungen im Unternehmen über eine Änderung der Produkt-Markt-Strategien und im Sinne einer ökonomischen Überlebenssicherung der Organisation getroffen. Dieser Ansatz erwies sich bald als zu eng.

So proklamierte Ansoff 1976 ein *strategisches Management* mit folgenden Grundgedanken: a) In Zeiten schnellen Wandels muß die von Chandler formulierte Abfolge „structure follows strategy", im Sinne der obigen reinen Anpassungsstrategie, als zu einseitig betrachtet werden. So kann auch eine *Änderung der internen Konfiguration* der Anpassung der strategischen Stoßrichtung vorausgehen. Vielleicht werden erst durch eine solche Strukturveränderung die Potentiale aufgebaut, die neue strategische Optionen ermöglichen. Ein st.M. begnügt sich dann nicht mehr mit der Allokation von Mitteln zur Erreichung gegebener Ziele oder dem Streben nach Überleben; es bezieht die Strukturen und Ziele systematisch in eine Planung mit ein. – b) Ein st.M. muß neben den Planungsaktivitäten auch vermehrt der *Strategienimplementierung* Rechnung tragen. – c) Ein st.M. muß neben technologischen, ökonomischen und informationellen Variablen auch *soziale und politische Variablen* ins Kalkül miteinbeziehen.

3. Um diesen Anforderungen gerecht zu werden, mußten *neue Konzepte und Instrumente* entwickelt werden: a) Typisch für die 70er Jahre waren hier die →Gap-Analyse und die →Portfolio-Analyse. Diese Konzepte verloren allerdings Anfang der 80er Jahre wegen der Stagnationsproblematik an Bedeutung. Sie wurden nun ergänzt um Rationalisierungskonzepte (z. B. →Gemeinkosten-Wertanalyse), Innovationskonzepte (z. B. →strategische Suchfeldanalyse) oder →Wettbewerbskonzepte. – b) Während die klassischen Instrumente eines st.M. die Konkurrenz zwar als Bezugspunkt einer relativierenden Betrachtung der eigenen Wettbewerbsposition in ihren Ansatz mit einbeziehen, stellt Porter ein Konzept vor, das (basierend auf den Erkenntnissen der →Industrieökonomik) die →*Wettbewerbsstrategien der Unternehmen einer Branche* und die dort erlangbaren Wettbewerbsvorteile in den Mittelpunkt der Überlegungen stellt.

4. *Zusammenfassend beurteilt*, ist der Umstand, daß es heute ein st.M. gibt, nicht zuletzt darauf zurückzuführen, daß es gelang, eine Reihe recht unterschiedlicher Managementideen in einem umfassenden Vorstellungsinhalt zu integrieren. Diese Managementideen sind oft aus den Schwachstellen früherer Konzepte heraus entstanden und haben sich angesichts der neuen Herausforderungen bewährt.

III. Begriff und Wesensmerkmale: 1. *Grundsätzliches:* Da es sich bei einem st.M. um eine Führungsphilosophie handelt, streuen auch die Meinungen dazu, was ein st.M. ist, sehr breit. Tendenziell sind die Ansätze eines st.M. organisationstheoretisch dadurch gekennzeichnet, daß die einzelne Organisation als Untersuchungsebene gewählt wird und daß mit der Betonung einer rationalen Planung die Machbarkeit strategischer Veränderungen relativ hoch eingeschätzt wird.

2. *Neuere Ansätze,* die sich teilweise auch einem „*evolutionären Management*" (Kirsch, Malik) zurechnen, versuchen jedoch eine Neupositionierung: Hinsichtlich der Wahl der Untersuchungsebene wird davon ausgegangen, daß sich ein Unternehmen in Koevolution (Jantsch) mit seinem Umfeld weiterentwickelt. Da es bei Führungsaktivitäten Grenzen in der Rationalisierung der zugrunde liegenden Erkenntnis-, Konsens- und Machtprozesse gibt, ist diese Entwicklung nur eingeschränkt durch eine konzeptionelle Gesamtsicht der →Unternehmenspolitik steuerbar. Darüber hinausgehend ist ein Unternehmen aber fähig, als zielbewußtes System (Ackoff und Emery) nach bestimmten Idealen zu streben. Bei Kirsch ist diese Leitidee z. B. der Fortschritt im Sinne seiner fortschrittsfähigen Organisation bezogen auf die Verfassung eines gesamten organisatorischen Feldes (z. B. die Unternehmen einer Branche). – Der Begriff des st.M. ist also eng mit dem verbunden, was Ansoff als „geplantes Lernen" oder Kirsch als „geplante Evolution" bezeichnen: Eine *Synthese aus „adaptivem Lernen"* (Inkrementalismus von Lindblom) *und einer synoptischen Planungsrationalität.* Nicht-revolutionäre, überschaubare Schritte, die durch eine konzeptionelle Gesamtsicht gesteuert werden, kennzeichnen also das Vorgehen. Diese Gesamtsicht ist selbst wieder Gegenstand einer ständigen kritischen Überprüfung und unterliegt auch dem Korrektiv des Einflusses neuer Ideen, Werte, Visionen, Trends usw.

3. Werden letztere nicht rechtzeitig wahrgenomen, führt dies zu strategischen Überraschungen. Die Manövrierfähigkeit des Unternehmens ist dann beim Ergreifen von Reaktionsmaßnahmen bereits erheblich eingeschränkt. Ansoff fordert deshalb, nach „*schwachen Signalen*" zu solchen zukünftigen Entwicklungen und Ereignissen Ausschau zu halten, um die Manövrierfähigkeit des Unternehmens zu vergrößern. Man spricht dabei auch von einer →strategischen Frühaufklärung. Dann sie sollen gegenüber der Konkurrenz Zeitvorteile gewonnen werden. – St.M. ist demnach die *Steuerung und Koordination der langfristigen Evolution des Unternehmens und seiner Aufgabenumwelten.* Diese Steuerung und Koordination erfolgt über eine konzeptionelle Gesamtsicht der Unternehmenspolitik, deren Weiterentwicklung durch die Sinnorientierung des Unternehmens geprägt ist.

4. Die Kennzeichnung des st.M. durch die Konzeption der geplanten Evolution schließt nicht aus, daß es auch den Charakter eines →*Krisenmanagements* annehmen kann. Krisen liegen vor, wenn sich Veränderungen des sozio-ökonomischen Feldes zu dramati-

schen Störungen zuspitzen, die die Existenz oder zumindest zentrale Grundsätze und Werte des Unternehmens in Frage stellen. – a) Strategisches Krisenmanagement *in weiterem Sinne* kann dabei alle Merkmale der geplanten Evolution aufweisen, wobei diese dramatische Zuspitzung sich unter Umständen in einem tiefgreifenden Wandel der konzeptionellen Gesamtsicht niederschlägt. – b) Strategisches Krisenmanagement *im engeren Sinne* liegt dagegen vor, wenn diese dramatischen Störungen völlig überraschend auftreten und gegebenenfalls unter extremem Zeitdruck strategische Reaktionen notwendig machen, die unter dem nahezu ausschließlichen Diktat dieser Störungen stehen.

5. *Neuester Stand:* a) In den letzten Jahren hat das st.M. eine Vielfalt von *Spezifizierungen auf die verschiedensten Anwendungsbereiche* erfahren. So waren z. B. Untersuchungsgegenstand: bestimmte Wirtschaftsbereiche, z. B. der Handel; bestimmte Funktionsbereiche, z. B. strategisches →Marketing; bestimmte Unternehmensbereiche, z. B. →strategische Suchfeldanalysen im Produkt/Marktbereich, strategisches Technologiemanagement im Bereich der Ressourcen, st.M. der Informationsverarbeitung im Bereich der Systeme und die Diskussion über eine →Wirtschaftsethik oder auch →Unternehmensethik im Bereich des unternehmenspolitischen Standorts; bestimmte Problembereiche, z. B. Innovationsmanagement, st.M. in gesättigten Märkten und Internationalisierungsstrategien. – b) Diese Vielfalt weist auch darauf hin, daß in den 80 er Jahren „Strategie" und „strategisch" zu *Modewörtern* wurden und damit nicht selten relativ unscharf definiert oder gar deplaziert Verwendung fanden.

IV. A u f g a b e n s p e k t r u m : 1. *Überblick:* Die Abbildung Sp. 1789/1790 oben gibt ein Modell für den *Handlungsraum eines st.M.* wieder. Dessen Kern wird durch eine Reihe unterstützender Systeme ergänzt. Er selbst umfaßt die Phasen Exploration, Analyse, Planung und Steuerung, die sich auf verschiedene Potentialbereiche beziehen und vom Ergebnis her in die unternehmenspolitische Rahmenplanung sowie die strategische Programmplanung Eingang finden (Abb. Sp. 1789/1790 unten).

2. *Organisationsstruktur:* a) *Interne Organisation:* (1) Generell ist jede Organisation in *operative Organisationseinheiten* geordnet: Funktionalbereiche (z. B. Finanzen oder F&E), Produktlinienbereiche, Regionalbereiche, Projekte usw. Gibt es für diese Bereiche Planungssysteme, so spricht man von einer Bereichsplanung, Projektplanung usw. (2) Vielfach ist es unter strategischen Gesichtspunkten zweckmäßig, eine der operative Organisationsstruktur überlagernde strategische zu bilden: Es werden →*strategische Geschäftsfelder* abgegrenzt. Die für sie zu schreibenden

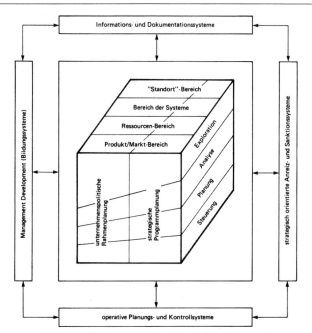

Abbildung 1: Handlungsraum eines strategischen Managements

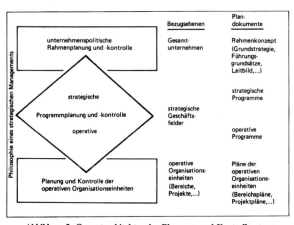

Abbildung 2: Gesamtarchitektur der Planungs- und Kontrollsysteme

Pläne sind die →strategischen Programme; heute meist noch auf der Basis der →Portfolio-Analyse. (3) Damit diese Programme umgesetzt werden, sind Pläne zu entwickeln, die die strategischen Programme mit den Plänen der operativen Organisationeinheiten verknüpfen: die *operativen Programme*. Sie beinhalten Maßnahmen zu den Strategien der Geschäftsfelder, dekomponiert auf die operativen Organisationseinheiten, sowie den kurzfristigen Planungskalender (z. B. Jahre). – b) Auch auf der Ebene des *Gesamtunternehmens* besteht ein Rationalisierungsbedarf der Unternehmensführung. Hier geht es in der *unternehmenspolitischen Rahmenplanung* um die Entwicklung der Unternehmensgrundsätze als allgemeine Ziel- und Leitvorstellungen der Führungsmannschaft eines Unternehmens. Diese stellen dann die grundlegenden Maximen für die nachgelagerten Planungsstufen dar. Plandokument könnte hier das „Unternehmensleitbild" oder die „Grundstrategie" sein. Sie sind Teile eines „Rahmenkonzepts".

3. *Aufgabenbereiche:* Die Planinhalte der strategischen Programmplanung beziehen sich vornehmlich auf den Bereich der *Produkte und Märkte*. Jedoch zeigt z. B. das wachsende Interesse an einem „Technologiemanagement" und an einem „Management Development" die zunehmende Bedeutung der *Ressourcen* als Unternehmenspotential. Ein dritter Bereich betrifft die *Führungssysteme der Organisation* (z. B. SM-Systeme) und letztendlich ist noch – im engeren und weiteren Sinn – der *Standort des Unternehmens* in seinem Umfeld zu nennen.

4. *Aufgabenstruktur:* Die Unterscheidung in vier Phasen eines st.M. darf nicht dahingehend mißverstanden werden, daß innerhalb der einzelnen Phasen jeweils nur eine Klasse von Aktivitäten anzutreffen ist. Auch z. B. im Rahmen der eigentlichen Phase *strategische Planung*, die sich mit dem Entwurf, der Bewertung und Auswahl von Zielen, Grundsätzen, Strategien usw. befaßt, fallen z. B. Explorationen und Analysen an. Innerhalb der *strategischen Exploration* werden relativ ungerichtete, tendenziell zweckfreie und auch wenig vorstrukturierte Untersuchungen durchgeführt. Dagegen sind *strategische Analysen* dadurch gekennzeichnet, daß bereits ein Design der Datenerhebung und -auswertung existiert. Die Umsetzung der erarbeiteten Programme und des Rahmenkonzepts erfordern dann noch eine strategisch orientierte Steuerung und Regelung der nachgelagerten operativen Planungen und ad-hoc-Entscheidungen der operativen Führung. Dabei ist stets auch die Möglichkeit einer Revision dieser Maximen einzubeziehen, wenn sich aufgrund →strategischer Kontrolle die ursprünglichen Planmaßnahmen als unreali-

stisch erweisen. Dies ist der Kern der „*strategischen Steuerung*".

V. Anwendungsstand: 1. Trotz relativ unterschiedlicher empirischer Untersuchungsergebnisse über die Durchsetzung eines st.M. in der Unternehmenspraxis lassen sich einige Tendenzaussagen machen: 1. Etwa ein Viertel der Unternehmen über 500 Mitarbeiter in der Bundesrep. D. verfügen über eine strategische Planung im weiteren Sinn; dieser Anteil steigt bei Unternehmen mit über 1000 Mitarbeitern auf etwa die Hälfte an. – 2. Das Niveau der bereits in den 70er Jahren eingeführten strategischen Planungssysteme dürfte sich i.d.R. verbessert haben. Ein besonders fortschrittliches st.M.system ist nur bei 5% der Unternehmen anzutreffen. Die Bedingungen für eine weitere Verbreitung der Konzeption sind günstig. – 3. Vom Anwendungsstand sind nicht unbedingt Rückschlüsse auf die Fähigkeiten zur Verwirklichung eines st.M. zu ziehen, da über die „Breite" der Institutionalisierung eines st.M.systems vor dem Hintergrund der strategischen Herausforderungen des Geschäftsfeldes entschieden werden sollte. Nur die Teile des Systems sollten offiziell geregelt werden, die denen dies dringend notwendig erscheinen.

Literatur: Gaugler, E./Jacobs, O. H./Kieser, A. (Hrsg.), Strategische Unternehmensführung und Rechnungslegung, Stuttgart 1984, Henzler, H. (Hrsg.), Handbuch Strategische Führung, Wiesbaden 1988.

Prof. Dr. Günter Müller-Stewens

strategisches Programm, das Ergebnis des formalisierten und bewußten Entwurfs den Strategien (→Strategienfächer) zu einem →strategischen Geschäftsfeld. – Vgl. auch →strategisches Management IV 2.

strategisches Spielbrett. 1. *Begriff:* Instrument zur Kreativitätsförderung (→Kreativitätstechniken), von McKinsey entwickelt. Das st.Sp. soll einen Anstoß liefern, über die gesamte Bandbreite der Betätigungsmöglichkeiten nachzudenken mit dem Ziel, die Wertschöpfungskette des Unternehmens (→Wettbewerbskonzepte) weiterzuentwickeln (vgl. Abb. Sp. 1793/1794). – 2. *Überlegungen* in Richtung *neuer Spielregeln* in zwei Richtungen, innerhalb derer gesucht wird: Innovation in einem Teilmarkt sowie Änderungen der Grundlagen des Wettbewerbs im Gesamtmarkt. Diese Strategien können durch die Ausnutzung eines bestehenden Differenzierungspotentials in den Gewinnen verwirklicht werden, wenn ein großer Wettbewerbsvorteil (→Wettbewerbsstrategie) in einem der Erfolgsfaktoren der Branche herausgearbeitet werden kann. – 3. *Realisierung einer Strategie* aus dem st.Sp. erfolgt (nach Überprüfung des Gleichgewichts der →strategischen Geschäftsfelder in einer →Portfolio-Analyse) in einem sog. strategischen Fahrplan, der die Einordnung der neugestalteten Wertschöpfungskette in den unternehmenspolitischen Rahmen be-

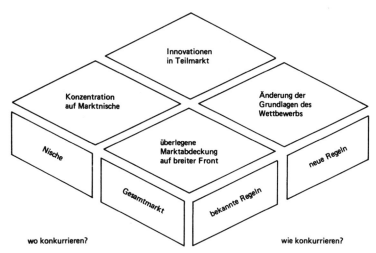

wo konkurrieren?   wie konkurrieren?

inhaltet. So sind z. B. im 7F-Rahmen (→Füh-rungsmodelle) alle Komponenten des Füh-rungssystems neu aufeinander abzustimmen.

strategische Steuerung, →strategisches Management.

strategische Suchfeldanalyse. 1. *Begriff:* Instrument hinsichtlich der Suche nach Rück-zugs-Betätigungsfeldern sowie neuen Betäti-gungsfeldern (z. B. eine Veränderung der stra-tegischen Grundhaltung, die Einführung eines Planungs- und Kontrollsystems oder der Ein-tritt in neue Geschäfte); Mittelpunkt ist die Suche nach neuen Geschäften. Vgl. auch →strategisches Management. – 2. *Vorgehens-weise:* Innerhalb des Prozesses einer st.S. werden i. a. von einem weiten und erst grob abgegrenzten Suchraum ausgehend sukzessive und über mehrere Auswahlebenen untaug-liche Alternativen ausgefiltert und die neuen Geschäfte konkretisiert. Dabei Bewertung der Erfolgspotentiale der Alternativen auf der Basis einer 2-dimensionalen Bewertung: der Beurteilung ihrer Attraktivität sowie der Erfolgsträchtigkeit möglicher →Marktein-trittsstrategien ins neue Geschäft; die Krite-rien zur Beurteilung der Ausprägungen beider Dimensionen verändern sich auf den einzelnen Auswahlebenen. Konnten neue Geschäfte ausgefiltert und durch die Entscheidungsträ-ger verabschiedet werden, dann schließt sich dem Prozeß einer st.S. die Suche nach Neu-Produktentwicklungen an.

strategische Unternehmensführung, →strategisches Management.

Stratifikation, →Schichtenbildung.

Strazze, →Kladde.

Streamer, *Tape-Streamer,* Magnetbandkas-settenspeicher (→Magnetband) für die Daten-sicherung (→Backup-System) mit sehr schnel-ler Datenübertragung. S. können Daten nur im „Streaming-Modus" aufzeichnen bzw. lesen, d. h. kontinuierlich bitweise nacheinan-der.

Streckengeschäft, Form der Warendistribu-tion, bei der die Ware von einem Glied der →Absatzkette, z. B. einem Hersteller (H), direkt, unter Umgehung des Großhandels (GH), an den Einzelhändler (EH) geliefert wird. Der GH hat nur eine disponierende Funktion, indem Auftrags-, Rechnungs- und Zahlungsweg über ihn führen.

Beispiel:

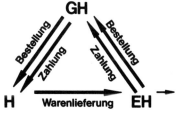

St. werden häufig bei der Verteilung von Massengütern (Getreide, Eisen, Stahl, Kohle, Baustoffe, Düngemittel u. a.) getätigt (*Strek-kengroßhandel*), aber auch beim Handel mit Verbrauchsgütern, z. B. in kooperativen Gruppen, wo die Lieferanten nicht an den zentral disponierenden Großhandel, sondern an die dezentralen Auslieferungslager oder die Mitglieder der Einzelhandelsstufe direkt liefern.

Streckengroßhandel, →Streckengeschäft.

Streckengroßhandlung, →Großhandelsunternehmung, die nicht in den Warenstrom, sondern dispositiv in den Informations- und Zahlungsstrom eingeschaltet ist (→Distribution). St. tätigt ausschließlich oder doch weit überweigend →Streckengeschäfte. Durch Vordisposition übernimmt sie Aufgaben des zeitlichen und mengenmäßigen Ausgleichs, v. a. der Markterschließung (→Handelsfunktionen). – *Gegensatz:* →lagerhaltende Großhandlung.

Streckensatz, im Bahnverkehr der Tarifsatz für 100 kg zu beförderndes Gut, bezogen auf die Länge des Beförderungsweges. – 1. *Einheitlich,* wenn die aus den gebildeten Frachtsätzen unabhängig von der Wegstrecke gleich hoch bleiben. – 2. *Gestaffelt,* wenn die Steigerung der Frachtsätze unterproportional zur Zunahme der Beförderungsstrecke erfolgt: a) durch Anstoß: Addition der S. für die Teilstrecke (DEGT gestaffelt für je 100 km bis 900 km); b) durch Durchrechnen: Der S. der letzten Staffel wird für die gesamte Streckenlänge berechnet; c) bei Festlegung der Beförderungspreise im Zonensystem, das im Güterverkehr wenig gebräuchlich ist, entstehen sprunghafte Frachtkostenerhöhungen bei Überschreiten der „Zahlgrenzen“, innerhalb der Zone besteht mit zunehmender Weglänge stark degressive Frachtkostenentwicklung.

Steckenverkehr, Verkehr zur Verbindung weniger relativ weit voneinander entfernt liegender Orte. – *Gegensatz:* →Flächenverkehr.

Streckungsdarlehen, Darlehen, das in Verbindung mit einem →Hypothekarkredit in Höhe des →Damnums gewährt wird. Der Hypothekarkredit wird also in voller Höhe ausgezahlt. Die üblichen Rückzahlungsraten (→Annuitäten) werden zunächst zur Tilgung des St. verwandt, so daß die Tilgung des Hypothekarkredits erst beginnt, wenn das St. zurückgezahlt ist: Es wird „gestreckt“.

Streifbanddepot, →Sonderverwahrung.

Streifbandzeitung, →Zeitungspostsendungen 3.

Streifensteuer, →Banderolensteuer.

Streik, *Ausstand.* I. Begriff: Kampfmaßnahme der Arbeitnehmerseite im →Arbeitskampf; gemeinsame und planmäßige Arbeitsniederlegung durch eine größere Anzahl von Arbeitnehmern mit dem Ziele, einen bestimmten Kampfzweck zu erreichen und nach Erreichung des Kampfzweckes die Arbeit wieder aufzunehmen. Wieviel Arbeitnehmer die Arbeit niederlegen müssen, damit von einem

S. gesprochen werden kann, hängt von den Umständen des Einzelfalles ab.

II. Rechtmäßigkeit: 1. Das Grundgesetz *garantiert verfassungsrechtlich* den St. als Arbeitskampfmittel (Art. 9 III GG). Ohne das Druckmittel des St. könnte die Freiheit der Tarifpartner zum Abschluß von Tarifverträgen (→Tarifautonomie) nicht wirksam werden. – 2. Es ist jedoch *nicht jeder St. rechtmäßig;* insoweit besteht keine gesetzliche Regelung. Nach den durch Rechtslehre und -sprechung entwickelten Grundsätzen wird ein St. von der überwiegenden Meinung nur unter folgenden *Voraussetzungen als rechtmäßiger St.* anerkannt: a) Der St. muß *von einer Gewerkschaft geführt* werden, d. h. die Gewerkschaft muß den St. entweder ausrufen oder einen bereits begonnenen St. genehmigen und fortführen. Jeder St., der nicht von einer Gewerkschaft geführt wird, sondern von einer Gruppe von Arbeitnehmern *(wilder St.)* ist rechtswidrig. – b) Der St. muß sich *gegen* einen *Tarifpartner* (Arbeitgeber oder Arbeitgeberverband) richten. St. mit dem Ziel, politische Organe (z. B. den Bundestag) zu bestimmten Maßnahmen zu zwingen *(politischer St.)* und St. zur Unterstützung des Arbeitskampfes anderer Arbeitnehmer in einem anderen Tarifbereich *(Sympathie-St.; BAG 5.3.1985 – 1 AZR 468/83)* sind unzulässig. – c) Mit dem St. muß die kollektive *Regelung von Arbeitsbedingungen* erstrebt werden, z. B. die tarifliche Regelung von Löhnen und Urlaub. Dabei sind *Demonstrationsst.* während der Arbeitszeit, mit denen auf soziale Mißstände hingewiesen werden soll, unzulässig (BAG 23. 10. 1984 – 1 AZR 126/81). – d) Der St. darf nicht gegen *Grundregeln des kollektiven Arbeitsrechts,* insbes. gegen die Einhaltung der tariflichen Friedenspflicht (→Tarifvertrag) verstoßen. – e) Der St. darf nicht gegen das Prinzip der *fairen Kampfführung* verstoßen, zu dem insbes. das Unterbleiben von Gewaltandrohungen und -anwendungen gehört. Aus dem Prinzip der fairen Kampfführung folgt auch die Pflicht der den St. durchführenden Gewerkschaft, einen Notdienst (Erhaltungsarbeiten, Notstandsarbeiten) einzurichten, wenn dieser erforderlich ist, um einen unverhältnismäßig hohen Schaden vom dem Arbeitgeber abzuwenden oder um die öffentliche Sicherheit zu gewährleisten. – f) Die Gewerkschaft muß alle Möglichkeiten der friedlichen Einigung ausgeschöpft haben (→Friedenspflicht); der St. muß das letzte mögliche Mittel, die *ultima ratio,* zur Durchsetzung der gewerkschaftlichen Forderungen sein. – Vor Ausschöpfung aller Verhandlungsmöglichkeiten sind aber kurze →Warnstreiks zur Unterstützung von Tarifvertragsverhandlungen zulässig, wenn sie von den Gewerkschaft getragen sind; die von der IG Metall geführten Warnst. in Form der „Neuen Beweglichkeit“ sind z. B. vom Bundesarbeitsgericht für zulässig erklärt worden (BAG 12. 9. 1984 – 1 AZR 342/83 –). – St. von Beamten (Beamtenst.) bzw. von Angestellten und Arbeitern im *öffentlichen Dienst:* Vgl. →öffentlicher Dienst 2.

III. Statistische Erfassung: Angaben über vom St. betroffene Betriebe, beteiligte Arbeitnehmer, Gesamtdauer der St. und verlorene Arbeitstage nach Wirtschaftsgruppen werden vierteljährlich von der Bundesanstalt für Arbeit veröffentlicht.

IV. Rechtsfolgen: 1. Der *rechtmäßige St.* führt nicht zur Auflösung der Arbeitsverhältnisse der Streikenden; er führt lediglich zur Suspendierung der beiderseitigen Rechte und Pflichten aus dem Arbeitsverhältnis. Die Arbeitnehmer sind für die Dauer des St. nicht verpflichtet zu arbeiten; sie haben für diese Zeit keinen Anspruch auf Arbeitslohn oder bezahlten Urlaub (→Arbeitskampf V). – 2. Ein Arbeitnehmer, der sich an einem *rechtswidrigen St.* beteiligt, begeht einen Arbeitsvertragsbruch. Der Arbeitgeber kann einen Arbeitnehmer aus diesem Grund jedoch nur dann fristlos entlassen (→außerordentliche Kündigung), wenn der Arbeitnehmer schuldhaft gehandelt hat, d. h. wenn ihm die Umstände bekannt waren, aus denen die Rechtswidrigkeit des St. folgte.

Streikeinsatz von Beamten, Einsatz von Beamten, die selbst nicht streiken dürfen, auf den bestreikten Arbeitsplätzen. Nach (umstrittener) Rechtsprechung verstößt es weder gegen das Paritätsgebot noch gegen den Grundsatz der Neutralität des Staates im Arbeitskampf, wenn die Arbeitgeber des öffentlichen Dienstes bei einem Streik ihrer Arbeiter und Angestellten um den Abschluß eines Tarifvertrages Beamte auf den bestreikten Arbeitnehmerplätzen einsetzen (BAG vom 10. 9. 1985; 1 AZR 262/84).

Streikgelder, *Streikvergütungen,* nicht vom Arbeitgeber, sondern von einem Dritten während eines Streikes an Arbeitnehmer gezahlte Unterstützungen. – *Steuerliche Behandlung:* St. sind gem. § 24 Nr. 1 a EStG steuerpflichtig (zweifelhaft, weil Zahlung der St. im Arbeitskampf aus den von den Arbeitnehmern für diesen Zweck selbst angesparten Mitteln); sie unterliegen nicht dem Lohnsteuerabzug (→Lohnsteuer VIII), sondern sind im Wege der Veranlagung zur Einkommensteuer nach § 46 II Nr. 1 EStG der Besteuerung zu unterwerfen.

Streikposten, Personen, die von den streikenden Arbeitnehmern oder von der Gewerkschaft vor den Toren der Betriebe, die bestreikt werden, aufgestellt werden, um die Arbeitswilligen („Streikbrecher") zu veranlassen, sich an der Arbeitsniederlegung (→Streik) zu beteiligen. Die Tätigkeit der S. darf nicht zur Nötigung (§ 240 StGB) ausarten. Bei Verstößen gegen die Prinzipien fairer Kampf-

führung (Drohung oder Gewaltanwendung) kann eine Haftung der S. oder des Verbandes, der S. eingesetzt hat, aus →unerlaubter Handlung in Betracht kommen.

Streikvergütungen, →Streikgelder.

Streitgegenstand, Begriff des Zivilprozeßrechts zur Bestimmung und Abgrenzung des zur Entscheidung gestellten Streitstoffes. Der St. wird im →Zivilprozeß durch den Klageantrag und die zur näheren Begründung und Abgrenzung angeführten Tatsachen (Sachverhalt) bestimmt. Wichtig insbes. für den Umfang der →Rechtskraft, die sich nur auf den von dem Kläger zur Entscheidung des Gerichts gestellten St. erstreckt.

Streitgenossenschaft. 1. *Begriff:* St. liegt vor, wenn in einem →Zivilprozeß mehrere Personen Kläger oder Beklagte sind (§§ 59–63 ZPO). – 2. *Arten:* a) *Einfache St.:* Die Handlungen der einzelnen Streitgenossen wirken weder zum Vorteil noch zum Nachteil der anderen; das Gericht entscheidet so, als lägen mehrere selbständige Prozesse vor. – St. ist *zulässig:* – (1) wenn mehrere Personen hinsichtlich des Streitgegenstandes in Rechtsgemeinschaft stehen, z. B. Miteigentümer einer Sache klagen auf Herausgabe; (2) wenn sie aus demselben tatsächlichen und rechtlichen Grunde berechtigt oder verpflichtet sind, z. B. mehrere Mittäter einer →unerlaubten Handlung; (3) wenn gleichartige und auf einem im wesentlichen gleichartigen tatsächlichen und rechtlichen Grund beruhende Ansprüche oder Verpflichtungen Gegenstand des Rechtsstreits bilden, z. B. Klage der Versicherungsgesellschaft gegen mehrere Versicherungsnehmer auf Prämien. – b) *Notwendige St.:* Ein säumiger Streitgenosse wird durch den Nichtsäumigen als vertreten angesehen, auch kann der Prozeß allein gegenüber nur einheitlich entschieden werden. Zulässig: a) wenn eine einheitliche Prozeßführung durch oder gegen mehrere nach materiellem Recht erforderlich ist, z. B. Klage auf Ausschließung eines Gesellschafters aus der OHG; b) wenn das streitige Rechtsverhältnis allen Streitgenossen gegenüber nur einheitlich festgestellt werden kann, z. B. Anfechtungsklage mehrerer Aktionäre auf Nichtigkeit eines Hauptversammlungsbeschlusses. – 3. *Kostenentscheidung:* Vgl. § 100 ZPO.

Streithilfe, →Intervention II.

Streitverkündung, Aufforderung einer Prozeßpartei an einen Dritten, dem Rechtsstreit als Nebenintervenient (→Intervention) beizutreten (§ 72 ZPO). Die Partei, die für den Fall des für sie ungünstigen Ausgangs eines Rechtsstreits Ansprüche gegen Dritte erheben zu können glaubt oder Ansprüche Dritter befürchtet, kann durch St. die Interventionswirkung herbeiführen. – St. *erfolgt durch* Zustellung eines bei Gericht einzureichenden

Schriftsatzes an den Dritten, der den Grund der St. und die Lage des Rechtsstreits angeben muß. Der Dritte kann dem Streitverkünder beitreten, die Interventionswirkung tritt jedoch auch ein, wenn er es unterläßt.

Streitwert, Wert des →Streitgegenstandes u. a. im Zivilprozeß (§§ 2–9 ZPO, §§ 11 ff. GKG). Wichtig für die sachliche →Zuständigkeit, Zulässigkeit eines →Rechtsmittels sowie Berechnung der →Prozeßkosten; in Zweifelsfällen auf Antrag oder von Amts wegen Festsetzung durch das Gericht. – *Berechnung:* Es ist lediglich von dem Hauptanspruch auszugehen, Zinsen und Kosten bleiben unberücksichtigt; mehrere in einer →Klage geltend gemachte Ansprüche werden zusammengerechnet, ebenfalls Klage und →Widerklage (letzteres jedoch nicht für die Entscheidung über die Zuständigkeit). Die Höhe des St. wird i. a. nach freiem Ermessen festgesetzt. Maßgebend ist der Wert des geltend gemachten Anspruchs. Bei wiederkehrenden Leistungen vgl. § 9 ZPO, § 13 GKG. – U. U. Möglichkeit eines geringeren St. (je nine Partei bei entspr. wirtschaftlichen Verhältnissen; *gespaltener St.;* →Anfechtung 6. (von Hauptversammlungsbeschlüssen); →Warenzeichenrecht IV 4; →Wettbewerbsschutz, →Streitwertherabsetzung.

Streitwertherabsetzung, Herabsetzung des →Streitwerts für eine Partei auf deren Antrag bei Klagen aufgrund des Gesetzes gegen den →unlauteren Wettbewerb nach § 23 a UWG, wenn sie glaubhaft macht, daß die Belastung mit den Prozeßkosten nach dem vollen Streitwert ihre wirtschaftliche Lage erheblich gefährden würde. Mit dieser Vorschrift soll v. a. die Verbandsklage begünstigt werden.

Streß, →Belastung, →coping.

Streukosten, Aufwendungen, die einem Werbetreibenden entstehen, wenn er seine →Werbemittel auf verschiedene →Media (Werbeträger) streut, z. B. durch Beschaffung von Preisinformationen (Anzeigenpreislisten, Preislisten der Plakatinstitute) u. a. St. stellen einen Teil der →Werbekosten dar.

Streupflicht, Streuen und Reinigen der Straßen und Bürgersteige bei Schnee- und Eisglätte. Fahrbahnen an gefährlichen Stellen und Bürgersteigen sind so zu streuen, daß ein vorsichtiger Verkehrsteilnehmer keinen Schaden erleiden kann. – § 3 III Bundesfernstraßengesetz und die Straßen- und Wegegesetze der Länder bestimmen, daß die Träger der Straßenbaulast räumen und streuen sollen. Eine Verpflichtung besteht auch im Rahmen der →Verkehrssicherungspflicht. Gemeinden haben innerhalb geschlossener Ortschaften zu streuen. Haftung der Gemeinden aus Amtspflichtverletzung (§ 839 BGB, Art. 34 GG). – Bezüglich der *Bürgersteige* ist die Räum- und Streupflicht der Gemeinde meist durch Ortssatzung auf die Straßenanlieger übertragen. Ortssatzung regelt auch meist Beginn und Ende der täglichen St. und weitere Einzelheiten. St. besteht angemessene Zeit nach Eintritt der Glätte. Beginn und Ende richten sich nach dem Tagesverkehr der Fußgänger. St. entfällt bei dichtem Schneefall, bei leichtem Schneefall nicht. Entscheidend ist, ob Wetterlage und Intensität des Schneefalles ergeben, daß Streuen wirkungslos ist.

Streuplan, *Mediaplan, Mediastreuplan.* 1. *Begriff:* Übersicht des zeitlichen Einsatzes der vorgegebenen, empfohlenen oder genehmigten →Media, d. h. eine Auflistung der definierten Werbeträger (z. B. Funk und Fernsehen) mit dem jeweiligen Veröffentlichungsdatum. Kernstück der gesamten Konzeption einer →Werbekampagne. – 2. *Zweck:* Der St. legt die Streuwege (→Streuung) und →Werbemittel fest, bestimmt den Zeitpunkt der Streuung, berücksichtigt das Zielfeld (→Zielgruppe) mit allen möglichen Nebenbereichen und Überschneidungen und kontrolliert den Streuerfolg (unter Umständen mittels Auflösung des St. in einzelne Kontrollkarten oder -positionen). – 3. *Bestimmungsfaktoren:* a) →Werbeziele: vom Objekt determiniert; b) *marktrelevante Daten:* Eigenschaften wie soziologische oder Kaufkraftstruktur, Nachfrage, Bedarf und Konkurrenzwerbung; c) *werbetechnische Aspekte:* Möglichkeiten der kreativen Arbeit, Agenturleistungen und -beratungen, gesetzliche Verordnungen, konjunkturpolitische Tendenzen usw.; d) →*Media:* Eigenschaften der einzelnen Werbeträger in Bezug auf die Kontaktierung der Zielgruppen, →Mediaanalyse usw. – Vgl. auch →Mediaplanung, →Streukosten, →Streuverluste.

Streuplan-Analyse-Programm (SAP) →Mediaselektionsmodelle IV 2 b) (2).

Streuplanung, →Mediaplanung.

Streuung. I. S t a t i s t i k (auch *Dispersion* genannt): a) Verteilung einer statistischen Reihe um ihren →Mittelwert. Kenntnis der St. für den Aussagewert statistischer Ergebnisse wichtiger als die Durchschnittsziffer; b) im Sprachgebrauch auch Bezeichnung für →Streuungsmaße.

II. W e r b u n g (auch als *Mediastreuung* bezeichnet): 1. *Begriff:* Alle Maßnahmen, die zur Verbreitung des verschiedenartigsten Werbematerials gehören und dazu dienen, Werbebotschaften an einen bestimmten Empfängerkreis (→Zielgruppen) zu bringen bzw. mit ihm in Kontakt zu kommen; ein geschlossenes Arbeitsgebiet im Bereich der Werbung. – 2. *Charakterisierung:* Durch die St. wird das Werbematerial gewissermaßen aktiviert und zum →Werbemittel umfunktioniert. Es ist wichtig, daß der Einsatz der Werbemittel beim Werbesubjekt zum richtigen Zeitpunkt und über den richtigen Werbeträger (→Media) erfolgt. Voraussetzung ist gründliche Kenntnis aller Media sowie eine exakte Markt- und →Mediaanalyse; beides dient als Grundlage zur Aufbereitung eines →Streuplans. Um einen maximalen Erfolg zu gewährleisten, muß streuungsbezogen die Vielzahl der gegebenen Möglichkeiten zusammengefaßt und auch genutzt werden. Die St. im Optimalfall müßte ohne →Streuverluste den gesamten potentiellen Interessenten- und Kundenkreis, aber auch einzelne, kleine Gruppen erreichen. – 3. *Streuarten:* a) Nach der *Gezieltheit:* (1) *Auswahl-St. (gezielte St.):* Die Werbung richtet sich an die für das Produkt oder die angebotene Leistung einzige Bedarfsgruppe (→Zielgruppe). Das Werbematerial kann gezielt gestreut werden. Beispiel: Jede Firma, die eine Datenverarbeitungsanlage unterhält, benötigt auch Lochkarten, Magnetbänder usw.; mit Fachzeitschriften oder über Adressen der Betriebe (→Adressenverlage) im Bereich Datenverarbeitung kann in diesem Fall gezielt geworben werden. – (a) Ist der Interessenten- oder Personenkreis so klein, daß eine spezielle Gruppe angesprochen werden kann, die wahrscheinlich gewillt ist, das Produkt zu kaufen oder anzuwenden, ist „*feingezielte" St.* möglich. – *Beispiel:* St. in die als Kunden bekannten Adressen; im Investitionsgüterbereich z. B. Benutzer gelieferter Maschinen und Einrichtungen, denen Ergänzungsgeräte oder besondere Dienstleistungen angeboten werden. – (b) Kategorien von Konsumenten, die der Anbieter z. B. mit der Post oder als Leser einer bestimmten Fachzeitschrift erreichen kann, werden mit der sogenannten *grobgezielten St.* erfaßt. – *Beispiel:* Postwurfsendung an alle Schließfachinhaber. – (2) *Zufalls-St. (ungezielte St.):* Vielseitiges Gebiet. Kann nur bei bestimmten Konsumgütern angewandt werden. Beispiel: Fernseh- und Funkspots. – Die ungezielte St. wird feiner, wenn eine Postwurfsendung auf alle Haushaltungen in einem bestimmten Stadtbezirk begrenzt wird (vgl. auch →Direktwerbung). – b) Nach der *Art des Streuweges:* (1) *Eigenstreuwege:* St. über Vertreter, Verkäufer, Propangadisten, Boten usw. – (2) *Fremdstreuwege:* St. über Post, Botendienste usw. – Vgl. auch →Streukosten.

III. A r b e i t s w i s s e n s c h a f t: Genauer *St. der Arbeitszeit.* – 1. *Begriff:* Unterschiede der Arbeitszeiten (→Tätigkeitszeiten) je Leistungseinheit. Sie beruhen darauf, daß sowohl der →Leistungsgrad des Arbeiters als auch klimatische, biologische und soziologische Einflüsse die Dauer der zur Ausführung der Tätigkeit je Leistungseinheit benötigten Zeit beeinflussen. – 2. *Arten* (nach Böhrs): a) *Intraindividuelle St.:* Streuungen der Tätigkeitszeit je Leistungseinheit, die bei ein und derselben Arbeitskraft im Tages-, Wochen- und Jahresverlauf auftreten. – *Beispiel:* Vgl. Abb. Sp. 1802 (Graf). – b) *Inter-individuelle St.:* Unterschiede der Tätigkeitszeiten je gleichartige Leistungseinheit verschiedener →Arbeitskräfte. – *Beispiel:* Vgl. untenstehende Abb. (Quednau). – Da eine maßstäbliche Erfassung der verschiedenen auf die St. wirkenden Einflüsse nicht möglich ist. erfolgt deren Eliminierung zwecks Bestimmung von →Normalzeiten durch Leistungsgradbeurteilen und systematische Zeitauswertung.

Physiologische Arbeitskurve (nach Graf)

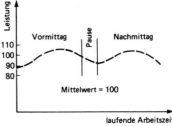

Nach Quednau

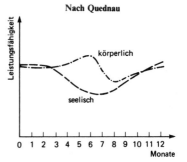

Jahresverlauf der Leistungsfähigkeit (nach Hellpach)

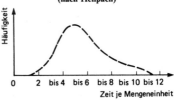

Streuungsdiagramm, *Korrelationsdiagramm,* bei Vorliegen von verbundenen Beobachtungen (x_i, y_i) zweier →Merkmale deren Veranschaulichung in einem →Koordinatensystem durch entsprechende Punkte. Das St. kann dann der Erkundung eines Regressionszusammenhanges (→Regressionsananylse) oder der Stärke einer →Korrelation dienen.

Streuungsmaß, in der Statistik zusammenfassende Bezeichnung für →Maßzahlen zur Kennzeichnung der →Streuung, insbes. →Varianz, →Standardabweichung, →durchschnittliche Abweichung, →Spannweite, →mittlerer Quartilsabstand (absolute St.) und →Variationskoeffizient (relatives St.). – Bei theoretischen →Verteilungen wird das Wort in analoger Bedeutung (→Streuungsparameter) gebraucht.

Streuungsparameter, Funktional- oder explizite →Parameter von theoretischen →Verteilungen, die die →Streuung kennzeichnen.

Streuverluste, Überschreitung des Rahmens der anvisierten Zielgruppe, die mit der Werbebotschaft erreicht werden soll, durch →Media und →Werbemittel. St. treten auf, wenn bei der →Streuung der Werbemaßnahmen keine Deckungsgleichheit von Streu- und Absatzgebiet erzielt wird. – Vgl. auch →Streuplan, →Reichweite, →Mediaplanung.

Strichcode, →Barcode.

Strichcode-Leser, *Barcode-Leser,* Gerät zur automatischen Erfassung optischer oder magnetischer Strichcodes (→Barcode).

Strichnummer, Bezeichnung für die in einem Rubrum (Aktenzeichen) hinter einem / oder – stehende Zahl, z. B. Az 4716/39 (St. = 39).

stripped bond, innovative Wertpapierform (→Finanzinnovation), bei der ein festverzinsliches Wertpapier (i. d. R. Staatsanleihen) in die Bestandteile Zinszahlungen und Rückzahlungsbetrag (Mantel) zerlegt wird und diese getrennt gehandelt werden.

Strohmann. 1. *Begriff:* Vorgeschobene Person, die im eigenen Namen für jemand anders handelt und die Treuhänderstellung verheimlicht. Häufig bei der Gründung von Unternehmen, insbesondere bei Gründung von Gesellschaften (um gesetzlich geforderte Anzahl der Gründer herzustellen). – 2. *Wirkung:* Der St. und nicht der Hintermann ist ggf. →Kaufmann, weil das Betreiben eines →Handelsgewerbes, wenn auch für fremde Rechnung oder mit den Mitteln eines anderen, Voraussetzung der Kaufmannseigenschaft ist. Neben ihm kann aber u. U. auch der Hintermann haften, z. B. beim Erwerb von Gesellschaftsrechten als eigentlicher Erwerber für die Gesellschaftsteuer.

Stromgleichgewicht, volkswirtschaftliche Bezeichnung eines Zustands, in der Gleichgewicht auf allen Märkten herrscht und die geplanten →Stromgrößen mit den tatsächlichen übereinstimmen.

Stromgrößen, volkswirtschaftliche Größen, die zeitraumbezogen gemessen werden, z. B. Sozialprodukt, Konsumausgaben. – *Gegensatz:* →Bestandsgrößen.

Stromkosten. I. Kostenrechnung: Teil der →Energiekosten. – **1.** *Erfassung:* a) Kosten für Fremdstrom werden als primäre Kosten in der Kostenrechnung erfaßt; b) Kosten der eigenen Stromerzeugung werden als →innerbetriebliche Leistungen auf einer eigenen (Hilfs-)Kostenstelle gesammelt. – **2.** *Verrechnung:* Die Weiterrechnung auf die verbrauchenden Kostenstellen sollte möglichst als →Kostenstelleneinzelkosten erfolgen. Fehlen die hierzu erforderlichen Verbrauchsmeßeinrichtungen, verwendet man häufig den tatsächlichen Verbrauch möglichst gut widerspiegelnde Schlüssel (→Gemeinkostenschlüsselung) wie installierte kW. – Vgl. auch →Kostenstellengemeinkosten, →innerbetriebliche Leistungsverrechnung, →unechte Gemeinkosten.

II. Energiepolitik: Nach dem dritten Verstromungsgesetz i. d. F. vom 17. 11. 1980 (BGBl I 2137), neugefaßt am 17. 11. 1980 (BGBl I 2137), wird seit 1. 1. 1975 zur Sicherung des Einsatzes von Gemeinschaftskohle in der Elektrizitätswirtschaft eine →Ausgleichsabgabe (1987 4,5% des Strompreises, jedoch in einzelnen Ländern unterschiedlich, bewegt sich zwischen 3,5 und 5,1%) erhoben.

structure-conduct-preformance-Paradigma, →Industrieökonomik.

structured design/composite design method, →SD/CD-Methode.

structured (english) query language, →SQL.

structured walk through, →walk through.

Struktogramm, *Nassi-Shneiderman-Diagramm.* **1.** *Begriff:* Graphisches Hilfsmittel bei der →Programmentwicklung zur Darstellung eines →Algorithmus; 1973 von I. Nassi und B. Shneiderman entwickelt. – **2.** *Darstellungsform:* Ein St. wird aus →Strukturblöcken zusammengesetzt, die entweder hintereinandergeschaltet oder geschachtelt sind. Zur Darstellung des Ablaufs werden Symbole verwendet, die die →Steuerkonstrukte der *strukturierten Programmierung* beschreiben. – **3.** *Vorteile:* St. zwingen den →Programmierer zur disziplinierter Gestaltung des Programmablaufs. – **4.** *Bedeutung:* Mit zunehmender Verwendung der strukturierten Programmierung drängen St. die früher üblichen →Programmablaufpläne immer mehr zurück.

Struktur. I. Wissenschaftstheorie: Menge der die einzelnen Elemente eines →Systems verknüpfenden Relationen. Im Rahmen der Betriebswirtschaftslehre kommt verschiedenen strukturellen Regelungen zum Zweck der →Organisation des betrieblichen Geschehens besondere Bedeutung zu.

II. S t a t i s t i k : Bezeichnung für die Verhältnisse in der →Grundgesamtheit. Z. B. ist die strukturelle →Regressionsgerade die Regressionsgerade der Grundgesamtheit, deren →Parameter aus einer →Stichprobe zu schätzen sind.

III. Ö k o n o m e t r i e : Bezeichnung für eine konkrete Parameterfestlegung innerhalb eines Modells.

Strukturbeitrag, Kapitalbindungs- bzw. -überlassungsprämie, die am Geld- und Kapitalmarkt für Einlagen bzw. Kredite bestimmter Fristigkeit im Vergleich zum Satz für täglich fälliges Geld gezahlt wird. Der St. resultiert damit aus der durchgeführten Fristentransformation.

Strukturblock. 1. *Begriff:* Bei der →strukturierten Programmierung ein Baustein eines →Algorithmus bzw. eines →Programms. – 2. *Definition (rekursiv):* Ein S. ist entweder ein Elementarblock (ein S., der nur aus einem →Befehl besteht), oder er enthält selbst wieder mehrere S. – 3. *Verwendung:* Als →Struktogramm.

Strukturbruch, Vorgang, daß bei einem Regressionsansatz (→Regressionsanalyse) oder in einem Modell der →Ökonometrie Änderungen der Werte der →Parameter eintreten. Ist ein St. vorgekommen, muß eine erneute Parameterschätzung vorgenommen werden. Das Eintreten eines St. kann durch →statistische Testverfahren überprüft werden. In der Realität eher allmähliche Strukturveränderungen.

Strukturdefekte, →Dependencia-Theorie III 1 b) und IV 3 c).

strukturelle Arbeitslosigkeit, →Arbeitslosigkeit.

strukturelle Form. 1. *Begriff:* Darstellungsform eines →*simultanen Gleichungssystems,* in der die ökonomische Theorie des ökonometrischen Modells (→Ökonometrie II) zum Ausdruck kommt. – 2. *Beschreibung:* Die S. eines simultanen Gleichungssystems kann kompakt als $Y\Gamma + XB + U = O$ geschrieben werden, wobei die Matrizen Y bzw. X die Beobachtungen der unverzögerten endogenen bzw. der exogenen und verzögerten endogenen Variablen enthalten, die Matrix U die zufälligen Störvariablen und die Matrizen Γ und B die unbekannten, zu schätzenden Parameter. Sind die Parameter in Γ und B (und alle Parameter der Verteilung von U) numerisch bekannt, so spricht man von einer *Struktur* des Modelles. Die einzelnen Gleichungen heißen *Strukturgleichungen,* die Parameter *Strukturparameter.* Chrakteristisch für die S. ist es, daß einzelne oder alle Strukturgleichungen unverzögerte

endogene Variablen als erklärende Variablen enthalten. – Vgl. auch →reduzierte Form.

strukturelle Heterogenität, →Dependencia-Theorie III 1 b) und IV 3 c).

strukturelles Defizit, ein vom →Sachverständigenrat zur Begutachtung der gesamtwirtschaftlichen Entwicklung (SVR) entwickeltes Konzept zur Ermittlung des Konsolidierungsbedarfs der öffentlichen Haushalte; derjenige Teil des Gesamtdefizits, der nach Ansicht des SVR nicht legitimiert werden kann und daher zurückzuführen ist. – *Ermittlung:* Tatsächliches Defizit ./. konjunkturelles Defizit ./. transitorisches Defizit ./. Normaldefizit = st. D.

strukturelle Zahlungsbilanzungleichgewichte, Erscheinungsform der →Zahlungsbilanz, wenn die Politikträger ein annäherndes Zahlungsbilanzgleichgewicht in einer angemessenen Zeit mit Hilfe binnenwirtschaftlicher Mittel (d. h. ohne Wechselkurskorrektur) nicht herbeiführen können.

strukturierte Programmierung. 1. *Begriff:* Methode, die bei der →*Programmentwicklung* angewendet wird; keine einheitliche Definition. – 2. *Zweck:* Unterstützung des Programmierers bei der Gestaltung eines →*Algorithmus* dahingehend, daß der Algorithmus und das daraus resultierende →Programm transparent, verständlich und leicht zu ändern sind. – 3. *Definitionsansatz:* St. P. ist eine Methode, bei der ein Algorithmus bzw. ein Programm aus →*Strukturblöcken* zusammengesetzt wird und bei der zur Steuerung des Ablaufs ausschließlich die →*Steuerkonstrukte* Sequenz, Selektion und Repetition benutzt werden. – 4. *Umsetzung:* Ein nach den Regeln der st. P. gebildeter Algorithmus kann nur dann adäquat codiert (→Codierung) werden, wenn die Programmiersprache geeignete Ausdrucksmittel zur Verfügung stellt. Dies ist bei neueren Programmiersprachen der Fall (z. B. →Ada, →Pascal); auch ältere Sprachen wurden in den letzten Jahren z. T. um Sprachelemente für die s. P. erweitert (z. B. →Cobol, →Fortran).

strukturierter Datentyp. 1. *Begriff:* →Datentyp, dessen Wertemenge nicht aus →Datenelementen, sondern aus →Datenstrukturen besteht; d. h., die Werte sind strukturiert. Auch →abstrakte Datentypen sind i. d. R. strukturiert. – 2. *Gebräuchlichste Arten:* →Array und →Record.

Strukturierung. 1. *Begriff:* Im Rahmen der Organisation die vertikale Zerlegung eines Handlungskomplexes in zunehmend stärker strukturierte Teilhandlungen. – 2. *Folge:* Durch St. wird der Spielraum der →Entscheidungskompetenzen bestimmt und von Ebene zu Ebene der Entscheidungshierarchie fortlaufend eingeschränkt. Hierarchisch übergeordnete organisatorische Einheiten verfügen demnach stets über eine größere Entscheidungsautonomie als die ihnen nachgeordneten Einheiten. – 3. *Alternativen:* Die Gestaltungsalternativen der St. lassen sich nicht klassifikatorisch einteilen, sondern stellen Punkte dar auf einem Kontinuum zwischen den beiden Eckpolen →Entscheidungszentralisation und →Entscheidungsdezentralisation (vgl. auch →Delegation). Dabei steigt die Entscheidungsuentralisation (Entscheidungsdezentralisation) tendenziell umso mehr, je enger (weiter) jeweils die Entscheidungsspielräume hierarchisch untergeordneter Handlungsträger sind. Während der theoretische Grenzfall einer vollständigen Entscheidungszentralisation an der Spitze der Hierarchie mit dem Fehlen jeglicher Autonomie auf den nachgelagerten Hierarchieebenen eindeutig bestimmt werden kann, ist die Problematik der Dezentralisationsmessung bislang noch nicht zufriedenstellend gelöst. – 4. *Bedeutung:* Das gewählte Ausmaß an De-/Zentralisation von Entscheidungsbefugnissen bildet ein wichtiges Merkmal der →Organisationsstruktur einer Unternehmung; sein Beitrag zur →organisatorischen Effizienz läßt sich nicht allgemeingültig beurteilen. – a) *Entscheidungslogische Betrachtung:* Das Gestaltungsproblem ist gekennzeichnet durch das Spannungsverhältnis zwischen den aus der notwendigen →Arbeitsteilung resultierenden Anforderungen an die →Koordination einerseits und der begrenzten Entscheidungskapazität von Personen andererseits. Da nur die aus hierarchisch vorgelagerten Entscheidungen folgenden Autonomieeinschränkungen (bzw. →Weisungen) die Teilhandlungen der untergeordneten organisatorischen Einheiten auf die übergeordneten Zielsetzungen ausrichten können, ergibt sich unter Koordinationsaspekten eine Zentralisationstendenz. Demgegenüber führen die Kapazitätsschranken von Handlungsträgern ab einem bestimmten Ausmaß der Zentralisation zu einer Überlastung der übergeordneten →Instanzen mit der Folge einer Beeinträchtigung ihrer Fähigkeit, rechtzeitig auf Umweltänderungen reagieren zu können (→Dispositionsfähigkeit). Da auch einer Erweiterung der Kapazitäten von Entscheidungseinheiten mit Hilfe von →Stäben praktische Grenzen gesetzt sind, resultieren hieraus in der Praxis stets gewisse Dezentralisationsnotwendigkeiten. – b) Für die Bestimmung des ‚optimalen‘ Grads der St. auf den einzelnen Hierarchieebenen sind *weitere Einflußfaktoren* wie etwa der praktizierte bzw. angestrebte →Führungsstil und die Auswirkungen der Entscheidungsautonomie auf die →Motivation zu beachten.

Strukturkrisenkartell, →Kartell, das im Falle eines auf einer nachhaltigen Änderung der Nachfrage beruhenden Absatzrückgangs zur Kapazitätsanpassung errichtet wird. Nach

§ 4 GWB gehören St. zu den Erlaubniskartellen (→Kartellgesetz VII 3 c)

Strukturmodell, →ökonometrisches Strukturmodell.

Strukturorganisation, →Aufbauorganisation.

Strukturpolitik. 1. *Begriff:* Politik, die auf die Gestaltung der branchenorientierten und regionalen Zusammensetzung der Wirtschaft (vgl. auch →Wirtschaftsförderung) und deren Wandel ausgerichtet ist. Vgl. auch →Wirtschaftpolitik. – Zur *regionalen St.* vgl. →Regionalpolitik. – 2. *Wesen und Ziele:* Strukturwandel ist durch andauernde Substitutionsvorgänge gekennzeichnet, die Strukturen des Leistungsaustauschs und insbes. die Proportionen des Faktorangebots und -einsatzes verschieben. Die St. übt einen auslösenden, fördernden oder verlangsamenden Einfluß auf die strukturellen Umstellungs- und Anpassungsprozesse aus *(Strukturveränderungsziele);* Ziel ist die Minderung der privaten Anpassungslasten an den nationalen oder internationalen Strukturwandel. Strukturwandel kann auch unterdrückt werden *(Strukturerhaltungsziel);* es wird eine bestimmte Ressourcenallokation fixiert, was die Reallokation und damit die langfristige wirtschaftliche Entwicklung hemmt. – 3. *Instrumente:* a) Steuervergünstigungen und Subventionen (Anpassungs- und Erhaltungssubventionen), überwiegend angewandt; b) wettbewerbliche Ausnahmeregelungen (z. B. Markt- und Berufsordnungen, Preisinterventionen, Kontingentierungen, Zölle); auch c) Maßnahmen der →Infrastrukturpolitik, die durch den Abbau von →Substitutionshemmnissen den Strukturwandel beschleunigen können.

Strukturreform, Sammelbegriff für die Überlegungen und Vorschläge für eine Reform in der Alters- und Hinterbliebenenversorgung, um angesichts der demographischen Änderungen in der Bundesrep. D. für die Zukunft die Finanzierung der Renten zu sichern. – Die *Vorschläge* erstrecken sich von Überlegungen zu Einsparungsmöglichkeiten im Leistungsbereich über Möglichkeiten weiterer Beitragseinnahmen (z. B. →Maschinensteuer, →Wertschöpfungsabgabe) bis hin zu einem grundsätzlich neuen System der Alters- und Hinterbliebenenversorgung (→Grundrente).

Strukturrestriktion, jede Restriktion eines →NN-Restriktionssystems, die keine →Nichtnegativitätsrestriktion ist.

Strukturschaubild, →Organigramm.

Strukturstückliste, Art der →Stückliste; Angabe sämtlicher Teile und Baugruppen, die ein Fertigerzeugnis enthält, in ihrem fertigungstechnischen Zusammenhang. Mengenangaben beinhalten die Mengen, mit denen ein Teil oder eine Baugruppe direkt in eine Einheit einer übergeordneten Baugruppe eingeht (→Stücklistenauflösung). – Bei sehr komplexen Produkten wird Übersichtlichkeit durch →*Baukastenstücklisten* hergestellt.

Strukturvariable, jede Variable in einem linearen Optimierungssystem, die keine Zielvariable (→Zielfunktion) ist.

Strukturvariante, →Variante, die sich von anderen Varianten eines →Teils dadurch unterscheidet, daß (ein) Teile (Teil) einer tieferen →Fertigungsstufe entweder (1) enthalten bzw. nicht enthalten oder (2) durch (ein) andere(s) ersetzt sind (ist). – *Beispiele:* zu (1) Mikrocomputer (→Rechnergruppen) mit/ohne mathematischem Coprozessor (→Hilfsprozessor); zu (2) PKW mit Sportsitzen (gegenüber Normalsitzen).

Strukturwandel. 1. *Begriff:* Die mit jedem wirtschaftlichen →Wachstumsprozeß einhergehenden Änderungen in der Zusammensetzung (Struktur) des gesamtwirtschaftlichen Produktionsergebnisses nach Sektoren und Regionen sowie der Aufteilung der Beschäftigten auf Sektoren, Regionen oder Qualifikationsklassen. Für die Beobachtung des St., seiner Ursachen und seiner Folgen ist in den 80er Jahren in der Bundesrep. D. eine „Strukturberichterstattung" aufgebaut worden. – 2. *Ursachen:* v. a. a) *Änderungen* in der *Struktur der gesamtwirtschaftlichen Nachfrage* nach Gütern und Diensten u. a. infolge (1) ungleicher Einkommenselastizitäten verschiedener Güter, (2) Änderungen des Anteils des staatlichen Konsums am Gesamtkonsum und/oder (3) Änderungen der Zusammensetzung der Investitionsgüternachfrage (nach staatlich/ privat und nach Investitionstypen). – b) →*Technischer Fortschritt*, der durch neue Produktionsverfahren in den einzelnen Teilbereichen in unterschiedlichem Maß Produktionsfaktoren freisetzt und/oder durch neue Produkte →Wachstumsindustrien schafft, wodurch andere Bereiche benachteiligt werden, wenn aus ihnen Nachfrage abgeleitet wird. – c) *Änderungen in der Verfügbarkeit von* →*Produktionsfaktoren* (→Arbeit, →Kapital) *und Produktionsmitteln* (z. B. erschöpfbare Ressourcen). – 3. →*Strukturpolitik* versucht, den St. zu fördern, zu erleichtern und in seinen negativen Folgen für die direkt Betroffenen abzumildern.

Strukturzonen, die in der Bautätigkeitsstatistik und in der städtebaulichen Planung erstmalig ausgewiesenen Stadtregionen im Einzugsbereich von Großstädten, unterteilt in Kern- bzw. Randgebiet, Industrie-, Misch- und Agrarzonen je nach der beruflichen bzw. erwerbswirtschaftlichen Gliederung der Erwerbspersonen, nach der strukturellen Bedeutung der →Pendelwanderung für den Lebensunterhalt der →Bevölkerung und nach dem überwiegenden Typ von Wohngebäuden

(Ein- und Mehrfamilienhäuser, geschlossene/ offene Bauweise usw.)

StTK, Abk. für →Ständige Tarifkommission.

Stückakkord, →Akkordlohn.

Stückbeitrag, →Stückdeckungsbeitrag.

Stückdeckungsbeitrag, *Stückbeitrag,* die einem einzelnen „Stück" (Mengeneinheit, Volumeneinheit) eines Erzeugnisses (Leistungseinheit) zurechenbare Differenz aus →Nettoerlösen und Stückeinzelkosten (→Einzelkosten). St. sind eine zentrale Erfolgsgröße zur Planung des Produktions- und Absatzprogramms (→Produktionsprogrammplanung). – Vgl. auch →Deckungsbeitrag, →Deckungsbeitragsrechnung, →Stückerfolg.

Stücke, einzelne Abschnitte (Teilbeträge, Mengeneinheiten) eines →Wertpapiers. – Vgl. auch →Stückezuteilung.

Stückelung. 1. Einteilung einer *Aktien-* oder *Wertpapieremission* in die Nennbeträge der einzelnen Aktien bzw. Abschnitte. Die St. ist meist in einer Spalte des Kurszettels angegeben. Urkunden verschiedener St. einer Emission sind durch verschiedene Farben gekennzeichnet. – 2. St. der *Banknoten:* Vgl. →Notenstückelung.

Stückerfolg, Gewinn oder Verlust, der durch Herstellung und Verkauf einer Produktionseinheit erzielt wird. Der St. wird bestimmt auf der Ertragsseite durch den →Nettoerlös, auf der Kostenseite durch die Selbstkosten (→Stückkosten). – Zu *unterscheiden* sind: a) *Nettostückerfolg:* In den Selbstkosten/Stück sind anteilige →fixe Kosten enthalten; b) *Bruttostückerfolg:* In den Selbstkosten/Stück sind nur →proportionale Kosten bzw. →Einzelkosten enthalten. – *Bedeutung:* Die Kenntnis der St. ist u. a. wichtig für die →Produktionsprogrammplanung. – Vgl. auch →Stückdeckungsbeitrag.

Stückeverzeichnis, *Nummernverzeichnis,* Aufstellung über die vom Kommissionär, d. h. von der beauftragten Bank, für den Kunden angeschafften Wertpapiere, in der diese nach Art, Nennbetrag, nach Nummern oder sonstigen Bezeichnungsmerkmalen bezeichnet sind. Das St. muß unverzüglich, spätestens innerhalb einer Woche, angefertigt und dem Kunden übersandt werden (§ 18 DepotG). Spätestens mit der Absendung des St. geht das Eigentum an den darin bezeichneten Wertpapieren, soweit der Kommissionär über sie zu verfügen berechtigt ist, auf den Kommittenten über. – Der Kommissionär darf die *Übersendung des St. aussetzen,* wenn er wegen der Forderungen, die ihm aus der Ausführung des Auftrages zustehen, nicht befriedigt ist und auch nicht Stundung bewilligt hat, muß aber ausdrücklich schriftlich für jedes Geschäft gesondert den Kunden darauf hinweisen (§ 19 DepotG). Unter in §§ 20 ff. DepotG festgelegten Voraussetzungen braucht die Absendung des St. erst auf Verlangen des Kommittenten zu erfolgen. – Die *Übersendung des St.* kann *unterbleiben,* wenn innerhalb der dafür bestimmten Frist die Wertpapiere dem Kommittenten ausgehändigt oder in seinem Auftrag wieder veräußert werden.

Stückezuteilung, Zuteilung der →Stücke bei einer Wertpapieremission. St. wird bisweilen schon während der noch laufenden Zeichnungsfrist vorgenommen, meist aber nach Abschluß der →Zeichnung, wenn sich das Ergebnis übersehen läßt. Bei Überzeichnung werden oftmals kleine Zeichnungen bevorzugt berücksichtigt oder solche, bei denen man mit einer Dauer-Plazierung rechnen kann, ebenso möglich ist Verlosung.

Stückgeldakkord, *Geldakkord,* Form des →Akkordlohns, bei der je Leistungseinheit ein bestimmter, vom Tariflohn abhängiger Geldbetrag vereinbart wird,. z. B. 1 DM je gefertigtes Stück. – *Beurteilung:* St. erweist sich im Vergleich zum →Stückzeitakkord als unrationell. Bei Tarifänderungen müssen alle Einzelakkorde neu errechnet und festgesetzt werden; beim Stückzeitakkord bleiben die Vorgabezeiten bestehen, nur der →Akkordrichtsatz ändert sich. – *Kostenrechnung:* St. ist als →Akkordlohn zu verrechnen.

Stückgut, Güterart, die selbst, verpackt oder mit einer →Ladeeinheit so formbeständig ist, daß sie bei Transport-, Lagerungs- und Umschlagsvorgängen als Beförderungseinheit zu behandeln ist. – *St. bis 30 kg:* →Kleingut. – *Gegensatz:* →Massengut.

Stückgutvertrag, schablonenhaft ausgebildeter Massenvertrag ohne Berücksichtigung des Einzelfalles. – *Seltener:* →Chartervertrag.

Stückkauf, Spezieskauf, der eine nicht nur der Gattung nach, sondern auch individuell bestimmte Sache betrifft (z. B. Kauf eines bestimmten Konfektionsanzugs, eines gebrauchten Kraftwagens). – Ist die gelieferte Sache *mangelhaft* (→Sachmängelhaftung), kann der Käufer nur →Wandlung oder →Minderung (evtl. auch →Schadenersatz), dagegen nicht Lieferung einer fehlerfreien Sache, (dies ist der Fall beim →Gattungskauf), verlangen.

Stückkosten, *Einheitskosten,* die auf ein einzelnes „Stück" (Mengeneinheit, Volumeneinheit) eines Erzeugnisses (Leistungseinheit) bezogenen →Selbstkosten. Der Ermittlung der St. dient die →Kalkulation. – *Gegensatz:* →Gesamtkosten. – Vgl. auch →Stückerfolg, →Stückrechnung, →Durchschnittskosten.

Stückkostenkalkulation, →Kalkulation.

Stückkurs, absolut angegebener Börsenkurs (→Kurs). – *Gegensatz:* →Prozentkurs. – Vgl. auch →Stücknotierung.

Stückländerei, einzelne land- und forstwirtschaftlich genutzte Flächen, bei denen die Wirtschaftsgebäude oder die Betriebsmittel oder beide Arten von →Wirtschaftsgütern nicht dem Eigentümer des →Grund und Bodens gehören. I. S. des BewG ist St. ein Betrieb der Land- und Forstwirtschaft und damit eine bewertungsfähige →wirtschaftliche Einheit. – Es sind weder →Abschläge für fehlende →Betriebsmittel beim Eigentümer des Grund und Bodens noch →Zuschläge für Überbestände an diesen Wirtschaftsgütern bei deren Eigentümern zu machen. Abschläge für fehlende Wirtschaftsgebäude und Zuschläge für einen Überbestand an Wirtschaftsgebäuden bei deren Eigentümer sind denkbar.

Stückliste. 1. *Begriff:* Tabellarische Darstellung einer Erzeugnisstruktur, in der die zur Herstellung eines übergeordneten Teils (Endprodukt oder Baugruppe) benötigten untergeordneten Teile mit ihren Mengenkoeffizienten aufgeführt sind; wichtige Angaben (bzgl. der untergeordneten Teile): Teilenummer, evtl. Variantennummer (→Varianten), Teilebezeichnung, Mengenkoeffizient, evtl. Verweis auf zugehörige Konstruktionszeichnung u. a. – Für normalisierte Teile und Aggregate (→Normalisierung) werden *Normal-St.* angelegt. Als *Konstruktions-St.* wird die funktionelle Gliederung eines komplexen Fertigprodukts dargestellt; für →Bedarfsmengenplanung werden *fertigungsbezogene St.* benötigt. – 2. *Grundformen:* a) →*Baukastenstückliste (einstufige St.):* Enthält nur die Teile der nächsttieferen Fertigungsstufe. – b) →*Strukturstückliste (mehrstufige St.):* Enthält alle Teile über alle Fertigungsstufen hinweg, die zur Herstellung des übergeordneten Teils erforderlich sind, in hierarchischer Anordnung nach den Fertigungsstufen. – c) →*Mengenübersichtsstückliste:* Summarische Aufstellung aller Teile, die in einer Erzeugnisstruktur vorkommen; Teile, die mehrfach auftreten, werden nur einmal (mit der Gesamtmenge) aufgeführt. – d) *Sonderformen:* Varianten-St. und Matrix-St. (→Gozinto-Graph). – 3. *Verwendung:* Vor allem in vielen Stellen eines Produktionsbetriebs, v. a. bei der deterministischen Bedarfsplanung, Konstruktion, Vor- und Nachkalkulation. – Vgl. auch →Teileverwendungsnachweis, →Stücklistenauflösung.

Stücklistenauflösung, Ermittlung der in einer Planperiode erforderlichen Bedarfsmengen an Rohstoffen und Halbfabrikaten aufgrund von →Stücklisten. – *Methoden:* a) analytische Methode (Ausgangspunkt: Fertigerzeugnis (→Strukturstückliste); b) synthetische Methode (Ausgangspunkt: Einzelteil bzw. Baugruppe; (→Baukastenstückliste); c) Gozinto-Methode (→Gozinto-Graph).

Stücklistenprozessor, in der Produktionsplanung und -steuerung ein →*Programm,* das aus den gespeicherten Erzeugnisstrukturdaten

→Stücklisten erzeugt oder entsprechende Erzeugnisstrukturinformationen für andere Programme (z. B. deterministische Bedarfsplanung) zur Verfügung stellt. – Der Begriff wird oft auch für eine bestimmte *Form der →Datenorganisation* für Erzeugnisstrukturen verwendet, die bei der Grunddatenverwaltung vieler →PPS-Systeme anzutreffen ist (Verkettung zwischen →Datensätzen der Teilestammdatei und der Erzeugnisstrukturdatei). – S. waren die ersten Programme für die Produktionsplanung und -steuerung; sie bilden auch heute noch den Kern vieler PPS-Systeme.

Stücklohn. 1. *I.w.S.:* →Akkordlohn. – 2. *I.e.S.:* →Stückgeldakkord.

Stücknotierung, →Notierungen an der Börse, die sich in DM je Stück (→Stückkurs) verstehen. Gebräuchlichste Notierungsform bei Aktien. – *Gegensatz:* →Mengennotierung.

Stück-Perioden-Ausgleich, in →PPS-Systemen verwendetes heuristisches Verfahren zur Berechnung von Losgrößen bei diskretem Bedarfsverlauf.

Stückrechnung, eine auf die Leistungseinheit („Stück") bezogene →Erfolgsrechnung, bei der durch Gegenüberstellung von Stückkosten und erzieltem Stückerlös der →Stückerfolg ermittelt wird.

Stückschuld, *Speziesschuld,* Schuld, die auf Leistung einer bestimmten Sache gerichtet ist. – *Gegensatz:* →Gattungsschuld.

Stückspanne, absolute →Handelsspanne einer Ware (Rohertrag im Handel), bezogen auf ein einzelnes Stück Ware, eine Sorte *(Sortenspanne)* oder einen Artikel *(Artikelspanne).* St. können für alle Einheiten einer Artikel- oder Warengruppe einheitlich sein; i.d.R. werden sie jedoch im Zug der →Mischkalkulation differenziert festgelegt, und es ergeben sich →Durchschnittsspannen.

Stücktara, →Usotara 2a).

Stückzeitakkord, *Zeitakkord,* Form des →Akkordlohns. Je Leistungseinheit wird eine bestimmte Bearbeitungszeit vorgegeben, die vergütet wird (→Akkordrichtsatz), gleichgültig, ob der Arbeiter die Vorgabezeit über- oder unterschreitet. – *Beispiel:* Vorgabezeit 12 min., Akkordrichtsatz 3,80 DM;, tatsächliche Arbeitszeit 9 min., bedeutet, daß der Arbeiter in 9 min. 3,80 DM verdient hat. – *Voraussetzungen* (neben der →Akkordfähigkeit der Arbeit): a) gerechte Zeitvorgabe (normalisierte, nicht Optimalzeit); b) zweckentsprechende →Arbeitsvorbereitung (zur Vermeidung von Wartezeiten); c) ständige Qualitätskontrolle, um den geforderten Gütegrad der Arbeit zu sichern. – *Vorteil gegenüber dem →Stückgeldakkord:* Bei Veränderungen der Tariflöhne müssen lediglich die neuen Lohnsätze mit dem Minutenfaktor multipliziert werden.

Stückzinsen. 1. *Begriff:* Die bei Veräußerung von festverzinslichen Wertpapieren seit dem Fälligkeitstag des letzten eingelösten →Kupons bis zum Veräußerungstag aufgelaufenen Zinsen. St. werden bei Börsenumsätzen dem →Kurswert hinzugerechnet. – 2. *Steuerliche Behandlung:* a) Die St. sind beim *Veräußer* →Einkünfte aus Kapitalvermögen, wenn sie gesondert in Rechnung gestellt werden (§ 20 II Nr. 3 EStG). – b) Beim *Erwerber* sind die gezahlten St. in dem Veranlagungszeitraum, in dem der Zinsschein eingelöst wird, von den Gesamtzinsen abzusetzen. (Absch. 155 I Nr. 2 EStR). – c) Die St. unterliegen ferner der →Börsenumsatzsteuer.

Student-Verteilung, →t-Verteilung.

Studiengesellschaft für Mittelstandsfragen e. V., Sitz in Krefeld. – *Aufgaben:* Wissenschaftliche Untersuchung der Auswirkungen wirtschaftlicher und sozialer Geschehnisse auf den Mittelstand; Publikation der wissenschaftlichen Untersuchungsergebnisse in dieser Frage; Organisation von Seminar- und Diskussionsveranstaltungen zu mittelstandspolitischen Fragen.

Studienreisen. 1. *Begriff* des Einkommensteuerrechts: Reisen, die ausschließlich oder doch ganz überwiegend zur Förderung des ausgeübten Berufs unternommen werden. Eine St. liegt insbes. vor, wenn die Reise im Rahmen einer lehrgangsmäßigen Organisation, nach Art eines beruflichen Praktikums oder sonst in einer Weise durchgeführt wird, die die Möglichkeit eines anderen (privaten) Reisezwecks so gut wie ausschließt. – 2. Die angefallenen *Aufwendungen für St.* in diesem Sinne sind →Fortbildungskosten, die als →Werbungskosten abzugsfähig sind; Aufwendungen nicht in diesem Sinne gehören nach § 12 EStG zu den nicht abzugsfähigen Kosten der Lebensführung. Bei St., die beruflich und privat veranlaßt sind, können eins einzelne Vorgänge als Werbungskosten anerkannt werden, wenn sie sich anhand objektiver Merkmale und Unterlagen von den nicht abziehbaren Lebenshaltungskosten trennen lassen und außerdem nicht von untergeordneter Bedeutung sind (z. B. Spezialkurse, Sprachlehrgänge).

Studienstiftung des Deutschen Volkes, von Bund und Ländern der Bundesrep. D. (einschl. West-Berlin), zahlreichen Städten und Landkreisen, dem →Stifterverband für die Deutsche Wissenschaft, der →Stiftung Volkswagenwerk und privaten Spendern gemeinsam finanzierter, der Begabtenförderung dienender Verein; Sitz in Bad Godesberg. – *Aufgabe:* Die St. soll die vollwertige Hochschulausbildung wissenschaftlich oder künstlerisch hochbegabter junger Menschen sicherstellen. – An allen westdeutschen Hochschulen sind Hochschullehrer als Vertrauensdozenten tätig; die Hochschulen und die höheren Schulen schlagen geeignete Studenten vor.

Studium im Medienverbund. 1. *Begriff:* Ein integrativ-strukturiertes, einen turnusmäßigen Substitutionsprozeß von Direkt- und →Fernstudium beinhaltendes, auf Medienverbundebene zu organisierendes, einheitliches Studiensystem, in welchem die Studiengruppen wechselseitig im Direkt- und im Fernstudium studieren können. Keine Unterscheidung von Direkt- und Fernstudenten (Chancengleichheit). – 2. *Zweck:* Direktstudium mit Optimierungstendenzen der Organisationsstrukturen in den überregionalen Bereich der Bildungsinstitution (Kapazitätserweiterung). – 3. *Durchführung:* Die Kommunikation der Lehrinhalte erfolgt durch organisierten, nach Zweckmäßigkeitsgründen vorzunehmenden regionalen und überregionalen Medieneinsatz. – a) *Regionaler Medieneinsatz:* Bereicherung des direkten Lehrbetriebes durch technische (speichernde) Medien (Enrichment-Funktion) = Teil des Studiums im Medienverbund. – b) *Überregionaler Medieneinsatz:* Optimierung der Organisationsstruktur, Bereich des Fernstudiums = Teil des Studiums im Medienverbund. Es können zentrale und dezentrale Tutorials und Seminare veranstaltet wie auch Praktika wegen der Zeit- und Ortsungebundenheit dieses Studienteils in das Studium aufgenommen werden. – 4. *Vorteile:* Einteilung der Studiengänge nach Studieneinheiten, Komprimierung von unmittelbar zusammenhängenden Lehrinhalten zu einer Studieneinheit, Straffung des Studienstoffes, Konzentration des Studiums, Verkürzung der Studienzeit, Kostendegression. Studieneinheit und Lehrobjektivierung führen zur (äußeren) Standardisierung des Studiums. – Vgl. auch →Fernstudium im Medienverbund.

Stufenausbildung, Organisationsform der →Berufsausbildung. Einer Grundbildung auf breiter Basis folgt eine gestufte, spezieller werdende Ausbildung mit Abschlußmöglichkeiten nach jeder Stufe. Nach § 26 BBiG besteht seit 1969 die gesetzliche Möglichkeit, die Berufsausbildung in diesem Sinn sachlich und zeitlich in besonders geordneten, aufeinander aufbauenden Stufen durchzuführen: Auf die erste Stufe der beruflichen Grundbildung auf Berufsfeldbreite sollen die Stufen der allgemeinen beruflichen Fachbildung und der besonderen beruflichen Fachbildung folgen. Nach der Anzahl der Auszubildenden sind besonders die Stufenausbildungsordnungen im Einzelhandel, in den elektrotechnischen Berufen, in Bau- und Textilberufen von Bedeutung.

Stufengewichtung, Begriff der →Arbeitsbewertung. Die Rangreihen werden je nach Gewicht der Beanspruchung in eine mehr oder weniger große Zahl von gleich oder verschieden großen Stufen (→Stufung) eingeteilt. Die

gewichteten Wertzahlen ergeben sich aus der Bezifferung der Stufen, der Arbeitswert aus ihrer Summe.

Stufengründung, *Sukzessivgründung, Zeichnungsgründung,* Form der →Gründung einer AG, bei der die Gründer nicht das gesamte Grundkapital (Aktien) übernehmen, sondern das Publikum durch →Zeichnung von Aktienbeträgen mitwirken soll. Gem. § 23 AktG unzulässig. – *Gegensatz:* →Einheitsgründung.

Stufenleiterverfahren, →innerbetriebliche Leistungsverrechnung II 3.

Stufentarif, Steuertarifform (→Tarifformen), bei der die Bemessungsgrundlage in Tarifstufen, denen jeweils ein bestimmter Steuersatz (Steuersatztarif) zugeordnet wird, skaliert wird. – *Merkmal:* Innerhalb der Stufengrenzen wird die Progression unterbrochen. – *Arten:* 1. *Steuerzusatztarif:* Der Durchschnittssatz ändert sich von Stufe zu Stufe, bleibt aber innerhalb des Bereiches konstant; folglich Abwechslung zwischen Progression und Proportionalität:

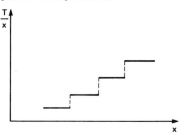

Problem: Eine Erhöhung der Steuersätze führt dazu, daß die Besteuerung in sich nicht mehr ausgewogen ist. – 2. *Steuerbetragstarif:* Der Steuerbetrag ändert sich von Stufe zu Stufe, bleibt aber innerhalb einer Stufe konstant. Dieser Tarif weist eine „innere Regression" auf, weil der Durchschnittssteuersatz innerhalb eines Bereichs mit wachsender Bemessungsgrundlage sinkt.

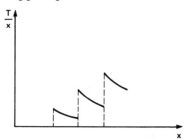

Bis 1933 galt in Deutschland der St. in Form des Steuerzusatztarifs für die Einkommensteuer; wurde 1934 durch den Anstoßtarif (→Kurventarif 1) ersetzt.

Stufentheorien, Vorstellungen des Ablaufs der Weltwirtschaftsgeschichte in Gestalt unterscheidbarer und zwingend aufeinander folgender Phasen, von wissenschaftlicher Geltung v. a. im 19. Jh. St. sind keine Theorien im eigentlichen Sinne, ihnen fehlt die Fähigkeit, die behauptete Abfolge zu erklären; vielfach ist schon die Abfolge als solche bestritten worden. – Die St. unterscheiden sich nach den *Kriterien,* die für die Konstruktion der Stufen verwendet werden: a) Nach *List:* (1) wilder Zustand, (2) Hirtenstand (3) Agrikulturstand, (4) Agrikultur-Manufakturstand und (5) Agrikultur-Manufaktur-Handelsstand; b) nach der *räumlichen Intensität der wirtschaftlichen Verflechtung* (z. B. K. Bücher): Haus-, Stadt-, Volks- und Weltwirtschaft; c) nach der *Organisation des Tauschs* (z. B. B. Hildebrand): Natural-, Geld- und Kreditwirtschaft. – Von den St. ist trotz einiger Ähnlichkeit die Marx'sche Idee der gesetzlichen Abfolge von Gesellschaftsformationen (→Wirtschaftssysteme) und auch die Wirtschaftsstadientheorien (insbes. die 1967 von W. W. Rostow entwickelte Theorie, in deren Mittelpunkt die Vorstellung des „take-off" steht) zu unterscheiden.

Stufenverfahren, →Arbeitsbewertung II 1 b).

stufenweise Fixkostendeckungsrechnung. I. Charakterisierung: Teilkostenrechnungssystem, (→Teilkostenrechnung), das Ende der 50er Jahre von K. Agthe und K. Mellerowicz entwickelt wurde. Die st. F. basiert auf einer Spaltung der Kosten in fixe und variable Bestandteile (→Kostenauflösung), wobei als Kosteneinflußgröße die →Beschäftigung herangezogen wird. Die variablen Kosten werden von den →Nettoerlösen mit dem Ergebnis eines →Deckungsbeitrgs abgezogen, die Fixkosten jedoch nicht in einem Betrag, sondern differenziert nach unterschiedlichen Fixkostenschichten sukzessive subtrahiert. – *Ähnlich:* →direct costing.

II. Fixkostenschichten: Die Zahl zu unterscheidender Fixkostenschichten hängt zum einen von der Kostenstruktur des konkreten Unternehmens, zum anderen von den an die st. F. gestellten Rechnungszwecken (→Kostenrechnung IV) ab. Üblicherweise werden unterschieden: Erzeugnis, Erzeugnisgruppen, Kostenstellen, Bereichs- und Unternehmensfixkosten, wobei – als exemplarische Erläuterung – Erzeugnisfixkosten solche Kosten sind, die sich zwar nicht mit der Ausbringung eines Produkts verändern, jedoch dann abbaubar sind, wenn auf das Erzeugnis ganz verzichtet wird.

III. Aussagefähigkeit: Die st. F. läßt durch die Trennung von fixen und variablen Kosten unmittelbar die erfolgsmäßigen Konsequenzen von Änderungen der Absatzmengen der Produkte erkennen. Anders als die →Vollkostenrechnung kann die st. F. damit wertvolle Informationen für kurzfristige programmpolitische Entscheidungen liefern (→Deckungsbeitragsrechnung). Durch die starke Differenzierung der Fixkosten liefert sie im Gegensatz zum →direct costing darüber hinaus auch wichtige Daten für mittel- und längerfristige Dispositionen, z. B. Informationen zur Streichung von Produkten oder Produktgruppen aus dem Erzeugnisprogramm. Von der →Einzelkostenrechnung unterscheidet sich die st. F. insbes. durch eine geringere Exaktheit der Kostenerfassung (z. B. in Teilbereichen vorgenommene →Gemeinkostenschlüsselung) und die geringere Zahl von Bezugsgrößen.

Stufenwertzahlverfahren, →Arbeitsbewertung II 1 b).

Stufung, Begriff der →Arbeitsbewertung für Anforderungsstufen, die verbal und/oder zahlenmäßig die unterschiedliche Höhe der Beanspruchung ausdrücken (→Bewertungstafeln). Die Kennzeichnung der Stufen kann durch Vergleichsarbeiten ergänzt werden.

Stunde (h), →gesetzliche Einheiten, Tabelle 1.

Stundung. 1. *St. einer Forderung:* Vertrag zwischen Gläubiger und Schuldner, durch den die →Fälligkeit einer Forderung hinausgeschoben wird. Während der St. tritt →Hemmung der Verjährungsfristen ein (§ 202 BGB). – 2. *St. von Steuern und sonstigen Geldleistungen* ist möglich, wenn ihre Einziehung mit erheblichen Härten für den Steuerpflichtigen verbunden ist und der Anspruch durch die St. nicht gefährdet wird; sie soll i. d. R. nur gegen →Sicherheitsleistung gewährt werden (§ 127 AO). Zu zahlen sind ggf. →Stundungszinsen. – 3. *St. von Versicherungsprämien:* Vgl. →Prämienstundung. – 4. *St. von Geldstrafen,* wenn dem Verurteilten nach seiner wirtschaftlichen Lage nicht zuzumuten ist, die Geldstrafe sofort zu zahlen. Bei nicht ordnungsgemäßer Zahlung oder Änderung der wirtschaftlichen Verhältnisse erfolgt Widerruf (§ 42 StGB).

Stundungsvergleich, →Vergleich II 3.

Stundungszinsen, für die →Stundung von Steuern u. ä. Geldleistungen zu erhebende Zinsen, wenn nicht im Einzelfall zinslose Stundung bewilligt ist (§ 234 AO). Ab 1989 als Betriebs- oder Sonderausgaben abzugsfähig.

Sturmversicherung, *St-Versicherung,* Versicherungsschutz für versicherte Sachen, die zerstört oder beschädigt werden a) durch unmittelbare Einwirkung des Sturmes, b) dadurch, daß der Sturm Gebäudeteile, Bäume oder andere Gegenstände auf sie wirft, c) als

Folge eines Sturmschadens. Als Sturm gilt eine wetterbedingte Luftbewegung von mindestens Windstärke 8. – *Nicht versichert* sind v. a. Schäden durch Sturmflut, Lawinen, Eindringen von Niederschlägen oder Schmutz durch nicht ordnungsgemäß geschlossene Fenster, Außentüren usw., Brand, Blitzschlag, Explosion. – Bei Schäden an Gebäuden i. d. R. →Selbstbeteiligung des Versicherungsnehmers. – *Formen:* Selbständige St. (z. B. für Geschäfte und Betriebe), aber auch in andere →Versicherungszweige übernommen (z. B. →verbundene Hausratversicherung, →verbundene Wohngebäudeversicherung).

Stuttgarter Verfahren, steuerliches Verfahren zur Bewertung nichtnotierter Aktien und Anteile an Kapitalgesellschaften durch Schätzung. Der →gemeine Wert wird unter Berücksichtigung des Vermögenswerts und der Ertragsaussichten ermittelt. Im einzelnen vgl. →nichtnotierte Aktien und Anteile II.

St-Versicherung, →Sturmversicherung.

Subagent, →Generalvertreter.

subcontractor, →Generalunternehmer.

Subhastation, →Zwangsversteigerung.

Subjektförderung, Subventionsmaßnahme im Rahmen des sozialen Wohnungsbaus: Zuschüsse zur Wohnungsmiete, gezahlt an die Bezieher von Einkommen, das eine bestimmte, von der Familiengröße abhängige Höhe nicht überschreitet. – In der *Bundesrep. D.:* Vgl. →Wohngeld.

subjektiv-dingliche Rechte, dem jeweiligen Eigentümer eines anderen →Grundstücks zustehende →dingliche Rechte, z. B. Grunddienstbarkeiten, Überbaurente, Notwegrente.

subjektive Liquidität, von G. Schmölders geprägter Begriff für das „Gefühl finanzielle Bewegungsfreiheit". Es wird zwar durch Geld- und Quasigeldbestände oder durch in Aussicht gestellte Kredite mitbestimmt, aber auch durch sozialpolitische Größen, wie das allgemeine Umsichgreifen optimistischer Erwartungen, Hoffnungen und Wünsche. Die s. L. wird also auch von nicht meßbaren Größen beeinflußt, die letztlich die Verhaltensweisen der Wirtschaftssubjekte, deren Ausgabenneigung und damit die gesamtwirtschaftliche Nachfrage bestimmen. – *Gegensatz:* →objektive Liquidität. – Vgl. auch →Liquidität, →Liquiditätstheorie.

subjektive Risiken, auf ein versichertes →Risiko einwirkende Gefahrumstände, die auf den Charaktereigenschaften der versicherten Personen oder Dritter beruhen. S. R. sind in einzelnen Versicherungszweigen (z. B. Haftpflicht) sehr hoch. Berücksichtigung durch Prämienzuschläge, Bekämpfung durch →Selbstbeteiligungen.

subjektiver Wert. 1. Von der *Grenznutzenschule* vertretene Auffassung, nach der der Wert und letztlich auch der Preis von Gütern und Leistungen von dem individuellen Nutzen, also von der subjektiven Wertschätzung des Nachfragers, bestimmt wird. Der s. W. beruht letztlich auf der Wirksamkeit der →Gossenschen Gesetze. – 2. Wert, den jemand einer Sache beimißt (*persönlicher Wert*), z. B. Liebhaberwert. – *Gegensatz:* →objektiver Wert.

subjektives öffentliches Recht, Anspruch des einzelnen gegen den Staat oder eine juristische Person des öffentlichen Rechts auf Gewährung oder Gewährleistung einer dem öffentlichen Recht angehördenden Rechtsposition (z. B. Recht zur Mitbenutzung einer gemeindlichen Anstalt, Recht auf Anerkennung einer für einen bestimmten Zeitraum verliehenen Konzession, Anspruch auf Rückerstattung irrtümlich gezahlter Abgaben). Das s. ö. R. verpflichtet die zuständige Behörde zu einem bestimmten Verhalten gegenüber dem Berechtigten. – *Zu unterscheiden* sind die s. ö. R. von den →Reflexrechten, die dem einzelnen eine wesentlich schwächere Rechtsstellung gewähren.

subjektives Recht, →Recht.

subjektive Unmöglichkeit, Begriff des BGB für →Unvermögen.

subjektive Wahrscheinlichkeit, →Wahrscheinlichkeit, die als quantitativer Ausdruck des Überzeugtheitsgrades eines Subjektes, z. B. eines Experten, numerisch festgelegt wurde. Bei der Festlegung von s. W. sind die Axiome der →Wahrscheinlichkeitsrechnung zu beachten. – *Anwendung:* z. B. in der →Entscheidungstheorie oder im →Marketing, soweit aus →relativen Häufigkeiten gewonnene objektive Wahrscheinlichkeitswerte nicht zur Verfügung stehen.

subjektive Werttheorie, Lehre vom →Grenznutzen, die einen →subjektiven Wert als Preisbildungsmoment annimmt.

Subjektsteuern, →Personensteuern.

Submission, →Ausschreibung, →Einschreibung.

Submissionskartell, Sonderform eines →Preiskartells niederer Ordnung, bei dem die angeschlossenen Unternehmungen vertraglich verpflichtet werden, bestimmte Vereinbarungen über Angebotspreise und -bedingungen bei öffentlichen Ausschreibungen einzuhalten.

Subordinationskonzern, →Konzern, dessen Innenverhältnis durch finanzielle, wirtschaftliche oder personelle Abhängigkeit der Tochtergesellschaften von der herrschenden Konzernspitze (Holding-, Dachgesellschaft usw.) gekennzeichnet ist. – *Gegensatz:* →Koordinationskonzern.

subroutine, →Unterprogramm.

Subschema, →externes Schema.

Subsidiaritätsprinzip. I. Allgemein: 1. *Begriff:* Der katholischen Soziallehre entstammendes gesellschaftsethisches Gestaltungsprinzip. – 2. *Charakterisierung:* Es akzentuiert die Entfaltung der individuellen Möglichkeiten, Selbstbestimmung und Selbstverantwortung des Menschen. Nur dort, wo die Kraft des Einzelnen bzw. einer kleinen Gruppe (Familie, Gemeinde) nicht ausreicht, die Aufgaben der Daseinsgestaltung zu lösen, soll der Staat (Länder bzw. Zentralstaat) subsidiär eingreifen. Hierbei ist der Hilfe zur Selbsthilfe der Vorzug vor unmittelbarer Aufgabenübernahme durch die Großgruppe zu geben. Andererseits soll der Staat diesem Prinzip zufolge auch die materiellen Grundlagen für die individuelle Selbstverwirklichung und -verantwortung in der kleinen Gruppe schaffen. – 3. *Bedeutung:* Der individuelle Aspekt des S. (Selbstverantwortung) und der kollektive Aspekt (Schaffung der materiellen Voraussetzungen hierfür durch den Staat) lassen sich nicht eindeutig zwingend voneinander trennen, so daß, je nach Akzentuierung, auch wohlfahrtsstaatliche Tendenzen (→Wohlfahrtsstaat) diesem Prinzip entsprechen. Unter Betonung des Aspekts der individuellen Selbstverantwortlichkeit ist das S. Bestandteil der Konzeption der →sozialen Marktwirtschaft.

II. Finanzwissenschaft: S. wird als Grundatz für Aufgabenverteilung zwischen Privaten und Staat sowie innerhalb des privaten und öffentlichen Sektors angewandt. Die Verantwortung für eine Aufgabe ist der jeweils kleinsten dafür geeigneten Einheit zu übertragen; die Abstufung der Einheiten reicht vom Individuum über den privaten Haushalt und andere private Gemeinschaften bis hin zu den öffentlichen Kollektiven unterschiedlicher Größe (Verbände, Gemeinden, Länder, Zentralstaat, supranationale Organisationen). Aus dem S. ergeben sich Empfehlungen für die Zuständigkeit des Staates (z. B. für die Empfangsberechtigung von Sozialhilfeleistungen) und für die Aufgabenverteilung zwischen den verschiedenen Ebenen. – *Zuständigkeiten der einzelnen Verwaltungsebenen:* Die übergeordnete Ebene greift erst dann ein, wenn die untergeordnete überfordert ist. – *Umfang der Wirtschaftstätigkeit öffentlicher Verwaltungen:* Eine negative Interpretation von S. besagt, daß sich die öffentliche Hand nur dann wirtschaftlich betätigen darf, wenn die privaten Unternehmen nicht imstande sind, die notwendigen Aufgaben zu erfüllen *(Lückenbüßerfunktion);* bei einer positiven Formulierung von S. übernehmen die öffentlichen Unternehmen eine *Vorreiterfunktion,* durch die die Betätigung privater Unternehmen erst möglich wird.

III. Sozialpolitik: Grundsatz der allgemeinen Sozialpolitik, wonach die Gestaltung der Sozialpolitik und die Übernahme von neuen (sozialen) Aufgaben durch den Staat nur erfolgen soll, wenn andere nichtstaatliche Stellen (z. B. freie Wohlfahrtspflege, Kirchen) diese Aufgaben nicht erfüllen können.

IV. Genossenschaftswesen: Gestaltungsprinzip verbundwirtschaftlicher Zusammenarbeit im Genossenschaftswesen im Gegensatz zum Zentralitätsprinzip in Konzern (→genossenschaftlicher Verbund). Übergeordnete Verbundunternehmen sind nur dienende Institutionen der vorgelagerten Stufen; sie besitzen keinen von der genossenschaftlichen Primärstufe zu isolierenden Selbstzweck, sondern erfüllen Aufgaben, die von vorgelagerten kleineren Einheiten nicht oder nur in unzureichendem Maße erbracht werden könnten.

V. Versicherungswesen: Hilfsweise Leistungspflicht eines Versicherers, der erst dann einzutreten hat, wenn ein anderer primär leistungspflichtiger Versicherer die Zahlung verweigert.

Subsistenzmittelfondstheorie. 1. *Charakterisierung:* Von Böhm-Bawerk begründete, später insbes. von Stingler, Eucken und von v. Stackelberg vertretene Lohn- und Zinstheorie (→Lohntheorien, →Zinstheorien). – Basis der S. ist ein *Vier-Klassen-Modell:* Kapitalisten, Bodenbesitzer, (besitzlose) Unternehmer, Arbeiter. Die Kapitalisten leihen den Unternehmern den *Subsistenzmittelfonds,* das ist eine Gütermenge (insbes. Konsumgüter) bzw. deren monetärer Gegenwert. Die Überlassung dieses Subsistenzmittelfonds setzt die Unternehmer in den Stand, die Arbeiter zu beschäftigen, denn die Arbeiter müssen während der durchschnittlichen Produktionsperiode ,,alimentiert'' werden. Die eingeschlagenen Produktionsumwege können nach dieser Lehrmeinung um so größer sein: (1) je größer der Subsistenzmittelfonds, (2) je größer die Umschlagshäufigkeit des Kapitals (des Subsistenzmittelfonds), (3) je geringer der Lohnsatz und (4) je geringer die Zahl der zu beschäftigenden Arbeiter. – *Algebraische Darstellung:*

$$t = \frac{S}{n \cdot l} \cdot k$$

(mit t = durchschnittliche Produktionsperiode, S = Subsistenzmittelfonds, n = Arbeiterzahl, l = Lohnsatz, k = Umschlagshäufigkeit des Kapitals). – Die Arbeiter werden mit dem auf die Gegenwart herabdiskontierten Grenzprodukt der Arbeit entlohnt; als Differenz zwischen tatsächlichen Produktionswert und Lohnsumme fällt der ,,ursprüngliche Kapitalszins'' an, aus dem die Unternehmer an die Kapitalisten den ,,abgeleiteten'' Darlehenszins zahlen können. – 2. *Bedeutung:* Die S. ist Grundlage der monetären →Überinvestitionstheorie in der Hayekschen Form. –

3. *Kritik:* Nach E. Preiser u. a. wird bei der S. die Synchronisierung der Produktion übersehen. Da aber in jedem Moment Produktionsprozesse beginnen und abgeschlossen werden, müsse niemand auf das Erscheinen irgendeines Produktes warten, niemand während einer Produktionsperiode „alimentiert" werden. Damit werde der S. ihre eigentliche Basis entzogen.

Subskription, Zeichnung von Neuemissionen (→Zeichnen), auch erstmaliger Verkauf einer Pfandbriefserie.

substantielle Abnutzung, die durch Gebrauch verursachte Aufzehrung des Nutzungspotentials von Anlagegegenständen. Die infolge s. N. eintretende →Wertminderung bestimmt neben anderen Faktoren die →Nutzungsdauer; sie wird in der Buchführung durch →Abschreibungen rechnerisch erfaßt.

substantielle Kapitalerhaltung, *Substanzerhaltung,* Erhaltung des Realvermögens in seiner Leistungsfähigkeit bei Preisänderungen. →Scheingewinne und Scheinverluste, die auf Veränderungen der Marktlage oder des Geldwertes beruhen, erscheinen somit nicht als Erfolge. Die s. K. soll mittels der von Schmidt entwickelten →organischen Tageswertbilanz erreicht werde, durch Bewertung der Anlage- und Umlaufsgüter zu Tageswerten und durch organische →Abschreibung.

Substanzbesteuerung, →Substanzsteuern.

Substanzbetrieb, ein auf die Bewirtschaftung des Grund und Bodens gerichteter →Nebenbetrieb eines land- oder forstwirtschaftlichen Betriebs. – *Gegensatz:* →Verarbeitungsbetrieb.

Substanzbewertung, →Bewertung für Zwecke der →Substanzsteuern, gesetzlich geregelt im BewG. – *Maßgebende Werte:* →gemeiner Wert, →Teilwert, →Einheitswert, →Ertragswert.

Substanzerhaltung, →substantielle Kapitalerhaltung.

Substanzsteuern. I. Betriebswirtschaftliche Steuerlehre: Steuern, deren →Bemessungsgrundlagen an Roh- und Reinvermögensgrößen (Substanz) anknüpfen; im einzelnen: →Vermögensteuern, →Grundsteuer, Erbschaft- und Schenkungsteuer (→Erbschaftsteuer), →Gewerbekapitalsteuer. – *Gegensatz:* →Ertragsteuern, →Verkehrsteuern.

II. Finanzwissenschaft: Vgl. →Sollsteuern.

Substanzverringerung, Verbrauch von Substanz bei Bergbaubetrieben, Steinbrüchen und ähnlichen Betrieben. – *Steuerlich* sind Absetzungen nach Maßgabe des Substanzverzehrs zulässig (→Absetzung für Substanzverringerung; § 7 VI EStG).

Substanzwert, →Reproduktionswert.

Substitut, seltene Bezeichnung für →Untervertreter.

Substitution. I. Produktions- und Kostentheorie: Ersetzung von Produktionsfaktoren durch andere (→substitutionale Produktionsfaktoren).

II. Preistheorie: Ersetzung von (marktfähigen) Gütern durch andere (→Substitutionsgüter).

substitutionale Produktionsfaktoren, →Produktionsfaktoren, die untereinander ausgetauscht werden können, ohne daß die Ausbringungsmenge (Output) sich ändert. Die Wirtschaftlichkeitsrechnung ermöglicht die kostengünstigste Auswahl der P. (→Minimalkostenkombination).

substitutionale Produktionsfunktion, Begriff der Produktions- und Kostentheorie, →Produktionsfunktion mit einem nicht fest vorgegebenen Einsatzverhältnis der Produktionsfaktoren (Faktorintensität). Das Einsatzverhältnis kann unabhängig von der Höhe der Ausbringungsmenge gewählt werden; es können ein oder mehrere Faktoren konstant gehalten und einer oder mehrere Faktoren variiert werden, um den gleichen Ertrag oder Ertragsveränderungen zu erzielen. Die ökonomisch günstigste Faktorkombination liegt vor, wenn das Verhältnis der Grenzproduktivitäten der Faktoren dem Faktorpreisverhältnis entspricht (→Minimalkostenkombination). Die partiellen Faktorproduktivitäten und die Faktorkoeffizienten sind variabel.

1. *Mikroökonomische s. P.* (einzelbetriebliche Betrachtungsweise): Die Substitution der Faktoren kann begrenzt (periphere Substitution, begrenzte Substitution) oder vollständig (alternative Substitution, vollständige Substitution) erfolgen. Das optimale Einsatzverhältnis ergibt sich in der Minimalkostenkombination. Bei Variation eines Faktors und Konstanz wenigstens eines anderen Faktors kann der Grenzbetrag der Faktorveränderung entsprechend dem →Ertragsgesetz ermittelt werden; dieses Gesetz stand in der ältesten Theorie (Turgot, v. Thünen) im Vordergrund der Betrachtung. – Bei *Variation aller Faktoren* ergibt sich das Niveauergenzprodukt, wobei je nach →Homogenität der Funktion eine konstante, zunehmende oder abnehmende Niveaugrenzproduktivität vorliegt. Wenn eine Vermehrung aller Faktoren um λ-fache Ausbringung um λ^s erhöht, ist die Funktion homogen vom Gerade s, s = 1 heißt konstante, s < 1 abnehmende, s > 1 zunehmende Niveaugrenzproduktivität.

2. *Makroökonomische s. P.:* werden für einzelne Industrien und für ganze Volkswirtschaften aufgestellt. Der Output wird als homogenes Produkt definiert, wobei das Pro-

blem der Realgüterzusammenfassung durch Verwendung der Wertschöpfung näherungsweise gelöst wird. Die bisher verwendeten makroökonomischen s. P. gehen von peripherer Substitution und, sofern technischer Fortschritt nicht berücksichtigt wird, von linearer →Homogenität aus. Die bekanntesten Funktionen sind die →Cobb-Douglas-Funktion und die →CES-Funktion, die abnehmende Ertragszuwächse (→Ertragsgesetz) aufweisen. Technischer Fortschritt kann in diese Produktionsfunktion arbeitssparend, kapitalsparend oder neutral eingebracht werden, was zu unterschiedlichen Wachstumspfaden (→Wachstumstheorie) führt.

Substitutionseffekt, →Slutsky-Gleichung.

Substitutionselastizität. I. M a k r o ö k o n o m i k / P r o d u k t i o n s t h e o r i e : Die „Leichtigkeit" von Substitutionsmöglichkeiten (→Substitution) zwischen den Produktionsfaktoren Arbeit und Kapital für eine Volkswirtschaft oder zwischen anderen substitutionalen Produktionsfaktoren. Die S. (σ) gibt an, wie sich das Mengenverhältnis von Arbeit und Kapital (→Arbeitsintensität) relativ ändert, wenn das Lohn-Zins-Verhältnis um einen bestimmten Prozentsatz variiert.

$$\sigma = \frac{d\left(\dfrac{N}{K}\right)}{\dfrac{N}{K}} : \frac{d\left(\dfrac{w}{r}\right)}{\dfrac{w}{r}}$$

mit N = Arbeit, K = Kapital, w = Lohn, r = Zins.

Je geringer die S., umso schwieriger werden Sustitutionsvorgänge. Dementsprechend können für hoch entwickelte Volkswirtschaften relativ geringe, für Entwicklungsländer relativ hohe S. festgestellt werden. – Die S. *äußert sich* in der Krümmung der →Isoquanten einer →Produktionsfunktion: je größer (kleiner) die S., umso geringer (stärker) die Krümmung. So verlaufen die Isoquanten z. B. bei einer S. von null rechtwinklig; bei einer S. von eins nähern sich sich asymptotisch den Achsen, während sie bei einer S., die größer als eins ist, beide Achsen schneiden. – Für die *Verteilungstheorie* fand Hicks den Zusammenhang zwischen dem vermehrten Einsatz eines Faktors und der funktionellen Einkommensverteilung. Bei einer S. der Arbeit von größer als eins verändert sich die Verteilung zugunsten der Arbeit bei relativ zum Kapital zunehmender Arbeitsmenge. – Vgl. auch →Verteilungstheorie, →Elastizität.

II. M i k r o ö k o n o m i k : Vgl. →Kreuzpreiselastizität.

Substitutionsgüter, Konsum- oder Investitionsgüter, die einander ersetzen können, z. B.

Butter/Margarine, Kohle/Heizöl, Kupfer/ Aluminium, Dampfkraft/Elektrizität). – *Preiserhöhung für ein Gut* führt bei den in Betracht kommenden S. zu einer mengenmäßig gesteigerten Nachfrage und zumeist dadurch zu Preissteigerungen für die S. (positiver Substitutionskoeffizient bzw. positive →Kreuzpreiselastizität). – Eine theoretische Entscheidung über die *Substitutionsfähigkeit einzelner Güter* ist nicht möglich; sie hängt von technischen Eigenschaften, von der Elastizität der Nachfrage, den Verbrauchsgewohnheiten und vom Ausmaß der Preisdifferenz ab. Substitutionseffekte ebenfalls bei Gebrauchsgütern des Konsumgüterbereichs sowie Maschinen und Anlagen des Investitionsgüterbereichs, die allerdings preistheoretisch nicht so einfach zu fassen sind.

Substitutionshemmnisse. 1. *Charakterisierung:* S. beeinträchtigen die Reallokation in einer Volkswirtschaft. Sie stören damit die permanente Neuordnung von Ressourcen, durch die zu jedem Zeitpunkt eine optimale Versorgungslage der Volkswirtschaft möglich wird. Der Wegfall von S. kann zu einer Erhöhung der Wohlfahrt führen. – 2. *Ursachen:* a) *unvollkommene Information:* Substitutionsgelegenheiten sind nicht wahrzunehmen und zu realisieren; b) *Immobilitäten,* insbes. Standortgebundenheiten, Unteilbarkeiten, persönliche Präferenzen.

Substitutionskoeffizient, →Triffinscher Substitutionskoeffizient.

Substitutionskonto. 1. Ein S. beim *Internationalen Währungsfonds (→IMF)* wurde 1974 vorgeschlagen und insbes. 1979–82 intensiv diskutiert, ohne daß es zu verbindlichen Beschlüssen kam. Das S. sollte zum Eintausch von Devisenreserven gegen →Sonderziehungsrechte dienen – als Möglichkeit angeboten oder als Verpflichtung (in einem bestimmten Verhältnis zu den IMF-Quoten) festgeschrieben. Als *Ziele* des S. wurden genannt: a) Abschwächung von Kursschwankungen wichtiger Reservewährungen; b) Stärkung der Stellung der SZR im internationalen Währungssystem. – 2. Auch innerhalb des *Europäischen Währungssystems (→EWS)* wurde ein S. diskutiert, das die Aufgabe hätte, größere Dollarbeträge (→Euro-Dollars) aus dem Markt zu nehmen, sie durch auf Sonderziehungsrechte (eventuell auch auf ECU) lautende Schuldverschreibungen zu ersetzen und am amerikanischen Kapitalmarkt anzulegen. Beschlüsse wurden auch hier nicht gefaßt.

Substitutionskostentheorie, *Theorie der Opportunitätskosten,* von Haberler in die reale →Außenwirtschaftstheorie eingeführter Kostenbegriff. Die Produktionskosten eines Gutes A werden danach durch die Gütermenge eines Gutes B ausgedrückt, deren Produktion bei Vollausnutzung aller Produktionsfaktoren aufgegeben werden muß, um eine zusätzliche Einheit des Gutes A zu produzieren *(Opportunitätskosten)*. – *Geometrische Darstellung* der Substitutionskosten eines Landes als Steigung der Transformationskurve *(Grenzrate der Transformation)*.

Substitutionskredit, Form des Kreditgeschäfts, bei dem die Bank dem Kreditnehmer ihren eigenen Kredit zur Verfügung stellt, z. B. Akzeptkredit, Aval-Kredit.

Substitutionslücke, *Theorie der Substitutionslücke* (J. Robinson), dient der Abgrenzung des →relevanten Marktes. Sämtliche Güter stehen in einer totalen Konkurrenz. Aber in dieser Kette von Substitutionsbeziehungen gibt es Lücken, denn nicht alle Güter sind gleich enge Substitute. Die verschiedenen Gruppen von Anbietern werden durch S. voneinander abgegrenzt.

Substitutionsprinzip. I. B e g r i f f : Grundsatz der →Substitution, der die wirtschaftliche Entscheidung über die Auswahl bzw. den Einsatz von Produktionsmitteln nach ihrer Qualität und ihren Preisen ermöglicht.

II. A n w e n d u n g : 1. *Standorttheorie:* Angenommen wird, daß der jeweilige →Standort durch die Substitutionspunkte der standortlich relevanten Produktionsmittelgruppen bestimmt wird). Insbes. sind dabei maßgeblich die Transportkosten und die Lagerente, die sich je nach Standort und Ballung der Bevölkerung verändern. Neben den gewöhnlichen Inputs Kapital, Boden und Arbeit werden die Transportkosten als zusätzliche Inputs betrachtet. „Wird die konkrete Lage einer Produktion durch die Bodenqualität oder das Klima hervorragend begünstigt, so ist sie doch nicht etwa durch die Bodenqualität oder das Klima bestimmt, sondern das S. weist der Bodenqualität oder dem Klima die Bedeutung zu, die ihnen im wirtschaftlichen Gesamtzusammenhang zukommt" (Predöhl). – 2. *S. der Organisation:* Tendenz, daß die generellen →Regelungen die fallweisen Regelungen dort ersetzen, wo Betriebsvorgänge in hohem Maße gleichartig und periodisch auftreten (Gutenberg). Je mehr generell geregelt ist, je höher also der →Organisationsgrad ist, um so mehr verliert der Betriebsprozeß an individueller Substanz. Wo häufig individuelle Leistungen verlangt werden, versagt das S. der Organisation.

Subtraktion, Grundrechenart. – *Beispiel:* $9 - 3 = 6$. – *Umkehrung:* →Addition.

Subtraktionsmethode, zuweilen gebrauchter Begriff für Rest(kosten)wertrechnung (→Kuppelprodukte III 2 a)).

Subunternehmer, →Generalunternehmer.

Subvention. I. F i n a n z w i s s e n s c h a f t : 1. *Charakterisierung:* Finanzwissenschaftlicher Begriff für Transferzahlungen an Unternehmen, d. h. Geldzahlungen oder geldwerte Lei-

stungen der öffentlichen Hand, denen keine marktwirtschaftliche Gegenleistung entspricht (vgl. auch →Transfers). Instrument der →Wirtschaftspolitik; gefördert oder erwartet werden bestimmte Verhaltensweisen der Empfänger, die dazu führen sollen, die marktwirtschaftlichen Allokations- und/oder Distributionsergebnisse nach politischen Zielen zu korrigieren. – *Ansatzpunkte* der S.: Strom- oder Bestandsgrößen. – Analog zur Steuerlehre unterscheidet man in der S.technik: S.bemessungsgrundlage, S.tarife, S.empfänger, S.destinatar, S.begünstiger, S.träger und S.mittler. Der S.kontrolle dient der →Subventionsbericht. – 2. *Arten:* a) Nach *Auflagenbindung:* S. mit oder ohne Empfangs- und/oder Verwendungsauflagen. – b) Nach der *Erteilung:* direkte oder indirekte S. (→Steuervergünstigungen). – c) Nach den Zielen (z. B. Ziele der Stabilitätsgesetzes): Erhaltungs-S., Anpassungs-S. und Förderungs-S. (auch Produktivitäts-S. bzw. Wachstums-S.). – 3. *Kritikpunkte:* V. a. das gestiegene Volumen der Erhaltungss., mangelnde Beherrschbarkeit und Auftreten von →Mitnahmeeffekten. – Vgl. auch →interne Subventionierung.

II. S t r a f r e c h t : 1. *Begriff:* Leistung aus öffentlichen Mitteln nach dem Bundes- oder Landesrecht oder nach dem Recht der Europäischen Gemeinschaften an Betriebe und Unternehmen, die wenigstens zum Teil ohne marktmäßige Gegenleistung gewährt wird und der Förderung der Wirtschaft dienen soll (§ 264 VI StBG). – 2. S. als *Gegenstand eines strafbaren Delikts:* Vgl. →Subventionsbetrug.

Subventionierung, →Subvention, →interne Subventionierung.

Subventionsbericht, nach § 12 StabG alle zwei Jahre von der Bundesregierung vorzulegender Bericht über Höhe und Entwicklung der →Subventionen, gegliedert nach Aufgabenbereichen Subventionsarten und Subventionsgebern; Instrument der Subventionskontrolle. Im S. wird nicht von Subventionen, sondern von „Finanzhilfen und Steuervergünstigungen" gesprochen; einige Ausgaben an private Haushalte sind enthalten.

Subventionsbetrug, abstraktes Gefährdungsdelikt zur besseren Bekämpfung der Wirtschaftskriminalität. – 1. *Begriff:* Vorsätzliche oder leichtfertige Täuschungshandlungen bei zumindest teilweise unentgeltlichen und zur Förderung der Wirtschaft bestimmten →Subventionen aus öffentlichen Mitteln, unrichtige oder unvollständige Angaben über subventionserhebliche Tatsachen, Verschweigen →subventionserheblicher Tatsachen und Gebrauchen einer durch unrichtige oder unvollständige Angaben erlangten Bescheinigung über eine Subventionsberechtigung oder über →subventionserhebliche Tatsachen (§ 264 StGB). – 2. *Strafe:* Freiheitsstrafe bis zu fünf Jahren oder Geldstrafe, in besonders schweren Fällen Freiheitsstrafe von sechs

Monaten bis zu zehn Jahren. Bei einer Freiheitsstrafe von mindestens einem Jahr kann
die Fähigkeit, öffentliche Ämter zu bekleiden
und Rechte aus öffentlichen Wahlen zu erlangen, aberkannt werden.

subventionserhebliche Tatsachen, Tatbestand des →Subventionsbetruges: a) Tatsachen, die durch Gesetz oder aufgrund eines
Gesetzes von dem Subventionsgeber als sub-
ventionserheblich bezeichnet sind; b) Tatsachen, von denen die Bewilligung, Gewährung,
Rückforderung, Weitergewährung oder das
Belassen einer →Subvention oder eines Sub-
ventionsvorteils gesetzlich abhängig ist (§ 264
VII StGB); Subventionsgesetz vom 29. 7. 1976
(BGBl I 2037).

Sucharbeitslosigkeit, Form freiwilliger
Arbeitslosigkeit. Ein Teil der Arbeitslosen
betreibt solange Arbeitsplatzerkundung, wie
die zusätzlichen Kosten der Arbeitslosigkeit
(entgangene Löhne minus Arbeitslosenunter-
stützung, Verlust an Sozialprestige, usw.) kleiner sind als eine mögliche höhere und diskon-
tierte Zukunftsentlohnung als Folge weiterer
Suche. – Zur mikroökonomischen Fundierung der These von der S. wurden vielfältige
formale Ansätze entwickelt: Informationsko-
stentheorien, Kontrakttheorien u. a. Alle
Ansätze sind Partialmodelle für bestimmte
Teilaspekte des Arbeitsmarktes und demnach
kaum in der Lage, dauerhafte gesamtwirtschaftliche Arbeitslosigkeit zu erklären, zumal
allen die neoklassischen Annahmen (umfassende Preisflexibilität, ständige Markträu-
mung, Mobilität, Wettbewerb, ökonomisches
Maximierungskalkül) zugrundeliegen. – Vgl.
auch →Arbeitsmarkt.

Suchbegriff, das Kriterium, auf das beim
→Suchen die Komponenten eines Datenbestands (→Daten) hin überprüft werden. Häufig ein →Datenelement (evtl. auch eine
→Datenstruktur), das einen →Schlüssel darstellt (z. B. die Artikelnummer bei Artikelan-
sätzen).

Suchen. 1. *Begriff:* In der elektronischen
Datenverarbeitung ein Vorgang, bei dem in
einem Datenbestand (→Daten) eine Komponente nach einem →Suchbegriff gesucht wird.
– 2. *Arten:* a) *internes S.:* S. einer Komponente
eines →*Arrays* im internen →Arbeitsspeicher
des →Computers; b) *externes S.:* S. eines
→Datensatzes in einer Datei auf einem externen →Datenträger. – 3. *Suchalgorithmen:*
→binäre Suche; →Depth-first-Suche;
→Breadth-first-Suche; →heuristische Suche.

Suchfeldanalyse, →strategische Suchfeldanalyse.

Suchphase, *Informationsbeschaffungsphase,*
Entscheidungsphase (→Entscheidungsphasen
2 a) (2)), die zum eigentlichen Prozeß der
Willensbildung führt. – *Ablauf:* In der S.
werden die möglichen Handlungsalternativen
und deren zu erwartende Konsequenzen

erfaßt, um die Eignung der verfügbaren Alternativen zur Erreichung der gesetzten Ziel zu
ermitteln. Darüber hinaus ist festzustellen,
inwieweit die Alternativen inner- und außerbetrieblichen Beschränkungen oder Daten
(z. B. rechtliche Normen) genügen, die der
Einflußnahme des Entscheidungsträgers im
Augenblick der Entscheidung entzogen sind
(Phase der Alternativenbewertung).

Südafrika, *Republik Südafrika,* parlamentarische Bundesrepublik in Südafrika mit 3-
Kammer-Parlament (Abgeordneten-, Reprä-
sentanten- Delegiertenkammer) und Präsidial-
rat als Beratungsgremium; seit 1931 unabhängig, seit 1961 Republik. Umgeben von Rand-
gebirgen, subtropisches winterhartes Klima
mit langen Trockenzeiten. – *Fläche:* 1,22 Mill.
km², eingeteilt in 4 Provinzen (Kapprovinz,
Natal, Transvaal, Oranje-Freistaat), fünf
unabhängige Länder (Transkei, Bophuthatswana, Venda, Ciskei, Kwandebele) und fünf
autonome „Homelands" (Bantustans [Kwa-
zulu, Lebowa, Gazankulu, Kangwane,
Qwaqwa]. – *Einwohner* (E): (1985) 22,76 Mill.
(20,3 E/km²); Weiße ca. 5 Mill., Schwarze ca.
19 Mill., Mischlinge ca. 3 Mill., Asiaten ca. 1
Mill. – *Hauptstadt:* Pretoria (Hauptstadt als
Regierungssitz; 740 000 E), Kapstadt (Hauptstadt als Parlamentssitz; 1,5 Mill. E); weitere
wichtige Städte: Johannesburg (1,7 Mill. E),
Durban (960 000 E), East Rand (850 000 E),
Port Elizabeth (492 000 E), Soweto (größte
Black Township mit offiziell 900 000 E, faktisch über 2 Mill. E). – *Amtssprachen:* Afrikaans und Englisch.

W i r t s c h a f t : *Landwirtschaft:* Anbau von
Zitrusfrüchten, Wein, Zuckerrohr, Mais und
Ananas. Viehzucht: Rinder, Schafe, Ziegen,
Schweine, Pferde. – Bedeutender *Fischfang:*
(1980) 821 000 t. – *Bergbau:* Großer Reichtum
durch eine Vielzahl an Bodenschätzen; an
erster Stelle der Weltproduktion bei Förderung von Gold, Schmuckdiamanten, Chromit,
Mangan, Vanadium, Platin; führende Position bei Abbau von Uran, Blei, Steinkohle,
Eisenerz, Asbest, Kupfer, Zinn, Antimon,
Zink, Silber, Nickel, Phosphate, Titan, Pyrit,
Smaragden. – *Industrie:* Bedeutendstes Indu-
strieland Südafrikas auf der Basis der einhei-
mischen Bodenschätze: Schwerindustrie,
Metallverarbeitung, Maschinenbau, chemi-
sche Industrie, Fahrzeugbau, Nahrungs- und
Genußmittelindustrie. Erwerbspersonen in
der Industrie: (1981) 29%, in der Landwirt-
schaft: 30%. – *Reiseverkehr:* (1978) 642 000
Touristen. – *BSP:* (1985, geschätzt) 65 320 Mill
US-$ (2010 US-$ je E). – Anteil der Landwirt-
schaft am *BSP:* 7%; der Industrie: 48%. –
Inflationsrate: (Durchschnitt 1973–84) 13,2%.
– *Export:* (1985) 9326 Mill. US-$, v. a. Gold,
Diamanten, Uran, Kupfer, Mangan, Chrom,
Kohle, Wolle, landwirtschaftliche Produkte
wie Mais, Früchte, Zucker, Häute, Felle,
ferner Maschinen und Textilien. – *Import:*

(1985) 10 319 Mill. US-$, v. a. Maschinen und Fahrzeuge, chemische Erzeugnisse, Textilien. – *Handelspartner:* EG-Länder, USA, Kanada, Japan, afrikanische Länder.

V e r k e h r : Gut ausgebautes *Straßen-, Schienen- und Luftverkehrsnetz. Hauptflughafen:* Johannesburg; *Haupthäfen:* Durban, Kapstadt, Port Elizabeth, East London.

M i t g l i e d s c h a f t e n : UNO (wegen Apartheidspolitik z. T. aber von Tagungen ausgeschlossen), BIZ, CCC, UNCTAD u. a.

W ä h r u n g : 1 Rand (R) = 100 Cents.

Sudan, Staat in Nordostafrika, seit 1956 unabhängig, neue Verfassung 1973, Militärputsch 1985, seither regiert ein Militärrat mit 4 Mitgliedern, in der autonomen Südregion seit 1985 eine Übergangsregierung; größtes Land Afrikas. – *Fläche:* 2,51 MIll. km², eingeteilt in 9 Verwaltungsregionen mit Gouverneur und die autonome Südregion. – *Einwohner* (E): (1985, geschätzt) 21,5 Mill (8.6 E/km²); meist Araber und arabische Schichten, im S. 30% Nilohamiten und Niloten. – *Hauptstadt:* Khartoum (1983: 1,6 Mill. E); weitere wichtige Städte: Omdurman (526 000 E), Khartoum North (341 146 E), Port Sudan (206 727 E), Wadi Medani (141 065 E), Elobied (140 024 E). – *Amtssprachen:* Arabisch, Englisch; sonst sudanesische Sprachen.

W i r t s c h a f t : *Landwirtschaft:* 72% der Erwerbspersonen (1984) in der Landwirtschaft tätig. Angebaut werden v. a. Baumwolle (im Gebiet zwischen Weißen und Blauen Nil), Zuckerrohr und Erdnüsse. Viehzucht: Rinder, Schafe, Ziegen, Kamele, Esel. – *Fischfang,* meist Süßwasserfische: (1981) 28 500 t. – *Industrie und Bergbau:* Industrie ist in den Anfängen, bisher 9% der Erwerbspersonen hier tätig; Staatsbetriebe. Bergbauproduktion: Chromerz, Meersalz, Gold, Mangan, Magnesit. – *BSP:* (1985, geschätzt) 7320 Mill. US-$ (330 US-$ je E). – *Anteil der Landwirtschaft am BSP:* (1984) 36%, der Industrie: 14%. – *Öffentliche Auslandsverschuldung:* (1985) 77,2% des BSP. – *Inflationsrate:* (Durchschnitt 1973–84) 19,3%. – *Export:* (1985) 367 Mill. US-$, v. a. Baumwolle, Erdnüsse, Gummiarabikum, Sesam, Pflanzenöle, Häute, Felle. – *Import:* (1985) 757 Mill. US-$, v. a. Nahrungsmittel, Maschinen und Fahrzeuge, Erdöl. – *Handelspartner:* VR China, Saudi-Arabien, Großbritannien, Bundesrep. D., Japan, Italien, USA, UdSSR, Frankreich.

V e r k e h r : Hauptverkehrsader ist der Nil, *Haupthafen:* Port Sudan; eigene *Luftverkehrsgesellschaft.*

M i t g l i e d s c h a f t e n : UNO, AKP, UNCTAD u. a.; Arabische Liga.

W ä h r u n g : 1 Sudanesisches Pfund (sud£) = 100 Piastres (PT.).

Süd-Korea, →Korea I.

Süd-Süd-Kooperation, Intensivierung der außenwirtschaftlichen Beziehungen bzw. der wirtschaftlichen Zusammenarbeit zwischen →Entwicklungsländern. Begründung der Forderung nach verstärkter S.-S.-K. u. a. mit Nachteilen für Entwicklungsländer durch außenwirtschaftliche Verflechtung mit den Industriestaaten (vgl. →Dependencia-Theorie, →Kontereffekte). – *Beurteilung:* Die *Vorteile* für die beteiligten Länder (vgl. u. a. →Linder-These würden aus verschiedenen Gründen abgeschwächt werden, z. B.: Beschränkung der Integrationsgewinne, weil die betreffenden Länder oft eine ausgeprägte Ähnlichkeit der Faktor- und Ressourcenausstattung bzw. relativ geringe Kostenunterschiede sowie eine unzureichende Funktionsfähigkeit der Güter- und Faktormärkte aufweisen; geringe Entfaltungsmöglichkeit dynamischer Integrationsgewinne (vgl. →Handelsgewinn), nicht zuletzt aufgrund der relativen Enge der Märkte dieser Länder und ihres relativ niedrigen technologischen Niveaus. – In jedem Fall wäre die S.-S.-K. nicht als Ersatz, sondern bestenfalls als *Ergänzung* bzw. *Erweiterung* der weltwirtschaftlichen Integration der Entwicklungsländer anzustreben.

Südwestafrika, →Namibia.

Suggestivmethoden, →Psychotherapie.

Sukzession, →Rechtsnachfolge.

Sukzessivgründung, →Stufengründung.

Sukzessivlieferungsvertrag, einheitlicher →Vertrag, durch den sich der eine Teil zur Lieferung einer festen oder nach dem Bedarf des anderen für eine gewisse Zeit zu bestimmenden Warenmenge, lieferbar in Raten, der andere (i. d. R.) zu ratenweiser Zahlung verpflichtet. Bei Gefährdung der Vertragszwecke durch Säumnis der einen Partei mit der Lieferung oder Zahlung oder durch eine mangelhafte Einzellieferung kann die andere Teil vom Vertrag zurücktreten oder Schadenersatz verlangen; wirkt jedoch nur, soweit der Vertrag noch nicht erfüllt ist.

Sukzessivplanung, Planung, bei der die einzelnen Teilpläne zeitlich nacheinander aufgestellt werden. Begonnen wird dabei mit den Teilbereichen, von denen vermutet wird, daß sie den größten Einfluß auf den Geamtplan ausüben. Einflüsse aus zeitlich nachgeschalteten Teilplänen bleiben unberücksichtigt oder werden durch grobe Vorausschätzung einbezogen. Infolge der Interdependenzen der einzelnen Teilpläne wird eine schrittweise Abstimmung der Teilpläne erforderlich. Optimale Gesamtplanung ist auf diese Weise nicht zu erreichen. – *Gegensatz:* →Simultanplanung.

Summa de Artihmetica, Geometria, Proportioni et Proportionalita, Schrift des Franziskanermönchs Luca Pacioli, erschienen 1494.

Zwei Hauptteile: Arithmetik und Geometrie. Im Rahmen der Handelsarithmetik stellt der XI. Traktat das System der doppelten Buchhaltung in vollendeter Form dar. Behandelt werden: Inventar, Hauptbuch, Journal, Memorial, Buchungssatz, Buchungsfälle und Abschluß, Bilanz als Kontrollinstrument der Soll-Haben-Gleichung; ihre Bedeutung als Erkenntnismittel für den Betriebserfolg wurde noch nicht erkannt.

summarische Arbeitsbewertung. →Arbeitsbewertung II 2.

summarisches Verfahren. I. Z i v i l p r o - z e ß : Verfahren, das schnell zum Urteil führen muß und deshalb nur eine beschränkte, summarische Prüfung des Prozeßstoffes gestattet. Demgemäß sind nicht alle →Beweismittel zugelassen (meist nur Urkunden, u. U. auch Antrag auf Parteivernehmung). Es ergeht, wenn der Kläger hinreichende Nachweise erbracht und der Beklagte dem Anspruch widersprochen hat, ein sog. →Vorbehaltsurteil, aus dem der Kläger auf eigene Gefahr (Schadenersatzpflicht bei Aufhebung) vollstrecken kann. – In dem sich anschließenden sog. →Nachverfahren, in dem alle Beweismittel zugelassen sind, wird dann wie in jedem anderen Zivilprozeß genau geprüft, ob das Vorbehaltsurteil zu Recht ergangen ist; je nach dem Ergebnis der Nachverfahren wird es entweder aufgehoben oder bestätigt. – Beispiele: Wechsel- und Urkundenprozesse.

II. V e r s i c h e r u n g s w e s e n : Kompensationsmöglichkeit innerhalb eines Versicherungsvertrages zur Vermeidung der →Unterversicherung im Wege des Summenausgleichs zwischen Vertragspositionen mit überhöhter und solchen mit nicht ausreichender →Versicherungssumme.

Summationsindex, →Summenzeichen.

Summenaktie, →Nennwertaktie.

Summenanpassungsklausel, Versicherungsvertragsklausel (insbes. in der Hausratversicherung), nach der die Versicherungssumme mit Beginn eines jeden Versicherungsjahres der Entwicklung des vom Statistischen Bundesamt veröffentlichten Lebenshaltungskosten-Index angepaßt wird. – Widerspruchsrecht des Versicherungsnehmers bei jeder Anpassung.

Summenbilanz, →Rohbilanz.

Summendepot, →Summenverwahrung.

Summenfunktion, in der Statistik Funktion, die jeder reellen Zahl die Anzahl (absolute S.) oder den Anteil (relative S. oder empirische →Verteilungsfunktion) der Elemente zuordnet, die höchstens diese Zahl als Merkmalswert aufweisen. Bei Ermittlung aus →Urwerten und Veranschaulichung durch eine Summenkurve (graphische Darstellung einer S.) erhöht sich der Wert der S. bei jedem Beobachtungswert um 1 bzw. die entsprechende →Häufig-

keit bzw. den entsprechenden Anteil. Bei Vorliegen einer →klassierten Verteilung ordnet man jeder Klassenobergrenze die zugehörige kumulierte Häufigkeit (→Kumulierung) zu und erhält eine Näherung für die Summenkurve durch geradlinige Verbindung dieser Punkte.

Summenmehrheit, →Abstimmung II 2.

Summenversicherung, Sammelbezeichnung für die Versicherungszweige, in denen eine im voraus vereinbarte Summe ausgezahlt wird, z. B. Lebensversicherung, Krankentagegeldversicherung. Es gilt das Prinzip der abstrakten Bedarfsdeckung. – Gegensatz: →Schadenversicherung.

Summenverwahrung, unregelmäßige Verwahrung, Aberdepot, Summendepot, Wertpapierverwahrung durch eine Bank, bei der der Depotkunde nur einen Anspruch auf Lieferung von Wertpapieren derselben Art und Menge hat (keine echte →Wertpapierverwahrung, sondern unregelmäßiger →Verwahrungsvertrag in Wertpapieren gem. § 700 BGB). Das Eigentum an den Wertpapieren wird bei der S. auf die verwahrende Bank übertragen. Dazu ist ausdrückliche schriftliche Erklärung des Kunden gem. § § 13 oder 15 DepotG erforderlich. Dieser hat nur einen schuldrechtlichen Anspruch und hat im Konkursfall kein Recht zur →Aussonderung. – Im Sinne des Steuerrechts ein →Anschaffungsgeschäft.

Summenzeichen (∑), abkürzende Darstellung von Summen; verwendet, bei denen die Summanden nach einem einheitlichen Gesetz aufgebaut sind. – Beispiel:

$$1^2 + 2^2 + 3^3 + \ldots + 10^2 = \sum_{i=1}^{10} i^2.$$

i wird als Summationsindex bezeichnet.

Sündenregister, eine vom Bundeswirtschaftsminister 1974 veröffentlichte Zusammenstellung wettbewerbsbeschränkender Praktiken. – Vgl. auch →Gemeinsame Erklärung.

sunk costs. I. K o s t e n t h e o r i e / M i k r o ö k o n o m i k : Spezifische Kosten eines Anlagegutes ohne alternative Verwendungsmöglichkeiten. Sie sind temporäre fixe Kosten eines Kapitalgüterbestandes, die zumindest kurzfristig auch nach Stillegung weiterbestehen (z. B. Kosten zur Erschließung eines Kupferbergwerks). S. c. sind in der Realität häufig ein Grund dafür, daß Anlagen weiterbetrieben werden, obwohl sie bei den gegebenen Marktpreisen nicht mehr rentabel arbeiten.

II. K o s t e n r e c h n u n g : Teil der →nichtrelevanten Kosten, der sich aus den Istkosten vergangener Perioden zusammensetzt, wie z. B. Kosten für in den Vorjahren erfolgte Marktschließungen oder Produktentwicklungen. Die traditionelle Vollkostenrechnung bezieht s. c. mit in die Ermittlung der →Stückkosten ein. – Vgl. auch →irreversibel vordisponierte Ausgaben.

sunset legislation, seit 1976 in einer Reihe von US-Bundesstaaten erprobtes Konzept zur Kürzung von Staatsausgaben durch automatische zeitliche Begrenzung der Maßnahmen und Programme der öffentlichen Hand. Es wird von vornherein ein Endtermin festgelegt; für eine Weiterführung ist ein erneuter Beschluß der Legislative notwendig. – S. l. wird oft als „legislativ"-bezogene Ergänzung zum „exekutiv"-bezogenen →*zero base budgeting* aufgefaßt. – *Ziel:* Parlament und Verwaltung werden in regelmäßigen Abständen zur Prüfung von Wirksamkeit, Wirtschaftlichkeit, politischer Aktualität und Zweckmäßigkeit der Maßnahmen und Programme aufgrund von Beurteilungsberichten gezwungen; für den Fall der Weiterführung können Verbesserungsauflagen gemacht werden. – *Beurteilung:* Bisherige Erfahrungen deuten auf der Seite der Exekutive darauf hin, daß verstärkt Evaluations- und Innovationspotentiale freigesetzt werden; auf der Seite der Legislative wird hingegen der erhebliche Kontroll- und Beschlußaufwand kritisiert.

Superdividende, *Überdividende.* 1. Bezeichnung für einen *Dividendenzuschlag,* der über die normale →Dividenden hinaus auf Aktien mit Devidendenvorrecht (→Vorzugsaktien) gezahlt wird. – 2. Bezeichnung für *größere* oder *außerordentliche Dividendenausschüttungen,* wenn ein ungewöhnlich günstiges Geschäftsjahr abgeschlossen wird, besonders im amerikanischen Aktienwesen (auch als *Bonus* bezeichnet).

superiore Güter, Korrelat zu dem Begriff →inferiore Güter. Bei s. G. reagiert die Nachfrage auf Preis- und Einkommensänderungen normal, d. h. bei steigendem (sinkendem) Preis sinkt (steigt) die mengenmäßige Nachfrage, bei steigendem (sinkendem) Einkommen steigt (sinkt) die mengenmäßige Nachfrage nach dem betreffenden Gut. Wegen dieser Normalität der Nachfragereaktion ist der Begriff s. G. nicht verbreitet; der Begriff für Güter, bei denen die Nachfrage anomal reagiert, „inferiore Güter", wird in der Theorie dagegen häufiger verwendet.

Superlativ-Werbung, häufig angewandtes Mittel im Rahmen der Werbung, um – meist durch einen übertreibenden →Slogan („... ist der Beste") – die eigene Leistung besonders wirkungsvoll herauszustellen und den Kunden suggestiv zu beeinflussen. – *Zulässigkeit:* Solange dabei nicht gegen die guten Sitten verstoßen wird i. S. der Generalklausel des § 1 UWG (→sittenwidrige Werbung) oder eine objektiv nachweisbare Irreführung i. S. des § 3 UWG (→irreführende Werbung) vorliegt, ist S.-W. gesetzlich nicht verboten. Die Grenzzie-

hung im Einzelfall ist allerdings sehr schwierig. – Vgl. auch →unlautere Werbung, →unlauterer Wettbewerb.

Supermarkt, Betriebsform des Einzelhandels: Angebot eines Sortiments von Lebensmitteln, ergänzt um ausgewählte Non-food-Artikel auf einer Mindestverkaufsfläche von 400 qm, überwiegend in →Selbstbedienung. S. haben gegenüber →Discountgeschäften ein eher *breites Sortiment* für die kleinräumige Nahversorgung, das – verbunden mit regelmäßigen →Sonderangeboten – zu eher niedrigen Preisen angeboten wird. Man könnte S. auch als das aus dem traditionellen Gemischtwarenladen entstandene Nachbarschaftsgeschäft moderner Prägung für den Grund- und gehobenen Bedarf des im Stadtgebiet örtlich einkaufenden (Auto-)Kunden bezeichnen. – *Größere S.* haben im Zug des →*trading up* attraktive Sortimentsschwerpunkte, z. B. für Wein, Spirituosen und Milchprodukte, ausgebaut sowie Bedienungsabteilungen für Obst und Gemüse, Brot und Backwaren, Wurst und Fleischwaren und Käse eingerichtet, gegebenenfalls nach dem Prinzip des →shop in the shop von örtlichen Meistern (Bäckern, Metzgern) betrieben.

Supermikro, →Rechnergruppen 2 a).

Supermini, →Rechnergruppen 2 b).

Superrechner, →Rechnergruppen 2 d).

Supertara, *Sopra, Extratara, Übertara,* Gewicht der inneren Verpackung, das meist in das Nettogewicht einbezogen ist. Weicht die S. wesentlich von der handelsüblichen Verpackung ab, so muß sie zur Errechnung des Nettogewichtes ebenfalls vom Bruttogewicht abgezogen werden.

Supplement, thematisch bestimmte, illustrierte, oft mehrseitige →Beilage, meist in Tageszeitungen bes. Wochenendausgaben („Heft im Heft"). In der Bundesrep. D. häufig Auslieferung durch spezielle Verlage an Zeitungen, dadurch Bildung eines überregionalen Werbeträgers; V. a. verbreitet als Programmbeilagen, die neben Hörfunk- und TV-Programmen aktuelle Informationen und kulturell unterhaltende Themen enthalten. – *Arten:* a) in Tageszeitungen; in der Bundesrep. D. gibt es vier Programmbeilagen für Leserservice und zusätzliche Anzeigenpräsentation, Auflage ca. 6 000 000 (Stand: Ende 1985); b) in Wochenzeitungen; Instrument zur Auflagenstabilisierung; c) in Publikumszeitschriften; erscheinen unregelmäßig oder dienen v. a. als Trägerobjekt für zusätzliche Anzeigen, meist für spezielle Interessengebiete (Urlaub, Geldanlage usw.).

Supplementinvestition, →Differenzinvestition.

supply side economics, →Angebotsökonomik, →angebotsorientierte Wirtschaftspolitik.

supranationales Recht, Rechtsnormen, die von supranationalen Organisationen kraft eigener – durch völkerrechtlichen Vertrag übertragenen – Rechtssetzungsbefugnis erlassen werden und dem nationalen Recht vorgehen. Für das Steuerrecht sind die Verordnungen und Richtlinien der EG (vgl. Art. 189 EWG-Vertrag) relevant.

Surinam, *Republik Surinam,* Land im NO Südamerikas, Parlament aus einer Kammer, am Rand des Berglandes von Guayana, ehemals *Niederländisch-Guayana.* – *Fläche:* 163 265 km². – *Einwohner* (E): (1985) 384 903 (2,4 E/km²). – *Hauptstadt:* Paramaribo (200 000 E); weitere wichtige Stadt: Nieuw Nickerie (24 700 E). – *Amtssprachen:* Niederländisch, Hindi, Javanisch, Taki-Taki.

W i r t s c h a f t : *Landwirtschaft:* Ackerbau ist nur in der Küstenebene (0,3% der Fläche) möglich. 85% der Fläche sind mit tropischem Regenwald (noch unzureichend erschlossen) bedeckt. – *Fischerei:* insbes. Garnelen. – Der *Bergbau* ist der wichtigste Wirtschaftssektor: bedeutende Bauxitvorkommen, ferner Eisenerz, Magnesium, Kupfer, Nickel, Gold. – Die *Industrie* basiert insbes. auf der Produktion von Nahrungsmitteln und Konsumgütern. – *Reiseverkehr:* (1980) 48 000 Touristen. – *BSP:* (1985, geschätzt) 1010 Mill US-$ (2570 US-$ je E). – Anteil der Landwirtschaft am BSP (1984): 13%, der Industrie: 57%. – *Inflationsrate:* (1983) 4,4%. – *Export:* (1984) 356 Mill. US-$, v.a. Bauxit, Tonerde und Aluminium, Reis, Bananen, Holz. – *Import:* (1984) 346 Mill. US-$, v.a. Fertigwaren, Lebensmittel, Brennstoffe. – *Handelspartner:* USA, Niederlande, Japan, Großbritannien, Norwegen, Trinidad und Tobago.

V e r k e h r : Nur ein Drittel der ca. 2500 km *Straßen* ist befestigt; ca. 1500 km *Eisenbahnen;* bedeutendster *Seehafen:* Paramaribo; internationaler *Flughafen:* Zanderij bei Paramaribo.

M i t g l i e d s c h a f t e n : UNO; AKP, SELA, UNCTAD u. a.; Amazonas-Vertrag.

W ä h r u n g : 1 Suriname-Gulden (Sf) = 100 Cents.

surplus net profit, →Reingewinn.

Surrogation, das, was als Ersatz für die Zerstörung, Beschädigung oder Entziehung eines Gegenstandes erworben wird, z. B. Entschädigungsanforderungen, u. U. auch Austauschstücke usw. Ob und inwieweit das Surrogat im Verhältnis zu einem Dritten an die Stelle der zerstörten Sache usw. tritt, hängt von der Art der Rechtsverhältnisse ab; vgl. z. B. →Unmöglichkeit, →Schadenersatz, →gegenseitige Verträge.

Surrogatkonkurrenz, Wettbewerb (→Konkurrenz) zwischen Anbietern, die zwar nicht gleichartige, aber Güter herstellen, die den gleichen konsumtiven oder produktiven

Zwecken dienen können (→Substitutionsgüter). – *Beispiel:* Wettbewerb verschiedener Automarken. Reiner Wettbewerb zwischen diesen substituierbaren Gütern ist deshalb nicht gegeben, weil die Nachfragenden sachliche oder persönliche Präferenzen äußern, die aber andererseits nicht stark genug sind, den Anbietern ein reines Monopol zu verschaffen.

Surrogatsteuer, Ausdehnung der →Verbrauchsbesteuerung eines Naturprodukts auf dessen künstlichen Ersatz (z. B. Zucker/Süßstoffsteuer). S. ist aus fiskalischer Sicht erforderlich, wenn Konsumverlagerung auf das Ersatzgut zu erheblichem Steuerrückgang führen würde. – Vgl. auch →Folgesteuern.

survey feedback, →Teamentwicklung.

surveyor, Person oder Unternehmen, die bzw. das sich mit der Überwachung von Be- und Entladungen, Begutachtungen der Qualität und Beschaffenheit einer Ware sowie Feststellung von Mängeln und Schäden befaßt.

Suspendierung, →Beschäftigungspflicht.

Suspension, →Beschäftigungspflicht.

Suspensiveffekt, *aufschiebende Wirkung,* rechtlicher Begriff zur Bezeichnung der ggf. einem →Rechtsmittel oder →Rechtsbehelf innewohnenden Wirkung, den Eintritt der →Rechtskraft, im weiteren Sinne auch den Vollzug einer Entscheidung usw., zu hemmen. – 1. *Öffentliches Recht:* Eine Einlegung von förmlichen Rechtsbehelfen (Widerspruch und Beschwerde) und von Rechtsmitteln (Klage vor dem Verwaltungsgericht) hat i. d. R. aufschiebende Wirkung insofern, als die Vollziehung des angefochtenen Verwaltungsakts bis zur rechtskräftigen Entscheidung über die von dem betroffenen Staatsbürger erhobenen rechtlichen Bedenken auszusetzen ist (vgl. z. B. § 80 VwGO). – 2. *Zivilprozeß:* Für die Vollstreckbarkeit bestehen Sondervorschriften. Unter bestimmten Voraussetzungen ist aber einstweilige Einstellung der Zwangsvollstreckung zulässig.

Süßmilch, Johannes Peter, 1707–1767; Oberkonsistorialrat und Probst zu Cölln bei Berlin. Einer der ersten Vertreter der deutschen Universitätsstatistik auf dem Gebiet theoretischer Bevölkerungslehre und -statistik. In Anlehnung an die Vertreter der „politischen Arithmetik" in England (John Graunt und William Petty) versuchte S. aus dem in Kirchenbüchern anfallenden Material über Geburten und Sterbefälle Strukturgesetze des Gesellschaftslebens auf methodisch-statistischer Grundlage zu entwickeln. – S. wies die Wirksamkeit vom „Gesetz der Großen Zahlen" im Bevölkerungsvorgang nach. – *Hauptwerk:* „Die göttliche Ordnung in den Veränderungen des menschlichen Geschlechts, aus der Geburt, dem Tode und der Fortpflanzung desselben erwiesen" 1741.

Sv, Kurzzeichen für →Sievert.

SV, Abk. für →Stifterverband für die Deutsche Wissenschaft.

SVG, Abk. für →Straßenverkehrsgenossenschaft.

SVR, Abk. für →Sachverständigenrat zur Begutachtung der gesamtwirtschaftlichen Entwicklung.

Swap, *Devisenswap.* I. B e g r i f f : 1. S. *im traditonellen Sinne:* Gleichzeitige Durchführung eines Kassa- und eines Termingeschäfts (→Kassageschäft, →Termingeschäft) am Devisenmarkt zum „Preis" des →Swapsatzes (vgl. auch →Arbitrage). – 2. S. als *Finanzinnovation:* Gegenseitige Nutzung von relativen (Finanzierungs-)Kosten durch zwei Vertragspartner. – 3. *Liquiditätsswap:* Ist im Falle von Liquiditätsvorteilen möglich.

II. F o r m e n : 1. *Währungsswap:* S. zwischen zwei Partnern (A, I) mit unterschiedlichem Zugang zu Devisenmärkten im Rahmen eines Währungstauschs. I (A) benötigt einen Betrag in Dollar (DM). I (A) kann den Betrag aufnehmen im $-Ausland zu 11% (10%) oder im DM-Inland zu 8% (8,5%). I (A) nimmt im Inland (Ausland) auf, verpflichtet sich gegenüber A (I) zur Zahlung der 10% (8%) sowie der Tilgung und hat eine Zinsersparnis von 1% (0,5%), sofern er keinen Abschlag an A. zahlt. Der aufgenommene Betrag, die Zinszahlungen und die spätere Tilgung werden alle zum heutigen Devisen-Kassakurs getauscht. – *Problem:* Ausfallrisiko bezüglich Zinszahlungen und noch nicht getilgtem Betrag. – 2. *Zinsswap:* S. zwischen zwei Partnern (A, B) mit unterschiedlichem Bonitätsstanding (vgl. auch →Rating) auf unterschiedlichen Märkten. Beide haben fristengleichen Refinanzierungsbedarf; A (B) wünscht dabei feste (variable) Zinsen über die Gesamtlaufzeit. A (B) kann Mittel aufnehmen am Euro-Markt zum Zinssatz i_{AE} von 10% (i_{BE} ist 12%) und als Festzinsanleihe zu i_{AF} von 10,5% (i_{BF} ist 11%). A (B) nimmt auf zu i_{AE} (i_{BF}) und übernimmt von B (A) die Zinszahlungen gemäß i_{BF} (i_{AE}). B mit dem relativ schlechteren Bonitätsstanding zahlt an A einen verhandelten Aufschlag von z. B. 1%. Damit erhält A (B) die Mittel bei festem (variablem) Zinssatz von 11–1% (10+1%); die Zinsersparnis beträgt 0,5% (1%). – *Problem:* Informationskosten steigen durch sinkende Transparenz u. a. über die Schuldenbeziehung, Gläubigerbeziehungen, nicht-bilanzierte Risiken eines Unternehmens. – 3. *Kombination aus Währungs- und Zinsswap (cross currency interest rate swap).* – 4. *Banken* treten verstärkt als Intermediäre auf, d. h., sie schließen mit jedem Swap-Partner getrennte Verträge ab (fungieren jeweils als Vertragspartner); für die über-

nommenen Risiken (Ausfall eines Partners usw.) erhält die Swap-Bank eine Provision.

III. S. a l s g e l d p o l i t i s c h e s I n s t r u m e n t : Die Deutsche Bundesbank betreibt S. aus liquiditätspolitischen Gründen im Rahmen der Feinsteuerung. Will sie den inländischen Geldmarkt entlasten, kauft sie US-$ an, umgekehrt wirkt sie vorübergehend kontraktiv auf Bankenliquidität (→Liquidität) und Geldmarkt, wenn sie Devisen per Kasse abgibt und per Termin zurückkauft. – Vgl. auch →Swappolitik.

Swappolitik, *Devisenswappolitik.* 1. *Charakterisierung:* Kauf (Verkauf) von Devisen durch die Deutsche Bundesbank von (an) Geschäftsbanken per Kasse bei gleichzeitigem Verkauf (Kauf) per Termin an diese (von dieser) zur Erhöhung (Reduktion) der →Liquidität bzw. Zentralbankgeldbestände der Geschäftsbanken; geldpolitisches Instrument →monetäre Theorie und Politik. Unabhängig von dem sich am freien Devisenmarkt bildenden →Swapsatz setzt die Bundesbank einen eigenen Swapsatz fest, den sie in die eine oder andere Richtung jeweils manipuliert, um die Banken anzuregen, Devisen zu kaufen oder abzugeben. – 2. *Wirkung:* D. beeinflußt →Währungsreserven sowie den in- und ausländischen →Geldmarkt. – 3. *Ziel:* Erhöhung des Geldexports der Banken (evtl. bei Bindung an Erwerb amerikanischer treasury bills) bis ca. 1971; Steuerung der Liquidität in Verbindung mit einer Steuerung der →Geldmenge oder des →Wechselkurses bei (insbes. spekulationsbedingten) Geld- und Kapitalimporten bzw. Devisenzuflüssen.

Swapsatz, bei einem Devisentermingeschäft in Prozent ausgedrückte Differenz zwischen Devisenterminkurs und Devisenkassakurs: (Kassakurs – Terminkurs/Kassakurs) × 100. – *Beispiel:* Ein deutscher Exporteur verkauft am 1. 7. (Kassakurs: 2,40 DM/1 US-$) eine auf Dollar lautende Forderung zum 30. 9. zu einem (Termin-)kurs von 2,30 DM/1 US$; der S. beträgt (2,40 2,30)/2,30) × 100 = 4,348%. – *Anders:* →Deport, →Report.

Swasiland, Binnenland im südlichen Afrika, konstitutionelle Monarchie, seit 1968 unabhängig. – *Fläche:* 17 364 km². – *Einwohner* (E): (1985, geschätzt) 650000 (36,1 E/km². – *Hauptstadt:* Mbabane (23 109 E); weitere wichtige Städte: Manzini (18 818 E), Havelock Mine (4 838 E). – *Amtssprachen:* Si-Swati, Englisch, Afrikaans.

W i r t s c h a f t : Die *Landwirtschaft* ist der Hauptwirtschaftszweig. – *Bergbau:* Asbest, Kohle, Zinn, Schwerspat. – Die *Industrie* ist erst schwach entwickelt. – *Reiseverkehr:* (1980) 82.000 Touristen; 33 Mill. US-$ Einnahmen. – *BSP:* (1985, geschätzt) 490 Mill. US-$ (650 US-$ je E). – Anteil der Landwirtschaft am BSP: (1984) 40%, der Industrie:

20% – *Inflationsrate:* (1983) 11,6%. – *Export:* (1981) 353 Mill. US-$, v. a. Fleischprodukte, Baumwolle, Tabak, Melasse, Kohle, Zitrusfrüchte, Asbest, Eisenerz, Holzschliff. – *Import:* (1981) 635 Mill. US-$, v. a. Nahrungsmittel, Maschinen. Erdöl. – *Handelspartner:* Rep. Südafrika, Großbritannien, Mosambik, Sambia, Kenia, Japan, Australien.
Mitgliedschaften: UNO, AKP, CCC, OAU, UNCTAD u. a.
Währung: 1 Lilangeni (E; Plural: Emalangeni) = 100 Cents (Währungsparität zum Südafrikanischen Rand).

Sweep-Verfahren, →Tourenplanung V.

Swift, Abk. für →Society for Worldwide Interbank Financial Telecommunication.

Swiftsches Steuereinmaleins, →Steuereinmaleins.

Swing, gegenseitig eingeräumter, zinsloser Überziehungskredit im →Innerdeutschen Handel.

swingline facility, →Kreditlinie, die einem Kreditnehmer die Überbrückung von Zeitdifferenzen ermöglicht, die bei einem Wechsel der Mittelaufnahme vom nationalen auf den internationalen Markt (und umgekehrt) entstehen.

Switch-Geschäft, →Kompensationsgeschäft.

Syllepsis, Bezeichnung für eine von G. von Rümelin und I. Esenwein-Rothe vertretene Richtung in der Statistik, in der v. a. der Verbund von begriffsorientierter und metho-discher Statistik sowie die Respektierung substanzwissenschaftlicher Gesichtspunkte bei statistischen Erhebungen betont werden.

Syllogismus, →Prämisse.

symbolic reasoning, in der →künstlichen Intelligenz geprägte Bezeichnung für eine Art der Problemlösung, bei der Symbole mit Hilfe von Problemlösungsstrategien und →Heuristiken manipuliert werden. Die Symbole stellen den Problembereich auf einer abstrakten Ebene dar.

symbolische Führung, neuere Forschungsrichtung, nach der der *Führende* über den gezielten Einsatz von Symbolen (Sprachregelungen, Deutungsmuster, Rituale) die Akzeptanz angesichts von →Konflikten parteilich getroffener Entscheidungen mit verschleiernden Effekten innerhalb der Hierarchie nach unten abzusichern versucht. S. F. verweist auf latente, bisher in der Forschung weniger berücksichtigte Führungsfunktionen.

symbolische Programmierung. 1. *Ursprünglich* Bezeichnung für →Programmierung unter Verwendung von Namen für Daten und Befehle →Programmiersprachen III. – 2. Im Zusammenhang mit der →*künstlichen Intelligenz* geprägter Begriff, der den besonderen

Ansatz bei der Programmierung in diesem Bereich gegenüber der „konventionellen Programmierung" abheben soll: Nicht die Manipulation von Zahlen oder Buchstaben, sondern von Symbolen, die Dinge der „realen" Welt repräsentieren, steht im Mittelpunkt.

symmetrisches Dualpaar, →Dualitätstheorie der linearen Programmierung.

Sympathiestreik, Streik zur Unterstützung des Arbeitskampfes anderer Arbeitnehmer in einem anderen Tarifbereich. S. ist grundsätzlich unzulässig (→Streik II 2 b).

synchrone Datenübertragung, Form der Datenübertragung, bei der eine Nachricht als Ganzes übertragen wird. Sende- und Empfangsgerät müssen nur am Anfang der Übertragung durch eine vereinbarte Bitfolge (→Bit) synchronisiert werden; dadurch lassen sich höhere Übertragungsgeschwindigkeiten realisieren als bei der →asynchronen Datenübertragung. – Vgl. auch →SDLC.

Synchronfertigung, →Just-in-time-Produktion.

Synchronisationsthese, These der monetären Theorie (→monetäre Theorie und Politik), die die Einführung von Kreditbeziehungen mit dem Auseinanderfallen von Einnahmen und Ausgaben begründet.

synchronous data link control, →SDLC.

Syndikat, →Kartell, bei dem die Verpflichtung der Vertragsbeteiligten durch gemeinsame Organisation (z. B. für den Einkauf oder für den Absatz) abgesichert ist. Nach GWB unzulässig (→Kartellgesetz VII 1).

Syndikus, Bezeichnung für Geschäftsführer von Verbänden u. ä., auch für Bearbeiter der Rechtsangelegenheiten.

Synektik Methode der Ideenfindung im Management (→Kreativitätsmethoden) durch Sammeln von Problemlösungsvorschlägen, Analogienbildung und Prüfung der Brauchbarkeit der Vorschläge.

Synergie, Begriff der Arbeits- und Organisationspsychologie. Die Überlegenheit der gemeinsam erarbeiteten Gruppenproblemlösung, verglichen mit der Lösung des besten einzelnen, die zeitlich vor dem gemeinsamen Gruppenproblemlöseprozeß bestand. S. tritt eher dann ein, wenn das zu lösende Problem komplex ist, die Personen sachkundig heterogene Informationen beitragen (pooling-Modell), das Problem zunächst unabhängig voneinander zu lösen versuchen und ihre Lösungsansätze der Gruppe mitteilen. – *Behindert* wird S. v. a. durch →Konformität.

Synergieplanung. 1. *Charakterisierung:* Planung, die davon ausgeht, daß man noch vorhandene, qualitative und quantitative Kapazitäten am besten durch eine systematische Ausnutzung der schon vorhandenen Stärken auslasten kann bzw. bei einem Ausbau der Kapazitäten sich an diesen Stärken orientiert. Man kann z. B. versuchen, das Vorhandensein spezieller Produktionsmittel für die Produktion artverwandter Produkte zu nutzen und diese Produkte über ein schon ausgebautes Distributionssystem zu vertreiben; dabei ist es u. U. möglich, das spezielle Know-how einzelner Unternehmensmitglieder auf einem neuen Anwendungsgebiet einzusetzen. – 2. *Hilfsmittel:* V. a. eine →Produkt/ Markt-Matrix; die Reihenfolge der Präferenz verschiedener Expansionsfelder wird dabei davon abhängen, ob das Unternehmen eher produkt- oder eher marktorientiert ist.

synoptische Planung, Planung, die einen zu erreichenden Soll-Zustand zunächst losgelöst vom Ist-Zustand definiert. Die Verbindung wird dann durch eine systematische Anwendung der Ziel-Mittel-Analyse hergestellt, die im retrograden Verfahren vom Soll-Zustand ausgeht und die Schritte ermitteln soll, die den Ist-Zustand in den Soll-Zustand überführen. – In einer komplexen Umwelt wird die s. P. meist als wenig realistisch eingeschätzt und eine →inkrementale Planung bevorzugt.

Syntaktik, Teilgebiet der als →Semiotik bezeichneten allgemeinen Sprachtheorie. Gegenstand der S. sind sprachliche Zeichen (Wörter, Sätze) und deren Verknüpfungen. Erst im Rahmen der →Semantik interessiert die Bedeutung dieser Zeichen; die →Pragmatik untersucht deren Beziehungen zu ihren Benutzern.

syntality, sozialpsychologischer Begriff für die Eigenschaften einer →Gruppe als Gruppe. S. wurde durch faktorenanalytische Untersuchungen (→Faktorenanalyse) im Rahmen der Gruppenforschung entwickelt und stellt ein gruppenpsychologisches Analogon zum individualpsychologischen Begriff Persönlichkeit dar. Inhaltlich vereinigt S. die sonst getrennten Führungsfunktionen (Lokomotionsfunktion und Kohäsionsfunktion), wobei allerdings vom Vorzeichen der Aktivität abgesehen wird, d. h. sowohl konstruktive als auch destruktive Einflüsse einbezogen werden.

Syntaxdiagramm, graphische Darstellungsform für die →Syntax einer Programmiersprache; wird z. B. in Beschreibungen der Programmiersprache →Pascal verwendet. – *Alternative Herstellungsform:* →Backus-Naur-Form.

Syntax einer Programmiersprache, formale Regeln über die zulässigen Sprachelemente einer →Programmiersprache und über zulässige Möglichkeiten ihrer Verwendung in einem →Programm. – *Graphische Darstellung:* Vgl. →Syntaxdiagramm. – Vgl. auch →Semantik einer Programmiersprache.

synthetische Produktion, Elementartyp der Produktion (→Produktionstypen), der sich aus dem Merkmal der prozeßbedingten Stoffveränderung ergibt. Unter s. P. versteht man eine stoffzusammenfassende bzw. zusammenbauende Produktion, bei der verschiedene Einsatzstoffe oder Bauteile zu einer bestimmten Güterart zusammengefaßt werden. – *Beispiele:* Vereinigung chemischer Elemente oder die Montage von Fernsehapparaten. – Vgl. auch →analytische Produktion, →analytisch-synthetische Produktion, →stoffneutrale Produktion.

SYPRO, Systematik der Wirtschaftszweige, für die Statistik im →Produzierenden Gewerbe abgeleitete Fassung der →Wirtschaftszweigsystematik, Ausgabe 1979, mit eigenem Nummernsystem.

Syrien, Land in Vorderasien, seit 1941 unabhängig, seit 1973 präsidiale Republik mit sozialistischem Charakter, liegt im NW der Arabischen Halbinsel, mit Zugang zum Mittelmeer. – *Fläche:* 185 180 km², eingeteilt in 13 Provinzen. – *Einwohner* (E): (1985, geschätzt) 10,27 Mill. (56,3 E/km²; hauptsächlich syrische Araber, daneben 6% Kurden; Armenier; Turkmenen. – *Hauptstadt:* Damaskus (1981: 1,251 Mill. E); weitere wichtige Städte: Aleppo (976 727 E), Homs (354 508 E), Latakia (196 791 E), Hama (176 640 E). – *Amtssprache:* Arabisch.

W i r t s c h a f t : *Landwirtschaft:* 33% der Erwerbstätigen waren 1984 in der Landwirtschaft tätig. Agrarprodukte: Weizen, Gerste, Mais, Baumwolle. – *Bergbau:* 1982 wurden 8,6 Mill. t Erdöl gewonnen; außerdem Phosphat (1,3 Mill t), Erdgas und Salz. – Die heutige *Industrie* gründet sich auf eine alte Gewerbetradition; Verarbeitung landwirtschaftlicher Produkte; chemische, Textilindustrie. – *Reiseverkehr:* (1980) 892 000 Touristen. – *BSP:* (1985, geschätzt) 17 060 Mill. US-$ (1630 US-$ je E). – Anteil der Landwirtschaft am *BIP:* (1984) 19%, der Industrie: 26%. – *Öffentliche Auslandsverschuldung:* (1984) 15,2% des BSP. – *Inflationsrate:* (Durchschnitt 1973–84) 11,9%. – *Export:* (1985) 1627 Mill. US-$, v. a. Erdöl und Erdölprodukte, Baumwolle, Früchte, Wolle, Textilien, Gemüse. – *Import:* (1985) 3844 Mill. US-$, u. a. Maschinen, Nahrungsmittel, Konsumgüter. – *Handelspartner:* Bundesrep. D., UdSSR, USA, Italien, Frankreich, Irak, Großbritannien, Griechenland, Libanon, Japan, Schweiz, Jugoslawien.

V e r k e h r : Ca. 1000 km *Eisenbahn;* Bau der Linie Haleb nach dem Levantehafen Latakia. Ca. 5000 km gut ausgebaute *Straßen; Flugverkehr.*

M i t g l i e d s c h a f t e n : UNO, UNCTAD u. a.; Arabische Liga, Mitglied der „Union Arabischer Staaten".

W ä h r u n g : 1 Syrisches Pfund (syr£) = 100 Piastres (PS).

SYSMIN, Sonderfonds für Bergbauerzeugnisse; vgl. im einzelnen →Lomé-Abkommen.

System. I. B e g r i f f : Menge von geordneten Elementen mit Eigenschaften, die durch Relationen verknüpft sind. Die Menge der Relation zwischen den Elementen eines S. ist seine *Struktur.* Unter *Element* versteht man einen Besteandteil eines S., der innerhalb dieser Gesamtheit nicht weiter zerlegt werden kann. Die Ordnung bzw. die Struktur der Elemente eines S. ist im Sinne der Systemtheorie seine Organisation. Die Begriffe der Organisation und der Struktur sind also identisch.

II. A r t e n : 1. Nach ihrer *Entstehung:* a) *Natürliche S.:* (1) *anorganische Systeme,* Planetensystem, Atomsystem u. dgl.; (2) *organische Systeme:* Organismen der Pflanzen und Tiere sowie die biologischen Familien. – b) *Vom Menschen gestaltete S. (,,künstliche S.''):* (1) *logische Systeme:* Alphabet, Logiksymbole, Zahlensysteme, Kontenplan u. a.; (2) *mechanische S.:* technische Maschinen, Automaten u. a.; (3) *soziale S.,* sog. ,,*Mensch-Mensch-Systeme*'' Familiengemeinschaft, Staatsvolk, Religionsgemeinschaften u. a.; (4) *kombinierte S.* aus sozialen und sachlichen Elementen, sog. *,,Mensch-Maschine-S.''* oder *sozio-mechanische S.:* Haushaltung, Unternehmung, Staatsorganisation, Kirche u. a. Alle diese S. sind *dynamische S.,* mit Ausnahme der logischen S., die *statisch* sind. – 2. *Gesamt- und Teilsysteme:* Jedes reale S. ist Element eines anderen S., ein Teil-, Unter-, Sub- oder Insystem in einem Gesamtsystem, Über-, Super- oder Umsystem. Ein Teilsystem ist ein *,,Randelement''* eines Gesamtsystems. – 3. *Offene und geschlossene Systeme:* Ein *offenes S.* ist ein S., das mindestens ein Element (,,Randelement'') enthält, das zu Elementen anderer Systeme in Wechselwirkung steht. Alle realen S. sind offene S. Ein *geschlossenes S.* hat keine Randelemente. Doch können reale S. nur näherungsweise geschlossene S. sein. Es werden aber in der Systemtheorie geschlossene Formalsysteme entwickelt, um alle für einen bestimmten Zusammenhang wesentlichen Eigenschaften und Relationen zu erfassen. – 4. *Stabile und kybernetische Systeme: Stabile S.* sind dynamische S., die, wenn sie durch eine Störung aus dem Gleichgewicht gebracht werden, wieder in den Zustand des Gleichgewichts zurückgehen. Das sind v. a. *kybernetische S.;* in ihnen wird die Rückkehr zum Gleichgewicht durch Rückkoppelung bewirkt. Stabile dynamische S. sind stets *zweckstrebige* (finale) S., d. h., sie streben einem bestimmten Sollwert zu. Die Kybernetik hat in der *Stabilitätstheorie* Stabilitätsgesetze entwickelt, die nicht nur die Grundlage der Automatisierung bilden, sondern auch große Bedeutung für soziale, insbesondere wirtschaftliche S. haben.

– 5. Die *betrieblichen Organisationen* sind stets sozio-mechanische S. (Mensch-Maschine-Systeme), d. h., sie dienen mittels zwischenmenschlicher Kooperation und Koordination von Menschen und Sachen der Leistungserstellung. – Vgl. auch →Systemtheorie, →Organisationstheorie.

Systemanalyse, *Systementwicklung.* 1. *Begriff:* Die S. befaßt sich mit der Analyse, dem Entwurf, der Realisierung und Einführung computergestützter (→Computersystem) →betrieblicher Informationssysteme. Der Begriff S. umfaßt nicht nur analytische Tätigkeiten, so daß der Begriff *Systementwicklung* korrekter ist. Enge Beziehungen bestehen zum →Software Engineering, das sich als verselbständigte Disziplin mit der Entwicklung von Softwaresystemen beschäftigt (vgl. dort III 4), während die S. alle Aspekte eines computergestützten Systems (→Software, →Hardware, Personal, organisatorische Maßnahmen usw.) umfaßt; ferner auch zur Systemtechnik, deren Ansätze und Methoden (z. B. →Nutzwertanalyse) verwendet werden. – 2. *Ziel:* Mit Hilfe einer S. soll für einen vorgegebenen komplexen Aufgabenzusammenhang und unter finanziellen, personellen und zeitlichen Restriktionen ein funktionsfähiges Anwendungssystem erstellt werden. – 3. *Formen:* a) *Prozeßbezogene S.:* Die S. wird unter dem Aspekt ihres Ablaufs betrachtet. – b) *Maschinenbezogene S.:* Die S. wird in erster Linie auf das technische Leistungspotential eines EDV-Systems abgestellt. Hauptgegenstand der Betrachtung ist daher der Hardware-Bereich. – c) *Informationsbezogene S.:* Im Mittelpunkt steht die Strukturierung der benötigten Informationen. Dabei werden zunächst der Informationsbedarf und anschließend die Möglichkeiten der Deckung untersucht. – d) *Aufgabenorientierte S.:* Erfassung sämtlicher benutzerspezifischer Problemstellungen. Die S. ist damit outputorientiert, d. h., man schreitet von den erwarteten Ergebnissen rückwärts zum Datenursprung vor. – e) *Modellgestützte S.:* Anwendung von Erfahrungswerten für die Konzeption und Einführung eines neuen computergestützten Systems. – 4. *Elemente der S.:* a) ein *Vorgehensmodell,* z. B. ein →Phasenmodell, das alle Entwicklungsstufen von der Istanalyse bis zum Systembetrieb umfaßt; b) *Methoden* und *Werkzeuge,* die innerhalb der einzelnen Phasen eingesetzt werden (→Informationsbedarfsanalyse; c) →*Projektmanagement* für den Entwicklungs- und Einführungsprozeß. – 5. *Untersuchungsgegenstände* sind insbes. a) die betrieblichen *Funktionen,* die das zu entwickelnde System unterstützen sollen (einschließlich der →Schnittstellen zu anderen Funktionen), b) die →*Datenorganisation,* c) die Ablaufstrukturen (Zusammenhänge zwischen den Funktionen, d) Folgerungen für die Aufbau- und Ablauforganisation und e) Hardware- und Softwareausstattung des →Computersystems.

Systemanalytiker. 1. *Begriff:* Berufsbild in der →betrieblichen Datenverarbeitung. – 2. *Aufgaben:* Der S. ist bei der →Systemanalyse zuständig für die Bedarfsermittlung (bzgl. Neuentwicklungen bzw. Änderungen bestehender Systeme) sowie die für Entwicklung der Sollkonzeptionen (→Sollkonzept). *Weitere Aufgaben* sind Durchführung der →Systemauswahl (Auswahl von →Standardsoftware), ökonomische und technische Begründung der Sollkonzeption, Entwurf der Ein-(Ausgabedaten, →Benutzerschnittstellen, →Dateien und →Algorithmen sowie die Einführung der neuen Systeme. – 3. *Anforderungen:* Meist wird ein Hochschul- oder Fachhochschulstudium der →Betriebsinformatik, →Betriebswirtschaftslehre oder →Informatik verlangt.

Systemarchitektur, im →Software Engineering die innere Struktur eines →Softwaresystems (→Module und ihre Beziehungen zueinander).

Systematik, in der Statistik erforderlich für die durchgängige Ordnung von Erhebungs- und Darstellungseinheiten, wenn die Ordnung nicht a) durch quantitative Merkmale definiert ist (→Größenklassen), b) zeitlich festgelegt (→Zeitreihen) und c) durch kategoriale Zusammengehörigkeit vorgegeben ist (z. B. natürliche oder gesellschaftliche Kriterien wie Geschlecht, Familienstand, soziale Stellung im Erwerbsleben usw.). Die S. muß in diesem Teil von der Fragestellung her sachgerecht aufgebaut werden. Ein alphabetisches Verzeichnis sämtlicher vorkommender ,,Arten'' verweist auf diejenigen Untergruppen, der die einzelnen Merkmalsträger zuzuordnen sind. – Es werden *unterschieden:* Unternehmens- und Betriebssystematiken, Systematiken der öffentlichen Finanzwirtschaft und der privaten Haushalte, Gütersystematiken, Personensystematiken, Regionalsystematiken, sonstige Systematiken, →Warenverzeichnis, Systematik der Wirtschaftszweige (→Wirtschaftszweigsystematik), →Berufssystematik.

systematische Auswahl mit Zufallsstart, →Auswahlverfahren zur Gewinnung einer uneingeschränkten →Zufallsstichprobe. Benötigt wird eine lückenlos durchnumerierte →Grundgesamtheit. Sind aus N Elementen n auszuwählen ist N/n ganzzahlig, so wird aus den ersten N/n Elementen eines zufällig ausgewählt (z. B. mit Hilfe einer →Zufallszahlentafel). Ist a die Nummer dieses Elements, so gelangen weiter die Elemente mit den Ordnungsnummern

$$a + \frac{N}{n}, \; a + 2\frac{N}{n}, \ldots a + (n-1)\frac{N}{n}$$

in die Stichprobe. – *Problematisch* ist dieses Auswahlverfahren nur dann, wenn die Numerierung der einzelnen Elemente mit dem Untersuchungsgegenstand zusammenhängt.

systematischer Fehler, in der Statistik Bezeichnung für den Nichtstichprobenfehler (→statistischer Fehler).

Systemauswahl. 1. *Begriff:* In der →Systemanalyse die Auswahl von Hardware und Software des Grundlage des →Sollkonzepts. – 2. *Vorgehen:* Entwicklung eines *Konfigurationsprofils* (→Konfiguration) entsprechend den Anforderungen sowie den betrieblichen Gegebenheiten (z. B. vorhandene Konfiguration, organisatorische Rahmenbedingungen), das als Basis für eine Ausschreibung dient. Nach Bewertung der Alternativen wird eine *Sensitivitätsanalyse* durchgeführt; dann Entscheidung zugunsten eines →Computersystems bzw. →Softwareprodukts. – 3. *Verfahren:* a) *eindimensional:* Leistungsmessungsverfahren (z. B. →Benchmarktest), Investitionsrechnungsverfahren; b) *mehrdimensional:* →Nutzwertanalyse u. a.

Systembetrieb, im Phasenmodell der Systemanalyse (→Phasenmodelle 1) die letzte Phase, die die Steuerung und Überwachung des Rechnerbetriebs zum Gegenstand hat. – *Gliederung:* a) *Anlaufphase:* Festlegung der Ablauforganisation im →Rechenzentrum, evtl. Parallelbetrieb zwischen altem und neuem →Computersystem. – b) Im *laufenden S.:* Arbeitsvorbereitung für das Rechenzentrum, →Operating. Leistungsmessung des Computersystems sowie Leistungsverrechnung (→job accounting) auf die Anwender; außerdem *Systempflege,* d. h. die Behebung von Fehlern und Systemanpassung an veränderte Bedingungen, (vgl. auch →Softwarewartung).

systembezogener Tatbestand, von E. Gutenberg geprägter Begriff für Leitmaximen wirtschaftlicher Betätigung, die von dem konkret bestehenden Wirtschaftssystem abhängig sind. Insbes. gilt das →erwerbswirtschaftliche Prinzip für eine Verkehrs- bzw. →Marktwirtschaft als charakteristisch, in einer →Zentralverwaltungswirtschaft daggen ein Prinzip der planeterminierten Leistungserstellung. – *Gegensatz:* →systemindifferenter Tatbestand.

system dynamics, Methodik zur Analyse komplexer und dynamischer Systeme bzw. deren Strukturen im sozio-ökonomischen Bereich (vgl. auch →strategische Frühaufklärung). Ihr Ziel ist die Untersuchung der Charakteristika von Informations-Rückkopplungen zu industriellen Aktivitäten, um zu zeigen, wie die Auswirkungen gegenwärtiger Entscheidungen auf das Systemumfeld und die Struktur des Systems selbst zukünftige Entscheidungen – und damit auch den Erfolg des Unternehmens – beeinflussen. – *Grundla-*

gen sind Theorie der Informations-Feedbacksysteme (Regelungstechnik), →Entscheidungstheorie sowie die DV-gestützte Simulationstechnik (→Simulation); erstere gibt s. d. den spezifischen Charakter: feedback loops, d. h. in sich geschlossene Prozesse kausaler Beziehungen zwischen Systemvariablen, sind zu berücksichtigen; diese Kausalstrukturen werden dabei i. a. aus empirischen Analysen gewonnen.

Systementwicklung, →Systemanalyse.

Systementwurf, im Phasenmodell der Systemanalyse (→Phasenmodelle 1) die Phase, in der, aufbauend auf dem →Sollkonzept, die Erarbeitung einer detaillierten →Spezifikation der Funktionen und Daten für ein neues betriebliches →Softwaresystem erfolgt. – Bei *Eigenentwicklung* weitgehend deckungsgleich mit der →Entwurfsphase im →Software Engineering; bei *Fremdbezug* steht die Anpassung der →Standardsoftware an die individuellen betrieblichen Merkmale im Vordergrund.

Systeme vorbestimmter Zeiten (SvZ), *Kleinstzeitverfahren, Mikrobewegungsstudienverfahren, Standard-Daten-Verfahren, Elementarzeitverfahren.* 1. *Begriff:* Verfahren zur Arbeitszeitermittlung manueller Tätigkeiten aufgrund vorbestimmter Bewegungszeiten. Dabei werden →Soll-Zeiten für das Ausführen von Vorgangselementen bestimmt, die vom Menschen voll beeinflußbar sind. – 2. *Analyse:* Alle S. v. Z. halten konsequent eine bestimmte Reihenfolge der Analyse ein. Diese läuft nach folgenden *Schritten* ab: (1) Zerlegung des Bewegungsablaufes in Bewegungselemente (z. B. Hinlangen, Greifen, Weglegen, Loslassen); (2) Zeitanalyse durch Bestimmung der Bewegungszeit jedes einzelnen Bewegungselementes (z. B. Bewegungslängen, bewegtes Gewicht); (3) Kodierung des Bewegungselementes und der dazugehörigen Einflußgrößen und Entnehmen der Elementarbewegungszeiten aus Tabellen; (4) Addition der Elementarzeiten zu der gesuchten Gesamtbewegungszeit. Die Bewegungsstudien geben Aufschluß über die Gestaltung von Arbeitsmethoden. – 3. *Verfahren:* (1) Motion-Time-Analysis von Segur (1924); (2) →work-factor-Verfahren von Quick u. a. (1945) entwickelt und heute von REFA in Lizenz angewandt; (3) →methods time measurement von Maynard (1948) sowie diverse verfahrensspezifische Weiterentwicklungen aus den Grundverfahren. Darüber hinaus existieren eine Reihe firmenspezifischer Verfahren, z. B. IBM-Standard-Daten (ISD) und Singer-Standard-Daten (SSD). – 4. *Besonderheiten:* Die S. v. Z. basieren auf der →Additivitätshypothese, die jedoch umstritten ist. Insbes. von REFA werden die S. v. Z. angezweifelt, da tendenziell die Vorgabezeit nach REFA größer ist als die Vorgabezeit von S. v. Z. Da in der Bundesrep. D. bislang die REFA-Methoden hauptsäch-

lich Anwendung und daher auch Anerkennung finden, bedarf es eines →Umrechnungsfaktors. In der Literatur wird jedoch bezweifelt, ob ein solcher Umrechnungsfaktor die beiden Verfahren zur Ermittlung der Soll-Zeiten vergleichbar machen kann.

Systemforschung, →Systemtheorie.

Systemgeschäft, *system selling,* →Investitionsgüter-Marketing, bei dem die Leistungsangebote eines Problemlösungs-Systeme sich als ein durch die Vermarktungsfähigkeit abgegrenztes, von einem oder mehreren Anbietern in einem geschlossenen Angebot erstelltes Anlagen-Dienstleistungsbündel (Hardware/Software-Kombination) zur Befriedigung eines komplexen Bedarfs darstellen. Im Gegensatz zum →Produktgeschäft und traditionellen →Anlagengeschäft ist das S. geprägt durch zusätzliche, über Engineering-Leistungen hinausgehende, umfangreiche Dienstleistungen (System-Software) in Form von →Pre-Sales-Service, →After-Sales-Service sowie episodenbezogene Dienstleistungen des Systemanbieters während der Leistungserstellung (z. B. Projektorganisation oder Projektmanagement wie etwa Federführung bei einer Anbieterkoalition). – *Typische Merkmale des S.:* hohe Komplexität des Hardware-Software-Bündels; Langfristigkeit des Beschaffungsentscheidungs-, Erstellungs- und Abwicklungsprozesses; Anbieterkoalitionen; hohe Interaktionskomplexität; hoher Auftragswert; Internationalität des Geschäfts; Bedeutung der Auftragsfinanzierung; hohe Individualität der Endleistung; Bedeutung von →Referenzanlagen.

Systemhaus, Unternehmen, das nicht nur Softwareprodukte (→Softwarehaus), sondern auch Hardware anbietet; insbes. „Komplettlösungen", d. h. Softwaresysteme mit der erforderlichen Hardwarebasis.

Systemimplementierung. 1. *S. im engeren Sinn:* a) *Begriff:* Im Phasenmodell der Systemanalyse (→Phasenmodelle 1) die Phase, die auf der →Spezifikation aus dem →Systementwurf aufbaut. – b) *Inhalt:* Bei *Eigenentwicklung* weitgehend deckungsgleich mit der Phase →Implementierung im →Software Engineering; bei *Fremdbezug* steht die Anpassung der →Standardsoftware an die individuellen betrieblichen Gegebenheiten im Vordergrund. – 2. *S. im weiteren Sinn:* →Systemtest, Enddokumentation (→Dokumentation), Erfassung von Datenbeständen, organisatorische Anpassungen und Schulung des Personals werden ebenfalls zur S. gerechnet.

systemindifferenter Tatbestand, von E. Gutenberg geprägter Begriff für Leitmaximen wirtschaftlicher Betätigung, die von dem jeweils praktizierten Wirtschaftssystem unabhängig sind. – *Beispiel:* Das →Wirtschaftlichkeitsprinzip ist unter den Bedingungen einer Verkehrs- bzw. →Marktwirtschaft und einer →Zentralverwaltungswirtschaft von Bedeutung. – *Gegensatz:* →systembezogener Tatbestand.

System intégré de nomenclatures d'activités et de produits (SINAP), →Integriertes System von Wirtschaftszweig- und Gütersystematiken.

Sytemkonformität. 1. *Begriff:* Auswahl- und Beurteilungskriterium für wirtschaftspolitische Maßnahmen (→wirtschaftspolitisches Instrumentarium). Beurteilt wird im Hinblick auf die Funktionsfähigkeit des in der →wirtschaftspolitischen Konzeption vorherrschenden Koordinationsverfahrens (→Koordination). – 2. *Grade der S.:* a) systemnotwendig (z. B. rechtliche Ausgestaltung der Privatautonomie), b) systemfördernd (z. B. Allokationspolitik), c) systemadäquat, d) systemverschlechternd (z. B. wettbewerbsbehindernde Konzessionsvergabe) und e) systemzerstörend (z. B. Preis- und Lohnkontrollen). – *Anders:* →Marktkonformität.

systemorientierte Betriebswirtschaftslehre. 1. *Charakterisierung:* Bezeichnung für ein Programm innerhalb der neueren →Betriebswirtschaftslehre, dessen Vertreter die betriebswirtschaftlichen Erkenntnisobjekte als *Systeme* interpretieren. – *Analyseinstrument:* Systemtheorie einschl. Kybernetik. – *Initiator:* Hans Ulrich („Die Unternehmung als produktives soziales System", 2. Aufl., Bern und Stuttgart 1970). – 2. Wegen ihrer Lenkungs- bzw. Steuerungsbedürftigkeit werden *Unternehmungen als Regelsysteme* aufgefaßt. Abweichungen zwischen Ist- und Sollwerten führen zu Korrekturentscheidungen; dauerhafte Abweichungen machen die Veränderung der Sollwerte selbst erforderlich, wozu sog. Anpassungsentscheidungen notwendig sind. – 3. *Bedeutung:* Systemtheorie insbes. als nützlicher didaktischer Zugang zu Steuerungs- und Führungsproblemen von Unternehmen. Die einseitige Betonung der Gestaltungsaufgabe läßt die S. B. als ein vom →Pragmatismus inspiriertes Programm erscheinen.

Systemprogramm, Bestandteil des →Betriebssystems eines Computers; →Programm, das eine Aufgabe aus dem Bereich der computerinternen Abwicklung von *Anwendungsprogrammen* und der Datenverwaltung zu lösen hat (z. B. Übersetzen eines Programms, Kopieren einer →Datei, Zuteilung von Rechenzeit bei Time-sharing-Betrieb. – *Gegensatz:* →Anwendungsprogramm.

Systemprogrammierer. 1. *Begriff:* Berufsbild in der →betrieblichen Datenverarbeitung. – 2. *Aufgaben:* Entwicklung, Betreuung und Wartung von Systemsoftware (→Systemprogramm, →Software, vgl. auch →Betriebssy-

stem) und systemnaher Software (z. B. →Datenbanksystem, →Datenfernverarbeitungsprogramme); Unterstützung und Beratung der →Anwendungsprogrammierer bei der Benutzung der o. g. Software. – 3. *Anforderungen:* Gute Kenntnisse in →Programmierung, →Programmiersprachen (→Assembler) und Betriebssystemen. Häufig wird ein Fachhochschul- oder Hochschulstudium der →Informatik verlangt. – Vgl. auch →Programmierer.

Systemprüfung, →Prüfung, bei der festgestellt werden soll, ob und inwieweit sich der →Prüfer auf die zuverlässige und vollständige Erfassung und Verarbeitung der Elemente des zu prüfenden Objektes verlassen kann. Vom Ergebnis der S. kann es abhängig sein, wie weitgehend nachfolgende Prüfungshandlungen sein müssen. Bei der S. wird ein indirekter Soll-Ist-Vergleich vorgenommen. Von besonderer Bedeutung für eine →Jahresabschlußprüfung sind die S. als Prüfung des →Internen Kontrollsystems und die →EDV-Systemprüfung.

systems engineering, →Systemtheorie.

system selling, →Systemgeschäft.

systems network architecture, →SNA.

Systemspezifikation, →Spezifikation 2 a).

Systemsteuerprogramm, →Steuerprogramm.

Systemtest, Phasenmodell der Systemanalyse (→Phasenmodelle 1) die Phase, die der Überprüfung des →Softwaresystems auf Funktionsfähigkeit dient. – Vgl. auch →Testen 2 c).

Systemtheorie, *systems engineering.* I. C h a - r a k t e r i s i e r u n g : S. ist eine interdisziplinäre Wissenschaft, die eine für alle biologischen, sozialen und mechanischen →Systeme geltende formale Theorie zu entwickeln bestrebt ist. Die immer stärkere Anwendung der exakten Methoden in den Sozialwissenschaften hat in zunehmendem Maße die quantitativen Strukturen vieler Sozialgebilde erkennen lassen und zeigte, daß biologische, soziale und mechanische Gebilde vielfach isomorphe Systeme und Strukturen aufweisen. Die S. hat insofern eine große Bedeutung für Wirtschaftswissenschaft und Wirtschaftspraxis, als sich die Betriebe heute äußerst instabilen Umweltverhältnissen gegenübersehen. Die S. ermöglicht, die *Dynamik der betriebswirtschaftlichen Organisationssysteme* (→Organisation), die bisher fast nur statisch gesehen wurden, ganz in den Blickpunkt zu rücken und sich auf das Kriterium der Flexibilität auszurichten, um die Organisation den veränderten Umweltbedingungen schnell anpassen zu können.

II. R i c h t u n g e n : 1. Die *general systems theory,* die v. a. auf den amerikanischen Biologen Ludwig von Bertalanffy zurückgeht, will als neue interdisziplinäre Formalwissenschaft die einzelnen Realwissenschaften zu einer „Einheit der Wissenschaft" integrieren. Sie soll eine für alle Systeme geltende Theorie aufstellen und strebt eine exakte mathematische Formulierung der von ihr entwickelten Begriffe, Beziehungen, Gesetze und dgl. an. Sie benutzt vor allem die Vektor- und Matrizenrechnung, die Topologie, die Theorie der Differentialgleichungen und die Funktionentheorie. – 2. Das *systems research*, auch *system engineering* und *Systemforschung*, ist pragmatisch ausgerichtet und soll als *„Systemforschung"* bezeichnet und soll als „Sammelbezeichnung für alle Möglichkeiten realwissenschaftlicher und Interdisziplinforschung" (Kosiol) verwandt werden. Die übergreifende Wissenschaft zeigt isomorphe Strukturen in völlig verschiedenen Objektbereichen der Realität auf, während die Interdisziplinen einen ganz bestimmten realen Problembereich untersuchen und sich dabei der Theorien verschiedener Einzeldisziplinen bedienen.

SYUM, für Zwecke der →Umweltstatistik abgeleitete Fassung der →Wirtschaftssystematik mit eigenem Nummernsystem.

Szenario, →Szenario-Technik III.

Szenario-Technik, weitest verbreitete Methode der →Zukunftsforschung; in den 60er Jahren von H. Kahn entwickelt.

I. U r s p r u n g : Für langfristige Entscheidungen können traditionelle Prognosemethoden nur eine unzureichende Planungsunterstützung liefern (Ölkrise 1973); die Zukunft ist nicht vorhersagbar. Gesucht wurde eine Technik, die sich systematisch mit alternativ denkbaren Zukünften auseinandersetzt.

II. C h a r a k t e r i s i e r u n g : Die S.-T. ist als eine Art Handlungskonzept und Methodenverbund zu verstehen. Dabei ersetzt sie nicht traditionelle Prognosemethoden, sondern stellt ein Komplement zu diesen dar.

III. B e g r i f f d e s S z e n a r i o s : 1. *Begriff:* Ein Szenario ist im eigentlichen Sinn keine Vorhersage, sondern nur die Aufzeichnung der möglichen episodischen Abfolge von Ereignissen eines besonders interessierenden Systemaspekts. Der Zweck von Szenarien liegt darin, die Aufmerksamkeit der Verwender auf kausale Prozesse und Entscheidungspunkte zu lenken. Dazu wird bei ihrer Erstellung eine hypothetische Sequenz von Ereignissen konstruiert. Mögliche Ereignisse und Entwicklungen, die zu einem bestimmten relevanten Feld gehören (z. B. Bevölkerung von Europa), sich auf eine bestimmte Zeitperiode beziehen sowie auf irgendeine Art untereinander verbunden sind, bilden demnach ein Szenario. – 2. *Basis-Typen:* Vgl. obenstehende Abbildung.

	explorativ	antizipativ
Konstruktionsalternativen / **Beziehungsanalyse**		
deskriptiv	gegeben sind die Ursachen (Hypothesen) Frage nach den Wirkungen	gegeben sind die Wirkungen, Frage nach den Ursachenveränderungen
normativ	gegeben sind die Mittel, welche Ziele können erreicht werden	gegeben sind die Ziele, mit welchen Mitteln können sie erreicht werden

Szenarien können auch auf sehr *unterschiedlichen Betrachtungsebenen* angesiedelt werden. auf einer sehr hohen und komplexen Betrachtungsebene angesiedelt sind z. B. die *Globalszenarien*.

IV. P h a s e n : Basistheorien der S.-T. sind die allgemeine Modelltheorie (→Modell) und die angewandte →Systemtheorie. Durch die S.-T. werden komplexe Probleme dekomponiert und in eine neue Ordnung gebracht. – *Einzelphasen (Beispiel)*: 1. *Analysephase:* Es werden eine Problemanalyse und -strukturierung vorgenommen, wichtige und kritische Problemfeldvariablen erhoben sowie alternative Annahmebündel gebildet und Konsistenzprüfungen der Annahmen vorgenommen. – 2. *Prognosephase:* Es werden Bandbreiten zukünftiger Entwicklungen prognostiziert, daraus Präzszenarien entwickelt und gegensätzliche, den Rahmen zukünftiger Entwicklungen absteckende Szenarien ausgewählt und interpretiert. Es werden überraschende Ereignisse identifiziert und Konsequenzen ermittelt. – 3. *Synthesephase:* Erstellung der Szenarien, die Ergebnisse der 2. Phase geben dabei ein. – 4. *Implementierungsphase:* Integration der Ergebnisse in den Planungsprozeß.

V. M e t h o d e n : 1. *Quantitative Methoden:* Methoden auf der Grundlage mathematisch-statistischer Lösungsansätze liefern numerische Ergebnisse der zu prognostizierenden Größen. *Beispiele:* Trendextrapolationen, Regressionsanalyse, ökonometrische Modelle. – 2. *Qualitative Methoden:* Sie beruhen auf einer subjektiv begründeten Beurteilung der jeweiligen Prognosesituation und damit auf Intuition, Erfahrung und subjektiven Werthaltungen. Damit können auch sozio-politische Variablen in die Analyse einbezogen werden. – *Beispiele:* morphologische Analysen, historische Analogiebildung, →Delphi-Technik, →Technologiefolgenabschätzung.

SZR, Abk. für →Sonderziehungsrechte.

T

T, Kurzzeichen für →Tera.

TA, Abk. für →Transaktionsanalyse.

TAB, Technical Assistance Board, Amt für technische Hilfeleistung des Wirtschafts- und Sozialrats der UN, im Zug der Verschmelzung des früheren erweiterten UN-Programms für technische Hilfeleistung (EPTA) mit dem UN-Sonderfonds für technische Hilfeleistung zum →UNDP wurde das TAB organisatorisch mit dem UNDP zusammengeführt.

Tabakerzeugnisse, nach dem Lebensmittel- und Bedarfsgegenständegesetz aus Rohtabak oder unter Verwendung von Rohtabak hergestellte Erzeugnisse, die zum Rauchen, Kauen oder Schnupfen bestimmt sind (§ 3 LMBGG); vgl. auch VO über T. vom 20.12.1977, BGBl I 2831. – Eine *Ordnungswidrigkeit* (Geldbuße bis 50000 DM) begeht u. a., wer im Rundfunk oder im Fernsehen für Zigaretten, zigarettenähnliche T. und T., die zur Herstellung von Zigaretten durch den Verbraucher bestimmt sind, wirbt oder im Verkehr mit T. oder in der Werbung für T. den Eindruck erweckt, daß der Genuß von T. gesundheitlich unbedenklich ist.

Tabaksteuer, eine von der Zollverwaltung des Bundes erhobene und verwaltete →Verbrauchsteuer auf Tabakherstellung oder -einfuhr in Form der →Banderolensteuer. Die T. fließt dem Bund zu. – 1. *Rechtsgrundlagen:* Tabaksteuergesetz vom 13.12.1979 (BGBl I 2118) und Durchführungsverordnung vom 21.12.1979 (BGBl I 2297) mit späteren Änderungen. – 2. *Steuergegenstand:* Tabakwaren (Zigarren, Zigaretten, feingeschnittener Rauchtabak, Pfeifentabak, Strangtabak, Kautabak und Schnupftabak), tabakähnliche Waren und Zigarettenpapier; nur ausnahmsweise Halberzeugnisse. – 3. *Steuerbefreiungen:* U. a. für Warenproben und Arbeitnehmern gewährte Deputate. – 4. *Grundlagen der Steuerberechnung:* Menge und Kleinverkaufspreis; in diesem sind enthalten: Abgaben auf Tabakerzeugnisse, Kosten der vorgeschriebenen Packung, Kosten, die vom Verbraucher zu tragen sind, und Gewinnspanne. – 5. *Wichtigste Steuersätze und -beträge:* a) Zigaretten 5,65 Pf/St. + 31,5% des Kleinverkaufspreises (ab 1.5.89 4,76 Pf. + 38,11%), mind. 9 Pf./St.; b) Zigarren 14% des Kleinverkaufspreises (mind. 2,6 Pf./St.); c) Rauchtabak Feinschnitt 8,40 DM je kg + 31,8% des Kleinverkaufspreises (ab 1.5.89 17 DM + 30,6%); d) Rauchtabak Pfeifentabak 4,20 DM je kg + 20,7% des Kleinverkaufspreises (mind. 15,00 DM je kg). – 6. *Steuerschuldner:* Hersteller (Regelfall). *Entstehung* i.d.R. im Zeitpunkt der Entfernung der Tabakwaren und Zigarettenhüllen aus dem Herstellungsbetrieb oder des Verbrauchs innerhalb des Betriebes. – 6. *Verfahren:* a) Für Zigaretten, Zigarillos, Zigarren u.a.m.: Verwendung von *Steuerzeichen* und *Verpackungszwang;* Verwendung umfaßt das Entwerten und Anbringen der vorher vom Hersteller durch Steueranmeldung bestellten und bezogenen Steuerzeichen an den Kleinverkaufspackungen. Grundsätzliches Verbot für den Kleinhandel, Tabakerzeugnisse unter oder über dem im Steuerzeichen angegebenen Kleinverkaufspreis abzugeben oder Rabatt zu gewähren. – b) Für Strang-, Schnupf- und Kautabak: *Anmeldung* der im Vormonat entstandenen T. durch den Hersteller bis zum 15. eines Monats. – c) *Fälligkeit* der T. je nach Bezugszeitpunkt der Steuerzeichen und Tabakart in den beiden dem Bezug folgenden Monaten bzw. am 10. Tag der Steueranmeldung folgenden Monats. Kein Zahlungsaufschub. – 7. *Unversteuert:* U.a. Tabakwarenausfuhr unter Steueraufsicht. – 8. *Steuererstattung* bzw. *-erlaß:* In bestimmten Fällen möglich. – 9. →*Steueraufsicht* über Hersteller von Tabakwaren, Tabakwaren- und Rohtabakhändler, Inhaber von sog. Steuerlagern, Tabak- und Tabakkleinpflanzer. – 10. *Finanzwissenschaftliche Begründung:* a) Aus *fiskalischer Sicht:* Die T. ist nach der Mineralölsteuer die zweitergiebigste der Verbrauchsteuern (Aufkommen ca. 6% der Bundessteuern i.w.S.); ausschlaggebende Begründung. – b) Aus *meritorischer Sicht:* T. als Präventivmaßnahme der Gesundheitspolitik; nicht überzeugend, da mehrfache Erhöhungen der T. nicht zu anhaltenden Verbrauchseinschränkungen führten. Neuere Aufkommensstagnierungen und -rückgänge sind eher die Folge veränderter Verbrauchsgewohnheiten (Übergang zu selbstgedrehten Zigaretten). – 11. *Beurteilung:* Die Kombination von Mengen- und Wertsteuer wird als kompliziert und reformbedürftig empfunden; der Rat der EG hat sich aber gegen eine reine Mengensteuer ausgesprochen. Die gegenwärtig in der Bundesrep. D. praktizierte Technik der Steuerentrichtung durch Verwendung von Steuerzeichen (Banderolensteuer) soll aus Vereinfachungsgründen entfallen. – 12. *Aufkommen:* 1986: 14 480 Mill. DM (1985: 14 452 Mill. DM, (1980: 11 288 Mill. DM 1970: 6536 Mill. DM, 1960: 3537 Mill. DM, 1950: 2107 Mill. DM).

Tabakverarbeitung, Teil des →Nahrungs- und Genußmittelgewerbes, Herstellung von Zigaretten, Zigarren, Stumpen und Zigarillos sowie Rauchtabak. – Vgl. auch →Tabakerzeugnisse.

Tabakverarbeitung

Jahr	Be-schäf-tigte in 1000	Lohn- und Gehalts-summe	darunter Ge-hälter	Umsatz ge-samt	darunter Aus-lands-umsatz	Netto-produk-tions-index 1980 =100
		in Mill. DM				
1970	31	395	146	10 432	119	–
1971	30	425	158	10 727	120	–
1972	29	460	180	11 345	115	–
1973	28	504	208	12 518	160	–
1974	26	538	231	11 109	197	–
1975	24	557	240	10 982	264	–
1976	23	570	252	11 639	328	93,3
1977	22	609	279	11 329	374	89,1
1978	22	648	301	9 914	389	95,3
1979	21	686	314	9 586	465	98,7
1980	23	760	362	10 726	501	100
1981	23	803	381	16 375	783	101,9
1982	22	869	438	16 705	873	91,4
1983	20	870	455	18 412	1 111	96,7
1984	20	906	495	19 601	1 203	99,3
1985	19	866	462	21 093	1 340	103,2
1986	18	892	483	21 006	1 435	103,4

Tabelle, →Array.

Tabellenauszug, vollstreckbarer, aus der →Konkurstabelle durch den Urkundsbeamten des Konkursgerichts erteilter Auszug. Am Konkursverfahren beteiligte Konkursgläubiger können den ungedeckt gebliebenen Teil ihrer Forderung aufgrund des T. unbeschränkt geltend machen (§ 164 KO).

Tabellenbuchhaltung, Bezeichnung für das amerikanische →Journal, das die Hauptbuchkonten tabellenmäßig erfaßt, also Übertragung der addierten Tagesspalten aus einzelnen →Grundbüchern ins →Sammelbuch überflüssig macht. – Vgl. auch →amerikanische Buchführung.

Tabellenkalkulationssystem, *Spreadsheet-System.* 1. *Begriff:* →Endbenutzerwerkzeug zur einfachen Bearbeitung beliebiger Probleme, die in Tabellenform dargestellt werden können, v. a. auf Personal Computern verfügbar. – 2. *Grundprinzip:* Auf dem →Bildschirm wird ein →Arbeitsblatt (spreadsheet) mit Zeilen und Spalten dargestellt, in dem der Benutzer Eintragungen und Rechenoperationen wie auf einem Blatt Papier durchführen kann. – 3. *Einsatzgebiete:* Aufgrund der Analogie zum Arbeitsblatt äußerst weit gefaßt, z. B. Kalkulation, Finanzplanung, Budgetkontrolle, Simulation („What-if"-Analysen), Investitionsrechnung. – 4. *Bedeutung:* Seit der Entstehung 1979 sehr schnell zunehmende Verbreitung. Enge Kopplung an Personal Computer; der Aufschwung der PC's in den 80er Jahren wird großenteils der Verfügbarkeit von T. zugeschrieben. – 5. *Beispiele:* VisiCalc (erstes T. der Welt, 1979), Multiplan, SuperCalc; heute ist ein T. oft als Bestandteil in →Multifunktionspaketen enthalten, z. B. in Lotus 1-2-3, Framework II, Symphony, Open Access.

Tabellenprogramm, vor Beginn einer statistischen →Erhebung zu entwickelndes Schema, aus dem ersichtlich wird, welche Kombinationen von →Ausprägungen der zu erhebenden →Merkmale in Tabellen mit einfachem oder mehrfachem Eingang erfaßt werden sollen. Oft wird auf T. aus früheren Erhebungen zurückgegriffen. – Bei *mündlichen Befragungen* ist das T. eine der Grundlagen zur Gestaltung des →Fragebogens.

tableau économique, in einer Schrift Quesnays („Tableau économique avec son explication ou extrait des économies royales de M. de Sully"; 1758) entwickeltes erstes makroökonomisches Kreislaufmodell einer Volkswirtschaft auf der Basis der produktivitätstheoretischen Überlegungen der →Physiokratie. Darin wird dargestellt, wie die landwirtschaftlichen Überschüsse (produit net) durch Pachtzahlungen und Käufe von Nahrungsgütern bzw. handwerklichen und gewerblichen Produkten so zwischen den drei Klassen des physiokratischen Systems verteilt werden, daß hieraus Einkommen für sie entsteht, die Einnahmen und Ausgaben innerhalb der drei Gesellschaftsgruppen jeweils übereinstimmen, die verbrauchten Produktionsmittel wieder ersetzt werden können und sich die einzelnen Gütermärkte im Gleichgewicht befinden.

Tabularersitzung, Begriff für die →Ersitzung des im Grundbuch eingetragenen Nichteigentümers.

TAC, Technical Assistance Committee, Ausschuß für technische Hilfeleistung der →UN. Institution innerhalb des ECOSOC zur Überwachung der technischen Hilfe für die Entwicklungsländer im Rahmen des Entwicklungsprogramms der Vereinten Nationen (→UNDP). Das TAC wurde organisatorisch mit dem UNDP verschmolzen.

Tachistoskop, Gerät zur Messung der Wahrnehmungs- und Beeindruckungswirkung in der Werbung. – *Prinzip der Wahrnehmungserschwerung:* Zu testende Vorlagen (z. B. Anzeigen, Produkte) werden mit Hilfe elektronischer oder mechanischer Hilfsmittel (Schlitzverschluß) extrem kurz dargeboten. Testperson kann zunächst kaum etwas erkennen und erlebt nur eine erste →Anmutung. – *Formen:* a) *Projektions-T.:* Testvorlagen werden als Dia gezeigt; b) *Einblick-T.:* Vorlagen werden im Original durch einen Einblickschacht gezeigt. – *Anwendung:* Prüfung der Anmutung von →Werbemitteln und Produkten; Prüfung der Wahrnehmbarkeit von Bildern, Schriften usw. – Vgl. auch →Werbeerfolgsprognose.

Tafelgeschäft, *Schaltergeschäft,* Geschäft im Bankbetrieb, bei dem Leistung und Gegenleistung →Zug um Zug erfolgt, z. B. der Kunde am Schalter Effekten gegen Barzahlung erwirbt oder an der Sortenkasse ausländisches Geld einwechselt.

Tafelmethode, Technik zur Darstellung und Messung demographischer Vorgänge im Lebensablauf. – *Beispiele:* →Erwerbspersonentafel, →Fruchtbarkeitstafel, Heiratstafel (→Heiratshäufigkeit 3), →Sterbetafel.

Taft-Hartley-Act, amerikanisches Arbeitsgrundgesetz, das nach den Streikwellen von 1947 entstand und den Zweck verfolgt, der gewerkschaftlichen Machtausübung Grenzen zu setzen. Verschiedene Gewerkschaftspraktiken werden für ungesetzlich erklärt, unfaire Praktiken der Beitragsfestsetzung und -erhebung und Zuwendungen der Gewerkschaften an politische Gruppen verboten. Die Gewerkschaften müssen jährlich ausführlich über ihre Tätigkeit berichten. Streiks müssen 60 Tage vor geplantem Beginn angesagt werden; Schlichtungsverhandlungen müssen in gutem Glauben geführt werden.

Tag (d), →gesetzliche Einheiten, Tabelle 1.

Tag der offenen Tür, →Betriebsbesichtigung.

Tagebuch. I. Buchführung: Auch als *Grundbuch, Memorial, Journal* oder „prima nota" bezeichnet; Grundbuch der →doppelten Buchführung, das die Betriebsvorfälle in chronologischer Reihenfolge und beschreibender Form aufnimmt und für die weitere Übertragung in das →Sammelbuch bzw. →Hauptbuch sammelt, z. B.:

2. 6. 87   Ausgangsrechnung Nr. 57
Forderungen   an Umsatzerlösen
1140 DM   1000 DM
                 Mehrwertsteuer 140 DM

3. 6. 87   Eingangsrechnung Nr. 105
Warenkonto 2000 DM
Vorsteuer   280 DM
                 an Lieferanten 2280 DM

II. Handelsrecht: Ein vom →Handelsmakler (mit Ausnahme des →Krämermaklers) zu führendes Buch, in das alle abgeschlossenen Geschäfte täglich nach der Zeitfolge einzutragen und täglich zu unterzeichnen sind (§ 100 I HGB). Das T. ist kein Handelsbuch, jedoch gelten die Vorschriften über Einrichtung und Aufbewahrung der →Geschäftsbücher (§ 100 II HGB). – Auf Verlangen muß der Handelsmakler den Parteien einen von ihm unterzeichneten *Auszug* aus dem T. mit allen Eintragungen hinsichtlich des vermittelten Geschäftes geben (§ 101

HGB). Im →Zivilprozeß kann das Gericht *Vorlegung* des T. anordnen, um es mit →Schlußnote, Auszügen oder anderen →Beweismitteln zu vergleichen (§ 102 HGB). – *Verstoß* gegen Führung und Aufbewahrung des T. wird als Ordnungswidrigkeit mit einer Geldbuße bis zu 10000 DM geahndet (§ 103 HGB).

Tagegelder, →Reisekosten.

Tagegeldversicherung, Versicherung mit Bemessung der Höhe der →Versicherungsleistung nach Tagen oder Wochen, i. d. R. mit zusätzlicher Vereinbarung einer Höchstdauer. *Beispiele:* →Krankenversicherung (Krankentagegeld, insbes. für bestimmte Berufsgruppen); →Pflegekrankenversicherung (Pflegetagegeld); →Unfallversicherung (bei vorübergehender Arbeitsunfähigkeit, abgestuft nach dem Ausmaß der Behinderung); →Sozialversicherung (vgl. →Krankengeld, Hausgeld).

Tagesbevölkerung, Größe im Rahmen der amtlichen Regionalstatistik, mit der die →Bevölkerung einer Gebietskörperschaft um den Pendlersaldo (→Pendelwanderung) erhöht wird, um jene Personenzahl darzustellen, die am Erwerbsleben der Gemeinde teil hat und auf welche die Kapazität der kommunalen Einrichtungen abgestellt werden muß. – *Anders:* →Wirtschaftsbevölkerung.

Tagesbilanz, *Tagesumsatzbilanz,* eine in Bankbetrieben täglich erstellte →Rohbilanz. Die T. ist Bestandteil der Tagesabstimmungskontrolle der Umsätze und Salden. Aus den Bestandsvorträgen und den Tagesumsätzen müssen die am Tagesschluß ausgewiesenen Buchbestände festgestellt werden. Die T. weist den buchmäßigen Stand der Hauptbuchkonten aus, ist also keine Erfolgsbilanz, sie dient der Abstimmung der Grundbücher mit dem Hauptbuch und gibt einen Überblick über das Geschäftsvolumen und die Liquidität. Die T. dient gleichzeitig zur Kontrolle der Soll- und Istbestände an Zahlungsmitteln sowie der Überwachung der Gegenwerte der zum Einzug versandten Wechsel und Schecks.

Tagesgeld, →Geldmarktkredite.

Tagesgeschäft, *Tageskauf,* zur Lieferung am gleichen oder folgenden Tage abgeschlossenes Börsengeschäft (→Kassageschäft).

Tageskauf, →Tagesgeschäft.

Tageskurs. 1. *Allgemein:* Der amtliche →Kurs oder Freiverkehrskurs eines bestimmten Tages. – **2.** Bei *Börsenaufträgen* oder überhaupt im *Effektengeschäft* der Kurs des Ausführungstages. – **3.** *Bilanzierung:* In der Bilanz der am Bilanzstichtag ermittelte Börsenpreis. *Beispiel:* Wertpapiere des Umlaufvermögens sind gem. § 253 III 1 HGB mit dem sich aus dem T. ergebenden Wert (also inkl. Beschaffungsnebenkosten) anzusetzen, falls Anschaffungspreis über T. liegt. – Vgl. auch →Tageswert.

Tagespreis, →Tageswert.

Tagespreisprinzip, →Preispolitik der Genossenschaften.

Tagesrandverbindung, Verkehrsverbindung am Morgen und am Abend, die einem Reisenden die Hinreise, einen hinreichend langen Aufenthalt am Zielort und die Rückreise innerhalb eines Tages ermöglicht.

Tagessätze, Straffestsetzung bei der Verhängung von →Geldstrafen. Höhe des T. bestimmt das Gericht unter Berücksichtigung der persönlichen und wirtschaftlichen Verhältnisse des Täters, wobei es i.d.R. von dem Nettoeinkommen auszugehen hat, das der Täter durchschnittlich an einem Tag hat oder haben könnte; ein T. wird auf mindestens 2 DM und höchstens 10 000 DM festgesetzt (§ 40 StGB).

Tagesumsatzbilanz, →Tagesbilanz.

Tageswechsel, →Tagwechsel.

Tageswert, *Tagespreis, Marktwert, Zeitwert,* der Preis, zu dem ein Gut am Markt zu einem bestimmten Zeitpunkt gehandelt wird. Relevanter Wertansatz zur Vermögensbewertung bei tageswertbezogener kalkulatorischer →Abschreibung und für den Fall, daß der T. die →Anschaffungskosten bzw. →Herstellungskosten eines zu bilanzierenden Vermögensgegenstandes zum Bilanzstichtag dauerhaft unterschreitet.

Tageswertbilanz, →organische Tageswertbilanz.

tägliches Geld, →Geldmarktkredite.

Tagwechsel, *Datumswechsel, Tageswechsel,* an einem bestimmten, im Wechseltext angegebenen Tage fälliger →Wechsel. – *Gegensatz:* →Sichtwechsel. – *Anders:* →Dato-Wechsel.

Tagwerk, bayrisches Flächenmaß (ursprünglich: Landfläche, die mit einem Gespann an einem Tag gepfügt werden konnte), ähnlich dem norddeutschen →Morgen. 1 T. = 34,07 Ar.

Taiwan, *Republik China,* früher *Formosa,* Staat auf der Insel T., dem chinesischen Festland vorgelagert, eingeteilt in 4 Stadtkreise, 16 Landkreise, 2 Sonderstadtkreise. – *Fläche:* 36 188 km². – *Einwohner* (E): (1985) 19,14 Mill. (528,8 E/km²). – *Hauptstadt:* Taipeh (1985: 2,5 Mill. E); weitere wichtige Städte: Kaohsiung (1,2 Mill. E), Taichung (607 000 E), Tainan (595 000 E), Panchiao (422 000 E), Keelung (348 000 E). – *Amtssprache:* Chinesisch.

W i r t s c h a f t : *Landwirtschaft:* Reisanbau, Süßkartoffeln, Sojabohnen, Tabak. – *Industrie und Bergbau:* Textilindustrie, Metallver-

arbeitung, chemische Industrie, Rohstahl; Steinkohle, Erdöl, Erdgas, Silber. – *BSP:* (1986, geschätzt) 78 000 Mill. US-$ (3696 US-$ je E). – Anteil der Landwirtschaft am *BSP:* (1985) 6%, der Industrie: 50%. – *Öffentliche Auslandsverschuldung:* (1982) 12% des BSP. – *Inflationsrate:* (1984) 0,52%. – *Export:* (1985) 30 440 Mill. US-$, v.a. elektrotechnische und elektronische Erzeugnisse, Textilien, chemische Produkte, Holz, Zucker, Bananen, Reis, Ananas, Tee, Metalle, Salz. – *Import:* (1985) 19 250 Mill. US-$. – *Handelspartner:* USA, Japan, Bundesrep. D., Kuwait, Saudi-Arabien, Hongkong.

V e r k e h r : Gutausgebautes *Straßen-* und *Eisenbahnnetz;* bedeutende *Seeschiffahrt;* neuer *Flughafen* in Taoyuan.

M i t g l i e d s c h a f t e n : 1971/72 Ausschluß aus der UNO und den meisten Sonderorganisationen.

W ä h r u n g : 1 Neuer Taiwan-Dollar (NT$) = 100 Cents.

takeover, Kauf eines Unternehmens bzw. dessen Teilerwerb, um in den Besitz seiner Leistungselemente zu kommen und um den Ressourceneinsatz des Unternehmens bestimmen und kontrollieren zu können (mergers & acquisitions). In der anglo-amerikanischen Management-Literatur impliziert der Begriff T., daß das Management sich i.a. gegen einen Verkauf wendet und das Angebot des Kaufinteressenten sich an die Aktionäre richtet („takeover bid"). – *Gegensatz:* →Akquisition.

taktische Planung, →Unternehmensplanung II.

Taktproduktion, Ausprägungsform der →Fließproduktion, bei der die Potentiale zeitlich, aber nicht räumlich gekoppelt sind. Bei T. ist allen Arbeitsstationen einer Fließstrecke die gleiche Zeitdauer zur Durchführung eines Arbeitsganges (→Taktzeit) vorgegeben. – Vgl. auch →zeitlich fein abgestimmte Produktion.

Taktzeit. I. I n d u s t r i e b e t r i e b s l e h r e : Zeit, die ein einzelner Arbeitsgang bei →Taktproduktion benötigt. Die T. müssen aufeinander abgestimmt sein.

II. B e t r i e b s i n f o r m a t i k : Stets gleich lange, zyklisch aufeinanderfolgende Zeitspanne zwischen den Impulsen des Taktgebers, durch die der internen Abläufe eines →Prozessors synchronisiert werden. T. wird auch als *Zykluszeit* oder *Prozessorzykluszeit* bezeichnet. – Für die Abarbeitung eines →Maschinenbefehls benötigt ein Prozessor i.d.R. zwischen 3 und über 1000 Taktzyklen, im Durchschnitt 10–20.

Talon, →Erneuerungsschein.

TA Luft, *Technische Anleitung zur Reinhaltung der Luft,* Verwaltungsvorschrift zum BImSchG, die zuständige Behörden bei

Genehmigung von Errichtung und Betrieb genehmigungsbedürftiger Anlagen gemäß BImSchG beachten müssen. Erlassen am 27.2.1986. – *Inhalt:* Die TA Luft *enthält* Emissionsgrenzwerte für zahlreiche Stoffe und Stoffgruppen und einige Immissionsgrenzwerte, ferner Bestimmungen über Meßverfahren für Emissions- und Immissionswerte. Für →Altanlagen besteht die Möglichkeit nachträglicher Anordnungen. – *Zweck:* Schutz der Allgemeinheit und der Nachbarschaft vor schädlichen Umwelteinwirkungen durch Luftverunreinigung sowie der Vorsorge dagegen (→Vorsorgeprinzip).

Tamlog, →Zuschauerforschung.

Tammeter, Zusatzgerät für Rundfunk- und Fernsehapparate, das auf elektronischem Wege die eingestellten Sender und die Empfangsdauer erfaßt. Nicht registriert wird die Sehbeteiligung der einzelnen Personen. Dieser Nachteil wurde mit der Einführung des →Teleskomaten abgestellt. T. wird zur →Zuschauerforschung eingesetzt.

TAN, transaction number, →Transaktionsnummer.

Tandemarbeitszeit, zwei oder mehr Mitarbeiter bilden ein Arbeitsteam, das eine bestimmte vorgegebene Arbeitszeit präsenzpflichtig ist. Die Mitarbeiter können also in beliebiger Reihenfolge und Zeitverteilung nacheinander ihre Aufgaben erfüllen. Grundsätzlich vertreten sich die Mitarbeiter gegenseitig. Dieses Modell der →Arbeitszeitflexibilisierung ist hauptsächlich im Bereich des Dienstleistungsgewerbes im Einsatz. – Vgl. auch →Job Sharing.

Tanganjika, →Tansania.

Tangentenlösung, →monopolistische Konkurrenz.

Tangentialreisende, Bezeichnung der Personenverkehrsstatistik in der Seeschiffahrt für Personen, die auf einer Seereise zwischen zwei ausländischen Häfen einen westdeutschen Hafen anlaufen.

Tankschiffahrt, →Seeschiffahrt.

Tansania, Land in Ostafrika, präsidiale Republik föderativen Charakters, Bundesparlament; seit 1964 Union von Tanganjika und Sansibar in Kraft. – *Fläche:* 945 087 km². – *Einwohner* (E): (1986, geschätzt) 22,46 Mill. (23,8 E/km²). – *Hauptstadt:* Dodoma (offizielle Hauptstadt; 158 577 E), Daressalam (noch faktische Hauptstadt; 851 522 E); weitere wichtige Städte: Zanzibar Town (110 669 E), Tanga (143 878 E), Musoma (219 127 E), Mwanza (169 660 E). – *Amtssprache:* Suaheli und Englisch als Bildungs- und Verkehrssprache; außerdem diverse Dialekte und Mundarten.

Wirtschaft: Die *Landwirtschaft* ist überwiegend genossenschaftlich organisiert; angebaut werden: Sisal, Kaffee, Bananen, Mais, Maniok, Zuckerrohr, Gewürznelken. – *Industrie:* Textilindustrie, Düngerfabrik, Zementwerk, Papierfabrik. – *BSP:* (1985, geschätzt) 5840 Mill. US-$ (270 US-$ je E). – Anteil der Landwirtschaft am *BSP:* (1984) 52%, der Industrie: 14%. – *Öffentliche Auslandsverschuldung:* (1984) 68,0% des BSP. – *Inflationsrate:* (Durchschnitt 1973–83) 11,5%. – *Export:* (1983) 366 Mill. US-$, v.a. Kaffee, Baumwolle, Diamanten, Tee, Erdnüsse, Pyrethrum, Gold, Gewürznelken, Fische. – *Import:* (1983) 822 Mill. US-$, v.a. Maschinen und Fahrzeuge, Erdöl, Nahrungsmittel. – *Handelspartner:* EG-Länder, VR China, Japan, USA, BENELUX-Staaten, Kenia, Hongkong, Indien, Iran, Saudi-Arabien.

Verkehr: Das *Straßennetz* ist nur zu 10% asphaltiert (viele Straßen sind während der Regenzeit nicht befahrbar). Das *Eisenbahnnetz* wird weiter ausgebaut (Strecke der „Tansam"). Größter *Seehafen* ist Daressalam. Internationaler *Flugverkehr*.

Mitgliedschaften: UNO, AKP, CCC, OAU, UNCTAD u.a.; Commonwealth.

Währung: 1 Tansania-Schilling (T.Sh.) = 100 Cents.

Tante-Emma-Laden, →Nachbarschaftsgeschäft.

Tantieme. I. Charakterisierung: Anteil am Jahresgewinn eines Unternehmens; Form der →Gewinnbeteiligung. – 1. *T. an Vorstandsmitglieder einer AG:* Diese erhalten aufgrund der Satzung oder des Anstellungsvertrages T. Berechnung der T. des Vorstands erfolgt nach dem Jahresüberschuß, vermindert um einen Verlustvortrag aus dem Vorjahr und um die Beträge, die nach Gesetz oder Satzung in →Gewinnrücklagen einzustellen sind (§ 86 II AktG). – 2. *T. an Aufsichtsratsmitglieder einer AG:* Diese erhalten T. aufgrund der Satzung oder auf Beschluß der Hauptversammlung. Die T. wird nach dem Bilanzgewinn berechnet, außerdem sind noch 4% des eingezahlten Grundkapitals vorweg in Abzug zu bringen (§ 113 AktG). – 3. *Besteuerung:* Die T. unterliegt bei beschränkt Steuerpflichtigen der →*Aufsichtsratsteuer.* – 4. Der Aufsichtsrat hat dafür zu sorgen, daß die *Gesamtbezüge* des Vorstands in einem angemessenen Verhältnis zu den Aufgaben des Vorstandsmitglieds und zur Lage der Gesellschaft stehen (§ 87 I AktG).

II. Garantierte T.: Diese ist dann auszuzahlen, wenn kein Reingewinn erzielt ist; sie ist ein zusätzliches Gehaltsversprechen. Endet das Arbeitsverhältnis, so fällt von diesem Zeitpunkt ab der Anspruch auf T. weg, jedoch bleibt der Anspruch, auch wenn Feststellung des Gewinns noch nicht erfolgt ist, für die noch nicht abgerechnete Zeit bestehen.

Anspruch auf Fertigung einer Zwischenbilanz besteht i. d. R. nicht.

III. Auskunftserteilung: Zur Auskunftserteilung verpflichtet ist nach der Rechtsprechung ein Arbeitgeber, der einem Arbeitnehmer eine prozentuale Gewinnbeteiligung am Nettojahresgewinn des Unternehmes zusagt, nach dem Grundsatz von →Treu und Glauben. Dabei kann Vorlage der Handelsbilanz verlangt werden, Steuerbilanz genügt nicht. I. d. R. werden die Auskünfte nicht dem Arbeitnehmer persönlich, sondern einer von ihm zu beauftragenden neutralen Stelle, z. B. einem Wirtschaftsprüfer, zu geben sein.

Tantiemesteuer, →Aufsichtsratsteuer.

tape streamer, →streamer.

Tara, Gewicht der Verpackung bzw. →Ladeeinheit als Differenz zwischen dem Bruttound dem Nettogewicht einer Ladung, Sendung oder anderen Gütereinheit im Verkehr.

Tarif, listenmäßig, nach einem bestimmten Prinzip (degressiv, progressiv u.a.) aufgestellte Preise, Abgaben usw. je Einheit. – 1. *Bahnverkehr:* Vgl. →Eisenbahn-Tarif. – 2. *Luftverkehr:* Vgl. →Luftverkehr. – 3. *Zollverkehr:* Vgl. →Zolltarif. – 4. *Arbeitsrecht:* Die ausgerechneten →Ecklöhne laut →Tarifvertrag. – 5. Die ausgerechneten *Steuertabellen:* Vgl. →Einkommensteuertarif.

Tarifaufsicht, *Tarifüberwachung,* Kontrolle der Einhaltung der durch die Aufsichtsbehörde genehmigten Tarife und der Tarifbestimmungen durch diese oder eine von ihr bevollmächtigte Institution (→Tarifüberwachungsverordnung). – T. im öffentlichen Verkehr der *Bundesrep. D.:* a) *Deutsche Bundesbahn:* Gem. §14 BbG (→Eisenbahngesetze) der Bundesminister für Verkehr; b) *Güterkraftverkehr:* Gem. §54 GüKG die BAG; c) *Personenverkehr:* Gem. §54 PBefG; d) *Luftverkehr:* Gem. §31 LuftVG; e) *Binnenschiffahrt:* Gem. §31a BSchVG.

Tarifausschlußklausel, →Differenzierungsklausel in Tarifverträgen, die bezweckt, den anders oder nichtorganisierten Arbeitnehmern bestimmte tarifvertragliche Vergünstigungen vorzuenthalten. T. sind nach der Rechtsprechung unzulässig.

Tarifausschuß, gem. §5 TVG vorgesehener Ausschuß, der bei der →Allgemeinverbindlichkeitserklärung mitbestimmt. Gem. VO zur Durchführung des Tarifvertragsgesetzes vom 20. 2. 1970 (BGBl I 193) bestellt der Bundesminister für Arbeit und Sozialordnung je drei Vertreter der Spitzenorganisationen der Arbeitgeber und der Arbeitnehmer als Mitglieder auf deren Vorschlag. Die Leitung des T. obliegt einem Beauftragten des Bundesministers. Die Verhandlungen sind öffentlich; Beratungen geheim. Beschlüsse werden bei

Anwesenheit aller Mitglieder mit Mehrheit gefaßt.

Tarifautonomie, Tarifmacht. I. Arbeitsrecht: Recht der Koalitionen, unabhängig von staatlicher Einflußnahme, die Arbeitsund Wirtschaftsbedingungen zu regeln. – 1. *Grundsätzliches:* Die T. ist in ihrem *Kernbereich* durch die →Koalitionsfreiheit (Art. 9 III GG) verfassungsrechtlich mitgeschützt. Gesetzlich konkretisiert ist die T. im →Tarifvertragsgesetz. Die Auffassungen über die Legitimation der Tarifvertragsparteien zur Rechtsetzung durch Tarifvertrag sind geteilt: Teilweise wird vertreten, die Autonomie sei vom Staat delegiert; nach anderer Ansicht handelt es sich um eine originäre Rechtsetzungsbefugnis. Die Rechtsetzungsbefugnis wird auch unmittelbar aus Art. 9 III GG abgeleitet. – 2. *Grenzen der T.:* a) Die Tarifmacht der Tarifvertragsparteien ist auf Verbandsangehörige beschränkt; keine Rechtsetzung gegenüber Außenseitern (§4 I TVG). – b) Unzulässig sind →Differenzierungsklauseln. – c) Die Regelungszuständigkeit ist auf die „Wahrung und Förderung der Arbeits- und Wirtschaftsbedingungen" beschränkt. Die Tarifvertragsparteien können z. B. nicht die zwingenden Bestimmungen über die Unternehmensverfassung (AktG, GmbHG, MitbestG) ändern. – d) Die Individualsphäre der Arbeitnehmer ist der tarifvertraglichen Rechtsetzung entzogen, z. B. sind Vorschriften über die Lohnverwendung unzulässig. – e) Unzulässig ist weiter eine Eingriff in bereits entstandene Lohnansprüche (Verstoß gegen Art. 14 GG). – f) Nach überwiegender Auffassung sind die Tarifparteien an das Gemeinwohl gebunden; z. B. können Tarifabschlüsse, die die Erfordernisse des gesamtwirtschaftlichen Gleichgewichts in grober Weise mißachten, nichtig sein (§138 BGB).

II. Verkehrsrecht: Berechtigung eines Verkehrsträgers, über die Ausgestaltung der eigenen Tarife selbst zu bestimmen. Die →Tarifhoheit läßt eine solche T. nur in beschränktem Umfang zu. Die moderne Forderung nach mehr Wettbewerb im Verkehr setzt eine gewisse T. bei den Verkehrsträgern voraus. Im Rahmen der Gesetzesänderungen vom 1.8.1961 (BGBl I 1157), die auf eine gesunde Aufgabenteilung im Verkehr ausgerichtet sind, spielt die T. eine wichtige Rolle, ist aber dem Inhalt und dem Wesen nach noch immer umstritten.

Tarifbelastung. 1. *Begriff* des →körperschaftsteuerlichen Anrechnungsverfahrens. Die T. ergibt sich bei Körperschaften durch Anwendung der Tarifvorschriften auf das →zu versteuernde Einkommen. Zur T. zählt nach §27 II KStG von der T. im 1. 1977 angefallene inländische Körperschaftsteuer. – 2. *Höhe der T.:* a) Soweit keine Steuerermäßigungen oder -befreiungen eingreifen 56%. – b) Ursachen für *Steuerermäßigungen* oder -befreiungen können sein: (1) ermäßigter Körperschaftsteuersatz (§ 23 II, III KStG); (2) Abzüge von der Steuerschuld (Berlinförderungsgesetz oder Vermögensbildungsgesetz); (3) Anrechnung ausländischer Steuern aufgrund unilateraler Maßnahmen (§ 26 I KStG) oder bilateraler Maßnahmen (Doppelbesteuerungsabkommen). – 3. Die Höhe der T. bestimmt zusammen mit den →Gewinnausschüttungen die Körperschaftsteuerschuld und die Zuordnung der Vermögensmehrungen zu den Teilbeträgen des →verwendbaren Eigenkapitals.

Tarifbildung, Festsetzung von Tarifen gem. bestimmter Kriterien, Grundsätze bzw. Prinzipien. – a) *Materielle T.:* Die Festlegung des inneren Tarifaufbaus, der Systematik. – b) *Formelle T.:* Die Festlegung der äußeren Darstellung der Tarife in Form verschiedener Abstufungen bzw. Differenzierungen (Tarifschema). – c) *Differentielle T.:* Verschiedene Beförderungsentgelte für die gleiche Beförderungsmenge und -entfernung (eines Gutes). – Vgl. auch →Tarifsystem.

Tarifbindung. 1. *Arbeitsrecht:* Vgl. →Tarifgebundenheit. – 2. *Verkehrsrecht:* Vgl. →Tarifpflicht.

Tarifdifferenzierung, Abstufung des Tarifs für an sich gleiche Beförderungsleistungen gem. zeitlichen, regionalen, sachlichen, personellen u. a. Kriterien. – Vgl. auch →Tarifbildung c), →Tarifgleichheit im Raum.

tarifdispositives Recht, Gesetzesrecht, das zwar durch →Tarifvertrag, aber nicht durch Einzelvertrag (→Arbeitsvertrag) abänderbar ist, z. B. § 13 I BUrlG.

Tarifeinheit, →Tarifvertrag IV 1 c), →Tarifzuständigkeit.

Tariffähigkeit, Fähigkeit, einen →Tarifvertrag als Vertragspartei abzuschließen. – 1. Nach § 2 I TVG sind *Tarifvertragsparteien* die Gewerkschaften, einzelne Arbeitgeber sowie Vereinigungen von Arbeitgebern. Unter Gewerkschaften und Vereinigungen von Arbeitgebern im Sinne des § 2 I TVG sind nur →Koalitionen zu verstehen. Eine tariffähige Vereinigung muß alle Merkmale des Koalitionsbegriffs erfüllen. Bestritten ist, ob die Arbeitnehmervereinigung sich zum →Arbeitskampf bekennen muß, um tariffähig zu sein. Nach der Rechtsprechung gehört zur T., daß die Vereinigungen mächtig und leistungsfähig sind. Eine Arbeitnehmerkoalition ist jedenfalls dann tariffähig, wenn sie die Arbeitsbedingungen ihrer Mitglieder bereits durch Tarifverträge regeln konnte, im Arbeitsleben beachtet werden und die →Arbeitsverhältnisse bestimmt haben. – 2. *T. des einzelnen Arbeitgebers:* Diese geht nach § 2 I TVG nicht verloren, wenn er einem Arbeitgeberverband beitritt. – 3. *Spitzenorganisationen* der Arbeit-

geberverbände und Gewerkschaften sind tariffähig, wenn das zu ihren satzungsgemäßen Aufgaben gehört (§ 2 III TVG) oder wenn sie von den Mitgliedsverbänden entsprechend bevollmächtigt sind (§ 2 II TVG). – 4. *Handwerks.innungen* sind durch § 54 III Nr. 1 HandwO mit T. beliehen. – 5. Für die *Entscheidung über die T.* einer Vereinigung sind die →Arbeitsgerichte ausschließlich zuständig, die in diesen Fällen im Beschlußverfahren entscheiden (§§ 2 a, 3, 97 ArbGG). – *Anders:* →Tarifzuständigkeit.

Tarifformen, Ausprägungen der verschiedenen →Steuertariftypen: →Stufentarife, →Kurventarife.

Tarif für den Güternahverkehr mit Kraftfahrzeugen (GNT), Regelung der Preise für Beförderungsleistungen im Nahverkehr. Nicht einbezogen ist die Beförderung von Gütern unter 4000 kg, ferner die An- und Abfuhr von Gütern aus dem Fernverkehr sowie die Beförderung von Gütern, für die besondere Tarife gelten. – Der GNT enthält *drei Tabellen:* für Tages- und Kilometersätze, für Stundensätze und für Leistungssätze. Die Preise sind *Richtpreise,* die bis zu 10% überund bis zu 30% unterschritten werden dürfen. Der Tarif enthält darüber hinaus u. a. Bestimmungen über Pauschalsätze, Wartezeiten, Geländezuschlag, Zuschläge für Personal, Einsatz für mehrere Auftraggeber und für Sonderfahrzeugen sowie über die Abrechnung.

Tarifgebiet, räumlicher Geltungsbereich eines Tarifs oder Tarifvertrages.

Tarifgebundenheit, *Tarifbindung,* Bindung an die Normen eines Tarifvertrags (→Tarifvertrag IV 1). Normen über Inhalt, Abschluß und Beendigung von Arbeitsverhältnissen gelten nur für die Tarifgebundenen. Tarifgebunden sind gem. § 3 I TVG die Mitglieder der Tarifvertragsparteien und der Arbeitgeber, der selbst Partei des Tarifvertrages (→Firmentarifvertrag) ist. – *Austritt des Tarifgebundenen:* Tritt ein Tarifgebundener (Arbeitgeber, Arbeitnehmer) aus dem vertragschließenden Verband aus, so bleibt seine T. bestehen bis zur Beendigung des Tarifvertrags endet (§ 3 III TVG). Mit dieser Vorschrift soll verhindert werden, daß sich einzelne Verbandsmitglieder den Pflichten von Tarifgebundene durch Verbandsaustritte entziehen. – Fortbestehen der T. nach § 3 III TVG ist von Nachwirkung *der Tarifvertragsnormen* nach § 4 V TVG zu unterscheiden (→Tarifvertrag V).

Tarifgemeinschaft, Zusammenschluß von Unternehmen des öffentlichen Personennahverkehrs zu einer Kooperationsgemeinschaft mit dem Ziel, der Nachfrage in einem Tarifgebiet (Nahverkehrsbereich) ein einheitliches Tarifsystem anzubieten und durch diese Vereinfachung des Tarifwesens eine Nachfragesteigerung zu bewirken.

Tarifgemeinschaft deutscher Länder (TdL), Arbeitgebervereinigung der deutschen Länder; Sitz in Bonn. – *Aufgabe:* Interessenwahrung der Mitglieder mit dem Ziel der Einheitlichkeit der Arbeitsbedingungen des öffentlichen Dienstes durch Tarifabschlüsse und sonstige Vereinbarungen.

Tarifgenehmigungspflicht, Verpflichtung des Verkehrsunternehmens bzw. -gewerbes, die aufgestellten Tarife von der Aufsichtsbehörde genehmigen zu lassen. Auch Änderung und Aufhebung von Tarifen bedürfen der Genehmigung durch die Aufsichtsbehörde. – Regelungen in der *Bundesrep. D.:* a) *Deutsche Bundesbahn:* Gem. § 16 I BbG und § 6 (3) AEG; b) *Luftverkehr:* Gem. § 21 I LuftVG; c) *Binnenschiffahrt:* Gem. § 28 BSchVG; d) *Güterkraftverkehr:* Gem. GüKG § 20a II; e) *Personenverkehr:* Gem. §§ 39, 41, 45, 51 PBefG.

Tarifgleichheit im Raum, Tatsache, daß Tarife trotz geographisch bedingter Kostenunterschiede und verschieden starker Frequentierung der Verkehrsrelationen regional einheitlich sind. Diese T. i. R. gilt nur für die sog. Regeltarife in Form der Festtarife; soweit Regeltarife als Margentarife ausgestaltet sind, können bereits Kosten- und Auslastungsunterschiede zum Tragen kommen. Andere Tarife sind von vornherein relationsbezogen und berücksichtigen konkrete Markt- und Kostengegebenheiten (z. B. innerdeutsche Binnenschiffstarife). – Das Prinzip der T. i. R. ist auch durchbrochen durch *viele spezielle Ausnahmetarife und Sonderabmachungen* im Güterverkehr sowie Sondertarife und Sonderangebote im Personenverkehr. – Vgl. auch →Tarifpflicht, →Tarifdifferenzierung.

Tarifhoheit, Recht zur Genehmigung für die Aufstellung, Änderung und Aufhebung von →Tarifen. – Im *Bahnverkehr:* Nach § 6 III des Allgemeinen Eisenbahngesetzes liegt die T.: a) beim *Bund* für den Deutschen Eisenbahn-Personentarif (DEPT), Deutschen Eisenbahn-Gütertarif (DEGT) und Deutschen Eisenbahn-Tier-Tarif (DETT); b) bei den *Ländern* für die Binnen- und Gemeinschaftstarife der nichtbundeseigenen Eisenbahnen. Eine vom Bund erteilte Genehmigung gilt auch für die Binnentarife derjenigen nichtbundeseigenen Eisenbahnen, die den DEPT und/oder den DEGT bzw. DETT als Binnentarife für anwendbar erklärt haben.

Tarifierung, im Sinne des Zollrechts die Feststellung der für das abzufertigende →Zollgut nach seiner Beschaffenheit in Betracht kommenden Tarifstelle des →Zolltarifs. Die T. ist ein Teil der →Zollabfertigung.

Tarifkilometer, Einheit für die Berechnung der Frachtsätze im Bahnverkehr. Es wird nicht die effektive Beförderungsstrecke

zugrunde gelegt, sondern die im Bahnhofstarif des Deutschen Eisenbahn-Güter- und Tiertarifs (Teil II, Heft D) in Entfernungstafeln abzulesenden bahnamtlich ermittelten (1) *Ortsentfernungen* (für die Strecke zwischen zwei an der gleichen Strecke liegenden Bahnhöfen), (2) *Knotenentfernungen* (für T. zwischen zwei Gütertarifbahnhöfen) sowie (3) ggf. zusätzlich die *Anstoßentfernung* (eine im Bahnhofsverzeichnis ausgewiesene Entfernung von einem nicht unter (1) und (2) aufgeführten Güterbahnhof bis zum nächstgelegenen Knotenpunkt).

Tarifklassen, Abstufung des Tarifs nach bestimmten Klassen. – 1. *Personenverkehr:* Beförderungsklassen (erste und zweite Klasse bei der Eisenbahn; first-, business- und economy- bzw. tourist-class im Luftverkehr; i. d. R. keine Klasseneinteilung im öffentlichen Personennahverkehr). – 2. *Güterverkehr:* Klassen nach der Art, dem Wert, dem Gewicht oder der Beförderungsentfernung der Güter (Güter-, Wert-, Gewichts-, Entfernungsklassen; vgl. auch →Güterklassifikation. – *Binnenschiffahrt:* Klassen für Getreide, Kies, Erz, Eisen/Stahl, Steinkohle, Mineralöl. – *Seeschiffahrt:* Tarife für die Linienfahrt (Stückgut, Massengut), Trampschiffahrt und Tankerfahrt.

Tarifkommission des allgemeinen Güternahverkehrs (TKN), auf der Grundlage des § 84 II Nr. 1 GüKG gebildete und nach der VO über die Tarifkommission und ihrer beratenden Ausschüsse für den Güterkraftverkehr vom 21.11.1969 (BAnz.-Nr. 222) arbeitende Kommission (→Tarifkommissionen). – 1. *Zusammensetzung:* Die aus insgesamt 36 Mitgliedern bestehende TKN setzt sich zusammen aus zwei zahlenmäßig gleichstarken Gruppen von Tarifsachverständigen des allgemeinen Güternahverkehrsgewerbes (Unternehmer) und von Vertretern der Verlader (darunter acht Vertreter der Industrie, sechs des Handels und je zwei des Handwerks und der Landwirtschaft). Sämtliche Mitglieder werden auf Vorschlag der beteiligten Gewerbezweige vom Bundesminister für Verkehr (BMV) auf die Dauer von drei Jahren berufen, sind ehrenamtlich tätig und an Weisungen oder Aufträge nicht gebunden (§ 84c I–III GüKG). Nach § 84e II GüKG ist ferner die Bildung einer Erweiterten Tarifkommission vorgesehen, die sich aus der um einen unabhängigen Vorsitzenden je einem von der Gruppe der Unternehmer und der Gruppe der Verlader benannten unabhängigen Beisitzer erweiterten regulären Kommission zusammensetzt. – 2. *Aufgabe:* Bildung marktgerechter Beförderungsentgelte (§ 84a GüKG), wobei nach § 84e V GüKG die von der Tarifkommission bzw. der Erweiterten Tarifkommission beschlossenen Entgelte als marktgerecht gelten. – 3. *Beschlußverfahren:* Gem. § 84d

GüKG beraten die Unternehmer- und Verladergruppe gemeinsam und verfügen bei Abstimmungen über je eine Stimme. Kommt in der TKN eine Einigung nicht zustande, ist die Erweiterte Tarifkommission innerhalb von zwei Wochen davon zu unterrichten und durch deren Vorsitzenden dann innerhalb von vier Wochen einzuberufen. Dort haben der Vorsitzende, die beiden Beisitzer, die Gruppen der Unternehmer und der Verlader jeweils eine Stimme; beschlossen ist das Entgelt für das mindestens drei Stimmen abgegeben werden. Damit die beschlossenen Beförderungsentgelte wirksam werden können, bedürfen sie der Genehmigung des Bundesministers für Verkehr (BMV), der im Einvernehmen mit dem Bundesminister für Wirtschaft (BMWi) entscheidet. Nach § 84 f III GüKG kann der Bundesminister für Verkehr im Einvernehmen mit dem Bundesminister für Wirtschaft aus Gründen des Allgemeinwohls oder wenn die Tarifkommission bzw. die Erweiterte Tarifkommission nicht zu einem Beschluß gelangen, von sich aus Beförderungsentgelte festsetzen. Genehmigte oder festgesetzte Tarife werden vom Bundesminister für Verkehr durch Rechtsverordnung ohne Zustimmung des Bundesrates erlassen (§ 84 f V GüKG).

Tarifkommissionen, Institutionen für die einzelnen Zweige des Straßengüterverkehrs gem. GüKG, mit der Aufgabe, die Tarife zu fixieren, die dann dem Bundesminister für Verkehr zur Genehmigung vorgelegt werden. – Es gibt vier T.: (1) →Tarifkommission für den allgemeinen Güternahverkehr (TKN) gem. § 84 GüKG, (2) →Tarifkommission für den Güterfernverkehr (TKF) gem. § 21 GüKG, (3) →Tarifkommission für den Speditionsnahverkehr (TKS) gem. § 84 in Verbindung mit § 21 GüKG und (4) →Tarifkommission für den Umzugsverkehr (TKU) gem. § 40 GüKG. Entsprechende T. bestehen auch in *anderen Verkehrsbereichen:* a) Eisenbahn: →Ständige Tarifkommission;   b)   Binnenschiffahrt: →Frachtenausschüsse.

Tarifkommission für den Güterfernverkehr (TKF), Institution gem. § 21 GüKG und der VO über die Tarifkommissionen und ihre beratenden Ausschüsse für den Güterkraftverkehr vom 11.10.1961 i. d. F. vom 27.11.1969 (BAnz. Nr. 222) (→Tarifkommissionen). Anstelle je einer Tarifkommission für den allgemeinen Güterfernverkehr und den Bezirksgüterfernverkehr kann eine gemeinsame Tarifkommission gebildet werden. – 1. *Zusammensetzung:* Den Tarifkommissionen gehören 18 Tarifsachverständige der beteiligten Zweige des Güterfernverkehrs an. Zusammen mit ihren Stellvertretern werden sie auf Vorschlag von Angehörigen oder Verbänden des Güterkraftverkehrsgewerbes für die Dauer von drei Jahren durch den Bundesminister für Verkehr (BMV) berufen (§ 21 II GüKG). Nach § 21 a GüKG wird bei jeder Tarifkom-

mission ein beratender Ausschuß gebildet, der sich aus Vertretern der Verlader zusammensetzt (sieben Vertreter der Industrie, sechs des Handels, drei der Landwirtschaft und je einem der Spediteure und des Handwerks). Mitglieder der Kommissionen und beratenden Ausschüsse sind ehrenamtlich tätig und an Aufträge und Weisungen nicht gebunden. Der Bundesminister für Verkehr kann an den Sitzungen der Tarifkommissionen und ihrer beratenden Ausschüsse teilnehmen oder sich vertreten lassen. – 2. *Aufgabe:* Festsetzung der Frachtsätze und aller anderen zur Bestimmung des Beförderungsentgelts notwendigen Angaben des Tarifs (§ 20 a I GüKG). – 3. *Beschlußverfahren:* Nach § 21 a III GüKG haben die Tarifkommissionen ihren beratenden Ausschüssen vor jeder Sitzung, in der über die Festsetzung von Tarifen beschlossen werden soll, nach Maßgabe der Geschäftsordnung Gelegenheit zur Stellungnahme zu geben. Die Beförderungsentgelte sollen den wirtschaftlichen Verhältnissen der Unternehmer des Güterkraftverkehrsgewerbes Rechnung tragen; soweit nicht anders bestimmt, handelt es sich um Mindest-/Höchstentgelte (§ 22 I GüKG). Um wirksam zu werden, bedürfen die Beschlüsse der Tarifkommissionen der Genehmigung des Bundesministers für Verkehr, der im Einvernehmen mit dem Bundesminister für Wirtschaft (BMWi) entscheidet und die festgesetzten und genehmigten Tarife in Form einer Rechtsverordnung ohne Zustimmung des Bundesrates erläßt. Sofern das allgemeine Wohl es erfordert, kann der Bundesminister für Verkehr im Einvernehmen mit dem Bundesminister für Wirtschaft an Stelle der Tarifkommissionen Frachtsätze und andere Beförderungsbestimmungen festsetzen (§ 20 a I–VI GüKG).

Tarifkommission für den Speditionsnahverkehr (TKS), auf der Grundlage von § 84 II Nr. 2 GüKG und der VO über die Tarifkommissionen und ihre beratenden Ausschüsse für Güterkraftverkehr vom 11.10.1961 i. d. F. vom 21.11.1969 (BAnz. Nr. 222) gebildete und arbeitende Kommission (→Tarifkommission). – 1. *Zusammensetzung:* Die aus 36 Mitgliedern bestehende TKS setzt sich zusammen aus zwei zahlenmäßig gleich starken Gruppen von Tarifsachverständigen der Spediteure und von Vertretern der Verlader (davon acht Vertreter der Industrie, sechs des Handels und je zwei des Handwerks und der Landwirtschaft). Auf Vorschlag der beteiligten Gewerbe werden die Kommissionsmitglieder für die Dauer von drei Jahren vom Bundesminister für Verkehr (BMV) berufen. Kann sich die TKS nicht auf ein bestimmtes Beförderungsentgelt einigen, entscheidet in einer Art Schiedsverfahren gem. § 84 e GüKG die Erweiterte Tarifkommission, die aus der Gruppe der Spediteure, der Gruppe der Unternehmer, einem unabhängigen Vorsitzenden und je einem von den beiden Parteien benannten unabhängigen Beisitzer besteht. – 2. *Aufgabe:* Bildung marktgerechter Beförderungsentgelte (§ 84 a GüKG). – 3. *Beschlußverfahren:* Entspricht im einzelnen demjenigen der →Tarifkommission des allgemeinen Güternahverkehrs. Die Beschlüsse der TKS oder der Erweiterten Tarifkommission bedürfen der Genehmigung des Bundesministers für Verkehr, der im Einvernehmen mit dem Bundesminister für Wirtschaft (BMWi) entscheidet.

Tarifkommission für den Umzugsgutverkehr (TKU), Institution gem. § 40 II GüKG und der VO zur Änderung der Verordnung über die Tarifkommissionen und ihre beratenden Ausschüsse für den Güterkraftverkehr vom 7. 4. 1983 (→Tarifkommissionen). – 1. *Zusammensetzung:* Die TKU besteht aus acht Tarifsachverständigen des Umzugs- und Möbelverkehrsgewerbes sowie deren Stellvertreter. Der daneben zu bildende beratende Ausschuß (Verladerseite) umfaßt je zwei Vertreter der Industrie, des Handels und des Handwerks sowie je einen Vertreter der Spediteure und der Verbraucher. Sämtliche Mitglieder werden gem. § 40 II GüKG auf Vorschlag der Angehörigen oder der Verbände der beteiligten Gewerbe bzw. Organisationen durch den Bundesminister für Verkehr berufen. – 2. *Aufgabe:* Festsetzung der Entgelte für die Beförderung und für Nebenleistungen im Umzugsverkehr (§ 40 I GüKG i. V. mit § 20a GüKG) sowie der Tarife für die Beförderung von Handelsmöbeln in besonders für die Möbelbeförderung eingerichteten Fahrzeugen im Güterfern- und -nahverkehr. Da für diesen Bereich auch das Tarifbildungsverfahren gem. § 20a GüKG anzuwenden ist, bedürfen die Beschlüsse der Kommission der Zustimmung des Bundesministers für Verkehr (BMV), der im Einvernehmen mit dem Bundesminister für Wirtschaft (BMWi) entscheidet.

Tarifkonkurrenz, →Tarifvertrag IV 1 c).

tarifliche Schlichtungsstelle, durch →Tarifvertrag zur Beilegung von Meinungsverschiedenheiten zwischen Arbeitgeber und Betriebsrat an die Stelle der →Einigungsstelle (§ 76 VIII BetrVG) bestimmte Schlichtungsstelle.

Tariflohn, das nach →Tarifvertrag zu zahlende →Arbeitsentgelt. – 1. *Zeitlohn:* Lohn, bei dem die Vergütung nach Zeitabschnitten bemessen wird. Dieser wird vorwiegend in Tarifverträgen eingehend geregelt. – 2. *Lohn- und Gehaltsgruppen:* Soweit Lohn- und Gehaltsgruppen nach Art der ausgeübten Tätigkeit gebildet werden, werden in Tarifverträgen auch die Tätigkeitsmerkmale beschrieben, die für die →Eingruppierung des Arbeitnehmers maßgeblich sind. Die Höhe der Vergütung richtet sich nach der ausgeübten Tätigkeit. – 3. *Ecklohn:* In manchen Branchen ist es gebräuchlich, die Vergütung einer mittle-

ren Tariflohngruppe als Ecklohn zu regeln, wobei die Vergütung der anderen Tarifgruppen sich dann in Prozentsätzen des Ecklohns errechnet. – 4. *Leistungslohn:* Vielfach stellt der Tarifvertrag auch die Möglichkeit einer Vergütung nach Leistung frei, ohne das System der Leistungsentlohnung im einzelnen festzulegen. Z. B. kann sich der Tarifvertrag darauf beschränken, einen Akkordrichtsatz anzugeben, während die Zeitvorgaben für einen Arbeitsvorgang betrieblich (→betriebliche Lohngestaltung, →leistungsbezogene Entgelte) festzulegen sind. – Vgl. auch →Tariflohnerhöhung.

Tariflohnerhöhung, höhere Festsetzung des →Tariflohns aufgrund eines Tarifvertrages. – *T. gemäß Arbeitsvertrag:* Solange der durch Tarifvertrag geregelte Lohn nicht unterschritten wird, kann der →Arbeitsvertrag bestimmen, daß der kraft einzelvertraglicher Abrede höhere Lohn wegfällt oder angerechnet wird. Fehlt eine Regelung im Arbeitsvertrag, ist eine ergänzende Vertragsauslegung erforderlich. Besteht der durch einzelvertragliche Abrede höhere Lohn (Effektivlohnvorsprung) aus gesondert geregelten →Zulagen, ist im Zweifel davon auszugehen, daß dem Arbeitnehmer die Zulage bei einer tariflichen Erhöhung des Grundlohns verbleibt. – *Klauseln im Tarifvertrag über das Verhältnis der T. zum Effektivlohn* (z. B. „Die Tariflohnerhöhung ist effektiv zu gewähren") sind nach der Rechtsprechung unzulässig (→Effektivklausel).

Tariflohnstatistik. 1. *Laufende Erfassung* der tariflichen Lohn- und Gehaltssätze anhand der vom Bundesministerium für Arbeit und Sozialordnung aus dem Tarifregister und von den Sozialpartnern zur Verfügung gestellten Tarifverträge und halbjährliche Aufbereitung, jeweils Stand April und Oktober. – a) *Ausgewählte Tarifverträge für Wirtschaftszweige der gewerblichen Wirtschaft:* Tariflich festgelegte Zeitlohnsätze der höchsten tarifmäßigen Altersstufe in der höchsten tariflichen Ortsklasse für die Lohngruppen mit den höchsten und niedrigsten Lohnsatz sowie für einige dazwischen liegende stärker besetzte Lohngruppen; tariflich festgelegte monatliche Anfangs- und Endgehälter der höchsten tariflichen Ortsklasse für die Gehaltsgruppen mit dem höchsten und niedrigsten Gehaltssatz sowie für einige dazwischen liegende stärker besetzte Gehaltsgruppen. – b) *Für Arbeiter* und *Angestellte:* Wichtige tarifliche Regelungen, u. a. bezüglich Arbeitszeit, Urlaub, Bezahlung bei Krankheit, vermögenswirksame Leistungen, Überstundenzuschläge; veröffentlicht in Fachserie 16 des Statistischen Bundesamtes. – 2. *Berechnung von Indizes:* Vierteljährlich Indizes der tariflichen Wochenarbeitszeiten und der Tariflöhne und -gehälter der Arbeiter bzw. Angestellten in der gewerblichen Wirtschaft sowie bei Gebietskörperschaften, Index der Tariflöhne in der Landwirtschaft; Basis 1980

= 100; Gliederung nach der Systematik der Wirtschaftszweige; veröffentlicht in Fachserie 16 des Statistischen Bundesamtes. – 3. *Tariflohn- und -gehaltsniveau* in der Gesamtwirtschaft und im Produzierenden Gewerbe (einschl. Baugewerbe), monatliche Berechnung auf Stunden- und Monatsbasis (1980 = 100) durch die Deutsche Bundesbank; veröffentlicht in „Monatsberichte" der Deutschen Bundesbank.

Tarifmacht, →Tarifautonomie.

Tarifnormen, →Tarifvertrag IV 1.

Tariföffnungsklausel, *Öffnungsklausel.*
I. A r b e i t s r e c h t : Bestimmungen in einem →Tarifvertrag, die den ergänzenden Abschluß einer →Betriebsvereinbarung (§ 77 III 2 BetrVG) oder abweichende Regelungen durch →Arbeitsvertrag (§ 4 III TVG) zulassen.

II. B e t r i e b l i c h e A l t e r s - u n d H i n t e r -
b l i e b e n e n v e r s o r g u n g : Vgl. →Betriebsrentengesetz II 7.

Tarifordnung, Rechtsverordnungen, die in nationalsozialistischer Zeit vom „Treuhänder der Arbeit" erlassen wurden und an die Stelle von →Tarifverträgen traten. Solche T. galten z. T. auch nach 1945; Übergangsregelung in § 10 TVG getroffen.

Tarifordnung für Angestellte des öffentlichen Dienstes (TOA), jetzt: →Bundes-Angestellten-Tarifvertrag (BAT).

Tarifparteien, →Tarifvertrag II.

Tarifpartner, →Tarifvertrag II.

Tarifpflicht, *Tarifzwang, Tarifbindung,* Verpflichtung von Verkehrsunternehmen (neben →Betriebspflicht und →Beförderungspflicht), Tarife aufzustellen, zu veröffentlichen und allgemein anzuwenden; grundsätzlich impliziert die T. auch das Prinzip der →Tarifgleichheit im Raum. Durch T. ist der tariffreie Raum sehr eng begrenzt. Ggf. auch dort T., wo keine Betriebs- und Beförderungspflicht existieren (z. B. im innerdeutschen Binnenschiffsverkehr, im allgemeinen Straßengüternahverkehr, im Straßengüterfernverkehr). – Bei der Aufstellung der Tarife sind spezifische gemeinwirtschaftliche Auflagen zu berücksichtigen, die der Erfüllung strukturpolitischer, regionalpolitischer und sozialpolitischer Ziele dienen.

Tarifpolitik, Teil der →Lohnpolitik. Die T. erstreckt sich auf alle Bereiche, die Gegenstand eines →Tarifvertrages sein können. Neben der Lohnfestsetzung umfaßt sie folgende zunehmend an Bedeutung gewinnende Bereiche: a) Stabilisierung bestehender Beschäftigungsverhältnisse (Bestandssicherung), b) Verbesserung der Arbeitsbedingungen, c) Erhaltung und Verbesserung der Qualifikation der Arbeitskräfte, d) Abdeckung von sozialen Risiken, e) Verkürzung der Arbeits-

zeit aus beschäftigungspolitischen Gründen (35-Stunden-Woche) sowie f) Fragen des räumlichen und zeitlichen Geltungsbereichs von Tarifverträgen.

Tarifregister, beim Bundesminister für Arbeit und Sozialordnung geführtes Verzeichnis, in dem →Tarifverträge und →Allgemeinverbindlichkeitserklärungen eingetragen werden (§ 6 TVG). Jedermann kann in das T. Einsicht nehmen. Es werden gleichfalls T. bei den Bundesländern geführt.

Tarifsatz, der im Personenverkehr auf eine Entfernungseinheit bezogene Beförderungspreis. – *Anders:* →Frachtsatz.

Tarifschema, →Tarifbildung b), →Tarifsystem 4.

Tarifsteuern, →indirekte Steuern 1.

Tarifsystem, systematischer Aufbau von Fahrpreisabstufungen nach der Reiselänge. – 1. Im *öffentlichen Personennahverkehr* werden T. i. d. R. gem. folgender *Kriterien* konstruiert: Kilometer, Strecke zwischen zwei Haltestellen, Teilstrecken, Flächenzonen, Netz. – a) *Kilometertarif:* Fahrpreis richtet sich nach der Entfernung (in km) zwischen Quell- und Zielhaltestelle. – b) *Haltestellentarif:* Fahrpreis ermittelt sich nach der Anzahl der angefahrenen Haltestellen. Entfernung zwischen den einzelnen Haltestellen sollte in etwa gleich groß sein. – c) *Teilstreckentarif:* Fahrpreis errechnet sich aus der Anzahl der durchfahrenen Teilstrecken, die durch Aufteilung des Streckennetzes in gleich lange Teilstrecken festgelegt werden. Teilstrecken sind durch Teilstreckenpunkte (= Zahlgrenzen) abgegrenzt. – d) *Flächenzonentarif:* Fahrpreis bestimmt sich nach der Anzahl der durchfahrenen Tarifzonen, in die das Streckennetz (Tarifgebiet) eingeteilt wird. Zonen weisen gleich große Flächen auf. – e) *Einheitstarif:* Für jede Fahrstrecke innerhalb des Tarifgebiets gilt der gleiche Fahrpreis, der allerdings für verschiedene Personengruppen unterschiedlich sein kann. – f) *Mischsysteme:* Für große Tarifgebiete häufig tarifliche Mischsysteme, die zwei oder mehrere der genannten T. kombinieren (z. B. Einheitstarif für Tagesfahrausweise und Flächenzonentarif für Einzelfahrausweise). – 2. *Kraftdroschkentarif:* Fahrpreis für Kraftdroschken (Taxis) setzt sich aus drei Elementen (Grundpreis, Arbeitspreis, Zuschläge) zusammen. Grundpreis ist – unabhängig von der Fahrleistung – ein fixer Betrag für die Inanspruchnahme eines Taxis; Arbeitspreis richtet sich nach der Länge und/oder der Dauer der Fahrt; Zuschläge werden für Wartezeiten, Beförderung von größerem Gepäck oder Tieren erhoben. – 3. *Eisenbahntarif:* Im Bahnfrachtgeschäft, abgestuft nach: a) Schnelligkeit (Trennung in Eilgut- und Frachtguttarif), b) Art der zu befördernden Güter (Güterklassifikation bzw. Wertklassifikation), c) verrechnete Menge von Gütern (Gewichts- oder Wagenraumsystem, führte in Deutschland zur Unterscheidung von Tarifen für Stückgut und Wagenladungen), d) Weglänge (Entfernungs-, Anstoß- oder durchgerechneter Staffel- oder Zonentarif). – 4. Das T. (ohne →Ausnahmetarife) in seiner äußeren Anordnung als *Tarifschema* bezeichnet (→Deutscher Eisenbahn-Gütertarif/II, Heft A →Frachtsatzzeiger), enthält die Frachtsätze, abgestuft nach Preisgruppen, die einer großen Zahl von Güterarten gemeinsam und für diese in dem betreffenden Verkehrsgebiet allgemein gültig sind.

Tariftonnenkilometer, Maßeinheit zur Berechnung und Messung der wirtschaftlichen Beförderungsleistung im Bahnverkehr (im Gegensatz zur betriebstechnischen Beförderungsleistung). Produkt aus dem nach dem →Deutschen Eisenbahn-Gütertarif (DEGT) berechneten frachtpflichtigen Gewicht und den nach →Frachtsatzzeiger zu berechnenden →Tarifkilometern.

Tarifüberwachung, →Tarifaufsicht.

Tarifüberwachungsverordnung, Verordnung über die Tarifüberwachung nach dem Güterkraftverkehrsgesetz (Tarifüberwachungs-Verordnung GüKG – GüKTV) vom 11.12.1984 (BGBl I, S. 1518). Regelt alle Belange, die zur Kontrolle der Tarifeinhaltung durch die Verkehrsunternehmen notwendig sind, wie die zur Frachtenprüfung vorzulegenden Dokumente.

Tarifverband Deutsche Bundesbahn – Deutsche nichtbundeseigene Eisenbahn (TBNE). 1. *Zweck:* Durchgehende Abfertigung von Personen, Reisegepäck und Expreßgut zwischen der →Deutschen Bundesbahn und den zum TBNE gehörenden →nichtbundeseigenen Eisenbahnen des nichtöffentlichen Verkehrs. – 2. Ein 1950 geschaffener direkter *Tarif* für Personen und Gepäck ermöglicht innerhalb des Bundesgebiets die Ausgabe von Fahrkarten und die durchgehende Abfertigung von Gepäck und Expreßgut zwischen fast allen Bahnhöfen. – 3. Geschäftsführende *Verwaltung* des TBNE ist die Bundesbahndirektion Hannover.

Tarifveröffentlichungspflicht, Verpflichtung des Verkehrsunternehmens, die vor der Aufsichtsbehörde genehmigten Tarife der Öffentlichkeit durch Bekanntmachung zugänglich zu machen; Veröffentlichung ist Voraussetzung für deren Gültigkeit. – *Regelungen:* a) *Deutsche Bundesbahn:* Bekanntmachung der Tarife gem. § 6 V 1 EVO und § 2 I des Gesetzes über die Verkündung von Rechtsverordnungen vom 30.1.1950 (BGBl I 23) im Tarif- und Verkehrs-Anzeiger (TVA); b) *Güterkraftverkehr:* Gem. GüKG § 20a VI; c) *Personenverkehr:* Gem. §§ 39 VII, 41, 45, 51

PBefG; d) *Binnenschiffahrt:* Gem. § 29 BSchVG; e) *Luftverkehr:* Gem. § 21 I LuftVG.

Tarifvertrag. I. Begriff: Entsprechend Tarifvertragsgesetz (TVG) ein bügerlichrechtlicher Vertrag zwischen Parteien mit Tariffähigkeit zur Regelung ihrer Rechte und Pflichten (schuldrechtlicher Teil) und zur Festsetzung von arbeitsrechtlichen Normen (normativer Teil). T. bedarf gem. § 1 II TVG grundsätzlich der Schriftform. – Vgl. auch →Entgelt-Tarifvertrag.

II. Tarifvertragspartner *(Tarifvertragsparteien):* Auf der Arbeitnehmerseite die →Gewerkschaften, auf der Arbeitgeberseite die →Arbeitgeberverbände (Verbandstarif) und einzelne Arbeitgeber (Haus-, Werk- oder Firmentarif); vgl. auch →Tariffähigkeit.

III. Registrierung: Abschluß, Änderung und Aufhebung des T. werden in einem →Tarifregister eingetragen, das beim Bundesminister für Arbeit und Sozialordnung geführt wird. Bei den Bundesländern werden gleichfalls Tarifregister geführt. Die Eintragung in das Tarifregister ist nicht Wirksamkeitserfordernis des T.

IV. Inhalt: 1. *Normative Bestimmungen:* Rechtsnormen zur Regelung der Rechtsverhältnisse der Mitglieder der beteiligten Tarifvertragsparteien, insbes. der Arbeitsverhältnisse. Sie gelten unmittelbar und zwingend zwischen den beiderseits Tarifgebundenen (→Tarifgebundenheit). Sie dürfen nicht gegen zwingendes staatliches Recht verstoßen (sonst Nichtigkeit gem. § 134 BGB). Sie sind unabdingbar, können also nicht durch Vereinbarung der Arbeitsvertragsparteien zuungunsten des Arbeitnehmers abgeändert werden (→Günstigkeitsprinzip). – *Wirkung der Normativbestimmungen* nach Geltungsbereichen unterschiedlich: a) *Zeitlicher Geltungsbereich:* Dieser deckt sich im Zweifel mit der Dauer des Tarifvertrags. Abweichende Regelung möglich in der Weise, daß die Geltung der Normen oder eines Teiles davon schon vor Beendigung des Tarifvertrags aufhören soll. Nach Ablauf des T. tritt die Nachwirkung gem. § 4 V TVG ein (vgl. V.). – b) *Räumlicher Geltungsbereich:* Ist von den Tarifvertragsparteien beliebig abzugrenzen für das Gebiet, in dem sie satzungsmäßig zuständig sind. Im Zweifel gelten die Normen bei Verbandstarif (Regelfall) für das ganze Gebiet der Tarifvertragsparteien und beim Werks-, Haus- oder Firmentarif für sämtliche gleichartigen Betriebe des Arbeitgebers. Je nach Größe des Tarifgebietes unterscheidet man Orts-, Bezirks-, Landes- oder Bundestarife. – c) *Sachlicher Geltungsbereich:* Dieser kann sich betrieblich oder fachlich bestimmen, grundsätzlich für einen ganzen Wirtschaftszweig (z.B. Großhandel, Einzelhandel, Metallindustrie). Bei gemischten Betrieben entscheidet der im Betrieb überwiegende Betriebszweck. – Problematisch ist, welcher T. anzuwenden ist, wenn ein Betrieb die fachlichen Geltungsvoraussetzungen mehrerer T. erfüllt (*Tarifkonkurrenz*). Ebenso tritt das Problem der Tarifkonkurrenz auf, wenn ein Arbeitgeber aus einem Arbeitgeberverband in einen anderen übertritt. Der Arbeitgeber ist dann einerseits an die vom Verband, dem er zuvor angehörte, geschlossenen T. gebunden (§ 3 III TVG), andererseits tritt durch den Beitritt zu dem anderen Verband eine Tarifbindung an die von diesem geschlossenen T. ein (§ 3 I TVG). Es ist davon auszugehen, daß für einen Betrieb immer nur ein T. gelten soll (*Prinzip der Tarifeinheit*), und zwar der aufgrund seiner betrieblichen, fachlichen und räumlichen Nähe speziellere T. (*Spezialitätsprinzip*). – d) *Persönlicher Geltungsbereich:* Abgrenzung eines T. nach Merkmalen persönlicher Art. Herkömmlicherweise werden für Angestellte und Arbeiter getrennte T. abgeschlossen. Der persönliche Geltungsbereich von T. kann noch enger sein, z. B. eigene T. für Auszubildende. – Der persönliche Geltungsbereich darf nicht mit der →Tarifgebundenheit verwechselt werden.

2. *Schuldrechtliche Bestimmungen:* Abreden, die das Rechtsverhältnis der Parteien des T. untereinander regeln. – a) *Friedenspflicht:* Gegenseitige Verpflichtung zur Wahrung des Arbeitsfriedens. Sie verbietet Kampfmaßnahmen, die sich gegen den Bestand des T. richten, wenn mit ihnen die vorzeitige Aufhebung oder Änderung eines T. oder einzelner Teile bezweckt wird. – b) *Einwirkungspflicht:* Verpflichtung der Tarifvertragsparteien, auf ihre Verbandsmitglieder im Sinne eines tarifgemäßen Verhaltens einzuwirken. Sie verpflichtet jedoch nicht zum Eingreifen gegen tarifwidriges Verhalten im Einzelfall, sondern nur bei der Verletzung kollektiver Interessen. – Bei *Verletzung der Friedens- und Einwirkungspflicht* Schadenersatzansprüche.

V. B e e n d i g u n g / N a c h w i r k u n g : Ein T. endet mit Ablauf der vereinbarten Zeit. Er kann auch von den Parteien des T. aufgehoben oder durch einen neuen T. ersetzt werden. Viele T. sehen die Möglichkeit einer befristeten Kündigung vor. Den Tarifgebundenen gegenüber entfällt mit dem Ende des T. noch nicht jede Wirkung. Gem. § 4 V TVG gelten die Rechtsnormen – nicht dagegen die schuldrechtlichen Vereinbarungen – eines T. nach dessen Ablauf weiter, bis sie durch eine andere Abmachung ersetzt werden. Die nachwirkenden Normen sind aber dispositiv, weichen daher auch einzelvertraglichen Abreden.

VI. U n v e r b r ü c h l i c h k e i t   t a r i f l i c h e r R e c h t e : Ein Verzicht auf entstandene tarifliche Rechte ist nach § 4 IV 1 TVG nur in einem von den Tarifvertragsparteien gebilligten Vergleich zulässig. Nach § 4 IV 2 ist auch die →Verwirkung tariflicher Rechte ausgeschlossen. Tarifliche Rechte sind Rechte, die

zwar im Arbeitsvertrag ihre Grundlage haben, aber durch den T. dem Umfang nach festgelegt sind, z. B. Ansprüche auf tarifliche Vergütung oder auf den tariflichen Urlaub.

tarifvertragliche Mitbestimmung, Variante zur →Mitbestimmung bzw. →Unternehmensverfassung in zweifacher Ausprägung. – 1. *Gegenstands- oder problembezogene Mitbestimmung* durch →Tarifvertrag bzw. Tarifverhandlungen zwischen Arbeitgebern und Gewerkschaft in unternehmensinternen Entscheidungsgremien (MoMitbestG, MitbestG, BetrVG, BetrVG 1952). Gegenstand können alle unternehmenspolitischen, administrativen und operativen Entscheidungen sein. Wird praktiziert insbes. in Italien, Großbritannien, Schweden und den USA. – 2. *Einführung und Ausgestaltung der Mitbestimmung* in Unternehmen und Betrieb *durch Tarifverhandlungen* zwischen Arbeitgebern und Gewerkschaften; Gegensatz zur deutschen Tradition der gesetzlichen Mitbestimmung. Wird z. B. praktiziert in Schweden; mit dem Gesetz über Mitbestimmung im Arbeitsleben 1976 wurden ,,Spielregeln" für Verhandlungen zwischen den Tarifvertragsparteien über die organisatorische Ausgestaltung der Mitbestimmung festgelegt. Durch Mitbestimmungstarifverträge (1979–1982) wurde eine interessendualistische Unternehmensverfassung mit tendenziell gleichgewichtigem Einfluß von Kapital und Arbeit entwickelt. Die Parität ergibt sich durch die Möglichkeit der Gewerkschaften, alle unternehmenspolitischen und betrieblichen Entscheidungen im Konfliktfall aus den unternehmensinternen Mitbestimmungsgremien heraus in das streikbewehrte Tarifverhandlungssystem verlagern zu können.

tarifvertragliche   Vergütungsregelungen, →Tariflohn.

Tarifvertragsgesetz (TVG), Gesetz i. d. F. vom 25.8.1969 (BGBl I 1323) mit späteren Änderungen. Rechtsgrundlage des Tarifvertragsrechts (vgl. →Tarifvertrag, →Allgemeinverbindlichkeitserklärung,   →Ausschlußfristen,   →Berufsverbände,   →Günstigkeitsprinzip,   →Koalition,   →Koalitionsfreiheit,   →Tariffähigkeit,   →Tarifgebundenheit, →Tariflohn, →Tarifordnungen, →Tarifzuständigkeit, →Verwirkung).

Tarifvertragsparteien, →Tarifvertrag II.

Tarifvertragspartner, →Tarifvertrag II.

Tarifvorrang, →Betriebsvereinbarung.

Tarifzuständigkeit, Zuständigkeit der Verbände für einen abzuschließenden →Tarifvertrag. T. ist nach überwiegender Auffassung ein Erfordernis für die Gültigkeit eines abgeschlossenen Tarifvertrags (nicht zu verwechseln mit dem persönlichen Geltungsbereich eines Tarifvertrags; →Tarifvertrag IV 1 d). Maßgebend für T. ist die Satzung der Verbände, z. B. der nach dem Industrieverbandsprinzip gegliederten Einzelgewerkschaften; so können die Verbände der Metallindustrie keine Tarifverträge für den öffentlichen Dienst abschließen. In Zweifelsfällen sind die Satzungen so auszulegen, daß keine Überschneidung auftritt. Grundsätzlich soll nach dem Industrieverbandsprinzip in einem Betrieb nur ein Tarifvertrag gelten (Prinzip der Tarifeinheit); vgl. auch →Tarifvertrag IV 1 c). Es besteht aber Satzungsautonomie. – Für die *Entscheidung über die T.* sind die →Arbeitsgerichte ausschließlich zuständig, die in diesen Fällen im Beschlußverfahren entscheiden (§§ 2 a I Nr. 3, 97 ArbGG). – *Anders:* →Tariffähigkeit.

Tarifzwang, →Tarifpflicht.

Taschenpfändung, die vom Gerichtsvollzieher nach § 808 ZPO vorgenommene →Pfändung von beweglichen Sachen, die der Schuldner in Taschen oder ähnlichen Behältnissen bei sich führt (z. B. Geld). – *Voraussetzungen* sind die allgemeinen der →Zwangsvollstreckung (Titel, Klausel, Zustellung) und formloser Antrag an den Gerichtsvollzieher am Wohnsitz des Schuldners auf Durchführung der T. Kostbarkeiten und Wertpapiere nimmt der Gerichtsvollzieher dem Schuldner weg und verwahrt sie selbst; Geld liefert er an den Gläubiger ab (§ 815 ZPO).

task, *Prozess,* Begriff aus der elektronischen Datenverarbeitung (Betriebssystembereich). Die →Jobs bzw. Jobsteps, die ein →Computer auszuführen hat, werden von seinem →Betriebssystem in Einheiten (tasks) zerlegt, die von der →Zentraleinheit als „Ganzes" ausgeführt werden sollen; T. stellen damit die kleinsten vom Betriebssystem verwalteten Einheiten dar.

task force, *Arbeitsgruppe,* amerikanisches Konzept zur Organisation der →Unternehmensplanung (vgl. dort VII); auf der Forderung beruhend, daß Planung mit ein Element der Führungsfunktion ist und somit nicht delegiert werden kann. Dem jeweiligen Linienmanager, der als Leiter einer t. f. fungiert, werden zur methodischen Unterstützung des Planungsprozesses Planungsspezialisten für die Dauer des Projekts zugeordnet.

Tastatur, *Eingabegerät* für einen →Computer, i. d. R. mit einem →Bildschirm gekoppelt. Die Dateneingabe erfolgt ähnlich wie bei einer Schreibmaschine durch aufeinanderfolgende Betätigung von Tasten (alphanumerische Tasten, Steuerungs-, Funktions-, Umschalttasten usw.), die mit bestimmter Bedeutung belegt sind.

tätige Reue. 1. *Strafrecht:* Vgl. →Rücktritt VI. – 2. *Steuerrecht:* Vgl. →Selbstanzeige.

Tätigkeit, Begriff der Arbeitswissenschaften: →Ablaufabschnitte, die der Erfüllung der Arbeitsaufgabe in einem Arbeitssystem dienen. – Vgl. auch →Tätigkeitszeit, →Unterbrechen der Tätigkeit.

Tätigkeitsklage, verwaltungsgerichtliche Untätigkeitsklage; Vornahmeklage: Vgl. →Verpflichtungsklage.

Tätigkeitsmerkmale, →Tariflohn, →Eingruppierung.

Tätigkeitszeit (t$_t$), Teil der →Grundzeit, Summe aller Sollzeiten mit der Ablaufart →Haupttätigkeit und →Nebentätigkeit.

Tatonnement, *Ausgleichsfunktion des Preises, Preismechanismus, invisible hand,* Interpretation des Marktmechanismus als Auktionsverfahren. Dabei wird gedanklich unterstellt, es gäbe einen Auktionator (unsichtbare Hand), der →Preise für Güter und Faktoren bekannt gibt und dem die von den →Konsumenten und →Unternehmungen angebotenen und nachgefragten Mengen mitgeteilt werden. Stimmen Angebot und Nachfrage zu diesen Preisen nicht überein, ändert der Auktionator die Preise solange, bis sich ein →Marktgleichgewicht einstellt. Man kann zeigen, daß dieser Preismechanismus nicht immer zu einem Gleichgewicht führt, d. h. die Ausgleichsfunktion des Preises ist nicht automatisch gewährleistet.

Tatsache, →Faktum.

tatsächliche Beschäftigung, →Beschäftigungspflicht.

Tausch. I. V o l k s w i r t s c h a f t s l e h r e : 1. *Allgemein:* Hingabe eines Tauschgutes (Waren, Leistungen oder Geld) gegen den Empfang eines anderen. Auf diesem Austausch von Waren und Leistungen beruht letztlich jede Form der Wirtschaft, v. a. die Tauschwirtschaft. Der Tauschverkehr kommt dadurch in Gang, daß die Wirtschaftssubjekte den Wert derjenigen Güter, die sie erwerben wollen, im Zeitpunkt des T. höher einschätzen als den Wert der Güter, die sie abzugeben haben. – Vgl. auch →Tauschwert, →Tauschmittelfunktion des Geldes. – 2. Verteilungsmodus im Rahmen der *Verteilungstheorie und -politik:* Vgl. →Verteilungstheorie III 3.

II. H a n d e l s b e t r i e b s l e h r e : Austausch von Ware gegen Ware (→Tauschhandel).

III. B ü r g e r l i c h e s   R e c h t : →Gegenseitiger Vertrag, durch den sich beide Teile zur Übertragung einer Sache oder eines Rechts verpflichten. Die Vorschriften über den →Kaufvertrag finden entsprechende Anwendung (§ 515 BGB), beide Teile haften dem anderen Teil wie ein Verkäufer.

IV. S t e u e r r e c h t : 1. *Umsatzsteuer:* Jeder entgeltliche Leistungsaustausch eines →Unternehmers unterliegt der →Umsatzsteuer. Das Entgelt kann in einer →Lieferung oder sonstigen Leistung von Geldwert bestehen, so daß zwei Lieferungen gegeben sind; ein tauschähnlicher Umsatz liegt vor, wenn das Entgelt für eine sonstige Leistung (nicht für eine Lieferung) in einer Lieferung oder sonstigen Leistung besteht. In beiden Fällen gilt der Wert jedes Umsatzes als Entgelt für den anderen Umsatz. Die Umsatzsteuer gehört nicht zum Entgelt (§§ 3 XII, 10 II UStG). Tauscht z. B. ein Radiohändler mit einem Fahrzeughändler ein Radio im gemeinen Wert von 700 DM gegen ein Motorrad zu 1000 DM und zahlt er 300 DM zu, dann hat der Fahrzeughändler 1000 DM und der Radiohändler 700 DM jeweils abzüglich der Umsatzsteuer zu versteuern (T. mit Baraufgabe). – 2. *Börsenumsatzsteuer:* Bei einem T. von Wertpapieren gegen Wertpapiere gelten als →Anschaffungsgeschäfte sowohl die Vereinbarung über die Leistung als auch die Vereinbarung über die Gegenleistung. I. a. entsteht zweimal →Börsenumsatzsteuer, ausgenommen beim T. über Wertpapiere der gleichen Gattung, wenn der Austausch →Zug um Zug ohne andere Gegenleistung geschieht, selbst wenn die ausgetauschten Wertpapiere verschiedene Zinszahlungstage haben und der Unterschiedsbetrag der Zinsen durch Zuzahlung ausgeglichen wird (§§ 18, 22 Nr. 5 KVStG). – 3. *Einkommen- und Körperschaftsteuer:* Die →Anschaffungskosten des erlangten →Wirtschaftsgutes sind gleich dem →gemeinen Wert des hingegebenen Wirtschaftsgutes. Gewinnrealisierung tritt damit nur dann ein, wenn beim getauschten Wirtschaftsgut stille Reserven vorhanden sind. Keine Gewinnrealisierung bei T. wert-, art- und funktionsgleicher Anteile an →Kapitalgesellschaften.

Tauschdepot, →Tauschverwahrung.

täuschende Mengenangabe, unrichtige oder irreführende Angabe über Zahl, Maß, Gewicht einer Ware. Verhinderung t. M. und ähnlichem durch Zwang, daß bestimmte Waren nur in vorschriftsgemäßen Zahl-, Maß- oder Gewichtseinheiten oder mit besonderen Herkunftsangaben vertrieben werden dürfen (§ 11 UWG).

Tauschgeschäft, →Tauschhandel.

Tauschgewinn, →Handelsgewinn.

Tauschgleichgewicht, spezielle Form eines →Marktgleichgewichts in einer Volkswirtschaft, in der keine Produktion stattfindet und Tausch von Gütern die einzige ökonomische Aktivität darstellt. Im T. stimmen die Quotienten der →Grenzraten der Substitution für alle Individuen überein. In einer →Edgeworth-Box sind T. durch denjenigen Teil der →Kontraktkurve gekennzeichnet, die von der Anfangsausstattung an Gütern erreichbar ist. – *T. im Außenwirtschaftsverkehr:* Vgl. →Außenhandelsgleichgewicht.

Tauschhandel, *Tauschgeschäft,* Form des →Handels: Tausch von Ware gegen Ware. – 1. *Verbreitung* in waren- und devisenknappen Zeiten zur Umgehung von Steuerzahlungen (Umsatzsteuer, Einkommensteuerprogression) sowie im Außenhandel, insbes. bei unsicheren oder beiderseitig nicht anerkannten Währungsparitäten (Inflationsgefahr, Handel mit Staatshandelsländern). – 2. *Formen:* a) *Direkter Tausch:* Partner gegen Partner. – b) *Dreiecksgeschäft:* Einbeziehung weiterer Partner oder Vermittler. – 3. *Tauschzentralen* für Kinder-Kleidung, Sportgeräte, insbes. Ski- und Skikleidung, Foto- und Phonogeräte, Gebrauchtwaren; hier als Gegenleistung manchmal Gutschriften oder breiter fungible Gutscheine. – 4. *Moderne Variante:* Persönliche Dienstleistung, z. B. ärztliche Untersuchung oder Rechtsberatung wegen Ware.

Tauschkurve, Kurve, die zeigt, welche Mengen zweier Güter ein Land bei alternativer Preisrelationen zu exportieren und importieren wünscht. Die T. ist demnach Angebots- und Nachfragekurve. – *Geometrische Ableitung* der T. aus den →Handelsindifferenzkurven des jeweiligen Landes (als die Verbindungslinie aller Tangentialpunkte zwischen Terms-of-trade-Linien und Handelsindifferenzkurven). Der Schnittpunkt der T. zweier Länder zeigt das →Außenhandelsgleichgewicht für diese Länder an.

Tauschmittel, Begriff der Volkswirtschaftslehre für die nach Entwicklung einer arbeitsteiligen Wirtschaft erforderlichen Gegenstände beim Austausch von Gütern und Leistungen. Die T. stellten ursprünglich selbst Marktwerte dar. Später wurde die T.-Funktion auf Edelmetalle, Bernstein, Barrengold übertragen, in der kapitalistischen Wirtschaft auf das Geld.

Tauschmittelfunktion des Geldes, *Zahlungsmittelfunktion des Geldes,* neben der →Wertaufbewahrungsfunktion des Geldes und der →Rechenmittelfunktion des Geldes eine der Hauptfunktionen. Mit Hilfe des Tauschmittels Geld ist es möglich, einen Tauschakt in zwei sich nicht simultan vollziehende und voneinander unabhängige Tauschakte zu zerlegen (Ware gegen Geld und Geld gegen Ware; indirekter Tausch). Die Verwendung von Geld als Tauschmittel reduziert die Informations- und Transaktionskosten erheblich. – Mit dem *Einsatz moderner Datenverarbeitung* wird es in absehbarer Zukunft möglich sein, indirekte Tauschketten zwischen den Tauschpartnern aufzubauen, um so völlig ohne Zwischenschaltung von Zahlungsmitteln Geschäfte abzuwickeln; dies zeigt sich bereits durch verstärktes Aufkommen (insbes. USA) von privaten Firmen, die Ringtauschgeschäfte professionell vermitteln. Eine Renaissance der reinen Tauschwirtschaft, die bislang als charakteristisch für primitive Entwicklungsstufen des Wirtschaftens galt, scheint in dieser modernen Version sogar in hoch arbeitsteiligen Volkswirtschaften zu erfolgen. – Vgl. auch →monetäre Theorie und Politik II.

Täuschung, →arglistige Täuschung, →Betrug.

Tauschverwahrung, *Tauschdepot,* Form der →Wertpapierverwahrung. Eigentümer hat den Verwahrer (Bank) ausdrücklich und schriftlich ermächtigt, Stücke aus seinem Depot gegen Wertpapiere derselben Art auszutauschen (§§ 10 ff. DepotG); der Hinterleger behält Eigentumsrecht. In der Praxis von geringer Bedeutung.

Tausch von Akzepten, →Akzeptaustausch.

Tauschwert. I. K l a s s i k / N e o k l a s s i k: 1. *Objektiver T.:* Eine nach den Klassikern (u. a. Quesnay, Smith) vollzogene Identifizierung des T. mit dem Preis. Der objektive T. führt zu dem →*klassischen Wertparadoxon. – Zu unterscheiden sind:* a) der spezifische Seltenheitswert (→Monopolpreis); b) der T. der (unter der Bedingung des Aufwands von Kosten und Zeit) beliebig vermehrbaren Güter; der objektive T. der beliebig vermehrbaren Güter macht eine Unterscheidung erforderlich zwischen (1) →Marktpreis und (2) →natürlicher Preis. – 2. *Subjektiver T.:* Die klassische Gleichsetzung von T. und Preis wird in Frage gestellt mit der Einführung der subjektiven Bewertung eines Gutes als Tauschobjekt für die bewertende Person durch die Grenznutzenschule (insbes. Böhm-Bawerk). Nach den →Gossenschen Gesetzen ist der T. der Güter keine ein für allemal feststehende Größe, sondern je nach der wirtschaftlichen Konstellation verschieden. Der Wert wird objektiv bestimmt durch die anerkannte Brauchbarkeit eines Gutes zur Herbeiführung eines gewollten Erfolges (Heizwert der Kohle). Ein T. kommt jedoch nur zustande, wenn ein Wirtschaftssubjekt den Heizwert der Kohle für wertvoller hält als die Tauschgüter, die es dafür abgeben muß (Waren oder Geld). Demnach ergibt sich der Preis nicht durch die Kosten, die für den Anbieter mit der Herstellung der Güter verbunden waren, sondern durch die subjektive Bewertung des Nachfragers, also den subjektiven T.

II. W i r t s c h a f t s t h e o r i e   d e s   M a r x i s m u s : Der Marktpreis eines Gutes, der sich der →Arbeitswertlehre zufolge nach der gesellschaftlich durchschnittlich notwendigen Arbeitszeit zur Güterstellung bemißt.

Tausenderpreis. 1. *Begriff/Charakterisierung:* Vergleichbare Kennzahl als heuristisches Prinzip in der Praxis, die besagt, wie teuer es ist, 1000 Personen mit einer Werbebotschaft anzusprechen. T. stellt die Relation zwischen Preis und Leistung eines Werbeträgers (→Media) und somit keinen absoluten, sondern einen *relativen Preis* (pro 1000 Werbeträgereinheiten) dar: Als *Preisbasis* werden u. a. eine Millimeter-Zeile (bei Zeitungen), ⅓ Seite schwarz/weiß (bei Zeitschriften), 30-Sek-Spot (bei Fernsehen und Funk, →Fernsehspot, →Funkspot) herangezogen; der *Leistung* ist meist definiert als Auflage bei Printmedien i. d. R. verkaufte Auflage; seltener verbreitete Auflagenhöhe), und die Zahl der Geräte (bei elektronischen Medien (Radio, Fernsehen; i. d. R. Zahl der produzierten Geräte; Zahl der angemeldeten Geräte eher repräsentativ). – Ferner wird z. T. die (Netto-)→Reichweite zum Preis einer Belegung in Bezug gesetzt. – 2. *Varianten:* a) *Einfacher T. (Tausender Auflagenpreis, TP):* Brutto-Insertionspreis im Verhältnis zur Auflage (· 1000). – b) *Tausend-Leser-Preis (TLP):* Relation zwischen dem absoluten Preis einer Anzeige und der Größe der Leserschaft (· 1000); mit Möglichkeit, auf Leser einer bestimmten Zielgruppe (z. B. Frauen, Männer, Autobesitzer) im Sinne eines Tausendzielpersonenpreises zu beziehen oder den „Preis pro 1000 Seher, Hörer, Kinobesucher" in Modifikation zu bilden. – c) *Tausend-Kontakt-Preis (TKP):* Relation zwischen Brutto-Insertionspreis und dem Produkt aus der Zahl der erreichten Leser und Zahl der durchschnittlichen Kontakte pro erreichtem Leser (· 1000), d. h. wieviel 1000 Kontakte mit einem Werbeträger kosten. Bei einmaliger Belegung eines Werbeträgers besteht Identität mit dem TLP, bei Kombination eines Werbeträgers unterscheiden sich beide Meßzahlen, da der TKP auch die Mehrfachkontakte berücksichtigt. – 3. *Bedeutung:* In der Werbepraxis werden die T. als ökonomische Kontaktzahl angewandt, die zur Medienplanung im Rahmen des Rangreihenverfahrens (→Medienselektionsmodelle) eingesetzt wird. – Vgl. auch →Media, →Mediaselektion, →Mediaanalyse, →Streuung, →Streuplanung, →VIP-Modell.

Tautologie, fehlerhafte Begriffsbestimmung, bei der ein zu definierender Begriff im Definiens der →Definition enthalten ist. – Im Zusammenhang mit der Verwendung erfahrungswissenschaftlicher →Theorien gewinnen *tautologische Transformationen* in dem Sinn Bedeutung, daß theoretische Aussagen in ihre technologische Form überführt werden. Dabei ist es notwendig, auf Zielsetzungen Bezug zu nehmen: Soll das Ziel A erreicht werden, so sind dazu die Mittel B und C erforderlich.

Taxe. I. A l l g e m e i n : Nach Wertschätzung durch öffentlich bestellte →Sachverständige (Taxatoren) festgesetzter Preis oder festgesetzte Gebühr. – Vgl. auch →Taxwert.

II. V e r s i c h e r u n g s w e s e n : 1. Vereinbarung über einen →*Versicherungswert,* die, sofern sich nicht auf bewegliche Sachen bezieht, auch für den Zeitpunkt des →Versicherungsfalls gelten soll. – Unterversicherungsberechnung dann, wenn die →Versicherungssumme niedriger als die T. ist. Herabsetzung der T. meist nur dann möglich, wenn diese erheblich überhöht ist. Vorkommen in der Feuerversicherung (z. B. Schätzungsverfahren bei öffentlich-rechtlichen Versicherern), v. a. aber in der Seeversicherung. – 2. Im Schadensfall auch der durch Sachverständigen ermittelte *Schadensbetrag* (Schadenstaxe).

III. Staatliche Preispolitik: Vgl. →Preisstopp.

tax-free shop, →duty-free shop.

tax heavens, →Steueroasen.

Taxierung, Wertbestimmung einer Sache oder Leistung; z. B. im Handel auf oder vor →Auktionen, im Handelsschiedswesen usw. T. erfolgt meist durch einen Taxator (→Sachverständigen).

Taxkurs, geschätzter →Kurs eines Wertpapiers, da keine Kauf- und Verkaufsaufträge vorlagen (im amtlichen Kurszettel mit „T" bezeichnet). Auch oft für ein nicht im Börsenhandel befindliches oder längere Zeit nicht notiertes Papier verwendete Methode der Kursfestsetzung.

Taxonomie, Struktur (Hierarchie) über den Fachbegriffen eines Fachgebiets.

Taxwert, der von einem Sachverständigen zum Zwecke des Verkaufes, der Verpachtung, der Versicherung oder der Beleihung durch Schätzung (→Schätzwert) ermittelte Wert eines Gegenstandes. Der T. entspricht i. d. R. dem →Verkehrswert. – Vgl. auch →Taxe.

Taylor, Frederick Winslow, 1856–1915, amerikanischer Ingenieur und Betriebsberater; Begründer der wissenschaftlichen Betriebsführung (scientific management; nach ihm auch →Taylorismus genannt). Die Umsetzung der von T. formulierten Grundsätze führte zunächst zu beträchtlichen Rationalisierungserfolgen.

Taylorismus, *wissenschaftliche Betriebsführung, scientific management,* benannt nach →Taylor. 1. *Charakterisierung:* Ziel ist die Steigerung der Produktivität menschlicher →Arbeit. Dies geschieht durch die *Teilung der Arbeit* in kleinste Einheiten, zu deren Bewältigung keine oder nur ganz geringe Denkvorgänge zu leisten und die aufgrund des geringen Umfangs bzw. Arbeitsinhalts schnell und repetitiv zu wiederholen sind. Grundlage der Aufteilung der Arbeit in diese kleinsten Einheiten sind Zeit- und Bewegungsstudien. Funktionsmeister übernehmen die disponierende Einteilung und Koordination der Arbeiten. – Zur Arbeitsmotivation dienen v. a. *monetäre Anreize:* Spezielles Lohnsystem (→Leistungslohn) soll zur Steigerung der subjektiven Arbeitsleistung führen. – 2. *Kritik:* T. wird in der Diskussion um die →Humanisierung der Arbeit als der Inbegriff inhumaner

Gestaltung der Arbeit betrachtet, da die Kennzeichen des T. einseitige Belastungen durch immer wiederkehrende gleiche Bewegungsformen (→Monotonie), Fremdbestimmtheit, minimaler Arbeitsinhalt und dadurch die Unterforderung der physischen und psychischen Möglichkeiten des Menschen bedeuten. Häufige Folge sind →Fehlzeiten. – 3. *Historisch* wurde der T. durch die *Human-relations-Bewegung* (→human relations) abgelöst. – Vgl. auch →Psychotechnik.

TBNE, Abk. für →Tarifverband Deutsche Bundesbahn – Deutsche nichtbundeseigene Eisenbahn.

TdL, Abk. für →Tarifgemeinschaft deutscher Länder.

Teachware, →programmierte Unterweisung.

Teamarbeit, →Gruppenarbeit.

Teamentwicklung, Versuch einer →Arbeitsgruppe, den Transfer des Gelernten (→gruppendynamisches Training) durch die Ausarbeitung konkreter Verhaltenskonsequenzen auf die betriebliche Situation hin zu fördern. Ergiebigkeit kann durch eine vorausgehende Datenerhebung und Rückkopplung (survey feedback) zum status quo der Interaktionsmuster gefördert werden. – *Theoretisch* stellt die T. eine Adaptierung der in der Wissenschaft nur allgemein formulierbaren Verhaltensempfehlungen an die betrieblichen Besonderheiten dar und bewegt sich im Geist der →Situationstheorien der Führung. – *Ergebnisse:* Die Durchführung einer T. ist, gemessen an den induzierten Verhaltensänderungen, der alleinigen Durchführung eines gruppendynamischen Trainings deutlich überlegen.

Teamtheorie, auf J. Marschak zurückgehender Ansatz zur optimalen Gestaltung arbeitsteiliger Entscheidungssysteme. Ausgangspunkt der teamtheoretischen Modelle ist ein komplexes Entscheidungsproblem, das auf mehrere Teammitglieder verteilt wird. Jedes Teammitglied kann aufgrund seiner speziellen Informationen über eigene potentielle (Teil-)Handlungen entscheiden. Das Gesamtergebnis des Teams, das alle Teammitglieder optimal gestalten wollen (Annahme vollkommener Konsistenz der Interessen), entsteht durch die Kombination der Handlungen aller Teammitglieder. – Auf der Grundlage der erfolgten Aufteilung eines gegebenen Entscheidungskomplexes untersucht die T. (unter Ausklammerung hierarchischer Strukturen) die Auswirkungen verschiedener arbeitsteiliger Formen der Informationsgewinnung und -übermittlung auf das Teamergebnis in Abhängigkeit von alternativen Handlungsregeln der einzelnen Teammitglieder. Ziel der Untersuchungen ist die simultane Optimierung der Informationsstruktur des Teams und der Handlungsregeln für die Teammitglieder.

Teamwork, für die amerikanische Unternehmensführung typische Art der Zusammenarbeit: Übertragung des sportlichen Kampfgeistes in Werkstatt und Büro. Der Abteilungsleiter hat bei der Zusammensetzung des Teams (Alter, Geschlecht) und der Art der Arbeitsverteilung freie Hand, da die Leistung des Teams in hohem Maße von einer den personellen Gegebenheiten entsprechenden Gruppenzusammensetzung abhängt. T. ist in den USA praktisch in jeder Art von Betrieben zu finden. – *Ähnlich:* →Gruppenarbeit.

Technical Assistance Board, →TAB.

Technical Assistance Committee, →TAC.

technical progress function, →technische Fortschrittsfunktion.

Technik, →Produktionstechnik.

technische Abschreibung, →Mengenabschreibung.

technische Aktienanalyse, *Chart-Analyse,* Art der →Aktienanalyse, die Aktienkursbewegungen auf der Grundlage von Charts (= graphisch dargestellte Verläufe von Aktienkursen) interpretiert. Grundlage der t. A. sind ausschließlich Aktienmarktinformationen; dargestellt durch Point-and-Figure Charts (X-Säulen für steigende, O-Säulen für fallende Kurse), vgl. untenstehende Abb. T. A. analysiert die in den Charts enthaltenen Widerstands- und Unterstützungszonen, gleitende Durchschnitte, Trendkanäle und Formationen, um zukünftige Kursentwicklungen abzuleiten. – Vgl. auch →fundamentale Aktienanalyse.

Technische Anleitung zur Reinhaltung der Luft, →TA Luft.

technische Arbeitsmittel. 1. *Begriff:* Verwendungsfertige Arbeitseinrichtungen zum Gebrauch in industriellen, handwerklichen und landwirtschaftlichen Unternehmen, v. a. Werkzeuge, Arbeitsgeräte, Arbeits- und Kraftmaschinen, Hebe- und Fördereinrichtungen sowie Beförderungsmittel, bis zu Geräten und Maschinen für private Bereiche von Haushalt und Sport. Verwendungsfertig sind Arbeitseinrichtungen, die verwendet werden können, ohne daß weitere Teile eingefügt zu werden brauchen. – 2. *Rechtsgrundlage:* Gesetz über technische Arbeitsmittel (Gerätesicherheitsgesetz, Maschinenschutzgesetz) vom 24. 6. 1968 (BGBl I 717) mit späteren Änderungen. – 3. *Inhalt des Gesetzes:* T. A. dürfen vom Hersteller und Einführer nur in Verkehr gebracht (hergestellt oder importiert) oder ausgestellt werden, wenn sie den allgemein anerkannten Regeln der Technik sowie den Arbeitsschutz- und Unfallverhütungsvorschriften entsprechen oder die Sicherheit gewährleistet ist. – 4. *Durchführung des Geset-*

Beispiel eines point & figure chart

Quelle: Johannes Welcker, Technische Aktienanalyse, 2. Aufl., Zürich 1984, S. 30.

zes: Obliegt der →Gewerbeaufsicht. Geprüfte Geräte erhalten seit 1976 einheitliches *Sicherheitszeichen.* – 5. Bei *Nichterfüllung der Forderungen* Untersagung unter Angabe der Mängel durch zuständige Behörde. Diese kann auch von Hersteller und Einführer Auskünfte und Unterlagen verlangen und die Betriebsräume besichtigen. – 6. Zur Beratung besteht ein *Ausschuß für technische Arbeitsmittel* (§ 8 des Gesetzes). – 7. *Verstöße* werden als Ordnungswidrigkeit mit Geldbuße geahndet (§ 9 des Gesetzes).

technische Fortschrittsfunktion (TFF), *technical progress function.* 1. *Begriff:* Von Nicolas Kaldor entwickelter funktionaler Zusammenhang zwischen der Wachstumsrate der →Kapitalintensität und der Wachstumsrate des Sozialprodukts pro Kopf. – 2. Die TFF steht im *Wachstumsmodell von Kaldor* anstelle der neoklassischen Produktionsfunktion, die er ablehnt; denn Kaldor zufolge läßt sich die Wirkung des →technischen Fortschritts nicht von der Wirkung der gleichzeitig erfolgenden Kapitalakkumulation trennen. D. h. eine Unterscheidung zwischen Bewegungen auf der Produktionsfunktion (durch die Kapitalakkumulation) bei gegebenem Stand des technischen Wissens und Verschiebungen der Produktionsfunktion aufgrund technischen Fortschritts ist seiner Ansicht nach nicht möglich. Die Durchsetzung technischen Wissens sei nur durch gleichzeitige Kapitalakkumulation möglich, und letztere bedingt die Entstehung neuen technischen Wissens. – 3. Die TFF weist aufgrund von nicht an Kapitalakkumulation gebundenem technischen Fortschritt bei einer Wachstumsrate des Kapitalbestandes von Null einen *positiven Wert* auf und steigt dann mit zunehmender Rate an, weil die Nutzbarmachung des technischen Fortschritts durch die Kapitalakkumulation ertragsgesetzlichen Bedingungen unterliegt. Je höher die Wachstumsrate der Kapitalakkumulation, desto mehr muß auf Neuerungen zurückgegriffen werden, deren Verwendung die Produktivität des zusätzlich eingesetzten Kapitals nur noch wenig erhöht.

technische Hilfe, Know-how-Transfer im Rahmen der →Entwicklungshilfe. T. H. erfolgt i. d. R. im Weg der unentgeltlichen Entsendung von Fachkräften (→Entwicklungshelfer, Berater, Ausbilder u. a.).

Technische Hochschulen (TH), *Technische Universitäten (TU),* Hochschulen zur Vermittlung von speziell technischen und sonstigen naturwissenschaftlichen Kenntnissen; anders als die →Universität nicht auf die Gesamtheit der Wissenschaften ausgerichtet. Verbindung von Forschung und Lehre durch Institute und die Professoren. – *Fakultäten/ Fachbereiche:* Bauwesen, Maschinenbau, Elektrotechnik, Mathematik, Architektur, Bergbau, Chemie u. a. – *Aufnahmevoraus-*

zung: Reifeprüfung meist auch praktische Tätigkeit. – *Abschluß* des achtsemestrigen Studiums je nach Ausbildungszweig der Diplomprüfung; anschließend Möglichkeit zur Promotion zum Dr.-Ing. – TH in der *Bundesrep. D.:* Aachen, Berlin (TU), Braunschweig (TU), Clausthal (TU), Darmstadt, Gummersbach (Gesamthochschule), Hannover (TU), Karlsruhe (U), München (TU), Stuttgart (U).

Technische Informatik, →Informatik II 1.

technische Nutzungsdauer, Zeitraum, in dem ein abnutzbarer Vermögensgegenstand (insbes. Maschinen, maschinelle Einrichtungen und Gebäude) technisch in der Lage ist, seinen Verwendungszweck zu erfüllen. Durch die Möglichkeit, das technische Nutzungspotential einer Anlage durch →Instandhaltung (fast) unbegrenzt ständig wieder aufzufüllen, übersteigt die t. N. die →wirtschaftliche Nutzungsdauer i. d. R. erheblich.

technischer Angestellter, arbeitsrechtliche Stellung: Vgl. →Angestellter.

technischer Fortschritt. I. B e t r i e b s w i r t s c h a f t s l e h r e: 1. *Begriff:* Herstellung neuartiger (bis unbekannter) oder wesentlich verbesserter Produkte und Materialien sowie Anwendung neuer güterwirtschaftlicher Verfahren, die eine rationellere Produktion der bekannten Produkte und Materialien erlaubt, d. h. es möglich macht, eine gegebene Produktmenge mit niedrigeren Kosten bzw. eine größere Menge des Produktes mit gleichbleibenden Kosten zu erstellen. – Der Begriff t. F. beinhaltet eine *normative Komponente,* weil von einer im Sinne eines positiven Fortschreitens verstandenen Veränderung nur in Hinblick auf eine ganz bestimmte Zielsetzung bzw. einem erstrebten Endzustand gesprochen werden kann; die mit dem t. F. einhergehenden Begleiterscheinungen (Substitutionen, Rationalisierungen und damit eventuelle Qualifikationsverluste durch die Einführung neuer Techniken, neue Belastungsverschiebungen am Arbeitsplatz, Arbeitsplatzverluste von Betroffenen) werden nicht einbezogen. – 2. *Phasen:* (1) Phase der *Invention:* Erarbeitung naturwissenschaftlich-technischen Wissens, von Forschungs- und Entwicklungsergebnissen und Erfindungen. – (2) Phase der →*Innovation:* Neugefundenes naturwissenschaftliches Wissen führt zur Erweiterung des technischen Könnens und zur Entstehung des technischen Artefakts, d. h. zu Produkt-, Material- und/oder Verfahrensinnovation; Hauptaktivitäten sind u. a. Konstruieren, Experimentieren mit Prototypen, montagegerechte Anwendung und Verwertung in der Produktion und erste Marketingbestrebungen. – (3) Phase der *Diffusion:* Das vermehrte technische Können des Betriebs wird auf eine breitere ökonomische Basis gestellt, mittels Marketingaktivitäten und →Technologietransfer wird dieses vermehrte technische Können in Form von Materialien, Produkten, Verfahren (Investitionsgütern), Patenten und Lizenzen wirtschaftlich verwertet. – 3. *Arten:* a) *Potentieller t.F.:* T.F., der aufgrund des Standes der naturwissenschaftlich-technischen Forschung und Entwicklung augenblicklich oder in unmittelbarer Zukunft durchführbar ist (→Forschung & Entwicklung). – b) *Realisierter t.f.:* Es wird nur ein Teil dessen, was technisch, betrieblich und gesellschaftlich möglich ist (→Technologiefolgenabschätzung) tatsächlich realisiert, politische und v.a. wirtschaftliche Kriterien sind entscheidend (→Technologiemanagement).

II. Volkswirtschaftstheorie: Entwicklung, Einführung und Verbreitung neuartiger oder wesentlich verbesserter Produkte, Produktionsfaktoren oder -verfahren im Rahmen gesamtwirtschaftlicher Wachstumsprozesse. Die Volkswirtschaftstheorie erfaßt den t.F. in seiner Wirkung auf die Produktivität der Produktionsfaktoren. – 1. a) *Ungebundener t.F. (unverkörperter t.F.)* liegt vor, wenn die Effizienz des gesamten Faktorbestandes, z.B. durch verbesserte betriebliche Organisation, erhöht wird *(disembodied technical progress)*. – b) *Gebundener t.F.* wirkt sich nur auf einen Teil des Faktorbestands aus, etwa durch Einführung neuer Maschinen *(embodied technical progress)*. – *Nichtverkörperter t.F.* hat zur Folge, daß die Homogenität des Faktorbestandes erhalten bleibt, während der verkörperte t.F. die Heterogenität der Faktoren erhöht. – 2. a) *Autonomer t.F.* wirkt unabhängig von wirtschaftlichen Faktoren, er fällt wie „Manna vom Himmel". Obwohl die Annahme des autonomen t.F. wirklichkeitsfremd ist und den Erklärungswert von Modellen drastisch vermindert, wird er in zahlreichen Modellen der →Wachstumstheorie verwendet. – b) *Induzierter t.F.* wird durch Substitutionsvorgänge, Lernprozesse und Ausgaben für Wissenschaft und Forschung ausgelöst (induziert). Erklärungsansätze zum induzierten t.F. stehen z.Z. noch in den Anfängen. – 3. Der t.F. wird als *neutral* bezeichnet, wenn er die Einkommensverteilung nicht verändert, genauer: die Aufteilung des Faktoreinkommens auf Löhne (einschl. Gehälter) und Zinsen, wenn die Produktionsfaktoren Arbeit und Kapital gemäß ihrem Grenzprodukt entlohnt werden (→Grenzproduktivitätstheorie). – Messung der Neutralität v.a. mittels zwei Klassifikationen: a) *Hicksneutraler t.F.* liegt vor, wenn bei der gegebenen Kapitalintensität die Grenzproduktivität von Arbeit und Kapital in gleichem Umfang steigt, so daß bei unverändertem Lohn-Zins-Verhältnis die Unternehmen keinen Anlaß haben, den einen Faktor vermehrt anstelle des anderen Faktors einzusetzen, und die Kapitalintensität daher unverändert lassen. – b) Die Klassifikation von Harrod berücksichtigt, daß

im Wachstumsprozeß typischerweise Arbeit durch Kapital soweit ersetzt wird, daß trotz t.F. die Kapitalproduktivität im großen und ganzen unverändert bleibt. Der t.F. ist also *Harrod-neutral,* wenn bei konstanter Kapitalproduktivität die Grenzproduktivität des Kapitals und damit der Zinssatz unverändert bleibt. Auch in diesem Fall ist die Einkommensverteilung im Gleichgewicht konstant. Harrod-neutraler t.F. ist mit ständiger Substitution von Arbeit durch Kapital verbunden, die Produktivität des Kapitals bleibt konstant, wohingegen die Produktivität der Arbeit ständig wächst. Hicks neutraler t.F. dagegen impliziert, daß Kapital und Arbeit im gleichen Umfang produktiver werden. – Die *Konzeptionen von Hicks und Harrod* sind miteinander vereinbar, wenn die Produktionsfunktion über eine →Substitutionselastizität von 1 (→Cobb-Douglas-Funktion) verfügt. – c) Weitere Klassifikationen der Neutralität stammen u.a. von Solow und C. Kennedy: T.F. ist *Solow-neutral,* wenn bei konstanten →Arbeitskoeffizienten die Grenzproduktivität der Arbeit nicht verändert wird, und der Begriff der *Kennedy-Neutralität* bezieht sich auf Zwei-Faktoren-Modelle. – 4. *Nichtneutraler t.F.* kann arbeits- bzw. kapitalsparend sein. Er ist *arbeitssparend,* wenn er die Grenzproduktivität der Arbeit weniger erhöht als die des Kapitals, so daß die Unternehmen veranlaßt werden, bei gegebenem Lohn-Zins-Verhältnis Arbeit in größerem Umfange als Kapital einzusparen. Der t.F. ist *arbeits-(kapital-)sparend* im Sinne von *Harrod,* wenn bei konstantem Zinssatz die Kapitalproduktivität fällt (steigt) und *arbeits-(kapital-)sparend* im Sinne von *Hicks,* wenn bei konstantem Zins-Lohn-Verhältnis die Kapitalintensität steigt (fällt).

technische Richt-Konzentration, →TRK-Werte.

technischer Rentner, Begriff des Versorgungswesens: Aus einer Versorgungszusage begünstigte Person, bei der der Versorgungsfall (Rentenfall) eingetreten ist, die aber noch weiterhin tätig bleibt und das Pensionsrecht nicht in Anspruch nimmt.

technischer Verbesserungsvorschlag, →Arbeitnehmererfindung.

technische Substitutionsrate, gibt bei zwei Produktionsfaktoren an, in welchem Umfang die Einsatzmenge des einen Faktors erhöht werden muß, wenn die Einsatzmenge des anderen Faktors gesenkt wird und die Ausbringungsmenge konstant bleiben soll.

technische Überwachungseinrichtung, technische Einrichtung, die dazu bestimmt ist, das Verhalten oder die Leistung der Arbeitnehmer zu überwachen. – *Mitbestimmung:* Hinsichtlich der Einführung und Anwendung von t.Ü. hat der Betriebsrat ein erzwingbares Mitbestimmungsrecht in →sozialen Angelegenheiten nach § 87 I Nr. 6 BetrVG. Die Einrichtung muß zur Überwachung von Leistung und Verhalten der Arbeitnehmer geeignet sein. Das ist nicht der Fall, wenn sie nur über den Lauf der Maschinen Auskunft gibt. Es genügt aber, wenn die Anlage eine Überwachung von Leistung und Verhalten des Arbeitnehmers notwendig mit sich bringt. T. Ü. sind z. B. Filmkameras, automatische Zeiterfassungsgeräte, EDV-Anlagen, in denen Arbeitnehmerdaten gesammelt oder verwertet werden (→Personalinformationssystem), automatische Erfassungen von Daten über die von Arbeitnehmern geführten Telefongespräche usw.

Technische Überwachungs-Vereine (TÜV), früher: *Dampfkessel-Überwachungs-Vereine*, im Bundesgebiet elf eingetragene Vereine mit folgenden *Aufgaben:* a) Überwachung „überwachungsbedürftiger" Anlagen (Dampfkessel, Druckgasanlagen, Aufzuganlagen usw.) gem. § 24 GewO; b) Überprüfung von Kraftfahrzeugführern und Kraftfahrzeugen gem. StVZO; c) Überprüfung von Druckbehältern in Vereinbarung mit den →Berufsgenossenschaften; d) wärmetechnische und Speisewasser-Untersuchungen, Werkstoffprüfungen, Strahlenschutzmessungen usw. in freier Vereinbarung mit den betreffenden Werken. – Zusammengefaßt in der *Vereinigung der Technischen Überwachungs-Vereine e. V.*, Essen.

Technische Universitäten, →Technische Hochschulen.

technische Versicherung, Sparte der →Sachversicherung, in der technische Anlagen und/oder technische Betriebseinrichtungen während der Herstellung, des Vorhandenseins und Betriebes gegen plötzlich und unvorhergesehen eintretende Schäden versichert werden können. – *Arten:* a) t. V. vor Inbetriebnahme: →Bauleistungsversicherung, →Montageversicherung; b) t. V. während des Betriebes: →Maschinenversicherung, →Maschinenbetriebsunterbrechungsversicherung, →Maschinengarantieversicherung, →Schwachstromanlagenversicherung.

technisch organisatorischer Bereich (TOB), Betriebsbereich eines Unternehmens bzw. Kreditinstituts, der Personalkosten, Sachanlagen, Materialkosten, Umsätze, Gebühren und Provisionen umfaßt.

Technisierung, ständig wachsender Einsatz von technischen Hilfsmitteln, auch in Arbeitsprozessen, die bisher ausschließlich der geistigen oder handwerklichen Tätigkeit des Menschen vorbehalten waren. – Zur T. *gehören* →Mechanisierung, →Maschinisierung und →Automatisierung.

Technologie. I. M i k r o ö k o n o m i k : Formale Beschreibung aller für den Ökonomen relevanten Informationen über die Produk-

tion; verkörpert zu jedem Zeitpunkt die Gesamtheit an technischem Wissen in einer Volkswirtschaft. – *Formen der Darstellung:* a) →Produktionsfunktionen; b) →Aktivitätsmengen.

II. S o z i o l o g i e : Systematische Zusammenfassung und Integration einzelner Techniken zu einer auf spezifische Ziele und Zwecke gerichteten Verfahrensweise. Moderne T. bestimmen und gestalten die sozialen Beziehungen und den sozialen Wandel in hohem Maße; sie können daher nicht isoliert von der Gesellschaft betrachtet und müssen zunehmend hinsichtlich ihrer Sozialverträglichkeit bewertet werden.

Technologieberatung, →Technologieförderungspolitik, →Wirtschaftsförderung II 4 d).

Technologiefolgenabschätzung, *Technologiewirkungsanalyse, technology assessment*, spezielle →Szenario-Technik bezüglich des Gegenstandes „Technik". – Die T. setzt sich aus mehreren *Phasen* zusammen, die durch Vor- und Rückkopplungsmechanismen verbunden sind: (1) *Analysephase:* Aufgabenstellung, Zielsetzung und Randbedingung der T. werden präzisiert; (2) *Phase der technologischen Voraussage:* Zukünftige technische Entwicklungen und Veränderungen in den Umfeldbereichen (z. B. Veränderungen in den gesellschaftlichen Wertvorstellungen oder in der Gesetzgebung) sind Gegenstand dieser Phase; (3) *Phase der Bewertung:* Im wesentlichen wird eine →Kosten-Nutzen-Analyse erstellt; (4) *Phase der Formulierung von Empfehlungen* an die Entscheidungsträger (umstritten).

Technologieförderungspolitik. I. B e g r i f f : Gegenstand der T. ist das *Neuerungsverhalten* in der Volkswirtschaft (→Innovation) unter dem spezielleren technologischen Aspekt. T. wird (1) als staatliche oder staatlich geförderte *Grundlagenforschung* und (2) als *Innovationspolitik* betrieben, welche anwendungsorientierte Neuerungen mit dem Ziel einer kommerziellen Nutzung zu fördern beabsichtigt. Während die Grundlagenforschung grundsätzlich nicht marktfähig ist (was ihr privatwirtschaftliches Betreiben nicht ausschließt), handelt es sich im Falle der Innovationspolitik um eine allokationspolitische Lenkungsmaßnahme (→Allokation) zum Zwecke der Korrektur von Marktergebnissen.

II. A r t e n : Grundsätzlich kann das Neuerungsverhalten auf dreierlei Weise gefördert werden: (1) durch Vermehrung der für Forschungs- und Entwicklungszwecke aufzuwendenden Ressourcen, (2) durch Verkürzung des Zeitbedarfs für Forschungs- und Entwicklungstätigkeit als Förderung betrieblicher Informationssuche in Form einer Innovationsberatung oder eines Technologietransfers, (3) durch Abbau von Innovationshemmnissen unter Verzicht auf eine gezielte Förderung.

II. Instrumente: T. wird in der Bundesrep. D. in Form der direkten, der indirektspezifischen und der indirekten Förderung betrieben. – 1. Die *direkte Förderung* gilt staatlichen technologieorientierten Forschungsinstitutionen; dazu zählen Großforschungseinrichtungen wie etwa das Kernforschungszentrum Karlsruhe, das Forschungszentrum der Deutschen Forschungs- und Versuchsanstalt für Luft- und Raumfahrt, die Institute der Fraunhofer-Gesellschaft oder anwendungsorientierte universitäre Forschungsinstitute ingenieurwissenschaftlicher Disziplinen. Ferner wird die direkte Förderung als gezielte Projektförderung privatwirtschaftlicher Forschungsvorhaben betrieben, von denen ein volkswirtschaftlicher Nutzen erwartet wird. – 2. Die *indirekt-spezifische Förderung* gilt der breitenwirksamen beschleunigten Anwendung (Diffusion) ausgewählter Produkt- und Prozeßinnovationen wie etwa die Förderung neuer mikroelektronisch gestützter Verfahrenstechniken in der industriellen Fertigung. Bevorzugte Förderart sind direkte staatliche Finanzhilfen. – 3. Die *indirekte Förderung* zielt auf die Beseitigung von vermuteten Innovationsengpässen ohne nähere Spezifizierung der Innovationsziele. Häufig praktiziertes Förderinstrument sind Finanzhilfen, etwa in Form direkter Subventionen von betrieblichen Innovationsaufwendungen (z. B. Finanzierungshilfen für Forschungs- und Entwicklungsabteilungen), steuerliche Abschreibungsmöglichkeiten für Innovationsaufwendungen oder Darlehenshilfen. Als budget-neutrale Form der indirekten T. kommt der Abbau regulierungsbedingter Innovationshemmnisse in Betracht sowie die Erleichterung des Zuganges zum Kapitalmarkt für innovationsorientierte Unternehmen.

Technologiemanagement. I. Charakterisierung: Gilt für ein Unternehmen →Innovation als „lebenswichtiger Faktor" für Existenz, Wettbewerbsfähigkeit und Wachstum, sind Unternehmenspolitik, -organisation und -prozesse stärker an diesem Maßstab auszurichten. I. d. R. werden Neuerungen spontan, ungelenkt, oft zufällig initiiert und durchgesetzt, so daß technologischorientierte Unternehmen vom →technischen Fortschritt „überrollt" werden; innovative Unternehmen benötigen folglich als Integrationsmechanismus zwischen →Forschung & Entwicklung, Einkauf, Produktion und →Marketing ein entsprechend ausgerichtetes Management, um anzustrebende, potentielle Innovationsprozesse zielgerichteter, effektiver und sicherer zu handhaben.

II. Aufgaben: Zentrale Aufgabe eines T. ist die Koordination von Potentialarten (Personal, Informations-, Betriebs-, Finanzmittel und Leistungspotentiale) innerhalb der Potentialbereiche (Planung und Controlling, Marketing, F & E, Produktion und Logistik) und zwischen ihnen, um Technologie als Instrument einer Kostenführerschafts- und/ oder einer Differenzierungsstrategie des Unternehmens zu nutzen bzw. technologische Spitzenstellung auf einem oder mehreren Segmenten strategisch relevanter Geschäftsfelder zu erlangen. – *Im einzelnen:* (1) Suche und Abstimmung von Forschungs- und Entwicklungszielen sowie Innovationszielen mit den Unternehmenszielen und -strategien; (2) Form, Intention und Gegenstand (Innovationsprogramm) der Technologiepolitik; (3) Anpassung der Unternehmung an Einflüsse und Impulse der Umwelt (unter Berücksichtigung wettbewerbsorientierter Strategien und der Stärken des Unternehmens); (4) Erfassung der den Innovationsprozeß beeinflussenden Faktoren aus Markt, Technologie und Unternehmen mit dem Ziel der Analyse und Gestaltung; (5) Planung, Steuerung und Kontrolle des konkreten Verlaufs der Innovationsprojekte; (6) Wahl der anzuwendenden Instrumente der Technologiepolitik (→strategische Suchfeldanalyse, →Portfolio-Analyse, →Projektmanagement, Wettbewerbsstrategien usw.); (7) Auswahl und Wahl des Einsatzzeitpunkts von Innovationshelfern und -faktoren für die Innovationsprojekte; (8) Erfassung und Einbeziehung bei innovativen Venture-Projekten von staatlichen und privaten Finanzierungspotentialen.

III. Probleme: Diese ergeben sich in bezug auf die organisatorische Verankerung des T. in der Hierarchie eines Unternehmens. Produkt-, Material- und Verfahrensinnovation sind nicht nur ein funktional-strukturelles, sondern auch ein dynamisches Phänomen: Innovationsprozesse haben eine funktionalzeitliche Struktur (Anfangspunkt ist die Entstehung einer Idee, Endprodukt ist ein produktions- und marktfähiges Produkt oder Verfahren), leisten jedoch verschiedene spezialisierte betriebliche Gruppierungen in wechselnden Konfiguration und dynamischen Interdependenz- und Kooperationsbeziehungen zwischen Anfangs- und Endpunkt spezielle Beiträge, die durch das T. in bürokratisch-autoritativer, politisch-verhandlungsmäßiger oder organisiert-anarchischer Form zu koordinieren bzw. zu regeln sind.

Technologiepolitik. →Technologieförderungspolitik.

Technologie-Portfolio. →Portfolio-Analyse III.

Technologietransfer. 1. *Charakterisierung:* Transfer von technischem Wissen zwischen Entstehung (Technik als Artefakt, Forschungs- und Entwicklungsergebnisse, Patente usw.) und Verwendung im Kombinationsprozeß der Produktionsfaktoren. T. bedeutet institutionell der planvolle, zeitlich limitierte, privatwirtschaftliche oder staatlich unterstützte Prozeß der Übertragung einer Technologie. Die Übertragung erfolgt i. a. durch Rechtsakt (Lizenz-, Know-how-Vertrag usw.). Der T. erfolgt z. B. innerhalb eines internationalen Unternehmens zwischen Unternehmen oder zwischen Industrieländern und zwischen Industrie- und Entwicklungsländern. – 2. *Mögliche Bestandteile:* (1) technisches Wissen (Blaupausen, Patente, Lizenzen, Know-how); (2) technologische Vermittlung des Objekts (in Form von Spezialmaschinen, Ausrüstungen und sonstigen Gütern bis zur ,,schlüsselfertigen Fabrik''); (3) Ausbildung von Personal (im ursprünglichen und/oder zu transferierenden System); (4) zur Verfügung gestelltes Kapital bis zum Kompensationsgeschäft. – 3. *Bedeutung:* T. reduziert die Diskrepanz von potentiellem und aktuellem Nutzgrad einer Technologie. Aufgrund der Bedeutung des technischen Fortschritts im wirtschaftlichen Wachstumsprozeß für Unternehmen und Volkswirtschaften wird das Instrument des T. auch für das →Technologiemanagement (vgl. auch →Forschung & Entwicklung) wichtig. Die Verstärkung des T. ist auch ein wichtiges Element im Rahmen der Forderungen nach einer →Neuen Weltwirtschaftsordnung; Entwicklungsländer sind aufgrund technologischer Rückständigkeit in starkem Maße auf T. angewiesen. – 4. *Rolle des Staates:* Umstritten, da einerseits ein freier T. von ihm aus rechtlichen, politischen, militärischen oder wirtschaftlichen Aspekten nicht gestattet wird, andererseits durch staatlich geförderte Forschungs- und Technologiepolitik schwerpunktmäßig T. festgelegt und nachfragt wird.

Technologiewirkungsanalyse, →Technologiefolgenabschätzung.

technologische Konjunkturtheorien. 1. *Charakterisierung:* →Konjunkturtheorien, bei denen die stoßweise Einführung technischer Neuerungen als Hauptursachenfaktor konjunktureller Schwankungen gedeutet wird. Ein oder wenige Unternehmerpioniere bewirken Aufschwung durch neue Produktionsmittelkombinationen oder Produktion neuer Güter; sobald sich die Rentabilität der Neuschöpfungen abzeichnet, folgt die Masse der branchengleichen Unternehmer nach. Der Aufschwung geht in depressive Anpassung über, nachdem die neuen Produktionsprozesse sämtlich vollzogen sind und ein Übermaß an Fertigerzeugnissen auf dem Markt erscheint. Die unterschiedliche Länge der →Konjunkturzyklen wird durch den Zeitbedarf für das Ausreifen der einzelnen Neuerungen und ihre Absorption durch das Wirtschaftssystem, die jeweils unterschiedlich sind, erklärt. – *Hauptvertreter:* Schumpeter. – 2. *Kritik:* Mit der Annahme stoßweiser Verwirklichung techni-

scher Fortschritte wurde dem Zufall zuviel Raum gegeben. Einige Autoren lassen die technologische Konjunkturerklärung nur für wirklich große Erfindungen, d. h. für die Bildung des Kondratieff-Zyklus gelten (→Konjunkturzyklus).

technologische Lücke, →Gap 2.

technologisches Wissen, →Wirtschaftspolitik IV.

technologische Voraussage. 1. *Begriff:* Voraussage der technologischen Entwicklung sowie deren weitere Auswirkungen auf Gesellschaft und/oder Unternehmen (→Technologiefolgenabschätzung), d. h. die Exploration möglicher technologischer Entwicklungen. – 2. *Abgrenzung zu* →*Prognose:* Der logischen Struktur nach unterscheiden sich Erklärung und Prognose nicht. Ein Vorgang (Explanandum) kann aus allgemein raum- und zeitunabhängigen Theorien, Gesetzen und Hypothesen und mindestens einer singulären Rand- oder Antezedenzbedingung (Explanans) deduktiv abgeleitet werden (Popper): Bei der Erklärung ist in der Gegenwart das Explanandum gegeben, das Explanans wird gesucht; bei der Prognose ist das Explanans in der Gegenwart gegeben, das Explanandum wird gesucht. Prognose in diesem Sinne beinhaltet somit nicht Voraussagen, die keine rationale, intersubjektiv überprüfbare Begründung enthalten, damit auch keine t. V., da der →technische Fortschritt als rational nicht erklärbar, sondern als durch wissenschaftliche Durchbrüche zufallsbedingt galt. T. V. werden jedoch als deduktiv-statistische und induktiv-statistische Voraussagen wegen des Fehlens allgemeingültiger Theorien abgegeben, die Möglichkeit einer experimentellen Überprüfung von Erklärungen wird durch den Diskurs ersetzt; aufgrund von ,,Quasi-Gesetzen'' und ,,empirischen Regelmäßigkeiten'' sind rationale t. V. mit einer gewissen Wahrscheinlichkeit möglich. – 3. *Methoden:* U. a. Trendextrapolation (→Extrapolation), →Expertenbefragung, →Delphi-Technik, Morphologischer Kasten; vgl. auch →Kreativitätstechniken.

technologisch unverbundene Produktion, Elementartyp der Produktion (→Produktionstypen), der sich aus dem Merkmal des Grades der Verbundenheit der Produkte bei der Produktion ergibt. Bei t. u. P. werden Güter ohne Kopplung mit der Entstehung anderer Güter technologisch in einem Prozeß hergestellt. – *Beispiel:* Herstellung von Kleidungsstücken in einer Näherei. – *Gegensatz:* →technologisch verbundene Produktion.

technologisch verbundene Produktion, *Kuppelproduktion,* Elementartyp der Produktion (→Produktionstypen), der sich aus dem Merkmal des Grades der Verbundenheit der Produkte bei der Produktion ergibt. Bei t. v. P.

entstehen simultan mehrere gleichartige oder verschiedenartige Güter (→Kuppelprodukte).
– Je nachdem, ob das Mengenverhältnis der Kuppelprodukte bei einem bestimmten Leistungsverhältnis eines Prozesses veränderlich ist oder nicht, wird *unterschieden:* a) *starre Kuppelproduktion;* b) *elastische Kuppelproduktion.* Bei der starren Kuppelproduktion treten besondere Planungsprobleme auf, wenn die Absatzmöglichkeiten der Unternehmung für die Kuppelprodukte in Relation zu den realisierbaren Prozeßniveaus nicht harmonisieren. Sofern über absatzpolitische Maßnahmen oder eine →Veredelung durch Weiterverarbeitung kein Ausgleich geschaffen werden kann, entsteht bei einzelnen Kuppelprodukten entweder eine Überschußproduktion oder bei anderen sind bestehende Absatzchancen nicht voll nutzbar. Die Bestimmung einer optimalen Absatz- und Produktionspolitik erfordert einen komplexen simultanen Planungsansatz. – *Beispiel:* Gewinnung von ölderivaten in einer Raffinerie. – Vgl. auch →technologisch unverbundene Produktion.

technology assessment, →Technologiefolgenabschätzung.

Teesteuer, →Verbrauchsteuer, die neben →Einfuhrzoll und →Einfuhrumsatzsteuer erhoben wird. – *Rechtsgrundlagen, Steuerschuld, Verfahren, Steuererstattung* und *-vergütung* sowie *Steueraufsicht* analog zur →Kaffeesteuer. – 1. *Steuergegenstand:* a) Tee Nr. 09.02 B des Zolltarifs; b) Auszüge und Essenzen aus Tee aus Tarifstelle 21.02 B des Zolltarifs; c) Mischungen der genannten Teearten. – 2. *Steuerbefreiungen:* Im Reiseverkehr die Einfuhr von 150 g Tee aus EG-Mitglied-Staaten, von 100 g aus sonstigen Ländern; bei Teeauszügen oder -essenzen 60 g bzw. 40 g (Einreise-Freimengen-Verordnung). – 3. *Steuersätze:* a) *Tee:* 4,15 DM je kg Eigengewicht; b) *Teeauszüge:* 10,40 DM je kg Eigengewicht (feste Auszüge) bzw. je kg enthaltener Trockenmasse (flüssige Auszüge); c) *Teemischungen:* Summe der auf die enthaltenen Teeanteile entfallenden Steuerbeträge; d) *teehaltige Waren:* Prozentsätze der unter a) und b) genannten Steuerbeträge. – 5. *Finanzwissenschaftliche Beurteilung:* a) Wegen unterschiedlicher Verbrauchergewohnheiten wurde die T. als Ergänzungssteuer zur Kaffeesteuer erforderlich, um →Substitutionseffekte zu vermeiden. – b) Hinsichtlich der Steuersystematik, der Entwicklungsländerprobleme und der EG-Steuer-Harmonisierung: Analog der →Kaffeesteuer.

Teil, in der Terminologie der PPS-Systeme Oberbegriff für alle Fertigungsobjekte: Endprodukte, Zwischenprodukte, Baugruppen, Einzelteile, Ersatzteile, Materialien, Roh-, Hilfs- und Betriebsstoffe.

Teilabweichung, →Abweichungen I 2.

Teilakzept, *Teilannahme eines Wechsels,* die auf einen Teil der Wechselsumme beschränkte Annahme eines Wechsels (→Akzept) durch den Bezogenen (Art. 26 I WG). Der Inhaber des Wechsels hat dann, falls nicht durch Angstklauseln, Vorlegungsge- oder -verbote die Haftung für die Annahme ausgeschlossen ist, das Recht des teilweisen →*Rückgriffs* schon vor Verfall (Art. 43 II Nr. 1 WG). Beim Rückgriff kann derjenige, der den nicht angenommenen Teil der Wechselsumme entrichtet, einen entsprechenden Vermerk auf dem Wechsel und →Quittung darüber verlangen. Der Inhaber muß ihm eine beglaubigte Abschrift des Wechsels und den →Protest aushändigen, um ihm den weiteren Rückgriff zu ermöglichen (Art. 51 WG). – Der *Protest* wegen der Teilannahme ist auf eine Wechselabschrift, ggf. auf die damit zu verbindende Allonge zu setzen (Art. 82 II WG).

Teilannahme eines Wechsels, →Teilakzept.

teilautomatisierte Produktion, Elementartyp der Produktion (→Produktionstypen), der sich aus dem Merkmal des Mechanisierungsgrades ergibt. Die t. P. ist dadurch gekennzeichnet, daß die Steuerung der einzelnen Maschinen mechanisiert ist und auch ein entsprechender Grad der Selbsttätigkeit der Transportvorgänge vorliegt. Die Arbeitskräfte beschränken sich auf Ingangsetzung, Rohstoffzufuhr und Produktentnahme sowie allgemeine Überwachungstätigkeiten einschl. Instandhaltungsmaßnahmen. – *Beispiel:* Gewinnung von Kohle mit dem Schrämmhobel. – Vgl. auch →manuelle Produktion, →maschinelle Produktion, →vollautomatisierte Produktion.

Teilautomatisierung, Ausprägungsform der →Automatisierung. Man sprich von T., wenn die Maschine nur die Steuerung des Arbeitsvorganges übernimmt. – *Gegensatz:* →Vollautomatisierung. – Vgl. auch →teilautomatisierte Produktion.

teilautonome Arbeitsgruppe, *selbststeuernde Arbeitsgruppe,* in den Volvo-Werken in Kalmar bekannt gewordene Strategie der →Arbeitsgestaltung, nach der eine Kleingruppe eine komplexe Aufgabe übernimmt, deren Regelung von der Gruppe teilautonom vorgenommen wird. Dabei sind klassische Führungsfunktionen wie Arbeitsvorbereitung, Arbeitsorganisation und Arbeitsergebniskontrolle an die Gruppe delegiert. – Diese weitreichendste Methode der Verselbständigung der Arbeitnehmer kann im Extremfall *(autonome Arbeitsgruppe)* sogar auf einen Vorgesetzten verzichten, da möglichst alle Arbeiten von jedem Mitglied der Arbeitsgruppe beherrscht werden sollten, womit Hierarchien überflüssig werden können. – Als *Ergebnis* dieser Maßnahme sind (instabile) Anhebungen der →Arbeitszufriedenheit sowie Senkungen der →Fehlzeiten beobachtet worden.

Teilbereich, →organisatorischer Teilbereich.

Teilbereichsorganisation. 1. *Begriff:* Kompetenzabgrenzung innerhalb →organisatorischer Teilbereiche, etwa dem Beschaffungsbereich (→Beschaffungsorganisation), dem Fertigungsbereich (→Fertigungsorganisation), dem Vertriebs- bzw. Absatzbereich (→Vertriebsorganisation), dem Personalbereich (→Personalorganisation), dem Forschungsbereich (→Forschungsorganisation) und dem Entwicklungsbereich (→Entwicklungsorganisation). – *Gegensatz:* →Organisationsmodell (für die Gesamtunternehmung). – **2.** *Ausgestaltung:* In vertikaler Sicht mehr zentral (→Zentralisation) oder mehr dezentral (→Dezentralisation) und in horizontaler Sicht eindimensional oder mehrdimensional in Form einer →Stab-Linienorganisation oder →Matrixorganisation.

Teilbeschäftigter, →Mehrfachbeschäftigter.

Teilbetragszoll, auf aus Drittländern eingeführte landwirtschaftliche Verarbeitungserzeugnisse der zweiten Stufe, wie z.B. Backund Zuckerwaren, Schokolade, Stärke, erhobener →Zoll. – *Rechtsgrundlage:* VO des EG-Rates Nr. 3034/80 vom 11.11.1980 (ABl EG Nr. L 323/7, geändert durch ABl EG 1981 Nr. L 275/31). – **T.** *bestehen aus* einem festen Betrag in Prozenten des Wertes zum Schutz der Verarbeitungsindustrie und einem beweglichen Betrag in DM für jeweils 100 kg, der die Preisunterschiede zwischen innergemeinschaftlichen und aus Drittländern stammenden Grunderzeugnissen ausgleichen soll und somit die Funktion einer Abschöpfung ausübt. Die festen T. sind gegenüber Drittländern, für deren Erzeugnisse keine Zölle erhoben werden, i.d.R. beseitigt.

Teilbetrieb. 1. *Begriff* des Steuerrechts für einen organisatorisch geschlossenen, selbständig lebensfähigen Teil eines Unternehmens (z.B. Zweigniederlassung). Als T. gilt auch die 100%ige Beteiligung an einer →Kapitalgesellschaft. – **2.** *Bedeutung:* a) Steuerliche Begünstigung des →Veräußerungsgewinns. b) Begünstigung der Einbringung eines T. in eine Kapitalgesellschaft gegen Gewährung von Gesellschaftsrechten (§ 20 UmwStG; vgl. →Umwandlung).

Teilbetriebsergebnis, in den Zwischenberichten der Aktienbanken ausgewiesener Überschuß aus dem laufenden Geschäft. Das T. umfaßt den Zins- und Provisionsüberschuß abzüglich des Verwaltungsaufwandes (Personalaufwendungen, Sachaufwand für das Bankgeschäft, Abschreibungen auf Grundstücke, Gebäude, Betriebs- und Geschäftsausstattung). Im Gegensatz zum →Betriebsergebnis enthält das T. nicht die Gewinne aus dem Eigenhandel in Wertpapieren, Devisen und Edelmetallen).

teilbewegliche Kosten, mit dem →Beschäftigungsgrad nicht direkt proportional veränderliche Kosten, von denen ein Teil unabhängig vom Beschäftigungsgrad in fester Höhe anfällt. – *Ermittlung* der →Sollkosten von teilbeweglichen Kostenarten (insbes. für die Plankostenrechnung): a) mit Hilfe von →Variatoren, b) durch Festlegung des Festanteils in der →Kostenplanung mit einem Prozentsatz der Kostenhöhe der →Basisbeschäftigung.

Teilcharter, →Charterverkehr.

Teilebedarfsrechnung, Ermittlung des für eine Planungsperiode erforderlichen Gesamtbedarfs an Baugruppen und Einzelteilen für die Produktion mehrteiliger Produkte. T. erfolgt mit Hilfe von →Gozinto-Graphen oder →Matrizenrechnung.

Teilefertigung, Vorstufe der Produktion bei →mehrstufiger Produktion vor der →Montage (Zusammensetzung fertiger Teile). Teileserien sind oft größer als Montageserien, weil a) Teile in verschiedenen Produkten verwendet werden, b) Belieferung von Reparaturwerkstätten, Einzelhandel u.a. auch mit Teilen erfolgt. T. ist daher oft Serien-, Großserien- und Massenproduktion.

Teileigentum, →Wohnungseigentum.

Teilerhebung, Begriff der Statistik für eine →Erhebung, bei der nur *ein Teil* der →Grundgesamtheit untersucht wird (→Teilgesamtheit); damit ergibt sich eine →Stichprobe i.w.S. T. sind kostengünstiger als →Vollerhebungen; bei unendlichen Grundgesamtheiten sind nur T. möglich. Je nachdem, nach welchem →Auswahlverfahren die T. erfolgt, ist die Übertragung von Ergebnissen der T. auf die Grundgesamtheit mehr oder minder problematisch. Nach verbreiteter Ansicht bringt eine T. nur dann für die Grundgesamtheit repräsentative Ergebnisse, wenn die Auswahl zufällig erfolgte, wenn also eine Stichprobe i.e.S. vorliegt.

Teileverwendungsnachweis. 1. *Begriff:* In der Produktionsplanung und -steuerung eine Aufstellung, in der angegeben ist, in welche anderen →Teile ein Teil eingeht; Aufbau und Inhalt analog zur →*Stückliste,* aber in umgekehrter Betrachtungsrichtung. – **2.** *Arten:* Baukasten-T. (einstufiger T.), Struktur-T. (mehrstufiger T.) und Mengenübersichts-T.

Teilgesamtheit, Teilmenge jeder Art einer →Grundgesamtheit, z.B. →Stichprobe i.w.S., →Schicht, →Klumpen.

Teilgewinnabführungsvertrag, Vertrag, durch den eine AG sich verpflichtet, einen Teil ihres Gewinns oder den Gewinn einzelner Betriebe ganz oder zum Teil an einen anderen abzuführen (§ 292 I Nr. 2 AktG); Form des →Unternehmensvertrages. Kein T. ist ein Vertrag über eine Gewinnbeteiligung mit Mitgliedern von Vorstand und Aufsichtsrat oder einzelnen Arbeitnehmern sowie eine Abrede über eine Gewinnbeteiligung im Rahmen von Verträgen des laufenden Geschäftsverkehrs oder Lizenzverträgen (§ 292 II AktG).

Teilhaber, Mitinhaber einer →Personengesellschaft, der mit einem Geschäftsanteil, ausgewiesen auf →Kapitalkonto, am Gesellschaftsvermögen und Erfolg (Gewinn oder Verlust) beteiligt ist. – *Steuerliche Behandlung:* Vgl. →Mitunternehmer.

Teilhaberbetrieb, mögliche Form des →Dialogbetriebs bei einem →Mehrplatzrechner. Mehrere Benutzer arbeiten gleichzeitig über Terminals gemeinsam mit einem in der Zentraleinheit befindlichen →Anwendungsprogramm. Dieses muß für die gleichzeitige Nutzung durch mehrere Benutzer geeignet (d. h. parallel nutzbar) sein. Das →Betriebssystem bzw. der →TP-Monitor des Rechners muß dafür sorgen, daß Benutzer, die gleichzeitig auf dieselben Daten zugreifen wollen, sich nicht gegenseitig blockieren. Entstanden ist der T. aus militärischen Anwendungen (v. a. bei der Luftüberwachung). Er bildet die Basis für alle zentralen Auskunfts- und Buchungssysteme (z. B. für Flüge, Reisen etc.). – *Alternative zum T.:* →Teilnehmerbetrieb.

Teilhaberpapiere, →Wertpapiere, die neben dem Kapitalanteil ein Mitgliedschaftsrecht verbriefen, z. B. Aktien.

Teilhabersteuer, →Unternehmensbesteuerung IV 7.

Teilhaberversicherung. I. T. als Betriebsvorgang (*echte T.*): **1.** *Grundlage:* Durch den Abschluß einer T. verfügt die Firma über die Barmittel, die sie bei Ausscheiden eines Teilhabers – z. B. durch Tod oder Alter – aus einer Gesellschaft zur Auszahlung des Gesellschafteranteils braucht. T. ist möglich: a) bei Personengesellschaften des Handelsrechts und b) u. U. bei sonstigen Personengemeinschaften, wie Rechtsanwalts-, Ärzte-, Steuerberater-, Wirtschaftsprüfergemeinschaften usw., die →Gesellschaften des bürgerlichen Rechts darstellen. Versicherungsleistungen müssen hierbei wirklich der Gemeinschaft zugute kommen. – Wenn beim Tode des einen Gesellschafters dessen Anteil ganz oder zum Teil dem anderen Gesellschafter durch Erbgang zufällt, ist der Abschluß einer T. nicht möglich, hier empfiehlt sich aus steuerlichen Gründen eine →Erbschaftsteuer-Versicherung.

2. *Gestaltung:* Die T. muß zur Erhaltung und Sicherstellung der Geschäftseinkünfte der Firma dienen und mithin im Interesse der ungestörten Fortführung der Firma abgeschlossen sein. – Die *steuerliche Anerkennung* der T. als Betriebsvorgang setzt im einzelnen voraus, a) daß die Firma den →Versicherungsvertrag auf ihren Namen abge-

schlossen hat, b) daß sie die →Prämien zahlt, c) daß sie bezugsberechtigt ist (→Bezugsberechtigung), d) daß die Versicherung in den Geschäftsbüchern der Firma tatsächlich auf ihre Rechung geführt wird und e) daß die →Versicherungssumme bei Auszahlung in das Vermögen der Firma fließt. Bei der Höhe der Versicherungssumme sind nicht nur der Stand des Kapitalkontos des Gesellschafters beim Abschluß der T., sondern möglichst auch das Anwachsen des Geschäftsanteiles und der stillen Reserven bis zum Ausscheiden des Gesellschafters sowie die eventuelle Erhöhung des Geschäftsanteils durch das Hereinfließen der Versicherungssumme und die eventuell Besteuerung zu berücksichtigen.

3. *Steuerliche Auswirkungen:* a) Vor Fälligkeit der Leistung: Prämien für die T. sind →Betriebsausgaben. Die noch nicht fälligen Ansprüche, die die Gesellschaft aus der T. an das Versicherungsunternehmen hat, sind mit ihrem jeweiligen Wert am Bilanzstichtag zu aktivieren, und zwar für die Einkommensteuer-Bilanz grundsätzlich in Höhe des geschäftsplanmäßigen Deckungskapitals (Auffassung und Forderung der Finanzverwaltung) der Versicherung. Die Differenz zwischen der jährlichen Prämie und dem jährlichen Zuwachs des Aktivums wirkt infolgedessen so lange gewinn- und steuermindernd, wie die Zuführung zum Aktivum kleiner ist als die gezahlte Prämie, d. h. je nach Alter der Beteiligten und Laufzeit der Versicherung etwa in den ersten zwei Dritteln der Versicherungsdauer. – Bei der →Vermögensteuer ist die T. mit zwei Dritteln der eingezahlten Prämien zu bewerten. Weist der Steuerpflichtige den Rückkaufswert nach, so ist dieser maßgebend (§ 12 IV BewG). – b) Nach Fälligkeit der Leistung: Die fällige Versicherungsleistung ist, soweit sie noch nicht aktiviert ist, gewinn- und damit steuererhöhend. Ist die Leistung bei Ablauf fällig, dann erfolgt grundsätzlich nur ein Aktivtausch, der keinen Einfluß auf den Gewinn der Steuerbilanz hat. Wird die Versicherungsleistung dagegen bereits vor Ablauf durch Tod fällig, so ist sie höher als das bisher von der Firma aktivierte Deckungskapital, und der Gewinn der Steuerbilanz erhöht sich um die diese Differenz. Da in solchen Fällen ein wesentlicher Betrag weggesteuert wird, ist eine entsprechend hohe Versicherungssumme zu wählen (vgl. I 2e). Geeignet sind dafür Risikoversicherungen mit fallender Leistung (→Lebensversicherung II 1). Die Differenz zwischen Versicherungsleistung und aktiviertem Wert ist schließlich anfangs am größten und mindert sich laufend bis zur Fälligkeit im Erlebensfall (Ablauftermin).

II. T. als Privatvorgang (*unechte T.*): **1.** *Grundlage:* Von Interesse für a) Gesellschafter von Personengesellschaften, b) die Beteiligten bei stillen Gesellschaften, wenn nach dem

Gesellschaftsvertrag beim Tode des stillen Gesellschafters dessen Guthaben auszuzahlen ist, und c) Angehörige sonstiger Personengemeinschaften, wie z. B. bei Rechtsanwälten, Ärzten, Steuerberatern, Wirtschaftsprüfern usw. Die von einem Gesellschafter abgeschlossene T. hat den Zweck, ihm beim Ausscheiden (z. B. Tod) eines anderen Gesellschafters die Barmittel zur Übernahme von dessen Geschäftsanteil bereitzustellen. – 2. *Gestaltung:* Der Teilhaber, der den Geschäftsanteil des anderen übernehmen möchte, schließt eine Lebensversicherung auf das Leben des anderen ab. Er selbst ist →Versicherungsnehmer, Prämienzahler und Bezugsberechtigter (→Bezugsrecht), der andere ist →Versicherter. – 3. *Steuerliche Auswirkungen:* a) Vor Fälligkeit der Leistung: Prämienzahlung beim Versicherungsnehmer eventuell im Rahmen der →Vorsorgeaufwendungen, →Sonderausgaben. Wert der Kapitalversicherung gehört vermögensteuerrechtlich zum sonstigen Vermögen des Gesellschafters, der Versicherungsnehmer ist. (Für Lebensversicherungen, die zum →sonstigen Vermögen gehören, besteht ein Freibetrag von 10 000 DM, der mit der Zahl der zusammenveranlagten Steuerpflichtigen vervielfacht wird, §§ 110 I Nr. 6 und 110 III BewG). Bei der Firam wird die unechte T. in keiner Weise berücksichtigt. – b) Nach Fälligkeit der Leistung: Bei bezugsberechtigten Teilhabern ist die Kapitalleistung des Versicherers einkommensteuerfrei, wenn die Voraussetzungen des § 20 I Nr. 6 EStG erfüllt sind. Sie wird zur Zahlung an die Erben des verstorbenen Teilhabers verwendet, somit erwirbt der überlebende Teilhaber den Geschäftsanteil des Verstorbenen.

III. S o n s t i g e s : Neben Versicherungen auf das Leben eines Teilhabers finden auch Versicherungen auf verbundene Leben Verwendung (→Lebensversicherung II 6 b). Zweckmäßig ist diese Versicherungsform, wenn nicht allein der Tod *eines* bestimmten Teilhabers den Liquiditätsbedarf verursachen kann.

Teilindossament, →Indossament, das auf einen Teil der Wechsel- oder Schecksumme beschränkt ist. Das T. ist nichtig (Art. 12 WG, Art. 15 ScheckG).

Teilkaskoversicherung, Teilversicherung für Beschädigung und Verlust des Kraftfahrzeuges gegen bestimmte Gefahren (z. B. Brand, Explosion, Entwendung). – Vgl. auch →Kraftverkehrsversicherung, →Kaskoversicherung.

Teilkonnossement, Sonderform des →Konnossements, bei der nur ein Teil einer Gesamtlieferung als empfangen bescheinigt wird, weil z. B. besondere Transportbedingungen eine andere Verschiffung notwendig machten. – T. stellen im *Importhandel* eine Aufteilung des Original- bzw. Gesamtkonnossements dar, die im Rahmen der repräsentierten Teilmenge die

gleichen Rechtsansprüche verbriefen. Auf diese Weise kann der Importeur die gekaufte Ware in kleineren Teilmengen an (kleinere) Nachfrager weiterverkaufen. T. ist in der Praxis weniger üblich als der →Konnossement-Teilschein.

Teilkonzernspitze, →Mitbestimmung im Konzern.

Teilkosten, Begriff der Kostenrechnung, v. a. Kalkulation. T. sind die im Rahmen einer →Teilkostenrechnung den Bezugsgrößen, insbes. den Kostenträgern, zugerechneten →variablen Kosten bzw. →Einzelkosten. Sie sind nur ein Teil der traditionell in der Vollkostenrechnung zugerechneten →Vollkosten.

Teilkostenkalkulation, Sammelbegriff für Formen der →Kalkulation, die nur Teile der Kosten (die →variablen Kosten oder die →Einzelkosten) auf die Kostenträger verrechnen. – *Zwecke:* →Kostenkontrolle; Ermittlung der kurzfristigen →Preisuntergrenze. – *Gegensatz:* →Vollkostenkalkulation. – Vgl. auch →Teilkosten, →Teilkostenrechnung.

Teilkostenrechnung, Kostenrechnungssysteme, die nur einen Teil der Kosten (die →variablen Kosten oder die →Einzelkosten) auf die →Kostenträger verrechnen. Durch den Verzicht auf die stets willkürliche Schlüsselung von fixen Kosten bzw. →Gemeinkosten (→Gemeinkostenschlüsselung) lassen sich T.-Systeme weit eher zur Fundierung und Kontrolle von Entscheidungen heranziehen als die traditionelle →Vollkostenrechnung. – *Formen:* U. a. →Blockkostenrechnung, →Differenzkostenrechnung →direct costing (Proportionalkostenrechnung), →Einzelkostenrechnung, →Fixkostendeckungsrechnung, →Grenzplankostenrechnung, – Vgl. auch →entscheidungsorientierte Kostenrechnung.

Teilkündigung, →Kündigung, die unter Aufrechterhaltung des Arbeitsverhältnisses nur einzelne Abreden (z. B. die Vergütungsregelung) beseitigen soll. Die T. ist grundsätzlich ausgeschlossen wegen Umgehung des Kündigungsschutzes von →Änderungskündigungen. Etwas anderes gilt nur, wenn die Parteien des Arbeitsvertrages klar vereinbart haben, daß bestimmte Arbeitsbedingungen unter einem Widerrufsvorbehalt stehen. Der Widerruf muß aber einer Billigkeitskontrolle nach § 315 BGB genügen.

Teilleistung. I. B ü r g e r l i c h e s R e c h t : Teilweise Erfüllung einer Verbindlichkeit. Mangels dahingehender Vereinbarung ist der Schuldner nach § 266 BGB grundsätzlich zu T. nicht berechtigt; der Gläubiger kann daher T. zurückweisen, ohne in →Annahmeverzug zu geraten. – *Ausnahmen:* Weigert sich jedoch der Gläubiger ohne schutzwürdiges Interesse, kann dies unzulässige Rechtsausübung sein.

T. können auch aufgrund einer Verkehrssitte oder eines Handelsbrauchs zulässig sein. – Der Inhaber eines Wechsels oder Schecks darf Teilzahlungen nicht zurückweisen (Art. 39 WG, Art. 36 ScheckG). – *Anrechnung von T. auf mehrere Schulden:* Vgl. →Erfüllung.

II. U m s a t z s t e u e r : Eine T. liegt nur dann vor, wenn für bestimmte Teile einer wirtschaftlich teilbaren Leistung das Entgelt gesondert vereinbart wird (§ 13 UStG).

Teilmenge, Begriff der Mengenlehre. Eine Menge M_2 heißt T. einer Menge M_1, wenn jedes Element von M_2 auch zu M_1 gehört. Zeichen: $M_2 \subseteq M_1$.

Teilmengenstaffelung, →Kurventarif 1.

Teilnahme, strafrechtlicher Begriff für die Beteiligung an der von einem anderen begonnenen (→Versuch) oder vollendeten vorsätzlichen rechtswidrigen Handlung. – *Formen:* →Anstiftung; →Beihilfe (§§ 26, 27 StGB).

Teilnehmerbetrieb, mögliche Form des →Dialogbetriebs bei einem →Mehrplatzrechner. Von den Benutzern an den angeschlossenen Terminals werden gleichzeitig voneinander völlig unabhängige →Anwendungsprogramme und/oder Daten eingegeben. Realisiert wird der T. i. a. durch das Time-Sharing-Verfahren (→time sharing). – *Alternative zum T.:* Vgl. →Teilhaberbetrieb.

Teilnehmerverzeichnis. 1. *Aktienrecht:* Verzeichnis über die in der →Hauptversammlung anwesenden Aktionäre mit →Stimmrechten (eigene und fremde). Das T. muß vor der Abstimmung zur Einsicht der Anwesenden ausliegen (§ 129 AktG). – 2. *Postwesen:* Verzeichnisse von Teilnehmern an Diensten der Deutschen Bundespost, z. B. →amtliches Telex- und Teletexverzeichnis, →amtliche Telefonbücher.

Teilnichtigkeit, →Nichtigkeit eines Teils von einem Rechtsgeschäft. T. hat i. d. R. Nichtigkeit des ganzen Geschäfts zur Folge. Anders nur, wenn anzunehmen ist, daß die Parteien das Rechtsgeschäft auch ohne den nichtigen Teil abgeschlossen hätten (§ 139 BGB).

Teilplanung, isolierte Planung der einzelnen funktionalen Bereiche wie Beschaffung, Lagerhaltung, Produktion, Absatz, Forschung und Entwicklung usw. Die einzelnen Teilpläne müssen jedoch aufeinander abgestimmt werden, um der gesamtbetrieblichen Zielsetzung gerecht zu werden. – *Gegensatz:* →Gesamtplanung. – Vgl. auch →operative Planung.

Teilproduktionswert, Bezeichnung nach Schmalenbach für →Reproduktionswert. Letzterer ist nach Schmalenbach ungenau, weil ein durch Addition der einzelnen Vermögensteile ermittelter Substanzwert nicht den Wert der äußeren und inneren Organisation (→Firmenwert) enthält.

Teilrente. 1. *Unfallversicherung:* →Verletztenrente bei teilweiser Minderung der Erwerbstätigkeit; berechnet nach einem Prozentsatz der Vollrente entsprechend dem Grad der Erwerbsminderung. – 2. *Gesetzliche Rentenversicherung:* Es werden keine T. gezahlt.

Teilschuldner, →Schuldner, der neben anderen für eine einheitliche Schuld haftet, und zwar nur zu einem nach der Zahl der Haftenden berechneten Anteil (Kopfteil). – *Anders:* →Gesamtschuldner.

Teilschuldverschreibung, →Anleihe.

Teilsteuerrechnung, Quantifizierungsverfahren der →Betriebswirtschaftlichen Steuerlehre.

I. Z i e l s e t z u n g : Da Steuerbelastungsunterschiede bei vielen betriebswirtschaftlichen Entscheidungen eine erhebliche Rolle spielen können, wird gefordert, die Steuerwirkungen möglichst zuverlässig und umfassend zu quantifizieren. Die entsprechenden Größen sollen ferner in den betriebswirtschaflichen Planungskalkül unmittelbar, d. h. ohne die Notwendigkeit spezieller Transformationen, eingeordnet werden können; sie sind also in ihren Aussagen auf die wirtschaftlichen Elemente der zur Wahl stehenden Alternativen zu orientieren. Schließlich erwartet die Praxis – v. a. für die „Planung vor Ort" – die Angaben der quantifizierten Steuerwirkungen in (absoluten u. relativen) Wertgrößen, die ohne komplizierte Rechenprozesse zur Verfügung stehen.

II. M e t h o d e : Die traditionellen Quantifizierungsmethoden (Faustregeln, Modellrechnungen, kasuistische Veranlagungssimulationen) erfüllen die drei genannten Anforderungen (Vollständigkeit, ökonomische Differenziertheit und einfache Zugriffsmöglichkeit) nicht in hinreichendem Maße. Deshalb hat die betriebswirtschaftliche Steuerlehre eine eigene Methode entwickelt. Die T. gewinnt in *fünf Umformungsschritten* aus den gesetzlichen Bemessungsgrundlagen und Tarifen der für die Entscheidung jeweils relevanten Steuerarten (i. d. R. dies mindestens die laufenden Ertrag- und Substanzsteuern) zunächst sog. *Multifaktoren* und aus diesen dann sog. *Teilsteuersätze* (Prozentsätze der steuerlichen Be- oder Entlastungswirkungen, bezogen auf den jeweiligen Bemessungsgrundlagenteil). Die wichtigsten Teilsteuersätze werden (in Tabellenform) nach jeder Steuerrechtsänderung in Fachzeitschriften (v. a. in „Der Betrieb") veröffentlicht.

III. A n w e n d b a r k e i t : Mit Hilfe der T. sind *Steuerbelastungsvergleiche* verschiedenster Art möglich (z. B. Finanzierungsformenvergleiche, Unternehmungsrechtsformenvergleiche, internationale betriebswirtschaftliche Steuervergleiche). Die T. erfüllt damit v. a.

fünf *Funktionen:* (1) Die Transformations-funktion, weil sie den zweimaligen Umweg der herkömmlichen Verfahren – hinein in das Steuerrechtsgefüge, aus ihm wieder heraus in den betriebswirtschaftlichen Bereich – vermei-det und statt dessen die Steuerwirkungen unmittelbar in einem Bezug zu den betriebs-wirtschaftlichen Daten und Entscheidungspa-rametern abbildet. (2) Die Erklärungsfunk-tion, weil sie mit der Herleitung der Teilsteuer-sätze aus Multifaktoren und mit der Herlei-tung der Multifaktoren aus Gesamtbela-stungsgleichungen demonstriert, wie die ein-zelnen Steuerartenrechtsregelungen zusam-menwirken. (3) Die Rechnungserleichterungs-funktion, weil außer einfachen Multiplikationen und ggf. Additionen keine eigentlichen „Berechnungen" mehr erforder-lich sind. (4) Die Checklistenfunktion, weil die Zusammenstellung der Bemessungsgrundla-genteile es in systematischer Form ermöglicht, die einschlägigen steuerrechtlichen Problem-bereiche zu erkennen. (5) Die Anregungsfunk-tion, weil aus der Erkenntnis einer beachtli-chen Steuerbelastungshöhe oder eines bedeu-tenden Steuerwirkungsunterschiedes oft die Anregung zu gestalterischen (steuerpoliti-schen) Maßnahmen entsteht.

IV. W e i t e r e n t w i c k l u n g : Verfeinerun-gen hat die einfache *statische* T. (sie ist beschränkt auf eine Periode und auf die wichtigsten Ertrag- und Substanzsteuerarten) durch die *differenzierte* T. erfahren, die weitere Steuerarten (z. B. Grundsteuer, Umsatzsteuer) einbezieht, das Gefüge der Bemessungsgrund-lagenteile erweitert und/oder die Nichtlineari-tät bestimmter Steuertarife explizit berück-sichtigt. Für mehrperiodig wirksame Planun-gen bzw. Entscheidungen ist die *dynamische* T. entwickelt worden. Aus manchen Fragestel-lungen (etwa nach dem erforderlichen „Min-destgewinn" zum Ausgleich von Steuerwir-kungen) entstand schließlich die *Teilbedarfs-rechnung.*

Literatur: Hauptwerke: Rose, G., Die Steuerbelastung der Unternehmung, Grundzüge der Teilsteuerrechnung, Wiesba-den 1973 (inhaltlich aber nicht mehr aktuell). Rose, G., Betriebswirtschaftliche Steuerlehre, Eine Einführung für Fortgeschrittene, Wiesbaden 1986 (Seiten 38–68). Gute Erklärungen des Verfahrens ferner bei: Wagner/Dirrigl, Die Steuerplanung der Unternehmung, Stuttgart, New York 1980, 154; Siegel, T., Steuerwirkungen und Steuerpolitik in der Unternehmung, Würzburg, Wien 1982, 37. – Die zum Teil weiterführende und anwendende Literatur bis etwa Mitte 1979 ist zusammengestellt bei: Kurth, H., Bibliographie zur Teil-steuerrechnung, BFuP 1979, 355.

Prof. Dr. Gerd Rose

Teilsteuersätze, →Teilsteuerrechnung II.

Teilstreik, →Schwerpunktstreik.

Teilungsabkommen, *Schadenteilungsabkom-men,* im Versicherungswesen Abkommen über die größenmäßige Aufteilung der Haftung bei Schäden, für die mehrere Versicherer haften (grundsätzlich je 50%, bei mehr als zwei Beteiligten entsprechende Quote). – *Formen:*

a) T. zwischen Haftpflicht- oder Kfz-Haft-pflichtversicherern und Kasko- oder ebenfalls Haftpflichtversicherern; b) T. zwischen Haftpflichtversicherern und Sozialversiche-rungsträgern oder auch privaten Krankenkas-sen.

Teilungslöhne, →degressiver Akkord, →Rowan-Lohn, →Halsey-Lohn.

Teilungsmasse, Betrag, der im →Zwangsver-steigerungsverfahren nach durchgeführter Versteigerung im Versteigerungstermin vom Gericht festzustellen ist (§ 107 ZVG) und zur Verteilung an Berechtigte zur Verfügung steht. – Die T. *besteht* i. d. R. aus →Bargebot, und zwar →Meistgebot, zuzüglich Zinsen. T. ist als Versteigerungserlös *Grundstücksersatz;* sie *steht* dem bisherigen Grundstückseigentü-mer *zu,* belastet mit den Rechten, mit denen das Grundstück belastet war und die an diesem nicht bestehen geblieben sind (→beste-henbleibende Rechte).

Teilungsplan, im →Zwangsversteigerungs-verfahren vom Gericht aufgestellter Plan über die Verteilung des Versteigerungserlöses unter Vorwegnahme der Verfahrenskosten (§§ 106 ff. ZVG). Über T. wird im Versteigerungstermin verhandelt; er kann dabei abgeändert werden. Gegen den T. ist *Widerspruch* und →*sofortige Beschwerde* möglich. – Der T. *enthält* →Tei-lungsmasse, →bestehenbleibende Rechte, durch Barzahlung zu befriedigenden Ansprü-che und Zuteilung der Teilungsmasse an diese Ansprüche. – *Ausführung* des T. i. d. R. durch Zahlung aus Versteigerungserlös an Berech-tigte.

Teilungsversteigerung, →Zwangsversteige-rung zur Aufhebung einer Gemeinschaft.

Teilurteil, →Urteil, das den Rechtsstreit durch Entscheidung über einen Teil des gel-tend gemachten Anspruchs teilweise erledigt, z. B. wenn von mehreren Ansprüchen nur über einen entschieden wird. T. wird erlassen, wenn ein Teil des Anspruchs entscheidungsreif ist, außer wenn es das Gericht nicht für angemes-sen erachtet (§§ 301 ZPO, 110 VwGO, 98 FGO). – Das T. ist als selbständiges Urteil mit →Rechtsmitteln *anfechtbar.*

Teilwert. I. B e g r i f f : T. ist der Betrag, den ein Erwerber des ganzen Betriebs (Unterneh-mens) im Rahmen des Gesamtkaufpreises für das einzelne →Wirtschaftsgut ansetzen würde; dabei ist davon auszugehen, daß der Erwerber den Betrieb (das Unternehmen) fortführt (§ 6 I Nr. 1 EStG, § 10 BewG). – *Gegensatz:* →ge-meiner Wert.

II. C h a r a k t e r i s i e r u n g : 1. *Zweck:* Der T. stellt ab auf die Verhältnisse des Betriebs, dem das zu bewertende Wirtschaftsgut dient. Dessen Wert hängt ab vom Nutzen ab, den es gerade für diesen Betrieb hat. Der T. bildet im wesentlichen eine Bewertungsschranke gegen

Unterbewertungen; er soll eine Bewertung der einzelnen Wirtschaftsgüter nach objektiven und nachprüfbaren Gesichtspunkten sicherstellen und die Bildung (handelsrechtlich zwar zulässiger, bilanzsteuerrechtlich aber unzulässiger) ungerechtfertigter stiller Resven verhindern. – 2. *Bedeutung:* Der T. gilt sowohl bei der Ermittlung des →Einheitswertes des →Betriebsvermögens als auch in der Steuerbilanz. Wertunterschiede dürften sich grundsätzlich bei diesen verschiedenen Zwecken dienenden Bewertungen nicht ergeben: Sind Wirtschaftsgüter bereits in der Steuerbilanz mit dem zutreffenden T. angesetzt, so können diese Werte i. d. R. auch für die Einheitsbewertung, soweit für die einzelnen Wirtschaftsgüter der T. maßgebend ist, übernommen werden.

III. B e w e r t u n g m i t T.: 1. *Bilanzsteuerrecht:* Mit dem T. angesetzt werden dürfen die Wirtschaftsgüter des →Anlagevermögens, wenn der T. niedriger ist als – bei nicht abnutzbaren Wirtschaftsgütern – die →Anschaffungskosten oder →Herstellungskosten oder – bei abnutzbaren Wirtschaftsgütern – die Anschaffungs- oder Herstellungskosten, vermindert um die →Absetzungen für Abnutzung. Bei Wirtschaftsgütern des →Umlaufvermögens ist der T. anzusetzen, wenn dieser niedriger ist als die Anschaffungs- oder Herstellungskosten der betreffenden Wirtschaftsguts. – 2. *Substanzsteuerrecht* (Bewertungsgesetz): Bei der Einheitsbewertung (→Einheitswert) ist für die zu einem gewerblichen Betrieb (→Betriebsvermögen) gehörigen Wirtschaftsgüter der T. zentraler Bewertungsmaßstab (§ 109 BewG). – *Wichtige Ausnahmen* gelten: a) für die Bewertung von →Betriebsgrundstücken (→Ertragswertverfahren, →Sachwertverfahren; bzw. →Wirtschaftswert und →Wohnungswert); b) für die Bewertung von →Mineralgewinnungsrechten (→gemeiner Wert); c) für die Bewertung von →Wertpapieren, Anteilen und Genußscheinen an Kapitalgesellschaften (→Steuerkurswert, →Stuttgarter Verfahren; d) für die Bewertung von →Kapitalforderungen, Geschäfts- oder →Firmenwert und bestimmte Rückstellungen (ertragsteuerlicher Gewinnermittlungswert).

IV. E r m i t t l u n g : 1. *Allgemeines:* Der T. der einzelnen Wirtschaftsgüter findet seine obere Grenze in den Wiederbeschaffungs- oder Wiederherstellungskosten für ein entsprechendes Wirtschaftsgut gleicher Art und Güte, seine untere Grenze in dem Material- oder Schrottwert. In diesem Rahmen hat der Steuerpflichtige nach eigenem nicht willkürlichem Ermessen unter Berücksichtigung objektiver Maßstäbe den T. zu bilden. Da das Gesetz nur von einer fingierten Betriebsveräußerung ausgeht, wird es sich bei dem Wertansatz regelmäßig um eine Schätzung, einen Annäherungswert handeln. Die Ermittlung des T. gestaltet sich äußerst schwierig. Daher hat die Rechtsprechung die folgenden T.-

Vermutungen erarbeitet. – 2. *Teilwertvermutungen:* a) Die Praxis geht zur Ermittlung des T. i. a. von den Wiederbeschaffungskosten aus, d. h. der T. ist mit dem Preis identisch, den der Erwerber des Betriebs zahlen müßte, wenn gerade dieses Wirtschaftsgut bei der (fingierten) Veräußerung nicht mit übertragen würde und bestand überhaupt nicht vorhanden wäre. Dabei können erhöhte Wiederbeschaffungskosten nicht berücksichtigt werden. – b) Nach kaufmännischen Grundsätzen kann vermutet werden, daß der T. im Zeitpunkt der Anschaffung (Herstellung) den Anschaffungsoder Herstellungskosten entspricht. Zu späteren Bewertungsstichtagen gilt dies auch für nicht abnützbare Wirtschaftsgüter des Anlagevermögens. Der T. abnützbarer Wirtschaftsgüter des Anlagevermögens entspricht dann den Anschaffungs- oder Herstellungskosten, vermindert um die für den Nutzungszeitraum zu berücksichtigenden Absetzungen für Abnutzung. Diese Vermutung wird widerlegt, wenn sich die Anschaffung (Herstellung) als eine offensichtliche Fehlmaßnahme erweist oder die Absetzungen (z. B. wegen übermäßigen Wertverzehrs infolge technischer Neuerungen) zu niedrig bemessen waren und der T. sich nicht aus anderen Gründen mit den Anschaffungs- oder Herstellungskosten deckt. – c) Allgemeine Geschäfts- und Konjunkturrisiken, insbes. die dem Betrieb eigentümlichen Verlustgefahren, stellen keine Tatsachen dar, die den Ansatz des T. begründen können. – d) Für Wirtschaftsgüter des Umlaufvermögens wird vermutet, daß der T. den Wiederbeschaffungskosten entspricht, sofern nicht die Verkaufserlöse für Erzeugnisse und Waren die Kosten einschl. eines Unternehmensgewinns nicht decken. Dann ist T. der Wert, den für die Erzeuger- oder Handelsstufe bestehenden niedrigeren Börsen- oder Marktpreis entspricht. – e) Negative Wirtschaftsgüter sind wie die Gegenstände des Umlaufvermögens zu bewerten. Dem niedrigeren T. entspricht bei Verbindlichkeiten der über dem Nennwert der Schuld liegende Wert. – f) Bei Pensionsrückstellungen: Vgl. →Pensionsrückstellungen III 4.

Teilwertabschreibung, gleichbedeutend mit Ansatz des niedrigeren →Teilwertes in der →Steuerbilanz (§ 6 I Nr. 1, 2 EStG). Die T. entspricht dann der Differenz zwischen →Buchwert und Teilwert des Wirtschaftsgutes.

Teilzahlung, *Abschlagszahlung,* Zahlung des Teilbetrags einer Schuld. – 1. *Grundsätzliches:* Die T. wird rechtlich, sofern sie nicht vertraglich gestattet ist (z. B. bei Abzahlungsgeschäften), wie jede andere →Teilleistung behandelt. Sie braucht vom Gläubiger nicht entgegengenommen zu werden. Er kommt nicht in →Annahmeverzug, da der Schuldner zu Teilleistungen nicht berechtigt ist (§ 266 BGB). – 2. *Ausnahme:* a) Beim *Wechsel* und *Scheck:* Der

Inhaber darf eine T. nicht zurückweisen; der Bezogene kann verlangen, daß sie auf dem Wechsel vermerkt und ihm Quittung erteilt wird (Art. 39 WG, Art. 34 ScheckG). – b) Von *Geldstrafen:* Gemäß Verfügung des Gerichts möglich (§ 42 StGB). – *Anders:* →Ratenzahlung.

Teilzahlungsgeschäft, →Abzahlungsgeschäft.

Teilzahlungskauf, →Abzahlungsgeschäft.

Teilzahlungskredit, *Ratenkredit.* 1. *T. im weiteren Sinne:* Kredit an Verbraucher und auch Kleinbetriebe, der in festen Raten (Teilzahlungen) zurückgezahlt wird. Der T. ist meist ein Konsumentenkredit, kann aber auch ein Produktionskredit sein, der von Kleinbetrieben zur Beschaffung von Betriebsmitteln eingesetzt wird. – *Arten:* a) *Nichtorganisierter T.:* T., der (als →Abzahlungsgeschäft) aufgrund eines T.-Vertrags vom Verkäufer selbst gewährt wird. – b) *Organisierter T. (Konsumentenkreditgeschäft):* T., bei dem das Kreditgeschäft vom eigentlichen Warengeschäft getrennt ist und von einem Kreditinstitut ausgeführt wird, das großenteils auch die Prüfung der Kreditwürdigkeit des Kreditnehmers und damit das Kreditrisiko sowie stets die Abwicklung des Kredites übernimmt. Formen: →Kleinkredit und mittelfristiges persönliches →Anschaffungsdarlehen. – 2. *T. im engeren Sinne:* Kredit, bei dem der Kredit von einem Kreditinstitut nicht in bar ausgezahlt wird und nur zum Kauf bei Unternehmen benutzt werden kann, mit denen das Kreditinstitut Rahmenkreditverträge abgeschlossen hat; der Kredit ist zweckgebunden. – *Arten:* a) Beim *A-Geschäft,* beim *,,Kaufscheck''* oder *,,Kreditscheckverfahren''* erhält der Kreditnehmer eine Reihe ,,Kreditschecks'' (Kaufanweisungen) auf feste Beträge (10, 20, 50 DM), die er bei allen der Bank angeschlossenen Einzelhandelsunternehmen, die für den T. nicht haften, in Zahlung geben kann. Seit einigen Jahren aber überwiegend Barkredite im A-Geschäft (Schaltergeschäft). – b) Beim *B-Geschäft,* beim ,,Kaufkredit'', wird der T. von dem Verkäuferunternehmen vermittelt, dem das Kreditinstitut in einem Rahmenfinanzierungsvertrag ein Kreditkontingent eingeräumt hat und das auch mit haftet. – c) Beim *C-Geschäft,* zur Finanzierung von Kraftfahrzeugen und Maschinen, wird der T. gleichfalls von den Käuferunternehmen vermittelt, doch wird für jede einzelne Rate ein Wechsel vom Verkäufer zugunsten der Bank auf den Käufer gezogen. Die Bank übernimmt auch hier alle Kreditfunktionen (Kreditwürdigkeitsprüfung, Abwicklung des Kredits u. a.). – 3. *Innovationen im T.-Geschäft:* Innovative T.-Formen mit flexibler Inanspruchnahmemöglichkeit und variablen Zinssätzen, z. B. ,,persönlicher Kredit mit frei verfügbarem Kreditrahmen'', ,,Abrufkredit'' und ,,flexibler Kredit''.

Teilzahlungspreis, Begriff der →Abzahlungsgeschäfte. T. besteht aus dem Gesamtbetrag von Anzahlung und allen vom Käufer zu entrichtenden Raten einschl. Zinsen und sonstiger Kosten. Der T. ist bei einem Abzahlungsgeschäft vom Verkäufer in der Vertragsurkunde anzugeben (§ 1 a AbzG). Fehlt diese Angabe, wird der Käufer nur in Höhe des →Barzahlungspreises verpflichtet.

Teilzeitarbeit, →Teilzeitarbeitsverhältnis, →Teilzeitbeschäftigung.

Teilzeitarbeitsverhältnis, →Arbeitsverhältnis mit gegenüber der tariflichen oder betriebsüblichen verkürzter →Arbeitszeit. – 1. *Allgemeine arbeitsrechtliche Vorschriften:* Sie gelten grundsätzlich auch für das T., insbes. die Pflichten des Arbeitgebers zur Lohnfortzahlung im Krankheitsfall, Fürsorgepflicht des Arbeitgebers, Gewährung des gesetzlichen Mindesturlaubs. Zu zahlen ist das Entgelt, das auch sonst während der Urlaubszeit zu leisten wäre. – 2. *Regelungen gemäß Beschäftigungsförderungsgesetz* (Art. I §§ 2–6 BeschäftigungsförderungsG): Der Arbeitgeber darf einen teilzeitbeschäftigten Arbeitnehmer nicht wegen der Teilzeitarbeit unterschiedlich behandeln (Verstoß gegen den Grundsatz der →Gleichbehandlung); es sei denn, daß sachliche Gründe eine unterschiedliche Behandlung rechtfertigen (§ 2 Beschäftigungsförderungs G). Bereits vorher war in der Rechtsprechung anerkannt, daß der Arbeitgeber Teilzeitbeschäftigte nicht ohne weiteres von freiwilligen Leistungen (z. B. einer betrieblichen Altersversorgung) ausschließen darf. Gratifikationen kann der Arbeitgeber entsprechend dem Maß der Arbeitsleistung abstufen. – 3. *Anspruch eines bisher vollbeschäftigten Arbeitnehmers auf Teilzeitbeschäftigung:* Ein solcher Anspruch kann nach der Rechtsprechung bestehen bei (ärztlich bescheinigter) begrenzter Arbeitsfähigkeit, soweit die Herabsetzung der Arbeitszeit dem Arbeitgeber zumutbar ist, und im Falle der →betriebsbedingten Kündigung, wenn Teilzeitbeschäftigung möglich bleibt. – 4. *Besondere Formen des T.:* →Job Sharing, →Arbeit auf Abruf.

Teilzeitbeschäftigte. I. L o h n s t e u e r : 1. *Begriff:* Kurzfristig oder in geringem Umfang und gegen geringen Arbeitslohn beschäftigte Arbeitnehmer. – a) *Kurzfristige Beschäftigung* liegt vor, wenn nur eine gelegentliche, nicht regelmäßig wiederkehrende Beschäftigung gegeben ist, die Dauer der Beschäftigung 18 zusammenhängende Arbeitstage und der Arbeitslohn 42 DM durchschnittlich je Arbeitstag nicht übersteigt oder die Beschäftigung zu einem unvorhersehbaren Zeitpunkt sofort erforderlich wird. – b) *Beschäftigung in geringerem Umfang und gegen geringen Arbeitslohn* liegt vor, wenn zwar eine laufende Beschäftigung gegeben ist, die Tätigkeit jedoch 20 Stunden und der Arbeitslohn 120

DM pro Woche nicht übersteigt. Als wöchentlicher Lohnzahlungszeitraum gelten sieben aufeinanderfolgende Kalendertage. Wird ein längerer Lohnzahlungszeitraum gewählt, so sind die Grenzen bei über siebentägigen Lohnzahlungs- und Lohnabrechnungszeiträumen für jeden Tag mit 1/7 (18 DM bzw. 3 Stunden) und bei monatlicher Abrechnung mit 30/7 (523 DM bzw. 86 Stunden) anzusetzen. – 2. *Erhebung der Lohn- und Kirchensteuer* unter Verzicht auf die Vorlage einer →Lohnsteuerkarte mit einem Pauschsteuersatz von 10 v. H. des Arbeitslohnes. Die pauschale Lohnsteuer trägt der Arbeitgeber; sie ist auf die Einkommen- und Jahreslohnsteuer nicht anrechenbar. Die pauschale Lohnsteuer ist Bemessungsgrundlage für pauschale Kirchensteuer. Der pauschale Kirchensteuersatz beträgt je nach Bundesland 6 oder 7 v. H. *Ausnahme:* Die Pauschalierung ist nicht zulässig bei Arbeitnehmern, deren Arbeitslohn durchschnittlich 12 DM je Arbeitsstunde übersteigt. *Sonderregelungen* existieren für T. in Betrieben der Land- und Forstwirtschaft (§ 40a II EStG).

II. S o z i a l v e r s i c h e r u n g: 1. Entgelte von T. unterliegen grundsätzlich der *Beitragspflicht*. – 2. *Versicherungsfreiheit* für geringfügig entlohnte und kurzfristige Beschäftigung. – Vgl. →geringfügige Beschäftigung.

Teilzeitbeschäftigung, I. A l l g e m e i n: Vgl. →Teilzeitarbeitsverhältnis.

II. B e a m t e n r e c h t: Maßnahme, um den Personalbedarf auszugleichen. Bis zum 31. 12. 1990 kann ein Beamter in einer Ausnahmesituation bei Bestehen eines dringenden öffentlichen Interesses auf die Dauer von insgesamt zehn Jahren bis zur Hälfte der regelmäßigen Arbeitszeit beschäftigt werden. Auch Beurlaubung ohne Dienstbezüge bis zur Dauer von sechs Jahren ist möglich. T. und Urlaub dürfen insgesamt fünfzehn Jahren nicht überschreiten. Teilzeitbeschäftigte dürfen gegenüber Vollzeitbeschäftigten nicht unterschiedlich behandelt werden.

Teilzinsspannenrechnung, Art der →Zinsspannenrechnung; Aufspaltung der Bruttozinsspanne eines Kreditinstituts in die Erfolgsbeiträge der einzelnen Aktiv- und Passivgeschäfte, um eine ertragsorientierte Bewertung von Produkten, Geschäftsstellen und Kundengruppen vornehmen zu können. – *Kalkulationsinstrument:* →Schichtenbilanz.

Telearbeit, kommunikationstechnisch gestützte Heimarbeit bei Büroaufgaben, d. h. →Büroarbeit, die zu Hause an →Bildschirmgeräten geleistet wird; diese sind über ein Netz (→Netzwerk) mit allen für die einzelnen Tätigkeiten benötigten Kommunikationspartnern verbunden.

Telebox-Dienst, seit 1985 von der Deutschen Bundespost angebotener →Kommunikationsdienst, der ein elektronisches Post-System

(über die Leitungswege der DBP) realisiert. In einem „elektronischen Briefkasten" (Telebox) können Nachrichten bereitgestellt und jederzeit abgerufen werden. Zugänglich ist dieser Dienst über das Telefon-, Datex-L- und Datex-P-Netz (→Datex-L, →Datex-P). Er ist mit gleichartigen Systemen in vielen anderen Ländern gekoppelt.

Telebrief, 1980 eingeführte spezielle Variante des →Telefax-Dienstes; Übermittlung kopierfähiger Vorlagen (z. B. Dokumente, Urkunden, Zeichnungen) mittels →Fernkopierer der Deutschen Bundespost zwischen Telebriefstellen. Damit kann jedermann Briefe entweder direkt an Telefaxteilnehmer oder an ebenfalls mit Fernkopierern ausgestattete Postämter, die die Telekopie als Eilbrief weitervermitteln, verschicken lassen.

Telefax-Dienst, *Fernkopierdienst,* 1979 von der Deutschen Bundespost eingeführter →Kommunikationsdienst, der den Teilnehmern die Möglichkeit bietet, nach *einheitlichen Übertragungsnormen* Vorlagen von bestimmten →Fernkopierern aus im öffentlichen Telefonnetz zu übertragen (über ein →Modem). – *Vorteile* des T.-D. gegenüber der Möglichkeit, Nachrichten über Fernkopierer auszutauschen, sind v. a. die gesicherte Verträglichkeit und Qualität der Endgeräte, die garantierte Leitungsqualität für den Fernkopierdienst im Telefonnetz, der Telefax-Entstörungsdienst der Post sowie das (kostenlose) „Amtliche Telefaxverzeichnis". – *Spezielle Variante des T.-D.:* →Telebrief.

Telefon, Endgerät für die Sprachkommunikation zwischen entfernten Partnern in hausinternen und/oder öffentlichen Netzen (→Fernsprechen).

Telefonanschluß, →Fernsprechanschluß.

Telefonbefragung, moderne Methode der mündlichen →Befragung mit Hilfe des Telefons. Besonders geeignet für schnell durchzuführende, wenige anspruchsvolle Untersuchungen (Blitzumfragen).

Telefondiktieranlage, Diktiersystem mit Diktatansage über Telefone und Diktataufzeichnung durch zentrale →Diktiergeräte. Fernbedienung erfolgt über Telefon-Wählscheibe.

Telefongebühren, *Fernsprechgebühren,* Gebühren, die Inhaber von →Fernsprechanschlüssen zu zahlen haben. T. umfassen Grundgebühren für den Hauptanschluß und Zusatzeinrichtungen sowie Gebühren für benutzte Einheiten. – *Kostenrechnerische Erfassung und Verrechnung:* Zweckmäßigerweise werden T. auf einem besonderen Kostenartenkonto erfaßt und den sie verursachenden Kostenstellen direkt zugerechnet.

Telefonhandel, →Telefonverkauf.

Telefonkarte, →Chipkarte (Zahlungskarte) für bargeldloses →Kartentelefon. Debitkarten (Wert 12 und 50 DM) sind vom Kunden im voraus bezahlt und übertragbar. Bei Buchungskarten werden Gebühren über Fernmelderechnung eingezogen; z. Zt. (1987) noch im Test.

Telefonkonferenz, →Telekonferenzsystem 2 b) (1).

Telefonnetz, *Fernsprechnetz,* öffentliches Wählnetz zur Sprachübertragung. Die Einrichtungen des T. kann grundsätzlich jeder nutzen, entsprechend der Fernmeldeordnung. T. ist ununterbrochen dienstbereit. Durch zusätzliche →Modems können auch digitale Nachrichten (Daten) übertragen werden (→Datex(Netz), →Telex(Netz)). – Vgl. auch →Fernsprechanschluß, →Fernsprechvermittlungsstellen, →Fernmeldeamt.

Telefonverkauf, *Telefonhandel,* Verkaufsmethode mittels Einsatz des Telefons als Hilfsmittel, z. B. zur Kundengewinnung (Akquisition), Kundenbetreuung (Ankündigung von Sonderangeboten, Auskunftsdienst, Reklamationsbearbeitung) und Auftragsabwicklung (Bestellannahme). T. ist Teilgebiet des →persönlichen Verkaufs. Die Aktivität kann vom Verkäufer oder Käufer ausgehen. Unaufgeforderte Anrufe seitens der Verkäufer sind jedoch wettbewerbsrechtlich unzulässig (→unlauterer Wettbewerb), da sie als Form des →Anreißens gelten; ausgenommen sind Anrufe zwischen in dauernder Geschäftsbeziehung stehenden Telefonpartnern. – *Vorteil:* Kaufabschlüsse auch außerhalb der Ladenschlußzeiten. – Vorläufer des noch zu entwickelnden *tele-selling.*

Telefonverkehr. 1. *Postwesen:* Nachrichtenverkehr über einen →Fernsprechanschluß. – 2. *Börsenwesen:* Vgl. →Freiverkehr I 2b).

Telegramm. 1. *Begriff:* Nachricht in Schriftform zur eiligen Beförderung an den Empfänger durch den Telegrafen. *Rechtsgrundlage:* Telegrammordnung vom 26. 2. 1974 (BGBl I 373) mit späteren Änderungen. – 2. *Arten:* Gewöhnliche T., dringende T. („D" bzw. „urgent"), Funk-T. und Seefunkbriefe (SLT; vgl. auch →Seefunk), Brief-T., T. mit bezahlter Rückantwort („RP", reponse payée), Schmuckblatt-T., „LX", Luxus). T. des Geldverkehrs (Postschecks und Postanweisungen), Bildtelegramm, Zugtelegramm. – 3. *Inhalt:* Abfassung in allen Schriftzeichen, die sich durch den Telegrafen wiedergeben lassen. Reihenfolge der Niederschrift: Anschrift, Text, Unterschrift. – a) *Anschrift:* Je nach Zustellungsort Vollanschrift, Telefon-, Telex-, Postfach- oder Lageranschrift. – b) *Text* ist in *jeder Sprache* möglich; daneben sind *verabredete Sprache* (z. T. mit künstlichen Wörtern) und *chiffrierte Sprache*

üblich. – c) *Wortzählung:* Jedes Wort und jeder aus Buchstaben, Ziffern und Zeichen bestehende Ausdruck wird bis zu 10 Schriftzeichen als 1 Gebührenwort gezählt; Wörter und Ausdrücke mit 11 bis 20 Schriftzeichen zählen als 2 Gebührenwörter, mit 21 bis 30 Schriftzeichen als 3 Gebührenwörter usw. – d) *Internationale Kreditkarte für Telegrafendienst* berechtigt zur Aufgabe von T. und Telexnachrichten in die teilnehmenden Länder. – 4. *Beförderung:* a) *Aufgeben* am Postschalter, durch Fernsprecher, Fernschreiber, Telegramm- und Landzusteller, auf Schiffen in See. – b) *Reihenfolge der Beförderung:* Dringendes, gewöhnliches T. – c) *Zustellung* (von 6–22 Uhr) durch Boten, Einlegen in ein Postfach, Fernsprecher oder Fernschreiber; in bestimmten Orten dringliche T. auch nachts. – d) Nach *vergeblichem Zustellversuch* Nachsendung gebührenfrei durch Brief oder telegrafisch (gebührenpflichtig), wenn vom Absender oder vom Empfänger ausdrücklich verlangt.

Telegrammanschrift, von der Deutschen Bundespost zugelassene Abkürzung der Anschrift zur Erleichterung und Verbilligung im Telegrammverkehr. Genehmigung wird auf Antrag durch die Postdienststellen erteilt.

Telegrammantwortschein, bei RP-Telegramm (→Telegramm) kann der Absender von Inlands- oder Auslandstelegrammen die telegrafische Rückantwort vorausbezahlen. T. wird beim Ankunftsamt in Höhe des vorausbezahlten Betrages ausgestellt und berechtigt den Empfänger innerhalb drei Monaten zur Aufgabe eines Telegramms an einen beliebigen Empfänger.

Telegrammkosten, →Postkosten.

Telekommunikation. I. K o m m u n i k a - t i o n s w i s s e n s c h a f t : →Kommunikation zwischen Kommunikationspartnern, die Informationen außerhalb ihrer Hör- bzw. Sichtweite übermitteln bzw. austauschen. T. unterstützende Techniken gibt es bereits seit Menschengedenken (z. B. Rauchzeichen, Kuriere). Mit der Entwicklung des Transportwesens und noch viel gravierender durch die der Nachrichtentechnik wurde die Geschwindigkeit und Vielfalt der Übertragungsmöglichkeiten in enormem Ausmaß gesteigert (→Massenmedien), was sich gerade im Bereich der geschäftlichen Kommunikation erheblich auswirkte.

II. B ü r o k o m m u n i k a t i o n : Der Begriffsinhalt ist auf die modernen Techniken zur Übertragung von Informationen beschränkt. – Zu unterscheiden sind: a) *Telekommunikationsnetze:* Infrastruktur, die das raumüberbrückende Kommunikation ermöglicht; zu den T.-N. gehören in der Bundesrep. D. z. B. Fernsprechnetz, IDN, Datex-P-Netz usw. (→Datel-Dienste) sowie private Netze (→lokale Netze, →Nebenstellenanlagen). –

b) *Telekommunikationsdienste* (einschl. der Endeinrichtungen, über die Nachrichten jeweils versendet und empfangen werden können), z. B. Telex, Teletex, Telefax, Bildschirmtext, Telekonferenzsysteme usw. – c) Darüber hinaus schließt man i. a. die klassische Brief- und Paketpost sowie traditionelle innerbetriebliche Transportnetze bzw. -dienste wie Haus-, Rohr- und Botenpost mit in die T. im Bürobereich ein. – Vgl. auch →Telematik.

Telekommunikationsdienste,   →Telekommunikation II a).

Telekommunikationsnetze,   →Telekommunikation II a).

Telekonferenzsystem. 1. *Begriff:* Form der Geschäftskonferenz, bei der durch elektronische Medien ein Ersatz für die physische Anwesenheit aller Konferenzteilnehmer an einem Ort geschaffen wird. Dadurch entfällt die Anreise von verschiedenen Orten zu einem gemeinsamen Konferenzort. Technisch funktionsfähige und bereits geschäftlich *genutzte T.:* Video-, Audio- und Computerkonferenz. – 2. *Formen:* a) *Videokonferenzen (Fernsehkonferenzen)* werden zwischen speziellen Videokonferenz-Studios abgehalten, die über Breitband-Standleitungen (→Breitband) verbunden sind. In jedem an einer Videokonferenz beteiligten Studio sind die Konferenzteilnehmer aus den übrigen Studios auf →Bildschirmen zu sehen und ihre Diskussionsbeiträge über Lautsprecher zu hören. Studios werden meist von Großunternehmen intern genutzt; es existieren aber auch Studios, die (zu relativ hohen Gebühren) vermietet werden. – b) *Audiokonferenzen* werden mit unterschiedlichem Funktions- und Leistungsumfang angeboten. (1) Die einfacheren Formen beinhalten die Verbindung der Telefone mehrerer Teilnehmer durch spezielle Schaltungen im Fernsprechnetz und/oder ermöglichen mehreren Personen die Nutzung eines Telefons *(Telefonkonferenz).* (2) Die höchste Stufe bildet die Kommunikation über spezielle *Audiokonferenzstudios* (analog zu den Videokonferenzstudios), wobei statt der bildlichen Übertragung der entfernten Teilnehmer Möglichkeiten der Text- und Festbildkommunikation zwischen den Studios angeboten werden. – c) Die *Computerkonferenz* ist die abstrakteste Form der konferenzähnlichen Kommunikation zwischen Menschen. Hier werden die Konferenzbeiträge der Teilnehmer als Text über eine Tastatur in das Computerkonferenzsystem eingegeben, übertragen und den anderen Teilnehmern auf deren Bildschirmen angezeigt oder über →Drucker ausgegeben. In einer Sonderform können unter Einschaltung einer Konferenzdatei (→Datei) auch Konferenzen mit zeitlich versetzten Beiträgen abgehalten werden.

Telematik, Mischbegriff, der für die Integration von →*Tele*kommunikation und →Informatik (bzw. Elektronischer Datenverarbeitung) steht. Technische Einrichtungen zur Ermittlung, Speicherung und/oder Verarbeitung von Daten müssen nicht mehr isoliert stehen, sondern können mit Hilfe von Telekommunikationssystemen untereinander Daten austauschen. Neben sehr vielen vorteilhaften Anwendungsmöglichkeiten birgt die T. allerdings in sich auch Probleme und Gefahren v. a. im Hinblick auf den →Datenschutz.

TeleMetron, ein in der Fernsehforschung (→Zuschauerforschung) verwandtes elektronisches Meß- und Speichergerät. Im Unterschied zum →Teleskomaten wird das T. in Haushalten mit *zwei* Fernsehgeräten eingesetzt.

tele-selling, zukünftig mögliche Bedienungsform des Warenhandels: Konsumenten wählen zu Hause die Waren am Fernsehgerät mittels Bildschirmtext aus und bestellen telefonisch oder über die Btx-Leitung bei einem Händler. Dieser stellt die Waren zusammen, hält sie zur Abholung bereit oder übernimmt die Zustellung. Zahlung erfolgt bar, mit Rechnung und Überweisung oder per Bankeinzug.

Teleskomat, ein in der Fernsehforschung (→Zuschauerforschung) verwandtes elektronisches Meß- und Speichergerät, mit dem neben der Laufzeit von Fernsehgeräten auch die Sehbeteiligung einzelner Personen registriert wird. Der T. besitzt sechs Programm- und sieben Teilnehmertasten und wird in Haushalten mit *einem* Fernsehgerät eingesetzt. Die Übertragung der gespeicherten Informationen erfolgt automatisch und täglich über ein Modem, das an das öffentliche Fernsprechnetz angeschlossen ist. – Gerät für *zwei* Fernsehgeräte: →TeleMetron.

Teleskopie, →Zuschauerforschung.

Teletex-Dienst, internationaler, öffentlicher →Kommunikationsdienst der Deutschen Bundespost zur Übertragung von Textnachrichten (Textbriefe im DIN A 4-Format). Zur Nutzung des Dienstes sind spezielle Endgeräte notwendig. Der T.-D. stellt eine Weiterentwicklung des →Telex-Dienstes dar. Er erlaubt die Verwendung des vollen Zeichenvorrats einer Büroschreibmaschine. Die Übertragungsgeschwindigkeit beträgt 2400 bit/s, wobei in der Bundesrep. D. die Übertragung über das Datex-L-Netz (→Datex-L) erfolgt. T.-D. und Telex-Dienst sind kompatibel, wobei allerdings bei Übertragungen zwischen einem Teletex- und einem Telex-Teilnehmer nur der eingeschränkte Zeichenvorrat genutzt werden kann.

Telex, →Fernschreiben.

Telex-Dienst, *Fernschreibdienst,* Dienst der Deutschen Bundespost (→Kommunikationsdienst) für die unmittelbare zeichenweise Übertragung schriftlicher Informationen mittels Telexnetz (national und international). Für die Nutzung sind spezielle Endgeräte (→Fernschreiber) nötig. Der T.-D. wurde aufgrund seiner Nachteile (recht aufwendige Bedienung der Fernschreibapparate, geringer Zeichenvorrat, unbefriedigende Übertragungsgeschwindigkeit usw.) weiterentwickelt. – *Rechtlich geregelt* in der Telekommunikationsordnung vom 5.11.1986 (BGBl I 1749), in Kraft seit 1.1.1988. – Vgl. auch →Teletex-Dienst.

Telexnetz, *Fernschreibnetz,* öffentliches, digitales Wählnetz der Deutschen Bundespost zur Textkommunikation. Ermöglicht den Teilnehmern am →Telex-Dienst den nationalen und internationalen Austausch von Nachrichten mittels Fernschreibmaschinen mit einer Übertragungsgeschwindigkeit von 50 bit/s. T. kann ebenso zur Übertragung von Daten benutzt werden, jedoch begrenzter Zeichenvorrat und geringe Übertragungsgeschwindigkeit. Heute ist das T. im →IDN integriert.

Telexwerbung, unaufgeforderte Werbung an den Telexinhaber. – *Wettbewerbsrechtlich* Form des →Anreißens und damit →unlauterer Wettbewerb.

Telle-quelle-Marke, eine im Ausland nach dortigem Recht eingetragene →Marke, die in der Bundesrep. D. als Verbandsland zur Hinterlegung zuzulassen und zu schützen ist, auch wenn sie nach deutschem Recht nicht eintragungsfähig ist. – Vgl. auch →Warenzeichenrecht VI.

tel quel, internationale →Handelsklausel, insbes. im Überseeverkehr. Der Käufer hat die Ware so zu nehmen, wie sie ausfällt. Der Verkäufer schließt eine Gewähr für die qualitative Beschaffenheit der gelieferten Ware in gewissem Umfang aus, ist also nicht mehr verpflichtet, eine Ware mittlerer Art und Güte zu liefern; es genügt Ware der schlechtesten Sorte, sofern sie als →Handelsgut anzusehen, unbeschädigt, unverdorben bzw. gesund ist. Die Lieferung von Ausschuß ist nicht zulässig. Im Zweifel entscheidet der →Handelsbrauch.

Temex-Dienst, digitaler Fernmeldedienst der Deutschen Bundespost zur Übermittlung von Fernwirkinformationen (z. B. Einbruchsicherung durch Sensoren, medizinischer Alarm, Pegelstände). Der T.-D. wird über Frequenzen abgewickelt, die die übrigen Telefongespräche nicht berühren. – *Anwendung:* V.a. bei Katastrophen und im Rettungsdienst.

temporäres Gleichgewicht, Form des →dynamischen Gleichgewichts. Dabei ist unterstellt, es existiere kein vollständiges System von →Zukunftsmärkten. Damit können die Entscheidungen der Individuen bezüglich ihrer intertemporalen Auswirkungen über einen Marktmechanismus nicht mehr aufeinan-

der abgestimmt werden. Die zeitliche Entwicklung vollzieht sich in einer Folge von zeitlich unabhängigen und auf die jeweilige Periode bezogenen Gleichgewichten. Es findet dabei keine Koordinierung der intertemporalen Pläne zu einem →intertemporalen Gleichgewicht statt.

Tendenzbefragung, in Interviewform geführte Umfrage zur zukünftigen konjunkturellen Entwicklung (→Konjunkturprognose). In der Bundesrep. D. werden T. vom IFO-Institut durchgeführt (IFO-Konjunkturtest).

Tendenzbetrieb, Betriebe mit unmittelbar und überwiegend ideeller Zielsetzung (§ 118 I BetrVG, § 1 IV MitbestG): a) Politische, koalitionspolitische, konfessionelle, karitative, erzieherische, wissenschaftliche oder künstlerische Bestimmungen oder b) Zwecke der Berichterstattung oder Meinungsäußerung (Art. 5 I 2 GG). Auf T. finden die Vorschriften des BetrVG keine Anwendung, soweit die Eigenart des Unternehmens oder des Betriebs dem entgegensteht. Zu den geschützten Betrieben rechnen z. B. Bildungseinrichtungen der Gewerkschaften oder der Arbeitgeberverbände, Betriebe des Roten Kreuzes, Privatschulen, Theater, Presseunternehmen. Es ist in jedem Einzelfall zu prüfen, ob und inwieweit die Eigenart des Unternehmens oder des Betriebs wirklich der Beteiligung des Betriebsrats entgegensteht; ggf. sind die Beteiligungsrechte der Betriebsräte einzuschränken, u. U. bleiben Unterrichtungs- und Anhörungsrechte des Betriebsrats bestehen. Der Betriebsrat hat aber z. B. kein Zustimmungsverweigerungsrecht nach § 99 II BetrVG bei der Einstellung eines Redakteurs in einem Zeitungsunternehmen, da Redakteure "Tendenzträger" sind und für die Tendenzbedingtheit der Einstellung eine tatsächliche Vermutung besteht. – Die Vorschriften über den →*Wirtschaftsausschuß* sind nicht, diejenigen über →*Betriebsänderungen* nur beschränkt anwendbar (§ 118 I 2 BetrVG).

tendenzieller Fall der Profitrate. 1. *Charakterisierung:* Ricardo und Marx zufolge verschlechtern sich die Gewinnerzielungsmöglichkeiten und damit die →Profitrate (Kapitalrentabilität) in einer →privatwirtschaftlichen Marktwirtschaft im Zeitverlauf zwangsläufig. – 2. *Ursachen:* a) Für *Ricardo* ist Ursache der *Bevölkerungszuwachs* und der dadurch steigende Nahrungsgüterbedarf. Zu dessen Deckung müssen immer mehr und damit vermehrt Böden mit geringerem Ertrag bearbeitet werden. Hierdurch sinken die landwirtschaftlichen Durchschnittserträge und steigen die Lebensmittelpreise. Deswegen müssen die Arbeitslöhne, die dem →Existenzminimum entsprechen, angehoben werden. Unter der Annahme, daß die Löhne schneller steigen als die →Arbeitsproduktivität, bewirkt dies eine Schmälerung der Unternehmergewinne und damit ein Sinken der Profitrate. – b) *Marx* sieht als Ursache den seiner Meinung nach ausschließlich Arbeitskräfte sparenden →*technischen Fortschritt* an, der zu einer steigenden Kapitalintensität (bzw. Zunahme der →organischen Zusammensetzung des Kapitals) führt. Da der Marxschen →Arbeitswertlehre zufolge nur die menschliche Arbeit wertschöpfend ist (→Mehrwerttheorie), sinkt bei zunehmender Kapitalintensität und (unterstellter) konstanter →Mehrwertrate die Profitrate (definiert als das Verhältnis von Mehrwert, Profit, zu insgesamt eingesetztem →konstantem Kapital und →variablem Kapital). Der Profitratenfall zwingt die Unternehmer zu einer Erhöhung der →Ausbeutung (Anstieg der Mehrwertrate), zu verstärktem Kapitaleinsatz, um die geringere Kapitalrentabilität durch eine größere Gewinnsumme zu kompensieren sowie zur Anwendung der fortschrittlichsten (Arbeitskräfte sparenden) Technologie. Dadurch läßt sich der t. f. d. P. jedoch nicht aufhalten, sondern verstärkt sich nur noch weiter. – 3. *Bedeutung:* Die Marxsche Theorie des t. F. d. P. als tragendes Fundament seiner *These vom zwangsläufigen Zusammenbruch des →Kapitalismus* (→Krisentheorie) steht jedoch im Widerspruch zu seiner Arbeitswertlehre als Basis der Ausbeutungstheorie: Ihr zufolge müßten die Unternehmer nur möglichst arbeitsintensiv produzieren, da sie dann entsprechend viel Mehrwert erzielen könnten. Darüber hinaus nennt Marx eine Reihe von *gegenläufigen Tendenzen*, die den Profitratenfall möglicherweise über- und damit verdecken (neben der erhöhten Ausbeutung u. a. Verbilligung der Kapitalgüter im Zuge des technischen Fortschritts, Sinken der Importpreise oder beschleunigter Kapitalumschlag). Derartige Gegentendenzen zeigen, daß Marx zum Nachweis der Gültigkeit des „Gesetzes" nur eine von vielen denkbaren Möglichkeiten herausgegriffen hat. Empirisch läßt sich das längerfristige Sinken der Kapitalrentabilität nicht nachweisen.

Tender-panel-Verfahren,   →Tenderverfahren.

Tenderverfahren, *Tender-panel-Verfahren,* Verfahren zur Unterbringung einer Wertpapieremission im Rahmen einer Auktion. Nach Aufforderung des Emittenten bzw. der Führungsbank (facility agent) an die Mitglieder des Bankenkonsortiums (tender panel) werden Gebote, die über einem häufig vorgegebenen Mindestpreis liegen, von diesen abgegeben. Das Emissionsvolumen wird dann an die Meistbietenden, teilweise unter Bevorzugung großer institutioneller Bieter, nach Höhe des Gebots verteilt. Die von den Banken erworbenen Papiere werden meist am Markt weiter plaziert. – In den USA und am Euromarkt zur Emission kurzfristiger Geldmarktpapiere gebräuchlich, in der Bundesrep. D. werden

Kassenobligationen des Bundes und U-Schätze nach dem T.-V. zugeteilt, wobei im Ausschreibungsverfahren der Nominalzins festgelegt ist und Kursgebote abgegeben werden. Auch im Wertpapierpensionsgeschät findet das T.-V. Anwendung (→Zinstender, →Mengentender).

Tera (T), Vorsatz für das Billionenfache (10^{12}fache) der Einheit. – Vgl. →gesetzliche Einheiten, Tabelle 2.

Term, Rechenausdruck, meist mit Variablen, z. B. $2x^3 + 5x - 10$.

Terme-fixe-Versicherung, →Lebensversicherung.

Termin. 1. *Allgemein:* Zeitpunkt mit der Bedeutung, daß bis dahin spätestens bzw. von da an frühestens ein Ereignis eintreten soll. Im Geschäftsleben sind T. in Terminkalender, Terminkartei oder Terminator vorzumerken. – 2. *Bürgerliches Recht:* Bestimmter Zeitpunkt, an dem etwas geschehen soll oder eine bestimmte Wirkung eintritt. Ist für die Abgabe einer →Willenserklärung oder für die Bewirkung einer Leistung ein T. bestimmt und fällt der T. auf einen *Sonntag,* einen →*gesetzlichen Feiertag oder einen Sonnabend,* so tritt an seine Stelle der nächstfolgende Werktag (§ 193 BGB). – 3. *Prozeßordnung:* Der zur Verhandlung der Streitsache bestimmte Zeitpunkt.

Terminal. I. B e t r i e b s i n f o r m a t i k : In der Praxis am häufigsten benutzte Bezeichnung für →Datenendgerät.

II. V e r k e h r s w e s e n : Endstation, im Verkehr Bezeichnung für →Bahnhöfe (End- oder Kopfbahnhof), Teile von →Flughäfen (*Passagier-T., Luftfracht-T.*), und für Umschlagsbetriebe und -anlagen (*Container-T.*) in →Häfen und auf Bahnhöfen.

Terminalemulation, →Emulation.

Terminbörse, →Terminmarkt.

Termindevisen, per Termin fällige Auslandsguthaben; die häufigsten Fristen sind 30 und 90 Tage. Geschäfte mit T. können der →Kurssicherung, der →Arbitrage, der →internationalen Devisenspekulation sowie Swap-Transaktionen (→Swap) dienen.

Termineinlage. 1. *Begriff:* →Einlage bei Banken und Sparkassen mit vereinbartem oder gesetzlich festgelegtem Fälligkeitstag. Nicht dazu gehören →Spareinlagen sowie sehr kurzfristige T. (unter 30 Tage); letztere gehören zu den →Sichteinlagen. – 2. *Arten:* a) *Feste Gelder:* Die festgelegten Termine fälligen, also für einen bestimmten Zeitraum festgelegten, nicht kündbaren Einlagen (Drei-Monats-geld, Monatsgeld). – b) *Kündigungsgelder:* Jederzeit mit einer bestimmten Kündigungsfrist rückzahlbar.

Termingeld, →Geldmarktkredite.

Termingeschäfte, *Terminhandel.* I. B e -
g r i f f : Geschäfte an der Börse, bei denen die
Erfüllung des Vertrags, d. h. die Abnahme und
Lieferung der Ware oder des Wertpapiers, erst
zu einem späteren Termin, aber zu einem am
Abschlußtag festgelegten Kurs erfolgt. – T. in
Wertpapieren wurden in Deutschland 1931
verboten. Seit 1.7.1970 sind T. für Anteile
bestimmter Aktiengesellschaften in Form des
→Optionsgeschäfts wieder erlaubt (VO vom
9.4.1976 – BGBl I 1008). Es besteht ferner
eine Kaffeeterminbörse in Hamburg. Nach
der Börsengesetznovelle vom 28.4.1975
(BGBl I 1013) sind T. in Aktien statthaft,
wenn sie durch Rechts-VO zugelassen werden.
– T. sind auch sonst im Handelsverkehr
häufig. – *Gegensatz:* →Kassageschäft. – Vgl.
auch →Devisenterminhandel.

II. V o r a u s s e t z u n g e n d e r b ö r s e n m ä -
ß i g e n A u s g e s t a l t u n g : 1. *Festsetzung
einer bestimmten Menge* als Norm für die
Geschäftsabschlüsse. Nur Quoten oder
Beträge dieser Norm bzw. eines Vielfachen
davon dürfen auf Termin gehandelt werden. –
2. *Festsetzung der Waren,* in denen T. abgeschlossen werden dürfen. Bei den Produkten
müssen dabei auch hinsichtlich der Qualität
nähere Bestimmungen getroffen werden, meist
durch Festlegung von Typen. – 3. *Festsetzung
des Liefertermins.* Bei den Wertpapieren
feste Termine, meistens →Ultimo oder
→Medio. Im Warentermingeschäft Zeitraum
ein Monat oder länger; Lieferung innerhalb
dieser Zeit nach vorheriger Ankündigung des
Verkäufers durch den sog. Andienungszettel.
– 4. Die *Abwicklung der Liquidation* mittels
besonderer für diesen Zweck geschaffener
Einrichtungen und Methoden (→Liquidations-
kasse), die auch die Erfüllung der Kontrakte
garantieren sowie ggf. Nachschüsse einverlan-
gen.

III. R e c h t s g r u n d l a g e : §§ 50 ff. BörsG;
dazu § 764 BGB. Nach den deutschen gesetzlichen Bestimmungen müssen die Vertragsschließenden ins →Handelsregister eingetragene
Vollkaufleute sein. Wenn einer der beiden
Teile diese Bedingung nicht erfüllt, so ist das
Geschäft doch für den Vollkaufmann verbindlich, und dieser ist seinerseits berechtigt, aus
Sicherheiten, die er sich für die Erfüllung des
Geschäfts hat bestellen lassen, Befriedigung zu
suchen. Zudem können nichttermingeschäfts-
fähige Personen T. über einen Vollkaufmann,
i. d. R. eine Bank, abwickeln.

IV. F o r m e n : 1. *Feste T.:* Abschlüsse (Kauf
und Verkauf), die am festgesetzten Termin,
ultimo oder medio, durch Lieferung und
Abnahme abzuwickeln sind. Der Käufer
(Haussier) und der Verkäufer (Baissier) kann
ggf. bereits an jedem der zwischen dem
Abschluß des T. und dem Erfüllungstermin
liegenden Börsentag sich durch das entgegen-

gesetzte Geschäft, durch ein →Deckungsge-
schäft, sichern. Sind andererseits die Hoffnungen auf ein Steigen oder Fallen der Kurse bis
zum Erfüllungstermin nicht oder nicht in dem
gewünschten Maße in Erfüllung gegangen, so
besteht für jede der Parteien die Möglichkeit,
das Engagement bis zum nächsten Abwick-
lungstermin aufzuschieben mittels eines
→Prolongationsgeschäfts. Die Abwicklung
der Terminengagements würde sich, falls jedes
einzelne Geschäft für sich erledigt werden
müßte, außerordentlich zeitraubend und kompliziert gestalten. Man bedient sich deshalb
eines besonderen Verfahrens, der →Liquida-
tion, bei dem nur die Salden zwischen den am
Börsenterminhandel beteiligten Firmen ausgeglichen zu werden brauchen. – Eine Sonderform sind →*financial futures* (-Geschäfte), die
feste Termingeschäfte in kurz-, mittel- und
langfristigen Wertpapieren, Aktienindices und
Währungen ermöglichen und in standardisier-
ter Form abgewickelt werden. – 2. *Bedingte T.,*
denen nicht eine feste Verpflichtung zur
Abnahme oder Lieferung zugrunde gelegt
wird, sondern bei denen sich der eine Vertragspartner das Recht des Rücktritts gegen Zahlung eines Reugeldes, einer Prämie, vorbehält.
– Zu *unterscheiden:* (1) →Prämiengeschäfte,
(2) →Nochgeschäfte sowie (3) →Optionsge-
schäfte.

V. B e d e u t u n g : Das *T. mit Wertpapieren*
dient zwar häufig zur Spekulation und ist
deshalb vielfachen Angriffen ausgesetzt,
erfüllt jedoch auch die Funktion des Ausgleichs übersteigerter Kursbewegungen. Bei
hoher Fungibilität und Standardisierung der
Kontrakte sowie gesicherter Geschäftsab-
wicklung bieten Wertpapier- und Devisen-T.
v. a. institutionellen Anlegern wie Investment-
fonds auch die Möglichkeit der Absicherung
vor Kursverlusten und übernehmen somit die
wichtige Funktion der Risikobegrenzung (vgl.
auch →Hedgegeschäft). – 2. Anders im
Waren-T.. Es gestattet, auf längere Zeit im
voraus zu disponieren, und bietet bei den
oftmals großen Preisschwankungen der von
internationalen Einflüssen abhängigen
Warenpreise eine sichere Kalkulationsgrund-
lage. Ferner wirkt das T. preisausgleichend,
indem es, da eine effektive Lieferung nicht
immer erforderlich ist, die Umsatzmöglichkei-
ten erweitert. Indessen bietet das T., wenigstens auf den großen Auslandsmärkten,
manchmal auch die Möglichkeit, den Markt
im einseitigen Sinne zu beeinflussen und, z. B.
durch Herbeiführung einer →Schwänze, die
Preise in die Höhe zu treiben.

VI. T e r m i n g e s c h ä f t s z e n t r e n : V. a.
Chicago, New York und London.

Terminkarte, organisatorisches Hilfsmittel
für die Arbeitsvorbereitung in Industrieunter-
nehmungen zur Festlegung des zeitlichen
Durchlaufs der Aufträge durch die Werkstät-

ten. Bei größeren Unternehmen werden Unübersichtlichkeit und Unstimmigkeit der T. durch Übertragung auf *Terminverfolgungspläne* vermieden, auf denen die Einhaltung der Termine graphisch dargestellt und überwacht wird.

Terminkonto, →Bankkonto, →Termineinlage.

Terminkontrolle, Überwachung der Einhaltung vorgeschriebener oder selbst gesetzter Termine. – *Zu unterscheiden:* a) regelmäßig wiederkehrende, oder für den Einzelfall festgelegte Termine; b) Terminbeachtung im Verkehr mit außerbetrieblichen Stellen und im Innenverkehr; c) Termine, die nur eine oder mehrere Stellen angehen. – *Zuständigkeit für* T.: a) die Abteilungen, b) die einzelnen Sachbearbeiter, c) die Geschäftsleitung. – Einrichtung einer *zentralen T.-Stelle* je nach Größe und Organisatioin des Unternehmens, nach Art und Anzahl der T.-Fälle.

Terminkurs, →Kurs 2 b).

Terminmarkt, *Terminbörse,* Markt für die im →Termingeschäft der Börse gehandelten Effekten und Waren. – *Gegensatz:* →Kassamarkt.

Terminpapiere, zum Börsenterminhandel zugelassene Effekten. – Die *Zulassung* erfolgt durch den jeweiligen →Börsenvorstand auf Antrag einer an der Börse vertretenen Bank. – *Voraussetzung* ist ein für das Termingeschäft verfügbares Wertpapiervolumen in Höhe eines Nennwerts von mindestens 10 Mill. DM. – Vgl. auch →Termingeschäft.

Terminplanung. I. Produktionsplanung: Teilbereich der →Produktionsprozeßplanung. Die T. erfolgt auftragsorientiert. – Zu *unterscheiden:* a) *autonome T.:* Der Terminaufbau eines Auftrages wird ohne Berücksichtigung vorhandener Kapazitäten bestimmt; b) *gebundene T.:* Diese wird simultan mit der →Kapazitätsbelegungsplanung durchgeführt.

II. Unternehmensplanung: Vgl. →Unternehmensplanung III.

Terminprämie, Art des →Prämienlohns. T. wird für die Einhaltung oder das Unterschreiten bestimmter Termine gewährt. Selten, da die Termineinhaltung i. d. R. nicht nur von einzelnen Arbeitskräften abhängt.

Terminrisiko, Gefahr einer ungeplanten Verlängerung der Kapitalbindungsdauer von Forderungen, so daß Kapitaldienstleistungen verspätet erfolgen.

Terminüberschreitungsminimierung, Zeitziel der →Produktionsprozeßplanung, →Produktionsprozeßsteuerung und →Produktionsprozeßkontrolle. Durch die Minimierung der Terminüberschreitungen wird insbes. eine

Minimierung der terminabhängigen Konventionalstrafen angestrebt.

Terminvollmacht, →Prozeßvollmacht.

Terminwaren, meist Rohstoffe, die in annähernd gleicher Beschaffenheit immer auf den Weltmärkten verfügbar sind, so daß sie Gegenstand von (Waren-)→Termingeschäften sind, z. B. Baumwolle, Weizen und Kupfer.

Terminwirtschaft, →Zeitwirtschaft.

terms of payment, Bezeichnung für die zeitlichen Zahlungsgewohnheiten im Außenhandel. Verbesserung der t. o. p. (ausländische Importeure deutscher Güter zahlen rascher, die westdeutschen Importeure ausländischer Waren zahlen langsamer als bisher) begründet Devisenzuflüsse in das Inland, bei Verschlechterung der t. o. p. (die westdeutschen Importeure zahlen schneller, die ausländischen Importeure zahlen säumiger) folgt Rückgang der Währungsreserven. Verschiebungen der t. o. p. sind im internationalen Handel stets dann zu beobachten, wenn Änderungen im Wechselkurs oder Zinsgefälle tatsächlich stattfinden oder erwartet werden.

terms of trade, *reales Austauschverhältnis,* in gleichen Währungseinheiten ausgedrücktes Preisverhältnis zwischen Exporten und Importen. In gleichem Sinn wird von →commodity-terms of trade gesprochen. – *Arten:* →gross barter-terms of trade, →income-terms of trade, →single factoral-terms of trade und →double factoral-terms of trade sowie →Index of total gain from trade.

Territorialitätsprinzip. I. Staatsrecht: Begrenzung der hoheitlichen Wirkungsmöglichkeit auf das Staatsgebiet.

II. Sozialversicherungsrecht: Grundsatz, wonach die Vorschriften über die Versicherungspflicht und die Versicherungsberechtigung nur für Personen gelten, die im Bundesgebiet beschäftigt oder selbständig tätig sind oder, soweit eine Beschäftigung oder selbständige Tätigkeit nicht vorausgesetzt wird, ihren Wohnsitz oder gewöhnlichen Aufenthalt im Bundesgebiet haben. – Vgl. auch →Ausstrahlung, →Einstrahlung.

Tertiärbedarf, →Materialbedarfsarten.

tertiärer Sektor, →Sektoren der Volkswirtschaft 2.

Terzo, Geschäft a terzo (= zu dritt), ein →Gelegenheitsgeschäft, insbes. in Wertpapieren, für dessen Durchführung sich drei Rechtspersonen zu einer →Gelegenheitsgesellschaft zusammenschließen. Gewinn und Verlust werden wie beim →Metageschäft gleichmäßig verteilt oder wie beim →Konsortialgeschäft nach Beteiligungsquoten umgelegt.

Tesla (T), →gesetzliche Einheiten, Tabelle 1.

Test, →Testverfahren, →Testen.

Testament. I. B e g r i f f : Letztwillige Verfügung, durch die der →Erblasser u. a. den →Erben bestimmt, einen Verwandten oder Ehegatten von der gesetzlichen →Erbfolge ausschließt, →Vermächtnisse oder →Auflagen anordet (§§ 1937–1940 BGB), →Testamentsvollstrecker einsetzt (§ 2197 BGB) usw.

II. F o r m e n : 1. *Privates T.:* Das private T. (§ 2247 BGB) muß bei Meldung der →Nichtigkeit eigenhändig geschrieben und unterschrieben sein, also Schreiben durch Dritte sowie mit der Schreibmaschine ausgeschlossen. Verwendung eines Stempels oder Vordrucks unzulässig. Der Erblasser soll im T. angeben, zu welcher Zeit (Tag, Monat und Jahr) und an welchem Ort er es niedergeschrieben hat. Die Unterschrift soll den Vor- und Familiennamen des Erblassers enthalten. Minderjährige und Personen, die Geschriebenes nicht zu lesen vermögen, können kein eigenhändiges T. errichten. – 2. *Öffentliches T. (notarielles T.):* Dieses wird in der Form errichtet, daß der Erblasser seinen Letzten Willen in einer Verhandlung vor einem →Notar mündlich erklärt oder eine offene oder verschlossene Schrift, die vom Erblasser weder ge- noch unterschrieben zu sein braucht, mit der Erklärung, daß sie seinen Letzten Willen enthalte, übergibt (§§ 2231 ff. BGB). Über die Errichtung muß eine Niederschrift aufgenommen werden, die zu bewahren ist. – 3. *Gemeinschaftliches T.* (§§ 2265–2273 BGB): Dieses können nur Eheleute errichten; als privatschriftliches T. muß die Erklärung von einem Ehegatten eigenhändig geschrieben und von beiden unterschrieben werden. Haben sich Eheleute im gemeinschaftlichen T. zu Erben eingesetzt oder gegenseitig bedacht, so gelten Sonderregelungen bezüglich des Widerrufs und der Nichtigkeit. – Vgl. auch →Berliner Testament.

III. W i d e r r u f : Der Erblasser kann das T. im ganzen oder jede einzelne testamentarische Verfügung jederzeit durch neues T. oder durch Vernichtung des alten widerrufen (§§ 2254 ff. BGB). Das öffentliche T. gilt als unwiderlegbar widerrufen, wenn es dem Erblasser aus der amtlichen Verwahrung zurückgegeben wird (§ 2256 BGB). Widerruf setzt i. d. R. →Testierfähigkeit voraus. Erblasser hat kein Anfechtungsrecht, da er jederzeit widerrufen kann. – *Anfechtungsberechtigt* sind dagegen nach dem Tod des Erblassers diejenigen, denen die →Anfechtung des T. unmittelbar zustatten kommen würde; Sondervorschriften: §§ 2078 ff. BGB.

Testamentseröffnung, gesetzlich vorgeschriebene Eröffnung der →Verfügung von Todes wegen nach dem Tode des →Erblassers in einem gerichtlichen Termin durch das →Nachlaßgericht. – Das →Testament ist zu öffnen, den Beteiligten zu verkünden und auf Verlangen vorzulegen. – Entsprechendes gilt

für die Eröffnung von →Erbverträgen. – Wer ein Testament besitzt, muß es nach dem Tode des Erblassers dem Nachlaßgericht abliefern (§ 2259 BGB).

Testamentsvollstrecker, durch den →Erblasser oder nach seiner Bestimmung durch einen Dritten oder das →Nachlaßgericht zur Durchführung der →Testamentsvollstreckung ernannte Person. – 1. *Rechtsstellung:* Ähnlich der des →Konkursverwalters; er übt aber ein privates Amt aus. Er ist von den Erben unabhängig, die durch seine Verwaltung und Verfügung gebunden werden. Der Alleinerbe kann nicht zugleich T. sein, wohl aber der Mit- oder Nacherbe. Die Annahme des Amtes ist freiwillig und muß gegenüber dem Nachlaßgericht erklärt werden. Auf Antrag wird vom Nachlaßgericht ein T.-Zeugnis entsprechend dem Erbschein erteilt. – 2. *Aufgaben und Rechte:* Der T. hat die Anordnungen des Erblassers auszuführen, den →Nachlaß zu verwalten und die →Erbauseinandersetzung zu bewirken. Gehört zum Nachlaß ein Handelsgeschäft, so kann er nicht in das Handelsregister eingetragen werden, er kann jedoch das Handelsgeschäft als →Treuhänder und für Rechnung der Erben im eigenen Namen führen und sich selbst als Inhaber eintragen lassen; in diesem Falle haftet er auch unbeschränkt für die bestehenden Geschäftsschulden. Der T. besitzt i. d. R. Aktiv- und Passivlegitimation für die den Nachlaß betreffenden Prozesse. Er ist für die ordnungsmäßige Verwaltung des Nachlasses den Erben usw. verantwortlich. – *Steuerliche Pflichten:* Vgl. →Nachlaßpflegschaft. – 3. Der T. hat Anspruch auf Ersatz seiner Aufwendungen wie ein Beauftragter und erhält eine angemessene *Vergütung.* – 4. Sein Amt *erlischt* durch: a) Erledigung der ihm obliegenden Aufgaben; b) Tod; c) Entlassung durch das Nachlaßgericht auf Antrag eines Beteiligten bei →wichtigem Grund, insbes. grober Pflichtverletzung oder Unfähigkeit zur ordnungsmäßigen Geschäftsführung; d) jederzeit zulässige Kündigung des T. gegenüber dem Nachlaßgericht.

Testamentsvollstreckung, vom →Erblasser durch →Verfügung von Todes wegen getroffene Anordnung über die Ausführung seiner darin enthaltenen Bestimmungen, insbes. über die Verwaltung und Verteilung des →Nachlasses durch einen oder mehrere →Testamentsvollstrecker (§§ 2197–2228 BGB). Erschöpft sich die T. in der Nachlaßverwaltung, wird die Anordnung unwirksam, wenn seit dem Erbfall 30 Jahre verstrichen sind; der Erblasser kann jedoch anordnen, daß die Verwaltung bis zum Tode des Erben oder des Testamentsvollstreckers oder bis zum Eintritt eines anderen Ereignisses in der Person des einen oder des anderen fortdauern soll (§ 2210 BGB).

Testat, →Bestätigungsvermerk.

Testdaten, →Daten aus dem Definitionsbereich eines Moduls, Programms oder Softwaresystems, die zum →Testen herangezogen werden. – Die *Auswahl geeigneter T.* ist die schwierigste Aufgabe beim Testen.

Testen. 1. *Allgemeines:* a) *Begriff:* Überprüfung eines →Programms oder eines →Softwaresystems auf Funktionsfähigkeit. – b) *Zweck:* Aufspüren und Beseitigen von Fehlern, nicht aber der Nachweis der Korrektheit. Letzteres ist durch T. nicht möglich (→Programmverifikation). Vgl. auch →Testdaten, →Testhilfe. – 2. *Stufen:* Im →*software life cycle* steht das T. für eine Phase, in der verschiedene Stufen durchlaufen werden: a) *Modultest:* Überprüfung des Verhaltens eines einzelnen →Moduls; der Modultest erfolgt in engstem Zusammenhang mit der →Implementierung des Moduls, wird z.T. auch der Implementierungsphase zugerechnet. – b) *Integrationstest:* I.a. schrittweises Zusammenführen und Überprüfen mehrerer Module, bis alle Module eines →Softwaresystems integriert sind; – c) *Systemtest:* Überprüfung eines Softwaresystems auf Vollständigkeit und Funktionstüchtigkeit auf der Grundlage des →Pflichtenhefts bzw. der →Anforderungsdefinition durch den/die Entwickler; – d) *Abnahmetest (Akzeptanztest):* Überprüfung des Softwareprodukts durch den Auftraggeber, i.a. auf Basis des Pflichtenheftes. – Vgl. auch →code inspection. – 3. *Formen:* 1. *Black-Box-Test:* beim Modultest angewendet; Modul wird als „Black Box" betrachtet. T. erfolgt gegen die →*Spezifikation:* Überprüfung, ob die Implementierung mit der Spezifikation übereinstimmt, d.h., ob das Modul das leistet, was als Aufgabe spezifiziert wurde (liefert das Modul bei bestimmten Eingangswerten die erwarteten Ergebniswerte?) – 2. *White-Box-Test:* Ausgangspunkt ist die *interne Struktur* eines Programms bzw. Programmsystems; überprüft wird die Programmlogik, insbes. die Steuerung des Programmablaufs.

Testhilfe, →Softwarewerkzeug zur Unterstützung des →Testens eines Programms bzw. Programmsystems, dies kann z.B. ein →Generator für Testdaten oder ein →Debugger sein.

Testierfähigkeit, Fähigkeit, ein →Testament rechtswirksam zu errichten, deckt sich i.d.R. mit →Geschäftsfähigkeit. Minderjährige über 16 Jahre können ohne Zustimmung des gesetzlichen Vertreters ein öffentliches Testament durch Erklärung zur Niederschrift oder Übergabe einer offenen Schrift errichten (§2229 BGB).

Testierfreiheit, Grundsatz des Erbrechts: Der →Erblasser kann selbst durch →Verfügung von Todes wegen bestimmen, an wen sein Vermögen nach seinem Tode fallen soll. T. ist höchster Ausdruck der privaten Verfügungsgewalt und kann nur persönlich ausgeübt werden. – *Einschränkung* nur durch Recht auf →Pflichtteil.

Testmarkt, Teil-Absatzmarkt, auf dem neuentwickelte Produkte probeweise eingeführt werden, um durch begleitende Befragungen und/oder Marktbeobachtungen das Einführungsrisiko auf dem Gesamtmarkt kalkulierbar zu machen. Anforderungen sind Repräsentativität (Bevölkerungs-, Wirtschafts-, Wettbewerbs- und Handelsstruktur), räumliche Abgegrenztheit und Unabhängigkeit (Überschneidungen von Einzugsgebieten) sowie Vergleichbarkeit der Mediastrukturen. Es besteht die Gefahr, daß die Konkurrenz vorzeitig eigene Marketingaktivitäten erfährt und u.U. rechtzeitig mit Gegenmaßnahmen reagiert. – *Beliebte T.:* a) für Bundesrep.D. Bremen, Berlin, Rhein-Neckar-Raum, Hessen; b) für die EG Saarland und Luxemburg; c) für Europa Schweiz. – Vgl. auch →experimenteller Markt, →Testmarktersatzverfahren.

Testmarktersatzverfahren, *Mini-Test-markt-Panel,* Verfahren, das die Nachteile eines großen →Testmarkts zu vermeiden sucht. Elemente eines →Store-Tests werden mit solchen eines →Haushaltspanels verknüpft. – Vgl. auch →GfK-ERIM-Panel, →Testmarktsimulation.

Testmarktsimulation, Simulation von →Markttests im Labor (→Laborforschung). – *Bekannte Verfahren:* ASSESSOR, TESI, Schaefer-Labortest sowie SENSOR.

Teststärke, *Trennschärfe, Güte, Macht eines Tests,* Ordinate der →Gütefunktion eines →statistischen Testverfahrens.

Testverfahren, *Prüfungsverfahren.* I. S t a t i s t i k : Vgl. →statistische Testverfahren.

II. P s y c h o l o g i e : Vgl. →psychologische Testverfahren.

III. M a r k t f o r s c h u n g : Neben den →statistischen Testverfahren und →psychologischen Testverfahren werden insbes. nach dem Erkenntnisobjekt →Anzeigentest, →Markttest, →Store-Test, →Namenstest, →Preistest, →Verpackungstest, Markentest (→Recall-Test) unterschieden.

IV. B e t r i e b s i n f o r m a t i k : Vgl. →Testen (Testen der Software), →Benchmark-Test (Testen der Leistungsfähigkeit).

TEU, Abk. für →twenty foot equivalent unit.

Tex (tex), Einheit für die Angabe der längenbezogenen Masse von textilen Fasern und Garnen. (→gesetzliche Einheiten, Tabelle 1). 1 tex = 1g/km.

Text, →Daten 2 b).

Textbausteinkorrespondenz, →programmierte Textverarbeitung.

Texteditor, →Editor 1.

Texthandbuch, systematisch gegliedertes Nachschlagewerk mit Bausteinen von →Textprogrammen. Es sind enthalten: voll formulierte Texte, individuelle Einfügungen und Textcodes.

Textilgewerbe, Teil der Verbrauchsgüter des produzierenden Gewerbes, mit im wesentlichen folgendem Produktionsprogramm: Aufbereitung von Spinnstoffen, Spinnerei, Zwirnerei, handelsfertige Aufmachung von Garnen, Weberei, Spinnweberei, Herstellung von Gardinen, Möbel- und Dekorationsstoff, Wirkerei, Strickerei; Veredelung von Textilien, Herstellung von Teppichen u. ä. Anteil der Rohstoffkosten an den Gesamtkosten, des Rohstoffs am Fertigprodukt bedeutend. Starke Auslandsabhängigkeit. Hohe Risiken durch →Saisonschwankungen.

Textilgewerbe

Jahr	Be-schäf-tigte in 1000	Lohn- und Gehalts-summe	darun-ter Ge-hälter	Um-satz ge-samt	darun-ter Aus-lands-umsatz	Netto-produk-tions-index 1980 = 100
		in Mill. DM				
1970	497	5 707	1 574	25 132	3 450	–
1971	477	6 105	1 730	26 915	3 887	–
1972	455	6 382	1 848	27 419	3 793	–
1973	432	6 853	2 013	28 790	4 612	–
1974	393	6 858	2 090	29 985	5 213	–
1975	357	6 864	2 124	28 160	4 481	–
1976	344	6 968	2 174	30 753	5 511	105,9
1977	332	7 112	2 238	31 269	5 641	102,4
1978	320	7 316	2 324	31 042	5 659	100,6
1979	311	7 490	2 387	32 315	6 141	102,4
1980	304	7 782	2 514	33 025	6 401	100
1981	283	7 559	2 532	32 771	7 147	93,9
1982	260	7 280	2 494	32 499	7 607	88,9
1983	241	7 115	2 452	32 986	7 670	89,3
1984	235	7 208	2 464	34 872	8 734	91,8
1985	231	7 375	2 524	36 769	9 764	95,2
1986	228	7 539	2 590	36 505	9 769	96,4

Textilkennzeichnung. 1. Durch Textilkennzeichnungsgesetz i. d. F. vom 14. 8. 1986 (BGBl I 1285) begründete *Pflicht*, alle Textilerzeugnisse (Waren, Bezugsstoffe auf Möbeln, Möbelteilen und Schirmen und Fußbodenbeläge, die zumindest 85 v. H. ihres Gewichtes aus textilen Rohstoffen bestehen), die gewerbsmäßig in den Verkehr gebracht oder zur Abgabe an Verbraucher feilgehalten oder eingeführt werden, mit einer Angabe über Art und Gewichtsanteil der verwendeten textilen Rohstoffe zu versehen. Die Angaben müssen auch Muster, Proben, Abbildungen oder Beschreibungen von Textilerzeugnissen sowie Kataloge und Prospekte enthalten. – 2. Bei der Rohstoffgehaltsangabe sind als *Bezeichnungen* zu verwenden: Baumwolle, Flachs, Hanf, Sisal, Jute, Ramie, Kokos, Wolle, Haare, Seide, Reyon, Synthetics, Glasfasern, Gummi, Sonstige Fasern. – 3. *Zuwiderhandlungen* werden als Ordnungswidrigkeit mit Geldbuße geahndet.

Textilstatistik, seit 1985 aufgrund der Statistikbereinigungsverordnung vom 14. 9. 1984 (BGBl I 1247) nicht mehr geführte →Fachstatistik für den Zweig der Chemiefasererzeugung, Spinnstoffaufbereitung und -verarbeitung, Gespinstverarbeitung und Textilveredelung.

Textkommunikation, im Rahmen der →Bürokommunikation die schriftliche Kommunikation zwischen Kommunikationspartnern mit Hilfe elektronischer Medien, z. B. mittels →Telex-Dienst, →Teletex-Dienst, →Telefax-Dienst und →Telebox-Dienst. – Vgl. auch →Textverarbeitung.

Textprogramm, Sammlung von Textbausteinen, durch deren Kombination in einem Sachaufgabengebiet durch ein →Textsystem individuell gezielte Niederschriften erstellt werden können. – Vgl. auch →programmierte Textverarbeitung.

Textsystem, Arbeitsplatz-orientiertes Gerät zur Erstellung und Bearbeitung von Texten, erfolgt elektronisch gesteuert. Bestehend aus Tastatur, Bildschirm, Schreibeinheit, Arbeitsspeicher, Externspeicher. – *Arten:* a) nach *Bautyp:* →Speicherschreibmaschine, →Bildschirm-Textsystem; b) nach *Ausbaufähigkeit:* Einzel- oder Mehrplatzsystem; c) nach *Kommunikationsfähigkeit:* Datenverarbeitungsanlagen, Textsysteme untereinander, Fernmeldedienste.

Textträger, Medium zur Speicheraufzeichnung von Texten (z. B. Diskette, Magnetplatte). – Vgl. auch →Datenträger, →Tonträger.

Textverarbeitung, Organisation und Abwicklung der Produktion von Texten mit nichtautomatisierten und automatisierten Hilfsmitteln. – Die *Textproduktion* kann in die *Arbeitsschritte* eingeteilt werden: (1) *Textentwurf:* Konzeption und Formulierung des Textes; (2) *Textfixierung:* physisches Festhalten des Textes auf einem Trägermedium, z. B. auf Papier; (3) *Textumformung:* inhaltliches Verändern des Textes oder Übertragen des inhaltlich unveränderten Textes von einem Trägermedium auf ein anderes; (4) *Textweiterverwendung:* Reproduktion des Textes, Weitergabe im Rahmen der →Textkommunikation oder Archivierung; diese Schritte sind allerdings nicht oder nur ungenau voneinander abgrenzbar. – *Computergestützte T.:* Vgl. →programmierte Textverarbeitung.

Textverarbeitungssysteme, →Textsystem.

Thailand, *Königreich Thailand,* bis 1939 *Siam* genannt, Staat in Südostasien, parlamentarisch-demokratische Verfassung, 2-Kammer-Parlament (Senat und Abgeordnetenkammer); auch während der Kolonialzeit unabhängig. – *Fläche:* 514000 km²; eingeteilt in 4 Regionen mit 73 Provinzen. – *Einwohner* (E):

(1987, geschätzt) 52,55 Mill. (102,4 E/km^2); über 85% Thaivölker, außerdem Schan, Lao, Chinesen, Malaien. – *Hauptstadt:* Bangkok (1983: 5,4 Mill. E; Agglomeration: ca. 8 Mill. E); weitere wichtige Städte: Chiang Mai (100 146 E), Hat Yai (ca. 100 000 E), Khon Kaen (94 000 E), Nakhon Rathasima (88 800 E), Udon Thani (81 000 E), Phitsanulok (73 200 E). – *Amtssprachen:* Thai, Englisch.

W i r t s c h a f t : *Landwirtschaft:* Anbau von Reis, Mais, Sorghum, Zuckerrohr, Ananas, Bananen, Kautschuk, Jute, Baumwolle, Tabak, Kokosnüssen. Viehzucht: hauptsächlich Büffel, Rinder, Schweine. – *Fischfang:* (1982) 1,9 Mill. t. – *Bergbau:* Drittgrößter Zinnproduzent, Antimonabbau; Gold, Silber, Kupfer, Eisen, Bundmetalle, Edelsteine. – Die noch schwach entwickelte *Industrie* basiert v. a. auf der Verarbeitung von Textilfasern; daneben Erdölraffinerien, Kraftfahrzeugmontagewerk u. a. – *Reiseverkehr:* (1981) ca. 2 Mill. Touristen; meist aus Japan, Malaysia und Großbritannien. – *BSP:* (1985, geschätzt) 42 100 Mill. US-$. – Anteil der Landwirtschaft am *BSP:* (1984) 22%, der Industrie: 30%. – *Öffentliche Auslandsverschuldung:* (1984) 18,2% des BSP. – *Inflationsrate:* (Durchschnitt 1973–84) 8,2%. – *Export:* (1985) 7119 Mill. US-$, v. a. Reis (größter Reisexporteur der Erde), Kautschuk, Zucker, Mais, Textilien, Zinn, Fisch, Fischprodukte, Teakholz, Jute. – *Import:* (1985) 9261 Mill. US-$, v. a. Erdöl, Maschinen und Fahrzeuge, chemische Erzeugnisse. – *Handelspartner:* Japan, Niederlande, USA, Bundesrep.D., Großbritannien, Singapur, Hongkong, Malaysia, Indonesien, Saudi-Arabien, Taiwan.

V e r k e h r : Flüsse und Kanäle sind wichtige Verkehrswege; starker Ausbau von *Eisenbahn- und Straßenverkehrsnetz:* wichtigste *Häfen:* Bangkok, Songhkla, Phuket.

M i t g l i e d s c h a f t e n : UNO, ASEAN, CCC, UNCTAD u. a.; Colombo-Plan.

W ä h r u n g : 1 Baht (B) = 100 Stangs (St.)

thematischer Apperzeptionstest, *thematic apperception test,* von H.A. Murray entwickelter projektiver Test (→projektive Verfahren). Der Auskunftsperson werden 20 Fotografien (Bildtafeln) vorgelegt. Zu jeder Abbildung soll sie eine selbsterfundene Geschichte erzählen. Da die Testperson in ihre Schilderung eigene Impulse, Wünsche, Schuldgefühle usw. hineinprojiziert, können wertvolle Anhaltspunkte über ihre Persönlichkeit gewonnen werden. Anwendungsbereiche sind →Pretests für Werbemittel.

Theologie der Arbeit, eine von Th. von Aquino entwickelte Auffassung, nach der Arbeit als Auftrag Gottes interpretiert wird, der mit dem Stigma der Last und der Strafe Gottes für die Erbsünde belegt ist. Das Errei-

chen des Reiches Gottes ist aber von der Erfüllung der Pflicht zur Arbeit auf der Erde abhängig. Arbeit war damit gleichermaßen für jedermann und unabhängig von seinem Stand zur Christenpflicht geworden. Die T.d.A. hat durch die 1981 von Papst Johannes Paul II. ausgegebene Enzyklika „laborem exercens" neue Anstöße erhalten.

Theorem, Satz, der aus einer allgemeineren Aussage (→Axiom) abgeleitet ist. Logischdeduktive Operation der Informationsübertragung von →Prämissen auf Konklusionen. Im Rahmen eines theoretischen Systems ist häufig zwischen T. mittleren und niederen Niveaus zu unterscheiden, entsprechend der unterschiedlichen Nähe zu Erfahrungstatbeständen und damit dem unterschiedlichen →Informationsgehalt.

Theorem der absoluten Kostenvorteile, erster Versuch (durch Adam Smith), die Richtung des internationalen Handels mit Hilfe der Produktionsverhältnisse zu erklären. – Nach der *klassischen Fassung* des T.d.a.K. wird bei Aufnahme des Außenhandels zwischen zwei Ländern jedes dieser Länder sich auf die Produktion derjenigen Güter konzentrieren, die es mit einem absolut geringeren Einsatz an Produktionsfaktoren produzieren kann als das andere Land. Entsprechend der klassischen Arbeitswertlehre wurde auf den Arbeitseinsatz abgestellt. – Berücksichtigt man die unterschiedlichen Faktorenentgelte in den verschiedenen Ländern, sind die monetären Kostenunterschiede ausschlaggebend.

Theorem der komparativen Kostenvorteile, Erklärung der Vorteilhaftigkeit des Außenhandels nach Ricardo für den Fall, daß ein Land in der Produktion aller Güter absolute Kostenvorteile gegenüber dem Ausland aufweist, der Grad seiner Überlegenheit jedoch nach den verschiedenen Gütern divergiert. Nach dem T.d.k.K. ist die Aufnahme des Außenhandels schon lohnend, wenn das Verhältnis der Produktionskosten von Gütern für zwei Länder unterschiedlich ist (und dies auch bei Berücksichtigung der Transportkosten gilt). Beim →Freihandel wird sich jedes Land auf die Produktion der Güter konzentrieren, die es im Vergleich zum Ausland *relativ billiger* herstellen kann, d. h. für die es einen *komparativen Vorteil* hat. Der Außenhandel bringt dabei allen beteiligten Ländern Wohlfahrtsgewinne (→Handelsgewinn).

Theorem vom Ausgleich der Faktorpreise, →Faktorpreisausgleichstheorem.

theoretische Informatik, →Informatik II 2.

theoretisches Konstrukt, →intervenierende Variable.

Theorie. 1. Mit Hilfe eines einheitlichen Begriffsapparates formuliertes *sprachliches System,* dessen Mittelpunkt →Gesetzesaussagen bilden. T. gelten als Hauptinformationsträger wissenschaftlicher Erkenntnis. – 2. *Verwendungsmöglichkeiten* (erfahrungswissenschaftlicher) T.: a) →Erklärung von Tatbeständen, b) Prognose von künftigen Ereignissen, c) Technologien zur Gestaltung der Realität, d) Sozial- und Ideologiekritik, e) Prüfung ihrer eigenen Richtigkeit und f) Hervorbringung neuer Theorien. – Die unter b), c) und d) genannten Sachverhalte betreffen den praktischen Nutzen der Theoriebildung (Gestaltungsinteresse; vgl. →Erkenntnisinteresse), die übrigen wissenschaftsinterne Tatbestände (→Erkenntnisinteresse). – 3. *Formalisierung* von T. führt zu axiomatisch-deduktiven Systemen mit →Axiomen als Gesetzesaussagen und →Theoremen als daraus abgeleiteten Sätzen.

Theorie der Eigentumsrechte, →Property Rights-Theorie.

Theorie der faktischen Präferenz, *revealed preference,* Teilgebiet der Theorie des Konsumenten, in dem die Präferenzen eines Konsumenten aus seinen beobachtbaren Handlungen (*offenbarte Präferenz*) abgeleitet werden.

Theorie der Internalisierung, →internationale Unternehmungen IV 4.

Theorie der öffentlichen Verschuldung, →Finanztheorie VII.

Theorie der Opportunitätskosten, →Substitutionskostentheorie.

Theorie der quantitativen Wirtschaftspolitik, von Tinbergen und Frisch entwickelte spezielle Ausprägung der Wirtschaftspolitik. Die T.d.q.W. geht davon aus, daß alle wirtschaftlichen Beziehungen durch ein System linearer Gleichungen erfaßt werden können. Die →endogenen Variablen dieses Systems werden in Zielvariablen (→Ziel) und irrelevante Variablen, die für das zu lösende Wirtschaftsproblem ohne Bedeutung sind, unterteilt. Die →exogenen Variablen werden in Daten, die vom Wirtschaftspolitiker nicht beeinflußt werden können, und Instrumentvariablen unterteilt. Problemstellung: Welche Werte müssen die Instrumentvariablen annehmen, damit bestimmte, fest vorgegebene Werte der Zielvariablen realisiert werden können? Das lineare Gleichungssystem wird dazu in mehreren Schritten so umgeformt, daß die Instrumentvariablen als Funktion der Zielvariablen und der Daten erscheinen (Entscheidungsmodell). Durch Einsetzen der Werte der Zielvariablen können die gesuchten Werte der Instrumentvariablen bestimmt werden.

Theorie der strategischen Spiele, →Spieltheorie.

Theorie der Staatsschulden, →Finanztheorie VII.

Theorie der Substitutionslücke, →Substitutionslücke.

Theorie der Unternehmung, *Unternehmenstheorie.* I. Begriff: Logisches System von Axiomen und abgeleiteten Sätzen, mit denen Aussagen über →Unternehmungen getroffen werden. Eine *allgemeine T.d.U.* müßte die Entstehung, die Entwicklung, das Vergehen und die Wirkungsweise von Unternehmungen erklären sowie Hinweise zu ihrer Gestaltung geben können. Bislang decken die T.d.U. nur *Teilaspekte* ab, so daß von „der Theorie der Unternehmung" bis heute nicht gesprochen werden kann. Mit der jeweiligen Zielsetzung der ökonomischen Analyse variiert die zugrundeliegende T.d.U. So liegt z. B. der Preistheorie eine andere T.d.U. zugrunde als der Organisationstheorie.

II. Ansätze zu einer T.d.U.: 1. *Preistheoretische Ansätze:* Der →Preistheorie zugrunde liegende Modelle der Unternehmung betrachten diese in erster Linie als →Produktionsfunktion. Dem →Unternehmer wird Gewinnmaximierung unterstellt, die Unternehmung wird als „Ein-Mann-Punkt Organisation" angesehen. Bei vollkommener Information maximiert die Unternehmung gemäß ihren Produktions- und Absatzbedingungen den Gewinn. – Solche Modelle der Unternehmung wurden zunächst für den Monopolfall und den Konkurrenzfall (Cournot) aufgestellt. Weitere Modelle unterscheiden in Marktformen, die zwischen Konkurrenz und Monopol liegen (Chamberlin, Robinson, v. Stackelberg). Alle diese Modelle dienen dazu, die Preisbildung unter verschiedenen →Marktformen zu erklären. – *Beurteilung:* Die diesen Modellen zugrunde liegende T.d.U. hat wenig mit realen Unternehmungen gemeinsam, über Entstehung, Entwicklung und Vergehen von Unternehmungen werden keine Aussagen getroffen, so daß diese T.d.U. auch keine Gestaltungshinweise liefern können.

2. *Managerialistische Ansätze:* In managerialistischen T.d.U. wird aufgrund der empirisch beobachtbaren zunehmenden *Trennung von Eigentum und Kontrolle* in Großunternehmungen die These aufgestellt, daß in diesen Unternehmungen andere Ziele als die Gewinnmaximierung verfolgt werden (können). In diesen Theorien wird demnach zum einen von der Einheit des Unternehmensleiters und -eigentümers abgewichen. Zum anderen werden den Managern *alternative Zielfunktionen* unterstellt, was dazu führt, daß nicht alle Unternehmungen Gewinnmaximierung betreiben. – Als *statische Modelle* werden die umsatzmaximierende (Baumol) und stabsausgabenmaximierende (Williamson) Unternehmung vorgeschlagen. Das *dynamische* Gegenstück zur umsatzmaximierenden Unternehmung ist die wachstumsorientierte (Marris) Unternehmung, die versucht, ein möglichst hohes Wachstum von Periode zu Periode zu erreichen. – Die managerialistischen Modelle der

Unternehmung sind – ebenso wie die preistheoretischen Modelle – stark formalisiert worden. Mit Hilfe der →komperativ-statischen Analyse lassen sich die Reaktionen der verschiedenen managerialistischen Unternehmungstypen im Vergleich zur eigentümergeführten Unternehmung auf die Änderung von Faktorkosten, Steuern, Preiselastizitäten, usw. abschätzen. – *Beurteilung:* Aufgrund ihrer höheren Realitätsnähe, die trotz der sehr einfachen Annahmen und Analysen gegeben ist, sind die managerialistischen T.d.U. sehr intensiv diskutiert und in zahlreichen Untersuchungen empirisch überprüft worden. Die bis heute erzielten empirischen Ergebnisse bezüglich der Unterschiede von managerialistischen und eigentümergeführten sind widersprüchlich. Zwar lassen sich zum Teil alternative Zielsetzungen nachweisen, doch hinsichtlich der Renditen und Produktivitäten konnten v. a. in neueren Untersuchungen keine Unterschiede zwischen manager- und eigentümergeführten Unternehmungen festgestellt werden.

3. *Evolutionstheoretische Ansätze:* Evolutionstheoretische Modelle der Unternehmung betonen insbes. den *dynamischen Aspekt*, der sich ergibt, wenn man die Entstehung, Entwicklung und das Vergehen von Unternehmungen adäquat erklären will. Diese Theorien der Unternehmung weichen deshalb in ihren Prämissen und analytischen Vorgehensweisen erheblich von denen der preistheoretischen Gleichgewichtsmodelle ab, da letztere keine dynamischen Elemente enthalten. – a) So enthält beispielsweise der Prämissenkatalog der evolutionären *Theorie von Nelson/Winter* u. a. folgende Annahmen: (1) Unternehmen betreiben keine Gewinnmaximierung, sondern Satisfizierung; (2) vorgegebene Produktionsfunktionen existieren nicht; (3) durch Versuchs-Irrtums-Prozesse bei der Suche werden Innovationen und Imitationen in Gang gesetzt; (4) die Wahrscheinlichkeiten für den erfolgreichen Ausgang der Suchaktivitäten sind exogen vorgegeben; (5) vorübergehende Produktivitätsdifferenzen zwischen Unternehmungen fördern das Wachstum der produktiveren Unternehmungen. Auf der Grundlage dieser T.d.U. haben Nelson/Winter *Simulationsstudien* durchgeführt, in denen die Korrelationen zwischen der Innovationsaktivität und dem Wachstum, der Größe und der Effizienz sowie Korrelationen zwischen der Größe und der Effizienz berechnet werden. Alle Korrelationen waren in den Simulationsstudien positiv; diese Ergebnisse werden nur zum Teil in empirischen Untersuchungen bestätigt. – b) Andere evolutorische Theorien der Unternehmung stellen v. a. auf die *Person des Unternehmers* und die *Gründe für die Entstehung von Unternehmungen* ab. – (1) Für *Kirzner* steht die Findigkeit des Unternehmers beim Aufspüren von Arbitragemöglichkeiten im Vordergrund: Wegen der unvollkommenen Information der

Wirtschaftssubjekte sind die Märkte teilweise unkoordiniert. Es ergibt sich die Möglichkeit, Güter einzukaufen und teurer zu verkaufen, wodurch der Markt näher an das Gleichgewicht gebracht wird. Aufgrund solcher Arbitragemöglichkeiten kommt es zu Unternehmensgründungen und zur Entwicklung von Unternehmungen. – (2) In *Schumpeters* Theorie setzt der Unternehmer Innovationen durch und verursacht somit kurzfristige Ungleichgewichte. Schumpeter versteht dabei unter *Innovationen:* Erzeugung und Durchsetzung neuer Produkte oder neuer Produktqualitäten; Einführung neuer Produktionsmethoden; Schaffung neuer Organisationen; Erschließung neuer Arbeitsmärkte oder Bezugsquellen. Mit der Erfüllung dieser Unternehmerfunktionen trägt der Unternehmer entscheidend zur Evolution einer Gesamtwirtschaft bei. – c) *Gemeinsames Element* der evolutionstheoretischen Modelle der Unternehmung ist die Dynamik der Entwicklung von Unternehmungen bzw. der gesamten Wirtschaft. Einige Ansätze zielen dabei mehr auf die Entwicklung von Unternehmungen insgesamt ab, andere mehr auf den Unternehmer und das Unternehmertum. – *Beurteilung:* Alle diese Ansätze bieten allerdings kaum Erklärungen für die komplexen innerorganisatorischen Abläufe in Großunternehmungen.

4. *Organisationstheoretische Ansätze:* Sie beschreiben die Unternehmung als komplexe Organisation. – a) Die *Theorie der Teamproduktion (Alchian/Demsetz)* erklärt die Entstehung von Unternehmungen durch technologisch bedingte Größenvorteile der Teamarbeit. Da der Leistungsbeitrag der einzelnen Teammitglieder nicht exakt meßbar bzw. zuordenbar ist, besteht die Tendez zur „Drückebergerei" (shirking). Um dies zu verhindern, werden in das Team Kontrolleure eingeführt, die die Leistung der Teammitglieder überwachen. Auch diese Kontrolleure müssen überwacht werden, so daß eine Hierarchie entsteht. Die dabei auftauchende Frage lautet: Wer kontrolliert den obersten Kontrolleur? Das Handeln des obersten Überwachers wird dadurch beeinflußt, daß ihm das Residuum der Teamproduktion zusteht, dadurch übt er bei seiner Überwachungstätigkeit keine Leistungszurückhaltung aus. Um diese Tätigkeit effektiv durchführen zu können, erhält der Überwacher die Sanktionsmöglichkeit, Mitglieder aus dem Team zu entlassen bzw. neue nach eigenem Entschluß einzustellen. Er wird somit zum zentralen Vertragspartner, mit dem alle Teammitglied Kontrakte schließen. – b) Diese *Funktion* der obersten Instanz einer Unternehmung *als zentraler Vertragspartner* sieht *Coase* als den zentralen Grund für die Entstehung von Unternehmungen an. Da die Benutzung des Preissystems nicht kostenlos ist und es noch andere Instrumente des koordinierten arbeitsteiligen Wirtschaftens gibt

(Unternehmungen), kann die Entstehung von Unternehmungen ökonomisch erklärt werden: Die Bündelung von Verträgen in der Unternehmung kann Kontraktkosten (→Transaktionskosten) sparen, weil die Zahl der Vertragsbeziehungen erheblich reduziert wird. Allerdings treten auch interne Transaktionskosten (Koordination, Kontrolle, etc.) auf, so daß eine Unternehmung ihre optimale Größe erreicht, wenn die Grenzkosten der Koordination der Aktivitäten innerhalb der Unternehmung gleich den Grenzkosten der Benutzung des Preissystems sind. – Die Bedeutung der von Coase 1937 in die wirtschaftswissenschaftliche Diskussion eingebrachten Transaktionskosten wurde erst in den 70er Jahren voll erkannt, und seitdem wird der *Transaktionskostenansatz der Organisation* entwickelt und diskutiert. Dieser Ansatz hat sich zwei Hauptprobleme gestellt: (1) Die Abgrenzung der Unternehmung nach außen (Eigenfertigungs-Fremdbezugsalternative). – (2) Die Strukturierung der internen Organisation. In beiden Fällen erfolgt eine Auswahl der zur Verfügung stehenden Alternativen unter Berücksichtigung von Transaktions- und Produktionskosten. Im Transaktionskostenansatz herrscht eine *vertragstheoretische Sichtweise der Unternehmung* vor, da die Höhe der Transaktionskosten mit der Art der abgeschlossenen Verträge variiert. Es handelt sich um einen dynamisch orientierten Ansatz, da sich bei Veränderungen der Einflußgrößen von Transaktionskosten Anpassungen der Organisationsstruktur ergeben müssen. – c) Mit dem Transaktionskostenansatz eng verbunden ist die →*Property Rights-Theorie*, die ebenfalls vom →methodologischen Individualismus und von einer vertragstheoretischen Sichtweise der Unternehmung ausgeht; ein zentrales Element der Property Rights-Theorie sind die bereits erwähnten Transaktionskosten. Aufgrund ihrer Wichtigkeit und Komplexität ist ein eigenständiger Transaktionskostenansatz entstanden. Im Mittelpunkt der Analyse von Unternehmungen im Rahmen der Property Rights-Theorie steht die →Unternehmensverfassung, die auf grundlegende Weise die Rechte und Pflichten der Beteiligten im Prozeß der Willensbildung und Willensdurchsetzung absteckt. Dabei werden insbes. die Teilhaber an Entscheidungs- und Kontrollprozessen und die Ansprüche am Unternehmungsergebnis geregelt. Damit sind die Property Rights an einer Unternehmung weitgehend festgelegt. Die Verteilung dieser property rights beeinflußt den Umgang der Beteiligten mit den Ressourcen, die in der Unternehmung eingebunden sind, und damit das Unternehmungsergebnis.

5. Verhaltenstheoretische Ansätze: Diese stehen den organisationstheoretischen Ansätzen sehr nahe, weil auch letztere die Unternehmung als komplexes Mehrpersonen-Gebilde

analysieren. Diesen Ansätzen fehlt allerdings die enge ökonomische Perspektive der im 4. Abschnitt skizzierten organisationstheoretischen Ansätze. – a) In der *Anreiz-Beitragstheorie* von March und Simon sowie die spätere Fortführung in der *„Behavioral Theory of the Firm"* von Cyert und March wird die Unternehmung als *Koalition* interpretiert, die aus Individuen als Koalitionsmitgliedern (z. B. Eigentümer, Manager, Arbeitnehmer als *Kerngruppe* und Kunden, Steuerbehörden, Lieferanten als *Satellitengruppe*) besteht. Diese sehr weite Definition der Unternehmungsmitglieder kann zu Abgrenzungsschwierigkeiten der Unternehmung gegenüber ihrer Umwelt führen. Die Definition der Unternehmung als Koalition schließt vorgegebene →*Unternehmungsziele* von vorneherein aus. Die Individualziele der Koalitionsmitglieder werden vielmehr in einem Verhandlungsprozeß in Ziele der Organisation umgewandelt und festgelegt. Die Erklärung dieses Verhandlungsprozesses ist ein wichtiges Ziel der „Behavioral Theory" von Cyert und March. – *Phasen des komplexen Verhandlungsprozesses:* (1) Zunächst werden die Koalitionsbedingungen festgelegt. Diese regeln, inwieweit die Koalitionsbildung frei oder unter Zwang der Verhältnisse erfolgt, was vom herrschenden Wirtschafts- und Gesellschaftssystem sowie von der sozialen und wirtschaftlichen Lage der Betroffenen abhängt. (2) Während der Mitgliedschaft werden die Koalitionsbedingungen stabilisiert und präzisiert, indem die Arbeitnehmer verschiedene Unterkoalitionen bilden (z. B. Betriebsrat, leitende Angestellte) und Verhaltensnormen mit Hilfe von Aufgabenverteilungen konkretisiert werden. (3) Durch verschiedene Faktoren, wie sich wandelnde Bedürfnisstrukturen, das Erkennen von Unverträglichkeiten und Widersprüchen in den Koalitionsbedingungen sowie die Veränderung von Umweltfaktoren, wird der Verhandlungsprozeß kontinuierlich, und es finden ständige Veränderungen der individuellen Zielvorstellungen statt. – Der Bestand der Koalition hängt von ihren Möglichkeiten ab, die Mitglieder durch *Zahlungen* an die Unternehmung zu binden. Wenn die Unternehmung den Mitgliedern mehr zahlt als nötig wäre, um diese zum Verbleib in der Unternehmung zu bewegen, spricht man vom *„organizational slack"*, dies ist die positive Differenz zwischen Anreizen (Zahlungen an die Mitglieder) und Beiträgen (Leistungen der Mitglieder). Diese entsteht nach Cyert und March in den Verhandlungsprozessen und wird in Krisen der Unternehmung abgebaut. Das Auftreten von organizational slack bedeutet, daß die Unternehmung nicht mit ihrer Minimalkostenkombination arbeitet. – b) Diese Behauptung wird von einem weiteren verhaltenswissenschaftlichen Ansatz zur T.d.U. aufgegriffen, der *„X-Effizienz"-Theorie* von Leibenstein, der eine

Abweichung von der Minimalkostenkombination als „X-Ineffizienz" bezeichnet. Leibenstein nennt weitere Gründe, warum die Unternehmung nicht mit ihrer technisch möglichen Effizienz arbeiten: (1) Arbeitsverträge können nicht exakt formuliert werden, die Leistung kann deshalb variieren. (2) Die Produktionsfunktion der Unternehmung ist nicht genau spezifiziert oder nicht genau bekannt. (3) Durch die Interdependenz mit den Reaktionen der Konkurrenten kommt es zu Kooperationen und Imitationen, die verhindern können, daß die Unternehmungen nicht die technische Effizienz erreichen. Leibenstein sieht eine Abhängigkeit des Grades der „X-Ineffizienz" vom Konkurrenzdruck, unter dem sich die Unternehmung befindet: Starker Wettbewerb durch andere Unternehmungen drückt sich meist in sinkenden Profitraten aus, was wiederum dazu führt, daß die Unternehmung versucht, ihre X-Ineffizienzen abzubauen. Ebenso können negative unvorhersehbare Ereignisse, z. B. Konkurs eines Hauptabnehmers, zu höheren Anstrengungen führen, die vorhandene „X-Ineffizienz" abzubauen. Ursprünglich war es Leibensteins Anliegen zu zeigen, daß Wohlfahrtseinbußen durch Allokationsineffizienzen wesentlich geringer sind als durch die weitverbreitete „X-Ineffizienz". – Aus dieser ursprünglichen Idee hat Leibenstein in zahlreichen Veröffentlichungen eine T.d.U. entwickelt.

6. *Risikotheoretischer Ansatz:* Dieser Ansatz zur Erklärung der Entstehung von Unternehmungen und von →Unternehmergewinnen stammt von *Knight.* Er hat erstmals eine Unterscheidung zwischen den Begriffen →*Risiko* und →*Unsicherheit* vorgenommen. Die Entstehung von Unternehmungen als Mehrpersonengebilde wird dabei auf verschiedene Risikoneigungen der am Wirtschaftsprozeß Beteiligten zurückgeführt: Individuen mit hoher Risikoneigung (Unternehmer) schließen mit Individuen mit hoher Risikoaversion Arbeitsverträge ab, die für letztere den Vorteil eines gleichmäßigen, vorhersehbaren und mit wenig Unsicherheit behafteten Einkommensstroms bringen. Der Unternehmer akzeptiert seinerseits aufgrund seiner spezifischen Risikoneigung unsichere Einkommensströme, die im Einzelfall über denen als abhängig Beschäftigter liegen können. Der Unternehmergewinn bildet somit eine Prämie für die Übernahme der mit wirtschaftlicher Aktivität verbundenen Unsicherheit.

7. *Systemtheoretische Ansätze:* Die systemtheoretische Sichtweise der Unternehmung (→System, →Systemtheorie) versucht Erkenntnisse anderer Fachdisziplinen (z. B. Biologie, Physik) über Systeme auf die Unternehmung zu übertragen. Zu diesem Zweck wird ein *Systemmodell der Unternehmung* aufgestellt: Die Elemente umfassen Menschen und Maschinen (sozio-technisches System),

die Beziehungen bestehen aus Kooperations- und Kommunikationsvorgängen. Unternehmungen zeichnen sich durch die Zielgerichtetheit des Systems sowie die Offenheit gegenüber der Umwelt aus. – Ferner läßt sich die Unternehmung als *kybernetisches System* zu bezeichnen, das nach gleichgewichtsstörenden Ereignissen unter bestimmten Bedingungen wieder in einem (neuen) Gleichgewichtszustand zurückkehrt. Diese Tendenz wird aufgrund von *Regelkreisen* innerhalb des Systems realisiert. Sie basieren auf dem Prinzip der Rückkopplung. Darunter versteht man ein Prinzip, nach dem das Ergebnis eines Prozesses (Ist) gemessen und mit dem gewünschten Zustand (Soll) verglichen wird. Werden hierbei Abweichungen festgestellt, so wird eine Korrekturmaßnahme eingeleitet. Analog können dispositive Entscheidungen des Managements als Korrekturmaßnahmen aufgefaßt werden, wenn die tatsächliche Produktion (Ist) von den Plänen (Soll) in zeitlicher, mengen- und/oder qualitätsmäßiger Hinsicht abweicht. Die Erforschung und Gestaltung derartiger Regelkreise ist das Ziel der systemtheoretischen Sichtweise der Unternehmung und der →entscheidungsorientierten Betriebswirtschaftslehre. Dabei ergibt sich die Gefahr, daß bereits hinreichend bekannte Tatsachen und Zusammenhänge lediglich mit anderen sprachlichen Attributen (systemtheoretischen Ausdrücken) benannt werden.

III. Diskussion: 1. Wie bereits die Beschreibungen einzelner Ansätze zu einer T.d.U. gezeigt haben, können diese jeweils nur Grundlagen für die *Erklärung und Gestaltung bestimmter partieller Tatbestände* sein. Die einer ökonomischen Analyse zugrundeliegende T.d.U. hängt vom Ziel dieser Analyse ab und ist meist auf andere Fragestellungen nicht sinnvoll anwendbar. Um zu einer umfassenderen T.d.U. zu kommen, müßte man versuchen, verschiedene Ansätze, die sich ergänzen können, zu verbinden. Damit könnten mit einer *einheitlichen T.d.U.* mehr Phänomene gleichzeitig analysiert werden als dies jeweils mit speziellen T.d.U. möglich ist. – 2. Einen Ausgangspunkt hierzu bietet z. B. den Transaktionskostenansatz und die Aussagen von *Kirzner* über →Unternehmer: Der *Transaktionskostenansatz* bietet nur eine geringen Erklärungswert über die Entstehung unternehmerischer Aufgaben, wohl aber zu ihrer Organisation. Durch die Einführung der *Findigkeit des Unternehmers,* der die unvollkommene Information der Wirtschaftssubjekte nutzt, um Arbitragen zu erhalten und Transaktionskostensenkungen herbeizuführen, kann auch die Entstehung unternehmerischer Aufgaben erklärt werden. – 3. Die *Integration verschiedener kompatibler T.d.U.* kann somit zu Theorien führen, die sich für die Analyse von breiteren Fragestellungen eignen, als die zu speziellen Problemen entwickelten T.d.U.

Literatur: Alchian, A. A./Demsetz, H., Production, Information Costs and Economic Organization, in: American Economic Review, Vol 62, 1972, S. 777–795; Baumol, W. J., Business Behavior, Value and Growth, New York 1959; Chamberlin, E. H., The Theory of Monopolistic Competition, 6. Auflage, Cambridge 1956; Coase, R. H., The Nature of the Firm, in: Economica, Vol 4, 1937, S. 386–405; Cournot, A., Untersuchungen über die mathematischen Grundlagen der Theorie des Reichtums, Jena 1924 (Original: Recherches sur les principes de la theorie des richesses, Paris 1838); Cypert, R. M./March, J. G., A Behavioral Theory of the Firm, Englewood Cliffs 1963; Heinen, E., Grundfragen der entscheidungsorientierten Betriebswirtschaftslehre, München 1976; Kaulmann, T., Property rights und Unternehmungstheoirie – Stand und Weiterentwicklung der empirischen Forschung, München 1987; Kirsch, W., Einführung in die Theorie des Entscheidungsprozesses, 2. Auflage, Wiesbaden 1977; Kirzner, I., Wettbewerb und Unternehmertum, Tübingen 1978 (Original: Competition and Entrepreneurship, Chicago 1973); Knight, F. H., Risk, Uncertainty and Profit, Chicago 1921; Leibenstein, H., Allocative Efficiency vs. „X-Efficiency", in: American Economic Review, Vol. 56, 1966, S. 600–623; ders., Beyond Economic Man, Cambridge 1980; Machlup, F., Theories of the Firm: Marginalist, Behavioral, Managerial, in: American Economic Review, Vol. 57, 1967, S. 1–33; March, J. G./Simon, H. A., Organization, New York u. London 1958; Marris, R., The Economic Theory of „Managerial" Capitalism, London 1964; Michaelis, E., Organisation unternehmerischer Aufgaben – Transaktionskosten als Beurteilungskriterium, Frankfurt/M. u. a. 1985; Nelson, R. R./Winter, S. G., An Evolutionary Theory of Economic Change, Cambridge/Ma.. 1982; Picot, A., Transaktionskostenansatz der Organisationstheorie: Stand der Diskussion und Aussagewert, in: Die Betriebswirtschaft, 42. Jg., 1982, S. 267–284; Robinson, J., The Economics of Imperfect Competition, London 1969; Schneider, D., Allgemeine Betriebswirtschaftslehre, 2. Aufl., München – Wien 1985; Schumpeter, J. A., Theorie der wirtschaftlichen Entwicklung. Eine Untersuchung über Unternehmergewinn, Kapital, Kredit, Zins und den Konjunkturzyklus, 6. Aufl., Berlin 1964; Stackelberg, H. v., Marktform und Gleichgewicht, Wien/Berlin 1934; Ulrich, H., Die Unternehmung als produktives soziales System. Grundlagen der allgemeinen Unternehmenslehre, 2. Aufl., Bern – Stuttgart 1984; Williamson, O. E., The Economics of Discretionary Behavior: Managerial Objectives in a Theory of the Firm, Englewood Cliffs, N.J. 1964; ders., Markets and Hierarchies: Analysis and Antitrust Implications, A Study in the Economics of Internal Organization, London 1975.

Prof. Dr. Arnold Picot
Dr. Thomas Kaulmann

Theorie der Verfügungsrechte, →Property Rights-Theorie.

Theorie des internationalen Produktzyklus, →internationale Unternehmungen IV 2.

Theorie des oligopolistischen Parallelverhaltens, →internationale Unternehmungen IV 3.

Theorie des Reifegrades, →Führungstheorie von Hersey und Blanchard, die davon ausgeht, daß das effektive Verhalten eines Vorgesetzten vom Reifegrad des Mitarbeiters bestimmt wird. Der Reifegrad des Mitarbeiters bestimmt sich als Ergebnis von Fähigkeiten und Motivation. Dabei werden verschiedene Stufen des Reifegrades unterschieden, die unterschiedliche Verhaltensmuster, d. h. →Führungsstile des Vorgesetzten erfordern.

Theorie des Second Best, besagt, daß es nicht unbedingt wünschenswert ist, bei Verletzung einer der notwendigen Bedingungen für die →Pareto-Effizienz alle anderen Bedingungen zu erfüllen.

Theorie X, →Menschenbilder 4.

Theorie Y, →Menschenbilder 5.

Theorie Z, →Führungsmodelle II 1.

Therbligs, die vom Begründer der →Bewegungsstudie, Gilbreth, in Umkehrung seines Namens gefundenen 17 Bewegungsgrundelemente: Hinlangen, Transportieren, Greifen, Vorrichten, Fügen, Ausführen, Auseinandernehmen, Loslassen, Prüfen, Suchen, Auswählen, Finden, in eine andere Lage bringen, unvermeidbare und vermeidbare Verzögerung, Planen, Ausruhen und Halten. Die Th. sollen es dem Analytiker erlauben, die Vorgabezeiten manueller Tätigkeiten synthetisch wie ein Baukastensystem zusammenzufügen. Durch Addition der für die Bewegungsgrundelemente zuständigen Zeitwerte soll die manuelle Arbeitszeit sich aus Einzelzeiten zur Gesamtzeit zusammensetzen lassen. Th. sind Grundlage der →Systeme vorbestimmter Zeiten.

therm, angelsächsische Energieeinheit. 1 therm = 105,506 Megajoule.

Thermodrucker, gebräuchlichster nichtmechanischer →Matrixdrucker; die Zeichen werden durch nadelförmige Elektroden punktweise in das Spezialpapier eingebrannt. Druckgeschwindigkeit zwischen 10 und 150 cps. – *Vorteile:* T. sind sehr billig und leise. – *Anwendung:* Einsatz im Mikrorechnerbereich (→Rechnergruppen 2 a)) und bei →Datenendgeräten. – *Thermotransfer-Zeichendrucker (Thermotransferdrucker):* Drucker, bei denen die Zeichen dadurch gedruckt werden, daß ein spezielles Farbband von den Elektroden punktweise erhitzt wird; seit 1985 auf dem Markt. Der Vorteil dieser Drucker liegt darin, daß sie mit Normalpapier arbeiten.

Thermotransferdrucker, →Thermodrucker.

Thermotransfer-Zeichendrucker, →Thermodrucker.

Thesaurierungsfonds, *Wachstumsfonds,* →Investmentfonds, bei denen die Erträge nicht ausgeschüttet, sondern sofort zur Wiederanlage im Fonds verwendet werden. – *Gegensatz:* →Einkommensfonds.

Thiebout-Theorem, Ansatz der →ökonomischen Theorie des Föderalismus, insbes. der fiskalischen Standorttheorie, sowie Versuch einer marktanalogen Allokation öffentlicher Leistungen (Ansatz von Ch. M. Thiebout). Vollständige Information der Bürger über die öffentlichen Angebote der verschiedenen Kommunen und die jeweils dafür zu zahlenden Beiträge sowie vollkommene Mobilität (keine Restriktionen durch begrenzte Beschäftigungsmöglichkeiten und somit weitgehende Vernachlässigung von Wanderungskosten) angenommen, wählen Bürger jeweils die Kommune als Wohnort, die ihren Präferenzen bezüglich des öffentlichen Güterangebots und seiner Finanzierung am besten entspricht (voting by feet). Die Kommunen werden versuchen, zusätzliche Bürger anzuziehen, bis die optimale Gemeindegröße erreicht ist; für jede öffentliche Leistung existiert eine optimale Gemeindegröße, die erreicht ist, wenn die Leistung mit den geringst möglichen Durchschnittskosten erstellt wird.

third person technique, →Dritte-Person-Technik.

Thomas von Aquino, 1225–1274, bedeutendster Vertreter der Scholastik, die auf den Gedanken des Aristoteles aufgebaut ist. Lehre vom gerechten Preis (→justum pretium), bei dem jeder Tauschpartner seine aufgrund des „standesgemäßen Unterhalts" errechneten Aufwendungen ersetzt bekommen muß. Alle Güter besitzen einen valor intrinsecus (immanenten, inneren Wert), mit Ausnahme des Geldes, das nur einen valor impositus („aufgepfropften" Wert) besizt. Geld ist nur Tauschmittel, deshalb wird Geldzins als Wucher verworfen.

thrift institutions, Sammelbegriff für eine Bankengruppe in den USA, die sich aus den nach ihrer Rechtsform zu unterscheidenden mutual savings banks, savings and loan associations (→savings banks) und credit unions zusammensetzt.

Thünen, Johann Heinrich von, 1783–1850, einer der bedeutendsten deutschen Nationalökonomen des 19. Jh. – *Hauptwerk:* „Der isolierte Staat in Beziehung auf Landwirtschaft und Nationalökonomie" (1. Bd. 1826, 2. Bd. 1842, 3. Bd. 1863). – Es enthält: 1. *Standortlehre:* Eine Theorie des verkehrswirtschaftlichen Standortes landwirtschaftlicher Betriebe sowie der Abhängigkeit der landwirtschaftlichen Betriebssysteme (Anbauweise, Viehhaltung und deren Auswirkung auf die Arbeitsverfassung) von der räumlichen Entfernung der Produktionsstätte zum Markt. Aufstellung der *„Thünenschen Kreise"* (Ringe abnehmender Intensität der landwirtschaftlichen Produktion mit zunehmender Entfernung vom Markt, unter der Voraussetzung einer um den Markt sich geometrisch gleichmäßig ausbreitenden ebenen Fläche „auf einem durchaus gleichen Boden, der überall kulturfähig ist. . . In großer Entfernung von der Stadt endige die Ebene in eine unkultivierte Wildnis, wodurch dieser Staat von der übrigen Welt getrennt wird".). Aus dieser Standorttheorie folgt eine Analyse der →Lagerente und die Grundlegung der →Grenzproduktivitäts-Theorie. – 2. *Lohntheorie,* die das →eherne Lohngesetz Ricardos anficht und eine Formel für den naturgemäßen und zugleich gerechten Arbeitslohn gibt. Naturgemäß könne ein Lohn nur sein, bei dem die Lohnarbeit, die Gebrauchsgüter herstellt, ebenso hoch bezahlt wird wie jene, die Kapitalgüter herstellt. Der Arbeitslohn müßte

wertgleich sein mit dem Erzeugnis des letzten noch eingesetzten Arbeiters. Die von Th. selbst als fundamental angesehe Lohnformel lautet:

$$L = \sqrt{a \cdot p}$$

(L = naturgemäßer Arbeitslohn, a = Existenzminimum, p = Arbeitsprodukt). Auf seinem Gut Tellow in Mecklenburg führte T. diese Form einer →Gewinnbeteiligung seiner Arbeiter ein.

Thünensche Ringe, →Thünen 1.

Thurstone-Skalierung, ein 1929 von L.L. Thurstone und E.J. Chave entwickeltes →Skalierungsverfahren zur Messung von →Einstellungen. – 1. *Konstruktion* der Skala in vier Stufen: (1) Generierung einer großen Menge von Statements, die möglichst umfassend sein und alle Eigenschaften des Untersuchungsobjektes widerspiegeln sollen. (2) Sämtliche Statements werden durch unabhängige Sachverständige nach ihrem Grad der Günstigkeit für ein Objekt in 11 Kategorien eingestuft. (3) Für jedes Statement wird ein Skalenwert (Median) und ein Maß für die Streuung berechnet (Differenz zwischen 3. und 1. Quartil). (4) Auswahl von 20 bis 22 Statements aus der Gesamtmenge auf der Basis gleicher Abstände der Skalenwerte und geringer Streuung. – 2. *Anwendung:* Die Testpersonen wählen die Statements aus, denen sie zustimmen. Deren arithmetisches Mittel ergibt dann den Einstellungswert der jeweiligen Testperson. – 3. *Vorteil:* Geringer fragebogentechnischer Aufwand; *Nachteil:* Schwierigkeiten der Skalenkonstruktion.

Ticker, elektronische Börsenkursanzeige, die die Kursveränderungen und Umsätze auf einem großen Tableau im Vergleich zu den Vortragsnotierungen in Leuchtschrift wiedergibt: Anfangskurs, fortlaufende Notierungen, Schluß und Kassakurs. Die von den Maklern an eine zentrale Meldestelle gegebenen Kurse werden elektronisch auf die Anzeigetafel im Börsensaal eingetastet und können über Spezialleitungen auch in die Bankgebäude übertragen werden.

Tiefenpsychologie. 1. *Begriff:* Teilgebiet der Psychologie, dessen Entwicklung auf das Werk Sigmund Freuds (1856–1939) zurückgeht und in allen seinen Ausprägungen die Rolle des „Unbewußten" als Determinante menschlichen Erlebnis und Verhaltens herausstellt. – 2. *Ziel:* Behebung konflikbehafteter Fehlanpassungen (z.B. Neurosen), für deren Behandlung (Bewußtmachung und Verarbeitung verdrängter psychischer Inhalte) die psychoanalytische Methode eingesetzt wird. – 3. Die drei ersten *Schulrichtungen* der T. sind: a) *Psychoanalyse* S. Freuds, die in der Sexualität (i.w.S.) den Grundantrieb (Libido) menschlicher Aktivität sah; b) *Individualpsy-*

chologie A. Adlers (1870–1937), die auf dem Macht- bzw. Geltungsstreben basiert; c) *komplexe oder analytische Psychologie* C. G. Jungs (1875–1961), die von einem auf sämtliche psychischen Energien erweiterten Libidobegriff (allgemeine Lebenskraft) ausgeht. – 4. *Anwendung in der Arbeits- und Organisationspsychologie:* Die Arbeits- und Organisationspsychologie nutzt v. a. die psychoanalytischen Erkenntnisse der T. bei der Gruppentherapie von sozialen Konflikten im Betrieb.

Tiefensuche, →Depth-first-Suche.

Tiefseebergbau, Aufsuchen und Gewinnen mineralischer Rohstoffe vom Tiefseeboden. Im Gesetz zur vorläufigen Regelung des T. vom 16. 8. 1980 (BGBl I 1457) mit späteren Änderungen ist bis zum Inkrafttreten eines entsprechenden internationalen Übereinkommens für die Bundesrep. D. eine vorläufige Regelung getroffen worden; dem →Bundesberggesetz nachgebildet.

Tiefstand, →Konjunkturphasen.

Tierhalter, Person, die ein Tier in ihrem Hausstand oder Wirtschaftsbetrieb nicht nur vorübergehend verwendet. T. braucht nicht Eigentümer des Tieres sein. Der T. ist nach § 833 BGB auch ohne Verschulden schadenersatzpflichtig, wenn durch das Tier ein Mensch getötet oder verletzt oder eine Sache beschädigt wird (→Gefährdungshaftung). – Bei Haustieren, die dem Beruf, der Erwerbstätigkeit oder dem Unterhalt des T. dienen, kann er sich durch den Nachweis der nötigen Sorgfalt bei der Beaufsichtigung des Tieres entlasten.

Tierhaltung, steuerliche Behandlung: I. S. des BewG hängt die Abgrenzung der landwirtschaftlichen T. (→land- und forstwirtschaftliches Vermögen) von der gewerblichen T. (→Betriebsvermögen) vom Verhältnis des Tierbestandes zur landwirtschaftlich genutzten Fläche ab (§ 51 f. BewG). Diese Abgrenzung hat auch Bedeutung für die Einkommensteuer (§ 13 I Nr. 1 EStG) und die Umsatzsteuer (§ 24 II UStG). – Der Tierbestand wird mit Hilfe von *Vieheinheiten* berechnet, die auf dem Futtermittelbedarf der verschiedenen Tierarten basieren. – Besondere Regeln für *gemeinschaftliche T.* von Landwirten, z. B. im Rahmen von Genossenschaften.

Tierkörperbeseitigung, geregelt im Tierkörperbeseitigungsgesetz vom 2. 9. 1975 (BGBl I 2313). – 1. Tierkörper und Tierkörperteile, die nicht zum menschlichen Genuß verwendet werden, sind *so zu beseitigen,* daß a) die Gesundheit von Mensch und Tier nicht durch Erreger →übertragbarer Krankheiten oder toxische Stoffe gefährdet, b) Gewässer, Boden und Futtermittel durch Erreger übertragbarer Krankheiten oder toxische Stoffe nicht verunreinigt, c) schädliche Umwelteinwirkungen im Sinne des →Bundes-Immissionsschutzgesetzes

nicht herbeigiührt und d) die öffentliche Sicherheit und Ordnung nicht gefährdet oder gestört werden. – 2. *Beseitigungspflichtig* sind die nach Landesrecht zuständigen →Körperschaften des öffentlichen Rechts *(Tierkörperbeseitigungsanstalten,* vgl. hierzu VO vom 1. 9. 1976, BGBl I 2587). – 3. *Verstöße* werden als Ordnungswidrigkeiten mit Geldbußen bis zu 30 000 DM geahndet. Eine Einziehung ist möglich.

Tierlebensversicherung, →Tierversicherung.

Tierschutzgesetz, Gesetz i. d. F. vom 18. 8. 1986 (BGBl I 1319), dient dem Schutz des Lebens und des Wohlbefindens des Tieres. Der Halter oder Betreuer eines Tieres hat es angemessen und artgemäß zu nähren und zu pflegen; ihm ist es verboten, dem Tier vermeidbare Schäden, Schmerzen oder Qualen zuzufügen. Für das Töten von Tieren, Eingriffen an ihnen, Tierversuchen und den Tierhandel sind besondere Regelungen getroffen. – *Zuwiderhandlungen* sind Straftaten oder Ordnungswidrigkeiten.

Tierseuchengesetz, Gesetz i. d. F. vom 28. 3. 1980 (BGBl I 386), regelt die Bekämpfung von Seuchen, die bei Haustieren oder Süßwasserfischen auftreten oder bei anderen Tieren auftreten und auf Haustiere oder Süßwasserfische übertragen werden können. Verboten ist u. a. die Ein- und Durchfuhr seuchenkranker Tiere. Bei Ausbruch von Seuchen besteht Anzeigepflicht. Zum Schutz gegen die ständige Gefährdung der Viehbestände durch Viehseuchen können einzelne Maßregeln angeordnet werden (§ 17 ff.). Bei Tierverlusten wird Entschädigung geleistet (§§ 66 ff.). – *Zuwiderhandlungen* sind Straftat oder Ordnungswidrigkeit.

Tierversicherung, wichtige Versicherungsmöglichkeit für den in der Bundesrep. D. vorherrschenden landwirtschaftlichen Klein- und Mittelbesitz, wobei der *Tierlebensversicherung* mit Universalität der Gefahrtragung die größte Bedeutung zukommt. Außerdem gibt es zahlreiche – meist kurzfristige – *Sonderversicherungen* gegen vorübergehende Gefährdung der Tiere, z. B. Ausstellungs-, Operations- (Kastrations-), Mastschweine-, Rennpferde-, Schlachtvieh-, Tierdiebstahl-, Transport-, Trächtigkeits-, Verkehrsunfall-, Vollblut-, Halbblut-, Weide-, Weidediebstahl-, Zuchttierversicherung, die ganz bestimmte, genau umschriebene Gefahren abdecken. – *Umfang:* Versichert sind Tod, Nottötung, dauernde Unbrauchbarkeit für den jeweiligen Verwendungszweck, Zuchtuntauglichkeit, Diebstahl oder Raub. Wegen des hohen subjektiven Risikos meist Selbstbehalt von 20%.

TIGRs, treasury investment growth receipts, finanzinnovative Wertpapierform, bei der US →treasury bonds in zwei getrennte Wertpapiere aufgeteilt werden: (1) Das *erste Papier* verbrieft ein Recht auf den Rückzahlungsbetrag und wird entspreched mit Disagio gehandelt (vgl. auch →Zerobond); (2) das *zweite Papier* ein Anrecht auf die regelmäßigen Zinszahlungen.

Tilgung. I. A l l g e m e i n : Regelmäßige Ab- bzw. Rückzahlung einer langfristigen Schuld (z. B. Tilgunghypothek) in Form von Teilbeträgen, die nach verschiedenen Gesichtspunkten berechnet und i. d. R. aus den Abschreibungsgegenwerten oder aus dem Reingewinn aufgebracht werden. Höhe und Fälligkeit der →Tilgungsraten sind bei der Finanzplanung durch Aufstellung eines →Tilgungsplanes zu berücksichtigen.

II. T . v o n S c h u l d v e r s c h r e i b u n g e n (Anleihen, Obligationen usw.): Diese erfolgt aufgrund der Emissionsbedingungen entweder durch Rückzahlung zum Nennwert (oder, wenn vereinbart, über pari) oder durch Rückkauf. Die Rückzahlung kann für die ganze Anleihe auf einmal erfolgen oder nach einem festgesetzen Plan allmählich stattfinden. – 1. *Rückzahlung:* a) *Rückzahlung der ganzen Anleihe:* Regelfall bei den Schatzanweisungen; sie findet häufig statt bei Staatsanleihen und Industrieobligationen, bei denen sich der Schuldner sich die Kündigung jederzeit oder von einem bestimmten Termin ab vorbehalten hat, wenn die Lage auf dem Geldmarkt günstig ist und eine Konversion durchführbar erscheint. – b) *Planmäßige Rückzahlung:* Diese erfolgt entweder derart, daß jedes Jahr eine bestimmte gleichbleibende oder nach Wahl des Schuldners steigende Anzahl von Stücken zu tilgen ist, oder aber nach dem System der Annuitäten. Dabei ist für Verzinsung und T. eine jährlich gleichbleibende Summe ausgeworfen, so daß infolge der Zinsersparnis für die getilgten Stücke die Tilgungsquote ständig wächst. Das System der Annuitäten ist besonders auch bei Pfandbriefen üblich. Bei beiden Verfahren erfolgt die Feststellung der zu tilgenden Stücke durch Auslosung oder Verlosung entweder für ganze Serien oder für einzelne Nummern. Die ausgelosten Serien oder Nummern werden bekanntgemacht und zu dem festgesetzten Termin eingelöst. Vom Einlösungstermin ab findet keine Verzinsung mehr statt, so daß ein Versäumnis der Einlösungstermine mit Zinsverlust verbunden ist. Die Ansprüche aus den ausgelosten Papieren verjähren mangels anderer Vereinbarung in 30 Jahren, falls sie währewnd dieser Zeit nicht vorgelegt werden, sonst zwei Jahre nach Vorlegung. – 2. *Rückkauf:* Kann freihändig an der Börse erfolgen oder auf dem Submissionswege, indem der Schuldner Angebote der Gläubiger einfordert. Häufig hat sich der Schuldner nach seiner Wahl T. durch Rückkauf oder Auslosung vorbehalten; er wird jeweils den Rückkauf vorziehen, wenn das Papier an der Börse unter pari zu haben ist.

Bei Prämien- oder Losanleihen findet die T. durch *planmäßige Verlosung mit Gewinnen* (Prämien) statt; während das Aufgeld der gezogenen Nummern nur zum Nennwert oder mit geringem Aufgeld eingelöst werden kann, entfallen auf andere mehr oder weniger hohe Gewinne.

III. T . v o n A k t i e n : Dies ist nicht statthaft. Sonderregelung für den Erwerb →eigener Aktien (§ 71 AktG).

Tilgungsanleihe, *Amortisationsanleihe,* →Anleihe, die nach einem in den Emissionsbedingungen festgelegten →Tilgungsplan zurückzuahlen ist. Laufzeit meist fünf Jahre. – *Formen der Rückzahlung:* Auslosung (→Auslosungsanleihe), Rate (→Ratenanleihe), Annuitäten (→Annuitätenanleihe). – *Anwendung:* T. dient der Finanzierung der Unternehmung mit Fremdkapital (→Fremdfinanzierung), vorteilhaft an Stelle von Eigenkapital, wenn die Tilgungsquoten (+ Zinsquote = Annuität) aus Abschreibungserlösen bezahlt werden können. Bestimmend für die Wahl zwischen Aufnahme einer T. oder →Kapitalerhöhung sind →Rentabilität und →Liquidität sowie die jeweilige Lage auf dem Kapitalmarkt.

Tilgungsfonds, *Amortisationsfonds,* auf Gesetz gegründeter, von Jahr zu Jahr aus bestimmten oder allgemeinen öffentlichen Einnahmen gespeister Mittelvorrat, der zur Rückzahlung öffentlicher Schulden verwandt wird; meist mit eigener Rechtspersönlichkeit.

Tilgungsgewinn, ein für die Realkreditinstitute entstehender Gewinn, wenn nach den Emissionsbedingungen Tilgung der →Pfandbriefe oder sonstigen Schuldverschreibungen durch Rückkauf zulässig ist und diese zu einem unter pari liegenden Kurs zurückgekauft werden, wogegen die Hypothekenschuldner bzw. Darlehensnehmer die vollen Schuldbeträge zurückzahlen müssen.

Tilgungshypothek, *Annuitätenhypothek, Amortisationshypothek,* →Hypothek, bei der der Schuldner gleichbleibende, aus Zinsen und Tilgungsbeträgen sich zusammensetzende Jahresleistungen (→Annuitäten) in einem bestimmten Prozentsatz des ursprünglichen Kapitals bis zur vollständigen Tilgung zu entrichten hat. Da das Kapital und damit auch die jährliche Zinsschuld immer kleiner wird, wächst der Anteil der Tilgung an der Annuität ständig. – T. werden vielfach von Realkreditinstituten gegeben, auch von Sparkassen und privaten Hypothekenbanken. – Vgl. auch →Abzahlungshypothek.

Tilgungskapitel, mittels Aufnahme einer →Tilgungsanleihe beschafftes langfristiges →Fremdkapital, das aus Abschreibungserlösen oder im Weg der →Selbstfinanzierung zurückgezahlt werden kann. Für die Zweckmäßigkeit einer Verwendung von T. sind →Rentabilität und →Liquidität bestimmend.

Tilgungsversicherung, →Hypothekentilgungsversicherung.

Tilgungsplan, zahlenmäßige Darstellung des Rückzahlungsvorganges einer Schuld, die in Teilbeträgen (→Tilgungsraten) zurückgezahlt wird. – *Beispiel:* Eine Anleihe von 1 000 000 DM soll zu 4% verzinst und im Verlauf der nächsten fünf Jahre durch gleich große Ratenzahlungen getilgt werden.

Jahr	Restschuld am Anfang	Zinsen 4%	Tilgungsrate 20%	Annuität
1	1 000 000	40 000	200 000	240 000
2	800 000	32 000	200 000	232 000
3	600 000	24 000	200 000	224 000
4	400 000	16 000	200 000	216 000
5	200 000	8 000	200 000	208 000
		120 000	1 000 000	1 120 000

Tilgungsrate, Betrag, der zur →Tilgung einer Schuld, die nicht auf einmal im Gesamtbetrag zurückgezahlt wird, fortlaufend innerhalb bestimmter Zeitabschnitte (jährlich, vierteljährlich, monatlich) an den Kreditgeber zu zahlen ist. – T. und Zinsquote ergeben zusammen die →Annuität. – *Finanzplanung:* Bei Aufstellung des Finanzplanes einer Unternehmung sind die im Planabschnitt fälligen T. zu berücksichtigen. Deckung erfolgt meist aus Abschreibungserlösen, wobei zwischen buchmäßigen →Abschreibungen und (über den Preis verkaufter Erzeugnisse) tatsächlich eingehenden Abschreibungsgegenwerten zu unterscheiden ist.

Tilgungsrechnung, Teilgebiet der →Finanzmathematik. Durch die T. werden die Tilgungsdauer, die Restschuld am Ende jedes Jahres, die Zinsen, die Tilgungsrate und die →Annuität (vgl. im einzelnen dort) ermittelt. Diese Posten ergeben den →Tilgungsplan.

Tilgungsstreckung, Verlängerung der Laufzeit eines Kredits, meist durch Gewährung eines zusätzlichen Darlehens (→Streckungsdarlehen).

time lag, →lag.

time preference, *Zeitpräferenz, Gegenwartspräferenz,* ungenaue Bezeichnung für die Bevorzugung der Gegenwart (bzw. gegenwärtiger Güter, Bedürfnisse) gegenüber der Zukunft (Gesetz der Höherschätzung von Gegenwartsbedürfnissen). – Verschiedene Versuche nach Böhm-Bawerk mit Hilfe der t. p. die Existenz des *Zinses* zu begründen, z. B. von Fisher, v. Stackelberg. – Vgl. auch →Agiotheorie.

time sharing, meistgenutztes Verfahren zur Realisierung des →Mehrprogrammbetriebs.

Das Betriebssystem des Rechners zerlegt die Laufzeit der Zentraleinheit in gleich große Zeitscheiben (Größenordnung: Millisekunden) und teilt diese den Benutzern in regelmäßigem Zyklus zu. In einem solche Zeitintervall bearbeitet das System jeweils Befehle aus dem Programm des Benutzers, dem dieses Intervall zugeordnet ist. Wegen der hohen Verarbeitungsgeschwindigkeit des Rechners und weil häufig die Zeitintervalle, in denen die Abarbeitung seines Programms von der Zentraleinheit unterbrochen ist, von Ein- und Ausgabeoperationen überlagert werden, hat ein Benutzer oft den Eindruck, ihm stünde die gesamte Anlage allein zur Verfügung.

Tintenstrahldrucker, nichtmechanischer Zeichendrucker (→Drucker), bei dem die Zeichen durch eine Matrix von Tintentröpfchen gebildet werden; diese werden aus parallelen Düsenkanälen ausgestoßen. – Verschiedene Geräte ermöglichen die Darstellung *farbiger Graphik* in hoher →Auflösung. Die Druckgeschwindigkeit beträgt abhängig von der gewünschten Druckqualität zwischen 400 und 700 cps. – *Vor-/Nachteil:* Ein T. arbeitet fast geräuschlos, benötigt aber für ein gutes Schriftbild (noch) i. a. extrem saugfähiges Papier. – *Eingesetzt* wird der T. insbes. bei der →Textverarbeitung.

Titel, kleinste Einheit eines Haushaltseinzelplans (→Haushaltsplan).

tit-for-tat banking, →reciprocal banking.

tkm, Abk. für →Tonnenkilometer.

TKP, Abk. für Tausend-Kontakt-Preis (→Tausenderpreis 2 c).

TLP, Tausend-Leser-Preis (→Tausenderpreis 2 b)).

TOB, Abk. für →technisch organisatorischer Bereich.

Tochtergesellschaft, von einer →Muttergesellschaft abhängige Kapitalgesellschaft, überwiegend GmbH oder AG, deren Kapital zu großem Teil, meist 100%, im Besitz der herrschenden Gesellschaft ist. – *Steuerliche Behandlung:* Vgl. →Organgesellschaft.

Todeserklärung, förmliche Erklärung eines Verschollenen (→Verschollenheit) für tot in einem besonderen gerichtlichen Verfahren. – 1. *Voraussetzung* ist, daß seit dem Ende des Jahres, in dem der Verschollene nach den vorhandenen Nachrichten noch gelebt hat, zehn Jahre oder, wenn er zur Zeit der T. das 80. Lebensjahr vollendet hätte, fünf Jahre verstrichen sind (§ 3 Verschollenheitsgesetz). Die T. eines Verschollenen ist nicht vor dem Ende des Jahres zulässig, in dem er das 25. Lebensjahr vollendet hätte. – Für Verschollenheitsfälle aus Anlaß des Krieges von 1939 bis 1945 gab Art. 2 des Bundesgesetzes vom

15.1.1951 (BGBl I 63) Sondervorschriften. – 2. *Verfahren:* Der T. geht ein auf Antrag einzuleitendes Aufgebotsverfahren der freiwilligen Gerichtsbarkeit voraus, örtlich zuständig ist das →Amtsgericht des letzten Wohnsitzes oder Aufenthalts; in Ermangelung eines inländischen Gerichtsstandes das Amtsgericht in Berlin-Schöneberg. Antragsberechtigt sind Staatsanwalt, gesetzlicher Vertreter des Verschollenen, Ehegatte, Abkömmlinge und Eltern und jeder, der ein rechtliches Interesse an der T. hat. Die T. erfolgt durch Beschluß, der öffentlich bekanntzumachen ist. – 3. *Rechtsfolgen:* Die T. begründet die Vermutung, daß der Verschollene in dem vom Gericht festgestellten Zeitpunkt gestorben ist (§ 9 VerschG). Stellt sich nachträglich heraus, daß der Verschollene die T. überlebt hat, so kann er oder der Staatsanwalt die Aufhebung der T. beantragen (§ 30 VerschG). – 4. Für die *Besteuerung* gilt bei Verschollenen, soweit es sich um Entstehung, Umfang und Beendigung der Steuerschuld handelt, der Tag, mit dessen Ablauf die der die Todeserklärung aussprechende Beschluß rechtskräftig wird, als Todestag (§ 3 AStAbpG).

Todesfallversicherung, →Lebensversicherung II 2.

Todesursache, gruppenweise zusammengefaßte Merkmale der →Bevölkerungsstatistik. Nach den Regeln der Internationalen Klassifikation der Krankheiten, Verletzungen und Todesursachen (ICD) sind die T. in einer Kausalkette einzutragen, die mit der unmittelbar zum Tode führenden Krankheit oder Verletzung beginnt und bis zum ursächlichen Leiden (Grundleiden) führt. Nur eine Krankheit, das Grundleiden, geht in die Todesursachenstatistik ein (unikausal); die Erfassung von Mehrfachdiagnosen wird angestrebt (multikausal). – Als *Maß der Sterblichkeit* werden die Sterbefälle auf je 100 000 Lebende gleichen Alters und Geschlechts bezogen; die →Sterbeziffern sind damit vom jeweiligen →Altersaufbau der Bevölkerung abhängig. Um bei Vergleichen die Einflüsse auf die Sterblichkeitsentwicklung auszuschalten, die auf Veränderungen des Altersaufbaus beruhen, werden standardisierte Sterbeziffern (auf der Grundlage der Bevölkerungszahlen aus Volkszählungen) berechnet.

Togo, westafrikanische präsidiale Republik, seit 1960 unabhängig, ehemaliges deutsches Schutzgebiet, gegliedert in 5 Entwicklungsregionen, 19 Bezirke, 7 Stadtgemeinden. – *Fläche:* 56 000 km². – *Einwohner* (E): (1985, geschätzt) 2,96 Mill. (52,9 E/km²). – *Hauptstadt:* Lomé (1981: 340 000 E); weitere wichtige Städte: Tschaudjo (34 000 E), Kpalimé (25 000 E), Atakpamé (22 000 E). – *Amtssprache:* Französisch.

Wirtschaft: *Landwirtschaft:* Überwiegend Subsistenzwirtschaft. – *Industrie und Bergbau:*

Naturphosphatgewinnung, an 7. Stelle der Weltproduktion; Industrie erst schwach entwickelt. – *Reiseverkehr:* (1980) 83 000 Touristen; Einnahmen: 13 Mill. US-$. – *BSP:* (1985, geschätzt) 750 Mill. US-$ (250 US-$ je E). – Anteil der Landwirtschaft am *BSP:* (1984) 27%, der Industrie: 15%. – *Öffentliche Auslandsverschuldung:* (1984) 100,1% des BSP. – *Inflationsrate:* (Durchschnitt 1973–84) 8,2%. – *Export:* (1983) 162 Mill. US-$, v.a. Phosphate, Kakao, Kaffee, Palmkerne, Kopra, Baumwolle. – *Import:* (1983) 284 Mill. US-$, v.a. Investitionsgüter, Nahrungsmittel. – *Handelspartner:* Frankreich, Niederlande, Bundesrep. D., USA, Nigeria, Japan, Jugoslawien, Ghana.

Verkehr: 490 km *Schienen* und 4500 km *Straßen* verbinden das Land mit dem *Haupthafen* Lomé.

Mitgliedschaften: UNO, AKP, OPAU, OCAM, UNCTAD u.a.

Währung: 1 CFA-Franc = 100 Centimes.

Token, →token passing.

token passing, *Tokenverfahren,* für Ringe (→Netzwerktopologie) konzipiertes Verfahren zur Datenübertragung, aber auch bei Busnetzen verwendet. – Eine bestimmte Kontrollinformation *(Token)* wird über separate Leitungen oder über den normalen Datenweg von Netzknoten zu Netzknoten weitergereicht. Das Token beinhaltet eine Art „schriftliche Sendeerlaubnis", d.h., ein Knoten kann nur dann senden, wenn ihn das Token erreicht hat. Nachdem die Übertragung seiner Daten beendet ist (bzw. nach einer festgelegten Zeitspanne) reicht er das Token weiter weiter. – Vgl. auch →token ring.

token ring, von IBM verwendete und im Projekt →IEEE-802 entsprechend genormte *Netzwerkstruktur* (→Netz) mit einer Ringtopologie (→Netzwerktopologie) und →token passing als →Zugangsverfahren.

Tokenverfahren, →token passing.

Tokio-Runde, siebte Verhandlungsrunde im Rahmen des →GATT (1973–79), an der sich 73 Mitglieder und 26 Nicht-Mitglieder beteiligten. Die T.-R. strebte in Fortsetzung der Ergebnisse der →Kennedy-Runde eine weitere Reduzierung der →Zölle an. – *Ergebnisse:* Vereinbarung von Zollsenkungen um 34% bei Industriegütern und um 32–40% bei landwirtschaftlichen Produkten zwischen 1980 und 1987. Verabschiedung zahlreicher Kodizes zum Abbau →nicht-tarifärer Handelshemmnisse; die Einhaltung sollen Kontrollgremien überwachen. Den Entwicklungsländern wurde das Recht zugesprochen, Schutzmaßnahmen aus Zahlungsbilanzgründen vorzunehmen, während die Industrieländer zur Vermeidung solcher Maßnahmen aufgefordert wurden. – *Entwicklung:* Die in der T.-R. vereinbarte weitere Liberalisierung wurde durch weltweite protektionistische Tendenzen durchkreuzt, die schon während der Verhandlungen angesetzt hatten. – *Nächste GATT-Verhandlungsrunde seit: 1987:* Vgl. →Uruguay-Runde.

ton, angelsächsische Masseneinheit. 1 ton = 1016,05 kg. – Diese Einheit wird in den USA auch als *long ton* bezeichnet, um sie von der *short ton* = 907,185 kg zu unterscheiden.

Tonband. 1. *Allgemein:* Vgl. →Tonträger. – 2. Im *Zivilprozeß* sind auf T. gesprochene →Protokolle zulässig.

Tonga, *Freundschaftsinseln,* aus rund 200 Inseln (meist Atollen) bestehendes Königreich (seit 1845) im südwestlichen Pazifik (Ozeanien) gelegen, seit 1970 unabhängig. – *Fläche:* 699 km². – *Einwohner* (E): (1983, geschätzt) 101 162 (144,7 E/km²). – *Hauptstadt:* Nukúalofa (20 564 E) auf der wichtigsten Insel Tongatapu; weitere wichtige Städte: Neiafu, Múa. – *Amtssprachen:* Tonga; Englisch.

W i r t s c h a f t : *BSP:* (1985, geschätzt) 70 Mill. US-$ (730 US-$ je E). Anteil der Landwirtschaft am *BSP:* (1984) 25%, der Industrie: 10%. – *Inflationsrate:* (1982) 10,8%. – *Export:* (1984) 9 Mill. US-$, v. a. Kokosnüsse, Vanille, Gemüse und Früchte. – *Import:* (1984) 41 Mill. US-$. – *Handelspartner:* Australien, EG-Länder, Japan, Fidschi, USA, Großbritannien. – *Reiseverkehr:* (1981) 12 611 Touristen.

M i t g l i e d s c h a f t e n : FAO, UNESCO, WHO, AKP u. a., Commonwealth.

W ä h r u n g : 1 Pa'anga [T] = 100 Seniti (s).

Tonne (t), →gesetzliche Einheiten, Tabelle 1.

Tonnenkilometer (tkm), Kennzahl der Verkehrsstatistik für die Messung der Beförderungsleistung im Güterverkehr zu Lande, zu Wasser und in der Luft (→Verkehrsleistung), errechnet als Produkt aus dem Gewicht der beförderten Güter und der Versandentfernung. 1 tkm = Beförderung von Gütern im Gewicht von 1 t über 1 km.

Tonne   Steinkohleneinheiten   (tSKE), →Steinkohleneinheiten.

Tonträger, Medium zur Diktataufzeichnung (z. B. Magnetbandkassette). – Vgl. auch →Datenträger, →Textträger.

tool, →Werkzeug.

TOP,   technical   and   office   protocols. 1. *Begriff:* →Protokolle für die elektronische →Bürokommunikation in →Netzen, die seit 1984 in enger Anlehnung an die Vorgehensweise bei der MAP-Entwicklung (→MAP) erstellt werden. – 2. *Zweck:* TOP soll für Bürokommunikationssysteme die Nutzung heterogener Geräte, die Verknüpfung verschiedener →lokaler Netze sowie den Zugang

zu anderen Telekommunikationssystemen (→Telekommunikation) und PABX-Systemen (vgl. Nebenstellenanlagen) ermöglichen. – 3. *Grundgedanke* bei TOP ist die Nutzung vorhandener internationaler Normen. Da die OSI-Kommunikationsarchitektur (→OSI-Modell) eine Reihe von Protokollalternativen (mit vielfältigen Optionen) vorsieht, liegt der Kern der TOP-Spezifikation in der Auswahl und de Definition der für die Bürokommunikation besonders geeigneten Protokolle. – 4. *Entwicklung:* Initiator und treibende Kraft der TOP-Entwicklung ist die Boeing Corp. Eine erste (eingeschränkte) Version von TOP wurde im November 1985 vorgestellt. Seit Ende 1985 existiert in den USA eine Benutzervereinigung (TOP User Group).

top-down approach, →Top-down-Prinzip.

Top-down-Entwurf, Entwurfsreihenfolge bei der →Systemanalyse und dem →Software Engineering nach dem →Top-down-Prinzip.

Top-down-Prinzip,   *top-down   approach, Gegenstromverfahren.* 1. *Allgemeines:* Prinzip zur Vorgehensweise bei der Problemlösung. – *Grundidee:* Ausgehend von einem hohen Abstraktionsgrad bzw. einer globalen Betrachtung zunehmende Konkretisierung von „oben" nach „unten"; ein Gesamtproblem wird in Teilprobleme aufgeteilt, diese evtl. in weitere Teilprobleme usw. – 2. Im →*Software Engineering* vielfach verwendet, z. B. bei →Modularisierung, →Abstraktionsebenen, →Programmentwicklung durch →schrittweise Verfeinerung. – 3. *T.-d.-P.* als *Planngsprinzip:* Vgl. →Unternehmensplanung VII 3 a).

Top Management. 1. *Begriff:* Bezeichnung für den Tätigkeitsbereich der obersten Ebene in der hierarchischen Organisationsstruktur der Unternehmung. – 2. *Funktionen:* Leitung, Verwaltung und teilweise Ausführung, die sich im einzelnen tendenziell jedoch zum Großteil auf die Leitung verlagern. Die institutionelle Verkörperung (Träger) des T.-M. ist gewöhnlich der *Topmanager.* – In *Unternehmen* zählen i. d. R. der Vorstand bzw. die geschäftsführenden Direktoren zum T.-M. In ihrer →Kompetenz liegt insbes. die Festlegung der langfristigen Unternehmenspolitik bzw. der strategischen Ziele und die Durchsetzung einer entsprechenden Planung und Strukturierung des Unternehmens. – Das T.-M. *vertritt* das Unternehmen nach außen und stellt die Kontakte zu Institutionen außerhalb des Unternehmens her, wie Behörden, Fachverbänden, Gewerkschaften und dgl. Das T.-M. ist Träger der Verantwortung für alle Aktivitäten seines Unternehmens, z. B. gegenüber den Eigentümern oder der Gerichtsbarkeit. – Vgl. auch →Management.

Torkontrolle, Untersuchung der von Arbeitnehmern mitgeführten Gegenstände zur Ver-

meidung von Werksdiebstählen. Eine arbeits-
vertragliche Pflicht zur Duldung von T. wird
überwiegend bejaht, wenn die Untersuchung
im Zuge einer systematischen Präventivkon-
trolle erfolgt, die alle Arbeitnehmer gleichmäßig erfaßt. Voraussetzung der Zuverlässigkeit
einer T. ist die gleichmäßige Kontrolle aller
Arbeitnehmer (→Gleichbehandlung). – Der
Betriebsrat hat bei der allgemeinen Regelung
ein erzwingbares *Mitbestimmungsrecht* in
→sozialen Angelegenheiten nach §87 I Nr. 1
BetrVG (→Ordnung des Betriebs).

Torr, veraltete Druckeinheit. 1 Torr =
133,322 Pascal.

Totalanalyse, Form der ökonomischen Analyse, bei der im Idealfall alle ökonomisch
relevanten Größen in die Betrachtung einbezogen und keine Ceteris-Paribus-Annahmen
verwendet werden. – *Beispiel:* Betrachtung der
Interaktionen auf allen Märkten einer Volkswirtschaft. – *Gegensatz:* →Partialanalyse.

totale Bilanz, Darstellung des Jahresabschlusses in der Bilanz nach der totalen oder
dualistischen Bilanztheorie, entwickelt von le
Coutre (→Bilanztheorien VI).

totale Konkurrenz, Begriff der Marktformenlehre (geprägt von Vershofen), der zum Ausdruck bringen soll, daß selbst Bedarfsarten
ganz verschiedener Art miteinander konkurrieren, so der Absatz von Kühlschränken,
Fernsehgeräten u. ä. Konsumgütern des gehobenen Bedarfs mit dem von Kraftfahrzeugen,
Motorrädern u. ä. Produkten. Das Vorliegen
t. K. bedingt (wie bei der Surrogatkonkurrenz), daß nicht radikale →Gewinnmaximie-
rung angestrebt werden kann, sondern daß die
Möglichkeiten der Verbrauchsverlagerung in
die Absatzerwartungen einbezogen werden
müssen.

Totalerfolg, Differenz aus den gesamten Ein-
und Auszahlungen während der Gesamtle-
benszeit eines Unternehmens. – *Gegensatz:*
→Periodenerfolg. – Vgl. auch →Totalrech-
nung.

Totalerhebung, →Vollerhebung.

Totalkontrolle, Verfahren der Qualitätskontrolle (→Qualitätssicherung). Das Wesen der
T. liegt in der Überprüfung eines jeden Produktes einer zu kontrollierenden Grundgesamtheit hinsichtlich einer oder mehrerer
Eigenschaften. Ziel ist die Aufdeckung aller
fehlerhaften Produkte, wobei Kontrollfehler
dies verhindern können. Die T. ist bei Sicher-
heitsteilen zu fordern, bei denen Fehler Leben
und Gesundheit von Menschen gefährden
können. Die T. ist nur bei nichtzerstörender
Prüfung durchführbar. Bei zerstörender Prüfung können nur Partialkontrollen durchgeführt werden. – *Gegensatz:* →Partialkontrolle.

Totalrechnung, für die gesamte Lebensdauer
eines Unternehmens erstellte →Erfolgsrech-

nung. T. stellen die gesamten →Einzahlungen
und →Auszahlungen von der Gründung bis
zur Liquidation (→Totalerfolg) gegenüber.
Praktisch kommt der T. keine Bedeutung zu. –
Gegensatz: →Periodenerfolgsrechnung.

toter Punkt, →Break-even-Punkt.

totes Depot, frühere Bezeichnung für →Sach-
depot.

totes Konto, Bankkonto, auf dem keine Bewegungen stattfinden. Alle aufgrund gesetzlicher
Vorschriften blockierten Konten sind t. K.

totes Papier, Börsenpapier, in dem keine oder
nur sehr wenige Umsätze stattfinden.

Totgeborene, Kinder, deren Geburtsgewicht
mindestens 1000 g beträgt. Fehlgeburten unter
1000 g Geburtsgewicht werden vom Standes-
beamten nicht registriert und bleiben daher in
der Statistik der →natürlichen Bevölkerungs-
bewegung außer Betracht. – Vgl. auch
→Geburtenüberschußrate.

Totlast, Eigengewicht eines Transportmittels.
– *Gegensatz:* →Nutzlast.

Toto, *Totalisator,* Einrichtung zum Wetten,
überwiegend bei Pferderennen und Fußball-
spielen eingesetzt. Bei richtiger Voraussage
von Spiel- oder Rennergebnissen wird je nach
der Anzahl der richtigen Ergebnisse ein bestimmter Anteil vom Gesamteinsatz als
Gewinn ausgeschüttet. – Vgl. auch →Lotterie.

touch screen, →Kontaktbildschirm.

Tourenplanung. I. C h a r a k t e r i s i e r u n g :
1. *Begriff:* Planung des Transportmitteleinsat-
zes zur Verteilung und/oder Sammlung von
Sendungen im → Flächenverkehr. – 2. *Kern-*
aufgabe: Wahl von Transportmitteln aus einem Fuhrpark, Zusammenstellung von Sendungen zu Ladungen der Transportmittel
(→Ladungsproblem) und Ermittlung der Rei-
henfolgen, in denen die einzelnen Transportmittel ihre Ent- und/oder Beladeorte anzufahren haben (→Travelling-salesman-Problem),
so daß die Transportaufträge einer bestimmten Planungsperiode unter Beachtung von
Kapazitäts- und Zeitbegrenzungen mit minimalen Transportstrecken-, -zeiten- und/oder
-kosten ausgeführt werden.

II. G r u n d p r o b l e m : 1. Es existiert eine
Menge von Orten, die durch gewisse Straßenverbindungen untereinander verbunden sind
(Straßennetz). Die Entfernungen zwischen
den Orten sind bekannt. – 2. Über das
Straßennetz sind Kunden verteilt, die mit
gewissen Gütern beliefert werden sollen. – 3.
Im Straßennetz existiert ein *Depot,* an dem die
zu versendenden Güter vorhanden sind. Im
Depot besteht ein Fuhrpark, der sich aus
identischen Fahrzeugen zusammensetzt und
der die Transporte zu den Kunden durchführen soll; die Anzahl der Fahrzeuge reicht aus,
um jeden sich bei der Planung ergebenden

Transportplan zu realisieren. – 4. Die Fahrzeuge weisen jeweils eine bestimmte identische *Transportkapazität* auf, die es aber tendenziell ermöglicht, mehrere Kunden hintereinander (d. h. ohne zwischenzeitliche Rückkehr vom Depot) anzufahren. – 5. Die zu versendenden Güter beanspruchen jeweils eine gewisse Transportkapazität. – 6. Sämtliche Fahrzeuge sollen am Ende wieder zum Depot zurückkehren. – 7. *Gesucht* ist ein Plan *(Tourenplan),* der angibt, wieviele Fahrzeuge eingesetzt und welche Kunden in welcher Reihenfolge von jedem Fahrzeug angefahren werden sollen *(Tour).* Die Transporte sollen so vorgenommen werden, daß von allen Fahrzeugen zurückgelegte Entfernung minimal ist.

III. M o d e l l e : Üblicherweise verwendet man zur Darstellung von Problemen der T. graphentheoretische Methoden, wobei man naheliegende Orte als *Knoten* und die Straßenverbindungen als Kanten eines Graphen darstellt (→Netzplantechnik).

IV. V a r i a n t e n : 1. Sind die Kunden an den Orten konzentriert, liegt ein Problem *knotenorientierter T.* (z. B. →Vehicle-routing-Problem), sind sie an den Straßenverbindungen konzentriert, ein Problem *kantenorientierter T.* (z. B. →Chinese-postman-Problem) vor. – 2. Ein *Ein-Depot-Problem* liegt vor, wenn sämtliche Kunden von dem gleichen Depot aus beliefert werden sollen; ein *Mehr-Depot-Problem,* wenn mehrere Depots gegeben sind und insofern zusätzlich festzulegen ist, welche Kunden von welchem Depot aus zu beliefern sind. – 3. Ein *Sammelproblem* liegt vor, wenn Kunden nicht zu beliefern sind, sondern Güter bei ihnen einzusammeln und zum Depot zu transportieren sind. Entsprechend genauer müßte das Grundproblem als *Auslieferungsproblem* bezeichnet werden. – 4. Im Rahmen *weiterer Varianten* können unterschiedlich große bzw. unterschiedliche Kosten verursachende Transportfahrzeuge, Minimierung der gesamten Transportkosten, Minimierung der Anzahl der eingesetzten Fahrzeuge o. ä. sowie zusätzliche Nebenbedingungen (z. B. Einhaltung gewisser Besuchszeiten bei den Kunden, Einhaltung vorgegebener maximaler Fahrzeiten) berücksichtigt werden.

V. L ö s u n g s v e r f a h r e n : Es existieren verschiedene exakte Lösungsverfahren, die sich jedoch in der Praxis bisher nicht durchgesetzt haben. Üblicherweise kommen heuristische Verfahren (z. B. Savingsverfahren oder Sweep-Verfahren) zur Anwendung. Diese Verfahren sind auch Grundlage für die meisten kommerziellen Softwaresysteme zur T.

VI. Ö k o n o m i s c h e B e d e u t u n g : Probleme der T. treten z. B. bei der Belieferung von Tankstellen, Apotheken, Verkaufsfilialen von Bäckereien, Lebensmittelgeschäften, Buchgeschäften, aber auch bei der Einsammlung von Milch für Molkereien oder bei der Hausmüll-

entsorgung auf. Sie bilden ein weites, erfolgreiches Anwendungsfeld für Methoden des →Operations Research.

Tourismus, *Touristik.* I. C h a r a k t e r i s i e r u n g : 1. *Begriff:* Die Gesamtheit der Aktivitäten und Phänomene des Reisens als Durchführung nicht alltäglicher Fahrten mit vorübergehenden Aufenthalten an anderen als den üblichen wohn- oder Tätigkeitsorten der Reisenden *(Touristen).* →Fremdenverkehr und →Reiseverkehr sind Bestandteile des T. (häufig auch als synonyme Bezeichnung verwendet). – 2. *Anlässe:* a) *T. aus privaten Gründen:* Besuche von Verwandten und Bekannten; Teilnahme an Sport-, Bildungs-, Informations- und Unterhaltungsveranstaltungen; Kur-, Heil- und Erholungsaufenthalte; generell das latent vorhandene menschliche Interesse an einer anderen als der gewohnten Umgebung. – b) *Beruflich bedingte Reisen:* Z. B. zu Einkaufs-, Verkaufs-, Montage-, Reparatur-, Beratungs- und Revisionszwecken sowie zur Teilnahme an Konferenzen, Tagungen, Kongressen, Messen, Ausstellungen, Schulungs- und Fortbildungsveranstaltungen (vgl. auch →Geschäftsreise).

II. W i r t s c h a f t s z w e i g : 1. *Entwicklung:* a) Das Interesse an privaten Reisen und die Zunahme an frei verfügbarer Zeit und Einkommen haben zur Entwicklung des *Massentourismus* geführt mit den Kennzeichen: starke Reiseströme zwischen Bevölkerungsballungsgebieten und touristisch attraktiven Orten bzw. Regionen, in denen zweitweise sehr viele Touristen zu betreuen sind. – b) Zugleich ist die Zahl von *Geschäftsreisen* durch die Ausweitung nationaler und internationaler Wirtschaftsbeziehungen und durch gestiegene Informations- und Weiterbildungsnotwendigkeiten gewachsen. – 2. An der Befriedigung der touristischen Bedürfnisse der Reisenden sind Betriebe, Betriebsbereiche und -abteilungen nahezu aller Zweige der Wirtschaft beteiligt. Sie werden in ihrer Gesamtheit zunehmend als *eigener Wirtschaftszweig* angesehen, der neben einigen Sachleistungen (z. B. spezielle Nahrungs- und Genußmittel, Reisekleidung und -ausrüstung, Reiseliteratur, Informationsmaterial, Andenken und Geschenkartikel) überwiegend touristische Dienstleistungen (Beförderung, Unterkunft, Verpflegung, Betreuung, Information, Koordination, Reisefinanzierung und -versicherung) erstellt und/oder verkauft. Wegen ihrer positiven Wertschöpfungs-, Arbeitsplatz- und Deviseneffekte gehört die T.-Wirtschaft in vielen Regionen und Ländern zu den wichtigsten Wirtschaftszweigen.

III. B e t r i e b e : Wesentliche betriebliche Aufgabengebiete im T. sind Fremdenverkehr, Reiseverkehr und Reisegestaltung und -vermittlung. – 1. Im *Fremdenverkehr* sind Unterkunfts- und Verpflegungsbetriebe, Unterhaltungs- und Sportbetriebe, Kur-, Heil- und Regenerationsbetriebe sowie Bildungs- und Informationsbetriebe tätig. Örtliche und regionale Fremdenverkehrsvereine, -verbände und -ämter interessierter Betriebe und Behörden fördern den Fremdenverkehr durch Beratung, Vermittlung und Werbung. – 2. Der *Reiseverkehr* dient der Beförderung der Touristen zwischen ihren Quell- und Zielorten, wobei fast zwei Drittel der Reisenden den eigenen Personenkraftwagen benutzen. →Individualreisen, insbes. Geschäftsreisen und private Besuchsreisen, werden v. a. mit den schnellen Verkehrsmitteln der Linienluftverkehrs-, Regionalluftverkehrs- und Eisenbahngesellschaften durchgeführt. Die Personenbeförderung bei →Pauschalreisen erfolgt überwiegend im →Gelegenheitsverkehr mit Flugzeugen, Eisenbahnzügen, Omnibussen und Kreuzfahrtschiffen. – 3. Auf den Gebieten *Reisegestaltung und -vermittlung* sind →Reiseveranstalter als Hersteller von Pauschalreisen und →Reisebüros als Verkäufer von Individual- und Pauschalreisen tätig.

IV. Umfang (in der Bundesrep. D.): 1. *Reisebilanz* (1986): (Negatives) Reisebilanzsaldo von 27,4 Mrd. DM; Reiseverkehrseinnahmen betrugen 16,9 Mrd. DM, Reiseverkehrsausgaben 44,4 Mrd. DM. – 2. *Gesamtausgaben* (1981/82): 35,44 Mrd. DM, davon 10,25 Mrd. DM für *Inlandsreisen* (28,9%), 25,19 Mrd. DM für *Auslandsreisen* (71,1%). – 3. *Reiseintensität* (1981/82): Zahl der Reisenden insgesamt 30,8 Mill. (50,0% der Bevölkerung), durchschnittlich 1,27 Reisen je Bundesbürger. – 4. *Reisedauer* (1981/82): 39,1 Mill. Reisen mit einer Dauer von mindestens fünf Tagen; davon 16,1 Mill. (41,4%) im Inland, 23,0 Mill. (58,9%) ins Ausland.

Literatur: Brauer, K. M., *Betriebswirtschaftliche Touristik*, Berlin (West) 1985; Haedrich, G. u. a. (Hrsg.), *Tourismus-Management*, Berlin (West), New York 1983; Tietz, B., *Handbuch der Tourismuswirtschaft*, München 1980; Wienberg, L., *Geschäftsreiseverkehr*, Berlin (West) 1987.

Prof. Dr. Karl M. Brauer

Touristik, →Tourismus.

Toximeter, Meßgerät zur Feststellung gasförmiger Luftverunreinigungen, bei dem die zu untersuchende Luft durch ein Reagenz gezogen wird, das sich dann entsprechend verfärbt. Mit Hilfe des T. wird die Einhaltung der →MAK-Werte geprüft.

TP, Abk. für Tausender Auflagenpreis (→Tausenderpreis 2 a)).

TP-Monitor, *teleprocessing monitor.* 1. →Systemprogramm, das von mehreren Benutzern gleichzeitig verwendete →Programme (Transaktionsprogramme) oder Teile von diesen steuert und koordiniert; vgl. auch →Transaktion. – 2. Ein gesamtes, im →Teilhaberbetrieb ablaufendes →Betriebssystem.

Trabantensteuern, von A. Lampe geprägte Bezeichnung für →Steuern, die eine vollkom-

mene Erfassung des Einkommens bezwecken und deshalb neben der Einkommensteuer bestehen. – *Anders:* →Satellitensteuern.

Tracking-Forschung, regelmäßige systematische Kontrolle der psychologischen →Werbewirkung durch Mehrfachbefragung (z. B. Befragungen verschiedener Personen mit gleichen Fragen im zweimonatigen Turnus). Mittels Zeitreihenanalyse und Konkurrenzbetrachtung können Aussagen über Effektivität von →Werbekampagnen und →Media getroffen werden. – Bei der *Interpretation der Ergebnisse* sind neben den eigenen, auch die Aktivitäten der Konkurrenz aus anderen Bereichen des Marketing-Mix zu berücksichtigen. – Vgl. auch →Werbewirkungsfunktion.

trade creation effect, →Handelsschaffung.

trade diversion effect, →Handelsablenkung.

trade mark, anglo-amerikanische Bezeichnung für geschütztes Markenzeichen (→Marke).

trader, →financial futures.

trade terms, *termes commerciaux,* Zusammenstellung der international „handelsüblichen Vertragsformeln" durch die →Internationale Handelskammer. – *Andere Regeln für die Auslegung der gebräuchlichsten Vertragsformeln:* Vgl. →Incoterms. – *Anders:* →terms of trade.

trading, →financial futures.

trading down, Gegenbegriff zu →trading up (vgl. im einzelnen dort).

trading up. 1. *Begriff:* Veränderung des Leistungsangebots eines Handelsunternehmens „nach oben". Es wird erweitert, vertieft oder qualitativ angehoben. Unternehmenspolitische Strategie im Handel zum Ansprechen neuer Zielgruppen, sei es, daß die Bedürfnisse der bisherigen Kunden sich grundlegend geändert haben, neue Zielgruppen erreicht werden sollen oder eine stärkere Profilierung gegenüber neuer Konkurrenz angestrebt wird. – Der letzte Grund kann auch maßgebend sein für eine Anpassung etablierter →Betriebsformen des Handels „nach unten": Die einfacheren, kostengünstigeren Vertriebsmethoden der Pionierunternehmen werden mit der Abwanderung weiterer Kunden zu stoppen, übernommen *(trading down).* – 2. *Folgen:* T. u. ist eine Beobachtung im Verlauf der →Dynamik der Betriebsformen. Die steigenden →Distributionskosten führen zu Preisniveauanhebungen. Verfolgt die Masse der Unternehmen einer Betriebsform diese Strategie, so verändert sich ihr ursprünglicher Charakter. – 3. *Typische Maßnahmen:* Sortimentserweiterungen und -vertiefungen (z. B. um höherwertige Produkte), umfangreichere Dienstleistungen, Verbesserungen der Ladengestaltung und Warenpräsentation, Ausweitung des Kreditangebots, Verstärkung der Werbung in Medien und am point of sale.

Traditionalismus, Geisteshaltung, die wirtschaftlich und gesellschaftlich auf Erhaltung des Bestehenden und auf Überlieferung erworbener Güter und Kenntnisse innerhalb bestimmter eng umgrenzter Gruppen, Stände oder Sippen bedacht ist, dem technischen Fortschritt also ablehnend gegenübersteht. Kennzeichnend für wirtschaftlichen T. sind Stabilitätsstreben, der Ausschließlichkeitsgrundsatz (der z. B. eine gewerbliche Betätigung nur Nachkommen von Zunftmitgliedern gestattet), familiäre oder sippenhafte ständische Gebundenheit, Nahrungssicherungs- und Rentnerprinzip.

Traditionspapiere, Wertpapiere, bei denen die Übergabe des indossierten Papiers zugleich die Übergabe der Ware ersetzt. – *Arten:* (1) →Konnossement (§ 650 HGB), (2) →Ladeschein (§ 450 HGB) und (3) →Orderlagerschein (§ 424 HGB). T. können als →kaufmännische Orderpapiere per Indossament übertragen werden.

Traffic-Manager, →Werbeberufe I 3 d.

Tragfähigkeitsprinzip, *Kostendeckungsprinzip, Kostentragbarkeitsprinzip, Kostentragfähigkeitsprinzip,* →Kostenverteilungsprinzip, nach dem die Gemeinkosten entsprechend dem →Bruttoerfolg, →Rohgewinn oder →Deckungsbeitrag auf die Kostenträger verteilt werden.

Tragsteuern, →direkte Steuern 2.

Trainee, Person in gehobenem Ausbildungsgang; meist nach Abschluß eines wissenschaftlichen Studiums zur Einübung praxisrelevanter Fähigkeiten und Fertigkeiten zur späteren Übernahme einer Führungsfunktion.

training group, zusammenfassender Ausdruck für eine systematisch zusammengestellte Schulungsgruppe, die ein bestimmtes Schulungsprogramm (z. B. →sensitivity training) absolviert. – Vgl. auch →Laboratoriumstraining, →Selbsterfahrungsgruppe.

Trajektorie, Begriff aus der Theorie der →Differentialgleichungen. Eine T. gibt die zeitliche Entwicklung (Entwicklungspfad) der Variablen eines →Differentialgleichungssystems in einen →Phasendiagramm an. – *Anwendung:* T. werden v. a. in der →Konjunkturtheorie und in der →Wachstumstheorie verwendet.

Trajektverkehr, →Roll on/Roll off-Verkehr, →kombinierter Verkehr II 2 b).

Trampschiffahrt, →Seeschiffahrt.

Trampverkehr, →Gelegenheitsverkehr.

Tranche, Teilbetrag einer *Wertpapieremission.* Anleihen werden oft in mehreren T. in gewissen Zeitabständen aufgelegt. Auch die in verschiedenen Ländern gleichzeitig aufgelegten Teilabschnitte einer Anleihe werden T. genannt. – Begriff T. übertragen auf die in

Teilbeträgen ausgegebenen *Staatskredite,* z. B. Arbeitsbeschaffungskredit (Flüchtlingseingliederung, Schwerpunktprogramm) oder auch für die Ziehungsrechte beim IMF.

transaction number, →Transaktionsnummer.

Transaktion. I. Theorie der Unternehmung/Wirtschaftstheorie: Leistungsaustausch. – Vgl. auch →Transaktionskosten, →Theorie der Unternehmung II 4 b. – **II.** Betriebsinformatik: 1. *Begriff* im Rahmen der *Datenbankorganisation* (→Datenorganisation IV): Ein Auftrag des Benutzers (d. h. eines Programms oder eines Endbenutzers), der als Ganzes auf Daten eines →Datenbanksystems ausgeführt wird, aber aus einer Folge von Teilschritten bestehen kann. Die T. ist ein abgeschlossener Vorgang, der die →Datenbank von einem konsistenten Zustand in einen neuen konsistenten Zustand überführt (→Datenintegrität). *Beispiel:* in einem datenbankgeschützten Finanzbuchhaltungssystem Umbuchung von einem Konto auf ein anderes. – 2. *Steuerung einer T.* durch einen speziellen →TP-Monitor (häufig): Der TP-Monitor veranlaßt, daß eine T. immer als Ganzes ausgeführt wird oder, wenn sich die Ausführung als nicht möglich erweist, daß die bereits durchgeführten Teilschritte rückgängig gemacht werden (im →Teilhaberbetrieb zur Erhaltung der →Datenintegrität erforderlich). – **III.** Operations Research/Netzplantechnik: Bewegliche, durch ein →System fließende Betrachtungseinheit, deren Attribute sich durch die Bearbeitung in →Abfertigungseinheiten ändern können.

Transaktionsanalyse (TA), Analyse des kommunikativen Wechselspiels zwischen zwei und mehr Personen, das sowohl verbal als auch nonverbal abläuft. Die TA wird in Management-, Verkaufs- und Verhandlungstrainings eingesetzt und verbessert das bewußte soziale Handeln des einzelnen (→Personalentwicklung).

Transaktionsepisode, →Episodenkonzept.

Transaktionsfunktion des Marktes, →Markttransaktionsfunktion.

Transaktionskasse, Zahlungsmittelmenge, die erforderlich ist, um die laufenden Transaktionen (Kauf von Gütern, Dienstleistungen) im Geschäftsverkehr durchführen zu können. In der *klassischen Lehre* einziges Motiv der Nachfrage nach Geld; bei *Keynes* zusammen mit dem Vorsichts- und dem Spekulationsmotiv (→Spekulationskasse) bestimmend für die Gesamtnachfrage nach Geld. – Vgl. auch →monetäre Theorie und Politik IV.

Transaktionskosten. 1. *Begriff:* Die mit den Vereinbarungen über einen (als gerecht empfundenen) Leistungsaustausch verbundenen Kosten. – 2. *Ursache:* T. entstehen aufgrund unvollkommener Informationen der am Güter- und Leistungsaustausch beteiligten

Wirtschaftssubjekte. – 3. *Kostenarten:* a) *Anbahnungskosten,* z. B. Informationssuche und -beschaffung über potentielle Tauschpartner und deren Konditionen; b) *Vereinbarungskosten,* z. B. Intensität und zeitliche Ausdehnung von Verhandlungen, Vertragsformulierung und Einigung; c) *Kontrollkosten,* z. B. Sicherstellung der Einhaltung von Termin-, Qualitäts-, Mengen-, Preis- und evtl. Geheimhaltungsvereinbarungen; d) *Anpassungskosten,* z. B. Durchsetzung von Termin-, Qualitäts-, Mengen- und Preisänderungen aufgrund veränderter Bedingungen während der Laufzeit der Vereinbarung. – 4. *Höhe:* Abhängig von den Bewertungsproblemen einer Leistung (Beschreibung der Leistungen, Schwierigkeiten bei der ex-ante-Bestimmung der Qualität und des Preises usw.) und von der gewählten Vertragsform. – Vgl. auch →Property Rights-Theorie, →Theorie der Unternehmung II 4 b).

Transaktionskostenansatz, →Theorie der Unternehmung II 4 b.

Transaktionsnummer, *transaction number (TAN),* Sicherungscode bei →Bildschirmtext; dient der Einzelbestätigung von Buchungsvorgängen und ist jeweils nur einmal gültig.

Transcontainer, →Container.

Transdata, →geschlossenes Netz zur Verbindung von →Datenendeinrichtungen der Firma Siemens.

Transfer. 1. *Begriff:* Im internationalen Zahlungsverkehr gebräuchliche Bezeichnung für die Wertübertragung zwischen zwei Ländern (Gläubigerland und Schuldnerland), besteht in der Umwandlung aus der Währung des einen in die Währung des anderen Landes. – 2. T. *vollzieht sich* a) über Devisenhandel (→Konvertibilität) oder b) durch Versendung von Gold. – *Anders:* →Transfers.

Transferabkommen, zwischenstaatliche Vereinbarung über die Abwicklung des internationalen Zahlungsverkehrs, und zwar über den Umfang von Zahlungen an das Ausland außerhalb des Warenverkehrs. T. können getroffen werden: a) zwischen zwei Ländern, b) zwischen einer Mehrzahl von Ländern, die sich zu einer Zahlungsunion zusammenschließen.

transferable loan certificate, Ausgestaltungsform der →transferable loan facility, bei der die Übertragbarkeit von Kreditteilen durch entsprechende Vertragsgestaltung sichergestellt wird. Das Recht des Gläubigers wird aus dem Vertrag abgeleitet; der Gläubigerwechsel vollzieht sich durch →Schuldumwandlung.

transferable loan facility, *übertragbare Kreditfazilität,* verbriefter, handelbarer Darlehensteil im Eurokreditgeschäft. Besitzt gegenüber dem klassischen Eurokonsortialkredit (→Konsortialgeschäfte) günstigere Konditio-

nen bei größerer Marktaufnahmefähigkeit. – Nach der Rechtsnatur werden unterschieden: →transferable loan certificate und →transferable loan instrument.

transferable loan instruments, Ausgestaltungsform der →transferable loan facility. T. l. i. besitzen Wertpapiercharakter und verbriefen einen durch Abtretung übertragbaren Kreditanspruch des Gläubigers, der sein Recht somit unmittelbar aus dem Papier ableiten kann.

Transferansatz, Ansatz zur Erklärung der personalen intratemporalen Verteilungswirkung der öffentlichen →Schuldenpolitik. Vorwiegend Reiche zeichnen öffentliche Anleihen (→Staatsanleihen) und erhalten damit die Zinserträge; die Aufbringung der Tilgung über die Besteuerung hat kaum progressive, eher proportionale oder regressive Verteilungswirkungen. Die Last der Verschuldung wird folglich von den Einkommensstärkeren auf die Einkommensschwächeren abgewälzt. – *Beurteilung:* Der T. ist umstritten, da eine eindeutige Zuordnung der öffentlichen Anleihen auf höhere Einkommensschichten schwierig ist. Selbst wenn die Anleger auch durch andere als öffentliche Wertpapiere Zinseinkünfte bekämen, sind eventuelle Zinseffekte der Staatsverschuldung und deren Verteilungswirkungen feststellbar.

Transferausgaben, →Transfers.

Transfereinkommen, *Übertragungseinkommen.* 1. *Begriff:* Summe der einem Wirtschaftssubjekt ohne gleichzeitige ökonomische Gegenleistung zufließende Einkommen. T. *beziehen* neben den privaten Haushalten (z. B. Renten und Pensionen, Kindergeld, Sozialhilfe) auch der Staat (v. a. direkte Steuern und Sozialbeiträge) und die Unternehmen (u. a. Schadenversicherungsbeiträge und -Leistungen, Sozialbeiträge). *Gezahlt* werden T. ebenfalls von allen Sektoren, und zwar z. T. aus dem Primäreinkommen, z. T. aus den empfangenen T. – 2. Die Zahlung von T. ist *Bestandteil der staatlichen Umverteilungspolitik* (Sekundärverteilung), durch die Ungerechtigkeiten der primären Einkommensverteilung (Einkommen aus direkter Teilnahme am Wirtschaftsprozeß) ausgeglichen werden sollen (vgl. im einzelnen →Verteilungspolitik). Zusammen mit dem →Volkseinkommen bilden die T. das „private Einkommen" (vor Steuerabzug). – 3. Die *Darstellung in den Volkswirtschaftlichen Gesamtrechnungen* umfaßt üblicherweise nur Geldleistungen. Weitergehende Ansätze berücksichtigen jedoch auch die *Realtransfers,* d. h. die insbes. vom Staat den privaten Haushalten unentgeltlich bereitgestellten Waren und Dienstleistungen (v. a. Bildungs- und Gesundheitsleistungen).

Transfereinkommens-lag, →Inflation III 2 c).

Transfergarantie, Form der →Garantie, die bei Auslandsgeschäften den Zahlungs- und Devisentransfer sicherstellen soll. T. und →Zahlungsgarantie werden gemeinsam abgegeben, wenn die Garantiebank und die für Devisentransfers zuständige Institution identisch sind (z. B. im Falle von Zentral- und Staatsbanken). Sind beide Stellen nicht identisch, ist die Bankgarantie durch eine Transfergenehmigung der zuständigen Devisenbehörde zu ergänzen. – T. durch →Hermes-Kreditversicherung AG mit Bundesgarantie, auch bei Stockung von Verrechnungsabkommen.

Transferklausel, in internationalen Schuldenabkommen die Vereinbarung, daß das Schuldnerland Zinsen- und Tilgungsdienst unterbrechen kann, wenn der Transfer der fälligen Beträge seine →Zahlungsbilanz ungewöhnlich belastet oder aus anderen Gründen nicht möglich ist.

Transfermechanismus. I. Begriff: Der T. beschreibt, wie und in welchem Umfang ein Kapitaltransfer (→internationale Kapitalbewegungen) bei →festen Wechselkursen zu einem realen Transfer führt, d. h. entsprechende Waren- und Dienstleistungsbewegungen nach sich zieht. Gewährt z. B. das Inland einem anderen Land einen Kredit, lautet also die Frage, inwieweit es daraufhin zu einem entsprechenden Leistungstransfer aus dem Inland ins Ausland kommt. Diese Frage wird unter klassischen keynesianischen Annahmen diskutiert.

II. Klassischer T.: Ihm liegen v. a. folgende wichtige *Prämissen* zugrunde: Vollbeschäftigung aller Produktionsfaktoren, keine realen Multiplikatorwirkungen, Übereinstimmung von geplanter Ersparnis und geplanter Investition, Änderungen der Geldmenge durch geldpolitische Maßnahmen finden nicht statt. In diesem Fall bedingt die Bereitstellung von Mitteln für den monetären Transfer eine Einschränkung der Gesamtausgaben im Inland; da diese sowohl für Inlands- als auch – nach Maßgabe der →marginalen Importquote – für Auslandsgüter getätigt werden, sinken die Importe des Inlands. Analog steigen die Gesamtausgaben im Ausland; da diese ebenfalls z. T. für Importgüter getätigt werden, steigen die Importe des Auslands, die Exporte des Inlands darstellen. Im Inland ist also eine Importminderung und eine Exportzunahme eingetreten, beides zusammen ergibt den *Realtransfer*. Dessen Höhe hängt von den marginalen Importquoten des In- und Auslands ab; beträgt deren Summe 1, entsprechen Exportzuwachs und Importminderung im Inland genau dem Kapitalexport, d. h. der reale Transfer ist *vollkommen*. Ist die Summe kleiner oder größer als 1, entspricht der Realtransfer zunächst nicht dem Kapitalexport, es verschieben sich jedoch die Preisrelationen

zwischen In- und Ausland, so daß es letztlich doch zu einem Ausgleich kommen kann: Ist die genannte Summe z. B. kleiner als 1, d. h. der Realtransfer kleiner als der Kapitalexport, werden im Inland Gesamtausgaben und Geldmenge kleiner sein (im kreditnehmenden Ausland größer) als im Ausgangszustand, d. h. im Inland ergibt sich eine Preisniveausenkung, im Ausland eine -zunahme. Dies wirkt im Inland exportfördernd und importhemmend, so daß sich der Leistungsbilanzsaldo des Inlands solange verbessern dürfte, bis der reale dem monetären Transfer entspricht. Ist die genannte Summe größer als 1, tritt analog die umgekehrte Wirkungskette ein.

III. Keynesianischer T.: Er unterscheidet sich im wesentlichen durch die *Annahmen,* daß Multiplikatorprozesse im In- und Ausland wirksam sind sowie daß der Kapitalexport im Inland (z. T. oder sogar vollständig) aus Enthortung oder Geldschöpfung finanziert und im kreditnehmenden Ausland (z. T. sogar vollständig) zur Hortung verwendet werden kann. Je nach unterstellter Konstellation ergeben sich dementsprechend vom klassischen T. mehr oder weniger stark *abweichende Ergebnisse.* Daß sich Kapitalexport und Realtransfer genau entsprechen, ist hier nur unter sehr restriktiven Prämissen zu erwarten. *Kritisch* wird zum keynesianischen T. u. a. angeführt, daß in der Realität die Möglichkeit besteht, den Kreditbetrag im Inland auch durch Reduzierung der Importe aufzubringen sowie ihn im Ausland unmittelbar zur Erhöhung der dortigen Importe zu verwenden; in derartigen Fällen dürfte die Wahrscheinlichkeit, daß der *Realtransfer dem Kapitalexport exakt entspricht,* steigen.

Transfermoratorium, einseitige Einstellung des →Transfers durch das Schuldnerland. Die Verpflichtungen gegenüber ausländischen Gläubigern werden durch T. nicht annulliert, sondern bestimmten Regelungen über den Zeitpunkt des Wiedereinsetzens der (voll oder zeitweise) zu entrichtenden Transferleistungen unterworfen.

Transfermultiplikator, genauer: *Transfermultiplikator in bezug auf das Einkommen,* gibt an, um wieviel sich das Volkseinkommen (Y) verändert, wenn die Transferleistungen (TR) des Staatssektors variiert werden. Typische Form des T.: $dY/dTR = b/(1 - b + bT)$ mit b = marginale Konsumneigung und T = Steuersatz einer (hier unterstellten) proportionalen Einkommensteuer. Der T. ist größengleich dem →Steuermultiplikator und um die Größenordnung 1 kleiner als der →Staatsausgabenmultiplikator für Güter und Dienstleistungen, da Transferzahlungen nicht unmittelbar in voller Höhe nachfragewirksam werden, sondern erst mittelbar über eine Erhöhung der privaten Konsumausgaben. – Vgl. auch →Multiplikator.

Transferpreise. 1. *Begriff:* Preise, die der Bewertung von grenzüberschreitenden Lieferungen und Leistungen zwischen Konzerngesellschaften dienen. Ihrem Wesen nach sind T. →*Verrechnungspreise,* da Konzerngesellschaften im Verhältnis zueinander keine selbständigen Marktparteien sind; sie werden i.d.R. jedoch in Höhe der *Marktpreise* angesetzt, entsprechend wichtigen unternehmensinternen Zielen im Hinblick auf die als →Profit Center agierenden Konzerngesellschaften (Ressourcenlenkung, Erfolgsermittlung) sowie unternehmensexternen, insbes. fiskalischen Interessen. – 2. *Steuerliche Reglementierung:* Gem. §1 AStG sind Entgelte für grenzüberschreitende Leistungen zwischen verbundenen Gesellschaften so zu bemessen wie zwischen unabhängigen Marktparteien (Dealing-at-arm's-length-Prinzip). – *Zur Überprüfung der Angemessenheit von T.* angewandte *Verfahren* seitens der Finanzverwaltung: a) *Preisvergleichsmethode* (comparable uncontrolled price method): (1) äußerer Preisvergleich (allgemeine Marktpreise); (2) innerer Preisvergleich (betriebsindividuelle Preisstellung gegenüber Dritten). – b) *Wiederverkaufspreismethode* (resale price method): Vom Wiederverkaufspreis an einen unabhängigen Dritten wird an den Preis vorhergehender konzerninterner Lieferungen zurückgerechnet. – c) *Kostenaufschlagsmethode* (cost plus method): Kosten der liefernden Einheit werden betriebs- oder branchenübliche Gewinnzuschläge hinzugerechnet. Entspricht der T. nicht dem so ermittelten Preis, berichtigt die Finanzverwaltung die Einkünfte des Steuerpflichtigen. – 3. *Bedeutung:* Trotz steuerlicher Reglementierung verbleibt ein gewisser Spielraum, um finanziell notleidende Tochtergesellschaften zu subventionieren oder Gewinntransferbeschränkungen zu umgehen; dies gilt insbes. für die Bewertung immaterieller Güter wie Lizenzen, Managementleistungen u.ä.

Transferrisiko, Gefahr, daß ohne gesetzgeberische Maßnahmen der →Transfer (*T. i.e.S.*) bzw. die →Konvertibilität (*Konvertierungsrisiko*) von vom Schuldner geleisteten Beträge infolge von Zahlungsstockungen unterbleibt oder hinausgeschoben wird. Im Warenverkehr mit dem Ausland ist T. abzusichern durch →Transfergarantie.

Transfers, *Transferausgaben, Transferzahlungen.* Begriff der Finanzwissenschaft. – 1. *T. i.e.S.* (*Sozialtransfers*): Zahlungen der öffentlichen Hand an private Haushalte ohne marktliche Gegenleistung; sie erhöhen das verfügbare Einkommen der privaten Haushalte und dienen damit der Einkommensumverteilung. – 2. *T. i.w.S.:* Zahlungen der öffentlichen Hand an private Haushalte und an Unternehmen (→Subventionen) ohne marktliche Gegenleistung. Vgl. auch →Realtransfers. – 3. *Übersicht:* Vgl. →Sozialbericht

des Bundesministers für Arbeit und Sozialordnung.

Transferzahlungen, →Transfers.

Transformation, →Variablentransformation.

Transformationsausgaben, *Leistungsentgelte, Realausgaben, Käufe,* staatliche Zahlungen für Güter und Faktorleistungen, zu unterteilen in Personal- und Sachausgaben; Teil der →öffentlichen Ausgaben.

Transformationskurve, Menge aller effizienten Güterbündel (→Effizienz, →effiziente Produktion), die zu einem gegebenen Zeitpunkt bei gegebener Technologie und Ressourcenausstattung erreichbar sind.

Transfracht GmbH, →Containerverkehr.

Transfrigoroute International, →Kühlgüter.

Transitausfuhr, Ausfuhr, die erst über ein drittes Land in ihr eigentliches Bestimmungsland gelangt (→Transithandel). – *Gegensatz:* →Transiteinfuhr.

Transiteinfuhr, Einfuhr, die über ein drittes Land in das Bestimmungsland gelangt (→Transithandel). – *Gegensatz:* →Transitausfuhr.

Transiteur, →Transithändler.

Transithandel. 1. *Begriff:* a) *I.e.S.:* Warenhandel, der durch ein Land hindurchgeleitet wird, ohne daß die Waren darin gelagert, verändert oder be- oder verarbeitet werden. – b) *I.w.S.:* Alle geschäftlichen Transaktionen, bei denen Waren aus ihrem Ursprungsland durch einen Transithändler in einem dritten Land veräußert werden, auch ohne dabei über das Land, in dem der Transithändler seinen Wohnsitz hat, zu gehen. – 2. *Bestimmte Plätze* (z.B. Honkong für den Chinahandel) spielen im T. eine große Rolle; vor dem Ersten Weltkrieg war England ein wichtiges Transitland für den Außenhandel Europas. – 3. Für den T. gelten *besondere Bestimmungen* (→Transithandelsgeschäfte).

Transithandelsgeschäfte. 1. *Begriff* des Außenwirtschaftsrechts: Geschäfte, bei denen außerhalb des →Wirtschaftsgebietes befindliche Waren oder in das Wirtschaftsgebiet abgefertigte Waren durch →Gebietsansässige von →Gebietsfremden erworben und an Gebietsfremde veräußert werden; ihnen stehen Rechtsgeschäfte gleich, bei denen diese Waren vor der Veräußerung an Gebietsfremde an andere Gebietsansässige veräußert werden (§40 II AWV). – 2. *Beschränkungen:* a) Die Veräußerung im Teil I der →Ausfuhrliste genannten Waren im Rahmen eines T. bedarf der Genehmigung, wenn das Käufer- oder Verbrauchsland Südafrika bzw. Namibia ist oder in der →Länderliste C (Staatshandelsland) aufgeführt ist (§40 I AWV). – b) Die

Veräußerung von bestimmten Hölzern im Rahmen eines T. bedarf der Genehmigung, wenn Ursprungsland der Ware Österreich ist (§ 41 AWV). – 3. Für *Zahlungen* im Zusammenhang mit T. gelten i. a. die Vorschriften des →internationalen Zahlungsverkehrs (§ 66 AWV).

Transithändler, *Transiteur,* →Transithandel betreibende Person.

Transitivität, Bedingung bei der Formulierung von Nutzensystemen (→Nutzenfunktion): Wenn einem Ereignis e_1 ein höherer Nutzen U (e_1) als einem Ereignis e_2 (U (e_2)) zugeordnet wird und U (e_2) > U (e_3)) ist, dann muß auch gelten: U (e_1) > U (e_3).

Transitlager, Lager in einem →Zollfreigebiet (z. B. Freihäfen), in dem Waren lagern, die später in ein drittes Land weiterverkauft oder bei Bedarf in das Zollgebiet eingeführt werden sollen (→Transithandel). – *Statistische Erfassung:* Die Einlagerung wird statistisch erfaßt im →Generalhandel, nicht im →Spezialhandel.

transitorische Posten der Rechnungsabgrenzung, Beträge, die im voraus geleistet (Ausgabe) oder empfangen (Einnahme) wurden, jedoch erst für eine bestimmte Zeit nach dem Bilanzstichtag als Aufwendungen bzw. →Erträge zuzurechnen sind (→Rechnungsabgrenzung). T. P. sind zur periodengerechten →Abgrenzung von Ausgaben und Einnahmen in der Bilanz entweder zu aktivieren (aktive Rechnungsabgrenzungsposten, § 250 I 1 HGB; →aktive Rechnungsabgrenzung) oder zu passivieren (passive Rechnungsabgrenzungsposten, § 250 II HGB; →passive Rechnungsabgrenzung). – *Beispiele:* Vgl. →Abgrenzung.

Transit-Transportproblem, Verallgemeinerung des →klassischen Transportproblems, wobei im Gegensatz zu diesem die Vorratsbzw. die Bedarsorte unter- und miteinander durch Wege verbunden sein können. Transporte von einem Vorratsort zu einem Bedarfsort müssen nicht mehr direkt auf einem ganz bestimmten Weg vorgenommen werden, sondern können mehrere andere Vorrats- und/oder Bedarfsorte berühren. Zur Untersuchung derartiger Probleme lassen sich lineare Optimierungssysteme formulieren, die durch geeignete Umformungen in klassische Transportsysteme überführt werden können.

Transitverkehr, Durchfuhr von Gütern (→Transithandel) oder Durchreise von Personen durch ein Land.

Transkei, →Südafrika.

Transmissionsmechanismus, beschreibt im Rahmen der monetären Theorie, wie monetäre Impulse auf den realen Sektor übertragen werden. – Es können vier wesentliche *Transmissionserklärungen* unterschieden werden:

(1) monetaristischer Ansatz (→Monetarismus), (2) postkeynesianischer Ansatz (→postkeynesianische Geldtheorie), (3) liquiditätstheoretischer Ansatz (→Liquiditätstheorie des Geldes) und (4) kredittheoretischer Ansatz (→monetäre Theorie und Politik V 6). – Vgl. im einzelnen →monetäre Theorie und Politik V.

Transnational Corporation (TNC), →internationale Unternehmungen.

Transportbetrieb, →Verkehrsbetrieb.

Transportbörse, →Börse III 2.

Transportgefährdung, vorsätzliche Gefährdung des Transportverkehrs, insbes. von Eisenbahn, Schiffahrt oder Luftfahrt; Gefahr für Leib und Leben eines anderen oder fremder Sachen von bedeutendem Wert durch Beschädigung, Beseitigung von Anlagen, Bereiten von Hindernissen, falsche Zeichen oder Signale u. ä. herbeigeführt wird. – *Strafe:* Freiheitsstrafe von drei Monaten bis fünf Jahre. Bei der Absicht, einen Unglücksfall herbeizuführen oder eine Straftat zu ermöglichen oder zu verdecken, Freiheitsstrafe nicht unter einem Jahr. Bei Fahrlässigkeit Freiheitsstrafe bis zu zwei Jahren oder Geldstrafe (§§ 315, 315 a StGB).

Transportkette, *Verkehrskette, Reisekette,* nach DIN 30780 eine „Folge von technisch und organisatorisch miteinander verknüpften Vorgängen, bei denen Personen oder Güter von einer Quelle zu einem Ziel bewegt werden". – 1. *Funktionale T.:* Abfolge von Transporten, Aufenthalten bzw. Zwischenlagerungen und Umsteige- bzw. Umlagevorgängen. Eingliedrig, wenn außer dem ersten Einsteigebzw. -ladevorgang und dem letzten Aussteigebzw. -ladevorgang kein Umsteigen bzw. Umladen erforderlich ist; andernfalls mehrgliedrig (→gebrochener Verkehr). Beim Umladen ohne die Auflösung von →Ladeeinheiten liegt →kombinierter Verkehr vor. – 2. *Institutionale T.:* Zusammenfassung der an einer funktionalen T. beteiligten Betriebe, die im →Eigenverkehr oder im →Fremdverkehr einen Vorgang oder mehrere der T. ausführen. – 3. *Dokumentationskette:* Datenübertragung zur Steuerung und Registrierung der Vorgänge in einer T. mittels Formulare und andere Informationsträger. Besonders bedeutsam bei Beförderungen von →Gefahrgut und →Kühlgut. – 4. *Transportphasen:* Phasen der Beförderung von Personen und Gütern: a) *Vorlauf* (Zubringerverkehr) von den verschiedenen Quellen zu einer Sammelstation (z. B. Bahnhof, Hafen, Flughafen); b) *Hauptlauf* zu einer Verteilstation; c) *Nachlauf* zum Erreichen der einzelnen Ziele. Die gemeinsame Beförderung von möglichst großen Personenzahl bzw. Gütermenge in einem möglichst langen Hauptlauf zwischen Quellen und Zielen dient der Senkung der Beförderungskosten je Person bzw. Gütereinheit nach dem Gesetz der Massenproduktion.

Transportkosten, wichtiger Teil der →Logistikkosten. – 1. *Begriff:* Die für die Raumüberbrückung von Transportgütern (Einsatzstoffe, Halb- und Fertigprodukte, Reserveanlagen usw.) und Personen anfallenden →Kosten der Bereitstellung und Bereithaltung von Transportkapazität und -betriebsbereitschaft, der Durchführung von Transportvorgängen und des Fremdbezugs von Transportleistungen. – 2. *Bestandteile:* (1) Fremdtransportkosten, z. B. Straßen-, Schiffs-, Luft- und Bahnfrachten sowie transportbedingte Verpackungs- und Abwicklungskosten; (2) Kosten der Transportkapazität, z. B. Kosten der Fördermittelsysteme, Kettenförderer usw. und des Transportpersonals; (3) Kosten der Transportbereitschaft und -durchführung, z. B. Instandhaltungs- und Energiekosten und Kosten für Transportschäden. – 3. *Bedeutung:* T. kommt in der arbeitsteiligen Wirtschaft (→Arbeitsteilung) eine zentrale Bedeutung zu. Sie bestimmen im wesentlichen Standortentscheidungen (→Standortwahl, →Standortfaktoren) mit (Kosten des Verkehrs mit Kunden und Lieferanten und des Zwischenwerksverkehrs) und nehmen Einfluß auf innerbetriebliche logistische Dispositionen (Kosten des innerbetrieblichen Transports). – T. erreichen in einigen Branchen Anteile an den Gesamtkosten von weit über 10%. – 4. *Verrechnung:* Im Beschaffungsbereich werden T. als →Anschaffungsnebenkosten zumeist den beschafften Gütern direkt zugerechnet. Im Vertriebsbereich erfolgt (bei Verkauf ab Werk) häufig eine Kalkulation als →Sondereinzelkosten des Vertriebs. Kosten des innerbetrieblichen Transports werden i. d. R. nur sehr ungenau erfaßt und nur selten den Transportgütern direkt zugerechnet.

Transportphase, →Transportkette.

Transportproblem, *Distributionsproblem: Verteilungsproblem:* 1. *Charakterisierung:* Fragestellung über ein reales System, bei dem Güter zur Befriedigung eines Bedarfs von gewissen Orten (Vorratsorte) zu gewissen anderen Orten (Bedarfsorte) unter Beachtung bestimmter Nebenbedingungen (z. B. Kapazitätsbeschränkungen der Transportmittel, Liefertermine) auf gewissen Transportstrecken so zu bewegen sind, daß vorgegebene Ziele (z. B. Transportminimierung, Maximierung der Kapazitätsauslastung) erfüllt werden. – 2. *Arten:* a) *Kapazitierte T.:* Die Kapazität der Transportmittel ist zu beachten; *unkapazitierte T.:* Die Kapazität spielt keine Rolle. – b) *Einstufige T.:* Sämtliche Transporte sind direkt, d. h. ohne daß vom jeweiligen Vorrats- bzw. Bedarfsort weitere Orte berührt werden, vorzunehmen; *mehrstufige T.:* Ein Transport darf zunächst noch über weitere

Vorrats-, Bedarfs- und/oder sonstige Orte führen, wo er mit anderen Transporten vereinigt oder auf andere Transporte verteilt werden kann. – Vgl. auch →klassisches Transportproblem.

Transportproblem mit Schlupf. I. Charakterisierung: Verallgemeinerung des →klassischen Transportproblems, wobei im Gegensatz zu diesem die Gesamtvorratsmenge nicht mehr mit der Gesamtbedarfsmenge übereinstimmen muß und der Transportplan sowohl nicht bewegte Gütermengen an den Vorratsorten (Überschüsse) als auch nicht befriedigte Bedarfsmengen an den Bedarfsorten (Defizite) aufweisen darf.

II. Mathematische Formulierung: In dem zum klassischen Transportproblem formulierten Optimierungssystem ist für jeden Vorratsort i, dessen Vorrat nicht aufgebraucht werden muß, die betreffende Restriktion vom Typ (2) durch

$$(2') \quad \begin{cases} \sum_{j \in J} x_{ij} + u_i = a_i, \\ u_i \geqq 0 \end{cases} \quad i \in I$$

bzw. für jeden Bedarfsort j, dessen Bedarf nicht vollständig erfüllt werden muß, die betreffende Restriktion vom Typ (3) durch

$$(3') \quad \begin{cases} \sum_{i \in I} x_{ij} + v_j = b_j, \\ v_j \geqq 0 \end{cases} \quad j \in J$$

zu ersetzen. Dabei läßt sich u_i als die am Vorratsort i verbleibende Gütermenge (Überschuß) und v_j als nicht befriedigter Bedarf (Defizit) am Bedarfsort j (j ∈ J) interpretieren. Überschüsse und Defizite müssen durch entsprechende „Strafen" c_i bzw. c_j in der Zielfunktion berücksichtigt werden:

$$(1') \quad x_0 = \sum_{i \in I} \sum_{j \in J} c_{ij} x_{ij} + \sum_{i \in I} c_i u_i + \sum_{j \in J} c_j v_j .$$

Die Gleichgewichtsrestriktion (5) entfällt.

III. Lösungsmethoden: Durch geeignete Umformungen läßt sich das so formulierte Optimierungssystem in ein klassisches Transportsystem überführen und kann mit den entsprechenden Methoden gelöst werden.

Transportversicherung. I. Begriff/ Gefahrtragung: Versicherung der Transportmittel, der beförderten Güter und verschiedener Nebeninteressen während des Transportes und der damit im Zusammenhang stehenden Vor-, Zwischen- und Nachlagerungen: a) gegen alle (Universalität der Gefahren) nicht ausdrücklich in den AVB ausgeschlossenen Beförderungsgefahren (bei Seetransporten: Gefahren der Seeschiffahrt, bei Binnentransporten Gefahren der Beförderung zu Lande, auf Binnengewässern und mit Luftfahrzeugen) oder b) gegen bestimmte, in den AVB ausdrücklich genannte Gefahren (insbes. in einzelnen Nebenzweigen) und daraus entstehende Schäden. Durch Sonderbedingungen, Klauseln und vertragliche Vereinbarungen kann der Deckungsumfang erweitert oder auf bestimmte „typische Transportgefahren" (Brand, Blitzschlag, Explosion, Transportmittelunfall und sonstige Ereignisse höherer Gewalt) begrenzt werden (All-risk-Versicherung; →F.P.A.). Bei Schiffstransporten Einschluß von Beiträgen des Versicherten in Havarie-grosse-Fällen (→Havarie).

II. A r t e n : 1. Nach dem *Reiseweg:* a) Binnen-T.: (1) Land-T. (Bahn, Post, Lkw), (2) Binnenwasser-T.; b) Seeversicherung; c) Luft-T. – 2. Nach den versicherten *Gegenständen:* Versicherung a) der Transportmittel (→Kaskoversicherung); b) der Güter (→Kargoversicherung): (1) stoffliche Güter, insbes. Massen- und Stückgüter, Rohstoffe, Halb- und Fertigfabrikate, Reisegepäck, Reiselager, Musterkollektionen, Umzugsgut (→Reisegepäckversicherung) und (2) Valoren (→Valorenversicherung); c) von Nebeninteressen: imaginärer Gewinn, Fracht, Provisionen, Schiffsmiete u. a.

III. D e c k u n g s u m f a n g : 1. *Generelle Ausschlüsse:* Die auf dem Grundgedanken der universellen Gefahrtragung beruhende T. kennt generelle Ausschlüsse, wie Krieg, Bürgerkrieg, Beschlagnahme, Aufruhr, Plünderung, Kernenergie, innere Unruhen, Vorhandensein von Kriegswerkzeugen und Munition, die entweder vom Versicherer wegen der objektiv unversicherbaren Gefahrenlage nicht übernommen werden oder so außerhalb des „normalen" Reiseverlaufs liegen, daß ihre Abdeckung Zusatzprämien erfordert. Die Wiedereinschluß dieser Gefahren ist nur aufgrund besonderer Klauseln möglich. – 2. *Spezielle Ausschlüsse:* a) Warenschäden, mit denen der Kaufmann im normalen Reiseverlauf rechnen muß, z. B. innerer Verderb, Schwinden, Austrocknen, gewöhnlicher Bruch, Schimmel oder Fäulnis. Verantwortlich zu machen ist die natürliche Beschaffenheit der Güter. Sind die Schäden allerdings Folgen einer „typischen Transportgefahr", dann leistet der Versicherer. – b) Schäden, die durch entsprechendes schadenverhütendes Verhalten mit Sicherheit vermieden werden können, sind Folge subjektiven Fehlverhaltens des Versicherungsnehmers, seines Beauftragten oder Repräsentanten und deshalb im Prinzip unversicherbar. Hierzu gehören Fehler und Mängel handelsüblicher Verpackung, Verstöße gegen Zollvorschriften und Fabrikationsmängel. – 3. *Begrenzungen bei Schadenarten:* Der Transportversicherer übernimmt nicht alle nachteiligen Folgen versicherter Gefahren, sondern nur genau bezeichnete Schadenarten, z. B. Teilverlust, Totalverlust (→F.P.A.). – 4. *Begrenzungen bei Schadengrößen:* Obergrenze der Ersatzleistung ist die Versicherungssumme.

Bei bestimmten Gütern, z. B. Flüssigkeiten, kürzt man die Entschädigung noch um Franchisen, z. B. „frei von den ersten 3%". – 5. *Ergebnis:* Im Prinzip bleibt es bei der Seeversicherung und der Binnenwarenversicherung bei einer auf den Reiseweg ausgerichteten universalen Gefahrtragung, doch führen die verschiedenen Ausschlüsse und Leistungsbegrenzungen dazu, daß der Versicherer in der Praxis in erster Linie Verlust und Beschädigung bei typischen Transportgefahren übernimmt. Hieraus ergeben sich international vergleichbare Standarddeckungen, der Kaufmann erhält zu tragbaren Prämien einen ausreichenden Versicherungsschutz, der durch entsprechende Vereinbarungen gegen Prämienzuschlag erweitert werden kann. – 6. *Flußkaskoversicherung:* Benannte Gefahren (spezielle Gefahrtragung): Brand, Blitzschlag, Explosion, Schiffahrtsunfall, Sachschäden an fremden Schiffen und fremder Ladung als Folge eines vom Versicherungsnehmer schuldhaft verursachten Unfalles (Kollisionshaftpflicht) und höhere Gewalt.

IV. E x p o r t - u n d I m p o r t - S c h u t z v e r - s i c h e r u n g e n : Für den Teil der Reise abgeschlossen, für den der Versicherungsnehmer laut Kaufvertrag (meist →Incoterms) nicht die Gefahr trägt und/oder für den eine andere Versicherung besteht (→Importschutzversicherung, →Exportschutzversicherung).

V. P o l i c e n f o r m e n : 1.→ *Einzelpolice:* Bedingungen und Prämien werden von Fall zu Fall ausgehandelt. – 2. →Generalpolice.

VI. V e r s i c h e r u n g s s u m m e : Empfehlenswert, auch alle durch den Transport entstehenden Kosten, wie Fracht, Versicherungsprämie, Zoll, Spesen mitzuversichern. →Entgangener Gewinn wird gewöhnlich bis 10% stillschweigend eingerechnet.

VII. L u f t - T . : Vgl. →Luftfahrthaftpflichtversicherung, →Luftfahrtkaskoversicherung, →Luftfahrtunfallversicherung.

transshipment problem, →Umschlagsproblem.

Transsubjektivität, →Konstruktivismus.

Transsant, →Aussteller eines Wertpapiers.

Trassat, →Bezogener.

trassiert-eigener Scheck, →Scheck, in dem der Aussteller selbst als Bezogener benannt ist. Nur zulässig in Form des →Kommanditschecks (Art. 6. III ScheckG).

trassiert-eigener Wechsel, →Wechsel, in dem sich der →Aussteller selbst als →Bezogener benennt (Art. 3 II WG); kommt überwiegend als →Kommanditwechsel vor. Er ist kein →Solawechsel, sondern gezogener Wechsel und folgt dessen Regeln: Der Aussteller haftet als solcher, als Akzeptant nur, wenn er auch angenommen hat. – Der →Wechselprotest muß bei ihm erhoben werden.

Trassierungskredit, Rembourskredit (→Rembourgeschäft), bei dem der Exporteur auf die Bank des Importeurs einen Wechsel zieht.

Tratte, →gezogener Wechsel.

Trattenbuch, ein Nebenbuch der Buchführung (ähnlich dem →Wechselkopierbuch), in das zur Kontrolle alle Schuldwechsel (auch Solawechsel; →Wechsel) mit den wichtigsten Merkmalen eingetragen werden.

Travellerscheck, →Reisescheck.

Travelling-salesman-Problem, *Ortsfolgeproblem, Problem des Handlungsreisenden,* kombinatorisches Optimierungsproblem (→Zuordnungsproblem) des Operations Research, bei dem der minimale Weg (minimale Reisekosten) für die Rundreise eines Handelsreisenden gesucht ist. Von einem Ort ausgehend muß der Handelsreisende n-1 Orte mindestens einmal besuchen, um dann wieder in den Ausgangsort zurückzukehren. Die Entfernungen (Kosten) zwischen den Orten sind bekannt (Entfernungsmatrix). – *Lösungsmethoden:* →ganzzahlige Optimierung, →Branch-and-Bound-Verfahren. – *Anwendung:* Probleme der →Logistik (Routenplanung) und der →Produktionsplanung (Maschinenbelegung) können mit dem T.-s.-P. identifiziert werden. – Vgl. auch →Chinese-postman-Problem.

travel related services, Dienstleistungsangebot der Kreditkartengesellschaften für ihre Karteninhaber als zusätzlicher Reiseservice, z. B. Versicherungsschutz und Bargeldbeschaffungsmöglichkeiten.

treasury bill, dreimonatige →Schatzwechsel der britischen Regierung, die jeden Freitag im Submissionswege zugeteilt werden, und zwar nur an Bankiers oder Wechselmakler sowie an Regierungsstellen, Behörden, auch Kolonialregierungen. Die t. b. werden auf dem freien Markt (Geldmarkt) der Londoner Börse gehandelt.

treasury bond, marktfähige Staatsschuldverschreibung (→Anleihe) in den USA. – Vgl. auch →treasury bill, →treasury note, →TIGRs.

treasury investment growth receipts, →TIGRs.

treasury note, →Schatzanweisung in den USA. – Vgl. auch →treasury bond, →treasury bill.

treibende Kraft, Konzept von Tregoe und Zimmermann (1981) zur Ermittlung des zentralen Erfolgsfaktors eines Unternehmens, an dem die gesamte unternehmenspolitische Rahmenplanung (→Unternehmenspolitik, →stra-

tegisches Management) auszurichten ist. – Die t. K. ist definiert als die Bestimmungsgröße für die Spannweite zukünftiger Produkte und Märkte. Sie ist generierende Basis zur Ausgestaltung der anderen, die t. K. verifizierenden Entscheidungsbereiche. Es sollte also immer nur eine einzige t. K. wirken, die aus einem der heuristisch ermittelten neun strategischen Bereiche stammt: Produkte, Markterfordernisse, Technologie, Produktionsmöglichkeiten, Verkaufsmethode, Vertriebsmethode, Rohstoffe, Größe/Wachstum oder Ertrag/Gewinn.

Treibstoffsteuer, Form der →Mineralölsteuer. – Bei der Diskussion um gerechte Besteuerung des Straßenverkehrs im Sinne erfolgreicher →staatlicher Verkehrspolitik zur Koordinierung von Schiene und Straße wird vorgeschlagen, die →Kraftfahrzeugsteuer als von der Straßenbenutzung unabhängige, fixe Belastung durch eine weitere Erhöhung der T. zu ersetzen, um damit den Kraftverkehr proportional zu seiner Straßenbenutzung zu belasten.

Tremograph, Instrument zur Messung der Zitterbewegungen bei Aufregung, Schreck, Angst usw. – *Anwendung* in der →Arbeits- und Organisationspsychologie.

Tremor, Zittern der Muskulatur nach einer erhöhten Inanspruchnahme durch Abnahme der Funktionsfähigkeit der reflektorischen Steuerung der an der Kraftentfaltung beteiligten Muskeln oder Muskelgruppen.

Trend. I. C h a r a k t e r i s i e r u n g : 1. *Begriff:* Die →Komponente einer Zeitreihe, von der angenommen wird, daß sie evolutionär, längerfristig und nachhaltig wirkt. Der T. ist also eine →Funktion der Zeit, die die Grundrichtung der Verlaufes einer Zeitreihe ausdrückt. Neben dem T. sind ggf. zyklische konjunkturelle, saisonale oder oszillatorische Schwankungen und in jedem Falle ein zufälliger Bestandteil zu unterscheiden. – 2. *Typen:* Bei der Ermittlung (→Schätzung) des T.-Bestandteils einer Zeitreihe muß eine Modellvorstellung über dessen Funktionsform eingebracht werden. Hierbei kommen in Frage: a) *konstante T.:* Sonderfall eines konstant bleibenden Grundwertes einer Zeitreihe; b) *lineare T.:* T., bei dem die Grundrichtung der Zeitreihe durch eine Gerade ausgedrückt wird; c) *parabolische T.:* T., bei dem eine Parabel zweiten oder höheren Grades zugrundeliegt; d) *exponential-T.:* T., bei dem von einer Exponentialfunktion ausgegangen wird.

II. V e r f a h r e n d e r T . - B e r e c h n u n g : Verfahren zur Schätzung der →Parameter der unterstellten Trendfunktion. Sind keine zyklischen Komponenten enthalten, so sind nur gewisse Annahmen über die zufällige Komponente zu treffen. Sind z. B. Saisonbestandteile enthalten, muß die Zeitreihe zunächst saisonbereinigt werden; d. h., ihr Saisonbestandteil muß aus den Orginalwerten geeignet herausgerechnet werden (→Saisonbereinigung). Erst darnach kann dann die Schätzung der Trendkomponente erfolgen.

Trendextrapolation, →Extrapolation.

Trend-Impact-Analyse, Analyse der Auswirkungen von einem oder mehreren möglichen Ereignissen auf die „überraschungsfreie" Projektion eines →Trends in die Zukunft. Für jedes Ereignis werden Beurteilungen angestellt bezüglich (1) der Wahrscheinlichkeit von jedem Ereignis als Funktion der Zeit und (2) der Auswirkungen des Ereignisses auf den Trend. Auf diese Art und Weise wird die ursprüngliche Trendprojektion modifiziert, um die Ergebnisse von Einflüssen zu reflektieren, die vorher keine Beachtung fanden.

Trennen, →Produktionstechnik II 3 (3).

Trennschärfe, →Teststärke.

Trennsystem, Regelungsform der →Ertragshoheit zwischen öffentlichen Aufgabenträgern im aktiven Finanzausgleich. Beim T. sind die jedem Aufgabenträger zustehenden Einnahmequellen vorgegeben, so daß ein unkoordinierter (Mehrfach-)Zugriff auf Einnahmequellen vermieden wird (anders: →Konkurrenzsystem). Bei der Konkretisierung von Bemessungsgrundlage, Abgabepflicht, Tarifverlauf und -niveau kann den Aufgabenträgern ein unterschiedlicher Gestaltungsspielraum belassen werden, je nachdem, ob ein hohes Maß an Einnahmeautonomie oder eine Koordination der Einnahmewirkungen der gesamten öffentlichen Hand beabsichtigt ist. – *Gegensatz:* →Mischsystem.

Trennung der Entgelte, Vereinfachungsregelung hinsichtlich der →Aufzeichnungspflicht bei der Umsatzsteuer. Bei Inanspruchnahme verschiedener Umsatzsteuersätze bzw. steuerfreier Umsätze müssen die →Entgelte nach Steuersätzen getrennt aufgezeichnet und in den Umsatzsteuer-Voranmeldungen und Steuererklärungen getrennt aufgeführt werden. Grundsätzlich müssen bei den steuerpflichtigen Umsätzen Entgelt und Steuer getrennt aufgezeichnet werden. Eine Aufzeichnung von Bruttoentgelten, getrennt nach Steuersätzen, ist gem. § 63 UStDV möglich. Die Steuer ist dann am Ende des jeweiligen Voranmeldungszeitraums herauszunehmen.

Trennungsentschädigung. 1. *Begriff:* Bezüge von Personen (v. a. Bediensteten des öffentlichen Dienstes, →Trennungsgeld), die aus dienstlichen Gründen nicht am Wohnort ihrer Familie wohnen können, zum Ausgleich der ihnen daraus für ihren Lebensunterhalt entstehenden Mehrkosten. – **2.** *Steuerliche Behandlung:* a) *Entschädigungen aus öffentlichen Kassen* sind als Reisekostenvergütungen voll oder

als Vergütungen für den Mehraufwand für Verpflegung unter Beachtung von Höchstgrenzen (§ 9 IV EStG) steuerfrei (§ 3 Nr. 13 EStG). – b) *Entschädigungen privater Arbeitgeber* sind →Mehraufwand bei auswärtiger Tätigkeit.

Trennungsgeld, Erstattung von Auslagen aus Anlaß der Abordnung eines Beamten und Richters ohne Zusage der →Umzugskosten (Bundesreisekostengesetz i. d. F. vom 13. 11. 1973, BGBl I 1621, mit späteren Änderungen). – Vgl. auch →Trennungsentschädigung.

Treppenverfahren, →innerbetriebliche Leistungsverrechnung II 3.

Treuarbeit AG, Sitz in Frankfurt a. M., Wirtschaftsprüfungs- und Steuerberatungsgesellschaft. Im Konsortium mit der →Hermes Kreditversicherungs-AG federführender Mandatar des Bundes für Garantien und Bürgschaften für gebundene Finanzkredite (Zweigstelle Hamburg), für Garantien für Kapitalanlagen im Ausland (Zweigstelle Hamburg) und für Garantien für langfristige Geschäfte im →innerdeutschen Handel (Zweigstelle Düsseldorf).

Treuepflicht des Arbeitnehmers. 1. *Allgemeines:* Neben der Arbeitspflicht (→Arbeitsvertrag, →Arbeitnehmer) bestehende Nebenpflicht des Arbeitnehmers, aus dem Arbeitsvertrag. Ein Teil der als T. geltenden Nebenpflichten folgt aus der Anwendung des Grundsatzes von Treu und Glauben (§ 242 BGB) auf das Arbeitsverhältnis. Die T. läßt sich charakterisieren als Pflicht zur Wahrung schutzwürdiger Interessen des Arbeitgebers. Es sind einzelne Unterlassungspflichten, aber auch Pflichten zum positiven Tun. – **2.** *Einzelpflichten:* a) Der Arbeitnehmer darf Dritten keine →Betriebsgeheimnisse mitteilen (vgl., § 17 UWG). b) Aus der Verschwiegenheitspflicht folgt auch, daß der Arbeitnehmer rufund kreditschädigende Mitteilungen zu unterlassen hat. c) Der Arbeitnehmer darf keine →Schmiergelder annehmen (§ 12 UWG), d. h. Zuwendungen von geldwerten Geschenken oder anderen Vorteilen, durch die der Arbeitnehmer zu einem pflichtwidrigen Tun veranlaßt werden soll. d) Der Arbeitnehmer dürfen im Geschäftszweig des Arbeitgebers diesem keine Konkurrenz machen (→Wettbewerbsverbot). e) Den Arbeitnehmer treffen u. U. Mitteilungs- und Anzeigepflichten: Er hat z. B. die Pflicht zur Anzeige drohender Schäden (z. B. bei Störungen an Maschinen). f) →Gehorsamspflicht. – **3.** Bei *schuldhafter Verletzung von Nebenpflichten* kann ein Schadenersatzanspruch gegeben sein, falls ein Schaden entstanden ist. Die Einhaltung von Unterlassungspflichten kann durch Klage durchgesetzt werden.

Treuerabatt, →Rabatt für Käufer, die sich für einen bestimmten Zeitraum verpflichten, Waren einer festgelegten Gattung nur bei einem Verkäufer oder einer Vereinigung von Verkäufern (z. B. Kartell) zu beziehen.

Treugeber, natürliche oder juristische Person, die dem →Treuhänder Sachen oder Rechte überträgt, damit die →Treuhandschaft ausgeübt werden kann.

Treugiroverkehr, →Treuhandgiroverkehr.

Treugut, bewegliche und unbewegliche Sachen, Forderungen und sonstige Rechte, soweit übertragbar (z. B. Rechnungslegungsrechte, Kontrollrechte, Auskunftsrechte), die dem →Treuhänder im Rahmen einer →Treuhandschaft übertragen werden. Das T. ist vom Treuhänder gesondert zu verwalten.

Treuhand, →Treuhandschaft.

Treuhänder. I. Allgemeines: 1. *Begriff:* Natürliche oder juristische Person, der aufgrund von privatrechtlichen Verträgen oder gesetzlichen Bestimmungen Sachen oder Rechte mit der Maßgabe übertragen wurden, hierüber im Rahmen der →Treuhandschaft zu verfügen. – 2. *Persönliche Voraussetzungen:* Der T. muß vertrauenswürdig und sachkundiger Experte sein und die Gewähr bieten, die ihm anvertrauten Interessen uneigennützig wahrzunehmen. Er muß sein Amt treu und gewissenhaft führen und seine Aufgaben sorgfältig und ordnungsgemäß durchführen. Geschäfts- und Betriebsgeheimnisse darf er nicht für sich oder andere auswerten. Der T. muß keiner bestimmten Berufsgruppe angehören. Seine Kompetenz kann durch die Zugehörigkeit zu einer bestimmten Berufsgruppe mit sehr hoher fachlicher Qualifikation zum Ausdruck kommen. die Tätigkeit als T. gehört z. B. zum Berufsbild des →Wirtschaftsprüfers.

II. Rechte/Pflichten: 1. Bei *rechtsgeschäftlich gestalteter Treuhandschaft:* Rechte und Pflichten ergeben sich aus dem →Treuhandvertrag, evtl. in Verbindung mit rechlichen Rahmenbedingungen. Der T. hat Anspruch auf ein angemessenes Honorar und auf Auslagenersatz (§§ 669 f. BGB). Der T. ist zur Anfertigung von ordnungsmäßigen Aufzeichnungen über das Treugut und zur Rechnungslegung verpflichtet (§ 259 BGB). Die gesonderte Verwaltung des Treuguts ist sicherzustellen; die Trennung eigener von fremden Geldmitteln kann z. B. durch die Zahlungsabwicklung über →Anderkonten erleichtert werden. Der T. haftet gegenüber dem →Treugeber für Vorsatz und Fahrlässigkeit (§ 276 BGB), auch bei Verschulden seiner Erfüllungsgehilfen (§ 278 BGB). – 2. Bei *gesetzlicher Treuhandschaft:* Rechte und Pflichten ergeben sich aus der Bestallungsurkunde, aus allgemeinen gesetzlichen Vorschriften zur gesetzlichen Treuhandschaft und evtl. aus einschlägigen speziellen Gesetzesvor-

schriften und Weisungen der aufsichtführenden Behörde. Der Aufgabenbereich des T. besteht insbes. aus der Sicherung und dem Schutz von Vermögenswerten Abwesender oder nicht geschäftsfähiger Personen. Der T. kann alle Geschäfte eingehen, die im Normalfall bei einer ordentlichen Verwaltung anfallen. Maßnahmen und Entscheidungen, die die wirtschaftliche Zwecksetzung der Treuhandschaft verändern würden, sind untersagt, können jedoch im Einzelfall ausdrücklich genehmigt werden. Rechtsgrundlagen für Aufgaben und Handlungsbefugnisse der Treuhänder sind die Bestimmungen zur Vermögenspflegschaft (§§ 1909–1921 BGB). Die Vergütung wird von der Aufsichtsbehörde festgesetzt. Der gesetzliche T. haftet dem Eigentümer für Vorsatz und Fahrlässigkeit (§ 276 BGB). Die gesetzlichen Grundlagen zur Haftung ergeben sich aus den Bestimmungen zum Auftrag (§§ 662–767 BGB), zur Geschäftsführung ohne Auftrg (§§ 677–687 BGB) und aus den Vorschriften zur unerlaubten Handlung (§§ 823, 826, 831 und 839 BGB).

III. Steuerliche Behandlung: T. haben soweit ihre Verwaltung reicht, die gleichen Pflichten wie der Steuerpflichtige (§ 34 III AO). Sie haften, soweit durch leichtfertige Verletzung ihrer Pflichten Steuern verkürzt werden (§ 69 AO). – Der T. eines Betriebes ist i. d. R. in →selbständiger Arbeit tätig, also *gewerbesteuerfrei.* Auch wenn die treuhänderische Verwaltung im Rahmen einer gewerblichen Tätigkeit ausgeübt wird, pflegt die Treuhändervergütung bei der Ermittlung des →Gewerbertrags außer Betracht zu bleiben. Eine Treuhandschaft über mehrere Betreibe kann einen solchen Umfang annahmen, daß zur Bewältigung der Aufgaben ein kaufmännisch eingerichteter Geschäftsbetrieb mit Angestellten notwendig wird. Dann wird die Treuhändertätigkeit zum →Gewerbebetrieb, der der →Gewerbesteuer unterliegt.

Treuhänderdepot, →Depots von Effekten, die nicht den Hinterlegern, sondern dritten Personen gehören. – Vgl. auch →Anderdepot.

Treuhandgeschäfte, *fiduziarische Rechtsgeschäfte,* alle Rechtsgeschäfte, die ein Treuhandverhältnis begründen, z. B. →Sicherungsübereignung, →Inkassoabtretung. – Vgl. auch →Treuhandschaft.

Treuhandgesellschaften, Gesellschaften, die im wesentlichen Buch- und Bilanzprüfungen durchführen und Beratungsaufgaben übernehmen. Die Übernahme von →Treuhandschaften ist heute gegenüber der Prüfungs- und Beratungstätigkeit zurückgetreten.

Treuhandgiroverkehr, *Treugiroverkehr,* besondere Art im Effektengiroverkehr (i. w. S.), deren Gegenstand nicht Wertpapiere, (Sachen), sondern Forderungen sind. Die Einführung des T. wurde dadurch ermöglicht, daß durch Reichsgerichts-Entscheidung anerkannt wurde, daß dem Treugeber ein Recht zur →Aussonderung unter dem Gesichtspunkt der „materiellen Gerechtigkeit" zustehe. Zum T. gehören: a) *Schuldbuchgiroverkehr:* Giroverkehr bezüglich Schuldbuchforderungen; b) *Jungscheinverkehr:* Giroverkehr in noch nicht effektiv ausgegebenen →jungen Aktien.

Treuhandkonto, →Anderkonto.

Treuhandkredit, →durchlaufender Kredit.

Treuhandschaft. I. Begriff: Rechtsverhältnis, bei dem eine Person (→Treugeber) einer zweiten Person (→Treuhänder) ein Recht unter der Bedingung überträgt, von diesem Recht nicht zum eigenen Vorteil Gebrauch zu machen. Es kann sich dabei um natürliche oder juristische Personen handeln. T. sind der Gegenstandsbereich des →Treuhandwesens. Die Erscheinungsformen sind vielfältig; einen einheitlichen Typus von T. gibt es nicht. Gemeinsames Charakteristikum ist die Uneigennützigkeit und Vertrauenswürdigkeit der bei der Wahrnehmung fremder Interessen bzw. die uneigennützige Ausübung von amtlichen Befugnissen.

II. Entstehung: 1. *Rechtsgeschäftliche Begründung:* Privatrechtliche Willenserklärung bzw. -vereinbarung in einem →Treuhandvertrag zwischen Treugeber und Treuhänder. – a) *Rechtsgeschäftlich gestaltete T.:* Der alleinige Entscheidungswille der Vertragspartner bestimmt die inhaltliche Gestaltung des Treuhandvertrages. – b) *Gesetzlich gestaltete T.:* Vereinbarung des Treuhandvertrages unter Beachtung zwingender oder dispositiver gesetzlicher Vorschriften. – 2. *Begründung durch staatlichen Hoheitsakt:* Zwangsweise aufgrund gesetzlicher Bestimmungen, durch Verwaltungsakte oder gerichtlicher Anordnung. – a) *Öffentlich-rechtliche T.:* Die treuhandvertraglichen Rechtsbeziehungen sind öffentlich-rechtlichen Charakters. – b) *Gesetzliche T.:* Auch der Vertragsinhalt hoheitlich begründeter T. ist hoheitlich geregelt.

III. Formen: 1. *Nach der Rechtszuständigkeit des Treuhänders:* a) T. im engeren Sinne: (1) *Vollberechtigungs-T.:* Treuhänder erwirbt Sachen bzw. Rechte zu eigenem Recht. Er soll das →Treugut im eigenen Namen, aber nicht im eigenen Interesse innehaben. Gegenüber Dritten kann er über sämtliche Rechte aus dem Treugut verfügen; dem Treugeber ist er schuldrechtlich verpflichtet, von diesen Rechten nur auftragsgemäß Gebrauch zu machen. Nach außen ist die T. nicht erkennbar. – (2) *Ermächtigungs-T.:* Eigentumsübertragung an den Treuhänder findet nicht statt; Treugeber bleibt juristischer Eigentümer. Treuhänder wird ermächtigt, über die Sache bzw. das Recht im eigenen Namen zu verfügen (§ 185

BGB). Treugeber bleibt grundsätzlich konkurrierend mit Treuhänder verfügungsberechtigt, was vertraglich abbedungen werden kann. Für Dritte wird die T. nicht erkennbar. – b) T. im weiteren (wirtschaftlichen) Sinne *(Vollmachts-T.):* Gegenüber Dritten kann Treuhänder kein Vollrecht ausüben. Er tritt nach außen erkennbar in fremdem Namen auf. Es handelt sich um eine T., die auf einer erteilten Vollmacht beruht. Aus dieser T. resultieren schuldrechtliche Konsequenzen. – 2. *Nach Aufgabenstellung und Zweck der T.:* a) *Verwaltungs-T. (uneigennützige T.):* Treuhänder nimmt ausschließlich die Treugeberinteressen wahr; die uneigennützige Verwaltung des Treugutes ist charakteristisch. Entgeltlichkeit steht der Uneigennützigkeit nicht entgegen. – b) *Sicherungs-T. (eigennützige T.):* Dem Treuhänder wird eine dingliche pfandrechtsähnliche Stellung zur Sicherung seiner Ansprüche gegen den Treugeber eingeräumt. Ein bedingtes Zugriffsrecht auf das Treugut wird vereinbart. Die Sicherungs-T. wird im Interesse des Treuhänders begründet; sie ist deshalb eigennützig. Besonders bedeutungsvoll ist sie bei Kreditsicherungen. – c) *Doppelseitige T.:* Treuhänder nimmt gleichzeitig die Interessen von Gläubiger und Schuldner wahr und wird als unparteiische Vertrauensperson eingeschaltet. Im Verhältnis zum Gläubiger ergibt sich Verwaltungs-T., im Verhältnis zum Schuldner Sicherungs-T.. Begründung durch einen Dreiecksvertrag bzw. durch einen Vertrag zugunsten Dritter. Wichtige Rolle z. B. bei gerichtlichen Vergleichsverfahren, bei außergerichtlichen Liquidationsvergleichen und für die Wahrnehmung von Interessen Beteiligter an Bauherrengemeinschaften.

IV. Bilanzierung: Bei der T. fällt →wirtschaftliches Eigentum und zivilrechtliches Eigentum auseinander (→Vermögensgegenstand). – 1. Folge für die Bilanzierung in der *Handelsbilanz:* das Treugut ist grundsätzlich *beim Treugeber* zu aktivieren; hat es der Treuhänder von einem Dritten für den Treugeber erworben, so darf dieser an dessen Stelle auch den Herausgabeanspruch ausweisen. Behandlung des Treuguts *beim Treuhänder* (überwiegende Auffassung): Ausweis des Treuguts auf der Aktivseite →unter dem Strich, Aufnahme in die Vorspalte des entsprechenden Aktivpostens oder sogar Aktivierung bei gleichzeitiger Passivierung der Herausgabeverpflichtung gegenüber dem Treugeber. – 2. Die Behandlung in der *Steuerbilanz* entspricht der handelsrechtlichen mit der Einschränkung, daß das Treugut auch bei Erwerb von Dritten durch den Treugeber zu aktivieren ist.

Treuhandstelle für Industrie und Handel (TSI), errichtet 1949 als Treuhandstelle für den Interzonenhandel beim →Deutschen Industrie- und Handelstag (DIHT). Außenstelle des Bundesministers für Wirtschaft (BMWi) und des Bundesministers für Ernährung, Landwirtschaft und Forsten (BML). – *Aufgabe:* Verhandlungsorgan der Bundesregierung gegenüber dem Ministerium für Außenhandel der DDR zu Fragen der Handels- und Wirtschaftsbeziehungen.

Treuhandvergleich, →Liquidationsvergleich.

Treuhandverhältnis, →Treuhandschaft.

Treuhandvertrag. 1. *Begriff:* Vereinbarung zur Begründung einer rechtsgeschäftlich gestalteten →Treuhandschaft. Der T. regelt Rechte und Pflichten von →Treugeber und →Treuhänder. – **2.** *Rechtliche Einordnung:* I. d. R. Auftrag (§ 662 BGB) oder Geschäftsbesorgungsvertrag (§ 675 BGB). Zu beachten sind die BGB-Bestimmungen des Auftragsrechts (§§ 662–676 BGB) und des allgemeinen Vertragsrechts, insbes. § 242 BGB (Treu und Glauben), die teilweise aber dispositiv sind. – **3.** *Form:* Grundsätzlich keine bestimmte Form vorgeschrieben; Formbedürftigkeit nur in Ausnahmefällen (z. B. Erwerb von Grundstücken durch den Treuhänder). Schriftform ist wegen des Fehlens spezieller Vorschriften empfehlenswert. – **4.** *Inhalt:* Wesentliche Vertragsdetails können sein: Zweck der Treuhandschaft, Beginn und Ende der Treuhandschaft, Abgrenzung und Verwahrung des →Treuguts, Aufgaben und Pflichten des Treuhänders, Rechtsstellung des Treuhänders im Innen- und Außenverhältnis, Weisungsrechte des Treugebers, Vergütung und Aufwendungsersatz, Art und Umfang der Rechenschaftslegung, Haftung.

Treuhandwesen, im Überschneidungsbereich von Wirtschafts- und Rechtswissenschaften angesiedeltes Gebiet, das sich mit →Treuhandschaften beschäftigt. Wurzeln sind die Wirtschaftspraxis, die Rechtslehre und die Rechtsprechung. Gegenstandsbereich ist nicht scharf abgegrenzt. – *Wichtigste Inhalte:* Verwaltung von Vermögen, Liquidation, Konkursverwaltung, Zwangsverwaltung, Vergleichsverwaltung, Notgeschäftsführung, Schiedsrichter- und Schiedsgutachtertätigkeit, Vormundschaft, Pflegschaft, Pfandhalterschaft, Sicherungsübereignung, Sicherungsabtretung, Grundstückerwerb für Rechnung Dritter.

Treupflicht. 1. *Allgemein:* Pflicht zur Vertragstreue (→Treu und Glauben). – V. a. im *Arbeits- und Gesellschaftsrecht* neben der eigentlichen vertraglichen Verpflichtung bestehende Pflicht, Schaden von dem Arbeitgeber (→Treupflicht des Arbeitnehmers), Mitgesellschafter usw. fernzuhalten. Die T. des Handlungsgehilfen äußert sich in der →Gehorsamspflicht, dem Verbot der Annahme von →Schmiergeldern, des Verrates

von →Betriebsgeheimnissen und v. a. in dem →Wettbewerbsverbot. – **3.** *Verletzung der T.* kann →wichtiger Grund zur →Kündigung sein und ggf. auch zu Schadenersatzansprüchen (→Schadenersatz) führen.

Treu und Glauben, Begriff des BGB. Der Schuldner hat die Leistung so zu bewirken, wie T. u. G. mit Rücksicht auf die →Verkehrssitte es erfordern (§ 242 BGB). Diese Vorschrift gilt heute als allgemeiner Rechtsgrundsatz auf allen Rechtsgebieten des Privatrechts, bisweilen sogar im öffentlichen Recht: Die Ausübung von Rechten und die Erfüllung von Pflichten darf T. u. G. nicht widersprechen. Der Gesichtspunkt von T. u. G. kann zur Begründung, Abänderung oder Wegfall von Rechten und Pflichten führen.

Trieblehre, Bezeichnung für die Auffassung, daß Lebewesen von angeborenen, jedoch durch Einflüsse der Umwelt in bestimmter Weise sublimierbaren Trieben ,angetrieben' werden. Keine genaue Abgrenzung zu den Instinkten möglich. Heute weitestgehend durch Theorien über →Motivation und →Bedürfnishierarchien abgelöst.

Triffinsche Marktsituationen, auf der Grundlage des →Triffinschen Substitutionskoeffizienten entwickelte Formen der Konkurrenzgebundenheit eines Marktes. Triffin unterscheidet drei Formen: homogene Konkurrenz, Monopolsituation und heterogene Konkurrenz.

Triffinscher Substitutionskoeffizient, rechnerisches Hilfsmittel zur Einteilung von Marktformen mit Hilfe der Preistheorie nach einem Kriterium, das nicht auf der Anzahl der Marktteilnehmer (wie bei v. Stackelberg) beruht, sondern abgestellt ist auf den *Wirkungsgrad,* der von Preisänderungen eines Anbieters auf die Absatzmenge eines anderen Anbieters ausgeht. Bei der Errechnung dieses Wirkungsgrades verwendet Triffin den Begriff der *relativen* (nicht absoluten) *Preis- und Mengenänderung.* Ändert z. B. das Unternehmen A den Verkaufspreis seiner Produkte p_A um einen Betrag Δp_A (relative Preisänderung $= \dfrac{\Delta p_A}{p_A}$, so wird das bisherige Absatzvolumen x_B eines Konkurrenten B dahingehend beeinflußt, daß sich die Absatzmenge um Δx_B (relative Mengenänderung $= \dfrac{\Delta x_B}{x_B}$) ändert. Triffin hat nun die relative Mengenänderung bei B. zu der sie verursachenden relativen Preisänderung von A in Beziehung gesetzt und einen *Maßstab für die Stärke der Konkurrenzbeziehung* zwischen A und B (als Beispiel aus der Vielzahl der Unternehmungen herausgegriffen) gefunden, der allgemein als der T. S. ($= \tau$) bezeichnet wird.

$$\tau = \frac{\Delta x_B}{x_B} : \frac{\Delta p_A}{p_A} = \frac{p_A}{x_B} \cdot \frac{\Delta x_B}{\Delta p_A}$$

Auf der Grundlage dieses Koeffizienten hat Triffin insgesamt *drei Formen der Konkurrenzgebundenheit* ($\rightarrow$Triffinsche Marktsituationen) entwickelt. Der T. S. selbst zeigt dabei an, „ob ein konkreter Einzelfall mehr zu der einen oder der anderen Form der Konkurrenzgebundenheit tendiert" (Gutenberg).

Triggerkonzept. 1. *Begriff:* in der $\rightarrow$betrieblichen Datenverarbeitung, v. a. beim Betrieb von $\rightarrow$Dialogsystemen benutztes Konzept zur Steuerung der Verarbeitung im $\rightarrow$Computer. – 2. *Prinzip:* Eine durch Eingabe des Endbenutzers veranlaßte Aktion ($\rightarrow$Transaktion) wird grundsätzlich sofort ausgeführt *(Primärverarbeitung)*. Stellt das verarbeitende Programm fest, daß aufgrund der Aktion noch Folgeaktionen veranlaßt werden müssen, stellt es eine Nachricht in einen Pufferspeicher ein. Durch ein spezielles Programm (Triggereinrichtung) wird zu einem späteren Zeitpunkt die Ausführung der Folgeaktionen *(Sekundärverarbeitung)* initiiert. – 3. *Verwendung des T.:* a) Auslagerung rechenzeitintensiver Verarbeitungsschritte zur Vermeidung extremer $\rightarrow$Antwortzeiten; b) Integration der Verarbeitung durch Programme aus unterschiedlichen Anwendungsgebieten (z. B. PPS-System, Finanzbuchhaltung).

Trinidad und Tobago, Land in der Karibik, seit 1962 unabhängig, präsidiale Republik, Parlament aus 2 Kammern; Inselgruppe südlich des Inselbogens der Kleinen Antillen. – *Fläche:* 5128 km², eingeteilt in 8 Counties, 3 Municipalities, Tobago mit innerer Autonomie. – *Fläche:* Trinidad: 4827 km²; Tobago: 301 km², – *Einwohner* (E): (1985, geschätzt) 1,18 Mill. (230,1 E/km²); 41% Schwarze, 39% Inder, 16% Mulatten, 2% Weiße, 1% Chinesen. – *Hauptstadt:* Port of Spain (1984: 15 000 E); weitere wichtige Städte: San Fernando (60 000 E), Arima (20 000 E), Scarborough (Hauptort auf Tobago, 3000 E). – *Amtssprache:* Englisch.

W i r t s c h a f t: *Landwirtschaft:* Zuckerrohr, Kokosnüsse, Kopra, Bananen, Kakao, Kaffee, Früchte, Gemüse, Reis, Mais, Maniok, Süßkartoffeln. Viehzucht: Rinder, Schweine, Schafe, Ziegen. – *Industrie und Bergbau:* Petrochemie, Zement-, Leicht- und Montageindustrie; holzverarbeitende, Nahrungsmittelindustrie. Erdöl, Erdgas, Produktion von Naturasphalt. – *Reiseverkehr:* (1980) 203 000 Touristen, Einnahmen: ca. 140 Mill. US-$. – *BSP:* (1985, geschätzt) 7140 Mill. US-$ (6010 US-$ je E). – Anteil der Landwirtschaft am *BSP:* (1984) 2%, der Industrie: 52%. – *Öffentliche Auslandsverschuldung:* (1984) 10,5% des

BSP. – *Inflationsrate:* (Durchschnitt 1973–83) 15,6%. – *Export:* (1985) 2164 Mill. US-$, v. a. Erdöl und Raffinierieprodukte, Asphalt, Zukker, Rum, Kakao. – *Import:* (1985) 1525 Mill. US-$, v. a. Nahrungsmittel und Industrieprodukte, Erdöl. – *Handelspartner:* USA, Großbritannien, Niederlande, Saudi-Arabien, Japan, Indonesien, Surinam.

V e r k e h r : Ca. 3000 km *Straßen,* wichtiger *Seehafen:* Trinidad.

M i t g l i e d s c h a f t e n : UNO, CARICOM, SELA, UNCTAD u. a.; Commonwealth.

W ä h r u n g : 1 Trinidad-und-Tobago-Dollar (TT$) = 100 Cents.

Trinkgeld, freiwillige Bezahlung an Bedienungspersonal in Hotels, Gasthäusern, Friseurbetrieben usw. (anders: $\rightarrow$Bedienungsgeld). – *Steuerliche Behandlung:* Arbeitnehmern gewährte T. gelten grundsätzlich als steuerpflichtiger $\rightarrow$Arbeitslohn. – a) Hat der Arbeitnehmer einen *Rechtsanspruch* auf T. (z. B. Bedienungszuschlag im Gaststättengewerbe, Metergelder im Möbeltransportgewerbe), dann sind sie vom Arbeitgeber unter Zugrundelegung der selbst vereinnahmten Beträge zu errechnen und der $\rightarrow$Lohnsteuer zu unterwerfen. – b) Im Falle darüber hinausgehender oder freiwilliger T. (z. B. im Friseurgewerbe) hat der Arbeitnehmer die Höhe der empfangenen T. dem Arbeitgeber monatlich schriftlich anzuzeigen, damit dieser sie mit den übrigen Bezügen für die Lohnsteuer erfaßt. T., die von Dritten gegeben werden und auf die ein Rechtsanspruch nicht besteht, gehören bis zum Betrage von 1200 DM im Kalenderjahr nicht zum Arbeitslohn (§ 3 Nr. 51 EStG); sie bleiben insoweit lohnsteuerfrei.

Trip-end-Modelle, in der Verkehrsplanung $\rightarrow$Verkehrsmodelle, bei denen die Verkehrsteilung zwischen der Verkehrserzeugung und der Verkehrsverteilung bestimmt wird. Die Abschätzung der Wirkungen von insbes. auf die Veränderung der Verkehrsmittelwahl auf bestimmte Verkehrsrelationen abzielenden Verkehrsinfrastrukturprojekten ist mit Hilfe dieser Modellkategorie nur begrenzt möglich.

Trip-interchange-Modelle, in der Verkehrsplanung $\rightarrow$Verkehrsmodelle, bei denen die Verkehrsteilung nach der Verkehrserzeugung und der Verkehrsverteilung und vor der Verkehrsumlegung ermittelt wird.

Triptik, Dokumente über die Berechtigung zum einmaligen Grenzübertritt für Kraftfahrzeuge. Die T. werden durch die nationalen Kraftfahrer-Verbände ausgestellt, die dafür einstehen, daß der Wagen zurückkommt, d. h. der Grenzübertritt nicht dem Zollschmuggel dient.

Trittbrettfahrerverhalten, $\rightarrow$Free-rider-Verhalten.

TRK-Werte, *technische Richt-Konzentration,* Stoffe, für die keine →MAK-Werte ermittelt werden können, die aber derzeit technisch unvermeidbar sind, werden T.-W. aufgestellt. Es handelt sich hierbei um krebserregende Stoffe, fibrogene Stäube (Feinstäube), Gase und Dämpfe, soweit für diese keine MAK-Werte angegeben werden können. T.W. werden in mg/m^3 oder in ml/m^3 gemessen.

trockener Wechsel, →Solawechsel.

Trockengewicht, Gewicht der Ware in absoluter Trockenheit, errechnet aus dem Gewicht der aus einer Warenpartie gezogenen Muster nach dem Trocknungsprozeß. Wichtig v. a. bei hygroskopischen Waren. – *Anders:* →Handelsgewicht.

Trödelhandel, Einzelhandel mit gebrauchten, meist minderwertigen Gütern, z. B. getragenen Kleidungsstücken, gebrauchten Haushaltsartikeln, aber auch mit Schrott, Altpapier, Lumpen (→Altwarenhandel). Einkauf bei Haushalten oder auf Nachlaß- und Altwarenauktionen; Verkauf der teils gereinigten, aufgefrischten Ware in Läden, auf (Trödel)-Märkten oder →Auktionen. – Vgl. auch →Secondhandshop.

Troeger-Kommission, nach dem ehemaligen Vizepräsident des Deutschen Bundestages benannte Kommission für die Finanzreform in der Bundesrep. D., die 1966 das Troeger-Gutachten vorlegte, das neben grundsätzlichen Vorschlägen zur Neuordnung der Gemeindesteuern (u. a. Vorschlag einer Gemeinde-Einkommensteuer mit eigenem Hebesatzrecht) insb. Instrumente für eine antizyklische Finanzpolitik, Kreditpolitik und ein koordiniertes Vorgehen aller Gebietskörperschaften bei der mittelfristigen Finanzplanung entwickelte, die im →Stabilitätsgesetz berücksichtigt wurden.

Trommeldrucker, mechanischer Zeilendrukker (→Drucker) bei dem die Drucktypen sich auf einer mit hoher Geschwindigkeit rotierenden Trommel befinden. – *Verfahren:* Für jede Schreibstelle ist der gesamte Zeichensatz sowie ein eigener Anschlaghammer vorgesehen, der das Papier gegen die Drucktype drückt. Der Hammer wird von der Gerätesteuerung jeweils ausgelöst, wenn sich das zu druckende Zeichen an der Schreibstelle befindet; auf diese Weise wird innerhalb einer Trommelumdrehung eine Zeile gedruckt. – *Vor-/Nachteil:* Ein T. arbeitet sehr zuverlässig, ist aber aufgrund des beschränkten Zeichensatzes heute weniger gebräuchlich.

Trommsdorff-Modell, Modell zur Messung der Einstellung (→Skalierungsverfahren). Die kognitive Komponente der Einstellung wird direkt (Einschätzungen auf Rating-Skalen), die affektive Komponente indirekt durch Fragen nach der idealen Merkmalsausprägung

eines Untersuchungsobjekts und einem anschließenden Soll-Ist-Vergleich erfaßt.

troy ounce, angelsächsische Masseneinheit für Edelmetalle. 1 troy ounce = 31,1035 g. – Vgl. auch →Troy-System, →ounce.

Troy-System, in den USA und Großbritannien gebräuchliches System von Masseneinheiten. Es gilt: 1 troy pound = 12 troy ounces = 240 pennyweight = 5760 grain. – Vgl. auch →troy pound, →pennyweight, →grain.

Trucking, →Ersatzverkehr.

Trucksystem, im Zeitalter des Frühkapitalismus (→Kapitalismus) gebräuchliche Form des →Arbeitsentgelts, in Deutschland seit 1855 verboten (→Truckverbot). Beim T. ist der Lohnberechtigte verpflichtet, in voller oder anteiliger Höhe seines Lohnanspruchs Ware aus dem Erzeugungsprogramm des Betriebs zu übernehmen. Da der Arbeiter zum Lebensunterhalt den Großteil dieser Güter wieder veräußern muß, übernehmen die Arbeiter für den Unternehmer zum Teil Absatzfunktion und -risiko. Dabei entsteht →Ausbeutung, da Arbeiter aufgrund ihrer schwachen Stellung an einem lokal begrenzten Markt i. a. nur einen geringen Preis erzielen.

Truckverbot, eine im Rahmen der Gewerbeordnung (§§ 115 ff. GewO) in der Bundesrep. D. in Anlehnung an verschiedene seit 1855 erlassene Verbote verfügte Untersagung des →Trucksystems unter gleichzeitigem Gebot, nach dem der Arbeitgeber in barem Geld (→Geldlohn) entlohnen muß. Umstritten ist, ob § 115 I GewO die Vereinbarung einer Naturalvergütung ganz ausschließt. – Der Arbeitgeber darf dem Arbeitnehmer auch keine Waren auf Kredit liefern (§ 115 II 1 GewO). Der Verkauf von Waren an den Arbeitnehmer ist also nur dann erlaubt, wenn der Kaufpreis sofort beglichen wird.

Trunkenheit am Arbeitsplatz, Zustand eines Arbeitnehmers, der es dem Arbeitgeber verbietet, ihn weiter zu beschäftigen. Gibt der Arbeitnehmer durch sein Verhalten (Körperkontrolle, Sprechweise usw.) Anlaß zu der Vermutung, daß er unter Alkoholeinfluß steht, so muß der Arbeitgeber oder der unmittelbare Fach- und/oder Disziplinarvorgesetzte darüber entscheiden, ob der Mitarbeiter ohne Gefahr für sich und andere seiner Tätigkeit weiter nachgehen kann. – 1. *Kündigung:* Ist Genuß von Alkohol im Dienst verboten (z. B. aufgrund einer Arbeitsordnung), kann T. bei vorheriger →Abmahnung nach den Umständen des Falles die →*verhaltensbedingte Kündigung* rechtfertigen. Hat der Alkoholmißbrauch krankhaften Umfang, können die Grundsätze über die Kündigung wegen Krankheit (→Krankheit III) zur Anwendung kommen (→*personenbedingte Kündigung).* – 2. *Haftung des Arbeitnehmers* für Schäden, die er bei Ausführung seiner Dienstleistung verursacht, jedenfalls dann, wenn ihm grobe Fahrlässigkeit vorzuwerfen ist (→Haftung). – 3. *Lohnfortzahlung:* Nach neuerer Auffassung gibt es keinen Erfahrungssatz, wonach Arbeitnehmer eine krankhafte Alkoholabhängigkeit verschuldet hat. Maßgebend ist die Beurteilung im Einzelfall. Vgl. im einzelnen →Lohnfortzahlung. – 4. Alkoholgenuß im Betrieb kann der Annahme eines *Unfalls* (§ 548 I RVO, →Arbeitsunfall) entgegenstehen, wenn infolge des Genusses von Alkohol der Zusammenhang mit der versicherten Tätigkeit und dem Unfallereignis fehlt oder wenn der Arbeitnehmer derartig betrunken ist, daß er keine wirtschaftliche Arbeit mehr leisten kann.

Trunkenheit im Verkehr, strafrechliches →Vergehen (§ 316 STGB) und →Ordnungswidrigkeit (§ 24a StVG). Die Grenzen liegen bei Blutalkoholgehalt von 0,8‰ und von 1,3‰. – 1. Eine *Straftat begeht,* wer im Staßenverkehr ein Fahrzeug führt, obwohl er infolge des Genusses alkoholischer Getränke (ab einem Blutalkoholgehalt von 1,3‰ *absolute Fahruntüchtigkeit* oder bei einem geringeren Blutalkoholgehalt, wenn sich die Fahruntüchtigkeit aus der Fahrweise ergibt) oder anderer berauschender Mittel nicht in der Lage ist, das Fahrzeug sicher zu führen. – *Strafe:* Freiheitsstrafe bis zu einem Jahr oder Geldstrafe, daneben fast regelmäßig Entzug der Fahrerlaubnis. – 2. Eine *Ordnungswidrigkeit begeht,* wer im Straßenverkehr ein Kraftfahrzeug führt, obwohl er 0,8‰ oder mehr Alkohol im Körper hat, die zu einem solchen Blutalkohol führt. – *Strafe:* Geldbuße bis 3000 DM und Fahrverbot. – 3. Im *Ausland* gelten andere Grenzwerte.

Trunksucht, →Entmündigung.

Truppendienstgericht, Dienstgericht für disziplinargerichtliche Verfahren gegen Soldaten und für Verfahren über Beschwerden von Soldaten (vgl. VO vom 24.11.1972 BGBl I 2154 mit späteren Änderungen).

Truppenvertrag, Vertrag über die Rechte und Pflichten ausländischer Streitkräfte und ihrer Mitglieder in der Bundesrep. D., zuletzt i. d. F. der Bekanntmachung vom 30.3.1955 (BGBl II 321). Der T. ist durch den Beitritt der Bundesrep. D., zum NATO-Truppenstatut und durch den Abschluß der Zusatzvereinbarungen hierzu außer Kraft getreten (BGBl 1961 II 1183, 1190).

Truppenzollgesetz, Gesetz i.d.F. vom 17.1.1963 (BGBl I 51) mit Truppenzollordnung vom 1.7.1963 (BGBl I 451). – Ausführung der Bestimmungen des NATO-Truppenstatuts vom 19.6.1951 und des Zusatzabkommens zum NATO-Truppenstatut vom 3.8.1959 über Zollprivilegien ausländischer Stationierungsstreitkräfte in der Bundesrep. D., über die zollfreie Einfuhr von Waren, die

eine Truppe und ihr ziviles Gefolge und deren Mitglieder einschließlich ihrer Angehörigen zu ihrer ausschließlichen Verwendung beziehen. T. enthält ferner Ermächtigung der Bundesregierung zum Erlaß von Rechtsverordnungen über umsatzsteuerrechtliche Sonderregelung bei der Einschaltung deutscher Baubehörden in Baumaßnahmen der Streitkräfte und von Umsatzsteuerbefreiungen und -vergünstigungen. – Vgl. auch →Verteidigungsgut.

Trust. 1. *Begriff:* Eine aus der USA übernommene Form des →Unternehmungszusammenschlusses, bei dem eine den Unternehmungen gemeinsame Leitung (u. U. eine Holding-Gesellschaft) die wirtschaftliche, zumindest jedoch die finanzielle Führung, übernimmt. Die einzelnen Unternehmungen verlieren insoweit ihre wirtschaftliche, zumeist auch völlig ihre rechtliche Selbständigkeit. – 2. *Zweck:* Der T. ist auf Marktbeherrschung gerichtet, sein Streben geht i. a. aber auch auf innerbetriebliche Rationalisierung und betriebswirtschaftliche Kontrolle der Produktion. Ein T. ist also zumeist tiefer greifend als ein →Kartell. – 3. *Typische Formen:* a) *Horizontaltrust:* Mehrere Unternehmungen desselben Produktionszweiges sind zusammengeschlossen. – b) *Vertikaltrust:* Zusammenschluß von Unternehmungen, die sämtliche zur Erzeugung eines Endprodukts erforderlichen Zwischenprodukte herstellen.

trust receipt, →letter of lien.

Tschad, Binnenland im W Zentralafrikas, seit 1960 unabhängig, präsidiale Republik, aber seit 1975 Regierung suspendiert, seit Militärregime. – *Fläche:* 1,284 Mill. km², eingeteilt in 14 Präfekturen. – *Einwohner* (E): (1986, geschätzt) 5,1 Mill. (3,97 E/km²); zahlreiche Nomaden, meist Araber. – *Hauptstadt:* N'Djaména (1983: 200 000 E); weitere wichtige Städte: Sarh (65 000 E), Moundou (60 000 E), Abéché (54 000 E). – *Amtssprachen:* Französisch, Arabisch.

Wirtschaft: *Landwirtschaft:* 84% der Erwerbspersonen sind in der Landwirtschaft tätig; angebaut werden v. a. Baumwolle, Hirse, Maniok, Weizen, Mais. Viehzucht: Rinder, Schafe, Ziegen, Kamele, Esel. Holzeinschlag: Gewinnung von Gummiarabikum. – *Fischfang* im Tschad-See. – *Bergbau* und *Industrie* sind unbedeutend. – *BSP:* (1982) 360 Mill. US-$ (80 US-$ je E). – Anteil der Landwirtschaft am *BSP:* (1982) 64%, der Industrie: 7%. – *Export:* (1983) 70 Mill. US-$, v. a. Baumwolle, Viehzuchtprodukte, Erdnüsse. – *Import:* (1983) 120 Mill. US-$, v. a. Lebensmittel, Maschinen, Erdölprodukte. – *Handelspartner:* Frankreich, Nigeria, Kongo, Japan, Zaire, USA, Kamerun.

Mitgliedschaften: UNO, AKP, OAU, OIC, UNCTAD u. a.

Währung: 1 CFA-Franc = 100 Centimes.

Tschechoslowakei, *Tschechoslowakische Sozialistische Republik (ČSSR),* föderalistischer Bundesstaat in Mitteleuropa, bestehend aus der Tschechischen und der Slowakischen sozialistischen Republik, eigene Regierung in beiden Gebieten, der Tschechei (Böhmen und Mähren) und der Slowakei; unabhängig seit 1918. – *Fläche:* 127 869 km^2; eingeteilt in 10 Regionen und in die Hauptstadtregionen Prag (Praha) und Preßburg (Bratislava). – *Einwohner* (E): (1985, geschätzt) 15,50 Mill. (121,2 E/km^2); bestehend auf Tschechen, Slowaken, Madjaren, Polen, Deutschen,, Ukrainern und Russen. – *Hauptstadt:* Prag (Praha; 1984: 1,186 Mill. E); weitere wichtige Städte: Preßburg (401 383 E), Brünn (381 000 E), Ostrau (323 000 E), Kaschau (203 000 E), Pilsen (174 000 E), Olmütz (102 000 E), Reichenberg (98 000 E), Königgrätz (98 000 E). – *Amtssprachen:* Tschechisch und Slowakisch.

Wirtschaft: *Landwirtschaft:* Auf recht fruchtbaren Böden werden Weizen, Roggen, Gerste, Zuckerrüben, Kartoffeln, Gemüse, Hopfen, Flachs, Mais, Wein und Tabak angebaut; bedeutende Viehzucht (Rinder, Schweine, Schafe); die T. ist das waldreichste Land Mitteleuropas. – *Bergbau:* Große Braunkohlevorkommen, Steinkohleabbau, weiter Eisenerze, Mangan, Magnesit, Kupfer, Antimon, Erdöl, Erdgas, Uran, Kobalt. – *Industrie:* Rohstahl, Fahrzeugbau; chemische, Maschinen-, Textil-, Nahrungsmittelindustrie; Schuh-, Glas-, Porzellanherstellung; Raffinerien. 49% der Erwerbspersonen waren 1984 in der Industrie beschäftigt. – *BSP:* (1982, geschätzt) 92 000 Mill. US-\$ (5970 US-\$ je E). – Anteil der Landwirtschaft am BSP: (1982) 8%, der Industrie: 65%. – *Netto-West-Verschuldung:* (1985) 3 Mrd. US-\$. – *Inflationsrate:* (1983) 0,9%. – *Export:* (1985) 17 474 Mill. US-\$, v. a. Eisen und Stahl, Maschinen, Fahrzeuge, Chemieprodukte, Textilien, Glas und Porzellan, Holz, Kohle. – *Import:* (1985) 17 548 Mill. US-\$, v. a. Maschinen und Fahrzeuge, Erdöl, Eisen und Stahl. – *Handelspartner:* UdSSR u. a. RGW-Staaten, Bundesrep. D. u. a. EG-Länder, Österreich, Jugoslawien, USA.

Verkehr: *Straßen- und Schienennetz* sind recht dicht und gut ausgebaut; über 400 km schiffbare *Flußstrecken* (Elbe, Moldau); *Binnenhäfen:* Aussig, Tetschen, Prag, Preßburg; *Hauptflughafen:* Prag-Ruzyn; eigene staatliche Fluggesellschaft.

Mitgliedschaften: UNO, BIZ, CCC, ECE, RGW, UNCTAD u. a.; Warschauer Vertrag.

Währung: 1 Tschechoslowakische Krone (Koruna, Kčs) = 100 Haleru (h).

TSI, Abk. für →Treuhandstelle für Industrie und Handel.

Tuberkulosehilfe, Form der →Sozialhilfe nach §§ 48–66 BSHG. – 1. *Zweck:* Förderung und Sicherung der Heilung Tuberkulosekranker sowie Schutz der Umgebung der Kranken gegen die Übertragung der Tuberkulose. – 2. *Leistungen:* a) Heilbehandlung (je nach den Erfordernissen des Einzelfalles stationäre Behandlung und Beobachtung sowie ambulante Behandlung, Versorgung mit Arznei-, Heil- und Verbandmitteln, Behandlung in Kur- und Badeorten, häusliche Wartung und Pflege); b) Hilfe zur Eingliederung in das Arbeitsleben, soweit die Krankheit oder ihre Auswirkungen besondere Maßnahmen erfordern. Die Hilfe soll dazu beitragen, daß die Auswirkungen der Krankheit soweit wie möglich überwunden werden; c) Hilfe zum Lebensunteralt (→Sozialhilfe II); d) Sonderleistungen (Beihilfe zur Haltung von Ersatzkräften im Haushalt oder Kleinbetrieb, Beihilfen oder Darlehen zur Verbesserung der Wohnverhältnisse u. a.; e) vorbeugende Hilfe an Minderjährige und ihre Mütter, wenn sie in Wohngemeinschaft mit einem Kranken leben, der an einer ansteckungsfähigen Tuberkulose leidet. – 3. Bei gegen Krankheit Versicherten ist zunächst die *Krankenversicherung* leistungspflichtig. Die bisherigen Sondervorschriften in der gesetzlichen Rentenversicherung sind mit 1. 1. 1984 aufgehoben. – 4. *Sondervorschriften* für die T. im öffentlichen Dienst und für sonstige zur Tuberkulosebekämpfung verpflichtete Stellen (§§ 127–137 BSHG).

Tugan-Baranowsky, Mikhailivanovich, 1865–1919, russischer Nationalökonom. T.-B. war einer der geistigen Väter der russischen Genossenschaftsbewegung; zunächst Marxist, übernahm er später die Gedankengänge des →Revisionismus. Bekannt wurde T.-B. v. a. durch seine Krisentheorie: T.-B. sah die Ursache der Krisen in einer Disproportionalität zwischen Investition, Sparen und Konsumtion; das Investitionsvolumen sei im konjunkturellen Aufschwung zu groß im Verhältnis zu den verfügbaren Ersparnissen. Die Kapitalknappheit verursache ein starkes Steigen des Zinses, das zu Produktionseinstellungen und schließlich zur Krise führe. Von der Depression aus führe der relative Kapitalüberschuß wieder zu einem neuen Aufschwung. – Bekannt ist auch seine →Machttheorie des Lohnes. –*Hauptwerke:* „Priodičeskie promyšlennye krizisy" 1894, (deutsche Übersetzung: „Studien zur Theorie und Geschichte der Handelskrisen in England" 1901); „Ruškava fabrika v prošlom i nastojaččem" 1898, (deutsche Übersetzung: „Geschichte der russischen Fabrik" 1900); „Teoretičeskija osnovy Marksizma" 1906, (deutsche Übersetzung: „Theoretische Grundlagen des Marxismus" 1905); „Osnovy političeskoj ekonomii" 1909, (englische Übersetzung: „Foundations of Political Economy" 1908).

Tunesien, nordafrikanischer Kleinstaat (Maghreb), präsidiale Republik, Einkammerparlament, Einparteiensystem, unabhängig seit 1956. – *Fläche:* 164 159 km², eingeteilt in 18 Verwaltungsbezirke mit Regionsgouverneur, Grenzprobleme mit Libyen. – *Einwohner* (E): (1985, geschätzt) 7,26 Mill. (44,2 E/km²); Tunesier (z. T. arabisierte Berber). – *Hauptstadt:* Tunis (1984: 556 654 E); weitere wichtige Städte: Sfax (231 911 E), Bizerta (94 509 E), Gabès (92 259 E), Sousse (83 509 E), Kairouan (72 254 E). – *Amtssprache:* Arabisch; Französisch als Handels- und Bildungssprache.

Wirtschaft: *Landwirtschaft:* Viehzucht (Schafe, Ziegen, Rinder, Esel und Maultiere, Kamele, Pferde). – *Fischfang:* (1981) 57 000 t; Schwammfischerei. – *Bergbau:* Erdöl, Erdgas, Phosphate, Eisen, Blei, Zink, Silber, Meer-Salz. – Die *Industrie* verarbeitet Agrar- und Bergbauprodukte. – *Reiseverkehr:* (1980) 1,60 Mill. Touristen, Einnahmen: 605 Mill. US-\$. – *BSP:* (1985, geschätzt) 8730 Mill. US-\$ (1120 US-\$ je E). – Anteil der Landwirtschaft am *BSP:* (1984) 15%, der Industrie: 40%. – *Öffentliche Auslandsverschuldung:* (1984) 46,1% des BSP. – *Inflationsrate:* (Durchschnitt 1973–84) 9,9%. – *Export:* (1985) 1627 Mill. US-\$, v.a. Erdöl, Phosphate, Bekleidung, Olivenöl, Wein, Früchte, Getreide, Düngemittel, Eisen- und Kupfererze. – *Import:* (1985) 2597 Mill. US-\$, v.a. Maschinen und Fahrzeuge, industrielle Fertigwaren, Getreide. – *Handelspartner:* Frankreich, Italien, Bundesrep. D., USA, Griechenland, Großbritannien, Spanien.

Verkehr: *Flugverkehr* mit angrenzenden Staaten und Frankreich. Wichtigster *Flug- und Seehafen:* Tunis. Erdölleitungen von den algerischen Ölfeldern zum neuen tunesischen Ölhafen La Skhirra bei Gabès.

Mitgliedschaften: UNO, CCC, OAU, OAPEC, OIC, UNCTAD u.a.; Arabische Liga, Abkommen mit der EG.

Währung: 1 Tunesischer Dinar (tD) = 1000 Millimes (M).

Turgot, Anne Robert Jacques, 1727–1781, französischer Generalkontrolleur der Finanzen unter Ludwig XVI., den Physiokraten nahestehender Nationalökonom. Sein Plan einer umfassenden Finanz- und Justizreform scheiterte am Widerstand der privilegierten Stände, ebenso die von ihm beabsichtigte Befreiung des Getreideverkehrs aus den Fesseln merkantilistischer Handelspolitik. Er vertrat die Fruktifikationstheorie des Zinses und gab dem Gesetz vom abnehmenden Ertragszuwachs die erste ausdrückliche Formulierung (→Bodenertragsgesetz). – *Hauptwerk:* „Réflexions sur la formation et la distribution des richesses" 1766.

Türkei, *Republik Türkei,* Staat in Vorderasien (europäischer Teil mit Istanbul und einem Teil von Thrakien, asiatischer Teil zwischen Schwarzem Meer und Mittelmeer), seit 1923 Republik; Verfassung 1961, neue Verfassung 1981 nach Militärputsch 1980; subtropisches mediterranes Klima. – *Fläche:* 780 580 km², eingeteilt in 67 Provinzen (Vilayet). – *Einwohner* (E): (1986, geschätzt) 50,3 Mill. (64,4 E/km²; davon 90% Türken, 7% Kurden, 1,6% Araber (Fläche der euroäischen Türkei: 24 380 km², ca. 5,75 Meil. E., 235 E/km²; Fläche der asiatischen Türkei: 790 200 km²; ca. 39 Mill. E, 49 E/km²). – *Hauptstadt:* Ankara (1985: 3,4 Mill. E); weitere wichtige Städte: Istanbul (5,8 Mill. E), Izmir (2,3 Mill. E),. Adana (574 515 E), Bursa (445 000 E), Gaziantep (374 000 E), Konya (329 000 E), Eskişehir (309 000 E). – *Amtssprache:* Türkisch; daneben viele Umgangssprachen.

Wirtschaft: *Landwirtschaft:* 60% der Erwerbspersonen waren 1984 in der Landwirtschaft tätig. Anbauprodukte: Baumwolle (455 000 t), Zuckerrüben (12 Mill. t), Tabak (180 000 t), Obst, Gemüse, Wein (Rosinen), Oliven, Feigen, Flachs, Hanf, Haselnüsse; Viehbestand: Pferde, Esel und Maultiere, Kamele, Rinder und Büffel, Schafe und Ziegen. – *Fischfang:* (1982) 514 934 t. – *Bergbau:* Steinkohle, Braunkohle, Eisenerz, Kupfer, Chromerz, Zinkerz, Bauxit, Erdöl, Pyrit, Quecksilber, Asbest u.a. – *Industrie:* 17% der Erwerbspersonen waren 1984 in der Industrie tätig. Nahrungsmittelindustrien, Fahrzeugbau, Maschinen, Eisen- und Stahl-, chemische Industrie, Erdölverarbeitung, Textilindustrie. – *Reiseverkehr:* (1982) 1,39 Mill. Touristen, meist Deutsche, Griechen, Amerikaner, Franzosen, Briten, Österreicher und Italiener, Einnahmen: 382 Mill. US-\$. – *BSP:* (1985, geschätzt) 56 060 Mill. US-\$ (1130 US-\$ je E). – Anteil der Landwirtschaft am *BSP:* (1984) 20%, der Industrie: 28%. – *Öffentliche Auslandsverschuldung:* (1984) 31,5% des BSP. – *Inflationsrate:* (Durchschnitt 1973–84) 42,4%. – *Export:* (1985) 7918 Mill. US-\$, v.a. Früchte, Tabak, Baumwolle, Chrom- und Kupfererze, Viehzuchtprodukte. – *Import:* (1985) 11 120 Mill. US-\$, v.a. Maschinen und Fahrzeuge, Erdöl, Textilien. – *Handelspartner:* Bundesrep. D., Italien, UdSSR, Irak, USA, Frankreich, Iran, Libyen, Japan, Schweiz.

Verkehr: *Straßen- und Eisenbahnnetz* sind noch recht weitmaschig. Neben Istanbul sind die wichtigsten *Häfen:* Smyrna, Izmir, Samsun, Mersin, Iskenderum, Zonguldak.

Mitgliedschaften: UNO, BIZ, NATO, OECD, UNCTAD u.a.; Europarat.

Währung: 1 Türkisches Pfund (TL.) = 100 Kuruş (krş).

Turks- und Caicos-Inseln, →Großbritannien.

Turn-key-Projekte, schlüsselfertige, einsatzbereite Gesamtanlagen, z. B. Errichtung eines Stahlwerks oder eines Flugplatzes. Werden häufig über →Generalunternehmer oder Anbieterkoalition erstellt.

Turn-key-System, →Computersystem, das dem Anwender vom Verkäufer betriebsbereit, („schlüsselfertig") mit allen Komponenten (Hardware, Systemsoftware, Anwendungssoftware) übergeben wird. Dabei werden alle Schritte der Systementwicklung (→Systemanalyse) von Betriebsexternen durchgeführt.

Turnpike-Modell, →Wachstumstheorie III 3.

Tutorial, →Dokumentation für →Endbenutzer eines →Softwaresystems, in der i. S. einer *Einführung* die wichtigsten Systemfunktionen erläutert werden.

TÜV, Abk. für →Technischer Überwachungsverein.

Tuvalu, Inselstaat im südwestlichen Pazifik (Ozeanien), neun Atolle sind bewohnt. – *Fläche:* 24,6 km² (750 000 km² Meeresfläche). – *Einwohner* (E): (1985, geschätzt) 8229 (334,5 E/km²). – *Hauptstadt:* Funafuti, Verwaltungssitz mit Hafen und Flugplatz. – *Amtssprache:* Tuvalu. – Seit 1978 unabhängig, konstitutionelle Monarchie.

W i r t s c h a f t : *Landwirtschaft:* Subsistenzwirtschaft (Anbau von Gemüse und Taro als Hauptnahrungsmittel), Kokosnüsse. – *Fischfang.* – *BSP:* (1983, geschätzt) 5 Mill. US-\$. – *Exportgüter* sind v. a., Kopra, Fisch, Briefmarken. – T. ist auf britische Entwicklungshilfe angewiesen.

M i t g l i e d s c h a f t e n : GATT (assoziiert), WHO, AKP u. a.; Commonwealth.

W ä h r u n g : 1 Australischer Dollar (A\$) = 100 Cents.

t-Verteilung, *Student-Verteilung,* stetige theoretische →Verteilung, die durch W. S. Gosset (1908; Pseudonym: „Student") entwickelt wurde. Besitzen die →Zufallsvariablen X_1 bzw. X_2 eine →Standardnormalverteilung bzw. eine →Chi-Quadrat-Verteilung mit k Freiheitsgraden und sind sie stochastisch unabhängig (→stochastische Unabhängigkeit), dann ist die aus ihnen abgeleitete Zufallsvariable

$$X_1/\sqrt{X_2/k}$$

t-verteilt mit k Freiheitsgraden. Die t-V. ist symmetrisch zur Ordinatenachse. Für →Quantile der t.-V. existieren Tabellenwerke. Mit zunehmendem k nähert sich die t.-V. der Standardnormalverteilung. – *Anwendung* u. a. bei der →Konfidenzschätzung von →Erwartungswerten normalverteilter Variabler sowie bei verschiedenen →statistischen Testverfahren (Prüfung eines Erwartungwertes im Ein-Stichproben-Fall; Vergleich von Erwartungswerten im Zwei-Stichproben-Fall.

TV-Spot, →Fernsehspot.

twenty foot equivalent unit (TEU), 20-Fuß-Einheit, Maßeinheit im Containerverkehr. Zur Kapazitäts- und Durchsatzmessung werden die →Container verschiedener Länge auf die des überwiegend eingesetzten umgerechnet.

Tymnet-Netz, seit 1971 von der Tymshare/ Tymnet Corporation aufgebautes →Netz, über das für eine breite Masse von →Terminals Zugang zu Rechnerleistungen (→Rechner) angeboten wurde. Später spaltete sich Tymnet als eigenständige Organisation ab, die über das T. (heute eines der größten privaten Netze) primär internationale Datenübertragungsdienstleistungen anbietet. Die interne Technologie des Netzes stellt eine leistungsfähige Alternative zu den durch →ISO bzw. →CCITT vertretenen Hauptentwicklungslinien für →WAN's dar.

Typ, →Typologie.

Typ-A, in der Streßforschung beschriebenes Verhaltensmuster einer Person, gekennzeichnet durch erheblichen subjektiven Zeitdruck, explosiv-aggressives Verhalten sowie sehr hohe Kontrollambitionen (Versuch der Erhaltung und Ausweitung der →Situationskontrolle). Personen mit extrem ausgeprägter T.-A.-Orientierung haben laut empirischer Forschung eine erhöhte Infarktwahrscheinlichkeit.

Typenbanddrucker, mechanischer Zeilendrucker (→Drucker). – *Verfahren:* Drucktypen (standardmäßig 240) befinden sich auf einem Stahlbank, das mit hoher Geschwindigkeit in horizontaler Richtung vor dem Papier rotiert; zwischen Papier und Typenbank befindet sich ein Farbband. Ein Anschlaghammer schlägt an jeder Schreibstelle in dem Moment gegen das Papier, wenn das richtige Zeichen vorübergleitet. Druckgeschwindigkeit hängt u. a. von der Anzahl der verschiedenen Drucktypen auf dem Band ab und kann bis 3800 Zeilen pro Minute betragen. – *Vor-/ Nachteil:* T. sind sehr zuverlässig; das Druckbild hat allerdings nur „EDV-Qualität". – *Verwendung:* Bei mittleren und großen →Computern (vgl. →Rechnergruppen).

Typenkauf, →Kauf nach Typ.

Typenkopf, Schreibelement mit kopfähnlicher Form und vollständigem alphanumerischen Zeichensatz. Das angesteuerte Zeichen wird durch Dreh-, Hub-, Kipp- und Schrittbewegungen in die Druckposition gebracht. – *Anders:* →Typenrad, →Kugelkopf.

Typenlehre, →Typologie.

Typenmuster, →Standard.

Typenpsychologie, Zweig der →Psychologie mit dem Ziel, die große Zahl verschiedener menschlicher →Charaktere in einige wenige Gruppen zu ordnen. Zuordnung eines Menschen zu einer bestimmten Gruppe ist Vorstufe für genaue Anlayse seines Charakters. – 1. Nach *Kretschmer* (Körperbau und Charakter, Berlin 1944) werden zwei Grundtypen unterschieden (Grundlage bildet die statistisch erwiesene Annahme, daß zwischen seelischer Eigenart eines Menschen und seinem Körperbau ein Verwandtschaftsverhältnis besteht): Schlanke und leicht schwächlich wirkende Menschen gehören zum *schizothymen Temperament;* rundliche und gemütlich wirkende Menschen gehören zum *zyklothymen Temperament.* – 2. Andere *Typologien* (Versuche, die Vielfalt menschlicher Persönlichkeiten unter ein Schema zu bringen): *Jaensch* (B-, I- und T-Typ), *Pfahler* (Typen der Aufmerksamkeit), C. G. *Jung* (Extrovertierte und Introvertierte), *Jaspers* (Typus des Halters, der nihilistische Mensch, der enthusiastisch-dämonische Mensch), E. *Spranger* (der ökonomische, der theoretische, der ästhetische, der soziale, der machthungrige und der religiöse Mensch). – 3. *T. in der Streßforschung:* Vgl. →Typ-A.

Typenrad, *daisywheel,* Schreibelement mit vollständigem alphanumerischen Zeichensatz, bei dem sich die Typen an zentrisch angeordneten Hebeln befinden, welche durch Drehen und Schrittbewegungen des Rads in die Druckposition gebracht werden. – *Anders:* →Typenkopf, →Kugelkopf.

Typenraddrucker, mechanischer Zeichendrucker (→Drucker). – *Verfahren:* Drucktypen sitzen auf der Spitze kleiner Arme, die sternförmig am Rand einer kleinen, parallel zur Druckebene installierten, drehbaren Scheibe angeordnet sind; ein Druckhammer schlägt die zu druckende Type gegen Farbband und Papier. Druckgeschwindigkeiten bis zu 70 cps. – *Vor-/Nachteil:* Ein T. liegt im Preis über einem →Kugelkopfdrucker, erreicht eine ebenso gute Druckqualität bei ebenfalls sehr hohem Geräuschniveau; Typenrad und damit auch der Zeichensatz ist austauschbar. Der T. arbeitet sehr zuverlässig. – *Anwendung* V. a. im Mikrorechnerbereich (→Rechnergruppen 2 a) und bei der →Textverarbeitung.

typische Betrachtungsweise, umstrittene Auslegungsregel des →Steuerrechts. T. B. liegt vor, wenn das „Übliche" und „Regelmäßige" über die in Einzelheiten abweichende Regelung des konkreten Falles gestellt wird. Anwendung t. b. sehr begrenzt; sie läßt

sich sachlich allenfalls dann steuerlich rechtfertigen, wenn „Lebensverhältnisse in nahezu gleichwertiger Ausgestaltung" (Spitaler) häufig vorkommen. – Vgl. auch →wirtschaftliche Betrachtungsweise, →Entwicklung der Verhältnisse.

typographischer Punkt, Längeneinheit im Druckereigewerbe. 1 t. P. = 0,376065 mm.

Typologie, *Typenlehre,* methodisches Hilfsmittel, mit dem reale Erscheinungen geordnet und überschaubar gemacht werden, indem das als wesentlich Erachtete zum Ausdruck gebracht wird. Der einzelne *Typus (Typ)* repräsentiert eine Vielzahl von Erscheinungen, die ein gemeinsames Merkmal (bzw. gemeinsame Merkmale) aufweisen. – Das Vorgehen bei der Typenbildung wird dabei als *typologische Methode* bezeichnet. – Innerhalb der *Wirtschaftswissenschaften* u. a. in der Marktformenlehre, der Klassifikation von Unternehmen oder Betrieben sowie von Käufern (→Käufertypologie) oder allgemein von Menschen (→Typenpsychologie) von Bedeutung. – *Anders:* →Typung.

typologische Methode, →Typologie.

Typschein, amtlicher Nachweis darüber, daß dem Hersteller reihenweise gefertigter Fahrzeuge die allgemeine →Betriebserlaubnis erteilt ist. T. begründet eine tatsächliche Vermutung für die Beschaffenheit eines Kraftfahrzeuges, ist aber keine Anerkennung seiner Verkehrssicherheit. Der Inhaber eines T. hat für jedes dem Typ entsprechende Fahrzeug einen Fahrzeug- oder Anhängerbrief auszustellen. T. kann auch für Fahrzeugteile erteilt werden. Prüfung und Erteilung des T. obliegt dem Kraftfahrt-Bundesamt in Flensburg.

Typung, planmäßige Standardisierung bzw. Vereinheitlichung im Zusammenhang mit der Produktgestaltung (→Produktstandardisierung), die im Gegensatz zur Normung unternehmungsindividuell vorgenommen wird. Produkttypen werden insbes. für komplexe Produkte der zusammenbauenden Produktion gebildet (z. B. bei Scheibmaschinen, Elektromotoren, Kraftfahrzeuge, Werkzeugmaschinen). Es werden bestimmte Eigenschaften für unterschiedlich differenzierte Produkte oder abgestufte Produktgruppen garantiert. Kostenvorteile resultieren aufgrund größerer Produktionsserien. Vom Wesen her entspricht der Vorgang der T. dem Vorgang der Normung, denn im Vordergrund steht die Festlegung von bestimmten Erzeugnisabstufungen nach Art und Form, Größe, Leistung oder sonstigen gemeinsamen Merkmalen. – Vgl. auch →Normung.

Typus, →Typologie.